PROCESSO
CIVIL
SISTEMATIZADO

O GEN | Grupo Editorial Nacional – maior plataforma editorial brasileira no segmento científico, técnico e profissional – publica conteúdos nas áreas de concursos, ciências jurídicas, humanas, exatas, da saúde e sociais aplicadas, além de prover serviços direcionados à educação continuada.

As editoras que integram o GEN, das mais respeitadas no mercado editorial, construíram catálogos inigualáveis, com obras decisivas para a formação acadêmica e o aperfeiçoamento de várias gerações de profissionais e estudantes, tendo se tornado sinônimo de qualidade e seriedade.

A missão do GEN e dos núcleos de conteúdo que o compõem é prover a melhor informação científica e distribuí-la de maneira flexível e conveniente, a preços justos, gerando benefícios e servindo a autores, docentes, livreiros, funcionários, colaboradores e acionistas.

Nosso comportamento ético incondicional e nossa responsabilidade social e ambiental são reforçados pela natureza educacional de nossa atividade e dão sustentabilidade ao crescimento contínuo e à rentabilidade do grupo.

HAROLDO **LOURENÇO**

PROCESSO
CIVIL
SISTEMATIZADO

6ª edição
revista, atualizada
e ampliada

- O autor deste livro e a editora empenharam seus melhores esforços para assegurar que as informações e os procedimentos apresentados no texto estejam em acordo com os padrões aceitos à época da publicação, e todos os dados foram atualizados pelo autor até a data de fechamento do livro. Entretanto, tendo em conta a evolução das ciências, as atualizações legislativas, as mudanças regulamentares governamentais e o constante fluxo de novas informações sobre os temas que constam do livro, recomendamos enfaticamente que os leitores consultem sempre outras fontes fidedignas, de modo a se certificarem de que as informações contidas no texto estão corretas e de que não houve alterações nas recomendações ou na legislação regulamentadora.

- Fechamento desta edição: *12.01.2021*

- O Autor e a editora se empenharam para citar adequadamente e dar o devido crédito a todos os detentores de direitos autorais de qualquer material utilizado neste livro, dispondo-se a possíveis acertos posteriores caso, inadvertida e involuntariamente, a identificação de algum deles tenha sido omitida.

- **Atendimento ao cliente: (11) 5080-0751 | faleconosco@grupogen.com.br**

- Direitos exclusivos para a língua portuguesa
  Copyright © 2021 by
  Editora Forense Ltda.
  Uma editora integrante do GEN | Grupo Editorial Nacional
  Travessa do Ouvidor, 11 – Térreo e 6º andar
  Rio de Janeiro – RJ – 20040-040
  www.grupogen.com.br

- Reservados todos os direitos. É proibida a duplicação ou reprodução deste volume, no todo ou em parte, em quaisquer formas ou por quaisquer meios (eletrônico, mecânico, gravação, fotocópia, distribuição pela Internet ou outros), sem permissão, por escrito, da Editora Forense Ltda.

- Capa: Aurélio Corrêa

- **CIP – BRASIL. CATALOGAÇÃO NA FONTE.**
  SINDICATO NACIONAL DOS EDITORES DE LIVROS, RJ.

L934p
Lourenço, Haroldo

Processo Civil Sistematizado / Haroldo Lourenço. – 6. ed. Rio de Janeiro: Forense; Método, 2021.

Inclui bibliografia
ISBN 978-85-309-8963-7

1. Processo civil – Brasil. I. Título.

21-68742 CDU: 347.91/.95(81)

Leandra Felix da Cruz Candido – Bibliotecária – CRB-7/6135

AGRADECIMENTOS

Com a conclusão dos trabalhos (se é que posso falar isso, pois sempre há o que acrescentar, inserir novas informações, que serão trazidas nas próximas edições), posso afirmar que foi grande o esforço, muitas madrugadas acordado até 2 ou 3 horas da manhã, mesmo depois de ter lecionado até as 22 horas.

Quando chegava para dar aula e os alunos me perguntavam: "Professor, e o livro? Quando vai sair? Serão abordados os principais entendimentos da doutrina, do STJ e do STF?", reconheço que essa "cobrança" chegava a me dar calafrios! Será que conseguiria atender às expectativas dos meus alunos? Nunca me engajei em uma empreitada sem que desse o sangue por ela. Sempre acreditei que todo esforço é válido, será recompensado e, para cada renúncia, haverá uma nova conquista.

Todo o tempo era dedicado ao livro. Não havia distinção entre dias úteis, domingos ou feriados. Não havia festa ou comemoração que me afastasse do computador. Não havia lugar em que eu não pudesse, no mínimo, pesquisar material ou pensar em algo para a obra.

Nesse período, vivenciei muitas experiências. Aprendi o valor que há em uma família, principalmente com meu filho lindo, Bernardo. Não posso deixar de relatar o momento mais difícil que vivi, quando Bernardo, aos seis meses de vida, precisou se submeter, em menos de dois meses, a três intervenções cirúrgicas na cabeça, nas quais foram inseridas duas válvulas, utilizadas até hoje, para evitar o quadro de hidrocefalia.

Enfim, passei por tudo isso sem me afastar das salas de aula, sem deixar de honrar um compromisso sequer, de dar a atenção e a assistência necessárias à família e, ainda, sem interromper o projeto do meu *Processo Civil Sistematizado*. Sonhos para mim são coisas muito sérias e, enquanto tiver forças, sempre lutarei muito por eles. Esta obra é um sonho concretizado!

Bem, quem me conhece sabe que falo muito e, consequentemente, se me descuidar, escrevo páginas e mais páginas. Agora, certamente, um dos momentos mais complicados é o dos agradecimentos, pois foram tantas as pessoas que me ajudaram, foram tantos amigos conquistados no decorrer deste trabalho, que é quase impossível não me esquecer de alguém. De antemão, peço desculpas se faltar algum nome, mas todos podem ter certeza de que me lembro, e sempre me lembrarei, dos que um dia me ajudaram, me aconselharam e, principalmente, me deram oportunidade, acreditando na competência de um jovem advogado.

Os primeiros nomes que me vêm à mente são os dos meus pais: Joel Lourenço, brilhante e experiente advogado, e Ana Lourenço. Minha tia Rita e o Neto (*in memoriam*), que muito ajudaram e incentivaram minha jornada profissional.

Devo, sem dúvidas, um especial agradecimento ao ilustre professor e desembargador Marco Aurélio Bezerra de Melo, pelo prefácio, por quem tenho profundo respeito e admiração. Um exemplo de profissional do direito e que muito agrega à sociedade.

Não posso deixar de agradecer à equipe do GEN, especialmente às pessoas que foram imprescindíveis à 1ª edição desta obra, como Francisco Bilac, Vauledir e Karin, que acreditaram no meu trabalho, na minha competência e tanto me apoiaram. Já nas demais edições, não tenho como deixar de agradecer ao auxílio de sempre de Camila Amadi.

Por fim, não tenho como não agradecer ao ilustre desembargador Alexandre Freitas Câmara, bem como ao professor Daniel Amorim, por todas as nossas conversas sobre o CPC/2015.

APRESENTAÇÃO

Agora, já com seis anos de vigência do CPC/2015, portanto, não mais tão novo, algumas questões estão se acomodando, a jurisprudência já o aplica e a doutrina está se "acalmando".

Este, realmente, parece ser um momento de reflexão, para se iniciar a lenta e gradual consolidação dos novos institutos. Não se pode olvidar de que muitos institutos do vetusto Código Buzaid não eram sequer aplicados, quiçá por falta de aprofundamento sobre este, quiçá por mera antipatia.

Nesse clima desafiador, encontrei estímulo para sempre manter esta obra atualizada, a qual foi muito bem recepcionada pelo público, o que realmente me deixou em êxtase, pois se esgotou rapidamente e o *feedback* de todos foi o mais positivo possível. Fui, inclusive, surpreendido com algumas citações desta obra pela jurisprudência dos tribunais, bem como por renomadas doutrinas, o que é algo realmente indescritível.

Há, ainda, que se considerar o compromisso constante com a atualização da obra, principalmente depois de algumas alterações sofridas pelo CPC/2015.

Enfim, nesta edição busco não perder os propósitos estabelecidos desde o início, ou seja, oferecer uma obra sistematizada (que nada mais é do que ser organizada), sem deixar de ser completa, enfrentando os entendimentos jurisprudenciais e doutrinários, justamente para municiar o leitor de um ótimo panorama nacional sobre as principais divergências, tudo em linguagem clara e desapegada de formalismos desnecessários.

NOTA DO AUTOR

A proposta desta obra é colaborar de maneira consistente com os interessados em concursos públicos e, ainda, ser um livro para consulta imediata e objetiva para os que militam na prática forense.

Confesso que, desde a publicação da 1ª versão deste livro – *Manual de Direito Processual Civil*, pelo selo Forense –, na qual já se discutia sobre um novo CPC, sempre tive em mente que seria necessário reescrevê-lo totalmente, pois não seria possível tentar aproveitar o antigo, sob pena de incorrer em um erro clássico de se olhar para o novo com os "olhos do velho". Esse, realmente, foi o motivo da demora na veiculação dessa reformulação.

Esse, sem dúvida, foi o primeiro desafio.

Há um novo processo civil, um novo modelo, com novos paradigmas, os quais, certamente, ainda levarão anos para serem adequadamente compreendidos por todos os operadores do direito, sejam eles estagiários, advogados, juízes, promotores, faculdades de direito etc.

Tenho afirmado que a principal mudança não foi a do plano legislativo, mas a mudança social pretendida.

Diante de tais circunstâncias, é inegável que, com a efetiva publicação e vigência do CPC/2015, obtive o impulso e o estímulo necessários para mais esse desafio.

Um segundo desafio foi buscar uma adequação da obra a essa nova realidade.

O título *Manual de Direito Processual Civil* inegavelmente conduz a uma ideia mais formal e, sinceramente, creio que nesse momento o importante é sistematizar as mudanças, ressaltar as diferenças e as propostas, por vezes assaz inovadoras.

O que falar da possibilidade de se "calendarizarem" os atos processuais (art. 191 do CPC/2015)? Quer algo mais inovador e desafiador? Pensar tal possibilidade na infeliz realidade estrutural do Judiciário brasileiro é, realmente, um árduo desafio, mas em um futuro próximo, em que os feitos sejam totalmente eletrônicos (com um sistema eficiente e adequado), seria muito difícil "inserir" esse calendário em um procedimento todo informatizado? A resposta parece-me negativa.

Enfim, confiante em obter a recepção positiva de sempre por parte dos meus leitores, espero honrá-los com tal responsabilidade, agora nesta 6ª edição.

PREFÁCIO

Parabenizo o Professor Haroldo Lourenço pela excelente obra *Processo Civil Sistematizado*, a princípio denominada *Manual de Direito Processual Civil*. Foi com alegria e honra que recebi o convite para prefaciar seu primeiro livro. Tive a grata oportunidade de me atualizar sobre os pontos nodais de discussão na ciência processual civil, além de ter recebido informações precisas sobre a jurisprudência mais atualizada das cortes superiores do País.

O autor passeia com firmeza e profundidade pelos assuntos básicos que devem compor um manual dessa natureza, merecendo destaque a abordagem de temas relevantes, como os Princípios Processuais Constitucionais, a discussão acerca da concessão *ex officio* da antecipação dos efeitos da tutela, a reclamação para preservação da competência e da autoridade dos Tribunais excepcionais e as modificações constitucionais no sistema de execução por precatórios.

Ainda acerca da execução, o autor optou por aprofundar a análise e estendê-la ao executivo fiscal, matéria que se encontra regulada na legislação extravagante, e não no Código de Processo Civil, tornando a análise do sistema executivo mais completa e coerente.

O objetivo deste trabalho, entretanto, não se exaure nos limites usuais dos manuais, avançando em sua investigação científica sobre outros temas.

A abordagem dos temas mencionados foi uma opção pragmática do autor. São temas regulados na legislação infraconstitucional e de grande incidência nas demandas aforadas diuturnamente. Além disso, é corriqueiro que tais questões sejam objeto dos editais de concurso público, exatamente pela sua importância prática.

O conjunto desta obra, a partir dos temas propostos, qualifica o livro para ser utilizado tanto por alunos da graduação em Direito, que encontrarão nesta publicação uma excelente porta de entrada aos estudos da matéria, quanto pelos profissionais da área jurídica que desejem relembrar os mais importantes conceitos do Direito Processual Civil, além da necessária atualização nas controvérsias em voga.

Além disso, este livro é excelente instrumento para todos que se preparam para concursos públicos da área jurídica e afins. O autor analisa com competência as questões teórico-acadêmicas que cada um dos temas abordados suscita, mas não foge aos objetivos de um manual: o leitor necessita de uma informação fidedigna e precisa, mas que lhe dê acesso às fontes para eventual leitura mais acurada; informação essa, ademais, cotejada com a mais recente jurisprudência dos Tribunais pátrios.

PROCESSO CIVIL SISTEMATIZADO – *Haroldo Lourenço*

Com a profunda experiência do professor de sala de aula, os temas são abordados de forma didática, organizada e sem atropelos. Mas a personalidade do autor se faz sentir quando não olvida em se posicionar acerca da mais acertada teoria ao abordar as variadas controvérsias sobre as quais digladiam a doutrina e a jurisprudência.

A linguagem utilizada é acessível e agradável. A proposta visual é muito eficiente. A apresentação da matéria, revista em quadros sinóticos, permite a fixação dos pontos estudados logo após a primeira leitura. A abordagem do Projeto de Novo Código de Processo Civil é utilíssima, pois permite ao leitor o conhecimento e a reflexão sobre a norma projetada.

Haroldo Lourenço é um novel advogado que já se destaca em sua banca de advocacia e um dos expoentes do magistério no cenário jurídico nacional. Além disso, como podemos perceber pelos agradecimentos do autor, é um jovem humilde, trabalhador e guerreiro que, com certeza, receberá, por meio deste livro, retorno por tanta dedicação e estudo.

O GEN | Grupo Editorial Nacional, mais uma vez, traz ao mercado editorial jurídico uma obra robusta e pioneira, que terá lugar guardado nas melhores bibliotecas jurídicas do País. A comunidade jurídica recebe um presente neste ano.

Marco Aurélio Bezerra de Melo
Desembargador do Tribunal de Justiça do Estado do Rio de Janeiro.
Mestre em Direito pela Universidade Estácio de Sá.

ABREVIATURAS

AGU – Advocacia Geral da União;
CC/02 – Código Civil de 2002 (Lei nº 10.406/02);
CDC – Código de Defesa do Consumidor (Lei nº 8.072/90);
CJF – Conselho da Justiça Federal;
CNMP – Conselho Nacional do Ministério Público;
CPC – Código de Processo Civil de 2015;
CPC/39 – Código de Processo Civil de 1939, revogado;
CPC/73 – Código de Processo Civil de 1973, revogado;
CR/88 – Constituição da República de 1988;
CNJ – Conselho Nacional de Justiça;
CSMP – Conselho Superior do Ministério Público;
ECA – Estatuto da Criança e do Adolescente (Lei nº 8.069/90);
ED – Embargos de Declaração;
EI – Estatuto do Idoso (Lei nº 10.741/03);
ENFAM – Escola Nacional de Formação e Aperfeiçoamento de Magistrados;
FONAJE – Fórum Nacional de Juizados Especiais;
FONAJEF – Fórum Nacional de Juizados Especiais Federais;
FNPP – Fórum Nacional do Poder Público;
FPPC – Fórum Permanente de Processualistas Civis;
IAC – Incidente de Assunção de Competência (art. 947 CPC);
IRDR – Incidente de Resolução de Demandas Repetitivas (art. 976 CPC);
JEC – Juizado Especial Cível (Lei nº 9.099/95).
JEF – Juizado Especial Federal (Lei nº 10.259/01);
JEFP – Juizado Especial da Fazenda Pública (Lei nº 12.153/09);
LA – Lei da Arbitragem (Lei nº 9.307/96);
LAP – Lei da Ação Popular (Lei nº 4.717/64);
LIA – Lei da Improbidade Administrativa (Lei nº 8.249/92);
LC – Lei Complementar;
MS – Mandado de Segurança;
MP – Ministério Público;
TJ – Tribunal de Justiça;
TRE – Tribunal Regional Eleitoral;
TRF – Tribunal Regional Federal;
TRT – Tribunal Regional do Trabalho.

SUMÁRIO

CAPÍTULO 1 – NORMAS FUNDAMENTAIS DO PROCESSO CIVIL............ 1
1.1. Fases metodológicas do direito processual... 1
1.2. Violação de norma fundamental. Recurso especial ou extraordinário?.... 8
1.3. Negócio processual sobre norma fundamental... 9

CAPÍTULO 2 – PRINCÍPIOS PROCESSUAIS CONSTITUCIONAIS................ 11
2.1. Processo e direitos fundamentais 11
2.2. Devido processo legal.. 11
    2.2.1. Eficácia horizontal.. 12
    2.2.2. Devido processo legal em sentido formal e substancial. Princípio da proporcionalidade 12
    2.2.3. Princípios decorrentes do devido processo legal 14
        2.2.3.1. Efetividade ou maior coincidência possível.............. 14
        2.2.3.2. Princípio da adequação 15
        2.2.3.3. Princípio da adaptabilidade, adequação judicial ou elasticidade 15
        2.2.3.4. Lealdade ou boa-fé processual objetiva.................... 16
        2.2.3.5. Princípio da cooperação... 20
    2.2.4. Duração razoável do processo ou de um processo sem dilações indevidas.. 21
    2.2.5. Princípio do contraditório 22
    2.2.6. Princípio da instrumentalidade. Teoria circular dos planos processual e material.. 24
    2.2.7. Acesso à justiça. Primazia da resolução de mérito 24
    2.2.8. Sistematização dos princípios... 25

CAPÍTULO 3 – JURISDIÇÃO.. 27
3.1. Conceito... 27
3.2. Equivalentes jurisdicionais 30
3.3. Princípios da jurisdição... 33
3.4. Jurisdição voluntária, graciosa ou integrativa... 37
    3.4.1. Teoria clássica ou administrativista 38
    3.4.2. Teoria revisionista ou jurisdicionista... 38
    3.4.3. Características da jurisdição voluntária 39

CAPÍTULO 4 – ARBITRAGEM 41

4.1. Considerações iniciais 41
4.2. Natureza jurídica 42
4.3. Da constitucionalidade 43
4.4. Do árbitro e do dever de revelação 44
4.5. Da convenção de arbitragem 44
4.6. Convenção de arbitragem em contrato de adesão 46
4.7. Da investidura e da competência 46
4.8. Arbitragem *ad hoc* e institucional 47
4.9. Arbitragem de direito e de equidade 47
4.10. Aspectos processuais da arbitragem 48
    4.10.1. Momento da instituição, do prazo e do encerramento 48
    4.10.2. Interrupção da prescrição 48
    4.10.3. Cláusula de foro de eleição 48
    4.10.4. Convenção de arbitragem e título executivo 48
    4.10.5. Alegação de incompetência, impedimento e suspeição 49
    4.10.6. Das cartas arbitrais 49
    4.10.7. Da publicidade e da confidencialidade 49
    4.10.8. Excepcionais hipóteses de judicialização da arbitragem 50
    4.10.9. Cooperação jurisdicional à arbitragem: tutelas provisórias 51
    4.10.10. Produção antecipada de prova e a arbitragem 52
    4.10.11. Sentença arbitral estrangeira 53
4.11. Da arbitrabilidade subjetiva 53
4.12. Da arbitrabilidade objetiva 53
    4.12.1. Da arbitragem nas relações de consumo 54
    4.12.2. Arbitragem no direito coletivo 55
    4.12.3. Arbitragem nos litígios familiares 55
    4.12.4. Arbitragem nos litígios trabalhistas 55
    4.12.5. Arbitragem nas relações imobiliárias 55
    4.12.6. Arbitragem nas sociedades anônimas 56
4.13. Arbitragem envolvendo o poder público 56
    4.13.1. Considerações iniciais 56
    4.13.2. Direitos patrimoniais disponíveis 57
    4.13.3. Da publicidade 58
    4.13.4. Previsão no edital de licitação 59
    4.13.5. Escolha do órgão arbitral 59
    4.13.6. Da desnecessidade de observância do regime do precatório 60
    4.13.7. Do descabimento de reexame necessário 61
    4.13.8. Do afastamento dos prazos diferenciais 61
    4.13.9. Da inaplicabilidade da isenção de despesas 61
    4.13.10. Das limitações às tutelas provisórias 62
4.14. Da observância dos padrões decisórios formados no judiciário 62
4.15. Do *dispute board* 62

SUMÁRIO | **XVII**

CAPÍTULO 5 – DIREITO DE AÇÃO 65

5.1. Demanda e relação jurídica substancial deduzida 65

5.2. Classificação das ações 65

5.3. Condições da ação 67

5.4. Estudo das "condições da ação" 71

5.5. Interesse de agir 73

5.6. Legitimidade de parte 75

    5.6.1. Legitimidade extraordinária e substituição processual 80

    5.6.2. Substituição processual, sucessão processual e representação processual 80

5.7. Cumulação de ações, concurso de ações e cumulação de pedidos 81

5.8. Abuso do direito de ação. *Sham litigation* 83

CAPÍTULO 6 – DO PROCESSO 85

6.1. Natureza jurídica 85

6.2. Modelos processuais: adversarial, inquisitivo e cooperativo 88

6.3. Pressupostos processuais 89

    6.3.1. Noções gerais 89

    6.3.2. Visualização dos pressupostos processuais 89

    6.3.3. Investidura na jurisdição 90

    6.3.4. Partes 90

    6.3.5. Demanda. Tríplice identidade ou *tria eadem* 92

    6.3.6. Requisitos processuais de validade positivos e negativos 94

    6.3.7. Competência 95

    6.3.8. Juiz imparcial 95

    6.3.9. Demanda regularmente formada (respeito ao formalismo) 96

    6.3.10. Citação 96

    6.3.11. Partes capazes. Teoria da tríplice capacidade 96

    6.3.12. Algumas exceções sobre a capacidade 97

    6.3.13. Ato praticado sem procuração *vs.* sem capacidade postulatória 100

    6.3.14. Curador especial 100

    6.3.15. Capacidade processual das pessoas casadas. Suprimento judicial 103

6.4. Requisitos processuais negativos 104

    6.4.1. Litispendência e coisa julgada. Litispendência parcial *vs.* continência 105

    6.4.2. Perempção 106

    6.4.3. Convenção de arbitragem 107

    6.4.4. Outros requisitos negativos 107

CAPÍTULO 7 – COMPETÊNCIA 109

7.1. Conceito. Princípio da tipicidade, indisponibilidade e competência implícita 109

7.2. Natureza jurídica 110

XVIII | PROCESSO CIVIL SISTEMATIZADO – *Haroldo Lourenço*

7.3.	Momento de fixação. *Perpetuatio jurisdictionis*	111
7.4.	Classificação: absoluta e relativa	112
7.5.	decisão de incompetência. recorribilidade. *Translatio iudicii*	115
7.6.	Causas de modificação da competência	115
7.7.	Prevenção (juízo de 1º grau e Tribunais)	120
7.8.	Competência por distribuição	121
7.9.	Competência internacional	121
7.10.	Critérios de separação de competência	122
7.11.	Algumas reflexões sobre o critério territorial	126
7.12.	Classificação dos critérios de competência em absolutos ou relativos...	127
7.13.	Conflito de competência	129

CAPÍTULO 8 – DO LITISCONSÓRCIO 133

8.1.	Considerações iniciais	133
8.2.	Classificação	133
8.3.	Peculiaridades entre as classificações	137
	8.3.1. Litisconsórcio multitudinário *x* litisconsórcio recusável/facultativo impróprio	137
	8.3.2. Todo litisconsórcio necessário é unitário?	139
	8.3.3. Litisconsórcio facultativo e unitário. Efeitos da coisa julgada	140
	8.3.4. Litisconsórcio necessário ativo	141
	8.3.5. Litisconsórcio simples e unitário concomitantemente	144
	8.3.6. Litisconsórcio sucessivo. Litisconsórcio subsidiário/eventual	144
	8.3.7. Litisconsórcio alternativo	146
	8.3.8. Inobservância do litisconsórcio necessário	147
8.4.	Dinâmica do litisconsórcio	148
8.5.	Alguns institutos afetos ao estudo do litisconsórcio	150
	8.5.1. Intervenção *iussu iudicis*	150
	8.5.2. Intervenção litisconsorcial voluntária	151
	8.5.3. "Despolarização" ou intervenção móvel	152

CAPÍTULO 9 – NEGÓCIO E CALENDÁRIO PROCESSUAIS 155

9.1.	Noções gerais	155
9.2.	Do calendário processual	156
9.3.	Alguns requisitos necessários aos negócios processuais	157
	9.3.1. Capacidade negocial	157
	9.3.2. Vulnerabilidade	158
	9.3.3. Objeto	158
	9.3.4. Forma	161
9.4.	Inexecução judicial ou extrajudicial. Recorribilidade	163

CAPÍTULO 10 – DAS TUTELAS PROVISÓRIAS 165

10.1.	Sobre as tutelas provisórias	165

SUMÁRIO | **XIX**

10.2.	Requisito negativo: irreversibilidade	167
10.3.	Legitimidade (partes, mp, terceiros etc.)	168
10.4.	Concessão *ex officio*	169
10.5.	Momento para requerimento	169
10.6.	Compatibilidade com todos os procedimentos	170
10.7.	Requerimento incidental e antecedente	170
	10.7.1. Tutela provisória antecipada e cautelar incidental. Competência	171
	10.7.2. Tutela provisória antecipada antecedente	171
	10.7.3. Da estabilização da tutela provisória	172
	10.7.4. Tutela provisória cautelar antecedente. Fungibilidade	176
10.8.	Efetivação da tutela provisória	177
10.9.	Responsabilidade do beneficiário da antecipação da tutela	177
10.10.	Revogação ou modificação. Sentença de improcedência. Decisão do tribunal	177
10.11.	Antecipação de tutela contra a Fazenda Pública	178
10.12.	Da tutela dA evidência	179
	10.12.1. Da tutela da evidência e o julgamento antecipado de mérito	182

CAPÍTULO 11 – DO PROCEDIMENTO 183

11.1.	Noções gerais	183
11.2.	Extinção do procedimento sumário (art. 275 do CPC/1973)	185
11.3.	Espécies de procedimento	186

CAPÍTULO 12 – PROCEDIMENTO COMUM DE CONHECIMENTO 189

12.1.	Fases do procedimento	189
12.2.	Quadro sinótico	190
12.3.	Da petição inicial	191
	12.3.1. Requisitos	191
12.4.	Emenda da petição inicial. Aditamento da petição inicial	193
12.5.	Indeferimento da petição inicial	195
12.6.	Hipóteses de indeferimento. Diferença entre inépcia e indeferimento	197
12.7.	Pedido: certo e determinado	197
	12.7.1. Exceções à certeza (pedidos implícitos)	198
	12.7.2. Exceções à determinação (pedido genérico)	199
12.8.	Cumulação de pedidos	200
	12.8.1. Requisitos	200
	12.8.2. Cumulação própria e imprópria	202
	12.8.3. Concurso de ações	204
12.9.	Estabilização da demanda	204

CAPÍTULO 13 – JULGAMENTOS LIMINARES DE MÉRITO 207

13.1.	Noções gerais	207
13.2.	Hipóteses	207

XX | PROCESSO CIVIL SISTEMATIZADO – *Haroldo Lourenço*

13.3.	Julgamento liminar do pedido	208
13.4.	Reconhecimento de ofício de prescrição ou decadência legal	209
13.5.	Improcedência liminar atípica	211
13.6.	Rejeição liminar de embargos manifestamente protelatórios	211
13.7.	Aplicabilidade nos demais ritos processuais	212
13.8.	Regime jurídico recursal	212

CAPÍTULO 14 – AUDIÊNCIA DE CONCILIAÇÃO OU MEDIAÇÃO ... 215

14.1.	Introdução	215
14.2.	Obrigatoriedade ou não de sua realização	215
14.3.	Nas ações do direito de família	216
14.4.	Hipóteses de inadmissão	217
14.5.	Nas ações que envolvam o Poder Público	217
14.6.	Compatibilidade com os procedimentos especiais	218
14.7.	Manifestação de desinteresse do réu	218
14.8.	Negócio processual sobre a audiência	218
14.9.	Ausência injustificada	219
14.10.	Comparecimento pessoal e representação das partes	219
14.11.	Conciliação ou mediação	221

CAPÍTULO 15 – CONTESTAÇÃO, RECONVENÇÃO E REVELIA ... 223

15.1.	Noções gerais		223
15.2.	Prazo de resposta e seu termo *a quo*		223
15.3.	Contestação		224
	15.3.1.	Concentração ou eventualidade	224
		15.3.1.1. Exceções à concentração ou eventualidade	225
	15.3.2.	Impugnação especificada dos fatos	225
		15.3.2.1. Exceções ao ônus da impugnação especificada	225
	15.3.3.	Ordem a ser observada na contestação	226
15.4.	Questões prévias (preliminares)		227
15.5.	Questões prévias (prejudiciais)		231
15.6.	Defesas de mérito		231
15.7.	Vício na representação		232
15.8.	Intempestividade		232
15.9.	Alegação de incompetência no domicílio do réu		232
15.10.	Reconvenção		233
	15.10.1.	Generalidades	233
	15.10.2.	Legitimidade	233
	15.10.3.	Interesse, necessidade e adequação	235
	15.10.4.	Pressupostos processuais	236
	15.10.5.	Procedimento	237
15.11.	Revelia		237
	15.11.1.	Noções gerais (contumácia e revelia)	237

SUMÁRIO | XXI

15.11.2. Possíveis efeitos da revelia 238

15.11.3. Possibilidade de rescisória 241

15.11.4. *Querella nullitatis insanabilis* 241

15.11.5. Revelia na reconvenção 241

15.11.6. Revelia nos embargos do executado 242

CAPÍTULO 16 – JULGAMENTO CONFORME O ESTADO DO PROCESSO... 243

16.1. Julgamento conforme o estado do processo 243

16.2. Julgamento imediato do mérito 243

16.3. Julgamento imediato parcial do mérito 245

16.4. Julgamento parcial de mérito nos tribunais 246

CAPÍTULO 17 – SANEAMENTO E ORGANIZAÇÃO DO PROCESSO 247

17.1. Noções gerais 247

17.2. Pedido de esclarecimento e ajuste. estabilização 248

17.3. Calendário processual 249

17.4. Estabilização e questões de "ordem pública" (Cogentes) 250

CAPÍTULO 18 – AUDIÊNCIA DE INSTRUÇÃO E JULGAMENTO 251

18.1. Noções gerais 251

18.2. Natureza jurídica 251

18.3. Princípios 252

18.4. Juiz, MP, partes, advogados e auxiliares da justiça 252

18.5. Estrutura dos atos 253

CAPÍTULO 19 – DIREITO PROBATÓRIO 255

19.1. Noções gerais e conceito 255

19.2. Teoria geral da prova 255

19.2.1. Natureza jurídica das normas sobre provas 255

19.2.2. Objeto da prova. Prova de direito 256

19.2.3. Exclusão do objeto da prova 257

19.2.4. Fases da prova. Prova produzida e obtida 258

19.2.5. Provas diretas, indiretas, típicas e atípicas. Fontes e meios de provas 258

19.2.6. Destinatários da prova 259

19.2.7. Ônus da prova: subjetivo e objetivo 259

19.2.8. Distribuições sobre o ônus da prova 260

19.2.8.1. Atribuição ope legis 261

19.2.8.2. Distribuição ope iudicis 261

19.2.8.3. Distribuição convencional 263

19.2.9. Princípio da aquisição da prova e direito adquirido 263

19.2.10. Prova diabólica e negativa 263

19.2.11. Sistema de valoração: [livre] convencimento motivado ou persuasão racional 264

19.2.12.	Produção probatória pelo juízo	265
19.2.13.	Ponderação de interesses e as limitações probatórias	266
19.2.14.	Prova emprestada	266
19.2.15.	Interceptação, escuta e gravação telefônica	267
19.2.16.	Prova produzida em segredo de justiça	268
19.2.17.	Prova produzida por juízo incompetente	268
19.2.18.	Prova fora da terra	268
19.2.19.	Prova *ad perpetuam rei memoriam*	268
19.2.20.	Prova por estatística ou por amostragem	269
19.3.	Das demandas probatórias autônomas	269
19.3.1.	Produção antecipada de provas ou de asseguração da prova (art. 381, I, do CPC/2015)	271
19.3.2.	Demandas de descoberta (art. 381, II e III, do CPC/2015)	272
19.3.3.	Do arrolamento de bens (art. 381, § 1º, do CPC/2015)	272
19.3.4.	Da justificação (art. 381, § 5º, do CPC/2015)	272
19.4.	Das provas em espécie	272
19.4.1.	Ata notarial como meio de prova típico	272
19.4.2.	Depoimento pessoal	274
19.4.3.	Confissão	275
19.4.4.	Exibição de documento ou coisa	276
19.4.5.	Da arguição de falsidade documental, da prova documental e documentos eletrônicos	277
19.4.6.	Prova testemunhal	278
19.4.7.	Prova pericial	281
19.4.8.	Inspeção judicial	282

CAPÍTULO 20 – TEORIA DA DECISÃO JUDICIAL 285

20.1.	Noções gerais	285
20.2.	Decisões proferidas pelo juízo singular	285
20.2.1.	Sentença	285
20.2.2.	Interlocutórias	286
20.3.	Decisões proferidas em órgãos colegiados	287
20.4.	Elementos da decisão	287
20.5.	Relatório	287
20.6.	Fundamentação	288
20.6.1.	Decisão sem fundamentação	288
20.6.2.	Decisão mal fundamentada	289
20.6.3.	Funções da fundamentação	291
20.6.4.	Fundamentação. Questão prejudicial. Coisa julgada	291
20.7.	Dispositivo	293
20.7.1.	Decisão sem dispositivo	293
20.7.2.	Teoria dos capítulos da sentença. Decisões objetivamente complexas	293

SUMÁRIO | **XXIII**

20.8. Atributos da decisão 294
    20.8.1. Atributos intrínsecos 294
    20.8.2. Atributos extrínsecos. Vícios da sentença......... 297
20.9. Decisões subjetivamente complexas......... 299
20.10. Decisão e fato superveniente......... 300
    20.10.1. Alcance do art. 493 do CPC......... 300
20.11. Decisão definitiva e terminativa......... 301
20.12. Decisão determinativa......... 301
20.13. Efeitos da decisão 302
    20.13.1. Efeito principal 303
    20.13.2. Efeitos reflexos......... 303
    20.13.3. Efeitos anexos ou secundários......... 303
20.14. Publicação, intimação, retratação e integração......... 304

CAPÍTULO 21 – DO REEXAME NECESSÁRIO......... 307
21.1. Natureza Jurídica 307
21.2. Da constitucionalidade duvidosa......... 308
21.3. Hipóteses de reexame no CPC......... 309
21.4. Dispensas de reexame......... 310
21.5. Hipóteses de reexame em leis especiais......... 311
    21.5.1. Mandado de segurança......... 311
    21.5.2. Na tutela coletiva......... 312
    21.5.3. Nas desapropriações 312
    21.5.4. Adição de vencimento ou reclassificação profissional contra Fazenda Pública......... 313
    21.5.5. Pessoas portadoras de deficiência física......... 313
21.6. Procedimento......... 313

CAPÍTULO 22 – COISA JULGADA......... 317
22.1. Noções gerais......... 317
22.2. Coisa julgada formal e material 317
22.3. Pressupostos da coisa julgada material 318
22.4. Efeitos da coisa julgada 318
22.5. Limites objetivos da coisa julgada (o que faz coisa julgada?)......... 319
    22.5.1. Questões prejudiciais......... 319
22.6. Limites subjetivos da coisa julgada (quem se submete?) 320
22.7. Técnicas ou modos de produção da coisa julgada......... 320
22.8. Revisão da coisa julgada 321
    22.8.1. Ação rescisória......... 321
    22.8.2. *Querela nullitatis*......... 321
    22.8.3. Inexatidões materiais e erros de cálculo......... 321
    22.8.4. Sentença fundada em lei ou ato normativo declarados pelo STF como inconstitucionais ou incompatíveis com a Constituição.... 322

XXIV | PROCESSO CIVIL SISTEMATIZADO – *Haroldo Lourenço*

22.8.5.	Considerações sobre a relativização da coisa julgada	322
22.8.6.	Denúncia à Corte Interamericana de Direitos Humanos	324

CAPÍTULO 23 – TEORIA GERAL DA EXECUÇÃO ... 325

23.1.	Noções gerais	325
23.2.	Prescrição na execução	326
23.3.	Execução direta e indireta. atipicidade dos meios executivos	328
	23.3.1. Prisão civil	329
	23.3.2. Multa periódica	330
	23.3.3. Sanções premiais	331
	23.3.4. Protesto. Inserção em cadastro de inadimplentes	331
	23.3.5. Poder geral de efetivação ou atipicidade das medidas executivas	331
23.4.	Sincretismo processual	333
23.5.	Cognição, mérito e coisa julgada	334
23.6.	Princípios inerentes à atividade executiva	336
	23.6.1. Efetividade. Máxima coincidência do possível. Do resultado	336
	23.6.2. Menor onerosidade (art. 805 do CPC)	337
	23.6.3. Responsabilidade patrimonial ou de que "toda execução é real"	338
	23.6.4. Contraditório (cognição da atividade executiva)	339
	23.6.5. Unidirecional ou dispositivo e mérito da atividade executiva	340
	23.6.6. Cooperação, lealdade e boa-fé processual	341
	23.6.7. Princípio da tipicidade dos meios executivos *vs.* poder geral de efetivação	342
	23.6.8. Princípio da proporcionalidade	342

CAPÍTULO 24 – REQUISITOS PARA A ATIVIDADE EXECUTIVA ... 345

24.1.	Título executivo	345
	24.1.1. Princípio de que não há execução sem título	345
	24.1.2. Natureza do título executivo. Art. 785 do CPC	346
	24.1.3. Taxatividade dos títulos executivos. Negócio jurídico processual	347
	24.1.4. Tipicidade dos títulos executivos (*nulla titulus sine lege*)	347
	24.1.5. Atributos da obrigação representada no título	348
	24.1.6. Participação do devedor	350
24.2.	Títulos executivos judiciais (art. 515 do CPC)	351
	24.2.1. Inciso I: a decisão proferida no processo civil	351
	24.2.2. Inciso II: decisão que homologar autocomposição judicial	355
	24.2.3. Inciso III: acordo extrajudicial homologado em juízo	357
	24.2.4. Inciso IV: formal e a certidão de partilha	357
	24.2.5. Inciso V: crédito dos auxiliares da justiça homologados judicialmente	358
	24.2.6. Inciso VI: sentença penal condenatória transitada em julgado	358
	24.2.7. Inciso VII: sentença arbitral	361

SUMÁRIO | **XXV**

24.2.8.	Inciso VIII: sentença estrangeira homologada pelo STJ	362
24.2.9.	Inciso IX: interlocutória estrangeira após o *exequatur* pelo STJ	363

24.3. Títulos executivos extrajudiciais (art. 784 do CPC) 364

24.3.1.	Inciso I: letra de câmbio, nota promissória, duplicata, debênture e cheque	364
24.3.2.	Inciso II: escritura pública ou outro documento público assinado pelo devedor	366
24.3.3.	Inciso III: documento particular assinado pelo devedor e por duas testemunhas	366
24.3.4.	Inciso IV: instrumento de transação referendado pelo MP, pela Defensoria Pública, pela Advocacia Pública, pelos advogados dos transatores ou pelo conciliador ou mediador credenciado por tribunal	368
24.3.5.	Inciso V: contratos garantidos por penhor, hipoteca, anticrese e caução	369
24.3.6.	Inciso VI: contratos de seguro de vida em caso de morte	370
24.3.7.	Inciso VII: crédito decorrente de foro e laudêmio	371
24.3.8.	Inciso VIII: crédito, documentalmente comprovado, decorrente de aluguel de imóvel, bem como de encargos acessórios	372
24.3.9.	Inciso IX: certidão de dívida ativa	373
24.3.10.	Inciso X: Crédito condominial	374
24.3.11.	Inciso XI: certidão expedida por serventia notarial ou de registro	375
24.3.12.	Inciso XII: demais títulos atribuídos por lei com força executiva	376

24.4. Responsabilidade patrimonial 376

24.4.1.	Obrigação e responsabilidade patrimonial	376
24.4.2.	Bens que respondem pela satisfação da obrigação (arts. 789 e 790, III, do CPC)	378
24.4.3.	Responsabilidade patrimonial secundária do sucessor (art. 790, I, do CPC)	379
24.4.4.	Responsabilidade do sócio nos termos da lei (art. 790, II, do CPC)	379
24.4.5.	Responsabilidade do cônjuge (art. 790, IV, do CPC)	380
24.4.6.	Alienados ou gravados com ônus real em fraude à execução (art. 790, V, do CPC)	381

24.5. Impenhorabilidade de bens (art. 789 do CPC) 381

24.5.1.	Natureza jurídica das regras de impenhorabilidade	382
24.5.2.	Eficácia no tempo das normas sobre impenhorabilidade	383
24.5.3.	Hipóteses de impenhorabilidades	384
24.5.4.	Bem de família legal (Lei 8.009/1990)	384
24.5.5.	Bem de família convencional (art. 1.711 do CC/2002)	387
24.5.6.	Demais impenhorabilidades (arts. 833 e 834 do CPC)	387

24.6. Fraudes do devedor 394

24.6.1.	Fraude contra credores	394

XXVI | PROCESSO CIVIL SISTEMATIZADO – *Haroldo Lourenço*

24.6.2. Fraude à execução 396
24.6.3. Fraude do bem constrito judicialmente 398
24.6.4. Quadro sinótico 399

CAPÍTULO 25 – CUMPRIMENTO PROVISÓRIO DE SENTENÇA 401

25.1. Noções gerais 401
25.2. hipóteses de admissibilidade 401
25.3. Aspectos procedimentais 402
25.4. Formalização 402
25.5. Autos apartados ou mesmos autos? 402
25.6. Exigência de requerimento 403
25.7. Caução. Natureza jurídica. Dispensa 403
25.8. Responsabilidade do exequente 404
25.9. Multa do ART. 523 na execução provisória 405
25.10. Execução provisória contra a Fazenda Pública e seus limites 406

CAPÍTULO 26 – LIQUIDAÇÃO DE SENTENÇA 409

26.1. Considerações iniciais 409
26.2. Obrigações liquidáveis 410
26.3. Títulos liquidáveis 410
26.4. Vedações à sentença ilíquida 411
26.5. Cognição. Natureza jurídica da decisão. Fidelidade ao título 411
26.6. Liquidação provisória. Liquidação contra a Fazenda Pública 412
26.7. Legitimidade: credor ou devedor 413
26.8. Modalidades de liquidação 413
26.9. Competência 414
26.10. Procedimentos liquidatórios: considerações iniciais 415
26.11. Liquidação por arbitramento 415
26.12. Liquidação pelo procedimento comum 416
26.13. Hipóteses de liquidação que frustra a execução 417
    26.13.1. Prescrição e decadência 417
    26.13.2. Liquidação de valor zero 417
    26.13.3. Ausência de prova 417
26.14. Considerações finais 418

CAPÍTULO 27 – CUMPRIMENTO DE SENTENÇA NAS OBRIGAÇÕES DE FAZER, NÃO FAZER E ENTREGAR COISA 419

27.1. Considerações iniciais 419
27.2. Da máxima coincidência possível 420
27.3. Meios de efetivação 421
27.4. Multa periódica 422
27.5. Conversão da obrigação em perdas e danos 423
27.6. Impossibilidade de cumprimento de forma específica 424

SUMÁRIO | **XXVII**

27.7. Exceção ao princípio da adstrição 425

    27.7.1. Prisão civil como meio de coerção indireta atípica 425

27.8. Obrigações de emitir declaração de vontade (art. 501 do CPC)............ 426

27.9. Cumprimento de sentença – obrigações de entregar coisa 427

    27.9.1. Considerações iniciais 427

    27.9.2. Formas de efetivação... 427

    27.9.3. Retenção e indenização de benfeitorias 428

27.10. Defesa do executado 428

CAPÍTULO 28 – CUMPRIMENTO DE SENTENÇA NAS OBRIGAÇÕES DE PAGAR 429

28.1. Noções gerais... 429

28.2. Requerimento 429

28.3. Cálculos do credor... 430

28.4. Prescrição intercorrente.. 431

28.5. Intimação do executado (art. 513, § 2º, do CPC)..................................... 431

28.6. Pagamento em consignação especial 432

28.7. Prazo para pagamento... 433

28.8. Multa do art. 523, § 1º, do CPC.. 433

28.9. Pagamento total e parcial. Oferecimento de bens 433

28.10. Hipossuficiência econômica.. 434

28.11. Honorários advocatícios 434

CAPÍTULO 29 – EXECUÇÃO EXTRAJUDICIAL (FAZER, NÃO FAZER, ENTREGAR COISA E PAGAR).. 435

29.1. Noções gerais... 435

29.2. Petição inicial 436

29.3. Emenda. Interrupção da prescrição. Citação postal................................ 437

29.4. Execução extrajudicial nas obrigações de entregar coisa 439

29.5. Execução extrajudicial nas obrigações de fazer e não fazer.................... 440

29.6. Execução extrajudicial nas obrigações de pagar 441

29.7. Posturas do executado 441

    29.7.1. Pagamento no prazo de três dias. Honorários. Sanção premial... 441

    29.7.2. Inércia do executado (art. 829, § 1º)... 442

    29.7.3. Oposição de embargos do executado (arts. 915 c/c 914)............. 442

    29.7.4. Parcelamento compulsório ou moratória legal (art. 916)............ 443

29.8. Arresto executivo... 445

29.9. Certidão de execução... 445

CAPÍTULO 30 – PENHORA 447

30.1. Noções gerais... 447

30.2. Efeitos processuais da penhora... 447

    30.2.1. Garantia do juízo... 447

PROCESSO CIVIL SISTEMATIZADO – *Haroldo Lourenço*

30.2.2. Individualização do bem sujeito à execução	448
30.2.3. Direito de preferência	448
30.3. Efeitos materiais da penhora	449
30.3.1. Desapossamento	449
30.3.2. Ineficácia dos atos de oneração e alienação	449
30.4. Ordem de preferência (art. 835 do CPC/2015)	450
30.5. Penhora *on-line*	450
30.6. Substituição do bem penhorado	452

CAPÍTULO 31 – EXPROPRIAÇÃO 455

31.1. Noções gerais	455
31.2. Adjudicação	456
31.2.1. Momento da adjudicação	457
31.2.2. Valor da adjudicação	458
31.2.3. Legitimados para a adjudicação	458
31.2.4. Pluralidade de interessados. Licitação incidental	458
31.2.5. Intimação do executado	459
31.2.6. Auto de adjudicação	459
31.3. Alienação	460
31.4. Alienação por iniciativa particular	460
31.5. Leiloeiro judicial	461
31.6. Edital	462
31.7. Realização do leilão	464
31.8. Legitimados a arrematar	464

CAPÍTULO 32 – DEFESAS DO EXECUTADO 465

32.1. Noções gerais	465
32.2. Embargos à execução	465
32.2.1. Nomenclatura e hipóteses de utilização	465
32.2.2. Natureza jurídica	465
32.2.3. Desnecessidade de garantia do juízo	466
32.2.4. Prazo	467
32.2.5. Efeito suspensivo. Garantia do juízo	468
32.2.6. Procedimento	469
32.2.7. Matérias alegáveis	471
32.3. Impugnação ao cumprimento de sentença	472
32.3.1. Noções gerais	472
32.3.2. Natureza jurídica	472
32.3.3. Matérias alegáveis	472
32.3.4. Procedimento. Prazo. Resposta. Honorários. Garantia do juízo	475
32.3.5. Efeitos	477
32.3.6. Recursos	477
32.4. Quadro sinótico	478

SUMÁRIO | **XXIX**

32.5. Exceção de pré-executividade 479

    32.5.1. Noções históricas.. 479

    32.5.2. Objeto 479

    32.5.3. Nomenclatura 480

    32.5.4. Procedimento.. 480

32.6. Ações autônomas (defesas heterotópicas)..................................... 481

    32.6.1. Noções gerais 481

CAPÍTULO 33 – CUMPRIMENTO DE SENTENÇA E EXECUÇÃO EXTRA-JUDICIAL CONTRA A FAZENDA PÚBLICA 483

33.1. Noções gerais.. 483

33.2. Fazenda pública... 483

33.3. Cumprimento de sentença nas obrigações de pagar quantia 484

33.4. Impugnação ao cumprimento de sentença.................................... 486

33.5. Da expedição do precatório 490

33.6. Execução extrajudicial para o pagamento de quantia certa 490

33.7. Período de apresentação e regime de pagamento.......................... 491

33.8. Sequestro 492

33.9. Honorários advocatícios 493

CAPÍTULO 34 – DO CUMPRIMENTO DE SENTENÇA E DA EXECUÇÃO EXTRAJUDICIAL DE ALIMENTOS 495

34.1. Noções gerais.. 495

34.2. Espécies de obrigações alimentícias.. 495

34.3. Competência. Execução itinerante 496

34.4. Legitimidade ativa do Ministério Público 496

34.5. Procedimento.. 496

34.6. Técnicas executivas diferenciadas... 497

34.7. Execução extrajudicial 498

34.8. Mecanismos de defesa do executado.. 498

CAPÍTULO 35 – DOS PROCESSOS NOS TRIBUNAIS 501

CAPÍTULO 36 – SISTEMA BRASILEIRO DE PRECEDENTES 503

36.1. Noções gerais.. 503

36.2. Norma jurídica geral e individualizada... 504

36.3. Jurisprudência dominante. Súmula. *Ratio decidendi. Obter dictum* 504

36.4. Efeitos do precedente.. 507

36.5. Precedentes declarativos e criativos 508

36.6. Dinâmica do precedente 508

    36.6.1. Técnicas de confronto e superação do precedente: *distinguishing e overruling*.. 508

36.7. Deveres gerais dos tribunais sobre o sistema de precedentes................. 511

PROCESSO CIVIL SISTEMATIZADO – Haroldo Lourenço

36.8.	Precedentes com eficácia vinculante no CPC/15	513
36.9.	Eficácia *ex tunc* ou *ex nunc* do art. 927 Do CPC/15	513
36.10.	Cabimento de reclamação. Eficácia vinculante escalonada: grande, média e pequena	514

CAPÍTULO 37 – DOS PODERES DOS RELATORES 515

37.1.	Noções gerais	515
37.2.	Do art. 932 do CPC	515

CAPÍTULO 38 – TÉCNICA DE JULGAMENTO PARA AMPLIAÇÃO DO COLEGIADO 519

38.1.	Sobre a extinção dos embargos infringentes	519
38.2.	Técnica de julgamento substitutiva	519
38.3.	Hipóteses de aplicação	520
38.4.	alguns problemas interpretativos	521
38.5.	Hipóteses de inadmissão de tal técnica	522
38.6.	Sustentação oral	523
38.7.	Possibilidade de revisão do voto já proferido	523

CAPÍTULO 39 – DO INCIDENTE DE ASSUNÇÃO DE COMPETÊNCIA (IAC) 525

39.1.	Noções gerais	525
39.2.	Objetivos	525
39.3.	Pressupostos	525
39.4.	Legitimidade	526
39.5.	Competência, admissibilidade e julgamento	527
39.6.	Ordem cronológica de julgamento	527

CAPÍTULO 40 – AÇÃO RESCISÓRIA 529

40.1.	Noções gerais	529
40.2.	Ação rescisória	530
40.3.	Nulidade, sanatória geral, rescindibilidade e coisa soberanamente julgada	530
40.4.	Pressupostos da ação rescisória	531
	40.4.1. Decisão rescindível	531
	40.4.2. Trânsito	535
	40.4.3. Prazo	536
	40.4.4. Hipóteses de rescindibilidade	537
40.5.	Condições da ação	546
	40.5.1. Legitimidade (art. 967 do CPC)	546
	40.5.2. Interesse de agir	548
40.6.	Competência	548
40.7.	Procedimento	550
	40.7.1. Petição inicial	550

SUMÁRIO | **XXXI**

40.7.2.	Depósito prévio de 5% do valor da causa	551
40.7.3.	Tutela provisória e a execução da decisão rescindenda	552
40.7.4.	Documentos indispensáveis	552
40.7.5.	Posturas do relator diante da petição inicial	552
40.7.6.	Respostas do réu	553
40.7.7.	Ministério Público	553
40.7.8.	Instrução probatória	553
40.7.9.	Audiência de conciliação e mediação	554
40.7.10.	Recursos	554

40.8. Rescisória de rescisória ... 554

40.9. Principais diferenças entre rescisória e *querela* ... 554

40.10. Ação rescisória e ação anulatória ... 555

CAPÍTULO 41 – INCIDENTE DE RESOLUÇÃO DE DEMANDAS REPETITIVAS (IRDR) ... 557

41.1. Noções gerais ... 557

41.2. Requisitos positivos e negativos ... 557

41.3. Diferença entre IRDR e IAC ... 558

41.4. Competência para admissibilidade ... 558

41.5. Competência para julgamento do IRDR ... 558

41.6. IRDR e os Juizados Especiais Cíveis ... 559

41.7. Legitimidade para instauração ... 559

41.8. Objeto do IRDR ... 560

41.9. Prazo ... 560

41.10. Custas ... 560

41.11. Recursos e rescisória no IRDR ... 560

41.12. Suspensão dos processos ... 561

41.13. Da decisão de julgamento do IRDR ... 562

CAPÍTULO 42 – RECLAMAÇÃO ... 563

42.1. Noções gerais ... 563

42.2. Natureza jurídica ... 563

42.3. Possibilidade no âmbito dos TJs e TRFs ... 564

42.4. Procedimento ... 565

42.5. Hipóteses de admissibilidade ... 566

42.5.1.	Usurpação de competência (art. 988, I, do CPC)	566
42.5.2.	Desrespeito à autoridade da decisão do tribunal (art. 988, II, do CPC)	567
42.5.3.	Desrespeito à súmula vinculante e às decisões em controle de constitucionalidade concentrado (art. 988, III, do CPC/2015 e Lei 11.417/2006)	568
42.5.4.	Inobservância de precedente em incidente de resolução de demandas repetitivas ou de assunção de competência (art. 988, IV, do CPC)	569

XXXII | PROCESSO CIVIL SISTEMATIZADO – *Haroldo Lourenço*

42.5.5.	Eficácia vinculante escalonada dos precedentes	569
42.5.6.	Decisão de turma recursal de Juizado Especial Cível	570
42.6.	Distinção entre reclamação e correição parcial	573

CAPÍTULO 43 – MEIOS DE IMPUGNAÇÃO ÀS DECISÕES JUDICIAIS 575

43.1.	Meios de impugnação às decisões judiciais	575
43.2.	Conceito	576
43.3.	Classificação dos recursos	577
	43.3.1. Quanto à extensão da matéria: total ou parcial	577
	43.3.2. Recurso principal e recurso adesivo	577
	43.3.3. Quanto ao objeto: recursos ordinários e excepcionais	578
	43.3.4. Quanto à fundamentação: livre e vinculada	579
43.4.	Atos recorríveis	579
	43.4.1. Atos recorríveis: decisões de juízo de primeiro grau	579
	43.4.2. Atos recorríveis: decisões monocráticas no tribunal	581
43.5.	Juízos recursais: admissibilidade (conhecimento)	582
	43.5.1. Competência para o juízo de admissibilidade	583
	43.5.2. Natureza jurídica do juízo de admissibilidade	584
	43.5.3. Requisitos genéricos de admissibilidade	586
	43.5.4. Cabimento	586
	43.5.5. Legitimidade para recorrer	588
	43.5.6. Interesse recursal	589
	43.5.7. Inexistência de fatos impeditivos ou extintivos do direito de recorrer	591
	43.5.8. Regularidade formal	592
	43.5.9. Preparo	592
	43.5.10. Tempestividade	595
43.6.	Juízo de mérito	597
	43.6.1. Pedido e causa de pedir recursais	597
	43.6.2. Cumulação de pedidos e de causas de pedir no recurso	599
43.7.	Efeitos dos recursos	600
	43.7.1. Impeditivo ou obstativo	600
	43.7.2. Efeito desobstrutivo	601
	43.7.3. Efeito suspensivo	601
	43.7.4. Efeito devolutivo	602
	43.7.5. Efeito translativo	604
	43.7.6. Efeito regressivo ou iterativo ou rotatório	605
	43.7.7. Efeito expansivo subjetivo	605
	43.7.8. Efeito substitutivo	606
	43.7.9. Efeito interruptivo	606
43.8.	*Reformatio in pejus. Reformatio in mellius.* Benefício comum	607
43.9.	Honorários recursais	609
43.10.	"Recurso" adesivo	610
	43.10.1. Recurso adesivo cruzado/condicionado	612

SUMÁRIO   XXXIII

CAPÍTULO 44 – APELAÇÃO 613

44.1. Noções gerais.................................... 613

44.2. Requisitos 614

44.3. Regularidade formal.............................. 615

44.4. Hipótese do art. 1.009, § 1º, do CPC: contrarrazões ou recurso? 615

44.5. Procedimento em primeira instância.............. 616

44.6. Procedimento no Tribunal........................ 616

44.7. Efeito Devolutivo 617

    44.7.1. Efeito devolutivo na extensão. *Ius novorum* 617

    44.7.2. Efeito devolutivo na profundidade 618

44.8. Efeito suspensivo *ope legis* e *ope iudicis* 618

44.9. Teoria da causa madura ou efeito desobstrutivo 620

CAPÍTULO 45 – DOS AGRAVOS 623

45.1. Considerações gerais sobre o agravo............. 623

45.2. Agravo de instrumento.......................... 623

    45.2.1. A controvérsia sobre o rol do art. 1.015: o STJ e nossa posição... 623

    45.2.2. Análise das hipóteses do art. 1.015 625

    45.2.3. Interposição 630

    45.2.4. Efeito suspensivo 630

    45.2.5. Instrução do agravo: documentos obrigatórios 630

    45.2.6. Instrução do agravo: documentos facultativos......... 631

    45.2.7. Vícios que comprometam a admissibilidade do agravo......... 632

    45.2.8. Comprovação da interposição do agravo de instrumento......... 632

    45.2.9. Procedimento e aplicação da teoria da causa madura......... 633

    45.2.10. Superveniência de sentença 634

45.3. Agravo interno 635

45.4. Agravo em recurso especial e extraordinário......... 636

CAPÍTULO 46 – EMBARGOS DE DECLARAÇÃO 639

46.1. Conceito.. 639

46.2. Hipóteses de cabimento.......................... 639

46.3. Objetivo 641

46.4. Procedimento.................................... 641

46.5. Efeito devolutivo 642

46.6. Efeito suspensivo................................ 642

46.7. Efeito infringente ou modificativo 642

46.8. Efeito interruptivo, expansivo e de prequestionamento......... 643

46.9. Efeito integrativo................................ 645

46.10. Dispensabilidade dos embargos de declaração e decisão omissa 646

46.11. Controle de constitucionalidade e julgamento dos embargos......... 647

CAPÍTULO 47 – DOS RECURSOS EXCEPCIONAIS 649

47.1. Introdução...................................... 649

XXXIV | PROCESSO CIVIL SISTEMATIZADO – *Haroldo Lourenço*

47.2. Requisitos específicos de admissibilidade 649
    47.2.1. Violação direta à norma. Conversibilidade 649
    47.2.2. Proibição de reexame de provas e cláusulas contratuais 650
    47.2.3. Prequestionamento 652
    47.2.4. Esgotamento recursal 654
47.3. Posturas da presidência ou vice-presidência do tribunal recorrido 654
47.4. Efeito Suspensivo *ope iudicis* 657
47.5. Preparo 657
47.6. Profundidade do efeito devolutivo 657
47.7. Questões de "ordem pública" 658
47.8. Cabimento contra acórdão que julga agravo de instrumento 659
47.9. Procedimento 660
47.10. Julgamento dos RECURSOS extraordinário e especial repetitivos 662

CAPÍTULO 48 – RECURSO ESPECIAL 667
48.1. Funções do STJ 667
48.2. Hipóteses de cabimento de recurso especial (art. 105, III, da CF) 667
    48.2.1. Decisão que contrariar tratado ou lei federal ou negar-lhe vigência 669
    48.2.2. Julgar válido ato de governo local contestado em face de lei federal 670
    48.2.3. Der a lei federal interpretação divergente da que lhe haja atribuído outro tribunal 670
48.3. Decisão em remessa necessária 671

CAPÍTULO 49 – RECURSO EXTRAORDINÁRIO 673
49.1. Introdução 673
49.2. Hipóteses de cabimento (art. 102, III, da Cr/1988) 673
    49.2.1. Decisão contrária a dispositivo da Constituição Federal 674
    49.2.2. Decisão que decreta inconstitucionalidade de tratado ou lei federal 674
    49.2.3. Decisão que julga válida lei ou ato de governo local contestado em face da Constituição 675
    49.2.4. Decisão recorrida julgar válida lei local contestada em face de lei federal 675
49.3. Repercussão geral 675
    49.3.1. Crise do STF 675
    49.3.2. Eficácia e natureza jurídica do instituto 675
    49.3.3. Distinção da vetusta arguição de relevância 676
    49.3.4. Análise da repercussão geral 676
    49.3.5. *Quorum* para inadmissão 678
    49.3.6. *Amicus curiae* 679
    49.3.7. Prazo para julgamento 679
    49.3.8. Decisão da Presidência ou Vice-Presidência 680

CAPÍTULO 50 – RECURSO ORDINÁRIO CONSTITUCIONAL 681

50.1. Introdução 681

50.2. ROC para o STF (art. 1.027, I, do CPC/2015). Recurso *secundum eventum litis* 682

50.3. ROC em MS (art. 1.027, II, "a", do CPC/2015). Recurso *secundum eventum litis* 682

50.4. Procedimento (tanto para o STJ como para o STF) 683

50.5. ROC em causas internacionais (art. 1.027, II, "b", do CPC/2015) 685

BIBLIOGRAFIA 687

MATERIAL SUPLEMENTAR

COMPETÊNCIA DA JUSTIÇA FEDERAL 1

DAS INTERVENÇÕES DE TERCEIRO 17

INVALIDADES PROCESSUAIS 77

MINISTÉRIO PÚBLICO 83

ALEGAÇÃO DE IMPEDIMENTO E SUSPEIÇÃO 91

ATOS PROCESSUAIS 95

DA COGNIÇÃO 129

PROVIDÊNCIAS PRELIMINARES 137

COMPETÊNCIA EXECUTIVA 139

PARTES NA EXECUÇÃO 147

EMBARGOS DE DIVERGÊNCIA 155

BIBLIOGRAFIA 159

1
NORMAS FUNDAMENTAIS DO PROCESSO CIVIL

1.1. FASES METODOLÓGICAS DO DIREITO PROCESSUAL

O Direito Processual Civil sucessivamente foi passando por algumas fases metodológicas, o que se mostra relevante para se compreender o estágio atual, denominado de neoprocessualismo ou formalismo valorativo, no qual o processo civil sofreu uma leitura constitucional, criando-se um "modelo constitucional de processo". Como se pode observar do art. 1º do CPC/2015 deve ser *"ordenado, disciplinado e interpretado conforme os valores e normas fundamentais estabelecidos na Constituição".*

Vejamos uma síntese dessas fases:

(i) Praxismo (ou fase sincretista): Ocorria uma confusão entre o direito material e o processual – o processo era estudado apenas em seus aspectos práticos, sem preocupações científicas.

A ação era o direito material em movimento, ou seja, uma vez lesado, esse direito adquiria forças para obter em juízo a reparação da lesão sofrida. Nessa fase, ainda não se visualizava a autonomia da relação jurídica processual em confronto com a relação jurídica material. O direito processual não era um ramo autônomo do direito e, tampouco, havia estudos para uma pretensa autonomia científica. O que havia era um conjunto de formas para o exercício do direito, sob uma condução pouco participativa do juiz.

No século XIX, com o estudo pelos alemães da natureza jurídica da ação, bem como da natureza jurídica do processo, tal fase começou a ruir, pois os conhecimentos eram empíricos, sem nenhuma consciência de princípios ou embasamento científico.

(ii) Processualismo (ou fase do autonomismo): O processo passou a ser estudado autonomamente, ganhando relevo a afirmação científica do processo. Durante praticamente um século, tiveram lugar as grandes teorias processuais, especialmente sobre a natureza jurídica da ação e do processo, as condições da ação e os pressupostos processuais (BÜLOW, 1964).[1]

---

[1] Tal obra é considerada "certidão de nascimento do processo civil" (DINAMARCO. *Instituições* de direito processual civil. São Paulo: Malheiros, 2001, v. 1, p. 258), todavia, o estudo do processo

A afirmação da autonomia científica do direito processual foi uma grande preocupação desse período, em que as grandes estruturas do sistema foram traçadas e os conceitos largamente discutidos e amadurecidos.

Caracterizou-se por ser uma fase muito introspectiva, tomando-se o processo, pelo processo apenas. Essa fase, a rigor, tornou-se autofágica, distanciada da realidade, gerando um culto exagerado às formas processuais, no afã de enfatizar a autonomia científica.

(iii) Instrumentalismo: O processo, embora autônomo, passa a ser encarado como instrumento de realização do direito material, a serviço da paz social. Como a primeira fase metodológica não visualizava o processo como instituição autônoma, a segunda acabou enfatizando, demasiadamente, a técnica, o formalismo.

Nesse sentido, surgiu a instrumentalidade, negando o caráter puramente técnico do processo, demonstrando que o processo não é um fim em si mesmo, mas um meio para se atingir um fim, dentro de uma ideologia de acesso à justiça.

Essa fase é, eminentemente, crítica, pois o processualista moderno sabe que a sua ciência atingiu níveis expressivos de desenvolvimento, porém o sistema ainda é falho na sua missão de produzir justiça. O processo passou a ser analisado a partir de resultados práticos, levando em conta o consumidor do serviço judiciário.

Não obstante se reconheçam as diferenças funcionais entre o direito processual e o direito material, estabelece-se entre eles uma relação circular de interdependência: o direito processual concretiza e efetiva o direito material, que confere ao primeiro o seu sentido. É a chamada **teoria circular dos planos processual e material**.[2]

(iv) Neoprocessualismo, formalismo valorativo, formalismo ético ou modelo constitucional de processo: A partir da evolução dessas fases metodológicas, sob a influência do neoconstitucionalismo, começou-se a se cogitar do neoprocessualismo, que interage com o instrumentalismo. Fato é que o direito processual civil está vivendo uma nova fase, uma quarta (DIDIER JR., 2015. p. 42-46), não importando a denominação que se utilize. Tal fase se mostra bem marcante com o CPC/2015, o qual consagra dos arts. 1º a 12 as denominadas **"normas fundamentais do processo civil"**, que introduzem a parte geral do CPC e consagram direitos fundamentais processuais, ou seja, as normas infraconstitucionais buscam concretizar as disposições constitucionais. Cabe ressaltar que o rol de normas fundamentais previsto no CPC/2015 **não** é exaustivo (Enunciado 369 FPPC), eis que, por exemplo, não há previsão do princípio do juiz natural, bem como pode ser **regra** ou **princípio** (Enunciado 370 FPPC).

> **NORMAS PROCESSUAIS = PRINCÍPIOS PROCESSUAIS + REGRAS PROCESSUAIS**

---

como relação jurídica vem de Hegel, sendo mais tarde lembrado por Bethmann-Holweg para só então ser trabalhada por Bülow (PONTES DE MIRANDA, Francisco Cavalcanti. *Comentários ao Código de Processo Civil.* 4. ed. Rio de Janeiro, 1997. t. III, p. 435), *apud* MITIDIEIRO, Daniel. *Bases para construção de um processo civil cooperativo: o direito processual civil no marco teórico do formalismo-valorativo.* 2007. Tese (Doutorado) – UFRS. Porto Alegre. p. 20, nota 64.

[2] Maiores considerações sobre instrumentalidade do processo, bem como sobre a mencionada teoria, serão realizadas no capítulo específico dos princípios processuais.

Sobre o neoconstitucionalismo, devemos considerar que nosso ordenamento sempre foi positivista,[3] no qual o papel do juiz era o de tão somente descobrir e revelar a solução contida na norma, havendo muito pouco juízo de valor, conduzindo ao entendimento acerca da imposição das leis como verdade única. O processo civil deve consagrar uma teoria dos direitos fundamentais, bem como a força normativa da Constituição[4], o que no processo denomina-se de neoprocessualismo. Esse "constitucionalismo da efetividade", a incidência da Constituição sobre a realidade social independentemente de qualquer mediação legislativa, promovendo justiça, igualdade e liberdade (SARMENTO, 2009. p. 31-32).

Nesse novo modelo, como dito, adotado no CPC/2015 nos arts. 1º a 12, o magistrado deve estar preparado para constatar que a solução não está integralmente na norma, o que demanda um papel criativo na formulação da solução para o problema, tornando-se, assim, coparticipante do papel de produção do direito, mediante integração, com suas próprias valorações e escolhas, das cláusulas abertas constantes do sistema jurídico.

Não é demais lembrar importante lição de renomada doutrina acerca de que o processo, na sua condição de autêntica ferramenta de natureza pública indispensável para a realização da justiça e da pacificação social, não pode ser compreendido como mera técnica, mas, sim, como instrumento de realização de valores e especialmente de valores constitucionais, impondo-se considerá-lo como direito constitucional aplicado (OLIVEIRA, 2004).

Luis Roberto Barroso sintetiza que vivemos a perplexidade e a angústia da aceleração da vida, pois os tempos não andam propícios a doutrinas, mas para mensagens de consumo rápido. Para *jingles*, e não para sinfonias. O Direito vive uma grave crise existencial. Não consegue entregar os dois produtos que fizeram sua reputação ao longo dos séculos. De fato, a injustiça passeia pelas ruas com passos firmes e a insegurança é a característica da nossa era. Na aflição dessa hora, imerso nos acontecimentos, não pode o intérprete beneficiar-se do distanciamento crítico em relação ao fenômeno que lhe cabe analisar. Ao contrário, precisa operar em meio à fumaça e à espuma. Talvez esta seja uma boa explicação para o recurso recorrente aos prefixos pós e neo: pós-modernidade, pós-positivismo, neoliberalismo, neoconstitucionalismo. Sabe-se que veio depois e que tem a pretensão de ser novo. Mas ainda não se sabe bem o que é. Tudo é ainda incerto. Pode ser avanço. Pode ser uma volta ao passado. Pode ser apenas um movimento circular, uma dessas guinadas de 360 graus (BARROSO, 2010. p. 1).

Nessa linha, por exemplo, o art. 4º da Lei de Introdução às Normas do Direito Brasileiro (1942) impõe ao magistrado ter que decidir o litígio com base na lei e, na sua falta, se reportar à analogia, aos costumes e, por último, aos princípios gerais do direito (como se não possuíssem eficácia normativa). Consagrando a proibição ao *non liquet* (não podendo se abster), demonstra esse resquício, como se a Constituição devesse ser interpretada à luz da lei, não a lei à luz da Constituição. O CPC/2015,

---

[3] Para o Positivismo jurídico o Direito é aquilo que é posto pelo Estado, sendo então esse o objeto que deve ser definido, cujos esforços sejam voltados à reflexão sobre a sua interpretação.

[4] As expressões não são unânimes, principalmente em razão da sua vagueza. Não é por outra razão que alguns autores se referem a vários "neoconstitucionalismos". Nesse sentido: DIDIER JR., Fredie. *Teoria do processo e teoria do direito...* cit., p. 2, citando Daniel Sarmento.

em seu art. 140, não repetiu tal previsão, mostrando-se afinado com os ditames do Direito Constitucional. O juiz não decide com base na lei, mas com base no Direito. Os princípios não estão "fora" da legalidade, entendida essa como o Direito positivo: os princípios a compõem (DIDIER JR., 2009).

Gradualmente, a lei deixou de ser o centro do ordenamento jurídico. Não por outro motivo que o art. 489, § 2º, do CPC/2015 afirma que, no caso de **colisão entre normas**, o juiz deve **justificar o objeto e os critérios gerais da ponderação efetuada**, enunciando as razões que autorizam a interferência na norma afastada e as premissas fáticas que fundamentam a conclusão.

A lei perdeu sua posição central como fonte do direito e passou a ser subordinada à Constituição, não valendo, por si só, mas somente se em conformidade com a Constituição e, especialmente, se adequada aos direitos fundamentais. A função dos juízes, ao contrário do que desenvolvia Giuseppe Chiovenda, deixou de ser apenas atuar (declarar) a vontade concreta da lei e assumiu o caráter constitucional, possibilitando o controle da constitucionalidade das leis e dos atos normativos.

Atualmente, já se fala que a jurisdição é uma atividade criativa da norma jurídica no caso concreto, bem como se cria, muitas vezes, a própria regra abstrata que deve regular o caso concreto (DIDIER JR., 2009. v. I, p. 70). Deve-se deixar de lado a opinião de que o Poder Judiciário só exerce a função de legislador negativo, para compreender que ele concretiza o ordenamento jurídico diante do caso concreto (ÁVILA, 2007. p. 34).[5]

O direito fundamental de acesso à justiça, previsto no art. 5º, inciso XXXV, da CF, significa o direito à ordem jurídica justa (WATANABE, 1988. p. 135) repetido no art. 3º do CPC/2015. Assim, a designação "acesso à justiça" não se limita apenas à mera admissão ao processo ou à possibilidade de ingresso em juízo, mas, ao contrário, essa expressão deve ser interpretada extensivamente, compreendendo a noção ampla do acesso à ordem jurídica justa, que abrange: (i) o ingresso em juízo; (ii) a observância das garantias compreendidas na cláusula do devido processo legal; (iii) a participação dialética na formação do convencimento do juiz, que irá julgar a causa (efetividade do contraditório); (iv) a adequada e tempestiva análise, pelo juiz, natural e imparcial, das questões discutidas no processo (decisão justa e motivada); (v) a construção de técnicas processuais adequadas à tutela dos direitos materiais (instrumentalidade do processo e efetividade dos direitos) (CAMBI, 2007. p. 25).

Assim, para uma perfeita compreensão de acesso à ordem jurídica justa, faz-se necessário o conjunto de garantias e dos princípios constitucionais fundamentais ao direito processual, o qual se insere no denominado direito fundamental ao processo justo.

Nesse conjunto de garantias e princípios constitucionais processuais se incluem o direito de ação, a ampla defesa, a igualdade e o contraditório efetivo, o juiz natural, a publicidade dos atos processuais, da independência e imparcialidade do juiz, a motivação das decisões judiciais, a possibilidade de controle recursal das decisões

---

[5] No mesmo sentido, imprescindível leitura de: MENDES, Gilmar Ferreira et al. *Curso de direito constitucional*. 2. ed. rev. e atual. São Paulo: Saraiva, 2008. p. 94-97, o qual clama para que o estudioso, com serenidade, discuta o problema da criação judicial do direito, enumerando várias proposições em sua defesa.

etc. Desse modo, pode-se afirmar que o direito ao processo justo é sinônimo do direito fundamental à tutela jurisdicional efetiva, célere e adequada.

Sendo a tutela jurisdicional um direito fundamental (art. 5º, XXXV, da CF/1988, c/c o art. 3º do CPC/2015), devendo ser prestada de modo efetivo, célere e adequado (art. 5º, LXXVIII, da CF/1988, c/c o art. 4º do CPC/2015), há uma vinculação do legislador, do administrador e do juiz, pois os direitos fundamentais possuem uma dimensão objetiva, constituindo um conjunto de valores básicos e diretivos da ação positiva do Estado (SARLET, 1998. p. 140). Como cediço, os direitos fundamentais geram influência sobre todo o ordenamento, servindo de norte para a ação de todos os poderes constituídos (MENDES, 2008. p. 266).

Nesse contexto, alguns pontos assumem grande relevância: o princípio da adequação do procedimento à causa; pensar na tutela de interesses coletivos, pois o CPC foi idealizado em uma visão individualista, bastando consultar o seu art. 18 (que disciplina que a regra é ir a juízo em nome próprio, na defesa de direito próprio) e art. 506 do CPC/2015 (limites subjetivos da coisa julgada material); a melhor distribuição do tempo como um ônus a ser dosado de forma isonômica entre as partes; a aproximação da cognição à execução, incentivando poderes de efetivação da decisão, como o previsto no art. 139, IV, c/c o art. 536, § 1º, do CPC/2015 (princípio da atipicidade dos meios executivos);[6] a ampliação das chamadas cláusulas gerais ou conceitos jurídicos indeterminados, superando o princípio da congruência (art. 141, c/c o art. 492 do CPC/2015), permitindo-se, mesmo sem pedido expresso, que o juiz aplique o meio necessário à efetividade da tutela jurisdicional.

Ocorre, porém, que todo esse afã por celeridade esbarra no garantismo. Mal comparando, mas é fato: toda vez que muito se acelera, muito se perde em segurança. Construir técnicas processuais adequadas e reais é adequar o sistema à efetividade, porém, é preciso compatibilizar tal processo com o respeito aos direitos e garantias fundamentais do demandado.

A instrumentalidade tem vasta aplicação na doutrina pátria, tornando-se o núcleo e a síntese dos movimentos de aprimoramento do sistema processual. O processo é instrumento e "todo instrumento, como tal, é meio; e todo meio só é tal e se legitima, em função dos fins a que se destina" (DIDIER JR., 2002. p. 206).

Nesse sentido, a visão do formalismo-valorativo, desenvolvida principalmente na Universidade Federal do Rio Grande do Sul, sob a liderança de Carlos Alberto Alvaro de Oliveira,[7] busca combater o excesso de formalismo, pois, diante do atual ambiente em que se processa a administração da justiça no Brasil, muitas vezes, para facilitar o seu trabalho, o órgão jurisdicional adota uma rigidez excessiva, não condizente com

---

[6] Tais poderes, por óbvio não podem ser desmedidos, para não gerar arbitrariedade, devendo ser controlado pela proporcionalidade: (i) deve ser adequado (compatibilizando-se com o ordenamento); (i) deve ser necessário (deve ser indagado se há outro meio menos oneroso); (iii) as vantagens da adoção do meio executivo devem se sobrepor às desvantagens (cf. MARINONI, Luiz Guilherme. Controle do poder executivo do juiz. *Revista de Processo*, v. 127, p. 54-74.

[7] Em obra premiada com a medalha mérito Pontes de Miranda, da Academia Brasileira de Letras Jurídicas: OLIVEIRA, Carlos Alberto Alvaro de. *Do formalismo no processo civil*: proposta de um formalismo-valorativo. 4. ed. rev. atual. e aum. São Paulo: Saraiva, 2010. Posteriormente, o mesmo autor, com o objetivo de refinar as ideias lançadas no mencionado livro: OLIVEIRA, Carlos Alberto Alvaro. O formalismo valorativo no confronto com o formalismo excessivo. *Revista Forense*, vol. 388, p. 11-28.

o estágio atual do desenvolvimento dos valores do processo, ou então a parte insiste em levar às últimas consequências as exigências formais do processo.

A rigor, cremos ser o formalismo-valorativo um neoprocessualismo com o reforço da ética e da boa-fé no processo, em original ponderação entre efetividade e segurança jurídica (DIDIER JR., 2015. p. 42-46). As premissas desse pensamento são as mesmas do chamado neoprocessualismo, que, aliás, já foi considerado um formalismo ético (URIBES, 2002. p. 101 e ss.).

Em apertada síntese, apregoa o mencionado autor que formalismo ou forma no sentido amplo não se confunde com forma do ato processual individualmente considerado. Formalismo diz respeito à totalidade formal do processo, compreendendo não só a forma, ou as formalidades, mas especialmente a delimitação dos poderes, faculdades e deveres dos sujeitos processuais, coordenação de sua atividade, ordenação do procedimento e organização do processo, com vistas a que sejam atingidas suas finalidades primordiais.

Forma em sentido amplo investe-se, assim, da tarefa de indicar as fronteiras para o começo e o fim do processo, circunscrever o material a ser formado, e estabelecer em quais limites devem cooperar e agir as pessoas atuantes no processo para o seu desenvolvimento.

O formalismo processual contém, portanto, a própria ideia do processo como organização da desordem, emprestando previsibilidade a todo o procedimento. Se o processo não obedecesse a uma ordem determinada, cada ato devendo ser praticado a seu tempo e lugar, fácil entender que o litígio desembocaria em uma disputa desordenada, sem limites ou garantias para as partes, prevalecendo ou podendo prevalecer a arbitrariedade e a parcialidade do órgão judicial ou a chicana do adversário. A forma assegura, ainda, uma disciplina na atuação judicial, garantindo a liberdade contra o arbítrio dos órgãos que exercem o poder do Estado.

Se o processo fosse organizado discricionariamente pelo juiz, não se poderia prever o seu curso, faltando as garantias necessárias para o seu desenvolvimento. Assim, o formalismo controla os eventuais excessos de uma parte em face da outra, atuando como poderoso fator de igualação dos contendores entre si, ou seja, uma paridade de armas.

Assim, o formalismo é elemento fundador tanto da efetividade quanto da segurança do processo, gera um poder organizador e ordenador, bem como um poder disciplinador. Ocorre, porém, que com o passar do tempo esse formalismo sofreu desgaste e passou a ser excessivo, de caráter essencialmente negativo.

De notar, ainda, que os verbos ordenar, organizar e disciplinar são desprovidos de sentido se não direcionados a uma finalidade. O formalismo, como o processo, é sempre polarizado pelo fim (OLIVEIRA, 2006. p. 10).

A efetividade, por sua vez, está consagrada na CR/1988 (art. 5º, XXXV e LXXVII), pois não é suficiente abrir as portas do Judiciário, mas prestar a jurisdição tanto quanto possível eficiente, efetiva e justa, mediante um processo sem dilações temporais ou formalismos excessivos, que conceda ao vencedor, no plano jurídico e social, tudo a que faça jus.

Nos dias atuais, vários fatores têm determinado maior prevalência da efetividade sobre a segurança, principalmente pela mudança qualitativa dos litígios trazidos ao

Judiciário, em uma sociedade de massa, com interesse de amplas camadas da população, a tornar imperativa uma solução em tempo razoável do processo e a efetividade das decisões judiciais.

Pode acontecer de o poder organizador e disciplinador gerado pelo formalismo, em vez de concorrer na realização do direito, aniquilá-lo ou gerar um retardamento irrazoável da solução do litígio.

Essa é, exatamente, a proposta. O jurista deve estar apto para afastar as nefastas consequências do formalismo pernicioso ou negativo, impedindo esse desvio de perspectiva (OLIVEIRA, 2006. p. 19).

Não há mais espaço para a aplicação mecanicista do direito; o operador deve se atentar às particularidades do caso concreto no trabalho de adaptação da norma. A rigor, o processo de aplicação do direito se mostra, necessariamente, como obra de acomodação do geral ao concreto, a requerer incessante trabalho de adaptação e criação. O legislador não é onipotente na previsão de todas e inumeráveis possibilidades oferecidas pela inesgotável riqueza da vida.

No direito processual, mais ainda do que em outros ramos do direito, seu caráter finalístico é evidente; finalismo esse que não pode ser voltado para si, pois inexiste finalismo em si, senão direcionado para os fins últimos da jurisdição. Visa-se atingir a um processo equânime, peculiar do Estado Democrático de Direito, que sirva à ideia de um equilíbrio ideal entre as partes e ao fim material do processo: a realização da justiça material.

Se a finalidade da prescrição foi atingida na sua essência, sem prejuízo a interesses dignos de proteção da contraparte, o defeito de forma não deve prejudicar a parte. A forma não pode, assim, ser colocada "além da matéria", por não possuir valor próprio, devendo, por razões de equidade, a essência sobrepujar a forma. A não observância de formas vazias não implica prejuízo, pois a lei não reclama uma finalidade oca e desprovida de sentidos.

O Tribunal Constitucional espanhol decidiu que "(...) as normas que contêm os requisitos formais devem ser aplicadas tendo-se sempre presente o fim pretendido ao se estabelecer ditos requisitos, evitando qualquer excesso formalista que os converteria em meros obstáculos processuais e em fonte de incerteza e imprevisibilidade para a sorte das pretensões em jogo".[8]

Nesse sentido, por exemplo, em direito processual, o nome atribuído pela parte ao ato processual, embora equivocado, nenhuma influência haverá de ter, importando apenas o seu conteúdo. De outro lado, o seu invólucro exterior, a maneira como se exterioriza, também perdeu terreno para o teor interno (OLIVEIRA, 2006. p. 24). Seguindo a visão finalística, um dos pontos mais importantes de um código de processo moderno encontra-se nos **preceitos relativizantes das nulidades**, pois prestigiam, atualmente, o formalismo valorativo.

---

[8] Sentença 57, de 08.05.1984, na linha de outros precedentes, como ressalta Francisco Chamorro Bernal, *La tutela judicial efectiva* (Derechos y garantias procesales derivados del artículo 24.1 de La Constitución), Barcelona: Bosch, 1994, p. 315. No mesmo sentido, o mencionado tribunal entendeu haver excesso de formalismo na inadmissão de recurso por faltar 360 pesetas, em um preparo de 327.846.

O formalismo excessivo deve, portanto, ser combatido com emprego da equidade com função interpretativa-individualizadora, tomando-se sempre como medidas as finalidades essenciais do instrumento processual, os princípios e valores que são sua base, desde que respeitados os direitos fundamentais da parte e na ausência de prejuízo.[9]

Como o formalismo-valorativo informa a aplicação da lealdade e da boa-fé (art. 5º do CPC/2015), não somente para as partes, mas para todos os sujeitos do processo, inclusive entre o órgão jurisdicional e as partes e estas com aquele. Exatamente a utilização da lealdade no emprego dessa liberdade valorativa é que pode justificar a confiança atribuída ao juiz na aplicação do direito justo. Ora, tanto a boa-fé quanto a lealdade do órgão jurisdicional seriam flagrantemente desrespeitadas sem um esforço efetivo para salvar o instrumento de vícios formais.

Trata-se de formalismo excessivo a inadmissão de recurso por estar ilegível um determinado carimbo ou certidão lavrada pela serventia; bem como, a informação processual prestada de modo equivocado, por meio do sítio do Tribunal de Justiça, não pode inviabilizar, por exemplo, um recurso da parte, nessa linha, observa-se o art. 932, parágrafo único, do CPC/2015.

Pode-se afirmar que foi consagrado no CPC/2015 o princípio da **primazia da solução de mérito**, em que a extinção sem mérito ou a inadmissão de um recurso deve ser excepcional, como se observa dos arts. 4º (*in fine*), 282, § 2º, 317, 321, 338, 339, 488, 1.007, §§ 2º, 4º e 7º, 1.029, § 3º, entre outros do CPC/2015.

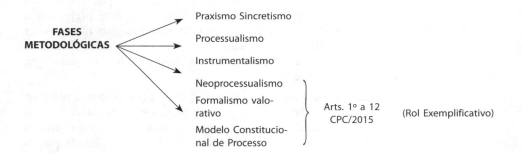

1.2. VIOLAÇÃO DE NORMA FUNDAMENTAL. RECURSO ESPECIAL OU EXTRAORDINÁRIO?

Como já afirmado, o CPC/15 anuncia em seu art. 1º que o processo civil será ordenado, disciplinado e interpretado conforme os valores e normas fundamentais, muito influenciado pelas ideias do neoprocessualismo. Há que se registrar que valores não são normas, eis que essas têm caráter deontológico, enquanto valores ostentam caráter axiológico (ZANETI JR., 2015. n. 3.2.3.6, p. 306-308), ou seja, os valores

---

[9] Nesse sentido o STJ afirma que não há nulidade pela não manifestação do MP em feito que atua incapaz, desde que não haja prejuízo: STJ, 2ª T., REsp 818.978/ES, rel. Min. Mauro Campbell Marques, j. 09.08.2011. Precedentes citados do STF: RE 96.899/ES, *DJ* 05.09.1986; RE 91.643/ES, *DJ* 02.05.1980; do STJ: REsp 1.010.521/PE, *DJe* 09.11.2010, e REsp 814.479/RS, *DJe* 14.12.2010.

Cap. 1 · NORMAS FUNDAMENTAIS DO PROCESSO CIVIL | 9

que eventualmente norteiam o sistema jurídico só têm significado prático se forem incorporados seletivamente às normas jurídicas.

Nesse sentido, se um magistrado não aplicar, tampouco interpretar as normas processuais consoante a Constituição, haverá ofensa ao art. 1º CPC, ou ao correspondente dispositivo constitucional, ou a ambos? Caberá recurso especial ou extraordinário? Seria possível se cogitar no cabimento de ambos recursos? Cremos caber somente recurso extraordinário, não cabendo recurso especial, eis que os dispositivos legais do CPC violados são mera reprodução das normas constitucionais, que os absorvem totalmente, sendo do STF a competência exclusiva para dispor sobre a temática controvertida, não havendo, inclusive, controvérsia no âmbito do STJ[10].

O conteúdo do art. 1º do CPC é constitucional, portanto, violá-lo é violar a Constituição, cabendo recurso extraordinário, contudo, se for interposto recurso especial, deve ser aplicada a técnica da convertibilidade prevista no art. 1.032 do CPC para viabilizar a instância do STF.

1.3. NEGÓCIO PROCESSUAL SOBRE NORMA FUNDAMENTAL

O art. 190 do CPC consagra a cláusula geral sobre negócios processuais, prestigiando a autonomia de vontade das partes, consagrando um modelo cooperativo de processo, em que as partes poderão ajustar seu processo às peculiaridades, por exemplo, do direito material discutido ou, até mesmo, a critérios pessoais.

Há, contudo, que se ressaltar que as partes não poderão afastar normas fundamentais do processo, desnaturando o modelo constitucional de processo, como exemplificado no Enunciado 37 da ENFAM, impedindo negociação processual sobre uso de provas ilícitas, limitar a publicidade do processo, modificar competência absoluta ou dispensar a motivação das decisões.

---

[10]   STJ, AgRg no Ag 1.367.520/DF, 1ª T., rel. Min. Hamilton Carvalhido, j. 22.2.2011, *DJe* 15.3.2011. STJ, EREsp 547.653/RJ, Corte Especial, rel. Min. Teori Albino Zavascki, j. 15.12.2010, *DJe* 29.3.2011. STJ, REsp 8.096/SP, 2ª T., rel. Min. José de Jesus Filho, j. 2.9.1992. STJ, REsp 44.498/PE, 6ª T., rel. Min. Adhemar Maciel, j. 13.5.1996. STJ, AgRg no Ag 155.555/RJ, 2ª T., rel. Min. Ari Pargendler, j. 15.9.1997.

2

PRINCÍPIOS PROCESSUAIS CONSTITUCIONAIS

2.1. PROCESSO E DIREITOS FUNDAMENTAIS

Como descrito no capítulo anterior, o Direito Processual Civil está em renovação por força da influência do Direito Constitucional (neoprocessualismo), sendo assim, já se cogita substituir a expressão princípios processuais constitucionais por direitos fundamentais processuais, para deixar explicitada a adoção desse novo marco teórico-dogmático, que constitui cerne do constitucionalismo contemporâneo, a saber, a teoria dos direitos fundamentais (GUERRA, 2003. p. 100).

2.2. DEVIDO PROCESSO LEGAL

Genericamente, alguns doutrinadores denominam esse princípio de **devido processo constitucional**, considerando que a melhor interpretação da expressão *due process of law* seria a aplicação do direito em conformidade com as normas constitucionais.

O devido processo legal é uma **cláusula geral**, ou seja, um texto normativo aberto, cujo conteúdo será determinado pelos Tribunais de acordo com as circunstâncias históricas e culturais do momento da decisão.

Nesse sentido, o devido processo legal aplica-se, também, a causas de menor complexidade (art. 2º da Lei 9.099/1995, em harmonia com a Lei 10.259/2001 e a Lei 12.253/2009), bem como ao processo eletrônico (Lei 11.419/2006), ao administrativo, ao legislativo, negocial, entre outros, podendo-se falar, por exemplo, em devido processo legal eletrônico etc.

Processo, nessa trilha, é o método de criação de normas jurídicas, é um gênero que engloba legislativo, judiciário, administrativo e negocial. Toda norma jurídica exige um produto que lhe seja anterior, como, por exemplo, uma lei é resultado de um devido processo legislativo; uma norma administrativa é resultado de um devido processo administrativo; a sentença é resultado de um processo jurisdicional etc.

Nesse sentido, devem ser consideradas, inclusive, inseridas no mencionado princípio as normas negociais, ou seja, em respeito ao **princípio do autorregramento da vontade no processo**, que se encontra previsto de maneira genérica no art. 190 do

PROCESSO CIVIL SISTEMATIZADO – Haroldo Lourenço

CPC/2015, havendo previsões específicas, como nos arts. 63, 357, § 2º, 373, §§ 3º e 4º, 471, § 3º, do CPC/2015, entre outros.

Tal princípio tem incidência a tudo que disser respeito à vida, ao patrimônio e à liberdade. Dessa forma, o conteúdo mínimo do devido processo legal são os direitos fundamentais processuais estabelecidos na Constituição – contraditório, ampla defesa, proibição de utilização da prova obtida por meios ilícitos, juiz natural, motivação das decisões etc.

A rigor, o devido processo legal é um conjunto de todas as garantias já consolidadas e das que ainda podem ser, portanto, é uma fonte de garantias atípica ou aberta.

2.2.1. Eficácia horizontal

Assim, o devido processo legal deve ser visto de forma abrangente, incidindo, inclusive, nas relações privadas, que nada mais são do que normas criadas para serem obedecidas pelas partes. Os direitos fundamentais têm eficácia vertical, regendo a relação Estado-indivíduo; bem como horizontal, ao reger as relações indivíduo-indivíduo.[1]

A Constituição confere ampla vinculação dos particulares aos direitos fundamentais nela erigidos, de modo que não só o Estado, mas toda a sociedade pode ser sujeito passivo desses direitos, seja na fase pré-contratual, como na executiva. O art. 57 do CC/2002, com a redação dada pela Lei 11.127/2005, ratificou esse entendimento, determinando que a exclusão de associado depende de justa causa, por meio de procedimento que lhe assegure direito de defesa e de recurso, nos termos previstos no estatuto, sempre respeitando a autonomia privada.

No mesmo sentido, encontra-se o Enunciado n. 92 da I Jornada do CJF, onde ser afirma que *"As sanções do art. 1.337 do novo Código Civil não podem ser aplicadas sem que se garanta direito de defesa ao condômino nocivo"*, em aplicação do devido processo legal entre particulares.

2.2.2. Devido processo legal em sentido formal e substancial. Princípio da proporcionalidade

O devido processo legal tem, ainda, duas dimensões: uma formal ou processual (conjunto das garantias processuais: contraditório, motivação das decisões etc.) e outra material, substancial ou substantiva (a decisão é produto de um processo, é formalmente devida quando respeitadas as formalidades processuais, e substancialmente devida, quando seu conteúdo for razoável, em conformidade com os direitos fundamentais).

No aspecto formal, é o direito de ser processado e de processar de acordo com as normas previamente estabelecidas para tanto, normas estas cujo processo de produção também deve respeitar o referido princípio.

---

[1]　O STF já havia enfrentado o assunto (RE 158215-4/RS, rel. Min. Marco Aurélio, *DJ* 07.06.1997), de igual modo, um pouco mais recente, no RE 201.819/RJ, 2ª T., rel. Min. Ellen Gracie, j. 11.10.2005 ratificou que o devido processo legal se aplica no âmbito privado, enfrentando as nuances da discussão da eficácia horizontal dos direitos fundamentais.

No aspecto substancial, a decisão judicial deve ser formalmente regular, bem como substancialmente devida, ou seja, proporcional e razoável.

Proporcionalidade e razoabilidade não podem ser confundidas, não obstante ser muito comum sua utilização como expressões sinônimas, tanto na prática forense, como pelos Tribunais Superiores. Nesse sentido, Humberto Ávila (ÁVILA, 2007. p. 158-159):

> O postulado da proporcionalidade exige que o Poder Legislativo e o Poder Executivo escolham, para a realização de seus fins, meios adequados, necessários e proporcionais. Um meio é adequado se promove o fim. Um meio é necessário se, dentre todos aqueles igualmente adequados para promover o fim, for o menos restritivo relativamente aos direitos fundamentais. E um meio é proporcional, em sentido estrito, se as vantagens que promove superam as desvantagens que provoca. A aplicação da proporcionalidade exige relação de causalidade entre meio e fim, de tal sorte que, adotando-se o meio, promove-se o fim. A razoabilidade não faz referência a uma relação de causalidade entre um meio e um fim, tal como o faz o postulado da proporcionalidade.

Um bom caso de aplicação da razoabilidade se verifica no julgamento pelo STF da Medida Provisória que ampliou o prazo decadencial da ação rescisória para cinco anos, na hipótese de sua propositura pela União, Estados ou Municípios. Não obstante o Poder Público possuir diversas prerrogativas, as quais devem ser suportadas em virtude das diferenças reais existentes entre as partes, é plausível tal distinção; porém a distinção de prazos mostra atitude discriminatória, violadora da igualdade e do devido processo legal.[2]

Além do mais, a razoabilidade possui origem americana, na cláusula do *due process of law*, enquanto a proporcionalidade é criação europeia. Todavia, é inequívoco que a proporcionalidade em muito se aproxima da razoabilidade, sendo, inclusive, afirmado por renomada doutrina haver uma relação de fungibilidade do primeiro com o segundo (BARROSO, 2001. p. 219), motivo pelo qual um e outro serão aqui empregados indistintamente.

Nesse sentido, há duas formas de harmonização de conflitos entre direitos fundamentais e/ou princípios constitucionais: um prévio, criado pela legislação ordinária; outro posterior, realizado no julgamento do caso concreto, na hipótese de inexistência do critério legislativo ou este se mostrar insuficiente. Seja qual for o critério, o impasse será solucionado por ponderação dos bens concretamente tensionados.

Pela unidade da Constituição, nenhuma norma constitucional pode ser interpretada em contradição com outra. Na solução do caso concreto, o magistrado deverá avaliar qual norma constitucional deverá prevalecer, limitando a aplicação de um dos direitos conflitantes em detrimento do outro, de modo a delimitar o seu alcance.

Assim, a proporcionalidade torna possível a justiça do caso concreto, balizando a atividade jurisdicional de ponderação para que não redunde em arbitrariedade. Não sendo possível a obtenção de um denominador comum aos bens jurídicos em conflito, a mitigação deverá ser a menor possível, na medida do necessário, salvaguardando um núcleo essencial.

---

[2] STF, Pleno, MC na ADI 1.753/DF, rel. Min. Sepúlveda Pertence, j. 12.06.1998.

14 | PROCESSO CIVIL SISTEMATIZADO – *Haroldo Lourenço*

Por esse caminho parece seguir o art. 489, § 2º, afirmando que na colisão entre normas, o juiz deve justificar o objeto e os critérios gerais da ponderação efetuada, enunciando as razões que autorizam a interferência na norma afastada e as premissas fáticas que fundamentam a conclusão.

2.2.3. Princípios decorrentes do devido processo legal

Como dito, o devido processo legal é uma cláusula geral, da qual decorrem vários outros princípios. Como consectários lógicos do devido processo legal encontramos: efetividade, adequação, duração razoável do processo e lealdade. Nem sempre esses princípios estão previstos expressamente em texto, o que não implica sua inexistência.

2.2.3.1. Efetividade ou maior coincidência possível

A efetividade, até bem pouco tempo, não encontrava, sequer, previsão expressa em nosso ordenamento. Processo efetivo é o que realize o direito material. Tal visão sempre foi reforçada pela interpretação que se faz do art. 5º, XXXV, da CR/1988 (art. 3º do CPC/2015), do qual se retira a inafastabilidade da tutela jurisdicional, buscando uma visão no sentido material, abandonando-se a análise formal, como o direito de ir ao Judiciário. Tem-se, a rigor, como se alternam renomadas doutrinas, uma garantia de acesso a uma ordem jurídica justa (WATANABE, 1988. p. 128-135) ou de acesso à justiça (CAPPELLETTI; GARTH, 1998) (CARNEIRO, 2007).

Atualmente, o Poder Constituinte Derivado deixou claro que é assegurada uma razoável duração do processo e os meios que garantam a celeridade de sua tramitação (art. 5º, LXXVIII, da CR/1988), tornando-se direito fundamental e cláusula pétrea (art. 4º, c/c o art. 6º do CPC/2015).

Hoje, como na propalada terceira onda de acesso à justiça difundida por Mauro Cappelletti, ser efetivo é buscar a satisfação do consumidor do serviço judiciário, atingir a almejada eliminação das insatisfações e injustiças, com justiça e fazendo cumprir o direito. Vejamos o mencionado autor:

> Inicialmente, como já assinalado, esse enfoque encoraja a exploração de uma ampla variedade de reformas, incluindo alterações nas formas de procedimento, mudanças na estrutura dos tribunais, o uso de pessoas leigas ou paraprofissionais, tanto como juízes como defensores, modificações no direito substantivo destinado a evitar litígios ou facilitar sua solução e a utilização de mecanismos privados ou informais de solução de litígios (CAPPELLETTI; GARTH, 1998. p. 71).

Nesse sentido, para ilustração, o descumprimento das obrigações de fazer, não fazer e entregar coisa gerava, exclusivamente, conversão da obrigação em perdas e danos, o que era um incentivo ao seu descumprimento, contudo, atualmente a conversão é excepcional, somente sendo admitida a requerimento do credor ou na impossibilidade do seu cumprimento (art. 499 do CPC/2015) e, no mesmo caminho, o magistrado, nos termos do art. 139, VI, do CPC/2015, pode dilatar os prazos processuais e alterar a ordem de produção dos meios de prova, adequando-os às necessidades do conflito de maneira a conferir maior efetividade à tutela do direito.

Cap. 2 • PRINCÍPIOS PROCESSUAIS CONSTITUCIONAIS | 15

Há uma **máxima coincidência possível**, devendo o processo proporcionar a quem tem razão o exato bem da vida a que ele teria direito, se não precisasse do Judiciário. Na medida do possível, o processo jurisdicional deve buscar a obtenção de um resultado coincidente com o direito material que o jurisdicionado obteria, caso não existisse o conflito e fosse a obrigação cumprida naturalmente (arts. 497, 499, 500 e 536 do CPC/2015).

2.2.3.2. Princípio da adequação

Tal princípio, a rigor, não se direciona mediatamente ao jurisdicionado, sua atuação é pré-jurídica, no seio legislativo, informando a produção legislativa do procedimento em abstrato.

O procedimento deve ser construído em conformidade com a natureza e peculiaridade do direito material, sendo um dever do legislador atentar-se a tais circunstâncias. Do contrário, um procedimento inadequado pode, inclusive, negar a tutela jurisdicional (MARINONI, 1999. p. 204).

Nesse sentido, da inafastabilidade da tutela jurisdicional, bem como da razoável duração do processo (art. 139, II, do CPC/2015), pode-se extrair o princípio da adequação da tutela jurisdicional, sendo todos esses decorrentes da cláusula geral do devido processo legal.

A adequação pode se apresentar de modo **objetivo**, devendo o processo ser adequado ao direito que será tutelado, pois sua relevância e importância determinam uma modalidade de tutela mais efetiva, como nos procedimentos diferenciados das ações possessórias (art. 554 do CPC/2015), nos alimentos (arts. 528 e 911 do CPC/2015), do mandado de segurança (Lei 12.016/2009), na ação monitória (art. 700 do CPC/2015) etc. E de maneira **subjetiva**, ou seja, de acordo com os sujeitos que dele participam, aplicando a isonomia no sentido material, como na exigência de intervenção do MP no processo em que há incapazes (art. 178, II, do CPC/2015); diferenciação de regras de competência para incapazes (arts. 50 e 53, I e II, do CPC/2015), Fazenda Pública e Ministério Público (arts. 180 e 183 do CPC/2015); incapacidade para certos procedimentos, como Juizados Especiais (art. 8º da Lei 9.099/1995).

Por fim há, ainda, o critério **teleológico**, no qual o processo deve ser adequado aos seus propósitos ou finalidades, e o procedimento para a atividade cognitiva não pode ser idêntico ao da atividade executiva, tampouco da atividade de tutela provisória. Os requisitos formais exigidos para uma demanda que tramite pelo procedimento comum (art. 318 do CPC/2015) não podem ser os mesmos exigidos para uma causa do procedimento sumaríssimo (Lei 9.099/1995), pois esse último foi criado para causas de menor complexidade, necessitando de um procedimento informal e mais efetivo ainda.

2.2.3.3. Princípio da adaptabilidade, adequação judicial ou elasticidade

O magistrado como condutor do processo pode conformar o procedimento às peculiaridades do caso concreto, para uma melhor tutela jurisdicional.

Tal princípio é também designado como **princípio da elasticidade ou adequação formal do processo** (DIDIER JR., 2011 [s.d.]. v. 1, p. 74), bem como de **adequação formal** (OLIVEIRA, 1999. p. 66). Há, inclusive, previsão legal para tal elasticidade,

PROCESSO CIVIL SISTEMATIZADO – *Haroldo Lourenço*

como na inversão do ônus da prova (art. 6º, VIII, do CDC), no julgamento anteci-pado da lei (arts. 355 e 356 do CPC), variantes procedimentais da ação popular (art. 7º da Lei 4.717/1965), fixação do prazo de resposta na ação rescisória a critério do relator, diante de certos parâmetros (art. 970 do CPC), entre outros.

O art. 139, VI, do CPC/2015 autoriza, de certa maneira, uma conformação do procedimento às peculiaridades da causa, alterando a ordem de produção das provas, dilatando prazos, observadas as garantias fundamentais do processo (Enunciado 35 da ENFAM), alertando as partes de sua intenção, de modo a garantir a higidez do contraditório de acordo com as novas regras (DIDIER JR., 2011, p. 45), observado o princípio do prejuízo (Enunciado 16 do FPPC).

Como cediço, o direito processual baseado em direitos fundamentais não pode contemplar surpresas ou armadilhas processuais; do contrário, haveria afronta ao princípio do contraditório, da cooperação e da proteção da confiança.

2.2.3.4. Lealdade ou boa-fé processual objetiva

O art. 5º prevê a boa-fé objetiva (Enunciado 374 do FPPC), na qual a sua fonte normativa é extremamente controvertida.

Há quem veja o **princípio da solidariedade** (art. 3º, I, da CF/1988) (VICENZI, 2003. p. 163) (FARIAS, 2005. p. 475), no qual haveria um dever de não quebrar a con-fiança e de não agir com deslealdade. Há, ainda, quem veja como um desdobramento da **dignidade da pessoa humana** (ROSENVALD, 2005. p. 186 e segs.), bem como poderia ser extraído da **igualdade** (CORDEIRO, 2006. p. 51), pois a pessoa que confia, legitimamente, num certo estado de coisas não pode ser vista se não tivesse confiado: seria tratar o diferente de modo igual. O **princípio do contraditório** seria o seu fun-damento (CABRAL, 2005. p. 63), que não é apenas fonte de direitos processuais, mas também de deveres, pois proporciona aos litigantes o direito de influenciar na decisão, mas também tem uma finalidade de colaboração com o exercício da jurisdição, bem como não pode ser exercido ilimitadamente. Por fim, seria composta da cláusula do **devido processo legal** (JUNOY, 2006. p. 346),[3] limitando o exercício do direito de defesa, como forma de proteção do direito à tutela efetiva, do próprio direito de defesa da parte contrária e do direito a um processo com todas as garantias.

Cremos decorrer do devido processo legal, pois, para um processo ser devido, *giusto*, como dizem os italianos, *equitativo*, como dizem os portugueses, precisa ser ético e leal, não podendo ser aceito um processo pautado em comportamentos desleais ou antiéticos.

É uma regra de comportamento que impõe aos sujeitos da relação jurídica o dever de se comportarem com confiança e lealdade. Os sujeitos do processo devem proceder de acordo com a boa-fé que, nessa hipótese, deve ser entendida como uma norma de conduta. Os destinatários da norma são todos que, de qualquer forma, participam da relação jurídica processual, ou seja, **não só as partes, mas também o órgão jurisdicional** (art. 5º do CPC/2015 e Enunciado 375 do FPPC).

---

3   STF, RE 464.963-2/GO, 2ª T., rel. Min. Gilmar Mendes, j. 14.02.2006. DIDIER JR., Fredie. *Fundamento do princípio da cooperação no direito processual civil português*. Coimbra: Coimbra Editora, p. 88.

O Estado-juiz vincula-se ao dever de boa-fé, refletindo um atuar leal e com proteção à confiança. Há, a rigor, uma cláusula geral processual de proteção à boa--fé, principalmente diante do incontável número de situações que podem surgir ao longo de um processo, o que tornaria ineficaz uma enumeração legal.

Ao tempo da edição do Código de Processo Civil de 1973, a doutrina brasileira ainda não tinha conhecimento, tampouco dominava a amplitude teórica da boa-fé objetiva. A boa-fé subjetiva refere-se a elementos psicológicos, internos do sujeito, havendo uma valoração da conduta do agente. Diz-se subjetiva justamente porque, para a sua aplicação, deve o intérprete considerar a intenção do sujeito na relação jurídica, o seu estado psicológico ou íntima convicção; para tanto, deve o juiz valorar o estado de ciência ou ignorância do sujeito.

A boa-fé objetiva é aferida a partir de comportamentos. Boa-fé subjetiva a partir de intenções. É preciso proteger a confiança que um deposita no outro, inclusive sobre o fato alegado pelo juiz, sendo possível a sentença ser anulada por violação à boa-fé objetiva, o que infringe a cooperação entre as partes.

A jurisprudência alemã entendeu aplicável o § 242 do Código Civil alemão[4] (cláusula geral de boa-fé) também ao direito processual civil e penal. De um modo geral, a doutrina seguiu o mesmo caminho. Na verdade, a boa-fé objetiva expandiu-se para todos os ramos do Direito, mesmo os "não civis" (DIDIER JR., 2011. p. 46-47).[5]

A influência do direito civil é nítida, exigindo um conhecimento da evolução da teoria do abuso de direito, a qual reflete de maneira intrínseca no direito processual civil, principalmente no que se refere aos seguintes institutos: *venire contra factum proprium*,[6] *supressio*,[7] *surrectio*,[8] *tu quoque*,[9] teoria do adimplemento substancial[10] etc. Cumpre registrar que, nos termos do Enunciado 412 e 414 da V Jornada do CJF, todos

---

[4] "O devedor está adstrito a realizar a prestação tal como o exija a boa-fé, como consideração pelos costumes do tráfego."

[5] O STF já admitiu que o processo penal também é regido pelo princípio da boa-fé objetiva: STF, HC 92.012/SP, 2ª T., rel. Min. Ellen Gracie, j. 10.06.2008.

[6] Nesse caso, o contratante assume determinado comportamento o qual é posteriormente contrariado por outro comportamento seu. A locução *venire contra factum proprium* traduz o exercício de uma posição jurídica em contradição com o comportamento assumido anteriormente pelo exercente. Nesse sentido: STJ, REsp 1.175.675/RS, 4ª T., rel. Min. Luis Felipe Salomão, j. 09.08.2011. Precedentes citados: REsp 765.105-TO, *DJ* 30.10.2006, e REsp 1.117.633-RO, *DJe* 26.03.2010.

[7] A *supressio*, ou *verwirkung* da doutrina alemã, consiste na redução do conteúdo obrigacional pela inércia de uma das partes em exercer direito ou faculdades, gerando na outra legítima expectativa. A inércia qualificada de uma das partes gera na outra a expectativa legítima (diante das circunstâncias) de que a faculdade ou direito não será exercido. Assim, se uma das partes vem se comportando ao longo da vida contratual de determinada maneira, certas atitudes que poderiam ser exigidas originalmente não mais poderão o ser, justamente por ter se criado uma expectativa de que aquelas disposições iniciais não mais poderiam ser exigidas daquela forma inicialmente prevista.

[8] A *surrectio*, ao contrário da *supressio*, representa uma ampliação do conteúdo obrigacional. Aqui, a atitude de uma das partes gera na outra a expectativa de direito ou faculdade não pactuada. Geralmente, exige-se certo lapso de tempo, que pode variar caso a caso, durante o qual se atua uma situação jurídica em tudo semelhante ao direito subjetivo que vai surgir; requer-se uma conjunção objetiva de fatores que constituem novo direito; impõe-se a ausência de previsões negativas que impeçam a *surrectio*.

[9] A locução significa "tu também" e representa as situações nas quais a parte vem a exigir algo que também foi por ela descumprido ou negligenciado. Em síntese, a parte não pode exigir de outrem comportamento que ela própria não observou.

[10] Em certos casos, se o contrato já foi adimplido substancialmente, não se permite a resolução, com a perda do que foi realizado pelo devedor, mas se atribui um direito de indenização ao credor.

18 | PROCESSO CIVIL SISTEMATIZADO – *Haroldo Lourenço*

esses institutos são concreções da boa-fé objetiva, extraídos do art. 187 do CC/2002[11], não podendo ser afastados por negócios jurídicos processuais (Enunciado 6 do FPPC).

Assim, em nome da lealdade e da boa-fé, deverá o juiz impedir genericamente a fraude processual, podendo ser sistematizadas tais condutas (DIDIER JR., 2011, p. 47):[12]

(i) A criação dolosa de posições processuais: Por exemplo, o requerimento doloso de citação por edital, a atuação dolosa do órgão jurisdicional (art. 143, II, do CPC/2015) ou, nas hipóteses do art. 80, I a IV, do CPC/2015), que se traduzem na litigância de má-fé com a presença do elemento subjetivo. Há, contudo, hipóteses em que há o elemento objetivo: incisos V, VI, e VII do mesmo artigo (MOREIRA, 1977, p. 26).

Outro caso é a aplicação do princípio da menor onerosidade. O art. 805 do CPC/2015, cabendo mencionar o seu parágrafo único, que impõe ao executado que alegar ser a medida executiva mais gravosa indicar outros meios mais eficazes e menos onerosos, sob pena de manutenção dos atos executivos já determinados, exigindo um dever de cooperação das partes na solução do litígio, sendo uma cláusula geral que serve para impedir o abuso do direito pelo exequente.

O STF já reconheceu abuso do direito de recorrer por qualificar-se como conduta incompatível com o postulado ético-jurídico da lealdade processual, conduzindo a aplicação da multa do art. 1.026, § 2º, do CPC/2015, passando a multa não excedente a 1% para 2% do valor atualizado da causa).[13] Nesse sentido o Enunciado 378 do FPPC.

(ii) A proibição do *venire contra factum proprium*,[14] como no caso da parte que vem a juízo pedindo a homologação de sua desistência em recorrer e, no prazo recursal, interpõe recurso (art. 1.000, parágrafo único, do CPC/2015), bem como a invalidação do ato cujo defeito deu causa (art. 276 do CPC/2015).

Um bom precedente do STJ,[15] em que se aplicou a vedação à prática de atos contraditórios, admitiu como válida a citação de pessoa jurídica encaminhada para sua caixa postal. A relatora apontou que é pacífico no STJ que a citação pelo correio de pessoa jurídica é válida, mesmo que o funcionário que receba a correspondência não tenha poderes expressos para isso. Ponderou, ainda, que se a ré não informa em suas correspondências aos clientes o seu endereço, disponibilizando apenas telefones das centrais de atendimento e a caixa postal para a qual foi remetido o AR (provavelmente para dificultar o recebimento de citações

---

[11] Enunciado 412 da V Jornada do CJF: "Art. 187. As diversas hipóteses de exercício inadmissível de uma situação jurídica subjetiva, tais como *supressio, tu quoque, surrectio* e *venire contra factum proprium*, são concreções da boa-fé objetiva". Enunciado 414 da V Jornada CJF: "Art. 187. A cláusula geral do art. 187 do Código Civil tem fundamento constitucional nos princípios da solidariedade, devido processo legal e proteção da confiança e aplica-se a todos os ramos do direito".

[12]

[13] STF, AI AgR ED 586710/RJ, 2ª T., rel. Min. Celso de Mello, j. 21.11.2006.

[14] "A proibição de comportamento contraditório (*nemo potest venire contra factum proprium*) é modalidade de abuso de direito que surge da violação ao princípio da confiança – decorrente da função integrativa da boa-fé objetiva (CC, art. 422)" (FARIAS, Cristiano Chaves de. *Direito civil* – Teoria geral. 3. ed., cit., p. 474).

[15] STJ, REsp 981.887/RS, 3ª T., rel. Min. Nancy Andrighi, j. 23.03.2010.

e tornar inválidas as realizadas em outros endereços), mostra-se suficiente tal comunicação para eventuais reclamações do consumidor.

Relevante hipótese legal de aplicação da proibição em comento encontra-se no art. 916 do CPC/2015), como um estímulo ao cumprimento espontâneo da obrigação. Caso o executado opte pelo parcelamento, depositando no mínimo 30% do montante executado, inclusive custas e honorários advocatícios, o restante da dívida poderá ser pago em parcelas mensais sucessivas, em número não superior a seis, acrescidas de juros e correção monetária. O não pagamento implica o vencimento antecipado de todas as demais, além de multa de 10% sobre o valor das prestações não pagas. A opção do executado pelo exercício deste direito potestativo é comportamento que impede o ajuizamento de futuros embargos à execução, para a discussão de qualquer fato até aquele momento ocorrido, pois seria comportamento contraditório;

(iii) A proibição de abuso de poderes processuais, como na decisão que autoriza a tutela provisória de evidência, em virtude do abuso do direito de defesa (art. 311, I, do CPC/2015) ou do abuso do direito de recorrer (art. 80, VII, do CPC/2015);

(iv) A proibição da *supressio* pode ser extraída do poder do juiz de controlar a admissibilidade do processo, pois, se não o fez durante certo tempo, gerou aos demais sujeitos processuais a expectativa de que tudo estava regular.

Vemos nessa hipótese a adoção da teoria da asserção, a qual assegura que depois de admitida a demanda, não é recomendável uma extinção do processo sem resolução de mérito, pois haveria um desserviço ao Judiciário, bem como ao jurisdicionado, como será abordado mais detalhadamente no capítulo sobre a teoria da ação;

(v) A teoria do adimplemento substancial pode ser aplicada no âmbito do direito processual, como na hipótese do art. 1.007, § 2º, do CPC, pois preparo insuficiente é preparo feito. O legislador atentou que interposto o recurso e feito o preparo em valor menor do que o devido, a inadmissibilidade é sanção drástica demais. A invalidação do recurso, no caso, é um caso típico de exercício inadmissível de um poder jurídico processual. Mais consentânea com a boa-fé é a necessária intimação do recorrente para proceder ao complemento do valor devido.

Protege-se, aqui, ainda que em outro contexto, situação semelhante àquela protegida pela teoria do adimplemento substancial. O poder de invalidar (situação jurídica ativa) o recurso com preparo insuficiente é, aqui, limitado pela boa-fé.

O inadimplemento é um dos pressupostos para a instauração do procedimento executivo (art. 786, *caput*, do CPC/2015), porém, constatado o inadimplemento mínimo pode o órgão jurisdicional recusar a tomada de medidas executivas mais drásticas, como a busca e apreensão do bem, por exemplo. Neste sentido, já decidiu o STJ que, em execução de contrato de alienação fiduciária em garantia, entendeu correta a decisão judicial que se recusou a determinar a busca e apreensão liminar do bem alienado, tendo em vista a insignificância do inadimplemento.

Em sentido semelhante, já se impediu a decretação de falência, em razão da pequena monta da dívida. O entendimento jurisprudencial repercutiu na nova Lei de Falências (art. 94, I, da Lei 11.101/2005).

O princípio de atuação de acordo com a boa-fé é a fonte normativa da proibição do exercício inadmissível de posições jurídicas processuais. A cláusula geral de boa-fé objetiva processual impede que o sujeito atue no processo imbuído de má-fé.

20 | PROCESSO CIVIL SISTEMATIZADO – *Haroldo Lourenço*

Nesse sentido, por exemplo, o STJ[16] acolheu ação rescisória em um caso de nítida violação à boa-fé objetiva, pois as partes haviam feito um acordo extrajudicial, em que uma delas se comprometeu a desistir de uma demanda se a outra parte doasse um imóvel a alguém. Não obstante a prestação de doação tenha sido substancialmente adimplida, a parte autora não desistiu do processo. A parte ré do processo originário, aquela que se comprometera a doar o imóvel, deixou de defender-se no processo, na crença de que o acordo já tinha sido cumprido. Foi reconhecida a sua revelia e decretados todos os seus efeitos. Houve sentença de procedência de todos os pedidos formulados, não obstante o acordo.

Destarte, o STJ entendeu que a sentença fora resultado de um comportamento indevido da parte autora, que injustificadamente não cumpriu a sua prestação: desistir do processo. Aplicou-se a teoria do adimplemento substancial, que é manifestação da boa-fé objetiva, pois, no caso, considerou-se que a obrigação de doar fora substancialmente adimplida, o que impediria a alegação de exceção de contrato não cumprido pela parte autora, que se comprometera a desistir do processo.

Não se exigiu a demonstração de qualquer elemento subjetivo, como a má-fé ou o dolo para a configuração da hipótese de rescindibilidade; houve um comportamento objetivamente reprovável da parte autora, contrário aos padrões de comportamento ético impostos pelo princípio da boa-fé processual.

Conforme analisado, percebemos que o abuso do direito e, especificamente, o abuso processual, é situação que admite ao magistrado atuar de ofício, em qualquer tempo ou grau de jurisdição, não necessitando de requerimento da parte ou do Ministério Público, já que se tratam de normas cogentes, de observância obrigatória.

2.2.3.5. Princípio da cooperação

Da junção dos princípios do contraditório e da boa-fé objetiva, surgiu um novo princípio, o da cooperação (art. 6º do CPC/2015), segundo o qual todos têm o dever de cooperar para a justa composição do litígio.

Frise-se que **não** significa que o réu tem que colaborar com o autor, ou vice-versa, pois não se pode esperar por isso. Significa cooperarem, operarem em conjunto, ainda que cada um conforme o seu interesse, mas ambos com o propósito de obter a solução do litígio. Trata-se de um **processo comparticipativo**.

O magistrado deve adotar uma postura de diálogo com as partes e com os demais sujeitos do processo, esclarecendo suas dúvidas, solicitando esclarecimentos, dando orientações. O processo deve ser um produto de atividade cooperativa, cada qual com as suas funções, mas todos com o objetivo comum de solução do objeto litigioso (DIDIER JR., 2011. p. 50-51).

Nesse modelo de processo, o magistrado não é o centro condutor do processo, tem-se um processo **policêntrico**, no qual todos, inclusive o magistrado, têm o dever de cooperar.

---

[16] STJ, REsp 656.103/DF, 4ª T., rel. Min. Jorge Scartezzini, j. 12.12.2006, *DJ* 26.02.2007, p. 595.

Sua aplicação impede ou dificulta a declaração de nulidades, bem como a prolação de juízos de inadmissibilidade. O dever de cooperação gera para o juiz três deveres, com a finalidade de redimensionar o diálogo e o equilíbrio processual:

(i) Dever de consulta: dever de consultar as partes sobre ponto relevante e que até então havia sido ignorado. Assegura, assim, às partes, o poder de tentar influenciar na solução da controvérsia.

Por exemplo, cabe ao magistrado a investigação oficiosa dos requisitos de admissibilidade do processo (art. 485, § 3º, do CPC/2015). Nesse sentido, carecendo o processo de algum dos seus requisitos, antes de o magistrado extinguir o processo, deverá ouvir as partes, intimando-as. A possibilidade de conhecer uma matéria sem provocação não se confunde com a possibilidade de conhecê-la sem o contraditório das partes.

Antes do indeferimento da petição inicial, por ter sido detectado um defeito na mesma, o magistrado deverá dar à parte a oportunidade de corrigi-la (art. 321 do CPC/2015);

(ii) Dever de esclarecimento: o juiz tem o dever de esclarecer suas manifestações que porventura sejam obscuras, sempre que necessário, seja por má-formação das frases, má-exposição das ideias, ou mesmo por falha de impressão, para a formação segura de sua cognição, bem como de pedir esclarecimento às partes ou outros participantes do processo, como no art. 321 do CPC/2015, no qual o magistrado tem o dever de ser claro quando determinar a emenda da inicial, bem como no saneamento compartilhado (art. 357, § 3º, do CPC/2015);

(iii) Dever de prevenção ou proteção: se o juiz se depara com algum defeito processual, tem o dever de apontar a falha e a forma como deverá ser corrigida ou sanada. O dever de prevenção encontra-se consagrado nos arts. 321, 801, 932, parágrafo único, do CPC/2015 etc., garantindo, por exemplo, ao demandante o direito de emendar a petição inicial, ainda que várias vezes, para a correção do defeito.

Com a reforma do processo de execução, um preciso caso de aplicação do princípio da cooperação foi inserido. Exige-se do credor, tanto na execução extrajudicial (art. 798, I, *b*, do CPC/2015), como no cumprimento de sentença (art. 509, § 2º, do CPC/2015), a apresentação de uma memória atualizada e discriminada do cálculo e, simetricamente, exige-se do executado, caso alegue em suas respectivas defesas excesso de execução, que apresente, do mesmo modo, memória do cálculo, cooperando, assim, com o julgamento (art. 525, § 4º, do CPC/2015).

2.2.4. Duração razoável do processo ou de um processo sem dilações indevidas

Tal princípio impõe que a decisão judicial seja prolatada em tempo razoável, **sem** indevidas dilações. Sempre se afirmou que tal princípio era decorrente do devido processo legal, da inafastabilidade da tutela jurisdicional e da dignidade da pessoa humana. Inclusive, por estar previsto na Convenção Americana de Direito

Humanos, Pacto de San José da Costa Rica, no art. 8, I, do qual o Brasil é signatário, trata-se de norma de aplicação imediata (art. 5º, § 1º, da CF/1988) (DIDIER JR., 2011. p. 53-54).

Atualmente, não há mais a necessidade de se discutir se tal princípio decorre ou não de outro, pois, com a EC 45/2004, que inseriu o inciso LXXVIII, no art. 5º da CF, o princípio foi expressamente adotado; além disso, o art. 93, II, alínea "e", da CR/1988, incluído pela mesma EC, também afirma que não será promovido o juiz que, injustificadamente, retiver autos em seu poder além do prazo legal, não podendo devolvê-lo sem o devido despacho ou decisão, estando expressamente no art. 4º do CPC/2015.

Frise-se, por fim, que razoável duração do processo **não** é sinônimo de processo rápido, mas que deverá durar somente o tempo necessário para a solução do litígio. Renomada doutrina relembra que os processos da Inquisição eram rápidos, todavia ninguém sente saudade dos mesmos (DIDIER JR., 2011. p. 55).

Assim, por exemplo, uma ação de alimentos não poderá durar o mesmo que uma ação de reparação por danos morais. Logo, para se aferir se a duração é razoável ou não, é necessário avaliar: a complexidade da causa; a estrutura do órgão jurisdicional (ex.: órgão sem equipamentos de informática); o comportamento do juiz (verifica-se se o juiz está atuando dentro do possível para não prorrogar a duração do processo); e o comportamento das partes.

Não observado esse princípio, as partes podem fazer uso de instrumentos administrativos (representação por excesso de prazo prevista no art. 235 do CPC/2015, e, sucessivamente, pode-se encaminhar a reclamação ao CNJ) e jurisdicionais (impetração de MS ao TJ contra a omissão do juiz ou HC no âmbito do processo penal). Há, assim, no CPC, uma espécie de preclusão punitiva, podendo o magistrado, inclusive, perder a competência para decidir a causa.

2.2.5. Princípio do contraditório

O contraditório é inerente ao processo, possuindo duas dimensões, uma formal, que garante às partes o **direito de participar** do processo em que possam vir a ser afetadas, seja benéfica ou maleficamente, e outra substancial, no sentido de que não basta a simples participação, esta deve ter ainda **poder de influência**, isto é, deve ser apta a interferir no conteúdo da decisão, a influenciá-la licitamente, mediante argumentos, provas etc.

Democracia no processo recebe o nome de contraditório, por ser uma forma de participação o exercício democrático do poder jurisdicional (MARINONI, 1999. p. 255-258).

A segunda faceta do contraditório, o poder de influência, merece uma análise mais aprofundada, considerando que, nos dias atuais, o nosso sistema cada vez mais se aproxima do sistema da *common law*, no qual os precedentes judiciais tornam-se mais persuasivos.

Não basta que a parte seja meramente ouvida, devem ser proporcionadas condições reais de influenciar na construção da decisão judicial. Uma decisão judicial não nasce; constrói-se por meio de uma participação democrática no processo.

Cap. 2 · PRINCÍPIOS PROCESSUAIS CONSTITUCIONAIS | 23

O direito é construído pelo diálogo, por meio de argumentos, ideias, fatos novos, novas concepções e percepções jurídicas da realidade. Se a parte não puder exercer tais possibilidades, ouso afirmar que não se produzirá uma decisão legítima.

Não pode a parte sofrer uma punição processual sem que seja proporcionada à mesma a chance de se manifestar sobre os fundamentos da punição, justamente para demonstrar que ocorreram ou não. Não pode haver condenação sem chance de prévia defesa. Nesse sentido, um bom exemplo, enfatizado por doutrina tantas vezes aqui citada (DIDIER JR., 2011. p. 57-58), há no art. 772, II, do CPC/2015), no qual se afirma que o juiz pode, em qualquer momento no processo, advertir ao devedor que o seu procedimento constitui ato atentatório à dignidade da justiça. O mesmo raciocínio deve ser aplicado na hipótese do art. 77, §§ 2º e 3º, do CPC/2015). Nesse sentido, já se posicionou o STJ sobre a imposição de litigância de má-fé.[17]

O magistrado tem liberdade para conhecer de fatos novos, ainda que **não** alegado pelas partes, utilizando-os como base para sua decisão (arts. 371 e 493, parágrafo único, do CPC/2015), porém **não** pode julgá-los sem antes ouvir as partes (art. 10 do CPC/2015). A decisão formada com elemento fático não trazido pelas partes necessita do contraditório, para que seja exercido o poder de influência. O magistrado crê que tal fato aconteceu de maneira "X", porém, a parte pode vir a demonstrar que ocorreu da maneira "Y", portanto influenciando no resultado da decisão.

> Uma coisa é o juiz poder conhecer de ofício, poder agir de ofício, sem provocação da parte. Essa é uma questão. Outra questão é poder agir sem ouvir as partes. É completamente diferente. Poder agir de ofício é poder agir sem provocação, sem ser provocado para isso; não é o mesmo que agir sem provocar as partes. Esse poder não lhe permite agir sem ouvir as partes (DIDIER JR., 2011. p. 60).

Nesse sentido, são inúmeros os exemplos que podemos trazer. Na declaração de inconstitucionalidade de uma lei, em controle difuso de constitucionalidade, apesar de poder/dever o juiz fazê-lo *ex officio*, não deve agir sem ouvir as partes acerca do assunto. O processo civil moderno não pode comportar surpresas.

O STJ[18] anulou uma sentença que definiu o termo inicial de uma união estável utilizando-se de fundamento trazido pelo Ministério Público, como fiscal da ordem jurídica, exatamente por **não** ter dado oportunidade de manifestação das partes, gerando decisão surpresa.

Observe-se que tal princípio deve ser observado em todos os graus de jurisdição, pois, do contrário, o problema tende somente a ser agravado. A jurisprudência consagrou a ideia de que inexiste omissão a ser sanada no Tribunal, quando o acórdão não enfrenta todas as questões arguidas pelas partes.

Se não há omissão a ser sanada, mesmo que seja reconhecido que não foram enfrentados todos os argumentos expendidos, como a parte poderá levar a matéria à análise dos Tribunais Superiores, que, como cediço, trata-se de vias muito estreitas. A doutrina é eloquente sobre o ponto (DIDIER JR., 2007. v. 2, p. 230; NERY JR., 1999. p. 175; MARINONI; ARENHART, 2005. p. 461; MOREIRA, 2004. p. 121).

---

[17]   STJ, REsp 150.781/SP, rel. Min. José Delgado, *DJ* 19.06.2000.
[18]   STJ, REsp 1.824.337/CE, 3ª T., rel. Min. Moura Ribeiro, j. 10.12.2019.

Atualmente, um bom raciocínio a partir do contraditório é o incentivo à intervenção atípica do *amicus curiae* (art. 138 do CPC/2015), como será abordado mais detalhadamente no capítulo referente à intervenção de terceiros.

Enfim, decisões dessa espécie não se sustentam, pois a citação, corolário do contraditório (art. 5º, LV, CRFB) em um processo civil democrático e cooperativo, bem como um pressuposto processual de validade da decisão contra o réu, é ato essencial para angularizar a relação jurídica processual e submeter o demandado aos limites subjetivos da coisa julgada (art. 506 do CPC/2015), não podendo comportar exceções. Não há qualquer exceção a essa regra.

O art. 332 do CPC/2015, assim como o art. 330 do CPC/2015, permite decisão proferida sem citação, porque favorável ao réu. As **técnicas de aceleração** dos processos devem ser prestigiadas, principalmente quando se tratar de processos repetitivos, contudo, todas devem observar o devido processo legal, consagrando o denominado **contraditório inútil**. Observe-se que o art. 9º veda a prolação de decisões "contra uma das partes" sem antes ela ser ouvida, ou seja, *a contrario sensu*; sendo a decisão favorável, o contraditório não se mostra necessário.

Por fim, o contraditório como uma garantia constitucional do cidadão incide em processo judicial, bem como em processos administrativos. Assim, qualquer ato da Administração Pública capaz de repercutir sobre a esfera de interesses do cidadão deve ser precedido de procedimento em que se assegurasse, ao interessado, o efetivo exercício dessas garantias.[19]

2.2.6. Princípio da instrumentalidade. Teoria circular dos planos processual e material

O processo deve ser um instrumento de efetivação e realização do direito material. O processo é uma técnica desenvolvida para a tutela do direito material (art. 188, c/c o art. 244 do CPC/2015).

Frise-se, porém, que a instrumentalidade não pode ser enfrentada em sua literalidade. Não se busca minimizar a sua importância, ela não torna o processo civil subalterno ao direito material. Em síntese, o direito material projeta, o direito processual concretiza.

Cada um possui sua função, um serve ao outro. É a denominada **teoria circular dos planos processual e material**, na visão desenvolvida por Carnelutti, sendo que o processo serve ao direito material, ao mesmo tempo em que é servido por ele.

2.2.7. Acesso à justiça. Primazia da resolução de mérito

O acesso à justiça **não** pode ser visualizado como uma mera garantia de se chegar ao Judiciário, mas de um resultado final do processo, contudo, com o passar

---

[19] Informativo 638: STF, RE 594.296/MG, rel. Min. Dias Toffoli, j. 31.08.2001.

dos anos, por exemplo, iniciou-se um movimento jurisprudencial de obstar o exame do mérito nos processos e recursos, denominado **jurisprudência defensiva**.[20]

O acesso à justiça é o acesso a uma ordem jurisdicional justa, ou seja, o acesso aos resultados a que o processo se dirige, garantindo um pronunciamento de mérito e a satisfação do direito, como se observa do art. 4º, principalmente em sua parte final.

Há a consagração do **princípio da primazia da resolução de mérito** em várias passagens do CPC, como no art. 282, § 2º, onde o legislador estimula a prolação de um julgamento de mérito em favor de quem se beneficiaria com eventual nulidade, e, de certo modo, é complementado pelo art. 288. O art. 317 determina o dever de conceder oportunidade para corrigir eventual vício, antes de extinguir o processo sem resolução de mérito.

Em sede recursal, há o importante art. 932, parágrafo único, repetido no art. 1.017, § 3º, estando sua ideia também no art. 1.029, § 3º, os quais permitem superar vícios recursais para se atingir o mérito. Ainda em sede de recursos, novas regras sobre o preparo recursal foram implementadas, todas com foco no mérito (art. 1.007 e seus parágrafos).

2.2.8. Sistematização dos princípios

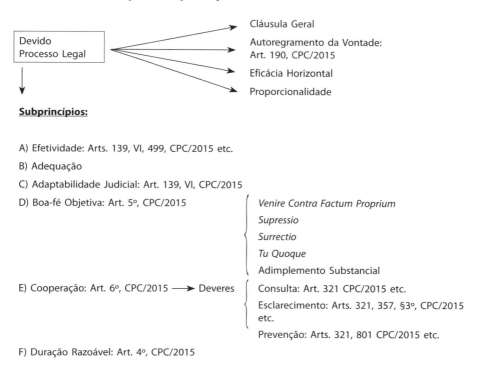

---

[20] Expressão já utilizada, até mesmo, pelo próprio STF, AI 496.136 AgR/SP, rel. Min. Celso de Mello, j. 15.05.2004.

PROCESSO CIVIL SISTEMATIZADO – *Haroldo Lourenço*

G) Contraditório:
- Inútil: Art. 9º, CPC/2015
- Postergado: Art. 9º, parágrafo único, do CPC/2015
- Matérias Ordem Pública: Art. 10, CPC/2015

H) Instrumentalidade: Arts. 188 c/c 244, CPC/2015

3
JURISDIÇÃO

3.1. CONCEITO

É atividade exercida como um **Poder, ou função, por alguns órgãos**, como um modo de **heterocomposição de conflitos**, atribuído a **terceiros imparciais** que, mediante um **processo com razoável duração**, reconhecem, efetivam e protegem situações jurídicas concretamente deduzidas ou afirmadas, em **decisão insuscetível de controle externo** e apta à indiscutibilidade pela **coisa julgada**, sendo realizada por meio de uma **atividade criativa**.

Jurisdição como poder	Poder Estatal de interferir na esfera jurídica dos jurisdicionados
Jurisdição como função	Encargo atribuído, em regra, ao Judiciário
Jurisdição como atividade	Conjunto de atos praticados pelos agentes estatais investidos de jurisdição

Essa visão da jurisdição tenta buscar uma sintonia com os novos contornos do direito. A jurisdição não pode mais ser vista mediante um Estado positivista. Hoje, cogita-se em redistribuição das funções do Estado, como a criação das agências reguladoras que solucionam alguns conflitos; com o reconhecimento da força normativa da Constituição, exigindo do Judiciário uma postura mais ativa e criativa; a consagração de instrumentos como o mandado de injunção, permitindo-se suprir a omissão legislativa; a adoção pelo legislador da técnica das cláusulas gerais, deixando o sistema normativo mais aberto, transferindo para o órgão jurisdicional a tarefa de completá-lo.

Leonardo Greco resume bem o tema, afirmando que a jurisdição possui um vínculo quase umbilical com o Estado, o que é uma característica histórica, com 1.700 anos, porém, reconhece que o conceito de jurisdição está em evolução, se desprendendo do Estado. Criticando as restrições de filtros cada vez maiores de acesso aos Tribunais para conter o crescimento das demandas, o Judiciário estaria fechando suas portas, deixando os cidadãos de fora, fazendo com que estes busquem outros meios de solução de conflitos (GRECO, 2010. v. 1, p. 66).

Nesse sentido, faz-se necessário romper algumas visões clássicas que foram durante muito tempo tratadas como dogmas, como nas lições do saudoso mestre

PROCESSO CIVIL SISTEMATIZADO – *Haroldo Lourenço*

Moacyr Amaral Santos (SANTOS, 2007. v. 1, p. 67), que afirmava que a jurisdição seria o poder de atuar o direito objetivo, compondo litígios, em um prolongamento da função legislativa, que a pressupõe.

Assim, carecendo da presença de quaisquer dos requisitos destacados inicialmente, estar-se-á diante de atividade legislativa ou administrativa, jamais diante de atividade tipicamente jurisdicional exercida pelo Judiciário.

Assim, Luiz Guilherme Marinoni (MARINONI, 2006. v. 1, p. 90-97) afirma que nas teorias clássicas o juiz apenas declarava a Lei ou criava a norma individual a partir da norma geral, agora ele constrói a norma jurídica a partir da interpretação de acordo com a Constituição, do controle da constitucionalidade e da adoção da regra do balanceamento (ou da regra da proporcionalidade em sentido estrito) dos direitos fundamentais no caso concreto.

Vejamos as principais características atuais da jurisdição:

(i) Terceiro imparcial/heterocomposição: o solucionador do conflito deve ser um terceiro imparcial, estranho ao litígio e desinteressado dele. O órgão julgador deve ser terceiro e desinteressado.

Tal papel é exercido, em regra, por um agente estatal, todavia não exclusivamente, pois esse poder pode ser delegado a agentes privados, como no caso da arbitragem[1] (Lei 9.307/1996), que apesar de privada, é atividade jurisdicional.

O terceiro que irá solucionar o conflito deverá atuar com **imparcialidade**, que não se confunde com **neutralidade**, eis que ninguém é absolutamente indiferente à demanda e, de acordo com essa visão, o juiz não deve ser neutro, mas tão somente, desinteressado.

Esse atuar do terceiro será uma **atividade substitutiva**, posto que não cumpre a nenhuma das partes dizer, definitivamente, se a razão está com ela ou com a outra parte.

Finalmente, cabe destacar que a imparcialidade não é característica exclusiva da jurisdição, há casos em que terceiros imparciais solucionam divergências, sem que haja jurisdição (por falta de outros atributos para assim ser considerada), como é o caso das agências reguladoras.

Observe-se que as agências reguladoras, como terceiras imparciais, também criam a norma individualizada. Assim, a criação de norma jurídica individualizada não é atributo exclusivo da jurisdição, todavia, nessa criação deve se observar a imparcialidade. Do ponto de vista formal as decisões das agências reguladoras poderiam ser consideradas jurisdicionais, porém, **não** fazem coisa julgada material, podendo ser revistas no Judiciário (DIDIER, 2009. p. 70).

O Conselho Administrativo de Defesa Econômica (CADE), no mesmo sentido, é um órgão "judicante", com jurisdição em todo o território nacional, nos termos do art. 4º da Lei 12.529/2011, sendo uma autarquia vinculada ao Ministério da Justiça, tendo por finalidade orientar, fiscalizar, prevenir e apurar abusos de poder econômico, exercendo papel tutelador da prevenção e da repressão a tais abusos.

---

[1] O tema será melhor analisado adiante, em tópico separado.

(ii) Atuação em uma situação concreta: A jurisdição debruça-se em problemas concretos, jamais abstratamente, como se dá com a função legislativa. O raciocínio do órgão jurisdicional é sempre problemático. Até mesmo ao realizar controle abstrato de constitucionalidade, haverá atuação concreta, eis que se julga a constitucionalidade ou não de lei específica. A jurisdição se relaciona com a tutela dos direitos justamente em razão de sua função de proteção dos direitos concretamente deduzidos.

A tutela dos direitos se concretiza pela jurisdição (no caso em concreto) e pela legislação (abstratamente). A situação jurídica concretamente deduzida, normalmente se apresenta como uma lide, mas nem sempre essa afirmativa é verdadeira, eis que existem processos cujo problema ou questão discutida não se apresenta como uma lide, como em situações jurídicas que dizem respeito exclusivamente ao indivíduo (pedidos de naturalização ou ação de retificação de registro civil).

(iii) Insuscetibilidade de controle externo: A jurisdição é a única função que **não** se submete a controle externo, mas tão somente interno. A coisa julgada torna a decisão insuscetível de revisão para a própria jurisdição, razão pela qual se fala em "coisa soberanamente julgada" quando decorrido o prazo para propositura da ação rescisória (art. 975 do CPC/2015).

Enfim, a jurisdição somente é controlada pela própria jurisdição, porém, controla a função legislativa (controle de constitucionalidade e preenchimento de normas gerais ou conceitos jurídicos indeterminados), bem como a **função administrativa**, no controle dos atos administrativos.

(iv) Atividade criativa: O juiz realiza, ainda, atividade criativa, eis que constrói a decisão de acordo com seu convencimento, procurando no legislativo, fundamentos para a mesma. Em outras palavras, inicialmente, o magistrado decide o caso e, em seguida, busca no sistema (legislação, princípios etc.) amparo para motivar sua decisão.

Assim, a jurisdição não se limita a reproduzir os textos legais. Esses apenas lhes servem como um parâmetro para a solução do caso concreto.

O Judiciário cria a norma jurídica do caso concreto, bem como cria, muitas vezes, a própria regra abstrata que deve regular o caso concreto (DIDIER JR., 2009. v. 1, p. 70).[2]

Expressões como *da mihi factum dabo tibi ius* (dá-me os fatos, que eu te darei os direitos) apesar de ainda terem sua aplicação, devem ser lidas com zelo. O magistrado não é um robô ou uma máquina, previamente programada, para responder qual é o direito da parte diante da hipótese narrada. O Juiz não é escravo da lei. Pelo contrário, o juiz deve ser livre, deve ser responsável. Enfim, dotado de inteligência e vontade, o juiz não pode ser escravo, nem da lei (PORTANOVA, 1997. p. 128).

A atividade criativa do juiz pode se dar de duas maneiras, sendo a **primeira** no sentido de criar a norma jurídica do caso concreto; e a **segunda**, a norma geral do caso concreto, pela qual, deverá demonstrar o fundamento, ou seja, a norma geral do ordenamento jurídico que soluciona o caso concreto (não apenas a lei

---

[2] Nesse sentido, ver capítulo sobre teoria dos precedentes.

em si, mas o entendimento do juiz acerca dessa lei). Assim, a norma geral do caso concreto é a interpretação feita pelo juiz, do direito positivo. As normas gerais criadas a partir de casos concretos estão na fundamentação das decisões e se configuram como aquilo que se chama precedente judicial, que é exatamente essa norma geral criada a partir do caso concreto.

As súmulas, vinculantes ou não, nada mais são do que normas gerais, eis que, apesar de julgar um caso concreto, serão aplicadas, reflexamente, a outras inúmeras situações similares ou idênticas. Não há que se dizer que o Judiciário estaria legislando, uma vez que sua atividade criativa se dá a partir da interpretação que ele faz das leis já existentes.

Nessa linha, surgem os denominados *hard cases*, situações em que os textos jurídicos existentes, aplicados objetivamente, não apresentam soluções claras. Atualmente, o STF os tem enfrentado, como no direito à saúde, intervenção do Judiciário em políticas públicas, antecipação terapêutica do parto, para fetos com anencefalia. Em alguns casos, inclusive, foi criada a norma geral a ser aplicada à situação concreta, como na hipótese da fidelidade partidária[3] e no direito de greve dos funcionários públicos.[4]

Tal concepção, atualmente, é adotada quase por unanimidade, contudo parece-me que a influência de Montesquieu por intermédio do chamado juiz *boca-da-lei* ainda é muito forte. Nesse sentido, majoritariamente, adota-se a visão do magistrado que transforma uma norma genérica e abstrata em uma norma concreta e específica.

(v) Aptidão à coisa julgada material: Trata-se de situação jurídica afeta às decisões judiciais, pois somente elas se tornam indiscutíveis e imutáveis pela coisa julgada material. A coisa julgada é um atributo da decisão judicial, porém, não é um elemento da decisão, pois é uma situação posterior, que pode ou não ocorrer. Assim, pode haver jurisdição sem coisa julgada material, pois se trata de opção legislativa do Estado.

Conceito Jurisdição:

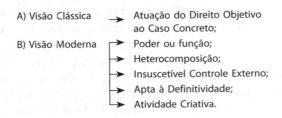

3.2. EQUIVALENTES JURISDICIONAIS

Há algumas outras formas de solução de litígio que não somente por meio do Poder Judiciário. Equivalentes jurisdicionais são técnicas de solução de conflitos que

---

[3] MS 26.603, rel. Min. Celso de Mello, j. 04.10.2007.
[4] MI 670, rel. p/ acórdão Min. Gilmar Mendes, j. 25.10.2007.

Cap. 3 · JURISDIÇÃO | 31

não são jurisdicionais, por lhes faltar algum requisito para que assim sejam consideradas. Todas são não definitivas, pois podem ser submetidas ao controle judicial. Vejamos as principais hipóteses:

(i) **Autotutela:** é a solução do conflito imposta por um dos conflitantes, **não** havendo a imparcialidade[5]. É uma solução de força, de mão própria, egoística e parcial. Atualmente, em regra, a autotutela é proibida, estando, inclusive, tipificada no Código Penal como crime de exercício arbitrário das próprias razões (art. 345 do CP), se for praticado por um particular, e abuso de poder ou exercício arbitrário (art. 350 do CP). A regra é se vedar a autotutela, **não** se admite, por exemplo, a execução sem título. Há, porém, algumas hipóteses em que é admitida, como a legítima defesa, a greve, o desforço incontinenti, como uma reação imediata a uma violência em sua posse (art. 1.210, § 1°, do CC/2002), bem como o Poder da Administração Pública de executar suas decisões,[6] direito de retenção etc.

(ii) **Autocomposição:** a solução do conflito é negociada pelos conflitantes, sendo considerada a forma ideal de composição dos conflitos (arts. 139, V; 165, 334, 515, III e § 2°, 725, VII, do CPC/2015), na qual um dos contendores sacrifica interesse próprio, em favor do interesse alheio. Pode ocorrer judicialmente ou extrajudicialmente.

O estímulo à autocomposição se nota com a possibilidade de divórcio e inventário em cartório na forma da Lei 11.441/2007; a possibilidade de se homologar, judicialmente, qualquer acordo extrajudicial (art. 515, III e § 2° do CPC/2015 e art. 57, parágrafo único, da Lei 9.099/1995). A autocomposição pode ser uma **transação** (concessões recíprocas) ou uma abdicação de uma das partes em nome da outra, sendo que esta, quando feita pelo autor, recebe a denominação de **renúncia**, e quando pelo réu, de **reconhecimento da procedência do pedido**.

(iii) **Mediação:** um terceiro, estranho ao conflito, é chamado para auxiliar e estimular o acordo entre as partes. Geralmente é um profissional qualificado que tenta demonstrar as causas do litígio e fazer com que os próprios litigantes descubram a melhor maneira de solucioná-lo. Muito utilizada no direito de família, no direito societário, nos conflitos internacionais etc. O terceiro não decide o conflito, apenas estimula e encaminha as negociações, para que os próprios conflitantes encontrem a melhor solução.

No CPC/2015, como se observa do art. 165, § 3°, consta a previsão expressa sobre a mediação, bem como a Lei 13.140/2015 regula a matéria, como se demonstrará adiante.

(iv) **Solução por Tribunal Administrativo:** a estrutura da Administração Pública possui várias instâncias de solução de conflitos no âmbito administrativo. Não

---

[5] Imparcialidade é o impedimento de que uma das partes litigantes solucione o litígio existente entre elas, como pode ser extraído do art. 144, IX, do CPC.

[6] Trata-se da autoexecutoriedade, atributo do ato administrativo, consistente na possibilidade de que certos atos ensejem imediata e diretamente a execução pela própria administração, independentemente de ordem judicial.

é jurisdição por lhe faltar os atributos da insuscetibilidade de controle externo e definitividade. Vejamos as principais hipóteses.

O **Tribunal Marítimo** abrange, por exemplo, a decisão sobre acidentes de navegação. Trata-se de órgão auxiliar do Poder Judiciário, na forma do art. 1º c/c 18 da Lei 2.180/1954, sendo possível, portanto, o reexame de suas decisões pelo Judiciário. O Tribunal Marítimo pode funcionar como juízo arbitral e, portanto, possuir atribuição jurisdicional (art. 16, "f", da Lei 2.180/1954).

O **Tribunal de Contas**, que é órgão auxiliar do Poder Legislativo, não exercendo função jurisdicional, nem mesmo quando julga contas prestadas pelos agentes públicos (art. 71, II, da CF/1988), pois sua função é eminentemente administrativa e fiscalizadora. Não por outra razão que suas decisões constituem-se em títulos executivos extrajudiciais (art. 71, § 3º, da CF/1988).

O processo, decidido por heterocomposição, perante o Tribunal de Contas deve observar o devido processo legal, como já determinou o STF,[7] respeitando o contraditório e a ampla defesa[8], além de reconhecer o poder geral de cautela no exercício de suas atividades, como na suspensão de um contrato administrativo.[9]

No mesmo sentido, temos as **Agências Reguladoras**, autarquias especiais que cuidam da regulação de atividades econômicas; embora pertencentes à Administração Indireta, possuem, além de funções executivas, a de criar regras jurídicas gerais, no exercício do seu poder regulamentador. Assim, a agência reguladora está dirimindo um conflito, por heterocomposição, porém pode ser controlada pelo Judiciário. Um bom exemplo é a atuação do CADE que, como mencionado, muito se assemelha à função judicante (art. 4º da Lei 12.529/2011), chegando o legislador a referir-se a uma "autarquia judicante", com "jurisdição" em todo o território nacional.

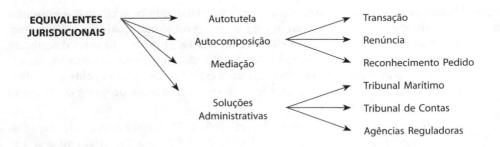

---

[7] STF, Pleno, MS 23550/DF, rel. Min. Marco Aurélio, publicado em 31.10.2001.
[8] Súmula Vinculante 3: "Nos processos perante o tribunal de contas da união asseguram-se o contraditório e a ampla defesa quando da decisão puder resultar anulação ou revogação de ato administrativo que beneficie o interessado, excetuada a apreciação da legalidade do ato de concessão inicial de aposentadoria, reforma e pensão".
[9] Informativo 468 do STF, Pleno, MS 26.547/DF, rel. Min. Celso de Mello, j. 13.06.2007.

ARBITRAGEM	MEDIAÇÃO	CONCILIAÇÃO
Lei 9.307/96 (com alteração da Lei 13.129/16) – LA	Lei 13.140/15 e art. 3º, §§ 2º e 3º, além dos arts. 165 ao 175 do CPC/15	Arts. 165 ao 175 do CPC/15
Natureza jurisdicional	Atividade técnica não jurisdicional	Atividade técnica não jurisdicional
Solução por heterocomposição	Solução por autocomposição	Solução por autocomposição
Juiz arbitral decide o litígio e impõe às partes	Mediador não decide, mas orienta na decisão	Conciliador não decide, mas propõe soluções
Juiz arbitral é qualquer pessoa capaz e da confiança das partes (art. 13, LA)	Escolhidos mediante cadastro nacional e em cadastro de TJ ou TRF, sendo possível por concurso público	Escolhidos mediante cadastro nacional e em cadastro de TJ ou TRF, sendo possível por concurso público
Utilizável para direitos patrimoniais e disponíveis (art. 1º, LA)	Utilizável, preferencialmente, para hipóteses em que haja vínculo anterior entre as partes (art. 165, § 3º, CPC)	Utilizável, preferencialmente, para hipóteses em que não haja vínculo anterior entre as partes (art. 165, § 2º, CPC)
Profere sentença e é um título judicial (art. 31, LA e art. 515, VII, CPC)	Mediador não profere sentença, mas a transação por ele referendada é título extrajudicial (art. 784, IV, CPC)	Conciliador não profere sentença, mas a transação por ele referendada é título extrajudicial (art. 784, IV, CPC)
Judiciário e Câmaras arbitrais não se confundem	Pode ser realizada no Judiciário (nos centros judiciários de solução consensual de conflitos) ou extrajudicial	Pode ser realizada no Judiciário (nos centros judiciários de solução consensual de conflitos) ou extrajudicial

3.3. PRINCÍPIOS DA JURISDIÇÃO

(i) Investidura: A jurisdição deve ser exercida por quem tenha sido constitucionalmente investido na função jurisdicional (dá-se por aprovação em concurso público, por nomeação do Presidente da República no caso dos Ministros do STF e STJ, por indicação do Governador ou por nomeação das partes, na arbitragem), encontrando-se no efetivo exercício de tal função. A investidura é, a rigor, um pressuposto processual de existência do processo.

(ii) Inevitabilidade: A solução jurisdicional é inevitável, não cabendo às partes recusá-la; por exemplo, ninguém pode recusar a sentença ou recusar a condição de réu.

(iii) Indelegabilidade: O exercício da jurisdição não pode ser delegado a outro sujeito. Essa proibição se aplica, totalmente, nos atos decisórios, todavia, no que toca a outros poderes jurisdicionais, como o instrutório, diretivo do processo e o de execução das decisões, não incide tal vedação. Doutrinariamente, discute-se se as cartas (rogatória, de ordem e precatória) seriam exceções à indelegabilidade da função jurisdicional. Alguns afirmam que **não** há delegação, pois sequer há competência (parcela da jurisdição) a ser delegada. O magistrado está pedindo uma cooperação porque não pode agir, daí por que não poderia delegar (DIDIER JR., 2009. v. 1, p. 87). Concordamos com a conclusão, mas não com a fundamentação. Realmente, não há delegação da jurisdição, até porque esta é una, exercida em todo o território nacional (art. 16 do CPC/2015), todavia, o juízo, por não possuir competência, requer que o juízo competente pratique o ato. A questão cinge-se na diferença entre jurisdição e competência.

Majoritariamente haveria delegação, justificando-se pela necessidade de cooperação entre os órgãos jurisdicionais na prática de certos atos (GRECO, 2010. p. 121).

Como dito, atos instrutórios, diretivos do processo e o de execução das decisões, podem ser delegados. Vejamos algumas hipóteses:

a) A CR/1988, no art. 102, I, "m", autoriza que o STF delegue a execução de seus julgados a juízes. Embora não haja essa autorização expressa para outros tribunais, é entendimento majoritário na doutrina de que seria aplicável a teoria dos poderes implícitos (*implied power*), admitindo-se, portanto, delegações para as outras hipóteses constitucionais simétricas;[10]

b) O art. 93, XIV, da CR/1988, bem como o CPC, no art. 203, § 4º, possibilita ainda a delegação a serventuários, da prática de atos de mero expediente, como oitiva do Ministério Público e a manifestação sobre novos documentos (art. 437, § 1º, do CPC);

c) Há, ainda, a delegação na ação rescisória, para atos instrutórios, mediante carta de ordem (art. 972 do CPC);

d) O art. 93, XI, da CR/1988 autoriza a delegação de competência do Tribunal Pleno (composto da totalidade dos membros do Tribunal, independentemente da antiguidade) para o Órgão Especial do mesmo tribunal.

Questão relevante, que deve ser analisada com razoabilidade, por poder gerar uma renúncia da função jurisdicional, é a suspeição por motivo de foro íntimo, sem necessidade de declarar suas razões (art. 145, § 1º, do CPC), devendo ser controlada, a fim de impedir que o juiz a use de forma arbitrária, para não julgar a causa que não lhe convier. O CNJ, recentemente, por meio da Resolução 82/2009, restabeleceu regra contida no art. 119 do CPC/1939, exigindo motivação por parte do magistrado para alegar tal suspeição. Tal resolução tem sido questionada por setores da magistratura, que a consideram inconstitucional (GRECO, 2010. p. 125).

(iv) Territorialidade: A jurisdição deve ser exercida sempre sobre um dado território (art. 16 do CPC/2015), o magistrado somente tem autoridade nos limites territoriais do seu Estado. As unidades territoriais da justiça estadual são denominadas "Comarcas", podendo se dividir em distritos; e, as da justiça federal, "Seções Judiciárias" (Estado), podendo se dividir em subseções (cidades). Partindo dessa premissa, de que a jurisdição é exercida em todo o território nacional, as autoridades necessitam cooperar entre si, surgindo, assim, as cartas como meio de comunicação entre os órgãos jurisdicionais. Ademais, tal princípio não quer dizer que o juiz não possa se deslocar dentro da territorialidade, pois há previsão de justiça itinerante (arts. 107, § 2º; 115, § 1º, e 125, § 7º, da CR/1988). Acerca

---

[10] Para maiores considerações remetemos o leitor para o capítulo sobre competência na execução, em que se menciona, inclusive, a posição do STJ sobre o assunto, permitindo a delegação. AR 974/RN, 3ª Seção, j. 12.09.2001.

deste princípio, cabem três ponderações, sendo que as duas primeiras se referem a casos de **extraterritorialidade:**

a) **Art. 255 do CPC/2015:** os oficiais de justiça poderão extrapolar o âmbito territorial da jurisdição para cumprimento de diligências de comunicação (citação e intimação) em Comarcas contíguas ou da mesma região metropolitana, independentemente de carta precatória;

b) **Art. 60 do CPC/2015:** imóveis fronteiriços, estabelecidos na fronteira entre duas Comarcas (não entre dois países) – nesse caso, o juiz prevento (art. 59) exercerá sua jurisdição sobre a integralidade do imóvel;

c) Art. 16 da Lei de Ação de Civil Pública (Lei 7.347/1985): Afirma-se que a sentença civil prolatada na ação civil pública fará coisa julgada *erga omnes*, nos limites da competência territorial do órgão prolator. Não obstante a redação o art. 16 do CPC/2015 informar que a sentença brasileira produz efeitos em todo território nacional, o legislador estabeleceu uma exceção, criando limites territoriais para a coisa julgada. Assim, de acordo com o legislador, o território onde a decisão foi proferida não, necessariamente, coincide com o território onde a mesma produzirá seus efeitos. Tal artigo é profundamente criticado pela doutrina, sendo, inclusive, rotulado de inconstitucional por ferir a proporcionalidade, bem como é afastado pelo STJ, que aplica o art. 103 do CDC[11].

(v) Inafastabilidade (art. 5º, XXXV, da CF e art. 3º do CPC/2015): Trata-se de dispositivo que consagra o direito fundamental de ação, de acesso ao Poder Judiciário, sem condicionamentos ou embaraços. Quando a Constituição afirma que nenhuma lesão ou ameaça de lesão pode ser afastada da apreciação do Poder Judiciário está, a rigor, a se referir à impossibilidade de exclusão de alegação de lesão ou ameaça de lesão, tendo em vista que o direito de ação (provocar a atividade jurisdicional) não se vincula à efetiva procedência do quanto alegado; ele existe independentemente da circunstância de ter o autor razão naquilo que pleiteia; é direito abstrato. O direito de ação é o direito à decisão judicial *tout court* (DIDIER JR., 2009. v. 1, p. 88-89).

Frise-se, ainda, que o referido dispositivo constitucionalizou a tutela preventiva, assegurando que a alegação de ameaça de lesão pode ser levada ao Judiciário, como as tutelas de urgência. Não apenas os indivíduos, mas também as pessoas jurídicas e algumas entidades despersonalizadas têm direito de provocar o Judiciário. Assim, também com base neste artigo, o mérito do ato administrativo discricionário pode ser controlado pelo Judiciário, por meio do devido processo legal substancial, ou seja, com fundamento nos princípios da razoabilidade e proporcionalidade. A Constituição é peremptória: não há lesão ou ameaça que possa ser excluída do Judiciário. Ocorre, porém, que o próprio constituinte pode se excepcionar para o processamento e julgamento de certas autoridades, em certas hipóteses, perante o Senado Federal (art. 52, I e II, da CR/1988).

---

[11] STJ, CE, EDcl no REsp 1.243.887/PR, rel. Min. Luis Felipe Salomão, j. 06.04.2016.

36 | PROCESSO CIVIL SISTEMATIZADO – *Haroldo Lourenço*

Não há necessidade de esgotamento de outras instâncias, administrativas ou não, para que se busque a guarda constitucional. O constituinte pode criar exceção, como nas **questões desportivas**, que devam ser resolvidas inicialmente perante a justiça desportiva para que, após o esgotamento das vias administrativas, possam ser remetidas ao Judiciário (art. 217, § 1°, da CR/1988). Essa é a **única hipótese de esgotamento das vias extrajudiciais**, pois adotamos a jurisdição una.

Existem, ainda, várias normas infraconstitucionais que vedam ou restringem o cabimento de liminares. O STJ,[12] por exemplo, firmou entendimento de que não é possível condicionar a realização de um depósito ou caução para o deferimento de liminar.

O juiz deve, no caso concreto, ponderar entre os interesses contrapostos, porém, verificando a evidência do direito do autor, deve permitir a medida sem a exigência de garantia. Esse foi o entendimento do STF no julgamento da ADI 223/DF e da ADC 4; a solução, portanto, é o manejo do sistema difuso de controle de constitucionalidade. Observem-se, ainda, as Súmulas Vinculantes 21 e 28. Há várias restrições impostas pela lei ou pela jurisprudência no que tange à concessão de liminares:

a) Leis 8.437/1992, 9.494/1997 e 12.016/2009 (art. 7°, § 2°) as quais restringem o cabimento de medidas liminares, seja em processo cautelar ou em tutela antecipada, contra a Fazenda Pública, o que foi convalidado pelo art. 1.059 do CPC/2015;

b) Enunciado da Súmula da jurisprudência dominante do STJ n. 2: "Não cabe o *habeas data* (CF, art. 5°, LXXII, letra *a*) se não houve recusa de informações por parte da autoridade administrativa". A mencionada súmula exige a provocação administrativa para o preenchimento do interesse de agir, porém, como dito, se no caso concreto, houver risco de lesão ou grave dano, o magistrado deve afastar tal enunciado;

c) O art. 7°, § 1°, da Lei 11.417/2006, que regulamenta o art. 103-A da CR/1988, disciplinando a edição, revisão e cancelamento de enunciado de súmula vinculante pelo STF, afirma que da decisão judicial ou do ato administrativo que contrariar enunciado de súmula vinculante, negar-lhe vigência ou aplicá-lo indevidamente caberá reclamação ao Supremo Tribunal Federal, sem prejuízo dos recursos ou outros meios admissíveis de impugnação, porém, contra omissão ou ato da administração pública, o uso da reclamação só será admitido após esgotamento das vias administrativas;

d) A CLT (art. 625-D) exige que qualquer demanda de natureza trabalhista será submetida à Comissão de Conciliação Prévia se, na localidade da prestação de serviços, houver sido instituída a Comissão no âmbito da empresa ou do sindicato da categoria.

(vi) Juiz Natural ou Constitucional: Trata-se de princípio decorrente do devido processo legal, apesar de não previsto expressamente no texto constitucional. É resultante da conjugação de dois dispositivos – um que proíbe o juízo ou tribunal de exceção e outro que determina que ninguém será processado senão pela

---

[12] STJ, 2ª T., REsp 249.647, rel. Min. Eliana Calmon, j. 13.11.2001.

autoridade competente (art. 5°, XXXVII e LIII, da CR/1988). Dessa forma, há necessidade que o juiz seja pré-constituído pela lei, antes mesmo da ocorrência do conflito, devendo-se observar a distribuição para a escolha do juiz que julgará a causa posta, não podendo ser criado um Juízo ou eleito um juiz para julgar causa específica. Esse é o aspecto formal do princípio do juiz natural.

Proíbem-se, portanto, o **poder de comissão** (é a instituição de órgãos jurisdicionais sem prévia previsão legal e estranhos à organização judiciária estatal, juízes extraordinários, *ex post facto*), bem como o **poder de avocação** (designação hierárquica dos magistrados competentes para apreciação de determinado processo).

Há, atualmente, **uma hipótese de poder de avocação** prevista no art. 109, V-A e §5° da CR/88, como será abordado no capítulo sobre competência da justiça federal, onde uma demanda poderá ser federalizada, o que somente é admitido pelo STJ quando provada a negligência dos órgãos estaduais.

No mesmo sentido, não afronta juiz natural composição majoritária dos tribunais formada por juízes de primeiro grau[13], como também não viola tal princípio a criação de varas especializadas, as regras de competência determinadas por prerrogativas de função, dado que são regras gerais, abstratas e impessoais.[14]

As regras de distribuição servem exatamente para estabelecer critérios prévios, objetivos e aleatórios para a identificação do juízo que será responsável pela causa. Nesse sentido, o desrespeito a uma norma de distribuição por dependência, por se tratar de um critério funcional, gera uma incompetência absoluta.

Sob o aspecto substancial, o juiz natural tem como fim a garantia da **imparcialidade** e **independência** dos magistrados, tornando-se, portanto, confiável.

3.4. JURISDIÇÃO VOLUNTÁRIA, GRACIOSA OU INTEGRATIVA

Tal tema é um dos mais polêmicos no seio doutrinário. Já se chegou ao extremo de afirmar que não se trata de jurisdição, tampouco, de ser voluntária.

Abordaremos, inicialmente, a jurisdição voluntária segundo a visão da *teoria clássica ou administrativista* que é, ainda, majoritária, para, posteriormente, analisar-

---

[13] STF, 2ª T., AI 815.344/SP, rel. Min. Joaquim Barbosa, j. 25.09.2012.
[14] STF, 1ª T., AI 177.313/MG, rel. Min. Celso de Mello, j. 23.04.1996.

PROCESSO CIVIL SISTEMATIZADO – *Haroldo Lourenço*

mos a *teoria revisionista ou jurisdicionista*, a qual reputamos acertada e em franca expansão, porém ainda minoritária.

3.4.1. Teoria clássica ou administrativista

De acordo com tal teoria, a jurisdição voluntária, não obstante o nome tão propalado, não seria jurisdição e, sim, função administrativa, justamente por não compor lides, não exercer atividade substitutiva e ter natureza constitutiva, dado que não seria focada em direitos preexistentes, mas na criação de novas situações jurídicas.

É chamada também de teoria administrativista, justamente por seus provimentos **não** atingirem a coisa julgada material, não existindo, portanto, processo e, sim, **procedimento**; não haveria partes e, sim, **interessados**.

Muito comum a definição que expressa bem o ideal de tal teoria: seria a *"Administração pública, exercida pelo Judiciário, de interesses privados"* (MARQUES, 1990. p. 88).

3.4.2. Teoria revisionista ou jurisdicionista[15]

Em franca oposição à teoria anterior, a teoria revisionista vê na jurisdição voluntária atividade jurisdicional propriamente dita, uma vez que exercida por juízes, respondendo, adequadamente, a todos os argumentos expostos pela teoria clássica.

O fato de não existir lide, não desnatura a atividade como jurisdicional, visto que a lide é um elemento acidental ao processo, não essencial. Há, por exemplo, procedimentos de jurisdição contenciosa em que não há lide e procedimentos de jurisdição voluntária que comumente dão ensejo a controvérsias, como a interdição e a retificação de registro.

Em síntese, a jurisdição voluntária não pressupõe lide, não precisando vir afirmada na petição inicial (DIDIER JR., 2009. v. 1, p. 100).

Há na jurisdição voluntária atividade substitutiva, uma vez que a lei impede que os titulares dos interesses ali referidos possam livremente negociá-los, devendo o juiz exercer uma atividade que originariamente não lhe cabia, substituindo, assim, a atividade dos titulares dos interesses em jogo. Nesse sentido, há a alienação de bens de incapazes (art. 1.691, CC), cuja disciplina, em princípio, não impede que, estando os incapazes representados ou assistidos, alienem livremente seus bens. Ao se exigir que tal ato se dê judicialmente, a lei determina que o juiz substitua a vontade do incapaz. Atividade substitutiva, portanto (CÂMARA, 2008. v. 1, p. 76).

Atualmente, com a moderna visão da jurisdição como atividade criativa, não somente substitutiva, ou seja, de subsunção da vontade da lei, como abordado anteriormente, maior força ganha a teoria revisionista, pois nem a jurisdição contenciosa seria uma atividade substitutiva.

O fato de ter ou não natureza constitutiva é irrelevante para não ser tratada como jurisdição. A teoria clássica parte de uma premissa, atualmente, superada,

---

[15] Já houve menção de tal teoria por parte do STJ: Informativo 475, REsp 942.658/DF, 3ª T., rel. Min. Paulo de Tarso Sanseverino, j. 02.06.2011.

Cap. 3 · JURISDIÇÃO | 39

pois o Judiciário não se reduz, simplesmente, a atuar na vontade concreta da lei. O Positivismo foi superado, sendo adequada a visão do neoconstitucionalismo (neoprocessualismo), podendo o Judiciário criar direitos, bem como disciplinar a situação concreta, como já foi feito pelo STF no direito de greve e na fidelidade partidária.[16]

Há, ainda, que se considerar que o fato de não atingir a coisa julgada material, não desmerece a jurisdição voluntária como jurisdição. Nesse sentido, adotando-se a teoria revisionista, a jurisdição voluntária seria, portanto, atividade jurisdicional, havendo processo e partes.

A grande diferença existente estaria na pretensão, pois, na atividade jurisdicional voluntária, a pretensão seria de integração de um negócio jurídico de direito privado. Há atos jurídicos que, para produzirem efeitos, precisam de uma manifestação judicial que os autorize, atuando o juiz na fiscalização e na integração da prática de alguns atos jurídicos.

Ajuizada, por exemplo, ação de retificação de nome, sendo julgada improcedente, não poderá o requerente apresentá-la novamente com as mesmas razões, pois haverá indiscutibilidade.

Na mesma linha, o pedido de homologação judicial de acordo extrajudicial (art. 515, III, do CPC/2015) é atividade de jurisdição voluntária que produzirá coisa julgada material, limitando a matéria a ser discutida na execução, sendo cabível impugnação, discutindo-se somente as hipóteses do art. 525 do CPC/2015). Diferentemente, se o acordo não foi submetido ao procedimento de jurisdição voluntária de homologação judicial, permanece como título executivo extrajudicial (art. 784, II a IV, do CPC/2015), contudo será admissível na defesa a oposição de embargos, nos quais será possível questionar qualquer matéria inerente a um processo de conhecimento (art. 917, VI, do CPC/2015). Assim, para compreender a diferença de tratamento entre o negócio jurídico homologado judicialmente e aquele não submetido a essa confirmação, é preciso superar o dogma da ausência de coisa julgada na jurisdição voluntária (DIDIER JR., 2009. v. 1, p. 101).

3.4.3. Características da jurisdição voluntária

Em regra, as decisões prolatadas em tais procedimentos são **constitutivas**, dado que criam, modificam ou extinguem situações jurídicas.

A jurisdição voluntária é, geralmente, **obrigatória**, pois não resta ao interessado alternativa, como ocorre com a retificação de nome, naturalização etc., podendo ser, excepcionalmente, facultativa, como no caso do divórcio consensual, não havendo filhos menores.

Há a observância do **contraditório**, devendo ser ouvidas eventuais pessoas interessadas (art. 721 do CPC/2015), prevendo, ainda, um prazo de 15 dias para resposta. O procedimento encerra-se por sentença apelável (art. 724 do CPC/2015). O magistrado goza de todas as garantias constitucionais inerentes à jurisdição contenciosa.

---

[16] Maiores considerações vide as considerações iniciais expendidas neste capítulo.

PROCESSO CIVIL SISTEMATIZADO – *Haroldo Lourenço*

Há vários exemplos de procedimento de jurisdição voluntária que podem ser instaurados *ex officio*, excepcionando o princípio da inércia inicial, como o art. 738, tendo sido adotado, portanto, o princípio da inquisitoriedade, não o dispositivo.

O art. 723 e parágrafo único do CPC/2015 consagra a discricionariedade judicial, permitindo o julgamento com base em equidade. Este artigo, à época da sua edição (CPC/1973), mostrou-se revolucionário; entretanto, atualmente, seu conteúdo deixou de ser exceção, para ser a regra, notadamente com a ascensão do neoprocessualismo,[17] uma vez que a jurisdição não é uma atividade de mera reprodução do texto da lei, havendo criatividade judicial.

Um bom exemplo da aplicação de tal dispositivo em jurisdição voluntária é a guarda compartilhada, pois, mesmo antes da regulamentação dada pela Lei 11.698/2008 e pela Lei 13.058/2014, os magistrados já a admitiam.

O MP, apesar do disposto no art. 721 do CPC/2015, nem sempre intervirá nos processos de jurisdição voluntária, mas tão somente, quando a ação envolver matéria relacionada com suas funções. Nesse sentido, já decidiu o STJ, entendendo não haver necessidade de intervenção do MP na extinção de condomínio pela venda das coisas comuns, pois não é seu mister a fiscalização de direitos disponíveis, devendo haver uma interpretação lógico-sistemático dos arts. 178 e 721 do CPC/2015.[18]

Para uma melhor visualização, segue quadro sinótico:

TEORIA CLÁSSICA/ADMINISTRATIVISTA	TEORIA REVISIONISTA/JURISDICIONISTA
Não há lide a ser enfrentada.	A lide não é essencial ao processo, posto que, mesmo na jurisdição contenciosa, pode existir processo sem lide, bastando que o réu, por exemplo, reconheça a procedência do pedido.
Não há atividade jurisdicional, mas atividade administrativa.	Há jurisdição, pois o magistrado, no mínimo, aplica o direito ao caso concreto. Haverá uma situação concreta a ser decidida. É atividade de integração e fiscalização.
Não há pedido, há requerimento.	Há uma pretensão, materializada mediante o pedido que provoca o Judiciário.
Não há processo, mas procedimento.	Há processo, eis que todos os requisitos processuais deverão ser observados (citação, condições da ação etc.), bem como os respectivos princípios, como o do contraditório.
Não há partes, apenas interessados.	Há partes.
Não há coisa julgada (art. 1.111 do CPC, sem correspondente no CPC/2015).	Há coisa julgada, no mínimo, de acordo com a situação apresentada (art. 1.111 do CPC, sem correspondente no CPC/2015).
Não admite ação rescisória, no máximo ação anulatória.	Admite ação rescisória.

---

[17] *Vide* capítulo 1.

[18] STJ, REsp 46.770/RJ, 4ª T., rel. Min. Sálvio de Figueiredo, j. 18.02.1997.

4

ARBITRAGEM

4.1. CONSIDERAÇÕES INICIAIS

Sempre se discutiu, no ordenamento brasileiro, a natureza jurídica da arbitragem, tendo por muitos anos sido tratada como um equivalente jurisdicional, ou seja, uma técnica de solução de conflito não jurisdicional, como a conciliação, a mediação, a transação, entre outros. Esse, contudo, não é o posicionamento desta obra, sendo a arbitragem uma **jurisdição privada**[1], portanto não pode ser tratada como um equivalente jurisdicional, tampouco como um meio "alternativo" para solução do litígio, mas um meio tão **adequado** quanto a solução na jurisdição pública, exercida pelo Judiciário.

Assim, a arbitragem não é uma via de escape do Judiciário, porém mais um dos instrumentos inseridos na lógica de um sistema "multiportas" de solução de disputas, sem que se possa identificar um mecanismo "preferencial" e outro "alternativo", mas, sim, a escolha do mecanismo mais "adequado" a partir da análise das circunstâncias do caso concreto (SICA, 2016).

Cumpre esclarecer que não se pode utilizar da falácia de que a arbitragem seria uma medida que contribuiria para um esvaziamento do Judiciário ou se estaria criando uma fuga mais eficiente, como fizeram o Senado Federal[2] e a Câmara dos Deputados[3] nos seus respectivos pareceres. O incentivo à arbitragem envolvendo, por exemplo, a Fazenda Pública, justifica-se pela constatação de que em diversos casos ela se apresenta como um mecanismo mais adequado para dirimir conflitos, que muitas

---

[1] Como uma jurisdição privada não se sujeita ao controle do CNJ (Conselho Nacional de Justiça), há somente o CONIMA (Conselho Nacional das Instituições de Mediação e Arbitragem), uma entidade que tem como objetivo principal congregar e representar as entidades de mediação e arbitragem, visando à excelência de sua atuação, assim como o desenvolvimento e a credibilidade dos MESCs (Métodos Extrajudiciais de Solução de Controvérsias), sempre observando as normas técnicas e, sobretudo, a ética. Fonte: https://conima.org.br/.

[2] Parecer da Comissão de Constituição e Justiça da Câmara dos Deputados, relatado pelo Senador José Pimentel, datado de 11.12.2013, com adendo da mesma data da lavra do Senador Vital do Rêgo, disponível em: <http://www.senado.gov.br/atividade/materia/getPDF.asp?t=143478&tp=1>. Acesso em: 22 abr. 2015.

[3] Parecer da Comissão Especial designada para análise do projeto, relatado pelo Deputado Edinho Araújo, datado de 15.07.2014. Disponível em: <http://www.camara.gov.br/sileg/integras/1265779.pdf>. Acesso em: 22 abr. 2015.

PROCESSO CIVIL SISTEMATIZADO – *Haroldo Lourenço*

vezes são bastante complexos, decorrentes de contratos com valores extremamente elevados, sobressaltando inúmeras vantagens, como a maior especialização pela escolha consensual do árbitro, tempo de duração do procedimento, entre outras.

A expressão "meios alternativos" ganhou força no Brasil por influência da sigla ADR (*alternative dispute resolution*), originária dos Estados Unidos.

Na arbitragem, um terceiro imparcial, da confiança das partes, impõe a solução do conflito, sendo uma forma de **heterocomposição** de conflitos privada e não oficial, regulamentada na Lei 9.307/1996 (LA), nos arts. 851 ao 853 do CC/2002 e prevista no art. 3º, § 1º, do CPC/2015.

4.2. NATUREZA JURÍDICA

Como anunciado no item anterior, muito já se discutiu sobre a natureza jurídica da arbitragem, sendo identificadas, atualmente, três entendimentos sobre o ponto.

(i) **Teoria publicista ou jurisdicional:** Não seria um equivalente jurisdicional, eis que, no Brasil, foi equiparada à jurisdição, possuindo todos os requisitos e características arroladas no capítulo anterior sobre jurisdição (CÂMARA, 2008. v. 2, p. 174; DIDIER JR., 2010. v. 5, p. 167; CARMONA, 2009. p. 26-27), inclusive fazendo coisa julgada, como se tratará adiante;

(ii) **Teoria privatista ou contratual:** Há autores que advogam a tese de que a arbitragem não é jurisdição, por não ser exercida pelo Estado, bem como em razão de o magistrado não ter competência para executar suas decisões, posto que eventual execução se dará no Judiciário e seria, inclusive, indevida a inclusão da sentença arbitral no rol dos títulos executivos judiciais (ZAVASCKI, 2004. p. 295; CHIOVENDA, 2000. p. 104-105; FIUZA, 1995. nº 5.3, p. 123-124).

Haveria, sim, uma manifestação da autonomia da vontade, implicando renúncia à jurisdição. Destarte, a atividade jurisdicional somente poderia ser exercida por juízes, mediante concurso público. Seria uma prática alternativa, extrajudiciária, de pacificação de conflitos de interesses envolvendo os direitos patrimoniais e disponíveis, fundada no consenso, princípio universal da autonomia e da vontade, pela atuação de terceiro, ou de terceiros, estranhos ao conflito, mas de confiança e escolha das partes em divergência (VIANA DE LIMA, 1994; FURTADO, n. 72, p. 90; CARNELLUTTI, 1989. p. 20).

Cremos, a rigor, não haver renúncia à jurisdição, dado que é irrenunciável, mas uma renúncia à jurisdição exercida pelo Estado. Existe um monopólio da jurisdição pelo Estado, mas não do seu exercício. Além disso, não é só o Judiciário que exerce jurisdição, como na hipótese de o Senado julgar o Presidente por crimes de responsabilidade (art. 52, I, da CF). O fato de o árbitro não executar sua decisão não desqualifica sua atuação, pois, como dito, o juízo penal também não executa (art. 65 da Lei 7.210/1984), além do mais o Estado autoriza e reconhece a arbitragem.

Até 1996, a decisão arbitral, no Brasil, deveria ser homologada pelo Juiz e a arbitragem realmente não era jurisdição. No entanto, com a extinção dessa exigência (art. 18 c/c 31 da Lei 9.307/1996), não há motivo relevante que impeça sua consideração como jurisdição. Ainda como forma de reforçar esse entendimento, a sentença arbitral é **título executivo judicial** (art. 515, VII, do CPC/15) e o árbitro é juiz de fato e de direito.

Cappelletti, em 1973, ao iniciar o denominado *Projeto de Florença*, já afirmava que órgãos bem estruturados, cujos membros sejam dotados de independência técnica e funcional, podem também criar internamente sistemas de solução de conflitos que promovam julgamentos imparciais (CAPPELLETTI; TALLON, 1973. p. 704-708). A arbitragem tanto tem natureza jurisdicional que o STJ[4] já reconheceu a possibilidade, inclusive, de ocorrência de conflito de competência juízo estatal e câmara arbitral.

(iii) **Teoria *sui generis* ou híbrida:** Atualmente, emerge um terceiro entendimento, mais conciliatório, afirmando que a arbitragem é um instituto *sui generis* ou híbrido, pois nasce da vontade das partes (caráter obrigacional, de direito privado) e, ao mesmo tempo, regula determinada relação de direito processual (caráter público) (FIGUEIRA JÚNIOR, 1997. p. 92), com o qual concordamos. Enfim, em sua primeira fase, da instituição, haveria características contratuais e, no segundo momento, o decisório, jurisdicional, em que seriam aplicáveis os princípios inerentes à atividade jurisdicional (LEMES, 1992. p. 73-89).

(iv) **Teoria autônoma:** Há, ainda, quem defenda que a arbitragem internacional possui natureza autônoma, sendo completamente desvinculada de qualquer ordenamento estatal, tendo o reconhecimento da comunidade internacional no que se refere a conflitos transnacionais (FERREIRA; ROCHA; FERREIRA, 2019).

4.3. DA CONSTITUCIONALIDADE

Já se questionou, em controle difuso, a constitucionalidade da arbitragem nos autos de homologação de sentença estrangeira, que tramitou no STF por mais de cinco anos e, após intensos debates, o Pretório decidiu, por maioria, pela constitucionalidade dos dispositivos, garantindo a efetividade da arbitragem no ordenamento brasileiro,[5] uma vez que é voluntária, somente podendo ser utilizada por pessoas capazes e para solução de conflitos relacionados a direitos patrimoniais e disponíveis.

Não é a lei que afasta a possibilidade de acesso ao Judiciário, mas os próprios conflitantes, com fundamento na **autonomia privada**. Observe-se que a imposição da cláusula arbitral (ou compromissória) é que pode ser inconstitucional ou ilegal,

---

[4] STJ, CC 111.230-DF, Rel. Min. Nancy Andrighi, j. 08.05.2013, Informativo 522.
[5] STF, SE 5.206/Espanha (AgRg), rel. Min. Sepúlveda Pertence, j. 12.12.2001. Informativo 254. Mesmo antes do julgamento do STF, esse já era o entendimento da doutrina: FIGUEIRA JÚNIOR, Joel Dias. Manual de arbitragem, cit.

PROCESSO CIVIL SISTEMATIZADO – *Haroldo Lourenço*

bastando que não sejam cumpridas as exigências legais, como nas hipóteses do art. 4°, § 2°, da LA ou art. 51, VII, do CDC.

4.4. DO ÁRBITRO E DO DEVER DE REVELAÇÃO

O árbitro deve ser pessoa capaz, alfabetizada e designada pelos conflitantes, que por sua vez também devem ser capazes (art. 13), podendo as partes nomear um ou mais árbitros, sempre em número ímpar, além dos respectivos suplentes.

As partes poderão, de comum acordo, estabelecer o processo de escolha dos árbitros, ou adotar as regras de um órgão arbitral institucional ou entidade especializada (art. 13, § 3°).

No desempenho de sua função, o árbitro deverá proceder com imparcialidade, independência, competência, diligência e discrição (art. 13, § 6°, LA).

Neste sentido, ao ser indicado como árbitro, este deve revelar os fatos que sejam de seu conhecimento, bem como atentar para aqueles que deveria conhecer em razão da atividade e vinculação profissional desenvolvidas, a existência de relação de amizade estreita com as partes, que possa gerar dúvida razoável quanto à sua independência e imparcialidade, ou seja, o árbitro se sujeita às causas de impedimento ou suspeição do CPC, denominado aqui de dever de revelação (art. 14, § 1°, LA).[6]

Os árbitros, quando no exercício de suas funções ou em razão delas, ficam equiparados aos funcionários públicos, para os efeitos da legislação penal (art. 17), sendo juiz de fato e de direito (art. 18).

4.5. DA CONVENÇÃO DE ARBITRAGEM

Arbitragem, inicialmente, é um negócio jurídico processual (art. 190 CPC/15) que versa sobre o exercício da jurisdição, denominado convenção de arbitragem, que a constitui como forma de solução de conflito. É uma espécie de **opt out** ao Judiciário, ou seja, uma escolha de se excluir do Judiciário.

Há duas espécies de convenção de arbitragem: cláusula compromissória e compromisso arbitral. Na cláusula compromissória as partes decidem que eventuais conflitos que possam vir a surgir, decorrentes de determinado negócio, serão solucionados pela arbitragem (art. 4°).

A cláusula compromissória pode ser **cheia ou vazia**.

A **cheia** é aquela que de forma expressa faz referência às regras que conduzirão eventual procedimento arbitral surgido do contrato, podendo ser uma câmara arbitral e seu regulamento (arbitragem institucional) ou regras particulares para guiar a resolução de eventual conflito (arbitragem *ad hoc*). A ausência da parte regularmente convocada ou sua discordância em firmar o compromisso arbitral não evitam o início do procedimento arbitral e a solução da controvérsia por meio da arbitragem.

---

6   Enunciado 489 do FPPC: "Observado o dever de revelação, as partes celebrantes de convenção de arbitragem podem afastar, de comum acordo, de forma expressa e por escrito, hipótese de impedimento ou suspeição do árbitro".

Há dois tipos de cláusulas compromissórias cheias: a **remissiva**, em que somente faz-se referência às regras de alguma entidade arbitral, ou a **dispositiva**, em que já se preveem os meios e as normas próprias para a arbitragem.

A **vazia** é aquela que somente se determina que as disputas surgidas em razão do contrato serão resolvidas por arbitragem, mas não se faz referência expressa às regras que conduzirão tal arbitragem. Se as partes não concordarem quanto às regras da arbitragem, é facultado solicitar ao Poder Judiciário que determine sobre a constituição do compromisso arbitral (art. 7º, LA), como será tratado adiante.

Já o **compromisso arbitral** ocorre quando a arbitragem é escolhida como forma de solução de conflito quando este já se estabeleceu, não prescindindo de cláusula compromissória (art. 6º).

A diferença entre a cláusula compromissória e o compromisso arbitral é eminentemente temporal.

A existência de convenção de arbitragem em torno do objeto litigioso impede o exame do mérito pelo órgão jurisdicional, portanto, a não existência de convenção de arbitragem é requisito processual negativo para a validade do procedimento.[7]

Nesse sentido, constatada a existência da previsão sobre a arbitragem, o processo deve ser extinto sem exame do mérito (art. 485, VII, do CPC/2015), contudo, costuma-se dizer que a verificação dos *"pressupostos processuais"* pode ser feita a qualquer tempo pelo órgão jurisdicional (arts. 485, § 3º, e 337, § 5º, do CPC/2015), no entanto, o CPC/2015, no seu art. 337, § 5º, afirma que a "convenção de arbitragem e a incompetência relativa" **não** podem ser conhecidas de ofício, o que sempre foi aplaudido pela doutrina.[8]

Há, assim, uma força vinculante positiva e negativa na convenção de arbitragem. **Positiva** por impor às partes o direcionamento do litígio à arbitragem (art. 337, § 5º, do CPC/2015), **negativa** por impedir que o juiz togado decida tal litígio (art. 485, VII, do CPC/2015).

Assim, deve-se considerar que o silêncio do demandado quanto à existência da convenção de arbitragem deve ser compreendido como **aceitação** da proposta tácita feita pelo autor de "distrato" da convenção anteriormente celebrada (art. 337, § 6º, do CPC/2015).

Portanto, sendo proposta ação no Judiciário, mesmo havendo previsão de convenção de arbitragem, incumbe ao réu suscitar por meio de preliminar na contestação (art. 337, X, do CPC/2015) que o feito seja extinto e se inicie o procedimento na justiça privada.

Cremos, ainda, que o art. 340 do CPC/2015 deve ser utilizado analogicamente, permitindo-se tal alegação no domicílio do réu, bem como se aplicando os seus parágrafos, salvo a parte da remessa do feito, pois haverá extinção do processo.

---

[7] Mais considerações no capítulo sobre o processo, especificadamente, nos pressupostos processuais.

[8] Sobre a discussão, amplamente, WAMBIER, Teresa Arruda Alvim. Nulidades do processo e da sentença. 4. ed. São Paulo: RT, 1998. p. 63-68; CARMONA, Carlos Alberto. Arbitragem e processo. 2. ed. São Paulo: Atlas, 2004. p. 387. Entendendo que a não arguição, pelo réu, da existência de compromisso arbitral é causa de renúncia: CÂMARA, Alexandre Freitas. Lições de direito processual civil. 17. ed. Rio de Janeiro: Lumen Juris, 2008. v. 1, p. 290.

PROCESSO CIVIL SISTEMATIZADO – Haroldo Lourenço

Nessa linha, percebe-se que a cláusula compromissória sempre deve ser expressa e por escrito (art. 4º, § 1º, LA), porém, o seu distrato pode ser tácito.

Essa aceitação também pode revelar-se quando o réu, não obstante alegue a existência da convenção de arbitragem (art. 337, X, do CPC/2015), apresente uma **reconvenção**, em que se discutam questões que também deveriam ser resolvidas por árbitro. Há, aí, comportamento contraditório do réu, conduta ilícita à luz da boa-fé objetiva, que deve orientar o comportamento das partes (art. 5º do CPC/2015).[9]

Diante do silêncio do demandando, o órgão jurisdicional não poderá mais extinguir o procedimento em razão da convenção de arbitragem, qualquer que seja a sua espécie.

O advogado pode firmar uma convenção de arbitragem em nome do seu cliente, desde que possua **poderes especiais** (art. 105 do CPC/2015), lembrando que o poder de transigir no contrato de mandato **não** o autoriza a firmar compromisso (art. 661, § 2º do CC).

Há, ainda, as denominadas cláusulas patológicas, que são cláusulas defeituosas, imperfeitas ou incompletas, que, pela ausência de elementos mínimos, suscitam dificuldades ao desenvolvimento harmonioso da arbitragem. A depender da amplitude do defeito, poderá restar totalmente inviável a busca da arbitragem. Alguns exemplos são clássicos, como quando as partes chamam de mediação algum procedimento que mais se assemelharia à arbitragem ou se escreve o nome da câmara arbitral de maneira equivocada.

4.6. CONVENÇÃO DE ARBITRAGEM EM CONTRATO DE ADESÃO.

Nos contratos de adesão, que não envolvam relação de consumo, a convenção de arbitragem só terá validade se a iniciativa de instituí-la couber ao aderente ou se este concordar expressamente com a sua instituição, *"desde que por escrito em documento anexo ou em negrito, com a assinatura ou vista especialmente para essa cláusula"*, como se observa do art. 4º, § 2º, da LA.

4.7. DA INVESTIDURA E DA COMPETÊNCIA

O fundamento da arbitragem é o exercício da autonomia privada, portanto, a investidura e a competência do árbitro são fixadas pela convenção de arbitragem incidindo, inclusive, o princípio da *Kompetenz Kompetenz* (art. 8º, parágrafo único, da Lei 9.307/1996, e Enunciado 48 do FPPC).[10]

Nessa linha, a previsão contratual de convenção de arbitragem enseja o reconhecimento da competência do Juízo arbitral para decidir com primazia sobre o Poder Judiciário as questões acerca da existência, da validade e da eficácia da convenção de arbitragem e do contrato que contenha a cláusula compromissória.[11]

---

[9] Outras considerações, vide tópico sobre princípio da boa-fé objetiva, inserido no capítulo dos princípios processuais.

[10] A alegação de convenção de arbitragem deverá ser examinada à luz do princípio da competência--competência.

[11] STJ, AgInt no REsp 1.472.362/RN, 4ª T., rel. Min. Maria Isabel Gallotti, j. 24.09.2019.

Destarte, a superveniente instauração de procedimento arbitral, se ainda não decidida a alegação de convenção de arbitragem, também implicará a suspensão do processo, à espera da decisão do juízo arbitral sobre a sua própria competência (Enunciado 153 do FPPC), bem como o reconhecimento da competência pelo juízo arbitral é causa para a extinção do processo judicial sem resolução de mérito (Enunciado 434 do FPPC).

Cabe agravo de instrumento, nos termos do art. 1.015, III, do CPC, contra a decisão do juiz que, diante do reconhecimento de competência pelo juízo arbitral, se recusar a extinguir o processo judicial sem resolução de mérito (Enunciado 435 do FPPC).

4.8. ARBITRAGEM *AD HOC* E INSTITUCIONAL

A arbitragem por ser institucional, também denominada de administrada, na qual o procedimento de arbitral segue as regras estipuladas por uma Câmara de Mediação e Arbitragem, instituição esta que será totalmente responsável em administrar o procedimento ou a arbitragem, pode ser *ad hoc* ou avulsa, quando os procedimentos seguirem as disposições fixadas pelas partes ou quando forem determinados pelo árbitro, nascendo muitas vezes da escolha efetuada livremente pelas partes por meio de um compromisso arbitral, que será firmado na existência de um litígio, como se extrai da redação do art. 5º c/c 21, da Lei 9.307/1996.

Na arbitragem institucional que administra e organiza a arbitragem, como visto, usualmente são associações ou sociedades civis, ou estão vinculadas a algum órgão ou à associação classista. Trata-se de mero órgão secretarial e supervisor do procedimento, não decidindo o litígio. Por outro lado, poderá decidir questões processuais, como nomeação e substituição do árbitro.

4.9. ARBITRAGEM DE DIREITO E DE EQUIDADE

A arbitragem poderá ser de direito ou de equidade, a critério das partes, já que, no direito brasileiro, admite-se a escolha da norma material a ser aplicada, de modo a convencionar de que forma se dará o julgamento, aplicando, por exemplo, os princípios gerais do direito, usos e costumes (art. 2º, §§ 1º e 2º, da LA).

Na primeira, os árbitros seguirão as regras dispostas no ordenamento jurídico para solucionar o litígio; já na segunda, poderão os árbitros se afastar das regras de direito para buscar a solução que considerar mais justa, sendo inclusive essa, em muitos casos, mais vantajosa para as partes, principalmente pela especialização do árbitro. Pode-se imaginar, por exemplo, um litígio envolvendo uma questão inerente à engenharia que, se levada ao Judiciário, o juiz fatalmente convocaria um perito no assunto para assessorá-lo e, dificilmente, sua sentença teria orientação diversa quanto aos fatos daquela apontada pelo perito no laudo.

Neste caso, com a arbitragem, poder-se-á entregar a solução da controvérsia diretamente nas mãos do especialista, retirando-se da composição do conflito o juiz, que funcionaria aqui, em verdade, como um mero intermediário entre as pessoas e o *expert* (CÂMARA, 2007).

4.10. ASPECTOS PROCESSUAIS DA ARBITRAGEM

4.10.1. Momento da instituição, do prazo e do encerramento

Considera-se instituída a arbitragem quando aceita a nomeação pelo árbitro, se for único, ou por todos, se forem vários (art. 19 da LA) e a sentença arbitral será proferida no prazo estipulado pelas partes e, não sendo nada convencionado, o prazo para a apresentação da sentença é de seis meses, contado da **instituição** da arbitragem ou da substituição do árbitro (art. 23).

Proferida a sentença arbitral, dá-se por finda a arbitragem, devendo o árbitro, ou o presidente do tribunal arbitral, enviar cópia da decisão às partes, por via postal ou por outro meio qualquer de comunicação, mediante comprovação de recebimento, ou, ainda, entregando-a diretamente às partes, mediante recibo (art. 29).

4.10.2. Interrupção da prescrição

Como pela convenção de arbitragem as partes afastam o litígio do Judiciário, interessante se analisar se há prescrição da pretensão arbitral.

A Lei 13.129/2015 acrescentou à Lei de Arbitragem o art. 19, § 2º, afirmando que *"a instituição da arbitragem interrompe a prescrição, retroagindo à data do requerimento de sua instauração, ainda que extinta a arbitragem por ausência de jurisdição"*, deixando claro que o fato da demanda tramitar no juízo arbitral não permite que receba tratamento diferenciado em relação à prescrição para as demandas submetidas à jurisdição estatal, portanto, pode ocorrer prescrição devido à não instituição do procedimento arbitral, como ocorreria pela não formulação da pretensão perante o Judiciário, nos exatos termos do art. 189 do CC/2002.

Cabe registrar que a interrupção da prescrição operada no processo judicial produz efeitos, ainda que o processo seja extinto em decorrência do acolhimento da alegação de convenção de arbitragem (Enunciado 136, do FPPC).

4.10.3. Cláusula de foro de eleição

Não há nenhuma incompatibilidade em existir em um mesmo contrato uma cláusula de foro de eleição e uma convenção de arbitragem, sendo aquela subsidiária a esta última, que é utilizada, por exemplo, em casos de cumprimento de carta rogatória, tutela provisória, ação anulatória etc.

4.10.4. Convenção de arbitragem e título executivo

É plenamente possível que as partes convencionem arbitragem em um contrato que já possui eficácia de um título executivo extrajudicial, sem que isso retire a certeza, a liquidez e a exigibilidade (art. 793 do CPC) da obrigação nele contidas.

Assim, a controvérsia a ser dirimida na arbitragem pode não interferir nos atributos do título executivo, eis que não se exige que todas as controvérsias oriundas de um contrato sejam submetidas à solução arbitral.[12]

---

[12] STJ, REsp 944.917/SP, 3ª T., rel. Min. Nancy Andrighi, j. 18.09.2008.

Cap. 4 · ARBITRAGEM | 49

4.10.5. Alegação de incompetência, impedimento e suspeição

A parte que pretender arguir questões relativas à competência, à suspeição ou ao impedimento do árbitro ou dos árbitros, bem como nulidade, invalidade ou ineficácia da convenção de arbitragem, deverá fazê-lo na primeira oportunidade que tiver de se manifestar, após a instituição da arbitragem (art. 20), independentemente do dever de revelação inerente à atuação do árbitro, previsto no art. 14, § 1º, da LA.

Estão impedidos de funcionar como árbitros as pessoas que tenham, com as partes ou com o litígio que lhes for submetido, algumas das relações que caracterizam os casos de impedimento ou suspeição de juízes, aplicando-se-lhes, no que couber, os mesmos deveres e responsabilidades, conforme previsto no Código de Processo Civil (arts. 144 e 145), como determina o art. 14 da LA.

Observado o dever de revelação, as partes celebrantes de convenção de arbitragem podem afastar, de comum acordo, de forma expressa e por escrito, hipótese de impedimento ou suspeição do árbitro (Enunciado 489 do FPPC).

4.10.6. Das cartas arbitrais

Será expedida carta arbitral, para que o órgão do Poder Judiciário pratique ou determine o cumprimento, na área de sua competência territorial, de ato objeto de pedido de cooperação judiciária formulado por juízo arbitral, inclusive os que importem efetivação de tutela provisória, nos termos do art. 237, IV c/c art. 260 CPC e art. 22-C Lei 9.307/1996.

A carta arbitral tramitará e será processada no Poder Judiciário de acordo com o regime previsto no CPC, respeitada a legislação aplicável (Enunciado 4 do FPPC).

Independentemente da sede da arbitragem ou dos locais em que se realizem os atos a ela inerentes, a carta arbitral poderá ser processada diretamente pelo órgão do Poder Judiciário do foro onde se dará a efetivação da medida ou da decisão, ressalvadas as hipóteses de cláusulas de eleição de foro subsidiário (Enunciado 24 do FPPC).

Não compete ao juízo estatal revisar o mérito da medida ou decisão arbitral cuja efetivação se requer por meio da carta arbitral (Enunciado 27 do FPPC).

4.10.7. Da publicidade e da confidencialidade

Na solução dos litígios pela arbitragem, na maioria dos casos, há cláusula de confidencialidade, afastando a publicidade como regra geral, o que a torna mais atrativa ainda ao mercado empresarial.

Em um processo no Judiciário, tal previsão não é possível, por força do art. 93, IX, da CR/1988, eis que **não** é dado às partes criar por um negócio jurídico processual um segredo de justiça.

Importante observar que nos atos processuais a serem cumpridos no Judiciário, como nas cartas arbitrais, tema que será tratado adiante, o Judiciário observará o segredo de justiça, desde que provada a confidencialidade do procedimento arbitral (art. 189, IV, do CPC c/c Enunciado 13 do FPPC[13]).

---

[13]   O disposto no inciso IV do art. 189 abrange todo e qualquer ato judicial relacionado à arbitragem, desde que a confidencialidade seja comprovada perante o Poder Judiciário, ressalvada em qualquer

50 | PROCESSO CIVIL SISTEMATIZADO – *Haroldo Lourenço*

De igual modo, na arbitragem que envolva o Poder Público, sempre deverá ser observada a publicidade, sendo vedada a confidencialidade (art. 2º, § 3º, da LA), o que irá ocasionar uma mudança de paradigma na arbitragem, pois com a divulgação das decisões arbitrais será possível se cogitar a formação de precedentes.

4.10.8. Excepcionais hipóteses de judicialização da arbitragem

A interferência pelo Judiciário na arbitragem deve ser sempre excepcional, limitando-se a aspectos formais relativos à validade do procedimento (arts. 32 e 33 da LA), **não** se admitindo a revisão pelo Judiciário do mérito da decisão arbitral.

Uma postura muito comum é a parte insatisfeita buscar, por meio do Judiciário ou da arbitragem, evitar o início do procedimento arbitral ou o seu prosseguimento, postura denominada de *anti-suit injunctions*, podendo ser concedida por árbitros ou por juízes em face de procedimentos judiciais ou arbitrais.

Para a hipótese de **vícios formais**, será possível o manejo de ação declaratória de nulidade da sentença arbitral, que pode atacar a sentença parcial ou a final, seguirá as regras do procedimento comum (art. 318 do CPC/2015) e deverá ser proposta no prazo decadencial de até noventa dias após o recebimento da notificação da respectiva sentença (art. 33, § 1º, da LA) e, findo tal prazo, a sentença arbitral torna-se soberana e imutável, fazendo, portanto, coisa soberanamente julgada. **Não** se trata de revogar ou modificar a sentença arbitral quanto ao seu mérito, por entendê-la injusta ou errônea à apreciação da prova, senão de pedir sua anulação por *error in procedendo*. Seria uma espécie de "ação rescisória" (DIDIER JR., 2009. v. 1, p. 83).

Não possui legitimidade ativa ou passiva para tal ação a Câmara Arbitral, tampouco o árbitro[14], bem como jamais será admissível ação rescisória de tal sentença. Percebe-se, assim, que o controle do procedimento arbitral é sempre posterior, pelo manejo da ação anulatória, como se fosse uma espécie de **duplo grau de jurisdição**, na **horizontal** e **facultativo**.

Proferida a sentença arbitral, **não** estará sujeita a recurso (art. 18 da LA), no máximo a "embargos de declaração" (arts. 29 e 30 da LA), **salvo** se previsto pelas próprias partes ou no regimento interno da câmara arbitral.

A Lei 13.129/2015, que trouxe consideráveis alterações à Lei de Arbitragem, permitiu a prolação de uma sentença arbitral **parcial** e, se o árbitro não decidir o restante da controvérsia em tempo razoável, a parte interessada poderá ingressar em juízo para requerer a prolação de sentença arbitral complementar (art. 33, § 4º, LA), contudo, nessa hipótese, o Judiciário não irá complementar a decisão ou substituir o árbitro, mas tão somente determinar que ele analise os demais pedidos que lhe foram submetidos, novamente exercendo um controle judicial dessa atividade arbitral.

Como a sentença arbitral condenatória gera um **título executivo judicial** (art. 515, VII CPC c/c art. 31 da LA), é possível se cogitar em um processo de cumprimento de sentença no Judiciário, nos termos do art. 515, § 1º, do CPC/15; portanto,

---

caso a divulgação das decisões, preservados a identidade das partes e os fatos da causa que as identifiquem.

[14] STJ, REsp 1.433.940-MG, 3ª T., rel. Min. Ricardo Villas Bôas Cueva, un., j. 26.09.2017, DJe 02.10.2017.

tal declaração de nulidade também poderá ser arguida na forma de impugnação, nos termos do art. 525 do CPC, na forma dos arts. 33, § 3º, da LA, e art. 1.061 do CPC/2015, desde que não ultrapassado o prazo de 90 dias da ação anulatória, sob pena de indiretamente se violar o art. 33, § 1º, da LA.

Para a hipótese de cláusulas compromissórias vazias e havendo resistência quanto à instituição da arbitragem, poderá a parte interessada requerer a citação da outra parte para comparecer em juízo a fim de lavrar-se o compromisso, designando o juiz audiência especial para tal fim (art. 7º da LA), instaurando-se um procedimento judicial para instituição de arbitragem, que nada mais é do que uma obrigação de fazer, conhecida como execução específica, na qual a sentença judicial valerá como compromisso arbitral (art. 7º, § 7º, da LA).

Tal sentença judicial estará sujeita ao recurso de apelação, previsto no art. 1.012, § 1º, IV, do CPC/2015, tendo somente efeito devolutivo, permitindo, assim, que já se inicie a instituição da arbitragem, que nessa hipótese ocorrerá de maneira provisória até que transite em julgado a decisão judicial nos autos da ação em comento.

O Poder Judiciário pode, ainda, nos casos em que *prima facie* é identificado um compromisso arbitral "patológico", i.e., claramente ilegal, declarar a nulidade dessa cláusula, independentemente do estado em que se encontre o procedimento arbitral.[15]

4.10.9. Cooperação jurisdicional à arbitragem: tutelas provisórias

Outra participação do Judiciário na esfera arbitral ocorre quando há necessidade de concessão de tutelas de urgência, seja cautelar ou antecipada, portanto no exercício do seu poder geral de cautela, no qual não haverá, propriamente dito, um controle, mas uma cooperação entre Judiciário e Câmara Arbitral, ambos focados na solução do litígio.

Imagine, por exemplo, duas empresas que mantenham contrato para fornecimento de determinado serviço, e uma delas não cumpre o avençado. Existindo previsão arbitral em tal contrato, sem qualquer detalhamento sobre como será tal procedimento, o que pode gerar demora na formalização do processo arbitral e graves danos, a lei permite que, antes de instituída a arbitragem, as partes recorram ao Judiciário para a concessão de medida cautelar ou de urgência (art. 22-A da LA), funcionando o Judiciário como verdadeiro órgão de apoio[16].

Deferido o pedido pelo Judiciário, se a parte interessada não requerer a instituição da arbitragem no prazo de trinta dias, contado da data de efetivação da respectiva decisão, a medida ficará sem efeito, portanto, a decisão proferida pelo Judiciário será precária, não sendo possível se cogitar, sequer, em sua estabilização, nos termos do art. 304 do CPC.

Ainda que a arbitragem seja instituída no prazo indicado, a lei permite que os árbitros modifiquem ou revoguem a medida (art. 22-B), não ficando vinculados à decisão judicial, como já se pronunciou o STJ.[17]

---

15 STJ, REsp 1.602.076/SP, 3ª T., rel. Min. Nancy Andrighi, j. 15.09.2016.
16 STJ, REsp 1.331.100-BA, 4ª T., rel. Min. Maria Isabel Gallotti, Rel. para acórdão Min. Raul Araújo, j. 17.12.2015, DJe 22.02.2016.
17 STJ, 4ª T., REsp 1.586.383, Rel. Min. Isabel Gallotti, j. 13.12.2017.

52 | PROCESSO CIVIL SISTEMATIZADO – *Haroldo Lourenço*

4.10.10. Produção antecipada de prova e a arbitragem

O CPC/2015 ampliou as hipóteses da produção antecipada de prova, prestigiando, de certa forma, a autocomposição das partes, o estímulo aos métodos adequados de resolução de conflitos (art. 3º, §§ 2º e 3º) e a racionalização da prestação jurisdicional (arts. 4º, 6º e 8º), eis que é possível se evitar a ocorrência de um litígio ou facilitar uma solução consensual (art. 381, II).

Nesse sentido, havendo convenção de arbitragem, cabe investigar se é possível que uma das partes possa propor a produção antecipada de prova no Judiciário sem que isso venha a ferir a jurisdição e a competência arbitral.

Havendo na convenção de arbitragem previsão expressa a respeito da possibilidade de produção antecipada de prova no Judiciário, não resta qualquer dúvida quanto ao seu cabimento, eis que se estaria cumprindo o pactuado pelas próprias partes, em prestígio ao autorregramento de vontade.

De igual modo, havendo urgência na produção da prova e o juízo arbitral ainda não tiver sido instalado, a produção probatória deve ser admitida no Judiciário, eis que tal produção teria uma natureza cautelar, estando fundada no art. 22-A da LA, já tendo o STJ admitido sua produção, seja de natureza cautelar ou antecipada, em relação ao conflito objeto da convenção arbitral.[18]

O ponto mais complicado é na hipótese de omissão na convenção de arbitragem e de não se tratar de uma produção antecipada de prova de natureza cautelar, mas, sim, daquelas hipóteses previstas nos incisos II e III do art. 381 do CPC/15, eis que o juízo arbitral é o competente para conhecer a totalidade do litígio (art. 42 do CPC/2015), bem como para deferir as provas necessárias (art. 22 da Lei 9.307/1996), podendo o Judiciário funcionar somente como órgão de apoio a tal atividade (art. 22, § 2º, da LA c/c art. 260, § 3º, do CPC).

Cremos, contudo, que o ajuizamento da produção antecipada de prova é perfeitamente possível de ser realizada no Judiciário e não viola a jurisdição arbitral, devendo ser observado se há cláusula de foro de eleição, eis que o juiz togado não se pronunciará *"sobre a ocorrência ou a inocorrência do fato, nem sobre as respectivas consequências jurídicas"*, nos exatos termos do art. 382, § 2º, do CPC, ou seja, não há vencido e vencedores, tampouco a formação de coisa julgada, remontando a atividade que faz lembrar o *disclosure* do direito norte-americano, bem como não se admitirá defesa ou recurso, salvo contra decisão que indeferir totalmente a produção da prova pleiteada pelo requerente originário (art. 382, § 4º, CPC), o que confirma a intenção do legislador de não burocratizar o procedimento.

De igual modo, em razão do caráter dúplice da produção antecipada de prova que é capaz de beneficiar tanto o requerente como o requerido, eis que o juízo não sabe, de antemão, quem irá se beneficiar da respectiva prova, não havendo prejuízo para qualquer das partes, desequilíbrio, desigualdade ou ausência de paridade de armas, bem como tal produção probatória tem um escopo maior do que o objeto da convenção arbitral que é solucionar o litígio, eis que pode evitá-lo, além de ser mais econômica e eficiente do que todo um processo arbitral (art. 8º do CPC/2015),

---

[18] STJ, 4ª T., REsp 1.331.100-BA, Rel. Min. Maria Isabel Gallotti, Rel. para acórdão Min. Raul Araújo, j. 17.12.2015, DJe 22.02.2016.

no qual, por exemplo, uma perícia realizada antes da instituição da arbitragem pode evitar tal procedimento e fomentar a autocomposição.

Por outro lado, a prova produzida antecipadamente no Judiciário pode não impedir a instauração do procedimento arbitral e, nessa hipótese, o árbitro não estará vinculado a tal prova, podendo determinar novamente a sua realização se assim entender, todavia, no mínimo, o material produzido servirá como prova emprestada (art. 372 do CPC/2015).

4.10.11. Sentença arbitral estrangeira

Cumpre registrar que o critério para se definir se uma sentença arbitral é nacional ou estrangeira é o **local da sua prolação**, pouco importando se foi instaurada perante câmaras arbitrais localizadas fora do Brasil, tampouco a nacionalidade dos árbitros. Enfim, o critério adotado é unicamente da **posição geográfica** (*jus soli*), ou seja, sendo prolatada no território nacional é uma sentença nacional, **não** dependendo de homologação pelo STJ.[19]

4.11. DA ARBITRABILIDADE SUBJETIVA

Somente podem figurar como partes em um procedimento arbitral quem ostente capacidade de contratar, como se observa no art. 1º da LA, como a pessoa física capaz e jurídica, bem como na administração pública direta e indireta (art. 1º, §1º), conforme será mais bem detalhado adiante.

Como se exige capacidade de contratar, afirma a doutrina que somente quem possua capacidade de fato pode celebrar convenções de arbitragem, afastando, portanto, os relativa e absolutamente incapazes, mesmo que assistidos ou representados (CARMONA, 2009. p. 37).

Por outro lado, entes despersonalizados, que possuam capacidade de contratar, como massa falida, condomínio, espólio, órgãos da administração pública, desde que devidamente representados e autorizados podem participar da arbitragem.

4.12. DA ARBITRABILIDADE OBJETIVA

No que se refere ao objeto litigioso que pode ser tratado na arbitragem, restringe-se a lei a afirmar que deve ser um direito patrimonial e disponível (art. 1º, da LA); nessa linha, há várias questões a serem enfrentadas, que serão tratadas topicamente.

Os direitos patrimoniais são os encontrados a partir de relações jurídicas obrigacionais, ou seja, originárias de contratos, de atos ilícitos e de declarações unilaterais de vontade. Já os não patrimoniais, por seu turno, são os afetos aos direitos da personalidade, da vida, da honra, da imagem, do nome e do estado das pessoas, como. por exemplo, capacidade, filiação, poder familiar, entre outros de mesma natureza (SCAVONE JUNIOR, 2016. p. 16).

---

[19] STJ, REsp 1.231.554/RJ, 3ª T., Rel. Min. Nancy Andrighi, j. 24.05.2011.

54 | PROCESSO CIVIL SISTEMATIZADO – *Haroldo Lourenço*

Nessa linha, é importante não confundir que, realmente, na arbitragem, não é possível se tratar sob o próprio corpo, liberdade, igualdade e vida, porém o que lhes for indenizável é possível se solucionar na arbitragem. Assim, não é possível arbitragem sobre o direito à honra, mas, sim, sobre os danos morais.

4.12.1. Da arbitragem nas relações de consumo

Já se afirmou que, com base no art. 51, VII, do CDC, a arbitragem foi vedada em tais relações, principalmente quando se der em contratos de adesão.[20] Este, contudo, não é o entendimento que deve prevalecer.

A arbitragem é um mecanismo moderno e salutar, fruto do desenvolvimento e amadurecimento no tratamento de controvérsias, muito utilizada em países desenvolvidos. O CDC, textualmente, incentiva a utilização dos mecanismos **paralelos ou alternativos** de solução de conflitos de consumo em seu art. 4º, determinando a promoção da melhoria da qualidade de vida do cidadão, em harmonia com a transparência das relações de consumo, com a criação de meios que venham a solucionar conflitos desta ordem (inciso V), além de estimular a facilitação do acesso à justiça (arts. 5º e 6º, VII e VIII).

O legislador, em nenhum momento, proíbe a utilização da arbitragem, pelo contrário, incentiva-a.

Com muita precisão, o legislador somente tacha de nulidade de pleno direito a utilização **compulsória** da arbitragem. Observe-se que, como dito, a investidura do juiz arbitral se dá pela autonomia privada, portanto, a principal característica da arbitragem é a voluntariedade. Assim, a possibilidade de sua instauração compulsória não encontra guarida em nenhum sistema jurídico, muito menos na relação de consumo. Não se pode criar uma presunção absoluta de abusividade da inserção de cláusula compromissória em contratos de adesão, em matéria de consumo. Cremos que a convivência entre os dois sistemas é possível (NERY JUNIOR; NERY, 2008; COSTA, 2006. ano 3, n. 8, p. 131).

E, neste sentido, há regramento específico para os contratos de adesão genéricos e outro mais específico ainda se estes forem oriundos de uma relação de consumo.

Há autores que advogam a tese de que somente seria possível, nas relações de consumo, o compromisso arbitral, jamais a cláusula compromissória pela sua formação anterior ao litígio e, provavelmente, imposta ao aderente (ANDRIGHI, 2006. ano 3, n. 9, p. 13-21,; ZULIANI, 2006. ano 3, n. 11, p. 7-58,; AZEVEDO, 1997. n. 23-24, p. 33-40).

Enfim, a limitação em relação aos contratos de consumo não permite, contudo, afastar a possibilidade de realização de compromisso arbitral para dirimir conflito existente em uma relação de consumo, como já acentuado pelo STJ.[21]

---

[20] STJ, REsp 819.519/ PE, 3ª T., Rel. Min. Humberto Gomes de Barros, j. 09.10.2007, DJ 05.11.2007, p. 264, RDDP v. 58, p. 114.

[21] "[...] 2. O art. 51, VII, do CDC se limita a vedar a adoção prévia e compulsória da arbitragem, no momento da celebração do contrato, mas não impede que, posteriormente, diante de eventual litígio, havendo consenso entre as partes (em especial a aquiescência do consumidor), seja instaurado o procedimento arbitral. 3. As regras dos arts. 51, VIII, do CDC e 34 da Lei 9.514/1997 não são

4.12.2. Arbitragem no direito coletivo

Apenas os litígios que envolvem direitos coletivos **não** podem ser objeto de tutela fora da via jurisdicional, pois não seriam disponíveis.

Talvez, em uma análise mais apurada, até os direitos **individuais homogêneos**, na hipótese concreta, poderiam ser submetidos à arbitragem, na forma do art. 81, parágrafo único, III, do CDC.

4.12.3. Arbitragem nos litígios familiares

Na arbitragem, o conflito deverá envolver direitos patrimoniais e disponíveis (art. 1º c/c art. 13 da LA), contudo, o art. 852 do CC/2002 veda o compromisso para solução de questões de estado, de direito pessoal de família e de outras que não tenham caráter estritamente patrimonial.

Não obstante tal dispositivo, modernamente, por exemplo, Carlos Alberto Carmona (CARMONA, 2009. p. 39), ao realizar digressão sobre direito de família, afirma que *"são arbitráveis, portanto, as causas que tratem de matérias a respeito das quais o Estado não crie reserva específica por conta do resguardo dos interesses fundamentais da coletividade, e desde que as partes possam livremente dispor acerca do bem sobre que controvertem"*, muito embora tal pensamento ainda não seja majoritário na doutrina brasileira (SCAVONE JUNIOR, 2016. p. 17).

4.12.4. Arbitragem nos litígios trabalhistas

No âmbito trabalhista, a arbitragem possui *status* constitucional, como pode ser observado pelo art. 114, § 1º, da CR/1988, com a redação dada pela EC nº 45/2004, no caso de dissídios coletivos de trabalho, não sendo válida, portanto, para os dissídios individuais conforme entendimento pacífico do TST.[22]

4.12.5. Arbitragem nas relações imobiliárias

No âmbito dos contratos de locação, existe a possibilidade de arbitragem, como na ação de despejo, na renovatória ou na revisional. O art. 45 da Lei 8.245/91 determina que são nulas de pleno direito cláusulas que venham elidir os objetivos

---

incompatíveis. Primeiro porque o art. 34 não se refere exclusivamente a financiamentos imobiliários sujeitos ao CDC e segundo porque, havendo relação de consumo, o dispositivo legal não fixa o momento em que deverá ser definida a efetiva utilização da arbitragem. [...]" (STJ, REsp 1169841/RJ, Rel. Ministra Nancy Andrighi, 3ª T., DJe 14.11.2012).

[22] "Seja sob a ótica do artigo 114, §§ 1º e 2º, da Constituição Federal, seja à luz do artigo 1º da Lei nº 9.307/1996, o instituto da arbitragem não se aplica como forma de solução de conflitos individuais trabalhistas. Mesmo no tocante às prestações decorrentes do contrato de trabalho passíveis de transação ou renúncia, a manifestação de vontade do empregado, individualmente considerado, há que ser apreciada com naturais reservas, e deve necessariamente submeter-se ao crivo da Justiça do Trabalho ou à tutela sindical, mediante a celebração de válida negociação coletiva. Inteligência dos artigos 7º, XXVI, e 114, caput, I, da Constituição Federal" (E-ED-RR – 25900-67.2008.5.03.0075. j. 16.04.2015. Rel. Min. João Oreste Dalazen, Subseção I Especializada em Dissídios Individuais).

da lei de locação, o que, evidentemente, ocorre por meio de uma cláusula arbitral. Como todo procedimento arbitral, o árbitro irá, por exemplo, enfrentar se houve ou não infração contratual apta a ensejar o despejo, porém o despejo será executado no Judiciário.

Na mesma linha, a matéria discutida no âmbito da Convenção de condomínio é eminentemente institucional normativa, não tendo natureza jurídica contratual, motivo pelo qual vincula eventuais adquirentes.

Diz respeito, portanto, aos interesses dos condôminos e, como tal, não se trata de um contrato e não está submetida às regras do contrato de adesão estabelecidos no art. 4º, § 2º, da LA, daí a desnecessidade de assinatura ou visto específico do condômino.

Diante da força coercitiva da convenção condominial com cláusula arbitral, qualquer condômino que ingressar no agrupamento condominial está obrigado a obedecer às normas ali constantes e, portanto, os eventuais conflitos condominiais devem ser resolvidos por arbitragem, inviabilizando o prosseguimento do processo sob a jurisdição estatal, como já afirmado pelo STJ.[23]

4.12.6. Arbitragem nas sociedades anônimas

O art. 136-A da Lei 6.404/1976, com a redação trazida pela Lei 13.129/2015, estabelece que a convenção de arbitragem inserida no estatuto social obriga a todos os acionistas, desde que o *quorum* observe o art. 136, assegurado ao acionista dissidente o direito de retirar-se da companhia mediante o reembolso do valor de suas ações (art. 450).

4.13. ARBITRAGEM ENVOLVENDO O PODER PÚBLICO

4.13.1. Considerações iniciais

Já se encontrava em nosso ordenamento a possibilidade do emprego da arbitragem perante a Administração Pública, como se observa no art. 23-A da Lei 8.987/1995 e no art. 11, III, da Lei 11.079/2004, o que era autorizado pelo TCU[24], pela doutrina (OLIVEIRA, 2015. p. 249-250; MOREIRA NETO; SOUTO, 2004. p. 215-261; TÁCITO, 1997. p. 111-115) e pela jurisprudência,[25] e a Lei 13.129/2015, que modificou a Lei da Arbitragem e melhor regulamentou o tema.

Há, contudo, como todos os institutos jurídicos, evidentes limites, como a arbitragem se (i) restringir a direitos patrimoniais disponíveis; (ii) a convenção de arbitragem ser celebrada pela autoridade ou o órgão competente da administração

---

[23] STJ, REsp 1.733.370/GO, 3ª T., rel. Min. Ricardo Villas Bôas Cueva, j. 26.06.2018.

[24] TCU, Acórdão n. 2145/2013, Plenário, Rel. Min. Benjamin Zymler, j. 14.08.2013.

[25] STJ, 2.ª Turma, REsp 612.439/RS, Rel. Min. João Otávio de Noronha, DJ 14.09.2006, p. 299 (Informativo de Jurisprudência do STJ n. 266). Nesse caso, a Corte admitiu a arbitragem em contratos celebrados por sociedade de economia mista: "são válidos e eficazes os contratos firmados pelas sociedades de economia mista exploradoras de atividade econômica de produção ou comercialização de bens ou de prestação de serviços (CF, art. 173, § 1º) que estipulem cláusula compromissória submetendo à arbitragem eventuais litígios decorrentes do ajuste".

Cap. 4 · ARBITRAGEM | 57

pública direta para realização de acordos ou transações; (iii) ser somente de direito, com fundamento no princípio da legalidade, não podendo ser de equidade e, ainda, (iv) respeitar a publicidade, o que relativiza a confidencialidade normalmente encontrada na arbitragem dos contratos privados.

Assim, a arbitragem em contratos privados da Administração Pública, como os celebrados por empresas estatais, nos quais, por exemplo, seja ela a locatária, sempre contou com uma maior aceitação, especialmente em razão da preponderância da aplicação do regime jurídico de direito privado e pela ausência, em regra, das cláusulas exorbitantes (art. 62, § 3º, I, da Lei 8.666/1993); porém, mesmo nos contratos administrativos, a arbitragem se mostra eficiente para a solução de controvérsias contratuais que digam respeito às questões predominantemente patrimoniais ou técnicas, referentes a direitos disponíveis.

A utilização da arbitragem envolvendo o Poder Público reforça a necessidade de releitura de diversos dogmas, como o princípio da supremacia e da indisponibilidade do interesse público, a tendência de releitura das cláusulas exorbitantes, do princípio da legalidade, propiciando solução de litígios por juízos técnicos, em um espaço reduzido de tempo, prestigiando a eficiência administrativa e a boa administração.

4.13.2. Direitos patrimoniais disponíveis

Indiscutivelmente, o ponto que sempre gerou manifestações contrárias ao cabimento de arbitragem envolvendo o Poder Público foi a existência ou não de disponibilidade quanto aos direitos patrimoniais da Fazenda Pública.[26]

Atualmente, já se afirma que a disponibilidade do direito patrimonial envolvendo o Poder Público tem seus limites traçados pelo ordenamento jurídico, baseado na legalidade, definindo o que os agentes públicos podem dispor, os limites e as condições e, não por outra razão, que as alienações de bens públicos são possíveis[27], os créditos tributários podem ser excluídos por anistia[28] e advogados públicos podem

---

[26] Veja-se, por exemplo, peremptório julgado do Tribunal de Contas das União proferido em sessão de 05.07.2006, o qual assentou ser "ilegal, com afronta a princípios de direito público, a previsão, em contrato administrativo, da adoção de juízo arbitral para a solução de conflitos" (Acórdão n. 1099/2006, Plenário, Rel. Min. Augusto Nardes). Outro julgado da mesma Corte destaca que: "É ilegal a previsão, em contrato administrativo, da adoção de juízo arbitral para a solução de conflitos" (Acórdão n. 537/2006, Segunda Câmara, Rel. Min. Alencar Rodrigues, j. 14.03.2006). Esse entendimento demorou a ser alterado, mas se consolidou, sendo dominante atualmente (v.g., Acórdão n. 2145/2013, Plenário, Rel. Min. Benjamin Zymler, j. 14.08.2013).

[27] Nesse sentido: arts. 100 e 101 do Código Civil: "Art. 100. Os bens públicos de uso comum do povo e os de uso especial são inalienáveis, enquanto conservarem a sua qualificação, na forma que a lei determinar" e "Art. 101. Os bens públicos dominicais podem ser alienados, observadas as exigências da lei". No caso de terras públicas com área superior a 2.500 hectares, não basta a autorização legal; há também a exigência de autorização do Congresso Nacional (art. 49, XVII, da Constituição Federal), salvo se o objetivo da alienação gira em torno da reforma agrária (art. 188, § 2º, da mesma Carta).

[28] Conforme exige o art. 180 do CTN.

58 | PROCESSO CIVIL SISTEMATIZADO – *Haroldo Lourenço*

celebrar transação,[29] além de inúmeras outras circunstâncias que ultimamente cresceram substancialmente.[30]

Assim, disputas sobre o equilíbrio da equação econômico-financeira, como a fixação de indenizações por rescisão unilateral dos contratos em geral, a encampação de uma concessão ou a solução de disputas envolvendo a reversão de bens ao final da concessão são espaços "naturais" para a utilização da arbitragem. Por outro lado, disputas envolvendo a execução de contratos administrativos, como serviços públicos objeto de concessão ou que envolvem o exercício de "autoridade" por parte do ente público face ao particular, podem gerar desafios em torno da definição sobre sua arbitrabilidade (SICA, 2016. p. 4).

4.13.3. Da publicidade

Uma das características mais recorrentes dos procedimentos arbitrais, o que atrai ou fomenta a arbitragem empresarial, é que na maioria dos litígios arbitrais há uma cláusula sobre a confidencialidade do litígio, o que é inviável no Judiciário, por força do art. 93, IX, da CR/1988, eis que tal negócio jurídico processual seria invalidado se dispusesse sobre um processo jurisdicional.

Por outro lado, na arbitragem que envolva o Poder Público, é vedada a celebração de tal cláusula, por força do princípio da publicidade esculpido no art. 37 da CR/1988 c/c art. 2°, § 3°, da LA.[31]

O Estado do Rio de Janeiro, por meio do Decreto RJ 46.245/2018, regulamenta a adoção da arbitragem, afirmando no art. 13 que os atos do processo arbitral serão públicos, ressalvadas as hipóteses legais de sigilo, de segredo de justiça, de segredo industrial decorrentes da exploração direta de atividade econômica pelo Estado ou por pessoa física ou entidade privada que tenha qualquer vínculo com o Poder Público.

---

[29] Por exemplo, art. 1° da Lei 9.469/1997, com redação dada pela Lei 13.140/2015 ("Art. 1°. O Advogado-Geral da União, diretamente ou mediante delegação, e os dirigentes máximos das empresas públicas federais, em conjunto com o dirigente estatutário da área afeta ao assunto, poderão autorizar a realização de acordos ou transações para prevenir ou terminar litígios, inclusive os judiciais."); art. 10 da Lei 10.259/2001 ("Art. 10 [...] Parágrafo único. Os representantes judiciais da União, autarquias, fundações e empresas públicas federais, bem como os indicados na forma do caput, ficam autorizados a conciliar, transigir ou desistir, nos processos da competência dos Juizados Especiais Federais"); e art. 8° da Lei 12.153/2009 ("Art. 8°. Os representantes judiciais dos réus presentes à audiência poderão conciliar, transigir ou desistir nos processos da competência dos Juizados Especiais, nos termos e nas hipóteses previstas na lei do respectivo ente da Federação") e, de resto, os arts. 32 a 40 da Lei 13.140/2015.

[30] Art. 23-A da Lei 8.987/1995 (relativo aos contratos de concessão em geral); arts. 93, XV, e 120, X, da Lei 9.472/1997 (contratos de concessão e permissão de serviços de telecomunicações). art. 43, X, da Lei 9.478/1997 (contratos de concessão na área de petróleo e gás); arts. 35, XVI, e 39, XI, da Lei 10.233/2001 (contrato de concessão e permissão de transporte aquaviário e terrestre); art. 11, III, da Lei 11.079/2004 (contratos de parceria público-privada); art. 4°, §§ 4° e 5°, da Lei 10.848/2004 (litígios na Câmara de Comercialização de Energia Elétrica); art. 4°, XII, da Lei 11.668/2008 (contrato de franquia postal); art. 21, XI da Lei 11.909/2009 (contrato de concessão de transporte de gás); art. 62, § 1°, da Lei 12.815/2013 (contratos de concessão portuária) etc.

[31] Enunciado 15 do FPPC: "As arbitragens que envolvem a Administração Pública respeitarão o princípio da publicidade, observadas as exceções legais" (vide art. 2°, § 3°, da Lei 9.307/1996, com a redação da Lei 13.129/2015).

Já o art. 6º Lei 19.477/2011, que regulamenta a arbitragem no Estado de Minas Gerais, afirma que, para os fins desta Lei, somente se admitirá a arbitragem de direito, instaurada mediante processo público.

4.13.4. Previsão no edital de licitação

No mesmo sentido, o fato de não haver previsão da arbitragem no edital de licitação ou no contrato celebrado entre as partes não invalida o compromisso arbitral firmado posteriormente.[32]

Cabe consignar que, durante a tramitação do projeto de lei que culminou na reforma da LA, o Congresso Nacional cogitou instituir essa limitação, exigindo inserção da cláusula compromissória nos editais licitatórios ou nos contratos administrativos, todavia, essa limitação ficou de fora do texto final, contudo, há que se considerar que a inclusão posterior de cláusula compromissória em contrato administrativo já celebrado esbarraria no entendimento de que as hipóteses de aditamento contratual estão taxativamente previstas no art. 65 da Lei 8.666/1993 e que nenhuma delas abriria ensejo para tal alteração.

4.13.5. Escolha do órgão arbitral

Um aspecto relevante concerne à escolha do órgão arbitral (em se tratando de arbitragem institucional) e à escolha dos árbitros (seja na arbitragem institucional ou na arbitragem *ad hoc*, apesar dessa última ser bem incomum), em face da exigência de que todo serviço prestado à Administração Pública – e o árbitro não deixa de ser um prestador de serviços – deve ser contratado mediante licitação, por força do art. art. 37, XXI, da CR/1988.[33]

Como o árbitro escolhido deve ser da confiança das partes (art. 13 da LA), deve haver consenso entre o ente público e o litigante particular, contudo, essa situação somente explicaria a dispensa de licitação para escolha de árbitro único, porém em se tratando de tribunal arbitral, cada parte escolhe livremente ao menos um dos membros, derrubando tal argumento.

A necessidade da confiança do agente público na pessoa escolhida para exercício de uma função pública é circunstância apta a afastar a exigência do concurso público, nos termos do art. 37, V, da CR/1988, muito embora árbitro não seja servidor público, ele exerce uma função pública (art. 17 da LA) revestida de confiança, o que permite a analogia; porém, tais justificativas não alinham para a contratação direta de um órgão arbitral, cujo papel apenas é fornecer serviços relativamente padronizados de administração do processo arbitral, pois não há como se reconhecer, aqui, o cabimento da inexigibilidade de licitação, já que não existe singularidade e exclusividade na prestação desses serviços, que tampouco se revestem de notória especialização.

---

[32] REsp 904.813/PR, Rel. Min. Nancy Andrighi, 3ª T., j. 20.10.2011, DJe 28.02.2012. Enunciado 571 do FPPC: "A previsão no edital de licitação não é pressuposto para que a Administração Pública e o contratado celebrem convenção arbitral".

[33] Enunciado 572 do FPPC: "A Administração Pública direta ou indireta pode submeter-se a uma arbitragem ad hoc ou institucional".

60 | PROCESSO CIVIL SISTEMATIZADO – *Haroldo Lourenço*

O Enunciado 2 Conselho da Justiça Federal (CJF – Prevenção e Solução Extrajudicial de Litígios) afirma que, ainda que não haja cláusula compromissória, a Administração Pública poderá celebrar compromisso arbitral.

No mesmo sentido, a Administração Pública direta ou indireta pode submeter-se a uma arbitragem *ad hoc* ou institucional (Enunciado 572 do FPPC), havendo Estados que já fizeram tal opção no plano legislativo, como se observa do art. 4º Lei 19.477/2011, que regulamenta a arbitragem em Minas Gerais, determinado que seja exclusivamente por meio de órgão arbitral institucional.

4.13.6. Da desnecessidade de observância do regime do precatório

Na dicção do art. 100 da CR/1988, o pagamento de obrigações pecuniárias pelo Poder Público, oriundas de sentenças judiciais, deverá seguir o rito do precatório ou da requisição de pequeno valor (RPV).

Nesse sentido, se o credor do Poder Público é obrigado a realizar um cumprimento de sentença de uma obrigação pecuniária fixada na sentença arbitral (art. 515, § 1º, CPC), o pagamento deve respeitar o sistema de precatórios ou do RPV.

Da mesma forma, não há necessidade de precatório ou de RPV quando for sociedade de economia mista ou uma empresa pública[34], o que se justifica pelo fato de a elas se aplicar o regime de direito privado (art. 173, *caput*, da CR/88), embora com a submissão a algumas regras típicas do direito público, como a exigência de concurso público para provimento da maioria de seus quadros e a obrigatoriedade de licitação para celebração de contratos (arts. 37, XXI, e do 173, § 1º, III, da CR/1988), sobretudo quando se trata de dirimir conflitos atinentes aos atos de gestão do exercício de atividade econômica[35].

O problema, realmente, ocorre na análise da possibilidade de o Poder Público realizar o pagamento espontâneo, sem necessidade de precatório, em decorrência de uma sentença arbitral.

Há quem afirme a impossibilidade de tal pagamento espontâneo, sob pena de ocorrer burla ao sistema do precatório, criando uma casta privilegiada de credores, violando a isonomia, a impessoalidade e a moralidade (CUNHA, 2016; COUTO, 2009). Por outro lado, há os que defendem a possibilidade de tal pagamento, eis que o Poder Público está autorizado, pela via administrativa, a promover a recomposição do equilíbrio econômico-financeiro de um contrato administrativo, podendo reconhecer a dívida cristalizada em sentença arbitral e efetuar o pagamento de forma espontânea, dispensando a execução do título na esfera judicial, desde que haja *"previsão na lei*

---

[34] Arts. 3º e 4º da Lei 13.303/2016 (Lei das Estatais). Destaque-se que, de forma excepcional, o STF aplica, por exemplo, o regime do precatório e outras prerrogativas típicas da Fazenda Pública à Empresa de Correios e Telégrafos – ECT, especialmente em razão das prerrogativas previstas no DL 509/59, o que acarreta uma espécie de "autarquização" desta empresa pública federal (STF, RE 220.906/DF, Rel. Min. Maurício Corrêa, DJ 14.11.2002, p. 15).

[35] Interessante notar que se o ato praticado pela Sociedade de Economia Mista ou pela Empresa Pública foi um ato típico do regime de direito público, portanto um ato administrativo. As regras inerentes a tal sistema deverão ser observadas, cabendo, inclusive, mandado de segurança na hipótese de sua inobservância; porém, se for somente um ato da administração, meramente de gestão comercial, o legislador sequer admite mandado de segurança, como se observa do art. 1º, § 2º, da Lei 12.016/2009.

orçamentária anual, na linha do disposto no art. 167, II, da Constituição da República" (SCHMIDT, 2016)., portanto, será necessária dotação orçamentária específica, para não prejudicar a dotação orçamentária para o pagamento dos precatórios, não sendo novidade que o Poder Público pode realizar pagamentos sem precatórios, realizando acordos, como na desapropriação, e reconhecendo dívidas (OLIVEIRA, 2015. p. 59-79).

Ademais, não há que se falar em violação à impessoalidade, eis que a arbitragem é uma solução prevista em lei, sendo considerada pelos interessados que participam da licitação, tendo plena ciência de tal possibilidade, prestigiando a autonomia privada e o autorregramento da vontade, principalmente no momento de se firmar a convenção de arbitragem, quando será possível escolher entre a jurisdição estatal e a não estatal.

4.13.7. Do descabimento de reexame necessário

Não cabe reexame necessário (art. 496 CPC) da sentença arbitral[36]; eis que não há previsão na LA, o CPC não se aplica, sequer, subsidiariamente ao processo arbitral, o qual é regido pelas regras escolhidas pelas partes ou, à falta delas, por aquelas fixadas pelo árbitro, a teor do art. 21, *caput* e § 1º da LA, além do procedimento arbitral ser desenvolvido em instância única e sem previsão recursal (art. 18 da LA), afasta-o do anacrônico instituto do reexame.

4.13.8. Do afastamento dos prazos diferenciais

Há também de se afastar a observância de prazos processuais ampliados (art. 183 do CPC/2015), pela falta de previsão específica na LA, da necessidade de observância das regras procedimentais pactuadas pelos signatários da convenção arbitral ou, subsidiariamente, pelo árbitro, há que se acrescentar que essa prerrogativa também não se mostra inerente a todo processo envolvendo a Fazenda Pública (art. 9º da Lei 10.259/2001 e do art. 7º da Lei 12.153/2009).

4.13.9. Da inaplicabilidade da isenção de despesas

A isenção de que goza a Fazenda Pública quanto à taxa judiciária e aos emolumentos processuais (art. 91 do CPC) mostra-se igualmente inaplicável para o processo arbitral, cujas despesas ostentam natureza inteiramente diversa, sendo uma contraprestação que o Estado entrega ao particular (órgão arbitral, árbitro e seus auxiliares) em razão de serviços prestados em regime diverso da prestação do serviço público judiciário, o que é ratificado pelo STJ[37] como no pagamento de honorários periciais. Tais razões justificam, ainda, o afastamento do art. 85, § 3º, do CPC, pois será matéria reservada à convenção de arbitragem (art. 11, V, da LA).

---

[36] Enunciado 164 do FPPC: "A sentença arbitral contra a Fazenda Pública não está sujeita à remessa necessária".

[37] Enunciado da Súmula 232 STJ: "A Fazenda Pública, quando parte no processo, fica sujeita à exigência do depósito prévio dos honorários do perito".

4.13.10. Das limitações às tutelas provisórias

No tocante à disciplina das tutelas de urgência em face da Fazenda Pública, a questão ganha contornos mais complexos, pois há restrições decorrentes do regime constitucional de precatórios, além do fato de o STF entender que tutela de urgência que ordene pagamento de quantia seria contrária ao art. 100 da CF[38], além de diversas normas infraconstitucionais, como a Lei 8.437/1992 (arts. 1º ao 4º), Lei 9.494/1997, art. 7º, § 2º, da Lei 12.016/2009, na forma do art. 1.059 do CPC/2015, seja no tocante ao estabelecimento de procedimentos prévios à concessão, seja com relação a matérias para as quais a tutela de urgência é defesa, seja, por fim, ao cabimento da famigerada "suspensão" de liminar ou sentença.

Concordamos com o entendimento de que a melhor solução é a de reconhecer que as restrições decorrentes da CR/1988 se aplicarão integralmente, mas as limitações previstas nas leis infraconstitucionais haverão de ser observadas apenas nos procedimentos judiciais pré-arbitrais, aforados pelo particular em face da Fazenda Pública antes da instauração do processo arbitral, porém, no seu curso as regras processuais aplicáveis são outras, e nelas não se incluem aquelas que impedem a concessão de tutelas urgentes (SICA, 2016. p. 7).

4.14. DA OBSERVÂNCIA DOS PADRÕES DECISÓRIOS FORMADOS NO JUDICIÁRIO

Tema interessantíssimo, muito pouco discutido, é a aplicação do art. 927 do CPC ao procedimento arbitral; ou seja, é possível que a arbitragem decida contrariamente a um precedente formado no Judiciário?

Cremos que, se as partes estabeleceram uma arbitragem de equidade, seria possível, eis que elas mesmas afastaram a aplicação do ordenamento jurídico estritamente considerado, porém, caso seja uma arbitragem de direito, cremos que a observância é obrigatória.

4.15. DO *DISPUTE BOARD*

Entre os meios adequados de solução de conflitos, conciliação e a mediação são os mais conhecidos, porém a arbitragem tem ampliado muito o seu alcance, principalmente com a inserção definitiva do Poder Público nessa última.

Por outro lado, o *dispute board*, um outro método adequado de solução de disputas, tem alcançado grande destaque atualmente, geralmente atuando com a arbitragem, mas não necessariamente.

Trata-se de um mecanismo contratual e privado de prevenção e solução de controvérsias, no qual um comitê composto por um ou mais profissionais independentes, imparciais, qualificados, com grande experiência e conhecimento técnico no campo daquele contrato, é designado pelas partes para acompanhar periodicamente seu andamento de maneira ativa, prevenindo que desacordos se transformem em

---

[38] ADC 4, Rel. Min. Sydney Sanches, Rel. p/ Acórdão: Min. Celso De Mello, Tribunal Pleno, j. 01.10.2008.

demandas formais, bem como solucionando eventuais conflitos (TEIXEIRA DE AGUIAR, 2018. p. 1).

O Comitê de Resolução de Conflitos (CRC), como é conhecido o *dispute board* no Brasil, é um método adequado para solução de controvérsias, sendo muito utilizado em contratos de construção e de concessão, e também em outros tipos de contratos sinalagmáticos e de trato sucessivo, tais como contratos de aliança e acordos de acionistas. Por sua eficácia, rapidez e economia, é também adequado para utilização em processos de recuperação extrajudicial e judicial.

Há três formas de *dispute boards*: (i) *dispute review board* (DRB); (ii) *dispute adjudication board* (DAB); e (iii) *combined dispute board* (CDB).

O DRB é caracterizado por realizar apenas sugestões de soluções às partes, não as impondo; por conseguinte, suas recomendações não são vinculantes, não sendo as partes obrigadas a aceitar e cumprir as recomendações emitidas pelo Comitê.

O DAB, por outro lado, é um comitê que desempenha função decisória, impondo soluções aos conflitos e proferindo verdadeiras decisões, as quais possuem efeitos vinculantes.

Por último, temos o CDB, que é um híbrido do DRB e o DAB, no qual, por vezes, são emitidas recomendações não vinculantes e, em outras, são proferidas decisões vinculantes.

A principal vantagem do *dispute board* é a prevenção de conflitos, além de ser um mecanismo informal e simplificado, inclusive em comparação com a arbitragem e, por ser formado por profissionais independentes, neutros, isentos e com grande experiência e conhecimento na área do objeto do contrato, suas recomendações/decisões são de extrema qualidade e agilidade, além de ser bem mais barato do que um processo judicial ou arbitral, havendo grande percentual de êxito.

O município de São Paulo, por meio da Lei 16.873/2018, regulamentou a instalação de Comitês de Prevenção e Solução de Disputas em contratos administrativos continuados celebrados pela Administração Pública Municipal. A técnica em comento já foi utilizada com sucesso no Brasil na construção da linha 4-amarela do metrô da cidade de São Paulo e em 35 contratos internacionais relativos aos Jogos Olímpicos e Paraolímpicos ocorridos no Rio de Janeiro em 2016 (TEIXEIRA DE AGUIAR, 2018. p. 2).

O STJ[39] já enfrentou o assunto, afirmando ser absolutamente possível que as partes, por anteverem futuras e pontuais divergências ao longo da consecução do objeto contratual, ou por conveniência e necessidade em não se fixar, de imediato, todos os elementos negociais, ajustem, no próprio contrato, a delegação da solução de tais conflitos a um terceiro ou a um comitê criado para tal escopo e, também com esteio no princípio da autonomia de vontades, disponham sobre o caráter de tal decisão: se meramente consultiva, se destinada a resolver a contenda imediatamente, sem prejuízo de a questão ser levada posteriormente à arbitragem ou à Justiça Pública, ou se vinculativa e definitiva, disposição contratual que, em qualquer circunstância – ressalvado, por óbvio, se existente algum vício de consentimento – deve ser detidamente observada.

---

[39] STJ, REsp 1.569.422/RJ, 3ª T., rel. Min. Marco Aurélio Bellizze, j. 26.04.2016.

Pela mesma trilha, há alguns Enunciados firmados na I Jornada do CJF sobre Prevenção e Solução Extrajudicial de Litígios.

Os Comitês de Resolução de Disputas (*dispute boards*) são métodos de solução consensual de conflitos, na forma prevista no § 3º do art. 3º do CPC (Enunciado 49 I CJF sobre Prevenção e Solução Extrajudicial de Litígios).

De igual modo, afirma-se que as decisões proferidas por um Comitê de Resolução de Disputas (*dispute board*), quando os contratantes tiverem acordado pela sua adoção obrigatória, vinculam as partes ao seu cumprimento até que o Poder Judiciário ou o juízo arbitral competente emitam nova decisão ou a confirmem, caso venham a ser provocados pela parte inconformada (Enunciado 76) e, ainda, que a utilização dos Comitês de Resolução de Disputas (*dispute boards*), com a inserção da respectiva cláusula contratual, é recomendável para os contratos de construção ou de obras de infraestrutura, como mecanismo voltado para a prevenção de litígios e redução dos custos correlatos, permitindo a imediata resolução de conflitos surgidos no curso da execução dos contratos (Enunciado 80 I CJF sobre Prevenção e Solução Extrajudicial de Litígios).

5

DIREITO DE AÇÃO

5.1. DEMANDA E RELAÇÃO JURÍDICA SUBSTANCIAL DEDUZIDA

O denominado direito de ação é garantido pela CR/1988 no inciso XXXV, do art. 5º, embora não o revele expressamente, é esta a interpretação amplamente vencedora na doutrina e na jurisprudência. Qualquer lei que iniba a provocação do Estado-juiz para prestar tutela jurisdicional é, por isso mesmo, irremediavelmente inconstitucional, agressora ao "modelo constitucional do processo civil" (BUENO, 2009. v. 1, p. 342).

Sendo a jurisdição inerte, é disponibilizado um direito **público** (exercido contra o Estado, contra o Estado-juiz) e **abstrato** (como analisaremos adiante) de romper essa inércia, provocando o Judiciário. O direito de ação é abstrato, materializando-se em concreto por meio da demanda. Em toda demanda há, pelo menos, a afirmação de uma relação jurídica por parte do autor. Observe-se que é **uma relação jurídica afirmada**, eis que pode não existir.

É por isso que na praxe forense é comum falar que o autor ajuíza uma ação em **face do réu e não contra ele**. A ação é dirigida contra o Estado e é o Estado que, reconhecendo a existência do direito que se afirma existente – e basta isso para superar a inércia da jurisdição –, impõe o resultado de sua atuação, ou seja, a tutela jurisdicional perante o réu, em face dele (BUENO, 2009. v. 1, p. 345).

Com a propositura da demanda, nasce o processo e a relação jurídica afirmada ou deduzida. Liebman já afirmava que o **processo é a certeza dos meios e a incerteza dos resultados**. A rigor, o processo serve como mecanismo para construir um resultado, eis que se já sabido o resultado, não haveria necessidade de processo.

Cumpre, por fim, ressaltar que a ação não pode ser entendida somente como o rompimento da inércia, com a apresentação da inicial, mas deve ser visualizada ao longo de todo o processo, seja pelo autor, seja pelo réu, ou por um terceiro interveniente, sendo um direito dinâmico.

5.2. CLASSIFICAÇÃO DAS AÇÕES

Há inúmeras classificações que podem ser dadas às ações, como: **(i) reais ou pessoais; (ii) mobiliárias ou imobiliárias; (iii) reipersecutória; (iv) necessária; (v) de acordo com o tipo de tutela pretendida:** conhecimento, execução e cautelar; **(vi) dúplices.**

Ação **reipersecutória** (art. 790, I, do CPC/2015) é toda ação em que se busca uma coisa (*res*), ou seja, em que se persegue algo, podendo ser real (por exemplo, uma reivindicatória de um bem imóvel) ou pessoal (por exemplo, a ação de despejo).

Ação **necessária** é aquela pela qual se afirma um direito que só pode ser exercido perante o Judiciário, como uma ação anulatória, rescisória, falência, interdição etc., as quais geram processos necessários, em que o **interesse de agir dispensa demonstração**, sendo *in re ipsa* (CÂMARA, 2008. p. 119).

Ação de **conhecimento** é a que visa certificar um direito, já a de **execução** busca efetivar o direito e, por fim, a **cautelar**, a proteção da efetividade de um outro processo (acautelamento). Tal classificação, porém, está um pouco esvaziada, eis que vivemos a era dos processos multifuncionais, não havendo uma pureza de funções, ou seja, as ações não servem apenas ao conhecimento, à execução ou ao acautelamento, buscando-se "tudo ao mesmo tempo", por meio das **ações sincréticas ou processos sine intervallo**, que servem a mais de um propósito. O sincretismo processual, que é a possibilidade de o processo servir a mais de um propósito, é um fenômeno contemporâneo e irreversível.

No que se refere a demandas **dúplices**, a doutrina afirma que é aquela em que tanto o autor como o réu podem formular pedido em seu favor, em que a simultaneidade da posição de autor e réu assumida pelos litigantes decorre da pretensão deduzida em juízo. Imaginemos uma ação demarcatória dos limites de uma propriedade, na qual a discussão irá possibilitar a tutela de um bem da vida a ambas as partes, independentemente de suas posições processuais de autor ou réu, sendo desnecessário que o réu formule pedido de fixação dos limites aquém ou além do que foi deduzido pelo autor, pois sua simples defesa implicará a improcedência, ao menos parcial, do pedido do autor, e esta improcedência do pedido do autor corresponderá ao atendimento da pretensão do réu. A decisão judicial resolverá a crise instaurada necessariamente a favor do autor ou do réu, obtendo este não apenas a eficácia declaratória da inexistência da pretensão pleiteada pelo autor, mas provimento jurisdicional idêntico àquele inicialmente buscado pelo autor.

Toda sentença de improcedência traz em si a declaração de que a pretensão pleiteada pelo autor na demanda não existe, o que equivale a uma tutela declaratória negativa; no entanto, nas ações dúplices, a improcedência implica conclusão lógica de que o titular do direito pleiteado pelo autor é, na verdade, o réu (DEMARCHI. In: DIDIER JR. (Org.), 2006. p. 41).

Sobre a nomenclatura *"ação dúplice"* há, doutrinariamente, duas acepções: **(i) processual:** é toda aquela em que se admite um contra-ataque interno à contestação, por exemplo, em um pedido contraposto, como nos Juizados Especiais Cíveis, nas ações possessórias (art. 556 do CPC/2015), ações renovatórias de locação comercial (art. 74 da Lei 8.245/91) e na ação de exigir contas (art. 550 do CPC/2015). Cumpre registrar que com o CPC/2015 a reconvenção passou a ser realizada na contestação, semelhante ao pedido contraposto (art. 343 do CPC/2015). **(ii) Material:** é aquela que veicula um direito, cuja contestação do réu serve, a um só tempo, como defesa e ataque, ou seja, a contestação é também um ataque. Sendo hipótese de ação materialmente dúplice, não há opção ao réu, pois ao contestar, automaticamente, já se estará atacando, ressalvada a hipótese de reconvenção com pretensão distinta à da ação principal.[1] Os exemplos de ações materialmente dúplices são os mais diversos: a) ação de oferecimento de alimentos (o filho, ao se defender, já está afirmando que a oferta é pequena e, sendo acolhido o pedido do autor, não obstante este ser o vencedor, o réu é que executará o julgado. Enfim, as posições de autor e réu se misturam); b) consignação em pagamento: com o ajuizamento, o autor se diz devedor; com a contestação, o credor-réu, afirmando ser a quantia insuficiente, já está atacando; c) ação de desapropriação: o ente público oferece o valor "X" e o expropriado, contestando, afirma que o valor é de "X + 300", por exemplo.

Toda **ação meramente declaratória é dúplice em sentido material**, eis que com o ajuizamento, por exemplo, de uma ação para declarar a inexistência de um contrato, julgada esta improcedente, pode-se afirmar que o contrato existe, sem um pedido declaratório explícito pelo réu em sua contestação. Vide a improcedência de uma ADIn – em que se conclui que a lei é constitucional; o mesmo fenômeno ocorre com a propositura de uma ADC – se julgada improcedente, a conclusão a que se chega é a de inconstitucionalidade da lei.

Nas possessórias, o CPC afirma que o réu pode pretender a proteção possessória e a indenização, na mesma contestação. Assim, tal ação é dúplice em ambos os sentidos – em sentido processual, ao permitir o pedido de indenização, bem como em sentido material, no que diz respeito à proteção possessória. A indenização tem que ser postulada, devido à inércia do Judiciário.

5.3. CONDIÇÕES DA AÇÃO

Há algumas teorias sobre a evolução do direito de ação:

(i) **imanentista, civilista ou clássica:** Exerceu grande influência até meados do século XIX, porém, hoje já está superada, na qual o direito de ação seria o direito material em movimento, reagindo contra a ameaça ou violação. Ação seria uma qualidade de todo direito ou o próprio direito reagindo a uma violação – não havendo ação sem direito, não há direito sem ação, a ação segue a natureza do direito. Essa teoria é reflexo de uma época em que não se considerava o próprio Direito Processual como ciência autônoma, sendo o processo civil mero "apêndice" do Direito Civil (CÂMARA, 2008. v. 1, p. 107). Como adeptos dessa teoria, podemos destacar Savigny e Bevilaqua. Ainda encontramos seus resquícios, como nos arts. 80, I, e 83, II e III, do CC/2002,[2] que afirmam a existência de certos direitos e as ações que os assegurem, como se o direito de ação decorresse do direito material.

(ii) **Teoria concreta:** A teoria imanentista começou a ser superada a partir de meados do século XIX, com a famosa polêmica de *Windscheid e Muther,*[3] fazendo

---

[1] Nesse sentido: Súmula 258 do STF: "É admissível reconvenção em ação declaratória".

[2] Tais artigos substituíram o clássico art. 75 do CC/1916 (Código Beviláqua) que afirmava que "a todo direito corresponde uma ação, que o assegura".

[3] A mencionada polêmica ocorreu no século XIX, porém, hoje somente possui valor histórico. O jurista alemão *Bernard Windsheid* publicou ensaio sobre o instituto da *actio* no Direito Romano, defendendo ali que tal conceito não correspondia ao moderno conceito de ação, mas sim ao de pretensão. Outro notável estudioso do Direito Romano, o também alemão *Theodor Muther*, respon-

surgir a noção de que o direito material e o direito de ação seriam institutos distintos, surgindo uma visão dualista. Nesse contexto, surgiu a teoria concreta (Adolf Wach e Chiovenda), os quais defendiam a autonomia do direito de ação, diferenciando-o do direito material, porém, só existiria direito de ação se existisse direito material, ou seja, defende-se uma autonomia, mas não total. Assim, somente haveria existido direito de ação se o processo fosse favorável ao autor, do contrário, por não haver direito material, não haveria direito de ação. Direito de ação seria o direito a um julgamento favorável. Na hipótese, por exemplo, de uma sentença de improcedência de ação ou declaratória negativa, não haveria direito de ação. Segundo tal teoria, é possível falar-se em condições da ação, que seriam as condições para a obtenção de um julgamento favorável, ou seja, condições necessárias para que se profira um julgamento favorável ao autor, ou seja, somente haveria ação quando a pretensão fosse procedente, gerando a expressão "carência de ação". Tal teoria não consegue explicar o que locomoveu o processo na hipótese de sentença de improcedência, bem como a ação declaratória negativa, tendo sido superada.

(iii) **Teoria do direito potestativo:** No início do século XX, houve uma dissidência da teoria concreta, surgindo a teoria do direito potestativo de agir, segundo a qual o direito de ação seria o poder jurídico de realizar a condição necessária para a atuação da vontade da lei, dirigindo-se contra um adversário e não contra o Estado, em face de quem se produz o efeito jurídico da atuação da lei, buscando um resultado favorável ao autor, sujeitando a parte contrária. Como cediço, direito potestativo é o direito a que não corresponde nenhum dever jurídico, somente uma situação de sujeição da parte contrária. De acordo com essa teoria, o direito de ação seria um direito potestativo por excelência. Frise-se que a teoria do direito potestativo tem natureza concreta, eis que só existiria ação se existisse também direito material.

(iv) **Teoria abstrata:** Como crítica à teoria concreta e potestativa, surgiu a teoria abstrata da ação, pois aquelas não explicavam o que impulsionava o processo nos casos de improcedência do pedido e de ação declaratória negativa, situações em que visivelmente não havia direito material. O direito de ação é um direito a uma decisão, seja qual for o seu conteúdo. A rigor, é o direito de provocar a atividade jurisdicional para que um juiz decida, sendo irrelevante o conteúdo da decisão, razão pela qual o direito de ação é chamado *abstrato*, pois em nada importa o fato de o sujeito ter ou não razão em sua pretensão. Não haveria relação com o direito efetivamente existente, mas, sim, com o direito meramente afirmado pelo autor.

---

deu as afirmações de *Windsheid*, em ensaio onde afirmou a coincidência entre os conceitos romano de *actio* e moderno de ação. *Windsheid* publicou ainda um outro trabalho, verdadeira réplica às afirmações de *Muther*, onde, embora aceitando muitas das afirmações daquele jurista, reiterou sua teoria básica: a de *actio* e ação seriam conceitos inconfundíveis. Dessa polêmica, surgiu a noção de que o direito material e o direito de ação seria distintos, este último devendo ser entendido como um direito a prestação jurisdicional. Surgem a partir daí inúmeras teorias sobre a ação, todas elas de caráter dualista, ou seja, todas defendendo a autonomia do direito de ação em relação ao direito material (FREITAS CÂMARA, Alexandre. *Lições de direito processual civil* cit., 17. ed., p. 108).

(v) Teoria eclética: Ocorre, porém, que no Brasil, no ano de 1949, o jurista italiano *Enrico Tullio Leibman* difundiu uma nova teoria denominada eclética, que seria abstrata e concreta ao mesmo tempo, inaugura uma categoria estranha ao mérito, denominada condições da ação, as quais seriam requisitos de existência do direito de agir. Enquanto no concretismo entendia-se que o direito de ação correspondia ao direito a um julgamento favorável, e no abstrativismo a um julgamento qualquer, para o ecletismo, o direito de ação não se refere a qualquer decisão, mas tão somente às decisões de mérito, sejam favoráveis ou não. Portanto, o direito de ação seria o direito a uma decisão de mérito. Assim, a diferença em relação às concepções anteriores é que não se trata apenas de uma decisão favorável (concretismo), tampouco de qualquer decisão (abstrativismo). Não tendo o mérito sido analisado, segundo a teoria eclética, diz-se que não haveria direito de ação. Tal teoria foi adotada expressamente no art. 267, VI do CPC/1973, sendo a ação um direito público, subjetivo, geral e abstrato de provocar a atividade jurisdicional do Estado, que tem o dever de prestá-la.

Ocorre, porém, que a teoria eclética sofreu algumas alterações, pois não seria admissível sustentar que as condições da ação são requisitos de existência do direito de ação, mas, tão somente, requisitos para o seu legítimo exercício, pois não seria viável condicionar um direito que é abstrato. Haveria, a rigor, requisitos para um provimento final (CÂMARA, 2008. v. 1, p. 115) ou requisitos para o legítimo exercício do direito de ação (BARBOSA MOREIRA, 1995. p. 23). Caminhando para uma maior evolução de tal raciocínio há, inclusive, autores que defendem a extinção das condições da ação (DIDIER JR., v. 1, p. 183). Cabe registrar que o CPC/2015 em **nenhum momento** se refere à expressão "condições da ação" (vide arts. 17 e 485, VI), demonstrando uma melhor técnica, eis que não se pode condicionar um direito abstrato, mas não se pode afirmar que elas não existam só pelo fato de não estarem previstas em lei com tal nomenclatura. Mesmo amplamente adotada, tal teoria não escapa de críticas de toda ordem, vejamos as principais: (a) No processo, só há dois tipos de questões que o juiz examina: processuais e de mérito. Em entendimento diverso, Liebman afirmava que além dessas duas categorias situavam-se as condições da ação, compondo um trinômio, embora as considere questões processuais. Diante disso, resta a indagação do motivo de não englobá-las nos pressupostos processuais; (b) Há uma dificuldade muito grande em se separar a análise das condições da ação da análise do mérito da causa. Na prática, é muito comum encontrarmos assertivas, como: *"tal questão se confunde com o mérito e com este será examinada".* Há hipóteses em que se imagina não estar decidindo o mérito, mas se está, por exemplo, em uma ação possessória julgada extinta sem resolução de mérito por ilegitimidade, afirmando que o autor não possuiu posse; a rigor tal decisão é de mérito, eis que se está sustentando que o autor não tem direito à proteção possessória. A legitimidade ordinária e a possibilidade jurídica[4] do pedido não podem ser analisadas separadamente do mérito, enquanto que no tocante à legitimidade extraordinária e ao interesse de agir isso é plenamente possível. Nesse sentido, Adroaldo Furtado Fabrício (FABRÍCIO, 1990. p. 46) assevera que o exame das

---

[4] Remetemos o leitor a item sobre o estudo das condições da ação, em que se demonstra que a possibilidade jurídica foi suprimida com o CPC/2015.

70 | PROCESSO CIVIL SISTEMATIZADO – *Haroldo Lourenço*

condições da ação *"não esgota o* meritum causae, *mas é com certeza um passo que se dá dentro do mérito"*. Pela mesma trilha, Galeno Lacerda (LACERDA, 1989. p. 82), quando assevera que *"se (o magistrado) julgar inexistentes as condições da ação referentes à possibilidade jurídica e à legitimação para a causa, proferirá sentença de mérito, porque decisória da lide"*.

(vi) **Teoria da asserção e teoria da exposição/comprovação:** Feitas estas críticas, continuando o enfretamento da teoria eclética, a análise das condições da ação pode ser feita a qualquer tempo, enquanto o processo estiver pendente, por serem normas de ordem cogente (art. 485, § 3º, do CPC/2015), podendo o juiz, inclusive, determinar a produção de provas a fim de aferir se as condições da ação, de fato, se fazem presentes no caso, podendo, inclusive, serem preenchidas até o momento da decisão. Sendo as condições da ação questões estranhas ao mérito, mesmo depois de toda a produção probatória, que pode demorar anos, será prolatada uma decisão de inadmissibilidade do procedimento, o que seria um desserviço. Tendo em vista tal problema, desenvolveu-se uma teoria para amenizá-lo, a chamada **teoria da asserção ou da *prospettazione***, ou, ainda, teoria da verificação das condições da ação *in statu assertionis*, adotada majoritariamente (DIDIER JR., 2003. v. 1, p. 183)[5], além de ser amplamente difundida na jurisprudência,[6] bem como internacionalmente (FAZZALARI, 1990. v. 1, p. 79). A rigor, sua proposta é nitidamente conciliar a existência das condições da ação como matéria estranha ao mérito, com a possibilidade de seu conhecimento em qualquer tempo e grau de jurisdição.

Para esta teoria, a análise das condições da ação **não** deve ser feita com instrução probatória, isto é, o juiz não deve paralisar o processo para produzir prova para verificar se as condições da ação estão presentes, de modo que esta verificação deve ser feita apenas à luz do que foi afirmado junto da inicial. O que importa é a afirmação do autor, e não a sua correspondência com a realidade, pois isso já seria um problema de mérito (MARINONI, 1999. p. 212).

Assim, se o que foi afirmado é, hipoteticamente, verdadeiro, o juiz deve entender como presentes as condições da ação. Caso, no curso do processo, conclua-se que as alegações não eram verdadeiras, o pedido deve ser julgado improcedente. Nesse sentido, o processo somente será extinto sem resolução de mérito pela falta de uma das condições da ação, se da própria narrativa inicial já se puder aferir a carência da ação.

Ajuizada, por exemplo, uma ação de despejo, afirmando o autor ter celebrado um contrato de locação, e, no curso do processo, com a devida instrução probatória, concluir-se que o contrato era de comodato, o pedido deverá ser julgado improcedente e não extinto sem resolução de mérito pela falta de interesse ou adequação.

A teoria da asserção está intimamente vinculada à possibilidade ou não de se produzir provas para se aferir a presença ou não das condições da ação. Pela teoria

---

[5] Fredie Didier aponta inúmeros adeptos como Alexandre Câmara, Kazuo Watanabe, Flávio Luiz Yarshel, Leonardo Greco, José Carlos Barbosa Moreira, José Roberto dos Santos Bedaque entre outros).

[6] AgRg no REsp 1.189.584/PB, 3ª T., rel. Min. Nancy Andrighi, j.14.12.2011.

da asserção, não é possível a produção de provas sobre condições da ação, pois já seria um tema sobre o mérito, gerando uma análise sobre este.

Em contraponto à teoria da asserção, minoritariamente, há a **teoria da exposição ou da comprovação** (DINAMARCO, 2009. v. 2, p. 324), a qual admite a produção de provas sobre as condições da ação e, se estas não forem devidamente comprovadas, o processo deverá ser extinto sem resolução de mérito.

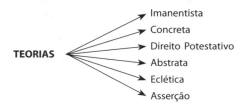

5.4. ESTUDO DAS "CONDIÇÕES DA AÇÃO"

As "condições" da ação têm como finalidade precípua otimizar a atividade jurisdicional, evitando o desperdício de tempo e atividade jurisdicional, assim, objetivam evitar a propositura de ações totalmente descabidas e infundas e, durante o processo, evitar a prática de atos desnecessários, claramente incabíveis. Trata-se, em última análise, de uma técnica processual apta a assegurar o mínimo de seriedade na provocação inicial do Estado (BUENO, 2009. v. 1, p. 367. Observe-se que a petição inicial pode ser indeferida liminarmente se faltar quaisquer das condições (art. 330, I, II e III, do CPC/2015), bem como pode a sua falta ser reconhecida em qualquer tempo e grau de jurisdição (art. 485, § 4º, do CPC/2015), desde que se observe o contraditório (art. 10 do CPC/2015).

O direito de ação não pode ser confundido com o direito de petição (art. 5º, XXXIV, da CR/1988), sendo o último incondicionado e dirigido aos Poderes Públicos em defesa de direitos ou contra ilegalidades ou abuso de poder.

Há autores que já sustentaram existirem condições específicas da ação,[7] como notificação prévia para a propositura de certas ações, depósito para ação rescisória (art. 968, II e § 3º, do CPC/2015), título executivo para execução (art. 798, I, "a", do CPC/2015), prova documental para o mandado de segurança (art. 1º da Lei 12.016/2009), prova escrita para a ação monitória (art. 700 do CPC/2015), de planta do imóvel para a ação de usucapião imobiliária (art. 942 do CPC/1973), da certidão de casamento para ação de divórcio entre outros. Entendemos que se trata de requisitos processuais de validade da demanda, pois a demanda veicula a afirmação de, ao menos, uma relação jurídica material (*res iudicium deducta*), composta pelos sujeitos, fatos e objeto, os quais refletem, no processo, os elementos da demanda (partes, causa de pedir e pedido) e, por fim, as condições da ação somente se justificariam se, ao

---

[7] ARAGÃO, Egas Moniz. *Comentários ao Código de Processo Civil*. Rio de Janeiro: Forense, 1974. p. 461, afirmando estar incluída na possibilidade jurídica. GRECO FILHO, Vicente. *Direito processual civil brasileiro, volume 1: Teoria geral do processo a auxiliares da justiça*. 21. ed. São Paulo: Saraiva, 2009. p. 94, para o qual estaria no interesse de agir.

PROCESSO CIVIL SISTEMATIZADO – *Haroldo Lourenço*

mesmo tempo, fosse verificada a existência de outro elemento da demanda, em razão da descoberta de um outro elemento da relação jurídica (DIDIER JR., 2010. v. 5, p. 151; GUERRA, 2008. p. 699-700; SANTOS, 2003. v. 3, p. 224-225; THEODORO JR., 2000. v. 2, p. 523-534; SHIMURA, 1997. p. 85).

RELAÇÃO JURÍDICA MATERIAL DEDUZIDA EM JUÍZO (*RES IUDICIUM DEDUCTA*)	ELEMENTOS DA DEMANDA	CONDIÇÕES DA AÇÃO	CRITÉRIO OBJETIVO DE COMPETÊNCIA
Sujeitos	Partes	Legitimidade de parte	Pessoa
Fatos	Causa de pedir	Interesse de agir	Matéria
Objeto	Pedido		Valor

Concluindo esse ponto, cumpre registrar que o CPC/2015 **não** comete o erro do CPC/1973 em estabelecer possibilidade jurídica como condição da ação. A possibilidade jurídica (CÂMARA. In: TUBENCHLAK; BUSTAMANTE (Coord.), 1995. v. 3, p. 65)[8] consistiria na inexistência no ordenamento jurídico de uma previsão que a torne inviável, ou seja, não é a existência de uma previsão, em abstrato, no ordenamento jurídico, da pretensão formulada pela parte, mas a inexistência. Assim, somente a vedação legal a uma pretensão constituiria impossibilidade jurídica.[9] Os exemplos não são muitos, sendo alguns bem acadêmicos: o vetusto caso da ação de cobrança lastreada em um contrato de dívida de jogo ou de aposta (art. 814 do CC/2002); o ajuizamento de ação rescisória de um julgado prolatado no procedimento dos Juizados Especiais Cíveis (art. 59 da Lei 9.099/1995); ou o pedido de prisão civil por dívida fora das ressalvas constitucionais. Dinamarco traz um rol maior: como o pedido de desligamento de um Estado da Federação, pedido de penhora de um bem público (DINAMARCO, 2001. p. 298-299).

Assim, formulado pedido vedado pelo ordenamento jurídico o mesmo deverá ser julgado **improcedente de maneira liminar, em caso de improcedência liminar atípica (art. 332)**, fazendo coisa julgada material, na forma do art. 487, I, do CPC/2015, comportando recurso de **apelação** (art. 332, §§ 2º e 3º) ou se tal impossibilidade for parcial, haverá uma interlocutória de mérito, recorrível por **agravo de instrumento** (art. 1.015, II, do CPC)[10]. Interessante registrar que Liebman, idealizador da teoria eclética, inicialmente previu a possibilidade jurídica como uma das condições da ação, porém, com o seu retorno à Europa e com a permissão do divórcio na Itália em 1970, a partir da 3ª edição do seu *Manuale di diritto processuale civile*, deixou de se referir a ela em edições ulteriores, justamente pela falta de situações que a descrevessem adequadamente no direito italiano.

Havia acirrado debate doutrinário e jurisprudencial sobre o pedido de declaração de união homoafetiva, pois seria juridicamente impossível, diante do art. 1.723 do CC/2002, bem como do art. 226 § 3º da CR/1988, contudo o STF, em decisão em-

---

[8]   Defensor da existência somente da legitimidade e do interesse processual.

[9]   STJ, 5ª T., AgRg no REsp 853.234/RJ, rel. Min. Laurita Vaz, j.02.12.2008.

[10] STJ, REsp 1.757.123/SP, 3ª T., rel. Min. Nancy Andrighi, por unanimidade, j. 13.08.2019, *DJe* 15.08.2019.

Cap. 5 • DIREITO DE AÇÃO | 73

blemática, concluiu o julgamento da ADPF 132 e ADIn 4.277, dando interpretação conforme a Constituição Federal para excluir qualquer significado do art. 1.723 do Código Civil que impeça o reconhecimento da união entre pessoas do mesmo sexo como entidade familiar[11], que o STJ já afirmou ser da competência da vara de família.

Sobre o tema, convém mencionar a Resolução n. 175, de 14 de maio de 2013, do CNJ, que trata do casamento civil de pessoas do mesmo sexo, proibindo as autoridades competentes de se recusarem a habilitar ou celebrar casamento civil ou de converter união estável em casamento entre pessoas de mesmo sexo. Caso haja recusa de algum cartório ao não cumprimento da Resolução do CNJ, o casal interessado poderá encaminhar o caso ao conhecimento do juiz corregedor competente para que ele determine o cumprimento da medida. Além disso, poderá ser aberto processo administrativo contra a autoridade que se negar a celebrar ou converter a união estável homoafetiva em casamento.

5.5. INTERESSE DE AGIR

É, sem dúvida, a *"condição"* da ação mais ampla entre as enumeradas no art. 485, VI, do CPC/2015. Nesse sentido, há, inclusive, um embate doutrinário no qual se afirmaria que o interesse processual englobaria o interesse de agir, o interesse recursal, interesse em provar etc., com o qual concordamos. Doutrinariamente, afirma-se, inclusive, que o interesse de agir seria tão amplo que englobaria tanto a legitimidade, como a possibilidade jurídica, ou seja, o interesse de agir seria a única das condições da ação. Bem pensado, portanto, a legitimidade é apenas um dos requisitos sem os quais não há interesse de agir (DINAMARCO, 1986. v. 1, p. 155).

O próprio Liebman, como analisado anteriormente, passou a defender que a possibilidade jurídica nada mais seria do que o interesse de agir.

A doutrina, comumente, distingue interesse substancial de interesse processual. O segundo é exercido para a tutela do primeiro. O interesse processual é secundário e instrumental em relação ao interesse substancial (primário). O interesse substancial recai sobre o bem da vida que se busca proteger, já o interesse processual recai sobre a tutela jurisdicional pleiteada.

Discute-se a concepção que se adota para a verificação da presença ou não do interesse de agir: Há uma concepção **bipartida**, englobando a **utilidade e a necessidade** do pronunciamento judicial, a qual reputamos mais acertada (FABRÍCIO, 1989. n. 58). Para outra doutrina, a concepção seria igualmente bipartida, porém englobando a **necessidade e a adequação** (CÂMARA, 2008. v. 1, p. 118) e, por fim, há um terceiro entendimento que sustenta uma terceira vertente, adotando uma concepção **tripartite** do interesse de agir: **utilidade**, **necessidade** do pronunciamento judicial e, por fim, a **adequação** do remédio judicial ou procedimento (DINAMARCO, 2001. v. 1, p. 302-303).

---

[11] **Proposição 04** – Segundo a perspectiva eudemonista e socioafetiva do moderno conceito de família, é digno de amparo jurídico o núcleo existencial formado por pessoas do mesmo sexo, aplicando-se-lhe, na falta de lei reguladora específica, as normas atinentes à união estável heterossexual (arts. 1.723 a 1.727 do CC).

74 | PROCESSO CIVIL SISTEMATIZADO – *Haroldo Lourenço*

A **utilidade** seria, basicamente, o que o pronunciamento irá agregar ao demandante. Uma atividade inútil gera, indiretamente, prejuízo àqueles que realmente precisam da atuação estatal (CÂMARA, 2008. p. 118). Haverá, assim, utilidade toda vez que o provimento puder propiciar ao demandante o resultado favorável pretendido. É muito comum na prática forense a utilização da expressão *"perda do objeto"*, quando não for mais possível a obtenção daquele resultado almejado. É o que acontece, por exemplo, quando o cumprimento da obrigação se deu antes da citação do réu, como na desocupação do imóvel na ação de despejo, porém, se o cumprimento se deu após a citação, o caso **não** é de perda do objeto, mas de reconhecimento tácito da procedência do pedido (art. 487, III, "a", do CPC/2015)

Não é incomum o próprio ordenamento já prever casos em que a falta do interesse utilidade é latente, como na hipótese de o valor do crédito exequendo ser absorvido pelas custas da execução, de tão ínfimo (art. 836 do CPC/2015) ou na impenhorabilidade dos bens inalienáveis (art. 833, I, do CPC/2015), pois sendo impossível a alienação, não vale de nada a penhora.

A **necessidade** decorre da vedação à autotutela, pois todo aquele que se considere titular de um direito lesado ou ameaçado de lesão, não podendo se valer por ato próprio, terá de ir ao Judiciário. A jurisdição deve ser encarada como a última forma de solução de conflitos, na hipótese de não haver meios de satisfação voluntários.

Observe-se que, em algumas ações, o **interesse de agir é** *in re ipsa*, pois são constitutivas necessárias, como o divórcio, anulação de casamento, interdição, falência ou a rescisória. Nas constitutivas não necessárias, o autor deve afirmar o direito à modificação jurídica que se pretende efetivar. Sobre a necessidade, há que se enfrentar a indispensabilidade de esgotamento administrativo da controvérsia. Neste ponto, merece rememorar que a impossibilidade de se recorrer ao Poder Judiciário, enquanto pender decisão administrativa, somente é admitida se não há urgência no caso concreto, fato este que deve ser imprescindivelmente analisado, pois, do contrário, não se pode impor à parte que aguarde a decisão administrativa (art. 5º, XXXV, da CF/1988).[12]

A **adequação** consiste no ajuizamento da demanda correta para a solução do conflito de interesses, o demandante deverá ir a juízo em busca de um provimento jurisdicional adequado para a tutela do direito supostamente lesado ou ameaçado. Nesse ponto, reside relevante controvérsia doutrinária se a adequação seria uma condição da ação ou um defeito de forma no processo: parcela ponderável da doutrina a inclui como componente do interesse de agir (DINAMARCO, 2000. p. 405-406), assim proposta, por exemplo, uma ação de cobrança lastreada em um contrato de locação, tal demanda deveria ser extinta sem análise de mérito, eis que já haveria título executivo extrajudicial (art. 784, II e IV, do CPC/2015); de igual modo se procederia, se ajuizada ação de reintegração de posse, havendo uma relação *ex locato* (CÂMARA, 2008. p. 119).

Por outro lado, o termo adequação não guarda, sequer, correlação com o vocábulo interesse, pois o próprio ordenamento estimula ao magistrado corrigir ou instar para a correção, pela simples leitura dos arts. 321 e 801 do CPC/2015, bem como pelo princípio da **primazia da solução de mérito** (arts. 4º, 283, 317, 488, 938, § 1º, 1.007, § 4º etc.), dos quais percebe-se, claramente, que a petição inicial somente pode ser indeferida se não for possível adaptar-se o procedimento legal (DIDIER JR., 2009.

---

[12] Vide considerações sobre o tema na análise da característica da inafastabilidade da jurisdição.

v. 1, p. 199), bem como a extinção do processo sem resolução de mérito é algo a ser evitado ao máximo. O exame da adequação do procedimento é um exame da sua validade (GRECO, 2003. p. 41). Esse parece ser o sentido do CPC/2015, como se observa do art. 785, que permite a propositura de uma ação de conhecimento, mesmo sendo o autor portador de um título executivo, não cabendo se falar em falta de interesse.[13]

5.6. LEGITIMIDADE DE PARTE

Não obstante qualquer um tenha aptidão para ir ao Judiciário, para que tal ingresso seja efetivo, será necessária a afirmação de situações específicas, discutindo-se determinada relação jurídica.

Dessa forma, a **legitimidade *ad causam*** (também denominada legitimidade para agir, *ad causam petendi* ou *ad agendum*) é a aptidão para conduzir um processo em que se discuta determinada situação jurídica. Para discutir tal situação jurídica, deverá a parte estar em juízo em nome próprio, postulando direito próprio. A legitimidade é, portanto, uma noção relativa, sendo impossível saber se uma parte é ou não legítima sem averiguar o que está sendo discutido. Sempre haverá entre o demandante e a relação jurídica uma vinculação.

Diferente da capacidade, que é uma aptidão genérica para praticar atos da vida civil, a legitimidade é aferida sempre em concreto, isto é, trata-se de uma aptidão específica, limitada a determinadas situações jurídicas.

Para se apurar a legitimidade, faz-se necessária a investigação sobre os sujeitos envolvidos no litígio, é a **pertinência subjetiva entre os titulares da relação jurídica material afirmada e a relação jurídica processual**. Assim, toda legitimidade afere-se a partir das regras de direito material.

Observe-se que a **parte ilegítima é tão parte quanto a legítima**, pois, do contrário, não se poderia cogitar em um réu alegando sua ilegitimidade passiva na contestação. A legitimidade *ad causam* pode ser **(i) exclusiva ou concorrente; (ii) isolada (ou simples) ou conjunta (ou complexa); (iii) originária ou derivada; (iv) total ou parcial; (v) ordinária ou extraordinária**, sendo essa última **autônoma ou subordinada**. A legitimidade extraordinária autônoma, por sua vez, subdivide-se em **exclusiva ou concorrente**, podendo ser a última **primária ou subsidiária**. Para uma melhor clareza vejamos o esquema gráfico a seguir (DIDIER JR., 2009. v. 1, p. 189):

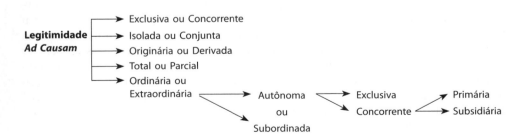

---

[13] Esse artigo, provavelmente, foi inspirado na possibilidade de ação monitória por aquele que, ainda assim, já tivesse um título executivo: STJ, AgRg no AREsp 403.996/SP, 3ª T., rel. Min. Ricardo Villas Bôas Cueva, j. 17.12.2013.

É possível uma legitimidade exclusiva ou concorrente. Legitimidade exclusiva é aquela atribuída a um único sujeito, ou seja, somente uma única pessoa poderá discutir dada situação jurídica, sendo, inclusive, a regra em nosso ordenamento. Entretanto, há diversas situações em que o legislador autoriza a mais de um sujeito deduzir a mesma situação em juízo, gerando uma legitimidade concorrente (também denominada colegitimação), como, por exemplo, na possibilidade de qualquer dos credores solidários cobrarem a dívida; ou de qualquer dos condôminos defenderem o condomínio em juízo (art. 1.324 do CC/2002); ou qualquer dos herdeiros defenderem a herança (art. 1.791 do CC/2002); ou no caso dos diversos legitimados para propor uma ADI (art. 103 da CF/1988); ou de qualquer dos legitimados proporem ações coletivas etc., sendo muito relevante no estudo do litisconsórcio unitário.

A legitimidade pode dividir-se, ainda, em isolada/simples, na hipótese em que o legitimado puder estar sozinho no processo e conjunta/complexa, quando houver necessidade de formação de litisconsórcio, ou seja, a legitimação de cada colegitimado está chumbada à dos demais, de modo a só se completar com o concurso de todos os legitimados (DINAMARCO, 2009. v. 2, p. 312).

Diz-se, ainda, sob outro ângulo, que a legitimidade pode ser originária quando atribuída desde logo ou desde sempre ao terceiro e derivada/ulterior quando surge no curso da relação jurídica processual, podendo ser por inércia do legitimado ordinário (GRECO FILHO, 2009. v. 3, p. 84). Geralmente, a legitimidade é originária; pode, contudo, ocorrer de, no curso do processo, surgir a legitimidade para outra pessoa, como na sucessão processual, em que uma pessoa ocupa o lugar da outra na relação jurídica processual (considerações adiante) ou, também, quando a lei autoriza que alguém prossiga na condução da demanda. Observe-se, por exemplo, o art. 9º da Lei 4.717/1965, o qual prevê que, na desistência da ação popular, qualquer cidadão ou o Ministério Público pode prosseguir na condução da demanda; semelhante hipótese é encontrada no art. 5º, § 3º, da Lei 7.347/1985.

É possível dividir a legitimidade em total ou parcial. Será total quando existir para todo o processo e, parcial, quando se relacionar a um incidente. Por exemplo, o juiz possui legitimidade somente para figurar na alegação de impedimento ou suspeição sendo, como cediço, parte, podendo ser condenado em custas (art. 146, §§ 4º e 5º, do CPC/2015), justamente por ele ser parte em tal incidente. O órgão do MP, perito, serventuário ou intérprete também podem ser alvos de tais alegações, possuindo legitimidade parcial para tal incidente, nos termos do art. 148 do CPC/2015.

Sem dúvida, a principal classificação da legitimidade é a que a divide em **ordinária e extraordinária.** Na ordinária, o legitimado está em juízo defendendo, em nome próprio, direito próprio, portanto, coincidem o legitimado e o titular da relação jurídica discutida – é a denominada "pertinência subjetiva", todavia, é possível ocorrer a legitimidade extraordinária, quando o legitimado está em nome próprio defendendo interesse alheio, não havendo coincidência entre o legitimado e o titular da relação discutida. Nesses casos, o ordenamento, excepcionalmente, rompe os planos material e processual, não havendo pertinência subjetiva entre o provável titular do direito material e o titular da relação jurídica processual.

A legitimação extraordinária pode ser encontrada na legitimidade do gestor de negócios (art. 861 do CC/2002); nas ações coletivas (art. 5º da Lei 7.347/1985 e no art. 82 do CDC, art. 1º da Lei 4.717/1965 etc.); quando uma das partes, na pendência

Cap. 5 • DIREITO DE AÇÃO | 77

do processo, aliena a coisa litigiosa ou cede o direito pleiteado em juízo (art. 109 do CPC/2015) etc. Todavia, note-se que sempre deve haver um **interesse conexo da parte processual** (a que figura no processo) com o da parte material (os titulares do direito material).

Observe-se que pode acontecer de o sujeito estar em juízo defendendo, em nome próprio, direito que é dele e de outrem, quando o direito discutido pertence a ambos, a exemplo do que se dá entre os condôminos (art. 1.314 do CC/2002) ou coerdeiros (art. 1.791 do CC/2002), eis que, quando um destes vai a juízo, está atuando tanto como legitimado ordinário, quanto extraordinário, isto é, defende seu próprio interesse e, também, o dos demais condôminos/herdeiros.

A legitimidade extraordinária, na classificação de Barbosa Moreira, pode ocorrer de forma **autônoma** ou **subordinada** (seguindo o esquema gráfico feito anteriormente), baseando-se na maior ou menor independência do legitimado extraordinário no que tange à iniciativa processual (BARBOSA MOREIRA, 1969. p. 60-61). Há legitimidade extraordinária **autônoma**, quando o contraditório está regularmente instaurado só com a presença do legitimado extraordinário, ou seja, pode conduzir o processo sem a participação do legitimado ordinário (titular do direito litigioso) e haverá legitimidade extraordinária **subordinada**, quando a presença do titular da relação jurídica controvertida é essencial para regularidade do contraditório, reservando-se ao legitimado extraordinário a possibilidade de coadjuvar o legitimado ordinário. Nessa hipótese, o legitimado extraordinário assume uma posição jurídica acessória. Ocorre, por exemplo, na hipótese do assistente simples, que é titular de uma relação jurídica diferente da relação jurídica discutida no processo, porém, a esta subordinada (como no sublocatário assistindo o locatário), como no art. 122 do CPC/2015.

A legitimidade extraordinária autônoma divide-se em **exclusiva** e **concorrente**.

Será exclusiva, quando o contraditório se mostra regular e eficaz somente com a presença de apenas um sujeito, não se admitindo que o legitimado ordinário vá a juízo, somente sendo admissível nos casos em que não há um legitimado ordinário, para não ferir a garantia da inafastabilidade da tutela jurisdicional (FREITAS CÂMARA, p. 118). Tal legitimidade funciona muito bem na tutela coletiva, em que somente o cidadão pode propor a ação popular ou, na ação civil pública (art. 5º da Lei 7.347/1985), em que a legitimidade é exclusiva do legitimado extraordinário.

Será concorrente, quando mais de um legitimado estiver autorizado a discutir em juízo determinada relação jurídica. Há estreita relação entre a legitimidade concorrente e o litisconsórcio unitário. Na hipótese da tutela coletiva, geralmente, há legitimidade concorrente entre os legitimados (art. 5º da Lei 7.347/1985), bem como **disjuntiva**, pois não precisam comparecer em litisconsórcio. Observe que a legitimidade na tutela coletiva é extraordinária e concorrente entre os legitimados para a tutela coletiva (art. 82 do CDC e art. 5º da Lei 7.347/1985), porém, quando confrontada com os titulares do direito material (supostos legitimados ordinários) é exclusiva dos apontados pela lei como legitimados.

A legitimidade extraordinária autônoma concorrente, por sua vez, subdivide-se em primária e subsidiária.

Há legitimidade extraordinária autônoma concorrente primária, quando os legitimados ordinário e extraordinário encontram-se em condição de igualdade, ou seja, qualquer um deles pode propor ação ou integrar o polo passivo do processo independentemente da conduta do outro legitimado; na subsidiária, o legitimado extraordinário só pode propor ação se o legitimado ordinário não o fizer, ou seja, na omissão deste, como na ação de responsabilidade civil contra os diretores de sociedades anônimas (art. 159, §3°, da Lei 6.404/1976) ou no mandado de segurança do titular de direito líquido e certo decorrente da inércia do legitimado ordinário (art. 3° da Lei 12.016/2009).

Sintetizando as principais características da legitimidade extraordinária, podemos enumerar:

(i) É excepcional em nosso sistema, somente sendo possível mediante autorização do ordenamento jurídico (art. 18 do CPC/2015). Nessa linha, é possível, por previsão em lei, na Constituição, como, por exemplo, para o mandado de segurança coletivo (art. 5°, LXX), de resoluções, como do Bacen, ou retiradas do próprio sistema como um todo, sendo possível, inclusive, se cogitar em uma legitimidade extraordinária **convencional** (art. 190 do CPC/2015), sendo hábil, por exemplo, para se evitar a extinção sem resolução de mérito em sede de juizados (art. 59, I, da Lei 9.099/95);

(ii) O legitimado extraordinário atua na qualidade de **parte**, mesmo não havendo coincidência entre as partes da demanda (titulares da relação jurídica material) e as partes do processo (autor e réu), assim, não havendo legitimidade extraordinária, o processo será extinto na forma do art. 485, VI, do CPC/2015. É em relação ao legitimado extraordinário que serão examinados os pressupostos processuais subjetivos, como a capacidade, o que será visto no próximo capítulo. Já a imparcialidade do juiz é examinada em relação ao legitimado extraordinário ou perante o titular do direito material;

(iii) Não obstante a redação o art. 18 do CPC/2015 referir-se somente à propositura, portanto, ao autor, a legitimidade extraordinária pode ocorrer tanto no polo **ativo como no passivo**. Por exemplo, na hipótese da admissibilidade da reconvenção proposta pelo réu em demanda ajuizada pelo legitimado extraordinário (art. 343, § 5°, do CPC/2015), ou seja, somente será admissível reconvenção se o reconvinte e reconvindo estiverem em legitimidade extraordinária; a legitimidade extraordinária passiva do Ministério Público na ação rescisória, quando atuou como legitimado extraordinário na ação rescindenda;[14] nas ações coletivas passivas, em que o titular da situação jurídica material coletiva encontra-se no polo passivo, ou seja, um agrupamento humano, titular do direito coletivamente considerado, for colocado como sujeito passivo de uma relação jurídica afirmada na petição inicial, como na rescisória, no mandado de segurança contra ato judicial ou os embargos do executado, manejados pelo réu da ação coletiva;

(iv) O legitimado extraordinário somente poderá dispor do direito discutido quando a **lei** expressamente o autorizar, exatamente pelo fato de tal direito não lhe pertencer;

---

[14] TJRS, Ação Rescisória 70032725913, 4° Grupo de Câmaras Cíveis, rel. Rui Portanova, j. 11.12.2009; TJRS, Acórdão 70009408212, Segundo Grupo de Câmaras Cíveis, 08.04.2005.

Cap. 5 · DIREITO DE AÇÃO | 79

(v) O legitimado extraordinário arcará com os efeitos da **sucumbência**, ficando, assim, responsável pelas custas e honorários advocatícios (DIDIER JR., 2009. v. 1, p. 191), como se observa do art. 18 da Lei 7.347/1985, além de poder ser sujeito passivo de medidas processuais, como litigância de má-fé e de *astreintes*.

Há forte embate doutrinário no que toca à produção dos **efeitos da coisa julgada produzida no processo conduzido pelo substituto processual**, sem a participação do substituído processual.

Majoritariamente, os efeitos da coisa julgada que surja no processo conduzido pelo legitimado extraordinário vinculam o legitimado ordinário, como se extrai do art. 109, § 3º, do CPC/2015, salvo disposição legal em sentido contrário (DIDIER JR., 2009. v. 1, p. 215). Ressalvados os casos em que o legitimado extraordinário também possui legitimidade ordinária,[15] os efeitos da decisão judicial repercutirão diretamente no patrimônio do legitimado ordinário, embora o legitimado extraordinário fique submetido ao que foi decidido (DIDIER JR., 2009. v. 1, p. 191). É uma consequência natural da legitimação extraordinária, pois, do contrário, não haveria sentido em se permitir que uma pessoa defendesse em juízo o direito de outra pessoa, se não produzisse quaisquer efeitos, sendo uma consequência, inclusive, do dever de integridade inerente ao nosso ordenamento (art. 926 do CPC). Para que este efeito vinculante não se opere, é preciso que haja lei expressa excepcionando, como ocorre, por exemplo, no art. 274 do CC/2002,[16] ao afirmar que o julgamento contrário a um dos credores solidários não atinge os demais. Realmente, não haveria sentido existir a legitimidade extraordinária se os efeitos não pudessem atingir o legitimado ordinário, até porque a relação jurídica discutida é a mesma, porém, conduzida por pessoa eleita pela lei (ALVIM, 1990. p. 518-529). Por outro lado, há quem sustente que a coisa julgada, no processo conduzido pelo legitimado extraordinário, seria *secundum eventum litis* e *in utilibus* (GRECO, 2003. p. 41), bem como há quem afirme que sujeitar o titular da relação jurídica à coisa julgada oriunda de processo ao qual não lhe foi dada oportunidade de comparecer e, nele, defender seu interesse importa barrar-lhe o acesso ao Poder Judiciário, o que nem a lei nem ninguém poderá fazer (MONIZ DE ARAGÃO, 1992. p. 302).

Observe-se que se for assegurada a intervenção do substituído, na qualidade de assistente do substituto, a tempo de se defender adequadamente, poderá ser atingido pela coisa julgada. Fortalecendo o entendimento majoritário, José Maria Tesheiner combate incisivamente o segundo e o terceiro entendimentos afirmando que a extensão da coisa julgada ao legitimado ordinário é uma lógica do próprio conceito de substituição processual; negar-se a coisa julgada, implicaria, na maioria dos casos, tornar inútil a substituição, criando um caso de coisa julgada *secundum eventum litis* não previsto em lei (TESHEINER, 2001. p. 83). Quanto à coisa julgada *secundum eventum litis*, reforça Nelson Nery, a crítica, lecionando que, se não houver previsão legal expressa, ela não pode incidir, sob pena de fragilizar o instituto constitucional da coisa julgada e colocar em risco o fundamento do Estado Democrático de Direito (NERY JUNIOR, 2004. p. 54-55).

---

[15]   Hipótese mencionada no início da diferenciação de legitimidade ordinária e extraordinária.

[16]   O CPC/2015 altera a redação do art. 274 do CC/2002, dispondo que: "O julgamento contrário a um dos credores solidários não atinge os demais, mas o julgamento favorável aproveita-lhes, sem prejuízo de exceção pessoal que o devedor tenha direito de invocar em relação a qualquer deles."

5.6.1. Legitimidade extraordinária e substituição processual

Comumente, a legitimidade extraordinária costuma ser também denominada "substituição processual", termo que é utilizado como seu sinônimo.[17] Realmente, tal utilização é muito propalada na jurisprudência[18] e na doutrina (NEVES, 2010. p. 90). Contudo, doutrinariamente, é muito forte a defesa de que a legitimidade extraordinária e a substituição processual são institutos que não podem ser confundidos. Haveria substituição processual nos casos em que o legitimado extraordinário atuasse sozinho em juízo, defendendo os interesses de outrem. Havendo litisconsórcio entre o legitimado extraordinário e o titular do direito, não se poderia falar em substituição, somente em legitimidade extraordinária (FREITAS, 2008. p. 118).

Portanto, seria caso de substituição processual quando ocorresse, efetivamente, uma substituição, como nos casos de legitimação extraordinária autônoma e exclusiva, ou nas hipóteses de legitimação autônoma concorrente, não se admitindo a coexistência de legitimidade extraordinária e substituição processual.

Realmente, há diferença, porém, adotamos o entendimento do Professor Didier (DIDIER JR., 2009. v. 1, p. 189) que muito bem resume: *"Anotado o apuro técnico, não vemos maiores inconvenientes em que se adotem ambas as expressões como sinônimas"*. O CPC/2015 adota a expressão substituição processual, indistintamente, como se observa do art. 18 e seu parágrafo único.

5.6.2. Substituição processual, sucessão processual e representação processual

Não se pode confundir substituição processual, sucessão processual e representação processual.

Na sucessão processual, uma parte ocupa o lugar anteriormente ocupado por outra. Há, a rigor, uma troca de sujeitos (alteração subjetiva) como ocorre, por exemplo, na sucessão *causa mortis* (art. 110 do CPC/2015) ou por incorporação ou fusão de uma pessoa jurídica com outra. Pode ocorrer voluntariamente, como na alteração do polo passivo da demanda (arts. 338 e 339 do CPC/2015) ou na hipótese da alienação da coisa litigiosa (art. 109, § 1º, do CPC/2015).

A sucessão e a substituição decorrem de previsão legislativa (arts. 18 e 108 do CPC/2015).

Observe-se que o sucessor atua no processo **em nome *próprio* na defesa de um direito *próprio*, em virtude de uma troca com a parte anterior**. Assim, não se pode confundir substituição processual com a sucessão processual, pois, na substituição processual, se está no processo em **nome *próprio* na defesa de direito *alheio*, não havendo qualquer espécie de troca ou alteração**.

---

[17] Aponta a doutrina que a utilização de substituição processual como sendo um sinônimo de legitimidade extraordinária foi inaugurada por Chiovenda, *apud*, GRECO FILHO, Vicente. *Direito processual civil brasileiro*. São Paulo: Saraiva, 2003. v. 3, p. 83.

[18] STJ, 5ª T., AgRG no AG 1279714/PR, rel. Min. Honildo Amaral de Mello Castro (Desembargador convocado do TJAP), j. 18.01.2010; REsp 997614/RS, 1ª T., rel. Min. Luiz Fux, j. 09.11.2010.

Cap. 5 • DIREITO DE AÇÃO | 81

Tais institutos eram embaralhados pelo CPC de 1973, como sempre apontou a prestigiosa doutrina (DINAMARCO, 2009. v. 2, p. 281), contudo o CPC/2015 corrigiu tal falha, como se observa dos arts. 108 e seguintes.

Por fim, não se pode confundir, ainda, os institutos analisados anteriormente com a representação processual. Há representação processual quando um sujeito atua em **nome** *alheio*, **defendendo interesse** *alheio*, não sendo, sequer, parte do processo (NERY JUNIOR; NERY, 2007. p. 201).

Há, contudo, precedentes do STJ[19] que afirmam que o síndico, ao agir em juízo na defesa dos interesses comuns do condomínio, como nos casos de reparação de dano material oriundo de área comum ou de cobrança de encargos não pagos por certo condômino, estaria agindo em legitimidade extraordinária, por autorização do art. 1.348, II, do CC/2002 e do art. 22, § 1º, da Lei 4.591/1964. Trata-se, com a devida vênia, de precedente lamentável, que somente demonstra como tais conceitos são facilmente embaralháveis.

Será parte o próprio representado, de forma que o representante atua apenas para suprir a incapacidade de algumas pessoas.[20]

SUBSTITUIÇÃO PROCESSUAL	Atua em nome *próprio* na defesa de direito *alheio*	Decorre de lei (art. 18 do CPC/2015)	É parte do processo, podendo ser parte da demanda
SUCESSÃO PROCESSUAL	Passa a atuar em nome *próprio* na defesa de direito *próprio*	Decorre de lei (art. 110 do CPC/2015)	É parte do processo e da demanda, podendo atuar em legitimidade ordinária ou extraordinária, como no art. 9º da Lei 4.717/1965 ou no art. 5º, § 3º, da Lei 7.347/1985
REPRESENTAÇÃO PROCESSUAL	Atuar em nome *alheio* na defesa de direito *alheio*	Decorre de lei (art. 3º e 4º do CC/2002,[63] por exemplo)	Não é parte da demanda, somente do processo. Parte, a rigor, é o incapaz

5.7. CUMULAÇÃO DE AÇÕES, CONCURSO DE AÇÕES E CUMULAÇÃO DE PEDIDOS

O estudo da **cumulação de ações** se divide em dois pontos: cumulação subjetiva e objetiva. A primeira consiste no litisconsórcio e a segunda na cumulação de pedidos; ambos os temas serão estudados, respectivamente, no capítulo do litisconsórcio

---

[19] Informativo 471: STJ, 3ª T., REsp 1.177.862/RJ, rel. Min. Nancy Andrighi, j. 03.05.2011. Precedentes citados: REsp 10.417-SP, *DJ* 24.02.1992; REsp 66.565/MG, *DJ* 24.11.1997; REsp 198.511/RJ, *DJ* 11.12.2000, e AgRg no REsp 783.360-SP, *DJe* 12.11.2009.

[20] Observe que os arts. 3º e 4º do Código Civil sofreram alteração em sua redação de acordo com a Lei 13.146/2015:

"Art. 3º São absolutamente incapazes de exercer pessoalmente os atos da vida civil os menores de 16 (dezesseis) anos. I – (Revogado); II – (Revogado); III – (Revogado)." (NR)

"Art. 4º São incapazes, relativamente a certos atos ou à maneira de os exercer: [...]

II – os ébrios habituais e os viciados em tóxico;

III – aqueles que, por causa transitória ou permanente, não puderem exprimir sua vontade;

Parágrafo único. A capacidade dos indígenas será regulada por legislação especial." (NR)

e no estudo da petição inicial, precisamente no que tange à não cumulação de vários pedidos em face do réu.

Observe-se que não se pode confundir concurso de ações com a cumulação de pedidos, prevista no art. 327 do CPC/2015, também denominada cumulação de ações.

Já o concurso de ações pode se dar no aspecto **subjetivo** e **objetivo**. No aspecto subjetivo, ocorre na hipótese de colegitimação ativa, em que um mesmo pedido, fundado em uma mesma causa de pedir, pode ser formulado por diversas pessoas. Trata-se da clássica discussão sobre o litisconsórcio facultativo unitário, como, por exemplo, em caso de ação de anulação de decisão societária, em que cada sócio pode propor a demanda isoladamente, devendo, necessariamente, o resultado ser uniforme para todos os sócios. O mesmo ocorre na colegitimidade do condômino ou dos herdeiros (arts. 1.314 e 1.791 do CC/2002).

O grande problema, nesse ponto, é o resultado do processo perante o legitimado que não participou do processo. A controvérsia foi enfrentada quando da análise dos efeitos da coisa julgada produzida perante o legitimado extraordinário, sem a participação do legitimado ordinário, para onde remetemos o leitor.

O concurso de ações no aspecto objetivo divide-se em **próprio** e **impróprio**. Será impróprio, quando houver mais de uma pretensão concorrente, nascida a partir de um mesmo fato gerador. Será próprio, quando houver pluralidade de causas de pedir que autorizem a formulação de um mesmo pedido.

Alguns exemplos são bem visuais: (i) vício redibitório (arts. 441 e 442 do CC/2002) – admite a propositura da ação *quanti minoris* (também denominada estimatória), buscando o abatimento proporcional do preço, ou a propositura da ação redibitória, pretendendo desfazer o contrato; (ii) venda *ad mensuram* (art. 500 do CC/2002), – admite a propositura de ação buscando a complementação da área, ou a ação buscando a redução do preço ou ação buscando a extinção do contrato; (iii) passageiro que sofre lesões em um ônibus de uma concessionária do serviço público – pode ajuizar uma ação contra o motorista, sustentando responsabilidade subjetiva, ou ajuizar ação contra a empresa de ônibus, por responsabilidade do seu preposto, sustentando responsabilidade objetiva; (iv) vítima de acidente de trânsito – possui direito ao seguro obrigatório, como também a uma indenização do causador do acidente, devendo, entretanto, o valor daquele ser abatido desta;[21] (v) violação de direito líquido e certo – admite-se a impetração de mandado de segurança ou o ajuizamento de ação pelo procedimento comum, com pedido de tutela antecipada.

Observe que do **concurso de ações** é possível surgir uma **cumulação de ações** (ou cumulação de pedidos). Peguemos o exemplo do vício redibitório, em que o adquirente pode ajuizar uma única ação buscando o abatimento proporcional do preço pago e, na impossibilidade, o desfazimento do contrato.

A produção da coisa julgada na hipótese do concurso de ações gera sério embate doutrinário. Valendo-se da pergunta de Fredie Didier, poderia, por exemplo, João pleitear em face de José o pedido estimatório, quando já houvera demandado, e perdido, o pleito redibitório? Não é admissível, pois uma vez acolhida ou rejeitada

---

[21] Enunciado 246 da Súmula da jurisprudência predominante do STJ: "O valor do seguro obrigatório deve ser deduzido da indenização judicialmente fixada".

uma das pretensões possíveis, obstada está a rediscussão da causa, mesmo que formulada em outra demanda, operando-se o efeito negativo da coisa julgada. A questão jurídica seria uma só e já foi resolvida. Ocorreria a aplicação do jargão *electa una via non datur regressus ad alteram* (escolhida uma via, não se dá recurso a outra). Cuidando do assunto, assim se manifesta José Rogério Cruz e Tucci (TUCCI, 2001. p. 228): "Acrescente-se que, em caso de improcedência do pedido, a despeito da descoincidência dos *tria eadem*, também resultará inviável o ajuizamento da outra demanda, visto que a 'questão jurídica' já foi decidida pelos órgãos jurisdicionais". **Majoritariamente**, não tendo havido a satisfação definitiva do direito postulante, nem havendo coincidência dos elementos da demanda, poderia o autor pleitear a pretensão concorrente àquela que inicialmente havia sido rejeitada (GRINOVER. In: LIEBMAN, 1981. p. 239, apud DIDIER JR., v. 1, p. 212).

5.8. ABUSO DO DIREITO DE AÇÃO. *SHAM LITIGATION*

A evolução do direito de ação, como visto, consolidou-o como abstrato, pela qual o direito de provocar o Estado-juiz independe da existência do direito material deduzido.

Por outro lado, se tal exercício se revelar abusivo, como no caso do manejo de várias ações tendo todas elas resultado de improcedência, o que caracteriza verdadeiro assédio processual, praticado com dolo, má-fé, obstruções e procrastinações indevidas.

A figura do abuso de direito é, frequentemente, estudada na perspectiva do direito material e, sobretudo, no âmbito do direito privado, em razão do que dispõe o art. 187 do CC/2002. No âmbito processual, aquele que busca chincana processual age alegadamente sob o manto dos princípios mais caros, como o acesso à Justiça, o devido processo legal e a ampla defesa, para cometer e ocultar as suas vilezas, em que o abuso ocorre não pelo que se revela, mas pelo que se esconde.

Nesse contexto surgiu a doutrina *sham litigation*, oriunda dos EUA, forçando-se repensar o processo à luz dos mais basilares cânones do próprio direito, não para frustrar o regular exercício dos direitos fundamentais pelo litigante sério e probo, mas para refrear aqueles que abusam dos direitos fundamentais por mero capricho, por espírito emulativo, por dolo ou que, em ações ou incidentes temerários, veiculem pretensões ou defesas frívolas, aptas a tornar o processo um simulacro de processo.[22]

---

[22] STJ, REsp 1.817.845/MS, 3ª T., rel. Min. Paulo de Tarso Sanseverino, rel. Acd. Min. Nancy Andrighi, por maioria, j. 10.10.2019, *DJe* 17.10.2019.

6

DO PROCESSO

6.1. NATUREZA JURÍDICA

Da mesma forma que várias foram as teorias que tentaram explicar o direito de ação, há diversas outras sobre a natureza jurídica do processo, algumas atualmente com relevância somente histórica, contudo colaboram para a compreensão do estágio atual do processo civil. Vejamos uma apertada síntese das principais.

(i) Teoria imanentista/civilista: é a mesma teoria do direito de ação, que não visualizava a sua existência não cogitando, sequer, em processo, muito menos como uma ciência autônoma. O processo era, novamente, uma manifestação do direito material quando violado, não existindo regras ou normas de direito processual. Sua natureza jurídica era de uma manifestação do direito material.

(ii) Teoria contratual: Baseada no Direito Romano, inaugurada por Ulpiano, o processo começou a ser observado mediante uma concepção contratual, ou seja, a relação que interliga autor e réu no processo era vista de forma idêntica à que une as partes contratantes. As partes em juízo assumiriam obrigações, a denominada *litiscontestatio*, consistente em um compromisso de aceitarem de comum acordo a fórmula que tenha sido deferida pelo magistrado. O Estado ainda não havia conquistado um estágio de evolução capaz de permitir-lhe impor a sua vontade sobre a das partes litigantes; a *litiscontestatio* era uma justificativa para a sentença coercitivamente imposta aos contendores. Era uma espécie de contrato judiciário.

(iii) Teoria quase-contrato: Como indica sua nomenclatura, o processo era visto como um quase-contrato, buscando seu enquadramento entre as categorias de direito privado. Desenvolvida pelo francês Arnault de Guényvau, por não entender o processo como um contrato, tampouco como um delito, a única saída viável foi aderir a uma visão de um quase-contrato. Obviamente, diante da fragilidade do raciocínio, tal teoria não angariou muitos adeptos e logo foi abandonada.

(iv) Teoria Científica/Relação Processual: Diferentemente das teorias acima, essa fase foi extremamente marcante para o direito processual, bem como para a ciência processual, sendo que, por meio da obra do professor alemão *Oskar von Büllow*, denominada *Die Lehre von den Processeinreden und die Process-*

vorautzungen, que, traduzido, corresponde a "Teoria das Exceções Processuais e dos Pressupostos Processuais" (FREITAS CÂMARA, v. 1, p. 126-127), os principais institutos processuais começaram a ser delineados. O processo começou a ser observado como uma relação jurídica processual, diferente da relação jurídica material, com seus próprios sujeitos, requisitos e objetivo próprio de solucionar os conflitos, ganhando o direito processual autonomia, como uma relação entre pessoas, dinâmica, de direito público, com seus próprios sujeitos e requisitos. Trata-se de uma relação jurídica unidirecional na solução do conflito de interesse existente como decorrência da relação jurídica de direito material.

Observe que, antes do processo, temos a coisa ou uma relação jurídica material (*res*) e, quando essa *res* passa a ser o objeto do processo, torna-se a *res in iudicium deducta* e, com o seu julgamento, temos a *res iudicata* (coisa julgada).

A partir dessa ideia, a teoria científica, ou do processo como relação jurídica, ganhou ampla aceitação e até os dias atuais suas premissas ainda são adotadas (SANTOS, 1987. v. 1, p. 278; TORNAGHI, 1978. v. 2, p. 286). Ocorre que a doutrina começou a aceitar a influência das teorias que serão analisadas adiante, sem abandonar, contudo, a doutrina inaugurada por *Büllow*.

(v) Teoria do processo como situação jurídica: O jurista alemão James Goldschmidt, como principal crítico da teoria da relação jurídica, inaugurou a teoria da situação jurídica. Afirmava o autor que o processo não há de ser considerado como uma série de atos isolados, mas um complexo de atos encaminhados a um mesmo fim, ainda quando haja vários sujeitos, não chega a ser, por isso, uma relação jurídica, a não ser que este termo adquira uma acepção totalmente nova. O processo seria composto por uma série de situações jurídicas ativas, capazes de gerar para seus sujeitos, deveres, poderes, faculdades, ônus e sujeições. Ocorre, porém, que quase todas as críticas foram absorvidas pelos defensores da teoria da relação jurídica (CÂMARA, 2008. v. 1, p. 128), ostentando, portanto, a teoria de Goldschmidt apenas relevância histórica na contribuição dada à teoria da relação jurídica.

(vi) Teoria do processo como procedimento em contraditório: Elio Fazzalari, criador de tal teoria, baseia-se na ideia de módulo processual, para dizer que o procedimento é a sucessão de atos interligados de maneira lógica e regidos por determinadas normas, sendo que o posterior, também regido por normas, dependerá do anterior, e entre eles se formará um conjunto lógico com um objetivo final. Sem, contudo, negar a existência da relação jurídica, surge nova teoria que afirma que a mola propulsora do processo é o **contraditório**, ou seja, para cada ato, deve-se permitir a participação das partes em contraditório. Tal teoria desloca a análise do processo partindo do contraditório, não da relação jurídica, pois esta, sem contraditório, seria inócua.

Como consequência, rompe também com os antigos paradigmas epistemológicos de processo e procedimento, em que o primeiro era caracterizado como instrumento de composição dos litígios em juízo, por meio de uma relação jurídica processual, e o segundo era considerado aspecto formal de exteriorização do processo (THEODORO JR., 1995. v. 1, p. 43).

À luz dessa teoria, o procedimento se caracteriza como uma sequência de atos preordenados por força de lei, preparatórios de um ato final, cujo objetivo é a consecução de determinado fim jurídico. Já o processo se configura como espécie complexa de procedimento, regulado de modo a admitir a participação de todos os sujeitos, cujas esferas jurídicas seriam atingidas pelos efeitos produzidos em decorrência do ato final.

(vii) Teoria da entidade complexa: Segundo assevera seu principal defensor, essa moderna teoria teria por objetivo resgatar o valor conceitual da relação jurídica processual, relegada pela teoria de Fazzalari, fusionando-a com o ideal de processo como procedimento realizado em contraditório. Dinamarco afirma que o processo seria uma entidade complexa, formada por diversos elementos, sendo o procedimento animado pela relação jurídica processual. Observe-se que, novamente, a teoria da relação jurídica processual absorve as críticas, agregando os valores trazidos pela teoria de Fazzalari.

Sob o prisma dessa teoria, o processo é constituído de diversos elementos impreteríveis à sua conceituação. A fusão desses distintos elementos é requisito indispensável para se aferir a real noção de processo, como entidade complexa (DINAMARCO, 2002. p. 162-163). Saliente-se, portanto, que a simples constatação de um dos elementos de maneira isolada não é suficiente para se revelar a moderna concepção acerca da natureza jurídica desse instituto. Há um elemento extrínseco (procedimento realizado em contraditório) e um elemento intrínseco (a relação jurídica processual entre os sujeitos do processo, gerando deveres, faculdades, poderes, ônus e sujeições).

Processo judicial é uma relação jurídica, porém, impulsionada por um elemento essencial ao seu desenvolvimento. Enfim, é uma relação jurídica animada, impulsionada pelo contraditório. Para falarmos em processo judicial, temos que visualizar um contraditório. Se desenvolvermos uma relação jurídica processual sem a presença de um efetivo e amplo contraditório, não teremos processo, no máximo um procedimento (administrativo, legislativo etc.), em que o contraditório é restrito ou, no mínimo, limitado.

Portanto, podemos ter procedimento sem processo, porém **não** podemos ter processo sem procedimento e sem contraditório. Processo, no aspecto interno, é uma relação jurídica, no aspecto externo, um procedimento.

Assim, mediante uma análise combinada dos elementos intrínseco e extrínseco integrantes do processo, possível se torna, neste momento, a verificação topológica do instituto dentro da sistemática jurídico-processual. Tento em vista a moderna concepção de processo como uma entidade complexa, formada pela relação jurídica processual e pelo procedimento realizado em contraditório, inevitável concluir, portanto, pela natureza *sui generis* desse instituto jurídico.

Ademais, à luz dos elementos constitutivos supramencionados, possível se estabelecer, também, um moderno conceito para este instituto processual. Segundo enunciam os partidários desta teoria, o processo pode ser definido, de maneira conclusiva, como o procedimento realizado em contraditório, animado pela relação jurídica processual (DINAMARCO, 2002. p. 179) (CÂMARA, 2008. v. 1, p. 140). Conclui-se, assim, que o processo caracteriza-se como o procedimento realizado em contraditório, parecendo ser a concepção mais acertada e adotada pelos arts. 9º, 10, 115, 329, II, 369, 372, 503, § 1º, II, do CPC/2015, podendo-se afirmar que se busca um redimensionamento do princípio do contraditório, como forma de **legitimar o processo**.

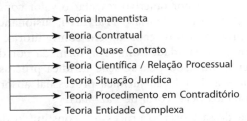

6.2. MODELOS PROCESSUAIS: ADVERSARIAL, INQUISITIVO E COOPERATIVO

Geralmente se costuma identificar dois modelos de processo na civilização ocidental, influenciada pelo iluminismo, o modelo **dispositivo (adversarial)** e o **modelo inquisitivo**. Atualmente, contudo, identifica-se um terceiro modelo: o **processo cooperativo** (art. 6º do CPC/2015). Cada um desses modelos reflete uma distribuição das funções que cada sujeito deve exercer no processo; em alguns momentos, por exemplo, o juiz tem um papel mais relevante na instauração, no desenvolvimento ou na conclusão do processo. Por outro lado, não é possível relacionar democracia (ou autoritarismo) e a adoção de um ou outro desses modelos. A ninguém será dado negar o caráter democrático do Estado suíço, em que são atribuídos amplos poderes de iniciativa probatória ao juiz (CÂMARA, 2007. p. 8.).

Do mesmo modo, ninguém em sã consciência pode negar o caráter democrático do sistema norte-americano, em que vigora o modelo oposto. Também entre ordenamentos autoritários todos os modelos podem ser encontrados. Assim, por exemplo, no ordenamento processual soviético atribuía-se ao juiz amplíssimos poderes instrutórios, e de outro lado não houve ampliação dos poderes instrutórios na Alemanha nazista ou na Itália fascista (TARUFFO, 2006. p. 457, p. 457-458).

O CPC/2015 deixa clara sua opção pelo terceiro modelo de processo no seu art. 5º, afirmando haver deveres recíprocos entre todos que participam do processo, sem excluir o magistrado de tal dever, incluindo-o no rol dos sujeitos do diálogo processual não mais como um mero expectador do duelo entre as partes.

Cap. 6 · DO PROCESSO | 89

6.3. PRESSUPOSTOS PROCESSUAIS

6.3.1. Noções gerais

Eis um ponto em que não há nenhuma unanimidade doutrinária, no qual a doutrina restringe ou alarga sua análise, constituindo-se em uma categoria heterogênea e de escassa coesão interna (BARBOSA MOREIRA, 1989. p. 83-93). Fiel à proposta da presente obra, partiremos de um esquema sobre os pressupostos processuais que consideramos o mais próximo possível do majoritário, para, posteriormente, abordarmos as principais controvérsias.

Os pressupostos processuais são elementos necessários para a existência e validade da relação jurídica processual. Nessa linha, há prestigiosa doutrina que, com toda razão, consigna que somente teríamos pressupostos no que se refere à existência, pois, existindo o processo, não seria correto afirmarmos pressupostos para validade e, sim, requisitos. Pressuposto, por óbvio, é aquilo que temos antes da existência de alguma coisa. Pressupostos de existência são elementos necessários para que o processo exista, porém, a ótica da validade só irá ser analisada se já estiverem presentes os elementos necessários para a existência, ou seja, quando se analisa a validade do processo, ele já existe; portanto, a validade não é pressuposto, pois virá depois. Enfim, tecnicamente, há pressupostos processuais de existência e requisitos processuais de validade (DIDIER JR., 2009. v. 1, p. 216).

É importante visualizar que, embora exista relação jurídica processual, pode ser que a determinado ato processual falte um pressuposto de sua existência, como ocorre com a sentença proferida por um não juiz ou que não possua parte dispositiva. Nesse caso, existiu a relação jurídica processual, porém o ato prolatado não preencheu os requisitos mínimos para sua existência jurídica. Enfim, pode-se falar em pressupostos de existência de cada um dos atos jurídicos processuais que compõem o procedimento, independentemente da existência da relação jurídica processual (DIDIER JR., 2009. v. 1, p. 217). Assim, por exemplo, a competência é requisito de validade do processo ("pressuposto processual" de validade), contudo, a competência para a reconvenção não é "pressuposto processual" de validade, embora seja um requisito de admissibilidade do incidente do processo: a incompetência do juízo para apreciar a reconvenção não impede que ele aprecie a demanda principal (DIDIER JR., 2009. v. 1, p. 217).

6.3.2. Visualização dos pressupostos processuais

Como afirmado, adotaremos uma classificação base, sem a pretensão de trazer uniformidade doutrinária, simplesmente com a proposta de sistematizar e buscar uma melhor didática. Há, ainda, autores que preferem a nomenclatura pressupostos objetivos e subjetivos.

PRESSUPOSTOS PROCESSUAIS DE EXISTÊNCIA	Juiz investido da jurisdição (subjetivo).
	Parte com capacidade de ser parte (subjetivo).
	Demanda (objetivo).

		Juiz imparcial (subjetivo).
REQUISITOS PROCESSUAIS DE VALIDADE	**POSITIVOS**	Juízo competente (subjetivo).
		Demanda regularmente formada (objetivos).
		Partes capazes: a) capacidade de ser parte; (subjetivos) b) estar em juízo; c) postulatória.
	NEGATIVOS (objetivos)	Litispendência, perempção, coisa julgada e convenção de arbitragem; observância do art. 923 do CPC (correspondente ao art. 557 do CPC/2015); observância do art. 11 da Lei 10.257/2001 (Estatuto da Cidade) etc.

6.3.3. Investidura na jurisdição

O primeiro dos pressupostos processuais de existência é haver um juiz investido na jurisdição, o que é aceito, de forma unânime pela doutrina (BUENO, 2008. p. 394-395; CÂMARA, 2008. p. 221-222). Faz-se necessária a existência de um magistrado constitucionalmente investido na função jurisdicional, seja mediante concurso público de provas e títulos ou por indicação do Presidente ou do Governador, no caso de acesso aos Tribunais. Seguindo a linha do adotado por esse curso, é possível existir juiz indicado pelas partes na arbitragem.

Na ausência de tal requisito, teremos, no máximo, um procedimento instaurado para solucionar uma questão administrativa ou um simulacro de decisão judicial, além do magistrado necessitar estar no exercício de suas funções, não podendo estar, por exemplo, afastado ou aposentado.

6.3.4. Partes

Além da investidura, para que a relação jurídica processual exista, basta que alguém postule perante um órgão que esteja investido de jurisdição: a existência de um autor que pratique o ato inaugural com personalidade judiciária; a relação jurídica processual existe sem réu. Contudo, para que tal relação jurídica produza efeitos perante o réu, este deverá ser validamente citado (DIDIER JR., 2009. v. 1, p. 216).

Nesse sentido, pode ser que haja **processo sem réu**, como, por exemplo, na ação de investigação de paternidade *post mortem*, quando o investigado não deixou herdeiros ou bens. Mesmo assim, é possível que o autor deduza seu pedido em juízo, cabendo ao juiz decidi-lo sem proceder a citação de ninguém. O mesmo ocorre nas ações necessárias, quando, por exemplo, os ex-cônjuges propõem uma ação de divórcio (NERY JUNIOR; NERY, 2007. p. 187). Há, ainda, o processo de alvará, no qual não haverá réu, como, por exemplo, no pedido de antecipação terapêutica do parto de feto anencéfalo.

As partes podem ser divididas em principais e auxiliares; principais são autor e réu, já as auxiliares são aquelas que auxiliam as partes principais, como, por exemplo, o assistente. Há, ainda, outra classificação que organiza as partes em **partes da demanda** e **partes do litígio**, sendo as partes da demanda, novamente, autor e réu, e, as do litígio, as que estão se confrontando; estas, no entanto, nem sempre coincidem com as partes da demanda. Por exemplo, quando o MP ajuíza ação de alimentos, a parte da demanda é o MP (autor), mas a parte do litígio é o alimentando.

A **parte ilegítima é igualmente parte**, ou seja, nem toda parte é legítima. A parte ilegítima tanto é parte que pode invocar a sua ilegitimidade. Há, ainda, partes somente em um momento do processo, como o juiz em um incidente de exceção de impedimento ou de suspeição; bem como partes complexas, nomenclatura ofertada ao incapaz representado em juízo.

Observe-se que se exige, como pressuposto processual de existência, parte com **capacidade de ser parte**, ou seja, que tenha aptidão genérica de ser sujeito da relação jurídica material (capacidade de direito), englobando, aqui, os entes despersonalizados.

Não a têm o **morto** e os animais, não se podendo cogitar que alguém tenha meia capacidade de ser parte.

Sobre os **animais**, o ponto vem passando por significativas mudanças, havendo uma tendência a reconhecê-los como um terceiro gênero, pois, do contrário, na forma do art. 70 do CPC/2015, somente haveria capacidade processual para pessoas, o que inviabilizaria o ajuizamento de ações por animais. O art. 2º, § 3º, do Decreto 24.645/1934, que já estaria revogado, mas aplicado pelo STJ[1], daria tal capacidade processual aos animais. O STJ[2] já assegurou o direito a um ex-cônjuge de visitar uma cachorra, após o divórcio, afirmando que *"não se está à frente de uma coisa inanimada"*. Nessa linha, cremos que é possível, em situações muito específicas e excepcionais, se buscar em juízo a tutela de animais, possuindo estes capacidade processual, como em uma obrigação de não fazer para cessar um dano ou uma agressão continuada perpetrada por uma obra, um condomínio, um vizinho ou algo do gênero, posição que tenho que reconhecer como minoritária.

A questão do **nascituro**, em si, já é controvertida, havendo autores que advogam a tese de que o nascituro possuiria personalidade jurídica, todavia, tal entendimento é minoritário (CHINELATO E ALMEIDA, 2000. p. 161-165).

Como o art. 2º do CC/2002 assegura, desde a concepção, os direitos do nascituro, este tem capacidade de ser parte. Assim, pode o nascituro ajuizar a sua demanda, sendo representado pela futura mãe e, com o **nascimento** com vida, o infante fica investido na titularidade da pretensão de direito material,[3] passando, portanto, a ser autor e continuando representado por sua genitora.

No caso de alimentos gravídicos (Lei 11.804/2008), a **mulher gestante** será autora da ação de alimentos, todavia postulando em nome próprio e alheio (do nascituro). Nascendo a criança com vida, a ação converte-se, automaticamente, em uma ação de alimentos, todavia, passando a ser autor a criança (art. 6º, parágrafo único c/c art. 11).

Cumpre ressaltar que, com a Lei 13.363/2016, pelo parto ou pela concessão de adoção, quando a advogada responsável pelo processo constituir a única patrona da causa, ou quando o advogado responsável pelo processo constituir o único patrono da causa e tornar-se pai, o **processo será suspenso,** a contar da data do parto ou da

---

[1] STJ, REsp 1.115.916/MG, 2ª T., rel. Min. Humberto Martins, j. 01.09.2009.

[2] STJ, REsp 1.713.167/SP, 4ª T., rel. Min. Luis Felipe Salomão, por maioria, j. 19.06.2018, *DJe* 09.10.2018.

[3] Afirmando simplesmente que o nascituro possui capacidade de ser parte: NERY JUNIOR, Nelson; NERY, Rosa Maria de Andrade. *Código de Processo Civil comentado e legislação extravagante* cit., p. 190.

PROCESSO CIVIL SISTEMATIZADO – *Haroldo Lourenço*

adoção, não da juntada aos autos da prova do nascimento ou da adoção (art. 313, IX, X e §§ 6º e 7º do CPC/2015), portanto, o ato do juiz será meramente declaratório, devendo, ainda, o cliente deverá ser comunicado e comprovado nos autos.

A mesma lei introduziu o art. 7º-A à Lei 8.906/1994, onde o inciso IV determina ser direito da **advogada** adotante ou que der à luz, **suspensão de prazos processuais** quando for a única patrona da causa, desde que haja notificação por escrito ao cliente.

Perceba-se que o art. 313, IX e X, do CPC estabelece suspensão do processo para o **advogado** e a **advogada**, enquanto o art. 7º-A do EOAB estabelece suspensão dos prazos somente para a **advogada**.

ALTERAÇÕES DA LEI 13.363/2016			
Advogada tornar-se mãe, pelo parto ou pela adoção	Única advogada do processo e com comunicação comprovada ao cliente	Suspensão **do processo** a partir da data do parto ou da adoção	Decisão judicial sempre declaratória (retroativa)
Advogada tornar-se mãe, pelo parto ou pela adoção	Única advogada do processo e com comunicação comprovada ao cliente	Suspensão **dos prazos** a partir da data do parto ou da adoção	Decisão judicial sempre declaratória (retroativa)
Advogado tornar-se pai	Único advogado do processo e com comunicação comprovada ao cliente	Suspensão **do processo** a partir da data do parto ou da adoção	Decisão judicial sempre declaratória (retroativa)

6.3.5. Demanda. Tríplice identidade ou *tria eadem*

Como visto, o ato inaugural para dar início à jurisdição será exercido em concreto mediante a demanda. O direito de ação é abstrato, porém, o seu exercício é em concreto, por meio da demanda.

Toda demanda é constituída por três elementos: **partes, causa de pedir ou pedido** (também denominado objeto). A legislação brasileira, influenciada por Chiovenda, afirma que duas ações ou duas demandas são idênticas se possuírem as mesmas partes (elemento subjetivo), causa de pedir e o mesmo pedido (elementos objetivos). É a denominada teoria da **tríplice identidade ou teoria da *tria eadem*** (CRUZ E TUCCI, 2001. p. 62; CHIOVENDA, 1969. v. 1, p. 354).

A análise do pedido será realizada juntamente com a inicial, posto que é o ato pelo qual o autor exerce o seu direito de ação no aspecto material, o qual será efetivado pelo juiz no caso de procedência em face do réu. Ele declinará todas as consequências decorrentes do direito material e pretendidas pelo autor. Assim, a parte suscita a tutela jurisdicional e esta será prestada pela sentença (ASSIS, 2002. p. 154). O elemento parte foi analisado anteriormente, para o qual remetemos o leitor.

Resta, assim, a análise da causa de pedir, que constitui as razões fáticas e jurídicas que justificam o pedido (MARINONI, 2005. p. 90, solicitando ao Estado a consequência jurídica que pretende, pois são esses fatos que irão determinar a individualização do pedido.

Destarte, a causa de pedir delimita, inclusive, a extensão da coisa julgada, pois é de extrema importância, como o é o pedido. Nesse sentido, todo fato da vida sobre o qual uma hipótese normativa incide se transformará em um fato jurídico. Na feliz expressão de Pontes de Miranda: **a incidência da hipótese normativa colore o fato**. Surgido o fato jurídico, ocorrerá um vínculo entre os sujeitos (a relação jurídica), sobre o qual recairão os direitos e os deveres.

A causa de pedir é formada pelos fatos jurídicos e pela relação jurídica, ou seja, pela afirmação do fato jurídico e do direito que se afirma ter, por exemplo, direito de crédito. O explanado anteriormente pode ser resumido na seguinte sequência lógica:

1º	Ocorre um *fato comum*;
2º	Incidência de uma *hipótese normativa* sobre o *fato comum*, transformando-o em um *fato jurídico*;
3º	Fato comum + Hipótese normativa = Fato jurídico = **CAUSA DE PEDIR PRÓXIMA;**
4º	Surgido o fato jurídico, ocorrerá um vínculo entre os sujeitos, que é a relação jurídica material = **CAUSA DE PEDIR REMOTA.**

Reiteradamente, encontramos a afirmação de que a causa de pedir é formada por fatos e fundamentos jurídicos, sendo os últimos o direito que se afirma ter. Não se pode confundir fundamento jurídico com fundamento legal, eis que esse último é a hipótese de incidência que recai sobre o fato. O art. 3º, I, da Lei 9.868/1999 (ADIn/ADC) exige, por exemplo, a exposição do fundamento legal.

Enfim, não se pode confundir hipótese de incidência, a norma em abstrato, com fundamentos jurídicos, que é o direito que se afirma ter, portanto, em concreto. Algumas hipóteses demonstram bem essa diferenciação:

(i) O acidente de trânsito é o fato, que ganha conotação jurídica com o dano gerado culposamente ao autor, estabelecendo-se, assim, um vínculo de direito entre os sujeitos, em que o causador tem o dever de indenizar. Assim, ocorrerá uma demanda indenizatória;

(ii) Contrato celebrado com vício de consentimento. O contrato celebrado com dolo é um fato, ganhando conotação jurídica pela existência do direito de anulá-lo. Ocorrerá uma ação anulatória;

(iii) Ação de responsabilidade civil subjetiva. O substrato fático que autoriza a incidência do art. 186 do CC/2002 compõe-se de quatro elementos: conduta, culpa, nexo de causalidade e dano, devendo tais fatos serem demonstrados para haver direito à indenização;

(iv) Uma sentença transitada em julgado, proferida por juiz absolutamente incompetente é um fato, sobre o qual incide o vício rescisório, permitindo, assim, o ajuizamento da ação rescisória.

A causa de pedir se divide em **remota e próxima**. Com o perdão do truísmo, causa de pedir próxima é a mais próxima da demanda e a remota é a mais distante. A remota é a celebração do contrato, já a próxima é a sua violação.

PROCESSO CIVIL SISTEMATIZADO – *Haroldo Lourenço*

O CPC exige como requisito da petição inicial a presença da causa de pedir remota e próxima (art. 319, III, do CPC/2015), pois adotou a **teoria da substanciação da causa de pedir** (CÂMARA, p. 224) posto que formada pelas afirmações de fato e de direito, ou seja, da afirmação do fato jurídico e da relação jurídica formada a partir da sua ocorrência. A rigor, exige-se a exposição da causa e do efeito jurídico (ASSIS, 2002. p. 149).[4]

Assim, para que haja coincidência entre causas de pedir, é necessário que o fato jurídico e a relação jurídica a partir dele formada sejam idênticos. A celebração de um contrato é um fato, a existência de dolo nessa celebração dá uma conotação jurídica a tal fato, compondo a causa de pedir remota. Novamente, a celebração do mesmo contrato é um fato, a existência de coação nessa celebração dá uma conotação jurídica a tal fato, compondo, novamente, a causa de pedir remota (o fato jurídico). Em ambos os casos a causa de pedir próxima será o direito de anular o contrato. Nesse sentido, tais causas de pedir remotas são distintas, gerando, portanto, demandas diferentes.

Em contraponto à teoria mencionada, há a **teoria da individualização** da causa de pedir, segundo a qual a causa de pedir é composta somente da afirmação do direito, não tendo relevância o fato. Afirma-se o direito à indenização ou o direito de crédito, por exemplo, não sendo relevante o fato. Nesse sentido, caso tivéssemos adotado tal teoria, a ação anulatória por dolo e a por coação seriam idênticas, eis que ambas buscam o direito de anular.

A causa de pedir remota pode ser dividida em ativa e passiva, uma subdivisão, a rigor, dos fatos. Causa de pedir ativa é o fato gerador do direito, já a passiva é o fato que lhe move a ir a juízo, de onde surge o interesse de agir.

Por fim, restringindo-me aos limites deste trabalho, cumpre registrar que as regras acima delineadas não se aplicam às ações de controle de constitucionalidade, como a ADIn e a ADC, pois o legislador exige a exposição do dispositivo legal que se refere à ação, bem como os fundamentos jurídicos do pedido (arts. 3°, I, e 14, I, da Lei 9.868/1999), algo muito próximo da teoria da individualização, não obstante o STF não ficar adstrito a tais fundamentos, pois a causa de pedir é aberta.[5]

6.3.6. Requisitos processuais de validade positivos e negativos

Como demonstrado no quadro sinótico anterior, os requisitos processuais de validade se dividem em positivos e negativos. Tal classificação baseia-se na presença ou na ausência de tais requisitos. Requisitos processuais positivos são elementos que **devem** estar presentes na relação jurídica processual, do contrário, sua validade estará comprometida. Requisitos processuais negativos são elementos que **não devem** estar na relação jurídica processual, pois, do contrário, a relação jurídica processual estará comprometida, com o perdão do truísmo.

---

[4]   Expressão utilizada por: ASSIS, Araken de. *Cumulação de ações* cit., p. 149.
[5]   ADI 2.728/AM, rel. Maurício Corrêa, *DJ* 20.02.2004.

6.3.7. Competência

Um dos primeiros requisitos processuais de validade é a competência, para qual há doutrina que afirme que sequer pertence a tal rol, eis não estar prevista no art. 485, IV, do CPC/2015, bem como não produzir extinção do processo sem resolução de mérito, como os demais pressupostos. A incompetência, seja absoluta, seja relativa, produz remessa ao juízo competente (art. 64, § 3º, do CPC/2015), sendo tal argumentação suficiente para excluí-la deste rol (CÂMARA, 2008. p. 224). Realmente, o raciocínio é interessante, porém não nos convence, a uma, porque confunde, com a devida *vênia*, causa e efeito. A ocorrência de determinado efeito não desnatura um instituto; é, tão somente, opção legislativa. Nessa linha, basta recordamos que a incompetência pode gerar extinção do processo sem resolução de mérito em diversas hipóteses, como nos juizados (art. 51, III, da Lei 9.099/1995), nas causas internacionais e nos processos da competência originária do STF. Pela mesma trilha, o impedimento é um pressuposto processual e não gera extinção do processo sem resolução de mérito, mas remessa ao substituto legal.

Outros autores afirmam que, não sendo observada uma **competência constitucional,** haveria violação ao princípio do juiz natural, resultando em inexistência da relação jurídica processual (GRINOVER; FERNANDES; GOMES FILHO, 1999. p. 42-50). Como exemplo, tem-se a hipótese de um Tribunal de Justiça julgar um recurso extraordinário ou de um juiz federal julgar uma causa da justiça eleitoral. Nessa linha, a decisão do juiz federal seria tão decisão como a que houvesse sido prolatada por um oficial de justiça. O que façam ou o que realizem fora dos limites constitucionais é, em tudo e por tudo, semelhante à atividade do não juiz, consequentemente, ato inexistente juridicamente, do ponto de vista processual (CALMON DE PASSOS, 1998. v. 3, p. 291). Ousamos, novamente, discordar, pois não é hipótese de falta de jurisdição, mas de competência. A jurisdição é uma (art. 16 do CPC/2015), mesmo que um juízo estadual julgue uma causa da competência da justiça federal, há jurisdição, pois todo magistrado possui jurisdição.

Majoritariamente, a **incompetência absoluta** seria requisito processual de validade, sendo a incompetência relativa mero vício processual, sanável pela omissão da parte contrária em argui-la (NERY JUNIOR; NERY, 2007. p. 503; BUENO, 2009, *1*, p. 413), o que pode ser observado pelo cabimento de ação rescisória somente para a hipótese de incompetência absoluta (art. 966, II, do CPC/2015), o que reflete o maior relevo do tema dado pelo legislador processual.

6.3.8. Juiz imparcial

Como segundo requisito para validade, encontramos a imparcialidade. Como o legislador deu tratamento diferenciado em relação ao impedimento e à suspeição, admitindo ação rescisória somente quanto ao impedimento inclusive, por tal motivo, não há preclusão quanto à sua alegação no decorrer do processo (art. 966, II, CPC/2015), somente o **impedimento** seria um requisito processual de validade (NERY JUNIOR; NERY, 2007. p. 503; ARRUDA ALVIM, 2000. v. 1, p. 520). Há, contudo, quem afirme que a imparcialidade decorre do princípio do juiz natural, sendo, assim, um pressuposto de existência da própria relação jurídica processual (GRINOVER; FERNANDES; GOMES FILHO, 2001. p. 46).

96 | PROCESSO CIVIL SISTEMATIZADO – *Haroldo Lourenço*

6.3.9. Demanda regularmente formada (respeito ao formalismo)

Como terceiro requisito, exige-se a regularidade formal da demanda. A doutrina, nesse ponto, refere-se a algumas formas processuais essenciais, tais como uma petição inicial apta, comunicação dos atos processuais, respeito ao contraditório, obediência ao procedimento etc.

Refere-se, aqui, à totalidade formal do processo, não só à forma ou às formalidades, mas especialmente à delimitação dos poderes, faculdades e deveres processuais, coordenação de sua atividade, ordenação do procedimento e organização do processo.

6.3.10. Citação

Nesse ponto, insere-se a controvérsia quanto à natureza jurídica da citação. Renomada doutrina defende que a citação é pressuposto de existência do processo (NERY JUNIOR; NERY, 2007. p. 502; DESTEFENNI, 2009. v. 1, t. 1, p. 95; ARRUDA ALVIM, 2003. v. 1, p. 549-550; WAMBIER, 1998. p. 39). Há, ainda, alguns precedentes no STJ[6] adotando tal entendimento. Majoritariamente, a citação seria **requisito processual de validade** (DINAMARCO, 2001. v. 2, p. 504; NEVES, 2010. p. 57). Não se pode falar de citação como pressuposto processual de existência, pois há processo antes da citação, apresentando a relação processual uma configuração linear entre autor e juiz, tanto é assim que, para a hipótese de indeferimento da petição (art. 330 do CPC/2015), haverá extinção **do processo**, com ou sem resolução de mérito, de igual modo, em demandas repetitivas, na forma ao art. 332 do CPC/2015, antes da citação do réu, o juiz poderá julgar improcedente a demanda, extinguindo o processo. **Enfim, só se extingue o que já existe**. Assim, é possível que o autor deduza seu pedido em juízo, cabendo ao juiz decidi-lo, sem proceder à citação de ninguém. Enfim, não pode se confundir uma nulidade absoluta, que se decreta a qualquer tempo, como é o caso, com inexistência jurídica.

Por fim, há quem defenda que a citação teria um caráter **dúplice**. É uma condição de eficácia do processo em relação ao réu (art. 312, *in fine*, do CPC/2015), no que toca aos efeitos do art. 240, bem como é requisito de validade dos atos que lhe seguirem (art. 239 do CPC/2015). A sentença prolatada em processo que não houve citação é ato defeituoso, cuja nulidade pode ser declarada a qualquer tempo, mesmo após o prazo da ação rescisória (vício transrescisório) (DIDIER JR., 2009. v. 1, p. 463-464).

6.3.11. Partes capazes. Teoria da tríplice capacidade

O quarto requisito processual positivo é a capacidade, tendo o nosso ordenamento adotado a teoria da tríplice capacidade, dividindo-a, assim, em três tipos: **capacidade de ser parte, capacidade de estar em juízo (legitimidade *ad processum*) e a capacidade postulatória.**

---

6   STJ, 2ª Seção, REsp 1.028.503/MG, rel. Min. Nancy Andrighi, j. 26.10.2010 (informativo 453).

Em geral, estabelece-se um paralelo entre as capacidades processuais e as capacidades de direito material.

Capacidade de ser parte (capacidade de ser autor, réu ou terceiro)	Regra: é um reflexo da capacidade de direito ou da personalidade jurídica
Capacidade de estar em juízo ou legitimidade *ad processum* (estar isoladamente em juízo)	Regra: é um reflexo da capacidade de fato ou de exercício
Capacidade postulatória (postular tecnicamente no Judiciário)	Regra: profissionais do Direito devidamente habilitados

Assim, possuirá capacidade de ser parte quem possuir capacidade de direito, ou seja, personalidade jurídica. A **capacidade de ser parte** é a aptidão para ser titular de uma relação jurídica processual, no mesmo sentido que a **capacidade de direito** é a aptidão genérica para ser titular de direitos e obrigações, ou seja, de uma relação jurídica material. Como em nosso ordenamento a capacidade de direito surge com o nascimento com vida, a partir de então, haverá capacidade de ser parte, ser autor ou réu (GRECO FILHO, 2009. p. 112-113).

Já a **capacidade de estar em juízo**, também chamada de **legitimidade *ad processum***, não pode ser confundida com a capacidade processual, pois, enquanto a capacidade processual é genérica, a capacidade de estar em juízo é específica, para um caso concreto. Ou se tem capacidade processual, ou não se tem; já no que toca à capacidade de estar em juízo, pode-se tê-la para determinado ato e não para outro, geralmente se associando à capacidade de fato ou de exercício.

A capacidade de estar em juízo (*ad processum*) é um reflexo da **capacidade de fato ou de exercício**. Assim, terá capacidade de estar em juízo quem puder praticar todos os atos da vida civil, independentemente de representação ou assistência. Quem tem a plena capacidade civil tem capacidade de estar em juízo (art. 70 do CPC/2015), esta é a regra.

Temos, ainda, a **capacidade postulatória**, segundo a qual, para a prática de alguns atos, exige-se uma capacidade técnica inerente aos profissionais do direito devidamente habilitados. Essa capacidade é peculiar aos advogados, defensores públicos, membros do Ministério Público.

6.3.12. Algumas exceções sobre a capacidade

Como visto, geralmente, as capacidades processuais refletem as capacidades de direito material, porém, há inúmeras exceções.

A lei, por exemplo, atribui capacidade de ser parte a alguns **entes desprovidos de personalidade jurídica**, ou seja, desprovidos de capacidade de direito. Não são pessoas físicas nem jurídicas, mas a lei lhes atribui personalidade judiciária ou, melhor, capacidade judiciária, pois, são entes despersonalizados, como, por exemplo, a massa falida, o espólio, a herança jacente ou vacante, as sociedades sem personalidade, os grupos tribais ou as comunidades indígenas (art. 232 da CR/1988 c/c art. 37 da Lei 6.001/1973) e o condomínio.

98 | PROCESSO CIVIL SISTEMATIZADO – *Haroldo Lourenço*

O **condomínio**, majoritariamente, não tem personalidade jurídica, muito embora muitos entendam o contrário,[7] porém o STJ[8] é refratário a tal entendimento, afirmando que se trata de massa patrimonial, sem aptidão para sofrer dano moral.

Os órgãos independentes ou autônomos, como Câmara de Vereadores (Enunciado 525 da Súmula do STJ), que são titulares de direitos subjetivos e, para o exercício desses direitos, possuem capacidade de ser parte, defendendo suas prerrogativas institucionais.

Há, ainda, os **animais**, que no aspecto jurídico vêm passando por significativas mudanças, havendo uma tendência a reconhecê-los como um terceiro gênero, pois, do contrário, não teriam capacidade processual, inviabilizando o ajuizamento de ações por animais. O art. 2º, § 3º, do Decreto 24.645/1934, que já estaria revogado, mas aplicado pelo STJ[9], daria tal capacidade processual aos animais. O STJ[10] já assegurou o direito a um ex-cônjuge de visitar uma cachorra, após o divórcio, afirmando que *"não se está à frente de uma coisa inanimada"*. Nessa linha, cremos que é possível, em situações muito específicas e excepcionais, se buscar em juízo a tutela de animais, possuindo estes capacidade processual, como em uma obrigação de não fazer para cessar um dano ou uma agressão continuada perpetrada por uma obra, um condomínio, um vizinho ou algo do gênero, muito embora tenha que reconhecer que tal posicionamento é minoritário.

Há, ainda, pessoas capazes (aspecto material) providas de capacidade de direito e de fato, que não têm capacidade de estar em juízo (legitimidade *ad processum*), como as **pessoas casadas**, promovendo demandas reais imobiliárias (art. 73 do CPC/2015) ou, então, o **revel, citado por edital ou por hora certa**, para o qual será necessário um curador especial (art. 72 do CPC/2015).[11]

A lei processual, a rigor, visualiza que tais pessoas, mesmo possuindo total capacidade perante o direito civil, para o processo, são "incapazes" e, por exemplo, buscando igualar o contraditório, exige a nomeação de um curador especial, o qual pode, inclusive, contestar por negativa geral (art. 341, parágrafo único, do CPC/2015).

No Direito Civil a circunstância de não ter capacidade de fato não impede a prática de alguns atos, como, por exemplo, um **relativamente incapaz** para estar em juízo necessita de assistência, porém, pode realizar sozinho um **testamento** (art. 1.860, parágrafo único, do CC) ou outorgar uma **procuração** (art. 666 do CC), dispensando-se representante.

Na mesma linha, **o relativamente incapaz que seja eleitor é parte legítima para propor ação popular**, em decorrência de sua condição política, mesmo sem assistência dos pais ou representantes legais. A legislação processual deu capacidade processual plena, não obstante ser, perante o direito material, relativamente incapaz (DIDIER JR., 2009. v. 1, p. 223; NERY JUNIOR; NERY, 2007. p. 189). Se no plano material aceita-se o voto do menor independentemente de qualquer assistência, não faria

---

[7] Enunciado 90 do CJF: "Deve ser reconhecida personalidade jurídica ao condomínio edilício."

[8] STJ, REsp 1.736.593/SP, 3ª T., rel. Min. Nancy Andrighi, por unanimidade, j. 11.02.2020, *DJe* 13.02.2020.

[9] STJ, REsp 1.115.916/MG, 2ª T., rel. Min. Humberto Martins, j. 01.09.2009.

[10] STJ, REsp 1.713.167/SP, 4ª T., rel. Min. Luis Felipe Salomão, por maioria, j. 19.06.2018, *DJe* 09.10.2018.

[11] Maiores observações serão feitas em tópicos separados.

sentido que, no plano processual, o mesmo menor, para exercitar o mesmo direito, precisasse ver integrada a sua capacidade. Ademais, não é possível descartar que a assistência civil possa, de alguma forma, frustrar ou criar algum tipo de embaraço ao pleno exercício de cidadania do eleitor, ainda que no plano processual (BUENO, 2010. v. 2, t. III, p. 134-135).

Ainda em legitimidade *ad processum*, no que toca às pessoas jurídicas há um vetusto embate doutrinário, no qual, apesar da lei atribuir capacidade de direito, para estarem em juízo necessitam de "**presentação**". As pessoas jurídicas **não** seriam "**representadas**" em juízo, pois agem por meio de seus prepostos. Seria um grave equívoco utilizar a nomenclatura representação, pois as pessoas jurídicas não são processualmente incapazes. O art. 75 do CPC/2015 indica casos de representação (incs. V, VI e VII) e casos de "presentação" (incs. I, II, III, IV, VIII e X). Deve-se atentar para a diferença da representação, pois nessa temos, a rigor, duas pessoas (o representado e o representante), já na "presentação" o que temos é uma **única pessoa**, o preposto, que é um órgão dessa pessoa jurídica (*longa manus*), pois o ato do preposto é um ato da pessoa jurídica (PONTES DE MIRANDA, 1997. t. 1, p. 219-220). **Majoritariamente**, utiliza-se a expressão representação para todos os casos, inclusive para pessoa jurídica (NERY JUNIOR; NERY, 2007. p. 201).

A representação surge para os entes despersonalizados, pois a lei lhes atribui capacidade de ser parte (autor ou réu), necessitando, porém, de representação. A massa falida, por exemplo, será representada em juízo pelo administrador judicial, na forma do art. 22 da Lei 11.101/2005 e do art. 75, V, do CPC/2015, a representação da União, na dicção do art. 131 da CR/1988 é realizada pela Advocacia--Geral da União, na forma do art. 75, I, do CPC/2015). A Câmara de Vereadores será representada pelo seu presidente, a tribo ou grupo tribal, pelo seu cacique, FUNAI ou MP.

O legislador, no art. 75, § 1º, do CPC/2015, exige que nos casos de inventariante dativo, todos os herdeiros e sucessores do falecido serão autores ou réus nas ações em que o espólio for parte. Nesse sentido, a doutrina enfatiza que **qualquer herdeiro pode representar o espólio no polo ativo** e **todos os herdeiros devem ser citados nas demandas propostas contra o espólio, em litisconsórcio necessário (legitimidade plúrima ou complexa)** (DIDIER JR., 2009. v. 1, p. 221). Em sentido diverso, há doutrina que sustenta que o espólio não será parte, somente os herdeiros. Se o espólio for réu, serão citados os herdeiros como litisconsortes necessários, sob pena de ineficácia da sentença, excluindo-se o espólio do polo passivo. Se for autor, deverão os herdeiros comparecer ao polo ativo da demanda como autores, também em litisconsórcio necessário (NERY JUNIOR; NERY, 2007. p. 203).

Enfim, não é pela circunstância de se ter capacidade de fato que sempre se terá legitimidade *ad processum*, como exemplificado.

Por fim, pode a lei processual atribuir capacidade postulatória para quem **não** é profissional do direito. São vários os exemplos, como no

(i) Juizado Especial Cível, em demandas de até 20 s.m. e em primeiro grau de jurisdição (art. 9º, § 1º, c/c art. 41, § 2º, da Lei 9.099/1995);

(ii) nas hipóteses do art. 103 do CPC/2015;

100 | PROCESSO CIVIL SISTEMATIZADO – *Haroldo Lourenço*

(iii) demandas trabalhistas, na forma do Enunciado 425 do TST;[12]

(iv) *habeas corpus*;

(v) revisão criminal (art. 623 do CPP);

(vi) dentre os legitimados para a propositura das ações de controle de constitucionalidade direto, somente precisam de advogado o partido político, a entidade de classe e a confederação sindical.[13]

A atribuição de capacidade postulatória pode ser inicial ou para toda a demanda, como na **ação de alimentos** (art. 2° Lei 5.478/1968) e na **Lei Maria da Penha** (arts. 22/24 da Lei 11.340/2006), em que se atribui capacidade postulatória somente inicial, bem como no exemplo mencionado do **JEC**, em que a capacidade postulatória compreende somente a primeira instância. O **estagiário**, processualmente, é um relativamente incapaz, pois somente pode praticar atos privativos de advocacia em conjunto com um advogado (art. 3°, § 2°, da Lei 8.906/1994). Há, ainda, atos processuais que **não** exigem capacidade postulatória, como o de testemunhar, indicar bens à penhora, realizar pagamento etc.

Cumpre, por fim, ressaltar que a falta de capacidade processual, não gerará extinção imediata do processo, devendo o juiz determinar a retificação, o que pode se dar de ofício (art. 485, IV e § 3°, do CPC/2015, suspendendo o processo, como apregoa o art. 76 do CPC/2015, sejam nas instâncias ordinárias, como nas extraordinárias, estando superado o Enunciado 115 do STJ, como será mais bem abordado adiante.

6.3.13. Ato praticado sem procuração *vs.* sem capacidade postulatória

A doutrina controverte sobre o efeito do ato praticado por **advogado sem procuração** nos autos, eis que para alguns tal ato processual seria **inexistente**, o que era ratificado pelo STJ[14] e pelo art. 37, parágrafo único, do CPC/1973, contudo prevaleceu o entendimento de que tal ato processual é **ineficaz em relação ao cliente**, como se observa do art. 104, § 2°, do CPC/2015 c/c o art. 662 do Código Civil, bastando que o cliente o ratifique para a produção dos regulares efeitos, superando o entendimento do STJ.[15] Há que se ponderar, ainda, que o ato praticado por aquele que **não** tem capacidade postulatória, ou seja, sequer é advogado, é ato **nulo**, nos termos do art. 4° da Lei 8.906/1994.

6.3.14. Curador especial

O art. 72 do CPC/2015 traz previsão do curador especial, também, chamado de **curador à lide ou *ad hoc***, devendo, nesses casos, haver nomeação de **ofício**. Ele

---

[12] Enunciado 425 do TST: O *jus postulandi* das partes, estabelecido no art. 791 da CLT, limita-se às Varas do Trabalho e aos Tribunais Regionais do Trabalho, não alcançando a ação rescisória, a ação cautelar, o mandado de segurança e os recursos de competência do Tribunal Superior do Trabalho.

[13] ADI 127, rel. Celso de Mello, *DJ* 4.12.1992. ADI 96, rel. Celso de Mello, *DJ* 10.11.1989.

[14] Súmula 115 do STJ: "Na instância especial é inexistente recurso interposto por advogado sem procuração nos autos".

[15] Enunciado 83 do FPPC: "Fica superado o enunciado 115 da súmula do STJ após a entrada em vigor do CPC".

é chamado de especial, porque só é nomeado para o **processo**, enquanto durar o processo, ou seja, até seu trânsito. Temos nas hipóteses de sua admissibilidade, uma incapacidade puramente processual, ou seja, cessada a incapacidade processual da parte, o curador sai do processo.

Seus atos são restritos à defesa do curatelado, como contestar, recorrer ou produzir provas, bem como defender o curatelado na execução, como informa o **Enunciado 196 do STJ**,[16] não obstante sua tortuosa redação, transmite a mensagem principal, apesar de não se tratar de legitimidade, mas de representação.[17] Nesse sentido, admitidos embargos do executado, nada mais natural ser admitida a impugnação ao cumprimento de sentença, bem como a exceção de pré-executividade.

A doutrina **não** admite reconvenção (BEDAQUE, 2004. p. 67), pois estaria o curador demandando pelo curatelado, ou seja, não pode suscitar incidentes no processo, bem como confessar ou reconhecer a procedência do pedido, contudo, essa não é a posição do STJ[18]. Não se admite a denunciação da lide, ressalvada a hipótese da evicção (NERY JUNIOR; NERY, 2007. p. 291),[19] permitindo-se, entretanto, o chamamento ao processo.

A curadoria especial será exercida pela Defensoria Pública (art. 4º, XVI, da LC 80/1994 e art. 72, parágrafo único, do CPC/2015), em uma função atípica ou em uma hipossuficiência jurídica. Apesar de regulado em dois incisos, temos **quatro** hipóteses de sua admissibilidade: réu preso revel, réu citado por edital ou por hora certa (citações fictas) que permaneça revel, enquanto não for constituído advogado e, ainda, ao incapaz que não tenha representante, ou os seus interesses colidirem com os do seu representante, enquanto durar a incapacidade.

O CPC cuidou para que a revelia **não** produzisse o efeito material da presunção de veracidade dos fatos articulados na inicial, admitindo que o curador especial apresente contestação por negativa geral, não recaindo sobre o mesmo o ônus da impugnação especificada dos fatos (art. art. 341, parágrafo único).[20] Trata-se, a rigor, de uma técnica para equilibrar direito de ação e de defesa (MARINONI, 1999. p. 248), além do mais, são representantes que assumem suas funções em situação que não lhes permite, no mais das vezes, ter acesso imediato ao réu, de quem poderia extrair as informações indispensáveis para a elaboração de uma defesa específica.

No CPC/1973 havia a menção ao Ministério Público, o que se justificava ao tempo da edição, pois ao referido órgão cabia, em certas situações, a defesa de pessoas em estado de hipossuficiência, atribuição semelhante à que hoje exerce a Defensoria Pública (por exemplo, art. 1.182, § 1º, do CPC/1973 – correspondente ao art. 752, § 1º, do CPC/2015; art. 449 do CC/1916 correspondente ao art. 1.770 do CC/2002, revogado pelo art. 1.072, II, do CPC/2015). O novo perfil constitucional do Ministério Público não é mais compatível com esse tipo de atuação: ao MP cabe a legitimidade

---

[16] Ao executado que, citado por edital ou por hora certa, permanecer revel, será nomeado curador especial, com legitimidade para apresentação de embargos.

[17] Entendendo que a atuação do curador se constitui em uma substituição processual: GRECO, Leonardo. *Teoria da ação no direito processo civil*. São Paulo: Dialética, 2003. p. 41.

[18] STJ, REsp 1.088.068-MG, 4ª T., rel. Min. Antonio Carlos Ferreira, un., j. 29.08.2017, *DJe* 09.10.2017.

[19] Remetemos o leitor para o capítulo sobre denunciação da lide.

[20] Vide capítulo sobre respostas do réu.

102 | PROCESSO CIVIL SISTEMATIZADO – *Haroldo Lourenço*

para a defesa de interesses da coletividade. Se, porém, em alguma situação específica, relacionada a direito individual indisponível de incapaz (a única que se pode cogitar), o Ministério Público promover a defesa do réu, a regra de exceção ao ônus da impugnação especificada poderá incidir, desde que obviamente o Ministério Público não tenha acesso ao representado, situação fática indispensável para essa incidência. Se o Ministério Público for réu (hipótese rara, mas plenamente possível – pense-se na ação rescisória contra sentença proferida em processo promovido pelo Ministério Público: ele será o réu) ou autor (no caso da réplica), terá de observar o ônus da impugnação especificada.[21]

Se a revelia decorreu de citação inválida, a atuação do curador especial **não** tem aptidão de corrigir o defeito, que poderá ser arguido por *querela nullitatis* (arts. 525, § 1º, I, e 535, I, do CPC/2015) (MOREIRA, 2002. p. 291).

Cumpre registrar que o art. 341, parágrafo único, do CPC/2015 afirma que a Defensoria Pública e o curador especial poderão apresentar contestação por negativa geral, o que **não** pode ser aceito, sob pena de **inconstitucionalidade**. Há que se distinguir o atuar da Defensoria, pois estando no seu papel típico, de defesa do hipossuficiente no aspecto econômico, deverá contestar impugnando especificadamente os fatos articulados na petição inicial, pois, do contrário, imaginemos dois hipossuficientes no aspecto econômico, ambos patrocinados pela Defensoria, o autor teria de apresentar uma petição inicial com pedidos certo e determinado (arts. 322 e 324 do CPC/2015), contudo, o outro Defensor poderia contestar por negativa geral, o que feriria o **princípio da isonomia**, eis que teríamos pessoas nas mesmas condições recebendo tratamentos processuais distintos.

Enfim, estando a Defensoria em sua função típica, na assistência do hipossuficiente econômico, deverá contestar especificamente os fatos articulados na petição inicial (art. 341), contudo estando assistido um hipossuficiente no aspecto jurídico, poderá se valer da prerrogativa constante do art. 341, parágrafo único, do CPC/2015.

A intervenção do curador especial **não** exclui a do Ministério Público, como fiscal da ordem jurídica (art. 176 do CPC/2015), **tampouco** a incapacidade material, necessitando, portanto, de assistência ou representação. A sua não nomeação gera nulidade do processo, bem como a não intimação do MP nos feitos em que deva intervir (art. 279 do CPC/2015), todavia, não se pode afastar a instrumentalidade do processo, o princípio do prejuízo,[22] bem como o formalismo valorativo. Enfim, não havendo prejuízo, não se cogita na sanção de nulidade do ato.

A função do curador especial é igualar o contraditório, que se mostra desequilibrado devido à vulnerabilidade em que se encontra a parte, todavia, na hipótese, por exemplo, de réu preso patrocinado por **advogado particular**, cremos ser desnecessária a atuação do curador especial, sob pena de, nessa circunstância, ser gerado um desequilíbrio do contraditório, como se observa do art. 72, II, do CPC/2015 (NERY JUNIOR; NERY, 2007. p. 191). O STJ, por exemplo, acertadamente dispensou

---

[21] Algumas considerações extraídas do Editorial 89 do Professor Fredie Didier Júnior, publicado em seu *site* em 28.04.2010.

[22] Nesse sentido, o STJ afirma que não há nulidade pela não manifestação do MP em feito que atua incapaz, desde que não haja prejuízo: STJ, 2ª T., REsp 818.978/ES, rel. Min. Mauro Campbell Marques, j. 09.08.2011. Precedentes citados do STF: RE 96.899/ES, *DJ* 05.09.1986; RE 91.643/ES, *DJ* 02.05.1980; do STJ: REsp 1.010.521/PE, *DJe* 09.11.2010, e REsp 814.479/RS, *DJe* 14.12.2010.

curador especial para o réu citado por hora certa que, em tempo hábil, regulariza sua representação processual, solicita vista dos autos, mas apresenta contestação por intermédio do seu advogado intempestivamente.[23] Noutro giro, sendo o réu recolhido à prisão no curso do prazo de resposta, deve ser nomeado curador especial ao mesmo.[24] De igual modo, **não** são devidos honorários à Defensoria Pública no exercício da curadoria especial, uma vez que essa função faz parte de suas atribuições institucionais.[25]

6.3.15. Capacidade processual das pessoas casadas. Suprimento judicial

Como já mencionado, com o casamento não se perde a capacidade de direito, tampouco a capacidade de fato, todavia, em certas circunstâncias, **restringe-se a legitimidade *ad processum*** para propositura de algumas demandas. Temos, a rigor, normas processuais previstas no Código Civil, complementando-se com os arts. 73 e 74 do CPC/2015, em típicos exemplos de normas heterotópicas.

Versando o litígio sobre direitos reais imobiliários, será necessário o consentimento do cônjuge (art. 73 do CPC/2015), para uma proteção do patrimônio familiar. Frise--se que o caso é de autorização, não de litisconsórcio, pois não existe litisconsórcio ativo necessário. Nessa hipótese, há um litisconsórcio facultativo ativo no máximo.

Deve-se observar que, na hipótese de casamento sob o regime da **separação absoluta de bens, seja legal ou convencional** (art. 1.647, II, do CC/2002), bem como no regime de **participação final dos aquestos**, existindo cláusula no pacto antenupcial permitindo a alienação sem anuência do outro cônjuge, há dispensa da vênia conjugal (art. 1.656 do CC), não obstante o art. 73 do CPC/2015 somente se referir à primeira hipótese.

Exige-se, para a eficácia da **confissão** de um dos cônjuges, o consentimento do outro (art. 391, parágrafo único, do CPC/2015), bem como recaindo penhora em bens imóveis, será intimado também o cônjuge do executado (art. 842 do CPC/2015), aplicando-se as ressalvas dos arts. 1.647, II, e 1.656 do CC/2002, supraexpostas.

No art. 73, § 1º, do CPC/2015 tem-se um **litisconsórcio passivo necessário** por força de lei. Os incisos I e IV cuidam de demandas reais imobiliárias, já os incisos II e III cuidam de obrigações solidárias entre cônjuges, decorrentes de atos ilícitos, gerando, para a hipótese, uma presunção absoluta, que um cônjuge autorizou o outro a contrair a dívida para o lar.

O art. 73, § 2º, do CPC/2015, trata da capacidade para hipótese de **ações possessórias**, seguindo a mesma orientação, ou seja, para o polo ativo, basta o consentimento, para o polo passivo, um litisconsórcio necessário, todavia, tal exigência só se aplica para as hipóteses de composse (ambos os cônjuges são possuidores) ou por ato por ambos praticados (por exemplo, um esbulho).

---

[23]   Informativo 469: STJ, 3ª T., REsp 1.229.361/SP, rel. Min. Vasco Della Giustina (Desembargador convocado do TJ/RS), j: 12.04.2011.

[24]   STJ, 4ª T., REsp 1.032.722-PR, Rel. Min. Marco Buzzi, julgado em 28/8/2012 (Informativo 503).

[25]   Informativo 469: STJ, 3ª T., REsp 1.203.312/SP, rel. Min. Nancy Andrighi, j. 14.04.2011. Precedente citado: AgRg no REsp 1.176.126/RS, *DJe* 17.05.2010.

PROCESSO CIVIL SISTEMATIZADO – *Haroldo Lourenço*

Não há formalidade legal para a realização da outorga uxória, devendo ser realizada de forma livre (art. 107 c/c 220 do CC), ou seja, exemplificativamente, em documento separado, junto com a propositura da demanda ou com a simples rubrica do cônjuge na petição inicial.

Em todas as hipóteses mencionadas, poderá (i) o cônjuge preterido ingressar no processo e pedir a anulação de todos os atos praticados (ii) ajuizar ação rescisória, na hipótese de já haver trânsito em julgado, na forma do art. 966, V, do CPC/2015 e, ainda, (iii) ajuizar ação de *querela nullitatis insanabillis*, para o reconhecimento de um vício transrescisório da falta de citação na ação real ou possessória.

Na hipótese da existência de **união estável**, como na petição inicial já deverá ser declarada a sua existência ou não (art. 319, II, do CPC/2015), haverá um controle por parte do magistrado, o que não afasta o controle por parte do réu, nos termos do art. 73, § 3º, do CPC/2015, **desde que tal união esteja comprovada nos autos**. Na hipótese de união estável **não** comprovada, tudo será resolvido pela cláusula geral de boa-fé objetiva, prevista no art. 5º do CPC/2015. Cremos que na hipótese de união estável, **não** comprovada nos autos, tudo se resolverá em perdas e danos, eis que, devido à falta de publicidade de tal união, impediria o manejo de rescisória ou *querela*, contudo, estando comprovada nos autos e não sendo observada, podem ser adotadas as três medidas acima listadas.

Por se tratar de um requisito processual de validade, cabe ao magistrado **investigação oficiosa** ao longo de todo o processo (art. 485, § 3º, do CPC/2015). Sucede, entretanto, que o art. 1.649 do CC/2002 afirma que somente o cônjuge preterido tem legitimidade para pleitear a invalidação do ato praticado sem o seu consentimento. Assim, deve o magistrado, de ofício ou a requerimento, determinar ao autor que traga a comprovação do consentimento e, se não a trouxer, valendo-se o juiz do poder geral de cautela de velar pela igualdade processual (art. 139, I, do CPC/2015), deverá determinar que o autor traga a comprovação do consentimento, pois, do contrário, o réu ficaria submetido à situação bastante desigual, uma vez que sua vitória ficaria condicionada ao silêncio do cônjuge preterido.

Intimado, o cônjuge preterido poderá: (i) ficar inerte, presumindo-se o consentimento; (ii) expressamente aprovar os atos praticados; (iii) negar o consentimento, devendo o magistrado não admitir o procedimento, por incapacidade processual (falta de requisito processual de validade) (DIDIER JR., 2009. v. 1, p. 235).

O consentimento poderá ser suprido pelo juiz, se a recusa for impossível ou não for justa (art. 74 do CPC/2015 e art. 1.648 do CC). A única impossibilidade que se pode definir é a **objetiva**, como doença, incapacidade temporária ou permanente; já a impossibilidade **subjetiva**, deverá ser avaliada judicialmente. Nesse caso, será admissível a **ação de suprimento de vontade**, um procedimento de jurisdição voluntária, ajuizado antes da ação "principal"; todavia, em caso de urgência, é possível o ajuizamento sem o consentimento, pedindo, por exemplo, uma antecipação de tutela.

6.4. REQUISITOS PROCESSUAIS NEGATIVOS

Trata-se, a rigor, de requisitos processuais que **não** podem ocorrer para que o procedimento se instaure validamente. Em princípio, são vícios insanáveis e, por con-

Cap. 6 · DO PROCESSO | 105

seguinte, levarão à extinção do processo sem resolução de mérito, salvo se disserem respeito a apenas parcela da demanda, como na litispendência parcial (observações sobre tal instituto logo abaixo), hipótese em que haverá inadmissão parcial da causa, sem a extinção do processo, que prosseguirá em relação à parcela restante.

6.4.1. Litispendência e coisa julgada. Litispendência parcial *vs.* continência

Geralmente, são incluídas no rol dos requisitos negativos a **litispendência, a perempção e a coisa julgada**.

Litispendência e coisa julgada são espécies pertencentes ao gênero identidade de demandas (art. 337, §§ 1º a 4º, do CPC/2015). Havendo coincidência total entre os elementos que formam toda a demanda (partes, causa de pedir e pedido ou objeto) haverá identidade de demandas. Havendo, contudo, variação de algum ou alguns desses elementos, poderá ocorrer outro fenômeno jurídico, denominado semelhança entre demandas que também possui duas espécies: conexão e continência (arts. 55, *caput*, e 56 do CPC/2015).

Essa análise preliminar de tais institutos é relevante para a determinação dos efeitos.

Havendo identidade total haverá, inexoravelmente, **extinção sem resolução de mérito** de uma das demandas (art. 485, V, do CPC/2015). Havendo semelhança e, ainda, existindo risco de decisões conflitantes, haverá **reunião** das demandas para julgamento conjunto (arts. 57 e 58 do CPC/2015).

Enfim, havendo identidade total (litispendência ou coisa julgada), haverá um pressuposto processual negativo, posto que a ou as demandas subsequentes, idênticas à primeira, não poderão validamente se desenvolver.

Identificada a identidade, cumpre investigar se há litispendência ou coisa julgada. Há litispendência, quando se repete uma demanda, que está em curso, ou seja, mesmo que já tenha sido julgada, ainda está pendente de decisão definitiva. Enfim, ainda cabe recurso. Há coisa julgada, quando se repete demanda que já foi decidida, não se admitindo nenhum recurso.

Cumpre, nesse ponto, abordarmos um tema para o qual a doutrina não concentra muitas energias: a distinção entre **litispendência parcial e continência**. Imaginemos a seguinte hipótese: há uma demanda com 2 pedidos (X e Y) e outra com 3 pedidos (X, Y e Z). O que existe entre tais demandas, litispendência parcial ou continência? Parcela da doutrina sustenta haver entre tais demandas **continência**, posto que a segunda demanda estaria englobando a primeira (CARLYLE SILVA, 2007, p. 80-81), com o qual não concordamos. Há, na verdade, **litispendência parcial**, pois não há pedidos diversos, tampouco um não contém o outro. Para a configuração da continência, faz-se necessária a relação conteúdo-continente. A litispendência parcial verifica-se sempre que houver identidade de partes, causa de pedir e a repetição de pedido já formulado cumulado com novos pedidos. Como se pode notar, diferente da continência, a consequência da litispendência parcial é a diminuição objetiva do processo.

Por fim, cumpre lembrar que **não** existe litispendência internacional, na forma do art. 90 do CPC (correspondente ao art. 24, *caput*, 1ª parte, do CPC/2015).

106 | PROCESSO CIVIL SISTEMATIZADO – *Haroldo Lourenço*

Havendo a pendência de dois processos completamente idênticos, tramitando em nações estrangeiras, nada ocorrerá com o processo que tramita no Brasil, contudo havendo coisa julgada no Brasil e coisa julgada, sobre a mesma demanda, em nação estrangeira, simplesmente o STJ não homologará tal sentença.

Observe-se que o fato de já existir processo de homologação de sentença estrangeira tramitando no STJ **não** constitui óbice ao ajuizamento e trâmite de tal demanda no juízo competente. Uma demanda não gera, sequer, suspensão da outra.[26]

6.4.2. Perempção

Um terceiro requisito processual negativo é a perempção que, a rigor, é uma sanção ao autor desidioso ou contumaz. Na forma do art. 486, § 3º, do CPC/2015, proposta três vezes a mesma demanda e nas três oportunidades ocorrendo a extinção do processo por abandono do autor (art. 485, III, do CPC/2015), haverá perempção.

Observe-se que a extinção deve ser por abandono do autor, bem como em todas as extinções deve ser observada a exigência do **art. 485, § 1º, do CPC/2015**.

Não é demais enfatizar que tal instituto não pode ser confundido com o de mesmo nome existente do processo penal (art. 60 do CPP), tampouco com prescrição ou preempção (sinônimo de preferência ou prelação), institutos inerentes ao direito civil.

Nesse sentido, ajuizada a quarta ou demais demandas, idênticas às anteriores extintas sem resolução de mérito por abandono do autor, haverá perempção, produzindo extinção sem resolução de mérito, portanto, um requisito negativo.

Observe-se que basta a ocorrência de três decisões que reconheçam o abandono por parte do autor – não há necessidade de declaração judicial expressa, pois a perempção é um **efeito secundário ou anexo da decisão judicial** (DIDIER JR., 2015. v. 2, p. 296).

Por fim, a perempção é instituto totalmente processual, **não** afetando o direito material, como deixa claro o art. 486, § 3º, do CPC/2015, podendo ser exercido em defesa.

Vejamos um exemplo: "A" propôs ação de cobrança de R$ 500,00 contra "B", porém deu causa à perempção. Em outra oportunidade, "B" demanda em face de "A" cobrando outra dívida de R$ 300,00. Nesse sentido, "A" poderá se defender alegando que também é credor, requerendo a compensação dos créditos (art. 368 do CC/2002). Observe-se que, por óbvio, deverão ser observados os requisitos da compensação (art. 369 do CC/2002), bem como não ter ocorrido prescrição.

O CPC admite utilizar-se do direito material em defesa, portanto, ainda que haja crédito remanescente, como no exemplo (500,00 – R$ 300,00 = R$ 200,00), **não** poderá ser utilizada a reconvenção. O valor remanescente somente poderá ser utilizado em defesa, em outra demanda de "B" contra "A".

Por fim, cumpre registrar que a perempção em sede de **mandado de segurança** tem características diferentes, como se constata do art. 8.º da Lei 12.016/2009.

---

[26] Informativo 463: STJ, AgRg na SEC 854/EX, rel. originário Min. Luiz Fux, rel. para acórdão Min. Nancy Andrighi, j. 16.02.2011. Informativo 468, Corte Especial, SEC 3.932/GB, rel. Min. Felix Fischer, j. 06.04.2011.

6.4.3. Convenção de arbitragem

Nesse ponto, remetemos o leitor ao capítulo sobre jurisdição, no qual foram feitos inúmeros comentários sobre arbitragem, principalmente sobre as controvérsias existentes, inclusive sobre sua natureza jurídica. Nesse capítulo, concentraremos a análise do tema sob a ótica do processo. Majoritariamente, a arbitragem é um **requisito processual de validade negativo**, pois a existência de uma convenção de arbitragem impede a análise de tal demanda perante o Poder Judiciário, na forma do art. 485, VII, do CPC/2015, há, contudo, renomada doutrina que afirma que a convenção de arbitragem não é pressuposto processual porque é matéria de direito dispositivo que, para ser examinada, necessita de iniciativa do réu. Se o réu não a alegar, o processo segue e vai ser julgado normalmente pela jurisdição estatal, em procedimento regular (DIDIER JR., 2015. v. 2, p. 503).

6.4.4. Outros requisitos negativos

Há, ainda, outros requisitos negativos. Vejamos alguns:

(i) O art. 557 do CPC/2015 veda, na pendência de ação possessória, a propositura de ação petitória;[27]

(ii) O art. 11 da Lei 10.257/2001 afirma gerar suspensão de qualquer ação petitória ou possessória na pendência de ação de usucapião especial urbana;

(iii) A existência de coisa julgada material quanto ao processo de homologação de sentença estrangeira perante o STJ;

(iv) A falta de caução ou de outra prestação, que a lei exige como preliminar, como nas hipóteses do art. 520, IV, do CPC/2015, art. 300, § 1º, do CPC/2015, art. 678 do CPC/2015 e art. 715 do CPC/2015) (BUENO, 2009. v. 1, p. 425);

(v) O prazo mínimo de três anos da vigência do contrato de locação para as ações que visem à revisão de aluguel (art. 19 da Lei 8.245/1991).

---

[27] Para CÂMARA (p. 120), seria um caso de impossibilidade jurídica.

7

COMPETÊNCIA

7.1. CONCEITO. PRINCÍPIO DA TIPICIDADE, INDISPONIBILIDADE E COMPETÊNCIA IMPLÍCITA

Como já exposto, o poder é uno (art. 1º, parágrafo único, CR/1988), dividindo-se nas funções jurisdicional, legislativa e administrativa (art. 2º, CR/1988). Assim, a jurisdição, como reflexo da manifestação de uma função do Estado, é indivisível e todo magistrado, regularmente investido na função jurisdicional, possui jurisdição em todo o território nacional (art. 16 do CPC/2015), entretanto, nem sempre possuirá competência.

Assim, a propalada definição de competência como *"medida da jurisdição"* (LIEBMAN, 1986. v. 1, p. 44) deve ser analisada com cuidado. A competência é, a rigor, uma especialização de setores da jurisdição (DIDIER JR., 2009. v. 1, p. 106), mediante um conjunto de regras para melhor servir o jurisdicionado, organizando a atividade jurisdicional. É uma *"divisão de trabalho"* em genial expressão doutrinária (CÂMARA, 2008. v. 1, p. 91). Competência é o âmbito, o espaço, dentro do qual o juiz pode, validamente, exercer a jurisdição. É o limite dentro do qual o órgão judiciário exerce legitimamente a jurisdição, de acordo com a Constituição, com as leis processuais, de organização judiciária ou, até mesmo, por regimentos internos dos Tribunais.

Desse conceito, podemos extrair, como decorrentes do princípio do juiz natural, o **princípio da tipicidade e da indisponibilidade das competências**.

De acordo com o **princípio da tipicidade,** a competência não se presume, pois é estabelecida, em regra, previamente pelo legislador, todavia, como o legislador não tem como prever todas as hipóteses, complementando o mencionado princípio, temos a **teoria da competência implícita** (*impleid power*), em que a atribuição de uma competência acaba, implicitamente, contendo a outra, evitando-se um vácuo de competência. Vejamos melhor.

O art. 102, I, "m", da CR/1988 estabelece que o STF pode delegar atribuição para a prática de atos processuais (princípio da tipicidade das competências), por outro lado, não encontramos essa mesma previsão no art. 105, o qual disciplina a competência do STJ, todavia, pela teoria das competências implícitas,[1] não existiria motivo para não se admitir essa delegação pelo STJ.[2]

---

[1] Remetemos o leitor para o capítulo competência na execução.
[2] O STJ já admitiu ser possível tal delegação: AR 974/RN, 3ª Seção, j. 12.09.2001.

Não há regra constitucional que preveja como competência do STF ou do STJ o julgamento de embargos de declaração interpostos contra as suas decisões, embora seja inegável que a atribuição de competência para julgar determinadas demandas embute, implicitamente, a de julgar esse recurso (DIDIER JR., 2009. v. 1, p. 103).

Agregado ao princípio da tipicidade, observa-se o **princípio da indisponibilidade da competência,**[3] segundo o qual, os órgãos não podem afastar as regras de competência para não julgarem determinado caso, bem como não podem julgar uma hipótese para a qual não tenham competência.

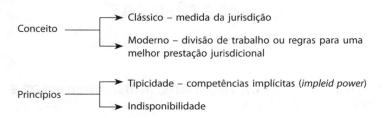

7.2. NATUREZA JURÍDICA

A natureza jurídica da competência é controvertida, contudo, majoritariamente, é tratada como um requisito processual de validade.[4]

Ocorre, contudo, que, pelo art. 485, IV, do CPC/2015, a falta de um requisito processual de validade conduz a uma extinção do processo sem resolução de mérito. Todavia, tal ilação, tratando-se de competência, não é verdadeira à luz do CPC, eis que, como apregoa o art. 64, §§ 2º e 3º, do CPC, não teremos extinção do processo, mas sua remessa ao juízo competente, de forma a sanar o vício.

A falta de competência somente ocasionará a extinção do processo sem resolução de mérito nas seguintes hipóteses:

(i) no Juizado Especial Cível (art. 51, III, da Lei 9.099/1995);

(ii) nas ações da competência originárias do STF;

(iii) nas hipóteses de competência internacional, por força do **princípio da unilateralidade;**[5]

---

[3] O princípio da tipicidade da competência, bem como da indisponibilidade, já foram, pelo STJ (REsp 28.848/SP), ditos como acolhidos pelo texto CR/1988.

[4] Cumpre registrar a divergência doutrinária sobre o tema, remetendo o leitor para o capítulo dos pressupostos processuais.

[5] Por força do princípio da unilateralidade, a norma delimitadora da jurisdição estadual que afirma ou afasta a competência internacional do Estado, não se concede o poder de atribuir competência internacional a outro Estado. Assim, não enquadrada uma demanda em alguma hipótese de competência internacional, fica excluída a possibilidade de essa mesma hipótese servir para que se remeta o julgamento de outro Estado, sob pena de ofensa à soberania estrangeira. *Curso de direito processual civil* cit., 11. ed., v. 1, p. 115-116.

Cap. 7 · COMPETÊNCIA | 111

(iv) na ação rescisória, como reiteradamente decidido pelo STJ,[6] não obstante não concordarmos com tal entendimento.

7.3. MOMENTO DE FIXAÇÃO. *PERPETUATIO JURISDICTIONIS*

As regras de competência são fixadas pela lei, portanto, em abstrato, tornando-se necessário o estabelecimento de um marco, um referencial concreto para que apliquemos essas regras.

O art. 43 do CPC/2015 estabelece que, no momento do **registro ou distribuição da petição inicial** devem ser observadas as normas de competência, sendo irrelevantes as alterações no estado de fato ou de direito ocorridas posteriormente, sendo considerada proposta desde o protocolo (art. 312 do CPC/2015), consagrando o **princípio da perpetuação da jurisdição (***perpetuatio jurisdictionis***)**. Por esse princípio, fixada a competência, a jurisdição se estabiliza[7] e se perpetua, sendo irrelevante o que ocorrer posteriormente. A rigor, a perpetuação da jurisdição não é mais do que um desdobramento do princípio do juiz natural e é salutar porque vincula o juízo à causa que foi legitimamente proposta.

Afirma o legislador que é irrelevante qualquer alteração no estado de fato ou de direito. Há alteração de fato na hipótese, por exemplo, de mudança do domicílio do réu, há alteração de direito quando, por exemplo, se reduz a competência do órgão jurisdicional no que toca ao valor.

Nessa linha, por exemplo, ajuizada uma ação no domicílio do réu, portanto, no juízo competente (art. 46 do CPC/2015), se, no dia seguinte ao ajuizamento da demanda o réu mudou de endereço, caso seja alegada incompetência territorial, esta deve ser rejeitada, eis que a demanda foi ajuizada no domicílio do réu no momento da distribuição, portanto, irrelevante a modificação ocorrida posteriormente.[8] Assim, se ajuizada uma demanda por um procedimento limitado a sessenta salários mínimos e, posteriormente, ocorrer uma alteração legislativa reduzindo-o para 20 salários mínimos, mesmo assim, a causa continuará pelo procedimento originariamente escolhido, pois se trata de alteração de direito.

Há, contudo, casos em que a *perpetuatio jurisdictionis* é excepcionada:

(i) Com a supressão do órgão jurisdicional originalmente competente;

(ii) Se houver alteração, depois da propositura, de alguma competência absoluta (art. 62 CPC/2015);[9]

---

[6] STJ, 1ª Seção, AR 3.925/RN, rel. Min. Benedito Gonçalves, j. 11.02.2009, remetemos o leitor para o capítulo sobre ação rescisória.

[7] A estabilização da demanda ocorre de maneira gradual, o dispositivo em comento, interpretado com alguns outros complementam essa ideia. Confira-se: art. 109 do CPC; arts. 109, § 1º, do CPC; 329 do CPC; art. 485, § 4º, do CPC, entre outros.

[8] Nesse sentido o Enunciado 58 do STJ: "Proposta a execução fiscal, a posterior mudança de domicílio do executado não desloca a competência já fixada".

[9] Nesse sentido: NERY JUNIOR, Nelson; NERY, Rosa Maria de Andrade. *Código de Processo Civil comentado e legislação extravagante*. 10. ed. rev., ampl. e atual. São Paulo: RT, 2007. p. 323, nota 4; DIDIER JR., Fredie. *Curso de direito processual civil* cit., 11. ed., v. 1, p. 108. Nesse sentido: "Aplicável, *in casu*, o princípio da perpetuação da jurisdição (*perpetuatio jurisdictionis*), consignado no art. 87

112 | PROCESSO CIVIL SISTEMATIZADO – Haroldo Lourenço

Na hipótese de **desmembramento da comarca**, só haverá modificação da competência se alterar competência absoluta ou territorial-funcional. Nesse sentido, já decidiu o STJ que em ação reivindicatória, com a instalação de nova comarca, em cujo território se situa o imóvel, deverá ser modificada a competência.[10] Outro caso, nos termos da **Súmula 150 STJ**, tramitando o processo na estadual, com o ingresso de um ente federal compete à Justiça Federal decidir sobre a existência de interesse jurídico que justifique sua presença, justamente por ocorrer uma modificação de direito, ou seja, competência absoluta em razão da pessoa.

Além do mais, nem sempre a alteração superveniente da competência absoluta gera deslocamento do feito para o novo órgão competente, como na hipótese de **já ter sido prolatada sentença**, como informa a jurisprudência.[11]

(iii) Nos casos do art. 516, parágrafo único, do CPC/2015, o qual é objeto de inúmeras controvérsias, que serão abordadas quando da análise da competência executiva, para a qual remetemos o leitor. Majoritariamente, a doutrina afirma que o mencionado dispositivo consagrou mais uma exceção à *perpetuatio jurisdictionis*, pois a mudança de endereço do executado passa a ter relevância para a competência, sendo admissível ao exequente optar por promover o cumprimento de sentença no atual domicílio do executado (NEVES, 2006. p. 277-278; HARTMANN, 2010. p. 15).

7.4. CLASSIFICAÇÃO: ABSOLUTA E RELATIVA

A classificação da competência, como cediço, separa-se no regime jurídico **absoluto** e **relativo**. Assim, quando violada uma regra de competência absoluta, é ferido o interesse público, portanto, não se admite, *a priori*, alteração por vontade das partes, devendo ser conhecida *ex officio* pelo juiz, enquanto o processo estiver pendente, não havendo preclusão. Nesse sentido, por exemplo, é **inadmissível** negócio processual sobre norma de competência absoluta (Enunciado 37 ENFAM).

Ocorre, porém, que o **art. 516, parágrafo único, do CPC/2015**, admite a modificação da competência firmada na fase de conhecimento, criando uma exceção à regra de que a incompetência absoluta não pode ser modificada por vontade das partes, pois tal hipótese seria um critério funcional que permite modificação pelo exequente (CÂMARA, 2003. v. 2, p. 151; MARINONI; ARENHART, 2006. v. 3, p. 39), entendimento em relação ao qual guardamos reservas.

---

do CPC, consoante o qual a competência processual, restando cristalizada quando do ajuizamento da demanda, não admite modificação, salvo hipóteses excepcionalmente previstas em lei, no geral referentes à competência absoluta, é dizer, determinada em razão da matéria, da pessoa ou da hierarquia funcional" (CC 37.401/SP, rel. Min. Jorge Scartezzini, *DJ* 20.06.2005).

[10]   REsp 156.898/PR, rel. Min. Ruy Rosado de Aguiar, *DJ* 16.11.1998.

[11]   Súmula Vinculante 22: "A justiça do trabalho é competente para processar e julgar as ações de indenização por danos morais e patrimoniais decorrentes de acidente de trabalho propostas por empregado contra empregador, inclusive aquelas que ainda não possuíam sentença de mérito em primeiro grau quando da promulgação da Emenda Constitucional n. 45/04". Súmula 367 do STJ: "A competência estabelecida pela EC n. 45/2004 não alcança os processos já sentenciados."

Na **tutela coletiva**,[12] a competência é absoluta (territorial-funcional), porém comporta modificação, como se observa no art. 2º, *caput* e parágrafo único, da Lei 7.347/1985 (ação civil pública).

No que toca à alegação de incompetência absoluta, vigora a **liberdade das formas** (art. 188, primeira parte, do CPC/2015), devendo ser feita na **primeira oportunidade** que tiverem as partes para falar nos autos, ou no prazo de resposta, em **preliminar na contestação** (arts. 337, II, e 64, § 1º, do CPC/2015), todavia, não sendo trazida tal alegação na primeira oportunidade ou no prazo de resposta, a parte responderá integralmente pelas custas, mesmo não tendo sucumbido na causa (arts. 84, 85, *caput* e §§ 2º, 8º e 9º, do CPC/2015).

Não sendo trazida nas oportunidades acima, em fase de execução pode ser alegada por **exceção de pré-executividade** (objeção de não executividade) ou, também, por mera **petição**. Já existindo decisão de mérito, poderá, ainda, ser suscitada em **ação rescisória** (art. 966, II, do CPC/2015).

Com o reconhecimento da incompetência, seja absoluta ou relativa, os autos serão **remetidos ao juízo competente** (art. 64, § 3º, do CPC/2015),[13] conservando a eficácia dos atos processuais praticados pelo juízo incompetente até que outra seja proferida pelo juiz competente (§ 4º), o que é confirmado pelo Enunciado 238 do FPPC.[14]

Já as regras de competência relativa são criadas visando o **interesse privado**, podendo, assim, ser modificadas de quatro formas: **conexão, continência, vontade ou inércia**.

Em regra, o juiz **não** pode conhecer a incompetência relativa sem provocação das partes (Enunciado 33 da Súmula do STJ[15]), todavia o art. 63, § 3º, do CPC/2015 permite que o magistrado repute de **ofício ineficaz** a cláusula de eleição de foro se abusiva (em qualquer espécie contratual), desde que o faça antes da citação, determinando a remessa dos autos ao juízo do foro do domicílio do réu. Perceba-se que se trata de competência relativa que o magistrado pode agir de ofício, mas **não a qualquer tempo**, criando-se uma **preclusão** para o magistrado. Havida a preclusão, essa somente se produzirá para o magistrado, não para o réu, que poderá suscitar tal abusividade na contestação (§ 4º).

No procedimento dos **Juizados Especiais Cíveis**, admite-se o reconhecimento de ofício da incompetência territorial.[16]

Interessante notar que, com o CPC/2015, **tanto a incompetência relativa quanto a absoluta passaram a ser arguidas em preliminar de contestação** (art. 337, II, c/c o art. 65 do CPC/2015). O art. 65, parágrafo único, do CPC/2015 afirma que o **MP** poderá suscitar a incompetência **relativa**,[17] nos feitos em que atuar. Cremos

---

12   Maiores considerações vide capítulo sobre tutela coletiva.

13   Como visto no JEC, STF, rescisória e de competência internacional não teremos a remessa do feito ao juízo competente, mas sim extinção do processo sem resolução de mérito.

14   O aproveitamento dos efeitos de decisão proferida por juízo incompetente aplica-se tanto à competência absoluta quanto à relativa.

15   A incompetência relativa não pode ser declarada de ofício.

16   Nesse sentido: Enunciado 89 do FONAJE: A incompetência territorial pode ser reconhecida de ofício no sistema dos juizados especiais cíveis. Para maiores considerações *vide* capítulo específico.

17   STJ, REsp 223.142/MG, 1ª T., rel. Min. Garcia Vieira, j. 21.09.1999. STJ, REsp 630.968/DF, 3ª T., rel. Min. Humberto Gomes de Barros, j. 20.03.2007, *DJ* 14.05.2007, p. 280. Em sentido contrário: NERY

114 | PROCESSO CIVIL SISTEMATIZADO – *Haroldo Lourenço*

que a interpretação não pode ser literal e restritiva, sendo cabível pelo MP suscitar a incompetência **absoluta**.

A alegação pelo **réu** de incompetência relativa ou absoluta pode ser feita no seu **domicílio** por meio da contestação, não precisando se deslocar, fisicamente, para o juízo incompetente onde a demanda foi proposta (art. 340 do CPC/2015)[18], sendo submetida à **livre distribuição ou na própria carta precatória** e, sendo reconhecida a competência do foro indicado pelo réu, haverá **prevenção**.

Por fim, devemos frisar que o juízo sempre tem competência para analisar a sua própria competência, de acordo com o **princípio da competência sobre a competência** (chamado, pelos alemães, de *Kompetenz-Kompetenz*), todo juiz tem competência para apreciar sua competência para examinar determinada causa. Trata-se de decorrência inevitável da cláusula que outorga ao magistrado da causa o poder de verificar a satisfação dos pressupostos processuais (art. 485, § 3º, do CPC/2015 e art. 8º, parágrafo único, da Lei 9.307/1996. Se a competência é um destes pressupostos, é natural que o juiz da causa tenha o poder de decidir (ao menos em primeira análise) sobre sua competência. Dessa forma, as questões relativas à competência do órgão jurisdicional para apreciar certa questão devem ser levadas a ele diretamente, competindo-lhe avaliar, em primeiro plano, a arguição promovida (MARINONI, 2011. p. 48).

Vejamos um quadro sinótico sobre o tema:

ABSOLUTA	RELATIVA
Reflete interesse público, sendo, ainda, um pressuposto processual de validade.	Reflete interesse privado.
Não pode, em regra, ser modificada.	Modifica-se por: conexão, continência, vontade e inércia.
Critérios: pessoa, matéria e função (art. 62 do CPC/2015); além do art. 47, § 1º, parte final, do CPC/2015; valor (nos Juizados Federais e Fazendários); na tutela coletiva; dos foros regionais; idoso (art. 80 da Lei 10.741/2003) e criança e adolescente (art. 209 da Lei 8.069/1990).	Critérios: territorial e valor da causa (art. 63 do CPC/2015).
Pode ser alegada em qualquer tempo, em qualquer grau de jurisdição, pode ser conhecida de ofício (art. 64, § 1º, do CPC).	Só pode ser alegada pelo réu, não podendo o juiz conhecer de ofício (Súmula 33 do STJ), salvo a cláusula de foro de eleição se o magistrado reputá-la abusiva (art. 63, § 3º, do CPC/2015) ou no Juizado Especial Cível.
Arguida por meio de preliminar de contestação (art. 337, II, do CPC/2015).	Arguida por meio de preliminar de contestação (art. 337, II, do CPC/2015).
Pode ser alegada em rescisória (art. 966, II, do CPC/2015).	Não alegada no prazo de resposta, prorroga-se a competência.
Todos os atos são válidos (art. 64, § 4º, do CPC/2015).	Todos os atos são válidos (art. 64, § 4º, do CPC/2015).
Remessa ao juízo competente (art. 64, § 3º, do CPC/2015).	Remessa ao juízo competente (art. 64, § 3º, do CPC/2015).

JUNIOR, Nelson; NERY, Rosa Maria de Andrade. *Código de Processo Civil comentado e legislação extravagante* cit., p. 370.

[18] O artigo é mais bem analisado no capítulo de contestação, no tema preliminares.

Cap. 7 · COMPETÊNCIA | 115

7.5. DECISÃO DE INCOMPETÊNCIA. RECORRIBILIDADE. *TRANSLATIO IUDICII*

Inova o CPC/15 ao afirmar que, após manifestação da parte contrária, o juiz decidirá imediatamente a alegação de incompetência (art. 337, II c/c art. 65) e, sendo acolhida, os autos serão **remetidos** ao juízo competente e, **não** havendo decisão judicial em sentido contrário, as decisões proferidas pelo juízo incompetente **conservar-se-ão seus efeitos** até que outra seja proferida (art. 64, §§ 2º a 4º). É a lógica do aproveitamento dos atos processuais (Enunciado 238 FPPC).

Alguns pontos merecem destaque.

(i)   Alegada a incompetência, o **contraditório** da parte contrária é imprescindível, bem como sendo incompetência absoluta e, portanto, possível seu reconhecimento de ofício, o contraditório prévio das partes é imprescindível, na forma do art. 10 CPC;

(ii) Tanto a incompetência absoluta, quanto a relativa, ocasionaram a **remessa** do processo ao juízo competente, não a extinção do feito, como ocorre nos art. 51, III, Lei 9.099/95 (juizados) e arts. 21 a 23 CPC (competência internacional);

(iii) A decisão que reconhece a incompetência não está em nenhum dos incisos do art. 1.015, portanto, em tese, não admite agravo de instrumento, contudo, há forte doutrina que, com fundamento no inciso III, onde há a interlocutória de convenção de arbitragem, se estaria discutindo sobre competência no Judiciário e da Arbitragem, portanto, qualquer decisão interlocutória sobre competência jurisdicional admitiria agravo de instrumento, tendo o STJ se posicionado nesse sentido[19]. Esse, contudo, não é o entendimento majoritário em doutrina. Há, ainda, outra perplexidade. Na ação rescisória é possível se ter uma decisão sobre competência, remetendo a demanda a outro tribunal, porém, tal decisão será recorrível por agravo interno, nos termos do art. 968 § 6º CPC[20];

(iv) Por fim, o art. 64, § 4º, consagra a denominada *translatio iudicii* que, a grosso modo, nada mais seria do que trasladar para outro processo a relação jurídico processual que era travada em outro foro, uma transferência de juízo, conservando os efeitos totais da relação jurídica processual anterior, aproveitando todos os atos processual, mesmo na hipótese de uma incompetência absoluta, o que deve ser prestigiado.

7.6. CAUSAS DE MODIFICAÇÃO DA COMPETÊNCIA

Como visto anteriormente, a competência relativa comporta modificação por disposição legal, como na conexão e na continência, ou pela manifestação das partes, de maneira expressa (cláusula de foro de eleição) ou de maneira tácita (prorrogação).

---

[19]   STJ, 3ª T., REsp 1.679.909-RS, Rel. Min. Luis Felipe Salomão, por unanimidade, julgado em 14/11/2017, DJe 01/02/2018.

[20]   Remetemos o leitor para o capítulo dos agravos, especialmente o agravo de instrumento.

116 | PROCESSO CIVIL SISTEMATIZADO – *Haroldo Lourenço*

De forma tácita, teremos a **prorrogação** quando o réu se quedar inerte, não alegando a incompetência em preliminar de contestação (art. 337, II, c/c o art. 65 do CPC/2015).

Questão interessante é a não alegação de incompetência relativa na hipótese de tutela provisória antecipada requerida de maneira antecedente (art. 303 do CPC/2015), pois, havendo a estabilização (art. 304 do CPC/2015), tal matéria não poderá ser objeto de discussão em ação autônoma (art. 304, § 2º, do CPC/2015). Entendemos que a estabilização produz maiores efeitos do que a simples preclusão, portanto, tal tema não poderá ser objeto de debate sequer por meio da ação autônoma para rever a tutela provisória antecipada antecedente estabilizada.

A modificação da competência pode ser de forma expressa, pela vontade das partes, mediante uma cláusula contratual (um negócio jurídico processual), na qual se **elege o foro** competente para eventuais litígios oriundos deste contrato (art. 63 do CPC/2015 c/c o art. 78 do CC/2002). Nada impede a eleição de **dois ou mais foros competentes**, posto que a matéria é de interesse privado, pela literalidade do art. 78 do CC/2002, o foro de eleição englobaria somente o exercício dos direitos e obrigações resultantes do negócio jurídico celebrado, fatos externos, não emanados da causa de pedir do contrato, **não** se consideram incluídos, como eventual ação de nulidade por vício de vontade. Contudo, esse não é o entendimento do **STJ**.[21]

Como visto, sendo inserida cláusula de eleição de foro, verificando o magistrado a sua abusividade, **poderá** reconhecer a sua **ineficácia** e remeter os autos ao juízo do domicílio do réu (art. 63, § 3º, do CPC/2015), não obstante estarmos diante de um critério relativo. Observe-se que o legislador não afirmou que todas as cláusulas de foro de eleição são abusivas, pois, com muita frequência, são válidas e não se restringem aos contratos de adesão.

No que se refere à conexão e à continência, as demandas podem se relacionar de diversas formas. Nesse sentido, importante recordarmos a *tria eadem* (teoria da tríplice identidade), ou seja, os elementos formadores de uma demanda: partes, causa de pedir e pedido/objeto. Pode ocorrer uma identidade total, havendo litispendência ou coisa julgada (art. 337, §§ 1º a 4º, do CPC/2015), ou seja, a mesma demanda foi proposta mais de uma vez ou a relação entre demandas pode ser somente de semelhança, havendo, assim, conexão e continência.

Nessa dicção, temos o art. 55 do CPC/2015, que afirma que haverá conexão sempre que houver, entre duas ou mais demandas, a mesma **causa de pedir OU o mesmo pedido (objeto)**, sendo o elemento parte irrelevante, contudo, repise-se: se todos os elementos coincidirem, haverá identidade total (litispendência ou coisa julgada). Na forma do art. 56 do CPC/2015, haverá continência quando **houver identidade de partes, de causa de pedir, mas o pedido de uma estiver contido no pedido da outra**. É imprescindível, para a continência, a relação de **conteúdo-continente**.

Ressalte-se que, a rigor, o legislador na continência qualificou uma hipótese de conexão, pois a continência nada mais é do que uma espécie de conexão, ou seja, toda continência é uma espécie de conexão, pois tanto a conexão como a continência

---

[21] STJ, REsp 494.037/BA, 3ª T., rel. Min. Castro Filho, *DJ* 23.06.2003.

exigem a mesma causa de pedir. O conceito de conexão é tão amplo (basta a mesma causa de pedir **ou** o mesmo pedido) que contém a continência.

Nesse sentido, por exemplo, quando o art. 337, VIII, do CPC/2015 se refere somente a conexão, logicamente, por ser um gênero, contém, também, a continência. O art. 55, § 3º, afirma que poderão ser reunidas ações, mesmo se entre elas não houver conexão. Resta a pergunta, creio que sem resposta: Qual o motivo de existirem duas modalidades? Bastaria a conexão, se os efeitos são os mesmos, enfim...

Haverá, por exemplo, conexão quando dois ou mais sócios de uma mesma sociedade anônima propuserem ações buscando a nulidade de uma assembleia. Podemos ter como casos de continência, por exemplo, uma demanda visando à anulação de todo o contrato "X" (pela ocorrência de dolo) e outra visando à declaração de nulidade de determinada cláusula do mesmo contrato "X"; uma ação visando à cobrança de uma dívida e outra visando à anulação do contrato; uma execução fiscal e uma ação visando à anulação do lançamento tributário.

Aproveitando um dos exemplos apresentados (conexão entre ação de conhecimento e ação de execução), reconhece-se a existência de conexão entre as duas demandas, porém, controverte-se se haverá ou não a obrigatoriedade de reunião, o que foi sanado pelo art. 55, § 3º, do CPC/2015, pois é nítido que a relação jurídica material é a mesma, bem como a relação de prejudicialidade (DIDIER JR., 2009. v. 1, p. 146).[22]

Contudo, há hipóteses em que o art. 55 do CPC/2015 se mostra insuficiente, o que já era reconhecido com bastante tranquilidade, pois seria ilusória a convicção de que a opção do legislador resolverá todos os problemas (BARBOSA MOREIRA, 1979. p. 125). Enfim, o art. 55 deve ser visualizado como um exemplo de conexão, jamais em uma interpretação de que só há conexão quando houver a mesma causa de pedir ou o mesmo pedido. O art. 55 traz uma hipótese mínima de conexão (DIDIER JR., 2009. v. 1, p. 139),[23] principalmente ao se observar o art. 55, § 3º, permitindo a reunião mesmo que **não** exista conexão.

Há conexão entre ações em hipóteses como a ação de guarda de filhos e de alimentos, ação de despejo por falta de pagamento e consignação em pagamento dos alugueres, ação renovatória e revisional de aluguel. Observe-se que são causas que não possuem **nem a mesma causa de pedir, tampouco o mesmo pedido**, todavia, há

---

[22] STJ, REsp 603.311/SE, 2ª T., rel. Min. Eliana Calmon, j. 14.06.2005.
[23] Informativo 466; STJ, REsp 1.226.016/RJ, 3ª T., rel. Min. Nancy Andrighi, j. 15.03.2011. Precedentes citados: CC 113.130/SP, DJe 03.12.2010, e REsp 605.120-SP, DJ 15.06.2006.

118 | PROCESSO CIVIL SISTEMATIZADO – *Haroldo Lourenço*

nítido vínculo entre elas, inclusive há iminente risco de julgamentos contraditórios, devendo ser observada a **teoria da prejudicialidade ou preliminaridade**. Se uma causa é prejudicial ou preliminar à outra deve ser reunida, respeitados os limites impostos para qualquer reunião, como as causas que tramitam em juízos com competências materiais distintas ou por incompatibilidade procedimental. Como não se admite, no direito brasileiro, alteração de competência absoluta, ocorrerá suspensão para evitar o julgamento contraditório (art. 313, V, "a" do CPC/2015). Se não for possível a reunião, a conexão gerará suspensão.

Na ação de despejo por falta de pagamento e ação de consignação em pagamento dos mencionados alugueres, como na ação de investigação de paternidade e alimentos, a relação jurídica material é a mesma, porém discutida por enfoques diversos. Assim, não é somente a relação jurídica material que determina a conexão com obrigatoriedade de reunião, mas, além disso, a relação de prejudicialidade ou preliminaridade.

A rigor, conexão e continência são **fatos** que podem não produzir efeitos jurídicos, aliás, na dicção do art. 55, § 1º, e do Enunciado 235 da Súmula do STJ[24] se a demanda **não** estiver mais pendente, ou seja, já houver julgamento, a conexão não importará reunião dos processos, justamente por não existir mais risco de decisões contraditórias. Temos, a rigor, identidade da relação jurídica material, mas a discussão se pauta em enfoques diversos.

Enfim, não se pode confundir a causa com o efeito. Conexão é um fato, que pode ou não produzir efeitos jurídicos (a reunião para julgamento conjunto) (DIDIER JR., 2009. v. 1, p. 132). Vejamos em linguagem mais clara: **em um acidente de ônibus, várias são as possíveis ações indenizatórias. Haverá sempre conexão entre essas demandas (mesma causa de pedir), porém não necessariamente há necessidade de reunião**.

Afirma o STJ que, mesmo caracterizada a conexão, a reunião dos processos não constitui dever do magistrado, mas sim faculdade, na medida em que a ele cabe gerenciar a marcha processual, deliberando pela conveniência de processamento simultâneo das ações à luz dos objetivos da conexão e, caso não entenda oportuno, poderá determinar que sejam apreciadas em separado, sem que essa decisão possa ser inquinada de nulidade.[25]

Deve ser observado se as causas estão em **fases processuais equivalentes**, se possuem o mesmo procedimento e se os juízos são competentes para o julgamento de ambas as demandas, aplicando-se, analogicamente, o art. 327 do CPC/2015.

Cumpre, ainda, relembrarmos a distinção entre **litispendência parcial e continência**, realizada quando da análise dos requisitos processuais negativos. Imaginemos a seguinte hipótese: há uma demanda com 2 pedidos (X e Y) e outra com 3 pedidos (X, Y e Z). Não há entre tais demandas continência, como defendido por parcela doutrinária (CARLYLE SILVA, 2007. p. 80-81). Haverá litispendência parcial, eis que

---

[24] "A conexão não determina a reunião dos processos, se um deles já foi julgado."

[25] Informativo 478: STJ, REsp 1.126.639/SE, 4ª T., rel. Min. Luis Felipe Salomão, j. 21.06.2011; Precedentes citados: AgRg nos EDcl no Ag 1.277.315/MG, *DJe* 03.03.2011; REsp 332.967/SP, *DJ* 17.09.2007; REsp 760.383/RJ, *DJ* 16.10.2006; REsp 609.224/ES; *DJ* 31.05.2004; AgRg no Ag 458.678/PR, *DJ* 07.06.2004; AgRg no Ag 440.253/BA, *DJ* 19.08.2002; REsp 112.647/RJ, *DJ* 22.03.1999; REsp 193.766/SP, *DJ* 22.03.1999, e REsp 5.270/SP, *DJ* 16.03.1992.

para a continência se faz necessário que os pedidos sejam diversos, um englobando o outro.

O art. 343 do CPC/2015 refere-se à conexão para fins de **reconvenção**, todavia, não pode ser confundida com a conexão ora tratada. Barbosa Moreira, há muito tempo, defende que a conexão para a reconvenção é bem singela (BARBOSA MOREIRA, 2002. p. 45).[26]

Logo em sequência, temos o art. 57 do CPC/2015, que afirma que o juiz, **de ofício ou a requerimento da parte**, pode determinar a reunião das demandas, todavia, a reunião somente será obrigatória se houver a possibilidade de decisões contraditórias, sendo facultativa na hipótese de mera afinidade entre as demandas.

As causas de modificação de competência podem ser alegadas de inúmeras formas. Observe que uma coisa é a existência de conexão e continência (causas de modificação de competência relativa) e outra é a incompetência relativa.

O juízo pode ser incompetente em razão de um critério relativo, porém, essa sua incompetência **não** pode, em regra, ser reconhecida e modificada de ofício (art. 64 do CPC/2015).

Por outro lado, ocorrendo conexão ou continência, mesmo diante de um critério relativo, o juízo pode agir **oficiosamente**, modificando a competência, determinando a reunião dos feitos no juízo prevento (art. 57 do CPC/2015). Tal diferenciação justifica-se pelo risco de decisões conflitantes, bem como por economia processual.

Como dito, pode o magistrado reconhecer de ofício a ineficácia da cláusula de eleição do foro e remeter o feito ao juízo competente (art. 63, § 3º, do CPC/2015), contudo, caso o magistrado assim não proceda, pode o réu alegar tal matéria em defesa, inclusive em seu domicílio (art. 340 do CPC/2015).

Não obstante possa o juízo reconhecer a conexão ou continência de ofício, nada impede que as partes a aleguem. Geralmente, o autor alega a existência de conexão ou continência na petição inicial, gerando uma distribuição por dependência (art. 286, I, do CPC/2015) ou o réu suscita em preliminar de contestação (art. 337, VIII, do CPC/2015). Assim, em síntese, a incompetência relativa **não pode ser reconhecida de ofício, todavia, pode ser modificada de ofício. A conexão pressupõe que o juízo era competente e teve sua competência modificada.**

Vejamos um quadro sinótico sobre alguns pontos abordados para um melhor esclarecimento (DIDIER JR., 2009. v. 1, p. 143).

	ALEGAÇÃO DE CONEXÃO E CONTINÊNCIA	ALEGAÇÃO DE INCOMPETÊNCIA RELATIVA
LEGITIMIDADE	Qualquer das partes, bem como o juízo, podem reconhecê-la de ofício.	Só o réu ou MP, não possuindo o autor qualquer interesse de agir, pois é quem escolhe o juízo competente ao ajuizar a demanda.

---

[26] Mais amplamente, do mesmo autor: *A conexão de causas como pressuposto da reconvenção*. São Paulo: Saraiva. 1978.

	ALEGAÇÃO DE CONEXÃO E CONTINÊNCIA	ALEGAÇÃO DE INCOMPETÊNCIA RELATIVA
EFEITO DO ACOLHIMENTO	Remessa ao juízo prevento.	Remessa dos autos ao juízo competente, mantendo-se a integridade de todos os atos processuais (art. 64, §§ 2º a 4º, do CPC/2015).
FORMA DE ALEGAÇÃO	Autor na petição inicial ou por qualquer meio idôneo no decorrer do processo, desde que antes do julgamento (art. 55, § 1º, do CPC, c/c Súmula 235 do STJ); Réu em preliminar de contestação (art. 337, VIII, do CPC/2015) ou no decorrer do processo (art. 337, § 5º), desde que antes do julgamento (art. 55, §1º, do CPC, c/c a Súmula 235 do STJ). Réu (nulidade de cláusula de foro de eleição) por mera petição, inclusive no seu domicílio (art. 340 do CPC/2015). Juiz de ofício e a qualquer tempo (art. 57, c/c art. 337, § 5º, do CPC/2015), já a nulidade da cláusula de eleição de foro) pode de ofício, mas não a qualquer tempo (art. 63, § 3º, CPC/2015).	Preliminar de contestação (art. 337, II, do CPC/2015).

7.7. PREVENÇÃO (JUÍZO DE 1º GRAU E TRIBUNAIS)

Observada a necessidade de reunião, cumpre investigar em que juízo deverão ser reunidas, o denominado juízo prevento, o que **não** pode ser confundido com as causas modificadoras da competência que já foram enumeradas. A prevenção é a definição do local em que serão as demandas reunidas (art. 58 do CPC/2015), fazendo prevalecer um entre vários juízos igualmente competentes. Considera-se prevento o juízo em que ocorreu o **registro ou a distribuição da petição inicial** (art. 59, 284 e 312 do CPC/2015).

É possível se cogitar em prevenção entre recursos interpostos em um mesmo processo, gerando distribuição por dependência à mesma Câmara, Seção ou Turma etc., como se extrai do art. 946 do CPC/2015, que determina que o agravo de instrumento seja julgado antes da apelação, se interpostos ambos no mesmo processo. A prevenção em tribunais se dá, geralmente, pelo conhecimento de um incidente ou impugnação, sendo certo que a turma que conhecer de um recurso acerca de determinada demanda atrairá, para julgamento, outros que sejam eventualmente interpostos no mesmo processo (art. 930, parágrafo único).

Justifica-se a prevenção, novamente, pela racionalização do serviço judiciário e uniformização dos julgamentos.

Pode-se cogitar de prevenção entre recursos que provenham de causas distintas, mas que sejam conexas, bem como entre causas que mantenham entre si relação de acessório e principal. Assim, interposto um recurso em cautelar preparatória, haverá prevenção para eventual recurso interposto na ação principal.

Nas demandas coletivas, a competência territorial é absoluta e, mesmo assim, permite-se sua modificação por prevenção (RODRIGUES, 2003. p. 132). Considera-se prevento o juízo em que primeiro foi **proposta** a ação (art. 2º, parágrafo único, da Lei 7.347/1985, bem como do art. 5º, § 3º, da Lei 4.717/1965), o que se dá quando a petição inicial for protocolada (arts. 284 c/c 312 do CPC).

Por fim, a prevenção pode ser aplicada na hipótese de imóvel situado em mais de um Estado ou comarca (art. 60 do CPC/2015), estendendo-se a competência sobre a totalidade do imóvel, em nítida hipótese de extraterritorialidade.[27]

7.8. COMPETÊNCIA POR DISTRIBUIÇÃO

Na hipótese de haver mais de um juiz ou um escrivão, os processos serão sorteados entre os abstratamente competentes, observando-se a rigorosa isonomia (art. 284 e ss. do CPC/2015).

A distribuição visa assegurar o princípio do juiz natural, nesse sentido, trata-se de normas cogentes, atendendo ao interesse público, portanto, regras de competência **absoluta**, que comumente é denominada **competência funcional sucessiva**.[28]

7.9. COMPETÊNCIA INTERNACIONAL

Ainda que um Estado entenda por bem julgar todas as causas que sejam propostas perante seus juízos, naturalmente, a execução de tais julgados sofrerá limitações, pois existem outros Estados, igualmente organizados e soberanos, que podem não permitir a respectiva execução.

A competência internacional serve, justamente, para delimitar esse espaço em que a jurisdição deve ser exercida para que o Estado possa fazer cumprir suas decisões, pois de nada adiantaria ser admissível o conhecimento da matéria, mas ser inadmissível sua execução. Haveria um desgaste desnecessário de energia.

O art. 21 do CPC/2015 traz hipóteses de competência internacional **concorrente**, ou seja, podem ser julgadas tanto no Brasil como em tribunais estrangeiros. Sendo proferida no estrangeiro, a decisão somente será eficaz no Brasil depois de homologada pelo STJ (art. 105, I, "i", da CR/1988), observados vários critérios, como não ofensa à soberania nacional, ter sido prolatada por juízo competente etc. Já o art. 23 do CPC/2015 especifica causas de competência **exclusiva** dos tribunais brasileiros, assim, eventual sentença estrangeira jamais produzirá efeitos no território nacional.

Por fim, o art. 24 do CPC/2015, dando ênfase à supremacia da jurisdição nacional em face da estrangeira, informa que a ação intentada perante tribunal estrangeiro **não** induz litispendência no Brasil. Destaque-se que tal regra incide **somente para os casos de competência concorrente**, pois seria ocioso mencioná-la para os casos de competência exclusiva.

---

[27] Sobre extraterritorialidade, remetemos o leitor para o estudo do princípio da territorialidade no capítulo sobre a jurisdição.

[28] Reconhecendo que se trata de um critério funcional absoluto: STJ, REsp 1.027.158/MG, rel. Min. Nancy Andrighi, j. 15.04.2010.

122 | PROCESSO CIVIL SISTEMATIZADO – *Haroldo Lourenço*

Observe-se que o fato de já existir processo de homologação de sentença estrangeira tramitando no STJ não constitui óbice ao ajuizamento e trâmite de tal demanda no juízo competente. Uma demanda não gera, sequer, suspensão da outra.[29] Se um dos elementos que impedem a homologação da sentença estrangeira é a prévia existência de sentença transitada em julgado no Brasil, suspender a homologação, até que a sentença seja proferida, implicaria adiantar fato ainda inexistente, para dele extrair efeitos ainda não produzidos. Seria criar uma suspensão pela mera litispendência, em contraposição ao que dispõe art. 24 do CPC/2015.[30]

7.10. CRITÉRIOS DE SEPARAÇÃO DE COMPETÊNCIA

Existem três critérios de distribuição de competência: objetivo (matéria, valor da causa e pessoa), funcional e territorial.

O critério **objetivo** assenta-se nos elementos formadores da demanda, dividindo-se em três espécies: matéria (causa de pedir), valor da causa (pedido) e pessoa (partes). O **critério matéria**, também denominado *ratione materiae*, é o baseado na causa de pedir versada no processo, como nas hipóteses das varas de órfãos e sucessões, cíveis, família etc. O **critério do valor da causa**, também denominado *ratione valore*, é o estabelecido em parâmetros numéricos, como no Juizado Especial (art. 3°, I, da Lei 9.099/1995). Há, ainda, o **critério em razão da pessoa**, denominado *ratione perso-nae*, que se pauta nos sujeitos principais do processo, como na primeira hipótese da competência da Justiça Federal (art. 109, I, da CR/1988) ou das Varas de Fazenda Pública, quando instituídas pelas leis de cada ente estadual.

Nesses casos, se a lei estadual criar varas privativas para a Fazenda Pública, **não** há deslocamento da competência territorial resultante das leis processuais. **Não** é hipótese de criação de um juízo universal, mas tão somente uma especialização, juízos especializados.[31] A competência dessas varas, porém, só se efetiva e é abso-luta quando a causa em que seja interessada a Fazenda tenha a capital como o seu foro.[32] Não poderia a lei estadual, disciplinando a matéria de organização judiciária, criar um foro especial para a Fazenda, ou, então, determinar a competência de foro, diversamente do que consta da lei processual (ARRUDA ALVIM, 2003. v. 1, p. 187). Assim, o Estado, uma vez demandado em comarca em que não há vara privativa, costuma alegar a incompetência territorial, sob o fundamento de que ele deveria ser demandado em comarca que possui vara privativa (DIDIER JR., 2009. v. 1, p. 120).

Há, ainda, critério em razão da pessoa em Tribunais, nas hipóteses de prerrogativa de função, como no julgamento de mandado de segurança contra ato do Presidente da República que compete ao STF (art. 102, I, "d", da CR/1988). Observe-se que, nesses casos, a competência dos Tribunais não será funcional, como se analisará adiante.

---

[29] AgRg na SEC 854/EX, rel. originário Min. Luiz Fux; rel. para acórdão Min. Nancy Andrighi, j. 16.02.2011, publicado no Informativo 463 do STJ.

[30] Precedentes citados do STF: AgRg na SE 2.727/ITA, *DJ* 08.05.1981 e SEC 5.116/PAR, *DJ* 07.08.1998; do STJ: SEC 611/EX, *DJ* 11.12.2006; AgRg na SEC 854/EX, rel. originário Min. Luiz Fux, rel. para acórdão Min. Nancy Andrighi, j. 16.02.2011.

[31] Nesse sentido, o Enunciado 206 da jurisprudência do STJ: A existência de vara privativa, instituída por lei estadual, não altera a competência territorial resultante das leis de processo.

[32] Nessa dicção, vide REsp 160.987/MG, rel. Min. Demócrito Reinaldo.

O critério **funcional** é o pautado nas funções exercidas pelo juiz no processo, refletindo um interesse público, em que a função exercida pelo juízo possibilitaria a definição de sua competência para processar e julgar a causa. Um bom exemplo de competência funcional é o da apuração dos crimes dolosos contra a vida, competindo a juiz singular pronunciar, impronunciar, absolver sumariamente ou desqualificar o crime, contudo, uma vez pronunciado o réu, cabe ao Conselho de Sentença condená-lo ou absolvê-lo e, condenado, voltam os autos ao magistrado singular para a dosimetria da pena.

Em um mesmo processo, pode ocorrer uma distribuição de funções entre juízos diversos ou, até mesmo, no próprio juízo. O critério funcional pode ocorrer no plano **horizontal** ou no plano **vertical** (também denominado critério hierárquico).

Haverá critério funcional no plano horizontal em hipóteses como na oitiva de testemunha por carta precatória (art. 237 do CPC/2015), no incidente de inconstitucionalidade em Tribunal, onde há uma cisão horizontal da competência (art. 949 do CPC/2015) ou na hipótese do art. 516 do CPC/2015, em que o juízo que processou a causa de primeiro grau terá competência para o cumprimento de sentença.

O critério funcional no plano vertical, também denominado critério hierárquico, ocorre, por exemplo, no julgamento do recurso em juizado especial (art. 41 da Lei 9.099/1995) ou na competência originária e recursal (art. 1.013 do CPC/2015). Geralmente, a competência dos tribunais é funcional, como a do TRF (art. 108 da CR/1988) pode, contudo, ser, no que toca à pessoa, como mencionado anteriormente.

Geralmente, aponta-se como exemplo de critério funcional no plano vertical a competência recursal, entre órgãos jurisdicionais diferentes, porém, nada impede que ocorra no mesmo órgão jurisdicional, como nos embargos de declaração ou nos embargos infringentes de alçada (art. 34 da Lei 6.830/1980), que serão julgados pelo mesmo juízo prolator da sentença. Nessa hipótese, será uma competência recursal, porém, com base em um critério funcional no plano horizontal.

Há, ainda, competência funcional entre processos distintos. Como no juízo que primeiro conheceu do processo que foi extinto sem resolução de mérito (art. 286, II, do CPC/2015), competência para ações acessórias (art. 61 do CPC/2015).

No critério **territorial** a distribuição da competência se dá em razão de aspectos ligados à posição geográfica, visando aproximar o juiz à causa. O foro na justiça estadual é chamado comarca, já na justiça federal é chamado seção judiciária.

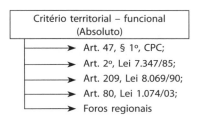

Os exemplos são inúmeros, o domicílio do réu para as ações fundadas em direito pessoal e para as ações reais mobiliárias (art. 46 do CPC/2015); o foro da situação

124 | PROCESSO CIVIL SISTEMATIZADO – *Haroldo Lourenço*

da coisa, para ações reais imobiliárias (art. 47, *caput*, do CPC/2015); o domicílio ou residência do alimentando, para a ação em que se pede alimentos (art. 53, II, do CPC/2015), bem como o CDC, no art. 101, I, determina que o foro competente para discussão das relações de consumo é o do domicílio do autor-consumidor.

Nessa linha, a ação de investigação de paternidade será proposta no domicílio do réu, porém, quando cumulada com alimentos, prevalecerá o domicílio do alimentando[33] e, na mesma linha, a competência para processar e julgar ações conexas de interesse de menor é, em princípio, do foro do domicílio do detentor de sua guarda (art. 53, I, *a*, do CPC/2015, c/c Súmula 383 do STJ).

A partir da redação do inciso I do art. 53, o CPC/2015 pôs fim ao vetusto foro de prerrogativa da mulher, **foros subsidiários, não concorrentes**[34] para ações que versem sobre divórcio, separação, anulação de casamento e reconhecimento ou dissolução de união estável.

A alusão nesse disposto e demais dispositivos do CPC/2015 (ex.: art. 693) sobre "separação" para alguns (GAJARDONI; DELLORE; ROQUE; DUARTE, 2016. p. 1.177) seria **inconstitucional**, por força da EC 66/2010, que alterou o art. 226, § 6º, da CR/1988, ignorando a exposição de motivos da própria emenda constitucional que deixou clara a intenção de extinguir a separação judicial do ordenamento jurídico brasileiro, com o que concordamos. Por outro lado, não podemos deixar de consignar que o **CNJ** afirmou no Pedido de Providências 0005060-32.2020.00.0000, que visava impedir que os cartórios continuassem a lavrar escrituras de separação, que separação judicial ainda permanece no ordenamento jurídico brasileiro.

A Lei 13.894/2019 inseriu a alínea "d" ao art. 53 do CPC, com a clara intenção de facilitar a dissolução da sociedade conjugal de que faça parte vítima de violência doméstica, todavia, a partir de tal modificação cremos que essa alínea **não** entra na subsidiariedade das demais, sob pena de se tornar inútil.

Parece-nos que no cotejo entre as quatro alíneas há um conflito entre a prioridade de tutela dos interesses dos filhos incapazes e de proteção da vítima de violência doméstica e familiar, ante a remissão à Lei 11.340/2006 (violência doméstica) contida na última alínea. Leva-nos a crer que há dois blocos: um primeiro entre as alíneas "a", "b" e "c" e um segundo com a alínea "d". Assim, não sendo caso de violência doméstica, o cotejo entre as hipóteses do primeiro bloco é subsidiário, porém, havendo violência doméstica, haverá **alternatividade** entre o primeiro e o segundo bloco, à escolha da vítima e, se esta optar pelo primeiro bloco, dentro dessas hipóteses haverá **subsidiariedade**.

Um ponto relevante é a distinção das principais ações reais e pessoais. Vejamos o seguinte quadro, inspirado nas lições de Nelson Nery Jr. e Fredie Didier Jr. (NERY JUNIOR; NERY, 2007. p. 1.167-1.169; DIDIER JR., 2009. v. 1, p. 127).[35-36]

---

[33] Súmula 1 do STJ: "O foro do domicílio ou da residência do alimentando é o competente para a ação de investigação de paternidade, quando cumulada com a de alimentos".

[34] Enunciado 108 II CJF: "A competência prevista nas alíneas do art. 53, I, do CPC não é de foros concorrentes, mas de foros subsidiários".

[35] Em sentido diverso, afirmando ser real: NERY JUNIOR, Nelson; NERY, Rosa Maria de Andrade. *Código de Processo Civil comentado e legislação extravagante* cit., p. 1.167.

[36] STJ, REsp 1.048.937/PB, 3ª T., rel. Min. Massami Uyeda, j. 22.02.2011.

AÇÕES PESSOAIS (mesmo que digam respeito a imóveis)	
Ação pauliana ou revocatória.	Pela ocorrência de fraude contra credores.
Ações edilícias (redibitória ou *quanti minoris*/estimatória.	Por fundamento em vícios redibitórios (arts. 441 e 442 do CC/2002).
Ação *ex empto* ou *ex diviso* (art. 500 do CC/2002).[48]	Em virtude de venda *ad mensuram*, buscando a entrega da parte faltante da coisa ou complementar a área dada a menor do avençado.
Ação declaratória de extinção de hipoteca.[49]	Em virtude da extinção da dívida que era garantida pela hipoteca.
AÇÕES REAIS	
Ação confessória.	Fundada na propriedade e na servidão, visando o reconhecimento de servidão e a respeitar os seus limites.
Ação demolitória.	Fundada na propriedade e nos direitos de vizinhança e visa à demolição de prédio construído em desrespeito às regras de direito de vizinhança.
Ação discriminatória.	Visa a discriminar as terras devolutas.
Ação de imissão na posse.	Fundada em buscar a posse com base no domínio, sem que se ter anteriormente a posse vindicada.
Ação publiciana.	É a reivindicatória proposta por quem usucapiu o bem, mas não teve reconhecida por sentença a usucapião, é a reivindicatória do proprietário de fato, uma reivindicatória sem título.
Ação reivindicatória.	Demanda do proprietário que tinha a posse e a perdeu.
Ação negatória.	Fundada no direito de propriedade e tem como objetivo de impedir que a plenitude do domínio seja violada pela constituição de injusta servidão.
Ação de usucapião.	Converte a posse *ad usucapionem* em propriedade (aquisição originária da propriedade pelo exercício da posse por determinado tempo previsto em lei).
Ação de depósito.	Fundamenta-se da devolução da coisa de cuja propriedade o autor é titular e o direito de sequela que dela decorre.

O foro do domicílio do autor da herança no Brasil é o competente para o inventário, partilha, a arrecadação, o cumprimento das disposições de última vontade, bem como todas as ações em que o espólio for réu, ainda que o óbito tenha ocorrido no estrangeiro (art. 48 do CPC/2015), portanto um critério relativo.[37]

Ocorre, porém, que, se o espólio for réu em litígios sobre direito de propriedade, vizinhança, servidão, posse, divisão e demarcação de terras e nunciação de obra nova, o foro é de competência da situação da coisa, devendo prevalecer o art. 47, § 1º, do CPC/2015 sobre o art. 48, por ser aquele um critério territorial-funcional (absoluto).

Por fim, há os casos dos **foros concorrentes**, podendo o autor optar pelo foro do seu domicílio ou local do fato (art. 53, V, do CPC) ou, ainda, o foro geral (art. 46 do CPC/2015). O autor, diante dessas opções, exercita aquilo que já se denomi-

---

[37] Enunciado 58 da jurisprudência do TFR: "Não é absoluta a competência definida no art. 96, do Código de Processo Civil, relativamente à abertura de inventário, ainda que existente interesse de menor, podendo a ação ser ajuizada em foro diverso do domicílio do inventariado".

PROCESSO CIVIL SISTEMATIZADO – *Haroldo Lourenço*

nou como *forum shopping*: a escolha do foro pelo demandante. Escolher o foro entre aqueles em tese competentes é direito potestativo do autor, não podendo o réu se opor se a escolha do autor for entre essas hipóteses.

É absolutamente natural que, havendo vários foros competentes, o autor escolha aquele que acredita ser o mais favorável aos seus interesses, todavia, deve ser conciliado esse direito potestativo com a proteção da boa-fé, não podendo a escolha ficar imune à vedação ao abuso do direito, que é exatamente o exercício do direito contrário à boa-fé (art. 5º do CPC/2015).

Não pode, por exemplo, a técnica dos foros concorrentes ser utilizada para dificultar a defesa do demandado. Para garantir a efetivação de todos esses princípios, embora sem sistematização e com uma fundamentação difusa, surgiu na Escócia uma doutrina que serviu como freio jurisprudencial a essas escolhas abusivas, denominada *forum non conveniens*, segundo a qual, o próprio juiz da causa, no controle de sua competência, utilizando a regra da *Kompetenz-Kompetenz* (o juiz é competente para controlar a sua própria competência), já aceito pelo ordenamento nacional, evitaria julgar causas para as quais não fosse o juízo mais adequado, quer em razão do direito ou dos fatos debatidos. Ocorre, porém, que o STJ[38] **não** adota a teoria do *forum non conveniens*, apesar do reconhecimento da sua ocorrência em estados estrangeiros.

Na mesma trilha, cabe ressaltar o posicionamento do STJ[39] no sentido de que esses foros concorrentes não se aplicam à pessoa jurídica locadora de frota de veículos em acidente de trânsito com o envolvimento do locatário.

O art. 53, V, do CPC/2015 representa o instituto do *forum commissi delicti*, justificando-se por medida de economia processual, por facilitar a instrução probatória, referindo-se aos delitos em geral, tanto ao ilícito civil quanto ao penal.[40]

7.11. ALGUMAS REFLEXÕES SOBRE O CRITÉRIO TERRITORIAL[41]

O ano de 2020, sem dúvidas, ficará marcado por diversos fatores, principalmente a pandemia do novo coronavírus e, certamente, o mundo não sairá dela sem mudanças.

Alguns aspectos já podem ser percebidos de forma concreta, como a utilização, pelos tribunais, de mecanismos *on-line* de resolução de disputas, bem como sessões de mediação, audiências de conciliação,[42] julgamentos virtuais, utilização da videoconferência, fazendo repensar, inclusive, a necessidade de inúmeros gastos públicos com estruturas físicas nababescas de alguns tribunais.

---

38 STJ, MC 15.398-RJ, 3ª T., rel. Mina. Nancy Andrighi, j. 02.04.2009, *DJe* 23.04.2009.

39 STJ, 4ª T., EDcl no AgRg no Ag 1.366.967-MG, Rel. Min. Marco Buzzi, Rel. para acórdão Min. Maria Isabel Gallotti, por maioria, j. 27.04.2017, *DJe* 26.05.2017.

40 Nesse sentido: STJ, REsp 681.007/DF, *DJ* 22.05.2006; EAg 783.280/RS, rel. Min. Nancy Andrighi, j. 23.02.2011.

41 Item totalmente inspirado nas reflexões trazidas por: RODRIGUES, Marco Antonio. *Tecnologia, resolução de conflitos e o futuro da competência territorial*. Disponível em: <https://www.jota.info/opiniao-e-analise/colunas/tribuna-da-advocacia-publica/tecnologia-resolucao-de-conflitos-e-o-futuro--da-competencia-territorial-25072020#_ftnref9>. Acesso em: 28 jul. 2020.

42 A Lei 13.994/2020 alterou a redação do art. 20, § 2º, da Lei 9.099/1959, permitindo conciliação não presencial nos Juizados Especiais Cíveis.

Nesse cenário, a competência territorial foi posta em xeque, pois idealizada com intuito de facilitar o acesso à justiça do autor (ex.: art. 53, V, do CPC/2015), do réu (ex.: art. 46 do CPC/2015) ou, até mesmo, algum interesse da justiça (ex.: art. 47 do CPC/2015), todavia, com uma justiça digital houve encurtamento da distância física, esvaziando tais justificativas.

Se um processo tramitar totalmente digital, com audiências por videoconferência, não há necessidade de vinculação a determinado foro, bastando um juízo *on-line*, sendo indiferente a vinculação física a determinada localidade.

Obviamente que em certos litígios a questão não será tão simples, pois poderão exigir provas complexas, como perícias e inspeções, como ocorre em ações civis públicas, porém, nesses casos, estaremos diante de uma competência territorial funcional absoluta.

Nada impede, contudo, que o processo seja virtual sem nenhuma vinculação a um foro, mas a perícia se vincula a determinada localidade, caso se mostre necessário.

Pela mesma trilha, os atos executivos não precisam se vincular a uma localidade, como já ocorre com a dita penhora *on-line* (art. 854 do CPC/2015). O STJ[43] já reconheceu a desnecessidade de expedição de carta precatória para alienação judicial eletrônica de bem situado em outra comarca, raciocínio que pode trazer incontáveis benefícios para a efetividade.

Destarte, sem dúvida, é um ponto que precisa ser amadurecido e repensado.

7.12. CLASSIFICAÇÃO DOS CRITÉRIOS DE COMPETÊNCIA EM ABSOLUTOS OU RELATIVOS

Vistos os critérios sobre os quais se estabelecem a competência, devemos classificá-los em absolutos ou relativos, para que sobre cada um possamos aplicar a regime jurídico correspondente. Os critérios em razão da **matéria, pessoa e funcional** refletem uma competência **absoluta** (art. 62 do CPC/2015), enquanto o critério **territorial e o do valor** uma competência **relativa** (art. 63 do CPC/2015), ressalvadas algumas exceções.

Quadro sinótico da regra geral da relação entre os critérios e o regime das competências:

CRITÉRIO	REGIME JURÍDICO
Pessoa	Absoluto
Matéria	Absoluto
Valor	Relativo
Território	Relativo
Função	Absoluto

Há, contudo, hipóteses em que o legislador visualiza a competência **territorial funcional** quando uma causa é confiada ao juízo de determinado território, pelo fato de ser a ele mais fácil ou mais eficaz exercer sua função (CHIOVENDA, 1998.

---

[43] STJ, CC 147.746/SP, 1ª S., rel. Min. Napoleão Nunes Maia Filho, j. 27.05.2020, *DJe* 04.06.2020.

v. 2, p. 223; LIEBMAN, 1986. p. 65; DIDIER JR., 2009. v. 1, p. 121). Há inúmeros exemplos, como nas ações que versem sobre direito de propriedade, vizinhança, servidão, posse, divisão e demarcação de terras e nunciação de obra nova (**art. 47, § 1º, do CPC**), tratando-se de rol taxativo.[44] No **art. 2º da Lei 7.347/85**, o foro de competência é o do local do dano (territorial), porém a lei informa que o juiz terá competência funcional para processar e julgar a causa. Outros bons exemplos são encontrados no **art. 209 da Lei 8.069/90** (Estatuto da Criança e do Adolescente) e **art. 80 da Lei 10.741/03** (Estatuto do idoso) que estabelecem, respectivamente, uma competência absoluta no foro do local onde ocorreu ou deva ocorrer a ação ou omissão e o foro do domicílio do idoso, sempre ressalvando as competências da Justiça Federal e originária dos Tribunais Superiores.

Há uma divisão territorial da comarca, por meio dos denominados **foros regionais (ou distritais) ou nas varas federais do interior**, baseados em critérios cogentes, para melhor distribuir justiça e, portanto, não admitem modificação, são improrrogáveis.

O critério em razão do **valor da causa**, apesar de em regra ser relativo, pode se mostrar **absoluto**, como nos Juizados Especiais Federais e Juizados Especiais de Fazenda Pública (art. 3º, § 3º, da Lei 10.259/01 e art. 2º, § 4º, da Lei 12.153/09),[45] bem como a competência em razão do valor da causa pode também ser absoluta, quando **extrapolar** os limites estabelecidos pelo legislador (DIDIER JR., 2009. v. 1, p. 121).

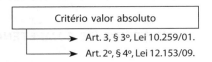

Como dito, as **demandas incidentais** devem ser processadas no juízo da ação principal (art. 61 do CPC/2015), refletindo um critério funcional de competência no plano horizontal, no entanto pode ocorrer incompetência do juízo para processar tais incidentes, por força do critério objetivo (matéria e pessoa). Assim, pode ocorrer de a reconvenção não poder ser julgada pelo juízo da ação principal, devendo o magistrado indeferi-la, não admitindo o processamento, por força da incompetência absoluta, não sendo admissível a remessa exclusiva da reconvenção para o juízo competente, pois sem a ação principal, não há que se falar em reconvenção, principalmente por ser feita na própria contestação (art. 343 do CPC/2015). Um bom exemplo de tal hipótese se dá quando a ação principal se processa, *v.g.*, em vara de família e a reconvenção é da competência material da vara cível, sendo assim, não poderá esta ser ajuizada sob a forma de reconvenção, pois ao juízo de família falece competência em razão da matéria para julgar a reconvenção (NERY JUNIOR; NERY, p. 587).

Já no caso de incompetência absoluta para conhecimento e julgamento de denunciação da lide e embargos de terceiro, deve-se remeter a demanda principal

---

[44] Informativo 464: STJ, REsp 1.048.937/PB, 3ª T., rel. Min. Massami Uyeda, j. 22.02.2011.

[45] Cumpre, a bem da verdade, registrar que os critérios mencionados anteriormente (Juizado Especial Federal e de Fazenda Pública) não são critérios "puros", sendo também observados os critérios referentes ao valor, à pessoa, à matéria e ao território, como se extrai do art. 3º da Lei 10.259/2001 ou, quanto aos critérios valor e pessoa, do art. 2º da Lei 12.153/2009.

e incidental ao juízo competente. Imaginemos um processo que tramita na Justiça Estadual, no qual houve embargos de terceiros opostos pela União, ou em face de um ente federal foi oposta denunciação da lide;[46] em ambos os casos, a ação principal e a denunciação da lide deverão ir para a Justiça Federal. Acolhida a denunciação o processo continuará na Justiça Federal; rejeitada, haverá retorno à Justiça Estadual, devendo ser aguardado o transcurso do prazo recursal, por força da competência recursal do TRF.[47]

Sobre a competência nos Juizados Especiais Cíveis, Federais e de Fazenda Pública cumpre registrar a posição do STJ, que reputamos acertada, no sentido de que há distribuição de competência em razão do valor, matéria e um critério "misto". No art. 3º, I, da Lei 9.099/1995 somente são admissíveis demandas até quarenta salários mínimos (critério valor), todavia, se a causa versar sobre as hipóteses do art. 275, II, do CPC (sem correspondente no CPC/2015) ou for ação de despejo para uso próprio (art. 3º, II e III, da Lei 9.099/1995) a competência é em razão da matéria, não havendo, portanto, limitação de valor.[48]

7.13. CONFLITO DE COMPETÊNCIA

É o conflito entre dois ou mais órgãos jurisdicionais, para julgar uma ou mais causas, para decidir sobre a reunião ou separação de processos. O conflito pode ser **positivo**, quando dois ou mais juízos reputam-se competentes (art. 66, I, do CPC/2015), ou **negativo**, quando dois ou mais juízos se dão por incompetentes (art. 66, II, do CPC/2015).

Pode acontecer conflito positivo de competência **sem** que haja decisão expressa de ambos os juízos afirmando sua competência sobre o outro, bastando para que se configure o conflito a prática de atos de ambos sobre a mesma causa, como se fossem os únicos competentes para conhecê-la, com o reconhecimento implícito da própria competência. O exemplo rotineiramente lembrado pela doutrina é do inventário proposto por pessoas diferentes em juízos diversos, hipótese que, em muitas vezes, nem o próprio juiz sabe da existência de outro inventário tramitando em comarca diversa.[49]

---

[46] Não obstante o art. 109, I, da CR/1988 não se referir a todas as intervenções de terceiros, o entendimento doutrinário é pela sua ampliação: MENDES, Aluísio Gonçalves de Castro. *Competência cível da justiça federal*. 3. ed. rev. e atual. São Paulo: RT, 2009. p. 103-104.

[47] Nesse sentido: STJ, CC 12.094/PR, rel. Torreão Braz, *DJ* 27.03.1995; CC 21.268/SC, rel. Min. Eduardo Ribeiro, *DJ* 17.05.1999.

[48] STJ, RMS 30.170/SC, rel. Min. Nancy Andrighi, j. 05.10.2010. Precedentes citados: MC 15.465/SC, rel. Min. Nancy Andrighi, j. 28.04.2009; RMS 17.524/BA, *DJ* 11.09.2006; CC 39.950/BA, *DJe* 06.03.2008; CC 83.130/ES, *DJ* 04.10/2007. Em sentido contrário: Enunciado 2.3.1 do TJ/RJ: "Todas as causas da competência dos Juizados Especiais Cíveis estão limitadas a 40 salários mínimos". Admitindo condenação na hipótese do art. 3º, II, da Lei 9.099/1995: Enunciado 58 do FONAJE (Substitui o Enunciado 2): As causas cíveis enumeradas no art. 275 II, do CPC admitem condenação superior a 40 salários mínimos e sua respectiva execução, no próprio Juizado.

[49] Assim BARBI, Celso Agrícola. *Comentários ao Código de Processo Civil*. 11. ed. Rio de Janeiro: Forense, 2002. p. 368; THEODORO JR., Humberto. *Curso de direito processual civil* cit., p. 178; BARBOSA MOREIRA, José Carlos. Conflito positivo e litispendência. *Temas de direito processual - 2ª série*. São Paulo: Saraiva, 1980. p. 45, entende que a lição só pode ser aplicada no caso de um mesmo e único processo.

Não existe conflito de competência entre órgãos que mantenham uma relação de superioridade hierárquica, como um juízo estadual e o tribunal de justiça, pois sempre prevalecerá a decisão do Tribunal.

O conflito tem natureza jurídica de um **incidente processual** (CÂMARA, p. 370; MARQUES, v. 1, p. 461; PIZZOL, p. 331)[50] **sempre da competência originária de um Tribunal**, devendo ser distribuído diretamente ao Tribunal para ser designado um relator, nos termos do respectivo regimento interno (art. 954, c/c o art. 959 do CPC/2015). Podem suscitar o conflito as **partes** ou o **MP**, por **petição**, ou o **juízo** envolvido, **por ofício** (art. 953 do CPC/2015). O Ministério Público **somente** atuará nas hipóteses do art. 178, salvo quando tiver a qualidade de parte por ter suscitado (art. 951, parágrafo único, do CPC/2015). Se um dos juízos conflitantes já tiver, na causa, proferido sentença com trânsito em julgado, **não** haverá conflito de competência (Enunciado 59 do STJ).

Por fim, o art. 952 do CPC/2015 merece uma atenção especial, eis que a parte que alegou incompetência relativa **não** pode suscitar o conflito, pois já teve oportunidade de se manifestar sobre a competência e assim o fez. O intento da lei foi impedir que a parte utilizasse, **simultaneamente**, os dois meios de controle da competência, contudo suscitado o conflito de competência, nada obsta que a outra parte argua a incompetência. De igual, seria possível, após o julgamento da exceção, vir a surgir o conflito, pois o juízo que recebeu a causa pode negar a competência.

Cumpre registrar que a petição ou o ofício que suscitar o conflito **deve** ser instruído com documentos necessários à prova do conflito, eis que os autos não subirão ao Tribunal, bem como demonstrar qual o juízo competente para julgar o litígio e, na hipótese de sua deficiência, deve o relator disponibilizar **oportunidade** para sanar o vício, pois, do contrário, por exemplo, tramitando em um juízo absolutamente incompetente, será cabível ação rescisória (art. 966, II, do CPC/2015).

Instaurado o conflito, o relator determinará a **oitiva** dos juízes em conflito, ou apenas o suscitado, se um deles for suscitante (art. 954 do CPC/2015), assinalando prazo para informações, o que busca, claramente, municiar o relator e o órgão colegiado de elementos suficientes para o julgamento.

O art. 955 do CPC/2015 permite ao relator determinar a suspensão do processo quando o conflito de competência for **positivo**, pois, do contrário, poderiam os magistrados continuar atuando, o que justifica a afirmação de que essa suspensão no caso concreto não é automática (*ex lege*), mas *ope iudicis*. No conflito **negativo**, por óbvio, não há necessidade de determinar a suspensão do processo, pois nenhum dos juízos se entende competente. Cremos, contudo, que pode um dos juízos praticar atos de urgência, ainda que acredite que a competência não é sua, apenas para evitar alegado perecimento do direito da parte.

No tocante à necessidade da prática de algum ato judicial envolvendo **medida urgente** durante o sobrestamento do feito, o art. 955 do CPC/2015 determina ser tarefa do relator a indicação desse juízo, ainda que impropriamente se refira expressamente a *"juízes, para resolver, em caráter provisório, as medidas urgentes"*. Na realidade, a designação e a medida de urgência são provisórias.

---

[50] Em sentido contrário, atribuindo natureza de ação declaratória ao conflito de competência, GRECO FILHO, Vicente. *Manual de direito processual civil* cit., p. 214.

Havendo súmula do STF, do STJ ou do próprio tribunal, bem como tese firmada em julgamento de casos repetitivos ou em incidente de assunção de competência, pode o **relator** decidir monocraticamente (art. 955, parágrafo único, do CPC/2015), cabendo **agravo interno** de tal decisão ao órgão colegiado (art. 1.021 do CPC/2015).

No que se refere ao mérito para julgar o conflito de competência, esse será do **STF** sempre que o conflito envolver Tribunais Superiores; já os **TJ ou TRFs** sempre resolverão os conflitos envolvendo juiz de direito e juiz federal, respectivamente. Para que a competência seja do TRF, deve-se observar a região a que está vinculado o juiz federal. Caberá ao STJ julgar conflitos entre Tribunais diversos.

O STJ entendeu, inicialmente, que seria da sua competência dirimir o conflito de competência instaurado entre um juízo federal e um juízo do JEF, todavia, o Enunciado 348 foi cancelado, tendo sido substituído pelo **Enunciado 428,**[51] consagrando o entendimento que um conflito entre um juizado especial federal e um juízo federal da mesma seção judiciária será dirimido pelo respectivo TRF, porém não sendo da mesma seção judiciária, recaíra a decisão para o **STJ**. Compete ao **TRF** dirimir conflito de competência verificado na respectiva Região, entre Juiz Federal e Juiz Estadual investido de jurisdição federal (Súmula 3 do STJ). Por fim, compete ao **STF** dirimir o conflito de atribuições (CAt) instaurado entre o Ministério Público Federal e o estadual.[52]

---

[51] "Compete ao Tribunal Regional Federal decidir os conflitos de competência entre juizado especial federal e juízo federal da mesma seção judiciária."

[52] Informativo 460: STJ, CAt 237/PA, 3ª Seção, rel. Min. Gilson Dipp, j. 13.12.2010. Precedentes citados do STF: Pet 4.574/AL, *DJe* 08.04.2010; ACO 1.179/PB, *DJe* 30.10.2008; STJ: CAt 163/ES, *DJe* 23.06.2008.

8

DO LITISCONSÓRCIO

8.1. CONSIDERAÇÕES INICIAIS

Litisconsórcio é o principal exemplo de **cumulação de ações no aspecto subjetivo**, ou seja, um fenômeno da **pluralidade de partes** no processo, ocorrendo toda vez que existir mais de um sujeito em um dos polos da relação processual, em conjunto ou isoladamente, buscando-se **economia processual** e a **harmonização dos julgados**.

Doutrinariamente, há o questionamento se para existir litisconsórcio se faz necessário haver consórcio entre os sujeitos. Majoritariamente, é **irrelevante** para a existência de litisconsórcio a postura no processo dos sujeitos que litigam no mesmo polo, sendo admissível, inclusive, que sejam adversários entre si na demanda judicial (NEVES, 2010. p. 521), como se observa, por exemplo, no litisconsórcio eventual ou subsidiário (DINAMARCO, 1998. p. 397-398) que será analisado mais adiante.[1]

Cumpre registrar que é possível se cogitar em **litisconsórcio sem haver cumulação de ações**, existindo somente um aglomerado de subjetivos, não obstante o direito material controvertido ser exatamente o mesmo. Só há cúmulo subjetivo quando cada litisconsorte demandar direito subjetivo autônomo. Por exemplo, vários autores demandando em conjunto em virtude de um mesmo acidente de trânsito (há litisconsórcio e cúmulo subjetivo); coproprietários de um imóvel, ajuizando uma mesma ação (há litisconsórcio, mas não há cúmulo subjetivo de ações), onde há um litisconsórcio facultativo unitário, como se verá adiante (ASSIS, 2002. p. 159-160).

8.2. CLASSIFICAÇÃO

(i) Quanto à posição ou topológico: É a classificação mais simples, dividindo-se em ativo, passivo ou misto (também denominado recíproco) – quando a pluralidade

---

[1] Há quem afirme em sentido diverso, afirmando que existe litisconsórcio quando duas ou mais pessoas se encontram no mesmo polo da relação jurídica processual, com o intuito de um consórcio, isto é, com a premissa de que ambas são adversárias da parte contrária: MAZZEI, Rodrigo. *Litisconsórcio sucessivo:* breves considerações. Disponível em: <http://www.mmp.adv.br>, p. 1-2. No mesmo sentido: GUASP, Jaime; ARAGONESES, Pedro. *Derecho procesal civil.* 7. ed. revisada y puesta al dia. Espanha: Editorial Aranzadi, 2005. t. I, p. 247.

de parte estiver somente no polo ativo, somente no polo passivo ou, tanto no ativo, como no passivo, respectivamente.

(ii) Quanto ao momento da sua formação ou cronológico: Pode ser inicial (ou originário), quando é formado com a propositura da demanda por um ato de vontade, ou pode ser posterior (ou superveniente), formado durante o processo, sendo excepcional, eis que gera tumulto processual, bem como pode infringir princípios constitucionais. Há, exemplificativamente, algumas situações que geram litisconsórcio posterior: sucessão processual, quando houver somente um autor ou um réu no processo e, posterior ocorrência de falecimento, passando os herdeiros a ocuparem o seu respectivo lugar (art. 110 do CPC/2015); Algumas intervenções geram um litisconsórcio posterior, como se verá no próximo capítulo, como, por exemplo, na assistência litisconsorcial, na denunciação da lide, no chamamento ao processo e na oposição,[2] na intervenção litisconsorcial voluntária, que será analisada adiante; na ação popular (art. 6º, § 5º, da Lei 4.717/1965) ou com a ação civil pública (art. 5º, § 2º, da Lei 7.347/1985).

Há divergência na doutrina na hipótese trazida no art. 115, parágrafo único, do CPC/2015, em que o juiz ordena a citação[3] de todos os litisconsortes necessários, eis que, majoritariamente, haveria um **litisconsórcio ulterior** (RODRIGUES, 2003. v. 2, p. 81). Por outro lado, há quem afirme que um cúmulo sob a modalidade inaugural eis que se faz necessária a presença de todos os litigantes sem o que o processo não poderá existir (SILVA, 2009. p. 41-55), entendimento baseado na premissa de que citação seria pressuposto processual de existência, ponto que já enfrentamos na análise dos pressupostos processuais, do qual discordamos, juntamente com a doutrina majoritária.

(iii) Quanto ao regime de tratamento: Pode ser unitário (ou uniforme) ou simples (ou comum). Será unitário quando a decisão sobre o mérito da causa tiver que ser obrigatoriamente igual para todos os litisconsortes (art. 116 do CPC/2015), sendo um reflexo do direito material no processo, sempre demandando uma análise da relação jurídica de direito material discutida. Todavia, sendo possível ao magistrado decidir de modo diferente, o litisconsórcio será simples. Frise-se que basta a **possibilidade** de ser decidido diferente.

Para a distinção entre o litisconsórcio simples e unitário é preciso analisar se está sendo discutida uma ou mais de uma relação jurídica. Sendo discutida mais de uma relação jurídica, provavelmente, o litisconsórcio será simples, porém, se essa relação jurídica for indivisível, o litisconsórcio será unitário. Enfim, perceba-se que no litisconsórcio unitário há mais de um sujeito discutindo a mesma relação jurídica, portanto, há **legitimidade concorrente (ou colegitimação)**.

---

[2] Na assistência litisconsorcial e na denunciação, há controvérsia sobre a qualidade do assistente e do denunciado, todavia, por ora trabalharemos como litisconsórcio.

[3] Alguns autores denominam tal determinação judicial de intervenção *iussu iudicis* (*vide* tópico específico neste capítulo), com o que discordamos.

Cap. 8 · DO LITISCONSÓRCIO | 135

No litisconsórcio simples, como dito, há várias relações jurídicas, como ocorrem nas chamadas ações repetitivas, múltiplas ou homogêneas, nas quais se discute a mesma tese como, por exemplo, correções indevidas em caderneta de poupança, FGTS, planos econômicos etc. Nesse sentido, reunindo-se diversos autores, cada um com a sua relação jurídica, haverá um litisconsórcio simples (litisconsórcio e cúmulo de ações).

Frise-se que a solidariedade ativa (art. 267 do CC/2002) pode gerar litisconsórcio ativo, bem como a solidariedade passiva pode gerar litisconsórcio passivo (art. 275 do CC/2002), ou seja, havendo vários credores ou devedores solidários qualquer deles pode demandar ou serem demandados sozinhos, ou opor exceções pessoais. Agora, tal litisconsórcio, na hipótese de discussão de uma relação jurídica solidária e indivisível, será unitário; do contrário, será simples. Nesse sentido, diante, por exemplo, de uma obrigação solidária para pagamento em dinheiro, a obrigação será divisível; se for para entregar um cavalo, será indivisível.

Havendo litisconsórcio entre o Ministério Público[4] e um incapaz em uma ação de alimentos, portanto discutindo a mesma relação jurídica que é indivisível, o litisconsórcio será unitário. Sempre que um **legitimado ordinário** se litisconsorciar com um **legitimado extraordinário**, tal litisconsórcio **sempre** será **unitário**. O litisconsórcio entre uma associação civil e o Ministério Público, por exemplo, em uma ação coletiva, gera um litisconsórcio unitário. Sempre que dois legitimados extraordinários se litisconsorciarem, tal litisconsórcio será unitário.

Assim, sempre que houver litisconsórcio facultativo em uma ação de conteúdo **constitutivo** quanto ao resultado, tal litisconsórcio será unitário.

No litisconsórcio unitário, há vários sujeitos reunidos, todavia, como a decisão tem de ser a mesma para todos, são tratados como um só sujeito. Na trilha da valiosa lição "o litisconsórcio unitário é a **unidade da pluralidade**: vários são considerados um; o litisconsórcio unitário não é o que parece ser, pois várias pessoas são tratadas no processo como se fossem apenas uma" (DIDIER JR., 2009. v. 1, p. 308). No litisconsórcio simples, há várias pessoas e assim são tratadas, possuindo cada uma realidade própria, uma vez que cada uma é tratada como um sujeito distinto.

(iv) Quanto à obrigatoriedade de sua formação: Litisconsórcio necessário é aquele cuja formação é compulsória, sendo irrelevante a vontade das partes na sua formação, sendo indispensável a integração do polo passivo por todos os sujeitos. Haverá litisconsórcio por força de lei ou pela relação jurídica indivisível (art. 114 do CPC/2015). Na doutrina estrangeira, o primeiro caso é o denominado **litisconsórcio propriamente necessário** e o segundo de **impropriamente necessário** (HERNÁN, 1994. v. 1, p. 89-104). Há litisconsórcio necessário imposto por lei, por exemplo, na ação de usucapião (art. 246, § 3º, do CPC/2015), bem como na ação envolvendo direito real imobiliário contra pessoas casadas (art. 73, § 1º, do CPC/2015), bem como há litisconsórcio necessário por força da relação jurídica indivisível na ação de anulação de casamento promovida pelo Ministério Público (art. 1.549 do CC/2002), pois, evidentemente, a presença de ambos os

---

[4] O art. 201, III, da Lei 8.069/1990 atribui tal legitimidade ao MP e, nesse sentido, há precedentes no STJ, REsp 1113590/MG, 3ª T., rel. Min. Nancy Andrighi, j. 24.08.2010.

cônjuges se faz necessária diante da invalidade ou não do casamento, na ação de dissolução de sociedade e na ação reivindicatória quando o imóvel estiver registrado em nome de diversas pessoas, caso em que a demanda deverá ser oferecida em face de todas elas,[5] ou na ação pauliana promovida em virtude de fraude contra credores, na qual figuram, necessariamente, como réus, o alienante e o adquirente.

O litisconsórcio necessário revela casos de **legitimidade conjunta ou complexa**, pois a presença somente de um litisconsorte conduzirá à ilegitimidade daquele que está presente no processo, ou seja, a legitimidade de um litisconsorte está chumbada à legitimidade do outro, na clássica lição de Dinamarco (2002. v. 2, p. 312). Por outro ângulo, nada obsta que as partes criem, por **negócio jurídico processual (art. 190), um litisconsórcio necessário**, como para a revisão judicial de um contrato, exigindo, por exemplo, a participação judicial do contratante e do interveniente-anuente.

O litisconsórcio facultativo é extraído por exclusão ao litisconsórcio necessário, ou seja, pode ou não se formar, ficando a critério dos litigantes. Os exemplos são os mais diversos, como na hipótese de duas ou mais pessoas postularem indenização em decorrência de acidente de trânsito; dois ou mais licitantes demandarem em conjunto para anular uma cláusula do edital etc.

Quadro sinótico das principais classificações:

LITISCONSÓRCIO NECESSÁRIO OU FACULTATIVO	Nessa classificação se toma por orientação a obrigatoriedade ou não da formação do litisconsórcio (art. 114 do CPC/2015).	O litisconsórcio será necessário quando houver compulsoriedade na formação do litisconsórcio, seja por força de lei, seja por força da relação jurídica que é indivisível. Nesses casos haverá legitimação conjunta ou complexa. Será facultativo quando houver a possibilidade de apenas um sujeito ocupar, isoladamente, um dos polos da relação processual.
LITISCONSÓRCIO UNITÁRIO OU SIMPLES	Aqui o foco de observação está "na sorte" dos litisconsortes em razão do julgamento (art. 116 do CPC/2015).	Será unitário o litisconsórcio quando a demanda tiver que ser decidida de forma homogênea em relação a todos os litigantes que figurem no mesmo polo da relação processual. Será simples quando tal homogeneidade não estiver obrigada a ocorrer, podendo haver resultado diferente para partes do mesmo polo da ação.
CRITÉRIO DE POSIÇÃO PROCESSUAL (OU TOPOLÓGICO)	Ativo	A pluralidade de partes está no polo ativo.
	Passivo	A pluralidade de partes está no polo passivo.
	Misto ou recíproco	A pluralidade de partes ocorre tanto no polo ativo, quanto no polo passivo.
CRITÉRIO CRONOLÓGICO	Originário	A pluralidade de partes ocorre desde o início da demanda.
	Posterior ou ulterior	A pluralidade de partes surge após a efetiva formação da demanda.

---

[5] Para alguns exemplos. foram tirados de: CÂMARA, Alexandre Freitas. *Lições de direito processual civil*. 17. ed. Rio de Janeiro: Lumen Juris, 2008. v. 1, p. 155.

Cap. 8 · DO LITISCONSÓRCIO | 137

8.3. PECULIARIDADES ENTRE AS CLASSIFICAÇÕES

8.3.1. Litisconsórcio multitudinário *x* litisconsórcio recusável/facultativo impróprio

À época do CPC de 1939, dividia-se o litisconsórcio em: **(i) litisconsórcio por comunhão; (ii) litisconsórcio por conexão; (iii) litisconsórcio por afinidade.** Tal divisão tinha por critério o vínculo que os litisconsortes mantinham entre si. Essa divisão do litisconsórcio, de acordo com o nível de proximidade, é denominada, pela doutrina, das **três figuras do litisconsórcio** (GUIMARÃES, p. 201. Apud CÂMARA, v. 1, p. 159, nota 97).

Assim, se os litisconsortes comungavam de uma mesma situação, ou seja, estavam discutindo a mesma situação, haveria litisconsórcio por comunhão, como o formado nas obrigações solidárias ou entre condôminos. Se estivessem em juízo discutindo situações diferentes, mas ligadas entre si, haveria litisconsórcio por conexão. Assim, no litisconsórcio entre Ministério Público e um incapaz, diante da relação do incapaz, autoriza-se que o *Parquet* seja seu litisconsorte, isso em razão da função institucional do Ministério Público. De igual, na hipótese do litisconsórcio entre o denunciante e denunciado em casos de denunciação da lide. Havendo relações distintas não ligadas entre si, com problemas autônomos, muito embora semelhantes, haveria litisconsórcio por afinidade, como ocorre no litisconsórcio nas causas repetitivas, portanto simples.

O art. 113 do CPC/2015, como se observa dos incisos I (litisconsórcio por comunhão), II (litisconsórcio por conexão) e III (litisconsórcio por afinidade), seguiu tal linha de raciocínio, contudo o réu tinha o direito de recusar o litisconsórcio ativo por afinidade, o denominado **litisconsórcio impróprio**, ou seja, se houvessem várias pessoas demandando em litisconsórcio por afinidade, o réu possuía o **direito potestativo** de solicitar o desmembramento, gerando para o autor uma sujeição. Assim, à época, afirmava-se que o litisconsórcio por afinidade ativo era recusável, sendo um litisconsórcio facultativo impróprio.

Tal recusabilidade foi repetida nos CPCs/1973 e 2015, todavia, com temperamentos. Diante da formação de um litisconsórcio facultativo com um elevado número de autores (**multitudinário**), o juiz pode limitá-lo, *ex officio*, em virtude do comprometimento da rápida solução do litígio, bem como o réu pode recusar a sua formação, justificando-se no comprometimento da rápida solução do litígio ou infringência à ampla defesa (art. 113, §§ 1º e 2º, do CPC/2015).[6] Distingue-se a atual hipótese do litisconsórcio recusável da que havia no CPC/1939, pois, atualmente, há a necessidade de justificativa por parte do réu para a recusa, podendo não ser deferida, pois o magistrado analisará a necessidade ou não. Enfim, **não** há mais que se falar em litisconsórcio recusável, tendo o legislador criado um meio termo, não

---

[6] Nery afirma que o juiz pode limitar de ofício com base no risco de comprometimento da rápida solução do litígio, o que decorre de sua função de diretor de processo (art. 125 do CPC), porém o réu somente poderia alegar com base na dificuldade de defesa no prazo de resposta (NERY JR., Nelson; NERY, Rosa Maria de Andrade. *Código de Processo Civil comentado e legislação extravagante*. 10. ed. rev., ampl. e atual. São Paulo: RT, 2007. p. 257. O art. 125 do CPC corresponde ao art. 139 do CPC/2015.

138 | PROCESSO CIVIL SISTEMATIZADO – *Haroldo Lourenço*

sendo mais um direito potestativo do réu, conciliando o direito do réu, mas vedando o abuso de direito.[7]

Observe-se que **não** há um parâmetro objetivo, ou seja, não há um número preciso para se apontar como razoável, o magistrado analisará diante das peculiaridades do caso concreto, fundamentando sua decisão na celeridade processual, na dificuldade para a defesa ou para o cumprimento de sentença. Nessa hipótese, o juiz prolatará uma decisão interlocutória, que, se **rejeitar** o pedido de limitação, caberá agravo de instrumento, contrário, acolhido o pedido de limitação, será irrecorrível (art. 1.015, VIII, do CPC/2015).

Observe-se que o legislador não disciplinou como será realizada essa separação, bem como os seus efeitos. Nesse sentido há divergência na doutrina, em que, majoritariamente, afirma-se que o magistrado deverá determinar o desmembramento do processo, formando **novos autos** que serão redistribuídos ao mesmo magistrado, por prevenção, em analogia ao art. 286, II, do CPC/2015 (DIDIER JR., 2009. p. 317).

Nesse sentido, cumpre registrar o posicionamento do FPPC, afirmando que, em caso de desmembramento do litisconsórcio multitudinário, a **interrupção da prescrição** retroagirá à data de propositura da demanda original (Enunciado 10), bem como o juiz pode substituir a sua limitação do litisconsórcio multitudinário pela **ampliação de prazos** (art. 139, VI, do CPC/2015), sem prejuízo da possibilidade de **desmembramento na fase de cumprimento de sentença** (Enunciado 116), além dos efeitos mencionados no art. 240 (efeitos da citação) são considerados produzidos desde o **protocolo originário da petição inicial** (Enunciado 117).

Além da possibilidade de o juiz determinar de ofício o desmembramento, admite-se que o réu se oponha à formação litisconsorcial ativa, fundamentando-se na dificuldade para o exercício do seu direito de defesa.

Majoritariamente, o pedido do réu deve ser formulado no prazo de resposta,[8] inclusive ocorrerá interrupção do mencionado prazo (art. 113, §§ 1º e 2º, do CPC/2015),[9] sendo inclusive esse o entendimento em sede de JEF.[10] De igual modo, afirma o STJ que, **não** formulado tal pleito no prazo de resposta, haverá **preclusão**.[11] Observe-se que o mais natural é que tal pedido seja formulado no prazo de resposta, sem a apresentação de contestação, pois, do contrário, a própria contestação estaria enfraquecida, já que seria incompatível a afirmação de dificuldade de defesa e a apresentação de contestação. O pedido tem eficácia interruptiva *ex lege*, não cabendo ao juiz afastá-la sob o argumento de que foi feito de má-fé, em eventual manobra

---

[7] No sentido de não existir mais o litisconsórcio recusável: DINAMARCO, Cândido Rangel. *Litisconsórcio* cit., p. 99; NERY JR., Nelson; NERY, Rosa Maria de Andrade. *Código de Processo Civil comentado e legislação extravagante* cit., p. 256.

[8] Afirmando que, diante da falta de previsão em lei, deve ser aplicado o prazo supletivo de cinco dias (art. 218, § 3º, do CPC/2015): DIDIER JR., Fredie. *Curso de direito processual civil*. Teoria geral do processo e processo de conhecimento cit., v. 1, p. 317.

[9] STJ, REsp 600.156/PR, rel. Min. João Otávio de Noronha, j. 07.11.2006.

[10] Nesse sentido, Enunciado 19 do FONAJEF: "Aplica-se o parágrafo único do art. 46 do CPC em sede de Juizados Especiais Federais".

[11] STJ, REsp 402447/SP, 5ª T., rel. Min. Laurita Vaz, j. 04.04.2006. No mesmo sentido: NERY JR., Nelson; NERY, Rosa Maria de Andrade. *Código de Processo Civil comentado e legislação extravagante* cit., p. 255.

protelatória. Nessa hipótese, serão aplicáveis penalidades processuais, como a litigância de má-fé, mas não a supressão do efeito interruptivo de tal pedido.

Cremos que, mesmo na hipótese de o juiz não ter atuado de ofício, bem como de não ter o réu requerido o desmembramento no prazo de resposta, **não** há preclusão, pois pode não ter havido dificuldade para contestar e praticar outros atos processuais, como na realização de uma audiência de instrução e julgamento. Nesse caso, pode o próprio magistrado atuar oficiosamente, bem como pode o réu instá-lo a desmembrar o processo, parecendo ter sido essa a tese adotada pelo CPC/2015, ao afirmar no final do § 2º do art. 113 que haverá interrupção para "manifestação ou resposta", levando a crer que tal pedido não precisa ser formulado obrigatoriamente na contestação.

Há outro posicionamento doutrinário, do qual discordamos, que afirma não ser admissível o desmembramento na hipótese de litisconsórcio multitudinário ativo unitário, pois o objeto litigioso é único e indivisível.[12] Não vemos impossibilidade de desmembramento, ainda que o litisconsórcio multitudinário seja unitário, desde que se adote o entendimento de que os processos resultantes do desmembramento continuaram a serem processados no mesmo juízo, na forma do art. 286, II, do CPC/2015 evitando-se, assim, eventual conflito.

Observe-se que a formação multitudinária pode se dar no **polo passivo**, o que permite ao magistrado determinar de ofício a separação, sob o fundamento de que seria extremamente prejudicial à celeridade processual, pois, por exemplo, o prazo de resposta somente se iniciaria com a juntada do último mandado de citação (art. 231, § 1º, do CPC/2015).

Cumpre, por fim, mencionar a hipótese de litisconsórcio multitudinário passivo que não pode ser limitado, nem por determinação do juiz, tampouco por requerimento do réu. Basta pensarmos em uma demanda possessória relacionada a uma ocupação de terra, na qual é quase impossível a determinação pelo autor de cada um dos réus. Nessa hipótese, a indicação deverá ser a mais próxima possível de uma identificação, para que o oficial de justiça, ao menos, cite os responsáveis pelo movimento, sendo bem compreensível que as dificuldades de identificação digam respeito à qualificação das partes e não à sua colocação no polo passivo, de forma que, em situações como a descrita acima, todos os esbulhadores serão réus, compondo o polo passivo, mas a qualificação recairá sobre algumas pessoas que o autor consiga identificar ou, ainda, no líder do movimento, se identificável, em nítida mitigação do dispositivo legal.

8.3.2. Todo litisconsórcio necessário é unitário?

O litisconsórcio **necessário** por força da **relação jurídica** é **unitário**. O litisconsórcio **necessário** por força de **lei tende** a ser **simples**, visto que o legislador não imporia, expressamente, a necessariedade a um litisconsórcio unitário, eis que esse, em regra, já é necessário (DIDIER JR., 2009. v. 1, p. 310). Assim, por exemplo, na ação de usucapião (art. 246, § 3º, do CPC/2015), o litisconsórcio é necessário por força de lei, devendo ser citados o(s) proprietário(s), possuidor(es), bem como todos

---

12   Idem, ibidem.

140 | PROCESSO CIVIL SISTEMATIZADO – *Haroldo Lourenço*

os confinantes, quando seu resultado é simples. O litisconsórcio necessário formado quando há várias relações jurídicas em jogo, será simples.

A mesma hipótese é encontrada na ação de divisão e demarcação (art. 575 do CPC/2015), na ação de inventário (art. 626 do CPC/2015) e, ainda, nas hipóteses do art. 73, § 1º, do CPC/2015.

Consequentemente, **nem todo litisconsórcio necessário (art. 114 do CPC/2015) será unitário (art. 116 do CPC/2015).** Tal imbróglio surgiu da antiga redação do art. 47 do CPC/1973, contudo, como se observa atualmente, tais litisconsórcios são tratados em dispositivos diferentes, justamente para afastar tal confusão.

Sequer todo unitário será necessário, eis que há **litisconsórcio unitário facultativo**, ou seja, existe litisconsórcio que embora seja unitário é facultativo, como, por exemplo, quando um herdeiro reivindica a herança (art. 1.791, parágrafo único, do CC/2002), não sendo necessário o litisconsórcio de todos os herdeiros, porque pode a demanda ser movida por um ou por alguns dos herdeiros e não obrigatoriamente por todos, mas a decisão há de ser uniforme para todos, pois a propriedade sobrevive para todos ou não. Igual hipótese haverá no condomínio (art. 1.314 do CC/2002) (ALVIM, 2001. v. 2, p. 102-103).

8.3.3. Litisconsórcio facultativo e unitário. Efeitos da coisa julgada

Como visto, o litisconsórcio necessário por força da relação jurídica será unitário, em virtude da indivisibilidade. Há, contudo, casos de litisconsórcio facultativo unitário, nos quais, muito embora sejam unitários, a **legislação dispensa a necessariedade**. Os exemplos são os abordados anteriormente, como no clássico exemplo da ação de anulação de assembleia de acionistas, ou dos coerdeiros ou dos condôminos (arts. 1.791 e 1.314 do CC/2002).

As situações de litisconsórcio facultativo unitário ocorrem notadamente quando o litisconsórcio unitário deveria se formar no polo ativo da relação jurídica processual, mas se reconhece a **legitimação ordinária individual** ou mesmo a **legitimação extraordinária** para a propositura da demanda (DIDIER JR., 2009. v. 1, p. 311).

Assim, **sempre** que existir legitimidade extraordinária concorrente, o litisconsórcio será facultativo e unitário, bem como tal legitimidade será **disjuntiva**, porque qualquer um dos legitimados poderá propor a demanda solitariamente, como ocorre na ação civil pública.

Se o litisconsórcio é facultativo e unitário, pode acontecer de não se formar. Nessa hipótese, um dos possíveis litisconsortes não estará no processo, porém, havendo formação da coisa julgada, controverte a doutrina se alcançaria ou não o litisconsorte não participante. **Majoritariamente**, como a relação jurídica material submetida ao Judiciário é única, não poderia novamente ser discutida, portanto, atingiria a parte que poderia ter sido litisconsorte,[13] do contrário perderia sentido a existência da

---

[13] A favor da extensão da coisa julgada ao colegitimado: BARBOSA MOREIRA, José Carlos. Coisa julgada: extensão subjetiva. Litispendência. Ação de nulidade de patente. *Direito processual civil* (ensaios e pareceres). Rio de Janeiro: Borsoi, 1971. p. 273-294; *Litisconsórcio unitário*. Rio de Janeiro: Forense, 1972. p. 143-145; TUCCI, José Rogério Cruz e. *A causa petendi no processo civil*. 2. ed. São Paulo: RT, 2001. p. 229.

Cap. 8 · DO LITISCONSÓRCIO | **141**

legitimidade extraordinária, havendo a possibilidade de influir na esfera patrimonial alheia, raciocínio com o qual concordamos. Por outro lado, há quem se posicione no sentido de que a coisa julgada não atingiria o possível litisconsorte unitário, posto que não participou do processo e, na forma do art. 506 do CPC/2015, não poderia ser atingido, sendo possível a formação de várias coisas julgadas, prevalecendo a mais recente.[14] Há, ainda, quem defenda que a coisa julgada, no processo conduzido pelo legitimado extraordinário, seria *secundum eventum litis* e *in utilibus* (GRECO, 2003. p. 41).

Alguns exemplos ilustram bem essas hipóteses, como o caso da ação de dissolução de sociedade, anulação ou de declaração de nulidade de deliberação de assembleia de sociedade, que poderá ser proposta por qualquer sócio; ação popular, que pode ser proposta por qualquer cidadão, independentemente da adesão de outros cidadãos também colegitimados (art. 5°, LXXIII, da CF/1988 e art. 1° da Lei 4.717/1965); a ação civil pública que pode ser proposta por quaisquer dos legitimados do art. 5° da Lei 7.347/1985 e do art. 82 da Lei 8.078/1990; a ação de deserdação que pode ser proposta por qualquer pessoa que aproveita a deserdação etc.

As relações expostas nos dois itens anteriores são muito importantes, assim vejamos o quadro abaixo:

LITISCONSÓRCIO	NECESSÁRIO	FACULTATIVO
UNITÁRIO	Entre cônjuges em ação promovida pelo Ministério Público buscando a anulação de casamento (art. 1.549, CC).	Entre acionistas buscando anulação de uma assembleia.
SIMPLES	Entre os confinantes na ação de usucapião de bem imóvel (art. 246, § 3°, CPC).	Entre passageiros em demanda indenizatória contra empresa de ônibus.

8.3.4. Litisconsórcio necessário ativo[15]

Como dito, há litisconsórcio necessário por força de lei ou por força da relação jurídica incindível (art. 114 do CPC/2015). O necessário por força da relação jurídica indivisível é também unitário, pois a solução que se der a ela tem que ser também única para todos os litisconsortes ou possíveis litisconsortes.

O litisconsórcio unitário, naturalmente, relaciona-se com a colegitimidade, admitindo, assim, que somente um dos legitimados esteja em juízo discutindo, em nome

---

[14] Em sentido diverso, não admitindo a extensão da coisa julgada ao litisconsorte estranho ao processo e para quem é possível a existência de tantas coisas julgadas quantos sejam os possíveis litisconsortes, devendo prevalecer a mais recente; TALAMINI, Eduardo. Partes, terceiros e coisa julgada: os limites subjetivos da coisa julgada. In: DIDIER JR., Fredie; WAMBIER, Teresa Arruda Alvim (coord.). *Aspectos polêmicos e atuais sobre os terceiros no processo civil e assuntos afins*. São Paulo: RT, 2004. p. 210-211; GRINOVER, Ada Pellegrini. Ações concorrentes – Pluralidade de partes legítimas à impugnação de um único ato. In: LIEBMAN, Enrico Tullio. *Eficácia e autoridade da sentença*. 2. ed. Rio de Janeiro: Forense, 1981. p. 238-243.

[15] Vale a leitura do artigo escrito por: DIDIER JR., Fredie. Litisconsórcio necessário ativo (?), o qual reúne os diversos entendimentos sobre o assunto, bem como cita os inúmeros autores que serão analisados neste ponto.

142 | PROCESSO CIVIL SISTEMATIZADO – *Haroldo Lourenço*

próprio, situação jurídica alheia ou até mesmo própria (que não lhe diz respeito somente, pois poderia estar sendo discutida pelo outro ou outros legitimados).

Se a colegitimação é passiva e há unitariedade, o litisconsórcio necessário impõe--se sem qualquer problema: como ninguém pode se recusar a ser réu, o litisconsórcio formar-se-á independentemente da vontade dos litisconsortes. Se a colegitimação é ativa e há unitariedade, qualquer dos colegitimados, isoladamente, pode propor a demanda, mesmo contra a vontade de um possível litisconsorte unitário, que ficará submetido à coisa julgada, como é a regra em casos de legitimação extraordinária (controvérsia tratada anteriormente).

Em algumas situações, pode o Direito **minimizar** as consequências da facultatividade do litisconsórcio unitário, quer **não** estendendo os efeitos da coisa julgada ao colegitimado art. 274 do CC/2002 (com redação dada pelo art. 1.068 do CPC/2015), quer exigindo o prévio **consentimento** do outro (como no caso das pessoas casadas, art. 73 do CPC/2015 e art. 1.647, II, do CC/2002), quer exigindo, de logo, a **intimação** de todos os sujeitos da relação jurídica (ação demarcatória proposta por condômino, art. 575 do CPC/2015). A solução da questão é mais difícil exatamente nas hipóteses sobre as quais o legislador silencia. É em torno dessas situações (os demais casos de litisconsórcio ativo facultativo unitário) que está focada a discussão sobre o litisconsórcio necessário ativo.

Enfim, uma coisa é certa e unânime na doutrina: a legislação processual está inadequada para os casos de colegitimação ativa, em que a relação jurídica material discutida envolve, em um dos seus termos, uma pluralidade de sujeitos. É fundamental, realmente, que o sujeito da relação jurídica discutida esteja no processo, para que possa defender os seus interesses.

Sobre o litisconsórcio necessário ativo, não obstante a vetusta discussão, ainda há dissenso na doutrina. Há quem **admita** a sua existência,[16] todavia, reconhece que *"esta atitude potestativa não pode inibir o autor de ingressar com a ação em juízo, pois ofenderia a garantia constitucional do direito de ação"* (NERY JR.; NERY, 2004. p. 475).[17] **Não** concordamos com tal entendimento, pois não há hipótese de litisconsórcio necessário ativo, nem poderia haver. O fundamento dessa conclusão é apenas um: o direito fundamental de acesso à justiça (inciso XXXV do art. 5º da CF/1988). O direito de ir a juízo não pode depender da vontade de outrem. Se houvesse litisconsórcio necessário ativo, seria possível imaginar a situação de um

---

[16]   Em sentido diverso, admitindo o litisconsórcio necessário ativo, além de Nelson Nery Jr. e Rosa Nery, citados ao longo da exposição: LAMBAUER, Mathias. *Do litisconsórcio necessário*. São Paulo: Saraiva, 1982. p. 117 e ss.; DINAMARCO, Cândido Rangel. *Litisconsórcio* cit., item 58, embora com uma visão muito restritiva do fenômeno; FREIRE, Homero. *Litisconsórcio necessário ativo*. Recife: Livraria Literatura Jurídica Internacional, 1954. p. 78-81; BEDAQUE, José Roberto dos Santos. *Código de Processo Civil interpretado*. In: MARCATO, Antônio Carlos (Coord.). São Paulo: Atlas, 2004. p. 155; GRANDA, Piedad González. *El litisconsorcio necesario en el proceso civil*. Granada: Comares, 1996. p. 213-215; ALVIM, Arruda. *Código de Processo Civil comentado*. São Paulo: RT, 1975. v. 2, p. 385. MARINONI, Luiz Guilherme; ARENHART, Sérgio Cruz. *Manual do processo de conhecimento*. 3. ed. São Paulo: RT, 2004. p. 203-204; MEDINA, José Miguel Garcia. Litisconsórcio ativo necessário. *RePro*, São Paulo: RT, n. 88, p. 285 e ss. 1997; ARAGÃO, Egas Dirceu Moniz de. *Comentários ao código de processo civil*. 8. ed. Rio de Janeiro: Forense, 1995. v. 2, p. 153.

[17]   Com posicionamento bastante semelhante: RODRIGUES, Marcelo Abelha. *Elementos de direito processual civil* cit., 2. ed., v. 2, p. 107.

dos possíveis litisconsortes negar-se a demandar, impedindo o exercício do direito de ação do outro (DIDIER JR., cit., p. 1).

O STJ[18] já afirmou algumas vezes sobre a existência de tal litisconsórcio, como na hipótese de mutuários casados entre si, na ação de revisão de contrato de financiamento, tendo o processo sido extinto sem resolução de mérito pela ausência da esposa, ficando o marido ceifado do seu direito de ação, o que nos parece absurdo.

A prevalecer a exigência do litisconsórcio necessário ativo, cria-se o imbróglio de que somente haverá demanda válida se o polo ativo conjunto for formado, o que, na total contramão do princípio da disponibilidade, obrigaria uma pessoa a postular (e litigar) como autora de ação judicial quando assim não deseja, ou, sob a ótica oposta, privaria alguém de exercer seu direito de ação quando os demais codemandantes obrigatórios não desejarem instaurar uma demanda judicial (DIDIER JR., 2005. p. 255).

Cremos, por outro lado, que se as partes previamente **negociarem** (art. 190 CPC), criando um litisconsórcio necessário ativo, este deve ser admitido.

Nessa linha, surge outro problema. Se pode somente um legitimado demandar e, unanimemente, o colegitimado tem que participar do processo, como será realizada tal integração?

(i) Os defensores da existência do litisconsórcio necessário ativo, não obstante reconhecer que um dos litisconsortes pode demandar sozinho, afirmam que aquele que deveria ser seu litisconsorte ativo deverá ser incluído no polo passivo da demanda, como réu, pois existe lide entre eles, porquanto esse citado está resistindo à pretensão do autor, embora por fundamento diverso da resistência do réu. Citado, aquele que deveria ter sido litisconsorte necessário ativo, passa a integrar de maneira forçada a relação processual. Já integrado no processo, esse réu pode manifestar sua vontade de: a) continuar no polo passivo, resistindo à pretensão do autor; b) integrar o polo ativo, formando o litisconsórcio necessário ativo reclamado pelo autor. "(...) O que importa para que se cumpra a lei e se atenda aos preceitos do sistema jurídico brasileiro é que os litisconsortes necessários – isto é, todos os partícipes da relação jurídica material discutida em juízo – integrem a relação processual, seja em que polo for" (NERY JR; NERY, 2007. p. 475).

Uma questão sempre pareceu contraditória em tal entendimento, eis que, se os defensores do litisconsórcio necessário ativo afirmam que, obrigatoriamente, deve ser incluído o litisconsorte recalcitrante no polo passivo, não seria tal litisconsórcio necessário passivo? Litisconsórcio necessário ativo soa como uma contradição em termos.

(ii) Entre os defensores da inexistência de litisconsórcio necessário ativo, o demandante pode solicitar a **intimação** do colegitimado, podendo este assumir a posição de litisconsorte ativo ulterior, ou se calar, prosseguindo a condução do processo pelo demandante originário em substituição processual; pode, ainda, o colegitimado

---

[18] STJ, 3ª T., REsp 1.222.822, Rel. Min. Ricardo Villas Boas Cueva, j. 23.09.2014.

PROCESSO CIVIL SISTEMATIZADO – Haroldo Lourenço

aderir à contestação do réu, resistindo à pretensão do demandante originário, assumindo posição semelhante à de um assistente litisconsorcial passivo.

(iii) Caso o demandante não solicite a intimação, nada impede que o magistrado o faça, *ex officio* ou por provocação do demandado. Seria espécie de intervenção *iussu iudicis* que será analisada adiante, solução bastante simples e que agrada ambas as correntes, evitando delongadas discussões doutrinárias (DIDIER JR., 2004, p. 12).

Por fim, cumpre registrar que a jurisprudência caminha no sentido da inadmissibilidade do litisconsórcio necessário ativo, como na ação rescisória,[19] bem como na ação de rescisão de contrato de edição de obra musical celebrado entre diversas pessoas[20], na inexistência de litisconsórcio necessário ativo entre locadores[21]. O Enunciado 406 do TST[22] é bem esclarecedor no sentido da inexistência de litisconsórcio necessário ativo na ação rescisória, adotando, porém, entendimento da necessariedade de formação de litisconsórcio no polo passivo.

8.3.5. Litisconsórcio simples e unitário concomitantemente

Pode, ainda, ocorrer de em um mesmo processo existir litisconsórcio simples e unitário, como na hipótese de dois coproprietários de um apartamento, mais dois outros autores, proprietários de mais dois apartamentos respectivamente, ajuizarem contra o Município demanda para questionar a cobrança de IPTU. Na hipótese, haverá, no polo ativo, um litisconsórcio ativo e facultativo (por afinidade). Ocorre que, não obstante existirem quatro autores, somente existem três relações jurídicas. Sendo assim, em relação aos coproprietários, o litisconsórcio será unitário, porém, em relação aos demais, será simples.

8.3.6. Litisconsórcio sucessivo. Litisconsórcio subsidiário/eventual

A diferença entre litisconsórcio sucessivo e subsidiário não é muito enfrentada pela doutrina, todavia, cumpre diferenciarmos. Inicialmente, devemos recordar a cumulação de pedidos sucessiva (com o acolhimento do primeiro pedido passa-se à análise do segundo) e subsidiária (com a rejeição do primeiro pedido, o subsidiário é analisado, prevista no art. 326 do CPC/2015).

Nesse sentido, há litisconsórcio **sucessivo** quando constar na demanda, pelo menos, dois pedidos não idênticos, sendo que o segundo pedido somente será analisado se ultrapassado o primeiro pleito com decisão positiva (MAZZEI, 2014. p. 13-14). Ocorre, porém, que no litisconsórcio sucessivo os pedidos submetidos à

---

[19] STJ, REsp 109.023/SP, 5ª T., rel. Min. Edson Vidigal, j. 03.12.1999.

[20] STJ, REsp 88.079/RJ, 4ª T., rel. Min. Ruy Rosado de Aguiar, j.16.11.2000.

[21] STJ, REsp 1.737.476/SP, 3ª T., rel. Min. Nancy Andrighi, j. 04.02.2020.

[22] "O litisconsórcio, na ação rescisória, é necessário em relação ao polo passivo da demanda, porque supõe uma comunidade de direitos ou de obrigações que não admite solução díspar para os litisconsortes, em face da indivisibilidade do objeto. Já em relação ao polo ativo, o litisconsórcio é facultativo, uma vez que a aglutinação de autores se faz por conveniência, e não pela necessidade decorrente da natureza do litígio, pois não se pode condicionar o exercício do direito individual de um dos litigantes no processo originário à anuência dos demais para retomar a lide".

análise e julgamento se referem a pessoas distintas e, ao passar ao segundo pedido, tem início análise subjetiva diversa daquela realizada em sede do pedido antecessor.

Justamente em virtude da cumulação sucessiva que caracteriza o pleito, somente se avançará para o patrimônio jurídico do segundo litigante após a análise positiva (de resultado) em relação ao primeiro. Mister se fará que conste, primeiramente, comando decisório (= capítulo de sentença) positivo, quanto ao primeiro litisconsorte, para, após, adentrar-se no segundo pedido, que é concernente ao litigante que está em litisconsórcio sucessivo (MAZZEI, 2014. p. 13-14).

Há, destarte, litisconsórcio e cúmulo subjetivo, pois a procedência do primeiro pedido gerará a possibilidade de julgamento da segunda ação, com outro pedido, voltado para uma parte diferente daquela que foi a beneficiária da decisão positiva. A situação informa, desde logo, que o litisconsórcio sucessivo – em regra – seguirá classificação de facultativo, no que se refere à obrigatoriedade de formação conjunta com o primeiro autor/réu, já que os casos concretos demonstram que é possível o ajuizamento de apenas uma ação, ou seja, sem a necessidade da formação do cúmulo subjetivo que, repita-se, importa em formar nova ação com parte diferente da primeira (MAZZEI, 2014. p. 13-14).

Há litisconsórcio **subsidiário ou eventual**, quando houver rejeição do primeiro pleito em face do "réu 1", passando, assim, o magistrado à análise do segundo pleito, em face do outro "réu 2". Nesse sentido, pode o autor demandar contra a pessoa jurídica e, na hipótese de esta estar insolvente e ter praticado atos fraudulentos, buscar-se a responsabilização do sócio, desconsiderando a personalidade da pessoa jurídica (art. 134, § 2º, do CPC/2015). Frise-se que, na hipótese de desconsideração, pode-se gerar litisconsórcio alternativo, bastando haver dúvida quanto ao real devedor; ou de litisconsórcio eventual (subsidiário), a depender da apresentação de preferência do autor; ou seja, não havendo opção, haverá litisconsórcio alternativo; havendo preferência, litisconsórcio eventual (subsidiário).

Pode-se cogitar em litisconsórcio sucessivo passivo na hipótese esculpida no art. 1.698 do CC/2002, trazendo uma responsabilidade subsidiária especial, pois somente serão "chamados" os parentes de grau imediato para prestar alimentos dentro de sua capacidade, após verificar-se que o devedor originário não tem condições de suportar totalmente o encargo.

Sempre que se pleitear em responsabilidade subsidiária, haverá litisconsórcio sucessivo, pois se trata de condenação sequenciada. Improcedente o primeiro pleito, não se cogitará em responsabilidade subsidiária e, de igual modo, não haverá a análise em relação ao litisconsorte sucessivo.

Outras hipóteses de litisconsórcio sucessivo podem ser extraídas do art. 928 do CC/2002 (responsabilidade subsidiária mitigada do incapaz), bem como nos casos de desconsideração da personalidade da pessoa jurídica (MAZZEI, 2014. p. 19-22).

Pode ocorrer, ainda, um litisconsórcio sucessivo no polo ativo. Na hipótese de mãe e filho, conjuntamente, ajuizarem ações de alimentos e de ressarcimento de despesas de parto. A procedência da ação de alimentos pressupõe a obrigação do pai quanto às despesas, pois, na raiz do dever de prestar alimentos, situa-se a paternidade que, desenganadamente, não se pôs em causa (ASSIS, 2002. p. 169; DIDIER JR., 2018, p. 260).

146 | PROCESSO CIVIL SISTEMATIZADO – *Haroldo Lourenço*

O reconhecimento judicial da paternidade está cronologicamente à frente do pedido de alimentos e ressarcimento das despesas, sendo o primeiro pedido de legitimidade exclusiva do filho (art. 1.606, CC/2002). Ocorre, porém, que é perfeitamente admissível a análise do pedido de ressarcimento de despesas com o parto, após o julgamento de improcedência do pleito de alimentos, diante da aferição de que a mãe não tem necessidade de tal fixação, pois possui vultoso patrimônio. Enfim, o pleito de ressarcimento está sob a dependência da demanda do primeiro autor quanto ao reconhecimento da paternidade.

No entanto, para fins de cumulação subjetiva subsidiária, estaremos dentro do ambiente da **cumulação imprópria eventual**, de modo que somente se entrará no pedido (subjetivo) subsidiário se o pleito principal (= primeiro réu) for descartado da lide, o que, em hipótese alguma, pode ocorrer no art. 1.698 do Código Civil, já que a condenação do primeiro parente (capítulo decisório positivo) é essencial para condenação (sucessiva) dos demais parentes, caso o primeiro não tenha condições de arcar integralmente com o valor dos alimentos fixados.

Enfim, não se pode confundir o litisconsórcio sucessivo com o subsidiário. Estas situações devem ser bem diferenciadas, pois a desconsideração da pessoa jurídica importa em procedimento que ultrapassará o patrimônio do devedor original, adentrando a esfera jurídica do litisconsorte sucessivo, ao passo que, na cumulação subjetiva imprópria (seja litisconsórcio alternativo ou mesmo litisconsórcio eventual – subsidiário) haverá a exclusão de algum(uns) demandado(s), após se aferir aquele que detém o real vínculo com o demandante (MAZZEI, 2014. p. 19-22).

8.3.7. Litisconsórcio alternativo

A falta de identificação perfeita daquele que será o réu poderá justificar a formação da rara figura do litisconsórcio alternativo, nos casos em que o requerente não tem como precisar, de forma segura e sem prévia cognição, a exata legitimação da relação material controvertida, havendo dúvida fundamentada a respeito, sem expressão de qualquer preferência.

Possível exemplo de litisconsórcio alternativo está presente na ação de **consignação em pagamento movida pelo devedor em razão de dúvida quanto ao legítimo credor**, contudo, para que se caracterize o litisconsórcio alternativo não poderá estar apresentada qualquer preferência, no plano do cúmulo subjetivo, pelo postulante.

Atualmente, são tantas as empresas criadas por um mesmo grupo econômico que é possível haver dificuldade de individualizar quem é a titular da relação jurídica material, para se extrair a legitimidade, como no caso de um mesmo grupo econômico exercer atividades de banco, financeira, seguradora, administradora etc. (NEVES, 2011. p. 3)

Em razão da solidariedade entre todos os fornecedores e de sua responsabilidade objetiva (arts. 7°, 12 e 13 do CDC), o consumidor poderá optar contra quem pretende litigar. Poderá propor a demanda sobre o ressarcimento de seu dano somente contra um dos fornecedores, alguns, ou todos eles. A doutrina, que já enfrentou o tema, aponta acertadamente para a hipótese de litisconsórcio facultativo, considerando ser a vontade do consumidor que definirá a formação ou não da pluralidade de sujeitos no polo passivo e, também, no caso de se formar o litisconsórcio, determinar a extensão subjetiva da pluralidade (NUNES, 2005. p. 130; NERY JR.; NERY, 2005. p. 960; PAULA, 2002. p. 75).

O art. 13 do CDC se mostra interessante para a presente análise. O mencionado dispositivo afirma que o comerciante será igualmente responsável perante o consumidor se o fabricante, o construtor, o produtor ou o importador não puderem ser identificados, se o produto for fornecido sem identificação clara do seu fabricante, produtor, construtor ou importador ou se não conservar adequadamente os produtos perecíveis. Cremos que nesse caso há, também, responsabilidade do comerciante, ainda que possa, depois de satisfazê-lo, pleitear o ressarcimento perante o fabricante, produtor, construtor e importador (MARQUES; BENJAMIN; MIRAGEM, 2003. p. 240; NUNES, 2012, p. 176-177), não obstante haver quem defenda uma responsabilidade subsidiária do comerciante, não solidária (FILOMENO, 2010, p. 169), portanto sendo parte ilegítima para o processo (NEVES, 2017. p. 5).

Assim, havendo dúvida se o comerciante foi responsável pela deterioração do produto perecível, a legitimidade passiva somente pode ser aclarada com a produção de prova pericial. Então, seria admissível a formação alternativa do litisconsórcio entre o fabricante e o comerciante.

Dinamarco (DINAMARCO, 2002. p. 391), em sua clássica obra sobre o tema, questiona se seria lícito comparecerem dois autores, na dúvida sobre qual deles seja o verdadeiro credor, pedindo que o juiz emita um provimento contra o adversário comum, em benefício de um dos dois (cúmulo alternativo). Na realidade, a construção do instituto do litisconsórcio alternativo atinge também o polo ativo, quando exista dúvida fundada a respeito de quem seja o titular do direito a ser discutido no processo. O que caracteriza, fundamentalmente, o litisconsórcio alternativo, é a indefinição a respeito do sujeito legitimado a litigar, seja no polo ativo, seja no polo passivo da demanda (NEVES, 2017. p. 1).

Imaginemos, por exemplo, a hipótese de duas ou mais pessoas jurídicas, componentes do mesmo grupo econômico, realizarem diversos negócios jurídicos com terceiro de forma que não se saiba, com exatidão, qual delas é efetivamente a legitimada a propor a demanda, o que somente restará demonstrado com a análise de documentos em poder da parte contrária. Afirma-se que, nesse caso, será possível uma cumulação subjetiva eventual no polo ativo, de modo até mesmo a evitar a propositura de ações conexas – mesma causa de pedir – propostas em separado por tais pessoas jurídicas, a fundamentar o litisconsórcio no art. 113, II, do CPC/2015 (DINAMARCO, 2002. p. 394).

8.3.8. Inobservância do litisconsórcio necessário

Na hipótese de ser preterido um litisconsorte necessário, o art. 114 do CPC/2015 afirma expressamente que, sendo proferida sentença de mérito, será a mesma **ineficaz**.

Há autores que afirmam que haveria, nessa hipótese, uma **ineficácia absoluta** (CÂMARA, v. 1, p. 153), não produzindo efeitos tal decisão sequer para o litisconsorte participante da relação jurídica processual, conhecida como sentença **"inutilmente dada"** (*inutiliter data*), **prescindindo**, inclusive, de **ação rescisória**, pois é desne-

148 | PROCESSO CIVIL SISTEMATIZADO – *Haroldo Lourenço*

cessária sua retirada do mundo jurídico, não obstante poder ser aferida tal eficácia posteriormente, eis que a parte preterida pode concordar com os efeitos da sentença, submetendo-se ao seu comando, por se tratar de direito disponível. Por outro lado, havendo impugnação, será ineficaz ao preterido, bem como ao participante (NERY JR.; NERY, 2007. p. 261).

Majoritariamente, a natureza do vício irá depender da causa de formação do litisconsórcio necessário. Sendo em virtude de lei, haverá uma **nulidade**, por flagrante desrespeito à lei, podendo, portanto, ser reconhecida de ofício pelo juiz, bem como alegada pelas partes até o trânsito em julgado.[23] Depois do trânsito seria admissível ação rescisória (DINAMARCO, 2009. v. 2, p. 353) e, com a formação da coisa soberanamente julgada, a sentença não vinculará terceiros que não participaram do processo, nos termos do art. 506 do CPC/2015. Sendo o litisconsórcio formado por força da relação jurídica material indivisível, a sentença será **ineficaz absolutamente**, tanto para o litisconsorte participante, como para o ausente. Esse vício não se convalidaria sequer com o transcurso do prazo da ação rescisória (ASSIS, 2007. v. 1, p. 310).

O CPC/2015 posicionou-se sobre o tema, como se observa do art. 115, afirmando que será **nula** a sentença de mérito, proferida sem a integração do contraditório, se o litisconsórcio era **necessário e unitário** (inciso I) e **ineficaz** nos outros casos, ou seja, **necessário simples**, apenas para os não citados.

Afirma o art. 115, parágrafo único, do CPC/2015 que, não sendo trazido o litisconsorte passivo necessário, com a determinação do juízo no prazo assinalado, o processo será extinto, evidentemente, sem resolução de mérito. Discute a doutrina o fundamento dessa extinção, afirmando-se que, majoritariamente, seria por **ilegitimidade**, pois seria caso de **legitimidade plúrima ou complexa**. A legitimidade de um litisconsorte está chumbada à legitimidade do outro, na clássica lição de Dinamarco (DINAMARCO, 2009. v. 2, p. 312). Por outro lado, há quem sustente que haveria uma extinção pela falta de um pressuposto processual de existência, pela não integração da relação jurídica processual, já que não houve citação dos demais réus, sendo desnecessário o ajuizamento de ação rescisória mas, sim, de ação declaratória de inexistência de relação jurídica processual (RODRIGUES, 2008. v. 2, p. 107). Por fim, há quem afirma que a determinação do magistrado para a citação do litisconsorte faltante seria para emendar inicial e, não sendo ela emendada, haveria, a rigor, uma causa de indeferimento (GONÇALVES, 2011. p. 197).

8.4. DINÂMICA DO LITISCONSÓRCIO

No desenvolvimento do processo em que há litisconsórcio, existem algumas peculiaridades que merecem destaque.

(i) Termo *a quo* dos prazos: Se o prazo for para contestar, o seu termo inicial será o dia da juntada aos autos do **último comprovante de citação** (art. 231, § 1º,

---

[23] STJ, REsp 480.712/RJ, 1ª T., rel. Min. Teori Albino Zavascki, rel. p/ Ac Min. Luiz Fux, j. 12.05.2005. Em casos que tais, "os atos nulos *pleno iure* jamais precluem, não se sujeitando à coisa julgada, porque invalidam a formação da relação processual, podendo ser reconhecidos e declarados em qualquer época ou via" (REsp 147.769/SP, rel. Min. Sálvio de Figueiredo Teixeira, *DJ* 14.02.2000).

do CPC/2015), todavia, se o litisconsórcio for na execução extrajudicial, o prazo para oposição de embargos do executado terá seu início a partir de **cada juntada** aos autos do comprovante de citação (art. 915, § 1º, do CPC/2015), **salvo** se o litisconsórcio for entre **cônjuges ou companheiros**, quando se iniciará com a juntada do último;

(ii) Litisconsortes com advogados diferentes pertencentes a escritórios distintos: O prazo, na hipótese de litisconsórcio com **advogados diferentes, pertencentes a escritórios de advocacia distintos,**[24] será em dobro para todas as manifestações nos autos, em qualquer juízo ou tribunal, **independentemente de requerimento** (art. 229 do CPC/2015), cessando se, havendo apenas dois réus, for oferecida **defesa por apenas um deles** (§ 1º), não será aplicável a regra geral se os autos do processo forem **eletrônicos** (§ 2º). Na dicção da Súmula 641 do STF, tendo somente um litisconsorte sucumbido, não se conta em dobro o prazo para recorrer assim, por exemplo, mesmo que haja litisconsórcio passivo com advogados diferentes e de escritórios distintos, sendo a sentença procedente totalmente em relação ao primeiro e improcedente em relação ao segundo, o prazo de apelação será simples. Na execução extrajudicial, **não** se aplica o prazo em dobro para embargar (art. 915, § 3º, do CPC/2015), cabendo registrar que tal restrição se aplica somente para a apresentação dos embargos, pois **durante** o seu processamento o art. 229 é aplicável normalmente (NEVES, 2011. p. 1.094). Na impugnação ao cumprimento de sentença tal prazo diferenciado **é aplicável** (art. 525, § 3º, do CPC/2015) (ASSIS, 2006. p. 336; BUENO, 2008. p. 486; NERY JR.; NERY, 2007. p. 734). Por fim, **não** se aplica na oposição, por força do que determina o art. 683, parágrafo único, do CPC/2015, que determina que o prazo de resposta será de 15 dias, ainda que os opostos sejam representados por advogados diferentes (CÂMARA, 2008. v. 1, p. 176; NERY JR.; NERY, 2007. p. 277);

(iii) Princípio da independência ou autonomia dos litisconsortes (art. 117): Os litisconsortes são considerados, em suas relações com a parte contrária, litigantes distintos, **exceto no litisconsórcio unitário, caso em que os atos e as omissões de um não prejudicarão os outros, mas os poderão beneficiar**, ressalva que já era feita pela doutrina (CÂMARA, 2008. v. 1, p. 166). Ocorre, contudo, que em certos casos nem ao litisconsórcio comum é aplicável, o que gera perplexidade e imbróglios.

Nesse ponto, importante classificar os atos das partes em condutas **determinantes ou alternativas**. Será determinante a conduta em que a parte se coloca em situação desfavorável, como, por exemplo, quando confessa, desiste, renuncia, não contesta ou não recorre. Enfim, são condutas que determinam um resultado desfavorável. Será alternativa a conduta quando a parte praticar ato para melhorar a sua situação, porém

---

[24] Frise-se que o CPC/2015 superou o posicionamento do STJ de que o prazo seria em dobro, independentemente dos litisconsortes serem ou não de escritórios distintos: STJ, REsp 973.465/SP, 4ª T., rel. Min. Luis Felipe Salomão, j. 04.10.2012 (Informativo 506). Precedentes citados: REsp 713.367-SP, *DJ* 27.06.2005; AgRg no Ag 1.085.026-SC, *DJe* 25.05.2009; AgRg no Ag 830.913-SP, *DJ* 23.03.2007; REsp 683.956-MG, *DJ* 02.04.2007, e REsp 848.658-SP, *DJe* 02.06.2008; STJ, REsp 818.419/SP, 3ª T., rel. Min. Sidnei Beneti, j. 09.06.2009.

150 | PROCESSO CIVIL SISTEMATIZADO – *Haroldo Lourenço*

não necessariamente vai acontecer, ou seja, não necessariamente haverá a melhora da situação, como, por exemplo, quando alega, contesta, recorre ou produz prova.

Assim, por exemplo, afirma o art. 345, I, do CPC/2015 que a contestação oferecida por um litisconsorte a todos aproveita, hipótese perfeita para o **litisconsórcio unitário**, porém, sendo **simples**, tal regra **pode não incidir**. O art. 919, § 4º, do CPC/2015 afirma que os embargos do executado opostos por um executado não suspenderão a execução em relação aos seus litisconsortes, porém, sendo o litisconsórcio unitário, naturalmente tal artigo não pode ser aplicado. O recurso interposto por um litisconsorte a todos aproveita, salvo se opostos ou distintos os seus interesses (art. 1.005 do CPC/2015), ressalva que deve ser estendida para a hipótese da contestação, pois a contestação oferecida por um litisconsorte a todos aproveita, salvo se opostos ou distintos os seus interesses.

Identificar se o litisconsórcio é unitário ou simples é imprescindível.

A conduta determinante de um litisconsorte não prejudica o outro. Assim, por exemplo, se um confessar, não prejudicará o outro (art. 391 do CPC/2015), sendo o litisconsórcio unitário, tal conduta não prejudica, sequer, ao confitente, eis que ou todos agem de maneira determinante ou a atuação isolada é irrelevante, dado que a decisão deve ser igual para todos. Já no litisconsórcio simples, a conduta determinante poderá prejudicar o litisconsorte que a praticou.

No litisconsórcio simples, a conduta alternativa de um não beneficia o outro, todavia, por força do **princípio da comunhão ou da aquisição da prova**, o qual determina que, uma vez produzida, a prova pertence ao processo e não a quem a produziu, se um litisconsorte simples produzir uma prova (conduta alternativa), isso pode servir a qualquer parte do processo, podendo, portanto, beneficiar a qualquer sujeito do processo.

Em suma, se o litisconsórcio for unitário, o ato (conduta alternativa) de um beneficia o outro, portanto, a primeira parte do art. 117 do CPC/2015 é precisa nos casos de litisconsórcio simples, todavia, para o litisconsórcio unitário, exige-se um cuidado maior em sua análise, posto que o ato de um pode ou não beneficiar o outro litisconsorte.

8.5. ALGUNS INSTITUTOS AFETOS AO ESTUDO DO LITISCONSÓRCIO

8.5.1. Intervenção *iussu iudicis*

É a intervenção de um sujeito, em processo pendente, por determinação judicial. No art. 91 do CPC/1939 havia autorização para que o juiz determinasse o ingresso de todo aquele que entendesse dever participar do processo. Na legislação revogada, os poderes do magistrado eram bem amplos.

Atualmente, discute-se se ainda sobrevive tal intervenção, por força do art. 115, parágrafo único, do CPC, onde haveria autorização para o juiz trazer ao processo litisconsortes necessários não citados, muito embora bem reduzida a hipótese quando confrontada com o CPC/1939 – seria um caso de intervenção *iussu iudicis* (GRECO FILHO, 2009. v. 1, p. 137; FUX, 2004. p. 308. Defende-se, inclusive, que tal intervenção será admitida não só nos casos de litisconsórcio necessário passivo,

Cap. 8 · DO LITISCONSÓRCIO | 151

como também nas hipóteses de litisconsórcio unitário facultativo, ou para cientificar o cônjuge nas ações reais imobiliárias proposta pelo outro consorte (DIDIER JR., 2009. v. 1. p. 325). Essa ampliação tem amparo na economia processual, bem como na racionalização da atividade jurisdicional, evitando-se a controvérsia sobre a incidência da coisa julgada no litisconsórcio unitário facultativo. Cremos **não** haver mais intervenção *iussu iudicis* em nosso ordenamento, pois no art. 115, parágrafo único, não há vontade do juiz, fundada em sua conveniência, mas vontade expressa do legislador na formação do litisconsórcio (DINAMARCO, 2002. p. 114; NEVES, 2011. p. 521), posição que adotamos. O Enunciado 110 do FPPC parece adotar a tese da admissibilidade de tal intervenção, contudo, cumpre registrar que na versão original do CPC aprovado na Câmara de Deputados havia menção expressa a tal intervenção, porém, com o texto definitivo do CPC de 2015 tal intervenção foi suprimida. Não se trata de litisconsórcio necessário por obra do juiz, mas de determinação do juiz, pelo juiz, de citação de um litisconsorte necessário, de acordo com critérios legais que imponham a necessariedade.

8.5.2. Intervenção litisconsorcial voluntária[25]

Há intervenção litisconsorcial voluntária (também denominada intervenção no curso da instância ou da lide) quando ocorre ingresso posterior de sujeito alheio à relação jurídica processual, mas que a ela se integraliza em face da semelhança existente entre a sua pretensão e aquela constante da petição inicial oferecida. A rigor, teremos um **litisconsórcio ativo, posterior, facultativo e simples** (BUENO, 2009. v. 2, p. 460).

Na intervenção litisconsorcial voluntária, haverá um alargamento subjetivo e objetivo do processo, com a inclusão de novas partes, bem como o mérito passará a ser a soma de todas as pretensões apresentadas, ainda que semelhantes. **Não** se pode confundir a intervenção em análise com a assistência, pois, nessa última, terceiro possuidor de interesse jurídico na causa poderá intervir a fim de auxiliar uma das partes a obter uma decisão favorável (art. 119 do CPC/2015).

Dinamarco, aliás, observou a diferença entre a intervenção litisconsorcial voluntária e a dos colegitimados, salientando que, no ingresso desses últimos **não** há ampliação do objeto do processo pendente, somando-se novos pedidos ao que já havia sido deduzido pelo autor originário. A ampliação do objeto do processo, mediante formulação de novos pedidos em benefício dos que intervêm voluntariamente, é o dado substancial que diferencia a intervenção litisconsorcial voluntária da intervenção dos colegitimados (que tem como principal exemplo a assistência litisconsorcial) (DINAMARCO, 2002. p. 55).

Tal interveniente exercerá seu direito de ação, observando os requisitos do art. 319 do CPC/2015, devendo ser preenchidas as condições da ação e os pressupostos processuais (DINAMARCO, 2002. p. 338-339). Por fim, a admissão da intervenção litisconsorcial voluntária é bastante controvertida. Atualmente há previsão expressa

---

25   Sobre o tema imprescindível a leitura de: SILVA, Michel Ferro e. A nova lei do mandado de segurança e a intervenção litisconsorcial voluntária – análise crítica do § 2º, do art. 10, da Lei 12.016/2009. *Revista Dialética de Direito Processual*, n. 90, set. 2010.

PROCESSO CIVIL SISTEMATIZADO – *Haroldo Lourenço*

no art. 10, § 2°, da Lei 12.016/2009.[26] Para uma parcela da doutrina, tal intervenção seria **inadmissível**, por implicar ofensa ao princípio do juiz natural (CÂMARA, 2002. v. 1, p. 177), pois haveria manipulação da distribuição da ação, escolhendo o juízo no qual pretende ver tramitando o seu processo (ARAÚJO, 2007. p. 49; FERRAZ, 2006. p. 128). Nessa linha caminha o STJ[27], porém há outros autores que a **inadmitem, porém de forma mais moderada**, admitindo para a hipótese em que for unitário, para não ocorrer burla processual, ou seja, quando o conteúdo da sentença a ser prolatada deva ser idêntico para todos os litisconsortes, como no chamamento ao processo (DIDIER JR., 2003. p. 49-50). Por fim, posição que admitimos acertada, há autores que defendem a **perfeita compatibilidade da intervenção litisconsorcial com a nossa sistemática processual**,[28] nessa linha, a justificativa de ofensa ao juiz natural não seria suficiente para vedar a utilização do instituto, uma vez que o mesmo poderia dar lugar a outros princípios processuais de igual importância, entre os quais o da isonomia e o da efetividade da jurisdição.

Diante disso, conclui-se, afirmando que o problema deverá ser resolvido pela análise de cada caso concreto, "sopesando, cada um dos princípios jurídicos que têm aptidão para incidir na espécie" (BUENO, 2003. p. 120), pois as razões que justificam a intervenção litisconsorcial seriam as mesmas que permitem a formação do litisconsórcio: economia processual e harmonia de julgados. Prossegue-se afirmando não ser correto se impedir a intervenção como forma de sanção do terceiro pela sua inércia, uma vez que não se movimentou oportunamente (DINAMARCO, 2002. p. 338). Cumpre registrar que tal intervenção deve ser realizada até o saneamento do processo (ASSIS, 2007. v. 1, p. 298-310).

8.5.3. "Despolarização" ou intervenção móvel

Tema muito pouco trabalhado em sede doutrinária, mas muito interessante é o referente a se poderiam as partes migrar de um polo para outro ou atuar, em conjunto ou separadamente, em posições jurídicas típicas do outro polo?

No ordenamento positivo brasileiro, as únicas hipóteses previstas para esse tipo de migração interpolar são aquelas do art. 6°, § 3°, da Lei 4.717/1965, estendido pelo art. 17, § 3°, da Lei 8.429/1992 (RODRIGUES, 2003. p. 262) às ações de improbidade administrativa, com a redação dada pela Lei 9.366/1996. Com efeito, a lei da ação popular inicialmente prevê uma hipótese de litisconsórcio necessário no polo passivo, determinando que devem ser citados, na condição de réus, o agente público que praticou o ato, o ente público ao qual vinculado este agente e ainda os beneficiários do ato que se aponta ilegal ou lesivo. Em seguida, prevê a possibilidade de o ente público, em concordando com o autor popular, migrar para o polo ativo e passar a

---

[26] Remetemos o leitor para o capítulo sobre mandado de segurança.

[27] STJ, REsp 767979/RJ, 2ª T., rel. Min. Eliana Calmon, j. 09.06.2009; STJ, AgRg no REsp 1022615/RS, 2ª T., rel. Herman Benjamin, j. 10.03.2009.

[28] Esse parece ser o posicionamento consagrado no Enunciado 11 do FPPC: o litisconsorte unitário, integrado ao processo a partir da fase instrutória, tem direito de especificar, pedir e produzir provas, sem prejuízo daquelas já produzidas, sobre as quais o interveniente tem o ônus de se manifestar na primeira oportunidade em que falar no processo.

Cap. 8 · DO LITISCONSÓRCIO | **153**

atuar em conjunto com o demandante. Tal hipótese é extensível às demais hipóteses de tutela coletiva (MAZZEI, 2008. p. 385-388).

A aplicabilidade de tal instituto ao processo civil em geral teria indiscutíveis repercussões práticas, já que algumas faculdades processuais somente são autorizadas àqueles sujeitos que figurarem em determinadas posições, como os embargos de terceiro, a reconvenção, entre muitos outros. No mesmo sentido, a fixação do interesse recursal, a verba de sucumbência e até mesmo o reexame necessário seriam afetados. Haveria, ainda, implicações na atividade do *amicus curiae* e na atuação das agências reguladoras.

Antonio do Passo Cabral (CABRAL, 2009. p. 19-55), pioneiro nesse estudo, em arrojado e muito bem fundamentado posicionamento, defende a extensão de tais previsões ao processo civil em geral, principalmente diante do dinamismo da relação jurídica processual, que permite tratar a legitimidade e o interesse em aspectos cambiáveis no tempo, e sem uma rigidez absoluta, além de reconhecer que as partes podem ter, simultaneamente, interesses comuns e contrapostos, ainda que figurem no mesmo polo da demanda. Tal gravitação da parte é permitida pelo que denomina o mencionado autor de **"zonas de interesse"**.[29]

Basicamente, o processo é pautado na relação jurídica material, como já afirmado diversas vezes nessa obra, como, por exemplo, na análise das condições da ação, da competência e dos elementos da demanda.[30] Contudo, para que ocorra a despolarização, deve-se desvincular o processo (pelo menos na análise dos seus institutos), da relação jurídica material (estática), enfrentando-o sob o prisma das funções e das específicas posições processuais em que praticados os atos no processo (ônus, direito, poder, faculdade etc.) ou do complexo de alternativas que estejam abertas para o sujeito em determinada fase processual.

Ademais, por vezes, a norma não permite ao sujeito deflagrar o processo, (como ocorre com a proibição de a pessoa jurídica intentar a ação popular), mas lhe faculta prosseguir ou suceder o sujeito que formulou a demanda inicial, ou ainda intervir ulteriormente no curso do procedimento.[31] O Ministério Público não pode ajuizar ação popular, mas pode prosseguir na sua condução caso haja desistência da ação pelo autor.

Talvez, um dos maiores entraves ao desenvolvimento de tais ideias seja a prática de atos processuais sem uma referência polar ou bipolar. A legitimidade *ad causam* e o interesse de agir não correspondem aos contornos da moderna doutrina processual. Atualmente, já se desvinculam as condições da ação do direito material, analisando a legitimidade e o interesse como requisitos pura ou preponderantemente processuais, geralmente a partir da visão geral de ser o processo a participação de sujeitos em contraditório. Semelhante opção acadêmica tem sido seguida pela doutrina alemã, tratando o interesse dentro dos pressupostos processuais e a legitimidade extraordinária como um direito autônomo de condução do processo (CABRAL, 2009. p. 23).

---

[29] Expressão lançada por Antonio do Passo Cabral.

[30] Vide quadro inserido no capítulo sobre direito de ação, no ponto condições específicas e genéricas.

[31] Nesse sentido, Súmula 365 do STF que afirma que a pessoa jurídica não pode propor ação popular.

9

NEGÓCIO E CALENDÁRIO PROCESSUAIS

9.1. NOÇÕES GERAIS

Um processo pode ser compreendido sob diversas perspectivas, como um método de criação de normas jurídicas, como um ato jurídico complexo de formação sucessiva refletindo-se no procedimento, como uma relação jurídica, entre outras definições.

O processo como um poder normativo de criação de normas pode se dar no plano legislativo, administrativo, jurisdicional e, até mesmo, **negocial**, sendo o último um método de criação de normas jurídicas pelo exercício da autonomia privada.

Esse último enfoque é o que nos interessa nesse capítulo, a criação de um **processo negocial ou convencional**, em que as partes teriam autonomia privada, adequando-o às peculiaridades do direito material, o que, indubitavelmente, reflete a lógica de se ter um modelo cooperativo de processo, em que todos os participantes da relação jurídica processual são protagonistas, bem como o processo deve ser analisado como um instrumento de garantia para a sociedade, no qual o litígio será adequadamente administrado e deve ser respeitado o **autorregramento da vontade**.

Cumpre registrar que em tal processo todas as garantias constitucionais deverão ser observadas, bem como a decisão nele deve observar ou produzir um **precedente vinculante** (Enunciado 412 do FPPC).

Como analisado no capítulo dos atos processuais, esses podem ser divididos em atos postulatórios, instrutórios, dispositivos e reais (ou de evento físico). Exatamente nos **atos dispositivos** é que repousa o objeto do presente capítulo, em que as partes livremente negociam normas de direito processual, regulando suas posições jurídicas.

A novidade não se trata da previsão de criação de normas processuais por vontade das partes, pois já haviam exemplos no CPC/1973, mas a criação de uma **cláusula geral autorizativa de negócios processuais** no art. 190 do CPC/2015, consagrando genericamente a afirmação da possibilidade de que as partes, dentro de certos limites estabelecidos pela própria lei, **celebrem** e **desfaçam** (Enunciado 411 do FPPC) negócios através dos quais dispõem de suas posições processuais, vinculando, inclusive, seus **sucessores** (Enunciado 115 do FPPC).

Cremos que há outras normas que devem ser aplicadas como cláusulas gerais dos negócios jurídicos processuais, ainda que aplicáveis analogicamente.

O **art. 8º da Lei 9.307/1996** estabelece autonomia da convenção processual em relação ao negócio principal em que estiver inserida, assim, a invalidade do negócio principal não implicará, necessariamente, a invalidade da convenção processual.

O **art. 4º, § 2º, da Lei 9.307/1996** deve ser lido como norma explicativa do art. 190, parágrafo único, do CPC/2015 ao dispor sobre "inserção abusiva em contrato de adesão", somente tendo eficácia "se o aderente tomar a iniciativa de instituir a arbitragem (leia-se: qualquer negócio jurídico processual) ou concordar, expressamente, com a sua instituição, desde que por escrito em documento anexo ou em negrito, com a assinatura ou visto especialmente para essa cláusula.

Pela mesma trilha, as alterações perpetradas pela Lei 13.874/2019 (Liberdade Econômica) aos **arts. 113, 421 e 421-A do CC/2002** devem ser aplicadas aos negócios jurídicos processuais, delimitando a sua interpretação no sentido de prestigiar a autonomia privada, a liberdade de contratação, a intervenção mínima e a excepcionalidade da revisão contratual.

9.2. DO CALENDÁRIO PROCESSUAL

Como se pode perceber, negócio jurídico processual ou convenção processual é um grande gênero, que contém a possibilidade de elaboração de um calendário ou cronograma processual, tendo a característica de não ser celebrado somente pelas partes, mas de forma **plurilateral.** Pode abranger o juiz, o representante do Ministério Público, o perito, o assistente, entre vários outros interessados, além de depender de homologação judicial.

O calendário é uma organização temporal para a prática de atos processuais, criando uma "rotina" consensual sobre as datas e forma da prática de atos processuais.

Tal técnica se mostra importantíssima para processos de extrema complexidade, os quais, naturalmente, dependerão de um tempo maior para seu deslinde. Destarte, seriam criadas datas, por exemplo, para contestação, réplica, entrada de laudo pelo perito, pareceres pelos assistentes técnicos, data da audiência de instrução e julgamento etc.

Definido o calendário processual, que vincula as partes e o juízo, nos termos do art. 191, § 1º, do CPC e do Enunciado 414 do FPPC, que pode ser celebrado inclusive em processos que versem sobre direitos que **não** admitem autocomposição (Enunciado 494 do FPPC), os prazos neles previstos só poderão ser modificados em casos excepcionais, devidamente justificados.

A grande vantagem de tal prática, além da previsibilidade e segurança jurídica, é dispensar e desafogar a serventia judicial de realizar a intimação das partes, eis que terão plena ciência da data de todos os atos processuais (art. 191, § 2º).

Não vemos óbice em se incluir no calendário **data para a prolação da sentença**, desde que o magistrado observe a ordem cronológica para tanto, ou seja designada audiência para tanto, cumprindo o art. 12, § 2º, I, do CPC.

O calendário pode abranger todo o processo, como somente alguns atos processuais, como a realização de uma perícia (art. 357, § 8º, do CPC).

9.3. ALGUNS REQUISITOS NECESSÁRIOS AOS NEGÓCIOS PROCESSUAIS

Como todo negócio jurídico, alguns requisitos mínimos devem ser observados, cabendo ao juízo de ofício ou a requerimento do interessado controlar sua validade, recusando-lhe aplicação nos casos de nulidade, observado o contraditório prévio (Enunciado 259 do FPPC), pressupondo, por exemplo, **agente capaz**, **objeto lícito**, **possível**, **determinado** ou **determinável** e **forma** prescrita ou **não** defesa em lei (Enunciado 403 do FPPC), além dos casos de anulabilidade, vícios de vontade ou sociais (Enunciado 132 do FPPC).

Observe-se que a possibilidade do magistrado controlar a **validade** do negócio processual **não** se confunde com a possibilidade de conhecer de ofício o **descumprimento** de uma das partes do negócio processual, do contrário, estaria impedindo eventual distrato, ainda que parcial, como será abordado adiante, na forma dos negócios processuais.

Outra questão é a interpretação do negócio jurídico, devendo o magistrado lembrar que a autonomia privada é estimulada pelo ordenamento jurídico, como se extrai dos arts. 113, 421 e 421-A do CC/2002. **Não** podendo se confundir um mal negócio com um negócio nulo ou ineficaz, de igual modo, o negócio jurídico processual produz efeitos imediatos (art. 200 do CPC/2015), ocorrendo o controle excepcional e posterior em juízo.

9.3.1. Capacidade negocial

Para a celebração de negócios jurídicos em geral é preciso que o sujeito tenha personalidade jurídica e capacidade para o exercício de direitos (arts. 1º, 3º, 4º, 166, I, e 171, I, do CC/02), assim, para os negócios processuais põem-se esses mesmos parâmetros, em sua projeção processual, sendo preciso que o sujeito detenha **capacidade de ser parte** e de **estar em juízo** (art. 70 do CPC), incluindo, portanto, entes despersonalizados[1], como massa falida, espólio, órgãos da administração etc.

Nesse sentido, por exemplo, a **pessoa casada** ou em **união estável** pelo regime da comunhão parcial de bens não pode negociar sobre uma ação real imobiliária sem participação do seu cônjuge, na forma do art. 73 do CPC.

O **Ministério Público** pode celebrar negócios processuais destinados a produzir efeitos nos processos em que atua como parte, mas não como mero fiscal da ordem jurídica (Enunciado 253 do FPPC e 112, II, CJF), posição com a qual **não** concordamos.

Evidentemente o Ministério Público na condição de fiscal terá limites de ordem material e processual, eis que, por exemplo, por não ser o titular direto dos direitos por ele tutelado, não terá total liberdade para transigir.

Por outro lado, no âmbito extrajudicial, o **termo de ajustamento de conduta** é um campo extremamente fértil para tais convenções, inclusive os arts. 15, 16 e 17 da Resolução do CNMP 118/2014 já estimulavam tais possibilidades antes mesmo do CPC/2015.

---

[1] Enunciado 114 do II CJF: "Os entes despersonalizados podem celebrar negócios jurídicos processuais".

158 | PROCESSO CIVIL SISTEMATIZADO – *Haroldo Lourenço*

O art. 17, § 1º, da Lei 8.429/1992 vedava a transação, acordo ou conciliação no âmbito da ação de improbidade, o que já era considerado tacitamente revogado por diversos dispositivos em sentido contrário,[2] tendo sido expressamente alterado pela Lei 13.964/2019, passando a admitir, expressamente, nas ações de improbidade celebração de **acordo de não persecução cível**.

A **Fazenda Pública** também pode celebrar negócios processuais (Enunciados 256 do FPPC e 17 do CJF), como o negócio previsto no art. 75, §4º, do CPC, em execuções fiscais (Enunciados 9 e 10 do FNPP) ou estipular que determinado litígio será dirimido na arbitragem (art. 1º, § 1º, da Lei 9.307/1996).

Não obstante a redação do art. 190, no qual se afirma que apenas **partes capazes** podem celebrar negócios processuais, **não** sendo válida sua celebração por incapazes (Enunciado 38 da ENFAM), ainda que representados ou assistidos (CÂMARA, 2017. p. 124), há controvérsia na doutrina, em que seria possível por incapazes, desde que representados, com o que concordamos (TALAMINI, 2017. p. 4).

9.3.2. Vulnerabilidade

Como qualquer negócio jurídico, se a convenção tiver sido **inserida de forma abusiva** em contrato de adesão ou em qualquer caso no qual se verifique que uma das partes se encontra, perante a outra, em **manifesta situação de vulnerabilidade**, como entre um poderoso fornecedor de serviços e um vulnerável consumidor, eis que, visivelmente em desigualdade de condições, tal convenção será nula.

De igual modo, há **indícios** de vulnerabilidade quando a parte tiver celebrado negócio processual sem assistência de advogado (Enunciado 17 do FPPC).

Em todas essas situações se violará a isonomia, consagrada nos arts. 7º e 139, I, do CPC, não sendo demais relembrarmos o já falado que a interpretação de "inserção abusiva em contrato de adesão" deve ser lida à luz do art. 4º, § 2º, da Lei 9.307/1996.

9.3.3. Objeto

Na **dúvida** sobre a possibilidade de um negócio jurídico processual, cremos que a regra é se prestigiar a autonomia das partes e a primazia da solução negocial, devendo ser admitido o negócio jurídico processual, desde que interpretados conforme a boa-fé e os usos do lugar de sua celebração (Enunciado 405 do FPPC), guardando nas tratativas, na conclusão e na execução do negócio o princípio da boa-fé (Enunciado 407 do FPPC), em consonância com os arts. 113, 421 e 421-A do CC/2002.

---

[2] Em análise sistemática do ordenamento jurídico é possível se concluir que o art. 17, § 1º, da Lei 8.429/1992 já estaria revogado, por força de o disposto no art. 36 e seu § 4º da Lei 13.140/2015 (mediação), da Lei Anticorrupção (Lei 12.486/2013) estabelecer que a entidade pública poderá celebrar acordo de leniência com as pessoas jurídicas que praticaram os atos lesivos, do art. 1º, § 2º, da Resolução 179/2017 CNMP, que autoriza ajustes de improbidade, da Resolução 3/2017 CSMP-MG, da Lei 13.129/2015, que autoriza arbitragem com Poder Público, da decisão proferida na ADI 5.980, da possibilidade de soluções negociadas (arts. 76 e 89 da Lei 9.099/1995) e colaboração premiada (art. 3º da Lei 12.850/2013), além do disposto no art. 26 da LINDB (Lei 13.655/2018).

A lei limita a validade dos negócios processuais, restringindo-a às causas que versem sobre direitos que admitem **autocomposição**, não se referindo a direitos indisponíveis, eis que há casos em que, não obstante a indisponibilidade do direito material, há aspectos que podem ser transacionados (Enunciado 135 do FPPC), como se dá, por exemplo, em uma ação de alimentos.

Pode envolver o **objeto litigioso do processo**, sendo, nessa hipótese, um negócio jurídico de direito material, como ocorre na autocomposição, ou o **próprio processo**, total ou parcialmente.

Cremos, inclusive, ser admissível negócio processual em **processos coletivos** (Enunciado 255 do FPPC), usando como exemplo o tão propalado **termo de ajustamento de conduta**, com fundamento nos arts. 14 da Resolução 23/2007 do CNMP, 211 do ECA e 5º, § 6º, da LACP. O que foi ratificado pela nova redação dada ao art. 17, § 1º, da LIA pela Lei 13.964/2019 (Pacote Anticrime), que em nossa opinião já estava revogado tacitamente pelo art. 36, § 4º, da Lei 13.140/2015, além do fato de serem possíveis soluções negociadas em direito penal (arts. 76 e 89 da Lei 9.099/95, além da Lei 12.850/13).

Não se pode, porém, se cogitar em negociar comportamentos **ilícitos**, como se admitir provas obtidas por tais meios (art. 5º, LVI, CR/88), violadoras da intimidade, da boa-fé (Enunciado 6 do FPPC), ou que afastando um modelo constitucional de processo, que deve, por exemplo, prestigiar o contraditório, proibindo, por exemplo, intervenção de *amicus curiae* (Enunciado 392 do FPPC).

Quando a **lei** estabelecer reservas ou contornos, as partes não poderão superá-los, como regular competência absoluta (art. 62 do CPC) ou hipóteses recursais, como ampliar as hipóteses do art. 1.015 do CPC, ou ampliar as hipóteses de ação rescisória (arts. 658 e 966 do CPC).

Não podem as partes afastar regra processual tendente a proteger **direito indisponível**, como criar um pacto de sigilo processual, em que se ampliaria as hipóteses de segredo de justiça, pois a publicidade processual é a regra (arts. 93, IX, da CR/88 c/c 189 do CPC), devendo, nessa hipótese, buscarem a arbitragem, ou afastar a intervenção Ministério Público (arts. 127 da CR/88 c/c 178 do CPC e Enunciado 254 do FPPC).

Há alguns enunciados que buscam organizar os temas que podem ser ou não objeto de negócios processuais, vejamos:

Enunciado 19 do FPPC: São admissíveis os seguintes negócios processuais, dentre outros: pacto de impenhorabilidade, acordo de ampliação de prazos das partes de qualquer natureza, acordo de rateio de despesas processuais, dispensa consensual de assistente técnico, acordo para retirar o efeito suspensivo de recurso, acordo para não promover execução provisória; pacto de mediação ou conciliação extrajudicial prévia obrigatória, inclusive com a correlata previsão de exclusão da audiência de conciliação ou de mediação prevista no art. 334; pacto de exclusão contratual da audiência de conciliação ou de mediação prevista no art. 334; pacto de disponibilização prévia de documentação (pacto de disclosure), inclusive com estipulação de sanção negocial, sem prejuízo de medidas coercitivas, mandamentais, sub-rogatórias ou indutivas; previsão de meios alternativos de comunicação das partes entre si.

Enunciado 20 do FPPC: Não são admissíveis os seguintes negócios bilaterais, dentre outros: acordo para modificação da competência absoluta, acordo para supressão da primeira instância, acordo para afastar motivos de impedimento do juiz, acordo para criação de novas espécies recursais, acordo para ampliação das hipóteses de cabimento de recursos.

Enunciado 21 do FPPC: São admissíveis os seguintes negócios, dentre outros: acordo para realização de sustentação oral, acordo para ampliação do tempo de sustentação oral, julgamento antecipado do mérito convencional, convenção sobre prova, redução de prazos processuais.

Enunciado 262 do FPPC: É admissível negócio processual para dispensar caução no cumprimento provisório de sentença.

Enunciado 491 do FPPC: É possível negócio jurídico processual que estipule mudanças no procedimento das intervenções de terceiros, observada a necessidade de anuência do terceiro quando lhe puder causar prejuízo.

Enunciado 579 do FPPC: Admite-se o negócio processual que estabeleça a contagem dos prazos processuais dos negociantes em dias corridos.

Enunciado 36 da ENFAM: A regra do art. 190 CPC/2015 não autoriza às partes a celebração de negócios jurídicos processuais atípicos que afetem poderes e deveres do juiz, tais como os que: a) limitem seus poderes de instrução ou de sanção à litigância ímproba; b) subtraiam do Estado/juiz o controle da legitimidade das partes ou do ingresso de amicus curiae; c) introduzam novas hipóteses de recorribilidade, de rescisória ou de sustentação oral não previstas em lei; d) estipulem o julgamento do conflito com base em lei diversa da nacional vigente; e e) estabeleçam prioridade de julgamento não prevista em lei.

Enunciado 37 da ENFAM: São nulas, por ilicitude do objeto, as convenções processuais que violem as garantias constitucionais do processo, tais como as que: a) autorizem o uso de prova ilícita; b) limitem a publicidade do processo para além das hipóteses expressamente previstas em lei; c) modifiquem o regime de competência absoluta; e d) dispensem o dever de motivação.

Como já mencionado, o objeto possível de disposição pela via do negócio jurídico processual é extremamente amplo, sendo quase impossível exauri-lo.

O art. 190 afirma que é possível negócio processual para realizar "mudanças no procedimento para ajustá-lo às especificidades da causa e convencionar sobre os seus ônus, poderes, faculdades e deveres processuais". Nessa linha, somente as posições processuais das partes podem ser alteradas, **jamais as do juiz**, como restringir seus poderes, afastando o poder de decidir sobre um determinado tema, pois, nessa hipótese, devem as partes buscar a arbitragem, bem como afastar poderes implícitos da jurisdição, como o poder geral de cautela (art. 301 do CPC e Enunciado 31 do FPPC) ou de efetivação da decisão judicial (arts. 139, IV, c/c 297 e 536, § 1º, do CPC), pois as partes não são titulares de tais posições processuais, bem como não podem afastar o dever de boa-fé, o dever de fundamentação ou o de decidir conforme os precedentes.

Por outro lado, é possível celebrar negócio processual que retire das partes a faculdade de recorrer, denominado **pacto de não recorribilidade**, suprimindo a **segunda** instância, mas **não** é lícito às partes proibir o juiz de controlar de ofício o valor dado à causa nos casos em que este seja estabelecido por um critério prefixado em lei (art. 292) ou suprimir a primeira instância (Enunciado 20 do FPPC).

Majoritariamente, **não** poderiam as partes afastar o poder do juízo de produzir provas de ofício previsto no art. 370 do CPC, o que está consagrado no Enunciado 36 da ENFAM, muito embora há quem defenda tal possibilidade, eis que as partes

Cap. 9 · NEGÓCIO E CALENDÁRIO PROCESSUAIS | 161

estariam equiparando seu processo ao que ocorre no processo de inventário ou no mandado de segurança (CÂMARA, 2017. p. 125) e, se preciso, deve o magistrado se utilizar da regra de julgamento contida no art. 373 do CPC, com o que não concordamos.

9.3.4. Forma

Não há formalidade para a celebração de um negócio jurídico processual e matéria, ressalvado quando a **lei** expressamente exigir, porém, mesmo que não observadas as formalidades legais, cremos que devem ser considerados válidos os que, realizados de outro modo, lhe preencham a finalidade essencial (arts. 188 c/c 277 do CPC e Enunciado 16 do FPPC).

Estabelece a parte final do art. 190 CPC que os negócios jurídicos processuais podem ser firmados antes ou durante o processo, ou seja, podem ser **antecedentes** ou **incidentais** ao processo.

Temos a impressão de que o momento mais propício para sua celebração seja antes do processo, de maneira extrajudicial, no momento da celebração do **contrato**, ou em uma **convenção de condomínio**, em uma **assembleia societária ou condominial**, em um **pacto pré-nupcial** ou em **contrato de convivência** (Enunciado 492 do FPPC e 18 do CJF).

Um bom exemplo de negócio jurídico processual celebrado em uma convenção ou assembleia seria a possibilidade do condomínio aprovar o crédito condominial como título executivo extrajudicial, nos termos do art. 784, X, do CPC, porém, incluindo, expressamente, as prestações vencidas e vincendas, afastando eventual discussão, o que poderia, por exemplo, ser registrado em cartório de Títulos de Documentos, para dar eficácia perante terceiros.

É irrevogável, mas é possível o **distrato expresso** ou **tácito** e, por tal motivo, **não** pode o magistrado conhecer de ofício se uma das partes descumpre o negócio jurídico processual (Enunciados 252 e 411 do FPPC), eis que estaria impedindo eventual distrato tácito. Não se pode confundir com a **impossibilidade** do magistrado reconhecer de ofício o descumprimento do negócio, com a **possibilidade** de controlar a validade do negócio processual (art. 191, parágrafo único, do CPC).

O descumprimento depende de requerimento da parte para ser reconhecido, **salvo** se autorizado no próprio negócio, havendo novação tácita, gerando preclusão, como em um negócio jurídico de instância única. Havendo recurso, o juiz **não** poderá inadmiti-lo de ofício.

Sobre a possibilidade de ser realizado de maneira **oral**, há divergência na doutrina, em que alguns o admitem (DIDIER JR., 2015. p. 389), porém, majoritariamente **não** seria possível nos termos do Enunciado 39 da ENFAM c/c art. 4º, §1º, da LA e 63, §1º, do CPC).

Pode ser **expresso**, como ocorre na eleição de foro (art. 63), na convenção sobre suspensão do processo (art. 313, II) ou no adiamento audiência (art. 362, I) ou **tácito**, como ocorre na modificação da competência territorial, em que o autor demanda no juízo relativamente incompetente e o réu não arguiu tal matéria em defesa (arts. 65 c/c 337, II), gerando um negócio jurídico processual tácito para a causa tramitar no

162 | PROCESSO CIVIL SISTEMATIZADO – *Haroldo Lourenço*

juízo incompetente, bem como no distrato da convenção de arbitragem, que pode ser de maneira tácita, eis que uma das partes demanda no judiciário e a outra não alega em defesa a existência de tal convenção (art. 337, X e § 6º), não sendo possível o magistrado, em todas essas hipóteses, conhecer da inobservância do negócio jurídico por uma das partes. Do contrário, como mencionado, estará impedindo um distrato de maneira tácita (Enunciados 252 e 411 do FPPC).

O **tácito** pode ser **comissivo**, como a renúncia tácita a um recurso pela prática de um ato incompatível ao direito de recorrer (art. 1.000), ou **omissivo**, como a não alegação de incompetência ou de não alegação de convenção arbitragem, já mencionado acima.

Pode ser **unilateral**, como na renúncia (art. 487, III, "c" do CPC), ou desistência recursal (arts. 998 e 999), ou **bilateral** (também denominados **convenções processuais**), como no foro eleição (art. 65) ou na convenção de arbitragem (art. 3º da Lei 9.307/96), como preconizado pelo art. 200 CPC.

Há, ainda, a possibilidade do negócio jurídico ser **plurilateral**, envolvendo não somente as partes, mas o juízo, terceiros (como escrivão, perito, assistentes técnicos etc.), como no calendário processual (art. 191), calendário pericial (art. 357 § 8º), no saneamento compartilhado (art. 357, § 3º), no acordo para sustentação oral (arts. 364, § 1º, e 937), entre inúmeras outras hipóteses.

Cremos, inclusive, que o negócio jurídico processual pode envolver o juízo e terceiros no sentido de como será executada a decisão judicial, como na "**execução negociada da decisão judicial**" para implantação de uma política pública, por exemplo.

Pode ser **típico** quando regulado pelo legislador, como no acordo escolha do árbitro (art. 13, § 1º, da Lei 9.307/96), da técnica de liquidação (art. 509, I, segunda parte, do CPC), sobre ônus da prova (art. 373, §§ 3º e 4º do CPC), entre outros; ou pode ser **atípico**, criado totalmente pelas partes, mesmo sem previsão legislativa, como no pacto de impenhorabilidade, retirada do efeito suspensivo de um recurso, disposição sobre os prazos processuais, despesas do processo, entre infinitas outras hipóteses.

Pode depender de **homologação**, como a desistência da ação (art. 200, parágrafo único, do CPC), saneamento consensual (art. 357, § 2º) ou no calendário processual (art. 191 do CPC) ou **não depender de homologação**, sendo essa a regra, eis que os atos processuais produzem efeitos imediatos, como se observa do art. 200 do CPC, produzindo imediatamente a constituição, modificação ou extinção de direitos processuais.

CARACTERÍSTICAS DOS NEGÓCIOS JURÍDICOS PROCESSUAIS	
Regra geral: são celebrados de forma livre	Salvo previsão legal em contrário, porém aplica o princípio da instrumentalidade
Admitem distrato	O distrato pode ser expresso ou tácito
O reconhecimento do seu descumprimento depende de alegação por uma das partes	Salvo se autorizado o reconhecimento judicial pelo próprio negócio processual

A regra é a sua celebração por escrito	Há, contudo, quem admita de maneira oral
Pode ser de maneira expressa ou tácita	Quando tácito, pode ser omissivo ou comissivo

Pode ser unilateral, bilateral ou plurilateral

Pode ser típico ou atípico

Em regra, não depende de homologação judicial, salvo quando a lei exigir

9.4. INEXECUÇÃO JUDICIAL OU EXTRAJUDICIAL. RECORRIBILIDADE

Na inexecução de um negócio jurídico processual celebrado judicialmente **não** há necessidade de outra ação, sendo efetivado no mesmo processo; contudo, sendo celebrado extrajudicialmente e não sendo cumprido, será necessária uma demanda para a sua implementação, como ocorre na hipótese de resistência ao cumprimento de cláusula compromissória (art. 7º da Lei 9.307/96).

No que se refere à inexecução durante um processo, por uma das partes ou, até mesmo, pelo juízo, seja não cumprindo, seja anulando o negócio validamente celebrado pelas partes, o que ocasiona uma das maiores controvérsias jurídicas, seria cabível agravo de instrumento contra tal decisão? Podemos imaginar a seguinte situação: acordam as partes pela suspensão do processo para buscarem uma autocomposição (art. 313, II, do CPC), porém o magistrado a anula e determina o prosseguimento do feito, contra a vontade das partes. Como as partes poderiam se insurgir contra tal decisão?

O art. 1.015, III, prevê o cabimento de agravo de instrumento[3] contra a decisão interlocutória que versar sobre a **rejeição da alegação de convenção de arbitragem** que, indubitavelmente, é um negócio jurídico processual.

Nesse sentido, o mencionado inciso permitiria uma interpretação no sentido de que à decisão interlocutória que negar eficácia a negócio jurídico processual também caberia **agravo de instrumento** (DIDIER JR., 2016. p. 215-216), contudo esse **não** é o entendimento majoritário, apesar de nos parecer adequado, havendo quem sustente que deve ser admitida a utilização do **mandado de segurança** (TALAMINI, 2017. p. 9), o qual poderia ser impetrado, inclusive, em conjunto pelas partes.

Por outro lado, mas não de menor importância, cremos que se violado um negócio jurídico processual **durante um processo**, com a formação da coisa julgada material, será admissível o manejo de **ação rescisória**, com fundamento no art. 966, V do CPC, eis que foi violado o processo negocial, criado pelas partes, em legítima manifestação da autonomia privada.

Por fim, se violado algum requisito para a constituição do negócio jurídico processual, não sendo uma violação durante o processo, tal negócio jurídico poderá ser atacado por uma **ação anulatória**, nos termos do art. 966, § 4º, do CPC (Enunciados 403 e 132 do FPPC).

---

[3] Vide capítulo do agravo de instrumento sobre a taxatividade mitigada e o Tema 988 do STJ.

10

DAS TUTELAS PROVISÓRIAS

10.1. SOBRE AS TUTELAS PROVISÓRIAS

A tutela oferecida pelo Judiciário pode ser **definitiva ou padrão**, com cognição exauriente, havendo amplo e profundo debate acerca do objeto do processo, produzindo coisa julgada material, contudo, pode não se dar com a rapidez desejada, fazendo surgir algumas **tutelas diferenciadas**, que ou **antecipam** a realização do direito pleiteado (tutela antecipada ou satisfativa do direito material) ou **asseguram** a futura realização desse direito (tutela cautelar ou não satisfativa do direito material, que resguarda os efeitos de um processo).

Essas últimas são denominadas tutelas **provisórias** (DIDIER JR., 2009. v. 1, p. 512), justamente por se caracterizarem pela **cognição sumária**, em um **juízo de probabilidade**, sendo **não definitivas** e **não** fazendo coisa julgada material (art. 296 CPC).

De igual modo, a tutela provisória será **temporária**, pois terá vigência até o termo final do processo em que se está pleiteando a tutela definitiva ou até alcançar suas finalidades, bem como é **precária**, pois pode ser revogada ou modificada, **não** fazendo coisa julgada material (art. 296 do CPC/2015).

A tutela antecipada **satisfaz** imediatamente, total ou parcialmente, o direito material deduzido, antecipando a eficácia da decisão final, portanto, satisfativa. Já a tutela cautelar **não satisfaz**, somente garante futura satisfação do direito material deduzido, portanto, não satisfativa. Enfim, o que as diferencia é o tipo de situação de perigo existente. Se o perigo incidir sobre o direito material (perigo da morosidade), será cabível tutela antecipada. Se o perigo incidir sobre os efeitos do processo (perigo da infrutuosidade), será hipótese de tutela cautelar.

Em que pese a controvérsia adiante analisada, para a tutela antecipada, *a priori*, se **exige requerimento**, enquanto a cautelar pode ser deferida *ex officio*, com base no poder geral de cautela[1].

---

[1]   Enunciado 31 do FPPC: O poder geral de cautela está mantido no CPC.

TUTELAS PROVISÓRIAS	TUTELA ANTECIPADA	CAUTELAR
SEMELHANÇAS	Sumariedade, temporariedade, não definitividade, podem ser antecedentes ou incidentais, exigem *fumus boni iuris* e *periculum in mora*.	
DISTINÇÕES	Satisfaz imediatamente o direito material.	Não satisfaz o direito material, somente assegura a futura satisfação.
	O requerente já usufrui imediatamente de parte do direito afirmado ou, pelo menos, dos efeitos da procedência.	O requerente não usufruirá, imediatamente, do direito afirmado.
	Coincidem o conteúdo da tutela e o conteúdo pretendido com a sentença.	Não há coincidência entre o postulado na cautelar e o postulado ao final no processo principal.
	Exige-se requerimento.	Pode ser deferida de ofício.

Superadas tais considerações, percebe-se que a tutela antecipada e a tutela cautelar, com o passar dos anos, em muito se aproximaram e, diante de tal circunstância, o legislador optou por uniformizar o tema, em um único livro, denominado de tutela provisória (arts. 294 a 311), **revogando** as **cautelares nominadas**[2], deixando de existir um processo autônomo de tutela de urgência. Enfim, o legislador buscou tornar mais homogêneo possível o tratamento procedimental.

Tutela provisória se divide em **tutela de urgência e da evidência** (art. 294). A tutela de urgência, por sua vez, se reparte na tutela **antecipada** e na **cautelar**, podendo ambas serem concedidas de maneira **antecedente ou incidental** (art. 294, parágrafo único). A tutela de evidência é espécie de tutela antecipada, concedida **sempre de maneira incidental e sempre será satisfativa**.

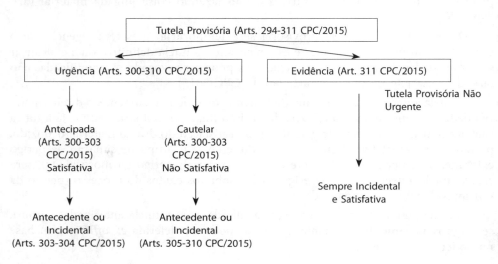

---

[2] Também denominadas cautelares típicas, como as famosas cautelares existentes no CPC/73, de sequestro, arresto, busca e apreensão, arrolamento de bens etc.

Cap. 10 · DAS TUTELAS PROVISÓRIAS | 167

Havia no CPC/73 diferença nos requisitos para concessão da tutela antecipada e da cautelar, contudo, se a proposta é de uniformização, não haveria motivos para se manter essa dicotomia como é possível se observar do art. 300 do CPC/2015, bem como o Enunciado 143 do FPPC, que afirma que o mencionado artigo superou a distinção entre os requisitos da concessão para as tutelas cautelar e antecipada, erigindo a **probabilidade do direito** e o **perigo na demora** como requisitos comuns para a prestação de ambas.

De igual modo, tanto a tutela provisória antecipada como a cautelar podem ser concedidas de **maneira antecedente ou incidental**, novamente com nítido caráter de uniformização de tratamento, eis que no CPC/1973 somente a tutela cautelar era possível em caráter antecedente.

As medidas cautelares são deferidas com base em um **poder cautelar geral** do juiz, não havendo mais o poder cautelar específico, eis que as cautelares específicas foram revogadas, como se extrai do art. 301, que afirma que "qualquer outra medida é idônea", consagrando uma enumeração exemplificativa de cautelares, como confirmado pelo Enunciado 31 do FPPC.

O legislador optou, ainda, por prever a **tutela antecipada não urgente**, a denominada tutela da evidência, que se divide em tutela da evidência **documental** (art. 311, II, III e IV) e a **sancionatória ou punitiva** (art. 311, I).

10.2. REQUISITO NEGATIVO: IRREVERSIBILIDADE

O art. 300, § 3º, prevê um pressuposto negativo para o deferimento da tutela de urgência, excluindo o cabimento de tal medida se houver perigo da irreversibilidade do provimento antecipado (CARNEIRO, 2005. p. 19; BUENO, 2004. p. 56), eis que uma antecipação irreversível, a rigor, é um provimento definitivo (ZAVASCKI, 1999. p. 162-163), pois conteria um acertamento antecipado, não havendo provisoriedade. Deve ser possível o retorno ao *status quo ante*, caso no curso do processo se constate que deva ser alterada ou revogada a tutela dada antecipadamente, do contrário, em tese, é inadmissível a concessão da medida.

Agora, não podemos nos afastar da ideia de que tal primado **não** pode ser absoluto, não podendo significar obstáculo intransponível à outorga da tutela antecipada (Enunciado 419 do FPPC), o que sempre foi afirmado pela doutrina (BERMUDES, 1996, p. 483). O legislador limitou, sem ressalvas, esquecendo-se de hipóteses em que existirá **irreversibilidade recíproca**, ou seja, a concessão gera efeitos irreversíveis, bem como a não concessão também produzirá efeitos irreversíveis, como, por exemplo, no deferimento de alimentos provisórios ou fornecimento de medicamentos.

Destarte, a única solução será a ponderação de interesses (art. 489, § 2º, do CPC/2015), buscando-se uma proteção do interesse mais relevante, podendo-se, inclusive, se cogitar na prestação de caução, que nada mais é do que uma **contracautela** (art. 300, § 1º, do CPC/2015), a qual também não poderá impedir a concessão da tutela provisória, devendo ser aplicado o art. 521 do CPC/2015 (Enunciado 498 do FPPC), bem como a hipossuficiência econômica não pode impedir o deferimento da tutela provisória de urgência.

10.3. LEGITIMIDADE (PARTES, MP, TERCEIROS ETC.)

O legislador a todo o momento induz ao entendimento de que somente o autor poderia requerer a tutela provisória, todavia, esse não é o melhor entendimento, eis que todo aquele que alegar ter direito à tutela jurisdicional estará legitimado a requerer a tutela provisória, trata-se de uma regra sem exceções (DIDIER, 2009. p. 552).[3]

Seja na condição de **autor**, de **réu** ou de **terceiro interveniente**, haverá legitimidade para o requerimento de tutela antecipada, todavia, o interesse deverá ser demonstrado com o preenchimento dos requisitos do art. 300 do CPC/2015.

O **assistente simples** estará condicionado à vontade do assistido, salvo se esse for revel ou de qualquer outro modo omisso, eis que o assistente simples será um substituto processual, possuindo legitimidade na dicção do art. 121, parágrafo único do CPC, diferentemente do **assistente litisconsorcial** que sempre terá legitimidade.[4] Frise-se que o réu requererá na reconvenção ou no pedido contraposto (CÂMARA, 2008. p. 438).

Quanto ao **denunciante**, há dois entendimentos doutrinários. Alguns afirmam que seria duvidoso o interesse do denunciante, pois a denunciação representa uma ação regressiva de caráter condicional, prevendo que venha a perder a demanda, o que enfraqueceria o juízo de probabilidade do direito (CARNEIRO, 2005. p. 19; BUENO, 2004. p. 45), contudo, se preenchidos os respectivos requisitos seria possível (BUENO, 2004. p. 56; DIDIER JR., 2009. v. 1, p. 552; NERY JR.; NERY, 2007. p. 525).

No que se refere à tutela antecipada requerida pelo **réu**, há dissenso na doutrina. Majoritariamente, seria possível requerer como reconvinte, no pedido contraposto, bem como quando a ação for, ou não, dúplice (DIDIER JR., 2009. v. 1, p. 553; ZAVASCKI, 1999. p. 103; BEDAQUE, 2001. p. 354), não obstante renomados autores advogarem a tese de que somente seria admissível pelo autor, pois a intenção da lei foi equalizar os efeitos do tempo em relação ao autor (NERY JR.; NERY, 2007. p. 524; CARNEIRO, 2005. p. 60; BUENO, 2004. p. 43).

O **Ministério Público** na condição de parte poderá requerer tutela provisória, todavia, como fiscal da ordem jurídica, afirma a doutrina majoritária que não poderia formular o pleito de antecipação de tutela, por lhe faltar legitimidade DIDIER JR., 2009. v. 1, p. 554), bem como por atuar com um sujeito imparcial do processo (CÂMARA, 2008. p. 438), contudo, há quem sustente o contrário, desde que em consonância com os interesses e direitos que ensejam sua atuação no feito, do contrário seria apequenar a atuação do MP e seus misteres constitucionais, bem como a função social do processo e o interesse do próprio Estado. Entendimento que nos parece ser o mais acertado (BUENO, 2004. p. 43; NERY JR.; NERY, 2007. p. 525).

---

3   Referindo-se à tutela antecipada.
4   NERY JR., Nelson; NERY, Rosa Maria de Andrade. *Código de Processo Civil comentado e legislação extravagante*. 10. ed. rev., ampl. e atual. São Paulo: RT, 2007. p. 524, ressalvando que somente se estiver no polo ativo, pois o mencionado doutrinador não admite tutela antecipada requerida pelo réu. Admitindo assistente simples ou qualificado: CÂMARA, Alexandre Freitas. *Lições de direito processual civil* cit., 17. ed., p. 438.

Cap. 10 · DAS TUTELAS PROVISÓRIAS | 169

10.4. CONCESSÃO *EX OFFICIO*

O CPC/2015 **não** regulamenta a possibilidade de concessão de tutela provisória de ofício, portanto, deve ser observada a regra geral do processo civil de se exigir requerimento (art. 2º do CPC/2015). Por outro lado, se utilizar do **poder geral de cautela**, será possível se cogitar em tutela cautelar incidental concedida de ofício, com o que concordamos.

Há forte embate doutrinário sobre o assunto, onde **não** seria possível a concessão de ofício, por exigência legal de requerimento (art. 295) e pela ofensa ao princípio dispositivo (NERY JR.; NERY, 2007. p. 524; CÂMARA, 2008. p. 437), além da dificuldade que teríamos em definir o responsável civil por eventuais danos (art. 302).

Por outro lado, seria possível **sim** sua concessão de ofício, não havendo ofensa ao princípio do dispositivo, pois o juiz está evitando perecimento do direito, não indo além dos efeitos do pedido formulado pela parte, estando dentro dos limites da própria causa (MITIDIERO, 2006. t. III, p. 49-50), devendo o juiz determinar que o autor emende a inicial (BUENO, 2004. p. 33; DIDIER JR., 2009. v. 1, p. 555), o que, inclusive, é permitido expressamente pelo art. 3º da Lei 12.153/2009. Sobre o suposto problema da responsabilidade civil, a solução nos parece simples: o juiz pode conceder de ofício, porém o beneficiado não está obrigado a efetivá-la e, caso opte por assim fazer, terá que responder por eventuais danos que vierem a ser causados.

Evidentemente que uma tutela provisória antecedente deve ser sempre a requerimento, porém em caráter incidental pode, excepcionalmente, ser de ofício. Há precedentes do **STJ**[5] nesse sentido, reconhecendo, contudo, a excepcionalidade.

10.5. MOMENTO PARA REQUERIMENTO

Não há limite temporal (Enunciado 496 do FPPC) para o deferimento de tutela provisória, contudo, pode ser deferida até mesmo antes do processo principal, denominada antecedente.

De igual modo, **não** há restrição probatória, admitindo-se prova testemunhal, em audiência de justificação prévia (art. 300, § 2º, do CPC/2015), como se observa em inúmeras tutelas específicas previstas no ordenamento (arts. 562, 677, § 1º, 497, do CPC/2015 e 12 da Lei 7.347/1985).

Sobre o seu deferimento em **sentença**, é admissível, devendo-se ressaltar que será com cognição exauriente. Assim, se no momento em que for proferida sentença estiverem presentes os respectivos requisitos da tutela provisória, cabe ao magistrado deferi-la assegurando, assim, que seus efeitos se produzam desde logo, pois a apelação ou eventual reexame necessário não suspenderão sua eficácia (arts. 1.012, V, e 496 do CPC/2015). Será um capítulo de uma sentença, impugnável por apelação, como se observa do art. 1.013, § 5º, do CPC/2015.

Nos **tribunais** é possível o deferimento de tutelas provisórias, como se observa do art. 932, II, tanto em recursos, como em ações da competência originária, como na rescisória (art. 969, parte final) ou na reclamação (art. 989, II). Os recursos em

---

5   STJ, REsp 952.646/SC, 3ª T., rel. Min. Nancy Andrighi, j. 04.11.2008.

170 | PROCESSO CIVIL SISTEMATIZADO – *Haroldo Lourenço*

regra não suspendem a eficácia da decisão, contudo, o relator poderá atribuir tal efeito aos mesmos, na forma do art. 995, parágrafo único, do CPC/2015.

Apesar de a regra ser a admissibilidade imediata pelo tribunal dos recursos, na hipótese de o processo ainda estar na primeira instância, ou seja, já sentenciado, mas ainda não remetido ao Tribunal, havia forte embate doutrinário, contudo, o art. 1.012, § 3º, do CPC/2015 consagrou a tese de que por **simples requerimento** (DIDIER JR., 2009. v. 1, p. 560) distribuído ao tribunal ou ao relator, poderá ser deferida a tutela provisória, se for o caso, gerando prevenção. De igual modo, nada obsta a concessão de tutela de evidência em sede recursal (Enunciado 423 do FPPC).

Por fim, é possível, durante a **execução**, como se observa do art. 799, VIII, do CPC, sendo uma tutela provisória antecipada (Enunciado 488 do FPPC), bem como o STJ já admitiu, inclusive, durante **sustentação oral**[6].

10.6. COMPATIBILIDADE COM TODOS OS PROCEDIMENTOS

É admissível tutela provisória em **qualquer procedimento**, seja comum, sumaríssimo ou especial, contudo, nesses últimos, é possível a exigência de requisitos específicos, como nas possessórias (art. 562 do CPC/2015) e no despejo (art. 59, § 1º, da Lei 8.245/1991), por exemplo.

Fora das hipóteses específicas de tutela provisória, ainda é possível se cogitar da tutela genérica do art. 300 do CPC, como também da possessória de força velha (MARINONI, 2006. p. 178), nas ações de despejo, fora das hipóteses do art. 59, § 1º, da Lei 8.245/1991 (CARNEIRO, 2005. p. 112).

Nos procedimentos **de jurisdição voluntária**, principalmente nos denominados procedimentos meramente receptícios, como interpelações, notificações etc., pois exaurem seus efeitos na própria concretização, dificilmente haveria requisitos para uma tutela provisória, porém, nos procedimentos que apliquem, subsidiariamente, o procedimento comum seria possível a concessão, como no caso de nomeação de curador provisório para o interditando.

10.7. REQUERIMENTO INCIDENTAL E ANTECEDENTE

A grande inovação, realmente, no que se refere à tutela provisória foi a permissão de tutela provisória **antecipada** de modo **antecedente** (art. 303), pois a tutela provisória cautelar antecedente somente foi possível e foi mantida (art. 305).

Houve, a rigor, uma padronização sob o ângulo das duas modalidades de tutelas provisórias de urgência poderem ser concedidas de modo antecedente ou incidental, contudo, há tratamento diverso quanto à natureza da tutela de urgência pretendida, quando o pedido for feito de maneira antecedente.

---

[6]   STJ, 4ª T., REsp 1.332.766-SP, rel. Min. Luis Felipe Salomão, un., j.01.06.2017, *DJe* 01.08.2017.

Cap. 10 · DAS TUTELAS PROVISÓRIAS | 171

10.7.1. Tutela provisória antecipada e cautelar incidental. Competência

O legislador **não** se preocupou em regulamentar o procedimento da tutela provisória incidental, eis que será sempre requerida ao juízo da causa, por **simples petição**, observando a competência funcional do art. 299 do CPC/2015.

Essa acessoriedade da tutela de urgência em relação à tutela definitiva faz gerar a falsa impressão que sempre se mostrará suficiente a regra de que o acessório sempre deverá seguir o principal, sendo esse sempre o juiz mais adequado.

Tal premissa, no caso concreto, pode se mostrar equivocada. O ângulo deve ser o da efetividade. Imagine uma tutela provisória cautelar incidental para restrição de bens, onde o feito principal está tramitando no Rio de Janeiro e o automóvel a ser apreendido está no Acre. Se a regra do art. 299 tiver que ser observada, dificilmente será efetivada, pela distância física e pela notória burocracia cartorária, por exemplo, para se cumprir uma carta precatória.

Enfim, cremos que tal competência pode ser **validamente descumprida** em nome da efetividade que se espera da tutela provisória. Tal raciocínio já era adotado, por exemplo, pela Súmula 263 do TFR, que afirma que a produção antecipada de provas, por si só, não previne a competência para a ação principal.

10.7.2. Tutela provisória antecipada antecedente

Nos termos do art. 303, quando a urgência for **contemporânea à propositura da ação**, a petição inicial pode limitar-se ao requerimento da tutela antecipada e à indicação do pedido de tutela final, com a exposição da lide, do direito que se busca realizar e do perigo de dano ou risco ao resultado útil ao processo.

Trata-se de uma **petição inicial incompleta**, não obstante ser obrigatória a atribuição de **valor à causa**, levando-se em consideração a tutela final (§ 4º). Observe que tal técnica somente é possível quando a urgência for "contemporânea à propositura da ação", leia-se, a urgência deve ser **atual**, ou seja, a situação de urgência e a propositura da inicial devem ser contemporâneas, devendo o autor indicar que está se valendo de tal benefício, por força da boa-fé objetiva, justamente pela situação de **extrema urgência**.

> Tutela provisória de urgência
> antecipada antecedente: art. 303 do CPC

Requisitos: "Petição inicial incompleta"

1) Urgência contemporânea | atual à propositura;

2) Presença da probabilidade do direito + perigo da demora (art. 300 do CPC);

3) Indicação da tutela final pretendida;

4) Valor da causa considerando a tutela final (art. 303, § 4º, do CPC);

5) Informar que está requerendo de maneira antecedente (art. 303, § 5º, do CPC)

172 | PROCESSO CIVIL SISTEMATIZADO – *Haroldo Lourenço*

Tem-se uma previsão muito útil, principalmente para as hipóteses como um atendimento médico emergencial, onde não seria razoável se exigir da parte e seu advogado a elaboração de uma inicial completa.

Tal inicial incompleta deverá observar a competência funcional prevista no art. 299, ou seja, será requerida ao juízo competente para conhecer do pedido principal.

Sendo **concedida**, o autor deverá **aditar** sua inicial (art. 303, § 1º, I), complementando sua argumentação, juntando novos documentos e a confirmação do pedido de tutela final, **em 15 dias, ou em outro prazo que o juízo fixar**, sob pena de extinção sem resolução de mérito (§ 2º), o que deverá ser realizado nos mesmos autos, sem complementação de custas (§ 3º).

Nota-se que o autor deverá aditar a inicial incompleta por ele apresentada antes da **citação e intimação** do réu para a audiência de conciliação ou de mediação (art. 334), como se observa do art. 303, § 1º, II, bem como, não havendo autocomposição o prazo para contestação, será contado na forma do art. 335.

Caso o juízo entenda que **não** há elementos para a concessão de tutela antecipada, deverá ser determinada a sua **emenda** no prazo de cinco dias, sob pena de ser indeferida e o feito extinto sem resolução de mérito (§ 6º). Observe-se que o legislador diferencia emendar (art. 303, §1º, I), que é corrigir, de **aditar** (art. 303, § 6º), que simplesmente é complementar.

10.7.3. Da estabilização da tutela provisória

A maior novidade de todo o exposto anteriormente é o previsto no art. 304, denominada de **estabilização** da tutela antecipada antecedente, que ocorre se for **concedida de maneira antecedente** e o **réu dela não recorrer**, o que ocasionará extinção do processo sem resolução de mérito (art. 304, § 1º). Há quem afirme que o legislador criou uma **técnica de monitorização** do processo civil, nitidamente inspirado na ação monitória, que inclusive foi ampliada (art. 700 do CPC), criando um microssistema pelas regras da monitória e dos arts. 303 e 304 do CPC (DIDIER JR., 2015. p. 605).

Tal estabilização **não** se confunde com a coisa julgada, até porque prolatada em **cognição sumária**, somente podendo ser afastada por decisão judicial em **ação autônoma**[7] que a revir, reformar ou invalidar, a ser proposta pelo interessado dentro do prazo decadencial de **dois** anos, contados da ciência da decisão que extinguiu o processo (§§ 2º a 6º), devendo tal decadência observar o regime jurídico do **Código Civil**.

Transcorrido tal prazo, haverá uma **estabilização irreversível**, ou seja, a decadência do direito à revisão. Interessante que há uma decisão de mérito a que **não** caberá rescisória (Enunciado 33 do FPPC), não obstante ser definitiva.

Haverá prevenção do juízo que prolatou a tutela provisória que se estabilizou para tal demanda que pretender a reanálise, uma **competência funcional (absoluta)**,

---

[7] Observe-se que o legislador, adequadamente, segue a linha de não designar um nome para tal ação, sendo uma ação de conhecimento pelo rito comum, portanto.

podendo qualquer das partes requerer o desarquivamento dos autos para instruir a respectiva petição inicial (§ 4º).

Frise-se que o mandado de citação e intimação do réu da tutela provisória antecipada concedida deve conter expressamente a possibilidade de estabilização, por força dos princípios do contraditório e da boa-fé objetiva.

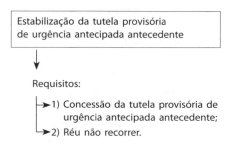

Algumas questões são bem tormentosas, portanto, serão analisadas topicamente:

(i) Afirma a doutrina que o vocábulo **recurso** deve ser interpretado em sentido estrito, ou seja, agravo de instrumento ou interno, quando o feito tramitar no tribunal (CÂMARA, 2015. p. 164-165).[8] Cremos que a mera interposição de **embargos de declaração** não impede a estabilização, eis que o réu pode estar, justamente, buscando complementar ou esclarecer a decisão para analisar se quer deixá-la estabilizar ou não; contudo, depois do julgamento dos embargos de declaração, se não for interposto agravo de instrumento ou agravo interno, haverá estabilização. Não concordamos com quem afirma que a insurgência do réu contra a tutela provisória deferida seja pela via recursal, por pedido de reconsideração ou suspensão de segurança, desde que apresentados no prazo para recorrer (DIDIER JR., 2015. p. 608), já teria o condão de impedir a estabilização, porém a 3ª Turma do STJ já afirmou que, se o réu apresentar contestação, impedirá a estabilização,[9] contudo a 2ª Seção do STJ[10] afirmou que somente o agravo de instrumento teria o condão de impedir a estabilização;

(ii) No sentido de que somente é possível se impedir a estabilização pelas vias recursais, com o **agravo de instrumento** (art. 1.015, I, do CPC/15) ou o **agravo interno** (art. 1.021 do CPC); contudo, cremos que os mesmos devem ser **conhecidos**, mesmo que improvidos, contudo, há quem sustente que basta ser tempestivo (SICA, p. 88);

(iii) O recurso interposto por **assistente simples** do réu também impede a estabilização da tutela antecipada, salvo se o réu expressamente se manifestar no sentido de que prefere a estabilização (FPPC, enunciado 501);

---

[8] No mesmo sentido, mas criticando, afirmando que qualquer forma de resistência deveria impedir a estabilização: NEVES, 2015. p. 211.
[9] STJ, 3ª T., REsp 1.760.966/SP, Rel. Min. Marco Aurélio Bellizze, j. 05.12.2018.
[10] STJ, REsp 1.797.365/RS, 2ª S., rel. Min. Sérgio Kukina, rel. Acd. Min. Regina Helena Costa, por maioria, j. 03.10.2019, DJe 22.10.2019.

174 | PROCESSO CIVIL SISTEMATIZADO – *Haroldo Lourenço*

(iv) Se o autor **não aditar a inicial**, o que ocorrerá antes do prazo para a interposição de recurso pelo réu que somente começará a fluir a partir da juntada do mandado de intimação, do aviso de recebimento ou da carta precatória (Enunciado 271 do FPPC), principalmente se gozar de prazo diferenciado, como nas hipóteses dos arts. 183, 186 ou 229. Já deve o juiz extinguir de imediato o processo? Cremos que deverá ser extinto sem resolução de mérito (art. 303, § 2º), pois estaria o autor, tacitamente, sinalizando o seu desinteresse em prosseguir com o feito, provavelmente porque a medida concedida já satisfez sua situação de urgência;

(v) Mesmo o autor **não** aditando a sua inicial incompleta, subsiste **interesse recursal do réu** em recorrer da decisão concessiva para impedir a estabilização? Pensamos que sim, devendo o juízo aguardar a postura do réu, pois, caso esse recorra, seu recurso estará prejudicado, contudo, **evitará a estabilização;**

(vi) De igual modo, pode ocorrer de o **autor aditar** somente para evitar a extinção sem resolução de mérito (art. 303, § 2º) e o réu **não** recorrer, o que gerará estabilização e extinção sem resolução de mérito (art. 304, § 1º). A não emenda por parte do autor é causa de extinção, bem como o réu não recorrer é outra causa de extinção, uma não impedindo a outra. Parece-me que o propósito legislativo foi criar um procedimento diferenciado e informal, para a rápida solução do direito em situação de extrema urgência, tudo convergindo para a breve extinção. Assim, como o **autor aditou**, mas o **réu não recorreu**, o processo **deve ser extinto haverá estabilização;**

(vii) Na hipótese de o autor aditar, mas o **réu não recorrer**, hipótese do item anterior, caso o autor pretenda, realmente, levar sua pretensão à uma decisão com cognição exauriente deverá ajuizar nova demanda;

(viii) Na hipótese do réu não recorrer, deve haver uma **diminuição do custo** do processo, devendo ser aplicado o art. 701, § 1º, por analogia, na forma do Enunciado 18 da ENFAM, justamente para criar um desestímulo à recorribilidade;

(ix) Pode, ainda, ocorrer de o **autor não aditar** e o **réu não recorrer**. Nessa hipótese, indiscutivelmente, haverá estabilização, pois a tutela provisória antecedente antecipada foi deferida e o réu não recorreu, contudo, o processo será extinto, pois para o autor se mostrou suficiente a mera tutela provisória já deferida, bem como para o réu se mostrou irrelevante a estabilização;

(x) Não há como se cogitar em estabilização em **juizados especiais cíveis**, pois a tutela provisória lá deferida de modo antecedente é irrecorrível, eis que não há recurso contra essa interlocutória, bem como a ação para "revisá-la" seria incompatível com tal procedimento;

(xi) O art. 937, VIII, do CPC afirma que no agravo de instrumento será admissível **sus tentação oral**, tanto na tutela de urgência quanto na da evidência[11];

---

[11] Apesar do art. 937, VIII, do CPC não admitir sustentação oral para outras interlocutórias, que não em comento, cremos que, pelo menos nas decisões interlocutórias de mérito (art. 356, § 5º), deve ser admitida, por exemplo, como uma previsão no regimento interno (art. 937, IX). Nesse sentido: NEVES, Daniel Amorim Assumpção. *Novo Código de Processo Civil*. São Paulo: Método, 2015. p. 476-477. Enunciado 61 do CJF: Deve ser franqueado às partes sustentar oralmente as suas razões,

Cap. 10 · DAS TUTELAS PROVISÓRIAS | 175

(xii) Vale registrar que é perfeitamente admissível a estabilização da tutela antecipada deferida contra a **Fazenda Pública** (Enunciado 582 do FPPC);

(xiii) **Não** há como ter estabilização das tutelas provisórias de **evidência** (SICA, p. 88) não obstante serem satisfativas e da família da tutela antecipada, todavia somente são possíveis de maneira incidental, jamais antecedentes, como se demonstrará adiante;

(xiv) O art. 305, parágrafo único, do CPC permite que uma tutela provisória cautelar requerida de maneira antecedente seja recebida pelo juízo como uma tutela antecipada, caso entenda presentes os requisitos do art. 303, aplicando o **princípio da fungibilidade**. Recebida como uma tutela provisória de urgência antecipada antecedente, será possível se falar em estabilização? Cremos que sim, eis que o legislador se reporta expressamente às regras do art. 303, bem como a estabilização contribui para a efetividade do processo;

(xv) Os arts. 22-A e 22-B da Lei 9.307/96 regulam o cabimento de tutela provisória antes de instituída a arbitragem, ou seja, as partes, antes de iniciarem o procedimento arbitral, poderão recorrer ao Judiciário para a concessão de medida cautelar ou de urgência, porém, tal medida perderá sua eficácia se a parte interessada não requerer a instituição da arbitragem no prazo de trinta dias contado da data respectiva efetivação (art. 22-A, parágrafo único), bem como, instituída a arbitragem, caberá aos árbitros manter, modificar ou revogar a medida cautelar ou de urgência concedida pelo Poder Judiciário (art. 22-B). Nesse sentido, cremos **não** ser possível se cogitar em estabilização, pois a jurisdição exercida pelo Judiciário, nessa hipótese, é precária;

(xvi) O Enunciado 500 FPPC admite estabilização em **alimentos provisórios**, com o qual não concordamos, eis que entendemos que alimentos provisórios têm natureza de tutela de evidência, pois prescinde da urgência, além de ser fundado somente em "prova do parentesco ou da obrigação alimentar" (art. 2º da Lei 5.478/68) e, portanto, somente pode ser concedida de maneira incidental, não podendo se cogitar em estabilização;

(xvii) O Enunciado 420 FPPC afirma **não** caber estabilização de **tutela cautelar**, com o qual concordamos, eis que o legislador previu somente para a tutela antecipada antecedente, não para a cautelar antecedente;

(xviii) O Enunciado 421 FPPC afirma **não** caber estabilização de tutela antecipada em ação **rescisória**, com o qual concordamos, eis que o efeito de estabilização não poderia suplantar a coisa julgada que se busca rescindir;

(xix) Cremos que se o direito debatido for **indisponível** e **não transacionável**, não se pode cogitar em estabilização, exatamente por não ser possível sua ocorrência por uma manifestação tácita ou expressa do réu no sentido de não recorrer;

(xx) Por outro lado, envolvendo um direito que admita autocomposição, é possível se cogitar uma estabilização **negociada** (Enunciado 32 do FPPC), seja ampliando ou reduzindo os efeitos da decisão já estabilizada ou, até mesmo, se criar novas hipóteses ou requisitos para estabilização;

---

na forma e pelo prazo previsto no art. 937, *caput*, do CPC, no agravo de instrumento que impugne decisão de resolução parcial de mérito (art. 356, § 5º, do CPC).

176 | PROCESSO CIVIL SISTEMATIZADO – *Haroldo Lourenço*

(xxi) Não vemos problema na estabilização quando a tutela provisória for **concedida parcialmente**;

(xxii) Pode ocorrer estabilização em decisão proferida pelo **tribunal**, em sua competência derivada (recursal), seja colegiada ou monocrática;

(xxiii) Mesmo sendo possível se cogitar estabilização da decisão proferida pelo tribunal na competência recursal, cremos que eventual ação para revisá-la, reformá--la ou invalidá-la deve ser proposta no **juízo de primeiro grau**, pois não é possível se cogitar a criação de uma competência originária para o tribunal, devendo ser aplicado o art. 304, § 4º, do CPC;

(xxiv) Não será possível a estabilização se ocorrer uma das circunstâncias que exigem a nomeação de **curador especial** (art. 72 do CPC), por força da vulnerabilidade jurídica e processual da parte ré;

(xxv) Entendo ser admissível estabilização em **tutela coletiva**, principalmente se versar sobre direito individuais homogêneos ou sobre direitos indisponíveis, mas transacionáveis, bem como a possibilidade de manejo de uma ação para rever, reformar ou invalidar a tutela estabilizada não teria o condão de impedir, pois seria nítida hipótese de ação coletiva passiva (SICA, p. 88);

(xxvi) Havendo **litisconsórcio**, cremos ser necessário se observar a espécie litisconsorcial. Sendo unitário, o recurso interposto por um deles impedirá a estabilização para todos (art. 1005). Sendo simples, impedirá somente para o recorrente.

10.7.4. Tutela provisória cautelar antecedente. Fungibilidade

O art. 305 regulamenta a petição inicial da ação que visa à prestação de tutela cautelar em caráter antecedente, determinando a indicação da lide e seu fundamento, a exposição sumária do direito que se objetiva assegurar e o perigo de dano ou o risco ao resultado útil do processo, sendo o réu citado para em **cinco dias contestar** e indicar as provas que pretende produzir (art. 306).

Observe-se que se o magistrado entender que o pedido não ostenta natureza cautelar, mas de tutela antecipada, deverá ser observado todo o abordado sobre o art. 303 (art. 305, parágrafo único), ou seja, foi prevista uma **fungibilidade**. Interessante que o CPC/2015 deixa de prever o caminho inverso, ou seja, da tutela antecipada para a cautelar, o que não pode ser interpretado literalmente, ou seja, **a fungibilidade é de mão dupla** (Enunciado 502 do FPPC).

Não havendo contestação, haverá presunção de veracidade, devendo o juiz decidir em cinco dias (art. 307) e, se houver contestação, observar-se-á o rito comum (art. 307, parágrafo único), consagrando uma fungibilidade da tutela cautelar com a tutela antecipada.

Efetivada a tutela cautelar antecedente, o pedido principal terá que ser formulado pelo autor no prazo de 30 dias, nos mesmos autos, não dependendo de novas custas (art. 308), podendo, inclusive, ser aditada a causa de pedir.

Apresentado o pedido principal, as partes serão intimadas para a audiência do art. 334 e, não havendo autocomposição, o prazo de contestação será contado na forma do art. 335.

10.8. EFETIVAÇÃO DA TUTELA PROVISÓRIA

Na forma do art. 297 e seu parágrafo único do CPC/2015, o juiz poderá determinar as medidas que considerar adequadas para efetivação da tutela provisória, observando as normas referentes ao cumprimento provisório da sentença (arts. 519 e 520), no que coube, além do art. 139, IV, do CPC.

10.9. RESPONSABILIDADE DO BENEFICIÁRIO DA ANTECIPAÇÃO DA TUTELA

A questão a ser enfrentada é se ao final do processo, proferida sentença de improcedência, com a consequente cassação da tutela provisória, o seu beneficiário pode ser responsabilizado pelos eventuais prejuízos ou danos causados à outra parte, independentemente da responsabilidade por dano processual.

A controvérsia sobre a concessão de tutela provisória de ofício, anteriormente analisada, mostra-se relevante. Majoritariamente, admite-se sua concessão e efetivação *ex officio*, todavia, nessa hipótese, **não** se poderá responsabilizar o autor, pois nada foi pleiteado, bem como, não se poderá responsabilizar o juiz, pois este somente responde na hipótese de agir com dolo ou fraude (art. 143). Diante de tal imbróglio, a doutrina **majoritária** afirma que há uma **responsabilidade objetiva** (DIDIER JR., 2009. v. 1, p. 556 e 563-564; BEDAQUE, 2001. p. 392) na forma do art. 302 do CPC/2015, sendo a posição do STJ.[12] Há, contudo, quem discorde de tal posição, pois o beneficiário da tutela provisória antecipada não pode ser condenado a arcar com perdas e danos quando se utilizou de medida legalmente prevista (GOMES, 2006. p. 214 e ss.), posição que encampamos.

10.10. REVOGAÇÃO OU MODIFICAÇÃO. SENTENÇA DE IMPROCEDÊNCIA. DECISÃO DO TRIBUNAL

Como visto, uma das principais características da tutela provisória é a precariedade, sendo possível sua revogação ou modificação *ex officio*, justamente por não fazer coisa julgada material (art. 296), caso ocorra alteração do estado de fato, por exemplo, com o surgimento de uma prova, durante a fase probatória, que evidencia que determinado fato não corresponde àquele que autorizou a concessão da tutela (ZAVASCKI, 1999. p. 35-36).

De igual modo, a sentença de **improcedência** faz **cessar a eficácia** da tutela provisória outrora concedida (Enunciado 140 do FPPC), mesmo quando concedida pelo tribunal em sede de agravo de instrumento. Nesse sentido, caminha o **STF**, por meio do Enunciado 405,[13] sendo também o que se extrai do art. 7º, § 3º, da Lei 12.016/2009.

---

[12] STJ, REsp 1.191.262-DF, 4ª T., rel. Min. Luis Felipe Salomão, j. 25.09.2012. Precedentes citados do STF: RE 100.624, *DJ* 21.10.1983; do STJ: REsp 127.498-RJ, *DJ* 22.09.1997; REsp 744.380-MG, *DJe* 03.12.2008, e REsp 802.735-SP, *DJe* 11.12.2009.

[13] "Denegado o mandado de segurança pela sentença, ou no julgamento do agravo, dela interposto, fica sem efeito a liminar concedida, retroagindo os efeitos da decisão contrária."

178 | PROCESSO CIVIL SISTEMATIZADO – *Haroldo Lourenço*

No mesmo sentido, eventual sentença de improcedência faz cessar eficácia da decisão de tutela provisória, ainda que essa tenha sido proferida pelo tribunal no **provimento de agravo de instrumento**, pois entre a hierarquia e o grau de cognição, prevalece o segundo, ou seja, entre a probabilidade derivada da cognição sumária do Tribunal e a certeza derivada da cognição exauriente do juízo de primeiro grau, deve esta ser prestigiada, inclusive entende o **STJ** que os valores recebidos em virtude de tutela antecipada anteriormente deferida e revogada pela sentença devem ser devolvidos, inclusive se o prejudicado for a Fazenda Pública.[14]

10.11. ANTECIPAÇÃO DE TUTELA CONTRA A FAZENDA PÚBLICA

Muito já se discutiu sobre a possibilidade de deferimento de tutela antecipada contra a Fazenda Pública, levando-se em consideração, basicamente, dois argumentos que inviabilizariam a sua concessão: o reexame necessário e o regime de pagamento por precatório.

Tais argumentos não se sustentam, pois **não** são todas as sentenças que se sujeitam ao reexame necessário, como se infere dos §§ do art. 496 do CPC/2015, além disso, a tutela antecipada geralmente é deferida por decisão interlocutória, que **não** é passível de reexame[15]. De igual modo, o regime do precatório somente é aplicável diante de obrigações pecuniárias, não sendo cabível para obrigações de fazer, não fazer e entregar coisa.

Ademais, havendo uma lei que regulamenta a tutela antecipada contra a Fazenda Pública (Lei 9.494/1997) é porque ela é admissível, somente não sendo possível nos casos por ela listados. Inclusive a constitucionalidade de tal lei foi enfrentada pelo STF no julgamento de procedência da ADC 4, afirmando serem razoáveis as restrições por ela trazidas, justamente por implementar o interesse público, todavia o mesmo julgamento afirmou que, se no caso concreto, a vedação representar óbice ao acesso à ordem jurídica deverá ser afastada em controle difuso de constitucionalidade. Posteriormente, no julgamento da ADI 223-6 MC/DF, o STF analisou a Medida Provisória 173/1990, que vedava o deferimento de liminares em mandado de segurança, em que se obteve a mesma conclusão da ADC 4.

A mencionada legislação restringiu o cabimento de liminares contra o Poder Público, atraindo a aplicação dos arts. 1º, 3º e 4º da Lei nº 8.437/1992 que, por sua vez, atrai o art. 7º, § 5º, da Lei 12.016/2009, que regula o mandado de segurança. Em síntese, esse conjunto de leis veda o deferimento de liminares que tenham por objeto a compensação de créditos tributários, a entrega de mercadorias e bens provenientes do exterior, a reclassificação ou equiparação de servidores públicos e a concessão de aumento ou a extensão de vantagens ou pagamento de qualquer natureza.

Sendo assim, somente nessas hipóteses é que não se admite o deferimento de eventual liminar, não se aplicando a qualquer outra pretensão, tendo sido esse o

---

[14] STJ, 1ª S., REsp Repetitivo 1.401.560/MT, rel. Min. Sérgio Kukina, rel. para acórdão Min. Ari Pargendler, j. 12.02.2014, *DJe* 13.10.2015.

[15] O ponto é controvertido, contudo, entendemos que não há reexame na interlocutória proferida contra o Poder Público, ainda que seja um julgamento parcial de mérito (art. 356); todavia, não é esse o entendimento firmado no Enunciado 17 do FNPP: "A decisão parcial de mérito proferida contra a Fazenda Pública está sujeita ao regime da remessa necessária."

Cap. 10 · DAS TUTELAS PROVISÓRIAS | 179

entendimento adotado pelo CPC/2015, por força do art. 1.059 e, por conseguinte, **não** nos parece ser possível a concessão de tutela provisória de evidência contra a Fazenda Pública nessas hipóteses (Enunciado 14 do FNPP).

Afirma o STJ que a vedação legalmente prevista de concessão de antecipação de tutela contra a Fazenda Pública nos casos de aumento ou extensão de vantagens a servidor público não se aplica às hipóteses em que o autor busca sua nomeação e posse em cargo público, em razão da sua aprovação em concurso público.[16]

Destarte, a legislação supramencionada veda a concessão de liminar para compensação tributária, não havendo óbice a sua concessão em sentença[17], como a Súmula 729 do STF afirma que a decisão prolatada na ADC 4 não se aplica à antecipação de tutela em causa de natureza previdenciária, ou pagamento de prestações de serviços, repetição de indébito etc.

Admite-se deferimento de tutela antecipada para entrega de coisa, como remédio a idoso ou portador de doença grave, por exemplo, admitindo-se, inclusive, bloqueio de verbas para garantir a efetividade do julgado.[18]

Por fim, para o deferimento de tutela antecipada em ação possessória, bem como em mandado de segurança coletivo, contra o Poder Público, exige-se sua oitiva (art. 562, parágrafo único, do CPC/2015 e art. 22, § 2º, da Lei 12.016/2009).

10.12. DA TUTELA DA EVIDÊNCIA

Como dito, a tutela de evidência divide-se em duas modalidades: **tutela de evidência sancionatória ou punitiva** (art. 311, I) e a **tutela de evidência documental** (art. 311, II, III e IV). Cumpre registrar que toda tutela de evidência **prescindirá** do requisito da urgência (art. 311, *caput*) havendo, a rigor, uma **tutela antecipada sem urgência** sendo sempre **satisfativa** e **incidental**, **não** havendo que se cogitar em **estabilização**.

Tal o próprio termo "evidência" está a sugerir, há um **alto** grau de probabilidade do direito substancial alegado, o que gera menor perigo de dano, ou seja, há um *fumus boni iuris* **qualificado**, com nítida inspiração no procedimento monitório, o qual ostenta a mesma proposta (art. 700 do CPC).

O art. 311 do CPC reflete um rol **exemplificativo**, existindo outras hipóteses de tutelas de evidência, por exemplo, na tutela possessória (art. 558 e 563 do CPC); monitória (art. 701); embargos de terceiro (art. 678 do CPC); indisponibilidade de bens; improbidade administrativa (art. 7º da Lei 8.249/92); alimentos provisórios (art. 4º da Lei 5.478/67); e em algumas hipóteses do art. 59, § 1º, da Lei 8.245/91 etc.

A primeira hipótese (art. 311, I) visa proteger a seriedade da função jurisdicional, pois a conduta **temerária** autoriza a antecipação dos efeitos da tutela, a qual será concedida diante da caracterização do abuso do direito de defesa ou do manifesto

---

[16] STJ, 1ª T., AgInt no AREsp 767.344/PI, Rel. Min. Gurgel de Faria, j. 19.06.2018.

[17] Vale observar: Súmula 213 do STJ: "O mandado de segurança constitui ação adequada para a declaração do direito à compensação tributária". Súmula 460 do STJ: "É incabível o mandado de segurança para convalidar a compensação tributária realizada pelo contribuinte".

[18] STJ, REsp 746.781/RS, 1ª T., rel. Min. Teori Albino Zavascki, rel. p/ acórdão Min. Luiz Fux, j. 18.04.2006.

180 | PROCESSO CIVIL SISTEMATIZADO – *Haroldo Lourenço*

propósito protelatório da parte, sendo uma **técnica legislativa de aceleração do resultado do processo**, prestigiando a boa-fé objetiva (art. 5º do CPC/2015).

Somente se admite tal tutela se **efetivamente** se protelar o processo, não o mero propósito, ou seja, não se pune a mera tentativa. De igual modo, o abuso do direito de defesa se refere a um comportamento **interno** ao processo, enquanto o manifesto propósito protelatório se refere a comportamentos **externos**, fora do processo, como simulação de doenças ou ocultação de provas.

No que se refere ao manifesto propósito protelatório, a doutrina controverte se estariam incluídos atos praticados antes da propositura da demanda. **Majoritariamente sim**, bastando haver comprovação no caso concreto (NEVES, 2006. p. 125), sendo excepcional (BUENO, 2004. p. 41), mas admissível, como a esquiva furtiva em receber a citação (CARNEIRO, 2005. p. 19; BUENO, 2004. p. 87), com o que concordamos, contudo, há quem sustente o contrário, pois seria o deferimento de uma tutela liminar, com as provas produzidas unilateralmente pelo autor, infringindo o contraditório (DIDIER JR., 2009. v. 1, p. 549).

Não pode ser concedida no início do processo, somente após a contestação (CÂMARA, 2008. v. 1, p. 443), quando ficaria caracterizado o abuso do direito de defesa ou o propósito protelatório do réu (BEDAQUE, 2001. p. 171), como se observa do art. 311, parágrafo único, do CPC/2015.

Defesa **não** se refere evidentemente só à contestação, mas a qualquer modalidade de defesa ou requerimentos, como a solicitação desnecessária de oitiva de testemunhas, de igual modo, não somente o réu pode praticar tais condutas, mas a autor também, pois o art. 311, I, refere-se a "**parte**", tendo em vista que o comportamento temerário pode ser de qualquer das partes (DIDIER JR., 2009. v. 1, p. 548).

O ato ilícito processual praticado pode ter inúmeras consequências processuais, cumulativas, como a tutela antecipada sancionatória e a litigância de má-fé. Alguns exemplos são bem visuais, como (i) reiterada retenção dos autos por tempo delongado; (ii) fornecimento de endereços inexatos para embaraçar intimações; (iii) prestar informações erradas; (iv) embaraçar a produção probatória.

O Enunciado 34 do FPPC considera abusiva a defesa da Administração Pública, sempre que contrariar entendimento coincidente com orientação vinculante firmada no âmbito administrativo do próprio ente público, consolidada em manifestação, parecer ou súmula administrativa, salvo se demonstrar a existência de distinção ou da necessidade de superação do entendimento.

Pode, ainda, cogitar-se da hipótese de responsabilidade civil objetiva na qual o réu alega não ter agido com culpa, ou na hipótese de o réu se basear em lei declarada inconstitucional pelo STF, ou, ainda, na hipótese em que o autor apresenta prova documental do veículo e o réu arrola testemunha ou pede carta rogatória para vários países.

Deve ser examinada a hipótese de só um litisconsorte praticar o ato abusivo ou o manifesto propósito protelatório. Se o litisconsórcio for **simples**, poderá ser deferida a tutela sancionatória, contudo, se **unitário**, ficará inviável.

Além de todo o abordado, exige-se a **probabilidade do direito alegado** (Enunciado 47 do CJF), pois é difícil de se acreditar no deferimento de tal tutela sem que o magistrado tenha se convencido, minimamente, da existência do direito do autor, ademais, ninguém adquire direito com a conduta desleal do réu.

Cap. 10 · DAS TUTELAS PROVISÓRIAS | **181**

O art. 311, II, exige, **cumulativamente**, que (i) as alegações de fato possam ser comprovadas apenas documentalmente; e (ii) haja tese firmada em julgamento de casos repetitivos ou em súmula vinculante, para o deferimento da tutela de evidência. Apesar de o inciso em comento não se referir às teses firmadas em repercussão geral ou em súmulas dos tribunais superiores, devem ser considerados incluídas (Enunciado 48 CJF), bem como o Incidente de Assunção de Competência (Enunciado 135 do II CJF).

Tem-se situação semelhante ao mandado de segurança (Enunciado 49 CJF), exigindo-se prova pré-constituída, além da existência de precedente ou súmula vinculante aplicável ao caso concreto, ou seja, os requisitos são cumulativos.

Cabe aqui, ressaltar, a utilidade da **ata notarial** (art. 384 do CPC), além da **prova emprestada** (art. 372 do CPC) ou da **produzida antecipadamente** (art. 381 do CPC). Pode se imaginar, por exemplo, em uma ação fundada em um contrato bancário, onde há julgamento repetitivo pela abusividade da cláusula ou em uma ação buscando-se a repetição de um tributo, já reconhecidamente inconstitucional pela jurisprudência.

O art. 311, III, traz a hipótese do pedido reipersecutório (ou seja, baseado na perseguição de uma coisa), fundado em prova documental adequada do contrato de depósito, caso em que será decretada a ordem de entrega do objeto custodiado, sob cominação de multa.

Observe-se que há em nosso ordenamento várias ações reipersecutórias, contudo, o legislador limitou-se ao contrato de depósito (objeto móvel), pois, com a Súmula Vinculante 25, que não admite mais a prisão civil, este perdeu seu prestígio, bem como já havia a previsão da liminar busca e apreensão, quando fundada na alienação fiduciária (DL nº 911/69).

De igual modo, o depósito se prova por escrito, seja voluntário (art. 646, CC) ou legal/necessário (art. 647, I, e 648, CC).

Assim, um *ticket* de estacionamento pode permitir o deferimento de tal tutela provisória, pois comprova um contrato de depósito voluntário.

Por fim, há o art. 311, IV, que permite a tutela provisória de evidência quando a petição inicial for instruída com prova documental suficiente dos fatos constitutivos do direito do autor, a que o réu não oponha prova capaz de gerar dúvida razoável.

Percebe-se que há, nesse inciso, um somatório das provas do autor com as do réu.

A tutela de evidência é **sempre incidental** ao processo em que se tenha formulado o pedido de tutela final, bem como **sempre** será **satisfativa**. Somente é admissível de maneira **liminar** nas hipóteses do inciso II e III, pois, nos incisos I e IV, é necessária a participação do réu abusando do direito de defesa ou deixando de trazer aos autos provas capazes de gerar dúvida razoável ao direito do autor.

Alguns pontos merecem destaque, a título de sistematização, mesmo já tendo sido abordados:

(i) Cremos **não** ser possível a concessão de tutela da evidência contra a Fazenda Pública nas hipóteses mencionadas no art. 1.059 do CPC (Enunciado 14 do FNPP);

182 | PROCESSO CIVIL SISTEMATIZADO – *Haroldo Lourenço*

(ii) De igual modo, nada obsta a concessão de tutela da evidência em sede **recursal** (Enunciado 423 do FPPC);

(iii) **Não** há como ter estabilização das tutelas provisórias de **evidência** (SICA, p. 88), não obstante serem satisfativas, contudo, somente são possíveis de maneira incidental, jamais antecedentes, como se demonstrará adiante;

(iv) O Enunciado 500 do FPPC admite estabilização em **alimentos provisórios**, com o qual não concordamos, eis que entendemos que alimentos provisórios tem natureza de tutela de evidência, eis que prescinde da urgência, além de ser fundado em "prova do parentesco ou da obrigação alimentar" (art. 2º da Lei 5.478/68) e a tutela de evidência somente pode ser concedida de maneira incidental, não podendo se cogitar, portanto, em estabilização;

10.12.1. Da tutela da evidência e o julgamento antecipado de mérito

A tutela da evidência é uma técnica de distribuição do tempo no processo entre autor e réu, baseada em um alto grau de probabilidade da prova apresentada, proferida em **cognição sumária** diante da demonstração *prima facie* da existência de seu direito, evitando que a morosidade judiciária não favoreça a parte a quem não assiste razão em detrimento daquele que a tem um direito evidente, por meio de **decisão interlocutória precária**, sem aptidão para produzir coisa julgada, tampouco ser rescindível.

Contudo, tal tutela **não** se confunde com o julgamento antecipado parcial do mérito, eis que, nesse caso, o magistrado está julgando com base em **cognição exauriente**, em decisão interlocutória com total aptidão para produzir **coisa julgada material** e, portanto, **rescindível**.

Cumpre, contudo, ressaltar que nada obsta que o magistrado realize um julgamento antecipado de mérito e, concomitantemente, conceda uma tutela da evidência, principalmente com fundamento no art. 311, IV, do CPC, trazendo como principal efeito prático a **retirada do efeito suspensivo do recurso de apelação** (art. 1.012, § 1º, VI, do CPC).

11
DO PROCEDIMENTO

11.1. NOÇÕES GERAIS

Por força do **princípio da adequação**, analisado no capítulo sobre os princípios processuais, o legislador deve criar procedimentos adequados, pautando-se em **parâmetros objetivos, subjetivos ou teleológicos**, criando um procedimento hábil para uma melhor tutela jurisdicional, pois um procedimento inadequado ao direito material pode torná-lo inócuo, negando a legítima expectativa de um acesso à justiça.

Destarte, adotando-se um modelo constitucional de processo (art. 1º do CPC/2015), todos os procedimentos (ou ritos) devem ser interpretados de acordo com a Constituição.

No sentido da adequação do procedimento, o legislador estabelece, por exemplo, hipóteses de intervenção do Ministério Público, como fiscal da ordem jurídica em virtude da natureza da lide ou da qualidade da parte, de igual modo, há normas de competência, procedimento ou de prazos separados em razão da qualidade das partes (arts. 53, II, do CPC/2015; 109, I, da CR/1988; 8º da Lei 9.099/1995; e 180, 183, 186 e § 3º do CPC/2015).

O legislador de 2015 caminhou por essa trilha, criando um procedimento padrão, dele extraindo procedimentos especiais (art. 318 e seu parágrafo único). Na atividade de **conhecimento**, o procedimento padrão é o comum (art. 318 do CPC/2015), já na **execução**, o procedimento padrão é o da execução extrajudicial (art. 513 c/c o art. 771 do CPC/2015).

Nesse ponto, importantíssima uma compreensão hermenêutica.

Como a atividade de **conhecimento** é, sem dúvidas, a mais importante, um **procedimento padrão** (art. 318 do CPC/2015) é **subsidiário** a todos os demais procedimentos, inclusive à **execução extrajudicial** (art. 771, parágrafo único, do CPC/2015), que por sua vez é subsidiária ao **cumprimento de sentença** (art. 513 do CPC/2015), aos **procedimentos especiais de execução**, bem como a **qualquer atividade executiva** (art. 771 do CPC/2015). A importância de uma boa compreensão do rito comum de conhecimento (art. 318 do CPC/2015) é essencial, pois o mesmo é subsidiário, como se pode perceber em toda atividade judicial, seja de conhecimento (art. 318, parágrafo único), seja de execução (art. 771, parágrafo único) e até mesmo na tutela provisória (art. 307, parágrafo único).

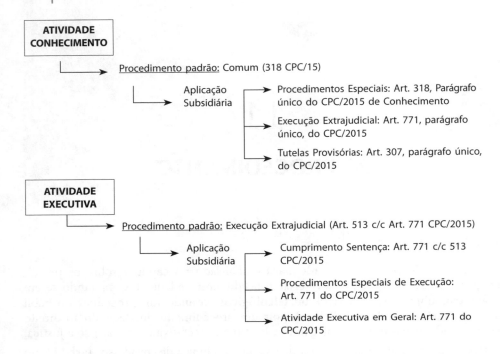

Observe-se que o legislador, ratificando tal regra, às vezes é expresso em afirmar que o rito comum de conhecimento é aplicável subsidiariamente aos procedimentos especiais de conhecimento, como se observa, por exemplo, do art. 566 (manutenção e reintegração de posse), do art. 578 (demarcação), do art. 603, § 2º (dissolução parcial de sociedade[1]), do art. 679 (embargos de terceiro), do art. 697 (ações de família), dos arts. 700, §§ 5º e 7º, e 702, § 1º (ação monitória), do art. 705 (homologação de penhora legal), do art. 714, § 2º (restauração de autos), do art. 745, § 4º (bens dos ausentes), do art. 761, parágrafo único (tutela e curatela), do art. 970 (ação rescisória), do art. 1.046, § 3º (procedimentos do CPC/1939), do art. 1.049 (todos os procedimentos previstos em leis especiais, sem especificação), do art. 1.049, parágrafo único (todas as hipóteses que leis especiais se referirem ao rito sumário, que foi revogado pelo CPC/2015), do art. 1.071 do CPC/2015, que inclui o art. 216-A na Lei 6.015/1973 (usucapião extrajudicial).

Diante de tal conclusão, o legislador não se preocupa em regulamentar à exaustão, ou em riqueza de detalhes dos procedimentos especiais, regulamentando somente as variantes em relação ao rito comum, em nítida hipótese de adequação do direito material discutido. Os procedimentos diferentes do comum, portanto especiais, são regulados somente no que desse se diferenciarem, ou seja, os procedimentos especiais são variações do procedimento comum. Assim, por exemplo, não existe previsão de prazo de resposta na ação de consignação em pagamento (arts. 539 a 549 do CPC/2015), devendo ser aplicadas as regras do rito comum (art. 335, na forma do art. 318, parágrafo único) (CÂMARA, 2008. v. 1, p. 304).

---

[1] Temos reservas quanto ao nome adotado pelo legislador para tal demanda, tratando-se de resolução da sociedade em relação a um sócio, nos termos do art. 1.028 do CC/2002.

Cumpre registrar que havendo **omissão** no procedimento comum de conhecimento, deve ser aplicada a analogia, os costumes e os princípios gerais do direito (art. 140 do CPC/2015 c/c o art. 4º da LINDB - Lei de Introdução do Direito Brasileiro), sempre sob a ótica do modelo constitucional de processo (art. 1º do CPC/2015).

Cumpre registrar que tais distinções em nada interferem a partir das instâncias recursais, pois não há nenhuma particularidade, devendo ser adotado o procedimento previsto a partir do art. 929 a todos os procedimentos, indistintamente.

Por fim, cremos **não** haver problemas em as partes regularem o procedimento que se mostrar adequado às suas necessidades, na exata dicção do art. 190 do CPC, criando um **negócio** jurídico processual, bem como nada impede a criação de um **calendário** processual (art. 191 do CPC), estabelecendo um cronograma temporal, com datas, para a prática de atos processuais

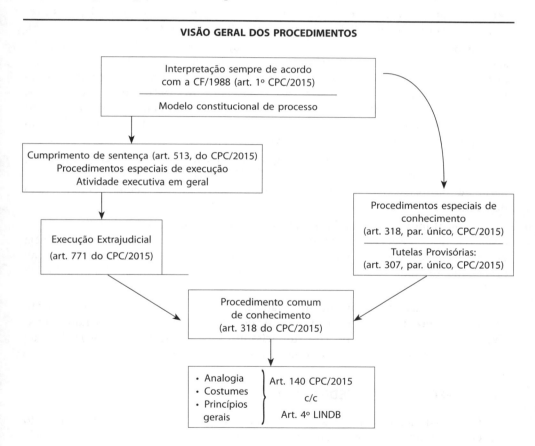

11.2. EXTINÇÃO DO PROCEDIMENTO SUMÁRIO (ART. 275 DO CPC/1973)

Não se poderia deixar de comentar a extinção do rito sumário, que era previsto nos arts. 275 a 281 do CPC/1973, principalmente no que se refere à eficácia da norma processual nos processos pendentes.

186 | PROCESSO CIVIL SISTEMATIZADO – Haroldo Lourenço

O CPC/2015 se mostrou cuidadoso com postura de extinção de tal rito, contudo, as disposições transitórias, certamente, não serão suficientes.

O primeiro grande problema é a vigência do CPC/2015 (art. 1.045 do CPC/2015), eis que o tema não é unânime na doutrina, prevalecendo a interpretação que a partir de 16.03.2016 terá plena eficácia, quando se dará o início dos principais problemas.

O art. 1.046, § 1º, do CPC/2015 afirma que com a entrada em vigor do CPC/2015, suas disposições se aplicarão desde logo aos processos pendentes, ficando revogada a Lei 5.869 (CPC/1973), contudo **as disposições relativas ao procedimento sumário e aos procedimentos especiais que forem revogadas aplicar-se-ão às ações propostas e não sentenciadas até o início da vigência deste Código**, em nítida hipótese de ultra-atividade do CPC/1973.

De igual modo, **sempre que a lei remeter ao procedimento sumário, será observado o procedimento comum previsto neste Código, com as modificações previstas na própria lei especial, se houver** (art. 1.049, parágrafo único, do CPC/2015).

Eis os principais casos: (i) revisional de aluguel (art. 68 da Lei 8.245/1991); (ii) acidente de trabalho (art. 129, II e parágrafo único, da Lei 8.213/1991); (iii) ações discriminatórias (art. 20 da Lei 6.383/1976); (iv) adjudicação compulsória (art. 16 do DL 58/1937); (v) usucapião especial (art. 5º da Lei 6.969/1981, para imóveis rurais; art. 14 da Lei 10.257/2001, para imóveis urbanos); (vi) ação entre representante comercial autônomo e representado (art. 39 da Lei 4.886/1965); (vii) ação de retificação de registro civil (art. 110, § 3º, da Lei 6.015/1973).

Assim, proposta qualquer uma dessas ações a partir do dia 16.03.2016, inclusive, tramitarão pelo rito comum (art. 318 do CPC/2015), sempre se observando as peculiaridades das respectivas leis especiais. Esse, inclusive, foi o posicionamento adotado no Enunciado 570 do FPPC.

De igual modo, **invalidado um ato processual** praticado à luz do CPC de 1973, a sua repetição observará o regramento do CPC/2015, salvo nos casos de incidência do art. 1.047 do CPC/2015 e no que refere às disposições revogadas relativas ao procedimento sumário, aos procedimentos especiais e às cautelares (Enunciado 567 do FPPC).

Por fim, mas não de menor importância, cumpre registrar que as ações do rito sumário em razão da matéria (art. 275, II, do CPC/1973) continuam sendo admissíveis de serem manejadas no **rito sumaríssimo** (art. 3º, II, da Lei 9.099/1995), até edição de lei específica, como se observa do art. 1.063 do CPC/2015.

11.3. ESPÉCIES DE PROCEDIMENTO

O procedimento, como visto em outra passagem, é o aspecto extrínseco do processo, formado por uma sequência ordenada de atos processuais.

As normas de determinação dos procedimentos são **cogentes**, não sendo lícito às partes optarem por procedimento diverso do prescrito em lei. Nesse sentido, a investigação do procedimento a ser adotado deve iniciar-se pelos procedimentos especiais, em sua ausência, será adotado o procedimento comum. Lembrando que o rito sumaríssimo previsto na Lei 9.099/1995 possui **competência concorrente e**

relativa. Nesse sentido, nas hipóteses em que a ação do rito comum do art. 318 do CPC/2015 se mostre compatível com a Lei 9.099/1995 será possível a opção.

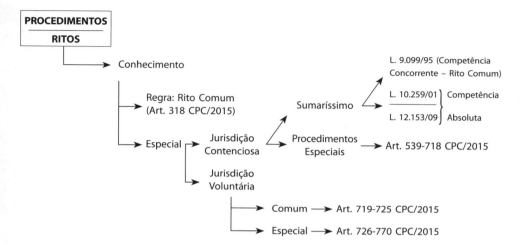

12
PROCEDIMENTO COMUM DE CONHECIMENTO

12.1. FASES DO PROCEDIMENTO

Por ser o procedimento comum um modelo, com a melhor delimitação das etapas que o compõem e a mais ampla possibilidade de apresentação de alegações e provas, pode se visualizar nele seis fases: **1) postulatória; 2) saneamento (ou ordinatória); 3) instrutória (ou probatória); 4) decisória; 5) recursal e 6) executiva.**

A primeira vai da propositura da ação até o momento da réplica (arts. 350 e 351 do CPC/2015), a segunda fase ocorre ao longo de todo o processo, mas o seu ápice se dá no momento de saneamento e organização do processo (art. 357). A terceira fase também se estende ao longo de todo o processo, mas o seu principal momento é na audiência de instrução e julgamento (art. 358), com a prolação da sentença há a fase decisória, propiciando-se a fase recursal e, posteriormente, caso não seja cumprida a obrigação constante no título, haverá a fase executiva, em que se realiza em concreto o estabelecido na decisão exequenda.

Frise-se que tais fases não são estanques, pois há saneamento desde o recebimento da petição inicial (art. 321), nas providências preliminares (art. 352), bem como com a inicial (art. 319, VI), na contestação (art. 336) e nas providências preliminares há produção probatória (art. 348).

12.2. QUADRO SINÓTICO

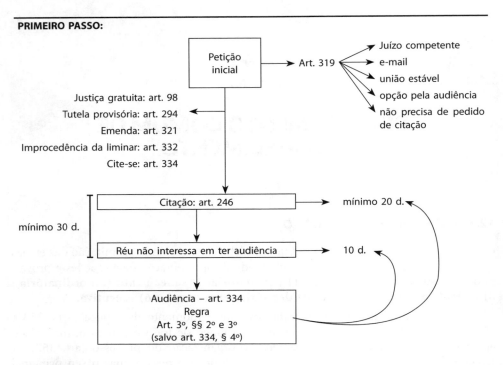

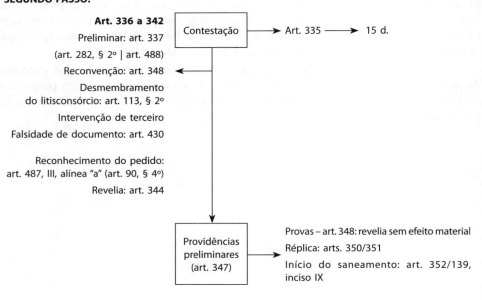

TERCEIRO PASSO:

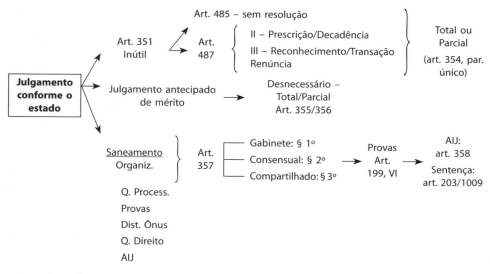

FLEXIBILIZAÇÕES:

12.3. DA PETIÇÃO INICIAL

O procedimento inicia-se por um **ato formal ou solene**, chamado de petição inicial (art. 319). A relação entre a petição inicial e a demanda é a mesma que se estabelece entre a forma e o seu conteúdo (DIDIER JR., 2009. v. 1, p. 407). A demanda necessita de um instrumento para adquirir vida, concretizar-se, e a petição inicial é o instrumento da demanda.

A petição inicial tem a função de balizar a atividade jurisdicional, não podendo esta extrapolar os seus limites (arts. 141 e 492 do CPC/2015), por força do **princípio da congruência, adstrição ou correlação**, sendo um projeto da sentença: contém aquilo que o demandante almeja ser o conteúdo da decisão que vier a acolher o seu pedido (DIDIER JR., 2009. v. 1, p. 497).

De igual modo, com a propositura da petição inicial, ocorrerá para o **autor** efeitos processuais, como **submissão à litispendência, perempção e coisa julgada**.

12.3.1. Requisitos

Por ser um ato solene, são inúmeros os requisitos da petição inicial, genericamente previstos nos arts. 319, 320, 104 e 106, I, do CPC/2015, entre outros artigos.

Inicialmente, para caracterizar a inicial é suficiente e relevante a indicação das **partes, causa de pedir e pedido**, pois o nome adotado pelo autor para a ação não

PROCESSO CIVIL SISTEMATIZADO – *Haroldo Lourenço*

tem nenhuma importância, sendo absolutamente irrelevante (NERY JR.; NERY, 2007. p. 551), mesmo na hipótese de ter sido utilizado um nome inadequado, estando no mais tudo correto, é completamente desnecessária emenda.

Em regra, deverá a petição inicial ser escrita, datada e subscrita por profissional com capacidade postulatória, advogado público ou privado, defensor, um procurador ou membro do Ministério Público.

Admite-se postulação **oral** nos juizados especiais, portanto, desprovida de solenidades (art. 14 da Lei 9.099/1995), bem como na hipótese de mulher que se afirmar vítima de violência doméstica ou familiar (art. 12 da Lei 11.340/2006) e da ação de alimentos (art. 3º, § 1º, da Lei 5.478/1968).

Quando o **advogado postular em causa própria**, deverá declinar o endereço, seu número de inscrição na Ordem dos Advogados do Brasil e o nome da sociedade de advogados da qual participa, para o recebimento de intimações (art. 106, I, do CPC/2015).

Atualmente, em que boa parte dos processos já são eletrônicos, nos termos da Lei 11.419/2006, em toda inicial deverá ser declarado o **endereço eletrônico** (art. 319, II, do CPC/2015).

Também deve estar presente a indicação do **juízo** a que é dirigida (o órgão jurisdicional, não o juiz), observando-se as regras de competência, por meio do endereçamento no cabeçalho da petição. Registre-se, **comarca ou foro** é a unidade territorial da Justiça Estadual; **seção judiciária**, da Justiça Federal. **Juiz Federal** qualifica o magistrado atuante na Justiça Federal; **juiz de direito,** o magistrado da Justiça Estadual.

Ainda deve haver a qualificação das partes, relevante para fins do art. 73, § 1º, do CPC/2015, para o art. 76 CC/2002 ou até mesmo para a gratuidade de justiça, em virtude da profissão declinada ou a atividade desenvolvida pela pessoa jurídica (uma associação, por exemplo). É possível, ainda, que a demanda seja dirigida à pessoa incerta, desde que existente um esboço da sua identificação, permitindo-se a citação por edital (art. 256, I, do CPC/2015). Isso se torna mais latente em demandas possessórias, em casos de inúmeros os esbulhadores, gerando um litisconsórcio passivo multitudinário, devendo-se identificar, principalmente, os líderes do movimento.

No que se refere à qualificação, o CPC/2015 passa a exigir a declaração do **estado civil e da existência de união estável**, o que pode ser exigido pelo juiz, nos termos dos arts. 321 e 73, § 3º.

Se o demandante for pessoa jurídica, essencial juntar o estatuto ou contrato social, para a verificação da representação. Se o autor for **nascituro**, deverá ser identificado como *"nascituro de fulana de tal"* (DIDIER JR., 2009. v. 1, p. 410).

Devem ser expostos os fatos e fundamentos jurídicos do pedido, formando a chamada causa de pedir,[1] revelando os reais alcances da demanda. Os **fatos** compõem a **causa de pedir remota** e os **fundamentos jurídicos** a **causa de pedir próxima**.

---

[1] Para maiores considerações sobre a causa de pedir, remetemos o leitor para o capítulo sobre pressupostos processuais, no qual se analisou os elementos da demanda.

Cap. 12 · PROCEDIMENTO COMUM DE CONHECIMENTO | 193

Adotou o CPC a **teoria da substanciação**, não podendo confundir fundamentação jurídica com fundamentação legal (DIDIER JR., 2009. v. 1, p. 412), pois, essa é exigida pela teoria da individualização, não adotada em nosso ordenamento.

Deve, assim, o autor expor todo o quadro fático necessário à obtenção do efeito jurídico perseguido, bem como demonstrar como os fatos narrados autorizam a produção desses (deverá o autor demonstrar a incidência da hipótese normativa no suporte fático concreto) (DIDIER JR., 2009. v. 1, p. 411).

De igual modo, como se afirma a existência de uma relação jurídica material, é fundamental a demonstração dos elementos que a compõem: **fato jurídico, objeto e sujeito**, que correspondem às partes, causa de pedir e pedido.

Toda petição inicial conterá, ao menos, um **pedido**, do contrário, será inepta que, de tão importante, será analisado em tópico separado.

A toda causa deve ser atribuído um **valor** (art. 291), ainda que não possua um valor econômico imediato,[2] devendo ser certo e em moeda corrente nacional. Devem ser indicados na petição inicial os meios de prova de que se irá valer o autor para comprovar as suas alegações, providência essa de pouca eficácia, pois, o magistrado pode deferir provas de ofício (art. 370), além de nas providências preliminares as partes serem instadas a especificá-las (art. 348 do CPC/2015).

De igual modo, a **citação** deve ser requerida, juntamente com a especificação da modalidade citatória pretendida e, não sendo especificada, será realizada pela via postal (art. 247). Frise-se que o requerimento de citação por edital de modo temerário, submete o requerente à multa de cinco vezes o salário mínimo vigente, revertendo-se ao citando (art. 258 e parágrafo único). Lembre-se, ainda, da possibilidade do art. 115, parágrafo único, bem como do art. 18, parágrafo único, do CPC/2015, segundo o qual o juiz pode convocar um litisconsorte passivo necessário ou determinar a citação do substituído.[3] Com o CPC/2015 tal pedido tornou-se **implícito,** eis que não ocupa o rol do art. 319.

A parte autora declara, também, a sua opção pela realização ou não da audiência de conciliação ou mediação, prevista no art. 334, como se observa do art. 319, VIII, do CPC.

Exige, ainda, o art. 320, chamado de **requisito extrínseco** da petição inicial, a apresentação de documento indispensável, como, por exemplo, a comprovação de microempresa ou de empresa de pequeno porte, título executivo, prova escrita na ação monitória, certidão de casamento, para ação de divórcio etc. No mesmo sentido, caminha a exigência de procuração, na forma do art. 104 do CPC.

12.4. EMENDA DA PETIÇÃO INICIAL. ADITAMENTO DA PETIÇÃO INICIAL

Não sendo observado algum ou alguns dos requisitos da petição inicial, deverá o magistrado determinar a sua emenda, seja no processo de conhecimento, seja na

---

[2]   STJ, REsp 1.220.271/RJ, 4ª T., rel. Min. Luis Felipe Salomão, j. 14.12.2010.

[3]   Para quem defende a tese de ainda existi-la em nosso ordenamento. Vide capítulo sobre litisconsórcio. Enunciado 110 do FPPC: "Havendo substituição processual, e sendo possível identificar o substituto, o juiz deve determinar a intimação deste último para, querendo, integrar o processo".

194 | PROCESSO CIVIL SISTEMATIZADO – *Haroldo Lourenço*

execução extrajudicial (arts. 321 e 801 do CPC). Registre-se que, por força dos **princípios da cooperação e da boa-fé**, os quais abrangem o magistrado, como analisado no capítulo sobre princípios, decisões para emenda a inicial totalmente obscuras não podem mais subsistir. O magistrado deverá especificar qual requisito, em sua opinião, não foi atendido, para facilitar a emenda ou, até mesmo, um manejo de um eventual recurso de tal decisão, como se observa da parte final do art. 321, aplicável ao art. 801, por força do art. 771, parágrafo único.

O STJ já decidiu que o prazo para emenda a inicial (15 dias úteis), pode ser **prorrogado** a critério do juiz,[4] bem como a emenda pode ser determinada **sucessivas vezes** se a primeira não foi satisfatória (NERY JR.; NERY, 2007. p. 554). A emenda, mesmo que realizada **depois do prazo (extemporânea)**, deve ser recebida,[5] bem como é **direito subjetivo do autor** (NERY JR.; NERY, 2007. p. 553), não podendo ser suprimido, sob pena de cerceamento de defesa (NERY JR.; NERY, 2007. p. 553). Além disso, deve ser admitido mesmo após a apresentação da contestação.[6]

O magistrado **não** pode exigir requisitos não previstos em lei, como por exemplo, a autenticação de documentos, observância de metragem da margem etc. (NERY JR.; NERY, 2007. p. 549). O documento ofertado presume-se verdadeiro permitindo, inclusive, a legislação a autenticação pelo advogado (art. 425, IV), salvo se for objeto de impugnação (art. 411, III) (DIDIER JR., 2009. v. 1, p. 415).

Observe-se que alguns defeitos, *a priori*, **não** são sanáveis, como as condições da ação (mas a legitimidade passiva é sanável, como se observa do art. 339), a maioria dos pressupostos processuais (por exemplo, a capacidade das partes é sanável), prescrição, decadência (DIDIER JR., 2009. p. 415, bem como a hipótese do art. 332.

Não se pode confundir **emenda com aditamento** da petição inicial, pois emendar é retificar a petição, evidentemente porque estava errada, enquanto aditá-la é complementá-la, incluindo ou reduzindo a causa de pedir e/ou um pedido. Sobre o aditamento, analisaremos mais adiante.

Por fim, há algumas peculiaridades sobre **prazos** para emenda que merecem destaque. Havendo vícios na petição inicial, deverá ser observado o prazo de 15 dias (art. 321). Se o advogado em causa própria não declara o endereço para recebimento de intimações, deverá ser observado o prazo de 5 dias (art. 106, § 1º). Tendo sido apresentada uma tutela antecipada antecedente e restado indeferida, deverá ser observado o prazo de 5 dias (art. 303, § 6º).

---

4 STJ, REsp 1.133.689/PE, 2ª Seção, rel. Min. Massami Uyeda, j. 28.03.2012 (Informativo 494). Precedentes citados: REsp 871.661/RS, *DJ* 11.06.2007; REsp 827.242/DF, *DJe* 1º.12.2008. STJ, REsp 102.141/PR, 4ª T., rel. Min. Barros Monteiro, *DJU* 02.12.1996; REsp 118.141/PR, 3ª T., rel. Min. Menezes Direito, *DJU* 25.05.1998.

5 Admitindo na execução extrajudicial: STJ, REsp 924.989/RJ, rel. Min. Luis Felipe Salomão, j. 05.05.2011, publicado no Informativo 471. Precedentes citados: REsp 595.768/PB, *DJ* 10.10.2005; AgRg no REsp 747.949/PR, *DJ* 03.10.2005; REsp 329.069/MG, *DJ* 04.03.2002; AgRg no REsp 330.878/AL, *DJ* 30.06.2003; REsp 329.069/MG, *DJ* 04.03.2002; REsp 49.910/MS, *DJ* 05.02.1996; REsp 467.358/PR, *DJ* 20.10.2003.

6 STJ, 3ª T., REsp 1.698.716/GO, Rel. Min. Nancy Andrighi, j. 13.09.2018.

Regra geral para se corrigir vícios existentes na petição inicial	Advogado em causa própria declarar, na petição inicial ou na contestação, o endereço, seu número de inscrição na OAB e o nome da sociedade de advogados da qual participa para o recebimento de intimações	Tutela provisória antecipada antecedente indeferida
Art. 321 do CPC: 15 dias úteis	Art. 106, § 1º, do CPC: 5 dias úteis	Art. 303, § 6º, do CPC: 5 dias úteis

12.5. INDEFERIMENTO DA PETIÇÃO INICIAL

O indeferimento da petição inicial é uma decisão judicial que obsta liminarmente o prosseguimento da demanda. Tal indeferimento não pode ser indiscriminado (DIDIER JR., 2009. v. 1, p. 416), por força do **princípio da cooperação** (art. 6º do CPC c/c o art. 5º, XXXV, da CR/1988), bem como do **princípio da primazia de mérito** (arts. 4º e 317 do CPC).

Somente se indefere a petição inicial quando não houver possibilidade de correção do vício ou, se determinada a sua correção, não foi atendida pelo autor, pois a regra é o acesso à justiça.

Somente há indeferimento da petição inicial antes da ouvida do réu, eis que após a oitiva do réu, o processo poderá ser extinto por outro motivo. Após a contestação, o que teremos será extinção do processo sem resolução de mérito, por falta de requisito de validade (art. 485, IV). Na hipótese do indeferimento, se liminar, será aplicável o art. 331.

O indeferimento da petição inicial deve ser *prima facie*, o denominado **"despacho" liminar negativo**, uma sentença terminativa (art. 485, I, do CPC/2015). Trata-se, a rigor, de uma causa especial de falta de um pressuposto processual de validade (regularidade formal da demanda) (DIDIER JR., 2009. v. 1, p. 416). Tal sentença, por ser liminar, **não** condenará o autor em honorários advocatícios.

O indeferimento pode ocorrer, nas causas da competência originária de um tribunal, por uma decisão do relator, passível de recurso de **agravo interno**.

Pode, ainda, ser **parcial**, como na hipótese de haver cumulação de pedidos ou se verificar a prescrição em relação a um deles, não obstante tal decisão ser com base no art. 485 ou 487, não será uma sentença, mas uma interlocutória.

Sendo um indeferimento total, será admissível apelação e o juiz poderá se retratar de sua sentença, dando provimento à apelação, depois de analisados os seus requisitos de admissibilidade. Inadmissível a retratação *ex officio*. Desnecessária a citação do réu para acompanhar a apelação, pois, somente com o eventual provimento do recurso no Tribunal, o réu será citado para responder ao feito.

Há, nesse ponto, profunda contradição no CPC/2015, eis que não há juízo de admissibilidade pelo magistrado de primeiro grau sobre a apelação, como se observa do art. 1.010, § 3º, do CPC/2015.

Há hipóteses ainda mais peculiares do indeferimento da petição, nas quais se admite recurso ordinário constitucional, como se extrai do art. 1.027 do CPC/2015, tratado no capítulo próprio, para o qual remetemos o leitor.

Sistematizando as hipóteses de indeferimento e seus respectivos recursos, vejamos:

INDEFERIMENTO TOTAL EM JUÍZO DE PRIMEIRO GRAU	Apelação ou recurso ordinário constitucional ao STJ, se for uma causa internacional (art. 1.027, II, "b", do CPC/2015).
INDEFERIMENTO TOTAL EM UM TRIBUNAL	Caberá recurso especial ou extraordinário ou, quiçá, um recurso ordinário constitucional, se preenchidos os requisitos do art. 1.027, I ou II, "a", do CPC/2015.
INDEFERIMENTO PARCIAL EM UM JUÍZO DE PRIMEIRO GRAU	Caberá recurso de agravo de instrumento ao tribunal que o magistrado estiver subordinado ou agravo de instrumento dirigido ao STJ, tratando-se de causas internacionais (art. 1.027, § 1º, do CPC/2015).
INDEFERIMENTO PARCIAL EM UM TRIBUNAL	Caberá agravo interno.

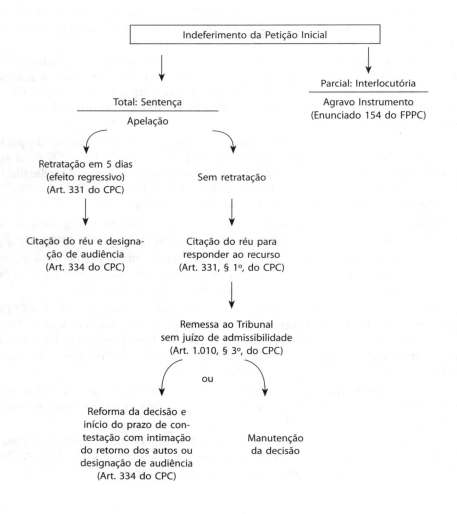

Cap. 12 · PROCEDIMENTO COMUM DE CONHECIMENTO | 197

12.6. HIPÓTESES DE INDEFERIMENTO. DIFERENÇA ENTRE INÉPCIA E INDEFERIMENTO

Por fim, devemos registrar que indeferimento da petição inicial **não** é sinônimo de inépcia da petição inicial. A petição será inepta quando contiver vícios vinculados à causa de pedir ou ao pedido, são defeitos que não apenas dificultam, mas impedem o julgamento do mérito, portanto, uma questão preliminar (art. 337, IV). A inépcia leva ao indeferimento da petição inicial (art. 330, I), mas nem todo indeferimento é por inépcia, como podemos extrair dos incisos do art. 330. As hipóteses de inépcia da petição inicial o legislador fez questão de separar, como podemos extrair do § 1º do art. 330.

Entre as hipóteses de indeferimento da petição inicial, encontramos a ilegitimidade e o interesse, nítidas condições da ação. Tal fato, *ab initio*, pode gerar perplexidade. **O reconhecimento de falta de legitimidade ou de interesse conduzirá à extinção do processo por indeferimento da petição inicial ou por falta de condição da ação?** A resposta já foi dada anteriormente, ao afirmarmos que só se indefere a petição inicial antes da oitiva do réu, ou seja, tendo o réu sido citado, reconhecer-se-á a falta de condição da ação.

Na hipótese de cumulação de pedidos incompatíveis entre si (art. 327 c/c o art. 330, § 1º, IV, do CPC/2015), há inépcia, pois um pedido aniquila o outro e, no prazo para emenda, o autor fará a opção que entender cabível.

Na hipótese de erro do procedimento, o legislador estimula que seja dada oportunidade para o autor corrigi-lo, não sendo sequer causa de indeferimento ou inépcia da petição inicial (art. 330 do CPC/2015), bem como, modernamente, não há que se falar em erro que não possa ser retificado ou aproveitado, ainda que implique a conversão do procedimento para outro gênero de processo, como executivo para monitório, conhecimento para execução, na forma do art. 283 do CPC/2015 (DIDIER JR., 2009. v. 1, p. 422).

12.7. PEDIDO: CERTO E DETERMINADO

Trata-se do requisito mais importante da petição, pois concentra a providência requerida ao Poder Judiciário, bem como os limites para o juiz decidir (art. 141 c/c o art. 492), contribuindo, ainda, para a identificação de litispendência, perempção, coisa julgada, de uma sentença viciada, para o valor da causa entre outras consequências.

Cumpre registrar que o pedido deve ser interpretado de **forma lógico-sistemática**, recolhendo todos os requerimentos feitos em seu corpo e não só os constantes em capítulo especial ou sob a rubrica dos pedidos[7], o que é confirmado pelo art. 322, § 2º, do CPC/2015.

O pedido há de ser **certo e determinado**, como se observa dos arts. 322 e 324 do CPC/2015.

---

[7]   STJ, 4ª T., REsp 1.294.166-GO, Rel. Min. Luis Felipe Salomão, j. 18.09.2012 (Informativo 504). Precedentes citados: REsp 1.316.926-SP, *DJe* 15.08.2012; AR 3.206-RS, *DJe* 24.08.2012, e AgRg nos EDcl no Ag 1.041.668-MG, *DJe* 26.06.2009.

198 | PROCESSO CIVIL SISTEMATIZADO – *Haroldo Lourenço*

Entende-se como pedido certo o que está expresso, que estabelece precisamente o que se quer, não se admitindo interpretações ampliativas, pois pedidos dúbios ou vagos não são certos. Será determinado o pedido que delimite a quantidade ou a qualidade do que se pede. Não observados tais requisitos, haverá inépcia da petição inicial (art. 330, § 1º, I, do CPC/2015).

Observe-se que esses mesmos requisitos são exigíveis na sentença, pois deverá ser certa, determinada, clara e coerente.

12.7.1. Exceções à certeza (pedidos implícitos)

Como visto, é ônus do autor declinar no seu pedido o que pretende do judiciário, estabelecendo o que é devido, contudo há pedidos que decorrem da lei, compondo o objeto do processo, denominados **pedidos implícitos**.

Observe-se que mesmo não sendo o autor obrigado à formulação desse tipo de pedido, exige-se na sentença a sua análise, pois **não se admite condenação implícita**, devendo o magistrado examinar o pedido implícito.

Vejamos as principais hipóteses (NERY JR.; NERY, 2007. p. 560):[8]

(i) No tocante aos **juros legais/moratórios**, na forma dos arts. 405 e 406 do CC/2002, bem como do Enunciado 254 do STF e art. 322, § 1º, do CPC/2015, admite--se sua inclusão na liquidação de sentença mesmo quando omissa a sentença liquidanda, porque o autor terá direito a eles mesmo que o juiz não os conceda expressamente na sentença. Note-se que somente os juros moratórios podem ser concedidos independentemente do pedido, sendo *extra ou ultra petita* a sentença que conceder, sem pedido expresso do autor, os juros contratuais ou sobre o capital próprio.[9]

(ii) Despesas (art. 82, § 2º) e honorários advocatícios (art. 85 e Enunciado 256 do STF), bem como do art. 322, § 1º, do CPC. Se o autor deixa de pedir os honorários e o juiz deixar de conceder, o autor nada obtém devendo, nessa hipótese, ingressar com uma ação autônoma (art. 85, § 18, do CPC/2015, estando superado o Enunciado 453 do STJ).[10]

(iii) Correção monetária (arts. 322, § 1º, do CPC/2015 e 404 do CC/2002): apesar de tradicionalmente ser entendida como espécie de pedido implícito, em termos econômicos, não agrega ao patrimônio do vencedor mais do que ele pediu, pelo contrário, tratando-se de atualização do valor do dinheiro, a aplicação de correção monetária nas condenações de pagar quantia certa se presta para evitar um *minus* e não para se entregar um *plus*.[11]

(iv) Pedido relativo a obrigações em prestações sucessivas, na forma do art. 323 do CPC/2015.

---

[8]   Referente às hipóteses I a IV.

[9]   Informativo 438/STJ, REsp 1.171.095/RS, 2ª Seção, rel. originário Min. Massami Uyeda; rel. para acórdão Min. Sidnei Beneti, j. 09.06.2010.

[10] "Os honorários sucumbenciais, quando omitidos em decisão transitada em julgado, não podem ser cobrados em execução ou em ação própria."

[11] Informativo 418/STJ, REsp 1.143.677/RS, Corte Especial, rel. Min. Luiz Fux, j. 02.12.2009.

Cap. 12 · PROCEDIMENTO COMUM DE CONHECIMENTO | 199

(v) Nas obrigações de fazer, não fazer e entrega de coisa (art. 84 do CDC e arts. 497 a 501 do CPC/2015), há autorização para o magistrado tomar providências de ofício, mesmo que não requeridas pela parte.

(vi) Casos de aplicação de fungibilidade, como no processo cautelar e tutela antecipada (arts. 297, parágrafo único, e 305, parágrafo único, do CPC/2015) ou nas possessórias (art. 554 do CPC/2015).

(vii) Na dicção do Enunciado 277 do STJ e do art. 7º da Lei 8.560/1992, o pedido de alimentos está implícito na ação de investigação de paternidade.

12.7.2. Exceções à determinação (pedido genérico)

Como visto, o pedido deve ser determinado (art. 324), porém, em alguns casos admite-se o denominado pedido genérico (§ 1º). Observe-se que, nesses casos, o pedido é relativamente genérico, pois será determinado quanto ao gênero (*an debeatur*), ou seja, **haverá certeza, só não haverá a quantidade** (*quantum debeatur*). Não se admite pedido incerto, eis que seria inepto, somente sendo possível pedido, no máximo, certo, porém indeterminado no que se refere à quantidade, à qualidade das coisas ou importância pleiteada.

A admissão do pedido genérico é excepcional, portanto, suas hipóteses devem ser interpretadas restritivamente.

A primeira hipótese refere-se às ações universais, nas quais se postula universalidade de fato ou de direito (arts. 90 e 91 do CC/2002), como um rebanho, os livros de uma biblioteca ou o patrimônio, o espólio, a massa falida. O segundo caso refere-se aos pleitos indenizatórios decorrentes de ato ou fato ilícito, quando não for possível determinar, desde logo, as consequências danosas, forçando com que o magistrado leve em consideração fatos novos ocorridos depois da propositura da ação para que possa proferir sentença.

Nessa hipótese, exige-se a especificação dos prejuízos sofridos, devendo ser descrita a lesão suportada. Não somente o ato ou fato ilícito pode gerar dever de indenizar; o ato lícito, igualmente, pode gerar dever de indenizar, como no exemplo da faísca que surja do contato das rodas com o trilho que provocou o incêndio de uma lavoura (DIDIER JR., 2009. v. 1, p. 440).

Com esteio nessa hipótese, admite-se a formulação genérica de pedidos de reparação por danos morais, delegando-se para ao magistrado a sua quantificação. A doutrina, com veemência, rechaça tal prática, todavia, sempre foi admitida, corriqueiramente, pelo Judiciário,[12] proibindo-se, apenas que, nesses casos, seja prolatada sentença ilíquida.[13] O CPC/2015, no art. 292, V, busca coibir tal prática, confirmando que a **regra é a formulação de pedido determinado de dano moral**.

Admite-se, ainda, pedido genérico na hipótese em que a condenação depender de ato a ser praticado pelo réu, como na hipótese da ação de prestação de contas cumulada com o pagamento do saldo devedor. Um bom exemplo é o previsto no Enunciado 259 da Súmula do STJ, contudo, nessa hipótese, o pedido genérico de-

---

[12] STJ, AgRg no Ag 1.066.346/SP, 1ª. T., rel. Min. Denise Arruda, j. 04.06.2009.
[13] STJ, REsp 486.022/SC, 3ª T., rel. Min. Castro Filho, j. 03.11.2005.

200 | PROCESSO CIVIL SISTEMATIZADO – *Haroldo Lourenço*

verá, ao menos, indicar o período que se busca esclarecimentos, com a exposição de ocorrências duvidosas em sua conta corrente, não se destinando à revisão de cláusulas contratuais.[14]

O pedido genérico é admissível na reconvenção, como se observa do art. 324, § 2º, c/c o art. 343 do CPC/2015.

12.8. CUMULAÇÃO DE PEDIDOS

12.8.1. Requisitos

O art. 327, § 1º, do CPC/2015 exige, para a cumulação de pedidos, três requisitos:

(i) **Competência**: o juízo deve ser competente de forma absoluta para conhecer todos os pedidos formulados. Havendo competência para um pedido e não possuindo competência para o outro, não será admissível (NERY JR.; NERY, 2007. p. 559) a cumulação, sendo inclusive hipótese de indeferimento da petição inicial esculpida no art. 330, § 1º, IV, do CPC/2015, devendo, porém, nessa última hipótese, ser dado prazo para a retificação ou, do contrário, ser recebido somente o pedido para o qual o juízo guarda competência, como se extrai do Enunciado 170 do STJ.[15]

O Enunciado 21 do FONAJEF, quando interpretado *a contrario sensu*, reflete exatamente essa ideia. Vejamos: *"As pessoas físicas, jurídicas, de direito privado ou de direito público estadual ou municipal podem figurar no polo passivo, no caso de litisconsórcio necessário."* Na hipótese de litisconsórcio facultativo, possuindo um dos litisconsortes juízo privativo e o outro não, será incompatível a cumulação, por incompetência.

Nery traz o exemplo de que, no foro da Capital de São Paulo, não se pode cumular ação de usucapião com a de indenização, porque o juízo competente para a ação de usucapião é o de registros públicos, ao passo que o competente para a ação indenizatória é o cível (NERY JR.; NERY, 2007. p. 559).

Na hipótese da cumulação envolver incompetência relativa, o óbice à cumulação deverá ser alegado pelo réu, por meio de exceção de incompetência (FUX, 2004. p. 202; GRECO FILHO, 2009. p. 113); entretanto, se houver conexão entre tais pedidos, é possível a cumulação, em virtude de tal causa de modificação da competência, não podendo o réu a ela se opor (ASSIS, 2002. item 266). É o caso, por exemplo, da cumulação de resolução de compromisso de compra e venda de imóvel (competência relativa) com o pleito de reivindicação do mesmo bem (competência absoluta).

---

[14] STJ, 4ª T., AgRg no REsp 1.203.021-PR, Rel. originário Min. Luis Felipe Salomão, Rel. para acórdão Min. Maria Isabel Gallotti, j. 25.09.2012. Precedentes citados: REsp 12.393-SP, *DJ* 28.03.1994; REsp 68.575-RS, *DJ* 15.09.1997; REsp 264.506-ES, *DJ* 26.03.2001; REsp 198.071-SP, *DJ* 24.05.1999; REsp 184.283-SP, *DJ* 22.03.1999, e REsp 98.626-SC, *DJ* 23.08.2004.

[15] Compete ao juízo no qual for intentada a ação envolvendo a cumulação de pedidos, trabalhista e estatutário, decidi-la nos limites da sua jurisdição, sem prejuízo do ajuizamento de nova causa, com pedido remanescente, no juízo próprio.

Cap. 12 · PROCEDIMENTO COMUM DE CONHECIMENTO | **201**

(ii) **Compatibilidade de pedidos**: Como visto, é um requisito negativo da petição inicial não existir pedidos incompatíveis entre si, devendo o demandante valer--se, no máximo, da técnica da cumulação imprópria.

São inúmeros os exemplos, lembrando que todos poderiam ser solucionados com uma cumulação subsidiária ou alternativa: a) revisão e nulidade do contrato; b) resolução e abatimento do preço (pleito redibitório c/c *quanti minoris*); c) complementação da área e resolução do contrato. (DIDIER, 2009. p. 431); d) anulação de escritura de venda de imóvel e adjudicação do mesmo imóvel.

(iii) **Identidade do procedimento ou conversibilidade ao rito comum**: exige-se uma compatibilidade procedimental, do contrário, sendo possível, deverá ser adotado o rito ordinário.

Há incompatibilidade na cumulação de um pleito executivo de pagamento de quantia havendo, portanto, título executivo relativo a tal crédito, com o pedido de cobrança, por não haver título executivo em relação a outro crédito. Nesse ponto, repousa um ponto conflitante que suscita controvérsia na jurisprudência que é a cumulação entre rito especial e rito comum, bem como entre ritos especiais. A regra é que seja seguido o rito comum, porém, alguns procedimentos não são conversíveis, pois vigora a regra da indisponibilidade do procedimento, não podendo as partes alterá-los por se tratar de norma de ordem cogente, justamente por ser tarefa do legislador definir os caminhos por meio dos quais será exercida a tutela jurisdicional. Alguns procedimentos, contudo, não são obrigatórios, podendo ser dispensados pelo autor, sendo aplicável, assim, irrestritamente a regra da conversibilidade do procedimento para o comum (art. 327, § 2º, do CPC/2015), como no caso do mandado de segurança, possessórias, monitória, juizados especiais etc. (DIDIER JR., 2009. v. 1, p. 433).

Geralmente, procedimentos que envolvem direitos indisponíveis são, evidentemente, obrigatórios, inderrogáveis por vontade das partes, como no caso do inventário e partilha, interdição, procedimentos especiais de jurisdição voluntária, desapropriação, improbidade administrativa e qualquer outra ação coletiva, pois a improbidade possui lei especial (DIDIER JR., 2009. v. 1, p. 433).

Uma cumulação que gera inúmeros imbróglios é, por exemplo, a da ação de reconhecimento, dissolução de união estável, alimentos, guarda, regulamentação de visitas e partilha de bens em um único processo, sendo que a ação de alimentos possui rito especial. Há decisões admitindo,[16] com as quais concordamos, NERY JR.; NERY, 2007. p. 559) bem como inadmitindo.[17]

Por fim, na hipótese de haver cumulação de pedidos, o valor da causa deverá corresponder à soma dos valores de todos eles, na forma do art. 292, VI, do CPC/2015.

---

[16] TJRJ, AgIn 0043941-49.2010.8.19.0000, 10ª Câm. Cív., Des. Marilia de Castro Neves, j. 02.12.2010; AgIn 0053554-93.2010.8.19.0000, 3ª Câm. Cív., Des. Helena Candida Lisboa Gaede, j. 20.10.2010.

[17] TJRJ, AgIn 0004081-75.2009.8.19.0000, 19ª Câm. Cív., Jds. Des. Gisele Guida de Faria, j. 27.08.2009.

12.8.2. Cumulação própria e imprópria

A cumulação de pedidos pode ser própria ou imprópria.

Diz-se cumulação **própria** quando são formulados vários pedidos, pretendendo--se o acolhimento simultâneo de todos eles, tornando composto o objeto litigioso do processo e implicando em uma decisão judicial em capítulos. Nessa hipótese, a rigor, haverá uma cumulação de relações jurídicas processuais. Seu amparo legal está no art. 327 do CPC/2015.

Há cumulação **imprópria** de pedidos quando aparentemente se tem uma cumulação de pedidos, daí o nome "imprópria". Há vários pedidos formulados ao mesmo tempo, porém, somente um deles será atendido, tendo o autor plena ciência disso, pois sendo acolhido um dos pedidos, o outro será rejeitado. Seu amparo legal está no art. 326 do CPC/2015.

A cumulação **própria** divide-se em: **simples e sucessiva**.

Na **simples** não há precedência lógica, são completamente independentes os pedidos, ou seja, todos podem ser acolhidos, todos podem ser rejeitados, um pode ser acolhido e ou outro rejeitado. Há exemplos nas Súmulas 37 e 387 do STJ. Será **sucessiva** quando os pedidos guardam entre si uma precedência lógica, sendo que o acolhimento de um pedido pressupõe o acolhimento do anterior. Acolhido o primeiro pedido, necessariamente o segundo será analisado, mas não necessariamente acolhido, pois o primeiro pedido é prejudicial ou preliminar. Tal cumulação também é denominada de cumulação por prejudicialidade ou preliminariedade. São exemplos a ação de investigação de paternidade cumulada com alimentos; declaratória de inexistência de relação jurídica e repetição de indébito; pedido rescisório e pedido de novo julgamento.

A cumulação **imprópria** divide-se em **eventual** (também denominada de subsidiária), prevista no art. 326 do CPC/2015, ou **alternativa**.

Na cumulação **eventual** há formulação de pedidos subsidiários, por força da eventualidade, elegendo o autor uma hierarquia/preferência entre os pedidos formulados, sendo que o segundo pedido somente será analisado se o primeiro for rejeitado ou não puder ser analisado, estando o magistrado condicionado à ordem de exame exposta pelo autor, nem mesmo se houver reconhecimento pelo réu da procedência do pedido subsidiário (DIDIER JR., 2009. v. 1, p. 426-427). É o caso, por exemplo, do pedido de nulidade total da cláusula que impõe uma multa c/c pedido de redução da multa imposta por essa mesma cláusula ou a hipótese do pedido de anulação de casamento c/c pedido de divórcio.

Perceba-se que, de certo modo, já é um tácito reconhecimento pelo autor de uma fragilidade de sua tese inicial e, provavelmente, o réu se valerá disso como tese defensiva (DIDIER JR., 2009. v. 1, p. 427).

Note-se que a incompatibilidade entre os pedidos é causa de inépcia (art. 327, § 1º, I, c/c o art. 330, § 1º, IV, do CPC/2015), porém, como a cumulação é de forma subsidiária, não se exige tal requisito.

Acolhido o pleito principal, estará dispensada a análise dos demais pedidos, que não ficarão acobertados pela coisa julgada, justamente por não terem sido analisados. Na hipótese de ser analisado o pedido subsidiário *per saltum*, sem a análise do pedido principal, haverá *error in procedendo*. Rejeitado o pleito principal, deve o magistrado analisar o pedido subsidiário, sob pena de ser a sentença *citra petita* (DIDIER JR., 2009. v. 1, p. 427).

Mesmo que acolhido somente o pedido subsidiário, poderá o autor recorrer buscando o acolhimento do pleito principal, pois assim estabeleceu na petição inicial, restringindo-se a apelação ao capítulo da decisão.

Questão interessante se refere à **sucumbência do autor** em tal cumulação.

(i) Doutrinariamente, somente haveria sucumbência se todos os pedidos fossem rejeitados. Acolhido o pedido subsidiário, não há que se falar em sucumbência parcial, pois não era possível o acolhimento de mais de um pedido, ou seja, acolhido totalmente um dos pedidos, o autor é vencedor total, exclusivo; no máximo, o que seria possível se cogitar é que houve uma pequena sucumbência do autor, devendo os honorários ser fixados proporcionalmente, não no teto de 20% (DIDIER JR., 2009. v. 1, p. 428);[18]

(ii) Em sentido oposto caminha o STJ, entendendo haver na cumulação subsidiária de pedidos, parcial sucumbência da parte que não teve sua pretensão atendida na extensão que preferencialmente desejava, ressalvando a possibilidade do juiz, no caso concreto e com respaldo na equidade, atribuir os ônus de sucumbência integralmente ao réu, quando reconhecer a sucumbência mínima do autor naqueles casos em que há parcial equivalência entre os pedidos principal e subsidiário.[19]

Outra questão intrincada é a hipótese de **acolhimento parcial do pedido principal** – haveria necessidade de o magistrado analisar o pleito subsidiário? A doutrina que enfrenta o tema afirma que o magistrado deveria analisar o segundo, pois o interesse do autor estaria melhor atendido com o acolhimento total do pedido subsidiário do que com o acolhimento parcial do pleito principal (TUCCI, 2002. p. 282).

Por fim, cumpre registrar que, na hipótese de cumulação subsidiária, o valor da causa deverá corresponder ao valor do pedido principal, como determina o art. 292, VIII, do CPC/2015.

Por fim, analisemos a cumulação **alternativa**. Muito embora sem previsão expressa em nosso ordenamento, é amplamente admitida, a partir de uma formulação autônoma de dois ou mais pedidos, para que ocorra escolha entre eles, como na ação de consignação em pagamento dirigida contra dois réus, por não saber o autor a quem efetuar o pagamento (art. 547 do CPC/2015), bem como na hipótese do consumidor postular, alternativamente, o previsto no art. 18, § 1º, do CDC.

Nessa hipótese, o valor da causa deverá corresponder à prestação de maior valor, na forma do art. 292, VII, do CPC/2015 e, acolhido um dos pedidos, não haverá interesse recursal por parte do autor, não havendo, também, sucumbência parcial pelos motivos anteriormente expostos em relação à cumulação subsidiária, mas, sim, uma sucumbência do réu se acolhido integralmente um dos pedidos.[20]

---

[18] No mesmo sentido, encontramos Nancy Andrighi, voto vencido no acórdão do STJ, REsp 193.278/PR, rel. Min. Pádua Ribeiro, *DJ* 10.06.2002. p. 201.

[19] STJ, EREsp 616.918/MG, Corte Especial, rel. Min. Castro Meira, j. 02.08.2010, Informativo 441. Precedentes citados: REsp 618.637/SP, *DJ* 27.08.2007; AgRg Ag 264.726/SP, *DJ* 26.06.2000; EDcl REsp 380.435/RS, *DJ* 24.10.2005; EDcl REsp 383.316/RS, *DJ* 05.12.2005.

[20] Enunciado 109 do II CJF: "Na hipótese de cumulação alternativa, acolhido integralmente um dos pedidos, a sucumbência deve ser suportada pelo réu".

12.8.3. Concurso de ações

Ocorre o concurso de ações quando a lei coloca à disposição do titular do direito subjetivo a escolha de diversas ações ou diversas formas de solucionar a questão, nos casos dos arts. 442 e 500 do CC/02.

Na primeira hipótese, caso alguém venha a adquirir um determinado produto que apresente vício redibitório, o titular do direito poderá propor ação redibitória, buscando a rescisão do contrato, ou a ação *quanti minoris*, reclamando o abatimento proporcional do preço, ou seja, há duas formas de se solucionar o conflito. Na segunda hipótese há a denominada compra e venda *ad mensuram*, em que se delimita as dimensões da propriedade, contudo, posteriormente, percebe-se que tem metragem menor, sendo possível ao comprador ou pleitear a complementação da área, ou reclamar a rescisão contratual, ou o abatimento no preço.

Há, portanto, a propositura de uma única ação, escolhendo o autor qual a forma que lhe convém, diferentemente do que ocorre na cumulação de pedidos ou ações.

12.9. ESTABILIZAÇÃO DA DEMANDA

Nosso ordenamento, tradicionalmente, mostra-se muito apegado a formalidades, como já visto nas teorias que renderam ensejo ao processo civil. Um importante exemplo desse formalismo excessivo é encontrado nas regras que compõem a estabilização da demanda (objetiva e subjetiva).

Admite-se que o autor aumente ou reduza a demanda, porém, nosso ordenamento muito se preocupa com os limites de tal atuação, pois, aparentemente, tais alterações podem vir a comprometer a rápida solução dos litígios.

Nesse sentido, são várias as regras que compõem o quadro da estabilização da demanda, todas circunscrevendo o **aditamento objetivo** (alteração da causa de pedir e do pedido) e o **aditamento subjetivo** (alteração das partes). O aditamento também é denominado de *mutatio libeli*.

É direito do autor alterar os elementos objetivos da demanda (pedido e causa de pedir) até a citação do réu (art. 329, I), independentemente do consentimento do réu. E até o saneamento, aditar ou alterar o pedido e a causa de pedir, com consentimento do réu, assegurado o contraditório mediante a possibilidade de manifestação deste no prazo mínimo de 15 dias, facultado o requerimento de prova suplementar. Realizado o saneamento, as partes têm o direito de pedir esclarecimentos ou solicitar ajustes, no prazo comum de cinco dias, findo o qual a decisão se torna estável (art. 357, § 1º).

No que toca ao aditamento subjetivo, esse é admitido ao longo de todo o processo, na forma do art. 108 do CPC/2015. Tais hipóteses não são bem regulamentadas, pois, nem sempre que a lei autorizar, será admissível o aditamento, como visto, por exemplo, no estudo do litisconsórcio ativo posterior (intervenção litisconsorcial voluntária) ou na sucessão processual (analisado junto com as condições da ação).

Há, ainda, alguns outros artigos que analisados em conjunto fortalecem a estabilização da demanda, como a *perpetuatio jurisdictionis* (art. 43), a substituição processual prevista no art. 109, *caput*, a necessidade de concordância do réu para o autor desistir da demanda (art. 485, § 4º).

Vejamos o presente quadro para uma melhor visualização:

	PI ATÉ A CITAÇÃO (arts. 108 e 329, I)	CITAÇÃO AO SANEAMENTO (art. 329, II)	SANEAMENTO EM DIANTE (art. 357, § 1º)
PARTES	Aditamento livre	Aditamento livre	Aditamento livre
CAUSA DE PEDIR	Aditamento livre	Aditamento somente com concordância do réu	Em nenhuma hipótese admite-se aditamento
PEDIDO	Aditamento livre	Aditamento somente com concordância do réu	Em nenhuma hipótese admite-se aditamento

Ocorre, contudo, que a própria legislação, em outro sentido, já permitia flexibilizações a tais regras: (i) a reconvenção amplia a demanda objetivamente (art. 329, parágrafo único); (ii) o pedido contraposto; (iii) a oposição; (iv) a denunciação da lide. Além disso, os arts. 342 e 493 admitem a apresentação de fatos novos, o que pode ampliar ou complementar a causa de pedir. Por fim, não se pode afastar o art. 515, II e § 2º, que admite a inclusão consensual de novo pedido, causa de pedir e até mesmo de outra parte, depois da citação ou até mesmo depois do saneamento, estimulado pelo art. 139, V, do CPC/2015.

Uma boa demonstração de que a flexibilização das regras de estabilização da demanda não agride a razoável duração do processo é dada no juizado, em que não se tem regras de estabilização da demanda, muito embora o procedimento seja bem peculiar. Observem-se os Enunciados do FONAJE que permitem emenda da petição inicial (*rectius*: aditamento) na própria audiência, independentemente da concordância do réu, bem como a desistência da mesma forma.

3.1.1 – A petição inicial deve atender, somente, aos requisitos do art. 14 da Lei 9099/1995, ressalvando-se, em atenção aos princípios do art. 2º do mesmo diploma, a possibilidade de emenda por termo na própria audiência, devendo o Juiz interpretar o pedido da forma mais ampla, respeitado o contraditório.

14.9 – A desistência do autor, mesmo sem anuência do réu já citado, implicará na extinção do processo sem julgamento do mérito.

Por óbvio, o que atrofia a celeridade nos juizados é a falta de estrutura, funcionários, juízes etc., não sendo, com certeza, a flexibilização da estabilidade da demanda; pelo contrário, permitir que o autor inclua, mesmo depois do saneamento, novo pedido, é extremamente salutar, desde que observado o contraditório, pois se ampliará a coisa julgada.

13
JULGAMENTOS LIMINARES DE MÉRITO

13.1. NOÇÕES GERAIS

O CPC/2015, ampliando a hipótese do art. 285-A do CPC/1973, consagra definitivamente no art. 332, as hipóteses de julgamento liminar do pedido, onde o feito será extinto com resolução de mérito, em virtude de macroscópicas impertinências. Trata-se, a rigor, de uma **técnica de sumarização do procedimento**, na qual demandas podem ser sentenciadas, sem a citação do réu.[1]

O fundamento de tais previsões é simples: de um lado há um direito abstrato de qualquer cidadão de procurar o Judiciário, por outro, deverá existir um direito correspondente de outro cidadão a não ser molestado em lide absolutamente desnecessária.

13.2. HIPÓTESES

Há no CPC duas hipóteses de julgamentos liminares de mérito: (i) improcedência liminar do pedido (arts. 332 c/c 918, III, e 968, § 4º), que se subdivide em hipóteses típicas (art. 332, *caput*, c/c incisos) e atípica (no caso de impossibilidade jurídica da pretensão); e (ii) rejeição liminar dos embargos à execução manifestamente protelatórios (art. 918, III).

Nas hipóteses acima enumeradas, em que se julga liminarmente o mérito, não adianta ser deferido prazo para emenda, pois não há o que ser retificado, ou seja, o contraditório seria inútil. Julga-se **totalmente improcedente** o pedido inicial, sem a oitiva do réu, justamente por a decisão lhe ser benéfica, o que é essencial, para não recair a pecha da inconstitucionalidade em tais institutos.

---

[1] Há autores refratários a tais técnicas: GRECO, Leonardo. *Estudos de direito processual*: a reforma do Poder Judiciário e o acesso à justiça. Campos dos Goytacazes: Faculdade de Direito de Campos, 2005. p. 588: "(...) qualquer projeto de reforma que se limite a pretender resolver o problema da quantidade de processos que sufoca os tribunais superiores está atacando apenas as consequências da crise do Judiciário e não as suas causas, que continuarão a existir e, não encontrando espaços na Justiça estatal para o seu equacionamento, irão buscar outras vias de solução, nas quais provavelmente prevalecerá sempre a vontade do mais forte".

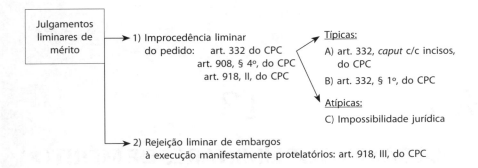

13.3. JULGAMENTO LIMINAR DO PEDIDO

O art. 332 consagrou hipóteses de improcedência *prima facie*, sempre que a causa dispensar fase instrutória, em uma visualização de que o contraditório seria inútil e desnecessário para o réu.

Observe-se que a sentença deve ser de **improcedência**, não podendo ser diferente, uma vez que o resultado de procedência proferido liminarmente, sem a citação do réu, cercearia qualquer chance de defesa, ainda que de modo parcial, pois haveria um vencido indefeso.

Frise-se que é possível uma improcedência total somente de um dos pedidos cumulados, desde que presentes os requisitos do art. 332, sendo admissível, nessa hipótese, interposição de **agravo de instrumento**, com fundamento no art. 1.015, II, do CPC/2015, nada impedindo que se aplique a **teoria da causa madura** (art. 1.013, § 3º)[2].

Há duas hipóteses distintas de improcedência liminar do pedido, que podem ser designadas de típicas: (i) art. 332, *caput*, c/c incisos; (ii) art. 332, § 1º.

Para a primeira hipótese, exige-se que a causa **dispense fase probatória**, portanto, todas as provas postas em juízo pelo autor já são suficientes para a perfeita compreensão da matéria. Trata-se, a rigor, de uma hipótese semelhante a um **julgamento antecipado do mérito**, previsto nos arts. 355 e 356 do CPC, que se harmoniza com a **teoria da causa madura**, viabilizando o julgamento imediato pelo tribunal, justamente por ser desnecessária maiores produções probatórias (art. 1.013 § 3º) e, ainda, com a **tutela de evidência** prevista no art. 311, II.

Cumulativamente ao art. 332, *caput*, há que se ter na inicial uma contrariedade a (i) enunciado de súmula do STF ou STJ; (ii) acórdão proferido pelo STF ou STJ em julgamento de recursos repetitivos; (iii) entendimento firmado em incidente de resolução de demandas repetitivas ou de assunção de competência; (iv) enunciado de súmula de tribunal de justiça sobre direito local, o que dá ao magistrado um alto grau de probabilidade que a pretensão do autor é infundada.

Cremos, contudo, que antes de tal julgamento deve o magistrado observar o art. 10 do CPC, informando ao **autor** da sua intenção, de igual modo, deve o autor em sua inicial já se utilizar de técnicas de superação ou distinção dos precedentes, para evitar a aplicação de tal dispositivo.

---

[2] Afirmando ser possível a aplicação de tal teoria em agravo de instrumento, sem especificar se em todas as hipóteses: STJ, CE, REsp 1.215.368/ES, rel. Min. Herman Benjamin, j. 01.06.2016.

Cap. 13 · JULGAMENTOS LIMINARES DE MÉRITO | 209

13.4. RECONHECIMENTO DE OFÍCIO DE PRESCRIÇÃO OU DECADÊNCIA LEGAL

Como se observa do art. 332, § 1º, a prescrição e a decadência podem embasar um julgamento liminar do pedido.

Cabe registrar que o legislador se refere à **decadência legal** (art. 210 do CC), **não** à convencional (art. 211 do CC), pois estando prevista em lei pode ser reconhecida de ofício pelo magistrado, em qualquer tempo e grau de jurisdição, por serem normas cogentes, como na ação rescisória (art. 975 do CPC/2015) ou no mandado de segurança (art. 23 da Lei 12.016/2009). Sendo a decadência convencional, estabelecida pelas partes, fruto da autonomia privada que rege as relações particulares, **não** pode ser reconhecida de ofício, devendo haver alegação das partes, que pode ser feita a qualquer tempo. Trata-se, a rigor, de uma questão de ordem privada, sendo renunciável (depois de consumada).[3]

A prescrição apenas atinge a pretensão, mantendo-se ileso o direito subjetivo e, portanto, eventual pagamento de dívida prescrita não permite a repetição dos valores, pois foi devido (art. 882 do CC). A prescrição não atinge o direito de ação, instituto processual, com caráter autônomo, abstrato, público (art. 5º, XXXV, da CR/1988).

No direito tributário, a prescrição acarreta não só a perda da pretensão como, também, do próprio direito material (art. 156, V, do CTN). O mesmo ocorre no direito penal (art. 107, IV, do CP). Por derradeiro, cumpre destacar que a prescrição no Direito Empresarial apresenta contornos absolutamente distintos dos acima apresentados, uma vez que o seu reconhecimento apenas acarreta a perda da força executiva do título, sem fulminar o direito material ou mesmo a pretensão, que ainda poderá ser deduzida em processo de conhecimento, conforme dispõe o art. 59 da Lei 7.357/1985 (HARTMANN, 2011). Nesse sentido, há que se visualizar que a prescrição é instituto de definição e regime jurídico delineado pelo legislador, não pela doutrina (DIDIER JR., 2009. v. 1, p. 452).

O reconhecimento de ofício de prescrição sempre foi ponto polêmico, havendo quem afirme que tal possibilidade **não** pode ser tímida, deve ser agressiva, por trazer economia e eficiência,[4] parecendo ser esse o entendimento do **STJ**.[5] Contudo, em sentido oposto, já houve quem afirmasse que tal regra seria **inconstitucional**, por invasão à autonomia privada, pois o art. 191 do CC permite a sua renúncia, expressa ou tácita (CÂMARA, 2008). Por fim, posição que reputamos mais acertada, o dispositivo deve ser considerado **válido para o reconhecimento de prescrição sobre direitos indisponíveis**, pois, nesses casos, não seria admitida renúncia; também não se reconhece validade ao dispositivo em nenhuma hipótese em sentido desfavorável àqueles sujeitos protegidos constitucionalmente (consumidor, idoso, trabalhador[6] e

---

[3] Um exemplo eloquente de decadência convencional são os prazos de garantia estabelecidos em contratos de compra e venda, protegendo o produto ou serviço objeto do negócio, como a televisão com garantia até a Copa do Mundo de 2022 (ROSENVALD, Nelson; FARIAS, Cristiano Chaves. *Direito civil*: teoria geral cit., p. 577).

[4] Nesse sentido: Idem, ibidem.

[5] STJ, REsp 1.004.747/RJ, rel. Min. Luiz Fux, j. 06.05.2008.

[6] *Curso de direito processual civil*. Teoria geral do processo e processo de conhecimento cit., v. 1, unânime, 1ª T., rel. Des. Manuel Cândido Rodrigues, reconheceu a incompatibilidade de tal artigo com o sistema protetivo trabalhista.

índio), bem como, quando gerar extinção do direito material, parece razoável permitir o seu reconhecimento de ofício, como no direito penal ou no direito tributário,[7] pois, do contrário, estaria sendo reconhecido um direito a quem não tem. Fora desses casos, quando a prescrição extingue somente a pretensão, não o direito, uma eventual sentença, ignorando a prescrição, não seria injusta, pois estaria reconhecendo um direito que ainda existe (DIDIER JR., 2009. v. 1, p. 453).

A prescrição, apesar do seu fundamento de instituição ser cogente, quanto aos seus efeitos, é fincada em alicerces de ordem privada, regulando relações jurídicas entre particulares, consagrando a regra da autonomia privada. A prescrição sempre retratou um conteúdo moral para o devedor, que poderia não argui-la, buscando provar a inexistência do crédito, evitando-se, assim, a pecha de devedor.

Seria possível o magistrado reconhecer de ofício prescrição em desfavor do consumidor (art. 5º, XXXII, da CR/1988), em desfavor de trabalhador (art. 7º da CR/1988), em desfavor do idoso (art. 230 da CR/1988), em desfavor do índio (art. 231 da CR/1988). A nosso ver, o atuar do magistrado, nessas hipóteses, seria **inconstitucional**, principalmente, sem a manifestação da parte contrária.

Outra questão interessante é o limite temporal para o magistrado reconhecer liminar a prescrição e a decadência. O art. 487, parágrafo único, do CPC/2015 afirma que, ressalvado o reconhecimento liminar (art. 332, § 1º), a prescrição e a decadência **não** serão reconhecidas sem que antes seja dada às partes oportunidade de se manifestar, consagrando a regra contida no art. 10 do CPC/2015, eis que, estando o réu no processo, tal matéria passa a integrar a sua esfera de disponibilidade (PEREIRA, 1998).[8] Assim, somente é possível ao magistrado reconhecer prescrição e decadência **sem** a oitiva das partes se o fizer de maneira liminar.

---

[7] A Súmula 409 do Superior Tribunal de Justiça (STJ) foi aprovada por unanimidade pela Primeira Seção, com a seguinte redação: "Em execução fiscal, a prescrição ocorrida antes da propositura da ação pode ser decretada de ofício".

[8] § 122: "a prescrição é instituída com fundamento em um motivo de ordem pública, mas no interesse privado do favorecido, e, por esta razão, somente pode ser pronunciada a seu requerimento".

13.5. IMPROCEDÊNCIA LIMINAR ATÍPICA

O CPC/15 alterou a conjuntura das "condições da ação", consagrando somente a legitimidade e o interesse (arts. 17 c/c 337, XI, e 485, VI), suprimindo a possibilidade jurídica.

Por outro lado, o fato de não haver mais sua previsão expressa no plano legislativo, não quer dizer que suas hipóteses não possam ocorrer em casos concretos. Vejamos algumas situações em que, havendo vedação legal, a pretensão constituiria uma impossibilidade jurídica, como, por exemplo, o (i) vetusto caso da ação de cobrança lastreada em um contrato de dívida de jogo ou de aposta (art. 814 do CC/2002), (ii) do ajuizamento de ação rescisória de um julgado prolatado no procedimento dos Juizados Especiais Cíveis (art. 59 da Lei 9.099/1995), (iii) do pedido de prisão civil por dívida fora das ressalvas constitucionais, (iv) pedido de penhora de um bem público ou, inclusive, o exemplo citado pela doutrina (DINAMARCO, 2001. v. 2, p. 298-299), extremamente acadêmico, como (v) de desligamento de um Estado da Federação.

Assim, formulado tais pedidos vedados claramente pelo ordenamento jurídico, os mesmos deverão ser julgados improcedentes de maneira liminar, fazendo coisa julgada material, na forma dos arts. 332 c/c 487, I, do CPC/2015, consagrando **improcedências liminares atípicas**.

13.6. REJEIÇÃO LIMINAR DE EMBARGOS MANIFESTAMENTE PROTELATÓRIOS

Outra hipótese de julgamento liminar de improcedência é a que admite a rejeição liminar dos embargos quando manifestamente protelatórios, sendo conduta atentatória à dignidade da justiça (art. 918, parágrafo único). Para tanto, o magistrado deverá adentrar na análise dos argumentos tecidos pelo embargante, que, diante de manifesta fragilidade, levam à improcedência *prima facie* do pleito e além de rejeitar os embargos liminarmente, impor, em favor do exequente, multa ao embargante no valor de até 20% do valor executado (art. 774, parágrafo único), pela prática de ato atentatório à dignidade da justiça (art. 774, II).

Nitidamente, o legislador buscou evitar embargos que consagram verdadeiras aventuras jurídicas, sem nenhuma fundamentação séria. Contudo, tal hipótese parece estar um pouco em desarmonia com o art. 919, que afirma que os embargos não possuem efeito suspensivo automaticamente, assim, por mais absurda que seja a tese trazida pelo embargante, não se consegue enxergar um caráter protelatório, pois a execução não ficará suspensa, salvo se abusar do direito de defesa, estampado no conteúdo das alegações trazidas, sendo irrelevante o caráter protelatório. A rigor, o que o legislador pretendeu evitar foi a utilização dos embargos munidos de má-fé ou deslealdade processual (NEVES, p. 1.098).

Em verdade, ao reconhecer que os embargos são manifestamente protelatórios, justamente por tal defesa possuir natureza jurídica de uma ação, o juiz está julgando-o improcedente, por meio de uma sentença de mérito, apta a fazer coisa julgada material (DIDIER JR., 2010. v. 5, p. 364).

Assim, como proposta desse capítulo, interpretando-se sistematicamente o CPC/2015, nada impede a aplicação dos arts. 332 c/c 918, II, sem se proceder à

212 | PROCESSO CIVIL SISTEMATIZADO – *Haroldo Lourenço*

citação do réu, desde que preenchidos os respectivos requisitos, nos casos em que se tratar de execuções versando sobre questões de massa, com argumentos idênticos (DIDIER JR., 2010. p. 364). Cumpre registrar que o art. 918, III, é mais amplo do que o art. 332, pois **não** exige casos idênticos.

13.7. APLICABILIDADE NOS DEMAIS RITOS PROCESSUAIS

Nada obsta a aplicação do regime jurídico dos julgamentos liminares de mérito em todos os procedimentos previstos em nosso ordenamento civil, independentemente da competência do juízo e do rito procedimental que se imprima à ação repetitiva (NERY JR.; NERY, 2007. p. 555).

Pode, também, cogitar-se na sua aplicação na execução extrajudicial, nos embargos do executado, nas ações de rito especial, como consignação em pagamento, mandado de segurança, ações coletivas. Dispõe ainda o § 4º do art. 968 do CPC/2015 que: "Aplica-se à ação **rescisória** o disposto no art. 332", confirmando sua aplicação na ação rescisória (NEVES, 2017, p. 317),[9] para reconhecer, por exemplo, decadência legal ou até mesmo a manifesta improcedência por semelhança de hipóteses (art. 332).

13.8. REGIME JURÍDICO RECURSAL

Nas hipóteses de julgamento liminar do pedido, o magistrado irá prolatar sentença com resolução de mérito, apta a produzir coisa julgada material, recorrível por **apelação**. Sendo uma improcedência somente sobre uma parte do pedido ou sobre um dos pedidos cumulados, será uma interlocutória de mérito, recorrível por **agravo de instrumento**, com a mesma aptidão para produzir coisa julgada.

Publicada a sentença o órgão prolator **não** poderá mais alterá-la, como determina o art. 494, contudo, as **sentenças de indeferimento** de petição inicial (art. 331), **liminares (art. 332)** e **terminativas** (art. 485, § 7º) fogem a tal regra.

Nessas hipóteses, com a interposição do respectivo recurso será admissível a atribuição do denominado **efeito regressivo** (também chamado de iterativo ou rotativo), na forma dos arts. 331, 332, § 3º, e 1.018, § 1º, ou seja, será possível que o magistrado se retrate de tais decisões.

Por outro lado, urge que o recurso seja **admitido**, ou seja, que estejam presentes os seus requisitos, o que gera um dos grandes problemas existentes no CPC/15), pois a admissibilidade da apelação é imediata pelo tribunal (art. 1.010, § 3º), portanto, como o magistrado fará tal admissibilidade? Os Enunciados 68 do CJF e 293 do FPPC afirmam que o recurso deve ser, pelo menos, **tempestivo**, com o que concordamos totalmente.

Superado tal problema, **havendo retratação** o magistrado determinará o prosseguimento do processo, **não havendo retratação** o réu será citado para apresentar contrarrazões (art. 332, § 4º), com a posterior remessa ao tribunal. Sendo a sentença reformada pelo tribunal, o **prazo para a contestação** começará a correr da intimação do retorno dos autos, observado o disposto no art. 334. **Não** interposta a apelação,

---

[9]   Nesses casos, sugerindo ler sentença em sentido amplo, para incluir acórdãos.

o réu será intimado do trânsito em julgado da sentença (§§ 2º e 3º do art. 331 do CPC/15).

Os possíveis resultados do julgamento de tal apelação merecem especial atenção:

(i) Caso se negue provimento ao recurso do autor, haverá imposição de **honorários advocatícios** em favor do réu, em nítida reforma para pior, porém, admissível, como apontado no capítulo sobre os princípios recursais;

(ii) Há, ainda, a possibilidade de o tribunal invalidar a sentença, entendendo que era inaplicável o art. 332, por exemplo, porque havia necessidade de dilação probatória e, portanto, necessário **retorno** dos autos ao primeiro grau;

(iii) Na hipótese de **não** haver retratação, afirma o art. 332, § 4º, que o réu será citado para contrarrazões, portanto, não é possível ao tribunal vir, se for o caso, condenar o réu, pois esse não foi citado para contestar, baseando-se no princípio da confiança, consectário da boa-fé objetiva (art. 5º do CPC/2015). Por outro lado, é inegável que essas contrarrazões em muito se aproximam de uma contestação, uma vez que se trata da primeira manifestação do réu no processo, a matéria não exige dilação probatória e, havendo retorno dos autos ao primeiro grau, não haveria provas a serem produzidas, bem como o tribunal já se posicionou no sentido de a improcedência não poder ser mantida. Assim, nada mais razoável que se admitir a inversão do julgamento pelo tribunal, adotando uma **procedência** (NERY JR.; NERY, 2007. p. 556), vindo o tribunal a condenar o réu, seja no julgamento da apelação ou do agravo de instrumento, na improcedência de parcela do pedido ou de um dos pedidos cumulados, eis que a) houve contraditório prévio no primeiro grau; b) será possível contraditório no tribunal, aplicando o art. 1.019, II; c) além de ser possível aplicação da teoria da causa madura (art. 1.013, § 3º) também no julgamento do agravo de instrumento[10].

Por fim, mesmo diante da ausência total de previsão legislativa, cumpre investigar a aplicação do art. 332, §§ 3º e 4º, e do art. 331 na hipótese de rejeição liminar dos embargos do executado manifestamente protelatórios. Se, no julgamento de tais embargos, for aplicado o art. 332, nada impede a incidência do seu respectivo regime jurídico recursal, pois, como visto, o art. 918, III, do CPC é mais amplo do que o art. 332, todavia **não** vemos nenhum óbice a que se determine a intimação da parte embargada, para viabilizar um pleno julgamento pelo tribunal, na forma do art. 920. Como há, ainda, os incisos I e II do art. 918, referindo-se às hipóteses em que não haverá análise de mérito, cremos (*de lege lata*) ser aplicável o regime jurídico do art. 331.

---

[10] STJ, CE, REsp 1.215.368/ES, rel. Min. Herman Benjamin, j. 01.06.2016.

14
AUDIÊNCIA DE CONCILIAÇÃO OU MEDIAÇÃO

14.1. INTRODUÇÃO

O CPC/2015 segue a tendência de consagrar a utilização das **"ADRs"**, expressão inglesa de *alternative dispute resolution*, estimulando a utilização de meios alternativos de solução de litígios, a qual pode ser extraída da cláusula de acesso à justiça ou a uma ordem jurisdicional justa (art. 3º, § 3º).

Foi no sistema norte-americano que surgiu tal expressão, onde houve a criação mais intensa destes mecanismos, o que contribui para uma **"justiça multiportas"** (*multi door courthouse*), ou seja, ao invés de existir apenas uma alternativa – a solução imposta por um magistrado – o Judiciário tornou-se um "centro de justiça", onde as partes podem ser direcionadas "à porta" adequada para a solução do seu litígio.

14.2. OBRIGATORIEDADE OU NÃO DE SUA REALIZAÇÃO

Assim, estando devidamente elaborada a petição inicial e não sendo caso de improcedência liminar do pedido, deverá o juiz designar audiência de conciliação ou mediação, nos termos dos arts. 334 do CPC/2015 e 27 da Lei 13.140/2015, com antecedência **mínima de 30 (trinta) dias**, devendo ser citado o réu com pelo menos 20 (vinte) dias de antecedência, o que se denomina **interstício reflexivo**.

Cremos que a designação dessa audiência é **obrigatória** (MENNA BARRETO, 2016; CAMBI, 2016. p. 885; GAJARDONI, 2016. p. 81), por se tratar de norma fundamental (art. 3º, § 3º), ser um dever do juiz (art. 139, V), devendo ser designada ainda que o autor se manifeste negativamente em sua petição inicial (art. 319, VII, e art. 334, § 8º), eis que o art. 334, § 4º, I, afirma que não haverá tal audiência se ambas as partes manifestarem, **expressamente**, desinteresse na composição consensual. Esse, inclusive, é o posicionamento esculpido no Enunciado 61 da ENFAM.[1]

---

[1] Somente a recusa expressa de ambas as partes impedirá a realização da audiência de conciliação ou mediação prevista no art. 334 do CPC/2015, não sendo a manifestação de desinteresse externada por uma das partes justificativa para afastar a multa de que trata o art. 334, § 8º.

216 | PROCESSO CIVIL SISTEMATIZADO – *Haroldo Lourenço*

Vale referenciar, ainda, que desde 2010 há a Resolução 125 do CNJ, que disciplina a Política Judiciária Nacional de tratamento adequado dos conflitos de interesse no âmbito do Poder Judiciário brasileiro.

Há, contudo, quem advogue tese em sentido contrário, afirmando que, se o autor declarar, expressamente, na petição inicial que opta pela sua não realização, esta não deve ser designada, pois o vocábulo "ambas" deve ser interpretado no sentido de "qualquer das partes", pois um dos princípios norteadores da mediação e da conciliação é a voluntariedade (art. 2º, § 2º, da Lei 13.140/2015) e, nesse sentido, tal audiência somente ocorreria se nem o autor nem o réu se manifestarem expressamente que dela não querem participar (CÂMARA, 2015. p. 199; TARTUCE, 2015. p. 295 e 298; BUENO, 2015. p. 272).

Há, ainda, a possibilidade de as partes **negociarem**, na forma do art. 190 do CPC, criando um pacto de mediação ou conciliação extrajudicial prévia ao processo, obrigatória, inclusive, com a correlata previsão de exclusão da audiência de conciliação ou de mediação prevista no art. 334 do CPC (Enunciado 19 do FPPC).

14.3. NAS AÇÕES DO DIREITO DE FAMÍLIA

Nas ações contenciosas que envolvam direito de família, o CPC/2015 fez uma opção bem clara: a realização da audiência é **obrigatória**, independentemente de manifestação das partes (art. 695 do CPC).

Isso se deve à consagração da ideia de que, nesses litígios, realmente a melhor solução é a consensual, pois a decisão imposta às partes não soluciona o litígio, podendo, ao contrário, aumentar o grau de insatisfação.

Registre-se que os arts. 695 e 696 CPC referem-se à "audiência de mediação e conciliação", já sugerindo que a **mediação** é a regra a ser utilizada, diferentemente do art. 334, que se refere à "audiência de conciliação e mediação", em que na maioria dos casos se utilizará a conciliação.

Não é demais lembrar que em tal audiência deve ser preservado o **segredo de justiça** (art. 189, II, do CPC).

Destarte, o art. 694 afirma que todos os esforços serão empreendidos para a solução consensual da controvérsia, devendo o juiz dispor do auxílio de profissionais de outras áreas de conhecimento para a mediação e a conciliação.

O art. 694, parágrafo único, determina que, a requerimento das partes, o juiz pode determinar a **suspensão** do processo enquanto os litigantes se submetem a **mediação extrajudicial** ou a **atendimento multidisciplinar** (arts. 151 e 197-C Lei 8.069/90, além do art. 5º, § 2º, da Lei 12.318/10), **não** tendo prazo tal suspensão, não sendo aplicável o art. 313, II e §4º que prevê um prazo, por força do art. 16, § 1º, da Lei 13.140/15, sendo tal **decisão irrecorrível**[2].

Por essa trilha, recebida a petição inicial e, se for o caso, tomadas as providências referentes à tutela provisória (art. 294), o juiz ordenará a citação do réu para comparecer à audiência de mediação e conciliação (art. 695), devendo o réu ser citado com antecedência mínima de **quinze** dias da data designada para a audiência, devendo o mandado de citação conter apenas os dados necessários à audiência

---

[2] Tal decisão interlocutória de suspensão do processo também é irrecorrível imediatamente também na hipótese da audiência do art. 334 do CPC, pois não está catalogada no art. 1.015 do CPC.

Cap. 14 · AUDIÊNCIA DE CONCILIAÇÃO OU MEDIAÇÃO | **217**

e estar desacompanhado de cópia da petição inicial, para já não **acirrar os ânimos** ou criar um ódio **pré-audiência**.

Havendo incapaz, deverá participar do procedimento familiar o representante do Ministério Público (art. 698 do CPC). Contudo, tal representante **não** deve participar de tal audiência, para não intimidar as partes.

14.4. HIPÓTESES DE INADMISSÃO

Superada a controvérsia acima exposta, o magistrado somente não designará a audiência de conciliação ou mediação nas hipóteses do art. 334, § 4º, do CPC, ou seja, **(i)** se ambas as partes manifestarem, expressamente, desinteresse na composição consensual; **(ii)** quando não se admitir autocomposição.

Assim, o autor deverá indicar, na petição inicial, seu desinteresse na autocomposição (art. 319, VII) e o réu deverá fazê-lo, por petição, apresentada com dez dias de antecedência, contados da data da audiência (art. 334, § 5º).

Não se pode confundir "não admitir autocomposição", situação que autoriza a dispensa da audiência, com ser "indisponível o direito litigioso". É possível um **direito indisponível ser transacionável**, como o exemplo clássico dos alimentos, como também em ações coletivas é possível se celebrar um termo de ajustamento de conduta (art. 5º, § 6º, da Lei 7.347/1985) (DIDIER JR., 2015. p. 625).

Ações como negatória de paternidade, de curatela, de interdição, de improbidade administrativa (art. 17, § 1º, da Lei 8.429/1992) são exemplos de demandas nas quais **não** se admite autocomposição, não havendo motivo para se designar tal audiência.

14.5. NAS AÇÕES QUE ENVOLVAM O PODER PÚBLICO

O Poder Público, por exemplo, somente pode resolver o conflito por autocomposição quando houver autorização normativa para tanto. Assim, **não** é possível se negar peremptoriamente a possibilidade da audiência do art. 334 quando envolver o Poder Público.

O reconhecimento de que é possível existir interesse patrimonial e disponível envolvendo o Poder Público é consagrada pelo art. 1º, § 1º, da Lei 9.307/1996, com a redação dada pela Lei 13.129/2015, devendo ser sempre uma arbitragem de direito e observar a publicidade (art. 2º, § 3º), além da regulamentação existente nos arts. 35 a 40 da Lei 11.340/2015.

Nesse sentido, a audiência de conciliação ou mediação envolvendo o Poder Público deve observar algumas adaptações, como, por exemplo, os limites da **lei de acesso à informação**[3], **além disso, o dever do** Poder Público deve publicizar as hipóteses que está autorizado a transacionar (Enunciado 16 do FNPP).[4]

---

[3]   Enunciado 6 do FNPP (Fórum Nacional do Poder Público (art. 166 da Lei 13.105/2015; art. 2º da Lei 13.140/2015; Lei 12.527/2011): "A confidencialidade na mediação com a Administração Pública observará os limites da lei de acesso à informação" (Grupo: meios alternativos de solução de conflitos e a Fazenda Pública).

[4]   Enunciado 16 do FNPP (art. 334, § 4º, II, art. 3º, § 2º e art. 5º da Lei 13.105/2015; art. 37 da Constituição Federal): "A Administração Pública deve publicizar as hipóteses em que está autorizada a transacionar" (Grupo: meios alternativos de solução de conflitos e a Fazenda Pública).

218 | PROCESSO CIVIL SISTEMATIZADO – *Haroldo Lourenço*

14.6. COMPATIBILIDADE COM OS PROCEDIMENTOS ESPECIAIS

Uma questão interessante é a compatibilidade dessa audiência com os procedimentos especiais. Como cediço, as regras do procedimento comum são aplicáveis, **no que couber**, aos procedimentos especiais (art. 318, parágrafo único).

O problema é essa compatibilidade, eis que a designação de tal audiência em ritos que não têm a mesma dinâmica do rito comum pode acabar por desnaturá-lo, não podendo, sequer, ser aplicável a literalidade do art. 27 da Lei 13.340/2015.

Portanto, cremos que tal audiência **somente** deve ser designada quando houver previsão específica, como nas ações familiares (art. 695), nas possessórias de força velha relativas a conflitos coletivos pela posse (art. 565) e nos juizados (art. 20 da Lei 9.099/1995) (GAJARDONI, 2016. p. 73).

14.7. MANIFESTAÇÃO DE DESINTERESSE DO RÉU

Designada audiência, o réu será citado com pelo menos 20 dias de antecedência (art. 334), devendo, se for o caso, informar seu desinteresse na autocomposição por petição, o que deve ser feito com pelo menos dez dias de antecedência da data designada para a mencionada audiência (art. 334, § 5º).

Observe-se o CPC/2015 exige **manifestação expressa** do réu no sentido do desinteresse, ou seja, seu silêncio deve ser interpretado no sentido de existir interesse na autocomposição, devendo o mesmo já ser citado com tal advertência, em respeito à boa-fé objetiva.

Assim, com a inércia do réu se presumirá que há da sua parte interesse na autocomposição, o que gera no autor e no órgão jurisdicional uma legítima expectativa, devendo o mesmo arcar com sua postura, sob pena de ser possível interpretação no sentido de que sua conduta é violadora da boa-fé objetiva, podendo ser sancionada nos termos do art. 80, III e V, do CPC.

Não se está afirmando que o réu estaria obrigado a fazer uma autocomposição, mas que deve honrar sua postura, demonstrando interesse concreto na solução consensualizada do litígio[5].

Havendo litisconsórcio, o desinteresse na realização da audiência deve ser manifestado por todos os litisconsortes (art. 334, § 6º). Aqui há um problema, sendo o litisconsórcio **simples,** é possível que apenas um deles resolva o litígio consensualmente, contudo, sendo **unitário**, ou todos concordam na autocomposição, ou nada feito (DIDIER JR., 2015. p. 624).

14.8. NEGÓCIO PROCESSUAL SOBRE A AUDIÊNCIA

Essa audiência pode desdobrar-se em duas ou mais sessões, não podendo, porém, exceder de dois meses a contar da data da realização da primeira dessas sessões

---

[5] Enunciado 121 do II CJF: "Não cabe aplicar multa a quem, comparecendo à audiência do art. 334 do CPC, apenas manifesta desinteresse na realização de acordo, salvo se a sessão foi designada unicamente por requerimento seu e não houver justificativa para a alteração de posição".

Cap. 14 · AUDIÊNCIA DE CONCILIAÇÃO OU MEDIAÇÃO | **219**

(art. 334, § 2º), salvo se as partes expressamente convencionarem (art. 28 da Lei 13.140/2015), o que seria um caso de **negócio jurídico processual**.

Determina o Código que as pautas sejam organizadas com um intervalo mínimo de 20 minutos entre o momento de início de cada audiência (art. 334, § 12).

14.9. AUSÊNCIA INJUSTIFICADA

O não comparecimento injustificado do autor ou do réu à audiência de **conciliação** é considerado **ato atentatório à dignidade da justiça** e será sancionado com multa de até dois por cento da vantagem econômica pretendida ou do valor da causa, revertida em favor da União ou do Estado (art. 334, § 8º), por descumprimento do dever de boa-fé (art. 5º). Observemos algumas questões sobre tal sanção:

Art. 77, IV e VI, do CPC	Art. 774 do CPC	Art. 334, § 8º, do CPC
Pressupõe advertência prévia: art. 77, § 1º, do CPC	Pressupõe advertência prévia: art. 772, II, do CPC	Não tem previsão de advertência prévia, mas deve ser feita (Enunciado 273 do FPPC)
Até 20% do valor da causa: art. 77, § 2º, do CPC	Até 20% do valor da causa: art. 774, parágrafo único, do CPC	Até 2% do valor da causa ou vantagem pretendida
Valor será inscrito como dívida ativa: art. 77, § 3º, do CPCC	Reverte-se ao exequente: art. 774, parágrafo único, do CPC	Valor será inscrito como dívida ativa

Observe-se que tal multa, por ser uma sanção, merece interpretação restritiva, havendo previsão legislativa somente para audiência de conciliação, **não** se aplicando para a ausência na audiência de mediação.

Nesse sentido, a manifestação do desinteresse na autocomposição (art. 319, VII, e art. 334, § 5º) **não** é causa justificadora para o não comparecimento à mencionada audiência, como consagrado no já mencionado Enunciado 61 da ENFAM.

Assim, ainda que uma das partes se manifeste no sentido de não ter interesse na autocomposição, como a outra se declarou no sentido de ter interesse, ambas terão que comparecer, pois existe a possibilidade da solução consensual.

Cumpre, contudo, registrar que, por respeito à boa-fé objetiva, o réu ao ser citado deverá ser informado de que a sua ausência implicará ato atentatório à dignidade da justiça, punível com a multa do art. 334, § 8º, do CPC (Enunciado 273 do FPPC).[6]

14.10. COMPARECIMENTO PESSOAL E REPRESENTAÇÃO DAS PARTES

O art. 334, §9º, determina que a parte deverá estar acompanhada de seus advogados ou defensores públicos, portanto, em uma primeira leitura, parece ser obrigatória a

---

[6] Enunciado 273 do FPPC: "Ao ser citado, o réu deverá ser advertido de que sua ausência injustificada à audiência de conciliação ou mediação configura ato atentatório à dignidade da justiça, punível com a multa do art. 334, § 8º, sob pena de sua inaplicabilidade".

presença do advogado ou defensor, ou seja, uma pessoa com capacidade postulatória, podendo ser a própria parte se esta possuir tal capacidade.

Esse, contudo, parece **não** ser o melhor entendimento, devendo ser entendido como obrigatório o comparecimento da parte, que poderá ou não estar assessorada por advogado ou defensor, pois não seria nula eventual autocomposição realizada diretamente pelas partes (WAMBIER; TALAMINI, 2016. v. 2, p. 131).

Cumpre registrar que o artigo não se refere a preposto para se desvincular de qualquer atividade empresarial, ou seja, qualquer pessoa, física ou jurídica, poderá fazer-se representar nesse ato, por meio de "procuração específica", sempre prescindível a existência de vínculo empregatício.

Ressalte-se que em tal audiência não será apresentada contestação, como se observa do art. 335 do CPC, não ferindo o ideal constitucional de que a advocacia é função essencial à administração da justiça (art. 133 da CR/1988), eis que se está atingindo um meio termo, onde o acesso a uma ordem jurisdicional justa também está sendo respeitado (art. 5º, XXXV, da CR/1988).

De igual modo, o magistrado, após a realização de tal autocomposição, deverá observar se há indícios de vulnerabilidade das partes, situação a qual se poderia cogitar em eventual nulidade de tal ato.

Por outro lado, o mesmo § 9º induz a outro problema. Inicialmente se analisou se é possível o comparecimento exclusivo da parte, o que nos parece que sim. Agora a questão é ser possível o comparecimento exclusivo do advogado ou do defensor, eis que o indigitado parágrafo afirma que as partes "devem estar acompanhadas de seus advogados".

O § 10 afirma que "a parte poderá constituir representante, por meio de procuração específica, com poderes para negociar e transigir", ou seja, a nomeação de representante da parte é possível, porém, há quem defenda a impossibilidade de ser o advogado,[7] contudo, esse não parece ser o melhor entendimento (ASSIS, 2015. v. I, p. 99), desde que o patrono possua poderes especiais para transigir e negociar.

Observe-se que o § 10 exige "procuração específica", ou seja, **não** bastaria a procuração que constituiu o advogado para a propositura da demanda (art. 105), sendo necessária uma procuração específica para a representação na audiência em comento.

Tal discussão é essencial, eis que comparecendo exclusivamente o advogado com procuração específica com poderes para transigir e negociar, se o magistrado entender que, ainda assim, seria obrigatório o comparecimento da parte, poderá ser aplicada a multa prevista no art. 334, § 8º, com a qual não concordamos,[8] mas há que se reconhecer que é um risco iminente.

A melhor solução nos parece ser pela boa-fé objetiva. Se o juízo entende pela necessidade de comparecimento pessoal da parte, além da presença do seu advoga-

---

[7] NERY JR., Nelson. *Código de Processo Civil comentado*. São Paulo: RT, 2016. p. 1.001.

[8] Cremos que a aplicação de tal multa somente pode ser para casos de violação da boa-fé objetiva. Nesse sentido: CÂMARA, Alexandre Freitas. *O novo processo civil brasileiro*. 2. ed. São Paulo: Atlas, 2016. p. 202. No sentido de que a penalidade exige violação ao dever de colaboração: GRECO, Leonardo. *Instituições de processo civil*. 3. ed. Rio de Janeiro: Forense, 2015. v. II, p. 48.

Cap. 14 · AUDIÊNCIA DE CONCILIAÇÃO OU MEDIAÇÃO | 221

do ou defensor, isso deve ser alertado no mandado de citação, eis que tal dever de clareza atinge, obviamente, o órgão jurisdicional.

Enfim, o advogado pode cumular a função postulatória, aconselhadora, negocial, o que é típico da advocacia, não havendo, sequer, em se cogitar em violação ao Código de Ética da OAB, eis que o art. 25 refere-se às causas trabalhistas (DIDIER JR., 2015. p. 626).

14.11. CONCILIAÇÃO OU MEDIAÇÃO

A audiência é de conciliação ou mediação, pois vai depender do tipo de conflito para se saber qual técnica que será adotada.

A conciliação e a mediação são informadas pelos **princípios** da independência, da imparcialidade, da autonomia da vontade, da confidencialidade (art. 30 da Lei 13.140/15), da oralidade, da informalidade e da decisão informada (art. 166 do CPC).

Na forma do art. 165, §§ 2º e 3º, **preferencialmente**, utilizar-se-á a **conciliação** para os casos em que não haja vínculo anterior entre as partes e será utilizada a **mediação** para quando existir vínculo anterior entre as partes.

A conciliação tende a ser um procedimento mais célere, para conflitos efêmeros, como acidentes de veículos, relações de consumo etc., onde se atacam os **efeitos** do litígio. Já a mediação é um procedimento mais elaborado e complexo, para conflitos mais duradouros, muitas vezes construídos ao longo de anos, como os familiares e de vizinhança, onde a mediação atacará as **causas**.

Essa audiência deve ser realizada no centro judiciário de solução consensual de conflitos (art. 165) e, em casos excepcionais, na sede do juízo.

Cumpre, por oportuno, registrar que tais técnicas não podem ser encaradas como formas de desafogo do Judiciário, mas como uma consequência, não como meta principal, em que se pensa somente em estatísticas.

Por fim, importante diferenciar conciliação, mediação e arbitragem.

ARBITRAGEM	MEDIAÇÃO	CONCILIAÇÃO
Lei 9.307/96 (com alteração da Lei 13.129/16) – LA	Lei 13.140/15 e art. 3º, §§ 2º e 3º, além dos arts. 165 ao 175 do CPC/15	Arts. 165 ao 175 do CPC/15
Natureza jurisdicional	Atividade técnica não jurisdicional	Atividade técnica não jurisdicional
Solução por heterocomposição	Solução por autocomposição	Solução por autocomposição
Juiz arbitral decide o litígio e impõe as partes	Mediador não decide, mas orienta na decisão	Conciliador não decide, mas propõe soluções
Juiz arbitral é qualquer pessoa capaz e da confiança das partes (art. 13, LA)	Escolhidos mediante cadastro nacional e em cadastro de TJ ou TRF, sendo possível por concurso público	Escolhidos mediante cadastro nacional e em cadastro de TJ ou TRF, sendo possível por concurso público
Utilizável para direitos patrimoniais e disponíveis (art. 1º, LA)	Utilizável, preferencialmente, para hipóteses em que haja vínculo anterior entre as partes (art. 165, § 3º, CPC)	Utilizável, preferencialmente, para hipóteses em que não haja vínculo anterior entre as partes (art. 165, § 2º, CPC)

ARBITRAGEM	MEDIAÇÃO	CONCILIAÇÃO
Profere sentença e é um título judicial (arts. 31, LA e 515, VII, CPC)	Mediador não profere sentença, mas a transação por ele referendada é título extrajudicial (art. 784, IV, CPC)	Conciliador não profere sentença, mas a transação por ele referendada é título extrajudicial (art. 784, IV, CPC)
Judiciário e Câmaras arbitrais não se confundem	Pode ser realizada no Judiciário (nos centros judiciários de solução consensual de conflitos) ou extrajudicial	Pode ser realizada no Judiciário (nos centros judiciários de solução consensual de conflitos) ou extrajudicial

15
CONTESTAÇÃO, RECONVENÇÃO E REVELIA

15.1. NOÇÕES GERAIS

A citação é indispensável para a **validade** do processo em relação ao réu ou executado, ressalvadas as hipóteses de indeferimento de petição inicial e improcedência liminar do pedido (art. 239), sendo o primeiro ato de informação ao processo ao réu dentro do procedimento, dando-se a ele oportunidade para a apresentação de contestação, que é um ônus processual, refletindo o princípio do contraditório.

A partir do art. 335 há a regulamentação da contestação, sendo cabível dentro da mesma a alegação de reconvenção e de incompetência, as quais na legislação anterior eram matérias alegáveis em defesas autônomas. Hão, ainda, que se considerar as posturas passivas como a inércia, pela inexistência jurídica da contestação (revelia) e o reconhecimento jurídico do pedido.

15.2. PRAZO DE RESPOSTA E SEU TERMO *A QUO*

Tramitando a demanda pelo rito comum (art. 318), o prazo de resposta será de 15 dias (art. 335), contudo, nada obsta que em procedimentos específicos haja prazos de resposta específicos, como na ação de **alimentos gravídicos** no qual o prazo é de cinco dias (art. 7º da Lei 11.804/2008). Havendo litisconsortes com advogados diferentes de escritórios de advocacia distintos, o prazo será contado em **dobro** (art. 229), desde que o processo seja físico (art. 229, § 2º), bem como se o demandado for uma **pessoa jurídica de direito público**, ou seja, **não** se aplica às sociedades de economia mista, tampouco às empresas públicas, em virtude da natureza de direito privado que ostentam.[1] No máximo, a prerrogativa do prazo em dobro somente é possível de ser aplicada à **ECT**.

O termo inicial do prazo de resposta está previsto no art. 335 do CPC/2015, ou seja, a partir da **(i)** audiência de conciliação ou de mediação (art. 334), ou da última sessão de conciliação, quando qualquer parte não comparecer ou, comparecendo, não houver autocomposição; **(ii)** do protocolo do pedido de cancelamento da audiência

---

[1] Não aplicando às empresas públicas: STJ, AgRg no REsp 1.266.098-RS, 2ª T., rel. Min. Eliana Calmon, j. 23.10.2012 (Informativo 507). Precedente citado: REsp 429.087-RS, *DJe* 25.10.2004.

224 | PROCESSO CIVIL SISTEMATIZADO – *Haroldo Lourenço*

de conciliação ou de mediação apresentado pelo réu, quando ocorrer a hipótese do art. 334, § 4º, inciso I; **(iii)** nas hipóteses do art. 231, de acordo com o modo como foi feita a citação, nos demais casos. Registre-se que não hipótese de **litisconsórcio passivo**, ocorrendo a hipótese do art. 334, § 6º, o termo inicial será, para cada um dos réus, a data de apresentação de seu respectivo pedido de cancelamento da audiência.

O **STJ** já asseverou que se houver omissão ou falha na página da *internet* do tribunal, **não** divulgando a data da juntada do último mandado de citação, o prazo de resposta deverá ser devolvido, sendo ilegítima a decretação da revelia,[2] uma notória concretização do princípio da boa-fé objetiva que deve se aplicar ao órgão jurisdicional (art. 5º).

15.3. CONTESTAÇÃO

A contestação é o veículo da defesa (BUENO, 2010. p. 136), estando regida por dois princípios: concentração da defesa (ou eventualidade) e impugnação especificada dos fatos.

15.3.1. Concentração ou eventualidade

Por força de tal princípio, deve ser concentrada na contestação toda a matéria de defesa, de uma só vez, ainda que incompatíveis entre si, sob pena de preclusão. Todas as argumentações devem ser reunidas, ainda que excludentes, devendo o magistrado levar em consideração a primeira e, caso essa seja rechaçada, analisará a segunda e assim sucessivamente (arts. 336).

A doutrina, de modo unânime, refere-se à concentração como sendo sinônimo de eventualidade, porém, cremos haver uma sutil diferença. **Concentram-se** na contestação as defesas, para a **eventualidade** de alguma alegação não vir a ser acolhida pelo EstadoJuiz. Existe, a rigor, dois princípios, que se interagem e se complementam. O princípio da concentração exige que todas as defesas sejam apresentadas em conjunto, enquanto a eventualidade exige a conjugação de modo eventual ou subsidiário.

Um exemplo é bem visual: "A" esta demandando "B" em ação de cobrança. Este, ao contestar, afirma: (i) que não celebrou nenhum contrato com "A"; (ii) caso tenha celebrado, a dívida estaria prescrita; (iii) não estando prescrita, o contrato seria nulo pela ocorrência de dolo.

Verifique-se que o princípio em comento deve ser observado em acepção mais ampla, tanto pelo autor como pelo réu, na petição inicial, na apelação etc.

Dinamarco (DINAMARCO, 2001. v. 3, p. 469), inclusive, relaciona a regra da eventualidade com a **eficácia preclusiva da coisa julgada** (arts. 507 e 508), pois a sentença passada em julgado fica imune a qualquer alegação que pudesse pôr em dúvida a estabilidade dos seus efeitos, impedindo o conhecimento de qualquer questão sobre o processo já extinto, quer as que ali foram suscitadas e discutidas, quer as que não foram, embora pudessem sê-lo. Em resumo, ou se alega tudo na contestação, ou não se poderá alegar mais com a formação da coisa julgada.

---

[2]   Informativo 476: STJ, REsp 960.280/RS, 3ª T., rel. Min. Paulo de Tarso Sanseverino, j. 07.06.2011. Precedente citado: REsp 1.186.276/RS, *DJe* 03.02.2011.

Cap. 15 · CONTESTAÇÃO, RECONVENÇÃO E REVELIA | 225

15.3.1.1. Exceções à concentração ou eventualidade

Diante do princípio da concentração, **não** há que se falar em emenda ou aditamento da contestação, contudo, algumas situações excepcionam o princípio em comento: (i) matérias que se refiram a direito ou a fato superveniente relevante para a causa. Como o fato não havia, sequer, ocorrido, é possível sua alegação depois do prazo de contestação, na forma do art. 342, I, c/c art. 493 do CPC/2015; (ii) no que se refere às objeções, por serem questões que o juiz pode conhecer de ofício, não ocorre preclusão sobre elas (art. 342, II, do CPC/2015); (iii) matérias que podem ser deduzidas a qualquer tempo, independentemente de poderem ser conhecidas de ofício ou não, como a decadência convencional (art. 210 do CC/2002).

15.3.2. Impugnação especificada dos fatos

Com o propósito de se proibir uma defesa genérica, que atentaria à boa-fé, exige-se que o réu aprofunde-se em sua defesa, impugnando ponto a ponto os fatos articulados na petição inicial, sob pena de o fato não impugnado ser considerado como verdadeiro (art. 341, *caput*). Evidentemente que tal presunção é **relativa**, podendo ceder diante do conjunto probatório. Tal regra é uma simetria com o ônus processual imposto ao autor de formular sua demanda de modo claro e determinado, pois se obscura será inepta e o pedido genérico somente é admitido de maneira excepcional (arts. 322 e 324 do CPC/2015).

15.3.2.1. Exceções ao ônus da impugnação especificada

Algumas hipóteses geram uma exceção ao ônus processual da impugnação especificada dos fatos, além disso, algumas pessoas não precisam observá-lo. Vejamos:

(i) A impugnação especificada dos fatos **não** é aplicável ao **defensor público, ao advogado dativo e ao curador especial** (art. 341, parágrafo único). Observe-se que o legislador se refere ao defensor público e ao curador especial, sendo essa exercida pela mesma Defensoria Pública (art. 72, parágrafo único, do CPC e art. 4º, XVI, da LC 80/1994). A Defensoria assiste aos hipossuficientes no aspecto econômico (função típica) e no aspecto jurídico (função atípica). O curador especial e o advogado dativo, nos termos do art. 5º, §§ 3º e 4º, da Lei 1.060/1950, estão dispensados de tal ônus processual, eis que assumem a causa em condições peculiares, quando comparados com a advocacia privada ou pública, muitas vezes nem tendo contato pessoal com os respectivos réus, dos quais poderiam obter informações indispensáveis para a elaboração de uma defesa específica. **Não** poderia se exigir diferente do curador e do advogado dativo, do contrário seria necessário "criar" ou "inventar" uma tese defensiva, mesmo sem nunca ter tido contato com o réu, ofendendo a boa-fé objetiva (art. 5º do CPC). Por outro lado, a Defensoria Pública na sua função típica, não se acha nessas mesmas circunstâncias a justificar o tratamento diferenciado. Cremos, inclusive, que tal artigo pode vir a ser **inconstitucional**, bastando imaginarmos que um autor representado pela Defensoria terá que formular pedido certo e

226 | PROCESSO CIVIL SISTEMATIZADO – *Haroldo Lourenço*

determinado (arts. 322 e 324), enquanto um réu pela Defensoria poderá formular contestação por negativa geral, quebrando a isonomia. Enfim, cremos que o ônus da impugnação especificada **não** se aplica somente à defensoria na função de curador especial (função atípica) e ao advogado dativo, sendo perfeitamente aplicável ao defensor público em sua função típica de defender o hipossuficiente no aspecto econômico;

(ii) Majoritariamente, a **Fazenda Pública** não se submete a tal ônus, em virtude da indisponibilidade do direito, da inadmissibilidade da confissão e, ainda, da presunção de legitimidade dos atos administrativos (CUNHA, 2005. p. 88; NEVES, 2011. p. 385).[3] Minoritariamente, mas coberta de razão, a Fazenda Pública deve se submeter a tal ônus, pois nem sempre as causas que lhe dizem respeito versam sobre direitos indisponíveis ou sobre o interesse público primário (GRECO, 2010. v. 2, p. 86), como na ação civil pública, em que um ente público é réu: nessa situação, o interesse público está, preponderantemente, do lado ativo, não se admitindo a negação geral, conduta que se pode reputar temerária, quando provinda de ente público (DIDIER JR., 2009. v. 1, p. 492). O STJ, recentemente, adotou o posicionamento de que não estando em litígio contrato genuinamente administrativo, mas sim obrigação de direito privado firmada pela Administração Pública, é possível a aplicação dos efeitos materiais da revelia;[4]

(iii) Quando a causa versar sobre fato a respeito do qual não se admite confissão (arts. 341, I, e 392 do CPC/2015 e 231 do CC/2002);

(iv) Se a petição inicial não estiver acompanhada de instrumento que a lei considerar da substância do ato, como certidão de registro imobiliário, testamento, óbito ou casamento (art. 341, II, do CPC/2015). Cumpre registrar que há, ainda, instrumentos particulares que podem ser considerados da substância de determinado negócio jurídico, por exemplo; arts. 541, 997, 1.334, § 1º, e 1.417 do CC/2002;

(v) Se os fatos não impugnados estiverem em contradição com a defesa considerada como um todo, em virtude de uma incompatibilidade lógica entre o que foi arguido e os fatos não apreciados pelo contestante (art. 341, III, do CPC/2015). Às vezes, um determinado fato, ao ser impugnado, tem o condão de impugnar os demais *"por arrastamento"*. Suponhamos que João ingressa com uma ação indenizatória contra um banco, em virtude de constrangimento ocorrido em porta giratória; o réu, ao contestar, comprova que, no dia alegado pelo autor como data do suposto evento, a agência bancária sequer funcionou. Nesse sentido, não será possível presumir que houve os ditos constrangimentos.

15.3.3. Ordem a ser observada na contestação

Além de se observarem os requisitos inerentes a qualquer petição inicial, como endereçamento, qualificação, dos fatos e fundamentos jurídicos da defesa, requerimento de provas, entre outros, será a contestação em regra, escrita, com exceção ao

---

[3] STJ, AR 5407/DF, 1ª S., rel. Min. Napoleão Nunes Maia Filho, j. 10.02.2019; NEVES, Daniel Amorim Assumpção. *Manual de direito processual civil* cit., 3. ed., 2011. p. 385.

[4] STJ, REsp 1.084.745/MG, 4ª T., rel. Min. Luis Felipe Salomão, j. 06.11.2012.

Cap. 15 · CONTESTAÇÃO, RECONVENÇÃO E REVELIA | 227

rito sumaríssimo, nos quais pode ser oral (art. 30 da Lei 9.099/1995). Há, ainda, a possibilidade de o réu formular pedidos, como o de extinção do processo sem resolução de mérito (art. 485), remessa ao juízo competente (art. 64, § 3º), condenação em ônus sucumbências, litigância de má-fé etc.

Nesse sentido, as defesas apresentáveis na contestação consistem em defesas processuais, divididas em **dilatórias, peremptórias e dilatórias potencialmente peremptórias**, e, também, em defesas de mérito, as quais, por sua vez, subdividem-se em **defesas diretas e indiretas**.

Será dilatória a defesa que não gere fim ao processo, mas que aumente o seu tempo de duração. Será peremptória a defesa que ponha fim à relação jurídica processual, extinguindo-a. Há, ainda, a dilatória, mas potencialmente peremptória que, quando acolhida, permite ao autor o saneamento do vício por irregularidade, caso em que o processo continuará e a defesa terá sido meramente dilatória, contudo, do contrário, havendo omissão do autor, a defesa ganha ares de peremptoriedade, gerando a extinção do processo. O que gera a extinção do processo não é o acolhimento da defesa, mas a inércia do autor (NEVES, 2011. p. 345).

DEFESAS APRESENTÁVEIS NA CONTESTAÇÃO		
Gênero	**Espécies**	**Hipóteses**
Processual	Dilatórias	Art. 337, I, II, VIII, do CPC/2015.
	Peremptórias	Art. 337, IV, V, VI, VII, XI, do CPC/2015.
	Dilatórias potencialmente peremptórias	Art. 337, IX, XII, do CPC/2015.
Mérito	Diretas	Negam o fato constitutivo.
	Indiretas	Alegam fato modificativo, extintivo ou impeditivo.

15.4. QUESTÕES PRÉVIAS (PRELIMINARES)

Enumera o art. 337 defesas processuais que devem ser apresentadas, prioritariamente, na contestação, antes de se debater o mérito da demanda, podendo, inclusive, serem conhecidas de ofício, ressalvada incompetência relativa e convenção de arbitragem (art. 337, § 5º, do CPC/2015). A classificação das questões foi realizada no capítulo sobre a cognição, para o qual remetemos o leitor.

(i) Nulidade ou inexistência de citação: trata-se do defeito mais grave, podendo ser alegado mesmo após o prazo de resposta, desde que haja revelia (arts. 525, § 1º, I, do CPC/2015 e 535, I, do CPC/2015), por isso, denominado de **vício transrescisório**. Observe-se que somente pode ser alegada após o prazo de resposta se ocorrer revelia, pois, do contrário, o comparecimento do réu supre o defeito. Tratase de defesa dilatória, pois o máximo que o réu pode obter com tal alegação é a devolução do prazo de resposta, na forma do art. 239, § 1º, do CPC/2015;

(ii) Incompetência absoluta ou relativa (analisada no respectivo capítulo): devem ser alegadas em preliminar de contestação (art. 64), sendo que a incompetência absoluta pode ser alegada em qualquer tempo e grau de jurisdição e deve ser

228 | PROCESSO CIVIL SISTEMATIZADO – *Haroldo Lourenço*

declarada de ofício (art. 64, § 1º), diferentemente da incompetência relativa, que não pode ser conhecida de ofício (Súmula 33 do STJ c/c art. 337, § 5º). Cumpre registrar que após manifestação da parte contrária, o juiz decidirá imediatamente a alegação de incompetência, remetendo o feito ao juiz competente (art. 64, §§ 1º e 3º), portanto, uma **preliminar dilatória, não** havendo previsão de agravo de instrumento contra tal decisão, somente podendo ser suscitada no momento da apelação (ou contrarrazões), nos termos dos arts. 1.015 c/c o art. 1.009, § 1º, do CPC/2015. Sendo acolhida a alegação de incompetência e havendo, enquanto os autos não chegam ao juízo que se entende como competente, a necessidade de atos urgentes, caberá à parte ingressar com uma petição no juízo competente, que será distribuída livremente, gerando, inclusive, prevenção (NEVES, 2011. p. 366). Cumpre registrar que, salvo decisão judicial em sentido contrário, conservar-se-ão os efeitos de decisão proferida pelo juízo incompetente até que outra seja proferida, se for o caso, pelo juízo competente (art. 64, § 4º), o que é aplicável a ambas as modalidades de incompetência (Enunciado 238 do FPPC). Tanto a incompetência relativa como a absoluta também pode ser suscitada pelo MP, nos feitos em que atuar (art. 65, parágrafo único).[5] A incompetência relativa é sempre originária, não se admitindo a alegação de fato superveniente à propositura, por força do princípio da *perpetuatio jurisdictionis* (art. 43 do CPC/2015) (DIDIER JR., 2009. v. 1, p. 505), assim, a posterior mudança de domicílio do executado não desloca a competência já fixada, como se extrai da dicção do Enunciado 58 do STJ.

(iii) Incorreção do valor da causa: tal alegação sempre foi considerada uma resposta do réu (CÂMARA, 2008. v. 1, p. 332). O valor da causa é um requisito da petição inicial (art. 319, V), assim, a toda causa deve ser atribuído um valor, que corresponde ao benefício econômico pretendido,[6] ainda que não haja objeto economicamente aferível ou o bem da vida seja inestimável. Assim, discordando o réu do valor atribuído à causa, poderá questioná-la em preliminar de contestação, sob pena de preclusão (art. 293), o que não impede que o magistrado a corrija de ofício (art. 292, § 3º) (BUENO, 2010. v. 2, p. 185),[7] justamente por influenciar no valor das custas, evitar a lesão ao Fisco. Esse também é o entendimento que prevalece nos Juizados;[8]

(iv) Inépcia da inicial: não obstante o legislador se referir à inépcia, como visto no capítulo sobre petição inicial, a inépcia é uma hipótese de indeferimento, ou seja, nem todo indeferimento é por inépcia, como se observa do art. 330 e seus incisos. Nesse sentido, pode o réu alegar qualquer defeito inerente à petição inicial (DIDIER JR., 2009. v. 1, p. 489). Cremos que sempre deve ser conferida

---

[5] STJ, REsp 223.142/MG, 1ª T., rel. Min. Garcia Vieira, j. 21.09.1999. STJ, REsp 630.968/DF, 3ª T., rel. Min. Humberto Gomes de Barros, j. 20.03.2007, *DJ* 14.05.2007, p. 280.

[6] Informativo 470: STJ, REsp 1.015.206/RS, 3ª T., rel. Min. Massami Uyeda, j. 26.04.2011.

[7] STJ, REsp 1.234.002/RJ, 2ª T., rel. Min. Castro Meira, j. 01.03.2011.

[8] Enunciado 49 (FONAJEF): "O controle do valor da causa, para fins de competência do Juizado Especial Federal, pode ser feito pelo juiz a qualquer tempo." Enunciados Jurídicos Cíveis do Tribunal de Justiça do Estado do Rio de Janeiro sobre JEC n. 2.3.2: "Na hipótese de não atribuição de valor à causa, ou de discrepância entre o valor atribuído pelo Reclamante e o valor do pedido, o órgão judicial deverá, respectivamente, fixá-lo ou retificá-lo, de ofício, para preservar a exatidão da base de cálculo do recolhimento da taxa judiciária".

oportunidade ao autor para sanar o vício existente em sua inicial, evitando--se a sua inadmissão (art. 352 do CPC/2015 c/c Enunciado 278 do FPPC), o que torna a inépcia nítida preliminar **dilatória potencialmente peremptória** (NEVES, 2011. p. 348). Não sendo retificado o defeito, haverá extinção do processo pela falta de regularidade formal da demanda (art. 485, IV), não por indeferimento, eis que a petição inicial já foi admitida;

(v) Perempção, litispendência e coisa julgada: como visto no capítulo sobre os pressupostos processuais, são requisitos negativos, impedindo o prosseguimento da demanda, logo, **preliminares peremptórias**;

(vi) Conexão e continência: não obstante o legislador referir-se somente à conexão, deve ser compreendida também a continência, eis que é uma espécie de conexão, como visto no capítulo sobre competência. Trata-se de uma **preliminar dilatória**;

(vii) Incapacidade de parte, defeito de representação ou falta de autorização: não obstante se referirem a três institutos distintos (incapacidade, representação e autorização), o tratamento é o mesmo, pois antes da extinção do processo deverá ser dada oportunidade para o autor sanar tal irregularidade ou vícios, sob pena de atentado à economia processual, razoabilidade e instrumentalidade do processo (art. 352 do CPC/2015 c/c Enunciado 278 do FPPC). São **preliminares dilatórias** potencialmente peremptórias;

(viii) Convenção de arbitragem: trata-se, como visto de um pressuposto processual negativo, que impede o trâmite da demanda perante o Judiciário (art. 485, VII). Reportamos o leitor para o capítulo sobre pressupostos processuais, bem como para o capítulo da arbitragem. O art. 337, § 5º, do CPC/2015 não admite que a convenção de arbitragem e a incompetência relativa sejam analisadas de ofício, por serem questões de interesse privado. Cremos que o art. 340 do CPC/2015 deve ser aplicado para essa hipótese, podendo tal matéria ser alegada no domicílio do réu, aplicando todas as regras dos seus parágrafos, ressalvada a remessa do feito ao juízo competente, pois sendo reconhecida a existência da convenção de arbitragem o feito deverá ser extinto. Enfim, trata-se de **preliminar peremptória**;

(ix) Ausência de legitimidade e interesse processual: remetemos o leitor para o capítulo sobre a teoria da ação. Por produzirem a extinção do processo são **preliminares peremptórias.**

Cumpre ressaltar que sendo alegada ilegitimidade passiva ou não ser o responsável pelo prejuízo invocado, na forma dos arts. 338 e 339 do CPC/2015, será facultado ao autor, em 15 dias (prazo coincidente com o prazo de réplica: art. 351 do CPC/2015 c/c Enunciado 152 do FPPC), alterar o polo passivo, reembolsando as despesas e pagando os honorários advocatícios do procurador do réu. Incumbe ao réu indicar o sujeito passivo da relação jurídica discutida, sempre que tiver conhecimento, em aplicação do princípio da cooperação (art. 6º do CPC), sob pena de arcar com as despesas processuais e de indenizar o autor pelos prejuízos decorrentes da falta de indicação. Trata-se, a rigor, de uma **intervenção de terceiros atípica**. O autor, ao aceitar a indicação, procederá, no prazo de 15 dias, **à alteração da petição inicial para a substituição do réu,** observando-se a regra acima sobre as despesas e os honorários, sendo possível a formação de litisconsórcio por parte do autor (art. 339, § 2º). Tais

230 | PROCESSO CIVIL SISTEMATIZADO – *Haroldo Lourenço*

regras devem ser aplicadas ainda que o magistrado reconheça a ilegitimidade de ofício (Enunciado 296 do FPPC), bem como aos procedimentos especiais, inclusive aos juizados (Enunciado 42 do FPPC) e a responsabilidade criada nos parágrafos do art. 339 é subjetiva (Enunciado 44 do FPPC).

(x) Falta de caução ou outra prestação exigida pela lei: ocorre, por exemplo, na falta do pagamento das custas e dos honorários advocatícios no processo extinto sem resolução de mérito (art. 486, § 2º), na falta do depósito na ação rescisória (art. 968, II) etc. Trata-se de uma **preliminar dilatória potencialmente peremptória**;

(xi) Indevida concessão do benefício de gratuidade de justiça: o benefício da gratuidade de justiça constitui garantia constitucional expressamente prevista no art. 5º, LXXIV, da CRFB/1988 e, ainda, na Lei 1.060/1950 e nos arts. 98 ao 102 do CPC/2015, em que se asseguram que o Estado prestará assistência jurídica integral e gratuita aos que comprovarem insuficiência de recursos. A jurisprudência delineou-se no sentido de que é facultado ao magistrado exigir que a parte comprove a insuficiência de recursos para obter a concessão do benefício da gratuidade de justiça, pautada na ideia de que a mera declaração goza de presunção relativa de veracidade.[9] Para a concessão da gratuidade de justiça, não é obrigatória a atuação da Defensoria Pública em favor do hipossuficiente, sendo permitida a escolha de advogado particular para representá-lo em juízo, sem a obrigação de firmar declaração de que não cobrará honorários, como determina o Enunciado 40 do TJRJ.[10] Os honorários advocatícios e as despesas processuais (art. 84 do CPC/2015) serão devidos, mesmo na hipótese do vencedor ser o beneficiário da gratuidade de justiça, como se extrai do art. 98, § 2º, do CPC/2015 e do Enunciado 450 do STF. Quando o vencido for beneficiário da gratuidade de justiça, este deverá ser condenado nos encargos sucumbenciais, como consectário do princípio da sucumbência, os quais ficarão sob condição suspensiva de exigibilidade e somente poderão ser executados se, nos 5 (cinco) anos subsequentes ao trânsito em julgado da decisão que as certificou, o credor demonstrar que deixou de existir a situação de insuficiência de recursos que justificou a concessão de gratuidade, extinguindo-se, passado esse prazo, tais obrigações do beneficiário (art. 98, § 3º), tampouco afasta a incidência da multas processuais (§ 4º). A gratuidade de justiça pode ser concedida em qualquer momento no processo (art. 99), sendo que na fase recursal englobará os atos subsequentes, devidamente comprovada a necessidade, não operando efeitos *ex tunc*, ou seja, eventual sucumbência anterior não será tutelada pela gratuidade posteriormente deferida.[11] Pode a gratuidade ser cassada de ofício

---

[9] Enunciado 39 do TJRJ: "É facultado ao Juiz exigir que a parte comprove a insuficiência de recursos, para obter concessão do benefício da gratuidade de Justiça (art. 5º, inciso LXXIV, da CF), visto que a afirmação de pobreza goza apenas de presunção relativa de veracidade".

[10] "Não é obrigatória a atuação da Defensoria Pública em favor do beneficiário da gratuidade de Justiça, facultada a escolha de advogado particular para representá-lo em Juízo, sem a obrigação de firmar declaração de que não cobra honorários."

[11] Informativo 471: STJ, REsp 904.289/MS, 4ª T., rel. Min. Luis Felipe Salomão, j. 03.05.2011; STJ, REsp 556.081/SP, 4ª T., rel. Min. Aldir Passarinho Junior, j. 14.12.2004. Precedentes citados: AgRg no REsp 1.173.343/DF, *DJe* 21.03.2011; REsp 608.810/RS, *DJ* 19.04.2004; AgRg no Ag 1.252.414/MS, *DJe* 16.03.2011; REsp 866.780/SP, *DJe* 09.02.2009; REsp 27.034/MG, *DJ* 15.03.1993; REsp 196.224/RJ, *DJ* 18.02.2002; REsp 556.081/SP, *DJ* 28.03.2005; AgRg no REsp 839.168/PA, *DJ* 30.10.2006;

Cap. 15 · CONTESTAÇÃO, RECONVENÇÃO E REVELIA | **231**

e a qualquer tempo, fundamentando-se a decisão (art. 8º da Lei 1.060/1950 c/c art. 100, parágrafo único, do CPC/2015 e do Enunciado 43 do TJRJ[12]). A gratuidade de justiça pode ser deferida a pessoas jurídicas (art. 98), desde que comprovada a impossibilidade de pagamento das despesas processuais,[13] sendo irrelevante a finalidade lucrativa ou não da entidade requerente.[14] Assim, não concordando o réu com a gratuidade deferida ao autor, poderá questioná-la em preliminar de contestação, devendo ser dada oportunidade de comprová-la (art. 99, § 2º),[15] portanto, uma **preliminar dilatória potencialmente peremptória**. Da decisão de rejeição ou revogação da gratuidade caberá agravo de instrumento (art. 1.015, V, do CPC/2015). Cumpre registrar que, em sede de Juizado Especial, da decisão que indefere o pedido de gratuidade de justiça, por ausência de previsão recursal, só resta possível a utilização de mandado de segurança para a turma recursal (Súmula 374 do STJ).

A contestação deve se iniciar pelas preliminares (art. 337), como exige o CPC e a doutrina majoritária, contudo, nunca assimilamos bem essa lógica, pois seria mais razoável o réu buscar primeiro a improcedência e, na sua inviabilidade, sua extinção sem resolução de mérito e, ao final, o retardamento da marcha processual. Enfim, seguindo a legislação, deve se iniciar pelas questões preliminares.

15.5. QUESTÕES PRÉVIAS (PREJUDICIAIS)

Superadas as preliminares, deve o réu arguir as prejudiciais, que são temas que provocam um direcionamento da questão principal, como visto no capítulo sobre cognição, no qual inclusive se analisou suas espécies. Na hipótese de prejudicial externa, pode o processo vir a ser suspenso, na forma do art. 313, §§ 4º e 5º, do CPC/2015.

15.6. DEFESAS DE MÉRITO

Nesse ponto, o réu alega defesas não processuais, ou seja, combate o direito material alegado pelo autor, buscando convencer o juiz de que tal direito não existe. É o conteúdo da pretensão do autor o objeto de impugnação por meio da defesa de mérito (NEVES, 2011. p. 353). As defesas de mérito dividem-se em diretas e indiretas.

Há defesa **direta** quando o réu enfrenta os fatos e fundamentos jurídicos narrados pelo autor, buscando demonstrar que tais fatos não ocorreram como narrado ou que suas consequências jurídicas não são as pretendidas pelo autor. Nesse sentido,

---

REsp 294.581/MG, *DJ* 23.04.2001; AgRg no Ag 1.077.184/SP, *DJe* 27.04.2009; REsp 382.224/RS, *DJ* 24.06.2002; REsp 255.057/MG, *DJ* 04.06.2001, e REsp 169.887/SP, *DJ* 06.09.1999.

[12] "Cabe a revogação, de ofício e a qualquer tempo, do benefício da gratuidade de justiça, desde que fundamentada."

[13] Súmula 481 do STJ: "Faz jus ao benefício da justiça gratuita a pessoa jurídica com ou sem fins lucrativos que demonstrar sua impossibilidade de arcar com os encargos processuais".

[14] STJ, AgRgEREsp 1.103.391/RS, Corte Especial, rel. Min. Castro Meira, *DJe* 23.11.2010. Precedente: EREsp 603.137/MG, Corte Especial, de minha relatoria, *DJe* 23.08.2010.

[15] STJ, REsp 889.659/SP, rel. Min. João Otávio de Noronha, j. 17.05.2007; REsp 1.087.290/SP, rel. Min. Massami Uyeda, j. 05.02.2009.

232 | PROCESSO CIVIL SISTEMATIZADO – *Haroldo Lourenço*

quando o réu restringe-se a negar o fato constitutivo do direto do autor, ou seus fundamentos jurídicos, o ônus de provar o alegado recai sobre o autor (art. 373, I) que, não se desincumbindo, perderá o processo.

Na defesa **indireta**, o réu, sem negar o fato constitutivo, agrega um fato novo, de natureza impeditiva, extintiva ou modificativa. Há uma ampliação do objeto de cognição do juiz, pois serão enfrentados fatos que não trazidos originalmente pelo autor. É **impeditivo** o fato que obsta a produção dos efeitos do fato constitutivo, produz, portanto, um efeito negativo. Geralmente são simultâneos ou anteriores. A alegação de dolo na celebração do negócio jurídico, por exemplo, impede a eficácia do contrato celebrado. É **extintivo** um fato posterior que põe fim ao direito do autor, como o pagamento, a prescrição ou a decadência, a remissão, a confissão etc. Será **modificativo** o fato posterior ao surgimento da relação jurídica material, modificando-a subjetiva ou objetivamente, como ocorre na cessão de crédito e na novação, respectivamente.

15.7. VÍCIO NA REPRESENTAÇÃO

Se o réu se apresenta sem advogado, não deve o juiz indeferir a contestação, aplicando a revelia, mas observar o art. 76 do CPC/2015, fixando prazo para que seja sanado o vício ou nomeando advogado dativo, que pode ser um defensor público, para ratificar a defesa. Esse entendimento, contudo, não é abraçado pelo STJ,[16] o qual pondera que, diante da inexistência do ato contestatório, é inafastável a revelia.

15.8. INTEMPESTIVIDADE

Se apresentada de maneira intempestiva, porém, havendo na contestação somente matérias que não se submetem à preclusão, a mesma não poderá sequer ser desentranhada. Cremos, inclusive, que desentranhar a contestação é algo desnecessário, pois as teses jurídicas podem ser aproveitadas, eis que a presunção gerada pela revelia recai sobre os fatos, não sobre os fundamentos jurídicos, como será visto adiante.

Por outro lado, havendo documentos, embora possa ser desentranhada a contestação, deverão permanecer nos autos, pois, do contrário, os documentos seriam desentranhados e, posteriormente, apresentados novamente, como autoriza o art. 435 do CPC/2015.

15.9. ALEGAÇÃO DE INCOMPETÊNCIA NO DOMICÍLIO DO RÉU

Como visto, a incompetência é alegável em preliminar de contestação (art. 337, II, do CPC/2015) e o art. 340 autoriza o **protocolo da contestação no foro do domicílio do réu**, o que será imediatamente comunicado ao juiz da causa, preferencialmente por meio eletrônico. Tal contestação será submetida à **livre distribuição** ou, se o réu houver sido citado por meio de **carta precatória**, juntada aos autos dessa carta, seguindo-se a sua imediata remessa para o juízo da causa (§ 1º). Sendo reconhecida

---

[16] STJ, REsp 336.848/DF, 3ª T., Min. Vasco Della Giustina, j. 06.04.2010.

a competência do foro indicado pelo réu, o juízo para o qual for distribuída a contestação ou a carta precatória será considerado **prevento**, desde que o foro competente seja o local onde foi citado (Enunciado 426 do FPPC).

Alegada a incompetência nesses moldes, será suspensa a realização da audiência de conciliação ou de mediação, se tiver sido designada no juízo em que foi proposta a demanda, facilitando bastante ao réu, que economizará, por exemplo, em deslocamento. Com a definição da competência, o juízo competente designará nova data para a audiência de conciliação ou de mediação (§ 4º).

Cabe registrar que não há preclusão consumativa do direito de apresentar contestação, se o réu se manifesta, antes da data da audiência de conciliação ou de mediação, quanto à incompetência do juízo (Enunciado 124 do II CJF).

15.10. RECONVENÇÃO

15.10.1. Generalidades

A reconvenção, não obstante também ser uma modalidade de resposta apresentável dentro da contestação (art. 343), se destaca das demais, justamente por ser o exercício do direito de ação por parte do réu, contra o autor originário, no mesmo processo, atacando-o. O mesmo processo passa a contar com duas ações, gerando uma ampliação objetiva ulterior do processo (DIDIER JR., 2009. v. 1, p. 494).

Como se percebe, a reconvenção nada mais é do que uma nova ação, diferenciando-se por não ser um ônus processual como a contestação, havendo mera faculdade na sua apresentação. Destarte, nada impede que o réu deixe de contra-atacar para, posteriormente, ajuizar uma ação autônoma, que possuirá conexão com a primeira e, provavelmente, resultará em reunião para julgamento conjunto (arts. 55 e 57 do CPC).

Eis, em síntese, os elementos da definição: (a) nova demanda, proposta pelo réu; (b) objeto distinto do objeto da demanda do autor; (c) consequente alargamento do objeto do processo; (d) facultatividade. Nesse sentido, sendo uma ação, as condições da ação, bem como os pressupostos processuais deverão ser observados (DIDIER JR., 2009. v. 1, p. 496).

15.10.2. Legitimidade

(i) Ampliação e diminuição subjetiva

Como visto no capítulo sobre as condições da ação, a legitimidade consiste na pertinência subjetiva entre os titulares da relação jurídica material e os titulares da relação jurídica processual. Inicialmente, cumpre analisar a hipótese de **diminuição subjetiva na reconvenção**. Havendo litisconsórcio na ação originária, o mesmo litisconsórcio não será necessariamente formado na reconvenção, admitindo-se que somente um dos autores da ação originária seja réu na reconvenção ou somente um dos réus pode reconvir (NEVES, 2011. p. 370; NERY JR.; NERY, p. 585).

Note-se que tal diminuição subjetiva irá depender da espécie de litisconsórcio existente na ação originária, pois havendo litisconsórcio necessário, o litisconsórcio na reconvenção também será necessário (BARBOSA MOREIRA, 2005. p. 44), contu-

234 PROCESSO CIVIL SISTEMATIZADO – *Haroldo Lourenço*

do também é possível ampliação subjetiva ainda que não seja caso de litisconsórcio necessário (Enunciado 674 do FPPC).

No que se refere à **ampliação subjetiva na reconvenção**, incluindo-se sujeito que não figurava na relação jurídica original, de igual modo também é admissível, pois não haveria violação da celeridade processual, bastando haver conexão com a ação principal (art. 55) (DIDIER JR., 2009. v. 1, p. 495), como se observa do art. 343, §§ 3º e 4º, do CPC/2015. A rigor, a análise da celeridade processual deve ser feita de maneira mais ampla, pois, ao se incluir nova ou novas partes ao processo, ainda que o procedimento reste mais complexo, evita-se outra demanda contra ou por essas partes incluídas. Seria fechar a porta e o terceiro ingressar pela janela (NEVES, 2011. p. 371).

Havendo litisconsórcio passivo necessário na reconvenção, não há como se impedir a ampliação, como por exemplo, na ação de cobrança movida por um dos cocredores contra o devedor e esse, na reconvenção, postula a anulação do contrato. Observe--se que nessa hipótese, deverá ser proposta a reconvenção contra todas as partes do contrato (o autor originário e os cocredores) havendo, assim, um litisconsórcio necessário por força da relação jurídica.[17] Há, ainda, a possibilidade de litisconsórcio ativo na reconvenção, na hipótese de o réu reconvinte e um estranho manejarem reconvenção, o que aumentaria a utilidade do processo (DINAMARCO, 2003. p. 506).

Por fim, admite-se a ampliação subjetiva na reconvenção, ainda que o litiscon-sórcio seja facultativo. Nesse contexto, nada obsta que o magistrado aplique o art. 113, §§ 1º e 2º, do CPC/2015, limitando o número de litisconsortes (litisconsórcio multitudinário).

(ii) Princípio da identidade bilateral

O art. 343, § 5º, afirma que "se o autor for substituto processual, o reconvinte deverá afirmar ser titular de direito em face do substituído, e a reconvenção deverá ser proposta em face do autor, também na qualidade de substituto processual."

Assim, exige-se que a substituição processual existente na ação originária se repita na ação reconvencional, consagrando o denominado **princípio da identidade bilateral na reconvenção**.

Os sujeitos da reconvenção devem ter a mesma qualidade jurídica com que figuram na ação originária, ou seja, se nessa figuram como substitutos processuais (ativo ou passivo), da mesma forma deverão figurar na reconvenção (BARBOSA MOREIRA, 2008. p. 44; NEVES, 2011. p. 372). Assim, não pode, por exemplo, um réu na ação popular apresentar reconvenção em face do cidadão eleitor, eis que o autor da ação popular está em substituição processual e o réu da ação popular em legitimidade ordinária.

(iii) Curador especial

Sobre o curador especial, já analisado no capítulo dos pressupostos processuais, sua qualidade jurídica no processo é de representante, por isso, inviável admitir-se reconvenção pelo mesmo, uma vez que sua tarefa é só de reação à pretensão do autor, não de ação contra ele.

---

[17] STJ, REsp 147.944/SP, 4ª T., rel. Min. Cesar Asfor Rocha, j. 18.12.1997.

Cap. 15 · CONTESTAÇÃO, RECONVENÇÃO E REVELIA | 235

15.10.3. Interesse, necessidade e adequação

Como cediço, o interesse de agir comumente é cindido em necessidade e adequação da pretensão apresentada, nesse contexto, algumas peculiaridades existem no que se refere à reconvenção.

Note-se que a reconvenção somente terá serventia se o réu-reconvinte não puder obter o pretendido com a simples contestação, pois, do contrário, carecerá de interesse-necessidade na reconvenção. Alegar na reconvenção matérias que são defensivas, próprias da contestação, como o pagamento, por exemplo, é típico caso de falta de interesse para a reconvenção, salvo se não for oferecida na contestação.

(i) Ações dúplices. Enunciado 258 do STF

Outra hipótese de manifesta falta de interesse de agir reconvencional se mostra nas ações em que a própria improcedência já será apta a entregar ao réu o bem da vida em disputa. Essa situação se verifica, com clareza, nas denominadas ações dúplices, nas quais, a relação de direito material, gera essa peculiar situação, em que a contestação já basta para entregar ao réu o bem da vida debatido. Alguns autores preferem a expressão **ações materialmente dúplices**.

O melhor e mais visual exemplo é o da ação meramente declaratória, em que o autor pretende o reconhecimento de uma relação jurídica. Nesse caso, com a contestação e a, possível, improcedência, será declarado, implicitamente, que tal relação jurídica não existe, não havendo nenhuma utilidade em uma reconvenção com o pedido de declaração de inexistência.

Observe-se que a reconvenção somente não apresentará interesse de agir se a pretensão reconvencional for idêntica à pretensão da ação originária, pois, do contrário, haverá como na hipótese de se apresentar uma reconvenção buscando a condenação de determinada quantia. Nessa linha, torna-se mais razoável o Enunciado 258 do STF, que somente se aplica para a reconvenção que tenha a pretensão de algum modo distinta da pretensão da ação originária (BARBOSA MOREIRA, 2008. p. 45; NERY JR.; NERY, 2007. p. 585). Nesse sentido, há o Enunciado 46 do FPPC: "A reconvenção pode veicular pedido de declaração de usucapião, ampliando subjetivamente o processo, desde que se observem os arts. 259, I, e 327, § 1º, II. Ampliação do Enunciado 237 da Súmula do STF".

(ii) Pedido contraposto

Carecerá, de igual modo, de interesse de agir, o reconvinte, na hipótese de existir uma forma mais rápida, barata e simples de o réu obter o bem da vida pretendido (NEVES, 2011. p. 374). Assim, os procedimentos que admitirem pedido contraposto não admitirão reconvenção, justamente pela falta de interesse de agir adequação, como ocorre no sumaríssimo (art. 31 da Lei 9.099/1995) ou nas possessórias[18] (art. 556 do CPC/2015) (NERY, 2007. p. 586). As ações que admitem pedido contraposto são denominadas de **processualmente dúplices**.

---

[18] Cabe ressaltar que o pedido contraposto nas ações possessórias é uma modalidade diferente, eis que é um pouco mais amplo – não tanto como a reconvenção – eis que admite um pedido novo a título de indenização, como se observa do art. 556 do CPC.

236 | PROCESSO CIVIL SISTEMATIZADO – *Haroldo Lourenço*

Ocorre, contudo, que o pedido contraposto é mais **limitado** que a reconvenção, exigindo que o contra-ataque esteja restrito aos fatos narrados na petição inicial. Se a reconvenção estiver limitada aos fatos narrados na petição inicial, realmente a falta de interesse de agir adequação seria evidente.

Em uma visão mais ampla do princípio da instrumentalidade, realizada uma reconvenção dentro dos limites de um pedido contraposto, em procedimento que somente admite esse contra-ataque, poderia a reconvenção ser recebida na forma de um pedido contraposto, evitando-se a sua extinção sem resolução de mérito por inadequação (NEVES, 2011. p. 374).

RECONVENÇÃO	PEDIDO CONTRAPOSTO
Ambos são formulados internamente na contestação	
Natureza de uma ação	Um mero pedido
Mais amplo	Mais restrito
Admite fatos novos, desde que conexos à ação principal (art. 343 do CPC)	Não admite fatos
Autônomo em relação à ação principal	Acessório em relação à ação principal
É admissível, em regra, em todos os procedimentos.	Depende sempre de previsão legislativa.

15.10.4. Pressupostos processuais

Alguns pressupostos processuais podem ser apontados na reconvenção: litispendência, compatibilidade dos procedimentos, competência, inocorrência de perempção e conexão.

Para que exista reconvenção, é essencial que exista **litispendência**, ou seja, um processo pendente, desde que haja **compatibilidade procedimental.** Nesse sentido, é admissível reconvenção em procedimentos especiais, até mesmo na ação rescisória, principalmente se houver conversão para o rito ordinário, como na monitória (Enunciado 292 do STJ).

Outro requisito importante é a observância dos **critérios absolutos de competência**, eis que não se admite reconvenção sobre uma determinada matéria para a qual o juízo da ação originária é absolutamente incompetente, do contrário haverá indeferimento da petição inicial da reconvenção (DIDIER JR., 2009. v. 1, p. 496). Assim, por exemplo, sendo apresentada reconvenção buscando danos morais em decorrência de um adultério em uma ação de divórcio que tramita em uma vara de família, a reconvenção será indeferida, pois o juízo de família, ao qual toca a ação principal, é absolutamente incompetente para julgar o pedido de danos morais (NERY JR.; NERY, 2007. p. 587).

Há, ainda, um pressuposto negativo – **não ter havido perempção** (art. 486, § 3º). Ocorrida a perempção, será inconcebível que o réu, aproveitando-se de sua posição passiva, ingresse com reconvenção, alegando justamente o direito material objeto das três demandas extintas por abandono.

Por fim, com certa divergência na doutrina, exige-se para a reconvenção sua conexão com a ação principal ou com o fundamento de defesa (art. 343 do CPC/2015). Eis os posicionamentos verificados na doutrina: (i) **majoritariamente**, a conexão para efeitos de reconvenção seria mais singela do que a conexão do art. 55 do CPC/2015,

Cap. 15 · CONTESTAÇÃO, RECONVENÇÃO E REVELIA | **237**

bastando haver certa afinidade de questões, com respeito aos demais requisitos da reconvenção (BARBOSA MOREIRA, 2008. p. 45). Há, contudo, quem afirme que a conexão para a ação originária é a prevista no art. 55, já para haver conexão com fundamento na defesa, obriga-se que o réu alegue fato modificativo, extintivo ou impeditivo do direito do autor (defesas indiretas), para que sejam usados como fundamentos do contra-ataque (NEVES, 2011. p. 376; NERY JR.; NERY, 2007. p. 585).

15.10.5. Procedimento

Não obstante ter natureza jurídica de ação, a reconvenção é oferecida dentro da própria contestação, com distribuição por dependência (art. 286, parágrafo único), justamente para a hipótese de a ação principal ser extinta (art. 343, § 2º). Cumpre registrar que para se considerar proposta a reconvenção **não** há necessidade de uso desse *nomen iuris*, ou **dedução de um capítulo próprio**, bastando ser inequívoco o pedido de tutela jurisdicional qualitativa ou quantitativamente maior que a simples improcedência da demanda inicial (Enunciado 45 do FPPC).

Apresentada a reconvenção, pode o magistrado determinar a sua emenda (art. 321) para evitar a sua rejeição prematura[19] e, sendo recebida, será o autor reconvindo intimado, na pessoa do seu advogado, para contestá-la (art. 343, § 1º) no prazo de 15 dias, recebendo o advogado tal poder por força de lei. Frise-se que não sendo apresentada tal contestação, será possível a incidência dos efeitos materiais da **revelia** (art. 344).[20] Tendo sido apresentada contestação com reconvenção, o autor será intimado para contestar a reconvenção, podendo, com a mesma intimação, ser instado a manifestar-se sobre a contestação (ato denominado, na prática, de réplica), previsto nos arts. 350/351.

Ainda, admite-se **reconvenção da reconvenção** (NERY JR.; NERY, 2007. p. 591), desde que não se infrinja a celeridade processual, podendo o magistrado indeferi-la, aplicando analogicamente o art. 113, §§ 1º e 2º, do CPC/2015, como afirmado pelo STJ ressaltando que seu exercício tenha se tornado viável a partir de questão suscitada na contestação ou na primeira reconvenção[21]. Admite-se, também, **denunciação da lide e chamamento ao processo** por parte do autor reconvindo no momento de contestar a reconvenção (DIDIER JR., 2009. p. 494).[22] Ultrapassado o prazo de contestação à reconvenção pelo autor reconvindo, o procedimento da reconvenção será o mesmo da ação originária, havendo, ao final, condenações independentes às verbas sucumbenciais.

15.11. REVELIA

15.11.1. Noções gerais (contumácia e revelia)

O CPC, lamentavelmente, não organiza muito bem a revelia, gerando vários embaraços teóricos e práticos. Extremamente comum a afirmação que revelia é a

---

[19] Enunciado 120 do II CJF: "Deve o juiz determinar a emenda também na reconvenção, possibilitando ao reconvinte, a fim de evitar a sua rejeição prematura, corrigir defeitos e/ou irregularidades".

[20] STJ, REsp 334.922/SE, 5ª T., rel. Min. Felix Fisher, j. 16.10.2001.

[21] STJ, REsp 1.690.216/RS, 3ª T., rel. Min. Paulo de Tarso Sanseverino, j. 22.09.2020.

[22] Admitindo, ainda, reconvenção da reconvenção.

238 | PROCESSO CIVIL SISTEMATIZADO – *Haroldo Lourenço*

presunção de veracidade dos fatos articulados na petição inicial ou, então, que revelia é sinônimo de confissão ficta etc.

Nesse sentido, cremos que o melhor entendimento é visualizar o fenômeno como causa e seus possíveis efeitos. Revelia, no procedimento ordinário, é a ausência de contestação no processo, seja pela não apresentação, seja pela apresentação intempestiva. Isso basta. Não contestou, já é revel. Agora, se haverá presunção de veracidade é outro ponto, a ser analisado no caso concreto, pois se trata de um possível efeito.

Trata-se, a rigor, de uma modalidade de contumácia, que consiste no comportamento de uma das partes que deixa de cumprir os deveres ou ônus processuais a que normalmente está sujeita; em última análise, é a omissão das partes em colaborar com a boa prestação jurisdicional (GRECO, 2010. v. 2, p. 82-83).

A revelia é um conceito jurídico positivo, variando consoante a vontade do legislador, como se observa no procedimento sumaríssimo, onde ocorrerá ainda que o réu conteste, se esse não comparecer a uma das audiências (art. 20 da Lei 9.099/1995).

15.11.2. Possíveis efeitos da revelia

Agora, analisaremos os efeitos que podem surgir dessa falta de contestação. Comumente, a doutrina aponta os seguintes efeitos: **(i)** presunção de veracidade dos fatos alegados pelo autor (art. 344); **(ii)** desnecessidade de intimação do réu revel sem patrono (art. 346); **(iii)** julgamento antecipado do mérito (art. 355); **(iv)** sujeitar-se às preclusões havidas no processo (art. 346, parágrafo único); **(v)** proibição da alteração dos elementos objetivos da demanda (art. 329, II):

(i) Presunção de veracidade dos fatos (efeito material)

Diante da inércia do réu em não contestar, cria o legislador uma presunção de que o articulado na petição inicial é verdadeiro, contudo, tal presunção é **relativa**, bem como abrange somente os **fatos**, não atingindo a fundamentação jurídica expendida pelo autor, que pode, por exemplo, ser extraída da contestação oferecida de modo intempestivo.

Há autores que afirmam que há uma confissão ficta na produção do efeito da revelia (DIDIER JR., 2009. v. 1, p. 506), do qual discordamos, ainda que tal ponto não tenha maiores efeitos práticos. Somente se pode falar em confissão em depoimento pessoal, pois esse é o objetivo de um depoimento pessoal. A confissão será sempre provocada, podendo ser expressa, na resposta às perguntas, ou tácita, quando a parte deixa de comparecer à audiência, se nega a responder perguntas não protegidas por sigilo ou usa de evasivas em suas respostas (NEVES, 2011. p. 382-383). O não comparecimento do réu para prestar depoimento pessoal, a bem da técnica, é uma contumácia, não revelia.

Como dito, tal presunção é relativa, podendo ser afastada no caso concreto (NERY JR.; NERY, 2007. p. 594). O art. 345 do CPC/2015 exemplifica alguns casos de afastabilidade dessa presunção, não sendo suas hipóteses taxativas (NERY JR.; NERY, 2007. p. 595), diante do convencimento motivado do magistrado (art. 371),

Cap. 15 · CONTESTAÇÃO, RECONVENÇÃO E REVELIA | 239

com espeque no acervo probatório, como se observa do art. 345, IV, do CPC/2015, bem como do art. 20 da Lei 9.099/1995, nas máximas de experiência ou, até mesmo, diante da nítida falta de verossimilhança (DIDIER JR., 2009. p. 506) do alegado.

Nada impede, ainda, que um terceiro impugne os fatos articulados na petição inicial, como o **assistente** (art. 121, parágrafo único), o **curador especial** (art. 72, II, do CPC/2015), o **denunciado**.

Na primeira hipótese trazida pelo art. 345, I, excepciona-se a **autonomia dos litisconsortes** (art. 117), admitindo que a contestação oferecida por um, produza efeitos para o litisconsorte revel. Para a compreensão de tal dispositivo, deve-se visualizar a **espécie** de litisconsórcio, bem como o **conteúdo** da defesa. Sendo o litisconsórcio **unitário**, em que obrigatória a decisão uniforme, inevitavelmente, a contestação de um aproveitará para o outro, contudo, sendo o litisconsórcio **simples**, em que a decisão pode ser diferente para os litisconsortes, somente será afastada a presunção de veracidade quando houver, na contestação, identidade sobre a matéria defensiva (NEVES, 2011. p. 384).

No mesmo sentido, versando o litígio sobre direitos indisponíveis, não se presume a veracidade do alegado na inicial pela falta de contestação, na forma do art. 345, II, justamente por não se admitir sobre eles confissão ou renúncia, como ocorre na ação de anulação de casamento ou investigação de paternidade. Nesse sentido, a falta de contestação da Fazenda Pública não gera presunção de veracidade (**Enunciado 256 do TFR**),[23] no entendimento majoritário, com o qual não concordamos, como dito no ponto sobre a impugnação especificada dos fatos na contestação, para o qual remetemos o leitor.

O art. 345, III, afirma que, sempre que não constar na petição inicial instrumento público considerado por lei como indispensável à prova do ato, não haverá presunção de veracidade do alegado na inicial. Tais documentos, até certo ponto, já eram indispensáveis desde a propositura da ação (art. 320), porém, nessa hipótese, são essenciais para o julgamento. A certidão de óbito é indispensável para a propositura de um inventário, contudo, nos autos de uma ação indenizatória movida por um herdeiro, tal documento não é indispensável para a propositura, mas para seu julgamento.

O art. 345, IV, deixa claro que, se as alegações de fato formuladas pelo autor forem inverossímeis ou estiverem em contradição com prova constante dos autos, não haverá o efeito material da revelia, eis que **não** é possível se tornar verossímil o absurdo.

Importante visualizar que, não ocorrendo tal presunção, deverá ser intimado o autor para especificar as provas que pretende produzir (art. 348) e, quedando-se inerte, poderá o processo ser julgado improcedente.

(ii) Intimação do revel sem patrono (efeito processual)

Afirma o art. 346 que os prazos contra o revel que **não** tenha patrono nos autos fluirão da data de **publicação** do ato decisório no órgão oficial, sem necessidade de sua **intimação**.

---

[23] STJ, AR 5407/DF, 1ª S., rel. Min. Napoleão Nunes Maia Filho, j. 10.02.2019.

240 | PROCESSO CIVIL SISTEMATIZADO – *Haroldo Lourenço*

Nesse ponto, o importante é visualizar que intimação e publicação são fenômenos **distintos**, não obstante na prática não se observar tal diferença, utilizando-os como sinônimos.[24] **Intimação** é o ato pelo qual se dá ciência a alguém dos atos e termos do processo (art. 269 do CPC), para o advogado, quando não realizadas por meio eletrônico, consideram-se feitas as intimações pela publicação dos atos no órgão oficial (art. 272), devendo constar o nome das partes e dos advogados. Já a **publicação** de um ato processual se dá com a sua respectiva juntada aos autos do processo que são públicos (arts. 11 e 189 do CPC/2015), portanto, em cartório, ou em audiência, quando ali é prolatado o ato (CÂMARA, 2008. p. 323), não com a sua publicação no Diário Oficial.[25] A ideia é muito direta, se o réu não manifesta interesse em comparecer ao processo, o Judiciário também não irá mais procurá-lo (GRECO, 2010. v. 2, p. 85).

Assim, sendo o réu revel sem advogado, os prazos fluirão da data da **intimação**, que se dará pela publicação do ato decisório no órgão oficial, ou seja, no Diário de Justiça, cabendo ressaltar que nessa intimação constará somente o nome do réu revel sem patrono, nome do autor e do seu advogado, como exige o art. 272 § 2º.

Observe-se que, pode ocorrer de o réu ser revel E possuir advogado constituído nos autos, devendo este ser rigorosamente intimado dos atos do processo por meio de publicação no órgão oficial, quando não realizado por meio eletrônico.

(iii) Julgamento antecipado do mérito (efeito processual)

O terceiro efeito da revelia seria o de permitir ao magistrado um julgamento imediato da demanda, justamente por haver presunção de veracidade dos fatos articulados na petição inicial (art. 355, II, c/c art. 344). Observe-se que esse efeito **somente ocorrerá se houver a presunção da veracidade, do contrário, deverá o juiz intimar o autor para indicar suas provas (art. 348).**

Enfim, para haver julgamento antecipado do mérito, não pode haver necessidade de produção probatória, sendo posição do STJ[26] que, julgamento antecipado da lide, no sentido de improcedência por falta de provas, é nulo (Enunciado 297 do FPPC).

(iv) Sujeição às preclusões (efeito processual)

Como se observa do art. 346, parágrafo único, do CPC/2015, o revel poderá intervir no processo em qualquer fase, recebendo-o no **estado em que se encontrar**, ou seja, nenhum ato processual será repetido para o revel.

Por outro lado, comparecendo em tempo oportuno, nenhum prejuízo sofrerá o revel, sendo-lhe lícita, por exemplo, a produção de provas, contrapostas às alegações do autor, como se observa do art. 349 do CPC e da Súmula 231 do STF.

---

[24] A Súmula 418 do STJ, por exemplo, afirma que "É inadmissível o recurso especial interposto antes da publicação do acórdão dos embargos de declaração, sem posterior ratificação". A publicação foi utilizada no sentido de veiculação na intimação no *Diário Oficial*; a redação poderia ser melhor.

[25] STJ, AgRg no REsp 749.970/PR, 3ª T., rel. Min. Vasco Della Giustina, j. 03.08.2010; EREsp 318.242/SP, rel. Min. Franciulli Netto, j. 17.11.2004.

[26] REsp 316.348/PI, 4ª T., rel. Min. Aldir Passarinho, j. 09.04.2002.

(v) **proibição de alteração dos elementos objetivos da demanda (efeito processual)**

O autor, mesmo diante da revelia, para poder alterar os elementos objetivos da demanda, ou seja, causa de pedir e pedido, obrigatoriamente terá que promover nova citação do réu, assegurando novo prazo de resposta.

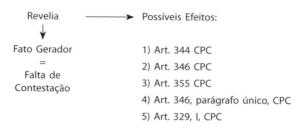

15.11.3. Possibilidade de rescisória

Na hipótese de rescisória por erro de fato (art. 966, VIII, do CPC/2015), é admissível ao réu revel manejá-la. Há erro de fato quando a decisão rescindenda admitir fato inexistente ou quando considerar inexistente um fato efetivamente ocorrido, sendo indispensável, em ambos os casos, que o fato não represente ponto controvertido sobre o qual o juiz deveria ter se pronunciado (art. 966, § 1º, do CPC/2015).

A ausência de contestação pode fazer com que o juiz conclua que um ou alguns fatos são incontroversos, permitindo-se, assim, a utilização da rescisória nessa hipótese, bastando que a sentença considere existente um fato que não ocorreu, ou inexistente um fato que tenha ocorrido.

15.11.4. Querella nullitatis insanabilis

O réu revel possui, ainda, para sua utilização, a *querella nullitatis*. Ação manejável a qualquer tempo, contra sentença desfavorável, sem que tenha havido citação ou que tenha sido inválida (arts. 525, § 1º, I, e 535, I, do CPC/2015). Tal ação buscará o reconhecimento da nulidade da sentença, como será analisado no capítulo sobre rescisória.

15.11.5. Revelia na reconvenção

Como analisado adiante, não contestando o autor a reconvenção, na forma do art. 343, § 1º, haverá revelia, que poderá produzir presunção de veracidade. Contudo, sendo a reconvenção baseada na conexão com a ação principal, portanto envolvendo fatos comuns, não se admitirá presunção de veracidade na reconvenção, em razão da existência de instrução probatória em sentido diverso na ação originária. Trata-se de uma aplicação do princípio da comunhão das provas.

15.11.6. Revelia nos embargos do executado

Como será analisado no capítulo sobre as defesas do executado, na execução extrajudicial poderá o executado manejar a ação de embargos. Nesse sentido, discute-se se haveria os efeitos materiais da revelia se não apresentada a respectiva resposta, tendo prevalecido a tese de que não haverá, por força da certeza gerada pelo título.

16

JULGAMENTO CONFORME O ESTADO DO PROCESSO

16.1. JULGAMENTO CONFORME O ESTADO DO PROCESSO

Encerrado o capítulo das providências preliminares (art. 347 ao 353), inaugura o art. 354 a fase de julgamento conforme o estado do processo.

Observe-se que, cumpridas as providências preliminares, ou não havendo necessidade delas, o magistrado examinará o processo, extinguindo-o se ocorrer quaisquer das hipóteses do art. 485 ou do art. 487, II e III, na forma do art. 354 do CPC/2015, pois o seu prosseguimento seria **inútil**.

O art. 354, parágrafo único, consagra a possibilidade de um **julgamento conforme o estado do processo de maneira parcial**, que poderá ser com mérito (art. 487, II e III) ou sem mérito (art. 485); contudo, em ambos os casos será admissível **agravo de instrumento**, por força da parte final do art. 354, parágrafo único.

Poderá, ainda, promover o chamado julgamento antecipado do mérito, melhor designado de julgamento imediato da causa, pois, de antecipado não tem nada (CÂMARA, 2008. p. 342), eis que o mérito está sendo julgado no momento adequado e permitir a dilação seria uma ofensa à razoável duração do processo.

O que temos aqui é uma técnica de sumarização do procedimento, eis que seria **desnecessário** o prosseguimento do feito, visto que não será necessária a produção de outras provas em audiência.

16.2. JULGAMENTO IMEDIATO DO MÉRITO

Sob a rubrica de julgamento "antecipado" do mérito que, como dito, é uma abreviação do procedimento, eis que, por ser desnecessária a fase probatória, avança-se à fase decisória.

É uma decisão de mérito, fundada em **cognição exauriente**, proferida após iniciada a fase de saneamento, por reconhecimento da desnecessidade de produção de mais provas (NEVES, 2011. p. 398), como provas orais, pericial ou inspeção judicial em audiência de instrução e julgamento.

244 | PROCESSO CIVIL SISTEMATIZADO – *Haroldo Lourenço*

Há, a rigor, um julgamento com base em provas documentais,[1] sendo uma manifestação do princípio da adaptabilidade do procedimento, em que este será encurtado.

O julgamento imediato do mérito está previsto no art. 355 do CPC/2015, aplicando-se quando: (i) não houver necessidade de produção de outras provas; (ii) o réu for revel, ocorrer o efeito previsto no art. 344 e não houver requerimento de prova, na forma do art. 349.

Inicialmente, impõe-se ao magistrado comunicar às partes a sua intenção de abreviar o procedimento, consagrando o contraditório, evitando a surpresa, permitindo a interposição de agravo, evitando-se o cerceamento de defesa, nos termos do art. 10 do CPC/2015, porém **não** foi esse o entendimento consagrado no Enunciado 25 CJF.

De igual modo, tal técnica não pode ser utilizada indiscriminadamente, para não implicar restrição ao direito à prova, ou implicar um julgamento insuficiente para revisão pelo tribunal, diante do conjunto probatório.

Nesse sentido, **não** se admite julgamento antecipado da lide por falta de provas, o que seria uma contradição em termos, gerando cerceamento de defesa (NERY JR.; NERY, 2007. p. 599). O STJ já teve oportunidade de se manifestar pela inadmissibilidade de julgamento antecipado da lide na hipótese de ser necessária a produção probatória, principalmente se houve indeferimento do requerimento de provas do autor.[2] Há, inclusive, uma preclusão lógica para o magistrado, pois anunciar que vai julgar antecipadamente e fundamentar na falta de provas seria ilógico.

Esse é o posicionamento do Enunciado 297 do FPPC, afirmando que o juiz que promove julgamento antecipado do mérito por desnecessidade de outras provas **não** pode proferir sentença de improcedência por insuficiência de provas.

Sobre a revelia, refere-se a lei ao efeito material da revelia, não à revelia propriamente dita (NERY JR.; NERY, 2007. p. 601), pois, sobre os fatos, recaem a presunção de veracidade prescindindo, portanto, de provas. Observe-se, pela clareza, que não se está afirmando que o julgamento antecipado do mérito somente pode ser no sentido da procedência, pelo contrário, pode haver improcedência da pretensão do autor, bastando, por exemplo, que os fatos não tenham aptidão para conferir o direito pleiteado.

Por fim, preenchidos os requisitos, deve o magistrado aplicar tal técnica, não havendo que se falar em discricionariedade, pois, do contrário, haverá uma indevida dilação do feito.[3]

---

[1] STJ, AgRg no Ag 693.982/SC, 4ª T., rel. Min. Jorge Scartezzini, j. 17.10.2006.

[2] "Deveras, é cediço na Corte que resta configurado o cerceamento de defesa quando o juiz, indeferindo a produção de provas requerida, julga antecipadamente a lide, e a pretensão veiculada é considerada improcedente justamente porque a parte não comprovou suas alegações" (STJ, AgRg nos EDcl no REsp 1.136.780/SP, 1ª T., rel. Min. Luiz Fux, j. 06.04.2010. Precedentes citados: REsp 623479/RJ, *DJ* 07.11.2005; AgRg no Ag 212534/SP, rel. Min. Humberto Gomes de Barros, *DJ* 08.08.2005; REsp 184472/SP, 3ª T., rel. Min. Castro Filho, *DJ* 02.02.2004; e REsp 471322/RS, 3ª T., rel. Min. Nancy Andrighi, *DJ* 18.08.2003).

[3] STJ, AgRg no Ag 481.607/DF, 3ª T., rel. Min. Antônio de Pádua Ribeiro, j. 18.03.2004. STJ, AgRg no REsp 579.890/AC, 1ª T., rel. Min. José Delgado, j. 05.02.2004.

16.3. JULGAMENTO IMEDIATO PARCIAL DO MÉRITO

Inova o CPC/2015, no art. 356, autorizando o magistrado a julgar imediatamente o mérito de maneira parcial, quando (i) um ou mais dos pedidos formulados ou parcela deles se mostrar incontroverso; (ii) estiver em condições de imediato julgamento, nos termos do art. 355.

Trata-se, novamente, da consagração da técnica das interlocutórias de mérito, podendo reconhecer obrigação líquida ou ilíquida (§ 1º), podendo a parte liquidar ou executar, desde logo, a obrigação reconhecida na decisão que julgar parcialmente o mérito, independentemente de caução, ainda que haja recurso contra essa interposto. Se houver trânsito em julgado da decisão, a execução será definitiva (§ 3º).

A liquidação e o cumprimento da decisão que julgar parcialmente o mérito poderão ser processados em autos suplementares, a requerimento da parte ou a critério do juiz.

A decisão proferida com base neste artigo é impugnável por **agravo de instrumento** (§ 5º), **não** tendo a jurisprudência reconhecido a possibilidade de fungibilidade com a apelação.[4] Há, contudo, profundas contradições no tratamento recursal de tal interlocutória de mérito e a sentença de mérito, vejamos:

(i) Essencialmente são as mesmas decisões, ambas com cognição exaurientes, total aptidão de produzir coisa julgada e rescindíveis, porém admitem recursos **diferentes, contudo isso não chega a ser um problema**;

(ii) O agravo de instrumento é um recurso dotado somente de efeito devolutivo (art. 995), enquanto a apelação possui efeito devolutivo e suspensivo (art. 1.012).

Interposta a apelação, a interlocutória de mérito anterior também terá sua eficácia suspensa? Entendo que **não**, eis que já poderá ter, inclusive, transitado em julgado, o que é ratificado pelo Enunciado 559 do FPPC;

Interposto o agravo de instrumento contra tal decisão, deve o mesmo ter efeito suspensivo automático, como tem a apelação? O Enunciado 13 do CEAPRO afirma que **sim**, porém, cumpre registrar que tal interpretação fere o art. 356, § 2º, que permite a execução de tal decisão interlocutória de mérito desde logo, portanto, não concordamos com o Enunciado.

(iii) A apelação admite sustentação oral (art. 937, I, do CPC), porém, pelo art. 937, VIII do CPC, o agravo de instrumento não admite, o que se mostra absurdo, **devendo ser franqueado** às partes tal possibilidade do Enunciado 61 do CJF;

(iv) Contra a sentença que vier a condenar o Poder Público haverá, em regra, **reexame necessário** (art. 496 do CPC), porém contra a decisão interlocutória de julgamento imediato parcial de mérito não há previsão em lei para tal remessa, violando o dever de integridade, havendo quem sustente que deverá ter reexame (Enunciado 17 do FNPP), com o que não concordamos, eis que o reexame, se não for inconstitucional, no mínimo deve ser interpretado restritivamente;

(v) Na apelação há a possibilidade de aplicação da teoria da causa madura (art. 1.013, § 3º, do CPC), não havendo previsão de sua aplicação para o agravo

---

[4] STJ, AgInt no REsp 1.833.565/DF, 3ª T., rel. Min. Paulo de Tarso Sanseverino, j. 16.12.2019.

246 | PROCESSO CIVIL SISTEMATIZADO – *Haroldo Lourenço*

de instrumento em comento. Nesse sentido, cremos que deve ser aplicada tal teoria, havendo precedente no STJ[5] admitindo tal aplicação para o agravo de instrumento, sem maiores considerações;

(vi) A apelação admite interposição de forma adesiva (art. 997, § 2º, II, do CPC), o que não é admissível em agravo de instrumento. Diante de tal circunstância, cremos que deveria ser admitida interposição adesiva nessa hipótese recursal.

16.4. JULGAMENTO PARCIAL DE MÉRITO NOS TRIBUNAIS

Questão interessante é a possibilidade de tal julgamento parcial ser utilizado pelos tribunais. (i) De um lado pode-se defender que não, pois o art. 356, faz menção ao "juiz", não "julgador", ademais, a regra compõe o Título I do Livro I da Parte Especial (Procedimento Comum do Processo de Conhecimento), não à "ordem dos processos no Tribunal", que trata do processamento dos recursos (Livro III da Parte Especial); (ii) Por outro lado, é possível se concluir por uma resposta positiva, a partir de uma interpretação sistemática, lendo o dispositivo a partir dos princípios da razoável duração e, ainda, dos poderes implícitos (*implied power*), ou seja, *"quem pode o mais pode o menos"*, o que nos parece mais adequado.

Dellore (DELLORE, 2017), trazendo, inclusive, precedente do TJRS, traz o exemplo de demanda na qual houve cumulação de três pedidos na inicial, tendo sido reconhecida a prescrição em relação a todos os pedidos, após a apresentação de contestação, mas sem dilação probatória. Interposta a apelação, o Tribunal constata que o pedido 1 estava realmente prescrito; o pedido 2 não estava prescrito, mas demanda prova pericial para sua análise; e o pedido 3 também não estava prescrito, mas para sua apreciação basta a prova documental, sendo possível o julgamento pelo Tribunal, mediante a aplicação da teoria da causa madura (art. 1.013, § 4º). Destarte, em vez de anular a sentença por inteiro, poder-se-ia manter a prescrição do pedido 1, determinar a devolução da causa à origem (mediante autos suplementares) em relação ao pedido 2 e desde logo julgar, no mérito, o pedido 3. Ratificando tal tese, há o Enunciado 117, do II CJF.[6]

---

[5]   STJ, REsp 1.215.368/ES, CE, rel. Min. Herman Benjamin, j. em 01.6.02016.

[6]   Enunciado 117 do II CJF: "O art. 356 do CPC pode ser aplicado nos julgamentos dos tribunais".

17

SANEAMENTO E ORGANIZAÇÃO DO PROCESSO

17.1. NOÇÕES GERAIS

Ultrapassada a fase das providências preliminares e não tendo ocorrido o julgamento conforme o estado do processo, iniciar-se-á o ápice da fase de saneamento e organização do processo (art. 357 do CPC/2015), justamente por não haver nos autos elementos probatórios que permitam o julgamento.

Nessa decisão de saneamento e organização, o órgão jurisdicional resolverá:

(i) As **questões processuais pendentes**, se houver. Já é um início da preparação do processo para a ocorrência da audiência de instrução e julgamento, com a produção de novas provas, saneando eventuais defeitos que permaneceram após as providências preliminares (art. 352);

(ii) As **questões de fato** sobre as quais recairá a atividade probatória, especificando os meios de prova admitidos. Serão identificados os fatos controvertidos e determinados quais os meios de provas servirão para cada um deles, organizando a atividade probatória, evitando-se desperdício de tempo. Tendo sido determinada produção de prova testemunhal, o juiz fixará prazo comum não superior a 15 dias para que as partes apresentem rol de testemunhas (art. 357, § 4º). O número de testemunhas arroladas **não pode ser superior a dez, sendo três, no máximo, para a prova de cada fato** (art. 357, § 6º). O juiz poderá **limitar** o número de testemunhas em consideração à complexidade da causa e dos fatos individualmente considerados (art. 357, § 7º), podendo também **ampliar** o número de testemunhas, tendo em vista as particularidades da causa (Enunciado 300 do FPPC). Por tal razão, é importante que a parte informe o fato sobre o qual recairá cada testemunho. Determinada prova pericial, será observado o art. 456, estabelecendo calendário para a sua realização (art. 357, § 8º);

(iii) Definirá a **distribuição do ônus da prova**, observado o art. 373, aplicando a teoria dinâmica do ônus da prova, por ser o momento mais adequado. Se **redistribuir**, caberá **agravo de instrumento** (art. 1.015, XI), contudo, **não** acolhendo o requerimento de redistribuição, será um ato que não admitirá agravo de instrumento, devendo ser suscitada no momento do art. 1.009, § 1º, do CPC/2015.

248 | PROCESSO CIVIL SISTEMATIZADO – *Haroldo Lourenço*

Tal recorribilidade postergada justifica-se, pois não sendo redistribuído o ônus da prova o magistrado está mantendo a regra geral, ou seja, a regra prevista nos incisos do art. 373 do CPC/2015;

(iv) Delimitar as **questões de direito relevantes** para a decisão do mérito. Além da definição das questões de fato controvertidas, serão definidas as questões de direito relevantes para a causa, mesmo que não suscitadas pelas partes, devendo constar no saneamento, na forma do art. 10 do CPC, o que limitará o magistrado;

(v) Designará, se necessário, **audiência de instrução e julgamento**, e deverá haver um intervalo mínimo de uma hora entre elas (art. 357, § 9º).

A decisão de saneamento e organização poderá ser realizada de **três formas**, sempre com o propósito de se evitar provas e diligências inúteis, aumentando as chances de autocomposição e diminuindo a interposição recursal:

DECISÃO DE SANEAMENTO	Saneamento por escrito, em gabinete (art. 357, § 1º, do CPC)
	Saneamento consensual (art. 357, § 2º), um negócio jurídico bilateral (art. 190)
	Saneamento compartilhado (art. 357, § 3º), um negócio jurídico plurilateral (art. 190)

(i) Por **escrito**, em gabinete, da qual, a partir da intimação das partes, no prazo comum de cinco dias, caberá pedido de esclarecimentos ou ajustes (art. 357, § 1º). Trata-se de um **ato jurídico unilateral** do magistrado;

(ii) Há, ainda, a possibilidade de **saneamento consensual**, onde as partes podem apresentar ao juiz, para homologação, delimitação consensual das questões de fato e de direito a que se referem os incisos II e IV do art. 357, a qual, se homologada, vincula as partes e o juiz, o que demonstra um notório protagonismo das partes. Trata-se de típico **negócio jurídico processual bilateral** (art. 190 do CPC), contudo, somente podendo recair sobre a análise das questões processuais pendentes e sobre as questões de direito relevantes para a causa, inclusive delimitando o Direito aplicável à hipótese, ou seja, **não** é possível negócio jurídico sobre as questões de fato, distribuição do ônus da prova e sobre a designação da audiência de instrução e julgamento. Como já é realizado diretamente pelas partes, vinculando o magistrado, **não** caberá recurso ou pedido de esclarecimento e ajuste, por força da preclusão lógica;

(iii) De maneira **oral**, em audiência com a efetiva participação das partes, o que se denomina **saneamento compartilhado** (art. 357, § 3º), um notório retrato do princípio da cooperação processual (art. 6º do CPC/2015), onde todos os participantes do processo buscam a sua melhor solução, ou seja, operam juntos para a solução do litígio. Observem que ocorrendo em audiência, eventual pedido de esclarecimento ou ajustes deve ser feito de maneira oral antes do término da sessão, sob pena de preclusão. Trata-se de um **negócio jurídico processual plurilateral**.

17.2. PEDIDO DE ESCLARECIMENTO E AJUSTE. ESTABILIZAÇÃO

Proferida decisão de saneamento e organização escrita, as partes têm direito de solicitar **esclarecimentos ou ajustes**, no prazo comum de cinco dias, findo o qual a decisão se torna **estável** (art. 357, § 1º), evitando retrocessos processuais, vinculando

Cap. 17 · SANEAMENTO E ORGANIZAÇÃO DO PROCESSO | 249

a atividade judicial de forma absoluta, impossibilitando que o juízo volte a decidir o que já foi decidido, restando às partes impugná-la somente na apelação ou nas contrarrazões (art. 1.009, § 1º) (CÂMARA, 2017. p. 304).

A solicitação das partes pode ser feita por **petição simples**, não se tratando de embargos de declaração, sendo, portanto, prescindíveis maiores formalidades. No mesmo sentido, o mencionado pedido não se confunde com pedido de aditamento da inicial (Enunciado 428 do FPPC).

Cumpre registrar que somente haverá estabilização sobre as questões probatórias, ou seja, delimitação dos fatos probandos, ordem de produção, marcação de audiência etc., **não** sobre temas que podem ser objeto de agravo de instrumento (art. 1.015) ou de apelação (art. 1.009, § 1º), como será mais bem analisado adiante, tampouco sobre questões supervenientes (art. 493). Por esse motivo, se na decisão de saneamento e organização do processo houver capítulo em que se redistribua o ônus da prova (art. 373, § 1º), caberá agravo de instrumento.

Somente há o prazo de cinco dias para a hipótese de decisão de saneamento e organização realizada por escrito, pois, sendo realizada em audiência, os esclarecimentos e ajustes devem ser realizados até o fim da sessão, sob pena de **preclusão temporal**. Realizada audiência com esse propósito, as partes já levarão o rol de testemunhas (art. 357, § 5º).

Não é incomum que uma causa se mostre complexa, sendo inegável que as partes terão muito que acrescentar em audiência, permitindo o diálogo. Por outro lado, nada obsta que tal audiência seja designada em hipóteses que a causa **não seja complexa**, como se extrai do Enunciado 298 do FPPC, pois, no mínimo, favorece a autocomposição, bem como pode ser designada tal audiência para ajustar o calendário para a fase de instrução e decisão (Enunciado 299 do FPPC).

Se realizada de maneira consensual, não caberá recurso ou pedido de esclarecimento e ajuste, por força da **preclusão lógica**.

Tal decisão é um marco, somente sendo possível ampliações ou alterações objetivas no processo até esse momento (art. 329, II, do CPC).

De igual modo, tal decisão sempre se estabilizará, **vinculando as partes e o julgador, em todos os graus de jurisdição**, do contrário não faria sentido, ou seja, **limita a profundidade do efeito devolutivo da apelação** (art. 1.013, §§ 1º e 2º). Tal vinculação, contudo, **não atinge fatos supervenientes**, pois só atinge as situações que até aquele momento existiam.

Cumpre ressaltar que não se pode confundir **estabilização de tutela antecipada antecedente**, com a **estabilização da decisão de saneamento e organização do processo**, ora tratada, sendo a primeira mais intensa, eis que, para ser revista, há a necessidade de propositura de nova ação.

17.3. CALENDÁRIO PROCESSUAL

Nessa audiência, principalmente na realizada em cooperação com as partes, é possível a realização de outro **negócio jurídico processual plurilateral típico**, o **calendário processual** (art. 191 do CPC/2015).

PROCESSO CIVIL SISTEMATIZADO – *Haroldo Lourenço*

Nada mais é do que um agendamento da prática dos atos processuais, feito consensualmente entre as partes e o julgador, em atenção às peculiaridades da causa, principalmente para atos instrutórios, mas podendo abranger atos postulatórios (como memoriais, por exemplo), atos decisórios e executórios.

Frise-se que tal calendário processual **não** pode ser imposto pelo magistrado, bem como pode ser criado na audiência de conciliação e mediação (art. 334), bastando estar presente o magistrado.

Criado o calendário, as partes e o magistrado ficam a ele vinculados e, havendo desrespeito, caberá **representação** contra o magistrado por excesso de prazo (art. 235 do CPC/2015), **dispensando-se a intimação** das partes para os atos estabelecidos no calendário (art. 191, § 2º). Essa, sem dúvida, é a principal utilidade, terminar com os "tempos mortos" no processo, onde nada acontece.

Por outro lado, **calendário processual não se confunde com calendário da perícia**, que pode ser imposto pelo juiz na decisão de saneamento e organização do processo (art. 357, § 8º), **devendo as partes ser intimadas dos seus respectivos atos**, eis que foi unilateral pelo magistrado.

17.4. ESTABILIZAÇÃO E QUESTÕES DE "ORDEM PÚBLICA" (COGENTES)

Como visto, a decisão de saneamento e organização do processo, uma vez estabilizada, vincula as partes e o juiz, estimulando uma organização consensual do processo.

Prevalece na doutrina a visão de que a decisão sobre os requisitos de admissibilidade do processo, como condições da ação e pressupostos processuais, não se submetem à preclusão (NEVES, 2004. p. 233-255; MARINONI; ARENHART, 2004. p. 667), ou seja, pendente o processo é possível o controle pelo magistrado, inclusive reexaminando o que já foi examinado, com fundamento no art. 485, § 3º, não sendo aplicável o Enunciado 424 do STF, principalmente por que tais questões podem ser objeto de rescisória. Há quem sustente em sentido contrário, afirmando haver preclusão, não sendo possível ao magistrado rever a questão já decidida, com o que concordamos (DIDIER JR., 2015. p. 698-703; CÂMARA, 2017. p. 304).

18
AUDIÊNCIA DE INSTRUÇÃO E JULGAMENTO

18.1. NOÇÕES GERAIS

Consoante se extrai do próprio nome, seu intento é instruir, produzindo provas, julgar oralmente, buscar conciliação e debater, por meio das alegações finais, momento em que o juiz tem um contato direto com as partes e com as fontes da prova.

Por ser um ato processual de extrema importância, deve ser observada a publicidade (art. 11, parágrafo único, e art. 189 do CPC), ou seja, em regra, a Audiência de Instrução e Julgamento (AIJ) realiza-se com as portas abertas, **salvo** nos casos de segredo de justiça, como se extrai do art. 368 do CPC/2015, ou circunstâncias inconvenientes que possam perturbar seu regular desenvolvimento (art. 360, II), por exemplo, excessivo número de pessoas.

18.2. NATUREZA JURÍDICA

A AIJ caracteriza-se por ser um **ato processual complexo** (NEVES, 2011. p. 478), no qual se realizam a conciliação, a instrução e o julgamento. A AIJ é **una e contínua**, só existindo uma em todo o processo, podendo ser excepcional e justificadamente cindida na ausência de perito ou de testemunha, por exemplo, desde que haja concordância das partes. Caso ela não possa ser concluída na mesma oportunidade, teremos, apenas, a sua continuação (art. 365).

Sua **unidade** reside no fato de as atividades de conciliação, instrução, debate e julgamento estarem reunidas em uma só audiência, não existindo outra oportunidade para tanto. A **continuidade** é demonstrada pela exigência de que toda a atividade se concentre em uma só sessão, em uma única assentada, sem interrupções. Não é por outro motivo que o art. 365, parágrafo único, determina que o seu prosseguimento se dê o **mais próximo possível**, em **pauta preferencial**. A ideia é muito simples: como se pratica uma série de atos processuais, muitos deles orais, mesmo com a obrigatoriedade de se **registrar** em ata os requerimentos formulados (art. 360, V), bem como com a possibilidade de **gravação** da audiência (art. 367, §§ 5º e 6º), o conteúdo dos atos processuais facilmente pode ser esquecido, portanto a regra é não se cindir a AIJ e, se possível, nela mesma ser prolatada a sentença (art. 366).

PROCESSO CIVIL SISTEMATIZADO – *Haroldo Lourenço*

À guisa de ilustração, tomemos a praxe firmada em sede de Juizado Especial, em que há a designação de uma data para a leitura de sentença. Nesta oportunidade, o que se tem é a continuação da audiência anteriormente iniciada, portanto, na data da disponibilização da sentença, as partes estarão intimadas, como se estivessem fisicamente na audiência.

Ainda, pode a AIJ ser **dispensada**, por não haver necessidade de provas orais ou por ter ocorrido o julgamento antecipado do mérito (art. 355 do CPC).

18.3. PRINCÍPIOS

A AIJ rege-se por três princípios:

(i) Da concentração: em que se tem o maior número de atividades possíveis no mesmo momento (art. 361, produção de prova oral; art. 364, debates orais ou escritos e art. 366, prolação da sentença);

(ii) Oralidade: apesar de não ter sido adotado em sua inteireza pelo nosso ordenamento, eis que **não** se repetiu no CPC/2015 o princípio da identidade física do juiz, outrora previsto no art. 132 do CPC/1973; não há uma total predominância dos atos orais sobre os escritos, porém se adotou a regra da irrecorribilidade de imediato das decisões interlocutórias (art. 1.009, § 1º c/c o art. 1.015);

(iii) Da imediação: as provas são colhidas diretamente pelas partes, abandonando-se o **sistema presidencialista**, no qual era o magistrado que colhia diretamente a prova. Como se observa do art. 459 do CPC/2015, se adota o sistema da **prova cruzada** (*cross examination*), no qual as perguntas serão formuladas pelas partes diretamente à testemunha, começando pela que a arrolou, não admitindo o juiz aquelas que puderem induzir a resposta, não tiverem relação com as questões de fato objeto da atividade probatória ou importarem repetição de outra já respondida. O juiz poderá inquirir a testemunha tanto antes quanto depois da inquirição feita pelas partes.

18.4. JUIZ, MP, PARTES, ADVOGADOS E AUXILIARES DA JUSTIÇA

O magistrado, na AIJ, exerce várias funções: (i) conciliador ou mediador, independentemente da adoção de outros métodos de solução consensual anteriormente (art. 359), podendo até mesmo suspender a audiência, se achar conveniente, para que mediadores e conciliadores exerçam essa tarefa; (ii) investigador, colhendo provas com as partes, tomando depoimento pessoal das partes (385 c/c 459), formulando perguntas às testemunhas de maneira suplementar às partes (art. 459) ou deduzindo quesitos de esclarecimentos para o perito e aos assistentes técnicos (art. 470, II c/c art. 477, § 3º, do CPC/2015, na forma do art. 370); (iii) diretor, presidindo e conduzindo as atividades empreendidas na audiência, mantendo a ordem e o decoro (arts. 360, incisos I a III, IV, e 361, parágrafo único), no exercício do seu poder de polícia.

As partes comparecem para conciliação (art. 359) ou depoimento pessoal (art. 385, § 1º), sendo aquela delegável a um preposto, enquanto a última é personalíssima. Possuindo o advogado poderes para transigir, não é necessário o comparecimento das partes, salvo se tiver necessidade de depoimento pessoal.

Cap. 18 · AUDIÊNCIA DE INSTRUÇÃO E JULGAMENTO | 253

Os advogados formulam suas perguntas diretamente às testemunhas, apresentam suas alegações, contraditam testemunhas, formulando perguntas a peritos ou assistentes. Os auxiliares são colaboradores, como o oficial de justiça, o escrivão, o perito ou o intérprete.

18.5. ESTRUTURA DOS ATOS

Os atos são praticados na seguinte ordem: (1º) declara-se aberta a audiência, realiza-se o pregão (art. 358); (2º) a tentativa de conciliação (art. 359); (3º) a instrução (art. 361); (4º) o debate ou as razões finais (art. 364) e, por fim, (5º) o julgamento (art. 366).

Observe-se que, mesmo após a instrução probatória e o oferecimento das razões finais, nada obsta que o magistrado "converta o julgamento em diligência", por qualquer meio de prova, desde que respeitado o contraditório (arts. 9º, 10 e 370, do CPC), apesar de não haver previsão expressa em nosso sistema.

A produção da prova é realizada sob o sistema da prova cruzada, no qual as perguntas são feitas diretamente às testemunhas, sendo possível ao magistrado realizar perguntas, antes ou depois das partes (art. 459 do CPC/2015). Desejando os advogados intervir ou apartear os depoimentos, necessitarão da licença do magistrado, como se extrai do art. 361, parágrafo único, do CPC/2015, por meio da expressão *"pela ordem"*. Vale registrar os comentários realizados nesta obra sobre a produção da prova testemunhal e depoimento pessoal, no capítulo sobre direito probatório.

Nada impede que essa ordem seja **alterada**, havendo fundada razão, em especial, o respeito ao contraditório e à economia processual, como se observa do art. 139, VI, do CPC. As provas orais seguirão, **preferencialmente**, a seguinte ordem (art. 361):

1º) esclarecimento dos peritos e dos assistentes técnicos. Nesse momento, se for o caso, pode ser realizada a perícia simplificada (art. 464, §§ 2º e 3º);

2º) depoimento pessoal, primeiro do autor e depois do réu;

3º) inquirição das testemunhas, primeiro as do autor e depois as do réu.

As ocorrências em geral serão registradas no termo de audiência (art. 360, V), que recebe a designação de **ata**. Os esclarecimentos do perito, assistentes, depoimentos das partes e das testemunhas serão consignados no **termo de assentada**. Como mencionado, a AIJ poderá ser integralmente gravada em imagem e em áudio, mesmo que diretamente pelas partes, independentemente de autorização judicial (art. 367, §§ 5º e 6º), devendo a parte informar que está procedendo dessa forma, em nome da **boa-fé objetiva** (art. 5º).

Por fim, mas não de menor importância, não se pode deixar de consignar que se adotou a **regra da irrecorribilidade das decisões interlocutórias,** ou seja, dos atos praticados em AIJ não se admitirá recurso, devendo alguma questão ser suscitada à época da apelação ou das contrarrazões (art. 1.015 c/c o art. 1.009, § 1º, do CPC).

19

DIREITO PROBATÓRIO

19.1. NOÇÕES GERAIS E CONCEITO

Afirma a doutrina, com toda a razão, "que a prova é a alma do processo de conhecimento" (CÂMARA, 2015. p. 222) e, devido a essa essencialidade, o direito probatório tem passado por significativas mudanças, principalmente pelas construções doutrinárias e jurisprudenciais.

Cumpre, logo de início, ressaltar que as inovações probatórias trazidas pelo CPC/2015 somente terão plena eficácia às provas que tenham sido requeridas ou determinadas de ofício a partir da data de início da sua vigência, ou seja, o que importa é que a atividade probatória tenha se **iniciado** ou tenha sido **reaberta** com a vigência da nova legislação (art. 1.047 do CPC/2015) (BUENO, 2015. p. 311).

A prova deve ser compreendida como **todo elemento** trazido ao processo que possa colaborar na formação da cognição do juiz a respeito da veracidade das alegações fáticas controvertidas e relevantes, além do mais possui íntima relação com o princípio do contraditório, por viabilizar a participação no procedimento de formação da decisão, como afirma a parte final do art. 369 do CPC/2015.

Para uma melhor organização, este capítulo será dividido em três principais pontos: (i) teoria geral da prova; (ii) as demandas probatórias autônomas; e, por fim, (iii) as provas em espécie.

19.2. TEORIA GERAL DA PROVA[1]

19.2.1. Natureza jurídica das normas sobre provas

A natureza jurídica das normas que regulamentam as provas é um forte ponto de tensão doutrinária. Há autores que afirmam uma natureza **processual**, pois seria o meio pelo qual o juiz formará a sua convicção a fim de exercer a função jurisdicional, sendo fortemente criticável a opção do Código Civil em também regulamentá-las (CÂMARA,

---

[1] CASTRO MENDES, Aluisio Gonçalves; Lourenço, Haroldo. *A teoria geral da prova no Código de Processo Civil de 2015*. RePro. Ano 42, 263, Janeiro 2017, p. 55-74.

2008. p. 374). Para alguns haveria uma **natureza mista**, com uma associação entre o direito material e o processual, vislumbrando-se uma sistematização conjunta (FARIAS; ROSENVALD, 2007. p. 608). Por fim, há quem visualize como possuindo **natureza constitucional**, com o que concordamos, sem, contudo, negarmos o caráter processual.

Cremos haver uma natureza mista de direito processual e constitucional, sendo o meio disponível para o convencimento do magistrado, bem como da tutela do direito lesionado ou ameaçado, portanto, a sua escorreita produção mostra-se como um consectário lógico da ampla defesa (essa, por sua vez, inerente ao *due process of law*), assumindo, assim, a distribuição do ônus de provar peculiar importância no resultado do processo e, por conseguinte, na concretização do direito fundamental de acesso a um provimento jurisdicional justo. Como bem acentuado por Renault Godinho (GODINHO, 2007. p. 272; CANOTILHO, 2004), valendo-se das palavras de Canotilho, a relevância das regras de distribuição do ônus da prova é, antes de tudo, um **contencioso constitucional**.

19.2.2. Objeto da prova. Prova de direito

O objeto da prova é o que o magistrado deve adquirir para ter o conhecimento necessário para solucionar o litígio, conhecido como *thema probandum* (GRECO FILHO, 2009. v. 2, p. 181-182). Não há controvérsia de que tal objeto **não se produz, pelo menos em regra, sobre direito**, contudo, sobre o real e exato objeto da prova, há muita polêmica.

Majoritariamente, o objeto da prova são as *alegações* **dos fatos principais, controvertidos e relevantes**, pois os fatos não se provam, existem e pronto (CÂMARA, 2008. v. 1, p. 376; DINAMARCO, 2003. v. 3, p. 58). Há, porém, quem afirme que o objeto da prova são os **fatos**, pois nem sempre haverá alegações, como, por exemplo, os fatos que podem ser conhecidos de ofício, ainda que as partes não os tenham alegado, na dicção do art. 370 do CPC/2015 (AMARAL SANTOS, 1985. v. 2, p. 329; TOURINHO FILHO, 2003. p. 476; BUENO, 2007. t. 1, p. 245). Adotamos esse entendimento, pois, não necessariamente, haverá alegações a serem provadas. Há, por fim, quem afirme que não são os fatos, tampouco suas alegações, mas os **pontos e/ou as questões** de fato levadas ao processo pelas partes ou de ofício pelo próprio juiz (NEVES, 2011. p. 411).

Não se prova o Direito, eis que este o juiz deve conhecer, todavia, algumas situações excepcionam tal regra, podendo o juiz determinar que se prove o **direito municipal**, o **estadual**, o **estrangeiro** e o **consuetudinário** (art. 376 do CPC/2015) (CÂMARA, 2008. p. 376-377; RODRIGUES, 2008. p. 187; NEVES, 2011. p. 417). Note-se que o art. 376 restringe os brocados *iura novit curia* e *narra mihi factum, dabo tibi jus*, os quais impõem ao magistrado conhecer o direito vigente no local onde exerce suas funções, eis que o magistrado não está obrigado a conhecer o teor e a vigência de direito estadual, municipal, estrangeiro e consuetudinário. O mencionado dispositivo ostenta **duas normas**, uma relativa ao **objeto da prova** e outra referente ao **ônus da prova**. Para a hipótese de o magistrado desconhecer a existência de tais regras jurídicas, poderá determinar a produção da prova quanto ao seu teor e sua vigência (objeto da prova), prevalecendo a regra de que o ônus incumbe a quem o alegar (ônus da prova) (DIDIER JR., 2007. v. 2, p. 28).

Cap. 19 · DIREITO PROBATÓRIO | 257

Nesse contexto, enfatiza-se que o CPC, no art. 376, limita *"se assim o juiz determinar"*, de modo que a parte poderá aguardar a decisão de saneamento e organização (art. 357) ou em outro momento, se manifeste sobre a necessidade de sua prova (AMARAL SANTOS, 1985. p. 343).

19.2.3. Exclusão do objeto da prova

Algumas alegações de fato não são objeto de provas, como, por exemplo, os fatos **impertinentes** ou irrelevantes à solução da demanda; os **notórios** (art. 374, I); **não controvertidos** ou **confessados** pela parte contrária (art. 374, II e III) ou os fatos sobre os quais haja uma **presunção de existência ou veracidade** (art. 374, IV).

Não se admitir prova sobre fatos impertinentes é puramente uma questão de economia processual e razoável duração do processo. De igual modo, como cediço, exige-se do réu uma impugnação especificada dos fatos (art. 341), pois, uma contestação genérica pode produzir presunção de veracidade sobre um fato, justamente pela falta de controvérsia (art. 374, II e III).

Sobre o fato notório, realmente essa característica pode ser reconhecida de ofício pelo juízo, todavia, cumpre registrar uma **exceção**: pode ocorrer de a notoriedade ser, justamente, a discussão do processo, como na ação de reconhecimento de uma união estável, devendo tal prova ser realizada.

As presunções podem ser **relativas** (*iuris tantum*) ou **absolutas** (*iuris et de iuri*), **legal** (*praesumtiones legis*) ou **judicial** (*praesumtiones hominis*).

Há presunção relativa quando se admite prova em contrário, havendo, a rigor, uma inversão do ônus da prova, cabendo à parte que não alegou o fato convencer o juiz de sua não existência ou ocorrência. Como exemplos, podemos mencionar a revelia (art. 344), o Enunciado 301 do STJ, que determina a presunção de paternidade na hipótese de o réu se negar injustificadamente a realizar o exame de DNA, desde que provados indícios mínimos sobre a paternidade.[2] Observe-se que tal presunção somente se aplica à pessoa do pretenso genitor, não se estendendo aos seus descendentes.[3]

Haverá presunção absoluta (*iure et de iure*), prevista pelo legislador, não admitindo prova em sentido contrário. O legislador extrai uma conclusão indisputável. Funda-se na dificuldade que se encontraria em demonstrar que as coisas realmente assim se passaram ou por maior probabilidade que tenham ocorrido ou ocorram de determinada forma. São bons exemplos às causas de impedimento (art. 144 do CPC/2015) a presunção de ciência de penhora por haver registro na matrícula do imóvel (art. 844 do CPC/2015) ou a presunção de repercussão geral prevista no art. 1.035, § 3º, do CPC/2015.

Presunção **legal** é a criada pelo legislador, podendo ser **absoluta ou relativa**. A presunção judicial é a realizada pelo juiz no caso concreto, com a utilização da máxima de experiência, fundada no que costuma logicamente ocorrer.

Tais exclusões devem ser observadas pelo magistrado, principalmente na decisão de saneamento, fixando os pontos controvertidos, objetivando e otimizando a fase instrutória (art. 357).

---

2 STJ, REsp 1.068.836/RJ, 4ª T., rel. Min. Honildo Amaral, j. 18.03.2010.
3 STJ, REsp 714.969/MS, 4ª T., rel. Min. Luis Felipe Salomão, j. 04.03.2010.

19.2.4. Fases da prova. Prova produzida e obtida

O procedimento probatório observa uma sequência logicamente ordenada de atos, dividida em quatro fases: **propositura, admissão, produção e valoração** (CÂMARA, 2008. p. 388).[4]

A **propositura**, como sugere a nomenclatura, é o momento em que as partes indicam, de forma especificada, os meios de prova que pretendem utilizar para contribuírem na formação da convicção do juiz. Deve ser feita no primeiro ato de postulação, ou seja, o autor, na sua petição inicial (art. 319), o réu, na contestação (art. 336) ou, ainda, nas providências preliminares (art. 348).

A **admissão** geralmente ocorre com a decisão de saneamento do processo (art. 357 do CPC/2015), que dispõe sobre os meios de provas que devem ser utilizados no processo para o seu convencimento.

A **produção** é a realização das provas deferidas para a inserção aos autos do processo. Em regra, as provas orais serão produzidas na AIJ (art. 361), havendo, contudo, exceções como a prova documental, que pode ser admitida em qualquer tempo, de acordo com o STJ; o depoimento de pessoas enfermas (art. 449, parágrafo único), pessoas egrégias (art. 454). Cumpre registrar que o magistrado passa a ter o poder de alterar a ordem de produção dos meios de prova (art. 139, VI, do CPC/2015), como se observa da redação do art. 361, no qual passa a constar a expressão "preferencialmente" permitindo a alteração da ordem, desde que fundamentadamente.

Diferencia a doutrina provas **obtidas** de provas **produzidas**. Há prova obtida quando sobre esta não foi realizado um juízo de admissibilidade, tampouco uma valoração, como na hipótese de produção antecipada de provas. A prova produzida é a realizada após a admissibilidade pelo juízo no qual se pretende utilizá-la (MARINONI, 2001. p. 310).

A **valoração** será feita na decisão, quando o magistrado demonstrará que força teve a prova na formação do seu convencimento (DIDIER JR., 2009. v. 1, p. 23).

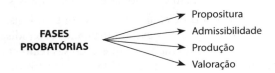

19.2.5. Provas diretas, indiretas, típicas e atípicas. Fontes e meios de provas

Quanto à alegação de fato que se pretender provar, as provas podem ser **diretas** ou **indiretas**. A primeira recai sobre o fato probando que se pretende demonstrar. A prova indireta recai sobre outros fatos, por meio dos quais, por dedução, se chegará a uma conclusão sobre o fato probando, comumente denominada de **indícios** (CÂMARA, 2008. p. 375).

---

[4] Minoritariamente, não inclui a valoração como parte integrante do procedimento probatório.

Admitem-se, no processo civil, todos os meios de provas, como se extrai do art. 369 do CPC/2015. Temos os meios de prova **típicos** (ata notarial, documental, testemunhal, pericial etc.), como temos os **atípicos**, ou seja, não previstos na legislação, que somente estão limitados por critérios morais, como a prova por amostragem, cibernética, reconstituição de fatos etc. De igual modo, pode-se cogitar uma prova atípica negocial (art. 190 do CPC), como um testemunho por escrito.

Importante diferenciar as **fontes** das provas, que são as coisas, as pessoas e os fenômenos. O **meio** de prova é o "itinerário" realizado para se chegar aos sentidos do magistrado. A **prova**, como já definido, é o resultado, o que já foi obtido ou produzido. Essa compreensão é essencial, por isso utilizaremos exemplos bem objetivos. A confissão é a **prova**, porém, a tortura pode ter sido o **meio** para a sua obtenção que, por óbvio, contaminará a prova. É possível a prova de um **fato ilícito ou imoral**, o que é vedado é a utilização de **meios** imorais ou ilícitos, ou seja, é possível se provar um fato ilícito ou imoral, desde que sejam utilizados mecanismos lícitos e morais (art. 5º, LVI, da CR/1988).

Por fim, obviamente as partes **não** podem criar um negócio processual admitindo, em seus processos, a utilização de prova obtida por meios ilícitos (Enunciado 37 do ENFAM).

19.2.6. Destinatários da prova

Sempre se afirmou que o destinatário **direto** da prova é o juiz, o destinatário **indireto** são as partes, porém, tal concepção merece uma releitura.

O destinatário da prova, a rigor, são **todos** os sujeitos do processo que da prova poderão fazer uso.[5] O magistrado, de primeiro ou segundo grau, é um **destinatário direto**, tanto que pode indeferir provas inúteis ou protelatórias (art. 370, parágrafo único, do CPC/2015), bem como deverá apreciá-las (art. 371 do CPC/2015), enquanto os demais sujeitos do processo são **destinatários indiretos.**

19.2.7. Ônus da prova: subjetivo e objetivo

O art. 373 do CPC/2015 disciplina o chamado ônus da prova, que não pode ser confundido com uma obrigação ou um dever. O ônus é um imperativo do próprio interesse da parte, sendo um aproveitamento de uma possibilidade que beneficiará a parte diligente, que se divide em **perfeito e imperfeito** (LOURENÇO, 2015). Não por outro motivo, se admite **negócio** processual sobre a distribuição do ônus da prova (art. 373, §§ 3º e 4º), eis que é matéria afeta ao próprio interesse da parte. O ônus será perfeito quando o seu descumprimento gerar, necessariamente, um prejuízo, como a renúncia ao direito de recorrer. Já o ônus imperfeito ocorre quando o seu descumprimento não gera prejuízo necessariamente, havendo somente a mera possibilidade de que venha a ocorrer um dano à parte que não o cumpriu, como,

---

[5] Nesse sentido, temos o Enunciado 50 do Fórum Permanente de Processualistas Cíveis (FPPC): "Os destinatários da prova são aqueles que dela poderão fazer uso, sejam juízes, partes ou demais interessados, não sendo a única função influir eficazmente na convicção do juiz".

260 | PROCESSO CIVIL SISTEMATIZADO – *Haroldo Lourenço*

por exemplo, a falta de contestação. Trata-se, portanto, o ônus de provar de um ônus imperfeito, pois não necessariamente o prejuízo ocorrerá.

Diferencia-se da **obrigação**, pois esta, quando realizada, beneficiará a parte alheia, e, se não realizada, seu descumprimento dará ensejo a um cumprimento forçado, bem como não se confunde com o dever, pois este é uma regra de conduta, que também pode gerar sanções (art. 80 do CPC/2015).

O ônus da prova se divide em ônus **subjetivo** e **objetivo**. No ônus subjetivo, irá se indagar quem deverá provar. De acordo com o CPC, adotou-se uma **regra subjetiva e estática**, ou seja, analisa-se a posição da parte em juízo, bem como a natureza dos fatos. Ao autor cabe provar o fato constitutivo do seu direito e, ao réu, os fatos modificativos, extintivos ou impeditivos do direito do autor.

Ocorre que tal ônus tem pouca influência depois de produzida a prova, pois esta não pertencerá mais às partes que as produziram, mas, sim, ao processo, por força do **princípio da comunhão ou aquisição da prova** (art. 371, 2ª parte). De igual modo, nada obsta que, por exemplo, o réu prove a inexistência do fato constitutivo do direito do autor, mesmo não sendo ônus seu realizar tal prova. Tal situação é denominada pela doutrina de **ônus da contraprova** (CÂMARA, 2008. p. 379).

Por outro lado, não pode o magistrado se abster de sentenciar, pois nosso ordenamento veda, na forma do art. 140, o *non liquet* (abster-se). Nesse sentido, o julgador terá que se valer do chamado **ônus objetivo**, que é, na verdade, uma regra de julgamento, ou seja, no momento de julgar a causa, o magistrado irá analisar quem assumiu o risco pela não produção da prova – se o autor não produziu prova sobre o fato constitutivo, seu pedido será julgado improcedente; se o réu não conseguiu provar o fato modificativo, impeditivo ou extintivo do direito do autor, o pedido será julgado procedente.

19.2.8. Distribuições sobre o ônus da prova

O ônus da prova pode ser distribuído de três formas: (i) de maneira legal (sistema *ope legis*); (ii) de maneira judicial (*ope iudicis*); e (iii) de maneira convencional.

A distribuição realizada pelo legislador (*ope legis*) é prévia e **estática**, sendo invariável diante das peculiaridades da causa, por outro lado, a distribuição feita pelo juiz (*ope iudicis*) ou pelas partes é **dinâmica**, casuística, ou seja, à luz das peculiaridades do caso concreto.

Cumpre registrar que o Projeto do CPC/2015 adotava o entendimento do STJ[6] de que a inversão do ônus da prova não implica a alteração das regras referentes aos encargos da respectiva produção. Nesse sentido, a consequência desse não adiantamento, diante da dinamização do ônus da prova, continuará sendo a mesma, ou seja, a preclusão da prova, o que prejudicaria a parte a quem o ônus da prova foi apontado pela decisão judicial, pois essa que teria o interesse em garantir a sua produção, adiantando os custos (NEVES, 2015. p. 267).

---

[6] STJ, REsp 845.601/SP, 4ª T., rel. Min. Hélio Quaglia Barbosa, j. 06.03.2007.

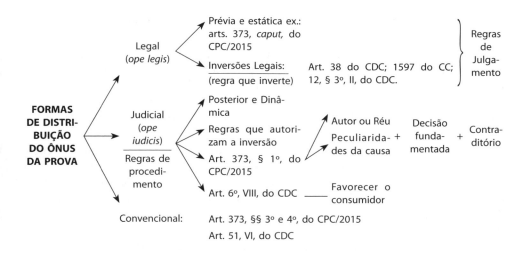

19.2.8.1. Atribuição ope legis

A atribuição legal é encontrada no art. 373 do CPC/2015, o denominado ônus subjetivo, como visto. Cabendo a cada parte o ônus de demonstrar as alegações fáticas que suscitarem, portanto, leva-se em conta (i) a posição das partes em juízo, (ii) a natureza dos fatos e (iii) o interesse em se provar tal fato.

Essa é a **regra geral** que estrutura o processo civil e, diante de tais circunstâncias, o mesmo legislador que criou a regra a modifica, nas chamadas "inversões *ope legis*", em uma técnica de redimensionamento das regras do ônus da prova. Novamente, por ser uma redistribuição prevista em lei, é apriorística, independente do caso concreto e da atuação do juiz. A rigor, não há uma inversão, pois, na verdade, o legislador cria uma nova regra, excepcionando a regra geral do art. 373 do CPC/2015, gerando uma presunção legal relativa.

Talvez o melhor exemplo seja o da prova na propaganda enganosa, prevista no art. 38 do Código de Defesa do Consumidor (CDC), no qual o legislador impõe a prova da veracidade e correção da informação ou comunicação a quem a patrocinou.

19.2.8.2. Distribuição ope iudicis

No campo das provas cíveis, importantíssima é a consagração da **teoria da distribuição dinâmica do ônus da prova** (LOURENÇO, 2015) no ordenamento jurídico brasileiro, na qual se autoriza o juiz, preenchidos certos requisitos, redistribuir o ônus da prova caso a caso. Perceba-se, como informado, que a distribuição dinâmica também pode ser convencional, mas nesse momento trataremos da judicial.

Segundo essa teoria, o ônus da prova incumbe a quem tem melhores condições de produzi-la, diante das circunstâncias fáticas presentes no caso concreto, flexibili-

262 | PROCESSO CIVIL SISTEMATIZADO – *Haroldo Lourenço*

zando-se, sensivelmente, o sistema estático e abstratamente consagrado secularmente em nosso ordenamento.

O sistema estático e abstrato foi mantido pelo legislador, como se observa do art. 373 em seus incisos, contudo, no § 1º prevê a possibilidade de aplicação de tal teoria pelo juiz no caso concreto, diante de peculiaridades da causa relacionadas à (i) impossibilidade ou à excessiva dificuldade de cumprir o encargo ou (ii) à maior facilitação da prova do fato contrário, desde que em (iii) decisão fundamentada e (iv) respeitando-se o contraditório.

Perceba-se que a dinamização do ônus da prova pelo juiz é excepcional, dependendo do reconhecimento dos quatro pressupostos do art. 373, § 1º, do CPC/2015. O CDC também traz previsão de dinamização do ônus da prova por decisão judicial (*ope iudicis*) **sempre** para favorecer o consumidor (art. 6º, VIII, do CDC), porém a dinamização prevista no art. 373, § 1º, do CPC/2015 não faz tal distinção, ou seja, pode ser para **o autor ou para o réu**.

Perceba-se que não se pode confundir a **regra que inverte** (cria, na verdade, outra regra) com a regra que **autoriza a inversão.** No caso da propaganda enganosa o legislador já "inverte", ou cria uma nova regra (art. 38 do CDC). Já nos casos do art. 6º, VIII, do CDC o legislador autoriza a inversão. De igual modo, nas hipóteses em que o legislador já inverte ocorrerá uma regra de julgamento (ônus objetivo), enquanto nas hipóteses em que se autoriza a distribuição haverá uma regra de procedimento.

A aplicação de tal teoria já era admitida pelo STJ em ações civis ambientais,[7] na tutela do idoso,[8] bem como em outras hipóteses, em uma interpretação sistemática da legislação processual.[9]

Consagra-se, assim, no Brasil, um **sistema misto**, em que poderá ser aplicado o sistema estático, bem como o sistema dinâmico de distribuição do ônus da prova.

Havia discussão acerca do momento adequado para essa inversão, o STJ[10] já pacificou o entendimento de que seria na fase de **saneamento do processo**, a fim de permitir, à parte a quem não incumbia inicialmente o encargo, a reabertura de oportunidade para apresentação de provas, o que foi consagrado no CPC/2015, como se observa do art. 357, III, afirmando que tal redistribuição do ônus da prova deverá ser realizada no saneamento do processo.

Além disso, o § 2º do aludido art. 373 do CPC/2015 dispõe que a decisão de redistribuição do ônus da prova **não** pode gerar *"situação em que a desincumbência do encargo pela parte seja impossível ou excessivamente difícil".* Em outras palavras, é dizer que, caso a prova seja "diabólica" para todas as partes da demanda, o juiz deverá decidir com base nas outras provas eventualmente produzidas, nas regras da experiência e nas presunções.

A decisão sobre a distribuição do ônus da prova é recorrível por **agravo de instrumento**, seja a que **redistribui** ou que **indefere** o pedido de redistribuição, bem como sobre a **inversão** do ônus da prova com fundamento no art. 6º, VIII, do CDC,

---

[7] STJ, REsp 1.060.753/SP, 2ª T., rel. Min. Eliana Calmon, j. 01.12.2009.

[8] STJ, Edcl no REsp 1.286.704/SP, 3ª T., rel. Min. Nancy Andrighi, j. 26.11.2013.

[9] STJ, AgRg no AREsp 216.315/RS, 4ª T., rel. Min. Mauro Campbell Marques, j. 23.10.2012.

[10] STJ, AgRg no REsp 1.450.473/SC, 2ª T., rel. Min. Mauro Campbell Marques, j. 23.09.2014.

Cap. 19 · DIREITO PROBATÓRIO | 263

em uma interpretação conjunta com o art. 1.015, *caput* c/c o inciso XI do CPC/2015, nos termos do Enunciado 72 do CJF.

19.2.8.3. Distribuição convencional

Cabe mencionar que a possibilidade de distribuição diversa do ônus da prova ainda é possível por convenção das partes, o que já era possível pelo art. 333, parágrafo único, do CPC/1973, ampliado pelo CPC/2015, com as mesmas exceções já existentes (quando recair sobre direito indisponível da parte ou quando tornar excessivamente difícil a uma parte o exercício do direito), como se observa do art. 373, § 3º, podendo o acordo ser celebrado antes ou durante a demanda (§ 4º).

Há, nesses casos, um típico **negócio jurídico processual** (art. 190 do CPC/2015), podendo recair sobre qualquer fato, sendo extremamente útil, produzindo efeitos imediatos (art. 200 do CPC/2015). Ressalta-se que as convenções probatórias não inibem a iniciativa probatória por parte do magistrado (art. 370 do CPC/2015). O art. 51, VI, do CDC cuida da nulidade de tal convenção que imponha ao consumidor o ônus de provar suas alegações. Trata-se, a rigor, como se existisse um terceiro inciso no art. 373, § 3º, do CPC/2015.

Cabe registrar que, salvo quando reconhecida sua nulidade, a convenção das partes sobre o ônus da prova afasta a redistribuição por parte do juiz (Enunciado 128 do II CJF).

19.2.9. Princípio da aquisição da prova e direito adquirido

O princípio da comunhão da prova também tem sua importância no momento anterior à produção e valoração da prova, ou seja, ainda na fase de exame de sua admissibilidade.

Sendo requerida e admitida a prova, pode o requerente desistir de sua produção? Haveria um direito adquirido à prova pela parte adversária ou do litisconsorte do requerente? Em aplicação do princípio da aquisição da prova, para tal desistência será necessária a anuência da parte adversária (e/ou do litisconsorte do requerente), eis que já está consolidado em sua esfera jurídica o direito àquela prova, afinal, a prova não é de quem requereu, nem do seu adversário (ou seu litisconsorte), mas do processo.

De igual modo, uma vez determinada a prova de ofício, pode o juiz dela desistir ou haveria direito adquirido de ambas as partes à sua produção? Pelas mesmas razões há também aqui direito à produção da prova incorporado ao patrimônio jurídico das partes, devendo o juiz ouvir ambas e contar com sua anuência para cancelar a diligência probatória.

19.2.10. Prova diabólica e negativa

Distinção interessante é entre a prova negativa e a prova diabólica. Nem toda prova negativa é uma prova diabólica, mas toda prova diabólica é negativa.

Prova diabólica é aquela impossível de ser demonstrada, senão muito difícil, como a prova de não ser a parte proprietária de nenhum outro imóvel, para a ação

264 | PROCESSO CIVIL SISTEMATIZADO – *Haroldo Lourenço*

de usucapião especial (DIDIER JR., 2007. v. 2, p. 60). A **prova negativa** somente será diabólica se for uma **negativa genérica**, pois esta nenhum meio de prova é capaz de produzir. Por exemplo, impossível a prova de que nunca se esteve em um determinado lugar. Já a **prova negativa definida ou específica** pode ser provada, não sendo, portanto, uma prova diabólica. Por exemplo, pode-se afirmar que no dia tal, a parte não estava em determinado lugar, um fato negativo, provando-se que se estava em outro.

Há, portanto, hipóteses em que uma alegação negativa traz, inerente, uma afirmativa que pode ser provada. Desse modo, sempre que for possível provar uma afirmativa ou um fato contrário àquele deduzido pela outra parte, tem-se como superada a alegação de "prova negativa", ou "impossível".[11]

Toda afirmação é, ao mesmo tempo, uma negação dos fatos contrários ou diversos. Quem diz que algo é móvel, diz que não é imóvel; quem diz maior, diz que não é menor. Nesse sentido, ao se alegar que não estava no Rio de Janeiro no dia tal, pode-se provar tal fato negativo com a prova de que se estava em outro lugar nesse mesmo dia. Agora, provar que nunca esteve no Rio é uma prova diabólica ou uma negativa genérica, realmente impossível de ser realizada, contudo, a parte contrária poderá provar que tal alegação é falsa, demonstrando que tal pessoa já esteve no Rio.

19.2.11. Sistema de valoração: [livre] convencimento motivado ou persuasão racional

O sistema de valoração da prova brasileiro passou por uma releitura, o que se nota pelo cotejo do art. 131 do CPC/1973 com o art. 371 do CPC/2015, no qual foi **suprimida** expressão "livremente", a qual, diga-se de passagem, nunca constou no art. 93, IX, da CR/1988. A apreciação da prova pelo magistrado não é tão livre assim, está limitada a outros valores constitucionais.

Nessa linha, a partir do CPC/2015 o magistrado apreciará a prova, mas não tão livre ou discricionariamente como outrora se poderia cogitar,[12] buscando uma melhor racionalização, justamente para se evitar graves problemas como a dispersão jurisprudencial e as arbitrariedades (LOURENÇO, 2015. p. 37; BUENO, 2015. p. 312; DIDIER JR., 2015. p. 103).

Talvez uma das mudanças mais simbólicas com o CPC/2015, influenciado pelas provocações de Lenio Streck, além de boa parcela da doutrina nacional, que sempre sustentaram que para a aplicação do convencimento motivado devem ser observadas (i) as provas dos autos, como um corolário do contraditório; (ii) uma motivação racional, para que racionalmente possa ser controlada, sem discursos retóricos e vazios.

---

[11] Trecho da ementa: STJ, REsp 422.778/SP, rel. Min. Castro Filho, rel. p/ acórdão Min. Nancy Andrighi, j. 19.06.2007.

[12] CÂMARA, Alexandre Freitas. *O novo processo civil brasileiro*. São Paulo: Atlas, 2015. p. 228. Afirmando que o sistema do livre convencimento motivado foi mantido: TAKAHASHI DE SIQUEIRA, Isabela Campos Vidigal. *Primeiras lições sobre o novo direito processual brasileiro*. Humberto Theodoro Júnior, Fernanda Ribeiro de Oliveira, Ester Camila Gomes Norata de Rezende (coord.). Rio de Janeiro: Forense, 2015. p. 276.

Cap. 19 · DIREITO PROBATÓRIO | 265

Diante desse sistema, do convencimento motivado ou persuasão racional, adotado pelo ordenamento brasileiro, **não** há uma hierarquia entre as cargas probatórias, não havendo provas mais, ou menos, importantes.

A prova testemunhal não vale menos que uma prova pericial, todavia, o próprio legislador, em situações **episódicas**, ainda se utiliza de **provas legais ou tarifadas**, atribuindo a uma determinada prova um valor ou retirando totalmente o seu valor: (i) art. 55, § 3º, da Lei 8.213/1991; (ii) art. 5º, parágrafo único, I, do CC/2002; (iii) art. 109 do CC/2002; (iv) art. 541 do CC/2002; (v) art. 1.417 do CC/2002; (vi) art. 1.438 do CC/2002; (vii) art. 1.448 do CC/2002.

19.2.12. Produção probatória pelo juízo

Muito já se cogitou sobre o fato de ser o magistrado figura imparcial e desinteressada do resultado do processo, confundindo-se imparcialidade com omissão e neutralidade (NEVES, 2011. p. 421-422), contudo, se o julgador é um sujeito do processo, tendo dever de cooperar juntamente com as partes na solução do litígio, não pode ser um mero espectador.

A iniciativa probatória é, assim, comum ao juiz **(modelo inquisitivo)** e às partes **(modelo dispositivo ou adversarial)** (RODRIGUES, 2008, p. 184).[13] Não se poderia falar em parcialidade ou violação à inércia, na hipótese de o magistrado produzir provas de ofício, eis que ele próprio não sabe qual resultado será obtido com a produção da prova, não tendo como ser parcial ou tendencioso.

Trata-se, a rigor, do magistrado cooperar, ou seja, operar em conjunto com as partes na solução do litígio (modelo cooperativo ou coparticipativo de processo). A interferência do magistrado na fase probatória não o torna parcial, pelo contrário (RODRIGUES, 2007. p. 246).

Cumpre registrar que, mesmo com essa liberdade na atividade probatória, determinada a produção de certa prova, tal ato deverá ser fundamentado, principalmente quando se tratar de decisão que determina a quebra do sigilo bancário, fiscal e comercial e os limites a que se sujeitam as partes no arrolamento de testemunhas. Não se mostra razoável a decisão que se limita a deferir o pedido, como, por exemplo, de expedição de ofícios a órgão públicos, o que, de maneira alguma, pode ser tolerado como fundamentação adequada ou suficiente à determinação de quebra dos sigilos bancário, fiscal e comercial.

Assevera-se que, apesar de os sigilos bancário, fiscal e comercial não consubstanciarem direito absoluto diante da prevalência do interesse público sobre o privado, notadamente, na apuração de possível conduta ilícita, essa decisão não pode deixar de ter fundamentação adequada quanto à sua efetiva necessidade.[14]

Por fim, sendo um poder instrutório do juízo à produção probatória, na forma do art. 370, portanto as partes não o titularizam, **não** criam um negócio processual

---

[13] No mesmo sentido: BARBOSA MOREIRA, José Carlos. O juiz e a prova. *RePro* 35-181; OLIVEIRA, Carlos Alberto Alvaro de. *Prova cível*. Rio de Janeiro: Forense, 1999. p. 48.

[14] Informativo 477: STJ, REsp 1.028.315/BA, 3ª T., rel. Min. Nancy Andrighi, j. 14.06.2011.

266 | PROCESSO CIVIL SISTEMATIZADO – *Haroldo Lourenço*

para impedir o seu exercício, não obstante ser possível às partes negociarem como irão provar algum fato ou regular, por exemplo, a quem recairá tal despesa.

19.2.13. Ponderação de interesses e as limitações probatórias

Como visto, a distribuição do ônus da prova é matéria constitucional, nesse sentido, esse parâmetro deve ser observado diante das peculiaridades do caso concreto.

Os direitos à intimidade (art. 5º, X, da CR/1988) e ao sigilo das comunicações telefônicas (art. 5º, XII, da CR) estão tutelados constitucionalmente. De igual modo, é certo que outros direitos de igual estrutura e dimensão merecerão proteção em idêntica sede (art. 5º da CF), como as garantias de liberdade, igualdade, solidariedade e, principalmente, a afirmação da dignidade humana, que se apresenta como valor máximo da ordem jurídica. Nesse ínterim, como não é possível haver incompatibilidade entre preceitos de índole constitucional, é necessário compatibilizar os princípios e valores, ponderando-os, no caso concreto, para descobrir qual merece proteção, conforme visto alhures (FARIAS; ROSENVALD, 2007. p. 628-629).

19.2.14. Prova emprestada

Muito conhecida como **prova trasladada**, prevista no art. 372 do CPC/2015, é a prova de um fato, produzida em determinado processo (por documentos, perícia, testemunhas, depoimento pessoal etc.), levada a outra demanda por meio de certidão na forma de **prova documental**. Realizada uma perícia ou colhido o depoimento pessoal de uma parte, a sua documentação, ou seja, o laudo pericial ou a ata da audiência, ingressará no processo de destino como um documento.

Alguns exemplos são muito frequentes, como uma perícia realizada nos autos de uma ação civil pública, em que uma vítima, por meio de sua ação individual, utiliza essa prova contra o mesmo réu da ação coletiva (NEVES, 2011. p. 427), ou o de uma testemunha que já morreu (DIDIER JR., 2007. v. 2, p. 65).

Há ineditismo em sua previsão em lei com o CPC/2015, contudo o legislador foi muito econômico, deixando de resolver antigas discussões acerca do tema, o que ficará a cargo da doutrina e da jurisprudência.

O referido dispositivo utiliza o termo "**processo**", esquecendo-se das provas produzidas em procedimentos administrativos, como o inquérito policial, o inquérito civil e outros procedimentos investigativos da competência do Ministério Público. É frequente no STJ a afirmação de que as provas produzidas em inquérito civil têm eficácia probatória relativa para fins de instrução da ação civil pública.[15] O caminho mais simples é entender que a prova não está sendo tecnicamente emprestada, mas aproveitada na ação judicial, o que afastaria o art. 372 do CPC/2015 (NEVES, 2015. p. 271).

A outra questão, mais relevante de todas, relaciona-se com o **contraditório e a identidade de partes**. O legislador não informa se é imprescindível que haja iden-

---

[15] STJ, REsp 1.280.321/MG, 2ª T., rel. Min. Mauro Campbell, j. 06.03.2012.

Cap. 19 · DIREITO PROBATÓRIO | 267

tidade de partes entre as demandas, nem se o contraditório deve ser observado no processo de origem, no processo de destino ou em ambos.

A Corte Especial do STJ[16] enfrentou o tema, afirmando que, em vista das reconhecidas vantagens da prova emprestada no processo civil, é recomendável que esta seja utilizada sempre que possível, desde que se mantenha hígida a garantia do contraditório. No entanto, a prova emprestada não pode se restringir a processos em que figurem partes idênticas, sob pena de se reduzir excessivamente sua aplicabilidade, sem justificativa razoável para tanto. Independentemente de haver identidade de partes, o contraditório é o requisito primordial para o aproveitamento da prova emprestada, de maneira que, assegurado às partes o contraditório sobre a prova, isto é, o direito de se insurgir contra a prova e de refutá-la adequadamente, afigura-se válido o empréstimo.

Dessa forma, assentou o STJ que, observado o contraditório no processo de destino da prova trasladada, não é imprescindível que haja identidade de partes entre ele e a demanda de origem da prova emprestada, com o qual não concordamos. Observe-se que não basta a manifestação das partes sobre o documento trazido aos autos, pois não seria suficiente para um modelo constitucional de processo, assentado nos ditames do contraditório. Assim, somente é admissível a prova emprestada contra aquele que tenha participado do processo no qual ela tenha sido originariamente produzida, o que é confirmado pelo Enunciado 52 do FPPC.[17]

Assim, para a validade da prova emprestada se faz necessária a identidade de partes, pois, do contrário, se a oitiva da testemunha tiver sido realizada em um processo entre A e B, o C, parte do processo destino, não terá tido oportunidade, por exemplo, de contraditar tal testemunha.

Tal prova é admissível em nosso ordenamento observando-se sempre o contraditório. Se produzida entre "A" e "B" e transladada para outro processo entre as mesmas partes é uma prova totalmente válida, guardando a mesma eficácia inicial (Enunciado 52 do FPPC), desde que incida sobre as mesmas alegações fáticas. Todavia, se produzida entre "A" e "B" e transladada para um processo, com partes totalmente diferentes, o magistrado deverá estar atento a tal fato no momento de sua valoração.

19.2.15. Interceptação, escuta e gravação telefônica

A **interceptação telefônica** é a captação de conversa feita por um terceiro, sem o conhecimento dos interlocutores, munido de uma ordem judicial, nos termos do inciso XII do art. 5º da CF, regulamentada pela Lei 9.296/1996, utilizável para fins de investigação criminal ou instrução processual penal. Tal prova, portanto, será **lícita se tiver autorização judicial para fins penais.**

A **escuta telefônica** é a captação de conversa entre duas pessoas, interceptada (ou gravada) por uma delas ou por um terceiro, com o conhecimento de apenas

---

[16] STJ, EREsp 617.428/SP, Corte Especial, rel. Min. Nancy Andrighi, j. 04.06.2014, *DJe* 17.06.2014.

[17] "Para a utilização da prova emprestada, faz-se necessária a observância do contraditório no processo de origem, assim como no processo de destino, considerando-se que, neste último, a prova mantenha a sua natureza originária.

268 | PROCESSO CIVIL SISTEMATIZADO – *Haroldo Lourenço*

um dos interlocutores. Essa prova é **lícita,**[18] **sobretudo nos casos em que a divulgação do seu conteúdo ocorre por motivo justificado, como defesa de interesses legítimos em juízo.**

O STJ[19] admitiu interceptação telefônica para a instrução no processo civil de competência da vara da infância e juventude, sob o fundamento de que a conduta investigada também era criminosa. A doutrina, por outro lado, **não** admite interceptação telefônica para instrução no processo civil, contudo, realizada no processo penal mediante autorização judicial, **pode ser emprestada ou transladada para o processo civil,**[20] não obstante haver quem sustente a sua inadmissão, pois seria indiretamente ilícita (CÂMARA, 2008. p. 387).

19.2.16. Prova produzida em segredo de justiça

Sendo realizada a prova em segredo de justiça, o terceiro **não** poderá pedir o empréstimo da prova. Por outro lado, é **possível** sua utilização em outro processo pelas mesmas partes, desde que nesse processo que está recebendo a prova **não** constem terceiros, como um assistente, ou litisconsorte.

19.2.17. Prova produzida por juízo incompetente

O fato de a prova ter sido realizada em um juízo incompetente **não** a prejudica, pois nem os atos decisórios são automaticamente invalidados (art. 64, § 4º, do CPC/2015), seja na incompetência absoluta ou relativa, devendo o magistrado receptor dar o valor que entender adequado.

19.2.18. Prova fora da terra

Prova fora da terra é a prova colhida fora da sede do juízo, pois, a regra geral é que os atos processuais sejam praticados na sede do juízo (art. 217 c/c o art. 449 do CPC/2015). Para a sua realização, exige-se que o sujeito da prova esteja fora do território da jurisdição do juiz da causa, bem como que não seja inútil ou requerida com propósito manifestamente protelatório (art. 370).

19.2.19. Prova *ad perpetuam rei memoriam*

Em regra, as provas são produzidas na AIJ, porém, em situações especiais, podem ser antecipadas, como, por exemplo, no caso de uma testemunha com idade avançada e enferma, ou de um fato que tem vestígios transitórios, como um incêndio.

Denominam-se tais provas de *ad perpetuam rei memoriam*. Visam a uma medida preventiva, conservar ou assegurar direitos, podendo ser realizadas por meio de tutela provisória (art. 381 do CPC/2015), como será mais bem tratado adiante.

---

[18]   STF, RE 583.937 QO-RG, rel. Min. Cezar Peluso, j. 19.11.2009.
[19]   STJ, HC 203.405/MS, 3ª T., rel. Min. Sidnei Beneti, j. 28.06.2011, *DJe* 01.07.2011.
[20]   STJ, MS 14.405/DF, 3ª S., rel. Min. Napoleão Nunes Maia Filho, j. 26.05.2010.

19.2.20. Prova por estatística ou por amostragem

Trata-se da prova realizada apenas por uma parcela do todo que deveria ser considerado, porque a análise total seria impossível ou, quando para a tomada de decisão, bastarem os dados identificados a partir da averiguação de uma parte do conjunto.

Pode-se valer deste tipo de prova, por exemplo, na hipótese referida no art. 100 da Lei 8.078/1990, para se decidir se houve *"habilitação de interessados em número compatível com a gravidade do dano"*, ou na hipótese enfrentada pelo STJ relativo ao pagamento de direitos oriundos da retransmissão de música em apartamentos de hotel que o valor devido deveria ser calculado tendo em vista a "média de efetiva utilização dos apartamentos" e que deveria "se proceder a uma pesquisa, por amostragem, que poderá ser regional, visando a estabelecer uma média, sem necessidade, obviamente, de que todos os estabelecimentos sejam diretamente pesquisados",[21] ou, ainda, na análise de um número adequado de amostras de um peça para se concluir que apresenta inadequado funcionamento.

A prova por amostragem só é admissível quando: (i) o objeto da análise for efetivamente vasto; e (ii) os dados colhidos forem representativos do que ocorre em relação ao todo, se globalmente considerado.

19.3. DAS DEMANDAS PROBATÓRIAS AUTÔNOMAS

Dos arts. 381 a 383 do CPC/2015 são reguladas algumas demandas probatórias autônomas, aptas a provocar a instauração de um processo que visa a colheita de provas, não obstante a epígrafe prevista na lei restringir-se à produção antecipada de provas.

Há muito a doutrina já reconhecia a existência de um direito material à prova, autônomo em si, que não se confunde com os fatos, os quais ela se destina a demonstrar (objeto da prova), tampouco com as consequências jurídicas daí advindas, podendo (ou não) subsidiar outra pretensão. Assim, afigura-se possível e adequado o manejo de ação probatória autônoma de exibição de documento ou coisa, que, na falta de regramento específico, há de observar o procedimento comum (art. 318 do CPC/2015). Aplicando-se, no que couber, pela especificidade, o disposto nos arts. 396 e seguintes, que se reportam à exibição de documentos ou coisa incidentalmente.[22]

Há, a rigor, sob o rótulo de produção antecipada de provas, que se tornou um gênero, quatro espécies de procedimentos (CÂMARA, 2015. p. 236-237):

(i) Demanda cautelar de asseguração da prova, art. 381, I, do CPC/2015;

(ii) Demanda de descoberta (*discovery* ou *dislosure*), art. 381, II e III, do CPC/2015;

(iii) Arrolamento de bens (art. 381, § 1º, do CPC/2015);

(iv) Justificação (art. 381, § 5º, do CPC/2015).

---

[21] STJ, EDcl no AgRg no Ag 623.803 RJ, 4ª T., rel. Min. Massami Uyeda, *DJ* 17.09.2007.

[22] Na linha do aqui defendido: STJ, REsp 1.803.251/SC, 3ª T., rel. Min. Marco Aurélio Bellizze, por maioria, j. 22.10.2019, *DJe* 08.11.2019.

270 | PROCESSO CIVIL SISTEMATIZADO – *Haroldo Lourenço*

Inicialmente cumpre registrar o afastamento de tais medidas como cautelares típicas, até porque não há tal instituto na legislação atual, sendo tratada no capítulo específico das provas, não sendo imprescindível a existência de *periculum in mora*.

No que se refere à competência, a legislação deixa claro que será do **juízo do foro onde a prova deva ser produzida ou do foro de domicílio do réu** (art. 381, § 2º), tratando-se de competência concorrente, ressaltando que **não** haverá prevenção do juízo para eventual ação que venha a ser proposta (§ 3º), seguindo a linha da jurisprudência.[23]

O § 3º justifica-se exatamente para as hipóteses em que há urgência, pois, imaginemos a oitiva antecipada de pessoa idosa que more em outro estado, onde não se pode esperar, por exemplo, por uma carta precatória.

Por outro lado, entendo que a prevenção deva ser aplicável **nas hipóteses de identidade de foros**, gerando prevenção para se conhecer da ação principal, se esta for necessária, respeitando-se o princípio da imediatidade, não se justificando a distribuição livre, dentro da mesma competência territorial.

O § 4º traz interessante inovação quanto à **competência por delegação**, prevista no art. 109, §§ 3º e 4º, da CR/1988, desde que na localidade não exista vara federal instalada. A rigor, o dispositivo aplica o art. 15, II, da Lei 5.010/1966, regra para a justificação destinada a produzir prova perante a Administração Federal.

O art. 382 afirma que na petição, o requerente apresentará as razões que justificam a necessidade de antecipação da prova e mencionará com precisão os fatos sobre os quais a prova há de recair, contudo, tal análise deve ser casuística, eis que, nem sempre o autor poderá indicar os fatos com a precisão exigida pelo legislador, principalmente nas hipóteses do art. 381, II e III, do CPC/2015.

O § 1º afirma que o juiz determinará, de ofício ou a requerimento, a citação de interessados na produção da prova, salvo se inexistente caráter contencioso. Cumpre registrar que tal dispositivo não afasta a necessidade de o autor delimitar o polo passivo da demanda, por outro lado, o magistrado pode complementar, viabilizando o contraditório (art. 9º do CPC/2015), principalmente para hipóteses em que a prova poderá ser oposta em processo judicial ou fora dele.

O STJ já consagrou a tese da denominada **"assistência provocada"**, em caso no qual a prova produzida antecipadamente poderia ser utilizada, posteriormente, contra eventual denunciada, como uma seguradora, em posterior processo indenizatório.[24]

Para a hipótese de não existir caráter contencioso, será dispensável a citação dos interessados, partindo-se da premissa de que estes não existem, algo raro, mas um caso de processo sem réu.

O § 2º do art. 382 afirma que o magistrado **não** se pronunciará sobre a ocorrência ou não do fato, nem sobre as respectivas consequências jurídicas. Nesse ponto, digno de nota observar as etapas probatórias: propositura, admissibilidade, produção e valoração e, como se percebe, trata-se de ação probatória autônoma, na qual somente ocorrerão as três primeiras etapas, não havendo valoração da prova, sendo uma prova obtida, mas não valorada. Ter-se-á, a rigor, uma **sentença meramente formal**.

---

[23] Súmula 263 do TFR: "A produção antecipada de provas, por si só, não previne a competência para a ação principal".

[24] STJ, REsp 213.556/RJ, 3ª T., rel. Min. Nancy Andrighi, j. 20.08.2001.

O § 3º afirma que os interessados poderão cumular pedidos probatórios, salvo se a sua produção conjunta acarretar excessiva demora. Cremos que, nessa hipótese, melhor teria sido a opção de permitir a cumulação e o magistrado ir homologando parcialmente cada meio de prova imediatamente após a sua produção (NEVES, 2015. p. 280), eis que o CPC/2015 admite, inclusive, sentenças parciais de mérito (art. 354, parágrafo único, do CPC/2015).

O § 4º afirma que nesse procedimento **não se admitirá defesa ou recurso**, salvo contra decisão que indeferir totalmente a produção da prova pleiteada pelo requerente originário, opção criticável, pois na maioria dos casos as ações probatórias terão um caráter contencioso, o que faria que tal dispositivo violasse o princípio do contraditório (art. 9º do CPC/2015).

Afirma a doutrina que, nesses casos, a legislação criou um juiz soberano, dando vários exemplos: o juiz determina a oitiva de testemunha incapaz, não cabe recurso? O juiz fixa honorários estratosféricos? (NEVES, 2015. p. 281)

De igual modo, o dispositivo afirma não caber defesa, havendo quem afirma somente não ser admissível a contestação, mas **ser admissível a alegação de incompetência ou reconvenção**, principalmente quando o dispositivo se refere à expressão "requerente originário", levando a crer que outros sujeitos, além do autor, podem fazer pedido para a produção de prova, numa espécie de reconvenção probatória (NEVES, 2015. p. 281-282).

Por fim, afirma o art. 383 do CPC/2015 que os autos permanecerão em cartório por um mês para extração de cópias e certidão pelos interessados, quando ao final serão entregues ao requerente da medida. Interessante que o legislador ainda pensa na lógica dos autos físicos, abstraindo-se dos autos eletrônicos, bem como não possui malícia no sentido de que a prova poderá ter sido desfavorável ao requerente e este, provavelmente, a destruirá.

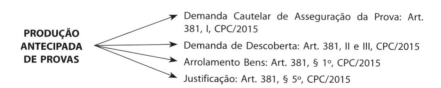

19.3.1. Produção antecipada de provas ou de asseguração da prova (art. 381, I, do CPC/2015)

Afirma o art. 381 do CPC/2015 que serão admitidas nos casos em que haja fundado receio de que venha a tornar-se impossível ou muito difícil a verificação de certos fatos na pendência da ação. Perceba-se que haverá **cautelaridade**, para a qual se exige o *periculum in mora*.

Essa asseguração da prova pode se dar na hipótese de pessoa idosa que esteja doente, permitindo-se a colheita antecipada de seu depoimento. Trata-se da denominada prova *ad perpetuam rei memoriam*.

19.3.2. Demandas de descoberta (art. 381, II e III, do CPC/2015)

Nas hipóteses do art. 381, II e III, há as demandas para descoberta da prova, figuras inspiradas nos ordenamentos filiados à tradição jurídica do *common law*,[25] na qual a parte necessita da prova para viabilizar a solução do litígio, como a perícia para se aferir o real valor do aluguel de um imóvel comercial, justamente para viabilizar a renovação da locação, ou a hipótese de se demandar um médico para se realizar uma perícia, com a qual poderá se verificar se houve ou não imperícia por parte de tal profissional a justificar o manejo de ação indenizatória ou, ainda, uma perícia para se verificar a origem de um vazamento em um prédio, apontando o verdadeiro responsável.

Como se pode perceber, as demandas de descoberta podem impedir a instauração de processos.

19.3.3. Do arrolamento de bens (art. 381, § 1º, do CPC/2015)

A terceira hipótese é o arrolamento de bens, podendo ser necessária somente para listar bens que não são conhecidos, como no divórcio, em que um dos cônjuges não tem conhecimento da integralidade dos bens que integram o patrimônio comum, bem como pode visar a apreensão de tais bens, a partir do seu arrolamento, evitando a dissipação, nesse caso possuindo nítido caráter cautelar.

19.3.4. Da justificação (art. 381, § 5º, do CPC/2015)

A última hipótese gerará um procedimento de jurisdição voluntária, impulsionado pela realização de prova testemunhal, utilizável para obtenção de prova da presença de requisitos para obtenção de algum benefício previdenciário.

Há, ainda, a possibilidade de tal medida assumir o caráter não contencioso, não precisando, em outras palavras, estar ligada a uma demanda futura, podendo se prender unicamente à intenção de documentação de um fato ou de uma relação jurídica, sem caráter contencioso, o que rompe totalmente com a concepção tradicional e atual do instituto.

Resta, somente, **investigar o interesse de agir** em se demandar para produção antecipada de provas para documentação de um fato ou relação jurídica, sem nenhum caráter contencioso, principalmente, para se coibir abusos ou desvios, até porque a documentação de fatos e relações jurídicas pode ser materializada por atas notariais (art. 384 do CPC/2015).

19.4. DAS PROVAS EM ESPÉCIE

19.4.1. Ata notarial como meio de prova típico

De maneira inédita a ata notarial passa a ser regulada expressamente na legislação processual brasileira (art. 384 do CPC/2015). Inédita é a sua regulamentação,

---

[25] Por exemplo, *rule* 31 das *Civil Procedure Rules* da Inglaterra, as quais compõem um Código de Processo Civil para a Inglaterra e País de Gales.

Cap. 19 · DIREITO PROBATÓRIO | 273

eis que já era utilizada como uma prova atípica, o que sempre foi autorizado pelo nosso ordenamento (art. 332 do CPC/1973 e art. 369 do CPC/2015), o qual admite provas não especificadas na legislação processual, ou seja, atípicas. Enfim, deixou de ser uma prova atípica, passando a se tornar uma **prova típica**, principalmente por refletir sua importância prática.

Destarte, é um **instrumento público**, lavrado exclusivamente por **tabelião de notas** (Lei 8.935/1994, art. 7º, III) a **requerimento de pessoa interessada**, que se destina a **atestar, através dos sentidos do próprio notário, documentando a existência ou o modo de existir de algum fato jurídico** (art. 6º, III, do mesmo diploma).

Um exemplo bem nítido é a prova de situações havidas na *internet* e, principalmente, nas redes sociais, em que, com grande frequência, ofensas são prolatadas e, com a lavratura da ata notarial se impede, por exemplo, que alguma informação deixe de ser documentada caso a página da *internet* seja retirada do ar, a foto ou o vídeo sejam apagados, ou seja, pode sumir com a mesma velocidade que aparece.

Outros fatos podem ser provados, como a documentação do conteúdo de um *e-mail*, com informações de quem envia e recebe, IP do computador, data e horário do envio etc.; documentação de discussões e situações ocorridas no âmbito de reuniões societárias ou assembleias de condomínio; documentação do fato de um pai ou de uma mãe não comparecer para visitar seu filho nos dias de visita regulamentada; documentação do barulho feito por um vizinho; documentação da entrega de chaves de um imóvel locado ou de que está vazio, para se postular a imissão na posse (art. 66 da Lei 8.245/1991); documentação de uma marca sendo utilizada indevidamente por determinada empresa em seu *site* oficial; entre muitas outras.

O tabelião irá testar a existência ou o modo de ser de algum fato, levando-se em consideração os sentidos humanos, podendo refletir um barulho (audição), odores (olfato), gosto (paladar) e a textura ou formato (tato), ou seja, pode servir para comprovar uma música alta, um cheiro forte, uma comida ruim, uma superfície lisa etc. (NEVES, 2015. p. 274).

Interessante ressaltar que se trata de uma **prova híbrida**, eis que tem a forma de prova documental, mas conteúdo de prova testemunhal, pois serão justamente as impressões do tabelião a respeito dos fatos que presenciou. Trata-se, a rigor, de uma prova documentada.

De igual modo, pode ser muito útil à concessão de uma **tutela provisória**, diante da falta de prova documental imediata, eis que será dotada de fé pública, gerando uma presunção de veracidade apta a convencer o juízo em sede de cognição sumária. Inclusive, o art. 405 do CPC/2015 estabelece, ao tratar da força probante dos documentos públicos, que eles fazem prova dos fatos que o tabelião declarar que ocorreram na sua presença, gerando, portanto, um ônus da contraprova à parte contrária (CÂMARA, 2015. p. 240).

Cumpre registrar que o art. 384 refere-se ao interessado, eis que, muito provavelmente, a ata notarial será utilizada antes de um processo judicial, o que, por óbvio, não impede a sua utilização no curso do processo.

19.4.2. Depoimento pessoal

Trata-se da prova consistente na oitiva da parte em juízo, cabendo ressaltar que somente se admite o depoimento pessoal da parte contrária, eis que o seu propósito é provocar a confissão na audiência de instrução e julgamento (art. 361, II, do CPC/2015), nos termos do art. 385 do CPC/2015, sem prejuízo do poder do juiz de ordená-lo de ofício.

A doutrina distingue **depoimento pessoal de interrogatório**, sendo o primeiro o meio de prova no qual uma das partes requer que a parte contrária deponha sobre fatos relacionados com a demanda a fim de obter dela confissão, espontânea ou provocada, já o segundo ocorre quando o juiz determina o comparecimento da parte a fim de ser interrogada para esclarecer fatos que tenham relação com a demanda. Infelizmente, como se percebe, o CPC/2015 embaralha os dois institutos.

Cabe registrar que tanto o depoimento pessoal quanto o interrogatório podem ser determinados de ofício, nos termos do art. 370 do CPC/2015, contudo a pena de confesso somente é aplicável às hipóteses de depoimento pessoal, como se extrai do art. 385, § 1º, c/c o art. 139, VIII, do CPC/2015. De igual modo, quem ainda não depôs não poderá assistir ao depoimento pessoal do outro ou o interrogatório (§ 2º).

Interessante é a previsão expressa da utilização da videoconferência para a colheita do depoimento pessoal da parte que residir em comarca, seção ou subseção judiciária distinta daquela onde tramita a demanda (§ 3º), consolidando o uso de instrumentos tecnológicos, permitindo uma economia, uma eficiência e uma celeridade processual, sendo um ônus para o Judiciário que disponibilize equipamentos para tanto (art. 453, § 2º, do CPC/2015).

Há algumas hipóteses em que se excluem o dever de depor, nos termos do art. 388 do CPC/2015, tornando-se em sintonia com o art. 229 do CC/2002, o qual foi revogado pelo art. 1.072, II, do CPC/2015, não se aplicando às ações de estado e de família (art. 388, parágrafo único, do CPC/2015), com a única diferença de o art. 388, III, do CPC/2015 incluir o companheiro, contudo não adotou a exclusão do dever de depor, eis que estava prevista no art. 229, III, do CC, que foi revogado, para os casos de exposição da parte ou de seu cônjuge, companheiro ou parente em grau sucessível, a perigo de demanda ou de dano patrimonial imediato.

DEPOIMENTO PESSOAL	≠	INTERROGATÓRIO
➤ Parte requer da outra		➤ Juiz Determina de Ofício ou a Requerimento
➤ Visa a confissão		➤ Não Há Pena Confesso
➤ Colhido na AIJ		➤ A qualquer tempo

Cabe registrar que a forma de colheita do depoimento pessoal foi alterada, adotando o modelo cooperativo de processo, pois o art. 452, II, do CPC/1973, o qual afirmava que "o juiz tomará os depoimentos pessoais" não foi repetido pelo CPC/2015, devendo ser aplicado o art. 459 do CPC/15, que adota o sistema da prova cruzada (*cross examination*), em que a inquirição é feita diretamente pelo advogado, como

Cap. 19 · DIREITO PROBATÓRIO | 275

consagrado no Enunciado 33 do CJF.[26] Para maiores considerações, vide o item desse capítulo sobre prova testemunhal.

19.4.3. Confissão

Confissão é a declaração de conhecimento de fatos contrários ao interesse de quem a emite e favorável ao do adversário, podendo ser **espontânea**, feita pela própria parte ou por representante com poder especial e nos limites do poder que lhe foi atribuído (art. 390, § 1º, do CPC/2015), ou **provocada**, que é a ocorrida durante o depoimento pessoal, devendo constar do respectivo termo (art. 390, § 2º, do CPC/2015), somente podendo recair sobre fatos relativos a direitos disponíveis (art. 392 do CPC/2015).

Mantém-se a regra que somente faz prova contra o confitente, contudo, evidentemente, não pode ser considerada absoluta ou incontestável, devendo ser valorada em conjunto com as demais provas. No parágrafo único do art. 391 é feita a ressalva existente em relação à confissão do cônjuge, mas incluindo a figura do companheiro e excepcionando aqueles casados sob o regime da separação absoluta de bens, tornando o dispositivo harmônico com o art. 1.647 do CC/2002.

A regra prevista no *caput* do art. 391 sempre foi criticada, pois desconsideraria o princípio da comunhão das provas e aplicaria, cegamente, a regra da autonomia dos litisconsortes (art. 117 do CPC/2015), mostrando-se desarrazoada, eis que fazer prova é convencer o juiz da alegação de um fato e, nesse sentido, não poderia o magistrado se convencer de um fato para um sujeito processual e não se convencer para o outro, dentro da mesma demanda (NEVES, 2015. p. 285).

Enfim, se a confissão convencer o juiz, produzirá efeitos a todos os sujeitos do processo, sendo o litisconsórcio unitário ou simples, eis que o fato é um só. Talvez o que o legislador tentou prever foi a hipótese do litisconsórcio simples, no qual é possível que um fato diga respeito somente a um dos litisconsortes e, justamente sobre tal fato, houve confissão.

De igual forma, nos demais dispositivos do CPC/2015, as novidades relacionam-se à necessária harmonização do sistema processual ao disposto sobre a confissão nos arts. 116, 213 e 214, todos do CC/2002.

Corrigiu-se o erro técnico do art. 352 do CPC/1973, que prevê revogabilidade da confissão, contrariando expressamente o art. 214 do CC/2002, e o dolo é retirado das hipóteses de anulação da confissão, como há muito preconizava a doutrina, como se observa do art. 393 do CPC/2015.

Interessante que **não** há mais previsão do cabimento de ação rescisória para invalidar confissão, antes prevista no art. 485, VIII, do CPC/1973, sem correspondente no art. 966 do CPC/2015 entre as hipóteses de rescindibilidade, contudo o § 4º do mesmo artigo prevê que os atos de disposição de direitos estão sujeitos a anulação.

Buscou-se uma simplificação, ou seja, sempre será cabível ação anulatória, contudo, é possível se imaginar algumas perplexidades. Será cabível ação anulatória da confissão, mas tal ação anulatória rescindiria o trânsito em julgado? Certamente que

---

[26] No depoimento pessoal, o advogado da contraparte formulará as perguntas diretamente ao depoente.

não, até porque tal circunstância não é mais causa de rescindibilidade. Já há autores defendendo uma interpretação bem mais ampla, passando a considerar a confissão como uma prova falsa, para se admitir a rescisória com fundamento no art. 966, VI, do CPC/2015 (NEVES, 2015. p. 494).

Cumpre ressaltar que tal ação anulatória só pode ser proposta pelo próprio confitente, transmitindo-se para seus sucessores se ele falecer após o ajuizamento da demanda (art. 393, parágrafo único, do CPC/2015).

19.4.4. Exibição de documento ou coisa

O CPC/2015 mantém a atual distinção procedimental em relação ao pedido formulado em face da parte contrária e aquele formulado em face de terceiro, fazendo poucas modificações textuais.

No tocante ao pedido formulado em face da parte contrária são exigíveis os requisitos previstos no art. 397 do CPC/2015, não se admitindo recusa nas hipóteses do art. 396 do CPC/2015.

Do mesmo modo, se o requerido não efetuar a exibição, nem fizer qualquer declaração no prazo de cinco dias subsequentes à sua intimação, ou se a recusa for havida por ilegítima, o magistrado, ao decidir o pedido, admitirá como verdadeiros os fatos que, por meio do documento ou coisa, a parte pretendia provar (art. 400 do CPC/2015).

O parágrafo único do art. 400 traz novidades, contrariando o Enunciado 372 do STJ,[27] deixando expresso que a presunção de veracidade não impede que o juiz adote outras medidas coercitivas, indutivas, mandamentais ou sub-rogatórias, tal como a imposição de multa cominatória, o que é corroborado pelo art. 139, IV, do CPC/2015.

Cremos que, a rigor, deve-se dar preferência, portanto, à exibição do documento ou coisa propriamente dita, em vez de simplesmente entender suficiente a presunção de veracidade em face da parte adversária, para tanto, os meios de coerção se mostram indispensáveis e essenciais, não obstante existirem renomados autores que entendem em sentido contrário, afirmando que a exibição não seria um dever, mas um ônus processual, que geraria como consequência a conclusão de veracidade dos fatos (NEVES, 2015. p. 288; DINAMARCO, n. 1.154, p. 571).

---

[27] "Na ação de exibição de documentos, não cabe a aplicação de multa cominatória." O próprio STJ já flexibilizou tal enunciado: STJ, REsp 1.359.976/PB, 3ª T., rel. Min. Paulo de Tarso Sanseverino, j. 25.11.2014. Enunciado 54 do FPPC: "Fica superado o enunciado 372 da súmula do STJ ('Na ação de exibição de documentos, não cabe a aplicação de multa cominatória') após a entrada em vigor do CPC, pela expressa possibilidade de fixação de multa de natureza coercitiva na ação de exibição de documento".

Cap. 19 • DIREITO PROBATÓRIO | **277**

Cabe registrar que nada obsta que em algumas situações a multa se mostra inaplicável, principalmente quando a exibição for reconhecida como impossível.[28]

Há casos em que a presunção de veracidade não poderá ser aplicada, como quando for inadmissível a confissão como meio de prova: por exemplo, quando os fatos presumidos como verdadeiros disserem respeito a direitos indisponíveis (art. 392 do CPC/2015); ou o único meio de prova admissível for o instrumento público (art. 406 do CPC/2015); ou por outro modo o documento ou a coisa foi exibida, por exemplo, por outra pessoa, o pedido de exibição foi impugnado por um litisconsorte, no caso de a exibição ter sido pedida contra mais de uma pessoa, houver, nos autos, elementos de prova suficientes para afastar a presunção de que são verídicos os fatos que se queria provar.

Quanto ao pedido formulado em face de terceiro, este será citado, tendo o seu prazo de resposta de 15 dias (art. 401 do CPC/2015), de igual modo, o art. 402 do CPC/2015 passa a utilizar a expressão "decisão", em vez do termo "sentença", como outrora era previsto (art. 361 do CPC/1973), admitindo-se, nesse caso, agravo de instrumento, nos termos do art. 1.015, VI, do CPC/2015, havendo a possibilidade de o juiz, diante da recusa sem justo motivo do terceiro, determinar as medidas do art. 403, parágrafo único, do CPC/2015.

O art. 402 do CPC/2015 mantém a expressão "audiência especial", que nada mais é do que uma audiência de instrução e julgamento, para a necessidade de prova oral.

Nesses casos, por ser uma ação incidental, manejada contra terceiro, será exigível uma petição inicial, autuada em apenso.

Entre as hipóteses autorizadoras da escusa em exibir o documento ou a coisa em juízo foi incluída uma sexta (art. 404, VI, do CPC/2015), sempre que *"houver disposição legal que justifique a recusa da exibição"*, a contemplar genericamente eventual previsão em legislação esparsa.

Por fim, cabe registrar que é admissível o ajuizamento da ação de exibição de documentos de forma autônoma, pela via do procedimento comum (art. 318)[29] ou pela produção antecipada de provas (art. 381)[30], que, no CPC/1973, era pela via de uma ação cautelar; contudo, tal caminho não foi repetido pelo CPC/2015. Nessa linha, é admissível o caminho da produção antecipada de provas (art. 381), não sendo exigível, sequer, a indicação para qual "eventual demanda futura" essa prova se destina, bastando demonstrar os requisitos do art. 381 ou, até mesmo, pela via do procedimento comum (art. 318).

19.4.5. Da arguição de falsidade documental, da prova documental e documentos eletrônicos

Alguns pontos merecem destaque, quais sejam: a arguição de falsidade documental, a juntada de documentos novos no processo e utilização de documentos eletrônicos.

---

[28] Enunciado 53 do FPPC: "Na ação de exibição não cabe a fixação, nem a manutenção de multa, quando a exibição for reconhecida como impossível".

[29] Enunciado 119 do II CJF: "É admissível o ajuizamento de ação de exibição de documentos, de forma autônoma, inclusive pelo procedimento comum do CPC (arts. 318 e seguintes)".

[30] Enunciado 129 do II CJF: "É admitida a exibição de documentos como objeto de produção antecipada de prova, nos termos do art. 381 do CPC".

A arguição de falsidade documental deverá ser suscitada na contestação, na réplica ou no prazo de 15 dias contados a partir da intimação da juntada aos autos do documento (art. 430, *caput,* do CPC/2015), tendo a parte contrária 15 dias para resposta, findo o qual será determinada prova pericial (art. 432 do CPC/2015), evitando-se a criação de incidentes processuais desnecessários, como ocorrerá também com a alegação de incompetência relativa, agora a ser suscitada também em preliminar de contestação (art. 337, II, do CPC/2015).

Além disso, a falsidade será resolvida como questão incidental, **salvo** se a parte requerer que o juiz a decida como questão principal, ocasião na qual constará do dispositivo da sentença e fará coisa julgada material (art. 433 c/c o art. 503, § 1º, do CPC/2015).

Cumpre registrar que a intenção do legislador foi pôr fim à ação de declaração incidental e à arguição incidental de falsidade de documento, pois a questão prejudicial, pela redação do art. 503, § 1º, do CPC/2015, fará coisa julgada "automaticamente", desde que preenchidos alguns requisitos contidos no mencionado artigo. Contudo, o art. 430, parágrafo único, c/c o art. 433, parece exigir requerimento para que essa questão prejudicial, a falsidade do documento, seja julgada como questão principal, não como questão incidental.

Nesse sentido, resta a dúvida de que, se a falsidade documental for decidida incidentalmente, transitará materialmente em julgado ou não, parecendo ser negativa a resposta, sendo necessária, para tanto, uma espécie de "ação declaratória incidental", com fundamento no art. 19, II, do CPC/2015.

Sobre a juntada de documentos novos no processo, o art. 435 do CPC/2015 continua a permitir em qualquer tempo, desde que (i) para provar fatos supervenientes ou (ii) para contrapor prova documental produzida nos autos.

O parágrafo único, contudo, inova permitindo uma avaliação à luz do art. 5º do CPC/2015, que traz a cláusula geral de boa-fé objetiva, o que era autorizado pelo STJ até o segundo grau de jurisdição, desde que haja respeito ao contraditório e inexista má-fé por parte daquele que os juntou,[31] ou seja, não se admite a prova que o sujeito guardou para utilizar quando lhe mostrasse interessante.

Importante a menção à juntada de documentos eletrônicos. A sua utilização no processo convencional dependerá de sua conversão à forma impressa e de verificação de sua autenticidade, na forma da lei, nos termos do art. 439 do CPC/2015, sendo reputado autêntico quando sua autoria estiver identificada por qualquer outro meio legal de certificação, inclusive eletrônico, nos termos da lei (art. 411, II, do CPC/2015).

19.4.6. Prova testemunhal

Regulamentada nos arts. 442 a 463 do CPC/2015, é admissível em qualquer processo de conhecimento, salvo se a lei dispuser em sentido contrário (art. 442 do

---

[31] STJ, AgRg no AREsp 592.056/PB, 3ª T., rel. Min. Moura Ribeiro, j. 18.11.2014, *DJe* 28.11.2014; REsp 1.242.325/RS, 1ª T., rel. Min. Benedito Gonçalves, j. 06.05.2014, *DJe* 13.05.2014; AgRg no AREsp 294.057/SP, 4ª T., rel. Min. Luis Felipe Salomão, j. 19.09.2013, *DJe* 24.09.2013.

CPC/2015), como no mandado de segurança (Lei 12.016/2009[32]) ou no inventário e partilha (art. 612 do CPC/2015).

De igual modo, deverá ser indeferida a oitiva de testemunha sobre fatos já provados por documento ou confissão (art. 443, I, do CPC/2015) ou que só por documento ou por perícia puderem ser provados (art. 443, II, do CPC/2015), ou seja, a testemunha não pode substituir a perícia, não existindo "testemunha técnica", como um engenheiro arrolado como testemunha para depor em juízo (CÂMARA, 2015. p. 251-252).

Um dos **primeiros pontos** a ser destacado é o abandono ao art. 401 do CPC/1973, o qual se mostrava como um resquício do sistema de prova legal ou tarifada, ao afirmar que não seria admissível prova exclusivamente testemunhal para demonstrar a existência de contratos cujo valor superasse o décuplo do salário mínimo vigente no País.

A doutrina (NERY JR.; NERY, 2000. p. 640) e a jurisprudência[33] sempre consideraram que tal limitação se restringia à existência do contrato, não atingindo questões referentes ao seu cumprimento, inexecução, efeitos etc., bem como a rigidez de tal artigo era atenuada pelos próprios arts. 402 e 404 do CPC/1973, cujas regras são mantidas pelo art. 446 do CPC/2015.

Cumpre ressaltar que o art. 1.072, II, do CPC/2015 revogou o art. 227, *caput*, do CC, o qual repetia o art. 401 do CPC/1973, contudo, para perplexidade, o art. 227, parágrafo único, do CC foi mantido, o qual afirma que, seja qual for o valor do negócio jurídico, a prova testemunhal é admissível como subsidiária ou complementar da prova por escrito.

Se não existe mais exclusão da prova testemunhal como apta a provar a existência de relação jurídica de qualquer valor, não haveria sentido manter no ordenamento jurídico regra que coloca como subsidiária à prova escrita (NEVES, 2015. p. 294).

Uma **segunda questão** relevante é o prazo para apresentação do rol de testemunhas, eis que o art. 451 faz referência ao disposto no art. 357, §§ 4º e 5º, que, por sua vez, trata da apresentação do rol de testemunhas no prazo comum não superior a 15 dias, a ser fixado pelo juiz, no caso de haver sido determinada a produção de prova testemunhal.

Entretanto, no caso de ter sido designada audiência para o saneamento compartilhado da demanda (art. 357, § 4º, do CPC/2015), as partes deverão levar, para a audiência prevista, o respectivo rol de testemunhas, até mesmo para que, em cooperação com a parte contrária e com o juízo, seja discutida a necessidade da produção de prova testemunhal no caso concreto, bem como, por exemplo, já sejam excluídas eventuais testemunhas incapazes, impedidas ou suspeitas.

Destarte, se consagra o princípio da cooperação na prática processual, evitando desperdício de tempo por parte de todos os sujeitos processuais, dando ênfase à solução de mérito.

---

[32]   Mandado de segurança exige um direito líquido e certo, assim devendo ser entendido aquele provado de plano, com provas documentais, não se admitindo dilação probatória para tanto.

[33]   STJ, REsp 470.534/SP, 3ª T., rel. Min. Nancy Andrighi, j. 02.09.2003.

280 | PROCESSO CIVIL SISTEMATIZADO – *Haroldo Lourenço*

Em **terceiro lugar**, cumpre observar o art. 455 do CPC/2015, que estabelece caber ao advogado informar ou intimar a testemunha por ele arrolada do dia, da hora e do local da audiência designada, dispensando-se a intimação do juízo e o § 1º do mesmo dispositivo ainda acrescenta que essa intimação deverá ser realizada por carta com aviso de recebimento, cumprindo ao advogado juntar aos autos, com antecedência de pelo menos três dias da data da audiência, cópia da correspondência de intimação e do comprovante de recebimento.

Poderá, ainda, a parte, comprometer-se a levar a testemunha arrolada independentemente de intimação, tal como ocorre atualmente no âmbito dos Juizados Especiais Cíveis (art. 34 da Lei 9.099/1995), presumindo-se, entretanto, caso a testemunha não compareça, que a parte desistiu de sua inquirição, prestigiando a celeridade, a boa-fé e a cooperação dos sujeitos processuais.

Uma **quarta alteração**, extremamente relevante, é a consagrada no art. 459 do CPC/2015, que permite que as perguntas sejam formuladas pelas partes diretamente à testemunha, começando pela que a arrolou, não admitindo o juiz aquelas que puderem induzir a resposta, não tiverem relação com as questões de fato objeto da atividade probatória ou importarem repetição de outra já respondida, o que já era defendido pela doutrina (DIDIER JR., 2012. p. 221)[34] e deve ser estendido para o depoimento pessoal.[35]

Nesse sentido, cumpre registrar o Enunciado 156 do FPPC, que afirma não configurar induzimento a utilização de técnica de arguição direta no exercício regular de direito, bem como deve ser assegurado às partes a formulação de perguntas de esclarecimento ou complementação decorrentes da inquirição do juiz (Enunciado 157 do FPPC) e, ainda, constitui direito da parte a transcrição de perguntas indeferidas pelo juiz (Enunciado 158 do FPPC).

Assim, foi afastado o sistema presidencialista de condução das audiências e adotado o sistema anglo-americano, denominado *cross examination*, em que os questionamentos das partes são feitos diretamente às testemunhas, ficando para o juiz os esclarecimentos remanescentes e o poder de fiscalização. No sistema presidencialista as perguntas e reperguntas são centralizadas na pessoa do juiz, ele faz seus questionamentos e as partes reperguntam através do magistrado.

Por essa trilha, cumpre registrar que, nos termos do art. 360, IV e V, o magistrado deve tratar a todos com **urbanidade**, registrando **tudo em ata**, nos termos do art. 367, § 6º, as audiências **poderão ser gravadas**, independentemente de autorização judicial, o que viabilizará um maior controle do que ocorrer e for falado nas audiências.

Cumpre registrar que a **acareação** é mais bem regulamentada, pois somente era prevista no art. 418, II, do CPC/1973, contudo, agora nos termos do art. 461, §§ 1º e 2º, do CPC/2015, pode, inclusive, ser realizada por videoconferência.

De igual modo, o art. 447, § 1º, III, do CPC/2015 afirma que aquele que ainda não tenha completado 16 anos é incapaz para ser testemunha, podendo, contudo, ser

---

[34] "(...) ora, se no processo penal, onde as garantias para o acusado são observadas com ainda mais atenção, permite-se a inquirição direta pelas partes, nada justifica que se mantenha essa formalidade obsoleta no processo civil".

[35] No depoimento pessoal, o advogado da contraparte formulará as perguntas diretamente ao depoente.

Cap. 19 • DIREITO PROBATÓRIO | 281

ouvido independentemente de prestar compromisso (testemunha não compromissada, comumente designada de informante).

Tal norma, contudo, deve ser interpretada à luz do **art. 12 da Convenção de Nova Iorque sobre os Direitos da Criança**, que integra o ordenamento brasileiro por força do Decreto 99.710/1990, que permite a sua oitiva, em particular, em processo judicial ou administrativo que afete a mesma, como, por exemplo, em uma ação de guarda entre seus genitores.

19.4.7. Prova pericial

Prevista nos arts. 464 a 480 do CPC/2015, reconhecidamente o meio de prova mais complexo, é a prova realizada por um especialista em determinada área técnica para esclarecer certo fato.

Justamente em virtude da sua complexidade, do seu elevado custo e da demora, o legislador vem tentando evitá-la, como se observa do art. 472 do CPC/2015, bem como foram estimulados institutos com a mesma proposta, como a perícia técnica simplificada e a perícia consensual.

Quatro novidades merecem maior destaque: (i) produção de prova técnica simplificada; (ii) apresentação de currículo do perito; (iii) perícia consensual; (iv) requisitos do laudo pericial; e (v) calendário pericial.

A **primeira**, prevista no art. 464, § 2º, consistirá apenas na inquirição, pelo juiz, de especialista na área (§ 3º), que poderá se valer de qualquer recurso tecnológico de transmissão de sons e imagens para esclarecer os pontos controvertidos da causa (§ 4º). Trata-se de importante avanço ao que era previsto no art. 421, § 2º, do CPC/1973, permitindo a desburocratização em demandas nas quais, embora exista a necessidade da prova técnica, a baixa complexidade envolvida em nada justifica que as partes se sujeitem à demorada e custosa produção da prova pericial nos moldes tradicionais, tal como previstos atualmente.

Tal perícia simplificada pode ser muito útil, por exemplo, no rito dos juizados, nos termos do art. 32 c/c o art. 35 da Lei 9.099/1995.

A escolha do perito deixa de ser uma escolha adstrita ao juiz, como era previsto pelo art. 145, § 2º, do CPC/1973. O art. 156, § 1º, do CPC/2015 prevê que os peritos serão nomeados entre profissionais legalmente habilitados e os órgãos técnicos ou científicos devidamente inscritos em cadastro mantido pelo tribunal ao qual está vinculado o juiz, em que art. 157, § 2º, prevê a organização de uma lista de peritos na vara ou secretaria, com disponibilização de documentos exigidos para habilitação à consulta dos interessados, para que a distribuição seja de modo equitativo, observadas a capacidade técnica e a área de conhecimento.

O perito, no prazo de cinco dias de sua nomeação, junta aos autos, além da sua proposta de honorários e dos seus contatos profissionais, especialmente *e-mail*, também o seu **currículo atualizado**, com a devida comprovação de sua especialização, sob pena de substituição (art. 465, § 2º, II).

Essa questão poderia ser objeto de impugnação posterior maculando a prova pericial produzida e tornar o processo ainda mais demorado, sujeitando as partes a novo processo de produção da prova técnica, o que traz sanções ao perito (art. 468 do CPC/2015).

PROCESSO CIVIL SISTEMATIZADO – *Haroldo Lourenço*

No que se refere à fixação dos honorários, tratada nos §§ 3º a 5º do art. 465, as partes serão intimadas a respeito da proposta de honorários do perito e terão cinco dias para se manifestarem, decidindo o juiz, seguindo o adiantamento previsto no art. 95 do CPC/2015, sendo possível o pagamento de até 50% dos honorários arbitrados, sendo o restante pago quando o laudo for entregue e os esclarecimentos forem prestados, sendo possível sua redução se a perícia for inconclusiva.

Cumpre registrar que os honorários do perito passam a ser um título de natureza judicial (art. 515, V, do CPC/2015), deixando de ser título extrajudicial como na legislação anterior.

A previsão da **perícia consensual** é inovadora (art. 471 do CPC/2015), na qual poderão as partes, de comum acordo, desde que plenamente capazes, quando a demanda possa ser resolvida por autocomposição, escolher o perito, indicando-o ao juízo mediante requerimento nesse sentido, o que substituirá, para todos os efeitos, a perícia que seria realizada por perito nomeado pelo juiz (§ 3º),[36] em nítida aplicação da cooperação no plano processual e protagonismo das partes, dando-lhes liberdade de escolher o especialista na área que elaborará o laudo pericial, evitando-se, dessa forma, todo tipo de impugnação e questionamento em relação à pessoa do perito e à sua formação técnica, já que escolhido e "avalizado" por todas as partes.

Outra questão relevante é a previsão legal expressa dos **requisitos do laudo pericial** (art. 473 do CPC/2015), exigindo, ainda, que o laudo seja fundamentado em linguagem simples e com coerência lógica (§ 1º). Será um norte para os *experts*, que deverão pautar seu trabalho técnico na busca da elucidação do fato controvertido que realmente interessa à demanda, evitando-se a prolixidade própria que se vê na prática, que talvez mais sirva como justificativa para os honorários técnicos do que propriamente à solução da controvérsia existente entre as partes.

Como se observa do art. 191 do CPC/2015, é possível a fixação de calendário processual, o que **não** pode ser imposto pelo magistrado, bem como pode ser criado na audiência de conciliação e mediação (art. 334), bastando estar presente o magistrado. Criado o calendário, as partes e o magistrado ficam a ele vinculados e, havendo desrespeito, caberá **representação** contra o magistrado por excesso de prazo (art. 235 do CPC/2015), **dispensando-se a intimação** das partes para os atos estabelecidos no calendário (art. 191, § 2º). Essa, sem dúvida, é a principal utilidade, terminar com os "tempos mortos" no processo, onde nada acontece.

Por outro lado, calendário processual **não** se confunde com calendário da perícia, que pode ser imposto pelo juiz na decisão de saneamento e organização do processo (art. 357, § 8º), **devendo as partes ser intimadas dos seus respectivos atos**, eis que foi unilateral pelo magistrado.

19.4.8. Inspeção judicial

Sobre a inspeção judicial, não há nenhuma inovação, estando tratada nos arts. 481 a 484, restando saber se, na prática, o magistrado terá condições estruturais para

---

[36] Cumpre registrar que a perícia sempre será realizada judicialmente, sendo consensual ou judicial somente a sua escolha, diferentemente ao que pode induzir o art. 471, § 3º, do CPC/2015.

assumir uma posição essencialmente ativa na produção probatória, a ponto de deixar seu gabinete para inspecionar pessoas e coisas.

Mais interessante seria se o legislador tivesse resolvido a questão da subsidiariedade ou não desse meio de prova, como afirmado pela doutrina.[37]

---

[37] Pela subsidiariedade: NERY JR., Nelson; NERY, Rosa Maria de Andrade. *Código de Processo Civil Comentado*. 10 ed. São Paulo: RT, 2008. p. 656. Contra: SILVA, Ovídio Batista da. *Curso de processo civil*. 4. ed. São Paulo: RT, 2000. v. 2, p. 237-238.

20
TEORIA DA DECISÃO JUDICIAL

20.1. NOÇÕES GERAIS

Entre os atos que o juiz pratica no processo, os pronunciamentos judiciais podem enfrentar uma questão (um ponto controvertido) – são as denominadas decisões *lato sensu* – ou, simplesmente, impulsionar o procedimento, avançando em suas fases – são os despachos, que tanto podem ser prolatados pelo juízo singular como pelo órgão colegiado (DIDIER JR., 2007. v. 2, p. 220), ou até mesmo pelo servidor (arts. 203, § 4º, do CPC/2015 e 93, XIV, da CR/1988).

A palavra *"sentença"*, em sentido amplo, é sinônima de **decisão judicial**. Por outro lado, quando utilizada em seu sentido estrito é uma das espécies de decisões judiciais que podem ser prolatadas pelo juízo singular de primeiro grau. Observe-se que nossos legisladores não prestigiam a boa técnica – por exemplo, o Constituinte, no art. 102, I, *"m"*, afirma que o STF possui competência para executar suas sentenças, por óbvio se referindo a seus acórdãos.

Nessa linha, a perfeita definição do ato jurisdicional influenciará, por conseguinte, no recurso adequado.

20.2. DECISÕES PROFERIDAS PELO JUÍZO SINGULAR

20.2.1. Sentença

O juízo de primeiro grau pode proferir sentenças, decisões interlocutórias ou despachos, como sistematizado pelo art. 203 do CPC/2015 e, como se observa do seu § 1º, o legislador adotou o conceito de sentença baseado em seu **conteúdo**, ou seja, será sentença o ato do juiz que se fundar no art. 485 (terminativa) ou no art. 487 (definitiva) e, com base no **momento**, ou seja, quando puser fim à fase cognitiva do procedimento comum, bem como extinguir a execução.

Por óbvio tal conceito não significa que o processo se exaure com a prolação da sentença, pelo contrário, se iniciará a fase de cumprimento de sentença, por meio do denominado processo *sine intervallo* ou sincrético, bem como poderá haver interposição de recurso e se prolongar o processo (CÂMARA, 2008. v. 1, p. 409; BARBOSA MOREIRA, 2010, p. 1) ou a causa poderia ser da competência originária de um tribunal e jamais haveria uma sentença. Cumpre registrar a redação adotada pelo CPC/2015.

286 | PROCESSO CIVIL SISTEMATIZADO – *Haroldo Lourenço*

Para ser sentença, além de ter por fundamento o art. 485 ou o art. 487, será necessário **pôr fim** à fase cognitiva do procedimento ou extinguir a execução, ou seja, será possível a prolação de decisões com base nos arts. 485 e 487 que não encerram a fase de conhecimento, como se observa do art. 354 e seu parágrafo único, que é expresso em permitir a prolação de decisões que digam respeito a apenas uma parcela do processo. Igual previsão é encontrada no art. 356, que prevê o julgamento parcial de mérito. Nesses casos, teremos decisões interlocutórias, com ou sem mérito.

Enfim, adota-se a tese das **decisões parciais com ou sem mérito** e, para se evitar imbróglios, traz-se a previsão recursal adequada, que será o **agravo de instrumento** (art. 354, parágrafo único, art. 356, § 5º, na forma do art. 1.015, XI, do CPC/2015 e do Enunciado 103 do FPPC).

Por outro lado, não se pode deixar de consignar que tal previsão gera, no mínimo, um tratamento que **não** é isonômico,[1] eis que para decisões formalmente idênticas, divergindo somente quanto ao momento da sua prolação, serão admitidos recursos diferentes, sendo que o agravo de instrumento não possui efeito suspensivo automático (art. 995 c/c o art. 1.019, I, do CPC), já a apelação possui (art. 1.012 do CPC), o agravo de instrumento, nessa hipótese, não admite sustentação oral (art. 937, VIII, do CPC), o que é outra incongruência, eis que a apelação contra a sentença terminativa admitirá sustentação oral (art. 937, I, do CPC/2015).

20.2.2. Interlocutórias

Quanto às decisões interlocutórias, o legislador as definiu no art. 203, § 2º, do CPC/2015, sendo o pronunciamento judicial que não se enquadre no conceito de sentença, ou seja, criou uma subsidiariedade.

Interessante que a apelação continuará sendo o recurso cabível contra as sentenças, como se extrai do art. 1.009, porém, também será o recurso cabível contra as decisões interlocutórias **não** passíveis de impugnação via agravo de instrumento (art. 1.015 do CPC).

Buscou-se, assim, criar um sistema onde nem todas as interlocutórias serão recorríveis imediatamente, ou seja, há decisões **agraváveis e não agraváveis**, mas todas são **recorríveis**. Destarte, havendo previsão em lei (por exemplo, arts. 101; 356, § 5º; 354, parágrafo único; 1.015), contra a interlocutória será admissível agravo de instrumento, do contrário, caberá apelação ou contrarrazões (art. 1.009, § 1º).

Enfim, será possível o manejo de **apelação** somente para se discutir eventual interlocutória que não era suscetível de impugnação ao longo do processo de conhe-

---

[1] "Porque essa é a solução que realmente preserva o Princípio da Isonomia, o Princípio da Isonomia no sentido amplíssimo, quer dizer, a parte não pode ter uma solução diferente com relação ao pedido que foi decidido precocemente e ao pedido que vai ser decidido depois. Porque se houver um agravo de instrumento com efeito suspensivo, a parte vai ficar privada de revisão, vai ficar privada de fazer sustentação oral, o recurso não é o mesmo": WAMBIER, Teresa Arruda Alvim. O agravo e o conceito de sentença. Palestra proferida no 2º Seminário de Processo Civil do TRF da 4ª Região, nos dias 17 e 18.08.2006, em Porto Alegre/RS e publicada na *RePro* 144/252. São Paulo: RT, 2007; WAGNER JR., Luiz Guilherme da Costa. *Reflexos recursais a partir da nova conceituação de sentença*... cit.; MONIZ DE ARAGÃO, Egas Dirceu. *Comentários ao Código de Processo Civil*. 10. ed. v. 2, p. 39.

Cap. 20 · TEORIA DA DECISÃO JUDICIAL | 287

cimento (art. 1.009, § 3º, do CPC), ou até mesmo se impugnar tais interlocutórias somente em contrarrazões, que nesse caso, terá natureza de **ato processual complexo**, ou seja, natureza de resposta e de recurso, como mais bem abordado no capítulo dos recursos.

20.3. DECISÕES PROFERIDAS EM ÓRGÃOS COLEGIADOS

O órgão colegiado pode prolatar decisões que se dividem em acórdãos (art. 204) e decisões monocráticas (art. 932).

Chama-se acórdão em virtude da concorrência de vontade dos membros de um tribunal (art. 204 do CPC/2015). Há quem sustente, pela redação do art. 204 do CPC, que a decisão prolatada pela turma ou conselho recursal dos juizados (arts. 46 e 48 da Lei 9.099/1995) não seria um acórdão, eis que não é um tribunal. Diferenciação técnica, mas efeitos práticos.

Há, contudo, a possibilidade de somente um membro do tribunal ou turma recursal se pronunciar, ato que será denominado decisão monocrática (art. 932 do CPC), que pode ser dada no julgamento de um recurso, na suspensão de segurança (art. 15 da Lei 12.016/2009 e art. 4º da Lei 8.437/1992), na remessa necessária (Súmula 253 do STJ), de ação da competência originária do tribunal (art. 932, II, do CPC) etc.

20.4. ELEMENTOS DA DECISÃO

Os elementos **essenciais** da sentença estão contidos no art. 489 do CPC, porém o dispositivo deve ser lido de forma ampla, abrangendo sentenças e acórdãos. Cabe registrar que o acórdão, além dos elementos constantes do art. 489, deverá conter **ementa** (art. 943, § 1º).

Cada um desses elementos será analisado separadamente para fins didáticos.

20.5. RELATÓRIO

Consiste em uma parte descritiva da sentença, na qual são narrados os fatos relevantes do processo, devendo constar na sentença e nos acórdãos (art. 489, I). A proposta é bem simples: o magistrado deve demonstrar que conhece o processo e o objeto litigioso que irá decidir.

Trata-se de um elemento tão desprestigiado que, nos Juizados Especiais (art. 38 da Lei 9.099/1995), pode até ser dispensado. Da mesma forma, nos acórdãos, muitas vezes, o relator se limita a informar que adota "como relatório aquele utilizado pela sentença", consagrando o denominado **relatório** *per relationem*.

Por tal razão, é muito difícil visualizar-se um caso em que a ausência do relatório poderia gerar a nulidade da decisão, pois, dificilmente haverá **prejuízo**.[2]

---

[2]   Em sentido contrário, afirmando haver nulidade: CÂMARA, Alexandre Freitas. *Lições de direito processual civil* cit., 17. ed., p. 416.

288 | PROCESSO CIVIL SISTEMATIZADO – *Haroldo Lourenço*

20.6. FUNDAMENTAÇÃO

20.6.1. Decisão sem fundamentação

Diferente do relatório, a fundamentação é um elemento essencial à decisão, sendo, inclusive, exigida pela Constituição (arts. 93, IX, e 11 do CPC), como um consectário do devido processo legal e manifestação de um Estado Democrático de Direito.

Decisões que se reportam, exclusivamente, a artigos de lei ou empreguem conceitos jurídicos indeterminados sem explicitar a incidência no caso concreto, invocando motivos genéricos, comuns a toda decisão, não podem ser compreendidas como fundamentadas. Trata-se de decisão tautológica,[3] ou seja, se conclui confirmando a premissa já afirmada, ao invés de justificá-la, por exemplo: "Indefiro a cautelar por faltar *fumus boni iuris* e *periculum in mora*".

O STJ[4] e o STF[5] sempre permitiram a denominada **fundamentação *per relationem*** (por referência, também denominada fundamentação aliende ou aliunde (TARUFFO, 1975. p. 422), ou seja, a que se reporta, em seus fundamentos, a outro ato do processo, como um parecer do Ministério Público ou a própria sentença, quando do julgamento realizado pelo tribunal ou, até mesmo, as alegações das partes. Contudo, com o CPC/15, o art. 489, § 1º, IV e V, além do art. 1.021, § 3º,[6] passou a **proibir** tais técnicas.

Discute a doutrina sobre as consequências da ausência de motivação. Observe--se que a discussão incide na falta de fundamentação, pois se a fundamentação for insuficiente, será caso de nulidade. Majoritariamente, a decisão sem motivação será **nula**, diante da ausência de um requisito imprescindível, como determinado pelo art. 93, IX, da CR/1988. Não obstante se tratar de um ato defeituoso, ilegítimo, espúrio, autoritário etc., haveria uma decisão, a qual poderá ser corrigida por meio do recurso ou de ação rescisória (DIDIER JR., 2011. v. 2, p. 303; BUENO, 2007. t. 1, p. 354; RODRIGUES, 2008. p. 450; CÂMARA, 2008. p. 416; NEVES, 2011. p. 514). Há, no entanto, quem equipare, diante da gravidade do defeito, a decisão sem fundamentação a uma decisão **inexistente,** diversamente da motivação insuficiente, que seria caso de nulidade (TARUFFO, 1975. p. 406; MONIZ DE ARAGÃO, 1992. p. 102).

Observe-se que há decisão sem fundamentação, como há decisão mal fundamentada, ou com fundamentação deficiente, como a que apenas se restringe à repetição de precedentes, sem quedar-se na análise concreta, explicitando o motivo e o porquê de tal decisão. Nesse caso, não há que se falar em inexistência, mas em invalidade da decisão, a qual, gerando prejuízo por violar, por exemplo, a ampla defesa e o contraditório, sofrerá a sanção de nulidade.

---

[3] Exemplos de tautologia: "o mar é azul porque reflete a cor do céu e o céu é azul por causa do mar", ou "tudo o que é demais sobra". Entendendo que tais decisões seriam tautológicas: DIDIER JR., Fredie. *Curso de direito processual civil.* 6. ed. Salvador: JusPodivm, 2011. v. 2, p. 300.

[4] STJ, REsp 1.475.188/RJ, rel. Min. Og Fernandes, *DJe* 02.10.2015.

[5] STF, AgRg no AI 738.982/PR, rel. Min. Joaquim Barbosa, *DJe* 19.06.2012.

[6] Na aplicação de tal artigo, o STJ já anulou um julgamento em agravo interno: REsp 1.622.386/MT, rel. Min. Nancy Andrighi, 3ª T., *DJe* 25.10.2016.

Cap. 20 · TEORIA DA DECISÃO JUDICIAL | 289

Por fim, **não** é possível às partes criarem um negócio processual admitindo a prolação de uma decisão judicial sem fundamentação ou mal fundamentada, pois estaria violando o modelo constitucional de processo.

20.6.2. Decisão mal fundamentada

Além da decisão sem fundamentação, há casos de decisões com **fundamentação deficiente** e de decisões em que **não** há correlação entre fundamentação e o decidido, as quais podem ser reduzidas à mesma lógica da ausência de fundamentação e geram majoritariamente, como visto, nulidade.

O art. 489, § 1º, do CPC/2015, em um rol **exemplificativo** (Enunciado 303 do FPPC), traz alguns casos em que não se considera fundamentada a decisão, permitindo um controle mais efetivo dos pronunciamentos judiciais, reduzindo a subjetividade, sendo aplicável a todo tipo de pronunciamento judicial de conteúdo decisório.

Inicialmente cumpre analisar se tal artigo é aplicável a todos os procedimentos. Há autores que já afirmam que **sim** (DIDIER JR., 2015. p. 327), o que é ratificado pelo Enunciado 309 do FPPC. Por outro lado, o Enunciado 47 da ENFAM afirma que o art. 489 **não** é aplicável aos juizados, o que é ratificado pelo FONAJE, pois haveria incompatibilidade com o art. 38, *caput*, da Lei 9.099/1995. Cremos que não se deve ser tão extremista, é notório que se está falando de um microssistema, portanto, não se pode permitir uma total interferência do CPC/2015 nos juizados, por outro lado, acima de tudo isso está o art. 93, IX, da CR/1988, nesse sentido, minimamente o art. 489 e seus parágrafos devem ser aplicados ao sistema dos juizados.

Superada tal questão, o art. 489, § 1º, deve ser aplicado a **todos** os processos pendentes de decisão ao tempo da entrada em vigor do CPC/2015 (Enunciado 308 do FPPC) e, não observado o mencionado parágrafo, será admissível **embargo de declaração** (art. 1.022, parágrafo único, II, do CPC).

O **inciso I** afirma que não se considera a decisão que se limitar à indicação, à reprodução ou à paráfrase de ato normativo, sem explicar sua relação com a causa ou a questão decidida. O magistrado necessita extrair da expressão significante o seu significado, ou seja, extrair do texto legal a sua norma, atribuindo sentido à sua interpretação. Não somente do texto normativo, mas das alegações das partes, das testemunhas, dos documentos, dos laudos periciais etc.

Se a norma jurídica incidente é uma **regra**, menos trabalhosa será a justificação da sua incidência no caso concreto, bastando investigar se os fatos tidos por ocorridos se subsumem à hipótese normativa abstrata descrita. Se a norma jurídica incidente é um **princípio**, a justificação tende a ser mais trabalhosa, dada a sua natural abertura semântica. Se a norma jurídica é formada por **conceitos jurídicos indeterminados ou cláusulas gerais** a justificação tende a ser mais criteriosa ainda.

O que não se admite é a repetição do texto normativo ou parafraseá-lo, pois se trata de uma fundamentação simulada.

O inciso II não tolera o emprego de conceitos jurídicos indeterminados, sem explicar o motivo concreto de sua incidência no caso. Os textos normativos podem conter termos vagos ou abertos, com "tempo razoável" (art. 6º do CPC), "bem comum" (art. 8º do CPC), "modo temerário" (art. 80, V, do CPC), grande repercussão

290 | PROCESSO CIVIL SISTEMATIZADO – *Haroldo Lourenço*

social (art. 947 do CPC), entre outros, o que exige do magistrado uma criatividade mais aguçada, no exercício de um poder discricionário, gerando o que é denominado por alguns de decisão determinativa.

O **inciso III** veda a utilização de motivos que se prestariam a justificar qualquer outra decisão, pois a motivação deve ser substancial, não meramente formal, estando obrigado a dizer o "porquê" de entender presentes ou ausentes os requisitos para a concessão ou denegação de eventual tutela provisória, ou como que as provas ratificam ou não os fatos alegados pelo autor, mergulhando na situação concreta apresentada para a prolação da sua decisão, do contrário, é uma fundamentação genérica e inútil.

O **inciso IV** exige o enfrentamento de todos os argumentos deduzidos no processo capazes de, em tese, infirmar a conclusão adotada pelo julgador, ou seja, enfraquecer[7]. É extremamente comum se afirmar que o magistrado não é obrigado a enfrentar todos os argumentos das partes, bastando que uma delas seja suficiente para o julgamento.[8] Trata-se, por óbvio, de uma argumentação muito confortável aos tribunais, mas extremamente prejudicial às partes, se estas, por exemplo, pretenderem levar a matéria aos tribunais superiores. A doutrina é enfática em afirmar a necessidade de se enfrentar as alegações e as provas produzidas pela parte derrotada (DIDIER JR., 2008. v. 2; NERY JR., 1999. p. 175; MARINONI; ARENHART, 2005. p. 461; BARBOSA MOREIRA, 2004. p. 121), para se evitarem arbitrariedades.

Por outro lado, havendo cumulação de fundamentos e apenas um deles for suficiente para o acolhimento do pedido ou para o seu não acolhimento, basta que o magistrado analise esse fundamento, pois já se estará concedendo à parte os efeitos pretendidos, por outro lado, todos os argumentos trazidos pela parte derrotada devem ser analisados. Esse parece ser o afirmando no Enunciado 12 da ENFAM. Enfim, para acolher o pedido do autor não é necessário enfrentar todos os seus argumentos, mas precisará analisar todos os fundamentos da defesa. Para negar o pedido do autor, bastará a análise de um dos argumentos do réu, mas será necessário enfrentar todos os argumentos do autor.

Trata-se, a rigor, de um efeito natural da ampla defesa, do contraditório e do aperfeiçoamento da tutela jurisdicional, o que pode, inclusive, desestimular ou dificultar a interposição de recursos. Se a decisão não analisa os fundamentos da parte derrotada, essa, provavelmente, irá insistir em tal análise, ocasionando um jogo interminável.

Cumpre registrar que há uma **exceção** a tal regra, contida no art. 984, § 2º, do CPC, no julgamento de recursos repetitivos, na qual se exige a análise de todos os argumentos, seja da parte vendedora, seja da parte derrotada (Enunciado 305 do FPPC) e, justamente por tal motivo, nesse caso, não é necessário enfrentar todos os argumentos trazidos pelas partes se já existirem precedentes obrigatórios formados no julgamento dos casos repetitivos (Enunciado 13 da ENFAM).

---

[7] "Conquanto o julgador não esteja obrigado a rebater, com minúcias, cada um dos argumentos deduzidos pelas partes, o novo Código de Processo Civil, exaltando os princípios da cooperação e do contraditório, lhe impõe o dever, dentre outros, de enfrentar todas as questões pertinentes e relevantes, capazes de, por si sós e em tese, infirmar a sua conclusão sobre os pedidos formulados, sob pena de se reputar não fundamentada a decisão proferida": STJ, 3ª T., REsp 1.622.386/MT, rel. Min. Nancy Andrighi, *DJe* 25.10.2016.

[8] Por exemplo: Súmula TJRJ 52 – *DORJ*-III, S-I 166 (4) – 03.09.2003. "Inexiste omissão a sanar através de embargos declaratórios, quando o acórdão não enfrentou todas as questões arguidas pelas partes, desde que uma delas tenha sido suficiente para o julgamento do recurso".

Cap. 20 · TEORIA DA DECISÃO JUDICIAL | 291

O **inciso V** proíbe a invocação de precedente ou enunciado de súmula, sem identificar seus fundamentos determinantes nem demonstrar que o caso sob julgamento se ajusta àqueles fundamentos. O que ocorre na prática jurídica é a mera invocação de ementas, sem uma contraposição entre o contexto em que o precedente surgiu. É necessário para se aplicar ou não se aplicar um precedente que se avalie a pertinência da sua aplicação ao caso concreto, as razões fáticas envolvidas, a *ratio decidendi*, o que é necessário para a realização de um *distinguish*, que nada mais é que um método de confronto do precedente, principalmente diante do art. 927.

É uma tendência natural do magistrado se apoiar nos precedentes e, inclusive, é estimulado pelo ordenamento, como se observa dos arts. 332, 932, IV e V, reforçado pelo art. 927, § 1º, todos do CPC/2015.

Por fim, o inciso VI, praticamente em continuação ao inciso anterior, considera nula a decisão que deixar de seguir enunciado de súmula, jurisprudência ou precedente invocado pela parte, sem demonstrar a existência de distinção no caso em julgamento ou a superação do entendimento. Ou seja, para se aplicar um precedente será necessário demonstrar sobre quais fatos construiu a sua *ratio decidendi* e que tais fatos são equivalentes ao que formou o precedente. Por outro lado, para deixar de aplicar o precedente deverá realizar o *distinguish*, apontando as diferenças fáticas ou informando a justificativa para a qual o precedente se mostra superado (*overruling*) ou reduzida a sua incidência (*overriding*).

Perceba-se que o inciso VI somente se aplica aos precedentes obrigatórios, como nas hipóteses do art. 332 ou do art. 932, IV e V, e do art. 927 do CPC, não aos persuasivos.

20.6.3. Funções da fundamentação

A fundamentação da decisão judicial exerce duas funções primordiais, uma **endoprocessual**, outra **extraprocessual**, compondo o devido processo legal em um aspecto substancial.

A primeira irradia-se internamente no processo, serve de base para a elaboração dos recursos, viabilizando um controle interno da decisão judicial pelo tribunal, ao rever as questões de fato ou de direito. No que se refere à segunda função, ela tem por finalidade dar publicidade ao exercício da função jurisdicional e, com isso, permitir o controle das decisões pelo povo, viabilizando a democracia,[9] por meio do controle difuso da atividade judiciária (CÂMARA, 2008. p. 415).

20.6.4. Fundamentação. Questão prejudicial. Coisa julgada

Nesse momento, o juiz analisará as questões incidentais (*incidenter tantum*), as quais, em regra, **não** ficarão acobertadas pela coisa julgada material.

---

[9] Quem não se lembra da fundamentação utilizada por um juiz paulista ao rejeitar a queixa-crime apresentada pelo jogador de futebol Richarlyson, afirmando que jamais "conceberia um ídolo homossexual (...) Não que um homossexual não possa jogar bola. Pois que jogue, querendo. Mas, forme o seu time e inicie uma Federação. Agende jogos com quem prefira pelejar contra si". Enfim, triste decisão, que, nitidamente, traduz em posição homofóbica.

No que se refere ao enfrentamento das questões prejudiciais, a questão se mostra interessante e necessita de análise detalhada.

Sobre as mesmas é **possível** a formação da coisa julgada material, desde que preenchidos os requisitos **cumulativos** (Enunciado 313 do FPPC) do art. 503, § 1º. Assim, haverá coisa julgada material se: (i) houver manifestação expressa sobre ela, não podendo se conceber em um julgamento implícito; (ii) for realmente uma questão prejudicial, ou seja, aquelas que direcionam o julgamento de outra matéria e que da sua resolução depender o julgamento do mérito, (iii) tiver havido contraditório prévio e efetivo, não se aplicando no caso de revelia; e, por fim, (iv) o juízo tiver competência em razão da matéria e da pessoa para julgá-la como questão principal.

A regra foi idealizada no sentido de se dar ao processo o maior rendimento possível, evitando-se a rediscussão sobre a mesma questão jurídica e a prolação de futuras decisões sobre o mesmo tema e, eventualmente, contraditórias. Cumpre registrar que tal fenômeno ocorrerá **independentemente** de provocação das partes (Enunciado 165 do FPPC) desde que, repise-se, preenchidos os requisitos acima listados.

Perceba-se que o legislador foi extremamente cauteloso (WAMBIER; CONCEIÇÃO; RIBEIRO; MELLO, 2015. p. 823-824) e, pela redação do § 2º do art. 503, afirma-se que não se aplica o disposto no § 1º, ou seja, **não** faz coisa julgada material a decisão sobre a questão prejudicial, se no processo houver restrições probatórias ou limitações à cognição que impeçam o aprofundamento da análise da questão prejudicial, como no mandado de segurança ou na ação monitória.

Assim, o reconhecimento de paternidade (questão prejudicial), no bojo de uma ação de alimentos, poderá ou não fazer coisa julgada material, se preenchidos os requisitos do art. 503, § 1º, evitando-se a discussão em outro processo.

Por outro lado, *a contrario sensu*, se **não** preenchidos tais requisitos ou se o processo contiver restrições probatórias ou limitações à cognição, não fará coisa julgada material e, portanto, seria necessário o manejo de ação declaratória quanto à questão prejudicial incidental (Enunciado 111 do FPPC).

Assim, por exemplo, a constitucionalidade de uma lei não poderá fazer coisa julgada material, pois o magistrado sentenciante não possui competência quanto à matéria sobre tal questão para julgá-la, acobertando-a pela coisa julgada material, sob pena de usurpar competência do STF.

A coisa julgada material somente torna intangível o conteúdo da norma jurídica concreta estabelecida no dispositivo da decisão judicial (DIDIER JR., 2007. v. 2, p. 235) e, justamente por isso, que o controle de constitucionalidade difuso opera efeitos *inter partes*, pois a lei ou o ato normativo será reconhecido como inconstitucional na fundamentação.

Superada a questão da análise da fundamentação, é na fundamentação que se fixa a **norma jurídica geral**, por exemplo, se há responsabilidade objetiva, quem tem o dever de pagar etc. Em que pese não ficar acobertada pela coisa julgada, a fundamentação é relevante para o alcance da coisa julgada.

Como a fundamentação não é atingida pela coisa julgada, **não** há interesse recursal para se alterar somente a fundamentação do julgado quando o dispositivo já for favorável ao recorrente, ressalvados os casos de **coisa julgada *secundum eventum probationis***, em que a improcedência por falta de provas não faz coisa julgada, sendo extremamente relevante a fundamentação.

Por meio da fundamentação, o magistrado sustenta o seu convencimento, fundado em um juízo de verossimilhança, ou seja, uma verdade possível, necessária e suficiente para proferir sua decisão. Como cediço, a verdade é algo inatingível, pois aquilo que o jurista muitas vezes se acostuma a interpretar como exigência de certeza para as decisões não passa de mera probabilidade, variando somente o grau da probabilidade exigida e, inversamente, os limites toleráveis dos riscos (DINAMARCO, 1996. p. 236-264).

20.7. DISPOSITIVO

20.7.1. Decisão sem dispositivo

O dispositivo do julgado reflete a conclusão da decisão, determinando qual a norma jurídica que regulará o caso concreto apresentado. É o elemento nuclear (DIDIER JR., 2011. v. 2, p. 303) da decisão.

Doutrinariamente, discute-se qual a consequência de uma decisão sem parte dispositiva: Majoritariamente haveria **inexistência** da decisão, diferentemente do que ocorre com a falta de motivação, que gera nulidade (CÂMARA, 2008. p. 416; DIDIER JR., 2011. v. 2, p. 304; NEVES, 2011. p. 515), mas há quem sustente que seria uma causa de **nulidade** pela falta de qualquer dos elementos da sentença (NERY JR.; NERY, 2007. p. 665; RODRIGUES, 2008. p. 450; BUENO, 2010. p. 358).

Observe-se que, se na parte dispositiva, o magistrado restringe-se a constatar a inexistência de um requisito de admissibilidade do procedimento, sem analisar o objeto litigioso do processo, haverá uma sentença terminativa. Contudo, tendo o magistrado constatado a presença dos requisitos de admissibilidade, julgando o pedido que lhe foi dirigido, haverá julgamento de mérito, portanto, decisão definitiva, apta a produzir coisa julgada material.

A decisão, em cujo dispositivo não há conclusão acerca do objeto litigioso do processo, não tem aptidão para ficar acobertada pela coisa julgada material (DIDIER JR., 2011. v. 2, p. 306).

Observe-se que essas constatações são essenciais, mais do que a nomenclatura utilizada pelo magistrado. Assim, ainda que o magistrado afirme que o processo foi extinto sem resolução de mérito, mas tenha efetivamente analisado o mérito, tem-se uma sentença definitiva, havendo coisa julgada material. Nessa linha, importa o conteúdo, não a forma ou nomenclatura utilizada.

Entretanto, pode acontecer de o dispositivo encontrar-se solto no corpo da sentença, o que não produzirá esse efeito.

20.7.2. Teoria dos capítulos da sentença. Decisões objetivamente complexas

Muito embora, em muitos casos, a decisão judicial seja formalmente única, materialmente é possível haver uma cisão ideológica, como consagrado pela teoria dos capítulos da sentença, idealizada por Enrico Liebman e sistematizada no Brasil por Cândido Rangel Dinamarco (DINAMARCO, 2004).

Assim, havendo cumulação de pedidos, havendo reconvenção, denunciação da lide etc. a parte dispositiva possuirá unidades autônomas, que são os capítulos da decisão.

Pode haver capítulos puramente processuais e capítulos puramente materiais. Ao rejeitar uma preliminar de litispendência, haverá um capítulo processual, ao julgar o pedido de danos materiais, haverá um capítulo de direito material. É admissível um capítulo líquido e um capítulo ilíquido (art. 509, § 1º), um capítulo que já transitou em julgado e outro não (art. 966, § 3º), um capítulo sobre tutela provisória e outro(os) capítulo(os) sobre o objeto litigioso do processo (art. 1.013, § 5º), um capítulo sobre uma questão incidente sendo decidido na sentença (art. 1.009, § 3º).

Enfim, sem diminuí-la, a primordial utilidade de tal teoria é a organização de vários aspectos do processo na sentença, de maneira a tornar mais clara a atividade jurisdicional.

Nesses casos, em que há vários capítulos, afirma-se que a decisão é **objetivamente complexa**, ou seja, há formalmente um único dispositivo, contudo, materialmente há várias decisões, como na hipótese de o autor ter formulado mais de um pedido e, ao analisá-los, haverá várias decisões no mesmo dispositivo. Cada decisão é denominada capítulos da sentença.

Frise-se que não somente o dispositivo pode conter vários capítulos. É possível uma fundamentação por capítulos, analisando cada um dos pedidos formulados.

Enfim, todas as sentenças podem conter vários capítulos (teoria dos capítulos da sentença), sendo, portanto, objetivamente complexa. Nessa parte do julgado, serão analisadas as questões principais (*principaliter tantum*), fixando a **norma jurídica individualizada**, diferenciando-se das demais normas jurídicas por ficar acobertada pela coisa julgada material (DIDIER JR., 2011. v. 2, p. 225).

Enfim, o CPC/2015 adota expressamente tal teoria.

FUNDAMENTAÇÃO	O juiz analisa as **questões incidentais** (*incidenter tantum*).	O juiz terá de definir qual será a **norma jurídica geral** do caso concreto. (**Ex.**: Quem deve tem que pagar.)	**Não** faz coisa julgada.
DISPOSITIVO	O juiz analisa as **questões principais.**	Ao decidir a questão principal, o juiz fixa a **norma jurídica individualizada**. (**Ex.**: João deve 10 a José.)	**Faz** coisa julgada.

20.8. ATRIBUTOS DA DECISÃO

Uma decisão judicial, além dos elementos previstos no art. 489, precisa reunir uma série de atributos, os quais podem ser divididos em intrínsecos e extrínsecos.

20.8.1. Atributos intrínsecos

A decisão deve ser **certa**, contrapondo-se à decisão implícita, a qual **não** se admite, por força da exigência de motivação dos atos jurisdicionais (art. 93, IX, da

CF). Nessa linha, deve o magistrado certificar a existência ou inexistência de um direito afirmado pela parte ou, até mesmo, a inviabilidade de analisá-lo. A certeza extrai-se, portanto, da norma jurídica individualizada no caso concreto, afastando o estado de dúvida em que as partes se encontravam (DIDIER JR., 2011. v. 2, p. 330-331). Trata-se, a rigor, de um consectário lógico da exigência de uma petição inicial com pedidos certos (art. 322).

O art. 492, parágrafo único, do CPC, afirma que "a decisão deve ser certa, ainda que resolva relação jurídica condicional". Essa situação pode ser ilustrada com a hipótese em que se busca, por meio de uma ação declaratória, a certificação da existência de um contrato verbal cujos efeitos estejam sujeitos a termo ou condição (art. 121 do CC/2002), sendo a sentença certa.[10]

O que se proíbe é a sentença que não imponha nada, não crie nenhum preceito, mantendo a dúvida que havia entre as partes, como a que declare o direito do autor à indenização por danos que eventualmente venham a ser demonstrados na fase de liquidação de sentença. Observe-se que a mencionada sentença prevê, ela mesma, uma condição, o que **não** é admissível. Contudo, a incerteza é ainda maior, pois não estabelece se há ou não danos, afirmando existir o que ainda não existe (DIDIER JR., 2011. v. 2, p. 332). Diante da mencionada redação, controverte a doutrina na sua interpretação: **Majoritariamente**, afirma-se que a sentença, por força do mencionado artigo, não pode, ela mesma, criar condições à sua própria eficácia. Assim, o provimento jurisdicional deve ser certo, ou seja, não pode condicionar a eficácia da decisão a evento futuro e incerto, sob pena de nulidade.[11] Há, contudo, quem afirme que não é essa a melhor interpretação, pois o mencionado dispositivo não vedaria que a decisão judicial preveja uma condição de eficácia do direito por ela certificado, ou seja, não proíbe a prolação de uma sentença condicional. O que se proíbe é a não certificação do direito afirmado e posto à análise do juiz. Assim, a decisão poderia condicionar seus efeitos a evento futuro e incerto, sem que isso signifique incerteza (DIDIER JR., 2011. v. 2, p. 329-333).

Enfim, a discussão mencionada se mostra com poucos efeitos práticos, contudo, com alguns efeitos acadêmicos. Adotando-se o primeiro entendimento, havia algumas exceções; adotando-se o segundo, os mesmos exemplos não seriam exceções.

Faticamente, não havendo controvérsias, **há decisões que criam condições para a produção dos seus efeitos**: (i) A decisão que impõe um fazer, não fazer e entrega de coisa em determinado prazo, sob pena de incidência de multa, estando, portanto, sujeita a uma condição suspensiva, eis que a multa somente incidirá se não houver cumprimento espontâneo; (ii) Decisão prolatada em controle de constitucionalidade, na forma do art. 27 da Lei 9.868/1999, em que se admite a restrição dos efeitos temporais, fixando outro termo a partir do qual ela será eficaz, condicionando, assim, os efeitos da decisão; (iii) Decisão que condena o beneficiário da justiça gratuita ao pagamento de custas e honorários, condicionando-a a existência, nos próximos

---

[10]   STJ, REsp 164.110/SP, 4ª T., rel. Min. Sálvio de Figueiredo Teixeira, *DJ* 08.05.2000.

[11]   STJ, AgRg no REsp 1217925/PR, 1ª T., rel. Min. Arnaldo Esteves Lima, j. 12.04.2011; STJ, AgRg Ag 770.078/SP, 5ª T., rel. Min. Felix Fischer, *DJ* 05.03.2007.

296 | PROCESSO CIVIL SISTEMATIZADO – *Haroldo Lourenço*

cinco anos, de patrimônio. Há uma condição a um evento futuro e incerto (art. 98, § 3º, do CPC).

Há, ainda, decisões que ficam condicionadas, não por situações criadas pelo próprio julgado, mas por força de lei, como a decisão sujeita ao reexame necessário. Em regra, há uma **condição suspensiva** (art. 496 do CPC/2015), contudo, pode ser uma **condição resolutiva**, como no mandado de segurança (art. 14, §§ 1º e 3º, da Lei 12.016/2009) ou no caso em que a sentença é proferida estando pendente de julgamento o agravo de instrumento, cuja decisão lhe é preliminar ou prejudicial (art. 946 do CPC/2015).

A decisão tem que ser **clara e direta**, sendo este, inclusive, um dever que decorre do princípio da cooperação (art. 6º do CPC). Assim como o pedido deve ser claro, a decisão também o deverá ser, ou seja, deve ser escrita de uma forma que se possa compreender, sem a utilização de expressões rebuscadas ou chulas, tampouco com inversões gramaticais ou exageros no latim, que devem ser evitados. Tal como o pedido, que deve ser certo (art. 322, *caput* e § 1º).

Exige-se, ainda, uma **coerência**, ou seja, um raciocínio lógico, não podendo a decisão ser contraditória, coadunando-se com a fundamentação. Enfim, deve haver uma coerência entre suas proposições, representando um verdadeiro silogismo, fundando--se, na maioria dos casos, em uma premissa maior e, posteriormente, adentrando em uma premissa menor. Aqui vale a comparação com um dos requisitos internos da petição inicial (art. 330, § 1º, III, do CPC/2015).

Além da coerência entre os elementos estruturais, exige-se coerência dentro de cada um desses elementos. Nesse sentido, não pode o dispositivo que contenha vários capítulos decretar a rescisão do contrato e impor ao réu a obrigação de cumprir a obrigação prevista no contrato.

A falta de clareza, objetividade e coerência pode ser corrigida por meio de embargos de declaração, justamente por tal decisão gerar dúvida.

A decisão tem de ser **líquida**, ou seja, definir de modo completo os elementos da norma jurídica individualizada. Há casos em que o direito permite que o juiz profira decisão ilíquida. A regra geral é a de que se o pedido for ilíquido (genérico), a sentença também **poderá** o ser, não estabelecendo o *quantum*. No entanto, isto não ocorre necessariamente, pois se, mesmo o pedido sendo ilíquido, o juiz conseguir proferir uma sentença líquida, essa deve ser prestigiada.

Nos **Juizados Especiais**, a sentença sempre tem de ser líquida, por mais que o pedido tenha sido ilíquido, como se extrai dos arts. 14, § 2º, e 38, parágrafo único, da Lei 9.099/1995.

Em qualquer caso, se o pedido for líquido, a sentença tem de ser líquida, do contrário, será uma sentença viciada. A inobservância do juiz a esta exigência somente pode ser apontada pelo autor, pois somente esse tem interesse que não ocorra liquidação de sentença, como se extrai do Enunciado 318 do STJ.

Ao se referir às sentenças ilíquidas, normalmente, a iliquidez se associa ao *quantum*; contudo, há sentenças em que a iliquidez é ainda maior, como na sentença proferida na ação coletiva para a tutela de direitos individuais homogêneos (art. 98 do CDC). Neste caso, determina-se o pagamento às vítimas, sem se determinar quem são as vítimas, tampouco o valor indenizatório.

Cap. 20 · TEORIA DA DECISÃO JUDICIAL | 297

20.8.2. Atributos extrínsecos. Vícios da sentença

Nesse ponto, analisaremos a congruência objetiva da decisão judicial (art. 141 c/c o art. 492 do CPC/2015), a qual determina que a decisão esteja em conformidade com o que foi postulado, atendo-se aos limites da demanda. Este atributo é um decorrente da **inércia** do Judiciário, pois a prestação jurisdicional deve se ater aos exatos limites do postulado, bem como do **contraditório**, dado serem a postulação e o contraditório que estabelecem o centro de debate no processo, de modo que o juiz, ao sentenciar, não pode se valer de argumentos estranhos ao que foi objeto da demanda.

Cumpre, contudo, registrar que há casos de **pedido implícito** e de **questões que podem ser conhecidas** *ex officio* pelo juiz, os quais excepcionam a regra da adstrição, como juros, a correção monetária e as verbas de sucumbência, inclusive os honorários advocatícios (art. 322, § 1º, do CPC/2015 e art. 85 do CPC/2015), a fixação de multa coercitiva independentemente de pedido (arts. 139, IV, do CPC) etc. Admite-se, ainda, o conhecimento de fatos supervenientes constitutivos, modificativos ou extintivos do direito do autor (art. 493 do CPC/2015), desde que haja debate pelas partes (art. 10 do CPC), fatos simples e circunstanciais (art. 371 do CPC/2015) etc.

O desrespeito às regras de congruência pode geram três famosas decisões. Frise-se que não somente a sentença pode padecer de tais vícios, mas os acórdãos também:

(i) *Extra petita*: é a decisão que julga o que não foi pedido, literalmente, o magistrado cria ou inventa algo, sem, contudo, analisar o pedido ou fato suscitado pela parte. Observe-se que em toda sentença *extra petita* há omissão sobre algo. Cumpre registrar que o pedido deve ser interpretado de forma lógico-sistemática, recolhendo todos os requerimentos feitos em seu corpo, e não só os constantes em capítulo especial ou sob a rubrica dos pedidos[12] e art. 332, § 2º, do CPC. Há, ainda, o mencionado vício quando o julgado atinge **apenas** sujeito que não faz parte da relação jurídica processual. Postula-se a entrega de um carro e o juiz determina a entrega de um barco, postulam-se danos morais e materiais e concedem-se materiais e **estéticos**. Será *extra petita* a sentença que conceder, sem pedido expresso do autor, juros contratuais ou sobre o capital próprio[13].

Haverá *error in procedendo*, invalidando toda a decisão, salvo se existirem capítulos válidos. Nessa hipótese, poderá o tribunal julgar o que não foi julgado, bem como anular o que foi decidido e não deveria ter sido decidido, como se observa do art. 1.013, § 3º, II. Havendo trânsito, será admissível ação rescisória sobre o capítulo que se extrapolou, jamais no que se refere à omissão, eis que não há coisa julgada na omissão, sendo possível, nessa hipótese repropositura da demanda quanto ao pedido não analisado.

Repise-se, pela clareza, que se admite, por exemplo, o requerimento de tutela provisória cautelar e o magistrado conceder tutela antecipada, portanto, uma

---

[12] STJ, 4ª T., REsp 1.294.166/GO, rel. Min. Luis Felipe Salomão, j. 18.09.2012 (Informativo 504). Precedentes citados: REsp 1.316.926/SP, *DJe* 15.08.2012; AR 3.206/RS, *DJe* 24.08.2012, e AgRg nos EDcl no Ag 1.041.668/MG, *DJe* 26.06.2009.

[13] Informativo 438/STJ, REsp 1.171.095/RS, 2ª Seção, rel. originário Min. Massami Uyeda, rel. p/ acórdão Min. Sidnei Beneti, j. 09.06.2010.

298 | PROCESSO CIVIL SISTEMATIZADO – *Haroldo Lourenço*

decisão *extra petita*, porém com autorização legislativa (art. 305, parágrafo único, do CPC/2015). No mesmo sentido, arts. 84 do CDC, 497, 297, parágrafo único, 554 e 142 do CPC/2015.

(ii) *Ultra petita*: Ocorre na hipótese de se extrapolar o pedido, concedendo ao demandante mais do que foi postulado. Observe-se que, nessa hipótese, não há omissão. Há, ainda, tal vício quando se analisam fatos essenciais postos pelas partes e, também, outros fatos essenciais, ou quando se resolve a demanda em relação aos sujeitos que participaram do processo, mas também em relação a outros sujeitos, não participantes (DIDIER JR., 2011. v. 2, p. 314). Assim, por exemplo, postulam-se R$ 1.000,00 a título de danos materiais e o juiz concede R$ 1.100,00. Na hipótese de condenação de todos os réus participantes do processo, bem como de réu não participante, será admissível *querella nulitattis* por parte do réu não participante.

De igual modo, tal vício ocorrerá ainda que o magistrado julgue improcedente o que não foi formulado, analisando todo o pretendido. Assim, por exemplo, tendo o autor postulado danos materiais e o magistrado julgado improcedentes materiais e *morais*, a parte que se refere aos danos morais é *ultra petita*. Com a interposição do recurso, poderá o tribunal extirpar o capítulo que excedeu, justamente por ter havido *error in procedendo*. Se transitar em julgado tal decisão, haverá coisa julgada material, sujeita à ação rescisória, recaindo a rescindibilidade sobre a parte viciada da decisão.

Na hipótese da decisão que ultrapassa os limites dos fundamentos de fato postos em juízo, a sua anulação dependerá do eventual prejuízo que tenha causado (DIDIER JR., 2011. v. 2, p. 316). Por isso que se afirmou que só haverá tal vício se o magistrado analisar fundamento essencial não posto pela parte.

(iii) *Citra* ou *infra* (BUENO, p. 360; GRECO FILHO, 2009. v. 2, p. 258)[14] *petita*: O juiz, ao sentenciar, deixa de examinar algo que deveria ter examinado, por, literalmente, esquecer. Haverá tal vício na decisão que deixar de analisar um pedido, um fundamento de fato ou de direito ou o pedido formulado por, ou em face de determinado sujeito do processo (como na decisão que impõe obrigação a litisconsorte passivo necessário não citado ou reconhece direito a autor que não integrou o polo ativo da demanda[15]), sendo corrigível por meio de embargos de declaração. Registre-se que o tribunal pode reconhecer tal omissão, independentemente de embargos de declaração, bem como de pedido expresso na apelação, justamente por haver ofensa à inafastabilidade do controle jurisdicional. Entende o STJ que, nessa hipótese (omissão), deveria ser determinado o retorno dos autos ao primeiro grau,[16] porém o art. 1.013, § 3º, III, passa a permitir o julgamento imediato. Se a omissão se referir somente sobre um fundamento, deve ser aplicado o art. 1.013, §§ 1º e 2º, do CPC/2015 (DIDIER JR., 2011. v. 2, p. 323).

Havendo cumulação subsidiária de pedidos (art. 326 do CPC/2015), não há omissão pela não análise do pedido subsidiário, porém, com a interposição da

---

[14] Considerando sinônimo de *citra petita*..

[15] Exemplos extraídos de: DIDIER JR., Fredie. *Curso de direito processual civil* cit., 6. ed., v. 2, 2011, p. 327.

[16] Admitindo o reconhecimento, de ofício, do vício constante da sentença *citra petita*: STJ, REsp 500.175/MA, 6ª T., rel. Paulo Medina, j. 06.04.2004.

Cap. 20 · TEORIA DA DECISÃO JUDICIAL | 299

apelação, tal pedido será devolvido ao tribunal (art. 1.013, §§ 1º e 2º, do CPC e Enunciado 102 do FPPC).

Observe-se que, se o magistrado deixa de analisar um pedido implícito, há omissão, portanto, um julgado *citra petita*. Nesse sentido, diante da omissão, controverte a doutrina sobre tais consequências: **Majoritariamente**, quando deixa de examinar um pedido, a sentença é **inexistente**, pois não há decisão, não se podendo, sequer, falar em coisa julgada quanto ao pedido que não foi julgado. Não há vício naquilo que não existe (DIDIER JR., 2011. v. 2, p. 321). Só tem defeito o que foi feito (PONTES DE MIRANDA, 1983. t. 4, p. 13-14).[17] Na lição de Barbosa Moreira: "é ocioso salientar o que há de óbvio na asserção: coisa julgada não pode deixar de ser a coisa (res) que se julgou. Aquilo que não se julgou não se converte, à evidência, em coisa julgada" (DIDIER, 2010). Dessa forma, nada impede que se reproponha o pedido que não fora examinado (Enunciado 7 do FPPC). Há, contudo, quem afirme que a decisão que não analisou um pedido é **nula** (GRECO FILHO, 2009. v. 2, p. 258). Esse era o entendimento do STJ, como se extrai do Enunciado 453, consolidado em sua jurisprudência,[18] porém tal Enunciado foi superado pelo art. 85, § 18,[19] do CPC/2015 e pelo Enunciado 8 do FPPC. Algumas observações importantes:

(i) Diferença entre *ultra* e *extra petita*: Observe-se que a decisão *ultra petita* ultrapassa o pedido ou os fundamentos formulados analisando todos os pedidos. Essa é a diferença de uma decisão *ultra* e *extra petita*. Na *ultra* **não** há omissão, enquanto na *extra* **haverá** omissão, pois, nesse caso, deixa-se de analisar um pedido ou um fundamento para se analisar outro pedido ou outro fundamento;

(ii) Omissão quanto a um fundamento: Quando o julgado deixa de enfrentar um fundamento relevante para a solução do problema haverá, então, um vício quanto à motivação, se equiparando a uma decisão não fundamentada (art. 489, § 1º, do CPC), sendo uma decisão existente, porém **nula**, por violação ao princípio do contraditório. Em síntese, trata-se de decisão *citra petita*. Remetemos o leitor para o item sobre fundamentação da decisão, nesse capítulo.

20.9. DECISÕES SUBJETIVAMENTE COMPLEXAS

Como visto, há decisões que, por possuírem mais de um capítulo, são objetivamente complexas. Há, ainda, as denominadas de **subjetivamente complexas**, pois proferidas por mais de um órgão jurisdicional, em nítida competência funcional horizontal.

---

[17] Defeito não é falta. O que falta não foi feito. O que foi feito, mas tem defeito, existe. O que não foi feito não existe, e, pois, não pode ser desfeito. O que foi feito, para que falte, há, primeiro, de ser desfeito.

[18] STJ, CE, REsp 886.178/RS, rel. Min. Luiz Fux, j. 02.19.2009.

[19] Tal enunciado sempre foi objeto de críticas, as quais tinham toda razão: NEVES, Daniel Amorim Assumpção. *Súmula 453 do Superior Tribunal de Justiça*: coisa julgada de matéria não decidida?! Disponível em: <www.danielneves.com.br>, p. 1. YARSHELL, Flávio Luiz. *Coisa julgada abrangente de capítulo que não foi (embora devesse ter sido) decidido?* Disponível em: <www.cartaforense.com.br>. Acesso em: 28 ago. 2010. DIDIER JR., Fredie. *Editorial 106 de 26.08.2010*. Disponível em: <www.frediedidier.com.br>. Acesso em: 14 ago. 2010.

300 | PROCESSO CIVIL SISTEMATIZADO – *Haroldo Lourenço*

Há o exemplo emblemático do tribunal do júri, em que a solução é composta pela decisão dos jurados e, posteriormente, pelo magistrado que realizar a dosimetria da pena.

Outro exemplo são os acórdãos em que há o reconhecimento de inconstitucionalidade de uma lei em sede de Tribunal, segundo os quais, pela cláusula de reserva de plenário (art. 97 da CR/1988), exige-se manifestação do Órgão Especial do Tribunal sobre a inconstitucionalidade, bem como do órgão fracionário sobre o caso concreto, sendo a decisão um produto de ambas (art. 948 do CPC/2015). Nessa hipótese, haverá uma **cisão da competência funcional horizontal**.

20.10. DECISÃO E FATO SUPERVENIENTE

20.10.1. Alcance do art. 493 do CPC

Entre a postulação inicial e a decisão final, naturalmente, muitos fatos relevantes para a causa podem ocorrer; nesse sentido, cumpre analisar se tais fatos podem ser levados em consideração no momento da decisão (BUENO, 2010. p. 363).

A resposta deve ser afirmativa, pois a decisão deve refletir o estado de fato e de direito existente no momento da prolação da decisão, levando em consideração a realidade deste momento, não a que vigorava quando da propositura da demanda. Tal ilação é extraída do art. 493 c/c o art. 371 do CPC/2015, buscando fazer prevalecer a justiça da decisão (NEVES, 2011. p. 525).

Considerar os fatos supervenientes no julgamento da demanda, além de fazer prevalecer a justiça, evita a declaração de nulidade. Assim, por exemplo, o ajuizamento de rescisória antes do trânsito é causa de inadmissão, contudo, a sua ocorrência no decorrer da rescisória deve ser considerada. No mesmo sentido, ajuizada execução antes do vencimento da obrigação seria falta de interesse de agir, todavia, ocorrendo o respectivo vencimento e inadimplemento, a execução deverá ser processada (DIDIER JR., 2011. v. 2, p. 349).

Como um consectário lógico dos mencionados artigos, é plenamente admissível que o réu se valha de fato superveniente extintivo ou modificativo como fundamento de defesa, na forma do art. 342 do CPC/2015, como o pedido de compensação de um crédito perseguido com outro a que faz jus em face do autor, por conta de fato superveniente; ou da superveniência, durante uma ação civil *ex delicto*, de sentença penal que concluiu pela negativa de autoria.

Observe-se que o art. 493 do CPC **não** se refere a fatos **impeditivos** (por exemplo, nulidade ou anulabilidade do negócio jurídico), justamente por tais fatos serem anteriores ou contemporâneos à ocorrência do fato jurídico que dá vida ao direito do autor, jamais posteriores (DIDIER JR., 2011. v. 2, p. 350). Importa ainda mencionar o seu parágrafo único dispondo que, se o magistrado constatar de ofício o fato novo, o juiz ouvirá as partes sobre ele antes de decidir, que é um reflexo da parte final do art. 10 do CPC.

Firmadas tais premissas, controverte a doutrina se tais fatos podem caracterizar nova causa de pedir ou somente uma complementação da causa de pedir já posta em juízo: **Majoritariamente**, o art. 493 permite somente a inclusão de fatos simples, que

Cap. 20 · TEORIA DA DECISÃO JUDICIAL | 301

não alterem a causa de pedir, ou seja, que se conforme com a causa de pedir alegada, pois, do contrário, seriam infringidas as regras de estabilização da demanda (NERY JR.; NERY, 2007. p. 675)[20]. Ocorre, porém, que o entendimento anterior não parece ser o mais adequado. A interpretação do art. 493 do CPC/2015 não pode ser tão restritiva, admitindo-se fatos constitutivos do direito, relevantes ao acolhimento da demanda, ainda que formem nova causa de pedir (BUENO, 2010. p. 364-365), devendo, nessa hipótese, ser observado o contraditório. Do contrário, o autor estaria obrigado a ajuizar nova demanda, o que é uma ofensa à razoabilidade e efetividade da jurisdição. De igual modo, admitir que somente o réu, supervenientemente, traga fatos modificativos ou extintivos faz do art. 493 uma repetição do art. 342. Na mesma linha, permitir que o juiz conheça fatos simples supervenientes já é admitido pelo art. 371, o que tornaria desnecessário o art. 493 do CPC/2015. Por fim, a afirmação de que haveria violação das regras sobre a estabilização da demanda não se sustenta, pois vários outros artigos do CPC/2015 já as flexibilizaram, como os arts. 342, 515, II, e 1.014 (DIDIER JR., 2011. v. 2, p. 350-356).

Há, ainda, o debate se o fato superveniente que se refere o art. 493 inclui o antigo, mas de conhecimento superveniente: **Majoritariamente**, incluía-se o fato superveniente, ou seja, ocorrido posteriormente à propositura da demanda, bem como o anterior, mas de conhecimento superveniente (fato velho de conhecimento novo) (DIDIER JR., 2011. v. 2, p. 355). Há, contudo, quem sustente que o fato antigo, mas de conhecimento superveniente só pode ser considerado se provada a força maior (ASSIS, 2001. p. 195). E, ainda, quem afirme que o dispositivo somente se aplicaria aos fatos ocorridos depois da propositura da ação, sendo inviável para qualquer outra hipótese, como os que ocorreram anteriormente, mas não foram agitados pelo autor ou pelo réu por qualquer motivo (BUENO, 2010. p. 363).[21]

Por fim, cumpre analisar se o mencionado artigo pode ser aplicado nas instancias recursais. O próprio STJ não tem uniformidade sobre o tema, havendo fortes precedentes que não admitem, por falta de prequestionamento[22] ou pela necessidade de dilação probatória. Cremos, contudo, que atualmente tem prevalecido sua aplicação, seja nas instâncias ordinárias (BUENO, 2010. p. 366) ou extraordinárias.[23]

20.11. DECISÃO DEFINITIVA E TERMINATIVA

A decisão é considerada **definitiva** quando procede à análise do mérito (art. 487), ao revés, quando deixa de proceder à esta análise, a decisão é chamada **terminativa ou processual** (art. 485). As primeiras revestem-se da coisa julgada material, enquanto as segundas somente produzem coisa julgada formal, admitindo, assim, a repropositura.

---

[20] STJ, REsp 500.182/RJ, 4ª T., rel. Min. Luis Felipe Salomão, j. 03.09.2009.

[21] STJ, REsp 708.831/SP, 5ª T., rel. Min. José Arnaldo da Fonseca, j. 01.03.2005.

[22] STJ, EDcl no Ag 702.863/SP, 1ª T., rel. Min. Denise Arruda, j. 14.03.2006; STJ, AgRg nos EDcl no REsp 379.705/DF, 6ª T., rel. Min. Hamilton Carvalhido, j. 09.03.2006.

[23] STJ, REsp 704.637/RJ, 3ª T., rel. Min. Luis Felipe Salomão, j. 17.03.2011; STJ, REsp 450.566/RS, 3ª T., rel. Min. Nancy Andrighi, j. 03.05.2011. Precedentes citados: REsp 500.182/RJ, DJe 21.9.2009; REsp 688.151/MG, DJ 08.08.2005; REsp 12.673/RS, DJ 21.09.1992; REsp 747.619/SP, DJ 1º.07.2005, e REsp 397.168/SP, DJ 06.12.2004; REsp 833.712/RS, DJ 04.06.2007; REsp 932.692/DF, DJe 12.02.2009; REsp 1.067.438/RS, DJe 20.05.2009; REsp 1.000.356/SP, DJe 07.06.2010, e REsp 704.637/RJ, DJe 22.03.2011.

20.12. DECISÃO DETERMINATIVA

Há várias acepções na doutrina para o termo decisão determinativa: **Majoritariamente**, decisão determinativa é a que recai sobre relações jurídicas continuativas (art. 505, I, do CPC/2015), ou seja, as relações jurídicas que se prolongam no tempo, como alimentos ou locatícia (CÂMARA, 2008. p. 476-477). Essa, contudo, não parece ser a acepção mais correta para alguns. Sentença determinativa seria aquela em que há possibilidade de discricionariedade judicial, como, por exemplo, as sentenças em que o juiz aplica uma cláusula geral, ou seja, hipóteses em que não há, previamente, no enunciado normativo, as consequências estabelecidas pelo legislador (DIDIER JR., 2011. v. 2, p. 379-381).[24] Bons exemplos são a boa-fé, a função social dos contratos e da propriedade.

Registre-se, desde logo, que não se trata de nova espécie de sentença, podendo ocorrer na declaratória, constitutiva ou condenatória. Outra intrincada questão que se coloca é se tal decisão faz ou não coisa julgada, eis que pode ser revisada diante de modificações nas circunstâncias de fato ou de direito existentes quando da sua prolação.

Inicialmente, um ponto parece ser unânime: o art. 15 da Lei 5.478/1968, ao afirmar que a sentença de alimentos não transita em julgado, pretendeu referir-se à coisa julgada, pois é impossível uma decisão judicial não transitar em julgado, uma vez que, em um dado momento se esgotarão as vias recursais (NERY JR.; NERY, 2007. p. 704; NEVES, 2011. p. 542-543).

Majoritariamente, faz coisa julgada material, tornando imutável e indiscutível o seu conteúdo, mesmo admitindo sua revisão, pois haveria, implicitamente, a **cláusula rebus sic stantibus**, ligada à teoria da imprevisão. Assim, a coisa julgada se forma segundo uma circunstância fática, havendo alteração de tal circunstância, admite-se a sua revisão (BUENO, 2010. p. 399; NERY JR.; NERY, 2007. p. 704; THEODORO JR., 1990. v. 1, p. 587).[25] Minoritariamente, há quem sustente que as sentenças determinativas não fazem coisa julgada material (GRECO FILHO, 2009. p. 275-276) e há, ainda, quem afirme que tais sentenças possuem uma característica especial, justamente por enfrentarem uma relação jurídica continuativa, que permitiria a sua revisão (GRINOVER, 1984. p. 35, apud CÂMARA, 2008. p. 478). Noutro giro, haveria coisa julgada material, contudo, sendo desnecessária a fundamentação das duas anteriores teorias. Deve ser aplicada a teoria da tríplice identidade, consagrada no art. 337, § 2º, do CPC/2015, pois, com o ajuizamento de outra demanda que busque a revisão, haverá nova causa de pedir, portanto, nova coisa julgada. Assim, por exemplo, a ação revisional de alimentos não possui a mesma causa de pedir que a ação de alimentos (CÂMARA, 2008. p. 478-479; NEVES, 2011. p. 543; DIDIER JR., 2011. v. 2, p. 444-446), com o que concordamos totalmente.

20.13. EFEITOS DA DECISÃO

A decisão judicial pode produzir efeitos principais, reflexos e anexos (também designados de secundários).

---

[24] Em sentido semelhante: GRECO FILHO, Vicente. *Direito processual civil brasileiro* cit., 20. ed., p. 275-276.

[25] STJ, REsp 594.238/RJ, 4ª T., rel. Min. Luis Felipe Salomão, j. 04.08.2009.

20.13.1. Efeito principal

É o que decorre diretamente do conteúdo da decisão, atingindo a relação jurídica discutida. Assim, se uma decisão é **declaratória**, seu efeito será o de dar certeza a uma relação jurídica, se **constitutiva**, o efeito principal será a constituição, alteração ou a extinção de uma situação jurídica e, por fim, se **condenatória**, o efeito principal será permitir a atividade executiva.

20.13.2. Efeitos reflexos

Além dos efeitos principais, pode o julgado produzir efeitos reflexos, ou seja, decorrente do conteúdo da decisão para atingir relação jurídica conexa àquela que se discute, ou seja, atingirá reflexamente outra relação jurídica, em virtude de um vínculo existente com a relação jurídica discutida.

É, justamente, tal efeito que permite a assistência simples. Assim, uma sentença de despejo reflete na sublocação, que é uma relação conexa com a que foi discutida; não é por outro motivo que se exige a ciência dos sublocatários, para, se pretenderem, ingressarem como assistentes (art. 59 §2º da Lei 8.245/1991). Na ação de responsabilidade civil proposta contra segurado, esse deverá obrigatoriamente comunicar à seguradora a pendência do processo (art. 787 do CC/2002).

20.13.3. Efeitos anexos ou secundários

São os efeitos oriundos de uma opção legislativa, independentemente da manifestação ou não do magistrado, ou da vontade das partes. Trata-se de um ato jurídico, não de um fato jurídico. Operam *ex lege* (DIDIER JR., 2011. v. 2, p. 372).

Observe-se que a eficácia **anexa** ocorre intencionalmente, ou seja, de maneira propositada pelo legislador. Já a **reflexa** ocorre por fatos da vida, ocasionalmente.

Podemos enumerar os principais efeitos anexos:

a) **Perempção**: A terceira decisão que extingue o processo por abandono do autor (art. 485, III, do CPC/2015) ocasionará, automaticamente, a perempção (art. 486, § 3º, do CPC/2015);

b) **Hipoteca judiciária**: a sentença que condene o réu a pagar dinheiro ou entregar coisa é, por força de lei, título hábil para hipotecar imóvel do réu, nos termos do art. 495 do CPC/2015 e art. 167, I, 2, da Lei 6.015/1973, assegurando o resultado útil de futura execução, prevenindo fraude à execução, autorizando ao credor perseguir o bem onde quer que se encontre por força do direito de sequela inerente aos direitos reais. Haverá, ainda, o direito de preferência com o registro da hipoteca judiciária (art. 797 do CPC c/c o art. 1.422 do CC).

Há três espécies de hipoteca: (i) convencional, oriunda da manifestação de vontade das partes; (ii) legal, na forma do art. 1.489 do CC/2002; e (iii) judicial, decorrente de decisão judicial.

Como se vê do art. 495, permite-se hipoteca judiciária com base em decisão que fixe obrigação de entrega de coisa ou de pagar quantia. Contudo, com o tratamento dispensado pelo legislador às obrigações de entrega de coisa (art. 498), as mesmas serão efetivadas na forma específica, admitindo-se que o magistrado tome, *ex officio*, as providências para efetivar o direito, muitas vezes, mais eficazes do que a hipoteca judiciária. A conversão em perdas e danos somente ocorrerá se o credor requerer ou se for materialmente impossível o seu cumprimento de forma específica. Nesse sentido, seria pouco razoável constranger o patrimônio imobiliário do condenado para uma futura e incerta conversão da obrigação de fazer, não fazer ou entrega de coisa em perdas e danos, que pode nem vir a ocorrer. Sendo assim, a decisão que impõe fazer, não fazer e entrega coisa não gera hipoteca judiciária, salvo se for convertida em perdas e danos, caso em que haverá o efeito anexo com a prolação da decisão no incidente de liquidação (DIDIER JR., 2011. v. 2, p. 375).

Outro ponto digno de nota é que se admite hipoteca judiciária por parte do advogado, no que se refere aos seus honorários advocatícios, bem como por parte do réu, bastando que tenham se sagrado vencedores, não obstante a redação se referir somente à condenação do réu.

Por fim, admite-se a constituição da hipoteca judiciária ainda que a sentença seja ilíquida, que se esteja promovendo execução provisória ou que penda uma cautelar de arresto, como se extrai do art. 495, § 1º.

c) **Responsabilização objetiva na tutela provisória (arts. 302 e seu parágrafo único) e na execução provisória (art. 520, I e II)**: a sentença de improcedência no processo principal ou a superveniência de acórdão que reforme ou anule a sentença objeto de execução provisória produz, automaticamente, título executivo para a parte prejudicada, bastando a liquidação de sentença;

d) **Efeito tributário**: a decisão judicial produz efeito tributário a respeito das custas não recolhidas, ensejando inscrição como Dívida Ativa;

e) **Efeito probatório**: A sentença é um documento público e, como tal, serve como meio de prova, primeiramente, do resultado da demanda, além de prova para outros procedimentos, como eventual restauração de autos (art. 712 do CPC). Contudo, a decisão não serve como prova dos fatos examinados pelo órgão jurisdicional, ou seja, prova que foram examinados, não que realmente ocorreram como o magistrado afirmou, principalmente por estar na fundamentação do julgado (art. 504). Há, a rigor, indício ou prova indireta do fato. Assim, uma sentença de interdição poderá ser utilizada como indício de prova na ação em que se pretenda anular ato jurídico firmado pelo interditado em período anterior ao da interdição (DIDIER JR., 2011. v. 2, p. 379):

f) **Protesto da decisão**: Nos termos dos arts. 517, 528, § 1º, e 782, § 3º, do CPC, a decisão judicial transitada em julgado poderá ser levada a protesto, nos termos da lei, depois de transcorrido o prazo para pagamento voluntário (art. 523), cabendo ao exequente apresentar certidão de teor da decisão, além da possibilidade de o magistrado determinar a negativação do nome do devedor.

20.14. PUBLICAÇÃO, INTIMAÇÃO, RETRATAÇÃO E INTEGRAÇÃO

Na forma do art. 494 do CPC/2015, com a **publicação** da sentença não será mais possível sua alteração pelo magistrado que a proferiu. Tal artigo consagra a regra da

Cap. 20 · TEORIA DA DECISÃO JUDICIAL | 305

imutabilidade ou invariabilidade da decisão judicial pelo juiz que a proferiu, vedando a modificação da decisão pela autoridade judiciária que a prolatou.[26]

Se a decisão for prolatada em audiência ou sessão de julgamento estará **publicada** nesse momento, contudo, sendo proferida em gabinete, considerar-se-á publicada com a juntada aos autos pelo escrivão ou chefe de secretaria. Enfim, nesses momentos, começam a vigorar a regra da imutabilidade.

Não se pode confundir publicação com intimação, como sói acontecer na prática forense. **Intimação** ocorre com a sua publicação na imprensa oficial (Diário Oficial) (CÂMARA, 2008. p. 417), cabendo lembrar que, na hipótese de celebração de calendário processual, a intimação ficará dispensada (art. 191, § 2º, do CPC).

Por fim, a regra da imutabilidade comporta exceções, como inexatidões materiais ou erros de cálculo, que não se referem ao seu conteúdo, somente à forma (art. 494, I), como erros de grafia, de nome, valor etc., não afetando a substância da decisão, aumentando ou diminuindo seus efeitos[27], que podem ser corrigidos pelo próprio juiz prolator da sentença, com o julgamento de embargos de declaração (art. 1.022 c/c o art. 494, II) ou com o recurso de apelação (arts. 331 e 332, §§ 3º e 4º, do CPC), nas sentenças de indeferimento ou de improcedência liminar do pedido.

---

[26] Informativo 471: STJ, 4ª T., REsp 904.289/MS, Rel. Min. Luis Felipe Salomão, j. 03.05.2011.

[27] STJ, 2ª T., REsp 1.151.982-ES, Rel. Min. Nancy Andrighi, julgado em 23/10/2012 (Informativo 507).

21

DO REEXAME NECESSÁRIO

21.1. NATUREZA JURÍDICA

Atualmente o reexame necessário (também denominado de remessa necessária ou duplo grau de jurisdição obrigatório) encontra como principal sede o art. 496 do CPC, tendo como finalidade precípua conferir maior proteção à Fazenda Pública, conferindo às sentenças que lhe são contrárias maior grau de certeza e segurança.

No que se refere à sua natureza jurídica, **majoritariamente**, afirma-se que não pode ser enfrentado como um recurso, pois não ostenta as características inerentes a esse mecanismo de impugnação da decisão judicial, como a taxatividade, a tempestividade, a legitimidade, o interesse, a voluntariedade, tampouco está no capítulo dos recursos, mas no capítulo da sentença e da coisa julgada (NERY JR., 2004. p. 76-77; MARINONI; ARENHART, 2008. v. 2, p 633; BUENO, 2008. p. 412). Todo recurso segue o princípio da taxatividade, necessitando, portanto, estar previsto em lei como tal, o que, por si só, já seria suficiente para desqualificar o reexame como tal instituto, como facilmente se constata do CPC, em rápida análise ao art. 994. Da mesma forma, todo recurso se submete a um prazo, diferentemente do reexame, pois para esse não há previsão de prazo. Além do mais, por carecer de voluntariedade da parte vencida, eis que os recursos são regidos pelo princípio do dispositivo, somente se poderia cogitar em uma interposição determinada pelo legislador ao juiz, contudo, não haveria legitimidade ou interesse por parte do juiz. Por fim, não haveria regularidade formal, pois não há pedido de nova decisão ou demonstração das razões de fato ou de direito.

Nesse sentido, o reexame deve ser enfrentado como uma **condição de eficácia da decisão judicial**, ou seja, a decisão judicial sujeita ao reexame somente produz efeitos após a reapreciação do tribunal, como se observa do *caput* do art. 496. O STF, em um vetusto Enunciado de nº 423, afirma, inclusive, que tal decisão não transita em julgado (DIDIER JR., 2011. v. III, p. 487; NERY JR.; NERY, 2002. p. 780; FERREIRA, 1996. v. 2, p. 531-534; MACHADO, 1997. p. 487; ARAUJO CINTRA, 2000. v. 4, p. 310-312),[1] utilizando-se, ainda, de expressões como recurso *ex officio* e interposição *ex lege*, ponto

---

[1] Afirmando se tratar de condição de eficácia e que impede o trânsito.

308 | PROCESSO CIVIL SISTEMATIZADO – *Haroldo Lourenço*

em que ousamos discordar. O que impede o trânsito em julgado é a interposição do recurso (efeito impeditivo), não o reexame, contudo, majoritariamente se afirma que o reexame impede o trânsito. Bem, ao se admitir trânsito em julgado antes do reexame, já seria admissível ação rescisória, do que discorda a doutrina (DIDIER JR., 2011. v. 3, p. 487). Por fim, cumpre registrar que é inequívoco que o reexame possui algumas características recursais, como os efeitos devolutivo e translativo (NERY JR., 2004. p. 188).

Há, contudo, renomada doutrina que afirma haver no reexame uma natureza recursal, com fortes argumentações, pregando uma revisão na característica da voluntariedade inserida no conceito dos recursos. Haveria, assim, uma apelação *ex officio* (ASSIS, 2001. p. 128-129), como denominado no CPC/1939 (art. 822).

Enfim, adotando-se o entendimento majoritário de que a remessa necessária seria uma condição de eficácia da decisão judicial, tem-se um bom exemplo de **ato judicial existente, válido e ineficaz**. Trata-se de um ato processual complexo, eis que sua eficácia depende da conjugação de vontade de dois órgãos diversos (BUENO, 2008. v. 5, p. 413).

Temos algumas reservas ao entendimento (majoritário) que afirma que a decisão judicial não transita em julgado antes do reexame, pois, com devida vênia, parece uma confusão entre **eficácia da sentença e trânsito em julgado**. Cremos, sinceramente, que já houve trânsito em julgado, pois não se admite mais recurso contra a decisão, contudo, sua eficácia está sob a condição resolutiva, qual seja, o reexame por parte do tribunal.

21.2. DA CONSTITUCIONALIDADE DUVIDOSA

O reexame necessário tem sua origem no Direito Processual Penal português, surgindo como proteção ao réu dos desvios eventualmente ocorridos no curso da persecução penal. Lentamente, o instituto foi sendo incorporado pelo Direito Processual Civil, com cabimento sempre em hipóteses excepcionais. A justificação histórica do aparecimento da remessa obrigatória se encontra nos amplos poderes que tinha o magistrado no direito intermédio, quando da vigência do processo inquisitório. O direito lusitano criou, então, a "apelação *ex officio*", para atuar como sistema de freios àqueles poderes, quase onipotentes, do juiz inquisitorial (NERY JR., 2004. p. 188).

Alfredo Buzaid, redator do CPC/1973, já defendia a extinção de tal instituto, afirmando que há no seio da organização judiciária do País órgãos especializados e suficientemente aptos para promoverem a defesa do fisco, não havendo necessidade de sua manutenção. No original do anteprojeto de Buzaid não havia reexame, contudo, posteriormente, foi inserido.

Afirma Scarpinella Bueno que o interesse público que fundamenta o reexame **não** é o interesse público primário, tutelado pela Constituição afinado com as pretensões legítimas dos cidadãos e à finalidade que justifica o Estado Democrático de Direito, mas o interesse público secundário, ou seja, o interesse das pessoas jurídicas de direito público enquanto entes capazes de ter direitos e deveres na esfera jurídica (BUENO, 2008. v. 5, p. 412).

Enfim, nunca assimilamos o reexame com uma proteção ao interesse público, pelo contrário, atravanca os processos judiciais, gerando mais um, entre os inúmeros incidentes, afastando o legítimo ideal de acesso à justiça.

21.3. HIPÓTESES DE REEXAME NO CPC

O art. 496 do CPC enumera as hipóteses de reexame necessário.

A primeira hipótese refere-se às **sentenças** prolatadas **contra** a Fazenda Pública.

Perceba-se que sentença deverá ser *contra* a Fazenda, excluindo-se, portanto, **sentenças terminativas** (DIDIER JR., 2011. v. 3, p. 489),[2] **salvo** o capítulo do julgado referente à eventual condenação da Fazenda a título de **honorários advocatícios** (Súmula 325 do STJ).

Entende o STJ que sendo a **sentença ilíquida** haverá necessidade de reexame (Súmula 490 do STJ), bem como decisões interlocutórias **não** se submetem ao reexame necessário, salvo se resolverem uma parcela do mérito, tendo aptidão para atingir coisa julgada material (DIDIER JR., 2011. v. 3, p. 489). Na hipótese de a Fazenda Pública figurar como autora, havendo improcedência, **não** haveria reexame, pois afirma a lei sentença contra a Fazenda, eis que somente se profere sentença contra o réu (DIDIER JR., 2011. v. 3, p. 489-490).

Incluem-se no conceito de Fazenda a União, o Estado, o Distrito Federal, o Município, as autarquias e as fundações públicas, nos termos do art. 10 da Lei 9.469/1997, que derrubou o Enunciado 620 do STF. Observe-se que **não** há reexame nas condenações impostas às sociedades de economia mista e às empresas públicas, justamente por serem pessoas de direito privado, estando, portanto, fora do regime dos precatórios, ainda que estas prestem um serviço público (CUNHA, 2008. p. 15).[3]

Há, contudo, precedentes no STF que estendem a duas empresas públicas as garantias inerentes à Fazenda: **ECT** (Empresa de Correios e Telégrafos)[4] e **INFRAERO** (Empresa Brasileira de Infraestrutura Aeroportuária),[5] devendo, portanto, haver reexame necessário. Em eventual condenação de uma **agência reguladora** haverá reexame, por ser autarquia submetida a regime especial ou havendo condenação de um **consórcio público** constituído sob forma de associação pública, por possuir personalidade jurídica de direito público (art. 6º, I, da Lei 11.107/2005).

Uma questão interessante se põe em xeque sobre as **decisões interlocutórias de mérito**, eis que em muito se aproximam das características de uma sentença e com base na integridade inerente ao ordenamento jurídico (art. 926 do CPC), para todas essas decisões proferidas contra o Poder Público deve se estender a hipótese do art. 496 do CPC.

Contudo, por entender que o reexame deve ser interpretado restritivamente, beirando às raias da inconstitucionalidade e como o art. 497, *caput* somente se refere à sentença, a interlocutória de mérito não deve estar sujeita ao reexame necessário, porém, quando a sentença for reexaminada, cremos que as interlocutórias de mérito também o serão. Esse, porém não é o entendimento consignado no Enunciado 17 FNPP, que afirma que a decisão parcial de mérito proferida contra a Fazenda Pública está sujeita ao regime da remessa necessária.

---

2. STJ, REsp 927.624/SP, 1a T., rel. Min. Luiz Fux, j. 02.10.2008, *DJe* 20.10.2008.
3. Conclusão extraída do Informativo 628 do STF, RE 599.628/DF, rel. orig. Min. Ayres Britto, red. p/ o acórdão Min. Joaquim Barbosa, j. 25.05.2011.
4. STF, RE 393.032 AgR/MG, 1a T., rel. Min. Cármen Lúcia, j. 27.10.2009.
5. STF, ARe 638.315 RG/BA, Pleno, rel. Min. Cezar Peluso, j. 09.06.2011.

310 | PROCESSO CIVIL SISTEMATIZADO – *Haroldo Lourenço*

Outro ponto interessante ocorre no **procedimento monitório**, que será possível contra o Poder Público (art. 700, § 6º, do CPC), em que haverá a prolação de uma decisão de mérito (inclusive rescindível nos termos do art. 702, § 3º, do CPC), sendo possível se cogitar na necessidade de reexame; contudo, novamente interpretando-se restritivamente as hipóteses de em análise, por não haver tecnicamente uma sentença, cremos não haver reexame. No entanto, da decisão que julga os embargos na ação monitória haverá reexame, sendo esta uma sentença (art. 702, § 9º, do CPC).

A **sentença arbitral** proferida contra a Fazenda Pública não está sujeita à remessa necessária (Enunciado 164 do FPPC).

A segunda hipótese de reexame se refere à **execução fiscal**, na qual o executado se defende pelos embargos (art. 16 da Lei 6.830/1980) e, na hipótese de tal defesa ser acolhida, total ou parcialmente, haverá reexame necessário. Observe-se que somente há reexame nos embargos opostos contra a Fazenda Pública, não nos opostos pela Fazenda Pública (art. 730 do CPC) (DIDIER JR., 2011. v. 3, p. 490),[6] na forma do Enunciado 158 do II CJF.

21.4. DISPENSAS DE REEXAME

Como dito, o instituto do reexame é controverso em sede doutrinária e, para amenizar suas consequências, o legislador consagrou algumas hipóteses nas quais o mesmo será dispensado (art. 496, §§ 3º e 4º, do CPC).

A primeira hipótese de dispensa é **quantitativa**, ou seja, baseia-se no valor e na capacidade econômica de cada ente público. Assim, não haverá reexame quando a **condenação ou o proveito econômico obtido na causa forem de valor certo e líquido inferior** a: (i) 1.000 salários mínimos para a União e as respectivas autarquias e fundações de direito público; (ii) 500 salários mínimos para os Estados, o Distrito Federal, as respectivas autarquias e fundações de direito público e os Municípios que constituam capitais dos Estados; (iii) 100 salários mínimos para todos os demais Municípios e respectivas autarquias e fundações de direito público. Vejamos o quadro a seguir para ilustrar:

DISPENSAS QUANTITATIVAS DE REEXAME NECESSÁRIO	
A condenação ou o proveito econômico obtido na causa forem de valor certo e líquido inferior a **1.000 salários mínimos**	Para a **União** e as respectivas **autarquias** e **fundações de direito público**
A condenação ou o proveito econômico obtido na causa forem de valor certo e líquido inferior a **500 salários mínimos**	Para os **Estados**, o **Distrito Federal**, as respectivas autarquias e **fundações de direito público** e os **Municípios** que constituam capitais dos Estados
A condenação ou o proveito econômico obtido na causa forem de valor certo e líquido inferior a **100 salários mínimos**	Para todos os demais **Municípios** e respectivas **autarquias** e **fundações de direito público**

---

[6] STJ, AgRg no REsp 1.079.310/SP, 1ª T., rel. Min. Francisco Falcão, j. 11.11.2008, *DJe* 17.11.2008. STJ, CE, EREsp 251.841/SP, rel. Min. Edson Vidigal, j. 25.03.2004. STJ, CE, EREsp 241.959, rel. Min. Sálvio de Figueiredo, *DJ* 18.08.2003.

Cap. 21 · DO REEXAME NECESSÁRIO | 311

Nessa linha, o STJ[7] consagrou que é dispensável a remessa necessária nas sentenças ilíquidas proferidas em desfavor do INSS, pois ainda que o benefício previdenciário seja concedido com base no teto máximo, observada a prescrição quinquenal, com os acréscimos de juros, correção monetária e demais despesas de sucumbência, não se vislumbra, em regra, como uma condenação na esfera previdenciária venha a alcançar os mil salários mínimos.

A segunda hipótese de dispensa é **qualitativa**, ou seja, se baseia no conteúdo da decisão, bem como na harmonia que se almeja com a utilização dos padrões decisórios. Não haverá reexame quando a sentença estiver fundada em: (i) súmula de tribunal superior; (ii) acórdão proferido pelo STF ou STJ em julgamento de recursos repetitivos; (iii) entendimento firmado em incidente de resolução de demandas repetitivas ou de assunção de competência; (iv) entendimento coincidente com orientação vinculante firmada no âmbito administrativo do próprio ente público, consolidada em manifestação, parecer ou súmula administrativa, o que já estava previsto no art. 12 da MP 2.180-35/2001, consagrando uma boa-fé objetiva (art. 5º do CPC).

Observe-se que tal dispensa mantém íntima relação com o art. 932 do CPC, eis que, se houvesse o reexame a decisão do relator, seria no sentido de negar seguimento, como se observa da Súmula 253 do STJ.

Frise-se que os parâmetros de tais valores são no momento da condenação, **não** na propositura da demanda, sendo tais dispensas aplicáveis para **ambas** as hipóteses do art. 496 do CPC. Havendo várias execuções fiscais reunidas, deve ser levado em consideração o **valor individual** de cada dívida (DIDIER JR., 2011. v. 3, p. 494).

De igual modo, sem a decisão proferida por maioria em reexame, **não** será utilizada a técnica de julgamento prevista no art. 942, como se observa do seu § 4º, II, que já estava na Súmula 390 do STJ.

21.5. HIPÓTESES DE REEXAME EM LEIS ESPECIAIS

21.5.1. Mandado de segurança

Uma primeira hipótese de reexame prevista em lei especial refere-se ao mandado de segurança, do art. 14, §§ 1º e 3º, c/c o art. 7º, § 2º, da Lei 12.016/2009, para os casos em que há a concessão da ordem. Observe-se que no caso da denegação da segurança fica afastado o reexame obrigatório (FERRARESI, 2010. p. 65).

Note-se que o STJ entende que as dispensas de reexame previstas no CPC são **inaplicáveis** ao mandado de segurança, porque o mandado de segurança está regulamentado em lei especial e, sendo o CPC norma geral e excepcional, sua interpretação deve ser restritiva.[8]

---

[7] STJ, REsp 1.735.097/RS, 2ª S., rel. Min. Gurgel de Faria, por unanimidade, j. 08.10.2019, *DJe* 11.10.2019.

[8] STJ, REsp 723.469/SP, 1ª T., rel. Min. Francisco Falcão, rel. p/ acórdão Min. Denise Arruda, j. 12.09.2006.

PROCESSO CIVIL SISTEMATIZADO – *Haroldo Lourenço*

Cumpre, ainda, registrar que, em mandado de segurança, ainda que pendente de reexame, **será** admissível execução provisória, salvo nas hipóteses em que se veda a concessão de liminar (art. 7º, § 2º).

Nesse sentido, a natureza jurídica do reexame será de **condição resolutiva da eficácia da decisão** (LOPES, 2009. p. 102).

Essa parte final do dispositivo, que proíbe execução provisória nos casos em que se vedam o deferimento de liminar, é de uma inconstitucionalidade flagrante. A vedação, pura e simplesmente, da concessão de liminar já é algo ofensivo à inafastabilidade da tutela jurisdicional. Restringir à execução provisória é agressão insuportável e não pode ser tolerada, sob pena de se amesquinhar o mandado de segurança, bem como o exercício da função jurisdicional consagrada na sentença (BUENO, 2009. p. 85).

21.5.2. Na tutela coletiva

Há previsão, ainda, na lei da ação popular (Lei 4.717/1965), em seu art. 19, afirmando que a sentença que concluir pela **carência ou pela improcedência da ação** está sujeita ao duplo grau de jurisdição, não produzindo efeito senão depois de confirmada pelo tribunal.

A previsão do reexame necessário se justifica em virtude do interesse público veiculado por meio de tal pleito, assim, vindo o cidadão a sucumbir, toda a coletividade sucumbiu.

Afirma o STJ que tal hipótese deve ser **estendida** à ação civil pública[9], desde que não versem sobre direitos individuais homogêneos[10]. Seja na ação civil pública, seja na ação popular, deve ser aplicada a hipótese de reexame prevista no art. 496, I, do CPC.

Cremos que é **inaplicável**, novamente, a dispensa de reexame prevista no art. 496, § 3º, do CPC, pois o bem jurídico tutelado é outro e, não havendo similitude, não é possível analogia. Cabe, contudo, aplicação da dispensa prevista no art. 496, § 3º, do CPC, pois, em qualquer caso, as decisões dos tribunais superiores ou do STF deverão ser observadas.

Por fim, há quem sustente a aplicação da **teoria da causa madura** (art. 1.013, § 3º, do CPC), nas hipóteses de reexame por sentenças terminativas (DIDIER JR., 2011. v. 3, p. 498).

21.5.3. Nas desapropriações

O Decreto-lei 3.365/1941, conhecido como Lei geral das desapropriações, também contemplou o instituto do reexame necessário, referindo-se ao mesmo em seu art. 28, § 1º, afirmando que a sentença que condenar a Fazenda Pública em quantia superior ao **dobro da oferecida** fica sujeita ao duplo grau de jurisdição.

---

9   STJ, AgRg no REsp 1.219.033/RJ, 2ª T., rel. Min. Herman Benjamin, j. 17.03.2011. REsp 1.108.542/SC, rel. Min. Castro Meira, j. 19.05.2009, *DJe* 29.05.2009.

10 STJ, REsp 1.374.232-ES, 3ª T., rel. Min. Nancy Andrighi, j. 02.10.2017.

Cap. 21 · DO REEXAME NECESSÁRIO | **313**

Encontramos semelhante previsão na LC 76/1993, no art. 13, § 1º, que dispõe sobre o procedimento contraditório especial, de rito sumário[11], para o processo de desapropriação de imóvel rural, por interesse social, para fins de reforma agrária, afirmando que a sentença que condenar o expropriante, em quantia superior a cinquenta por cento sobre o valor oferecido na inicial, fica sujeita a duplo grau de jurisdição.

Cremos, entretanto, que nessa hipótese deve incidir a dispensa prevista no § 3º do art. 496 do CPC, pois, ambas as normas levaram em consideração a limitação quantitativa, devendo, portanto, prevalecer o CPC, por ser norma posterior e haver total similitude fática.

21.5.4. Adição de vencimento ou reclassificação profissional contra Fazenda Pública

A Lei 8.437/1992, que dispõe sobre a concessão de medidas cautelares contra atos do Poder Público e dá outras providências, no seu art. 3º, em redação deplorável, afirma que o *recurso voluntário ou* ex officio, *interposto contra sentença em processo cautelar, proferido contra pessoa jurídica de direito público ou seus agentes, que importe em outorga ou adição de vencimentos ou de reclassificação funcional, terá efeito suspensivo.*

Nesse sentido, foi criada nova hipótese de reexame necessário. Cremos serem **aplicáveis** as dispensas previstas no CPC, principalmente a dispensa quantitativa.

21.5.5. Pessoas portadoras de deficiência física

Nos termos da Lei 7.853/1989, que dispõe sobre o apoio às pessoas portadoras de deficiência e sua integração social, o art. 4º, § 1º, afirma que a sentença que concluir pela **carência ou pela improcedência da ação** fica sujeita ao duplo grau de jurisdição, não produzindo efeito senão depois de confirmada pelo tribunal.

Cremos que é **inaplicável**, novamente, a dispensa de reexame prevista no art. 496, § 3º, do CPC, pois o bem jurídico tutelado é outro e, não havendo similitude, não é possível analogia.

Cabe, contudo, **aplicação** da dispensa prevista no art. 496, § 4º, do CPC, pois, em qualquer caso, as decisões dos tribunais superiores ou do STF deverão ser observadas.

Por fim, há quem sustente a aplicação da **teoria da causa madura** (art. 1.013, § 3º, do CPC), nas hipóteses de reexame por sentenças terminativas (DIDIER JR., 2011. v. 3, p. 498).

21.6. PROCEDIMENTO

Sendo proferida sentença que se enquadre em uma das hipóteses de reexame necessário, deve o magistrado determinar expressamente a remessa dos autos ao tribunal ao qual se encontra vinculado funcionalmente. A ausência de tal determinação

---

[11] Que por força do art. 1.049, parágrafo único, do CPC, observará o rito comum.

314 | PROCESSO CIVIL SISTEMATIZADO – *Haroldo Lourenço*

impede o trânsito em julgado (Enunciado 423 do STF), todavia, cremos que impeça somente a **eficácia**, não o trânsito em julgado.

A omissão quanto a esta determinação não gera efeito preclusivo, podendo se proceder à mesma a qualquer tempo, de ofício ou a requerimento. Pode, ainda, o tribunal determinar a **avocação** dos autos a qualquer tempo (art. 496, § 1º, do CPC), porquanto não há prazo para reexame, diferentemente do que se sucede com os recursos.

Havendo interposição de apelação, deve-se aguardar o regular processamento da mesma perante o juízo *a quo*, para somente então determinar-se a remessa dos autos ao tribunal que apreciará conjuntamente o reexame necessário e a apelação.

O reexame necessário segue o procedimento da apelação, aplicando-se o disposto no art. 934, devendo seu julgamento ser incluído em pauta, com a publicação antecedida de, pelo menos, **cinco dias** entre a publicação e a data do julgamento, sob pena de nulidade, nos termos do Enunciado 117 do STJ, que deve ser lido à luz do art. 935 do CPC, que aumentou o prazo de intervalo.

Deve, ainda, ser aplicado o art. 932 do CPC, nos termos do Enunciado 253 do STJ ao reexame, sendo admissível sustentação oral (DIDIER JR., 2011. v. 3, p. 492)[12] e agravo interno (BUENO, 2008. v. 5, p. 420).

O reexame não está sujeito a preparo ou recurso adesivo, justamente por não haver recurso principal para se aderir (DIDIER JR., 2011. v. 3, p. 491). No que se refere à admissibilidade de contrarrazões há embate doutrinário:

(i) Majoritariamente, não se admite contrarrazões, justamente por ser a manifestação adequada a interposição de um recurso (DIDIER JR., 2011. v. 3, p. 491; NEVES, 2012. p. 556);

(ii) Cremos, sinceramente, que o raciocínio precisa ser um pouco mais profundo, à luz dos princípios constitucionais, como o do contraditório. O art. 496 do CPC é claro ao impor ao magistrado, sem qualquer provocação, que submeta sua decisão ao reexame. Isso, contudo, não pode significar remessa ao tribunal sem manifestação das partes, principalmente da parte vencedora, pois o reexame tem forte probabilidade de prejudicá-las, beneficiando a Fazenda Pública. Nesse sentido, o particular pode apresentar manifestação que prestigie a sentença ou, até mesmo, que justifique a incidência do art. 496, §§ 3º e 4º, do CPC (BUENO, 2008. v. 5, p. 415).

No que se refere às interlocutórias não recorríveis por agravo de instrumento, ou seja, não previstas no art. 1.015 ou em outro dispositivo legal, se nenhuma das partes interpuser apelação suscitando tal matéria (art. 1.009, § 1º) ou se apelar e não suscitar tal matéria, ainda assim tal decisão interlocutória poderá ser revista pelo Tribunal por forma do **reexame necessário**, não havendo, portanto, oportunidade para o *ex adverso* da Fazenda Pública, pois, majoritariamente, não há resposta a reexame necessário (WAMBIER, 2000. p. 469; DIDIER JR., 2010. v. 3, p. 140).

---

[12] STJ, 2ª T., REsp 493.862/MG, rel. Min. Eliana Calmon, rel. p/ o acórdão Min. Franciulli Neto, j. 05.02.2004.

Cap. 21 • DO REEXAME NECESSÁRIO | 315

Dispondo quanto à abrangência do reexame necessário, entende o STJ que o **efeito devolutivo** é pleno, abrangendo, portanto, todas as parcelas da condenação, ainda que acessórias, como honorários advocatícios (Enunciado 325 do STJ).

Nesse sentido, afirma o STJ que o reexame não pode prejudicar a Fazenda Pública, evitando *reformatio in pejus* (Enunciado 45 do STJ). Cumpre, contudo, registrar a divergência doutrinária no ponto:

(i) Majoritariamente se prestigia o entendimento do STJ, pois o reexame seria criado para tutelar o interesse público da Fazenda, portanto, não poderia haver agravamento, como consagrado no Enunciado 45 do STJ (DIDIER JR., 2011. v. 3, p. 491; NEVES, 2012. p. 556-557);

(ii) Como é aplicável ao reexame o procedimento da apelação (portanto, o efeito translativo) viabiliza-se a possibilidade do Tribunal, mesmo sem provocação das partes ou de terceiros, modificar integralmente a sentença reconhecendo uma questão cogente (BUENO, 2008. v. 5, p. 420-421; NERY JR., 2004. p. 84-85). Destarte, em termos práticos, haveria piora na situação da Fazenda. Imaginemos, por exemplo, a inconstitucionalidade de uma lei em que se fundou a sentença, seria legítimo ao Tribunal manter a sentença? A resposta somente pode ser negativa. Há, inclusive, precedentes no STJ nesse sentido: *"No reexame necessário, as questões decididas pelo juiz singular são devolvidas em sua totalidade para exame pelo Tribunal ad quem. Há também a ocorrência do efeito translativo, segundo o qual as matérias de ordem pública e as questões suscitadas e discutidas no processo, ainda que a sentença não as tenha julgado por inteiro, devem ser objeto de análise em sede de duplo grau de jurisdição. Mitigação da Súmula 45 do STJ"*.[13]

Do julgamento do reexame necessário, presentes os requisitos específicos, será cabível **qualquer** recurso, inclusive recurso especial ou embargos de declaração (BUENO, 2008. v. 5, p. 414), ainda que a Fazenda **não** tenha manejado apelação anteriormente.[14]

---

[13] STJ, REsp 856.388/SP, 1ª T., rel. Min. Francisco Falcão, j. 19.04.2007. REsp 440.248/SC, rel. Min. Denise Arruda, *DJ* 05.09.2005.

[14] STJ, AgRg nos Edcl no AResp 8.020/PR, 2ª T., rel. Min. Mauro Campbell, j. 18.08.2011. No mesmo sentido: REsp 1.233.311/PR. REsp 1.240.765/PR, 2ª T., rel. Min. Mauro Campbell Marques, *DJe* 31.05.2011. REsp 905.771/CE, Corte Especial, rel. Min. Teori Albino Zavascki, *DJe* 19.08.2010.

22

COISA JULGADA

22.1. NOÇÕES GERAIS

Coisa julgada é a indiscutibilidade do **comando normativo**, ou seja, da **norma jurídica individualizada contida na decisão judicial**. A proposta da coisa julgada é estabilizar a solução dada pelo Judiciário a determinado caso concreto, sendo de um atributo exclusivo da função jurisdicional, compondo a segurança jurídica (DIDIER JR., 2011. v. 2, p. 418), considerada um direito fundamental (BUENO, 2007. t. I, p. 382), consagrada pelo art. 5º, XXXVI, da CR/1988.

22.2. COISA JULGADA FORMAL E MATERIAL

A coisa julgada formal deve ser compreendida como a indiscutibilidade da decisão **no processo em que ela foi proferida**, não podendo mais ser impugnada por recurso, identificando-se com o trânsito em julgado (CÂMARA, 2008. v. 1, p. 457) e com a preclusão; uma **preclusão máxima**. Trata-se de fenômeno **endoprocessual** (BUENO, 2007. t. I, p. 387).

A coisa julgada formal é fenômeno excepcional, não sendo relevante o seu estudo.

Ocorrerá coisa julgada material pela indiscutibilidade da decisão judicial **no processo em que foi produzida e em qualquer outro**, ou seja, **dentro e fora do processo**. Trata-se de um fenômeno **endo e extraprocessual**.

Observe-se que há uma escala a ser seguida: trânsito em julgado, coisa julgada formal, coisa julgada material e, por fim, coisa soberanamente julgada (CÂMARA, 2008. p. 457). Essa última ocorrerá com o transcurso do prazo da ação rescisória (art. 975 do CPC/2015).

318 | PROCESSO CIVIL SISTEMATIZADO – *Haroldo Lourenço*

22.3. PRESSUPOSTOS DA COISA JULGADA MATERIAL

Exigem-se três pressupostos para que ocorra coisa julgada material: (i) a decisão ter sido de mérito; (ii) ter havido cognição exauriente, pois havendo cognição sumária ou superficial não haverá coisa julgada; (iii) ter havido o trânsito em julgado (preclusão), tornando-se indiscutível no processo em que foi proferida, ou seja, só haverá coisa julgada material se tiver havido imutabilidade interna com a coisa julgada formal.

Qualquer decisão que preencha esses pressupostos está apta à coisa julgada material, seja interlocutória (BUENO, 2007. t. I, p. 393), sentença ou acórdão. Justamente por tais motivos, que a decisão sobre tutela provisória não pode ficar imune à coisa julgada material, pois foi dada com base em cognição sumária (DIDIER JR., 2015. p. 421), não sendo rescindível, nem mesmo quando estabilizada (art. 304, § 6º, do CPC/2015 e Enunciado 33 do FPPC).

22.4. EFEITOS DA COISA JULGADA

A coisa julgada produz três efeitos:

(i) **Negativo ou impeditivo:** a coisa julgada impede nova decisão sobre o que já foi decidido, ou seja, o decidido não pode voltar a ser decidido como questão principal. Havendo violação a tal efeito, é admissível, inclusive, ação rescisória (art. 966, IV, do CPC/2015). Tal efeito opera-se como uma defesa, impedindo o novo julgamento. Assim ocorre no caso em que, já tendo havido declaração de que Fulano é pai do Beltrano, este propõe ação de alimentos em face daquele, fundando sua pretensão na relação jurídica de filiação entre eles existente. O demandado, porém, alega na contestação não ser pai do autor, e afirma que, por ter este processo objeto distinto do anterior, a questão poderia ser livremente apreciada, por força art. 337, §§ 3º e 4º, do CPC/2015 (teoria da tríplice identidade[1]), não sendo a mesma demanda anterior. Nessa hipótese deve ser aplicada a teoria da relação jurídica, pois a *res in iudicium deducta* já foi analisada no processo principal, não podendo ser acolhida tal alegação (CÂMARA, 2008. p. 462-463).

(ii) **Positivo:** a coisa julgada se impõe, ou seja, deverá ser observada. Assim, pode ser utilizada como fundamento de outra demanda, por isso a denominação de efeito positivo. É o exemplo da ação de alimentos que se funda em uma coisa julgada de paternidade. Nessa hipótese a coisa julgada é utilizada como imperativo para o segundo julgamento.

(iii) **Preclusivo ou eficácia preclusiva da coisa julgada:** a coisa julgada produz um efeito de impedir a discussão sobre o tema, ainda que não tenha o assunto sido debatido. Tudo que foi alegado, bem como o que poderia ter sido com a formação da coisa julgada reputa-se implicitamente rejeitado (arts. 507 e 508 do CPC/2015). Há, assim, a preclusão sobre tudo que o poderia ter sido alegado, mas não foi.[2]

---

[1] Remetemos o leitor para o capítulo sobre pressupostos processuais negativos, no qual a teoria da tríplice identidade foi analisada.

[2] Informativo 477: STJ, REsp 1.127.664/PR, 2ª T., rel. Min. Mauro Campbell Marques, j. 14.06.2011. Precedente citado: AgRg no REsp 983.372/PR, *DJe* 26.05.2010.

Cap. 22 · COISA JULGADA | 319

Alguns adotam a nomenclatura de **julgamento implícito**, muito embora rechaçada por alguns autores (PORTO, 1999. p. 39), preferindo-se a utilização de **princípio do deduzido e do dedutível** (BUENO, 2007. t. I, p. 389). No que se refere ao réu, deve se recordar do ônus da concentração ou eventualidade, segundo o qual, deve haver concentração de toda matéria de defesa (art. 336 do CPC/2015). No que se refere ao autor, a mencionada eficácia preclusiva somente recai sobre a causa de pedir deduzida; nesse sentido, é admissível a propositura de uma nova ação, com uma nova causa de pedir (DIDIER JR., 2015. p. 437; BUENO, 2007. t. I, p. 390), mesmo que pudesse ter sido alegada na ação anterior. Minoritariamente (ASSIS, 2002. p. 145 e 147), há quem entenda que a eficácia preclusiva abrange todas as possíveis causas de pedir que pudessem ter embasado o pedido formulado, o que era adotado pelo art. 98, § 4º, da Lei 12.529/2011, que foi revogado pelo art. 1.072, VI, do CPC/2015, o que somente ratifica o entendimento majoritário como o adequado.

22.5. LIMITES OBJETIVOS DA COISA JULGADA (O QUE FAZ COISA JULGADA?)

Somente a parte **dispositiva** da decisão se torna indiscutível pela formação da coisa julgada (art. 489, III e art. 504 do CPC), portanto, o analisado no relatório e na fundamentação **não** fará coisa julgada formal ou material. Assim, a parte dispositiva da decisão tem força de lei, nos limites da questão ou das questões **principais expressamente decididas** (art. 503 do CPC). Perceba-se que pelo mesmo art. 503 do CPC somente há coisa julgada sobre as questões principais expressamente decididas, o que impede a extração de coisa julgada de julgamento **implícito**, bem como o mesmo atributo somente se produz sobre as questões **principais**.

Nesse sentido, é lícito se extrair que os motivos para o juiz decidir, ainda que relevantes para a parte dispositiva, bem como a verdade dos fatos estabelecida como fundamento da decisão, **não** farão coisa julgada material (art. 489, I e II, c/c o art. 504 do CPC).

Lembre-se de que sobre a fundamentação pode recair a **eficácia do precedente** e a eficácia da intervenção do assistente simples (art. 123 do CPC/2015).

22.5.1. Questões prejudiciais

No que se refere às **questões prejudiciais** (ou seja, temas indispensáveis para a análise do mérito, que lhe direcionarão), afirma o art. 503, § 1º, que **haverá coisa julgada**, desde que: **(i)** se decidida expressa (perceba-se que se faz necessário, novamente, o julgamento expresso) e incidentemente no processo; **(ii)** a seu respeito tiver havido contraditório prévio e efetivo, não se aplicando para a hipótese de revelia; e **(iii)** o juízo tiver competência em razão da matéria e da pessoa para resolvê-la como questão principal.

Trata-se de requisitos **cumulativos** (Enunciado 313 do FPPC), bem como, na forma do § 2º, se o processo houver **restrições probatórias ou cognitivas** que impeçam o aprofundamento sobre tais questões, **não** haverá coisa julgada. Dois bons exemplos são a ação monitória e o mandado de segurança.

320 | PROCESSO CIVIL SISTEMATIZADO – *Haroldo Lourenço*

A partir de tais premissas, algumas conclusões podem ser extraídas:

1	Em regra, sobre as questões prejudiciais haverá coisa julgada material desde que observados os requisitos cumulativos dos §§ 1º e 2º do art. 503 do CPC/2015;
2	Preenchidos tais requisitos, haverá coisa julgada material normalmente, sendo, inclusive, admissível ação rescisória (Enunciado 338 do FPPC);
3	Não preenchidos tais requisitos cumulativos, persiste o interesse no ajuizamento de ação declaratória quanto à questão prejudicial incidental (Enunciado 111 do FPPC);
4	É desnecessário que a resolução expressa da questão prejudicial incidental esteja no dispositivo da decisão para ter aptidão de fazer coisa julgada (Enunciado 438 FPPC).

Por fim, mas não de menor importância sobre o tema, nos termos do art. 1.054 do CPC/2015, a novel regra prevista no art. 503, § 1º, do CPC somente se aplica aos processos iniciados após a vigência do CPC/2015, impondo-se aos anteriores o disposto nos arts. 5º, 325 e 470 do CPC/1973, em nítida hipótese de ultratividade da legislação revogada. Deve ser entendido início do processo como a data do protocolo da petição inicial (Enunciado 367 do FPPC).

22.6. LIMITES SUBJETIVOS DA COISA JULGADA (QUEM SE SUBMETE?)

Há possibilidades de limites subjetivos da coisa julgada:

(i) *Inter partes*: é a regra geral do nosso ordenamento, segundo a qual, só se vinculam pela coisa julgada as partes, ou seja, aqueles que participaram do processo (art. 506 do CPC/2015). Trata-se de uma decorrência do devido processo legal, contraditório e ampla defesa. Há, contudo, hipóteses em que a regra geral do nosso ordenamento é quebrada, como se vê a seguir.

(ii) *Ultra partes*: é excepcional, mas há previsão da sua ocorrência. Nesse caso, atingirá terceiros, geralmente determinado grupo, extrapolando os limites do processo. É o que acontece, por exemplo, com a coisa julgada oriunda de um processo conduzido por um substituto processual, que atingirá o substituído (art. 109, § 3º, do CPC/2015) (CÂMARA, 2008. p. 473; BUENO, 2007. t. I, p. 396); ou na coisa julgada oriunda das ações coletivas que envolvem direitos coletivos *stricto sensu* (art. 103, II, do CDC); ou nos casos de colegitimação, em que o processo conduzido por somente um legitimado atingirá os demais; ou, por fim, na decisão favorável a um dos devedores solidários (art. 274 do CC/2002) (BUENO, 2007. t. I, p. 396).

(iii) *Erga omnes*: nessa hipótese vinculará todos os jurisdicionados, como ocorre nas ações coletivas sobre direitos difusos (art. 103, I, do CDC), na ADI e na ADC.

22.7. TÉCNICAS OU MODOS DE PRODUÇÃO DA COISA JULGADA

Há três técnicas para a produção da coisa julgada:

(i) *Pro et contra:* haverá coisa julgada independentemente do resultado do processo, pouco importando se houve procedência ou improcedência, favorável ou desfavorável ao demandante. É a regra geral, juntamente com o limite *inter partes*.

(ii) Secundum eventus littis: É, literalmente, contrária à anterior, ou seja, somente haverá coisa julgada se houver um determinado resultado. Nesse sentido, uma das partes irá se prejudicar. Ocorre no processo penal, em que a sentença absolutória não pode ser revista, diferentemente da sentença condenatória, que pode ser revista a qualquer tempo. É o que ocorre nas ações coletivas, em sua extensão à esfera individual, pois os titulares individuais não serão prejudicados, somente beneficiados (art. 103, III, do CDC). A coisa julgada na tutela coletiva é *secundum eventus probationis*, contudo sua **extensão** é *secundum eventus littis* ao plano individual.

(iii) Secundum eventus probationis: Se a decisão for pela improcedência por falta de provas não haverá coisa julgada, ou seja, somente há coisa julgada na suficiência de provas. É o que acontece nas ações coletivas, ou seja, a coisa julgada nas ações coletivas é *secundum eventum probationis*, pois se a ação coletiva for julgada improcedente por falta de provas, não há coisa julgada. Como ressaltado, a coisa julgada coletiva é *secundum eventum probationis*, mas a sua extensão ao plano individual é *secundum eventum litis*. Outro exemplo ocorre no mandado de segurança individual (art. 19 da Lei 12.016/2009 e Enunciado 304 do STF).

22.8. REVISÃO DA COISA JULGADA

A coisa julgada pode ser revista ou rediscutida em certas hipóteses, pois não se trata de um conceito absoluto, havendo em nosso ordenamento mecanismos para o seu controle. Vejamos:

22.8.1. Ação rescisória

Prevista nos arts. 966 e 658 do CPC/2015, sempre de competência originária de um tribunal e com prazo decadencial de dois anos (art. 975, *caput*, do CPC/2015), admissível por questões de injustiça ou invalidade da coisa julgada.

Remetemos o leitor para o capítulo sobre o tema, no qual será melhor abordado o assunto.

22.8.2. *Querela nullitatis*

Não há regulamentação do seu procedimento, contudo, há previsão da sua ocorrência nos arts. 525, § 1º, I, e 535, I, do CPC/2015, não possuindo prazo e servindo para controlar coisa julgada supostamente existente, exclusivamente por invalidade, ocasionada por falta ou nulidade de citação que gerou revelia.

22.8.3. Inexatidões materiais e erros de cálculo

Os erros materiais de uma decisão podem ser revistos a qualquer tempo, justamente por se tratarem de erros analisados objetivamente, como os erros de digitação, de cálculo, uma referência equivocada à uma página etc., como previsto no art. 494, I, do CPC/2015.

322 | PROCESSO CIVIL SISTEMATIZADO – *Haroldo Lourenço*

22.8.4. Sentença fundada em lei ou ato normativo declarados pelo STF como inconstitucionais ou incompatíveis com a Constituição

A sentença fundada nesses atos pode ser revista pelos instrumentos previstos no art. 525, §§ 12 a 15, e art. 535, §§ 5º a 8º, do CPC/2015, como será mais bem analisado no capítulo de defesas do executado.

22.8.5. Considerações sobre a relativização da coisa julgada

Como demonstrado, a coisa julgada é relativizada pelo próprio legislador, ao deixar claro que ela pode ser revista em várias circunstâncias e de várias maneiras. Basta lembrarmos que no processo penal não há prazo para a revisão criminal.

Sucede que, há mais ou menos 10 anos, parcela da doutrina brasileira, liderada por Dinamarco (DINAMARCO, 2004. p. 217) e Humberto Theodoro Jr. (THEODORO JR.; CORDEIRO DE FARIAS, 2001), passou a defender a relativização da coisa julgada **atipicamente**, ou seja, uma relativização da coisa julgada fora das hipóteses vistas acima, uma vez que as hipóteses previstas pelo legislador seriam insuficientes, principalmente quando fosse manifestamente **injusta ou inconstitucional** a decisão, bem como quando ela for absurdamente lesiva ao Estado como, por exemplo, nos valores indenizatórios em ações de desapropriação por não se mostrarem "justos", ou quando ofender a cidadania e os direitos do homem, ou violar a garantia do meio ambiente ecologicamente equilibrado.

Um dos maiores precursores do tema foi o Ministro do STJ José Augusto Delgado, o qual defendeu que a coisa julgada poderia ser revisada toda vez que afrontasse princípios da moralidade, legalidade, razoabilidade e proporcionalidade, ou se desafinasse com a realidade dos fatos.

Neste sentido, pode-se citar a lição de José Augusto Delgado:

> O tratamento dado pela Carta Maior à coisa julgada não tem o alcance que muitos intérpretes lhe dão. A respeito, filio-me ao posicionamento daqueles que entendem ter sido vontade do legislador constituinte, apenas, configurar o limite posto no art. 5º, XXXVI, da CF, impedindo que a lei prejudique a coisa julgada (DELGADO, 2000).
>
> (...) não posso conceber o reconhecimento de força absoluta da coisa julgada quando ela atenta contra a **moralidade**, contra a legalidade, **contra os princípios maiores da Constituição Federal** e contra a realidade imposta pela natureza. Não posso aceitar, em sã consciência, que, em nome da segurança jurídica, **a sentença viole a Constituição Federal**, seja veículo de injustiça, **desmorone ilegalmente patrimônios, obrigue o Estado a pagar indenizações indevidas**, finalmente desconheça que o branco é branco e que a vida não pode ser considerada morte, nem vice-versa (DELGADO, 2000).

Nesse giro, conclui-se que a noção de intangibilidade da coisa julgada, no sistema jurídico brasileiro, não tem sede constitucional, mas resulta, antes, de norma contida no art. 502 do CPC, pelo que, de modo algum, pode estar imune ao princípio da constitucionalidade, hierarquicamente superior.

Nesse sentido, se a decisão fosse absurda, poderia ser revista a qualquer tempo, mesmo fora das hipóteses tradicionais e típicas da revisão. Esse movimento, denomi-

Cap. 22 · COISA JULGADA | 323

nado relativização da coisa julgada, refere-se à relativização **atípica**, ou seja, cria-se uma **cláusula geral de revisão da coisa julgada**.

A jurisprudência começou a refletir tal movimento, permitindo a mudança de valor fixado em desapropriação, seja por meio de mera petição ou por ação declaratória de nulidade,[3] bem como a ressurreição de sentenças de investigação de paternidade concretizadas sem o exame de DNA.[4] Na mesma linha, o Legislativo também sofreu as influências de tal movimento, pois o último mecanismo de revisão da coisa julgada é posterior a ele (525, §§ 12 a 15 e art. 535, §§ 5º a 8º, do CPC/2015). Ocorre, contudo, que a doutrina **majoritária** combateu, fervorosamente, esse movimento, rechaçando a relativização atípica. Em suma, de **um lado**, Dinamarco, Humberto Theodoro Jr. e José Delgado e, **de outro**, Barbosa Moreira (BARBOSA MOREIRA, 2007. p. 235-265), Gisele Góes, Nelson Nery Jr., Ovídio Batista, Marinoni, Fredie Didier etc. (DIDIER JR., 2015. p. 451-459). Há, ainda, fortes precedentes no STF negando a relativização atípica,[5] bem como autores que a admitem de maneira moderada, como Alexandre Câmara (CÂMARA, 2008. p. 464-468)[6] e Scarpinella Bueno (BUENO, 2008. p. 403).[7]

A coisa julgada é atributo indispensável ao Estado Democrático de Direito e à efetividade do direito fundamental ao acesso ao Poder Judiciário, assegurando uma solução definitiva, imutável para a sua quizila (DIDIER JR., 2015. p. 452).

Vale a pena a transcrição do lúcido pensamento de Leonardo Greco (GRECO, 2010. v. 2, p. 363):

> O direito de conhecer a própria origem é, sem dúvida, um direito fundamental extremamente valioso; todo ser humano tem o direito de obter uma sentença que declare quem são os seus genitores. Muitas vezes, entretanto, ações de investigação de paternidade são propostas visando apenas aos benefícios econômicos que podem advir do estado de filiação.
>
> A meu ver, tendo a ação apenas cunho econômico ou patrimonial, se já houver decisão transitada em julgado reconhecendo a inexistência da paternidade, ela deverá prevalecer, tornando-se imutável depois de anos do trânsito em julgado. Contudo, se houver vínculo socioafetivo entre as partes, o direito de conhecimento da própria origem e o direito de ter uma família deve prevalecer sobre a coisa julgada. (...)
>
> O cerne da questão está em se corrigir o prazo da ação rescisória, que não deveria ser único. A depender do caso, o prazo deveria ser maior ou menor do que o atual ou até inexistir.

---

[3]   STJ, REsp 622.405/SP, 1ª T., rel. Min. Denise Arruda, j. 14.08.2007. Precedentes citados: REsp 12.586/SP, *DJ* 04.11.1991; REsp 710.599/SP, rel. Min. Denise Arruda, j. 21.06.2007.

[4]   STJ, REsp 226.436/PR, 4ª T., rel. Min. Sálvio de Figueiredo Teixeira, *DJ* 04.02.2002. STJ, REsp 826.698/MS, 3ª T., rel. Min. Nancy Andrighi, *DJe* 23.05.2008. REsp. 427.117/MS, 3ª T., rel. Min. Castro Filho, *DJ* 16.02.2004. Informativo 622: STF, RE 363.889/DF, rel. Min. Dias Tofoli, j. 07.04.2011.

[5]   STF, RE 603.188 AgR/SP, 1ª T., rel. Min. Luiz Fux, j. 26.04.2011.

[6]   Alexandre Câmara admite a relativização somente para inconstitucionalidades, jamais para injustiça, utilizando a expressão desconsideração da sentença inconstitucional transitada em julgado.

[7]   Admitindo, contudo afirmando que não pode ser aplicada de maneira imoderada ou indiscriminada, rechaçando sua generalização.

324 | PROCESSO CIVIL SISTEMATIZADO – *Haroldo Lourenço*

Essa parece ser a linha do STF, ao consagrar o Enunciado 149, afirmando que é imprescritível a ação de investigação de paternidade, mas não o é a de petição de herança.

Nesse sentido, relativizar atipicamente a coisa julgada é acabar com a coisa julgada, pois, afirmar que a mesma pode ser revista por ser manifestamente injusta é permitir sua revisão sempre; além disso, nada garante que a segunda decisão será mais justa. Situações injustas, indesejadas, ilegais ou desafinadas com a realidade fática podem acontecer e, para isso, o ordenamento criou hipóteses de flexibilização da coisa julgada.

Pela mesma trilha, se a injustiça era manifesta, porque ninguém percebeu durante o processo inteiro, tampouco ajuizou ação rescisória? Ademais, na investigação de paternidade, o elemento genético não é imprescindível para a relação familiar e, permitir a revisão da coisa julgada por essa razão, seria relativizar as relações de afeto inerentes à família. Coisa julgada é um direito fundamental, exercendo um limite sobre a jurisdição, não podendo ser revista de maneira atípica, pois a justiça é construída pelos sujeitos processuais, em contraditório e cooperativamente, bem como não se pode teorizar o absurdo casuístico e pontual ocorrido em situações excepcionais.

22.8.6. Denúncia à Corte Interamericana de Direitos Humanos

Há, ainda, a possibilidade de revisão da coisa julgada por um Tribunal Internacional: a **Corte Interamericana de Direitos Humanos**, localizada em San José, na Costa Rica.

Por o Brasil ser signatário do Pacto de San José da Costa Rica (Convenção Americana de Direitos Humanos), submete-se ao sistema americano de proteção aos direitos do homem, que é composto pela Comissão Interamericana de Direitos Humanos e pela Corte Interamericana de Direitos Humanos.

Nesse sentido, na dicção do art. 44 do mencionado Pacto, qualquer pessoa ou grupo de pessoas, ou entidade não governamental legalmente reconhecida em um ou mais Estados-membros da Organização, pode apresentar à Comissão petições que contenham denúncias ou queixas de violação desta Convenção por um Estado-parte.

De igual modo, o art. 68, 2, afirma que os Estados-partes na Convenção comprometem-se a cumprir a decisão da Corte em todo caso em que forem partes; também, a parte da sentença que determinar indenização compensatória poderá ser executada no país respectivo, pelo processo interno vigente para a execução de sentenças contra o Estado, portanto, um título judicial apto a instrumentalizar uma execução contra a Fazenda Pública (DIDIER JR., 2015. p. 449).

No Brasil já houve denúncias à mencionada Corte, como a hipótese do terrível acidente ocorrido na Boate Kiss, em Santa Maria, na Região Central do Rio Grande do Sul, no qual não houve processo judicial contra nenhum agente do Estado envolvido na tragédia ocorrida na madrugada de 27 de janeiro de 2013, que causou 242 mortes.

23

TEORIA GERAL DA EXECUÇÃO

23.1. NOÇÕES GERAIS

É clássica a separação dos processos em três espécies: conhecimento, execução e cautelar. Atualmente, tal ponto merece uma revisão, principalmente com o avanço do sincretismo processual e com o fim do processo autônomo cautelar.

Sem dúvida, hoje é mais adequada a classificação pela atividade preponderante exercida no processo, que poderia ser dividida em duas modalidades: cognitiva e executiva, podendo em ambas haver a necessidade de tutelas provisórias.

Assim, a atividade executiva pode ser definida como um conjunto de atos praticados pelo Estado, com ou sem o concurso da vontade do devedor, em que se invadirá o seu patrimônio, realizando a vontade concreta do direito material, consubstanciada em um título executivo.

Executar é materializar um direito a uma prestação, por meio de uma conduta de fazer, não fazer ou de dar coisa (que se divide em dar coisa diversa de dinheiro e pagar quantia certa). Nessa linha, organiza-se o CPC, como se observa dos arts. 520 a 535, nos quais são tratadas as obrigações de pagar quantia, e dos arts. 536 a 538, nos quais são tratadas as obrigações de fazer, não fazer e entregar coisa.

O direito a uma prestação precisa ser concretizado, ou seja, a sua efetivação é a realização da prestação devida. Quando o sujeito passivo não cumpre a prestação, fala-se em inadimplemento ou lesão. Destarte, em apertada síntese, executar é **forçar o cumprimento de uma prestação devida**.

Já o direito potestativo é o poder jurídico conferido a alguém de alterar, criar ou extinguir situações jurídicas. O sujeito passivo de tais direitos nada deve, pois não há conduta que precise ser prestada para que o direito potestativo seja efetivado. **O direito potestativo efetiva-se no mundo jurídico das normas, não no mundo dos fatos**, como ocorre, de modo diverso, com os direitos a uma prestação. A efetivação de tais direitos consiste na alteração, criação ou extinção de uma situação jurídica, fenômenos que só se operam juridicamente, sem a necessidade de qualquer ato material (ou[1] no mundo dos fatos, como preferem alguns autores).

---

[1] Creio que minha observação seja sem muita relevância para muitos, mas falar em "mundo jurídico" e "mundo dos fatos" sempre me pareceu um exagero. Creio que o direito deve cada vez se aproximar

326 | PROCESSO CIVIL SISTEMATIZADO – *Haroldo Lourenço*

Exemplifique-se: o direito de anular um negócio jurídico é um direito potestativo. Esta anulação dar-se-á com a simples decisão judicial transitada em julgado, não será necessária nenhuma outra providência material, como, por exemplo, destruir o contrato. A efetivação, nesses casos, dá-se pelo verbo, não pelo ato concreto, material.

Os direitos a uma prestação dependem de um ato concreto, ou seja, o cumprimento da prestação. Nesse sentido, a prática de tal ato relaciona-se aos **prazos prescricionais** que, como prevê o art. 189 do CC/2002, começam a correr da lesão ou inadimplemento (não cumprimento pelo sujeito passivo do seu dever). Como nos direitos potestativos não há dever, prestação, conduta, a ser cumprida pelo sujeito passivo, denomina-se de *"estado de sujeição"* a situação jurídica do sujeito passivo, não se podendo falar em lesão ou inadimplemento. Assim, a prescrição não está relacionada a tais direitos. Na verdade, os direitos potestativos ou formativos submetem-se, se houver previsão legal, a **prazos decadenciais**.

Assim, falar em atividade executiva é falar em efetivação de direitos a uma prestação, ou seja, um conjunto de meios para efetivar uma prestação devida. Não é por acaso que o CPC exige, como requisito para execução, que exista um "devedor" (art. 786 do CPC), fenômeno exclusivo dos direitos a uma prestação.[2]

Esse esboço mínimo reflete a relação fundamental entre direito material e processo, para a compreensão da atividade executiva.

23.2. PRESCRIÇÃO NA EXECUÇÃO

Como dito, executar é efetivar um direito a uma prestação, prestação essa sujeita a um prazo prescricional. Nesse sentido, o **Enunciado 150 do STF** entende que prescreve a execução no mesmo prazo de prescrição da ação. Destarte, seja uma ação de execução autônoma ou um cumprimento de sentença, o prazo prescricional será o mesmo prazo para a ação.

No que toca ao momento de sua interrupção, o art. 802 do CPC informa que o despacho que ordena a citação interrompe a prescrição, estando alinhando com o art. 240, § 1º, que regulamenta o processo de conhecimento, encerrando a discussão na suposta antinomia que existia entre o vetusto art. 219 do CPC/1973 e o art. 202, I, do CC/2002.

Enfim, tanto na **execução extrajudicial** como no **processo de conhecimento** o **despacho que ordenar** a citação interromperá a prescrição, como já estava assentado

---

do cidadão. Certa vez, um aluno me indagou o que era "ordem pública", pergunta essa que muito me fez refletir. Será que existe ordem pública, mundo jurídico ou expressões tão propaladas? Enfim, parecem resquícios de um direito impregnado de expressões ou jargões extremamente antiquados, um autoritarismo estatal, sendo um pouco melhor nos referirmos a normas cogentes.

[2] Consulta quase que obrigatória, em virtude da clareza e objetividade das argumentações, é o ensaio de: DIDIER JR., Fredie. Esboço de uma teoria da execução civil. Disponível em: <www.frediedidierjr.com.br.>. Trata-se da reprodução da prova escrita do concurso para provimento do cargo de Professor Assistente (Mestre) de Processo Civil da Faculdade de Direito da Universidade Federal da Bahia (UFBA). Acesso em: 23 abr. 2004, que recebeu a nota 10 (dez) de todos os membros da banca examinadora: Wilson Alves de Souza (UFBA), Leonardo Greco (UFRJ) e Vallisney de Souza Oliveira (UFAM). Manteve-se o texto original, sem referências bibliográficas ou notas de rodapé – o pensamento dos doutrinadores é citado ao longo do texto, normalmente sem menção à obra.

em doutrina.[3] Muito já se discutiu se tal ordem de citação seria um despacho ou uma decisão interlocutória, ou seja, se teria ou não conteúdo decisório, tendo há muito tempo prevalecido a tese de que seria um mero **despacho**.[4]

Observe-se que para o cumprimento de sentença não basta a simples conjugação do art. 802 com o art. 513, o qual determina a aplicação subsidiária da execução extrajudicial. O cumprimento de sentença é precedido da fase de conhecimento, em que houve despacho que determinou a citação, momento em que foi interrompida a prescrição (art. 240, § 1º, do CPC), a qual somente se interrompe uma vez (art. 202 do CC/2002).

Depois da interrupção da prescrição pelo *"cite-se"* na fase de conhecimento, não há como reiniciar imediatamente a contagem de qualquer prazo prescricional durante o curso do processo, pois esse se desenvolve por impulso oficial (art. 2º do CPC), não sendo possível, sequer, atribuir-se ao demandante a demora na citação por motivos inerentes à máquina judiciária (art. 240, § 3º, do CPC).[5] Ocorre que, para iniciar a fase executiva para pagamento de quantia certa, deve o demandante apresentar um requerimento (art. 513, § 1º, do CPC), o que corporifica um novo exercício do direito de ação, portanto com nova pretensão (FUX, 2008. p. 132) Assim, o **mencionado requerimento tem o condão de interromper o prazo prescricional** sendo, inclusive, essa a posição do STJ à época do CPC/1973.[6]

Nesse sentido, para um total esclarecimento, tendo havido uma colisão de veículos, proposta a ação reparatória dois anos depois do fato, haverá, com o "cite-se", a interrupção da prescrição do prazo prescricional de três anos. Com a formação da coisa julgada, voltará a fruir o prazo prescricional de três anos, sendo interrompido *"novamente"* com o requerimento do art. 513, § 1º, do CPC.

Uma breve síntese em nome da clareza:

(i) O prazo prescricional da execução é o mesmo prazo para a ação de conhecimento (Enunciado 150 do STF);

---

[3] DIDIER JR., Fredie. *Regras processuais no novo Código Civil*. 2. ed. São Paulo: Saraiva, 2004. p. 10. No mesmo sentido: NERY JR., Nelson; NERY, Rosa Maria de Andrade. *Código de Processo Civil comentado e legislação extravagante*. 10. ed. rev. ampl. e atual. até 1º de outubro de 2007. São Paulo: RT, 2007. p. 468; ROSENVALD, Nelson; FARIAS, Cristiano Chaves. *Direito civil*: teoria geral. 6. ed. Rio de Janeiro: Lumen Juris, 2007. p. 560. Enunciado 417 da V Jornada CJF: "Art. 202, I. O art. 202, I, do CC deve ser interpretado sistematicamente com o art. 219, § 1º, do CPC, de modo a se entender que o efeito interruptivo da prescrição produzido pelo despacho que ordena a citação é retroativo até a data da propositura da demanda".

[4] Frise-se que a jurisprudência, de forma quase uníssona, afirma que o "cite-se" é um despacho, não decisão interlocutória: Ver REsps 242185/RJ; 537379/RN e 141592/GO. A doutrina é forte em afirmar que não haveria no "cite-se" um despacho: *"a despeito da denominação tradicional, encampada pelo Código (v. art. 285 verbo 'despachará'), o despacho liminar mal se harmoniza, por sua natureza, com o conceito de mero despacho. A lei claramente lhe dá conteúdo decisório, determinando ou permitindo que nele sejam resolvidas várias questões"* (BARBOSA MOREIRA, José Carlos. *O novo processo civil brasileiro*. 17. ed. Rio de Janeiro: Forense, 1995).

[5] Nesse sentido: Súmula 106 do STJ: "Proposta a ação no prazo fixado para o seu exercício, a demora na citação, por motivos inerentes ao mecanismo da Justiça, não justifica o acolhimento da arguição de prescrição ou decadência". Súmula 78 do TFR: "Proposta a ação no prazo fixado para o seu exercício, a demora na citação, por motivos inerentes ao mecanismo da justiça, não justifica o acolhimento da arguição de prescrição".

[6] STJ, 4ª T., AgRg no Ag 1.185.461/DF, rel. Min. João Otávio de Norinha, j. 27.04.2010.

328 | PROCESSO CIVIL SISTEMATIZADO – *Haroldo Lourenço*

(ii) A decisão do juiz que determina a citação interrompe a prescrição, tanto na ação de conhecimento (art. 202, I, do CC/2002) como na ação de execução (art. 802 do CPC);

(iii) Como no cumprimento de sentença para o pagamento de quantia certa se exige requerimento (art. 513, § 1º, do CPC),[7] com a prolação da sentença no processo de conhecimento inicia-se a contagem de novo prazo prescricional para o cumprimento de sentença, que será o mesmo prazo para a ação (Enunciado 150 do STF);

(iv) Segundo entendimento do STJ à luz do CPC/1973, o mencionado requerimento terá o condão de interromper esse novo prazo prescricional.

Por fim, cumpre ressaltar que, nas relações jurídicas de trato sucessivo em que a Fazenda Pública figure como devedora, quando não tiver sido negado o próprio direito reclamado, a prescrição atinge apenas as prestações vencidas antes do quinquênio anterior à propositura da ação (**Enunciado 85 do STJ**). O simples protesto ou até mesmo o protesto cambiário interrompem a prescrição, tendo ocorrido com o Código Civil uma **superação** do Enunciado 153 do STF.[8]

Cabe ressaltar que a prescrição do título executivo não obsta o manuseio de uma ação monitória (*vide*, por exemplo, Enunciado 299 do STJ[9]) ou de uma ação de conhecimento em virtude de enriquecimento ilícito (art. 206, § 3º, IV, do CC/2002), valendo, nessa hipótese, o título executivo prescrito como uma prova indiciária do prejuízo, não refletindo mais certeza, liquidez e exigibilidade (arts. 786 do CPC),[10] incidindo juros de mora a partir do vencimento da obrigação.[11]

23.3. EXECUÇÃO DIRETA E INDIRETA. ATIPICIDADE DOS MEIOS EXECUTIVOS

A execução é uma atividade jurisdicional de substituição, realizada por **meios de sub-rogação** (execução direta ou por meios de coerção direta) ou de **coerção indireta** (execução indireta).

---

7   Diferentemente do cumprimento de sentença para as obrigações de fazer, não fazer e entrega de coisa (arts. 536 e 538 do CPC), casos em que o magistrado pode iniciar de ofício.

8   Nesse sentido: ROSENVALD, Nelson; FARIAS, Cristiano Chaves. *Direito civil:* teoria geral cit., p. 560.

9   Entende o STJ que a ação monitória, com base em cheque prescrito, deve ser manejada no prazo de cinco anos (art. 206, § 5º, I, do CC), independentemente da relação jurídica que deu causa à emissão do título: STJ, 3ª T., REsp 1.339.874-RS, Rel. Min. Sidnei Beneti, julgado em 9/10/2012 (Informativo 506). Precedentes citados: REsp 1.038.104-SP, DJe 18/6/2009; REsp 926.312-SP, DJe 17/10/2011; AgRg no REsp 721.029-SC, DJe 3/11/2008, e REsp 445.810-SP, DJ 16/12/2002.

10 Informativo 465: STJ, 2ª T., REsp 299.827/RJ, rel. Min. Vasco Della Giustina (Desembargador convocado do TJRS), j. 1º.03.2011. Precedentes citados: REsp 554.694-RS, DJ 24.10.2005; AgRg no REsp 1.040.815-GO, DJe 10.06.2009; AgRg no Ag 979.066-RJ, DJe 19.08.2010; e AgRg no Ag 1.276.521-MG, DJe 25.06.2010; STJ, 2ª T., REsp 299.827/RJ, rel. Min. Vasco Della Giustina (Desembargador convocado do TJRS), j. 1º.03.2011.

11 Informativo 462: STJ, 4ª T., AgRg no REsp 740.362/MS, rel. Min. Luis Felipe Salomão, j. 08.02.2011. Precedentes citados: REsp 762.799-RS, DJe 23.09.2010; REsp 1.189.168-AC, DJe 12.08.2010; REsp 437.136-MS, DJe 09.06.2008; REsp 365.061-MG, DJ 20.03.2006; REsp 26.826-ES, DJ 26.10.1992; REsp 19.719-MG, DJ 07.02.1994.

Cap. 23 · TEORIA GERAL DA EXECUÇÃO | **329**

Nos primeiros, o Estado substitui a atividade do credor, sub-rogando-se nos seus direitos, realizando atividades com o objetivo de satisfazer o crédito. Nesses casos, o Poder Judiciário **prescinde** da colaboração do executado para a efetivação da prestação devida, pois sua conduta será substituída por uma conduta do próprio Estado ou de um terceiro.

Muito comum o emprego de tal técnica para o desapossamento, nas ações de despejo ou pela busca e apreensão para entrega de coisa, bem como da expropriação, como a adjudicação, alienação ou apropriação de frutos e rendimentos de empresa ou de estabelecimentos e de outros bens (art. 825 do CPC).

No segundo, o Estado estimula o devedor a cumprir a sua obrigação, forçando-o a agir no sentido estabelecido pela obrigação. Esta coerção pode se dar por **medo ou temor** e, devido a sua importância, analisaremos em tópicos separados. A execução indireta não era muito bem vista antigamente: (i) quer porque não se poderia falar de execução forçada com participação do executado; (ii) quer porque, à época, valia a máxima da intangibilidade da vontade humana, segundo a qual o devedor não poderia ser obrigado/forçado a colaborar, pois estaria livre para não cumprir o seu dever (DIDIER JR., 2010. v. 5, p. 36). Felizmente, tal dogma foi, gradualmente, superado, pois a tendência moderna é a de **prestígio aos meios coercitivos indiretos, mais eficazes e menos onerosos**; todavia, tal entendimento não é unânime, havendo doutrina de referência que afirma só existir execução nas técnicas de sub-rogação (BARBOSA MOREIRA, 2008. p. 229).

23.3.1. Prisão civil

Mecanismo muito conhecido em nosso ordenamento, com previsão constitucional (art. 5º, LXVII, CR/88), utilizável **somente** para o devedor de alimentos (Súmula Vinculante 25).

Cumpre ressaltar, com o perdão do truísmo, ser uma prisão totalmente cível, portanto, **nenhuma** característica penal deve ser trazida para tal análise, como presença dos requisitos da prisão preventiva ou temporária. É um meio de coerção, não de satisfação, ou seja, a prisão do devedor de alimentos **não** o exonera de pagar a dívida (art. 528, § 5º, do CPC) e, sendo satisfeita a obrigação, será **suspensa** a ordem de prisão (§ 6º), somente podendo vir a ser decretada novamente se referente a novo débito.

O seu prazo é de **1 a 3 meses**, na forma do art. 528, § 3º, tendo o CPC/15 adotado o posicionamento do CPC/73, revogando tacitamente o art. 19 da Lei 5.478/68, que prevê o prazo máximo de 60 dias, muito embora o art. 1.072, IV, do CPC, curiosamente, ter revogado somente os art. 16 ao 18 da mencionada lei. Entende o STJ[12] que, se o magistrado tiver fixado a prisão pelo prazo mínimo e, ainda assim, o executado continuar recalcitrante, poderá o prazo ser prorrogado, observado o máximo legal.

O débito alimentar que autoriza a prisão civil do alimentante é o que compreende até as **três prestações anteriores** ao ajuizamento da execução e as que se **vencerem** no curso do processo (art. 528, § 7º c/c Súmula 309 do STJ), contudo, basta o

---

[12] STJ, 3ª T., REsp 1.698.719/SP, Rel. Min. Nancy Andrighi, j. 23.11.2017.

330 | PROCESSO CIVIL SISTEMATIZADO – *Haroldo Lourenço*

inadimplemento de uma parcela, no todo ou em parte, para decretação da prisão civil (Enunciado 147 do II CJF). No mesmo sentido, afirma o STJ[13] que a prisão civil somente pode ser decretada se o débito é atual e há urgência no seu recebimento.

Tal prisão deverá ser cumprida em **regime fechado**, devendo o preso ficar separado dos presos comuns (art. 528, § 4º), cabendo ressaltar que o advogado **não** tem direito de ser recolhido em sala de Estado-Maior ou, na sua ausência, em prisão domiciliar, prerrogativa limitada à prisão penal.[14]

É possível prisão civil por alimentos oriundos de **decisão interlocutória**, como a de alimentos provisórios (art. 2º, Lei nº 5.478/68), por **sentença transitada ou não em julgado**, bem como por **títulos extrajudiciais** (art. 911 do CPC), que pode ser celebrado por meios de diversas hipóteses, como as previstas no art. 784, II, III, IV do CPC ou, até mesmo, em um negócio jurídico processual (art. 190).

Sobre a possibilidade de decretação da prisão de ofício, controvertem doutrina e jurisprudência:

(i) Há quem sustente a admissibilidade de sua decretação de ofício, justamente por ostentar natureza jurídica de um meio de coerção, não de uma penalidade (CÂMARA, 2008. v. 2, p. 315), posicionamento a que aderimos (DIDIER JR., 2010. v. 5, p. 698).

(ii) Contudo, o STJ **não** admite decretação de ofício, no máximo a requerimento do Ministério Público.[15]

23.3.2. Multa periódica

Instrumento muito utilizado em obrigações de fazer ou não fazer, como as que determinem um atendimento médico ou a retirada do nome da parte dos cadastros de inadimplentes, comumente denominada *astreintes* (art. 537 do CPC, podendo ser fixada de **ofício** ou a **requerimento**, bem como em qualquer momento processual.

Por ter natureza de um meio de **coerção**, a sua característica é ter flexibilidade; portanto, o juízo poderá, de ofício ou a requerimento, modificar o valor ou a periodicidade da multa **vincenda** ou excluí-la, caso verifique que: (i) se tornou insuficiente ou excessiva; (ii) o obrigado demonstrou cumprimento parcial superveniente da obrigação ou justa causa para o descumprimento.

Cumpre registrar que o CPC/15 somente admite a modificação do valor da multa em relação às prestações **vincendas, não** sobre as prestações vencidas, muito embora esse não seja o entendimento do STJ[16].

Não é demais lembrar que tal multa, após vencida, se incorpora ao patrimônio do exequente (art. 537, § 2º), bem como a decisão que fixa a multa é passível de

---

[13]   STJ, 3ª T., HC 447.620/SP, Rel. Min. Marco Aurélio Bellizzi, j. 07.08.2018.

[14]   STJ, HC 305.805/GO, 3ª T., Rel. Min. Paulo de Tarso Sanseverino, j. 13.10.2014.

[15]   STJ, RHC 14.813/MA, 3ª T., Rel. Min. Antonio de Pádua Ribeiro, j. 16.12.2003.

[16]   Em poucos casos o STJ não admite a alteração do valor da multa de maneira retroativa: STJ, REsp 1.229.335/SP, 3ª T., rel. Min. Nancy Andrighy, j. 17.02.2012. Admitindo alteração retroativa: STJ, REsp 1.333.988-SP, Corte Especial, rel. Min. Paulo de Tarso Sanseverino, j. 9.4.14.

Cap. 23 • TEORIA GERAL DA EXECUÇÃO | 331

cumprimento provisório, devendo ser depositada em juízo, permitido o levantamento do valor após o **trânsito em julgado da sentença favorável** à parte. Todavia, tal dispositivo não é aplicável à tutela coletiva, por força do art. 12, § 2º, da LACP, art. 213, § 3º, do ECA e 83, § 3º, do Estatuto do Idoso, eis que, nesses casos, **não** se admite cumprimento provisória, somente definitivo.

Tal multa será devida desde o dia em que se configurar o descumprimento da decisão e incidirá enquanto não for cumprida a decisão que a tiver cominado, nos termos do art. 537, § 4º, entendendo o STJ ainda ser aplicável sua Súmula 410[17].

Por fim, tal multa se dará independentemente de perdas e danos, eis que não tem caráter punitivo, mas coercitivo, aplicando-se, no que couber, ao cumprimento de sentença que reconheça deveres de fazer e de não fazer de natureza **não** obrigacional, como reflorestar uma área desmatada ou para cumprir acordo de guarda para a visitação[18].

23.3.3. Sanções premiais

Há, ainda, a possibilidade de o meio coercitivo ser utilizado na forma de estímulos, como nas chamadas **sanções premiais** ou **positivas**, de que serve de exemplo a isenção de custas para o réu que cumpra o mandado monitório (art. 701, § 1º), redução da verba honorária pela metade na execução, para o cumprimento integral (art. 827, § 1º) (TALAMINI, 2003. p. 179-180) ou no reconhecimento da procedência do pedido (art. 90, § 4º, do CPC).

23.3.4. Protesto. Inserção em cadastro de inadimplentes

O art. 517 prevê que a decisão judicial **transitada** em julgado poderá ser levada a protesto, nos termos da Lei nº 9.492/97, depois de transcorrido o prazo para pagamento voluntário previsto no art. 523 do CPC.

O protesto é um ato formal e solene pelo qual se prova a inadimplência e o descumprimento de obrigação originada em títulos e outros documentos de dívida e, para sua efetivação, incumbe ao exequente apresentar certidão de teor da decisão (art. 517, §1º).

O art. 782, § 3º, e o art. 528, § 1º, do CPC autorizam a inserção do nome do executado nos cadastros de inadimplentes e, na hipótese da dívida alimentar, pode ser realizada de ofício.

23.3.5. Poder geral de efetivação ou atipicidade das medidas executivas

Os arts. 139, IV, c/c 297 e 536, § 1º, do CPC consagram a atipicidade dos meios executivo, superando a vetusta regra da tipicidade dos meios, ou seja, dispõe o magistrado de um **rol exemplificativo** de medidas tendentes a compelir o executado a

---

[17] STJ, CE, EREsp 1.360.577 e EREsp 1.371.209, Rel. Min. Humberto Martins, ainda pendente de publicação até o fechamento dessa edição.

[18] STJ, REsp 1.601.338-SP, 2ª S., rel. Min. Ricardo Villas Bôas Cueva, j. 13.12.2016.

332 | PROCESSO CIVIL SISTEMATIZADO – *Haroldo Lourenço*

cumprir as obrigações, inclusive se a obrigação for pecuniária. Preceitos mandamentais, indutivas e coercitivas sinônimos de execução indireta, já medidas sub-rogatórias são sinônimos de execução direta.

Cremos, todavia, que a atipicidade é a **regra** somente nas obrigações de fazer, não fazer e entrega de coisa, pois nas obrigações de pagar a atipicidade é **excepcional ou subsidiária**.

Tal afirmação é fundamentada na legislação processual, analisada sistematicamente e por integridade, uma vez que, ao regulamentar as primeiras, o legislador consagra essa atipicidade, dando ao magistrado a possibilidade de já lançar a atipicidade de início, fixando a tutela específica ou o resultado prático equivalente (vide, por exemplo, os arts. 497 ao 501 e os arts. 536 ao 538), porém, ao regulamentar as obrigações de pagar, não há essa atipicidade inicial, havendo um extenso leque de opções para efetivação de tais obrigações desde o art. 824 até o art. 903 e, se insuficientes, aí sim será possível se empregar a atipicidade.[19]

No que toca ao limite da utilização de tal poder de efetivação, também denominado de concentração dos poderes de execução, alguns pontos merecem destaque: (i) é aplicável a execução direta e a indireta, bem como em qualquer obrigação; (ii) dirigida a todos no processo, bem como em qualquer processo, seja de conhecimento, execução ou cumprimento de sentença[20]; (iii) deve observar a proporcionalidade (art. 8), adequação, menor onerosidade (art. 805) e a vedação ao excesso; (iv) fundamentação (*accountability*) e contraditório; (v) mitiga a adstrição (arts. 141 c/c 492) podendo ser aplicado de ofício[21], salvo se a lei exigir requerimento, como na prisão civil (art. 538), penhora *on-line* (art. 854), inclusão cadastros (art. 782, § 3º), constituição de capital (art. 533).

Um simbólico exemplo de tal atipicidade é encontrado no art. 102 da Lei 12.529/2011, no qual o magistrado nomeia um **interventor provisório** na administração de pessoa jurídica, observados os limites legais e o contrato social, devendo a decisão ser exatamente para o seu cumprimento, sempre preservando a atividade da empresa, com o mínimo de intervenção[22], aplicando-se ao interventor os arts. 153 ao 159 Lei 6.404/1976, que traz os deveres do administrador nas sociedades anônimas.

O STJ já afirmou ser ilegal e arbitrária a medida coercitiva de **retenção do passaporte** em decisão judicial não fundamentada e que não observou o contraditório, proferida no bojo de execução por título extrajudicial, sendo passível a impetração de *habeas corpus* para coibir tal determinação, diferentemente da decisão que determina

---

[19] Nesse sentido: Enunciado 12 do FPPC: "A aplicação das medidas atípicas sub-rogatórias e coercitivas é cabível em qualquer obrigação no cumprimento de sentença ou execução de título executivo extrajudicial. Essas medidas, contudo, serão aplicadas de forma subsidiária às medidas tipificadas, com observação do contraditório, ainda que diferido, e por meio de decisão à luz do art. 489, § 1º, I e II".

[20] Enunciado 525 do FPPC: "A produção do resultado prático equivalente pode ser determinada por decisão proferida na fase de conhecimento". Enunciado 48 do ENFAM: "O art. 139, IV, do CPC/2015 traduz um poder geral de efetividade, permitindo a aplicação de medidas atípicas para garantir o cumprimento de qualquer ordem judicial, inclusive no âmbito do cumprimento de sentença e no processo de execução baseado em títulos extrajudiciais".

[21] Enunciado 396 do FPPC: "As medidas do inciso IV do art. 139 podem ser determinadas de ofício, observado o art. 8º".

[22] STJ, MC 14.561/BA, Rel. Min. Nancy Andrighi, j. 08.10.2008.

Cap. 23 · TEORIA GERAL DA EXECUÇÃO | 333

suspensão de Carteira Nacional de Habilitação – CNH, que **não** admite impetração do mencionado remédio constitucional,[23] até porque não existe direito fundamental a dirigir veículo automotor. Por outro lado, o STJ[24] **não** permite a utilização de tais medidas aflitivas em sede de execução fiscal, justamente por já ser um procedimento que abrange inúmeros benefícios para o poder público.

23.4. SINCRETISMO PROCESSUAL

Outro ponto extremamente relevante é a discussão sobre a autonomia do processo de execução em relação ao processo de conhecimento ou se tal atividade deveria ser fundida com o processo de conhecimento.

Classicamente, sempre se adotou a ideia de que execução e conhecimento são etapas estanques, ou seja, só há execução no processo de execução e vice-versa. Liebman, notável jurista italiano, sempre defendeu a autonomia dos processos.Nesse sentido caminhou, inicialmente, nosso ordenamento processual, porém sempre houve defensores de que o processo de execução não deveria ser tratado como um processo, mas sim como uma fase do processo de conhecimento, gerando, em síntese, um processo misto, que compreenderia a atividade de cognição e de execução (CÂMARA, 2008. v. 2, p. 142; THEODORO JÚNIOR, 1987. p. 210-211).

Antes de explicar o ponto, cabe uma advertência: o que se questiona é a autonomia do processo de execução, não da função executiva, essa plenamente diferençada das outras funções jurisdicionais (DIDIER JR., 2017. p. 45).

Atualmente, é nítido que **não** existe execução somente no processo de execução. Inúmeras inserções foram trazidas em nosso ordenamento, criando um processo misto, ou seja, sincrético, com inúmeras fases. Tal movimento é notório nos dias atuais, como se observa da tutela provisória (art. 294), admissível em qualquer processo, seja de conhecimento, seja de execução, bem como a consagração expressa de cumprimento de sentença contra a Fazenda Pública (art. 534).

Assim, foi criado um sistema geral no qual é prescindível um processo autônomo para a atividade executiva, porém temos **exceções** em que a execução judicial para o pagamento de quantia certa não será absolutamente sincrética, estando muito mais próxima de um processo autônomo de execução:

(i)   Sentença penal condenatória com trânsito em julgado (art. 515, VI, do CPC);

(ii) Sentença arbitral (art. 515, VII, do CPC);

(iii) Sentença estrangeira homologada pelo STJ (art. 515, VIII, do CPC);

(iv) Da decisão interlocutória estrangeira, após a concessão do *exequatur* à carta rogatória pelo Superior Tribunal de Justiça (art. 515, IX, do CPC);

(v) Execução individual da sentença coletiva (art. 97 do CDC).[25]

---

[23]   STJ, 4ª T., RHC 97.876-SP, Rel. Min. Luis Felipe Salomão, por unanimidade, j. 05.06.2018, *DJe* 09.08.2018.

[24]   STJ, HC 453.870/PR, 1ª T., rel. Min. Napoleão Nunes Maia Filho, por maioria, j. 25.06.2019, *DJe* 15.08.2019.

[25]   Remetemos o leitor para os capítulos referentes à tutela coletiva.

334 | PROCESSO CIVIL SISTEMATIZADO – *Haroldo Lourenço*

Em tais exceções o devedor deverá ser **citado** no juízo cível para o cumprimento de sentença ou para a liquidação, no prazo de 15 dias (art. 515, § 1º). A tais exceções **não** podemos deixar de considerar o processo de execução extrajudicial, o qual, necessariamente, será autônomo. Assim, em regra, todas as decisões que impõem uma prestação de fazer, não fazer, entrega de coisa e pagamento de quantia certa podem ser efetivadas *sine intervalo*, ou seja, no mesmo processo em que foram proferidas.

23.5. COGNIÇÃO, MÉRITO E COISA JULGADA

Doutrinariamente, muito se afirmou que a atividade executiva seria meramente mecânica, na qual o magistrado simplesmente cumpriria o estabelecido no título executivo, existindo no máximo uma cognição rarefeita (WATANABE, 1987. p. 86 e 91). Atualmente, tal visão deve ser superada.

O magistrado, na atividade executiva, é chamado a solucionar diversas questões, exercendo, portanto, cognição. Ocorre verificação das condições da ação e dos pressupostos processuais, bem como deverá conhecer de questões de mérito, como o pagamento e a prescrição, por provocação do interessado ou, em certas hipóteses, até mesmo de ofício.

É indiscutível, ainda, que, no processo de execução ou na mera fase de cumprimento de sentença, há inúmeros incidentes cognitivos, nos quais haverá atividade intelectual do magistrado, o qual é chamado a resolver questões, o que pressupõe cognição. Basta visualizarmos que para a aplicação da multa pela prática de um ato atentatório à dignidade da justiça (art. 77, § 1º, na forma do art. 771, parágrafo único, como nas hipóteses dos arts. 772, II, do CPC) e na conversão da obrigação em perdas e danos (art. 499 do CPC), haverá atividade cognitiva, pois, obrigatoriamente, haverá apuração, investigação e conhecimento.

Evidentemente, o que variará é o grau dessa cognição, adequando a tarefa que se espera ver cumprida no Judiciário. Na busca de uma certeza, a cognição tem que ser exauriente, exaustiva. Com a busca da segurança e de uma medida que atenue os riscos da demora do processo, a cognição não pode ser tão exaustiva, sob pena de comprometer a própria utilidade da medida. Com a busca da execução, a cognição judicial não deve abarcar, ao menos inicialmente, questões que digam respeito à formação do título, mas, necessariamente, envolverá as questões que digam respeito à efetivação da obrigação, ou seja, os pressupostos de admissibilidade e a sobrevivência da obrigação executada.

Não se pode querer construir uma teoria da tutela executiva expurgando conceitos, noções e institutos que pertencem, na verdade, à teoria geral do processo; não são institutos exclusivos de determinado tipo de tutela jurisdicional. Ousamos dizer que **não** há atividade judicial que prescinda da cognição (DIDIER JR., 2017).

No processo de conhecimento, podemos ter decisões em dois sentidos, pela procedência ou pela improcedência. A extinção do processo sem resolução de mérito é uma extinção anômala.

Em execução, a dicção é parecida, mas não igual. A execução só termina, legitimamente, com um desfecho, a satisfação do crédito do exequente. Na extinção da execução, por qualquer outro motivo, estaremos diante de uma extinção anômala.

Cap. 23 · TEORIA GERAL DA EXECUÇÃO | 335

Cremos que uma grande peculiaridade da atividade executiva, a qual gera imbróglio doutrinário, chegando-se ao ponto de afirmar que não há atividade de cognição na execução nem análise de mérito, é o fato de o mérito, na execução, não ser atendido pela sentença. Ele é acolhido antes da sentença, pela adjudicação, pela apropriação dos frutos, por exemplo (art. 825). A sentença simplesmente declara que o mérito foi atendido e que o crédito já está satisfeito, estando extinta a obrigação.

Tudo se passa da mesma forma que ocorre na ação de consignação em pagamento. Nesta, o que extingue a obrigação é o depósito; a sentença só declara a extinção, tendo tal sentença conteúdo meramente declaratório.

Mérito é o pedido, a postulação, o objeto sobre o qual incidirá a prestação jurisdicional. Na execução, o mérito divide-se em dois aspectos: (i) pedido imediato, que é a tomada das providências executivas; (ii) pedido mediato, que é o resultado que se espera alcançar, o bem da vida que se pretende conseguir por meio do processo. Eis o mérito. O que acontece é que **não** haverá *"julgamento"*, pois essa tarefa não lhe cabe, não lhe é pertinente – embora, como se viu, haja inúmeras situações em que o magistrado é chamado a decidir/julgar questões no bojo da execução.

Assim, sempre que o magistrado, na execução, resolver ou examinar algum aspecto da relação jurídica material – que não é mais incerta, mas se encontra insatisfeita –, estará ele proferindo uma decisão de mérito.

Havendo, portanto, cognição e juízo de mérito, haverá coisa julgada material. Vejamos: (i) obviamente, ao asseverarmos isso, não queremos dizer que a obtenção da coisa julgada material seja o fim, o objetivo, a razão de ser da tarefa executiva, como é da tarefa de certificação; (ii) é possível que a execução se extinga em razão de fatos que dizem respeito à própria extinção da relação jurídica material subjacente ao processo executivo, como ocorre em todas as hipóteses do art. 924 do CPC.

A execução extingue-se quando acolhido o pedido do exequente, pois este pretende a satisfação do seu crédito, e, uma vez satisfeito, autoriza-se ao magistrado declarar extinta a execução (art. 924, II, do CPC).

Os incisos II, III e IV do art. 924 do CPC correspondem às decisões do art. 487, havendo, então, exame de mérito, extinguindo a relação jurídica existente entre as partes, decisão acobertada pela **coisa julgada material**, sujeita, por conseguinte, à rescisória.Uma decisão do magistrado que homologa uma transação em um processo de conhecimento (art. 487, III, "b", do CPC) está apta a fazer coisa julgada material. A decisão judicial que homologar uma transação no bojo do processo de execução (art. 924, III, do CPC), sistematicamente, também está apta a atingir o mesmo *status*. O momento não pode influenciar no seu conteúdo, logo, há decisão de mérito fundada em **cognição exauriente**, apta, portanto, a, após o trânsito em julgado, ficar imune com a coisa julgada material (DIDIER JR., 2011. p. 46; BARBOSA, 1993. p. 9.

Esse entendimento, apesar de recente na esfera doutrinária, tem sido adotado pelo **STJ**,[26] que já admitiu inúmeras ações rescisórias de decisões prolatadas em execução.

---

[26] O STJ já afirmou que decisão que enfrenta prescrição no processo executivo faz coisa julgada material (REsp 1.030.066/RS, rel. Min. Eliana Calmon, j. 15.05.2008. REsp 147.735/SP, rel. Min. Vicente Leal, j. 23.05.2000).

23.6. PRINCÍPIOS INERENTES À ATIVIDADE EXECUTIVA

23.6.1. Efetividade. Máxima coincidência do possível. Do resultado

O devido processo legal é um princípio base, do qual se extraem todos os demais, inclusive o da efetividade (art. 6º c/c art. 771, parágrafo único, do CPC). Todos os direitos devem ser efetivos, além de reconhecidos, efetivados. Processo devido é processo efetivo.

A atividade executiva deve estar devidamente aparelhada para proporcionar meios executivos hábeis para uma pronta e integral satisfação a qualquer direito merecedor de tutela executiva.

O direito à sentença deve ser visto como direito ao provimento e aos meios executivos capazes de dar efetividade ao direito substancial, o que significa o direito à efetividade em sentido estrito (MARINONI, 2003. p. 303). Nesse sentido, o magistrado deve aproximar-se, ao máximo, do **resultado equivalente ao do adimplemento**, acolhendo, o mais próximo possível, aquilo a que o jurisdicionado tem direito (bem da vida), caso não procurasse o Judiciário.

Cuida-se aqui da aplicação do princípio da **máxima coincidência possível**, que objetiva, através da tutela jurisdicional desdobrada por meio do processo, a obtenção, dentro do possível, do resultado que representa a máxima coincidência com o direito material. Noutro dizer, *"o processo deve dar a quem tenha razão o exato bem da vida a que ele teria direito, se não precisasse se valer do processo jurisdicional"* (DIDIER JR., 2006. v. 1, p. 54).[27]

O princípio da maior coincidência possível ou da primazia da tutela específica encontra previsão expressa nos arts. 536, para a tutela das obrigações de fazer e não fazer e dar coisa distinta de dinheiro. De igual modo, encontra previsão no art. 825, I, e 876, para as obrigações de pagamento de quantia certa, permitindo o pagamento ao credor com a adjudicação do bem penhorado, se assim requerer.

Note que o credor tem o direito de exigir o cumprimento específico da obrigação de fazer, não fazer e dar coisa. Apenas se o credor não a quiser ou se o cumprimento específico for impossível, a tutela do equivalente em dinheiro será concedida. Na mesma trilha, o credor de quantia certa tem o direito de receber o dinheiro, mas, caso lhe interesse, pode pedir a satisfação da dívida com o recebimento da coisa penhorada em vez de dinheiro.

Infelizmente, nosso ordenamento ainda protege demasiadamente o devedor, tanto é assim que o princípio ora em comento não encontra previsão explícita, ao contrário do princípio da menor onerosidade (LOURENÇO, 2009. p. 623). Há uma vaga menção no art. 797 do CPC, afirmando que a execução realiza-se no interesse do credor.

O art. 536 trata dessa ideia, determinando uma prestação jurisdicional com um resultado prático equivalente ao adimplemento, bem como o art. 499 afirma que a conversão em perdas e danos somente será realizada se o credor requerer ou se tornar impossível a tutela específica.

---

[27] No mesmo sentido: BARBOSA MOREIRA, José Carlos. *Tendências na execução de sentenças e ordens judiciais*. Temas de direito processual-quarta série. São Paulo: Saraiva, 1989. p. 215.

Cap. 23 • TEORIA GERAL DA EXECUÇÃO | 337

23.6.2. Menor onerosidade (art. 805 do CPC)

Tal princípio tem origem histórica, pois, antigamente, o devedor respondia com o corpo por suas dívidas; atualmente, a execução somente pode recair sobre o seu patrimônio, buscando-se uma maior proteção à dignidade do executado.

É preciso compreender corretamente a norma: *"(...) a opção pelo meio menos gravoso pressupõe que os diversos meios considerados sejam igualmente eficazes"* (MOREIRA, p. 221).[28] Assim, havendo (i) **vários meios** executivos aptos à tutela adequada e efetiva do direito de crédito e (ii) sendo esses meios **igualmente efetivos**, somente é possível pela via menos onerosa ao executado.

Em sede doutrinária, há diversos fundamentos para a sustentação da norma contida no art. 805 do CPC:

(i) Classicamente, tal princípio defenderia, primordialmente, a **dignidade do executado**. Haveria nessa norma uma cláusula geral de proteção ao executado, informando, inclusive, todas as demais regras construídas para a sua proteção, como o princípio do *favor debitoris*. O processo de execução não é instrumento de exercício de vingança privada, como amplamente afirmado, nada justificando que o executado sofra mais do que o estritamente necessário na busca da satisfação do direito do exequente (DINAMARCO, 2004. v. 4, p. 57-58);

(ii) Em outro sentido, tal princípio seria um decorrente do **princípio da dignidade da pessoa humana** (SHIMURA, 2007. v. 2, p. 539-540);

(iii) Atualmente, a visão sobre tal princípio não seria mais com foco no executado, mas na efetividade necessária ao processo. Tratar-se-ia de norma que protege a **boa-fé** (art. 5º do CPC), ao impedir o **abuso do direito** (art. 187 do CC) pelo credor que, sem qualquer vantagem, se valesse de meio executivo mais danoso ao executado, caracterizando, inclusive, um abuso de direito. O valor que se busca proteger com esse princípio não é a dignidade do executado, eis que suficiente e adequadamente protegida pelas regras que limitam os meios executivos, principalmente aquelas que preveem as impenhorabilidades. Proteger-se-ia, sim, a ética processual, a lealdade, impedindo o comportamento abusivo do exequente. O princípio visa a impedir a execução desnecessariamente onerosa ao executado; ou seja, a execução abusiva (DIDIER JR., 2010. v. 5, p. 56). Esse nos parece o fundamento adequado, incidindo não somente sobre o credor, mas, igualmente, sobre o executado, incumbindo ao executado indicar outros meios mais eficazes e menos onerosos, sob pena de manutenção dos atos executivos já determinados (art. 805, parágrafo único);

(iv) Há ainda quem sustente que tal princípio seria uma diretriz, em última análise, do princípio da **ampla defesa** (BUENO, 2008. p. 24).

Independentemente da visão que se adote sobre o mencionado princípio, ele tem incidência em qualquer execução (fundada em título judicial ou extrajudicial),

---

[28] Neste sentido, MARINONI, Luiz Guilherme; MITIDIERO, Daniel. *Código de Processo Civil, comentado artigo por artigo*. São Paulo: RT, 2008. p. 624.

338 | PROCESSO CIVIL SISTEMATIZADO – *Haroldo Lourenço*

direta ou indireta, qualquer que seja a prestação executada (fazer, não fazer, dar coisa ou dar quantia).

Tal princípio, a todo tempo, no decorrer da atividade executiva, será **ponderado** com o princípio da efetividade, devendo ser aplicado o art. 489, § 2°, do CPC. Nessa linha, trata-se de aplicação do princípio da menor onerosidade o requerimento do exequente de substituição do bem penhorado por dinheiro, a qualquer tempo, pois sempre é mais favorável ao credor, não havendo outro meio mais eficaz do que esse, bem como é meio menos oneroso para o devedor.

A aplicação do princípio pode dar-se *ex officio*, podendo o juiz, se o exequente optar pelo meio mais danoso, determinar que a execução se faça pelo meio menos oneroso. Contudo, autorizada a execução por determinado meio, se o executado intervier nos autos e não impugnar a onerosidade abusiva, demonstrando que há outro meio igualmente idôneo, haverá **preclusão**. O princípio protege o executado, mas não se pode dispensar a preclusão, se o executado não impugnar a opção indevida do exequente no primeiro momento que lhe couber falar nos autos (DIDIER JR., 2010. v. 5, p. 57).[29]

23.6.3. Responsabilidade patrimonial ou de que "toda execução é real"

Segundo este princípio, somente o **patrimônio do devedor, ou de terceiro responsável**, pode ser objeto da atividade executiva do Estado. Costuma-se dizer que a execução será sempre real, nunca pessoal, em razão de serem os bens do executado os responsáveis materiais pela satisfação do direito do exequente.

Houve época em que se permitia que a execução incidisse sobre a própria pessoa do executado, que poderia, por exemplo, virar escravo do credor como forma de pagamento da sua dívida; poderia, até mesmo, haver concurso de credores sobre o corpo do devedor (MONTEIRO, 2000. p. 225).

A **humanização** do direito trouxe consigo este princípio. É preciso observar ainda que o desenvolvimento humanista da execução **não** se deteve nesse ponto de limitar a responsabilidade patrimonial ao valor da dívida, progredindo até ser criada a **impenhorabilidade de bens**. Atualmente, existem bens que, apesar de pertencerem ao patrimônio do devedor, não respondem por suas dívidas, já que a lei os considera impenhoráveis (arts. 833 e 834 do CPC). Também há bens que, apesar de não mais estarem no patrimônio do devedor, respondem pela dívida, sempre que tenham sido transferidos em fraude. Por fim, há ainda situações em que bens de terceiros (meros responsáveis), e não do devedor, respondem pela dívida desse segundo.

A proliferação das técnicas de execução indireta parece, todavia, relativizar um pouco tal princípio, pois são, inclusive, menos onerosas ao devedor.

Ponto muito relevante, que flexibilizaria a patrimonialidade da execução, é a análise da possibilidade de prisão civil por dívida, mesmo sendo uma medida coercitiva atípica, com base no poder geral de efetivação previsto no art. 139, IV, do CPC.

---

[29] Por essa trilha caminha o STJ: "Não é permitido ao juiz, de ofício, determinar a penhora de dinheiro, em desacordo com a vontade expressamente manifestada pelas partes, no sentido de nomear bens imóveis, especialmente tendo em vista que a gradação dos bens prevista no artigo 655 do CPC é relativa" (REsp 621404/GO, rel. Min. Hélio Quaglia Barbosa, j. 07.02.2006).

Cap. 23 · TEORIA GERAL DA EXECUÇÃO | 339

A rigor, a questão debruça sobre a análise do vocábulo *"dívida"*, inserido no art. 5º, LXVII, da CR/1988, pois pode se referir a qualquer prestação ou somente a prestação pecuniária. Entendendo-se que a expressão mencionada refere-se à obrigação de pagar quantia e a Constituição estaria, nessa hipótese, vedando a prisão civil, *a contrario sensu*, seria possível a prisão como meio coercitivo para satisfazer uma obrigação de fazer ou não fazer. Entendendo-se dívida como obrigação civil, somente seria possível prisão nas ressalvas constitucionais.

Vejamos um quadro doutrinário sobre o tema:

(i) A prisão civil não poderia ser utilizada como medida coercitiva, em virtude da vedação constitucional. O termo *dívida* estaria se referindo às obrigações em geral, não só às de conteúdo pecuniário. Se a proibição se referisse apenas às obrigações pecuniárias, como poderia ser uma das exceções a possibilidade de prisão do depositário infiel, que não envolve obrigação pecuniária? (TALAMINI, p. 364)[30]

(ii) A expressão *dívida* tem acepção ampla, abrangendo prestações pecuniárias ou não; todavia, a prisão civil poderia ser utilizada em nome do respeito ao poder de império estatal, resguardando a dignidade da justiça, ainda que essa ordem imponha uma prestação de cunho obrigacional (OLIVEIRA, 1988. v. 8, t. 2, p. 623-625; MEDINA, 2002. n. 5.5.5.3, p. 336; THEODORO JÚNIOR, 2002. p. 30; CÂMARA, 1995. p. 75).

(iii) A Constituição restringe somente a prestações pecuniárias, todavia a prisão pode ser utilizada como meio de coerção processual (MARINONI, 2004. p. 292-295).

(iv) Dívida refletiria um conteúdo patrimonial, não necessariamente de conteúdo pecuniário. Uma obrigação de fazer, não fazer, entrega de coisa distinta de dinheiro de conteúdo patrimonial não pode ser efetivada por prisão civil. Sendo para o pagamento de quantia certa, por conseguinte, também não poderia. Porém, à luz da teoria dos direitos fundamentais, diante de direitos sem conteúdo patrimonial, como meio ambiente, segregação racial, a prisão civil poderia ser utilizada, sempre com respeito ao contraditório, antes de sua decretação, bem como de forma subsidiária, em técnica de ponderação de interesses, como único meio idôneo, necessário e razoável à realização de outro direito fundamental (DIDIER JR., 2007. v. 2, p. 365-367).

23.6.4. Contraditório (cognição da atividade executiva)

Alguns autores afirmam não existir contraditório na atividade executiva (THEODORO JÚNIOR, 2000. v. 2, p. 6), outros afirmam que tal contraditório seria mitigado (THEODORO JÚNIOR, 2000. v. 2, p. 6), entretanto, tais entendimentos, diante da moderna doutrina, não podem prevalecer. Como já estudado, o contraditório é elemento essencial ao conceito de processo judicial (arts. 9º e 10 do CPC). Não existe processo sem contraditório. Haverá, no máximo, um procedimento judicial. Cremos

---

[30] Cumpre registrar que, atualmente, não se admite prisão civil por dívida na hipótese de depositário infiel, como se observa por meio da Súmula Vinculante 25 e do Enunciado 419 do STJ.

340 | PROCESSO CIVIL SISTEMATIZADO – *Haroldo Lourenço*

que o contraditório não se mostra sequer de forma mitigada. A rigor, o contraditório se mostra na medida necessária para cada fase ou modalidade de processo (DIDIER JR., 2010. p. 55; DINAMARCO, 2000. p. 173-175).

Observe-se que, em uma fase executiva, já ocorrida toda a fase de conhecimento, o contraditório se mostra mais restrito, pois, do contrário, haveria ofensa ao acesso à justiça e à razoável duração do processo. Na mesma linha, quando o procedimento se inicia, diretamente, com uma atividade executiva, como nos títulos extrajudiciais, teremos um contraditório bem mais amplo, eis que não existiu uma fase de cognição anterior. Tal assertiva se mostra clara ao confrontarmos o art. 525, §1º (hipótese de impugnação ao cumprimento de sentença) e o art. 917 (hipóteses de cabimento dos embargos à execução extrajudicial, principalmente no inciso VI). Na impugnação, as alegações são bem mais restritas, já nos embargos, qualquer meio de defesa cabível em um processo de conhecimento pode ser suscitado.

Observe-se a necessidade do contraditório na execução, onde o art. 772, II, do CPC afirma que o magistrado deverá advertir o executado de que seu procedimento constitui ato atentatório à dignidade da justiça, consagrando um **contraditório prévio**, nos mesmos moldes realizados no processo de conhecimento, como se observa, por exemplo, do art. 77, § 1º, do CPC.

Enfim, se não tivéssemos tais previsões exemplificadas, estaríamos diante de um *"processo"* ilegítimo, em que não foi permitido ao jurisdicionado construir a decisão judicial, tendo o direito de informação e a possibilidade substancial de manifestação influenciado na *"construção"* da decisão judicial. O afirmado pode ser sintetizado na feliz expressão: *"Democracia no processo recebe o nome de contraditório"* (MARINONI, 1999. p. 255-258).

23.6.5. Unidirecional ou dispositivo e mérito da atividade executiva

Como sustentado no ponto sobre mérito da execução, afirmou-se a sua existência na atividade executiva, porém, tal mérito geralmente é delimitado a partir de um ato postulatório do exequente (DIDIER JR., 2010. v. 5, p. 44) (art. 513, § 1º), podendo ocorrer por uma atuação de ofício (art. 536 do CPC).

Nessa linha surge a ideia de que a execução fica à disposição do credor. Não há no processo de execução a simetria que existe, no particular, no processo de conhecimento. A execução é feita para atender aos interesses do exequente e esse é o norte que deve ser observado pelo magistrado, respeitados, obviamente, os demais princípios.

Esse princípio pode ser exemplificado pelo regime da **desistência na execução** (art. 775 do CPC). O credor pode desistir de toda a execução ou de algum ato executivo independentemente do consentimento do executado,[31] ressalvada a hipótese de existência de **impugnação ou embargos de executado** que versem sobre questões relacionadas à relação jurídica material (mérito da execução), quando a concordância do executado/embargante se impõe. Não ocorrendo tal concordância, a defesa apresentada nos embargos deverá ser analisada, como se fosse uma ação autônoma.

---

[31] Há, portanto, uma exceção ao art. 267, § 4º.

Observe-se que se a desistência referir-se apenas a um ato executivo, não a todo procedimento, não há necessidade de o executado dar a sua anuência. Com a desistência pelo exequente, este arcará com as custas e honorários advocatícios (art. 775, parágrafo único, I c/c art. 90 do CPC).

Cumpre registrar que a doutrina sempre afirmou que, em se tratando-se de cumprimento de sentença, a desistência é livre, pois na impugnação somente são trazidas questões processuais (CÂMARA, 2003. v. 2, p. 150; DIDIER JR., 2010. v. 5, p. 63), porém, esse **não** foi o entendimento que prevaleceu no art. 775 do CPC.

Tratando-se de **objeção de não executividade**, entendemos que deve ser aplicada a regra do art. 775, parágrafo único, II, eis que podemos ter a extinção anômala da execução. Sendo o objeto de tal defesa as matérias de mérito da execução, que envolvem invariavelmente a inexistência do direito exequendo (p. ex., prescrição, pagamento), o seu eventual acolhimento levaria à extinção do processo executivo. Assim, havendo solução do processo pelo acolhimento justamente de uma matéria de mérito, não resta alternativa senão afirmar que, nesse caso, absolutamente excepcional, será possível até mesmo se falar em sentença que rejeita a pretensão executiva do credor (art. 487, I, do CPC).[32] Apesar disso, parece-nos que o princípio do desfecho único continue a ser a regra, justificada inclusive pelas excepcionais hipóteses.

23.6.6. Cooperação, lealdade e boa-fé processual

Tais princípios, ligados à imprescindível e necessária ética em todo e qualquer processo, vêm representados nos arts. 5º e 6º do CPC, pelas previsões constantes nos arts. 774 do CPC, onde são traçados os atos considerados **atentatórios à dignidade da justiça** por parte do executado que, após ser ouvido (contraditório), art. 772, II, do CPC, será condenado ao pagamento de até 20% do valor atualizado do débito, sem prejuízo das sanções de natureza processual ou material, multa essa que reverterá em proveito do credor, exigível na própria execução.

Nesse sentido, tem o executado o dever de indicar bens à penhora (art. 774, V, do CPC), sob pena de sujeitar-se à sanção pecuniária já exposta. Cumpre ressaltar algumas observações a respeito do instituto do ato atentatório à dignidade da justiça:

(i) Somente os atos do **executado** serão considerados como atos atentatórios à dignidade da justiça, excluindo-se, portanto, a figura do exequente, que obviamente também pratica atos no processo de execução e, fazendo-os imbuído de má-fé, estará incurso nos atos tipificados no art. 77 do Código de Processo Civil;

(ii) Além do processo de execução, também se incluem os atos praticados nos embargos à execução e na fase executiva das ações sincréticas;

(iii) A expressão *"fraude à execução"* (art. 774, I, do CPC), deve ser interpretada de forma ampliativa, entendendo-se por fraudar qualquer ato praticado que leva à inutilização do processo executivo, não somente tipificados pelo art. 792 do CPC;

---

[32] O STJ já afirmou, inclusive, que tal decisão é rescindível. 4ª T., REsp 666.637/RN, rel. Min. Jorge Scartezzini, j. 09.05.2006.

342 | PROCESSO CIVIL SISTEMATIZADO – *Haroldo Lourenço*

(iv) A resistência injustificada às ordens do juiz deverá também ensejar a multa prevista no art. 77, § 2º do CPC (ato atentatório à dignidade da justiça), **não** havendo *bis in idem*, eis que a multa do art. 774, parágrafo único é revertida para a parte contrária, enquanto a multa prevista no art. 77, § 2º, do CPC é revertida ao Estado (art. 77, § 3º).

Há, ainda, previsão da cooperação no art. 805, parágrafo único, que se refere ao princípio da menor onerosidade já abordado, bem como nos arts. 525, § 4º, 535, § 2º, e 702, § 2º, exigindo-se do executado que pretende questionar o valor da execução apresentar, desde logo, o valor que reputa devido.

23.6.7. Princípio da tipicidade dos meios executivos *vs.* poder geral de efetivação

Em uma visão positivista, sempre se defendeu que na execução o magistrado somente poderia procedê-la valendo-se dos meios executivos tipicamente previstos na legislação, pois essa estabeleceria os limites de atuação (MARINONI, 2006. p. 225), todavia, tal máxima, com o passar dos anos, mostrou-se inviável, pois seria impossível ao legislador prever todas as peculiaridades dos direitos merecedores de tutela executiva.

Diante de tal inexorável realidade, começou a emergir uma concentração de poderes de execução do juiz (MARINONI, 2006. p. 229), ampliando-os cada vez mais, gerando um poder geral de efetivação. Atualmente, o magistrado pode valer--se dos meios executivos que considerar mais adequados ao caso concreto, sejam de coerção direta ou indireta.

Tal **poder geral de efetivação** encontra previsão expressa no art. 139, IV, do CPC, por meio de uma **cláusula geral**, criando um rol meramente **exemplificativo** das medidas executivas, sendo aplicáveis, até mesmo, as obrigações pecuniárias (art. 139, IV, parte final), o que já era sustentado por parcela da doutrina (GUERRA, 2003. p. 152),[33] não obstante alguns autores não concordarem (DIDIER JR., 2010. v. 5, p. 50).

23.6.8. Princípio da proporcionalidade

O princípio da proporcionalidade, visto como uma grande ferramenta herme-nêutica de superação, com racionalidade dogmática, dos males do positivismo e, por outros, como o fator principal a ser levado em consideração na averiguação do chamado devido processo legal substancial, tem bastante aplicação no âmbito do processo de execução.

A rigor, a execução é ambiente propício para o surgimento de conflito entre diversos princípios (DIDIER JR., 2010. v. 5, p. 59). Um dos conflitos mais comuns surge do choque entre a efetividade e a menor onerosidade, principalmente sobre as regras de impenhorabilidade.

---

[33] No mesmo sentido, aplicando um modelo constitucional de processo civil: BUENO, Cássio Scarpi-nella. *Curso sistematizado de direito processual civil*. São Paulo: Saraiva, 2008. v. 3, p. 23.

Cap. 23 · TEORIA GERAL DA EXECUÇÃO | 343

O STJ já enfrentou hipótese em que se discutia a nomeação de títulos da dívida pública estadual realizada pelo devedor para penhora como pagamento de cotas de condomínio. Notoriamente, o credor recusou, diante da iliquidez, preferindo a penhora sobre o imóvel indicado, o que foi ratificado pela jurisprudência.[34] O mesmo tribunal[35] afirmou que na apreciação do bem nomeado à penhora deve o magistrado considerar o crédito e a situação do bem oferecido, uma vez que o desiderato do feito executivo é a satisfação do exequente, rejeitando o bem nomeado à penhora (na hipótese tratava-se de uma máquina de costura industrial) até manifestação do exequente, por se tratar de objeto de difícil alienação. O art. 805 do CPC não ampara tal espécie de pretensão, pois acarretaria, na prática, a completa inutilidade da gradação legal dos bens penhoráveis.

Enfim, em relação à fase de execução, se é certo que a expropriação de bens deve obedecer à forma menos gravosa ao devedor, também é correto afirmar que atuação judicial existe para a satisfação da obrigação inadimplida.[36]

Em execução de alimentos, há outra forte influência do mencionado princípio, pois somente deve ser determinada a prisão do executado quando se revelar absolutamente necessária, adequada e proporcional. Serve, ainda, para que o magistrado aplique o princípio da menor onerosidade, como anteriormente mencionado.[37]

---

[34] STJ, REsp 262.258/RJ, 4ª T., rel. Min. Sálvio de Figueiredo, j. 02.08.2000.

[35] STJ, REsp 725.587/PR, 1ª T., rel. Min. Teori Albino Zavascki, j. 13.09.2005.

[36] STJ, REsp 299.439/MT, 4ª T., rel. Min. Luis Felipe Salomão, j. 07.08.2008.

[37] REsp 1.032.086/CE, rel. Min. Eliana Calmon, j. 06.11.2008. REsp 860.411/SP, 1ª T., rel. Min. Luiz Fux, j. 02.10.2007.

24

REQUISITOS PARA A ATIVIDADE EXECUTIVA

Para o processamento de qualquer execução, seja extrajudicial, seja cumprimento de sentença, é necessária a presença de, pelo menos, dois requisitos cumulativos: o título executivo e a responsabilidade patrimonial.

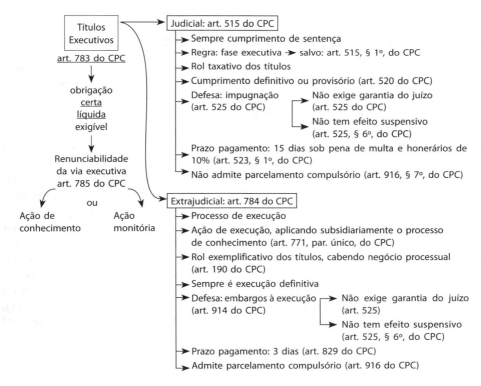

24.1. TÍTULO EXECUTIVO

24.1.1. Princípio de que não há execução sem título

Título executivo é um documento de extrema importância na execução, pois dele se extrai a causa de pedir, o pedido, a legitimidade, o interesse de agir e a

346 | PROCESSO CIVIL SISTEMATIZADO – *Haroldo Lourenço*

possibilidade jurídica do pedido. Enfim, pode-se dizer que o título executivo é **onipotente** (DIDIER JR., 2010. v. 5, p. 147). A cognição na execução recairá sobre o título e tudo o que dele possa ser extraído. O título executivo é o bilhete de ingresso, sem o qual o credor não pode valer-se do procedimento executivo (ASSIS, 2007. p. 99).

Nulla executio sine titulo, famoso adágio, que estabelece a impossibilidade de se instaurar execução sem que se tenha um documento a que a lei confira a aptidão para gerar a atividade executiva do Estado (art. 803, I, do CPC). Nesse sentido, as lições de Cândido Rangel Dinamarco:

> A exigência de título executivo, sem o qual não se admite a execução, é consequência do reconhecimento de que a esfera jurídica do indivíduo não deve ser invadida, senão quando existir uma situação de tão elevado grau de probabilidade de existência de um preceito jurídico material descumprido, ou de tamanha preponderância de outro interesse sobre o seu, que o risco de um sacrifício injusto seja, para a sociedade, largamente compensado pelos benefícios trazidos na maioria dos casos (DINAMARCO, 1998. p. 457-458).

24.1.2. Natureza do título executivo. Art. 785 do CPC

Em sede doutrinária, sempre existiu intenso debate doutrinário sobre a natureza jurídica do título executivo, no qual, durante um bom tempo, prevaleceu o entendimento de que seria uma condição específica da ação executiva, todavia, como o CPC/2015 sequer usa tal expressão, não há que se falar em condições específicas, eis que, tampouco há previsão das condições genéricas. Nesse sentido, cremos se tratar de um **pressuposto processual de validade**. Reportamos ao capítulo sobre a teoria da ação.[1]

Não obstante tal discussão, o art. 785 do CPC traz previsão inovadora, autorizando que o portador de um título executivo renuncie tal eficácia para promover uma ação de conhecimento, o que nos parece salutar, eis que o credor pode ter em mente a possibilidade de conciliação na audiência do art. 334 do CPC, querer obter um título judicial, restringindo as hipóteses defensivas do executado, que somente poderia ser valer do rol do art. 525, que é mais limitado que o rol do art. 917, VI, do CPC. Além do mais, promovendo uma ação de conhecimento, o autor terá em suas mãos uma prova documental que lhe dará um alto grau de probabilidade do direito, afirmando e autorizando a concessão de uma tutela da evidência (art. 311), a qual já permitirá um cumprimento provisório (art. 297, parágrafo único). De igual

---

[1] Entendendo, acertadamente, como pressuposto processual: DIDIER JR., Fredie. *Curso de direito processual civil*. Execução cit., 2. ed., v. 5, p. 151; GUERRA, Marcelo Lima. Título executivo como representação documental típica do crédito: resposta a José Miguel Garcia Medina. *Teoria do processo*: panorama doutrinário mundial. DIDIER JR., Fredie; JORDÃO, Eduardo Ferreira (coord.). Salvador: JusPodivm, 2008. p. 699-700; SANTOS, Moacyr Amaral. *Primeiras linhas de direito processual civil*. São Paulo: Saraiva, 2003. v. 3, p. 224-225; THEODORO Jr., Humberto. *Curso de direito processual civil*. 30. ed. Rio de Janeiro: Forense, 2000. v. 2, p. 523-534; SHIMURA, Sérgio. *Título executivo*. São Paulo: Saraiva, 1997. p. 85.

Cap. 24 · REQUISITOS PARA A ATIVIDADE EXECUTIVA | 347

modo, não vemos problema que o portador de um título executivo renuncie a via executiva e opte pela ação monitória (Enunciado 446 do FPPC e 101 do CJF)[2].

24.1.3. Taxatividade dos títulos executivos. Negócio jurídico processual

Inicialmente, ressaltamos que o presente tópico se refere ao princípio da taxatividade, **não** ao princípio da tipicidade, o qual será analisado adiante. Pela taxatividade, só haverá título executivo se o documento ou instrumento se encaixar em uma das hipóteses previstas no CPC (art. 784 ou 515) ou em alguma outra previsão contida em lei específica. Enfim, faz-se necessária a previsão em um **catálogo legal**, contudo, com a previsão do art. 190 do CPC, é inegável considerar-se que as partes, por um **negócio jurídico processual**, podem criar um título executivo extrajudicial.

A doutrina sempre vedou que as partes criassem um título executivo não previsto em lei, denominado *pactum executivum*, inclusive refletido na Súmula 233 do STJ, esse entendimento, porém, **não** pode mais prevalecer, sendo possível, por exemplo, de uma confissão de dívida por instrumento particular subscrita apenas pelo devedor, sem assinatura de testemunhas, de que constasse uma cláusula atribuindo ao ato eficácia de título executivo (CÂMARA, 2017. p. 339).

24.1.4. Tipicidade dos títulos executivos (*nulla titulus sine lege*)

Apesar da proximidade, a taxatividade **não** se confunde com a tipicidade. Pela taxatividade, é impossível conceber a existência de outros títulos executivos além daqueles já previstos em lei. Pela tipicidade, os títulos devem enquadrar-se nos tipos legais, ou seja, nas previsões normativas (DIDIER JR., 2010. v. 5, p. 153). Os tipos podem ser fechados ou abertos, como a nota promissória ou qualquer documento particular, subscrito pelo devedor, com duas testemunhas, respectivamente.

Questiona-se, em sede doutrinária, se o mencionado princípio seria absoluto ou comportaria exceções:

(i) Majoritariamente, o elenco de títulos executivos, contido no CPC ou em leis extravagantes, constitui *numerus clausus*, sendo, portanto, restritivo, impossibilitando a criação de títulos executivos que não estejam previstos em lei como tal.[3]

A enumeração exaustiva decorre do fato de que os mencionados títulos autorizam a prática de atos de soberania e de enérgica invasão na esfera jurídico-patrimonial do devedor, razão pela qual não podem os particulares produzirem, de acordo com a vontade individual, uma fonte de atos autoritário-judiciais.[4]

---

[2] STJ, AgRg no AREsp 403.996/SP, 3ª T., Rel. Min. Ricardo Villas Bôas Cueva, j. 17.12.2013.

[3] O STJ adota, expressamente, tal princípio: Informativo 395: REsp 879.046-DF, rel. Min. Denise Arruda, j. 19.05.2009. No mesmo sentido, REsp 700.114/MG, rel. Min. Luiz Fux, j. 27.03.2007.

[4] REsp 700.114/MT, rel. Min. Luiz Fux, j. 27.03.2007.

348 | PROCESSO CIVIL SISTEMATIZADO – Haroldo Lourenço

Assim, mesmo que os contratantes celebrem um contrato e dispensem expressamente a assinatura das testemunhas, afirmando em cláusula contratual estarem formando um título executivo, o mencionado contrato não seria título executivo;

(ii) Minoritariamente, entende-se, por exemplo, que execução da decisão interlocutória que defere tutela provisória seria uma exceção ao princípio da *nulla executio sine titulo*, admitindo-se que atos executivos sejam praticados ainda que inexistente o título executivo. Fala-se, ademais, no tocante à necessidade de existência de título executivo como instrumento a permitir atos materiais na busca da satisfação fática do direito, na convivência de dois princípios: o da *nulla executio sine titulo* e o princípio da execução sem título permitida.[5]

A rigor, visualizo a discussão por outra ótica. O princípio da tipicidade realmente existe e é adotado em nosso ordenamento, extraindo-se do art. 515, I, do CPC, em uma interpretação mais elástica, abrangendo qualquer pronunciamento judicial, inclusive as decisões interlocutórias (ASSIS, 2001. p. 146; SHIMURA, p. 209; LUCON, 2000. p. 228-229). Vários são os títulos executivos sem uma previsão expressa, como se observa a seguir, exemplificativamente:

(i) Decisões interlocutórias de tutelas provisórias antecipadas ou que resolvam parte do litígio, como aquela que gera exclusão do litisconsorte com condenação ao pagamento das verbas de sucumbência. O STJ, inclusive, já se firmou no sentido de que tal execução, além de possuir título executivo, é ainda definitiva, podendo ser executada nos próprios autos, carecendo do trânsito em julgado da sentença;[6]

(ii) Decisões judiciais em ações dúplices, normalmente declaratórias, mas que podem ser executadas pelo réu: oferta de alimentos, desapropriação e consignação em pagamento;

(iii) As sentenças previstas nos arts. 302, parágrafo único, e 520, II, que tornam certa a obrigação de indenizar; são sentenças ilíquidas, como o são tantas sentenças condenatórias, mas indiscutivelmente servem como título executivo para a execução da obrigação de reparar o dano, embora não sejam sentenças condenatórias;

(iv) Atualmente, admite-se, inclusive, executividade de sentença declaratória.[7]

24.1.5. Atributos da obrigação representada no título

Os arts. 786 e 783 do CPC trazem os requisitos da **obrigação** exequenda, que são: a certeza, liquidez e exigibilidade. O legislador atualmente afirma que são re-

---

[5] Essa a opinião de: MEDINA, José Miguel Garcia. A execução da liminar que antecipa efeitos da tutela sob o prisma da teoria geral da tutela jurisdicional executiva: o princípio da execução sem título permitida. In: SHIMURA, Sérgio; WAMBIER, Teresa Arruda Alvim (Coord.). *Processo de execução*. São Paulo, RT, 2001. p. 509-535; MARINONI, Luiz Guilherme. *Tutela antecipatória, julgamento antecipado e execução imediata da sentença*. 4. ed. São Paulo: RT, 2000. p. 22 e ss.

[6] Informativo 422 do STJ, 1ª T., REsp 1.098.028-SP, rel. Min. Luiz Fux, j. 09.02.2010. Precedentes do STJ: AgRg no REsp 1116800/RS, 3ª T., *DJe* 25.09.2009; AgRg no REsp 724.160/RJ, 3ª T., *DJ* 01.02.2008; REsp 885.737/SE, 1ª T., *DJ* 12.04.2007.

[7] Tal ponto ainda é objeto de muita controvérsia, como será abordado na análise dos títulos executivos judiciais.

Cap. 24 · REQUISITOS PARA A ATIVIDADE EXECUTIVA | **349**

quisitos da obrigação contida no título ou obrigação exequenda (CÂMARA, 2005. v. 2, p. 187) **não** do título executivo. Assim, por exemplo, uma nota promissória é título executivo, mas já tendo sido efetuado o respectivo pagamento a obrigação nela constante não é exigível, ou seja, obrigação e título executivo **não** se confundem.

A obrigação representada no título pode ser certa, mas ilíquida e inexigível; não pode, contudo, ser incerta, mas líquida e exigível. Diz-se que há certeza quando do título se infere a existência da obrigação (DIDIER JR., 2010. v. 5, p. 155). A obrigação representada no título pode ser certa, porém ilíquida e inexigível. Não pode, contudo, ser incerta, mas líquida e exigível.

Há **certeza** quando do título se infere a existência da obrigação (DIDIER JR., 2010. v. 5, p. 155), o que não se confunde com a sua contestabilidade, ou seja, existência da obrigação, não a indiscutibilidade de sua existência. A possibilidade de oferecimento de embargos do executado (ou impugnação), com que se poderá demonstrar a inexistência do direito afirmado pelo exequente, é prova cabal disso (DINAMARCO, 2000. p. 489). Basta o devedor, condenado por sentença a pagar quantia certa, efetuar o pagamento logo após a prolação da decisão que o título continuará existindo – a obrigação, no entanto, terá sido extinta.

Assim, pela simples leitura do título percebe-se que há uma obrigação contraída, podendo-se ainda constatar quem são o credor e o devedor. A certeza compreende os elementos subjetivos e objetivos: portanto, uma definição exata e precisa dos elementos do direito.

(i) Elementos subjetivos: a obrigação tem que indicar quem é o credor, devedor ou eventual responsável;

(ii) Elementos objetivos: deve ser indicada a espécie de execução, que pode ser para pagamento de quantia, de entregar coisa, de fazer ou não fazer.

A doutrina aponta algumas hipóteses em que é atenuada a certeza, ou seja, a sua relativização: (i) nas obrigações de entrega de coisa incerta, as quais podem ser definidas pelo gênero e quantidade (art. 811 do CPC); (ii) nas obrigações alternativas.

Nessas hipóteses, não há no título executivo a exata determinação do objeto da prestação, havendo somente elementos capazes de evitar uma total indeterminação do objeto. Deverá, por exemplo, constar no título executivo de obrigações de coisa incerta pelo menos o gênero e a quantidade da coisa a ser entregue. Nas obrigações alternativas, a indeterminação é menor, uma vez que todos os meios pelos quais a obrigação pode ser cumprida encontram-se previstos no título (CÂMARA, 2005. v. 2, p. 189).

Nessas hipóteses, haverá um incidente de **concentração** da obrigação, com o qual será determinado o objeto da prestação, alcançando-se uma total certeza (art. 811 do CPC c/c art. 243 *usque* art. 246 do CC/2002). **Liquidez** é a determinabilidade, ou seja, o título dispensa qualquer elemento extrínseco para se aferir o seu valor ou para determinar o seu objeto. O título judicial pode representar uma obrigação líquida ou ilíquida. Nesta última hipótese, a de iliquidez, será instaurada uma liquidação de sentença.

350 | PROCESSO CIVIL SISTEMATIZADO – *Haroldo Lourenço*

Os títulos extrajudiciais são sempre líquidos, pelo menos inicialmente. Melhor explicando: iniciada uma execução extrajudicial para entrega de coisa certa ou para fazer ou não fazer, pode ser que não seja possível obter o cumprimento da obrigação na forma específica, o que exigirá a conversão em perdas e danos, a ser apurada mediante liquidação (arts. 808, § 2º, 816, parágrafo único, 821, parágrafo único, e 823 do CPC) (DIDIER JR., 2010. p. 114).

Observe-se que é possível que o valor em execução seja determinável por meio de cálculos de parcelas, juros e atualização monetária; mesmo assim, o título é considerado líquido. O valor constante no título pode, com o passar do tempo, sofrer alterações, em razão de acréscimos de encargos ou amortização da dívida.

Assim, por exemplo, em regra a "confissão de dívida" é título executivo; porém, se a pessoa que reconheceu a dívida não estabeleceu a quantidade devida, não será título. Agora, tendo estabelecido o valor devido, mesmo sem fixar juros, atualização etc., será título executivo, posto que presente a liquidez.

É a **inexistência** de impedimento à eficácia atual da obrigação, que resulta, basicamente, do inadimplemento e da existência de termo, condição ou contraprestação (NEVES, 2011. p. 882).

Portanto, é preciso que haja exigibilidade, direito à prestação e que o dever de cumpri-la seja atual. Vencida a obrigação, cria-se o inadimplemento e, não havendo termo, condição ou contraprestação, há exigibilidade. Havendo termo, condição ou contraprestação para provar que a obrigação é exigível, fazem-se necessários: a prova do advento do termo, o implemento da condição ou o cumprimento da contraprestação. Tal prova deve ser feita antes da execução, não sendo admissível a sua prova no curso do processo (art. 514 do CPC).[8]

Frise-se que a exigibilidade não está, necessariamente, atrelada ao vencimento da obrigação. Uma nota promissória já é título executivo antes do vencimento. Enfim, há exigibilidade quando não há impedimento à eficácia.

24.1.6. Participação do devedor

A formação do título deve contar com a participação do devedor, **não** sendo admissível ao credor emitir unilateralmente o título, ressalvada a certidão de dívida ativa (art. 784, IX, do CPC), que não necessita da participação do devedor.

Assim, o Enunciado 233 do STJ deixa claro que o **contrato de abertura de crédito**, conhecido como cheque especial, ainda que acompanhado do extrato de conta corrente, não é título executivo. Não obstante o contrato ser celebrado com a participação do devedor e duas testemunhas, o extrato é emitido unilateralmente.

A nota promissória vinculada a contrato de abertura de crédito não goza de autonomia em razão da iliquidez do título que a originou, como determina o Enunciado 258 do STJ, justamente pela falta de participação do credor na formação dos extratos bancários do contrato de abertura de crédito.

---

[8] STJ, 3ª T., REsp 986.972-MS, Rel. Min. Luis Felipe Salomão, julgado em 4/10/2012 (Informativo 506). Precedentes citados: REsp 187.932-ES, DJ 22/5/2000.

A confissão de dívida, ainda que originária de contrato de abertura de crédito, constitui título executivo extrajudicial, pois agora o devedor anui com o montante da dívida, passando a haver sua participação na formação do título (Enunciado 300 do STJ).

24.2. TÍTULOS EXECUTIVOS JUDICIAIS (ART. 515 DO CPC)

O art. 515 do CPC traz o rol **taxativo** dos títulos executivos judiciais, os quais serão topicamente analisados, contudo, antes de tal análise, cumpre ressaltar que os títulos judiciais **sempre** darão ensejo a um cumprimento de sentença, que, na maioria dos casos, será uma **fase executiva**, em continuação à fase de conhecimento, denominada de cumprimento de sentença, contudo, em algumas hipóteses previstas nos incisos **VI a IX do art. 515**, darão ensejo a um **processo autônomo de cumprimento de sentença ou de liquidação de sentença**, como se observa do art. 515, § 1º, eis que **não** houve, nesses casos, uma fase anterior de conhecimento no processo civil.

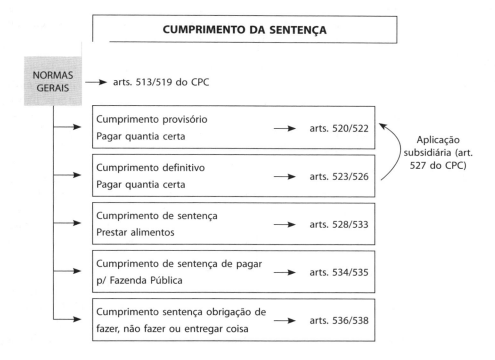

24.2.1. Inciso I: a decisão proferida no processo civil

A **decisão judicial** proferida no processo civil que reconheça uma obrigação de fazer, não fazer, entregar coisa ou pagar quantia é um título executivo, superando a redação outrora existente que afirmava que somente a sentença *condenatória* seria título executivo. Observe-se que o legislador não se refere mais à sentença, abrindo a possibilidade para outras decisões serem exequíveis, como **interlocutórias** de tutela provisória (art. 297, parágrafo único) ou de julgamento parcial de mérito (art. 356).

Ainda sob a égide do CPC/1973, o legislador introduziu um dos pontos mais polêmicos, havendo intenso debate doutrinário: a sentença declaratória seria título executivo? A questão somente se mostra pertinente quando a sentença declarar a existência de uma obrigação executável, como em uma sentença que declare ser o réu devedor de determinada quantia sem, no entanto, condená-lo. Diante de tão interessante questão, há diversos posicionamentos doutrinários:

(i) Uma parcela da doutrina visualizou a alteração sob outra ótica. Não seria legítimo extrair que, a partir de tal alteração, as sentenças meramente declaratórias seriam títulos executivos ou que esteja revogado o art. 20 do CPC. Simplesmente o legislador abandonou a classificação trinária e se curva à classificação quinária das sentenças, para considerar títulos executivos também as sentenças mandamentais e as executivas *lato sensu*, orientação mais a gosto dos autores da reforma (GRECO, 2006; ASSIS, 2006. p. 204);

(ii) A sentença meramente declaratória é título executivo, bem como já seria *antes* da reforma. A reforma somente deixou claro que é título executivo a sentença que reconhecer a existência de uma obrigação exigível. A rigor, tal corrente utiliza-se de princípios, e não do texto legal. Então, mesmo com a redação revogada, em que estava escrito *"sentença civil condenatória"*, já era possível se extrair que a sentença declaratória também seria título executivo. (a) O primeiro fundamento é a economia processual, pois, considerando que a sentença declaratória não é um título executivo, seria necessário um segundo processo somente para buscar uma sentença condenatória, mesmo já havendo certeza jurídica e, portanto, eficácia vinculante da coisa julgada sobre o segundo processo. Para os defensores dessa corrente, esse segundo processo seria um desperdício de tempo e energia; (b) Um segundo fundamento é a função do título executivo de legitimar os atos executivos, pois, com o título, obtém-se uma grande probabilidade de o direito existir. Assim, se a função do título executivo é dar essa grande probabilidade para legitimar o ato executivo, a sentença meramente declaratória cumpre essa função com abundância. Aliás, em alguns títulos executivos extrajudiciais, como um cheque, há menos certeza jurídica do que em uma sentença declaratória proferida sob o crivo do devido processo legal.

Há no STJ vários precedentes nesse sentido,[9] em sua grande maioria de lavra do Ministro Teori Albino Zavascki, forte defensor de tal tese (ZAVASCKI, 2005. p. 23-36), reconhecendo, inclusive, em ação declaratória do direito de crédito contra a Fazenda Pública para fins de compensação, afirmando haver total definição da norma jurídica individualizada.[10]

Para essa doutrina, a ação meramente declaratória, quando já fosse permitido o ajuizamento da ação condenatória, gera título executivo; porém, **não** tem o

---

[9] EREsp 609.266/RS, Min. Teori Albino Zavascki, 1ª S., j. 23.08.2006, *DJ* 11.09.2006; REsp 588.202/PR, de lavra do Min. Teori Albino Zavaski, *DJ* 25.02.2004. REsp 526.655, rel. Min. Luiz Fux, j. 17.02.2005.

[10] STJ, 1ª T., REsp 1.100.820/SC, rel. Min. Teori Albino Zavascki, julgado em 18/9/2012.

Cap. 24 · REQUISITOS PARA A ATIVIDADE EXECUTIVA | **353**

condão de interromper a prescrição, pois o demandante não demonstrou a vontade de efetivar a prestação cuja existência se busca reconhecer. Seria a **ação meramente declaratória positiva** (ajuizada posteriormente à lesão) (DIDIER JR., 2010. v. 5, p. 158-165).

Tal contexto traz à tona o emblemático caso do jornalista Wladimir Herzog, assassinado nos porões da ditadura militar, fato que motivou a viúva, assessorada pelo advogado e processualista Sérgio Bermudes (juntamente com outros especialistas, como Heleno Cláudio Fragoso), a postular a declaração da responsabilidade do Estado pela morte de seu marido e o respectivo dever de indenizar. Observe-se que o pedido de indenização não foi formulado, pois a família do jornalista pretendia apenas a declaração da responsabilidade do Estado, como autorizado pelo art. 20 do CPC, que prevê a admissibilidade da ação declaratória, ainda que tenha ocorrido a violação do direito. O Tribunal Federal de Recursos admitiu a ação.[11]

Para esses autores, seria irrelevante a pecha da inconstitucionalidade do mencionado artigo (adiante analisado), pois já defendiam eficácia executiva das sentenças declaratórias antes mesmo da reforma. No mesmo sentido, sustentam que a emenda realizada no Senado seria meramente redacional, pois igual fundamento já existia no art. 20 do CPC (DIDIER JR., 2010. v. 5, p. 159).

Há diversos exemplos de ações meramente declaratórias que geram decisão com força executiva: consignação em pagamento, oferta de alimentos, desapropriação, sentença de partilha. Nesses casos, não se aplicaria a multa coercitiva do art. 523 do CPC, exatamente porque ainda não foi imposto ao executado o dever de prestar, que foi apenas certificado.

Esse, inclusive, é o entendimento do STJ[12] já na vigência do CPC/2015;

(iii) Somente a sentença condenatória seria título executivo, não obstante a redação do art. 515, I, do CPC, pois afirmar que a sentença meramente declaratória é hábil a proporcionar execução, como, por exemplo, a sentença que declara que "A" deve a "B", incorre-se em erro crasso, olvidando que nenhum provimento jurisdicional é puro e, no exemplo aventado, o juiz foi além da simples declaração, emitindo pronunciamento condenatório (ASSIS, 2006. p. 204). Para que o juiz possa condenar, é necessário que o autor peça a condenação (arts. 2º, 141 e 492 do CPC). Assim, nenhuma sentença assumirá força executiva sem disposição inequívoca de condenação do vencido. No que toca ao capítulo principal, convém acentuar que tal condenação se subordina à formulação de pedido expresso. Em uma sentença meramente declaratória julgada improcedente, haverá um capítulo sobre condenação em honorários advocatícios, sendo somente esse título executivo. O art. 515, I, é inócuo, pois o art. 523 é explícito ao afirmar: *"No caso de condenação em quantia certa (...)"*. Portanto, para um cumprimento de sentença, faz-se necessária uma sentença condenatória (CÂMARA, 2008. v. 2, p. 168-169; CARREIRA ALVIM, 2008. p. 2).

---

[11] TRF, 1ª T., ApCiv 59.873-SP, rel. Min. Leitão Krieger, j. 21.06.1983.
[12] STJ, Corte Especial, REsp 1.324.152-SP, rel. Min. Luis Felipe Salomão, j. 04.05.2016.

354 | PROCESSO CIVIL SISTEMATIZADO – *Haroldo Lourenço*

Cremos que a decisão declaratória **não** é título executivo, não obstante o mérito dos fundamentos ao redor da efetividade do processo. Somente conseguimos visualizar uma eficácia executiva da sentença declaratória contra o Fisco promovida pelo contribuinte, pois seria preferível ao invés da sentença condenatória, permitindo a compensação no âmbito administrativo, bem como que se deixe de recolher tributos.

Como os defensores da eficácia executiva da sentença declaratória visualizam que, a rigor, o legislador pretendeu esclarecer que qualquer decisão que reconhecer a existência de uma obrigação exigível é apta a permitir uma execução, até a sentença **constitutiva** seria um título executivo (ZAVASCKI, 2003. v. 8, p. 117; DIDIER JR., 2010. v. 5, p. 162-165).

A sentença constitutiva reconhece a existência de um direito potestativo, o qual não se relaciona com qualquer prestação do sujeito passivo. Por tal razão, reputa-se comum a afirmação de que a sentença constitutiva não é título executivo. O que, na verdade, dispensa execução é o direito potestativo reconhecido na sentença constitutiva, e não a sentença.

Diante da amplitude redacional do inciso em comento, há doutrina, inclusive, que discute eficácia executiva na decisão constitutiva. Vejamos:

(i) A decisão constitutiva conteria um efeito principal, o que não impede a produção de outros efeitos, fora dos direitos potestativos, que seriam direitos subjetivos, gerando assim uma prestação (DIDIER JR., 2010. v. 5, p. 159). O efeito principal seria a criação, modificação ou extinção da situação jurídica, o que seria um direito potestativo, gerando uma sujeição, não havendo dever correlato. É possível, porém, que o sujeito passivo infrinja, depois dos efeitos produzidos, um dever de obedecer à situação jurídica estabelecida, cujo descumprimento pode dar ensejo à instauração da atividade executiva que, rigorosamente, buscará efetivar o comando judicial contido na sentença constitutiva. Fredie Didier Jr. enumera várias hipóteses: (a) a decisão que rescinde uma sentença que gera, por efeito anexo, o direito do executado à indenização pelos prejuízos que lhe foram causados (art. 966 c/c art. 776 do CPC); (b) decisão que resolve um compromisso de compra e venda, em razão do inadimplemento, tem por efeito anexo o surgimento do dever de devolver a coisa pretendida à venda; (c) decisão que extingue uma relação jurídica locatícia, em razão, por exemplo, de uma denúncia vazia do locador, é constitutiva, mas gera, indiscutivelmente, o direito do autor-locador reaver a coisa anteriormente locada, entre inúmeras outras hipóteses;

(ii) Ainda é majoritário que decisões constitutivas não permitem execução, pois elas mesmas são bastantes para criar, modificar e extinguir uma relação jurídica, independentemente de qualquer comportamento do vencido para que sejam eficazes (NEVES, 2010. p. 826-827; DINAMARCO, 2001. v. 1, p. 227; GRECO, 1999. v. 1, p. 133). Aliás, sua eficácia só se inicia com o trânsito em julgado, pois seria impensável um divórcio provisório ou uma anulação de casamento provisório (RODRIGUES, 2008. p. 595).

O mencionado dispositivo solucionaria inúmeros outros problemas, pois, com a redação anterior, que afirmava que somente a decisão condenatória era título executivo, inúmeros outros títulos não encontravam amparo legal, pois o rol seria exaustivo,

Cap. 24 · REQUISITOS PARA A ATIVIDADE EXECUTIVA | 355

como, por exemplo, a sentença que homologa o reconhecimento do pedido, sentença que extingue a execução provisória (art. 520, I), bem como a sentença no processo cautelar (art. 302, parágrafo único, do CPC) e as decisões interlocutórias (art. 297, parágrafo único, do CPC).

Por fim, cumpre registrar uma observação: é inegável que nosso legislador sempre partiu da premissa de que somente as sentenças condenatórias são títulos executivos, como se observa, por exemplo, do art. 31 da Lei 9.307/1996.

24.2.2. Inciso II: decisão que homologar autocomposição judicial

Há diversos mecanismos de solução de composição de conflitos.

Autocomposição é forma de solução do conflito pelo consentimento espontâneo de um dos contendores em sacrificar o interesse próprio, no todo ou em parte, em favor do interesse alheio. Pode ocorrer dentro ou fora do processo, não sendo determinante a força, como ocorre na autotutela, mas a vontade das partes. A autocomposição é um **gênero**, dividindo-se de forma **unilateral** e **bilateral**:

(i)   **BILATERAL**: Transação. Há um sacrifício recíproco de interesses, com que cada parte abdica parcialmente de sua pretensão. É um exercício bilateral de vontades (art. 487, III, "b", do CPC);

(ii) **UNILATERAL**: Submissão. O sujeito se submete à pretensão contrária, ainda que fosse legítima a sua resistência. Ocorre uma renúncia à resistência oferecida à pretensão, ou seja, submissão de um à pretensão do outro, como no reconhecimento do pedido (art. 487, III, do CPC);

(iii) **UNILATERAL**: Renúncia. O titular do pretenso direito simplesmente abdica de tal direito, fazendo-o desaparecer juntamente com o conflito gerado por sua ofensa (NEVES, 2011. p. 6).

As soluções bilaterais são soluções altruístas do conflito, pois há disposição de um direito que, teoricamente, seria legítimo.

Há ainda dois institutos que são englobados pela autocomposição: a conciliação e a mediação. Conciliação, mediação e autocomposição não se confundem.

Conciliação é uma forma procedimental consistente na intervenção de um terceiro intermediador para obter a autocomposição, oferecendo soluções que são fundadas no sacrifício recíproco dos interesses das partes.

Na mediação, surge a figura do mediador, que é escolhido de comum acordo pelas partes em litígio, cuja função é servir de canal de comunicação entre os litigantes, construindo um diálogo, visando a uma decisão em que prevaleça a vontade das partes, não promovendo sugestões, para atingir a autocomposição.

Assim, será título a sentença que homologar transação, submissão, desistência da ação e renúncia à pretensão, obtidas por meio de uma conciliação ou por meio de uma mediação. Obviamente que, na renúncia ou em uma submissão, não haveria o que executar, salvo o capítulo dos honorários advocatícios.

356 | PROCESSO CIVIL SISTEMATIZADO – *Haroldo Lourenço*

Observe-se que tal autocomposição, nos termos do art. 515, § 2º, poderá permitir a ampliação objetiva e subjetiva do processo, ou seja, envolver **sujeito estranho ao processo** e **versar sobre relação jurídica que não tenha sido deduzida em juízo**. Nessa hipótese, a sentença será válida, terá eficácia executiva, bem como produzirá coisa julgada material, permitindo ação rescisória (ASSIS, 2007. p. 164). Evidentemente, o magistrado deverá ser **competente** para conhecer dessa inédita matéria (DIDIER JR., 2010. v. 5, p. 166).

Tal circunstância se mostra interessante, eis que **excepciona** a clássica estabilização do processo, em que o autor, por exemplo, pode aditar pedido e/ou causa de pedir antes da citação do réu (art. 329, I, do CPC), mas, após a citação, somente poderá fazê-lo com o consentimento do demandado, ainda que revel (arts. 329, II, do CPC), que terá novo prazo de resposta, pois a demanda terá sido alterada, devendo ser interpretado o silêncio do réu como concordância.[13]

Por outro lado, realizado o saneamento e organização do processo (art. 357 do CPC), é vedada qualquer alteração objetiva pelo autor, mesmo que com o consentimento do réu (art. 329, parágrafo único, do CPC). Contudo, há diversos dispositivos no CPC que mitigam esse rigor, como o art. 493, o art. 1.014, bem como o artigo em comento, eis que permite a inclusão de matéria não posta inicialmente em juízo, mesmo que após o saneamento (art. 515, II, do CPC).

Os arts. 59, § 1º e 161, § 6º, da Lei 11.101/2005 determinam que se encaixe nesse tipo legal a decisão que concede ou homologa a recuperação judicial ou extrajudicial.

Observe-se que é possível que a autocomposição ocorra **após** a coisa julgada. A coisa julgada torna indiscutível o reconhecimento do direito. Se disponível, o direito pode ser objeto de transação ou renúncia. Assim, é possível, então, que as partes alterem os termos da relação jurídica reconhecida judicialmente. O acordo pode ser levado para homologação judicial e implica novação (DIDIER JR., 2010. v. 5, p. 166). Sobre a necessidade de apresentação desse acordo judicialmente, há dissenso:

(i) Doutrinariamente, não haveria necessidade de homologação judicial deste novo acordo, não obstante a coisa julgada, pois estaria sendo consolidada uma novação, extinguindo a obrigação constante do anterior título executivo judicial (DIDIER JR., 2010. v. 5, p. 166);

(ii) Em sentido diverso, entendendo que, não obstante seja possível a transação, é preciso que seja homologada pelo órgão jurisdicional, está o posicionamento do STJ.[14]

Por fim, mas não de menor importância, cumpre diferenciar a hipótese em análise, em que haverá uma autocomposição celebrada durante um processo que será homologada judicialmente, da hipótese prevista no art. 784, IV do CPC, em que as partes chegam a uma autocomposição extrajudicialmente, já sendo um título executivo, porém, podem obter a sua homologação judicial (arts. 515, III, c/c 725, VIII, do CPC).

---

[13]   STJ, REsp 21.940-5/MG, 3ª T., rel. Min. Eduardo Ribeiro, *DJU* 08.03.1993.

[14]   STJ, 2ª T., REsp 1.056.474, rel. Min. Eliana Calmon, j. 21.10.2008.

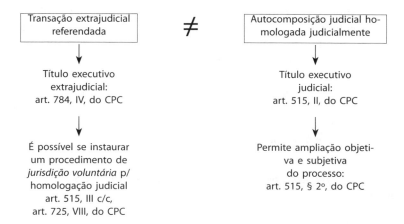

24.2.3. Inciso III: acordo extrajudicial homologado em juízo

Na dicção do apontado inciso, é possível a homologação de qualquer acordo, inclusive em causas de direito de família, perante o juízo competente no que toca à matéria.

O pedido de homologação é um pleito de **jurisdição voluntária** (DIDIER JR., 2010. p. 167-168), nos termos do art. 725, VIII, do CPC, portanto, as partes objetivam a mesma coisa, entretanto, é imprescindível a intervenção obrigatória do Judiciário (arts. 719 a 725 do CPC). O legislador inspirou-se no art. 57 da Lei 9.099/1995, o qual permite a homologação judicial de qualquer acordo extrajudicial.

Observe-se que haverá **dois acordos**. Um primeiro, extrajudicial, que pode já ser título executivo extrajudicial (art. 784, II, do CPC), permitindo uma defesa mais ampla por meio dos embargos do executado (art. 917 do CPC). Um segundo, que busca transformar o primeiro acordo em título executivo judicial, restringindo, assim, as matérias admissíveis em defesa (art. 525 do CPC).

Assim, havendo homologação judicial, a cognição passa a ser limitada a questões posteriores ao negócio jurídico, estando, ademais, acobertada pela coisa julgada, adotando-se a teoria revisionista de jurisdição voluntária (ver capítulo sobre o tema).

24.2.4. Inciso IV: formal e a certidão de partilha

A partilha dos bens, feita em inventário ou arrolamento, é homologada por sentença, representada por formal ou certidão de partilha, em que se atribui um quinhão sucessório ao herdeiro. O formal é um caderno processual, uma carta de sentença, composto dos documentos arrolados no art. 655 do CPC. A certidão substituirá o formal em pequenos inventários ou arrolamentos (art. 655, parágrafo único, do CPC).

Esse título executivo possui limitações objetivas e subjetivas.

(i) Limitações objetivas: É impossível em um formal e certidão de partilha constar obrigação de fazer e não fazer (DINAMARCO, 2000. p. 509). As únicas obrigações que podem constar desse título são obrigações de pagar e de entregar.

(ii) Limitação subjetiva: O formal e a certidão de partilha são títulos executivos, exclusivamente, para os herdeiros, sucessores e inventariante. Portanto, havendo um crédito perante um terceiro, não será possível a execução em face deste, sendo necessário um processo de conhecimento.

O dispositivo em comento deve ser interpretado no sentido de incluir a partilha *inter vivos*, como nos casos de dissolução de sociedade empresária ou divórcio. Por fim, o dispositivo menciona herdeiros e sucessores universais, como se fossem pessoas diversas, porém, são expressões sinônimas.[15]

24.2.5. Inciso V: crédito dos auxiliares da justiça homologados judicialmente

Trata-se do crédito do serventuário da justiça, tanto do serventuário **fixo** como dos oficiais de justiça ou avaliadores judiciais, como de serventuários **eventuais**, como os peritos e depositários. O crédito mais comum é o do perito, mas são possíveis outros créditos, como o dos tradutores ou intérpretes, porteiros, leiloeiros etc.

Ocorre que, pela militância forense, o perito somente realiza suas atividades depois de depositados os respectivos valores, como previsto no art. 95, § 1º, do CPC, o que torna o mencionado dispositivo de pouca utilidade prática. No que tocam as custas e os emolumentos já estão previstos nas leis de organização judiciária, não sendo realizado qualquer ato sem o seu prévio recolhimento (art. 82 do CPC).

Observe-se que no CPC/1973 tal título era extrajudicial, nesse sentido, mesmo que constituído sob a égide da legislação anterior será passível a realização de cumprimento de sentença a partir da vigência do CPC/2015 (Enunciado 527 do FPPC).

24.2.6. Inciso VI: sentença penal condenatória transitada em julgado

Inicialmente, cabe registrar que sempre se afirmou que somente as sentenças penais **transitadas em julgado na esfera penal** constituem título executivo na esfera cível, por força do princípio constitucional da não culpabilidade; contudo, isso merece ser repensado desde o julgamento do *Habeas Corpus* 126.292 pelo STF, que admitiu a execução da pena condenatória restritiva de liberdade após a confirmação da sentença penal em segundo grau.

Afinal de contas, a execução cível focada no recebimento de quantia certa não pode valer mais do que a liberdade, tendo que esperar o trânsito em julgado penal.

---

[15] A sucessão hereditária dá-se de duas formas: a título universal e a título singular. A primeira caracteriza-se pela transmissão do patrimônio do *de cujus* ou de quota-parte deste; já a segunda, pela transferência de bens determinados. Assim, quando é transferida ao sucessor a totalidade do patrimônio do *de cujus*, ou uma fração dele, abrangendo tanto seu ativo como seu passivo, o sucessor é denominado herdeiro universal. Diferentemente ocorre na hipótese em que o sucessor recebe bem específico e determinado (sucessão singular), que pode se operar em virtude de ato *inter vivos* ou de falecimento. Neste último caso, o sucessor é denominado legatário, sendo aquele que é contemplado em testamento com coisa certa, determinada, precisa e individualizada pelo testador.

Nessa linha, deve se admitir o **cumprimento provisório da sentença penal condenatória confirmada em segunda grau**, não se podendo, sequer, falar em prestação da caução prevista no art. 520, IV c/c art. 521 do CPC, devendo o magistrado analisar tal situação com cautela, rígida observância do contraditório, fundamentação e proporcionalidade, principalmente diante de eventual risco de reversão da decisão exequenda e de lesão ao executado, valendo-se do seu poder geral de cautela.

Um dos efeitos da sentença penal condenatória transitada em julgado é a criação de um título executivo no cível. Trata-se de um **efeito secundário ou anexo da sentença penal**, prescindindo, portanto, de referência a esse respeito pelo juízo penal (art. 91, I, do CP).

É um inciso com pouca aplicação prática, eis que, quando utilizada a sentença penal condenatória na esfera cível, a sua eficácia se restringe à pessoa do condenado, ou seja, **não** é possível executar um corresponsável do condenado na esfera penal, em virtude do limite subjetivo da coisa julgada (art. 506 do CPC). Assim, mesmo o empregador respondendo pelos atos do empregado, tendo sido condenado o empregado, não é possível a execução cível, com base na sentença penal, em face do empregador.

Em suma: o credor pode executar, no cível, a sentença penal condenatória apenas contra o autor do delito; se quiser obter, por exemplo, do "patrão", a indenização decorrente do delito praticado por empregado, terá de ajuizar ação de conhecimento para que se forme título executivo contra ele (NERY JR.; NERY, 2007. p. 751).

O art. 315 do CPC permite que o processo civil seja suspenso, para aguardar o resultado do processo penal. Tal suspensão, embora recomendável, **não** é obrigatória.

Não obstante a independência das instâncias, a esfera civil se curva à esfera penal, como na hipótese do juízo criminal reconhecer a inexistência material do fato (art. 66 do CPP) ou pela negativa da autoria, a discussão se encerra na esfera cível, na forma do art. 935 do CC/2002. Por outro lado, o reconhecimento na esfera penal, por exemplo, de prescrição punitiva em nada interfere na esfera cível.[16]

Destarte, é possível o trâmite dos dois processos em conjunto, o que pode gerar uma divergência, pois o penal pode condenar e no cível o pleito indenizatório ser julgado improcedente. Uma das duas decisões precisará ser sacrificada, porquanto incompatíveis:

(i) Majoritariamente, sustenta-se que deve prevalecer o princípio da autonomia do título executivo, ou seja, a sentença penal condenatória é título independentemente do resultado do processo civil (ZAVASCKI, 2004. p. 292-293; NEVES, 2010. p. 832);

(ii) Minoritariamente, entende-se que deve prevalecer a improcedência na esfera cível, transitada em julgado, impedindo a execução (SHIMURA, 1997. p. 329-330).

Inclusive, havendo uma sentença penal condenatória, com trânsito em julgado, a ação civil perde o seu objeto, na hipótese de tramitar somente contra o responsável pelo ato ilícito.

---

[16] STJ, REsp 1.802.170/SP, 3ª T., rel. Min. Nancy Andrighi, *DJe* 26.02.2020.

360 | PROCESSO CIVIL SISTEMATIZADO – *Haroldo Lourenço*

Outro ponto interessante é que a sentença penal se submete à revisão criminal, inclusive sem prazo para a sua utilização. É possível ocorrerem as seguintes situações:

(i) Imaginemos que ainda não há execução na esfera cível. Com a procedência da revisão criminal, evidentemente, não pode mais sequer ser recebida tal execução;

(ii) Estando a execução civil em trâmite, ocorrerá a perda superveniente do título, sendo extinta pela falta de um pressuposto processual de validade;[17]

(iii) Já ocorreu a execução, com a satisfação do título executivo. Ocorrendo a procedência da revisão criminal, dependendo do fundamento, será possível cogitar da repetição do indébito. Todavia, a doutrina diverge em alguns pontos:

a) Majoritariamente, se a revisão excluir a responsabilidade civil do condenado caberia ação de repetição de indébito. Se na revisão criminal, porém, não se excluir a responsabilidade civil, mas tratar, por exemplo, de prescrição penal, não interferirá em nada na responsabilidade civil;

b) Há, porém, entendimento minoritário no sentido de que se já transcorridos mais de dois anos do trânsito em julgado da sentença penal condenatória, estes efeitos civis não mais poderiam ser revistos, em analogia com o biênio previsto no art. 975 do CPC para o ajuizamento da ação rescisória, o que é indicativo de que seria impossível a repetição daquilo que eventualmente já tiver sido pago. Haveria a denominada **eficácia preclusiva panprocessual dos efeitos civis da sentença penal condenatória** (CÂMARA, 2005. v. 2, p. 185).

A sentença penal condenatória, a rigor, não é um título executivo: é um título liquidatório (RODRIGUES, 2008. p. 595). Ocorre que, com a reforma do CPP, os arts. 387, IV, e 63, parágrafo único, da Lei 11.719/2008, informam que o juízo penal, ao condenar o réu, fixará um valor **mínimo** dos danos causados pelo ato ilícito. Note-se que há um afastamento do juízo penal de sua tarefa principal de analisar a conduta criminosa, passando a atuar, ainda que em parte, civilmente. Ademais, o art. 63, parágrafo único, do CPP, determina a fixação de um valor **mínimo** de dano na sentença penal para que a vítima possa ingressar com a execução pelo valor mínimo, fazendo uma liquidação para descobrir o valor real do dano. A ideia da reforma foi auxiliar a vítima do delito.

Algumas observações devem ser feitas:

(i) Os mencionados dispositivos são de constitucionalidade duvidosa, pois alargam a pretensão inicial (violação da inércia), conferindo legitimidade ao Ministério Público para a defesa de interesses individuais disponíveis (patrimônio), bem como amplia os limites objetivos da coisa julgada, ao incluir a obrigação de indenizar, ainda que seja por valor mínimo (CÂMARA, 2009. p. 111). O mínimo indenizatório fixado pelo juiz de acordo com o art. 387, IV, do CPP, portanto, não seria um efeito genérico, mas uma sanção civil, embora aplicada em sede de processo penal, e, como tal, não pode ser fixado à margem das garantias

---

[17] Cumpre registrar que é majoritário o entendimento de que seria pela perda do interesse de agir, pois o título executivo refletiria tal condição da ação.

Cap. 24 · REQUISITOS PARA A ATIVIDADE EXECUTIVA | 361

constitucionais, em especial o contraditório e a ampla defesa, sob pena de afronta ao devido processo legal;

(ii) Apesar da redação na sua forma imperativa (*"o juiz fixará"*), entende-se que não é um dever do juiz fixar este valor mínimo. A rigor, o mencionado artigo deve ser lido *"sempre que possível"*. Não há razoabilidade em se exigir do juiz uma atividade probatória voltada a fixar esse valor, porque a ideia do valor mínimo é algo que evidentemente resulta da própria atividade penal;

(iii) O juiz penal, quando fixa esse valor mínimo, o faz por meio de uma cognição **sumária**, não havendo uma dilação probatória, baseado em um juízo de **probabilidade**. Do contrário, ocorreria um desvio da atividade penal absurdamente indesejável. A cognição exauriente será realizada no cível, podendo, aliás, o valor real, obtido no cível, ser **inferior** ao valor "mínimo" obtido no penal;

(iv) O STF[18] já se posicionou em algumas oportunidades sobre a constitucionalidade do art. 387, IV, do CPP, afirmando que nem é necessário pedido nesse sentido na peça acusatória, não havendo ofensa aos princípios do contraditório e ampla defesa, posto que tal artigo prestigia a vítima e concede-lhe maior celeridade na obtenção da antecipação da indenização, constituindo efeito automático da sentença condenatória definitiva.

24.2.7. Inciso VII: sentença arbitral

É o único título executivo judicial formado **fora** do Poder Judiciário, em um juízo arbitral escolhido pelas partes. Observe-se que tal sentença não depende de homologação judicial para ser título executivo judicial.

Por se tratar de título produzido fora do Judiciário, perante o qual será executado, é preciso instaurar um processo autônomo para a sua execução, devendo o executado ser citado, e não intimado, para o cumprimento da decisão (art. 515, § 1º).

Há ainda a possibilidade de essa sentença ser ilíquida, impondo-se, portanto, a instauração de um processo de liquidação, como se analisará no capítulo de liquidação de sentença.

A sentença arbitral produz um título executivo judicial, abandonando a concepção contratual da arbitragem. Nesse sentido, ainda há dissenso na doutrina:

(i) Tem natureza jurídica de um ato jurisdicional sendo, portanto, digna de aplauso a inclusão da sentença arbitral como título judicial (CÂMARA, 2008. v. 2, p. 174; DIDIER JR., 2010. v. 5, p. 167).

Assim, a decisão prolatada pelo árbitro não necessita mais de homologação. Havia, sob a égide do CPC/1939, o laudo arbitral, o qual dependia de homologação pelo Judiciário. Atualmente, o laudo arbitral não é mais contemplado pela Lei 9.307/1996 (art. 31), pois a sentença arbitral foi equiparada à sentença judicial. Entretanto, em sede de juizado especial, há quem sustente que ainda subsiste, como se observa do art. 26 c/c art. 41 da Lei 9.099/1995, laudo arbitral, havendo a necessidade de homologação pelo juiz togado (CÂMARA, 2008. p. 101).

---

18 STF, ARE 1.170.890/MS, Rel. Min. Marco Aurélio, j. 08.11.2018.

362 | PROCESSO CIVIL SISTEMATIZADO – *Haroldo Lourenço*

Cremos, sinceramente, que à luz do acesso à justiça, bem como em uma valorização dos meios paraestatais de composição dos conflitos, a partir da publicação da Lei 9.307/1996, a previsão de laudo arbitral inserida na Lei 9.099/1995 tornou-se derrogada;

(ii) Minoritariamente, há relevante doutrina que entende que a inclusão de tal título como de natureza judicial seria inadequada (ZAVASCKI, 2004. p. 295).

Por fim, cumpre registrar que a opção legislativa de incluir a sentença arbitral como título judicial trouxe, entre outras consequências, a redução da amplitude de defesa do executado, pois restringiu-a às hipóteses do art. 525 do CPC, atinentes à **impugnação** ao cumprimento de sentença, nos termos do art. 1.061 do CPC/2015.

Cumpre registrar que será cabível nessa impugnação ao cumprimento de sentença a alegação das matérias previstas no art. 32 da Lei 9.307/1996. Poderá, ainda, a parte interessada pleitear ao órgão do Poder Judiciário competente a decretação da nulidade da sentença arbitral com fundamento no mesmo art. 32, devendo ser observado o procedimento comum. Contudo, tal demanda deverá observar o **prazo nonagesimal**, contado do recebimento da notificação da sentença arbitral ou de seu aditamento.

Por fim, entende o STJ que, se o procedimento arbitral foi instaurado fora do Brasil, mas a sentença foi prolatada no Brasil e em língua portuguesa, por escolha consensual das partes e, ainda, por árbitro brasileiro e com aplicação do direito brasileiro em seu mérito, não há necessidade de homologação pelo STJ, em razão do **critério *jus soli*,**[19] nos termos do art. 34, parágrafo único da Lei 9.307/96.[20]

24.2.8. Inciso VIII: sentença estrangeira homologada pelo STJ

A sentença estrangeira, inclusive a arbitral, necessita de um processo de **nacionalização** (THEODORO JR., 2007. p. 169) do pronunciamento judicial para gerar efeitos no Brasil, com a homologação pelo STJ. Depois de homologada, deverá ser executada perante um juiz federal de primeira instância (art. 109, X, da CR/1988).

Registre-se, por oportuno, que a sentença arbitral somente será considerada estrangeira se proferida **fora** do território nacional, pois se adotou o critério *jus soli* (art. 34, parágrafo único, da Lei 9.307/96). Bem como, não se pode confundir sentença estrangeira, com **sentença internacional**, sendo essa última a decisão final proferida por Tribunal Internacional criado por meio de tratado e cuja jurisdição é reconhecida pelo Brasil, como no caso da Corte Interamericana de Direitos Humanos, por exemplo, tendo execução imediata perante a justiça federal de primeiro grau competente, devendo ser aplicado o art. 68 do Pacto de San José da Costa Rica.

Como dito, a sentença estrangeira antes de homologada no Brasil é ineficaz. Porém, o art. 15, parágrafo único, da Lei de Introdução às Normas do Direito Bra-

---

[19]   STJ, 3ª T., REsp 1.231.554-RJ, rel. Min. Nancy Andrighi, j. 24.05.2011. Precedentes citados: SEC 894-UY, *DJe* 09.10.2008; SEC 611-US, *DJ* 11.12.2006; SE 1.305-FR, *DJ* 07.02.2008. STJ, 3ª T., REsp 1.231.554-RJ, rel. Min. Nancy Andrighi, j. 24.05.2011.

[20]   STJ, 3ª T., REsp 1.231.554-RJ, Rel. Min. Nancy Andrighi, julgado em 24/5/2011. Precedentes citados: SEC 894-UY, DJe 9/10/2008; SEC 611-US, DJ 11/12/2006, e SE 1.305-FR, DJ 7/2/2008. STJ, 3ª T., REsp 1.231.554-RJ, Rel. Min. Nancy Andrighi, julgado em 24/5/2011.

Cap. 24 · REQUISITOS PARA A ATIVIDADE EXECUTIVA | 363

sileiro afirma que as sentenças estrangeiras meramente declaratórias do estado das pessoas geram efeitos no Brasil independentemente de homologação. Tal dispositivo não foi recepcionado pela Constituição, pois foi atribuída competência para o STJ, sem qualquer ressalva (DIDIER JR., 2010. v. 5, p. 169; ROSENVALD; FARIAS, 2007. p. 81-82).[21] Assim, qualquer sentença estrangeira, incluindo a meramente declaratória do estado das pessoas, há de ser homologada pelo STJ.

Assim, todas as sentenças estrangeiras estão sujeitas à homologação para produção dos seus efeitos no Brasil, sejam declaratórias, constitutivas ou condenatórias. As meramente declaratórias e constitutivas produzirão seus efeitos da mesma forma que as sentenças nacionais da mesma espécie, como, por exemplo, uma sentença de divórcio deverá ser levada à averbação no registro civil das pessoas naturais (CÂMARA, 2008. v. 2, p. 176).

Frise-se que a sentença estrangeira, antes da respectiva homologação, não produz efeitos no Brasil como título executivo; produz, porém, efeitos **probatórios**.

Os títulos executivos extrajudiciais estrangeiros **não** precisam de homologação (art. 784, § 2º do CPC), bastando satisfazer os requisitos exigidos pela lei do lugar de sua celebração e indicar o Brasil como o lugar do seu cumprimento. Obviamente, deverá ser devidamente traduzido (arts. 192 e 192, parágrafo único, do CPC).

Por fim, observe-se que a lei informa que a *"sentença estrangeira homologada"* é título executivo, o que **não** é correto. Doutrinariamente, há divergência:

(i) Majoritariamente, o título executivo, nessa hipótese, é a decisão de homologação da decisão estrangeira, ou seja, o ato estatal brasileiro de reconhecimento da decisão estrangeira, não a decisão estrangeira (CÂMARA, 2008. v. 2, p. 175-176; DINAMARCO, 2000. p. 513; RODRIGUES, 2008. p. 132);

(ii) Minoritariamente, o título executivo seria a carta de sentença extraída dos autos da homologação da sentença estrangeira (SHIMURA, 1997. p. 242; THEODORO JR., 2003. p. 603).

Na execução de tal título, a alegação em sede de impugnação de nulidade de citação (art. 515, I, do CPC) refere-se ao processo de homologação da sentença, regulamentado na Resolução 9/2005 do STJ, não ao processo de conhecimento que teve trâmite perante o juízo estrangeiro. A alegação de vício na citação do processo estrangeiro deve ser feita no processo de homologação.

24.2.9. Inciso IX: interlocutória estrangeira após o *exequatur* pelo STJ

A maioria das considerações anteriores é aplicável ao inciso ora em comento.

Como cediço, as cartas rogatórias **passivas**, ou seja, aquelas que se originam do exterior e pretendem ingressar no território nacional, necessitam passar pelo crivo do STJ, o qual expedirá um "execute-se" (*exequatur*), gerando, a partir de então, título executivo no território nacional.

---

[21] STF, Pleno, Pet. 11/MG, rel. Min. Celso de Mello, informativo 121, set. 1998.

24.3. TÍTULOS EXECUTIVOS EXTRAJUDICIAIS (ART. 784 DO CPC)

O art. 784 do CPC traz um rol **exemplificativo** dos títulos executivos extrajudiciais, haja vista que o inciso XII permite que a legislação extravagante também os preveja.

Em algumas hipóteses, os títulos executivos pertencem a outros ramos da ciência jurídica, como o direito empresarial (cheque, nota promissória etc.) ou o direito civil (foro ou laudêmio). Portanto, serão aqui referidos sucintamente, apenas no essencial para a eficácia executiva.

24.3.1. Inciso I: letra de câmbio, nota promissória, duplicata, debênture e cheque

Todos são títulos de crédito, instituto típico do direito empresarial, cada qual com a sua regulamentação própria. O título de crédito representa a dinâmica mercantil, permitindo a fácil e rápida constituição do crédito, com a sua ampla circulação, que permite ágil transferência, contribuindo para fomentar o mercado e para gerar a sua obtenção e circulação (DIDIER JR., 2010. v. 5, p. 171).

O título de crédito é voltado para a tutela executiva, pois, com a sua emissão e a respectiva exigibilidade, já é possível a instauração da atividade executiva.

Os títulos de crédito descritos no dispositivo legal ora analisado **não** necessitam de protesto para que possam ser executados (GRECO FILHO, 1996. v. 3, p. 30; CÂMARA, 2008. v. 2, p. 177; NEVES, 2011. p. 836). Em situações específicas, quando o documento não puder ser considerado título extrajudicial, a lei pode exigir o seu protesto. Assim, por exemplo, a **duplicata aceita** é título executivo extrajudicial (CÂMARA, 2008. v. 2, p. 177), independentemente do protesto. Porém, no caso contrário, deverá ser levada ao cartório de protesto, acompanhada da nota fiscal e do documento que demonstre a remessa e a entrega da mercadoria, para comprovar o inadimplemento (THEODORO JR., 2000. v. 2, p. 121; CÂMARA, 2008. v. 2, p. 177; NEVES, 2011. p. 836; DIDIER JR., 2010. v. 5, p. 174).

Em relação aos títulos de crédito, há um princípio cambiário com muita relevância para a execução. Pelo **princípio da cartularidade**, é credor do título de crédito a pessoa que o detiver em seu poder. Então, é possível que, iniciada uma execução, o credor circule o título, podendo gerar uma nova execução promovida por novo credor. Para evitar a ocorrência de várias execuções, fundadas no mesmo título, a execução deve ser instruída com o original do título executivo e, findo o processo, é possível extrair o título dos autos.

Há, contudo, duas exceções: (i) na hipótese de o título estar instruindo, por exemplo, um processo criminal por estelionato, basta uma cópia e certidão de inteiro teor do processo em que se encontra o título original para obstar a circulabilidade; (ii) no caso de risco de extravio ou de o título ser subtraído dos autos, o que geraria flagrante prejuízo ao credor.

Saliente-se que o STJ já se pronunciou, adotando uma posição conciliatória. Admite-se a execução com base na cópia da cártula, desde que o exequente demonstre que o original não está circulando, nem que houve endosso ou transferência do

Cap. 24 · REQUISITOS PARA A ATIVIDADE EXECUTIVA | **365**

crédito a outrem: basta que o exequente disponibilize-se a exibir em qualquer tempo, por determinação do magistrado.[22]

Outro ponto importante é a prescrição. Há que se separar a prescrição do título executivo da prescrição da obrigação retratada pelo título.

Genericamente, o prazo prescricional do título de crédito é de três anos, na forma do art. 206, § 3°, VIII, do CC/2002, ressalvadas as disposições de lei especial. O simples protesto ou até mesmo o protesto cambiário interrompem a prescrição, tendo ocorrido com o Código Civil de 2002 uma superação do Enunciado 153 do STF (ROSENVALD, 2007. p. 560).

Assim, por exemplo, o cheque perde exigibilidade como título executivo no prazo de seis meses (art. 59 da Lei 7.357/1985), contado do esgotamento do prazo de apresentação, que é ou de trinta dias, quando a emissão do cheque for na mesma praça do lugar do pagamento, ou de sessenta dias, quando for de outra praça. Esgotados tais prazos, não caberá mais execução, sendo admissível ação monitória[23] ou ação de conhecimento por enriquecimento sem causa (*in rem verso*).

Para o STJ é **admissível** a propositura de ação de conhecimento pelo detentor de título executivo, justamente por não haver prejuízo ao réu em procedimento que lhe faculta meios de defesa mais amplos, por iguais fundamentos o detentor de título executivo extrajudicial poderá ajuizar ação monitória para perseguir seus créditos, ainda que também o pudesse fazer pela via do processo de execução.[24] Há de convir que a posição do STJ prestigia o princípio da efetividade e da instrumentalidade, não obstante ser nítido que haveria falta de interesse de agir nas duas hipóteses, contudo, ainda assim é salutar o recebimento da demanda, o que foi consagrado pelo art. 785 do CPC.

Por fim, o CPC considera os títulos de crédito como títulos executivos extrajudiciais, ao lado de outros documentos. Há, contudo, características próprias dos títulos de crédito que impõem ressalvas ou restrições quanto à aplicação de regras procedimentais da execução.

O título de crédito faz surgir um direito autônomo, que é o direito cambial, desvinculado da causa, da origem e do motivo que acarretaram a sua emissão. Assim, surge a abstração do título, não interessando a *causa debendi*, ou seja, não importam os detalhes da relação de direito material ou da obrigação subjacente ao título. Basta apenas o que consta no título, devendo a execução basear-se somente nisso. Nessa linha, não pode o executado opor ao exequente-endossatário exceções pessoais (**inoponibilidade das exceções pessoais**), eventualmente existentes em relação a sujeito distinto do exequente, restringindo-se assim o leque de matérias alegáveis em embargos do executado (DIDIER JR., 2010. v. 5, p. 171).

---

[22] STJ, 4ª T., REsp 595.768/PB, rel. Min. Fernando Gonçalves, j. 09.08.2005.

[23] Enunciado da Súmula 299 do STJ: "É admissível a ação monitória fundada em cheque prescrito".

[24] STJ, 4ª T., REsp 981.440/SP, Rel. Min. Luis Felipe Salomão, julgado em 12/4/2012. Precedentes citados: REsp 532.377-RJ, DJ 13/10/2003; REsp 207.173-SP, DJ 5/8/2002; REsp 435.319-PR, DJ 24/3/2003, e REsp 210.030-RJ, DJ 4/9/2000.

24.3.2. Inciso II: escritura pública ou outro documento público assinado pelo devedor

Frise-se que o título executivo é o ato de reconhecer a existência de uma obrigação, comumente denominada de confissão de dívida,[25] realizada por meio ou de uma escritura pública, ou de documento público assinado pelo devedor, ou de documento particular assinado pelo devedor e por duas testemunhas. Não há nenhuma limitação no que tange à natureza da obrigação assumida pelo devedor, podendo indistintamente tratar-se de pagar quantia certa, fazer, não fazer ou entrega de coisa (DINAMARCO, 1986. v. 1, p. 272; ZAVASCKI, 2001. p. 329; GRECO, 2001. p. 193).

Escritura pública é uma espécie de documento público. No entanto, a escritura pública é um ato privativo do tabelião de notas, ao passo que o documento público pode ser produzido por qualquer outro agente público.[26]

Geralmente, a escritura pública é apresentada sob a forma de traslado, que consiste numa cópia do instrumento, ou das certidões extraídas pelo notário (art. 217 do CC/2002 e art. 425, II, do CPC). Agora, o documento público, para ser título executivo, depende da assinatura do devedor, diferentemente da escritura pública. Então, o documento público, desde que assinado pelo devedor, e a escritura pública, que independe de assinatura do devedor, são títulos executivos.

Como exemplos de documentos públicos, temos a nota de empenho e autorizações de despesas, bem como o contrato de prestação de serviço firmado com a Administração Pública.[27] Em todos esses casos, o devedor é a Fazenda Pública, havendo a necessidade de a execução ser contra ela intentada, mesmo que com base em título extrajudicial.[28]

24.3.3. Inciso III: documento particular assinado pelo devedor e por duas testemunhas

O documento particular, para ser considerado um título executivo extrajudicial, precisa preencher **três requisitos**: (i) a assinatura do devedor; (ii) a assinatura de duas testemunhas, com capacidade de testemunhar; (iii) indicar obrigação certa, líquida e exigível.

Quando se tem um documento público, o agente público tem a presunção de boa-fé, prescindindo de testemunhas. Todavia, sendo um documento particular, faz-se necessária a presença de duas testemunhas, para que confirmem que o documento particular não tem vício de consentimento, ou seja, que foi elaborado com lisura.

Não se admite sequer a assinatura a rogo (ASSIS, 2007. p. 175; SHIMURA, 1997. p. 436), ou seja, que outra pessoa capaz assine por ele, caso ele não saiba assinar ou não possa assinar. Nessa hipótese, o negócio deverá ser celebrado por escritura

---

[25] Aliás, a rigor, não é documento, público ou particular, mas o ato jurídico que ele representa. Nesse sentido: CÂMARA, Alexandre Freitas. *Lições de direito processual civil* cit., 15. ed., 2008. v. 2, p. 179.

[26] STJ, REsp 487.913/MG, 1ª T., rel. Min. José Delgado, j. 08.04.2003.

[27] STJ, REsp 793.969/RJ, 1ª T., rel. Min. Teori Albino Zavascki, rel. p/ acórdão Min. José Delgado, j. 21.02.2006; REsp 487.913/MG, 1ª T., rel. Min. José Delgado, j. 08.04.2003.

[28] Enunciado da Súmula 279 do STJ: "É cabível execução por título extrajudicial contra a Fazenda Pública".

Cap. 24 · REQUISITOS PARA A ATIVIDADE EXECUTIVA | **367**

pública, admitindo-se assinatura a rogo (art. 215, § 2º, do CC/2002), pois, como visto, a escritura pública é um título executivo. Isto significa dizer que o analfabeto e o impossibilitado de assinar só poderão reconhecer dívidas por instrumento público, salvo no contrato de prestação de serviço, em que se admite que o contrato seja assinado a rogo e subscrito por duas testemunhas (art. 595 do CC/2002).

Sobre a necessidade ou não de que as testemunhas sejam presenciais, ou seja, terem presenciado a celebração do negócio jurídico, há divergência entre a doutrina e a jurisprudência:

(i) O STJ[29] afirma que essas duas testemunhas não precisam estar presentes no momento da formação do documento particular, bastando serem instrumentárias, assinando depois, sem ter assistido à celebração do negócio jurídico. Cumpre registrar que o STJ exige a presença das testemunhas, o que poderia ser dispensado é que no momento da celebração as mesmas estejam presentes;

(ii) A doutrina majoritária não adota esse entendimento, afirmando que as testemunhas devem ser presenciais, bem como devem sujeitar-se às restrições contidas nos arts. 228 do CC/2002 e 477 do CPC (capacidade para ser testemunha). A exigência de duas testemunhas é para a eventual controvérsia sobre a celebração do negócio jurídico, devendo ser esclarecido se há ou não vício de vontade (GRECO, 2001. v. 2, p. 196; SHIMURA, 1997. p. 437; DIDIER JR., 2010. v. 5, p. 180). A função da testemunha não é meramente formal, sem qualquer significado. Não se exige o reconhecimento de firma do devedor e das testemunhas (ASSIS, 2007. p. 176).

O art. 221 do CC/2002 afirma que o instrumento particular, feito e assinado, ou somente assinado por quem esteja na livre disposição e administração de seus bens, prova as obrigações convencionais de qualquer valor; mas seus efeitos, bem como os da cessão, não se operam, a respeito de terceiros, antes de registrado no registro público. *A priori*, pode parecer que tal artigo dispensou a presença das duas testemunhas ou que teria derrogado o art. 784, II, do CPC.

Por força do princípio da taxatividade e da tipicidade dos títulos executivos, essa não é a melhor interpretação. O Código Civil, no artigo em tela, tratou da força probante do documento particular somente assinado pelo devedor (DIDIER JR., 2010. v. 5, p. 180). Poderia, no máximo, permitir uma ação monitória (CARMONA, 1998. p. 76).

O contrato de abertura de crédito, ainda que acompanhado de extrato de conta corrente, **não** é um título executivo, cabendo apenas a propositura da ação monitória ou de cobrança.[30] Também se encontra pacificado o entendimento de que o contrato de renegociação de dívida, ainda que oriunda de contrato de abertura de crédito, em tese é título executivo apto a aparelhar processo de execução.[31]

---

[29]   REsp 541.267/RJ, 4ª T., Min. Jorge Scartezzini, j. 20.09.2005, *DJ* 17.10.2005.

[30]   Enunciado 233 do STJ: "O contrato de abertura de crédito, ainda que acompanhado de extrato da conta corrente, não é título executivo."

[31]   Enunciado 300 do STJ: "O instrumento de confissão de dívida, ainda que originário de contrato de abertura de crédito, constitui título executivo extrajudicial".

368 | PROCESSO CIVIL SISTEMATIZADO – *Haroldo Lourenço*

24.3.4. Inciso IV: instrumento de transação referendado pelo MP, pela Defensoria Pública, pela Advocacia Pública, pelos advogados dos transatores ou pelo conciliador ou mediador credenciado por tribunal

Novamente, o termo transação deve ser interpretado no sentido de autocomposição do litígio, remetendo o leitor para os comentários realizados ao art. 515, inciso VI.

Utiliza-se a lei da expressão referendo, não homologação, por ser essa última ato praticado pelo juiz (CÂMARA, 2008. v. 2, p. 180), dispensando testemunha ou testemunhas. Tanto o MP quanto a Defensoria Pública têm uma atuação vinculada às suas **finalidades institucionais** (portanto, não atuam livremente na esfera cível). O MP é direcionado no **objeto**, já a Defensoria, no **sujeito**.

Nesse contexto, sendo referendado um termo de ajustamento de conduta pelo MP, ou uma transação envolvendo um hipossuficiente pela Defensoria, naturalmente teremos um título executivo. Agora, referendada uma transação fora dos limites institucionais dos referidos órgãos, obviamente é indesejável. Contudo, a doutrina diverge se tal ato seria ou não válido:

(i) Majoritariamente, por economia processual, mantém-se a natureza de título executivo, por um aproveitamento do ato (NEVES, 2011. p. 838; DINAMARCO, 1986. v. 1, p. 279), bem como pela idoneidade desses sujeitos em atestar a ocorrência do ato livre de vícios;

(ii) Minoritariamente, interpreta-se que se deve obedecer aos respectivos fins institucionais (GRECO, 2010. p. 196).

O art. 57, parágrafo único, da Lei 9.099/1995 também prevê que o acordo celebrado pelas partes e referendado pelo Ministério Público é título executivo, a tão propalada transação penal.

Já o art. 5º, § 6º, da Lei 7.347/1985 prevê o **compromisso de ajustamento de conduta**, celebrado entre a(s) parte(s) e o Ministério Público ou outro ente público legitimado à propositura da ação coletiva. Se o Ministério Público ou a Defensoria Pública referendarem a transação, o documento será título em razão da parte final do art. 784, II, do CPC. Se, entretanto, o MP ou a DPGE tomarem o compromisso de ajustamento de conduta de uma das partes, tal título se encaixará na primeira parte do art. 784, II, do CPC, pois será um documento público assinado pelo devedor, não uma transação referendada pelo Ministério Público ou pela Defensoria (DIDIER JR., 2010. v. 5, p. 181).

As transações relativas a alimentos poderão ser celebradas perante o Promotor de Justiça (*rectius*: Ministério Público) ou Defensor Público, que as referendarão, obtendose efeito de título executivo extrajudicial (art. 13 da Lei 10.741/2003).

A lei se refere a advogados dos transatores e, em uma interpretação literal, somos induzidos à ideia de que cada parte deverá estar acompanhada do seu respectivo advogado. Tal interpretação é debatida em doutrina:

(i) Majoritariamente, é possível somente um advogado, representando o interesse de ambas as partes. Ambas as partes tendo confiança no mesmo advogado, outorgando-lhe uma procuração, fazem uma transação, com a ratificação do advogado, estará sendo criado um título executivo (NEVES, 2011. p. 838; ASSIS, 2007. p. 177; CÂMARA, 2008. v. 2, p. 180);

(ii) Minoritariamente, a interpretação seria a literal, exigindo-se advogados diferentes (GRECO, 2010. p. 201).

Lembrando que deverá ser anexada ao instrumento de transação a **procuração** outorgada pelas partes, para que se possa comprovar a regularidade da constituição, como, por exemplo, se possui poderes especiais para tanto (art. 105 do CPC).

Por fim, sendo do interesse das partes, é possível a **transformação do título executivo extrajudicial em judicial**, na forma do art. 515, III, do CPC, por meio de um procedimento de jurisdição voluntária (art. 725, VIII, do CPC), o que, como dito, **restringe** o rol de matérias alegáveis na atividade executiva às hipóteses do art. 525 do CPC.

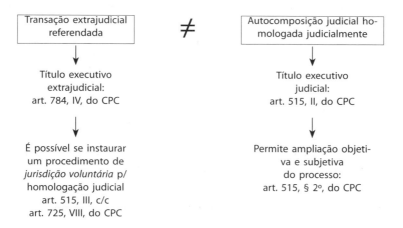

24.3.5. Inciso V: contratos garantidos por penhor, hipoteca, anticrese e caução

Os contratos garantidos por hipoteca, penhor e anticrese são títulos extrajudiciais. Como cediço, a hipoteca, penhor e anticrese são **direitos reais de garantia** (art. 1.419 do CC/2002). Observe-se que a execução não será pelo contrato de garantia, mas pelo contrato garantido pelo contrato de garantia. A hipoteca, o penhor e a anticrese constituem contratos acessórios, eis que destinados a garantir outro contrato, que é o principal.

Título executivo será o contrato principal. Assim, qualquer contrato que tenha uma garantia real atrelada será título executivo extrajudicial. Frise-se que tal contrato principal, necessariamente, deverá ostentar os atributos da certeza, liquidez e exigibilidade. Diferentemente do inciso II, não há necessidade da assinatura de duas testemunhas.

Só é possível haver hipoteca, penhor ou anticrese se houver obrigação principal a ser garantida. É essa obrigação principal que se executa. O art. 1.487 do CC/2002

370 | PROCESSO CIVIL SISTEMATIZADO – *Haroldo Lourenço*

permite, contudo, a hipoteca de contrato futuro e condicionado, cabendo ao credor, ao propor a execução, comprovar a constituição da obrigação, bem como a ocorrência do termo ou da condição (art. 514 do CPC) (DIDIER JR., 2010. p. 182).

Frise-se que se inclui aqui o penhor legal, como, por exemplo, na hipótese do crédito que os hospedeiros têm sobre as bagagens dos hóspedes em relação às dívidas de hospedagem não pagas, na forma do art. 1.467, I, do CC/2002. Nesse caso, o título será o contrato de hospedagem (CÂMARA, 2008. v. 2, p. 181).

O contrato garantido por caução, mesmo que não conte com a assinatura de duas testemunhas, constitui título executivo extrajudicial, permitindo uma execução, desde que a obrigação seja certa, líquida e exigível.

A caução é um gênero, que se divide em **real e fidejussória**. A caução real consiste no oferecimento de um bem como garantia ao cumprimento da obrigação, confundindo-se com as hipóteses de hipoteca, penhor e anticrese. Um contrato garantido por caução real equivale a um contrato garantido por hipoteca, penhor ou anticrese (DIDIER JR., 2010. v. 5, p. 183). Talvez seja esse o motivo de o legislador tratar tais hipóteses em conjunto.

A caução fidejussória consiste em uma garantia pessoal, como ocorre na fiança. Assim, um contrato garantido por fiança é título executivo extrajudicial, ainda que sem a assinatura das testemunhas. Não é demais repetir, desde que a obrigação seja certa, líquida e exigível.

Não importa, aqui, o tipo de fiança. Seja judicial, legal ou convencional. Pode, inclusive, ser por fiança bancária. Pode ser prestada por pessoa física ou jurídica. Se prestada por pessoa casada, faz-se necessária a autorização do cônjuge, salvo se o regime for o da separação absoluta (art. 1.647, I, do CC/2002) e, na sua falta, poderá o cônjuge que deveria prestá-la ajuizar demanda com o fim de anulá-la (art. 1.649 do CC/2002).

24.3.6. Inciso VI: contratos de seguro de vida em caso de morte

O contrato de seguro de vida é título executivo extrajudicial, contudo, em algumas hipóteses, pode não ser possível a apresentação do contrato de seguro de vida, principalmente de seguro em grupo, pois o beneficiário poderá ter vários documentos, mas não ter o contrato de seguro. O STJ, ciente de tal conjuntura, admite execução com base na **apólice**, condições gerais, cópia das faturas e demonstrativo geral da dívida.[32]

Observe-se que a lei se refere ao contrato de seguro de vida, o que **não** abrange o contrato de acidentes pessoais que resulte em morte, o que já era ratificado pela doutrina (ASSIS, 2007. p. 178-179). Assim, o seguro de **acidente pessoal que resultar em morte ou incapacidade** perdeu eficácia executiva (CÂMARA, 2008. v. 2, p. 181).

Há, contudo, quem sustente uma interpretação mais elástica e sistemática do dispositivo, o contrato de seguro de acidentes pessoais, quando resultasse em morte, seria título executivo (NEVES, p. 838).[33] O defensor de tal tese, Daniel Amorim Assumpção, afirma que não se poderia incluir nessa hipótese o contrato de seguro

---

[32] STJ, 4ª T., REsp 434.83/RS, rel. Min. Ruy Rosado de Aguiar, j. 17.09.2002.

[33] Cremos que tal posicionamento é muito salutar e, no mínimo, deve ser o adotado. Todavia, abraçamos o terceiro posicionamento, mais amplo ainda.

de acidentes pessoais quando resultassem em incapacidade, por uma dificuldade probatória, diante da eventual iliquidez.

Na forma do art. 27 do Decreto-Lei 73/1966, incorporado pelo art. 777 do CC/2002, todo e qualquer tipo de seguro pode ser cobrado por ação de execução, o que por si só já permitiria a execução na hipótese de seguro de acidentes pessoais, com resultado morte ou incapacidade. De igual modo, o mencionado inciso refere-se ao seguro de vida, sem se referir ao risco cuja ocorrência irá acarretar a pretensão executória. Ocorre que, pelo Código Civil, o seguro de pessoa é gênero, possuindo como espécies o seguro de vida e o de acidente pessoal, conforme atesta uma simples leitura dos arts. 789, 790 e 794. Não havendo qualquer restrição, é forçoso admitir que qualquer contrato de seguro pessoal pode ser título executivo extrajudicial, seja no caso de morte, seja no caso de incapacidade.

O tipo legal executivo é aberto, abrangendo, portanto, o seguro de pessoa. Ademais, o dispositivo revogado afirmava que somente seria título executivo o seguro de vida em caso de morte. Porém, no regime atual, há a necessidade de morte. Assim, caso o segurado tenha seguro de vida e venha a ficar incapaz, haverá título executivo extrajudicial.

Por fim, com a devida vênia, o posicionamento anterior de que a iliquidez inviabilizaria o contrato de seguro de acidentes pessoais que resultasse em incapacidade como título executivo não pode ser admitido, pois, por exemplo, o art. 917, IV, §§ 5º e 6º, permite a realização de perícia para se alcançar o real crédito e débitos, na discussão sobre retenção de benfeitorias (MAZZEI, 2007. p. 75-77, apud DIDIER JR., 2010. v. 5, p. 184-185), sendo tal perícia muito mais complexa do que eventual discussão sobre a incapacidade.

A existência de um contrato de seguro de vida, independentemente da assinatura das partes, já é um título executivo. Se há um contrato de seguro de vida, significa que a seguradora deve pagar aos herdeiros e sucessores do segurado na ocorrência do sinistro. Antes do evento, a obrigação não é exigível. Logo, a execução lastreada nesse título deve vir com a certidão de óbito, para demonstrar a exigibilidade da obrigação (ZAVASCKI, 2004. p. 337-338), pois o que se executa, a rigor, não é propriamente o contrato, mas a prestação que surge com a ocorrência do risco ou dano.

Por fim, cumpre registrar que o contrato de seguro tem eficácia executiva tão somente quando o objeto segurado é **pessoa humana**, ou seja, o objeto segurado é a vida humana (CÂMARA, 2008. v. 2, p. 181). Entendemos, ainda, que, em seguro de pessoa, está o seguro de vida e de acidente pessoal, por tutelar a vida humana. Nas hipóteses em que o objeto segurado é uma coisa, como frequentemente ocorre com automóvel, caberá ao beneficiário valer-se do processo cognitivo para o exercício de sua pretensão, pelo procedimento comum (art. 318 do CPC). Sendo outro o objeto segurado, como a casa ou um eletroeletrônico de elevado valor, em regra tramitará pelo procedimento comum (art. 318 do CPC).

24.3.7. Inciso VII: crédito decorrente de foro e laudêmio

Foro e laudêmio são rendas imobiliárias decorrentes da enfiteuse (também denominada de aforamento), tema absolutamente afeto ao direito civil. Diante da

PROCESSO CIVIL SISTEMATIZADO – *Haroldo Lourenço*

previsão do art. 2.038 do Código Civil, restou proibida a constituição de novas enfiteuses, portanto o mencionado inciso pode ser utilizado para as que já existiam e que estão regulamentadas, **ultrativamente**, pelo CC/16. Enfim, tal título executivo tende a desaparecer.

Pelo contrato de enfiteuse, o proprietário (chamado senhorio direto), transfere o bem para outrem, também podendo ser denominado de nu-proprietário, que passa a ser possuidor direto do bem (chamado de enfiteuta ou foreiro), a quem se confere o exercício de todos os poderes inerentes ao domínio de forma perpétua. Assim, pode o enfiteuta usufruir, gozar e dispor do bem, alienando-o, transferindo-o e, até mesmo, oferecendo-o à penhora.

Em contraprestação, ao enfiteuta cabe apenas pagar o foro anual (também denominado de cânon). Na hipótese de transferência onerosa[34] do bem para outrem, o senhorio direto tem preferência na aquisição, todavia, caso não queira exercê-la, o enfiteuta arcará com o pagamento do laudêmio (DIDIER JR., 2010. v. 5, p. 184-185).

A enfiteuse pode ser instituída sobre bens públicos e particulares. Na hipótese de bens públicos da União, como os terrenos de marinha e seus acrescidos (Decreto-Lei 9.760/1946), o prévio pagamento do laudêmio é requisito direto de validade do ato de alienação onerosa do domínio útil (CÂMARA, 2008. v. 2, p. 182).

Não efetuado o pagamento das mencionadas rendas imobiliárias, poderá o crédito ser cobrado por execução extrajudicial, desde que apresentado o título (contrato de enfiteuse) e, na hipótese do laudêmio, a prova da alienação. Nas duas hipóteses, foro ou laudêmio, o legitimado ativo na execução é o senhorio direto. Entretanto, o legitimado passivo será o enfiteuta, no foro, porém, no laudêmio, o ex-enfiteuta.

O CC/2002 proibiu a cobrança de laudêmio (art. 2.038, § 1º, I), mesmo nas enfiteuses já existentes. Porém, não se incluem aqui as enfiteuses sobre bens públicos, como terrenos de marinha.[35]

Nessa hipótese, Alexandre Câmara sustenta que seria instaurada uma execução fiscal, de crédito incluído em dívida ativa federal, pois o título não seria o ora comentado, mas o do art. 784, IX, do CPC (certidão de dívida ativa) (CÂMARA, 2008. v. 2, p. 182). Nessa linha, o inciso em comento, no que se refere ao crédito decorrente de laudêmio, perdeu completamente a utilidade, pois o título para execução fiscal está no inciso IX.

24.3.8. Inciso VIII: crédito, documentalmente comprovado, decorrente de aluguel de imóvel, bem como de encargos acessórios

O crédito decorrente do aluguel de imóvel, comprovado por meio do contrato de locação, é um título executivo, dispensando, inclusive, as duas testemunhas (DIDIER JR., 2011. p. 186). Um **contrato verbal** de locação é título executivo extrajudicial, basta que haja documentos que comprovem a relação locatícia e a existência dos créditos dela decorrentes (DIDIER JR., 2010. v. 5, p. 186; ARAÚJO, 2008. v. 4, p. 299-309). Assim, uma confissão de dívida por parte do locatário em relação aos alugueres for-

---

[34] STJ, 2ª T., AgRg no Ag 1.093.931/SP, rel. Min. Herman Benjamin, j. 18.05.2010.
[35] STJ, REsp 1.121.333/SC, 2ª T., rel. Min. Herman Benjamin, j. 05.08.2010.

Cap. 24 · REQUISITOS PARA A ATIVIDADE EXECUTIVA | 373

maria o respectivo título executivo. Saliente-se que se fosse uma confissão de dívida relacionada a qualquer outra matéria, seria preciso duas testemunhas para ser título.

Podem, ainda, ser incluídos nesse título executivo os encargos acessórios da locação, como, por exemplo, as taxas, o IPTU, água, telefone, energia elétrica e, em especial, as despesas condominiais. Observe-se que a lei se refere a encargos decorrentes da locação, sendo, portanto, uma previsão enunciativa ou exemplificativa.

Ocorre, porém, que o credor do IPTU é o Município; o da energia elétrica, é a companhia energética; da água, é a sociedade que a fornece; do telefone, a respectiva concessionária desse serviço público. Assim, o locador não poderá, em nome próprio, cobrar créditos alheios, por faltar-lhe legitimidade. A rigor, deverá demandar o ressarcimento desses valores, ou seja, deverá pagar e comprovar o pagamento de tais valores. Sem a comprovação, não poderá ser promovida a execução, por falta de legitimidade ativa *ad causam* (DIDIER JR., 2010. v. 5, p. 186-187).

Agora, **não** sendo a verba condominial decorrente da relação locatícia, será um título executivo, mas com fundamento no art. 784, X, do CPC/2015, adiante tratado.

Observe-se que a lei afirma que o credor poderá valer-se da prova documental da relação da locação, em expressão ampla, englobando o contrato escrito. Ocorre, porém, que não se pode confundir prova *documental* com prova *documentada*. O título executivo consiste na prova documental, não na prova documentada da locação. Prova documentada consiste, por exemplo, na declaração testemunhal antecipada ou no laudo pericial, comprovando somente a declaração, não o fato declarado.

Assim, o locador, diante da falta de pagamento do aluguel e demais encargos acessórios da locação, poderá optar entre ajuizar uma ação de despejo por falta de pagamento ou ação de execução. Porém, escolhendo a primeira, estará buscando a restituição da posse direta, autorizando que o locatário purgue a mora para evitar o desalijo (art. 59, § 3º, da Lei 8.245/1991). Obtido o despejo, poderá o locador, posteriormente, ajuizar demanda executiva, para o fim de obter a satisfação do seu crédito. Caso o locador opte somente pela execução, não poderá ser determinado o desalijo, para não infringir a inércia (CÂMARA, 2008. v. 2, p. 182-183).

Pode ainda o locador, por meio de um processo de conhecimento, cumular o pedido de rescisão da locação com o de cobrança dos encargos e acessórios da locação (art. 62, I, da Lei 8.245/1991).

24.3.9. Inciso IX: certidão de dívida ativa

A execução fiscal encontra previsão na Lei 6.830/1980. Contudo, não contém nenhuma previsão a respeito do título executivo, somente de que ele goza de presunção de certeza e liquidez (art. 3º). Nesse sentido, vigora a previsão do CPC.

Trata-se de outra hipótese *sui generis*. A certidão da dívida ativa (CDA), juntamente com a hipótese do art. 784, X e XI, que serão comentadas em seguida, são as únicas formadas **sem** a participação do devedor ou de terceiro, atuando em sua formação somente o credor, com que a Fazenda Pública instaura um processo administrativo em que serão apuradas a certeza e a liquidez, concluindo pelo devedor. O débito é incluído na dívida ativa, que é uma lista na qual se colocam todos os débitos resultantes do processo administrativo. Incluído o débito nessa lista, é expedida a CDA.

374 | PROCESSO CIVIL SISTEMATIZADO – *Haroldo Lourenço*

Tal unilateralidade é pautada da boa-fé do Estado, bem como na presunção de legitimidade e legalidade dos atos administrativos.

Considera-se dívida ativa da Fazenda Pública, nos termos do art. 2º da Lei 6.830/1980, aquela definida como tributária ou não tributária na Lei 4.320/1964, inerente à União, aos Estados, ao Distrito Federal, aos Municípios e às respectivas autarquias.

As empresas públicas, as sociedades de economia mista ou as concessionárias ou permissionárias de serviços públicos ou que exerçam funções delegadas do Poder Público não podem inscrever seus créditos na dívida ativa (CÂMARA, 2008. v. 2, p. 842).

A certidão da dívida ativa diz respeito somente às dívidas de pagar quantia certa, bem como os juros, correção monetária, multa e outros encargos legais ou contratuais. Outros tipos de obrigação, como de fazer, não fazer e entrega de coisa, não podem ser inscritas na dívida, exigindo do ente público um processo de conhecimento ou de execução, desde que existente um dos títulos previstos nos outros incisos do art. 784 do CPC (CÂMARA, 2008. v. 2, p. 842).

Descumprido um dos deveres do art. 77, inciso IV, do CPC, haverá condenação da parte em uma multa em favor do Estado ou da União, a depender de o processo tramitar na Justiça Estadual, Federal ou do Trabalho. Com o trânsito em julgado, tal multa deve ser inscrita na dívida ativa, expedindo-se a respectiva certidão, para a correlata execução fiscal pela Fazenda Pública Estadual ou Federal.

O art. 51 do CP, em redação conferida pela Lei 9.268/1996, estabelece que, com o trânsito em julgado da sentença penal condenatória, a eventual multa aplicada será considerada dívida de valor. Assim, deverá ser inscrita na dívida ativa, acarretando a expedição de Certidão de Dívida Ativa, saindo da esfera de atuação do Juízo Execução Criminal, que poderá ou não executá-la, de acordo com os valores que considere relevantes, encontrando-se, inclusive, pacificado no STJ que, com a alteração legislativa, o Ministério Público não mais detém legitimidade para propor ação de execução de pena de multa, passando a titularidade para a Fazenda Pública.[36]

24.3.10. Inciso X: Crédito condominial

A eficácia executiva do crédito condominial sempre gerou inúmeras controvérsias sob a égide do CPC/1973, tendo o legislador adotado a posição que **não** era a majoritária na doutrina e na jurisprudência.

Sendo um crédito entre o condomínio e condômino, **não** há relação locatícia e, portanto, seria inaplicável o inciso VIII, pois tal inciso refere-se a encargos acessórios da locação, ou seja, a execução do locador contra o locatário, não do condomínio contra o condômino, pois, nesta última hipótese, a cota condominial é encargo principal, não acessório.

Por outro lado, o art. 784, X, somente é aplicável para o crédito condominial decorrente das **contribuições ordinárias ou extraordinárias**, previstas na respectiva

---

[36] STJ, 5ª T., AgRg no REsp 1.161.428/MG, rel. Min. Laurita Vaz, j. 14.09.2010. REsp 1.134.003/MG, 5ª T., rel. Min. Felix Fischer, j. 20.05.2010.

Cap. 24 · REQUISITOS PARA A ATIVIDADE EXECUTIVA | **375**

convenção ou **aprovadas em assembleia geral**, desde que **documentalmente comprovadas**.

Frise-se que o título executivo é o crédito condominial previsto na convenção condominial, ou aprovado na assembleia geral que fixou o valor da cota condominial, **não** obstante a convenção de condomínio ter caráter predominantemente **normativo e institucional, não** contratual, bem como ser formado unilateralmente, ou seja, **sem** a participação do devedor.

O art. 12, § 2º, da Lei Federal 4.591/1964 sempre afirmou que cabe ao *"síndico arrecadar as contribuições competindo-lhe promover, por **via executiva**, a cobrança judicial das quotas atrasadas"*, porém, por força do CPC/73, tal dispositivo foi tacitamente revogado, mas com o CPC/15 aconteceu algo como um **efeito repristinatório**, que nada mais é do que reentrada em vigor de norma aparentemente revogada.

Cumpre, por oportuno, registrar que se o demandante, por força dos velhos hábitos, ajuizar ação de conhecimento para buscar tal crédito, o feito não deverá ser extinto, por força do art. 785 do CPC. Ademais, o crédito em comento, ainda que constituído sob a égide do CPC/1973, pode ser executado na forma do CPC/2015 (Enunciado 527 do FPPC).

A expressão "condomínio edilício" deve ser interpretada de forma a compreender tanto os condomínios verticais, quanto os horizontais de lotes, nos termos do art. 1.358-A do Código Civil (Enunciado 100 do CJF).

Cabe registrar que o legislador exige a comprovação documental, o que deve ser complementado pelo art. 783 do CPC, devendo a obrigação constante de tal título ostentar **certeza, liquidez e exigibilidade**. Cumpre registrar que, sendo uma execução extrajudicial, devem ser aplicadas, subsidiariamente, as regras do processo de conhecimento (art. 771, parágrafo único), portanto, devem ser consideradas como incluídas no título as prestações **vencidas e vincendas**, nos termos do art. 323 do CPC[37].

De igual modo, outra solução seria aprovar em assembleia um **negócio jurídico processual**, estabelecendo que as prestações vencidas e vincendas do crédito condominial passam a ser título executivo extrajudicial, sendo possível, ainda, registrar tal assembleia em um Cartório de Títulos e Documentos para dar eficácia contra terceiros.

24.3.11. Inciso XI: certidão expedida por serventia notarial ou de registro

A certidão expedida por serventia notarial ou de registro relativa a valores de emolumentos e demais despesas devidas pelos atos por ela praticados, fixados nas tabelas estabelecidas em lei passou a ser título executivo extrajudicial.

Observe-se que somente será título executivo nos limites fixados nas tabelas estabelecidas por lei, as quais deverão ser anexadas ao referido título executivo, para que se preencham os requisitos do art. 783 do CPC.

Interessante que o legislador, novamente, criou um título executivo extrajudicial que **não** depende da participação do devedor, considerando a presunção de legalidade do ato praticado pela serventia notarial ou de registro (art. 3º da Lei 8.935/1994).

---

[37] Nesse sentido: TJ/RJ, Agravo de Instrumento nº 0033489-24.2017.8.19.0000, 18ª Câmara Cível, Des. Cláudio Luiz Braga Dell'orto, j. 06.08.2017.

376 | PROCESSO CIVIL SISTEMATIZADO – *Haroldo Lourenço*

O título em comento pode ser formado pelo Tabelionato de Notas, pelo Tabelionato de Protesto de Títulos, pelo Cartório de Registro Civil de Pessoas Naturais e de Interdições e Tutelas, pelo Cartório de Registro de Títulos e Documentos e Civil das Pessoas Jurídicas e pelo Cartório de Registro de Imóveis.

24.3.12. Inciso XII: demais títulos atribuídos por lei com força executiva

É o último inciso a ser analisado, em que se traz a previsão de que a legislação pode criar outros títulos executivos, consagrando que o rol é exemplificativo. Em verdade, tal inciso, em primeira análise, pode até parecer ocioso, pois ninguém poria em xeque a possibilidade de outras normas criarem títulos executivos. Todavia, é de grande valia tal dispositivo para dar sistematicidade à execução de tais títulos, que obedecem ao CPC.

À guisa de ilustração, temos a **cédula de hipoteca** (art. 29 do DL 70/1966), o **crédito de alienação fiduciária em garantia** (art. 5º do DL 911/69), **contrato escrito de honorários** (art. 24 da Lei 8.906/1994), **crédito decorrente do ajustamento de alimentos às exigências do ECA** (art. 211 da Lei 8.069/1990), **compromisso arbitral que fixa os honorários do árbitro** (art. 11, parágrafo único, da Lei 9.307/1996) e a **certidão emitida pelo Conselho da OAB** (art. 46 da Lei 8.906/1994).

As condenações impostas pelo Tribunal de Contas a administradores públicos são feitas por meio de decisão que é título executivo extrajudicial (art. 71, § 3º CR/1988), sendo facultada sua inscrição em dívida ativa, pois já contém certeza e liquidez, de maneira que o STF e o STJ entendem que a legitimidade para propositura da ação executiva é somente do ente público beneficiário.[38]

24.4. RESPONSABILIDADE PATRIMONIAL

24.4.1. Obrigação e responsabilidade patrimonial

A responsabilidade patrimonial é a sujeição do patrimônio de alguém às medidas executivas destinadas à atuação da vontade concreta do direito material (DINAMARCO, 2000. p. 244). É uma situação meramente potencial.

Ressalte-se, por oportuno, que **não** há no Brasil responsabilidade pessoal, como já ocorreu outrora, com que o devedor era esquartejado, escravizado etc. A prisão civil é um mecanismo de coerção para o cumprimento de uma obrigação (inclusive, o mais violento de todos). Destarte, caso o devedor fique preso por trinta dias e não cumpra a obrigação, sairá devendo mais ainda.

É fundamental diferenciar **dívida** de **responsabilidade**. No direito material, existe o crédito, gerando o direito subjetivo a uma prestação, e a dívida, ou seja, o dever jurídico de realizar a prestação. Paralelamente ao dever de direito material, há a possibilidade de sujeição do patrimônio do devedor para assegurar a satisfação do direito do credor, sendo esta uma relação de direito processual.

---

[38] STF, ARE 823.347/MA, Pleno, rel. Min. Gilmar Mendes, j. 02.10.2014. STJ, REsp 1.464.226/MA, 2ª T., rel. Min. Mauro Campbell Marques, j. 20.11.2014.

Cap. 24 · REQUISITOS PARA A ATIVIDADE EXECUTIVA | 377

A satisfação de obrigação inadimplida em juízo é feita pela execução, em que irá se definir qual o sujeito que terá os seus bens vinculados à satisfação da obrigação e penhorados. Esse sujeito que terá os bens expropriados é o responsável patrimonial.

Separados tais conceitos, pode-se compreender a existência de dívida sem responsabilidade ou de responsabilidade sem dívida. Em regra, o devedor coincidirá com o responsável patrimonial e, nesses casos, ocorrerá a chamada **responsabilidade patrimonial primária**, ou seja, a responsabilidade patrimonial do devedor. Vejamos algumas hipóteses:

(i) O sujeito pode ser devedor e não ter responsabilidade patrimonial, como no caso da dívida de jogo ou na dívida prescrita. Ocorrendo o inadimplemento de uma obrigação derivada de jogo, não há dúvida de que existe a dívida, tanto é que se o devedor efetuar o pagamento, não será possível recobrar o valor pago (art. 814 do CC/2002). Nesse caso, porém, não há responsável patrimonial;

(ii) O sujeito pode ter responsabilidade sem ser devedor, ou seja, não constituiu a obrigação nem a inadimpliu, contudo responde com seus bens. Geralmente, nessas hipóteses, incide a responsabilidade patrimonial secundária.

O sócio pode ter seu patrimônio afetado por uma dívida da sociedade, justamente por ter responsabilidade patrimonial, mesmo que o devedor seja a sociedade, como ocorre, por exemplo, com a desconsideração da personalidade da pessoa jurídica.

Frise-se que o fiador não é devedor principal. A rigor, é um garantidor do devedor. Entretanto, o direito material torna o fiador coobrigado perante o credor. Portanto, o fiador tem uma responsabilidade primária por ser devedor no plano do direito material, não obstante não ser devedor. Apesar de ser uma responsabilidade patrimonial primária, em virtude da coobrigação, é uma responsabilidade patrimonial primária subsidiária, em razão do benefício de ordem. Enfim, o fiador responde tanto quanto o devedor. Possuem a mesma responsabilidade primária, mas os bens do devedor respondem antes do que os bens do fiador (art. 794, *caput*, do CPC).

A responsabilidade patrimonial não se opera no campo do direito material, não correspondendo a uma relação entre credor e devedor. Na verdade, é uma relação entre Estado e o responsável, podendo aquele invadir o patrimônio deste, para o fim de sujeitar bens que o integram, para permitir, assim, a atuação da vontade concreta do direito objetivo (CÂMARA, 2008. v. 2, p. 192).

Observe-se que **não** há em nosso ordenamento responsabilidade pessoal, mesmo a prisão civil prevista na CR/1988 do devedor voluntário e inescusável de alimentos é considerada uma exceção, pois o encarceramento **não** é forma de satisfação da obrigação (art. 528, § 5º, do CPC). Trata-se, a rigor, de um **meio de coerção** para o cumprimento da obrigação,[39] tanto que a prisão do devedor de alimentos não faz desaparecer o crédito do alimentando. Há em nosso ordenamento, *a priori*, uma **atipicidade dos meios**

---

[39]   STJ, 3ª T., REsp 907.144/PR, rel. Min. Nancy Andrighi, j. 04.12.2007.

378 | PROCESSO CIVIL SISTEMATIZADO – *Haroldo Lourenço*

executivos, prevista genericamente nos arts. 139, IV, c/c 297 c/c 536, § 1º, do CPC, como tratado melhor no capítulo da teoria geral da execução. Vejamos didaticamente:

MEIO DE SATISFAÇÃO	MEIOS DE COERÇÃO – Alguns exemplos:
Responsabilidade Patrimonial	Prisão civil: Súmula Vinculante 25 e art. 528, § 5º, do CPC
Art. 789 do CPC	Protesto decisão judicial: art. 517 c/c 528, § 1º, do CPC
Recai exclusivamente sobre os bens do executado	Inserção em cadastros de inadimplentes: art. 782, § 3º, do CPC
Sejam bens presentes ou futuros.	Multa periódica: art. 537 do CPC
	Sanção premial: art. 827, § 1º, do CPC.

24.4.2. Bens que respondem pela satisfação da obrigação (arts. 789 e 790, III, do CPC)

Pela literalidade do art. 789 do CPC, o *"devedor"* responde com todos seus bens, presentes e futuros, pela satisfação da obrigação inadimplida. O legislador mostrou enorme atecnia, pois **não** é somente o devedor que pode ser demandado na execução, sendo admissível, como visto, uma execução somente contra o responsável.

Refere-se a lei a *"bens presentes e futuros"* sem estabelecer um referencial no tempo, ou seja, presentes em que momento. Responde a doutrina no sentido de que a responsabilidade incidiria, salvo as restrições legais, sobre os bens presentes e futuros em relação ao **momento em que foi contraída a obrigação** (THEODORO JR., 1995. v. 4, p. 199; DINAMARCO, 2004. v. 4, p. 328-329; SILVA, 2008. v. 1, t. IV, p. 58), ou seja, tanto os bens existentes ao tempo da constituição da dívida como os adquiridos posteriormente.

Tal dispositivo deve ser interpretado no sentido de que *"bens presentes"* são os do momento da instauração do processo executivo ou do cumprimento de sentença, bem como *"bens futuros"* são aqueles que forem adquiridos durante o seu trâmite, não se excluindo, entretanto, os bens *"passados"*, alienados em fraude, quando então importará o momento em que foi contraída a obrigação, mesmo que não estejam no patrimônio do executado no momento da propositura da demanda. O patrimônio que responde é o que existe no momento da dívida e os que vierem a ser adquiridos, liberando os que saíram do patrimônio sem fraude (CÂMARA, 2008. v. 2, p. 193).

De igual modo, o art. 789 deve ser complementado com o art. 790, III, para esclarecer que respondem pela execução os bens do devedor, ainda que na **posse ou detenção de terceiros**, como esclarece o art. 845 do CPC.

Na hipótese de detenção, **não** há qualquer restrição à atividade executiva sobre o bem, pois o detentor é mero instrumento da posse do proprietário/devedor. Nos casos de posse, há um vínculo jurídico entre devedor/proprietário e o terceiro/possuidor que está exercendo a posse direta. Assim, com a arrematação do bem, o credor passará a ser o novo dono, mas a posse permanece com o terceiro, e somente a análise do caso concreto demonstrará se terá direito ou não de tomar sua posse (DIDIER JR., 2010. v. 5, p. 259).

Nessa linha, assumindo, por exemplo, o credor a posição do locador haverá continuidade da locação, que vigorará até seu termo final (arts. 576 do CC/2002 e 8º, 27 e 33 da Lei 8.245/1991). Não sendo observados tais direitos, também serão cabíveis, **embargos de terceiro.**

Cap. 24 · REQUISITOS PARA A ATIVIDADE EXECUTIVA | 379

Como visto, há **responsabilidade patrimonial primária** quando recair sobre os bens do devedor obrigado, por ser obrigado pelo direito material, como previsto no art. 789 do CPC. Há, contudo, **responsabilidade patrimonial secundária** quando incidir sobre bens do terceiro não obrigado no plano do direito material, prevista no art. 790 do CPC.

24.4.3. Responsabilidade patrimonial secundária do sucessor (art. 790, I, do CPC)

O inciso I do art. 790 do CPC traz a responsabilidade do sucessor a título singular, na execução fundada em direito real ou obrigação reipersecutória. A **obrigação reipersecutória** é aquela voltada à recuperação de um bem em poder de terceiro (NEVES, 2010. p. 865). Não é, necessariamente, uma ação real (pois a ação de despejo é reipersecutória e envolve direito pessoal), mas é voltada a um bem específico.

Na hipótese de um direito real e obrigação reipersecutória, ocorrendo uma sucessão *inter vivos* (art. 109), houve fraude à execução (art. 792, inciso I, do CPC). Enfim, **não** é necessário o art. 790, I, pois o art. 792, I, do CPC já afirma ser fraude à execução. Assim, somente resta utilidade ao art. 790, I, na sucessão *causa mortis* (NEVES, 2010. p. 865), uma vez que, nesse caso, não há fraude à execução.

24.4.4. Responsabilidade do sócio nos termos da lei (art. 790, II, do CPC)

Como cediço, as sociedades têm personalidade jurídica própria, não se confundindo com a dos seus sócios. Então, respondem com seu próprio patrimônio (responsabilidade primária). Contudo, poderá haver responsabilidade dos sócios nos casos previstos em lei (responsabilidade secundária).

Há casos em que o sócio e a sociedade são coobrigados, respondendo de forma solidária e ilimitada, como na sociedade em comum ou irregular (arts. 986 e 990 do CC/2002), assim, não há que se falar em responsabilidade patrimonial secundária do sócio, justamente por existir uma solidariedade passiva entre sócio e sociedade. Haveria então uma **responsabilidade primária subsidiária** do sócio (NEVES, 2010. p. 866). Observe-se que nesses casos há responsabilidade independentemente de desconsideração da personalidade jurídica.

A segunda hipótese é a da sociedade regularmente constituída, mas o respectivo patrimônio é utilizado pelos sócios de forma abusiva ou fraudulenta, incidindo a teoria da desconsideração (art. 50 do CC/2002).

Na sociedade em nome coletivo, o sócio tem responsabilidade primária, como se dá na sociedade irregular, de fato ou não personificada (arts. 986 e 990 do CC/2002). Porém, não são dessas regras que trata o art. 790, inciso II, do CPC, pois esse trabalha com a responsabilidade secundária.

Outra hipótese em que o sócio poderá responder pelas dívidas da sociedade se dá quando ocorrer a desconsideração da personalidade da pessoa jurídica (art. 50 do CC e art. 28 do CDC) e, uma vez realizada, não haverá restrição de a execução contra o sócio ser limitada às suas quotas.

380 | PROCESSO CIVIL SISTEMATIZADO – *Haroldo Lourenço*

De igual modo, para ocorrer tal desconsideração, será necessário o processo incidente previsto no art. 133 do CPC (LOURENÇO; IORIO, 2015. p. 119-129).

24.4.5. Responsabilidade do cônjuge (art. 790, IV, do CPC)

Tal dispositivo parte da premissa de que o regime de casamento é um daqueles em que há meação; do contrário, **não** há aplicabilidade da norma. Assim, o patrimônio do cônjuge fica sujeito à expropriação, no caso dos seus bens próprios ou de sua meação responderem por dívidas do casal.

Nessa linha, algumas hipóteses poderão ocorrer:

(i) **Os cônjuges solidariamente devedores**: Como na clássica hipótese de uma conta conjunta, pois, perante o banco, são solidariamente devedores, porém, perante terceiros, **não** há tal solidariedade, portanto, eventual constrição não pode atingir a integralidade do montante da conta, mas somente a metade pertencente ao executado[40]. Como serão devedores, teremos uma responsabilidade primária, não sendo, portanto, o pretendido pelo mencionado inciso;

(ii) Um cônjuge é devedor e o outro, coobrigado: Apesar de o devedor ser somente um dos cônjuges, o outro, que não foi responsável pela formação da dívida, pode vir a responder. Nessa situação, a responsabilidade de ambos é primária. Se o não devedor é coobrigado, tem responsabilidade patrimonial primária, novamente fora do que o inciso pretende. Assim, contraída a dívida pela esposa, o marido poderá responder também por ela, bastando que tal dívida refira-se à economia doméstica, ou seja, à manutenção do lar (arts. 1.643 e 1.644 do Código Civil);

(iii) Um cônjuge é devedor, e o outro, não devedor e não coobrigado: Esse cônjuge que não é devedor e tampouco coobrigado não tem responsabilidade primária. Todavia, pode vir a ter responsabilidade secundária;

(iv) Se a dívida contraída beneficiou o casal ou a família, a responsabilidade é secundária, como em um empréstimo requerido pelo marido para o custeio da faculdade do filho. A esposa não é devedora, tampouco coobrigada, mas tem responsabilidade secundária;

(v) Não tendo ocorrido o benefício do casal ou da família, não haverá responsabilidade secundária. Portanto, o cônjuge que não contraiu a dívida afastará da responsabilidade patrimonial a meação. Nessa linha, o art. 843 do CPC afirma que o equivalente à quota-parte do coproprietário ou do cônjuge alheio à execução recairá sobre o produto da alienação do bem;

(vi) Observe-se que somente o cônjuge devedor possui legitimidade para a execução. Portanto, a execução somente pode ser proposta em face deste, mesmo na dívida constituída para benefício do casal ou da família. Porém, ocorrendo penhora em bens imóveis ou direito real sobre imóvel do casal, será intimado o cônjuge do executado, salvo se forem casados em regime de separação absoluta de bens (art. 842 do CPC).

---

[40] STJ, REsp 1.510.310-RS, 3ª T., rel. Min. Nancy Andrighi, un., j. 03.10.2017, *DJe* 13.10.2017.

Cap. 24 · REQUISITOS PARA A ATIVIDADE EXECUTIVA | **381**

O STJ[41] afirma tão somente que o cônjuge não devedor, depois de intimado da penhora, pode apresentar **embargos do executado**, defesa inerente a quem é parte da execução. Entretanto, nesse caso, o cônjuge não devedor estaria em **legitimidade extraordinária**. O STJ admite, ainda, a apresentação de **embargos de terceiros** (Enunciado 134 do STJ). Logo, tem o cônjuge não devedor legitimidade para embargos do executado e embargos de terceiro (NEVES, 2011. p. 871; DIDIER JR., 2010. p. 269-270).

Realizada a intimação do cônjuge, haverá duas opções de defesa: (i) impugnação ao cumprimento de sentença ou embargos do executado; (ii) embargos de terceiro.

A primeira será utilizada quando o consorte reconhece que seus bens (próprios ou de sua meação) respondem pela dívida, mas pretende discutir a própria dívida e a forma de sua execução. Utilizando-se da segunda (art. 674, I, do CPC), estará sustentando que seus bens (próprios ou da meação) não respondem pela execução, buscando excluir a constrição realizada, comportando-se como um responsável secundário.

24.4.6. Alienados ou gravados com ônus real em fraude à execução (art. 790, V, do CPC)

Os bens alienados ou gravados com ônus real em fraude à execução sujeitam-se à expropriação, em virtude do ato fraudulento do devedor (art. 790, I, c/c art. 792 do CPC), incluindo-se, portanto, na responsabilidade patrimonial.

Como o tema fraudes do devedor demanda uma análise mais detalhada, o inciso V do art. 790 do CPC será tratado em separado, juntamente com as demais modalidades de fraude.

24.5. IMPENHORABILIDADE DE BENS (ART. 789 DO CPC)

Prosseguindo na análise do art. 789, que trata da responsabilidade patrimonial, há, expressamente, ressalvas que se referem a bens que escapam de tal responsabilização, constituindo as impenhorabilidades.

A impenhorabilidade de bens é a última das medidas no trajeto percorrido pela *"humanização da execução"*, que partiu de um respeito mínimo à dignidade da pessoa humana, afastando-se dos vetustos critérios de divisão do corpo do devedor em tantos pedaços quantos sejam os credores.

As impenhorabilidades asseguram um mínimo necessário à sobrevivência digna do devedor e de sua família (*beneficium competentiae*). Contudo, com o manifesto fracasso da atividade executiva, a doutrina se questiona se o legislador **não** exagerou na proteção ao devedor, gerando uma injustiça para o credor. As impenhorabilidades são técnicas processuais para se limitar a atividade executiva, protegendo a dignidade do executado, um patrimônio mínimo, a função social das empresas, a livre iniciativa etc., compondo um quadro de proteção a direitos fundamentais. Contudo, devem sempre ser ponderadas a partir das circunstâncias do caso concreto.

---

[41] STJ, REsp 740.331/RS, rel. Min. Luiz Fux, 1ª T., j. 14.11.2006.

382 | PROCESSO CIVIL SISTEMATIZADO – *Haroldo Lourenço*

As hipóteses de impenhorabilidades podem **não** incidir em determinado caso concreto, na hipótese em que se evidencie a desproporção entre a restrição de um direito fundamental e a proteção de outro direito fundamental.

Assim, um bem imóvel que serve de residência da família é impenhorável, contudo, sendo tal imóvel de elevado valor, nada justificaria sua proteção, pois somente o direito do executado estaria sendo protegido. Assim, deve ser realizada a venda judicial do bem, para se equalizar o direito de crédito e a proteção à família. Para maiores considerações, remetemos o leitor para o tópico específico sobre o bem de família.

Nada impede que tais normas sejam **ampliadas**, diante das peculiaridades do caso concreto, como a penhora de um cão guia do executado, de uma cadeira de rodas que está sendo utilizada pelo executado, objetos inerentes que se juntam ou ligam ao corpo humano, como próteses, válvulas, marca-passos, óculos ou aparelhos do gênero.

Outra hipótese interessante, carente de revisão legislativa no Brasil, é a proteção ao ***jus sepulchri***, que engloba a sepultura, o direito de ser sepultado e de manter-se sepultado, sendo impenhorável, por um conteúdo ético de proteção à dignidade da pessoa humana e da própria família, **ressalvada** a penhora da sepultura na execução de créditos inerentes a sua própria aquisição.

Há ainda uma ressalva geral a todas as impenhorabilidades, prevista no art. 833, § 1º, do CPC, bem como no art. 3º, II e V, da Lei 8.009/1990, segundo a qual a impenhorabilidade **não** é oponível à cobrança do crédito concedido para aquisição do próprio bem.

Por fim, admite-se penhora dos bens de empresas públicas e sociedades de economia mista, inclusive as prestadoras de serviços públicos, desde que estes bens **não** estejam afetados à sua destinação final (serviço público), ou, se afetados, a penhora pode não comprometer o desempenho da atividade. A mesma lógica se aplica às empresas privadas que sejam concessionárias ou permissionárias de serviços públicos.

24.5.1. Natureza jurídica das regras de impenhorabilidade

Controvertem a doutrina e a jurisprudência quanto à natureza jurídica das normas sobre as impenhorabilidades: **Majoritariamente**, são normas cogentes, pois protegem direitos fundamentais (RODRIGUES, 2008. p. 582; BUENO, 2008. p. 222). Cremos, contudo, serem normas de interesse privado, justamente de proteção do executado, sendo, portanto, direitos disponíveis, salvo a hipótese do art. 833, I, do CPC, que seria indisponível. O fundamento é objetivo e claro: podendo ser alienado de forma particular, por que não o poderia judicialmente (DIDIER JR., 2010. v. 5, p. 546; ASSIS, 2007. p. 217)?

A discussão não se restringe à esfera meramente acadêmica, havendo fortes debates práticos. Vejamos alguns pontos que geram inúmeras querelas:

O STF admitiu, por maioria, a penhora do bem de família do fiador, pois este é livre e capaz de dispor sobre o seu patrimônio,[42] a matéria está sumulada pelo STJ

---

[42] STF, Pleno, RE 407.688, rel. Min. Cézar Peluso, j. 08.02.2006.

Cap. 24 · REQUISITOS PARA A ATIVIDADE EXECUTIVA | 383

(Súmula 549). Diante de tal contexto, controvertem doutrina e jurisprudência sobre a **renunciabilidade** das impenhorabilidades:

(i) O STJ tem sido enfático ao afirmar que a proteção legal assegurada ao bem de família pela Lei 8.009/1990 não pode ser afastada por renúncia, por se tratar de norma cogente, que visa garantir a entidade familiar;[43]

(ii) Noutro giro, a doutrina não concorda com tal conclusão, pois, se o bem impenhorável for disponível, admite-se sua renúncia (RODRIGUES, 2008. p. 583), portanto não pode ser considerada como regra cogente (DIDIER JR., 2010. v. 5, p. 547).

Os bens inalienáveis são absolutamente impenhoráveis e não podem ser nomeados à penhora pelo devedor, pelo fato de se encontrarem fora do comércio e, portanto, serem indisponíveis. Nas demais hipóteses do art. 833 do CPC, o devedor perde o benefício se nomeou o bem à penhora ou deixou de alegar a impenhorabilidade na primeira oportunidade que teve para falar nos autos, ou nos embargos à execução, em razão do poder de dispor de seu patrimônio. A exegese, todavia, **não** se aplica ao caso de penhora de bem de família (art. 70 do CC anterior e 1.715 do atual, e Lei 8.009/1990), pois a proteção legal não tem por alvo o devedor, mas a entidade familiar, que goza de amparo especial da Carta Magna.[44]

No mesmo sentido, afirma o STJ que a indicação do bem de família à penhora **não** implica renúncia ao benefício conferido pela Lei 8.009/1990, máxime por se tratar de **norma cogente** que contém princípio de "ordem pública". Destarte, a indicação do bem à penhora **não** produz efeito capaz de elidir o benefício assegurado pela Lei 8.009/1990.[45]

Há, na doutrina, entendimento de que a impenhorabilidade do bem de família seria irrenunciável (MARINONI, 2007. v. 3, p. 255). Contudo, não se pode impedir que um casal que tenha uma dívida venha a alienar o único imóvel para quitá-la, readequando o seu padrão de vida. Resta, então, a dúvida: se alienável extrajudicialmente, por que não alienável judicialmente (DIDIER JR., 2010. v. 5, p. 547)?

Por fim, cremos ser cabível a criação de um **pacto de impenhorabilidade**, por meio de um negócio jurídico processual (art. 190 do CPC e Enunciado 153 do II CJF), contudo somente produzirá efeito entre as partes, não alcançando terceiros (Enunciado 152 do II CJF).

24.5.2. Eficácia no tempo das normas sobre impenhorabilidade

Como cediço, a lei não pode prejudicar o direito adquirido, o ato jurídico perfeito e a coisa julgada. Deve-se, portanto, consagrar a regra da irretroatividade e da segurança jurídica (art. 5º, XXXVI, CR/88).

---

[43] STJ, 3ª T., REsp 1.115.265/RS, rel. Min. Sidnei Beneti, j. 24.024.2012; REsp 805.713/DF, rel. Min. Aldir Passarinho Junior, 4ª T., j. 15.03.2007, *DJ* 16.04.2007, p. 210.

[44] STJ, 3ª T., REsp 351.932/SP, rel. Min. Castro Filho, j. 14.10.2003.

[45] STJ, REsp 875.687/RS, rel. Min. Luis Felipe Salomão, j. 25.08.2011. STJ, 1ª T., AgRg no REsp 813.546/DF, rel. p/ Ac Min. Luiz Fux, j. 10.04.2007. Precedentes: REsp 684.587/TO, rel. Min. Aldir Passarinho Junior, 4ª T., *DJ* 13.03.2005; REsp 242.175/PR, rel. Min. Ruy Rosado De Aguiar, 4ª T., *DJ* 08.05.2000; REsp 205.040/SP, rel. Min. Eduardo Ribeiro, 3ª T., *DJ* 15.04.1999.

384 | PROCESSO CIVIL SISTEMATIZADO – *Haroldo Lourenço*

Contudo, pode ocorrer de uma lei ter certo grau de retroatividade, atingindo fatos pretéritos ou seus efeitos, o que nos leva a distinguir três graus de retroatividade: máxima, média e mínima.

Há **retroatividade máxima** quando a lei nova prejudica a coisa julgada ou fatos jurídicos já consumados. Por óbvio, é vedada em nosso ordenamento.

Menos intensa é a **retroatividade média**, ocorrendo quando a lei nova atinge as prestações exigíveis, mas não cumpridas antes da sua vigência, como uma lei que diminuísse a taxa de juros e se aplicasse aos já vencidos, mas não pagos.

Finalmente, há retroatividade mínima quando a lei nova atinge apenas os efeitos dos fatos anteriores, verificados após a data em que ela entra em vigor.

Nesse contexto, adotou o STJ, no que se refere às impenhorabilidades, a tese da **retroatividade média**, fazendo incidir imediatamente nos processos pendentes tais normas, mesmo antes de sua vigência, como se extrai da dicção do Enunciado 205 do STJ que, não obstante se referir somente à Lei 8.009/90 deve, pela integridade (art. 926 do CPC), ser aplicada a todas as impenhorabilidades trazidas pelo CPC de 2015.

24.5.3. Hipóteses de impenhorabilidades

Há quatro hipóteses de impenhorabilidades:

(i) Bem de família legal (Lei 8.009/1990);

(ii) Bem de família convencional (art. 1.711 do CC/2002);

(iii) Bens impenhoráveis (arts. 833 e 834 do CPC).

24.5.4. Bem de família legal (Lei 8.009/1990)

A Lei 8.009/1990 instituiu a impenhorabilidade do imóvel residencial próprio da entidade familiar, não respondendo por qualquer tipo de dívida civil, comercial, fiscal, previdenciária ou de outra natureza, contraída pelos cônjuges ou pelos pais ou filhos que sejam seus proprietários e nele residam, ressalvadas as hipóteses dos arts. 3º e 4º da mencionada lei.

Denomina-se de bem de família legal por ser *ope legis*, ou seja, não depende de estipulação por parte do proprietário do imóvel, tampouco de registro no RGI.

Considera-se residência, para os efeitos de impenhorabilidade, um **único** imóvel utilizado pelo casal ou pela entidade familiar para moradia permanente (art. 5º), contudo o legislador não abordou, expressamente, se tal impenhorabilidade engloba o único imóvel residencial de **elevado valor**.

Com a reforma de 2006, tentou-se, sem êxito, mudar essa realidade, como poderia ser extraído do veto realizado no art. 650, parágrafo único, do CPC/1973, no qual se buscou instituir uma penhorabilidade no imóvel acima de 1.000 salários mínimos, devolvendo-se o equivalente a 1.000 salários mínimos para o devedor, sob cláusula de impenhorabilidade. A doutrina, de maneira unânime, critica tal veto, pois a alteração consagraria uma guinada axiológica importante no direito brasileiro (DIDIER JR., v. 5, p. 568; NEVES. In: MOLINARO, 2007. p. 583). O **STJ**, contudo, mantém o entendimento de que **não** há restrições sobre o valor do imóvel do bem de família, podendo ser luxuoso ou de alto padrão[46], ressalvando a hipótese de penhora de parte do imóvel, caracterizado como bem de família, quando for possível o desmembramento sem sua descaracterização.[47]

A lei protege a entidade familiar, devendo seu conceito ser interpretado de maneira ampla, pois o STF, na conclusão do julgamento da ADPF 132 e ADIN 4277, interpretando, conforme a Constituição Federal, o art. 1.723 da CC/2002, excluiu qualquer significado que impeça o reconhecimento da união entre pessoas do mesmo sexo como entidade familiar. Assim, o conceito de família é amplo, incluindo a família monoparental, a união estável, a convivência entre irmãos, a união homoafetiva, dentre outras possibilidades, como se pode extrair de uma interpretação ampla da Súmula 364 do STJ. A proposta é tutelar o ser humano, assegurando-lhe o direito de moradia.

Vale registrar que o **art. 3º** enumera vários casos em que o bem de família poderá ser penhorado, como:

(i) o crédito decorrente do financiamento destinado à construção ou à aquisição do imóvel, no limite dos créditos e acréscimos constituídos em função do respectivo contrato. Nessa linha, tal financiamento abarca **operações de crédito** destinadas à aquisição ou construção do imóvel, podendo abranger operações como mútuo/empréstimo, bem como o contrato de compra e venda em prestações, o consórcio ou a empreitada com pagamento parcelado durante ou após a entrega da obra, pois todas essas modalidades viabilizam a aquisição/construção do bem pelo tomador que não pode ou não deseja pagar o preço à vista, permitindo, na hipótese de inadimplência, a penhora do bem de família;[48]

(ii) o crédito de pensão alimentícia (decorrentes de parentesco ou de ato ilícito[49]), resguardados os direitos sobre o bem do seu coproprietário que, com o devedor, integre união estável ou conjugal, observadas as hipóteses em que ambos responderão pela dívida;

(iii) a cobrança de impostos predial ou territorial, taxas e contribuições devidas em função do imóvel familiar, justamente pela natureza de obrigação *propter rem*, principalmente a condominial (art. 1.345 do CC). Entende o STJ[50] que, por força da responsabilidade do condomínio por danos a terceiros se incluir na obrigação do condômino em sua cota-parte e por ser *propter rem*, mesmo que anterior à constituição da sua propriedade, permite a penhora do bem de família. Da mesma forma, para se aplicar a exceção à impenhorabilidade do bem de família

---

[46] STJ, 3ª T., AgInt no AREsp 1.199.556/PR, Rel. Min. Marco Aurélio Bellizze, j. 05.06.2018.

[47] STJ, 1ª T., REsp 1.178.469-SP, rel. Min. Massami Uyeda, j. 18.11.2010; 3ª T., REsp 1.178.469/SP, rel. Min. Massami Uyeda, j. 18.11.2010. REsp 326.171-GO, *DJ* 22.10.2001; REsp 139.010-SP, *DJ* 20.05.2002; REsp 715.259-SP, *DJe* 09.09.2010.

[48] STJ, REsp 1.221.372/RS, 4ª T., rel. Min. Marco Buzzi, por unanimidade, j. 15.10.2019, *DJe* 21.10.2019.

[49] Informativo 476: STJ, 2ª Seção, EREsp 679.456/SP, rel. Min. Sidnei Beneti, j. 08.06.2011. Precedentes citados: REsp 1.036.376-MG, *DJe* 23.11.2009; REsp 437.144-RS, *DJ* 10.11.2003; REsp 64.342-PR, *DJ* 09.03.1998.

[50] STJ, REsp 1.473.484/RS, Rel. Min. Luis Felipe Salomão, j. 21.06.2018.

é preciso que o débito de natureza tributária seja proveniente do próprio imóvel que se pretende penhorar;[51]

(iv) para execução de hipoteca sobre o imóvel oferecido como garantia real pelo casal ou pela entidade familiar. Nessa linha, afirma o STJ que (i) o bem de família é impenhorável, quando for dado em garantia real de dívida por um dos sócios da pessoa jurídica devedora, cabendo ao credor o ônus da prova de que o proveito se reverteu à entidade familiar; e (ii) é penhorável, quando os únicos sócios da empresa devedora são os titulares do imóvel hipotecado, sendo ônus dos proprietários a demonstração de que a família não se beneficiou dos valores auferidos;[52]

(v) por ter sido adquirido com produto de crime ou para execução de sentença penal condenatória a ressarcimento, indenização ou perdimento de bens;

(vi) por obrigação decorrente de fiança prestada em contrato de locação, desde que tenha sido prestada com a autorização de ambos os cônjuges (Súmula 332 do STJ c/c art. 1.647, III, do CC/2002). É válida a penhora de bem de família pertencente a fiador de contrato de locação (Súmula 549 do STJ), contudo o STF[53] afirma que tal inciso não se aplica à locação comercial.

O STJ entende que **não** se pode penhorar bem de família para satisfazer crédito exequendo resultante de **contrato de honorários advocatícios,** pois, nessa situação, não se pode equipará-los à pensão alimentícia.[54]

Sendo o bem de família protegido da penhora, indiretamente também está protegido de acauteladoras que se destinam a resguardar, no patrimônio do devedor, a solvência da dívida, como, por exemplo, um sequestro.[55]

Nos termos da Súmula 449 do STJ, a **vaga de garagem** que possui matrícula própria no registro de imóveis não constitui bem de família para efeito de penhora, porém, o art. 1.331, §1º, do CC/02 não permite a alienação ou locação da vaga de garagem para pessoas estranhas ao condomínio, salvo se a convenção autorizar. É fato que a alienabilidade da vaga de garagem ficou restringida, mas não se pode falar que se tornou inalienável (o que a faria impenhorável, nos termos do art. 833, I do CPC), bem como penhorar não significa alienar e, ainda, a intenção do legislador foi resguardar a segurança dos condôminos. Cremos que um exequente não condômino, ainda que a convenção proíba a alienação a terceiros, poderá penhorar a vaga de garagem e, inclusive, adquirir o direito de propriedade, mas não a posse direta, restando somente a possibilidade de locar ou ceder em comodato para demais condôminos, ou vendê-la para um dos condôminos.

Nos termos da Súmula 451 do STJ e do Enunciado 487 do CJF, é legítima a penhora da sede do estabelecimento comercial e do *website* e de outros intangíveis relacionados com o comércio eletrônico (art. 1.142 do CC/2002).

---

[51] STJ, REsp 1.332.071/SP, 3ª T., rel. Min. Marco Aurélio Bellizze, por unanimidade, j. 18.02.2020, *DJe* 20.02.2020.

[52] STJ, AgInt no REsp 1.675.363/MS, 3ª T., Rel. Min. Moura Ribeiro, j. 28.08.2018.

[53] STF, 1ª T., RE 605.709/PI, Rel. Min. Dias Toffoli, j. 12.06.2018.

[54] Informativo 469: STJ, 4ª T., REsp 1.182.108/MS, rel. Min. Aldir Passarinho Junior, j. 12.04.2011.

[55] Informativo 470: STJ, 2ª T., REsp 1.245.466/RJ, rel. Min. Mauro Campbell Marques, j. 26.04.2011.

Afirma o Enunciado 325 da IV Jornada do CJF que é impenhorável, nos termos da Lei n. 8.009/90, o direito real de aquisição do devedor fiduciante, o que é ratificado pelo STJ.[56]

A Súmula **486** da Súmula do STJ consagra o denominado bem de família indireto, afirmando ser impenhorável o único imóvel residencial do devedor que esteja locado a terceiros, desde que a renda obtida com a locação seja revertida para a subsistência ou a moradia da sua família.

24.5.5. Bem de família convencional (art. 1.711 do CC/2002)

O bem de família voluntário ou convencional está nos arts. 1.711 ao 1.722 do CC/2002, dividindo-se em móveis e imóveis, sendo constituído por escritura pública devidamente registrada no RGI.

Para que haja a sua constituição, o bem de família voluntário deve apresentar os seguintes requisitos: (i) propriedade do bem por parte do instituidor; (ii) destinação específica de moradia da família; (iii) solvabilidade do instituidor.

Ausente qualquer desses requisitos, não poderá ser constituído o bem de família, podendo este sofrer penhora ou ser alienado. No que se refere à solvabilidade do instituidor, que não pode ultrapassar 1/3 do patrimônio líquido existente na data da liquidação, busca-se evitar que o instituidor do bem de família constitua tal bem na tentativa de fraudar os seus credores, visto que ele se reveste de impenhorabilidade e inalienabilidade.

24.5.6. Demais impenhorabilidades (arts. 833 e 834 do CPC)

- **Inciso I: bens inalienáveis e os declarados, por ato voluntário, não sujeitos à execução**

Sendo inalienável o patrimônio, não há interesse de agir na realização de penhora, eis que o patrimônio estará fora do comércio, não podendo sofrer alienação gratuita ou onerosa. Incluem-se tanto a inalienabilidade direta, proveniente da lei (como nos bens públicos ou fora do comércio), quanto a indireta, decorrente de manifestação de vontade, como em bens doados ou alienados com cláusula de inalienabilidade, devendo sempre ter sido precedida de registro imobiliário para ser oponível ao credor (art. 1.911 do CC/2002). Nessa última hipótese, tal cláusula **não** afasta a permissão de penhora sobre o bem na satisfação de dívidas do *de cujus*[57].

Como dito, todo bem inalienável será impenhorável e incomunicável, contudo, com o perdão do truísmo, a impenhorabilidade gera somente impenhorabilidade, não induzindo inalienabilidade e incomunicabilidade. Todo bem inalienável é impenhorável, mas nem todo bem impenhorável é inalienável. O bem de família, por exemplo, é impenhorável, mas não é inalienável. Nesse sentido, temos a Súmula 49 do STF e o art. 1.911 do CC/2002. É possível se cogitar um negócio jurídico processual em

---

[56] STJ, 3ª T., REsp 1.677.079-SP, Rel. Min. Ricardo Villas Bôas Cueva, por unanimidade, j. 25.09.2018, *DJe* 01.10.2018.

[57] STJ, 3ª T., REsp 998.031/SP, rel. Min. Humberto Gomes de Barros, j. 11.12.2007.

388 | PROCESSO CIVIL SISTEMATIZADO – *Haroldo Lourenço*

que as partes estabelecem um pacto de impenhorabilidade, porém tal pacto somente produzirá efeito entre as partes, não alcançando terceiros (Enunciado 152 do II CJF).

O STJ[58], interpretando o art. 1.911 do CC/2002, firmou algumas premissas: (i) há possibilidade de imposição autônoma das cláusulas de inalienabilidade, impenhorabilidade e incomunicabilidade, a critério do doador/instituidor; (ii) uma vez aposto o gravame da inalienabilidade, pressupõe-se, *ex vi lege*, automaticamente, a impenhorabilidade e a incomunicabilidade; (iii) a inserção exclusiva da proibição de não penhorar e/ou não comunicar não gera a presunção da inalienabilidade; (iv) a instituição autônoma da impenhorabilidade não pressupõe a incomunicabilidade e vice-versa.

Ressalte-se que se trata de impenhorabilidade decorrente de uma exigência de direito material, como na hipótese do bem inalienável: não podendo ser alienado extrajudicialmente, não poderá o ser judicialmente. Há uma impenhorabilidade **intrínseca** (GRECO, 2001. v. 2, p. 13).

Como a penhora é o primeiro ato do procedimento de alienação judicial do bem, para a realização da arrematação do imóvel deverá ser observado o art. 896 do CPC. De igual modo, o capital constituído para garantir indenização decorrente de ato ilícito é inalienável e, consequentemente, impenhorável (art. 533, § 1º, do CPC).[59]

Por fim, o bem inalienável é absolutamente impenhorável, no entanto, os frutos desses bens são penhoráveis (art. 833, I, c/c art. 834 do CPC).

• **Inciso II: móveis, pertences e utilidades domésticas**

O inciso que ora se comenta se complementa com o art. 1º, parágrafo único, e art. 2º da Lei 8.009/1990.

A questão envolve a penhora de bens que guarnecem a residência do executado, ponto extremamente tormentoso, pois o legislador sistematizou o assunto por meio de conceitos jurídicos indeterminados, exigindo-se uma adequada fundamentação judicial (art. 489, § 1º, II, do CPC), evitando-se que bens de **alto valor** e que **não** correspondam a um médio padrão de vida sejam excluídos da penhora.

O mencionado dispositivo **não** busca garantir a manutenção do padrão de vida do executado; pelo contrário: busca evitar uma agressão demasiada à própria dignidade humana do executado.

A jurisprudência tende a interpretar tal dispositivo, incluindo entre os bens impenhoráveis os imprescindíveis ao **lazer** do executado, pois seria um direito social (art. 6º da CR/1988), apesar de não serem imprescindíveis ao funcionamento da residência. Assim, são corretas as decisões que excluem da penhorabilidade a geladeira, fogão, televisão, aparelhos de som, computador e impressoras,[60] desde que não de elevado valor ou em duplicidade. Em algumas oportunidades, já foi admitida penhora, por exemplo, de aparelho de ar condicionado.[61] Contudo, em outra oportunidade, não

---

[58] STJ, 4ª T., REsp 1.155.547-MG, Rel. Min. Marco Buzzi, por unanimidade, j. 06.11.2018, *DJe* 09.11.2018.

[59] O STJ entende que, nas ações indenizatórias que incluem prestação de alimentos, é facultado ao juiz substituir a determinação de constituição de capital pela inclusão dos beneficiários na folha de pagamentos da sociedade empresária que apresente notória capacidade econômica: Informativo 473, STJ, 2ª T., REsp 860.221/RJ, rel. Min. Luis Felipe Salomão, j. 19.05.2011.

[60] STJ, 3ª T., REsp 198.370/MG, rel. Min. Waldemar Zveiter, j. 16.11.2000.

[61] STJ, 1ª T., REsp 836576/MS, rel. Min. Luiz Fux, j. 20.11.2007.

se admitiu penhora de forno elétrico, freezer, aparelho de ar condicionado e forno de micro-ondas.[62]

Por fim, registre-se que, para haver penhora, presume-se que o bem esteja quitado. Do contrário, será possível somente a execução dos créditos relacionados à aquisição (arts. 833 § 1º do CPC e 1º, parágrafo único, da Lei 8.009/1990), que será analisada adiante.

- **Inciso III: vestuários e pertences de uso pessoal**

Trata-se de mais um caso do *beneficum competentiae*, com que são impenhoráveis os bens de uso pessoal, **salvo** se de elevado valor. Novamente o legislador trabalha com um conceito jurídico indeterminado, atraindo a aplicação do art. 489, § 1º, II, do CPC. Protege-se, por um lado, a dignidade do executado, assegurando uma sobrevivência digna, como vestuário, celular, relógio e bens relacionados à higiene pessoal e, por outro lado, a boa-fé objetiva, impedindo a execução mesquinha e abusiva (DIDIER JR., 2010. v. 5, p. 555).

Antigamente se protegia *"o anel nupcial e os retratos de família"*, porém não há mais previsão de tal hipótese, sendo válido admitir como **penhoráveis** se de elevado valor. Cumpre registrar a ressalva feita pelo legislador no que toca ao valor. Uma bolsa de uma marca renomada internacional, cujo valor, exemplificativamente, ultrapassa o de um automóvel popular, pode ser penhorada livremente.

- **Inciso IV: ganhos para a subsistência do executado**

O art. 833, IV, prevê a impenhorabilidade dos ganhos provenientes do trabalho, enfim, o salário ou outra remuneração, como o ganho do autônomo, os honorários do profissional liberal etc.

Segundo o STJ, permite-se a penhora da **restituição do imposto de renda**, pois não compromete a dignidade do executado,[63] contudo, são impenhoráveis as verbas provenientes de **rescisão de contrato de trabalho**, ainda que alocadas em fundo de investimento.[64] A penhora dos salários na dívida alimentar inclui o 13º e as férias, portanto, penhorados 30% do salário, estão incluídos 30% das férias e 30% do décimo terceiro,[65] e, ainda, havendo uma expressa pactuação em contratos bancários, é possível desconto por consignação de até 30% das verbas salariais, situação diversa de penhora de salário.[66]

Já os valores em previdência privada complementar (PGBL) são impenhoráveis,[67] desde que o saldo se reverta para a família.[68] O valor do FGTS é impenhorável.[69]

Nessa linha, a rigor, os ganhos para a subsistência do executado constituem-se em um bem impenhorável, mesmo não havendo outros bens, contudo, entendemos

---

[62]   STJ, 1ª T., REsp 488.820/SP, rel. Min. Denise Arruda, j. 08.11.2005.
[63]   Informativo 409, STJ, 3ª T., REsp 1.059.781/DF, rel. Min. Nancy Andrighy, j. 01.10.2009.
[64]   Informativo 401, STJ, 4ª T., REsp 978.689/SP, rel. Min. Luis Felipe Salomão, j. 06.08.2009.
[65]   Informativo 417, STJ, 2ª S., REsp 1.106.654/RJ, rel. Min. Paulo Furtado, j. 25.11.2009.
[66]   STJ, 4ª T., EDcl no REsp 1.394.463/SE, rel. Min. Luiz Felipe Salomão, j. 24.04.2014.
[67]   STJ, 2ª S., EREsp 1.121.719/SP, Rel. Min. Nancy Andrighi, j. 12.02.2014.
[68]   STJ, 4ª T., AgInt no AREsp 1.117.206/SP, Rel. Min. Isabel Gallotti, j. 10.04.2018.
[69]   STJ, 1ª T., AgRg no REsp 1.570.755/PR, Rel. Min. Napoleão Nunes Maia Filho, j. 03.05.2016.

que o salário somente tem caráter alimentar se for o suficiente à subsistência do executado e de sua família, pois aquilo que extrapolar tal parâmetro será incorporado ao patrimônio do executado, deveria ser, portanto, penhorável.

Somente seriam impenhoráveis os valores ganhos em um mês de trabalho e efetivamente gastos nesse mesmo período, ou seja, essa impenhorabilidade é **temporária**. Quaisquer valores obtidos em razão do trabalho ou aposentadoria que **não** sejam integralmente utilizados pelo executado em sua subsistência e na manutenção de sua família perderiam automaticamente sua natureza alimentar. Não havendo necessidade daqueles valores para manutenção digna do devedor, a penhora deveria ser permitida (GRECO, 2001. v. 2, p. 21). O STJ admite a penhora da "sobra" do salário[70].

O CPC/2015, entretanto, trouxe o art. 833, § 2º, gerando uma mudança nesse cenário.

Inicialmente, o parágrafo em comento mantém a impossibilidade de se suscitar tal impenhorabilidade para o **pagamento de prestações alimentícias**, independentemente de sua origem, porém, de maneira inédita, torna possível a penhora de importâncias excedentes a **50 salários-mínimos mensais**, o que, apesar de ser evolução, pois nunca houve previsão legislativa para penhora de salário, gera um problema interpretativo, eis que somente uma minoria da população brasileira poderá sofrer penhora em seus salários (àqueles privilegiados que percebam mais que 50 salários-mínimos mensais).

Não obstante tal previsão, o STJ tem oscilado em seus entendimentos, admitindo penhoras em algumas situações, independentemente de o executado receber menos de 50 salários mínimos por mês[71], porém em outros momentos entende ser impenhorável por ser inferior a tal parâmetro.[72]

Há, ainda, a hipótese prevista no art. 833, § 2º c/c art. 529, § 3º, em que se permite um desconto do salário para pagamento parcelado de dívida alimentar e das prestações vincendas, desde que até o limite máximo de 50% dos ganhos líquidos.

* **Inciso V: bens necessários ou úteis ao exercício profissional**

Trata-se de uma preocupação do legislador com a manutenção de meios para que o executado possa continuar a viver com mínima dignidade, assegurando-lhe os instrumentos necessários à realização do seu trabalho.

Observe-se que tal restrição somente se aplica aos bens móveis, e **não** aos bens imóveis (DIDIER JR., 2010. v. 5, p. 561), sendo **exemplificativa** (BUENO, 2008. v. 3, p. 226) a lista trazida pelo inciso em comento.

A jurisprudência aponta que o mencionado inciso é destinado a pessoas físicas ou, quando muito, às pessoas jurídicas, como microempresas e empresas de pequeno porte, quando seus bens se revelam indispensáveis à continuidade das suas atividades.[73]

Os bens devem ser utilizados no dia a dia profissional do executado, e **não** de forma rara e esporádica. Sendo o instrumento raramente utilizado, parece-me lícita

---

[70] STJ, 2ª S., REsp 1.230.060/PR, rel. Min. Maria Isabel Gallotti, j. 13.08.2014, *DJe* 29.08.2014.

[71] STJ, 3ª T., REsp 1.547.561/SP, Rel. Min. Nancy Andrighi, j. 09.05.2017.

[72] STJ, 4ª T., AgInt no REsp 1.701.828/Mg, Rel. Min. Lázaro Guimarães, j. 02.10.2018.

[73] STJ, 2ª T., AgRg no REsp 1.136.947/PR, Rel. Min. Humberto Martins, j. 13.10.2009.

Cap. 24 · REQUISITOS PARA A ATIVIDADE EXECUTIVA | 391

a penhora, principalmente se de **elevado valor**. Um bom exemplo é a biblioteca dos profissionais liberais, quando de elevado valor e de pouca utilidade prática diária, pois geralmente serve para impressionar a clientela ou para satisfação pessoal sendo, portanto, penhorável. Não seria possível a penhora, por exemplo, de biblioteca de advogado que dedica a maior parte do tempo da sua vida à atividade acadêmica, sendo sua atividade principal a docência, pois, nesse caso, a biblioteca é um instrumento direto de seu trabalho (NEVES, 2. ed., p. 807).

Outra consideração necessária é no que tange à existência de quantidade razoável de bens, como vários computadores, CDs, *toners* etc. A norma não foi feita para brindar excessos, devendo a impenhorabilidade limitar-se aos objetos diretamente ligados ao trabalho do executado. No mesmo sentido, os bens devem possuir ligação direta com a atividade exercida pelo devedor. Assim, são penhoráveis uma televisão e um aparelho de som em um escritório de advocacia ou em um consultório dentário, mas não é penhorável a cadeira profissional do dentista.

A impenhorabilidade deve ser dirigida aos bens destinados à atividade principal do executado, e não para atividades eventuais, que simplesmente complementam a renda suficiente para a atividade principal.

Entende o STJ que é legítima a penhora da sede do estabelecimento comercial (Súmula 451 do STJ), bem como, na execução contra instituição financeira, é penhorável o numerário disponível, excluídas as reservas bancárias mantidas no Banco Central (Súmula 328 do STJ).

Por fim, assevera a doutrina que a limitação da responsabilidade patrimonial somente poderá atingir os bens adquiridos **antes** do surgimento da dívida, já que entendimento em sentido contrário significaria a criação de um porto seguro aos devedores na pretensão de livrar seus bens da constrição judicial (NEVES, 2011. p. 808).

- **Inciso VI: seguro de vida**

O seguro de vida **não** é herança, **não** chegando sequer a fazer parte do patrimônio do *de cujus*, não desfalcando sua responsabilidade patrimonial (art. 794 do CC/2002).

Assim, sendo o beneficiário do seguro o executado, é impenhorável, como estabelece o inciso em análise. Sendo o segurado o executado, não constitui patrimônio seu, não podendo ser penhorado, nos termos do art. 794 do CC/02.

Por outro ângulo, é impenhorável enquanto direito expectativo, já que, quando incorporado ao patrimônio do beneficiário, passa a ser penhorável, entendendo o STJ[74] que deve ser aplicado, analogicamente, a limitação prevista no art. 833, X, do CPC/2015, ou seja, o valor recebido pelo segurado que ultrapassar o limite de 40 salários mínimos é penhorável. O legislador protegeu somente o **direito expectativo** (DIDIER JR., 2010. v. 5, p. 563).

- **Inciso VII: materiais necessários para obras em andamento**

Para a mencionada hipótese, faz-se necessária a prova inequívoca de que os materiais serão utilizados na obra em andamento, ou seja, exige-se a sua **afetação**.

---

[74] STJ, 3ª T., REsp 1.361.354/RS, Rel. Min. Ricardo Villas Bôas Cueva, j. 22.05.2018.

PROCESSO CIVIL SISTEMATIZADO – *Haroldo Lourenço*

Admite-se exceção a tal impenhorabilidade na hipótese de a própria obra ter sido objeto de penhora (*in fine*). No mesmo sentido, se o crédito exequendo originar-se na própria aquisição do material, não haverá impenhorabilidade (art. 833, § 1º, do CPC).

- **Inciso VIII: pequena propriedade rural trabalhada pela família**

O grande ponto é definir o que vem a ser *"pequena propriedade rural"*. A Constituição refere-se expressamente a ela em dois momentos – arts. 5º, XXVI, e 185, I, – sendo que, em ao menos uma delas, há previsão explícita da impenhorabilidade.

O STJ tem entendido que não há, até o momento, no ordenamento jurídico nacional, lei que defina, para efeitos de impenhorabilidade, o que seja *"pequena propriedade rural"*. A despeito da lacuna legislativa, é certo que referido preceito tem aplicação imediata (art. 5º § 1º da CF/1988). Deve-se, por consequência, extrair das leis postas de cunho agrário exegese que permita conferir proteção à propriedade rural (tida por pequena – conceito, como visto, indefinido) e trabalhada pela família.[75]

O art. 4º, II, "a", da Lei 8.629/93 define a pequena propriedade rural como a área compreendida entre um e quatro módulos fiscais. O cálculo de módulo fiscal é definido pelo INCRA, em cada Município, tomando-se por base o art. 4º do Decreto 84.685/1980.

A Lei 8.629/1993, ao regulamentar o art. 185 da Constituição Federal, que, ressaltese, trata de desapropriação para fins de reforma agrária, e definir o que seja *"pequena propriedade rural"*, o fez tão somente para efeitos daquela lei.

Veja-se que se um módulo fiscal, definido pelo Estatuto da Terra, compreende a extensão mínima de terras rurais, suficiente e necessária, de acordo com as especificidades da região, para que o proprietário e sua família desenvolvam a atividade econômica inerente ao campo, não há razão para se adotar o conceito de pequena propriedade rural constante da Lei 8.626/1993 (voltado à desapropriação para fins de reforma agrária), o qual simplesmente multiplica em até quatro vezes a porção de terra que se reputa mínima e suficiente.[76]

Observe-se que não há mais a restrição que havia antes da reforma, no sentido de permitir penhora quando tal propriedade fosse dada em hipoteca para fins de financiamento agropecuário, hipótese que já era afastada pela jurisprudência.[77]

O art. 69 do DL 167/1967, que dispõe sobre os títulos de crédito rural, prevê que os bens objeto de hipoteca constituída por cédula de crédito rural não serão penhorados, tendo o STJ se firmado no sentido da impenhorabilidade relativa dos bens vinculados a cédula de crédito rural e da possibilidade de penhora de tais bens nos casos de créditos de natureza alimentar ou trabalhista (REsp 509.490/MS e REsp 236.553/SP), de créditos sujeitos a cobrança via execução fiscal (REsp 617.820/RS), de créditos do mesmo credor (REsp 532.946/PR), de fim da vigência do contrato de financiamento (REsp 539.977/PR) e de anuência do credor hipotecário (AgRg no Ag 1.006.775/SE).[78]

---

[75]   STJ, 3ª T., REsp 1.007.070/RS, rel. Min. Massami Uyeda, j. 19.08.2010.

[76]   STJ, 3ª T., REsp 1.007.070, rel. Min. Massami Uyeda, j. 19.08.2010.

[77]   STJ, 4ª T., REsp 262.641/RS, rel. Min. Sálvio de Figueiredo Teixeira, j. 28.06.2001.

[78]   STJ, 2ª T., REsp 1.259.704/SE, rel. Min. Mauro Campbell, j. 04.08.2011.

Cap. 24 · REQUISITOS PARA A ATIVIDADE EXECUTIVA | 393

- **Inciso IX: recursos públicos ligados à aplicação compulsória em educação, saúde e assistência social**

Muito embora tais verbas estejam, temporariamente, em poder de instituição privada, o legislador levou em conta que essa instituição é meramente intermediária entre o governo e a população que precisa dos seus serviços.

Note-se que se refere o legislador aos recursos públicos, **não** havendo restrição à penhora na hipótese de recursos oriundos da iniciativa privada.

A proposta é melhor satisfazer o direito coletivo de sujeitos indeterminados que serão favorecidos pela aplicação dos valores na área da educação, saúde ou assistência social.

- **Inciso X: caderneta de poupança até 40 salários mínimos**

A despeito das críticas tecidas contra a impenhorabilidade absoluta do salário (inciso IV), o legislador ainda no CPC/1973 criou mais uma impenhorabilidade de valores, tutelando um investimento financeiro.

Observe-se que o executado está fazendo o seu dinheiro render, portanto são valores que não possuem caráter alimentar. Assim, caso o executado receba R$ 5.000,00, mas somente utilize R$ 2.000,00 para as suas necessidades, em tese, os R$ 3.000,00 seriam penhoráveis. Contudo, serão absolutamente impenhoráveis se depositados em caderneta de poupança. O magistrado, no caso concreto, deve estar muito atento a tal situação; do contrário, ao ratificar tal impenhorabilidade, estará homologando o ardil. Deve-se observar, por exemplo, se o valor depositado na poupança foi anterior à constituição da obrigação inadimplida.

Enfim, frise-se que se tal quantia for depositada em qualquer outro investimento, será penhorável, contudo, esse não é o posicionamento do STJ[79] e, havendo várias poupanças, o que extrapolar, no somatório total, a quarenta salários será penhorável.

A impenhorabilidade ora analisada **não** se aplica na execução de alimentos, independentemente da sua origem, bem como para importâncias excedentes a 50 salários mínimos mensais.

Então é possível se penhorar valores **inferiores** a 40 salários mínimos depositados em poupança, sendo uma execução de alimentos.

Já na execução de outros créditos (não alimentar), não fica clara a vontade legislativa, devendo-se entender que o devedor com altos rendimentos **não** precisa da impenhorabilidade da poupança, passando a ser totalmente penhorável.

- **Inciso XI: recursos públicos do fundo partidário recebidos, nos termos da lei, por partido político (LOURENÇO, 2009. p. 623)**

Os partidos políticos, entendidos como peças fundamentais do regime democrático pela Constituição Federal e pela Lei 9.096/1995 (LOPP), merecem controle, pelo menos parcial; todavia, sendo entidades de direito privado, este controle torna-se difícil, ou quase impossível, pois, se cumpridas as regras para sua criação e não havendo

---

[79] STJ, AgRg no AREsp 622.376/RS, 4ª T., rel. Min. Maria Isabel Gallotti, j. 24.02.2015.

394 | PROCESSO CIVIL SISTEMATIZADO – *Haroldo Lourenço*

contrariedade ao estabelecido na Constituição Federal, podem *"agir livremente"* no tocante aos seus fins, composição de seus membros e ideologias.

Com a promulgação da Lei 11.694/2008, as verbas destinadas aos partidos políticos passaram a ser protegidas por impenhorabilidade absoluta, comportando exceção apenas na hipótese de execução sofrida em decorrência de dívida contraída para aquisição de bens próprios, consoante previsão legal do art. 833, § 1º, do CPC. Frise-se que os recursos de origem privada são penhoráveis.

Com contornos ideológicos nobres, ou seja, a defesa do partido político, alicerces de um Estado Democrático de Direito, criou-se uma impenhorabilidade na contramão de todas as outras anteriormente existentes.

Percebe-se, novamente, um sacrifício do credor, à luz de uma suposta proteção à coletividade. O intuito do legislador parece ter sido um maior controle dos recursos percebidos pelos partidos políticos, via fundo partidário.

Em corajosas palavras, Daniel Amorim Assumpção Neves (NEVES, 2009. p. 786) assevera:

> Evidentemente que em decorrência da notória 'falência' dos partidos políticos em nosso país, que mais parecem um agrupamento de aproveitadores e larápios sempre prontos para tungar o erário público, a impenhorabilidade pode não parecer muito simpática. Num país sério, seria plenamente justificável, mas o Brasil, definitivamente, não é um país sério.

Cremos, sinceramente, tratar-se de um excesso de zelo, principalmente com instituições que não merecem tão nobre proteção. O critério de estabelecimento de bens absolutamente impenhoráveis, em geral, são dois: o da inalienabilidade e a proteção à dignidade do executado (CÂMARA, 2008. v. 2, p. 271).

Dificilmente a impenhorabilidade em tela se encaixará em um desses critérios. Enfim, acreditamos que o mencionado inciso deve ser interpretado pelo filtro da efetividade, para afastar sua incidência no caso concreto.

- **Inciso XII: os créditos oriundos de alienação de unidades imobiliárias, sob regime de incorporação imobiliária, vinculados à execução da obra**

O último inciso busca proteger o direito dos consumidores que adquirem imóveis pelo regime de incorporação imobiliária, pois a incorporadora recebe os pagamentos para a execução e regularização da construção no Registro de Imóveis, sendo tais créditos vinculados a tais finalidades e, eventual penhora levaria à interrupção da obra, prejudicando os consumidores.

24.6. FRAUDES DO DEVEDOR

24.6.1. Fraude contra credores

Fraude contra credores é instituto de direito material (arts. 158 a 165 do Código Civil), sendo tratado como um vício do negócio jurídico, não obstante ser, a rigor, um vício social. Contudo, obviamente, gera inúmeras implicações processuais.

Cap. 24 · REQUISITOS PARA A ATIVIDADE EXECUTIVA | **395**

Ocorre fraude contra credores quando o devedor endividado usa do expediente de aumentar seu passivo, para torná-lo maior que seu ativo, como na (i) doação de bens para o filho; (ii) venda a preço vil e simbólico para um "laranja"; (iii) pagamento de dívida não vencida para credor quirografário (art. 162, CC); (iv) renúncia a herança, entre outros exemplos.

- **Requisitos**

Para a configuração da fraude contra credores, exige-se a presença de dois requisitos cumulativos: **um de caráter objetivo e outro de caráter subjetivo.** Denomina-se o requisito objetivo de *eventus damni*, em virtude do qual se exige que a alienação tenha piorado ou criado um estado de insolvência. O requisito subjetivo é chamado de *consilium fraudis*, estando afeto à intenção de provocar a redução patrimonial até o estado de insolvência.

Nos atos praticados a título gratuito presume-se absolutamente o intuito fraudulento (art. 158 do CC/2002). São os casos, por exemplo, de remissão ou doação. Nos negócios onerosos, faz-se necessário provar, no mínimo, a potencialidade de que o ato levaria o alienante à insolvência, não se mostrando necessária a intenção deliberada de fraudar, e que o terceiro adquirente tinha conhecimento, efetivo ou presumido, de que tal alienação levaria o alienante a esse estado (NEVES, 2011. p. 872).

- **Ação pauliana ou revocatória**

Na hipótese da fraude contra credores, será preciso uma ação judicial específica para que a fraude seja reconhecida, chamada de pauliana ou revocatória e, conforme o Enunciado 195 do STJ, é inadmissível a utilização de embargos de terceiro para o seu reconhecimento.

Nessa ação, a discussão ficará restrita à análise da ocorrência ou não dos requisitos da fraude contra credores, que são o *eventus damni* e o *consilium fraudis*. Ocorre que a descrição do que é *eventus damni* e *consilium fraudis* é do direito material. Então, por exemplo, há igualmente fraude quando o devedor paga antecipadamente suas dívidas (art. 162 do CC/2002) e investe tal dinheiro em um bem de família, instituição de penhor ou hipoteca em favor de um dos credores (art. 163 do CC/2002).

Na ação pauliana, será formado um litisconsórcio passivo necessário entre o devedor e o terceiro adquirente, em virtude da relação jurídica incindível (art. 116 do CPC), que é uma das justificativas para o litisconsórcio passivo necessário.[80]

Tal ação, nos termos do art. 178, II do Código Civil, subordina-se a um prazo decadencial de 4 (quatro) anos.

Por fim, nos termos do Enunciado 151 da III Jornada do CJF, afirma-se que o ajuizamento da ação pauliana pelo credor com garantia real (art. 158, § 1.º, do CC/2002) prescinde de prévio reconhecimento judicial da insuficiência da garantia.

- **Natureza do vício do ato praticado em fraude contra credores**

Tal ponto gera grande embate na doutrina e na jurisprudência:

---

[80] STJ, 4ª T., REsp 242.151/MG, rel. Min. Luis Felipe Salomão, j. 02.09.2008, p. 324.

396 | PROCESSO CIVIL SISTEMATIZADO – *Haroldo Lourenço*

(i) Pelo Código Civil (art. 171, II, CC) e pelo Enunciado 195 do STJ, o ato praticado em fraude contra credores seria **anulável**, ou seja, teria um vício no plano da validade. Essa posição encontra eco em respeitável doutrina processual (PEREIRA, 2008. v. 1, p. 541; NERY JÚNIOR; NERY, 2007. p. 324);

(ii) Contudo, majoritariamente, o ato é **válido, mas ineficaz** (NEVES, 2011. p. 872; CÂMARA, 2008. v. 2, p. 196; DIDIER JR., 2010. v. 5, p. 302; MARINONI; MITIDIERO, 2010. p. 616-617) perante o credor, ou seja, inoponível ao credor. Assim, a natureza do vício da fraude contra credores seria a mesmo da fraude à execução. As fraudes seriam distintas; o vício, porém, seria o mesmo. O STJ,[81] aliás, tem adotado o segundo entendimento, contrariando o Código Civil.

Há efeitos práticos importantes a depender do entendimento adotado. Considerando-se o negócio jurídico como anulável, haverá desfazimento total (*statu quo ante*), retornando o bem ao patrimônio do devedor, o que pode importar, inclusive, benefício para qualquer outro credor, mesmo aqueles que não sofreram qualquer tipo de fraude (NERY JÚNIOR; NERY, 2008. p. 324).[82] O STJ não admite tal circunstância[83] e, anulado o negócio jurídico, será expropriado o bem e o valor remanescente, superior à dívida, será devolvido ao devedor.

Adotando-se a tese da ineficácia, o negócio jurídico não é desfeito. Nesse sentido, eventual saldo remanescente ficará com o adquirente, não favorecendo de nenhuma forma o devedor.

* **Natureza jurídica da sentença**

No que toca à natureza jurídica da sentença de procedência na ação pauliana, há controvérsia na doutrina:

(i) Para a doutrina que sustenta que o negócio jurídico é **anulável**, haveria uma sentença **desconstitutiva ou constitutiva negativa**, porque haveria constituição de uma nova situação jurídica, visto que, antes da sentença, o bem não podia ser penhorado, e agora, com a sentença, admitiu-se a penhorabilidade (CÂMARA, 2008. v. 2, p. 200);

(ii) Por outro lado, os que sustentam a tese de **ineficácia** da alienação perante o credor, a sentença seria **meramente declaratória**, pois não haveria modificação entre as partes, e a simples possibilidade de penhora não faz a sentença ser constitutiva (GONÇALVES, 2010. v. 3, p. 89; THEODORO JR., 2001. p. 238-240).

24.6.2. Fraude à execução

Fraude à execução é, inequivocamente, instituto de direito processual, sendo **prescindível** o *consilium fraudis*, bastando a prova do *eventus damni* (**insolvência**).

---

[81] STJ, 3ª T., REsp 971.884-PR, rel. Min. Sidnei Beneti, j. 22.03.2011. Precedentes no mesmo sentido: REsp 506.312-MS, *DJ* 31.08.2006. REsp 506.312/MS, rel. Min. Teori Albino Zavascki, 1ª T., j. 15.08.2006.

[82] Admitindo proteger não somente o credor que ajuíze a ação pauliana.

[83] STJ, 1ª T., REsp 506.312/MS, rel. Min. Teori Albino Zavascki, j. 15.08.2006.

Ou seja: pouco importa se havia ou não ciência de que o ato levaria o devedor à insolvência.

Tal fraude é mais grave do que a contra credores, eis que prejudica o credor e o regular andamento do processo. Nesse sentido, caracterizada a fraude à execução, incidirá a multa do art. 774, I, c/c art. 774, parágrafo único, do CPC, por ato atentatório à dignidade da justiça, além da sanção penal (art. 179 do CP).

De forma uníssona, o ato praticado em fraude à execução é um ato válido, mas **ineficaz** perante o credor (BUENO, 2010. p. 47; RODRIGUES, 2008. p. 588).

Sobre a possibilidade de sua caracterização incidental ou por meio de ação autônoma, há pequena controvérsia doutrinária: É amplamente majoritário o entendimento no sentido de que, para o reconhecimento da fraude à execução, basta uma simples petição incidental ao processo já pendente (NEVES, 2011. p. 874; RODRIGUES, 2008. p. 588). Há, contudo, brilhante doutrina que afirma ser necessário, tanto na fraude contra credores quanto na fraude à execução, o ajuizamento de uma ação comum, com procedimento comum, para que haja uma sentença transitada em julgado, com ampla possibilidade de defesa do terceiro adquirente e do devedor alienante, a fim de se preservar do devido processo legal. "*O devido processo legal* constitucionalmente assegurado há de ser prévio. Por isso, não o resguarda de modo satisfatório a possibilidade que a lei oferece ao adquirente de alegar e provar o seu direito através dos subsequentes embargos de terceiro." (GRECO, 1999. v. 1, p. 35-36)

Realmente, bem pesadas as coisas, no incidente de fraude à execução, tem-se dispensado a citação do adquirente, o que é de duvidosa constitucionalidade, já que, nos termos do art. 5º, LIV, da Constituição, "*ninguém será privado [...] de seus bens sem o devido processo legal*", o que impõe, no mínimo, a observância do princípio do contraditório. O certo é que, dispensada a citação, a decisão declaratória da fraude não faz coisa julgada contra o adquirente, que poderá opor embargos de terceiro, na pendência da ação, ou propor, depois dela, ação reivindicatória.

O STJ, entretanto, entende que o terceiro de boa-fé deve ser tutelado, pois, para o reconhecimento da fraude à execução, depende-se do registro da penhora do bem alienado ou da prova de má-fé do terceiro adquirente (Enunciado 375 do STJ). Perceba-se que alguém teria que ser sacrificado: ou o credor ou o terceiro de boa-fé – e, na hipótese em tela, optou-se por sacrificar o credor. A rigor, o que se exige é que o adquirente saiba da existência de ação ou apresente razões plausíveis que demonstrem ser impossível ignorá-las (NEVES, 2011. p. 874), devendo tal ônus ser exercido pelo credor.[84]

O STJ já asseverou **não** ser inaplicável seu próprio Enunciado de nº 375 na hipótese em que o imóvel penhorado foi doado aos filhos do executado quando eles ainda eram menores, mesmo que não tenha havido o registro do gravame, reduzindo os devedores (os pais) à insolvência.[85]

---

[84] STJ, 3ª T., REsp 804.044/GO, rel. Min. Nancy Andrighi, rel. p/ Ac Massami Uyeda, j. 19.05.2009.

[85] Informativo 477: STJ, 3ª T., REsp 1.163.114/MG, rel. Min. Luis Felipe Salomão, j. 16.06.2011. Precedentes citados: REsp 862.123-AL, *DJ* 04.06.2007; REsp 784.742-RS, *DJ* 04.12.2006; REsp 655.000-SP, *DJ* 27.02.2008; REsp 699.332-MG, *DJe* 09.11.2009.

398 | PROCESSO CIVIL SISTEMATIZADO – Haroldo Lourenço

Nessa linha, registrada a penhora e alienado o patrimônio, não haverá terceiro de boa-fé, pois existe **presunção absoluta** (RODRIGUES, 2008. p. 589) de fraude à execução (art. 844 do CPC). Sem o registro, deverá o credor provar a má-fé do terceiro.[86]

Por outro lado, o art. 792, § 2º, superou parcialmente o mencionado enunciado, pois no caso de aquisição de bem **não** sujeito a registro, o terceiro adquirente tem o ônus de provar que adotou as cautelas devidas, mediante a exibição das certidões pertinentes, obtidas no domicílio do devedor.

Em regra, a partir da **citação**, um ato deixa de ser fraude contra credores e passa a ser fraude à execução. A citação que marca a fraude à execução é a que se dá em qualquer processo que tenha como objeto, direto ou indireto, a dívida. Por exemplo, em uma ação cautelar preparatória de produção antecipada de provas, citado o demandado, eventual alienação posterior caracterizará fraude à execução. Assim, o ato de fraude à execução pode ocorrer no processo ou fase de conhecimento. Contudo, seu reconhecimento poderá ser na execução, tendo eficácia *ex tunc* (NEVES, 2011. p. 875).

Atente-se que haverá fraude à execução desde que haja prova inequívoca da ciência do devedor da existência do processo.[87] Pode ocorrer de o devedor, antes de formalmente citado, mas ciente da existência do processo, iniciar a dilapidação do patrimônio, o que caracterizaria somente fraude contra credores. Assim, provando o credor que o devedor já sabia do processo, há fraude à execução.[88]

Tanto a fraude à execução pode caracterizar-se antes da citação que o art. 828, § 3º, do CPC afirma que se presume em fraude à execução a alienação ou oneração de bens efetuada após a averbação da certidão extraída a partir da distribuição da execução: portanto, antes da citação.

24.6.3. Fraude do bem constrito judicialmente

Penhora é um ato de apreensão judicial, no qual o bem apreendido será empregado na satisfação do crédito, estando vinculado direta e individualizadamente ao processo. Na hipótese de alienação, haverá uma afronta ao processo.

A alienação do bem constrito judicialmente é uma espécie de fraude à execução, sendo, porém, ainda mais grave, pois já há penhora ou arresto. Nesse contexto, é dispensável tanto o *consilium fraudis* como o *eventus damni*: portanto, pouco importa se o devedor ainda possuiu outros bens penhoráveis, pois já ocorreu a individualização do bem objeto da responsabilidade patrimonial, produzindo a ineficácia da alienação (RODRIGUES, 2008. p. 589).

---

[86] STJ, 2ª T., REsp 810.489/RS, rel. Min. Eliana Calmon, j. 23.06.2009. Precedentes: REsp 944.250/RS, 2ª T.; AgRg no REsp 924.327/RS, 1ª T.; REsp 835.089/RS, 1ª T.; REsp 623.775/RS, 3ª T.

[87] Precedentes: REsp 944.250/RS, rel. Min. Castro Meira, *DJ* 20.8.2007; AgRg no REsp 924.327/RS, rel. Min. José Delgado, *DJ* 13.08.2007; AgRg no Ag 852.414/DF, rel. Min. Nancy Andrighi, *DJ* 29.06.2007. REsp 675.361/CE, rel. Min. Mauro Campbell Marques, 2ª T., j. 25.08.2009, *DJe* 16.09.2009.

[88] STJ, REsp 1.067.216/PR, rel. Min. Sidnei Beneti, 3ª T., j. 25.05.2009.

24.6.4. Quadro sinótico

FRAUDE CONTRA CREDORES	FRAUDE À EXECUÇÃO
Prevista no art. 158 do CC/2002 como um vício do negócio jurídico;	Art. 792 do CPC;
Exige-se: *eventus damni* (objetivo-dano) e *consilium fraudis* (subjetivo). Ocorrendo alienações gratuitas ou remissão de dívidas (art. 158, *caput*, do CC/2002), é suficiente o requisito objetivo;	Dispensa o requisito subjetivo;
Não obstante a redação do art. 171, II, do CC/2002, bem como o Enunciado 195 do STJ, a alienação é válida, mas ineficaz em relação ao credor;	Ato é válido, mas ineficaz (em relação ao credor);
É comprovada mediante uma ação pauliana/revocatória, não sendo possível usar embargos de terceiro para tanto (Súm. 195 do STJ);	Mera petição incidental ao processo;
Caracteriza-se antes de qualquer processo.	Na pendência de processo (citação), ou seja, não necessariamente na execução.

25
CUMPRIMENTO PROVISÓRIO DE SENTENÇA

25.1. NOÇÕES GERAIS

Inicialmente, cumpre registrar que, a rigor, não é o cumprimento que é provisório, mas o **título** que a sustenta. O determinante nesse ponto é a estabilidade do título: se definitivo ou provisório.

Busca-se compensar o credor em virtude da interposição de recurso por parte do devedor, bem como desestimular a utilização de recursos protelatórios, postergando indefinidamente o início da atividade executiva.

Cumpre registrar a regra esculpida no art. 995 do CPC/2015, de onde se extrai que os recursos no processo civil, em regra, **não** suspendem a eficácia da decisão. Sendo assim, em regra, interposto recurso será admissível cumprimento provisório de sentença (art. 1.027, § 2º, art. 1.026 e art. 1.029, § 5º), contudo, por exemplo, interposta uma apelação não será admissível cumprimento provisório, salvo se for uma das hipóteses previstas no art. 1.012, § 1º.

A grande dificuldade está em conciliar os interesses do credor e do devedor, exigindo-se requerimento para o cumprimento de sentença provisório, além de assegurar a reversibilidade da execução e a atribuir responsabilidade objetiva ao exequente.

25.2. HIPÓTESES DE ADMISSIBILIDADE

A partir da reforma sofrida pelo CPC/1973 pela Lei 11.382/2006, o art. 587, passou a admitir execução provisória baseada em título extrajudicial, contudo, o CPC/2015 não regula sequer o tema, somente havendo previsão de cumprimento provisório de sentença que reconhece a exigibilidade de obrigação de pagar quantia certa, como se observa dos arts. 520 a 522 do CPC/2015.

Nesse sentido, podemos afirmar que o legislador se posicionou no sentido de que **toda execução extrajudicial, embargada ou não, é definitiva**, como já consagrado há muito tempo na Súmula 317 do STJ.

Nas hipóteses previstas no **art. 515, incisos VI a IX, do CPC não** há que se falar em execução provisória, pois tais títulos pressupõem o trânsito em julgado da decisão para se formarem, como se observa da redação dos mencionados incisos.

402 | PROCESSO CIVIL SISTEMATIZADO – *Haroldo Lourenço*

De igual modo, ao cumprimento provisório de sentença que reconheça obrigação de fazer, de não fazer ou de dar coisa aplica-se, no que couber, o disposto no cumprimento provisório que reconheça obrigações de pagar quantia certa (art. 520, § 5º).

25.3. ASPECTOS PROCEDIMENTAIS

Na dicção do art. 520 do CPC, o cumprimento provisório de sentença far-se-á, no que couber, do **mesmo modo que o cumprimento de sentença definitivo**, portanto, deverão ser observadas as mesmas regras processuais, contudo, o desafio é observarmos as peculiaridades.

Destarte, alguns pontos merecem destaque, os quais serão analisados item a item para fins didáticos.

25.4. FORMALIZAÇÃO

Na hipótese de cumprimento de sentença provisório haverá um recurso pendente em julgamento, assim, fisicamente os autos do processo irão para o tribunal, o que dificulta a sua realização, que tem que se desenvolver no primeiro grau de jurisdição, **salvo** nas ações de competência originária.

Tradicionalmente, a execução provisória se dá por **carta de sentença**, contudo, **não** há mais tal nomenclatura na legislação processual, referindo-se à mera petição, instruída com cópias dos documentos listados no art. 522, parágrafo único, cuja **autenticidade** poderá ser certificada pelo advogado, sob pena de responsabilidade pessoal. Nessa linha, a doutrina há defendida que tinha havido o banimento da carta de sentença (RODRIGUES, 2008. p. 601; DIDIER JR., 2010. v. 5, p. 195).

É fato que o ponto de tensão que existia entre advogado e cartório foi sanado, porém, caso o magistrado entenda que a petição inicial está incompleta ou que é necessário algum documento não apresentado pelo exequente, deverá conceder prazo para **emenda**, na forma do art. 801 do CPC, **não** podendo indeferir tal requerimento de maneira liminar (NEVES, 2011. p. 911), de igual modo, deverá ser claro em sua determinação e fundamentar sua decisão.

25.5. AUTOS APARTADOS OU MESMOS AUTOS?

Por fim, cumpre registrar que, geralmente, o cumprimento provisório de sentença se dará em **novos autos**, embora tal regra não seja absoluta (se é que ela existe):

Haverá processamento em autos **separados**, por exemplo, na pendência do agravo pela inadmissão de recurso especial e/ou extraordinário, eis que se processa nos mesmos autos do processo principal, como se extrai do art. 1.042 do CPC e do Enunciado 225 do FPPC, fazendo com que suba todo o processo, bem como nas hipóteses em que a apelação terá duplo efeito (art. 1.012, § 1º).

Na hipótese, por exemplo, de agravo de instrumento contra decisão de tutela provisória (art. 1.015, I, do CPC), o cumprimento provisório de sentença será realizado nos **mesmos autos** do processo principal.[1]

---

[1]   STJ, 1ª T., REsp 1.098.028/SP, rel. Min. Luiz Fux, j. 02.03.2010.

25.6. EXIGÊNCIA DE REQUERIMENTO

Não se admite que o cumprimento provisório de sentença se inicie de ofício, justamente para o credor avaliar a possibilidade de êxito, se existem bens, a probabilidade do tribunal reformar ou anular a decisão recorrida e, principalmente, ponderar os riscos diante da **responsabilidade objetiva** a que estará sujeito (art. 520, I, do CPC).

Cumpre registrar que o cumprimento de sentença, com base em título definitivo, para pagar quantia, exige requerimento para o seu início (art. 523), contudo, o cumprimento de sentença para as obrigações de fazer, não fazer ou entregar coisa se inicia de ofício, como se observa dos arts. 536 e 538 do CPC).

25.7. CAUÇÃO. NATUREZA JURÍDICA. DISPENSA

Sem dúvida, a exigência de caução é um dos pontos mais peculiares da execução provisória. Inicialmente, cumpre registrar que em nenhuma hipótese se exige caução para **propositura** da execução provisória, pois o art. 520, IV, é nítido ao afirmar que somente se mostra necessária a **caução suficiente e idônea, arbitrada de plano pelo juiz e prestada nos próprios autos** no momento de levantamento de depósito em dinheiro e a prática de atos que importem transferência de posse ou alienação de propriedade ou de outro direito real, ou dos quais possa resultar grave dano ao executado, dependem de caução.

A doutrina se divide sobre a natureza jurídica da caução:

(i) Há quem afirme ser uma **contracautela.** Note-se que ela somente pode ser exigida se o executado estiver na iminência de sofrer, ao menos, ameaça de dano a direito seu, como se extrai do art. 520, IV, ao afirmar sua exigência para a prática de ato que *"possa resultar grave dano ao executado"* (seria uma norma de desfecho) (BUENO, 2010. p. 147; DIDIER JR., 2010. v. 5, p. 201-202). Cremos ser esse o melhor entendimento;

(ii) Majoritariamente, afirma-se que essa caução tem natureza de **garantia legal**, afastando a ideia de cautelaridade, eis que, independentemente de qualquer requisito, em determinado momento processual, deverá ser prestada por exigência legal (NEVES, 2011. p. 905).

A rigor, há uma função de contracautela. Sendo o cumprimento provisório o título executivo pode ser reformado ou anulado, então, a caução é uma garantia de ressarcimento de eventuais danos suportados pelo executado, dispensando-se qualquer análise no que se refere a *fumus boni iuris* ou *periculum in mora*. Nesse sentido, mesmo que **não** haja risco de lesão ou grave dano, deverá ser exigida a caução.

O art. 520, IV, enumera os requisitos dessa caução.

O primeiro requisito é ser a caução **suficiente e idônea**, ou seja, deve ser fixada em valor suficiente para ressarcir os danos do executado.

Na prática, a determinação do que vem a ser **suficiente** é uma árdua tarefa, pois se refere a um dano futuro e eventual, que nem sempre representará, precisamente, o valor do crédito exequendo (aspecto subjetivo).

Idônea é uma caução séria, no aspecto formal, ou seja, confiável; por exemplo, a indicação de um fiador (caução fidejussória), com longo histórico de dívidas, ou um bem litigioso, não se mostra idônea (aspecto objetivo).

404 | PROCESSO CIVIL SISTEMATIZADO – *Haroldo Lourenço*

Noutro giro, ao afirmar o legislador que será prestada **"nos próprios autos"** está, nitidamente, dispensando um processo autônomo para a análise da caução (BUENO, 2010. p. 147). Já no que tange à afirmação de que a caução pode ser prestada **"de plano"**, cumpre uma análise mais apurada. Diante da dificuldade na fixação do valor da caução, as partes devem ser ouvidas, abrindo-se contraditório prestigiando o princípio da cooperação, ainda que de modo incidental (NEVES, 2011. p. 907; BUENO, 2010. p. 148; RODRIGUES, 2008. p. 601).

A expressão **"de plano"** não pode gerar a conclusão de que o juiz deve determinar a prestação da caução de ofício, pois seria uma exigência cogente da lei. Nesse contexto, **não** deve o juiz exigi-la de ofício, pois o interesse é tão somente do executado e, caso ele não requeira, não pode o juiz suprir a sua inércia (NEVES, 2011. p. 907; BUENO, 2010. p. 147).

Por fim, a caução pode **real ou fidejussória**. Será real a caução que incida sobre bens móveis ou imóveis. Será fidejussória se incidir sobre uma pessoa, como no caso de um fiador ou um avalista.

Sem desnaturar o cumprimento provisório, a caução pode ser dispensada (art. 521), tornando-a mais próxima ainda do cumprimento definitivo, **salvo** se a dispensa puder resultar manifesto risco de grave dano de difícil ou incerta reparação. Vejamos as hipóteses de dispensa:

(i) Sendo execução de natureza alimentar, **independentemente** da sua origem, ou seja, por parentesco, matrimônio, reclamação trabalhista, alimentos derivados de responsabilidade civil etc.;

(ii) Se o credor demonstrar situação de necessidade;

(iii) Na pendência do agravo do art. 1.042 do CPC (redação dada pela Lei 13.256/2016), manejado contra a decisão denegatória de seguimento de recurso extraordinário e recurso especial. Estando o processo nesse estágio procedimental, a chance de a decisão exequenda ser modificada ou reformada é pequena. Nesse ponto, o legislador demonstrou sua clara preocupação com a satisfação do crédito, pois dispensou um juízo de certeza, utilizando-se de um juízo de probabilidade;

(iv) A sentença a ser provisoriamente cumprida estiver em consonância com súmula da jurisprudência do STF ou do STJ ou em conformidade com acórdão proferido no julgamento de casos repetitivos;

(v) Há, ainda, a possibilidade de se dispensar a prestação de caução por meio de negócio jurídico processual (Enunciado 262 do FPPC).

Cabe registrar que se o executado provar que essa dispensa da caução pode lhe gerar um dano grave, irreparável ou de difícil/incerta reparação, o exequente pode restar obrigado a caucionar o juízo. E, caso o executado requeira a caução e o juiz a indefira, a solução será a interposição de **agravo de instrumento**, com pedido de efeito suspensivo (art. 1.015, parágrafo único).

25.8. RESPONSABILIDADE DO EXEQUENTE

O cumprimento provisório é baseado na **teoria do risco-proveito**, pois é extremamente proveitoso ao exequente e, por conseguinte, todo o risco lhe é apontado, por meio de uma **responsabilidade objetiva**, sendo o elemento culpa insignificante, bastando prova de que houve danos e o nexo causal.

Cap. 25 · CUMPRIMENTO PROVISÓRIO DE SENTENÇA | 405

Se a decisão exequenda for reformada ou anulada, o exequente provisório é, automaticamente, condenado a pagar todos os danos suportados pelo executado (art. 520, II, do CPC).

Afirma o legislador que as **"partes"** serão restituídas **"ao estado anterior"**. Não obstante o legislador não ser suficientemente claro, afirma a doutrina que um terceiro adquirente **não** deverá devolver o bem expropriado, bastando indenizar. Deve ser protegido o terceiro adquirente do bem penhorado, não retornando o bem ao patrimônio do executado (NEVES, 2011. p. 910; BUENO, 2010. p. 157; THEODORO JR., 2006. v. 2, p. 88; ASSIS, 2006. p. 159).

Não obstante a unanimidade doutrinária sobre o tema, há dispositivos no ordenamento que dificultam a aplicação de tal regra. Na lei de registros públicos, por exemplo, a sentença de nulidade ou anulação de casamento somente pode ser registrada se não pender recurso sobre a mesma. O art. 886, VI, do CPC/2015 afirma ser obrigatória a menção no edital da existência de recursos sobre os bens a serem arrematados. Esses dois dispositivos, assim, dão a entender que é possível a devolução do bem expropriado.

Por outro lado, o art. 903 do CPC/2015, afirma que assinado o auto pelo juiz, pelo arrematante e pelo leiloeiro, a arrematação será considerada perfeita, acabada e irretratável.

Observe-se que, com a liquidação dos danos sofridos pela parte que estava sendo executada provisoriamente, teremos uma *"inversão dos polos"*, pois, o antigo executado virará exequente, sempre nos mesmos autos do processo. Assim, a liquidação incidental, na qual vai haver a inversão nos polos e o futuro cumprimento de sentença, desenvolver-se-ão nos mesmos autos.

25.9. MULTA DO ART. 523 NA EXECUÇÃO PROVISÓRIA

Um dos pontos mais polêmicos no campo doutrinário era sobre a aplicação ou não da multa prevista, atualmente, no art. 523 do CPC ao cumprimento provisório de sentença.

O art. 520, § 2º, do CPC é expresso em afirmar a **incidência** da **multa** pelo não pagamento voluntário, bem como pela fixação de **honorários** advocatícios, o que já era defendido pela doutrina majoritária,[2] contrariando o posicionamento que o STJ adotou no CPC/1973.[3]

---

[2]   BUENO, Cassio Scarpinella. Variações sobre a multa do *caput* do art. 475-J do CPC na redação da Lei 11.232/2005. In: WAMBIER, Teresa Arruda Alvim (coord.). *Aspectos polêmicos da nova execução,* 3. São Paulo: RT, 2006. p. 149-158; CARNEIRO, Athos Gusmão. *Cumprimento da sentença civil.* Rio de Janeiro: Forense, 2007. p. 53-54; MARINONI, Luiz Guilherme; ARENHART, Sérgio Cruz. *Curso de processo civil.* São Paulo: RT, 2007. v. 3, p. 237-238. Esse também é o critério usado por: ASSIS, Araken de. *Cumprimento da sentença.* Rio de Janeiro: Forense, 2006. p. 212. CÂMARA, Alexandre Freitas. *A nova execução de sentença.* 3. ed. Rio de Janeiro: Lumen Juris, 2007. p. 116; BONDIOLI, Luis Guilherme Aidar. *O novo CPC:* a terceira etapa da reforma. São Paulo: Saraiva, 2006. p. 88; PAVAN, Dorival Renato. Procedimento e forma para a intimação do devedor para cumprimento voluntário da sentença: art. 475-J da Lei 11.232/2005. *RePro.* São Paulo: RT, ano 31, n. 139, p. 125, 128-129, set. 2006; GÓES, Gisele Santos Fernandes. Aspectos procedimentais dos arts. 475-J da Lei 11.232/2005 e 740, parágrafo único, da Lei 11.382/2006: ênfase no prazo de 15 dias e a natureza jurídica das multas. In: SANTOS, Ernane Fidélis dos; WAMBIER, Luiz Rodrigues; NERY JR., Nelson; WAMBIER, Teresa Arruda Alvim (Coord.). *Execução civil: estudos em homenagem ao professor Humberto Theodoro Júnior.* São Paulo: RT, 2007. p. 811; FERNANDES, Sérgio Ricardo de Arruda. Os atos de comunicação processual do devedor na disciplina da Lei 11.232. In: SANTOS, Ernane Fidélis dos et al. *Execução civil:* estudos em homenagem ao professor Humberto Theodoro Júnior. São Paulo: RT, 2007. p. 950; NEVES, Daniel Amorim Assumpção. Início do cumprimento da sentença. In: _____; RAMOS, Glauco Gumerato; FREIRE, Rodrigo da Cunha Lima; MAZZEI, Rodrigo. *Reforma do CPC:* Leis 11.187/2005, 11.232/2005, 11.276/2006, 11.277/2006 e 11.280/2006. São Paulo: RT, 2006. p. 211-212.

[3]   STJ, 3ª T., AgRg no REsp 1208854/SP, rel. Min. Massami Uyeda, j. 10.05.2011.

406 | PROCESSO CIVIL SISTEMATIZADO – *Haroldo Lourenço*

25.10. EXECUÇÃO PROVISÓRIA CONTRA A FAZENDA PÚBLICA E SEUS LIMITES

A priori, em execução consistente em obrigação de fazer, não fazer e entrega de coisa **não** há qualquer empecilho legal ao cumprimento provisório de sentença contra a Fazenda Pública, porém, alguns pontos merecem destaque.

Cremos que há alguns limites que devem ser observados, ainda que se refira à obrigação de fazer, não fazer e entrega de coisa:

(i) Como cediço, o **mérito administrativo** não pode ser invadido pelo Judiciário, principalmente para analisar conveniência e oportunidade. Assim, a imposição de um fazer à Fazenda Pública deve ser analisada *cum grano salis*.

Tratando-se de ato vinculado, vemos restrição a essa imposição, pois todos os elementos do ato estão definidos em lei. No que se refere aos atos discricionários, é possível o controle judicial, respeitando-se a discricionariedade administrativa[4] nos limites em que ela é assegurada à Administração Pública pela lei (DI PIETRO, 2010. p. 217).

Nos apertados limites do presente trabalho, um ponto que vem despertando interesse refere-se à discricionariedade técnica, também denominada de discricionariedade imprópria, que não se identificaria com a discricionariedade administrativa, pois não permitiria decisão segundo critérios de oportunidade e conveniência. Assim, o que se denomina de discricionariedade técnica seria, a rigor, pura vinculação (DI PIETRO, 2007, p. 18).

(ii) Há um segundo limite trazido pela ausência de **legitimidade democrática** dos órgãos jurisdicionais, pois não são eleitos diretamente pelo povo. Muito se fala, atualmente, no papel do STF, no desempenho da jurisdição constitucional, pois ele tem proferido, muitas vezes, decisões de caráter nitidamente contramajoritário, em clara demonstração de que seus julgamentos, quando assim proferidos, objetivam preservar os mandamentos constitucionais, a intangibilidade de direitos, interesses e valores que identificam os grupos minoritários expostos a situações de vulnerabilidade jurídica, social, econômica ou política e que, por efeito de tal condição, tornam-se objeto de intolerância, de perseguição, de discriminação e de injusta exclusão. Nesse sentido, o Judiciário tem assumido o papel da preservação e do reconhecimento dos direitos das minorias, por se tratar de questão impregnada do mais alto relevo.[5]

(iii) Terceiro limite que se poderia colocar é o **princípio da separação de funções**, pois os poderes são independentes e harmônicos.

---

[4] Segundo a doutrina administrativista, há discricionariedade administrativa quando a lei deixa à Administração a possibilidade de, no caso concreto, escolher entre duas ou mais alternativas, todas válidas perante o direito. E essa escolha se faz segundo critérios de oportunidade, conveniência, justiça, equidade, interesse público, sintetizados no que se convencionou chamar de mérito administrativo.

[5] Referências extraídas do voto no MS 24.831/DF, rel. Min. Celso de Mello; MS 24.849/DF, rel. Min. Celso de Mello; e MS 26.441/DF, rel. Min. Celso de Mello.

Cap. 25 · CUMPRIMENTO PROVISÓRIO DE SENTENÇA | 407

(iv) Por fim, há o limite estampado na **reserva do possível**, seja no aspecto fático ou jurídico, como na escassez de mão de obra e de recursos ou na responsabilidade fiscal e vinculação ao orçamento.

A grande questão se refere à execução de obrigação para pagamento de quantia certa. Há duas formas de executar a Fazenda Pública na obrigação para pagamento de quantia certa: (i) ou pelo sistema de precatórios; (ii) ou por meio de requisição de pequeno valor (RPV).

Nesse contexto, como o art. 100 da CR/1988 exige tanto para expedir o precatório, quanto para o RPV, o trânsito em julgado da decisão, resta inadmissível a execução provisória quando se trata de obrigação para o pagamento de quantia.

Cumpre registrar que o STJ[6] permite a expedição de precatório **antes** do trânsito em julgado quando houver parcela incontroversa da pretensão; todavia, tal parcela será executada definitivamente.

No que se refere ao reexame necessário (art. 496 do CPC), por ser um instituto, em regra, voltado para a Fazenda Pública, na sua pendência não é admissível a execução provisória, como se extrai do Enunciado 423 do STF.[7] Há, porém, quem aplique a literalidade do Enunciado 423 do STF, afirmando que o reexame somente impede o trânsito em julgado da decisão, admitindo, assim, a execução provisória, alicerçando-se no art. 14 §§ 1º e 3º da Lei 12.016/2009 (NEVES, 2011. p. 912).

---

[6]   STJ, Corte Especial, EREsp 658.542/SC, rel. Min. Francisco Peçanha Martins, j. 01.02.2007, *DJ* 26.02.2007.

[7]   Súmula 423 do STF: "Não transita em julgado a sentença por haver omitido o recurso *ex officio*, que se considera interposto *ex lege*."

26

LIQUIDAÇÃO DE SENTENÇA

26.1. CONSIDERAÇÕES INICIAIS

Como visto, para a deflagração da atividade executiva, faz-se necessário, entre outros requisitos, um título executivo que consubstancie uma **obrigação certa, líquida e exigível** (arts. 786 e 783 do CPC).

Entretanto, não é incomum situações em que seja indispensável a formulação de um pedido genérico (art. 324, § 1º, do CPC), por não ser possível a determinação do valor pretendido ou da quantidade do bem pretendido. Tal pedido é **excepcional**, pois a regra é a formulação de pedidos certos (*an debeatur*) e determinados (*quid debeatur*),[1] eis que se deve identificar na demanda não só o bem da vida pretendido (certeza), mas a quantidade pretendida (liquidez), na forma dos art. 322 e 324 do CPC.

Os incisos do § 1º do art. 324 permitem a formulação do pedido[2] sem a determinação do valor ou da quantidade, muito embora guardando o requisito da certeza, ou seja, o que é pretendido deve sempre ser formulado. O pedido sempre será certo, podendo, ou não, ser indeterminado.

Assim, tendo sido formulado pedido certo e determinado, que é a regra geral, é **vedado** ao magistrado prolatar sentença que não exalte a certeza e liquidez do direito pretendido. Contudo, formulado pedido genérico, o magistrado deverá tentar ao máximo prolatar sentença que defina desde logo a extensão da obrigação, o índice de correção monetária, a taxa de juros, o termo inicial de ambos e a periodicidade da capitalização dos juros, se for o caso (art. 491 do CPC)[3].

Observe-se que a sentença genérica é um título executivo, porém, a **obrigação** constante de tal título não ostenta liquidez. É imperioso não confundir título executivo com a obrigação nele constante.

---

[1] Observe-se que a doutrina, em uma só voz, informa que a conjunção alternativa "ou" deve ser lida como a aditiva "e", pois o pedido deve ser certo e determinado.
[2] Embora o inciso primeiro esteja no rol trazido pelo legislador, não vemos nele uma hipótese de pedido genérico, eis que se refere à universalidade de bens e direitos, como uma biblioteca ou uma herança, em que não se tem uma verdadeira indeterminação do quanto devido.
[3] STJ, REsp 1.837.436/SP, 3ª T., rel. Min. Nancy Andrighi, j. 12.03.2020.

PROCESSO CIVIL SISTEMATIZADO – *Haroldo Lourenço*

Estabelecidas tais premissas, diante de uma sentença ilíquida, antes de iniciarmos a fase executiva, será necessária uma fase intermediária, denominada pelo CPC de *"liquidação de sentença"* (arts. 509 a 512).

26.2. OBRIGAÇÕES LIQUIDÁVEIS

Não obstante sempre afirmarmos que a sentença é ilíquida, a rigor, **não** é a sentença que é ilíquida, mas o direito nela consubstanciado que precisa ser liquidado (CÂMARA, 2008. v. 2, p. 206). Atualmente, o art. 509 afirma que será realizada liquidação da sentença que condenar **ao pagamento de quantia ilíquida**. Liquidar significa determinar o objeto da condenação, para que se estabeleça exatamente o se pretende obter.

No que se refere a quais obrigações podem ser liquidadas, a doutrina controvertia sobre o que poderia ser objeto de liquidação, tendo o legislador adotado a concepção **majoritária**, no sentido de que liquidar significa determinar o objeto da execução, ou seja, o valor da obrigação exequenda. Assim, a única obrigação passível de liquidação é a obrigação de pagar quantia (DINAMARCO, 2004. v. 4, p. 213-214), como previsto no art. 509.

Há, contudo, forte entendimento que afirma que todas as obrigações são liquidáveis, como a **obrigação de fazer, de entregar e de pagar** (DIDIER JR., 2010. v. 5, p. 113). Cremos ser esse o entendimento acertado, tendo a redação do CPC melhorado, porém, deve ser interpretada extensivamente, pois não só o valor pode ser apurado em liquidação, mas a quantidade de determinada coisa também.

Assim, pode-se conceituar a liquidação de sentença como o incidente processual hábil a dotar de liquidez o direito consubstanciado em uma sentença condenatória, prolatada sem tal predicado, tornando adequada a tutela jurisdicional executiva.

26.3. TÍTULOS LIQUIDÁVEIS

Categoricamente, afirma a doutrina que somente os **títulos executivos judiciais** comportam liquidação, incluindo nesse rol a sentença condenatória civil, a sentença e a interlocutória estrangeiras, sentença arbitral (NEVES, 2011. p. 915). Cumpre registrar que, a rigor, **não** é sentença ou a interlocutória estrangeira que será liquidada, mas o acórdão do STJ que a homologou.

No que se refere à sentença arbitral, há polêmica quanto à admissibilidade de liquidação. Parcela da doutrina afirma que a sentença arbitral **não** pode ser objeto de liquidação, excluindo-a, portanto, do rol dos títulos liquidáveis (ZAVASCKI, 2004. p. 387; FIGUEIRA JR., 1999. p. 276-277), porém, outra parcela da doutrina afirma que a sentença arbitral é tão liquidável quanto a sentença judicial (WAMBIER, 2006. p. 210-212; CÂMARA, 2007. p. 126-127; LUCON, 2008. p. 1.550; ASSIS, 2007. p. 167-168).

A rigor, seria algo incongruente uma sentença arbitral ilíquida, devido à própria natureza da arbitragem, pois, ao contratar um terceiro, da confiança de ambas as partes, para a solução do litígio, dificilmente o árbitro irá prolatar uma sentença ilíquida, todavia, acontecendo, o mais recomendável é permitir a sua liquidação.

Cap. 26 · LIQUIDAÇÃO DE SENTENÇA | 411

Afirma a doutrina que o título extrajudicial, necessariamente, deverá ser líquido, pois, do contrário, faltará um elemento indispensável para a sua constituição como título (NEVES, 2011. p. 915).

Cumpre, porém, registrar que iniciada uma **execução extrajudicial** para entrega de coisa certa ou para fazer ou não fazer, pode ser que não seja possível obter o cumprimento da obrigação na forma específica, o que exigirá a sua conversão em perdas e danos, a ser apurada mediante liquidação (arts. 809, § 2º; 816, parágrafo único; 821, parágrafo único e 823, parágrafo único, do CPC).[4]

26.4. VEDAÇÕES À SENTENÇA ILÍQUIDA

Como visto, a regra é a prolação de sentença líquida, ainda que o pedido seja genérico (art. 491 do CPC).

Há, contudo, procedimento em que se proíbe a prolação de sentenças ilíquidas, como no **juizado especial cível**, no qual é possível a formulação de pedido genérico, todavia, é vedada a prolação de sentença ilíquida (art. 14 § 2º, c/c art. 38, parágrafo único c/c art. 52, I, da Lei 9.099/95).

Mesmo diante da nítida proibição existente no art. 38 da Lei 9.099/1995, em sede de **juizado especial federal** o FONAJEF,[5] adota o entendimento de que é admissível sentença que não tenha uma total liquidez, desde que contenha parâmetros para tanto.

26.5. COGNIÇÃO. NATUREZA JURÍDICA DA DECISÃO. FIDELIDADE AO TÍTULO

O art. 1.015, parágrafo único, do CPC afirma, expressamente, ser admissível **agravo de instrumento** o recurso cabível da decisão interlocutória prolatada na fase de liquidação de sentença, o que é confirmado pelo Enunciado 145 do II CJF.[6]

Ocorre, contudo, que não se pode desprender do art. 203, §§ 1º e 2º do CPC/2015, ou seja, se a decisão proferida na liquidação de sentença vier a encerrá-la, será uma sentença, recorrível, portanto, por **apelação**. Sendo assim, ao fixar o *quantum debeatur,* **haverá resolução de mérito** sendo, no mínimo, uma decisão interlocutória diferenciada, ou seja, uma interlocutória de mérito, ficando acobertada pela coisa julgada material e rescindível (art. 966).

Ressalte-se que, nem sempre, a decisão da liquidação tem como conteúdo a fixação do valor, pois é possível que seja proferida uma **decisão terminativa**, em virtude de um vício procedimental insanável e, como encerrará o procedimento, será cabível recurso de **apelação**. Pela mesma trilha, é possível que se reconheça a prescrição e

---

[4] Arguta observação feita por: DIDIER JR., Fredie. *Curso de direito processual civil.* Execução cit., 2. ed., v. 5, p. 114. Admitindo liquidação de título extrajudicial sem ressalvas: NERY JR., Nelson; NERY, Rosa Maria de Andrade. *Código de Processo Civil comentado e legislação extravagante.* 10. ed. rev. ampl. e atual. São Paulo: RT, 2007. p. 721.

[5] Enunciado 32: "A decisão que contenha os parâmetros de liquidação atende ao disposto no art. 38, parágrafo único, da Lei 9.099/1995".

[6] Enunciado 145 do II CJF: "O recurso cabível contra a decisão que julga a liquidação de sentença é o Agravo de Instrumento".

412 | PROCESSO CIVIL SISTEMATIZADO – *Haroldo Lourenço*

a decadência, evitando-se o cumprimento de sentença, podendo ser antecipadas as matérias do art. 525 § 1º, que traz as hipóteses de impugnação ao cumprimento de sentença (DIDIER JR., 2010. v. 5, p. 127), recorrível por **apelação** (NEVES, 2011. p. 920), eis que o art. 1.015, parágrafo único, refere-se à decisão interlocutória.

Já no que se refere à natureza jurídica do conteúdo jurisdicional de tal decisão, controverte a doutrina:

(i) Majoritariamente, a decisão que fixa o valor é meramente **declaratória**, dado que os elementos que possibilitam a determinação do valor já constam no título, não criando o juiz um valor, somente o declarando, afastando a insegurança jurídica quanto a essa determinação (NEVES, 2011. p. 921; DINAMARCO, 2004. v. 4, p. 625);

(ii) Minoritariamente, afirma-se que essa é uma decisão **constitutivo-integrativa** (NERY JR.; NERY, 2007. p. 720; ASSIS, 2006. p. 105), pois cria nova situação jurídica, que é a possibilidade do desencadeamento dos atos executivos, ou seja, cria a exequibilidade do título executivo, portanto, gera uma mudança da situação jurídica.

Independentemente da corrente doutrinária seguida, pois se trata de discussão meramente acadêmica, a função da decisão na liquidação de sentença é integrar o título executivo. O título executivo possuía somente o *an debeatur* e, com a decisão da liquidação, passa a ter o *quantum debeatur*.

No que toca à cognição exercida na liquidação de sentença, ela é **limitada**, pois a liquidação é um incidente processual que visa tão somente à determinação do valor devido, **não** sendo admissível a discussão de qualquer outra questão estranha a esse objeto, principalmente sobre a existência ou não do direito do credor. Esta questão já restou estabelecida em uma decisão judicial, prolatada sob cognição exauriente, não podendo ser modificada por um incidente processual, emanado de uma cognição superficial.

Trata-se, exclusivamente, de revelar a expressão quantitativa do débito, nada mais (BARBOSA MOREIRA, 2008. p. 188). Assim apregoa o art. 509, § 4º consagra o denominado **princípio da fidelidade ao título executivo** (DIDIER JR., 2010. v. 5, p. 124), pois, se já houve trânsito em julgado da decisão a ser liquidada, a análise de questão estranha à liquidação ofenderá a coisa julgada e, se ainda houver recurso pendente, haverá litispendência.

De igual modo, há ofensa ao referido princípio quando se busca discutir na liquidação *an debeatur* fora dos limites estabelecidos na sentença, como na hipótese de se buscar além dos valores a título de danos morais fixados no título, prestações a título de danos materiais.

Por fim, tal princípio comporta **exceções**, como os juros moratórios (Enunciado 254 do STF), a correção monetária (NERY JR.; NERY, 2007. p. 722) e as custas processuais.

26.6. LIQUIDAÇÃO PROVISÓRIA. LIQUIDAÇÃO CONTRA A FAZENDA PÚBLICA

Sendo a obrigação contida no título ilíquida, naturalmente, para iniciar a execução provisória ou definitiva, será necessária a liquidação de sentença.

Cap. 26 · LIQUIDAÇÃO DE SENTENÇA | **413**

Para se realizar a liquidação provisória **basta a pendência do recurso, independentemente** do efeito do mesmo (art. 512 do CPC), diferentemente do art. 513, § 1º, em que somente se permite cumprimento provisório se ao recurso **não** foi atribuído efeito suspensivo. Enfim, para a liquidação provisória basta estar na pendência de um recurso, já para o cumprimento provisório a esse recurso não pode ter sido atribuído efeito suspensivo.

Assim, a liquidação tornou-se um **efeito secundário da sentença** (NEVES, 2011. p. 918), em nome da celeridade processual, pois a recorribilidade da decisão judicial por meio de um recurso com efeito suspensivo, que é excepcional (art. 995), não retira a possibilidade de liquidação provisória.

Ainda, à semelhança do cumprimento provisório, à liquidação provisória aplica-se a **teoria do risco-proveito**, possuindo o autor da liquidação provisória de sentença **responsabilidade objetiva**. Cumpre, contudo, ressaltar que a liquidação dificilmente terá a potencialidade de gerar prejuízos.

A liquidação provisória de sentença processar-se-á em **autos apartados**, no juízo de origem, cumprindo ao liquidante instruir o pedido com as peças processuais pertinentes (art. 512), podendo o patrono da parte valer-se da previsão inserta no art. 425, IV, do CPC. Não pendendo recurso algum, a liquidação processar-se-á nos próprios autos, eis que será definitiva.

Por fim, nada impede que se realize liquidação de sentença, provisória ou definitiva, contra a **Fazenda Pública**, aplicando-se as regras do art. 509 a 512. Enfim, a liquidação de sentença, provisória ou definitiva, é totalmente admissível contra a Fazenda Pública, diferentemente do cumprimento provisório, como analisado no capítulo anterior.

26.7. LEGITIMIDADE: CREDOR OU DEVEDOR

Naturalmente, o requerente da liquidação será o **credor**, pois é o mais interessado em apurar o valor devido e, assim, promover a execução do julgado.

Ocorre que o **devedor** tem o direito de quitar o seu débito e, diante da inércia do credor em promover a liquidação, tal direito estará sendo violado. Então, pode também o devedor dar início à liquidação (DIDIER JR., 2010. v. 5, p. 122; BUENO, 2008. p. 128; NEVES, 2011. p. 925).

Esse foi o entendimento adotado pelo art. 509 do CPC, que admite sua realização tanto pelo credor como pelo devedor.

26.8. MODALIDADES DE LIQUIDAÇÃO

A liquidação é um **incidente**, de natureza cognitiva, entre a fase de conhecimento e a fase de execução, eis que a sentença condenatória que "acertou" o direito **não** determinou o seu valor. Aliás, não faz sentido defender a liquidação como um processo autônomo se nem o processo de conhecimento e a execução são autônomos.

Uma vez prolatada a decisão no incidente de liquidação, não sendo mais cabível a sua impugnação, esta se incorporará à sentença, sendo hábil à produção de **coisa julgada**.

414 | PROCESSO CIVIL SISTEMATIZADO – *Haroldo Lourenço*

Cumpre registrar que há hipóteses em que, para o início da liquidação incidental, far-se-á necessária convocação de maneira formal do réu ao procedimento, ou seja, o réu será **citado** (art. 515, § 1º), o que se dará nas hipóteses trazidas pelos incisos VI a IX do art. 515 e do acórdão que julga procedente revisão criminal (art. 630 do CPP). Nessas hipóteses, controverte a doutrina sobre a natureza jurídica do procedimento:

(i) Majoritariamente, nesses casos, a liquidação **não** será um **incidente processual**, mas uma **ação autônoma**, todavia, o recurso cabível ainda é o agravo de instrumento (DIDIER JR., 2010. v. 5, p. 119);

(ii) Há quem sustente que, mesmo nesses casos, **não** haverá uma **ação autônoma** de liquidação, ou melhor, não haverá um processo autônomo somente para liquidação, mas um **processo autônomo para liquidação e execução** (NEVES, 2011. p. 924).

Tal citação, obedecendo ao disposto no art. 247, poderá ser na modalidade **postal** (DIDIER JR., 2010. v. 5, p. 140), admitindo-se, ainda, a citação por edital (DIDIER JR., 2010. v. 5, p. 140).

26.9. COMPETÊNCIA

Diante da ausência de previsão de normas para regulamentar a competência no que se refere à liquidação de sentença, a análise será realizada conforme as normas do cumprimento de sentença.

Tratando-se de liquidação incidente, a competência será do mesmo juízo competente para conhecer o cumprimento de sentença. Nesse ponto, duas correntes doutrinárias se alternam na análise da competência da liquidação de sentença.

(i) Majoritariamente, entendem que existe uma **competência funcional** do juízo que formou o título ilíquido, portanto, uma competência absoluta, sendo inaplicável o parágrafo único do art. 516 (DIDIER JR., 2010. v. 5, p. 122; NEVES, 2011. p. 924);

(ii) Uma parcela da doutrina, minoritária, entende que deve ser aplicado analogicamente o art. 516, parágrafo único, do CPC para a liquidação, permitindo, portanto, que o credor opte por liquidar a sentença no juízo prolator da sentença ilíquida, no foro do local dos bens do executado ou no foro do domicílio do executado (NERY JR.; NERY, 2007. p. 722).

Cumpre, aqui, com a devida vênia, criticar o entendimento minoritário, pois tal regra foi criada para viabilizar a atividade executiva, de constrição patrimonial, o que não ocorre na liquidação, portanto, não caberia analogia entre situações distintas.

Cremos somente ser aplicável tal entendimento na **liquidação da sentença coletiva** (art. 97 do CDC), pois, vários credores distintos poderão promover a liquidação de seus danos, então, para um melhor acesso à justiça, seria possível uma aplicação analógica.

Cap. 26 · LIQUIDAÇÃO DE SENTENÇA | **415**

26.10. PROCEDIMENTOS LIQUIDATÓRIOS: CONSIDERAÇÕES INICIAIS

Desde 1994, com a Lei 8.898, já havia sido abolido, como figura autônoma, a modalidade de liquidação por cálculos ao contador, quando, para determinar o valor indicado na sentença, bastasse operação aritmética. Essa vetusta modalidade não encontra justificativa, eis que se buscava liquidez em uma sentença que já era líquida, pois todos os fatores para a elaboração de tal cálculo já se encontravam no título.

Contudo, o CPC/1973 ainda insistia em regulamentar como sendo um procedimento de liquidação. O art. 509, § 2º, do CPC/2015, finalmente, resolveu tal imbróglio, pois há, a rigor, um mero ajuste de contas (DIDIER JR., 2010. v. 5, p. 129).

Assim, de acordo com o art. 509, I e II, há somente duas modalidades: (i) por **arbitramento**, quando determinado pela sentença, convencionado pelas partes ou exigido pela natureza do objeto da liquidação; (ii) pelo **procedimento comum**, quando houver necessidade de alegar e provar fato novo.

Perceba-se que o art. 509, I, permite expressamente que as partes convencionem sobre a forma de liquidação de sentença, criando um **negócio** jurídico processual.

Fora do CPC, temos, ainda, a liquidação individual da sentença coletiva, inserta na Lei 8.078/1990, no art. 97 (coisa julgada *in utilibus*).

26.11. LIQUIDAÇÃO POR ARBITRAMENTO

O art. 509, I, disciplina as hipóteses de liquidação por arbitramento, afirmando ser admissível quando **determinado na sentença, convencionado pelas partes ou exigido pela natureza do objeto da liquidação**, o que poderia ter sido resumido para a hipótese em que o cálculo do valor do bem, serviço ou prejuízo depender de conhecimentos técnicos, ou seja, quando se fizer necessária a realização de perícia.

Afirma o art. 509, I, que será realizada liquidação por arbitramento quando determinado pela sentença ou convencionado pelas partes.

(i) Quando determinado na sentença: A determinação constante da sentença não pode mudar a natureza da liquidação, pois, se no momento da execução, percebeu-se que bastavam meros cálculos ou apresentação de fatos novos, será realizada por artigos, não se podendo admitir a realização por arbitramento, sem haver necessidade de perícia. Inclusive, o Enunciado 344 do STJ segue a linha de raciocínio ora exposta;

(ii) Acordo de vontade das partes: Se o juiz já não pode modificar a natureza da liquidação da sentença, muito menos podem as partes.

A liquidação por arbitramento tem como hipótese de cabimento a necessidade de produção de uma prova pericial para a fixação do valor da obrigação, enfim, a liquidação por arbitramento é uma prova pericial, em que o juiz nomeará o perito, fixando prazo para entrega do laudo (arts. 510 e 465 do CPC) e, na forma do art. 465, § 1º, as partes serão intimadas para, no prazo de cinco dias, indicarem assistente técnico e formular quesitos. Como são aplicáveis as regras de realização da prova pericial, pode haver necessidade de AIJ (audiência de instrução e julgamento) para esclarecimentos orais por parte dos peritos e assistentes.

416 | PROCESSO CIVIL SISTEMATIZADO – *Haroldo Lourenço*

Importante fixar que, não obstante o silêncio da lei, o contraditório deve ser observado, intimando-se o executado, ou até mesmo citando-o quando for liquidação por processo autônomo, para se manifestar no prazo de cinco dias. Caso o executado quede-se inerte, **não** há que se falar em revelia, tampouco na aplicação de qualquer dos seus efeitos, pois não há fatos novos a serem provados.

Poderá o demandado responder a demanda de liquidação, insurgindo-se, por exemplo, contra a admissibilidade do procedimento; invalidade da sua intimação ou citação; impugnar o perito nomeado, por inabilitação (art. 468, I); alegar prescrição; alegar o impedimento ou a suspeição do perito (art. 148, III). Não pretendendo defender-se, se quiser, basta apresentar seus quesitos e indicar seu assistente.

26.12. LIQUIDAÇÃO PELO PROCEDIMENTO COMUM

Não estando nos autos todos os elementos indispensáveis para a realização da liquidação, necessitando, portanto, da alegação e prova de **fato novo**, a liquidação realizar-se-á pelo procedimento comum (art. 509, II), que era a vetusta liquidação por artigos.

Frise-se que nada obsta que haja prova pericial na liquidação por artigos, o que não se admite é a prova pericial para provar fatos que **não** sejam novos. Um fato pode ser provado por todos os meios em direito admitidos, inclusive perícia, portanto, é admissível que a única prova a ser realizada na liquidação por artigos seja a pericial, bastando que tal perícia recaia sobre fatos novos (DIDIER JR., 2010. v. 5, p. 138-139).

O fato será considerado novo se ainda **não** tiver sido levado à apreciação judicial, mesmo que no decorrer do processo de conhecimento já existisse. Trata-se de fato novo ao Judiciário, mas que pode ter ocorrido antes ou depois da formação do título. Ser novo aqui não diz respeito ao momento do fato, mas à análise pelo Judiciário, o que é diferente de fato superveniente.

A liquidação será pelo procedimento comum justamente por observar tal procedimento (art. 509, II, c/c art. 318 do CPC), o que sanou a controvérsia sobre o procedimento adequando, que existia no CPC/1973.

Às modalidades de liquidação pelo arbitramento ou pelo procedimento comum aplicam-se, subsidiariamente, as disposições concernentes ao processo de cognição. Assim, o sujeito passivo será citado ou intimado, sendo fase ou processo de liquidação, na pessoa do seu advogado, para apresentar resposta, no prazo de 15 dias se o rito for o comum (arts. 318 c/c 335). Não apresentada resposta, há presunção de veracidade sobre os fatos articulados no requerimento inicial (art. 344 do CPC), sendo decidida, ao final, por meio de uma sentença, apta a formar coisa julgada material, contudo recorrível por **agravo de instrumento** (DIDIER JR., 2010. v. 5, p. 141).

Por fim, chamava-se liquidação por artigos e agora pelo procedimento comum por que, tradicionalmente, no requerimento inicial desta liquidação os fatos novos devem ser arrolados artigos por artigos, tópico por tópico. Evidentemente que a realizada de modo diverso não pode obstar o acesso à justiça, desde que escorreitamente individualizados os fatos.

Cap. 26 · LIQUIDAÇÃO DE SENTENÇA | **417**

26.13. HIPÓTESES DE LIQUIDAÇÃO QUE FRUSTRA A EXECUÇÃO

O caminho regular da liquidação é preparar o processo para a atividade executiva; todavia, na prática, pode acontecer de resultado da liquidação concluir que não há o que ser indenizado. É a denominada **liquidação com dano zero ou sem resultado positivo.**

26.13.1. Prescrição e decadência

Com o reconhecimento, dentro da liquidação, da prescrição ou da decadência, o magistrado prolatará uma decisão que ficará acobertada pela coisa julgada material e toda a atividade executiva estará frustrada.

26.13.2. Liquidação de valor zero

Teoricamente, é possível, com término da liquidação, chegar-se à conclusão de que não há valor a ser executado. Frise-se que, a despeito da existência da obrigação, não há o que ser pago, pois, do contrário ocorreria uma violação à coisa julgada firmada na sentença liquidanda em que foi estabelecida a obrigação.[7]

É possível tal situação, eis que o perito (arbitrador) chegou à conclusão, por exemplo, de que os danos sofridos pela vítima não têm conteúdo econômico. Imaginemos a liquidação de sentença penal condenatória de um crime de lesão corporal tentado (CÂMARA, 2008. v. 2, p. 211) – é bem provável que não exista economicamente o que indenizar.

Em nada se estaria "rescindindo" a sentença condenatória genérica. A sentença genérica deve ser interpretada dentro de uma razoabilidade. Tal sentença somente tornou certo o dever de indenizar pelo ocorrido, porém, diante do livre convencimento do magistrado, é possível concluir que, economicamente, nada resta a indenizar, portanto, que o valor indenizatório é zero.

26.13.3. Ausência de prova

A terceira hipótese de liquidação que frustrará a execução ocorre quando houver carência de provas suficientes para a fixação do valor. Nesse caso, há dois entendimentos doutrinários:

(i) Para uma primeira corrente, majoritária na doutrina, tudo será resolvido de acordo com o ônus probatório, sendo do autor o ônus de trazer tais provas, não sendo cumprido, o juiz julgará improcedente a liquidação, uma decisão de mérito que fará coisa julgada material e, por conseguinte, estará frustrada a execução (DIDIER JR., 2010. v. 5, p. 143; WAMBIER, 2006. p. 170-171; ZAVASCKI, 2003. v. 8, p. 366);

---

[7] Muito semelhante, no direito tributário, a alíquota zero e isenção tributária. Isenção é a não obrigação, já a alíquota zero é a obrigação de recolher zero, enfim, não existir a obrigação é uma coisa, ter de pagar zero é outra coisa, com o perdão do truísmo.

418 | PROCESSO CIVIL SISTEMATIZADO – *Haroldo Lourenço*

(ii) Em contraponto, cremos que o magistrado deve declarar o *non liquet*, como era previsto no art. 915 do CPC/1939, ou seja, deve deixar de decidir, proferindo uma decisão terminativa, portanto, não fazendo coisa julgada material, podendo ser reproposta a liquidação de sentença com novas provas (DINAMARCO, 2004. v. 4, p. 628), bem como é adotado expressamente pelo STJ, inclusive adotando o CPC/39.[8]

Cremos que o ideal para tal hipótese seria, *de lege ferenda*, ser criada uma coisa julgada *secundum eventum probationis*.

26.14. CONSIDERAÇÕES FINAIS

Por fim, algumas observações devem ser feitas. Em última análise, podemos concluir que existe um escalonamento entre as sentenças, pelo grau de liquidez, a iniciar pela sentença condenatória **líquida**, a qual estabelece a certeza e liquidez do direito por ela estabelecido. Depois, temos a sentença que necessita de liquidação por **arbitramento** e, por fim, a que necessita de liquidação por **artigos**.

Ainda nesta escalada, mas fora do CPC, temos a sentença do art. 97 do CDC, a qual é a mais desprovida de liquidez, devendo o liquidante demonstrar a condição de lesado e a extensão dos danos.

Cumpre registrarmos, também, que a sentença poderá conter parte líquida e parte ilíquida, sendo permitida a execução da parte líquida e a liquidação da parte ilíquida, que se processará em autos apartados, na forma do art. 509, § 1º.

Por fim, encontramos previsões de liquidação de sentença na responsabilidade do requerente na tutela provisória (art. 302, parágrafo único, do CPC), no resultado positivo da revisão criminal (art. 630, § 1º, do CPP), bem como nas obrigações de fazer (art. 816, parágrafo único, do CPC).

---

[8] STJ, 3ª T., REsp 1.280.949-SP, Rel. Min. Nancy Andrighi, julgado em 25/9/2012 (Informativo 505).

27

CUMPRIMENTO DE SENTENÇA NAS OBRIGAÇÕES DE FAZER, NÃO FAZER E ENTREGAR COISA

27.1. CONSIDERAÇÕES INICIAIS

As obrigações de pagar quantia certa sempre foram tuteladas especificamente, contudo, outrora, nas obrigações de fazer, não fazer (inibitória) e entrega de coisa diversa de dinheiro, o credor era compelido a anuir com a conversão das obrigações inadimplidas em perdas e danos, ou seja, nessas obrigações o credor recebia o equivalente em pecúnia (NERY JR.; NERY, 2007. p. 671).

A irresignação da doutrina e, também, dos jurisdicionados era evidente. Logo se percebeu que o resultado da tutela jurisdicional deve corresponder exatamente ao resultado previsto no direito material, ou seja, o Judiciário deve ter meios de dar ao jurisdicionado aquilo que seria obtido se não houvesse a necessidade ir ao Judiciário.

Sobreveio, assim, a **tutela específica da obrigação**, chamada também, de **tutela *in natura***, a qual não se contentava em prestar o equivalente em dinheiro, como observamos dos arts. 497 a 501 e 536 a 538 do CPC/2015 e 84 do CDC.

Tal tutela ganha tamanha relevância que já se fala no **princípio da primazia da tutela específica** (DIDIER JR., 2010. v. 5, p. 423) ou também chamado de **princípio da máxima coincidência possível**.

O primeiro exemplo notável de tutela específica da obrigação foi a instituição do compromisso irretratável de compra e venda (art. 16 do Decreto-lei 58/1937),[1] que dispõe sobre o loteamento e a venda de terrenos para pagamento em prestações, segundo o qual o promitente vendedor se obrigava, por meio de uma obrigação de fazer, a transferir definitivamente a propriedade ao promitente comprador, uma vez pago o preço, sob pena de ser proposta ação de adjudicação compulsória que, se

---

[1] "Art. 16. Recusando-se os compromitentes a outorgar a escritura definitiva no caso do artigo 15, o compromissário poderá propor, para o cumprimento da obrigação, ação de adjudicação compulsória, que tomará o rito sumaríssimo. § 1º A ação não será acolhida se a parte, que a intentou, não cumprir a sua prestação nem a oferecer nos casos e formas legais. § 2º Julgada procedente a ação a sentença, uma vez transitada em julgado, adjudicará o imóvel ao compromissário, valendo como título para a transcrição. (...)".

420 | PROCESSO CIVIL SISTEMATIZADO – *Haroldo Lourenço*

julgada procedente, a sentença transitada em julgado adjudicaria o imóvel ao compromissário, valendo como título para a transcrição no Registro Geral.

Em 1990, o Estatuto da Criança e do Adolescente, no seu art. 213, estabeleceu o direito à tutela específica das obrigações de fazer e não fazer. Posteriormente, tivemos o art. 84 do CDC e o art. 62 da Lei 8.884/1994 (Lei do CADE – Conselho Administrativo de Defesa Econômica), que foi revogado e substituído pelo art. 95 da Lei 12.529/2011, o qual mantém a mesma essência. Todavia, todas essas inovações ficaram restritas às demandas que envolviam as matérias tratadas nos respectivos diplomas legais. As outras matérias ficaram ao desabrigo, devendo conformar-se com a tutela reparatória em dinheiro.

Em 1994, com a Reforma Legislativa do CPC, a Lei 8.952 implementou a tutela específica das obrigações de fazer ou não fazer, invertendo-se completamente o quadro, atingindo o ideal de máxima coincidência possível.

27.2. DA MÁXIMA COINCIDÊNCIA POSSÍVEL

No caso de sentença que fixe obrigações de **fazer e não fazer** (art. 497 do CPC) o juiz, se procedente o pedido, concederá a **tutela específica** ou determinará providências que assegurem a obtenção de tutela pelo **resultado prático equivalente**.

Na concessão da tutela específica destinada a inibir a prática, a reiteração ou a continuação de um ilícito, ou a sua remoção, é **irrelevante** a demonstração da ocorrência de dano ou da existência de culpa ou dolo (art. 497, parágrafo único).

Perceba-se, portanto, que a regra é que a tutela jurisdicional se aproxime, ao máximo, do que o jurisdicional realmente tem direito, sendo a conversão em perdas e danos uma medida excepcional (art. 499), **somente** sendo possível na hipótese de se tornar (i) impossível seu cumprimento, ou a (ii) requerimento do credor (art. 499 do CPC/2015).[2]

Ao se referir à tutela específica, o legislador está autorizando o emprego de **meios de coerção indiretos**, estimulando que o executado cumpra a obrigação, no que sua participação será essencial. Ao se referir a resultado prático equivalente, o legislador está a se referir ao emprego de **meios de sub-rogação**, podendo a atividade do devedor ser substituída pela de outra pessoa, sendo irrelevante a vontade do executado.

A concessão do resultado prático equivalente se mostra uma **exceção** ao princípio da adstrição (arts. 141 e 492 do CPC/2015) (DIDIER JR., 2010. v. 5, p. 440), todavia, liberdade não pode ser confundida com arbitrariedade.

Como clássico exemplo, temos o do pedido de cessação de poluição ao meio ambiente em decorrência de atividade poluidora de uma fábrica. O pedido é para que a poluição cesse, porém, sua efetivação pode se dar de vários modos, como, por exemplo, com o fechamento da empresa ou com a instalação de um filtro em sua chaminé (CÂMARA, 2008. v. 2, p. 231). O magistrado deve optar pelo meio menos gravoso, por força da proporcionalidade.

---

[2] Informativo 474: STJ, REsp 1.055.822/RJ, 3ª T., rel. Min. Massami Uyeda, j. 24.05.2011. Precedentes citados: REsp 332.772-SP, *DJ* 28.06.2006; REsp 898.184-RJ, *DJe* 04.08.2008; REsp 794.253-RS, *DJ* 01.12.2007.

Cap. 27 · CUMPRIMENTO DE SENTENÇA NAS OBRIGAÇÕES DE FAZER, NÃO FAZER E ENTREGAR COISA | **421**

O STJ decidiu que, nessa situação, **não** teríamos afronta ao princípio da adstrição.[3]

Assim, postulando o autor exclusão do seu nome dos cadastros de negativação, o magistrado poderá fixar prazo para que o réu cumpra a obrigação (tutela específica) ou já oficiar diretamente para o referido órgão para retirar a anotação desabonadora (resultado prático equivalente).

27.3. MEIOS DE EFETIVAÇÃO

Para a efetivação de tais medidas o procedimento executivo poderá ser instaurado de **ofício** ou a **requerimento** do credor (art. 536 do CPC), onde o magistrado determinará as medidas executivas necessárias e adequadas à satisfação do exequente, que poderão ser de **coerção** ou de **sub-rogação**.

Tais medidas executivas podem ser adotadas tanto para obrigações com conteúdo econômico, bem como para as que **não** tenham natureza obrigacional, ou seja, desprovidas de conteúdo econômico imediato, como reflorestar uma área desmatada (art. 536, § 5º), o que já era chancelado pela doutrina (DIDIER JR., 2010. v. 5, p. 421), bem como podem ser extraídas do Enunciado 140 da III Jornada do CJF.

Aplica-se, a rigor, para qualquer conduta positiva ou negativa do devedor, assim entendida aquela que exige uma atividade pessoal do devedor, inclusive as obrigações personalíssimas, como a de um pintor, será prestada a tutela específica da obrigação por meios de coerção, não por meios de sub-rogação, eis que impossível substituir a vontade do devedor em uma obrigação personalíssima.

Perceba-se que o legislador adota a **atipicidade dos meios executivos** (DIDIER JR., 2010. v. 5, p. 435), pois não descreve em detalhes todos os meios de execução que podem ser empregados no caso concreto, até mesmo em virtude da diversidade das obrigações de fazer e não fazer, como se extrai da parte final do art. 536 e reforçado pelo rol **exemplificativo** contido em seu § 1º, além do art. 139, IV, do CPC.

Há, a rigor, um **poder geral do magistrado** de efetivação das suas decisões. Demonstrando que tal rol de medidas não é taxativo, há o previsto nos arts. 102 a 111 da Lei 12.529/2011 (CADE), o qual prevê intervenção judicial em atividade empresarial ou similar.

Como exemplo mais visível do emprego dessas medidas atípicas de efetivação das decisões judiciais, temos o bloqueio de verbas públicas para assegurar a efetividade de um direito fundamental do particular. Pode se substituir uma busca e apreensão de um menor, por uma multa coercitiva, o que será bem menos traumático para o menor. Ainda é possível, tratando-se de obrigação fungível, que o magistrado determine que um terceiro cumpra a obrigação, às expensas do devedor.

Logicamente, sobre tais medidas deve recair o critério da **proporcionalidade** e da menor onerosidade (art. 805 do CPC), pois elas não podem ficar imunes a qualquer tipo de controle, sob pena de abrir-se brecha para arbitrariedades, além da adoção do princípio do contraditório, da fundamentação das decisões judiciais (Enunciado 12 do FPPC).

---

[3] STJ, REsp 332.772/SP, 2ª T., rel. Min. João Otávio Noronha, j. 04.05.2006, *DJ* 28.06.2006. p. 225.

422 | PROCESSO CIVIL SISTEMATIZADO – *Haroldo Lourenço*

Se o executado se opuser injustificadamente a determinação judicial da obrigação incidirá nas penas da **litigância de má-fé**, além do **crime de desobediência** (art. 536, § 3º) e cometer **ato atentatório à dignidade da justiça** (art. 77, IV e §§ 2º e 3º).

27.4. MULTA PERIÓDICA

Entre os meios executivos, o mais propalado, certamente, são as *astreintes*, denominação oriunda do Direito francês, que nada mais é do que a fixação de multa periódica para o cumprimento da obrigação, sendo um meio de **coerção indireto**.

Tal multa, que **não** depende de requerimento da parte, poderá ser aplicada na **fase de conhecimento**, em **tutela provisória** ou na **sentença**, ou na fase de **execução**, desde que seja **suficiente e compatível** com a obrigação e que se determine **prazo razoável** para cumprimento do preceito.

As *astreintes* somente serão exigíveis a partir do decurso do **prazo** para cumprimento da decisão (art. 513, § 2º, do CPC) e incidirão **enquanto não for cumprida a decisão** que as tiver cominado (art. 537, § 4º), salvo se o exequente optar por perdas e danos (art. 499 do CPC) e, nesse dia, parará de incidir, **não** deixando de ser devida a que já vencida, a qual será acrescida as perdas e danos fixadas (art. 500).

Nesse sentido, as *astreintes* **não** possuem caráter indenizatório ou punitivo, não podendo ser confundidas com perdas e danos (art. 500), tampouco com as cláusulas penais, eis que sobre essas não se admite modificação, alteração e não podem exceder o valor principal (art. 412 do CC/2002).

Pode o juiz, de **ofício ou a requerimento**, **modificar** o valor ou a **periodicidade** da multa **vincenda** ou **excluí-la**, caso verifique que se (i) tornou insuficiente ou excessiva; (ii) o obrigado demonstrou cumprimento parcial superveniente da obrigação ou justa causa para o descumprimento (art. 537, § 2º). Trata-se de hipóteses **exemplificativas.**

Observe-se que a modificação é para o futuro, **não** retroativa, pois as multas já vencidas pertencem ao exequente (art. 537, § 2º) e, eventual redução violaria seu direito adquirido (CÂMARA, 2015. p. 370).

A multa não deverá, necessariamente, corresponder à expressão monetária da obrigação principal, até porque a multa que cumpre efetivamente o seu papel é a que não precisa ser paga.

A decisão que fixa a multa é passível de **cumprimento provisório**, devendo ser depositada em juízo, permitido o levantamento do valor após o trânsito em julgado da sentença favorável à parte (art. 537, § 3º), **não** se exigindo prestação de caução, ainda que no cumprimento provisório da sentença, excepcionando o art. 520, IV, do CPC.

Em regra, as *astreintes* são direcionadas ao demandado, mas nada impede que sejam para o **demandante**, de maneira excepcional, logicamente. O réu pode, por exemplo, formular pleito de tutela provisória em sua reconvenção ou mesmo em pedido contraposto e, na hipótese de descumprimento da ordem pelo autor, implicaria a imposição de multa pelo réu.

A doutrina informa também ser possível a imposição de multa diária em face de terceiros, pessoas físicas que tenham, por força de lei, estatutos ou contratos sociais,

Cap. 27 · CUMPRIMENTO DE SENTENÇA NAS OBRIGAÇÕES DE FAZER, NÃO FAZER E ENTREGAR COISA | **423**

a representação (material e processual) de pessoas jurídicas (privadas ou públicas), vindo aquelas a serem responsabilizas pessoalmente pelo pagamento da multa, sem prejuízo, evidentemente, de eventual apenação das próprias pessoas jurídicas (BUENO, 2008. p. 419). É possível, por exemplo, a imposição de obrigação à pessoa jurídica, e a imposição da multa sobre a pessoa física que a representa, a qual tem poderes para cumprir a ordem. Tal hipótese se mostra comum, quando se impõe uma obrigação de fazer, por exemplo, a uma Companhia Estadual de Água e Esgoto, impondo multa pessoal sobre o diretor da empresa.[4]

De igual modo, é possível a imposição de multa (*astreinte*) à Fazenda Pública, pelo descumprimento de decisão judicial que a obriga a fazer, não fazer ou entregar coisa.[5]

Por fim, a revisão da multa em recurso especial só será possível quando fixada pelas instâncias ordinárias em valor ínfimo ou exorbitante.[6]

27.5. CONVERSÃO DA OBRIGAÇÃO EM PERDAS E DANOS

Na forma do art. 499 do CPC/2015, a conversão em perdas e danos é excepcional, somente para os casos em que assim o (i) credor requerer ou na (ii) hipótese de se tornar impossível o seu adimplemento.[7]

Cumpre registrarmos, por oportuno, o posicionamento de Luiz Guilherme Marinoni, segundo o qual, poderia ocorrer a conversão em prestação pecuniária se a efetivação específica se mostrar excessivamente onerosa para o devedor (MARINONI, 2004. p. 424). Sua observação se mostra louvável, porém, necessita de cautela, eis que na forma do art. 313 do CC/2002, o credor **não** é obrigado a receber prestação diversa da que lhe é devida, ainda que mais valiosa.

Não se pode deixar de enfrentar os arts. 389 e 247 do CC/2002. O art. 389 afirma que não cumprida a obrigação, responde o devedor por perdas e danos, mais juros e atualização monetária segundo índices oficiais regularmente estabelecidos e honorários de advogados. De igual modo, no art. 247 é estabelecido que o inadimplemento de obrigação de fazer gerará obrigação de indenizar por perdas e danos o devedor que recusar prestação a ele só imposta, ou só por ele exequível.

A doutrina informa que tais dispositivos devem ser interpretados em consonância com o art. 497 do CPC/2015, bem como à luz do acesso à justiça, ou seja, primeiro observa-se o art. 497, com a primazia da tutela específica da obrigação; posteriormente, passa-se à conversão, como estabelecido pelo CC/2002, pois a tutela específica da obrigação é um direito subjetivo do credor (DIDIER JR., 2010. v. 5, p. 428).

O art. 499 do CPC/2015 deixa claro que a tutela específica ou o resultado prático equivalente não se realizará se o credor optar pelas perdas e danos. Portanto, mesmo sendo possível o cumprimento específico da obrigação, não ofenderá o princípio da menor onerosidade a opção imediata por perdas e danos, desde que ocorrido o inadimplemento, pois o credor tem tal direito potestativo.

---

[4]   TJRJ, AgIn 2007.002.11008, 6ª CC, Des. Nagib Slaib Filho, j. 16.04.2008.

[5]   STJ, AgRg no REsp 971.516/RS, 5ª T., rel. Min. Jorge Mussi, j. 30.10.2008.

[6]   Informativo 463: STJ, AgRg no REsp 692.932/RS, 4ª T., rel. Min. Luis Felipe Salomão, j. 15.02.2011.

[7]   STJ, 3ª T., REsp 1.055.822-RJ, rel. Min. Massami Uyeda, j. 24.05.2011. Precedentes citados: REsp 332.772-SP, *DJ* 28.06.2006; REsp 898.184-RJ, *DJe* 04.08.2008; REsp 794.253-RS, *DJ* 1º.12.2007.

424 | PROCESSO CIVIL SISTEMATIZADO – *Haroldo Lourenço*

Logicamente, nenhum direito pode ser exercido de forma abusiva, tampouco com espírito emulativo, pois, do contrário, haverá abuso de direito (art. 187 do CC) (TALAMINI, 2003. p. 332).[8] Essa conversão em perdas e danos dará ensejo à instauração de um **incidente cognitivo**, durante a fase de execução, em que será apurado o valor pecuniário. Tal incidente será uma liquidação de sentença. Se for o caso, poderá haver nomeação de perito (arbitrador). Concluído tal incidente, estabelecida a liquidez das perdas e danos, será observado o rito do art. 523 do CPC/2015 (DIDIER JR., 2010. v. 5, p. 433).

Tal conversão somente **não** será possível caso ainda seja viável e recomendável o cumprimento específico, na hipótese de se tratar de um direito indisponível, como por exemplo, no ressarcimento de um dano ambiental, como ratificado pela Súmula 629 do STJ.

27.6. IMPOSSIBILIDADE DE CUMPRIMENTO DE FORMA ESPECÍFICA

O art. 499 informa que pode ser convertida a obrigação em pecúnia na hipótese de impossibilidade da tutela específica. Tal previsão deve ser investigada *cum grano salis*.

A possibilidade é característica que deve revestir o objeto da obrigação para que seja válida, na forma do art. 104, II, do CC/02. Aferir-se, portanto, se o objeto de uma prestação é, ou não, possível é requisito para que se possa afirmar a validade da própria obrigação. A impossibilidade de cumprimento da obrigação, quando decorrente de negócio jurídico, pode ser causa de **invalidação** da obrigação ou **resolução** do negócio jurídico.

O fato alheio à vontade e à conduta do devedor, como o **caso fortuito e força maior**, dará causa à extinção da obrigação, sem que se possa falar em perdas e danos.

Assim, só se pode falar em impossibilidade capaz de gerar a conversão em prestação pecuniária se ela for **superveniente**, **absoluta** e decorrer de **culpa do devedor**.

A impossibilidade não pode ser originária ou concomitante à constituição da obrigação, pois obstará a sua formação, conduzindo à invalidade. A impossibilidade superveniente não embaraça a criação da relação obrigacional.

Tomemos o exemplo de uma empresa que se compromete perante outra a desenvolver determinada ferramenta, em certo lapso temporal (DIDIER JR., 2010. v. 5, p. 431). Sucede que, desde a data da constituição do vínculo, já se sabia ser impossível o desenvolvimento de tal ferramenta, logo, a impossibilidade é originária, e a avença é nula, cabendo ao contratante somente o ressarcimento pecuniário, jamais a tutela específica da obrigação. Todavia, se a impossibilidade decorre de negligência da empresa contratada em realizar pesquisas científicas, temos uma impossibilidade superveniente, o que pode dar ensejo à tutela específica.

A impossibilidade deve ser absoluta, ou seja, não pode ser cumprida por mais ninguém, tampouco pelo devedor. É o exemplo da contratação de empresa para a realização de propaganda em determinado evento: a empresa não comparece, mas o evento, assim mesmo, se realiza. A impossibilidade da tutela específica é absoluta.

---

[8] Os artigos citados do CPC/1973 correspondem aos arts. 497 a 500 e 536 a 538 do CPC/2015.

Cap. 27 · CUMPRIMENTO DE SENTENÇA NAS OBRIGAÇÕES DE FAZER, NÃO FAZER E ENTREGAR COISA | 425

Na hipótese de impossibilidade relativa, temos casos em que a obrigação se tornou impossível somente para o devedor. A tutela específica da obrigação se torna inadequada, todavia, o resultado prático equivalente ainda pode subsistir.

Por fim, a impossibilidade da tutela específica deve decorrer de culpa do devedor, pois, do contrário, se o fazer ou não fazer tornou-se impossível sem a vontade ou conduta do devedor, resolve-se a obrigação sem que se possa falar em perdas e danos.

Os arts. 248 e 250 do CC/2002 caminham nesse sentido. Assim, por exemplo, se o ator fica impedido de se apresentar por ter perdido a voz em razão de acidente a que não deu causa, não responderá por perdas e danos, devendo restituir eventual adiantamento da remuneração.

27.7. EXCEÇÃO AO PRINCÍPIO DA ADSTRIÇÃO

Como sabemos, o magistrado está vinculado ao pleiteado na peça exordial, eis que sendo a jurisdição inerte, esta se locomoverá nos exatos limites em que foi provocada. Ocorre que, no tema tratado neste capítulo, além de o magistrado poder conceder resultado prático equivalente ao do adimplemento, nos casos em que for mais conveniente que a concessão da tutela específica da obrigação, ele não está adstrito ao pedido formulado pelo autor quanto à escolha da medida coercitiva que tenha por escopo dar efetividade ao comando decisório.

Enfim, o magistrado, para efetivar a sua decisão, pode impor providência executiva **não** requerida pela parte ou mesmo distinta da que foi requerida.

Assim, tal dispositivo permite a atuação oficiosa do magistrado, flexibilizando a regra da congruência objetiva. Nessa linha, mesmo que requerida uma sentença mandamental, executável por meios de coerção, pode o magistrado prolatar uma sentença executiva *lato sensu*, executável, portanto, por meios de sub-rogação, e vice-versa.

27.7.1. Prisão civil como meio de coerção indireta atípica

Ponto dos mais controvertidos em sede doutrinária é sobre a possibilidade de se utilizar a prisão civil como medida coercitiva atípica, com base no poder geral de efetivação previsto no art. 536 do CPC/2015. A CR/1988, no art. 5º, inciso LXVII, proíbe expressamente a prisão civil por dívida, considerando-a possível apenas nos casos de depositário infiel[9] e devedor de alimentos.

O vocábulo "dívida" da Constituição se refere a uma prestação pecuniária ou a uma prestação qualquer? Essa é pergunta fundamental.

(i) Há defensores de uma interpretação extensiva do vocábulo dívida, correspondendo ao inadimplemento das obrigações em geral, não só das de conteúdo pecuniário, até porque uma das exceções, depositário infiel, não envolve prisão civil por dívi-

---

9   No que se refere a prisão civil, não obstante haver previsão constitucional, não é admitida pela jurisprudência nos termos da Súmula Vinculante 25 ("É ilícita a prisão civil de depositário infiel, qualquer que seja a modalidade do depósito") e da Súmula 419 do STJ: "Descabe a prisão civil do depositário judicial infiel".

426 | PROCESSO CIVIL SISTEMATIZADO – *Haroldo Lourenço*

da pecuniária. Nesse sentido, inadmissível a prisão civil como medida coercitiva (TALAMINI, 2003. p. 302; THEODORO JR., 1998. p. 18). Contudo, acentua Humberto Theodoro que a vedação à prisão civil não impede que o infrator da ordem judicial cometa crime de desobediência e, assim, eventualmente, venha a ser preso segundo as regras do direito penal. O que não se admite é o juiz cível usar a prisão diretamente como expediente de execução civil. Inclusive, essa parece ser a tendência, visto que a jurisprudência não admite, sequer, prisão civil por dívida do depositário infiel;

(ii) Em sentido contrário, há quem sustente que a expressão *"dívida"* é empregada no sentido de débito, portanto, abrangeria prestações pecuniárias ou não. Todavia, a prisão civil como medida coercitiva seria para respeitar o poder de império do estado, resguardando a dignidade da justiça (ARENHART, 2003. p. 394; CÂMARA, 1995. p. 75);

(iii) Noutro giro, há quem defenda a interpretação restritiva do vocábulo *"dívida"*, entendendo-se como tal apenas as obrigações pecuniárias, admitindo, portanto, a prisão civil por dívida como meio de coerção processual (MARINONI, 2004. p. 292-295);

(iv) Por fim, o entendimento que cremos ser o mais acertado defende a tese que, diante da ambiguidade da expressão *"dívida"*, a questão não pode ser resolvida somente no campo da semântica, deve ser analisada à luz dos direitos fundamentais. Nenhum direito fundamental é absoluto, quando confrontado com outro direito fundamental. No confronto entre a liberdade individual e a efetividade da tutela jurisdicional deve admitir-se a prisão civil, todavia, de maneira excepcional. A expressão *"dívida"* deve ser lida de forma ampliativa, porém, não aplicável a obrigações de fazer, não fazer ou de dar coisa certa de conteúdo patrimonial, somente para os *"novos direitos"*, como meio ambiente, não segregação racial, ou seja, na realização de outros direitos fundamentais (DIDIER JR., 2010. v. 5, p. 466-468; BUENO, 2008. p. 421-422).

27.8. OBRIGAÇÕES DE EMITIR DECLARAÇÃO DE VONTADE (ART. 501 DO CPC)

Tradicionalmente, nosso ordenamento regulamenta as sentenças que contenham uma obrigação consistente na declaração de vontade, que nada mais é do que uma obrigação de fazer, todavia, sua efetivação ocorrerá de forma peculiar, pois a sentença substitui a declaração de vontade do devedor.

Apesar de a obrigação de emitir declaração de vontade ser **infungível**, pois ninguém pode emitir declaração de vontade em nome de outrem e contra a vontade dele (ZAVASCKI, 2003. v. 8, p. 481), sua prestação tem afinidade com obrigações fungíveis, na medida em que o credor não tem interesse na atividade material do devedor, mas, sim, no resultado dela, no seu efeito jurídico.

Nessas decisões, até as medidas de apoio são dispensáveis, porque com o trânsito em julgado da decisão, os respectivos efeitos se manifestam em virtude da sentença (art. 501).

Cap. 27 • CUMPRIMENTO DE SENTENÇA NAS OBRIGAÇÕES DE FAZER, NÃO FAZER E ENTREGAR COISA | **427**

Pode ocorrer, por exemplo, quando a parte celebra um pré-contrato ou um contrato preliminar e, por meio da denominada ação de adjudicação compulsória, busca a outorga de escritura pública do imóvel objeto de promessa irretratável de compra e venda, nos casos em que o promitente vendedor, embora recebendo o preço, não cumpre a sua obrigação de emitir declaração de vontade para a conclusão do contrato de compra e venda daquele bem.

27.9. CUMPRIMENTO DE SENTENÇA – OBRIGAÇÕES DE ENTREGAR COISA

27.9.1. Considerações iniciais

Outrora, para a tutela específica das obrigações de dar coisa distinta de dinheiro só existiam procedimentos especiais, como ação de depósito, despejo, possessórias etc. Assim, fora dos procedimentos especiais, predominava o entendimento de que **não** se aplicavam a essas obrigações a atipicidade das medidas executivas, o que estava, inclusive, consagrado no Enunciado 500 do STF.[10]

A partir de 2002 (Lei 10.444) tal entendimento ruiu, seguindo-se a tendência de uma execução *sine intervalo*, concedendo ao magistrado o poder geral de efetivação, com a imposição de medidas coercitivas diretas ou indiretas.

27.9.2. Formas de efetivação

O legislador separou em momentos distintos o procedimento para a efetivação das decisões que impõem a obrigação de entrega de coisa.

Inicialmente, o juiz concede um prazo para o cumprimento espontâneo da obrigação por parte do devedor, a partir da sua respectiva **intimação** (art. 513, § 2º).

Não ocorrendo o cumprimento espontâneo, o juiz irá se valer das medidas de apoio, consistentes na busca e apreensão, se coisa **móvel**, e imissão na posse, se **imóvel**.

Caso, ainda assim, não se efetive, não se atingindo a tutela específica, poderá o juiz se valer de qualquer outra medida coercitiva, indireta ou sub-rogatória. Como se observa, o art. 538, § 3º, cria uma comunicação com as obrigações de fazer e não fazer, valendo aqui as considerações feitas anteriormente, porém, na obrigação de entrega de coisa, é **inviável** a obtenção de resultado prático equivalente, restando, somente, a conversão em perdas e danos quando inviável a obtenção da tutela específica no caso concreto (ZAVASCKI, 2003. v. 8, p. 481).

De igual modo, ocorrendo a alienação da coisa litigiosa para terceiro na pendência do processo, como cediço, a eventual decisão judicial prolatada atingirá a esfera jurídica do terceiro adquirente, como preceitua o art. 109, § 3º, do CPC. Assim, o credor poderá pleitear a conversão da obrigação em perdas e danos ou pleitear a expedição de ordem para que o terceiro entregue a coisa, sob pena de busca e apreensão, ou qualquer outra medida.

---

[10] "Não cabe a ação cominatória para compelir-se o réu a cumprir obrigação de dar".

428 | PROCESSO CIVIL SISTEMATIZADO – *Haroldo Lourenço*

No que toca às obrigações para a entrega de coisa incerta, a individualização dessa coisa cabe ao devedor, salvo quando houver no título em que a obrigação foi constituída disposição em contrário (art. 244 do CC).

27.9.3. Retenção e indenização de benfeitorias

Em tal procedimento é vedada qualquer discussão sobre direito de **retenção** ou **indenização** por benfeitorias, matéria que deve ter sido alegada na contestação e debatida na fase de conhecimento (art. 538, §§ 1º e 2º), gerando preclusão.

Cremos, contudo, que tal preclusão **não** impede o ajuizamento de ação autônoma exigindo o pagamento, eis que a preclusão não pode gerar efeitos externos ao processo.

No mais, aplica-se, no que couber, o referente às obrigações de fazer e não fazer (art. 538, § 3º), especialmente à **atipicidade dos meios executivos**, por exemplo, com fixação de *astreintes*.

Por outro lado, **não** será possível a fixação de um resultado prático equivalente, pois, do contrário, irá desnaturar a obrigação fixada na sentença, ou seja, somente é possível a tutela específica da obrigação.

27.10. DEFESA DO EXECUTADO

O contraditório e a ampla defesa **não** podem ser abolidos nessa fase do processo, devendo ser assegurados meios de defesa para o executado.

Certamente, toda a matéria de defesa será arguida na fase em que predomina a atividade de cognição, portanto, na contestação. Defesas de mérito, depois do trânsito em julgado, não podem ser admitidas, sob pena de ofensa à coisa julgada, salvo se supervenientes à sua formação, ressalvando-se a falta ou nulidade de citação, que, por ser um **vício transrescisório**, pode ser arguida a qualquer tempo.

Essas eventuais defesas poderão ser trazidas por meio da impugnação ao cumprimento de sentença, na forma dos art. 536, § 4º, e 538, § 3º.

Por fim, não se pode excluir a possibilidade do manejo de **objeção de não executividade** (BUENO, 2008. p. 431).

28

CUMPRIMENTO DE SENTENÇA NAS OBRIGAÇÕES DE PAGAR

28.1. NOÇÕES GERAIS

No que toca ao cumprimento de sentença das obrigações de pagar quantia, a matéria é tratada nos arts. 523 e seguintes do CPC/2015, contudo, deverão ser observadas as suas disposições gerais (arts. 513 a 519), bem como as disposições da execução extrajudicial, no que couber (arts. 513, parte final c/c 771).

Assim, por exemplo, nos artigos do cumprimento de sentença nada é mencionado sobre penhora, sobre hasta pública, devendo, então, serem observadas as normas previstas para a execução extrajudicial.

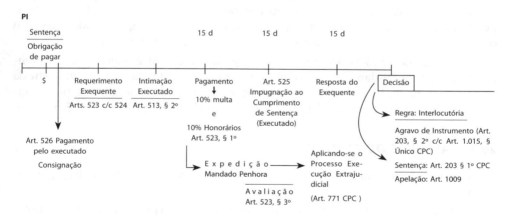

Visualizado o esquema gráfico acima, analisaremos os principais momentos inerentes a tal procedimento.

28.2. REQUERIMENTO

Observe-se que, diferentemente das obrigações de fazer, não fazer e entrega de coisa, o cumprimento de sentença referente às obrigações de pagar quantia exige

430 | PROCESSO CIVIL SISTEMATIZADO – *Haroldo Lourenço*

requerimento do exequente, **não** podendo, portanto, ser iniciado de ofício (art. 523, *caput*).

Decidiu o **STJ**[1] que se o executado estiver pela Defensoria Pública o prazo do art. 523 deverá ser contado em dobro.

De igual modo, não efetuado tempestivamente o pagamento voluntário, será expedido, desde logo, mandado de penhora e avaliação, seguindo-se os atos de expropriação (§ 3º do art. 523).

Evidentemente que esse requerimento não necessita das formalidades de uma petição inicial, justamente por não se estar iniciando um novo processo, mas uma fase, todavia, o art. 524 traz alguns pontos que devem figurar em tal requerimento, o qual deve ser instruído com demonstrativo discriminado e atualizado do crédito.

Tal requerimento deverá ter: (i) o nome completo, o número de inscrição no Cadastro de Pessoas Físicas ou no Cadastro Nacional da Pessoa Jurídica do exequente e do executado, observado o disposto no art. 319, §§ 1º ao 3º; (ii) o índice de correção monetária adotado; (iii) os juros aplicados e as respectivas taxas; (iv) o termo inicial e o termo final dos juros e da correção monetária utilizados; (v) a periodicidade da capitalização dos juros, se for o caso; (vi) especificação dos eventuais descontos obrigatórios realizados; (vii) indicação dos bens passíveis de penhora, sempre que possível.

Tendo o exequente conhecimento sobre bens penhoráveis do executado, já poderá indicá-los em tal requerimento (art. 524, VII), pois não é direito do executado indicar os seus bens penhoráveis, exceto se o magistrado determinar (arts. 829, § 2º, 847, § 2º e 774, V, do CPC/2015).

A jurisprudência tem admitido, inclusive, esgotadas todas as diligências cabíveis, que há o direito de o credor requerer a expedição de ofícios a órgãos públicos e particulares, sem ofensa ao sigilo bancário e fiscal, para localizar o devedor e/ou bens penhoráveis, evitando cerceamento na instrução.[2] Observe-se que se faz necessário o esgotamento de todos os meios possíveis para localização dos bens.[3]

Na forma do art. 799, IX, e do art. 828, poderá o credor requerer que a serventia expeça uma **certidão** de propositura de execução, de atos de constrição, além da admissão da execução, possibilitando averbações nos registros imobiliários, por exemplo, a fim de se evitar eventual fraude à execução (DIDIER JR., 2010. v. 5, p. 519).

28.3. CÁLCULOS DO CREDOR

Como visto, o cumprimento se iniciará por requerimento do credor, que observará o art. 524.

Quando o valor apontado no demonstrativo aparentemente exceder os limites da condenação, a execução será iniciada pelo **valor pretendido**, mas a penhora terá por base a importância que o juiz entender adequada, nos termos do art. 524, § 1º.

---

[1] STJ. 4ª T., REsp 1261856/DF, rel. Min. Marco Buzzi, julgado em 22.11.2016.

[2] Súmula 47 do TJRJ.

[3] STJ, AgRg no Ag 1.386.116/MS, 4ª T., rel. Min. Raul Araújo, j. 26.04.2011; AgRg no REsp 595.612/DF, 4ª T., rel. Min. Hélio Quaglia Barbosa, *DJ* 11.02.2008. REsp 306.570/SP, rel. Min. Eliana Calmon, *DJU* 18.02.2002.

Cap. 28 · CUMPRIMENTO DE SENTENÇA NAS OBRIGAÇÕES DE PAGAR | **431**

Observe-se que o legislador criou uma interlocutória antes da decisão da impugnação, da qual caberá **agravo de instrumento** (art. 1.015, parágrafo único).

Para a verificação dos cálculos, o juiz poderá valer-se de contabilista do juízo, que terá o prazo máximo de 30 dias para efetuá-la, exceto se outro lhe for determinado. Quando a elaboração do demonstrativo depender de dados em poder de terceiros ou do executado, o juiz poderá requisitá-los, sob cominação do crime de desobediência.

Quando a complementação do demonstrativo depender de dados adicionais em poder do executado, o juiz poderá, a requerimento do exequente, requisitá-los, fixando prazo de até 30 dias para o cumprimento da diligência e, se não forem apresentados pelo executado, sem justificativa, no prazo designado, reputar-se-ão corretos os cálculos apresentados pelo exequente apenas com base nos dados de que dispõe.

28.4. PRESCRIÇÃO INTERCORRENTE

Não há prazo para a realização do mencionado requerimento, nesse sentido, se mostra necessário se analisar se é possível ocorrer prescrição intercorrente,[4] pois se o exequente ficar inerte, o processo irá para o arquivo, não podendo o réu ficar indefinidamente sujeito à pretensão executiva.

Cremos que a prescrição se inicia com o trânsito em julgado, que é o momento em que se exige uma conduta ativa do credor.[5] Nesse sentido, entende o STJ[6] que o requerimento de cumprimento da sentença interrompe o aludido prazo.

Entende o STJ[7] que o abandono do processo de conhecimento (art. 485, § 1º) não se confunde com inércia do exequente, sendo **desnecessária** a intimação pessoal do credor para se reconhecer prescrição intercorrente.

28.5. INTIMAÇÃO DO EXECUTADO (ART. 513, § 2º, DO CPC)

Feito o requerimento previsto nos arts. 513, § 1º c/c o 524 do CPC/2015, o art. 513, § 2º, busca organizar como será a intimação no cumprimento de sentença. Há quatro regras: (i) intimação pelo Diário da Justiça, na pessoa de seu advogado constituído nos autos; (ii) por carta com aviso de recebimento, quando representado pela Defensoria Pública (não sua função típica e atípica) ou quando não tiver procurador constituído nos autos, ressalvada a hipótese do inciso IV; (iii) por meio eletrônico, quando, no caso do § 1º do art. 246, não tiver procurador constituído nos autos; (iv) por edital, quando, citado na forma do art. 256, tiver sido revel na fase de conhecimento.

---

4   A prescrição intercorrente pode ser definida pela inércia do autor por período superior ao prazo prescricional, quando lhe cabia praticar algum ato que deixou de ser realizado. Reconhecendo prescrição intercorrente no processo civil: STJ, REsp 474.771/SP, 6ª T., rel. Min. Vicente Leal, j. 04.02.2003.

5   Observe-se que a prescrição da pretensão executiva ocorre no mesmo prazo da prescrição da pretensão manejada na ação de conhecimento (Enunciado 150 do STF).

6   STJ, AgRg no Ag 1.185.461/DF, 4ª T., rel. Min. João Otávio de Noronha, j. 27.04.2010.

7   STJ, REsp 1.522.092/MS, 3ª T., rel. Min. Paulo de Tarso Sanseverino, j. 06.10.2015.

432 | PROCESSO CIVIL SISTEMATIZADO – *Haroldo Lourenço*

Observe-se que não há previsão do réu citado por hora certa, porém, ficando revel, ser-lhe-á nomeado curador especial, devendo ser aplicado o art. 513, § 2º, II, ou seja, ser intimado por carta com aviso de recebimento.

O STJ já definiu que há necessidade de intimação pessoal dos devedores no momento do cumprimento de sentença prolatada em processo em que os réus, citados pessoalmente, permaneceram revéis.[8]

Na segunda e na terceira hipóteses, considera-se realizada a intimação quando o devedor houver mudado de endereço sem prévia comunicação ao juízo, observado o disposto no parágrafo único do art. 274.

O art. 513, § 4º, traz regra que consagra a boa-fé objetiva, eis que, se o requerimento a que alude o § 1º do mencionado artigo for formulado após um ano do trânsito em julgado da sentença, a intimação será feita na pessoa do devedor, por meio de carta com aviso de recebimento encaminhada ao endereço constante dos autos, observado o disposto no parágrafo único do art. 274 e no § 3º do art. 513, eis que, a inércia do exequente gerou uma legítima expectativa ao executado no sentido de que não seria realizado o cumprimento de sentença.

O art. 513, § 5º, traz regra salutar, que já estava consagrada na Súmula 268 do STJ, informando que o cumprimento da sentença **não** poderá ser promovido em face do fiador, do coobrigado ou do corresponsável que não tiver participado da fase de conhecimento, o qual poderia ser, facilmente, solucionado pelas regras de legitimidade e do limite subjetivo da coisa julgada (art. 506).

Por fim, para a incidência de tal multa, não é demais ressaltar que somente poderá incidir sobre a dívida **líquida**, não se podendo falar em inadimplemento sobre um montante que não se sabe qual é, como se extrai da redação do art. 523. De igual modo, há *bis in idem* exigir tal multa no caso de execução de sentença homologatória de acordo, judicial ou extrajudicial, em cujo bojo tenha sido fixada multa negocial pelo inadimplemento da obrigação (DIDIER JR., 2010. v. 5, p. 527).

28.6. PAGAMENTO EM CONSIGNAÇÃO ESPECIAL

Importa mencionar que **antes** de ser intimado para o cumprimento da sentença, pode o réu comparecer em juízo e oferecer em pagamento o valor que entender devido, apresentando memória discriminada do cálculo.

O autor será ouvido no prazo de cinco dias, podendo impugnar o valor depositado, sem prejuízo do levantamento do depósito a título de parcela incontroversa.

Caso o juiz conclua pela insuficiência do depósito, sobre a diferença incidirão multa de dez por cento e honorários advocatícios, também fixados em dez por cento, seguindo-se a execução com penhora e os atos subsequentes (art. 526 do CPC/2015).

Trata-se de um **procedimento especialíssimo de pagamento por consignação**, diverso dos arts. 539 a 549 do CPC, para a remição da dívida exequenda, dispensando ação autônoma.

---

8   STJ, REsp 1.760.914/SP, 3ª T., rel. Min. Paulo de Tarso Sanseverino, j. 02.06.2020.

Cap. 28 · CUMPRIMENTO DE SENTENÇA NAS OBRIGAÇÕES DE PAGAR | 433

28.7. PRAZO PARA PAGAMENTO

28Afirma o art. 523 que, no caso de condenação em **quantia certa**, ou já fixada em **liquidação**, e no caso de decisão sobre **parcela incontroversa**, o cumprimento definitivo da sentença far-se-á a **requerimento** do exequente, sendo o executado **intimado** (art. 513, § 2º) para pagar o débito, no prazo de 15 dias, acrescido de custas, se houver e, não ocorrendo o pagamento, ao débito será acrescido de multa de dez por cento e, também, de honorários de advogado de dez por cento (§ 1º).

Assim, o prazo para pagamento voluntário no cumprimento de sentença é de quinze dias, recaindo sobre tal prazo controvérsia se seria de direito material ou processual, o que implica contagem em dias corridos ou em dias úteis, na forma do art. 219, parágrafo único, do CPC. Houve prevalência do entendimento de que tal **prazo é processual**, portanto contado em **dias úteis**, pois sua finalidade é a prática de um ato processual, que está previsto no CPC e traz consequências para o processo. Além do mais, encerrado tal prazo, independentemente de intimação, se inicia o prazo para impugnação do cumprimento de sentença (art. 525), prazo indiscutivelmente processual, o que poderia ocasionar uma celeuma processual.[9]

28.8. MULTA DO ART. 523, § 1º, DO CPC

A natureza jurídica de tal multa é controvertida, havendo três entendimentos; que seria um meio de **execução indireta** (WAMBIER, 2007. p. 144-145; CARNEIRO, 2006. p. 61; BUENO, 2008. p. 175), mas há quem sustente ser uma **sanção**, uma vez que prefixado por lei, não havendo discricionariedade judicial para a sua elevação ou redução (NEVES, 2011. p. 962). Há, ainda, quem afirme que possui uma natureza jurídica **híbrida**, de meio coercitivo e sancionatório, com o que concordamos. Há, em tal multa, um contramotivo para o inadimplemento (coerção) e uma punição ao inadimplemento (sanção) (DIDIER JR., 2009. v. 1, p. 517).[10]

28.9. PAGAMENTO TOTAL E PARCIAL. OFERECIMENTO DE BENS

O art. 523, § 1º é específico, só vale para o cumprimento de sentença nas obrigações para **pagamento** de quantia certa e traz a propalada multa de 10%.

Note-se, de imediato, em uma interpretação literal, que a multa é reservada para o não pagamento, portanto, o oferecimento de bem à penhora pelo devedor, ainda que dinheiro, **não** afastará a incidência da multa.

Pagar é **satisfazer**. Penhorar significa **garantir** a satisfação, o que são coisas bem distintas.[11]

De igual modo, o pagamento parcial do valor pretendido pelo credor, no prazo do art. 523, **não** isenta da multa em comento, bem como dos honorários, na forma

---

9   Nessa linha: STJ, REsp 1.708.348/RJ, 3ª T., rel. Min. Marco Aurélio Bellizze, por unanimidade, j. 25.06.2019, *DJe* 01.08.2019. Enunciado 89 do CJF: "Conta-se em dias úteis o prazo do *caput* do art. 523 do CPC."

10   STJ, REsp 1.111.686/RN, 3ª T., rel. Min. Sidnei Beneti, j. 01.06.2010.

11   TJRJ, AI 0040038-06.2010.8.0000, 16ª CC, Des. Lindolpho Morais marinho, j. 12.04.2011.

434 | PROCESSO CIVIL SISTEMATIZADO – *Haroldo Lourenço*

do art. 523, § 2º, contudo, tal incidência pode ser provisória, pois o executado poderá impugnar alegando excesso de execução (art. 525, § 1º, V) e, com sua procedência, restará sem efeito tal multa (NERY JR.; NERY, 2007. p. 735).

28.10. HIPOSSUFICIÊNCIA ECONÔMICA

Como cediço, a hipossuficiência econômica não pode constituir entrave para o acesso à justiça, como já afirmava Mauro Cappelletti em sua propalada obra. Nesse sentido, afirma renomada doutrina que, em tal hipótese, poderia o magistrado isentar o executado do pagamento da multa, pois não pode prevalecer o seu caráter punitivo, somente o caráter coercitivo para cumprimento da obrigação (MARINONI, 2004. p. 623).

O entendimento realmente é digno de nota e de respeito, contudo, guardamos profundas reservas. Nos dias atuais, em que se busca um melhor delineamento dos valores sociais, éticos e de boa-fé, **não** cremos que a hipossuficiência, por si só, possa justificar eventual descumprimento de uma obrigação estabelecida na sentença. Além do mais, a mencionada multa possui caráter coercitivo-punitivo, no sentido de gerar um temor e, por conseguinte, o pagamento.

28.11. HONORÁRIOS ADVOCATÍCIOS

Observe-se que, nos termos do art. 523, § 1º, haverá nova fixação de honorários advocatícios, não obstante já ter sido fixado na fase de conhecimento, o que já era consagrado pelo STJ, na forma da Súmula 517.

Cremos que o art. 827, § 2º, deve ser aplicado ao cumprimento de sentença, especificadamente na impugnação, na forma do art. 771, onde se determina que o valor dos honorários poderá ser elevado até vinte por cento, quando rejeitados os embargos à execução, podendo a majoração, caso não opostos os embargos, ocorrer ao final do procedimento executivo, levando-se em conta o trabalho realizado pelo advogado do exequente (Enunciado 450 do FPPC).

Cabe registrar que multa de 10% do art. 523, § 1º, do CPC/2015 não integra a base de cálculo dos honorários advocatícios.[12]

Por fim, cumpre registrar que se tratando de ação movida contra o Poder Público, havendo sucumbência do demandante, haverá imposição de honorários advocatícios em prol da advocacia pública (art. 85, § 19, do CPC/2015), que seguirá o cumprimento de sentença estudado nesse capítulo, com a ressalva de que tais valores **não** poderão ultrapassar o teto constitucional previsto no art. 37, XI, da CF/1988, como determinado pela Lei 13.957/2019, que inseriu o art. 102-A na Lei 13.898/2019 (diretrizes orçamentárias 2020).

---

[12] STJ, 3ª T., REsp 1.757.033-DF, Rel. Min. Ricardo Villas Bôas Cueva, por unanimidade, j. 09.10.2018.

29

EXECUÇÃO EXTRAJUDICIAL (FAZER, NÃO FAZER, ENTREGAR COISA E PAGAR)

29.1. NOÇÕES GERAIS

O processo de execução extrajudicial está, genericamente, previsto nos arts. 797 a 805, são regras gerais que serão aplicáveis a todas as execuções extrajudiciais, ou seja, para obrigações de entrega de coisa (arts. 806 a 813), para obrigações de fazer ou não fazer (arts. 814 a 823) e para as obrigações de pagar quantia certa (arts. 824 a 909), além dos procedimentos especiais para execução extrajudicial nas obrigações de pagar quantia contra a Fazenda Pública (art. 910) e de alimentos (art. 911), além da execução fiscal, que está prevista na Lei 6.830/1990 (art. 784, IX, do CPC).

Cumpre registrar que a execução extrajudicial é disciplinada à exaustão e, portanto, se aplica subsidiariamente ao cumprimento de sentença (arts. 513, *caput* c/c 771).

Caso, ainda assim, haja alguma omissão no rito da execução extrajudicial, serão aplicadas as normas inerentes ao processo de conhecimento, como sugere o art. 771, parágrafo único, do CPC/2015.

29.2. PETIÇÃO INICIAL

Por se tratar de um processo de execução, com aplicação supletiva das normas do processo de conhecimento, começará com a apresentação de uma **petição inicial**, devendo ser observados os requisitos previstos nos arts. 798 e 799, além dos artigos genéricos inerentes a qualquer inicial, previstos nos arts. 319, 320, 106, I e 77, V, na forma do art. 771, parágrafo único, com as devidas adaptações.

Nesse sentido, um documento essencial, inerente à petição é o **título executivo** (art. 798, I, "a" c/c art. 784 do CPC/2015).

Deve o exequente apresentar o **demonstrativo do débito** atualizado até a data de propositura da ação, quando se tratar de execução por quantia certa (art. 798, I, "b"). Tal demonstrativo deverá observar, obrigatoriamente, o art. 798, parágrafo único, do CPC. Cabe registrar que, na forma do art. 509, § 3º, do CPC, deve o CNJ desenvolver e colocar à disposição programa de atualização financeira para que seja preenchido com maior facilidade tal requisito.

De igual modo, incumbe ao exequente demonstrar a prova em que se verificou a condição ou ocorreu o termo, se for o caso (art. 798, I, "c"), de que adimpliu a contraprestação que lhe corresponde ou que lhe assegura o cumprimento, se o executado não for obrigado a satisfazer a sua prestação senão mediante a contraprestação do exequente (art. 798, I, "d").

Além dos mencionados requisitos, incumbe ao exequente indicar, na forma do art. 798, II:

(i) a espécie de execução de sua preferência, quando por mais de um modo puder ser realizada, como, por exemplo, na execução de alimentos, que pode ser por prisão ou por penhora de bens;

(ii) os nomes completos do exequente e do executado e seus números de inscrição no Cadastro de Pessoas Físicas ou no Cadastro Nacional da Pessoa Jurídica;

(iii) os **bens suscetíveis de penhora**, sempre que possível. A jurisprudência tem admitido, inclusive, que se esgotadas todas as diligências cabíveis, é direito do credor requerer a expedição de ofícios a órgãos públicos e particulares, sem ofensa ao sigilo bancário e fiscal, para localizar o devedor e/ou bens penhoráveis, evitando cerceamento na instrução.[1] Observe-se que se faz necessário o esgotamento de todos os meios possíveis para localização dos bens.[2]

Incumbe, ainda, ao exequente, nos termos do art. 799:

(i) requerer a intimação do credor pignoratício, hipotecário, anticrético ou fiduciário, quando a penhora recair sobre bens gravados por penhor, hipoteca, anticrese ou alienação fiduciária, o que geraria ineficácia da alienação, mas não tem preclusão, na forma do art. 804 do CPC;

---

[1] Súmula 47 do TJRJ.

[2] STJ, AgRg no Ag 1.386.116/MS, 4ª T., rel. Min. Raul Araújo, j. 26.04.2011. AgRg no REsp 595.612/DF, 4ª T., rel. Min. Hélio Quaglia Barbosa, *DJ* 11.02.2008; REsp 306.570/SP, rel. Min. Eliana Calmon, *DJU* 18.02.2002.

Cap. 29 · EXECUÇÃO EXTRAJUDICIAL (FAZER, NÃO FAZER, ENTREGAR COISA E PAGAR)

(ii) requerer a intimação do titular de usufruto, uso ou habitação, quando a penhora recair sobre bem gravado por usufruto, uso ou habitação;

(iii) requerer a intimação do promitente comprador, quando a penhora recair sobre bem em relação ao qual haja promessa de compra e venda registrada;

(iv) requerer a intimação do promitente vendedor, quando a penhora recair sobre direito aquisitivo derivado de promessa de compra e venda registrada;

(v) requerer a intimação do superficiário, enfiteuta ou concessionário, em caso de direito de superfície, enfiteuse, concessão de uso especial para fins de moradia ou concessão de direito real de uso, quando a penhora recair sobre imóvel submetido ao regime do direito de superfície, enfiteuse ou concessão;

(vi) requerer a intimação do proprietário de terreno com regime de direito de superfície, enfiteuse, concessão de uso especial para fins de moradia ou concessão de direito real de uso, quando a penhora recair sobre direitos do superficiário, do enfiteuta ou do concessionário;

(vii) requerer a intimação da sociedade, no caso de penhora de quota social ou de ação de sociedade anônima fechada, para o fim previsto no art. 876, § 7º;

(vii) pleitear, se for o caso, **medidas urgentes**, o que engloba a tutela provisória urgente antecipada (Enunciado 488 do FPPC);

(ix) proceder à **averbação** em registro público do ato de propositura da execução e dos atos de constrição realizados, para conhecimento de terceiros.

(x) requerer a intimação do titular da construção-base, bem como, se for o caso, do titular de lajes anteriores, quando a penhora recair sobre o direito real de laje (art. 799, X, do CPC/15 incluído pela Lei nº 13.465/17), o que é importante para que o titular da laje possa exercer direito de preferência;

(xi) requerer a intimação do titular das lajes, quando a penhora recair sobre a construção-base (art. 799, XI, do CPC/15 incluído pela Lei nº 13.465/17).

Não há necessidade de se requerer a produção probatória, eis que, nessa hipótese, não há o que ser demonstrado pelo autor, pois já há nos autos um documento que, por força de lei, tem eficácia executiva (arts. 783 e 786).

Importante ressaltar que os dois incisos inseridos pela Lei nº 13.465/2017 estão em harmonia com os arts. 1.225, XIII, e 1.510-A a 1.510-E do CC/2002, contudo, há uma **incongruência sistêmica**, pois no art. 804 do CPC **não** há a informação de que eventual alienação sem a respectiva intimação gera ineficácia, contudo, entendemos que deve ser aplicada a disposição do direito de superfície, prevista no art. 799, VI c/c art. 804, § 2º, do CPC, devido à proximidade do direito de laje e a superfície, o que é confirmado pelo Enunciado 150 do II CJF.[3]

29.3. EMENDA. INTERRUPÇÃO DA PRESCRIÇÃO. CITAÇÃO POSTAL

Caso não sejam atendidos quaisquer dos requisitos da petição inicial, o juiz determinará a sua **emenda** e, não sendo esta realizada, haverá **indeferimento da pe-**

---

[3] Enunciado 150 do II CJF: "Aplicam-se ao direito de laje os arts. 791, 804 e 889, III, do CPC".

438 | PROCESSO CIVIL SISTEMATIZADO – *Haroldo Lourenço*

tição inicial (art. 801). Cremos que devem ser aplicados os arts. 321 c/c 6º do CPC, sendo necessário que o magistrado indique precisamente o que deve ser emendado.

O STJ, por exemplo, já admitiu a apresentação do título executivo original ainda que depois do prazo fixado para emenda, aplicando o princípio da instrumentalidade.[4]

Não vemos óbice a se aplicar o regime jurídico previsto nos arts. 331 e 332, § 3º, a fim de se permitir a retratação do juízo diante de eventual apelação.

O **despacho** que ordenar a citação determinará uma sequência de efeitos processuais e materiais: (i) interrupção da prescrição (art. 802 do CPC); (ii) dever do juiz de fixar honorários advocatícios em 10% (art. 827 do CPC); (iii) direito do exequente obter a certidão prevista no art. 828 do CPC.

Assim, o despacho que ordenar a citação, desde que realizada em observância ao disposto no § 2º do art. 240, interrompe a prescrição (art. 802 do CPC c/c Súmula 150 do STF), ainda que proferido por juízo incompetente, a qual **retroagirá** à data de propositura da ação (art. 802), a semelhança do processo de conhecimento (art. 202, I, CC e art. 240, § 1º, do CPC).

Na forma do art. 827 do CPC, ao receber a inicial, deve o magistrado fixar honorários advocatícios em 10%, os quais poderão ser reduzidos pela metade na hipótese de pagamento integral.

O art. 828 permite que o exequente obtenha certidão de que a execução foi admitida pelo juiz, com identificação das partes e do valor da causa, para fins de averbação no registro de imóveis, de veículos ou de outros bens sujeitos a penhora, arresto ou indisponibilidade, **independentemente** de decisão judicial (Enunciado 130 do FPPC).

No que se refere à citação, observe-se que o art. 247 **não** traz mais a vedação à citação postal no processo de execução, como havia no CPC/73 (art. 222, "d"), porém o art. 829, §§ 1º e 2º, bem como o art. 830 do CPC, delimitam diversas atribuições a serem exercidas diretamente pelo oficial de justiça, fazendo crer ser essa a modalidade de citação no processo de execução (CÂMARA, 2017. p. 380).

Esse, contudo, não nos parece ser o melhor entendimento, não obstante a citação por oficial de justiça buscar proteger uma maior segurança jurídica inerente a um processo de execução, cremos ser admissível **citação postal** no processo de execução (GAJARDONI, 2015. p. 754), o que é ratificado pelo CJF[5]. Há, ainda, que se considerar que, atualmente, as penhoras, em boa parte, realizam-se eletronicamente em aplicações financeiras, portanto, não há motivos para se privilegiar que a diligência se dê por oficial de justiça, para que esse, fazendo a citação e, não efetuado o pagamento espontâneo, desde logo se realize a penhora. Assim, a citação deve, preferencialmente, ser pela via postal; contudo, nada obsta que o exequente busque de imediato a citação por oficial de justiça (art. 247, V do CPC) (RODRIGUES, 2015. p. 87-150).

---

[4] Informativo 471: STJ, REsp 924.989/RJ, 4ª T., rel. Min. Luis Felipe Salomão, j. 05.05.2011. Precedentes citados: REsp 595.768-PB, *DJ* 10.10.2005; AgRg no REsp 747.949-PR, *DJ* 03.10.2005; REsp 329.069-MG, *DJ* 04.03.2002; AgRg no REsp 330.878-AL, *DJ* 30.06.2003; REsp 329.069-MG, *DJ* 04.03.2002; REsp 49.910-MS, *DJ* 05.02.1996; REsp 467.358-PR, *DJ* 20.10.2003.

[5] Enunciado 85 do CJF: Na execução de título extrajudicial ou judicial (art. 515, § 1º, do CPC) é cabível a citação postal.

Cap. 29 · EXECUÇÃO EXTRAJUDICIAL (FAZER, NÃO FAZER, ENTREGAR COISA E PAGAR) | 439

De igual modo é possível que a citação seja ficta (Enunciado 196 do STJ). Na execução fiscal a regra é a citação postal (art. 8º da Lei 6.830/1980).

29.4. EXECUÇÃO EXTRAJUDICIAL NAS OBRIGAÇÕES DE ENTREGAR COISA

Como mencionado, a todas as obrigações constantes em títulos extrajudiciais serão aplicáveis as normas gerais (arts. 806 a 813).

Nesse sentido, no procedimento baseado no título extrajudicial que reflita uma obrigação de entrar coisa será necessária a elaboração de uma petição inicial, como já explanado, sendo citado para, em **15 dias, satisfazer a obrigação** (art. 806) e, o magistrado, ao despachar a inicial, poderá fixar **multa** por dia de atraso no cumprimento da obrigação, ficando o respectivo valor sujeito a alteração, caso se revele insuficiente ou excessivo (art. 806, § 1º).

Cumpre registrar que o valor de tal multa somente poderá ser alterado para o futuro, na forma do art. 537, § 1º, do CPC.

Do mandado de citação constará ordem para imissão na posse ou busca e apreensão, conforme se tratar de bem imóvel ou móvel, respectivamente, cujo cumprimento se dará de imediato, se o executado não satisfizer a obrigação no prazo que lhe foi designado (art. 806, § 2º).

Se o executado entregar a coisa, será lavrado o termo respectivo e considerada satisfeita a obrigação, prosseguindo-se a execução para o pagamento de frutos ou o ressarcimento de prejuízos, se houver (art. 807).

Alienada a coisa quando já litigiosa, será expedido mandado contra o terceiro adquirente, que somente será ouvido após depositá-la (art. 808), ou seja, a sua oitiva depende do prévio depósito da coisa.

Os bens do adquirente respondem pela execução quando fundada em direito real ou obrigação reipersecutória, na forma do art. 790, I, do CPC.

O exequente tem direito a receber, além de perdas e danos, o valor da coisa, quando essa se deteriorar, não lhe for entregue, não for encontrada ou não for reclamada do poder de terceiro adquirente (art. 809) e, não constando do título o valor da coisa e sendo impossível sua avaliação, o exequente apresentará estimativa, sujeitando-a ao arbitramento judicial (§ 1º), que serão apurados em liquidação o valor da coisa e os prejuízos (§ 2º).

Havendo benfeitorias indenizáveis feitas na coisa pelo executado ou por terceiros de cujo poder ela houver sido tirada, a liquidação prévia é obrigatória (art. 810) e, havendo saldo, (i) em favor do executado ou de terceiros, o exequente o depositará ao requerer a entrega da coisa; (ii) em favor do exequente, esse poderá cobrá-lo nos autos do mesmo processo (art. 810, parágrafo único).

Quando a execução extrajudicial recai sobre coisa incerta, determinada **pelo gênero e pela quantidade**, o executado será citado para entregá-la individualizada, se lhe couber a escolha (art. 811).

É o que ocorre, por exemplo, na obrigação de entregar um cavalo do haras ou um dos cães do canil. Nessas hipóteses haverá a concentração da obrigação, permitindo a escolha do que será entregue.

440 | PROCESSO CIVIL SISTEMATIZADO – *Haroldo Lourenço*

Se a escolha couber ao exequente, esse deverá indicá-la na petição inicial. Se o título for omisso a escolha incumbe ao devedor, na forma do art. 244 do CC.

Qualquer das partes poderá, no prazo de 15 dias, impugnar a escolha feita pela outra, e o juiz decidirá de plano ou, se necessário, ouvindo perito de sua nomeação (art. 812).

29.5. EXECUÇÃO EXTRAJUDICIAL NAS OBRIGAÇÕES DE FAZER E NÃO FAZER

Na execução de obrigação de fazer ou de não fazer fundada em título extrajudicial, ao despachar a inicial, o juiz fixará **multa** por período de atraso no cumprimento da obrigação e a data a partir da qual será devida e se tal multa já estiver prevista no título e for excessiva, o juiz poderá reduzi-lo (art. 814, parágrafo único).

Quando o objeto da execução for obrigação de fazer, o executado será citado para satisfazê-la **no prazo que o juiz lhe designar**, se outro não estiver determinado no título executivo (art. 815). Se o executado não satisfizer a obrigação no prazo designado, é lícito ao exequente, nos próprios autos do processo, requerer a satisfação da obrigação à custa do executado ou perdas e danos, hipótese em que se converterá em indenização, sendo apurada em liquidação, seguindo-se a execução para cobrança de quantia certa (art. 816).

Se a obrigação puder ser satisfeita por terceiro, é lícito ao juiz autorizar, a requerimento do exequente, que aquele a satisfaça à custa do executado, o que, evidentemente, somente é aplicável para obrigações fungíveis (art. 817). Nessa hipótese o exequente adiantará as quantias previstas na proposta que, ouvidas as partes, o juiz houver aprovado.

Realizada a prestação, o juiz ouvirá as partes no prazo de dez dias e, não havendo impugnação, considerará satisfeita a obrigação, havendo impugnação o juiz a decidirá (art. 818, parágrafo único).

Se o terceiro contratado não realizar a prestação no prazo ou se o fizer de modo incompleto ou defeituoso, poderá o exequente requerer ao juiz, no prazo de 15 dias, que o autorize a concluí-la ou a repará-la à custa do contratante (art. 819).

Se o exequente quiser executar ou mandar executar, sob sua direção e vigilância, as obras e os trabalhos necessários à realização da prestação, terá preferência, em igualdade de condições de oferta, em relação ao terceiro (art. 820). Tal direito deve ser exercido no prazo de cinco dias, após aprovada a proposta do terceiro.

Na obrigação de fazer, quando se convencionar que o executado a satisfaça pessoalmente, o exequente poderá requerer ao juiz que lhe assine prazo para cumpri-la e, havendo recusa ou mora do executado, sua obrigação pessoal será convertida em perdas e danos, caso em que se observará o procedimento de execução por quantia certa.

Nas obrigações de não fazer, se o executado praticou ato a cuja abstenção estava obrigado por lei ou por contrato, o exequente requererá ao juiz que assine prazo ao executado para desfazê-lo (art. 822) o que não poderia ter sido feito.

Não existe mora, eis que são obrigações negativas, podendo haver inadimplemento, quando o executado praticar ato que estava obrigado a não realizar.

Havendo recusa ou mora do executado, o exequente requererá ao juiz que mande desfazer o ato à custa daquele, que responderá por perdas e danos e, não sendo possível desfazer-se o ato, a obrigação resolve-se em perdas e danos, caso em que, após a liquidação, se observará o procedimento de execução por quantia certa (art. 823).

29.6. EXECUÇÃO EXTRAJUDICIAL NAS OBRIGAÇÕES DE PAGAR

A execução por quantia certa, seja judicial ou extrajudicial, se realizará por expropriação de bens do executado, ressalvadas as execuções especiais (art. 824), como a execução contra a Fazenda Pública, que será pelo regime do precatório (art. 100 da CR/1988).

Ao despachar a inicial, o juiz fixará, de plano, os **honorários advocatícios de dez por cento**, a serem pagos pelo executado (art. 827), determinando a citação do executado que poderá assumir algumas posturas diante de tal mandado, que serão analisadas separadamente.

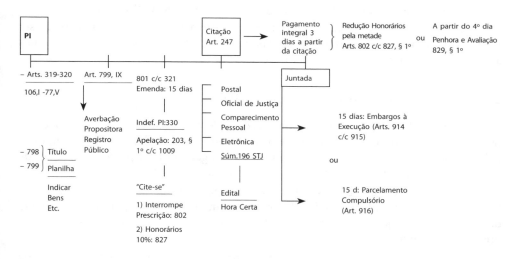

29.7. POSTURAS DO EXECUTADO

Com a citação do executado vários prazos se iniciam. Há, a rigor, quatro posturas possíveis por parte do executado:

(i) Pagamento no prazo de três dias a contar da citação (art. 829);
(ii) Inércia em efetuar o pagamento no prazo acima (art. 829, § 1º);
(iii) Oposição de embargos do executado – prazo de 15 dias (art. 915 c/c art. 914);
(iv) Pedido de parcelamento compulsório – prazo de 15 dias (art. 916).

29.7.1. Pagamento no prazo de três dias. Honorários. Sanção premial

O prazo para cumprimento da obrigação constante no título extrajudicial é de três dias, a contar da citação, **não** da juntada do mandado (art. 829) e, sendo feito

442 | PROCESSO CIVIL SISTEMATIZADO – *Haroldo Lourenço*

o pagamento integral em tal prazo, haverá redução pela metade dos honorários advocatícios (art. 827, § 1º), os quais já foram fixados no despacho que determinou a citação em 10% (art. 802).

Trata-se de legítima hipótese de **sanção premial** (DIDIER JR., 2010. v. 5, p. 510), que busca estimular o cumprimento da obrigação.

Observe-se que tais honorários serão fixados de maneira provisória, pois, sendo opostos e acolhidos os embargos do executado, tais valores podem vir a ser cancelados ou reduzidos. A jurisprudência do STJ é no sentido de ser possível a cumulação de honorários advocatícios arbitrados na execução com aqueles fixados em razão do julgamento dos embargos do devedor, desde que a soma dos encargos não seja superior a 20% sobre o valor executado.[6]

Assim, o valor dos honorários poderá ser elevado até vinte por cento, quando rejeitados os embargos à execução, podendo a majoração, caso não opostos os embargos, ocorrer ao final do procedimento executivo, levando-se em conta o trabalho realizado pelo advogado do exequente (§ 2º do art. 827 do CPC/2015).

Cumpre registrar que da citação até o terceiro dia subsequente, **não** pode ser realizada penhora, tampouco avaliação, eis que o art. 829, §1º, somente permite tais atos a partir de transcorrido o tríduo previsto no art. 827.

29.7.2. Inércia do executado (art. 829, § 1º)

Do mandado de citação que instou o executado ao pagamento (art. 829) já constarão, também, a ordem de penhora e a avaliação (art. 154, V) a serem cumpridas pelo oficial de justiça tão logo verificado o não pagamento no prazo assinalado, de tudo lavrando-se auto, com intimação do executado (art. 829, § 1º).

A penhora recairá sobre os bens indicados pelo exequente (art. 798, II, "c", do CPC), salvo se outros forem indicados pelo executado e aceitos pelo juiz, mediante demonstração de que a constrição proposta lhe será menos onerosa e não trará prejuízo ao exequente.

Como visto, o art. 829, § 1º, parte da premissa de que o credor indicou na petição inicial os bens penhoráveis, contudo, não tendo havido tal indicação ou não tendo o oficial de justiça localizado os bens, poderá o magistrado, de ofício ou a requerimento, intimar o devedor para indicar bens à penhora sendo, possível, ainda, a imposição de uma multa de até 20% do valor do débito caso o devedor não cumpra a determinação judicial (art. 774, V e parágrafo único).

29.7.3. Oposição de embargos do executado (arts. 915 c/c 914)

A contar da juntada aos autos do mandado de citação, tem o executado o prazo de 15 dias para opor embargos do executado (art. 915), providência essa que **não** requer garantia do juízo, portanto, pode não ter, sequer, sido realizada a penhora. Nesse sentido, desde a juntada aos autos do mandado de citação devidamente cumprido, pode o devedor pagar em três dias; do contrário, a partir do quarto dia, poderá

---

6   STJ, 6ª T., AgRg no REsp 1.117.348/RS, rel. Min. Vasco Della Giutina, j. 14.06.2011.

Cap. 29 · EXECUÇÃO EXTRAJUDICIAL (FAZER, NÃO FAZER, ENTREGAR COISA E PAGAR) | 443

sofrer penhora; todavia, já podia ter se defendido mesmo antes de transcorrido o prazo para pagamento.

Os embargos serão analisados no capítulo sobre defesas do executado.

29.7.4. Parcelamento compulsório ou moratória legal (art. 916)

Poderá o devedor, no prazo para os embargos, requerer o parcelamento da dívida, na forma do art. 916 do CPC/2015, sendo forçoso reconhecer que há nesse artigo uma exceção (TARTUCE, 2020. p. 363; CASSETTARI, 2018, p. 159) ao **princípio da identidade física da prestação (ou da exatidão)**, pois obriga que o credor receba a prestação de modo diverso do inicialmente estabelecido (art. 313 do CC/2002), bem como ao **princípio da indivisibilidade (ou integralidade)**, eis que o credor será obrigado a receber a prestação em partes (art. 314 do CC), refletindo base nos direitos material e processual, portanto com **caráter híbrido e bifrontal**.[7]

O propósito da norma é estipular o cumprimento espontâneo da obrigação, facilitando o adimplemento, alinhado com o modelo cooperativo de processo.

Como se observa pelo nome, não se trata de um acordo ou uma transação, mas de uma **moratória legal ou um parcelamento compulsório**, gerando um **direito potestativo** (DIDIER JR., 2010. v. 5, p. 782-783; BASTOS, 2016. p. 2.274)[8] do executado, desde que observe os requisitos cumulativos: (i) declaração expressa ou tácita da intenção de exercer tal direito no prazo dos embargos (art. 915), nem sendo técnico se referir a requerimento, pois será mera declaração de vontade, produzindo efeitos imediatos (art. 200 do CPC/2015); (ii) efetivo e comprovado depósito mínimo de 30% do valor da execução acrescido das custas e honorários de advogado; (iii) comprometimento de pagar o saldo em **até** seis parcelas mensais, acrescidas de correção monetária e juros de 1% (um por cento) ao mês, independentemente de pronunciamento judicial (art. 916, § 2º).

Como se observa, o pedido de parcelamento é feito no prazo dos embargos, gerando, então, uma **preclusão lógica e renúncia tácita** à possibilidade de embargar (art. 916, § 6º), obrigando o credor a aceitá-lo. Além disso, o executado ficará sujeito a uma multa de 10%, caso não cumpra alguma das prestações (§ 5º, II, do art. 916).

Cremos, inclusive, que o aludido parcelamento poderá ser compulsório se for realizada uma proposta mais vantajosa do que a prevista em lei, como, por exemplo, depósito de cinquenta por cento do valor devido e o parcelamento do restante em até seis vezes. Por outro lado, oferecida proposta inferior ao modelo legal, o credor poderá aceitar ou recusar, tendo natureza de autocomposição.

---

[7] Diferenciando de maneira assertiva regras heterotópicas e dispositivos bifrontes: MAZZEI, Rodrigo. Enfoque processual do art. 928 do Código Civil. *RBDPro – Revista Brasileira de Direito Processual*, n. 59, p. 48-51; MAZZEI, Rodrigo. Algumas notas sobre o ("dispensável") artigo 232 do Código Civil. In: DIDIER JR., Fredie; MAZZEI, Rodrigo (coord.). *Prova, exame médico e presunção*: o artigo 232 do Código Civil. Salvador: JusPodivm, 2006, p. 261-262.

[8] Muito embora o STJ em antigo precedente tenha afirmado ser um direito subjetivo: STJ, 4ª T., REsp 1.264.272/RJ, rel. Min. Luis Felipe Salomão, julgado em 15.05.2012, DJe 22.06.2012.

Deferido o pedido, a execução ficará suspensa (art. 921, V), contudo, eventual penhora não deve ser desfeita, mas **suspensa** para aguardar o integral cumprimento da obrigação.

O § 7º do art. 916 do CPC/2015 acabou com a controvérsia outrora existente na doutrina, estabelecendo que o parcelamento compulsório **não** se aplica ao cumprimento da sentença. O legislador inovou ao permitir sua aplicação à ação monitória, na forma do art. 701, § 5º, do CPC/2015.

Mesmo sendo um direito potestativo do executado não se pode permitir a sua utilização leviana ou desvirtuada, fora dos contornos da boa-fé objetiva (art. 5º do CPC/2015), podendo caracterizar abuso de direito (art. 187 do CC/2002), como na hipótese de ser apresentada tal declaração em execução de pequeno valor sendo o executado instituição financeira de largo poderio econômico ou por executado que em notória bancarrota financeira que não conseguirá arcar com o parcelamento. Nessa última situação cremos que o juízo, a requerimento do exequente, poderá determinar medidas assecuratórias de natureza cautelar, como a prestação de caução (THEODORO JR., 2007. p. 2019) ou até a penhora de bens, para garantir o adimplemento do pagamento parcelado, usando o poder geral de cautela como fundamento[9] (art. 799, VIII, do CPC/2015) e a analogia ao art. 895, § 1º, do CPC/2015, arts. 130 e 135 do CC/2002.

Três pontos não nos parecem muito claros na legislação processual.

Afirma-se que o executado deverá comprovar *"o depósito de trinta por cento do valor em execução, acrescido de custas e de honorários de advogado"*, sendo possível interpretar que seria 30% da dívida principal e 100% (cem por cento) das custas e honorários (CARNEIRO, 2019. p. 220) ou 30% de tudo (depósito, custas e honorários). Parece-nos ser mais razoável a segunda interpretação, pois se alinha com a menor onerosidade (art. 805 do CPC/2015), a acessoriedade das custas e honorários que devem seguir a sorte do principal, bem como da tutela do sujeito passivo obrigacional (*favor debitoris*).

Prossegue a legislação afirmando que *"o executado poderá requerer que lhe seja permitido pagar o restante em até 6 (seis) parcelas mensais"*, não definindo o termo inicial do vencimento da primeira parcela, nos parecendo crível ser em até trinta dias após a apresentação do requerimento e as demais em igual data dos meses subsequentes (CARNEIRO, 2019. p. 22).

O legislador inseriu tal instituto dentro do processo de execução, especificadamente nos embargos à execução,[10] sugestionado que seria afeto somente a tal ambiente,

---

[9] Enunciado 31 do Fórum Permanente de Processualistas Cíveis: "O poder geral de cautela está mantido no CPC."

[10] Há quem sustente reflexos desse parcelamento fora dos embargos à execução, pois o executado ao reconhecer o crédito renunciaria não somente os embargos à exceção, mas também a exceção de pré-executividade, como também eventual ação autônoma de impugnação, sob pena de se caracterizar um ato atentatório à dignidade da justiça (art. 774, II, do CPC/2015). Por outro lado, caso a marcha processual executiva venha a ser retomada, seria possível questionar a validade de atos executivos posteriores. Nesse sentido: GAJARDONI, Fernando da Fonseca; DELLORE, Luiz; ROQUE, Andre Vasconcelos; OLIVEIRA JUNIOR, Zulmar Duarte. *Execução e recursos*: comentários ao CPC 2015. 1. ed. Rio de Janeiro: Forense; São Paulo: Método, 2017, p. 519.

Cap. 29 · EXECUÇÃO EXTRAJUDICIAL (FAZER, NÃO FAZER, ENTREGAR COISA E PAGAR) | **445**

deixando um imenso vazio sobre a sua utilização ao processo de conhecimento e em outros ambientes, com o que não concordamos.

29.8. ARRESTO EXECUTIVO

Não tendo sido localizado o executado nenhum dos prazos acima mencionados se iniciará, pois, como visto, os seus termos iniciais são ou da citação ou da juntada do mandado de citação.

Não sendo encontrado o devedor, partiu o legislador da premissa de que já foram indicados bens na inicial (art. 798, II, "c"), autorizando o oficial de justiça a realizar **arresto** no patrimônio do executado, observado, analogicamente, o art. 838 do CPC/2015, eis que não caráter de tutela provisória cautelar, prescindindo, portanto, de *fumus boni iuris* ou *periculum in mora*.

Trata-se, a rigor, de um arresto executivo ou de uma pré-penhora (DIDIER JR., 2010. v. 5, p. 511).

Realizado tal arresto, o oficial, dentro de 10 dias, deve procurar o devedor duas vezes em dias distintos, e, havendo suspeita de ocultação, realizará a citação com **hora certa**, certificando pormenorizadamente o ocorrido (art. 830, § 1º) e se, ainda assim, não o encontrar, certificará para que o credor seja intimado para, em 10 dias, requerer a citação por **edital** do devedor, uma vez frustradas a pessoal e a com hora certa (art. 830, § 2º).

Caso o credor quede-se inerte, não promovendo a citação editalícia, haverá a liberação dos bens apreendidos.

Cumpre registrar que o arresto executivo atribui ao exequente o **direito de preferência** na participação do produto da expropriação do bem constrito (art. 797)[11].

De igual modo, realizada a citação por edital, a pré-penhora se converterá em penhora, sendo desnecessário intimar novamente o executado.

29.9. CERTIDÃO DE EXECUÇÃO

Admitida a execução pelo juiz, poderá o exequente obter certidão com identificação das partes e do valor da causa, para fins de averbação no registro de imóveis, de veículos ou de outros bens sujeitos a penhora, arresto ou indisponibilidade (art. 828).

O credor deve, dentro de dez dias contados da concretização da averbação, informar ao juízo. Formalizada penhora sobre bens suficientes para cobrir o valor da dívida, o exequente providenciará, no prazo de dez dias, o cancelamento das averbações relativas àqueles não penhorados (art. 828, §§ 1º e 2º) e, caso não o faça, o juiz determinará o cancelamento das averbações, de ofício (§ 3º).

Presume-se em fraude à execução a alienação ou a oneração de bens efetuada após a averbação (art. 792, II, do CPC). O exequente que promover averbação manifestamente indevida ou não cancelar as averbações indenizará a parte contrária, processando-se o incidente em autos apartados (art. 828, § 5º).

---

[11]   STJ, REsp 759.700/SP, 4ª T., rel. Min. Fernando Gonçalves, j. 18.08.2005.

30
PENHORA

30.1. NOÇÕES GERAIS

Consiste a penhora em um ato de apreensão judicial para, de maneira direita ou indireta, ser empregado o bem apreendido na satisfação do crédito exequendo.

A penhora produz efeitos processuais e materiais. Os efeitos processuais são: (i) garantia do juízo, (ii) individualização do bem e (iii) geração de direito de preferência. Já os de direito material são: (iv) desapossamento e (v) ineficácia dos atos de alienação ou oneração.

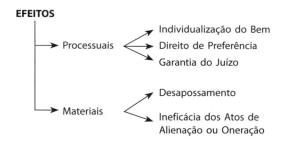

30.2. EFEITOS PROCESSUAIS DA PENHORA

30.2.1. Garantia do juízo

Com sua realização, ocorrerá a denominada garantia do juízo, criando-se condições concretas à satisfação do credor.

Assim, por exemplo, em uma obrigação para entrega de coisa, com o depósito da coisa, estará garantido o juízo. Sendo uma obrigação para o pagamento de quantia certa, a penhora será uma garantia do juízo, eis que pode se transformar em dinheiro.

Por outro lado, nas obrigações de fazer e não fazer não existe garantia do juízo.

448 | PROCESSO CIVIL SISTEMATIZADO – *Haroldo Lourenço*

30.2.2. Individualização do bem sujeito à execução

Com o início da execução, incide a responsabilidade patrimonial, respondendo todos os bens do devedor, presentes e futuros, pela satisfação da obrigação, **salvo** os impenhoráveis (art. 789), todavia, com a realização da penhora, essa responsabilidade patrimonial deixa de ser uma hipótese abstrata de garantia, tornando-se uma garantia concreta, ou seja, há uma individualização exata do bem ou dos bens que futuramente serão expropriados.

Assim, havendo uma penhora suficiente para satisfazer a execução, os demais bens do patrimônio do devedor são liberados.

Afirma a doutrina que a penhora tem natureza jurídica de ato executivo, ainda que se reconheça uma função **cautelar** na penhora ao garantir o juízo (NEVES, 2011. p. 1.005; CÂMARA, 2008. v. 2, p. 265-266).

30.2.3. Direito de preferência

A penhora gera para o credor um direito de preferência sobre os bens penhorados, todavia, tal garantia realiza-se somente entre **credores de mesma qualidade jurídica**.

Nesse sentido, é admissível que um mesmo bem seja penhorado mais de uma vez, devendo ser analisado quem terá preferência no recebimento do produto da alienação.

Na forma do art. 797 do CPC/2015, ressalvada a hipótese de insolvência civil, terá direito de preferência o **credor quirografário** que primeiro penhorar o bem, contudo, tal preferência não é aplicável diante de **credores com preferências de direito material**.

Assim, ao analisar o direito de preferência, deve-se ir ao direito material como, por exemplo, se é um credor com garantia real, como o penhor, hipoteca ou anticrese (art. 1.419 do CC), pois tal preferência tem prioridade sobre os credores com preferências de direito processual.[1] Observe-se que se o credor quirografário já tiver feito a penhora, o credor com garantia real terá sempre preferência, ainda que **não** tenha sequer ajuizado execução (NEVES, 2011. p. 1.006).

Alguns pontos devem ser enfatizados:

(i) O registro da penhora para fins de preferência é **irrelevante**, pois não faz parte do ato processual da penhora, prestando-se somente a dar ciência a terceiros da constrição judicial;[2]

(ii) Tendo ocorrido o **arresto executivo** (art. 830 do CPC/2015), já haverá direito de preferência, justamente por não ter natureza cautelar, pois o arresto cautelar não gera direito de preferência;

(iii) O depósito do bem penhorado também é irrelevante, **não** obstante a legislação sugerir que o ato de penhora deve ser acompanhado do ato de depósito, ou seja,

---

[1] STJ, 2ª T., AgRg no AREsp 215.749-SP, Rel. Min. Humberto Martins, julgado em 16/10/2012 (Informativo 506). Precedentes citados: REsp 871.190-SP, DJe 3/11/2008; REsp 280.871-SP, DJe 23/3/2009, e REsp 1.180.192-SC, DJe 24/3/2010. REsp 159.930/SP, Min. Ari Pargendler, 3ª T., j. 06.03.2003.

[2] STJ, 3ª T., REsp 829.980/SP, rel. Min. Sidnei Beneti, j. 01.06.2010.

realizada a penhora, deve ser indicado um depositário para o bem,[3] contudo, antes do depósito, a penhora já está perfeita e acabada, portanto, já há direito de preferência. Inclusive, para o **STJ**,[4] o depósito é um ato complementar à penhora, não fazendo, assim, parte dela;

(iv) Entende o STJ que a execução do crédito condominial tem preferência sobre o hipotecário, como se observa do Enunciado 478 da Súmula do STJ;

(v) De igual modo, os créditos das autarquias federais preferem aos créditos da Fazenda estadual desde que coexistam penhoras sobre o mesmo bem, como determina a Súmula 497 do STJ.

30.3. EFEITOS MATERIAIS DA PENHORA

30.3.1. Desapossamento

Com a penhora, retira-se a posse direta do bem do executado, assim, esse efeito é de direito material.

Nada impede, contudo, que o executado figure como depositário do bem (art. 840, § 2º, do CPC/2015) em casos de (i) difícil remoção ou (ii) quando anuir o exequente, aliás, em bens imóveis a regra é que o executado seja o depositário.

Nessa hipótese, o executado muda o seu *status* perante o bem, deixando de ser um possuidor direto e tornando-se um **depositário** (NEVES, 2011. p. 1.007), não obstante continuar o bem em sua guarda. O devedor que antes tinha a posse direta em virtude do domínio, agora terá a posse direta por ser depositário.

Até pouco tempo essa diferença era muito relevante, pois o depositário poderia ser preso, o que seria inviável para um possuidor, contudo, com o entendimento do STF e do STJ que proíbe a prisão do depositário infiel, seja convencional (mediante um contrato de depósito) ou judicial, em que exerce um múnus público, como auxiliar eventual do juízo,[5] perdeu bastante sentido tal discussão.

30.3.2. Ineficácia dos atos de oneração e alienação

Ocorrendo alienação ou oneração de bem penhorado, como visto, teremos uma fraude à execução qualificada, pois essa fraude dispensa o *eventus damni* (requisito objetivo) e o *concilium fraudis* (requisitos subjetivos) e tornará tal alienação ou oneração **ineficaz** perante o exequente (art. 792, § 1º).

---

[3] Perceba-se que do art. 831 ao 838 o CPC/2015 disciplina a penhora e, subsequentemente, disciplina o depósito no art. 840.

[4] Informativo 354, REsp 990502/MS, Min. Fernando Gonçalves, 4ª T., j. 06.05.2008.

[5] Como cediço, o STF adotou a teoria da supralegalidade, segundo a qual os tratados e convenções internacionais sobre direitos humanos a que o Brasil tenha aderido, têm *status* de norma supralegal, razão pela qual pacificou o entendimento quanto à impossibilidade de prisão civil de depositário judicial infiel (HC 115.892, julgado pela 4ª Turma em março de 2009), retratado na Súmula Vinculante 25 No mesmo sentido, Súmula 419: "Descabe a prisão civil do depositário judicial infiel".

450 | PROCESSO CIVIL SISTEMATIZADO – *Haroldo Lourenço*

Cumpre registrar que tal ineficácia está condicionada à inexistência de boa-fé do terceiro, na dicção do Enunciado 375 do STJ. Assim, para a ineficácia da alienação ou oneração não se necessita de requisitos, porém, ela está condicionada à inexistência de boa-fé do terceiro adquirente, como se observa do art. 792, I, II e III.

30.4. ORDEM DE PREFERÊNCIA (ART. 835 DO CPC/2015)

Na hipótese de haver uma **pluralidade** de bens no patrimônio do executado e **não** sendo necessária a penhora de todos eles, o legislador estabelece uma ordem de preferência entre eles. Então, para incidir o art. 835 do CPC/2015, deve haver **mais** de uma alternativa para a penhora e, entre essas alternativas, deverá ser observada a ordem **preferencial**, portanto, não vinculativa.

O art. 835, § 1º, afirma, porém, que é **prioritária** a penhora em dinheiro, podendo o juiz, nas demais hipóteses, alterar a ordem prevista no *caput* de acordo com as circunstâncias do caso concreto, superando a Súmula 417 do STJ.

Assim, havendo mais de uma alternativa e, entre elas, sendo o dinheiro, esse será prioritário. Havendo outros bens após a penhora em dinheiro, deverá ser observada a ordem de preferência do art. 835, a qual pode ser alterada na forma da mencionada Súmula, aplicando-se um cotejo entre os princípios da menor onerosidade (art. 805 do CPC/2015) e da efetividade.

Cumpre mencionar que de acordo com o parágrafo único do art. 805 do CPC/2015, ao executado que alegar ser a medida executiva mais gravosa incumbe indicar outros meios mais eficazes e menos onerosos, sob pena de manutenção dos atos executivos já determinados. Igual raciocínio é aplicável ao art. 11 da Lei 6.830/1980.

Assim, o magistrado pode alterar a ordem de preferência quando não prejudicar em demasia o executado e, ao mesmo tempo, for possível facilitar a satisfação do exequente de modo considerável.

30.5. PENHORA *ON-LINE*

A penhora *on-line* é uma ferramenta que já existe desde 2001, fruto de um convênio administrativo entre o BACEN e o Poder Judiciário, denominado de BACENJUD, que é um sistema informatizado de envio de ordens judiciais e de acesso às respostas das instituições financeiras pelos magistrados devidamente cadastrados no Banco Central do Brasil, por meio da internet (art. 1º da Resolução 61/2008 do CNJ).

Trata-se de uma penhora de dinheiro por meio eletrônico. Então, pela via eletrônica, obterá informação sobre a existência de ativos e, automaticamente, realizará a constrição de valores até o limite do valor exequendo.

Com o início do convênio, foi adotado o sistema Bacen-Jud 1.0, pelo qual se visualizavam os valores bancários do devedor, havendo inequívoca quebra do sigilo bancário e, por isso, tal sistema foi superado pelo Bacen-Jud 2.0.

Atualmente, o sistema BACENJUD está disciplinado no *"Regulamento Bacen Jud 2.0"*,[6] expedido pelo Banco Central. Com os arts. 854 e 837 do CPC/2015, apesar da penhora *on-line* ser preferencial, **não** é exclusiva, de forma que a requisição de

---

[6] Disponível em: <www.bcb.gov.br>. Acesso em: 14 mar. 2016.

Cap. 30 · PENHORA | 451

informações e a determinação de indisponibilidade de bens podem ser feitas pelo tradicional método de expedição de ofício.[7]

Exige o legislador, expressamente, **requerimento** para a realização de penhora *on-line*, **sem** dar ciência prévia do ato ao executado. Há renomada doutrina que defende que ela poderia se dar de ofício (BUENO, 2008. p. 245). Há entendimento em sede de JEC[8] que admite a sua realização, desde que requerida no início da execução.

Cremos que o Enunciado é digno de aplausos. Transcorrido o prazo de três dias, tratando-se de execução extrajudicial (art. 829), ou o prazo de quinze dias, tratando-se de cumprimento de sentença (art. 523), **não** visualizamos motivos para não ser realizada penhora *on-line*, pois é simples e barata, prestigiando os arts. 835, I e 805, do CPC/2015. Nada impede o seu deferimento antes dos mencionados prazos, contudo, em caráter cautelar, como se observa do art. 799, VIII c/c art. 297 do CPC/2015, com base no poder geral de cautela (Enunciado 31 do FPPC).

Como cediço, o sistema **não** poderia autorizar o magistrado a violar o sigilo bancário do devedor, sendo assim, tanto o art. 13 do mencionado regulamento, como o art. 854, *in fine*, do CPC, bem como a indisponibilidade sobre os ativos financeiros existentes em nome do executado, **limitando-se a indisponibilidade ao valor indicado na execução.**

A penhora *on-line* pode recair sobre contas de depósitos a vista (contas correntes), de investimento e de poupança (art. 833, X e § 2º do CPC/2015), depósitos a prazo, aplicações financeiras e demais ativos sob a administração e/ou custódia da instituição participante do sistema eletrônico.

Caso não seja atingido o limite da ordem judicial de bloqueio, é possível o magistrado, para complementar o valor, expedir nova ordem de bloqueio eletrônico (art. 13 § 2º do Regulamento).

Outra questão que surge é a referente à penhora de valores impenhoráveis (art. 833, IV, do CPC), pois o magistrado não tem informação se a conta é, por exemplo, salário. Nesse sentido, o CPC, no art. 854, § 3º, direcionou para o executado o ônus de provar a impenhorabilidade dos valores depositados. Trata-se de um ônus processual perfeito, que não sendo observado pelo devedor, necessariamente ele sofrerá as consequências.

Cumpre registrar que a regra é que todos os bens do executado respondem ao cumprimento de suas obrigações (art. 789 do CPC/2015), sendo a impenhorabilidade exceção, portanto, a penhora deve ser feita em tal situação.

Penhora em dinheiro é diferente de penhora em **faturamento** (art. 866), nesse sentido, deverá o exequente demonstrar que não há outros bens para realizar a penhora do faturamento. O dinheiro é o primeiro patrimônio na ordem de preferência de penhora, enquanto o faturamento é o décimo (art. 835, X, do CPC/2015). Nesse sentido, o STJ entende que a penhora sobre o faturamento da empresa só é admitida em circunstâncias **excepcionais**, quando presentes os seguintes requisitos: (a) não localização de bens passíveis de penhora e suficientes à garantia da execução ou, se

---

[7]   Informativo 467: STJ, 3ª T., REsp 1.017.506-RS, rel. Min. João Otávio de Noronha, j. 22.03.2011.

[8]   Enunciado 147 do FONAJE: (Substitui o Enunciado 119) "A constrição eletrônica de bens e valores poderá ser determinada de ofício pelo juiz".

452 | PROCESSO CIVIL SISTEMATIZADO – *Haroldo Lourenço*

localizados, de difícil alienação; (b) nomeação de administrador (arts. 862 e seguintes do CPC/2015); (c) não comprometimento da atividade empresarial.[9]

Penhorando a conta corrente ou a conta-investimento serão retirados valores de uma pessoa física, todavia, recaindo a penhora sobre a pessoa jurídica, há que se distinguir o que é dinheiro e o que é faturamento, vinculado ao capital de giro daquela pessoa jurídica, pois, nessa última hipótese, é extremamente gravosa a penhora, podendo levar, inclusive, à quebra da empresa. E, ainda, deve ser observado o art. 862, que determina a nomeação de **administrador-depositário**, com a atribuição de submeter à aprovação judicial a forma de efetivação da constrição, bem como de prestar contas mensalmente, entregando ao exequente as quantias recebidas, a fim de serem imputadas no pagamento da dívida.

O depositário-administrador deve apresentar um plano de penhora, verificando quanto pode ser liberado para penhora, sem o comprometimento da continuidade da atividade da empresa.

30.6. SUBSTITUIÇÃO DO BEM PENHORADO

É possível substituir o bem penhorado nas hipóteses dos arts. 831, 836 a 840, 844 a 849 e 851 do CPC/2015. O art. 15 da LEF sempre falou em seguro garantia e fiança bancária, sendo o CPC silente sobre tal tema. Contudo, o art. 848, parágrafo único, do CPC/2015, previu a possibilidade de substituição do bem penhorado por fiança bancária ou seguro garantia, afirmando, ainda, o dispositivo que tal **fiança bancária ou seguro-garantia** devem ter um valor de, no mínimo, 30% a mais do que o valor exequendo.

O STJ entende que, havendo pedido de substituição por dinheiro, fiança bancária ou seguro-garantia, a oitiva da parte contrária é dispensada, pois estaria sendo igualado ao dinheiro o seguro-garantia e a fiança bancária. Fora dessas hipóteses, a substituição submete-se à concordância do credor.[10]

Nesse sentido, penhorado dinheiro, já que o tratamento é igualitário, seria possível a substituição por seguro-garantia ou fiança bancária, desde que a instituição financeira seja idônea, posto que, assim, não será prejudicada a efetividade e será menos onerosa a penhora para o executado.[11]

O art. 847, § 3º, do CPC, é uma previsão curiosa, pois trata da substituição do bem penhorado por imóvel, desde que haja a expressa anuência do cônjuge não devedor com a substituição, salvo se o regime for o de separação absoluta de bens. O pedido do executado ou do exequente é para substituir o bem penhorado por um imóvel, porém, esse imóvel pertence a pessoas casadas. O legislador buscou proteger o cônjuge não devedor, pois a execução poderia estar recaindo sobre um imóvel

---

[9] STJ, REsp 903.658/SP, 1ª S., rel. Min. Mauro Campbell Marques, *DJe* 13.10.2008. STJ, AgRg no Ag 1.349.856/RS, 1ª T., rel. Min. Hamilton Carvalhido, j. 02.12.2010.

[10] STJ, 2ª T., AgRg nos Edcl no Ag 1.380.918/PR, rel. Min. Mauro Campbell, j. 16.06.2011. Precedentes: REsp 1239090/SP, rel. Min. Mauro Campbell Marques, 2ª T., *DJe* 28.4.2011; AgRg no Ag 1378227/RS, rel. Min. Castro Meira, 2ª T., *DJe* 14.04.2011; AgRg no Ag 1354656/RS, rel. Min. Herman Benjamin, 2ª T., *DJe* 15.03.2011; AgRg no REsp 1117321/PR, rel. Min. Humberto Martins, 2ª T., *DJe* 18.09.2009.

[11] STJ, 3ª T., REsp 1.116.647-ES, rel. Min. Nancy Andrighi, j. 15.03.2011.

exclusivo do cônjuge devedor e permitir a substituição por um imóvel do casal, sem a anuência do outro cônjuge seria comprometer a sua meação.

Assim, a forma mais eficaz de o cônjuge proteger sua meação é **não** concordar com a substituição. Do contrário, concordando o cônjuge não devedor com a substituição, controverte a doutrina se ainda seria admissível a apresentação de embargos de terceiro por esse mesmo cônjuge:

(i) Majoritariamente, haveria impossibilidade, em decorrência da cláusula geral de boa-fé processual, especificadamente, do *venire contra factum proprium* (DIDIER JR., 2010. v. 5, p. 601);

(ii) Para outra parcela da doutrina, não se pode falar em preclusão lógica, devendo ser admissível o manejo de eventuais embargos de terceiro para a preservação de sua meação, pois se trata de um fenômeno endoprocessual, não podendo impedir a utilização de outra ação (NEVES, 2011. p. 1.021).

Por fim, registre-se que tal consentimento pode ser dispensado se os cônjuges forem casados pelo regime da separação absoluta de bens (art. 1.647, I, do CC/2002 c/c art. 847, § 3º, *in fine*, CPC/2015) (DIDIER JR., 2010. v. 5, p. 601).

31

EXPROPRIAÇÃO

31.1. NOÇÕES GERAIS

A execução por quantia certa será realizada por expropriação (art. 824), que se sucederá à penhora. Expropriar significa retirar a propriedade, justamente para satisfazer a obrigação de pagar quantia certa, em que o Estado-juiz atuará materialmente para que o direito seja satisfeito, retirando a propriedade do executado.

A expropriação pode se dar por (i) adjudicação, (ii) alienação e (iii) apropriação de frutos e rendimentos de empresa ou de estabelecimentos e de outros bens (art. 825). Tal ordem **não** é aleatória, mas **preferencial**. Há, ainda, uma forma atípica de expropriação, consistente na alienação antecipada dos bens (art. 852).

Tais formas de expropriação são, a rigor, **meios de sub-rogação**, bem como são regras genéricas, aplicáveis a todas as execuções para o pagamento de quantia certa, **ressalvadas** execuções especiais, como (i) a execução contra a Fazenda Pública, onde o pagamento é por precatório ou por RPV (requisição de pequeno valor); (ii) na execução de alimentos, onde será possível a prisão civil, meio de coerção indireto (art. 528, § 3º, do CPC), ou o desconto em folha de pagamento, também admissível na execução da sentença coletiva quando o condenado a pagar perceber dos cofres públicos, na forma do art. 14, § 3º, da Lei 4.717/1964.

Evidentemente que há outros meios de efetivação da obrigação de pagar quantia, que se darão por **coerção**, os quais não estão previstos nos arts. 824 e 825, como a possibilidade de **protesto** da decisão transitada em julgado (arts. 517 e 528, § 1º), desde que não realizado o pagamento no prazo do art. 523, bem como a inclusão em **cadastros de inadimplentes** (art. 782, § 3º), referente ao processo de execução extrajudicial, mas aplicável ao cumprimento de sentença por força do art. 513. Trata-se de **meios de coerção indiretos**, onde se ameaça piorar a situação do executado, para convencê-lo a cumprir a obrigação.

Há, porém, a **oferta de melhora** da situação do executado caso cumpra a obrigação, como ocorre, por exemplo, na hipótese do art. 827, § 1º, dando um desconto de 50% do valor dos honorários advocatícios, sendo realizado o pagamento no prazo de três dias. Trata-se de **sanção premial**.

O art. 139, IV, do CPC passa a permitir a aplicação de *astreintes* nas execuções que tenham por objeto obrigação de pagar quantia. Há, ainda, a multa do cumprimento de sentença, prevista no art. 525, § 1º, para onde remetemos o leitor, quando se analisou a natureza de tal multa, prevalecendo o entendimento de ter natureza híbrida.

Cumpre registrar que sendo a penhora sobre dinheiro **não** haverá expropriação, eis que bastará o seu levantamento para a satisfação do direito do exequente.

De igual modo, **antes de adjudicados ou alienados os bens** (os quais se aperfeiçoam com a assinatura do auto de arrematação – por iniciativa particular ou arrematação – ou adjudicação pelo juiz), o executado pode, a todo tempo, **remir a execução**, pagando ou consignando a importância atualizada da dívida, acrescida de juros, custas e honorários advocatícios (art. 826).

31.2. ADJUDICAÇÃO

A adjudicação foi mantida como meio preferencial de expropriação, sendo uma técnica de pagamento ao exequente (DIDIER JR., 2010. v. 5, p. 619). **Não** se trata de uma mera entrega ao exequente do bem penhorado, mas de um ato executivo expropriatório, por meio do qual o juiz, em nome do Estado, transfere o bem penhorado para o **exequente** ou para **outras pessoas** a quem a lei confere preferência na aquisição (THEODORO JR., 2007. p. 117).

Trata-se, pois, de uma transferência forçada da titularidade de um bem. Há uma **aquisição derivada** do direito de propriedade, que, se feita ao **exequente**, serve como pagamento da dívida. Quando feita a **terceiro** não o exequente, serve ao exercício de um direito de preferência à aquisição de certos bens legalmente previstos (DIDIER JR., 2010. v. 5, p. 619).

É comum a associação entre a adjudicação e a pessoa do exequente, pois esse, em vez de receber dinheiro, fica com o bem penhorado, muito semelhante ao que ocorre com uma **dação em pagamento**, contudo, a adjudicação **não** depende de concordância do devedor (BARBOSA MOREIRA, 2008. p. 254). Enfim, o exequente recebe como pagamento de uma obrigação o bem penhorado.

Observe-se que na adjudicação o bem penhorado **não** é transformado em dinheiro, eis que o próprio bem é transferido ao exequente, diferentemente do que ocorre na alienação. Sendo outro legitimado a adjudicar, que não seja o próprio exequente, deverá efetuar o depósito integral do valor da adjudicação que, no mínimo, deve corresponder ao da avaliação. Nessa hipótese, a adjudicação muito se aproxima da alienação, onde tais pessoas não precisam esperar a alienação judicial do bem.

Cap. 31 · EXPROPRIAÇÃO | 457

Ocorre, porém, que a adjudicação **não** se restringe ao exequente, pois há outros legitimados a adjudicar e, nessa hipótese, o exequente receberá o correspondente em dinheiro, que será depositado em juízo por este terceiro adjudicante.

A doutrina (NEVES, 2011. p. 1.028) costuma diferenciar as formas de adjudicação realizadas pelo exequente em satisfativa e venda. Dois elementos são imprescindíveis para a diferenciação: o valor da execução e o valor da adjudicação (art. 876, § 4º, do CPC/2015).

(i) Adjudicação-satisfativa (CÂMARA, 2008. v. 2, p. 291): ocorre quando o valor da avaliação é igual ou menor que o valor da adjudicação. Na primeira hipótese, não há nenhum ato a ser praticado, a não ser a entrega do bem penhorado ao exequente. No segundo caso, quando o valor da avaliação é menor, a execução continuará para que o exequente receba o remanescente;

(ii) Adjudicação-venda: ocorre quando o valor da execução for menor do que o da adjudicação, devendo o adjudicante-exequente pagar a diferença obtida ao devedor.

Assim, se o adjudicante **não** for o credor do executado, como, por exemplo, o cônjuge do executado, terá que depositar o valor da avaliação. De igual modo, terá que depositar o valor o credor-adjudicante, caso haja credor com garantia real ou credor quirografário com penhora anterior, pois possuem preferência.

Cumpre registrar que se admite adjudicação sobre **bens móveis ou imóveis** e, portanto, ao final, na hipótese de bem imóvel, será expedida carta de adjudicação e o mandado de imissão na posse, e, na hipótese de bem móvel, será expedido ordem de entrega (art. 877, § 1º).

31.2.1. Momento da adjudicação

Como mencionado, a adjudicação é a forma preferencial de expropriação, contudo, para a sua realização há necessidade de existir **interessados** em adjudicar, não sendo, portanto, obrigatória, não podendo ser imposta pelo magistrado, devendo-se caminhar para outra modalidade de expropriação, caso não surjam interessados.

Cumpre, ainda, registrar que **não** há preclusão quanto à adjudicação (art. 878). O limite temporal para a adjudicação, muito embora não esteja expresso, parece ser o início da alienação, contudo, restando frustrada, não há problema em se admitir a adjudicação (DIDIER JR., 2010. v. 5, p. 620).

Observe-se que pode o exequente **não** querer adjudicar após a avaliação, pois a adjudicação teria que se dar com base nesse valor (art. 876), sendo possível que o exequente aguarde a alienação para oferecer um valor menor, desde que não seja vil, eis que, frustrada a alienação, está comprovado que **não** existem interessados na aquisição do bem (NEVES, 2011. p. 1.031), não sendo possível se falar em violação ao princípio da menor onerosidade com propósito de forçar o exequente a adjudicar pelo preço da avaliação se já houve comprovação de que não há interessados em adquirir o bem.

458 | PROCESSO CIVIL SISTEMATIZADO – *Haroldo Lourenço*

Nada impede que haja um **acordo** entre exequente e executado, para que a adjudicação seja feita por valor inferior ao da avaliação, em típico negócio jurídico processual (art. 190 do CPC).

31.2.2. Valor da adjudicação

No que toca ao valor da adjudicação, o legislador foi expresso em estabelecer o valor da avaliação como sendo um **valor mínimo** (art. 876 do CPC/2015).

Havendo penhora, o bem será, obrigatoriamente, avaliado (art. 154, V, do CPC), salvo se o bem consistir em ações que possuam cotação diária em bolsa de valores. O patamar mínimo fixado pelo legislador deve ser observado, pois é possível ocorrer uma **licitação incidental** (NEVES, 2011. p. 1.033) entre os legitimados a adjudicar, devendo, assim, ser oferecido um valor acima ao da avaliação. Tal licitação ocorrerá de maneira simples, por simples petição de cada um dos legitimados, informando suas ofertas.

Não obstante o valor mínimo estabelecido pelo legislador, na análise do caso concreto, o magistrado pode relevar tal parâmetro, como na hipótese de ter havido várias tentativas de alienação e todas restarem frustradas.[1]

31.2.3. Legitimados para a adjudicação

O legitimado padrão é o exequente, todavia, há outros legitimados.

O art. 876, § 5º, prevê que os (i) credores concorrentes que já tenham penhorado o bem; (ii) do credor com garantia real; (iii) do cônjuge; (iv) descendentes; e (vi) ascendentes. Na hipótese de sócios não devedores de quota social ou de ação de sociedade anônima fechada da qual fazem parte serão legitimados a adjudicar (art. 876, § 7º).

Interessante que os credores concorrentes e o com garantia real **serão** intimados do procedimento executivo, contudo, os familiares **não** o serão. Em qualquer uma dessas hipóteses haverá uma **intervenção voluntária atípica**. Observe-se que a adjudicação poderá ser realizada por qualquer um dos legitimados acima apontados sem que, entretanto, todos sejam intimados, o que não ocasionará nenhum vício ao procedimento expropriatório, salvo se for a hipótese do art. 876, § 7º, na qual será a sociedade responsável pela comunicação da penhora aos sócios não devedores.

31.2.4. Pluralidade de interessados. Licitação incidental

Como visto, há alguns sujeitos legitimados a adjudicar o bem penhorado, havendo a possibilidade de que mais de um deles tenham interesse em adjudicar o bem.

Nessa hipótese haverá uma **licitação incidental** ao processo (art. 876, § 6º), de forma bem simples, abrindo prazo para que protocolo de suas respectivas petições informe suas respectivas **ofertas**. Cumpre registrar que tais ofertas deveriam ser oferecidas na mesma data, para se evitar qualquer espécie de má-fé, em que um dos legitimados poderia ter acesso antes do encerramento do procedimento da oferta do outro.

---

[1] STJ, 3ª T., REsp 435.120/SP, rel. Min. Humberto Gomes de Barros, j. 12.03.2007.

Cap. 31 · EXPROPRIAÇÃO | **459**

Concluída tal licitação, o juiz determinará qual dos sujeitos foi contemplado, aplicando a preferência prevista no art. 876, § 6º, devendo sempre prevalecer a **maior oferta** e, havendo coincidência de ofertas, terá preferência: o **cônjuge, o companheiro, os descendentes, os ascendentes, o credor com garantia real e os demais credores (entre eles havendo preferência pela anterioridade da penhora** (DIDIER JR., 2010. v. 5, p. 623))**. Trata-se de regra que visa manter o patrimônio no meio familiar, dando preferência aos parentes mais próximos, ou seja, o pai prefere o avô, que prefere o bisavô etc. Havendo igualdade de oferta entre sujeitos de mesma categoria, como dois irmãos ou dois avôs, será realizado **sorteio** (DINAMARCO, 2001. v. 4, p. 578).

Interessante que o legislador insere o companheiro após o cônjuge, o que seria **ofensivo** à equiparação constitucional do casamento com a união estável, devendo, nessa hipótese, se preferir o que tenha filhos do devedor e, se ambos tiverem, o que tem o maior número. Em caso de igualdade, deveria haver um sorteio entre o cônjuge e o companheiro (NEVES, 2016. p. 1.388).

O direito do companheiro pressupõe prova **pré-constituída** nesse sentido, **não** sendo possível uma discussão incidental sobre tal circunstância, por ofender a celeridade processual da execução.

Assim, o sócio não devedor somente tem legitimidade para adjudicar quando houver penhora das quotas sociais da sociedade, buscando manter a *affectio societatis*. Frise-se que o sócio tem preferência para adjudicar, todavia, sendo qualquer outro tipo de bem, a ordem é o cônjuge ou companheiro do devedor, descendentes, ascendentes, credor com garantia real e, por fim, credores quirografários.

Discute a doutrina se tal preferência na adjudicação da quota social penhorada supera ou não a dos demais credores e familiares:

(i) Afirma parcela da doutrina que haveria uma preferência absoluta, mesmo perante demais credores ou familiares (DIDIER JR., 2010. v. 5, p. 623; ASSIS, 2007. p. 725);

(ii) Há, contudo, brilhante doutrina que afirma que o intuito do bem permanecer no âmbito familiar deve prevalecer sobre possível convivência da sociedade (BARBOSA MOREIRA, 2008. p. 255).

Por fim, convém que o advogado do legitimado a adjudicar tenha poderes especiais para tanto, pois se trata de um negócio jurídico material, sendo insuficientes os poderes gerais para o foro.

31.2.5. Intimação do executado

Optando o exequente pela adjudicação, deverá ser intimado o executado, na forma do art. 876, §§ 1º ao 3º, em consagração do princípio do contraditório.

31.2.6. Auto de adjudicação

O art. 877, § 1º, afirma que a adjudicação se considera perfeita e acabada com a lavratura e a assinatura do auto pelo juiz, pelo adjudicatário, pelo escrivão ou chefe

460 | PROCESSO CIVIL SISTEMATIZADO – *Haroldo Lourenço*

de secretaria e, se estiver presente, pelo executado, expedindo-se a respectiva carta, se bem **imóvel**, ou mandado de entrega ao adjudicante, se bem **móvel**.

Observe-se que a assinatura do executado é dispensável, salvo se ele estiver presente.

Sendo bens **móveis** basta a expedição de mandado de entrega, salvo se estiver sujeito a registro, em que deverá ser expedida carta de arrematação, prescindindo das exigências do art. 877, § 2º, do CPC.

31.3. ALIENAÇÃO

A alienação pode ocorrer por (i) iniciativa particular ou em (ii) leiloeiro judicial, eletrônico ou presencial, como se observa do art. 879 do CPC.

31.4. ALIENAÇÃO POR INICIATIVA PARTICULAR

A proposta de alienação por iniciativa particular visa a evitar a alienação em leilão judicial, dado que, geralmente, resta frustrada.

A alienação por iniciativa particular permite a atuação de intermediários entre os interessados em adquirir o bem penhorado e o juízo. Esses intermediários localizarão os interessados e os levarão ao juízo, para realizarem as suas propostas para a aquisição do bem penhorado. A atividade se exaure em apresentar em juízo interessados, eis que essa alienação somente tem iniciativa particular, sendo, a rigor, uma alienação judicial. Enfim, o particular somente intermedeia, o juízo é que fará a alienação.

Essa alienação por iniciativa particular prevista no CPC/2015 é diferente da execução no Sistema Financeiro da Habitação, na qual o credor recupera o imóvel em juízo e o aliena em leilão; assim como da alienação fiduciária (Decreto-lei 911/1969), em que a instituição financeira recupera em juízo o bem e o aliena. Notoriamente, são alienações particulares. No CPC/2015, os intermediários somente trazem os interessados.

Essa função de intermediários pode ser ocupada pelo **exequente, por um corretor ou leiloeiro público credenciado perante o órgão judiciário**. O corretor é o ideal, pois é um profissional em vendas, devendo preencher os seguintes requisitos: (i) ter no mínimo três anos de experiência; e, além disso, (ii) ser registrado perante o Poder Judiciário.

Salvo melhor juízo, os Tribunais ainda não regulamentaram tal hipótese, portanto, não há atuação de corretores perante o Judiciário, pela falta de disciplinamento. Na prática, o credor contrata um corretor particular, o qual consegue um interessado que fatalmente pagará mais do que se ocorresse a alienação em hasta pública, porém, as despesas dessa contratação incidirão sobre o credor. Se houvesse regulamentação, tal despesa seria do devedor.

Não havendo corretor ou leiloeiro credenciado, a indicação será a **livre escolha** do exequente (art. 880, § 4º), bastando que preste compromisso, à semelhando do perito. Ainda que exista tal credenciamento, a intermediação por corretor ou leiloeiro não credenciado somente leva à nulidade do negócio jurídico celebrado se comprovado efetivo prejuízo (Enunciado 192 do FPPC).

O CPC de 2015 **exige requerimento do exequente** e, ao ser deferido, o juiz profere uma decisão nos termos do art. 880, § 1º, que, basicamente, indica os dados essenciais para a realização da alienação, como preço mínimo, prazo, forma de publicidade, condições de pagamento, a comissão de corretagem, ou seja, os dados essenciais para a realização do negócio, para esclarecer a oferta aos interessados. Nada obsta, contudo, que haja **acordo** (art. 190) entre as partes sobre a realização da alienação, o que afasta o dispositivo.

Observe-se que, apesar da falta de previsão legal, o **executado** toma a iniciativa de indicar um comprador interessado.

Frise-se que o **preço mínimo** dessa alienação por iniciativa particular não, necessariamente, corresponderá ao da avaliação, não obstante servir de norte, pois se o legislador assim o pretendesse bastaria ter previsto, como fez na adjudicação (art. 876).

A alienação por iniciativa particular formaliza-se por **termo nos autos**, expedindo-se carta de alienação (bem imóvel) e mandado de imissão na posse (bem imóvel) ou ordem de entrega ao adquirente (bem móvel), na forma do art. 880, § 2º.

O juiz não está vinculado às condições previamente estabelecidas, pois não irá adentrar no negócio comercial, podendo aceitar ofertas em termos diferentes ao estabelecido. As condições são uma ideia base, uma orientação, todavia, não precisam ser seguidas rigorosamente.

31.5. LEILOEIRO JUDICIAL

Não tendo sido os bens penhorados adjudicados ou alienados por iniciativa particular, serão tais bens levados à leilão.

A arrematação é a forma de expropriação que se dá pelo **leilão**, que nada mais é do que uma licitação, em que os bens penhorados serão expropriados (isto é, retirados do patrimônio de seu proprietário), e irão se incorporar ao patrimônio de quem os arrematar, sendo o arrematante aquele que der a melhor oferta por eles (BARBOSA MOREIRA, 2008. p. 188).

No CPC/1973 havia duas espécies de hasta pública, a praça (bens imóveis) e o leilão (bens móveis), o que foi **abandonado** pelo CPC/2015, denominando-se a alienação em hasta pública somente de leilão, que poderá ser **presencial**, no local a ser designado pelo juiz, ou **eletrônico** (art. 882, § 3º).

Caberá ao juiz a designação do leiloeiro público, que poderá ser indicado pelo exequente (art. 883), contudo, a indicação pode ser recusada de maneira motivada por força do poder de direção do processo (art. 139), poder instrutório (art. 370), inclusive na execução (art. 771, parágrafo único), atribuídos ao juízo.[2]

O leilão eletrônico (art. 882 do CPC/2015), acabaria com a figura do leiloeiro ou do serventuário no átrio do fórum, pois os lances poderiam ser feitos eletronicamente, de acordo com as normas a serem editadas pelo CNJ.

---

[2]   STJ, 2ª T., REsp 1.354.974-MG, Rel. Min. Humberto Martins, j. 05.03.2013.

462 | PROCESSO CIVIL SISTEMATIZADO – *Haroldo Lourenço*

O leilão judicial, presencial ou eletrônico, tem como missão divulgar a sua realização para que compareçam o maior número de interessados, devendo ser observados os requisitos formais dos arts. 886 e 887 do CPC do denominado **edital**.

O art. 886, II, além de exigir que conste o **valor da avaliação**, exige também a indicação do **preço mínimo** pelo qual poderá o bem ser alienado, as condições de pagamento e, se for o caso, a comissão do leiloeiro designado. A fixação do preço mínimo é essencial para se evitar discussão sobre a vileza do preço, pois o art. 891 considera **vil** o preço inferior ao mínimo estipulado pelo juiz e constante do edital e, não tendo sido fixado preço mínimo, considera-se vil o preço **inferior a cinquenta por cento do valor da avaliação**.

O art. 886, V, prevê como condição para o **segundo leilão que não tenha interessados no primeiro**, diferentemente do CPC/1973, que somente permitia uma segunda hasta pública se o bem não alcançasse lanço superior à importância da avaliação, legitimando a conclusão de que nesse mesmo leilão já são possíveis lances inferiores ao da avaliação, desde que não representem preço vil (art. 891, parágrafo único).

O STJ já firmou sua jurisprudência no sentido de que o arrematante **não** responde pelas despesas condominiais anteriores à arrematação do imóvel em leilão que não constaram do edital da praça (art. 886, VI). Salientou-se que, nesse caso, os referidos débitos sub-rogam-se no valor da arrematação (assim como ocorre com os débitos tributários nos termos do art. 130, parágrafo único, do CTN), podendo o arrematante requerer a reserva de parte do produto da alienação judicial para pagar a dívida.

Responsabilizar o arrematante por eventuais encargos incidentes sobre o bem omitido no edital compromete a eficiência da tutela executiva e é incompatível com os princípios da segurança jurídica e da proteção da confiança. Muito embora o art. 903, § 1º, II, do CPC/2015 estabeleça que a existência de ônus não mencionados no edital pode tornar a arrematação sem efeito, é preferível preservar o ato mediante a aplicação do art. 277 do CPC.[3]

Por ser dever do leiloeiro receber e depositar o produto da alienação, caso tal quantia não seja depositada, tal ato não invalida a arrematação.[4]

31.6. EDITAL

A publicidade inicia-se com a elaboração de um edital, que é obrigatório, pois **não** há leilão sem edital, que é um ato processual solene (arts. 886 e 887), não obstante ser aplicável o princípio da instrumentalidade.[5]

A publicação do edital, ocorrerá na rede mundial de computadores, em sítio a ser designado pelo juízo da execução, devendo ocorrer pelo menos cinco dias antes da data marcada para o leilão (art. 887, §§ 1º e 2º), havendo, sempre que possível, uma foto do bem, além de suas especificações.

---

[3]   Informativo 479: STJ, 3ª T., REsp 1.092.605/SP, rel. Min. Nancy Andrighi, j. 28.06.2011. Precedentes citados: REsp 540.025-RJ, *DJ* 30.06.2006; REsp 1.114.111-RJ, *DJe* 04.12.2009; EDcl no REsp 1.044.890-RS, *DJe* 17.02.2011.

[4]   STJ, 3 Tª., REsp 1.308.878-RJ, Rel. Min. Sidnei Beneti, j. 04.12.2012.

[5]   STJ, REsp 520.039/RS, 2ª T., rel. Min. Eliana Calmon, j. 29.11.2004.

Cap. 31 · EXPROPRIAÇÃO | 463

A fixação no lugar de costume, como previsto pelo art. 887, § 3º, é o *atrium* **do fórum** e, um resumo, em jornal de grande circulação, ao menos uma vez. Em situações excepcionais será realizada mais de uma publicação, ou seja, a **regra** é somente uma publicação em jornal de ampla circulação.

Sejam quantas forem as publicações, todas devem ocorrer com antecedência mínima de cinco dias do leilão judicial, como mencionado anteriormente.

No que tange aos editais de leilão de imóveis e de veículos automotores serão publicados pela imprensa ou por outros meios de divulgação, preferencialmente na seção ou no local reservados à publicidade dos respectivos negócios.

Algumas observações devem ser feitas:

(i) Se o exequente for beneficiário da assistência judiciária, **não** adiantará as despesas para esse edital, devendo, portanto, serem arcadas pelo executado, pois integra as despesas processuais. Todavia, o exequente terá que adiantar os valores da publicação no jornal de grande circulação, sendo, posteriormente, cobrado do executado. Na hipótese de hipossuficiência, será utilizada a imprensa oficial;

(ii) Ainda que, excepcionalmente, levando-se em conta a condição do fórum e do valor dos bens, o juiz pode, no caso concreto, mudar a forma e a periodicidade da publicação do edital. É comum, em comarcas do interior, o magistrado verificar que a informação é mais eficaz via rádio do que pela imprensa escrita.

A publicação do **edital** torna **público** o leilão judicial de forma *erga omnes*, contudo, em algumas situações será necessária intimação **específica**, como se observa do art. 889 do CPC, sempre com antecedência mínima de cinco dias (art. 889, V, do CPC/2015).

Assim, o executado será intimado na pessoa do seu advogado, podendo ser, caso necessário, pelo endereço indicado na forma do art. 274, parágrafo único. **Não** é necessária a intimação de executados que não tenham seus bens penhorados.

Se o executado for revel e não tiver advogado constituído, não constando dos autos seu endereço atual ou, ainda, não sendo ele encontrado no endereço constante do processo, a intimação considerar-se-á feita por meio do próprio edital de leilão.

Há, ainda, várias outras pessoas que deverão ser intimadas: (i) coproprietário de bem indivisível do qual tenha sido penhorada fração ideal; (ii) o titular de usufruto, uso, habitação, enfiteuse, direito de superfície, concessão de uso especial para fins de moradia ou concessão de direito real de uso, quando a penhora recair sobre bem gravado com tais direitos reais; (iii) o proprietário do terreno submetido ao regime de direito de superfície, enfiteuse, concessão de uso especial para fins de moradia ou concessão de direito real de uso, quando a penhora recair sobre tais direitos reais; (iv) o credor pignoratício, hipotecário, anticrético, fiduciário ou com penhora anteriormente averbada, quando a penhora recair sobre bens com tais gravames, caso não seja o credor, de qualquer modo, parte na execução; (v) o promitente comprador, quando a penhora recair sobre bem em relação ao qual haja promessa de compra e venda registrada; (vi) o promitente vendedor, quando a penhora recair sobre direito aquisitivo derivado de promessa de compra e venda registrada; (vii) a União, o Estado e o Município, no caso de alienação de bem tombado.

464 | PROCESSO CIVIL SISTEMATIZADO – *Haroldo Lourenço*

Afirma o STJ que basta a intimação do cônjuge do executado da penhora (art. 842), **não** sendo necessária sua intimação acerca do leilão judicial, eis que o art. 889, I, do CPC/2015 exige somente a intimação pessoal do executado do leilão.[6]

Não realizada intimação do executado ou qualquer outro sujeito que participe do processo como responsável patrimonial, ocorrerá **nulidade** de eventual arrematação, com a necessidade de realização de novo leilão. Na ausência de intimação de terceiros, deve ser aplicado o art. 804, gerando **ineficácia**.

31.7. REALIZAÇÃO DO LEILÃO

Publicado o edital e realizadas as intimações necessárias o leilão será realizado no lugar designado pelo juiz, contudo, por óbvio, seu sucesso depende de interessados em arrematar. **Não** sendo possível a sua realização este será transferido, devendo ser publicada a sua transferência (art. 888) por qualquer motivo.

A despesa dessa nova realização do leilão é, parcialmente, resolvida pelo art. 888, parágrafo único, impondo ao escrivão, ao chefe de secretaria ou ao leiloeiro que **culposamente** der causa à transferência responder pelas despesas da nova publicação. Pode, contudo, ocorrer de o motivo da transferência ser objetivo, como um caso fortuito ou força maior, o que não é respondido pela lei, devendo o adiantamento de tal despesa direcionada ao **exequente**.

No leilão eletrônico, previsto no art. 882, § 1º, será necessária a regulamentação das suas regras pelo CNJ, por **não** ser norma autoaplicável.

31.8. LEGITIMADOS A ARREMATAR

Em tese, todos os que estão na livre administração de seus bens são legitimados a arrematar, contudo, o art. 890 exclui determinados sujeitos, que podem ser divididos em três grupos que dão ensejo a tal exclusão: (i) uma relação especial entre o sujeito e as partes do processo (art. 890, I e VI); (ii) uma relação especial do sujeito com o bem penhorado (art. 890, I, II, IV); (iii) participação do sujeito no processo no qual o bem foi penhorado (art. 890, III e V).

Interessante a condição do **exequente**, pois é legitimado a arrematar, o que sempre se mostrou funesto à adjudicação, pois não se mostrava interessante adjudicar pelo preço da avaliação, se era possível arrematar por preço inferior, desde que não seja vil. A possibilidade de adjudicar antes do leilão **não** retira do exequente a legitimação de arrematar judicialmente, devendo analisar o custo benefício (art. 891, parágrafo único).

---

6   STJ, 6ª T., REsp 723.176/RJ, rel. Min. Castro Meira, j. 06.09.2005.

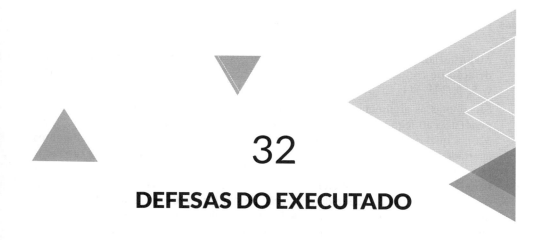

32
DEFESAS DO EXECUTADO

32.1. NOÇÕES GERAIS

Existem, à disposição do executado, duas categorias de defesas: as típicas e as atípicas. Nas primeiras, encontramos a **impugnação** (arts. 523 a 525), utilizada no cumprimento de sentença, e os **embargos à execução** (arts. 914 a 920), utilizado na execução extrajudicial. Nas defesas atípicas, encontramos a **exceção de não executividade** e as **ações heterotópicas**, que atacam o direito representado no título executivo.

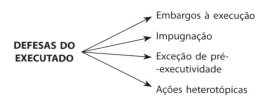

32.2. EMBARGOS À EXECUÇÃO

32.2.1. Nomenclatura e hipóteses de utilização

No CPC/1973 havia várias nomenclaturas para tal defesa, contudo, com o CPC/2015 foi adotado o nome embargos à execução, não havendo mais que se falar em embargos à execução ou do devedor, como se observa dos arts. 914 e seguintes.

De igual modo, constitui-se na modalidade de defesa típica do executado no processo de execução (extrajudicial).

32.2.2. Natureza jurídica

Como dito, o executado defende-se na execução extrajudicial por meio dos embargos à execução, cujo conteúdo compreende matérias de defesas, contudo, ele é apresentado na forma de uma ação. Nesse sentido, há alguns imbróglios na doutrina:

466 | PROCESSO CIVIL SISTEMATIZADO – *Haroldo Lourenço*

(i) Majoritariamente, afirma-se que os embargos à execução têm natureza jurídica de ação de conhecimento incidental (NEVES, 2011. p. 1.090; DIDIER JR., 2010. v. 5, p. 343-344; CÂMARA, 2008. p. 351; HARTMANN, 2010. p. 75).

São muitas as argumentações que sustentam tal tese: exige-se distribuição por dependência ao feito principal, devendo ser elaborada uma petição inicial (arts. 319 e 320), a qual poderá, inclusive, ser indeferida por inépcia; além disso, formará autos apartados, podendo o advogado declarar a autenticidade dos documentos carreados (art. 914, § 1º, c/c art. 918 do CPC/2015). Há a possibilidade de se alegar em embargos todas as matérias inerentes a um processo de conhecimento (art. 917, VI, do CPC/2015); possibilidade de realização de AIJ (art. 920); há os três elementos da demanda (partes, causa de pedir e pedido), bem como o ônus da prova incumbe ao embargante. Assim, somente podem ser classificados como uma ação;

(ii) Mesmo diante de tantos argumentos, há quem, coerentemente, afirme não se tratar de ação, mas de defesa do executado em face do exequente, pois seria a mesma ação que já está sendo exercida (BUENO, 2008. p. 504);

(iii) Há, ainda, quem afirme uma natureza jurídica mista, de ação e defesa (NERY JR.; NERY, 2007. p. 1.075), a depender do conteúdo versado nos embargos, eis que se forem debatidas questões relativas à admissibilidade da execução ou que combatem os atos executivos, tais como penhora e avaliação, teriam natureza de defesa; contudo, se debaterem a inexistência ou extinção da obrigação, haveria uma natureza jurídica de ação (MEDINA, 2008. p. 118-120).

Admitindo os embargos como tendo natureza jurídica de ação, o que é amplamente majoritário, há nele os três elementos da demanda exigidos pelo art. 337, § 2º, do CPC/2015. De acordo com o pedido imediato, classifica-se o conteúdo das ações em declaratórias, constitutivas e condenatórias (teoria trinária). Dessas três possibilidades, exclui-se o conteúdo condenatório, ressalvado o pedido quanto às custas do processo e honorários. Nesse sentido, há novo embate sobre o conteúdo dos embargos à execução:

(i) Há os que defendem que os embargos à execução consistem em uma ação **declaratória**, pois seu pedido imediato sempre será declaratório (MONTENEGRO FILHO, 2005. v. 2, p. 540);

(ii) Seria uma ação **constitutiva**, pois, predominantemente, retira a eficácia executiva do título (CÂMARA, 2008. p. 354), nesse sentido, constitutiva negativa (HARTMANN, 2010. p. 75);

(iii) Seu conteúdo seria variável, podendo ser **declaratório ou constitutivo**, a depender do fundamento e dos termos do pedido formulado (LUCON, 1996. p. 292-293).

32.2.3. Desnecessidade de garantia do juízo

A garantia do juízo **não** é requisito de admissibilidade para a apresentação dos embargos à execução (art. 914), contudo, na **execução fiscal**, ainda permanece tal exigência (art. 16, § 1º, da Lei 6.830/1980).[1]

---

[1] Cumpre registrar que o STJ tem mitigado a regra da imprescindibilidade de garantia do juízo, admitindo os embargos nas hipóteses de insuficiência da penhora, desde que ela venha a ser suprida

Cap. 32 · DEFESAS DO EXECUTADO | **467**

Em síntese, desde a Lei 11.382/2006, a segurança do juízo não era mais pressuposto para o ajuizamento dos embargos à execução, mas um dos requisitos para atribuição de **efeito suspensivo**, como será analisado adiante (arts. 914 e 919, § 1º, do CPC/2015).

32.2.4. Prazo

O prazo para a oposição dos embargos é de **quinze dias**, contados da **juntada** aos autos do mandado de citação (art. 915, *caput*, do CPC/2015). Cumpre registrar que, na execução fiscal, por se exigir garantia do juízo, o termo *a quo* para a oposição dos embargos se inicia com a **intimação do executado da penhora** (art. 16 da Lei 6.830/1980).

Observe-se que o termo *a quo* é a juntada aos autos do mandado de citação, não havendo relevância ter ocorrido penhora ou não, eis que, como dito, os embargos dispensam garantia do juízo.

Ainda no que toca à contagem desse prazo, os parágrafos do art. 915 devem ser observados, pois trazem importantes regras.

(i) Havendo litisconsórcio de executados (art. 915, § 1º, do CPC/2015), o termo inicial é independente para cada demandado. Assim, a partir da juntada de cada mandado cumprido, inicia-se a contagem dos quinze dias para embargar (não se aplica o art. 231, § 1º, do CPC/2015). Contudo, se o litisconsórcio for formado por cônjuges ou companheiros, tal prazo começará a partir da juntada do último mandado de citação cumprido (aplica-se o art. art. 231, § 1º, do CPC/2015) (NERY JR.; NERY, 2007. p. 1.078);[2]

(ii) No que se refere à extensão de tal garantia aos companheiros, previsão dada pelo CPC/2015, está em conformidade com o primado constitucional, contudo, a falta de publicidade da união estável dificulta sua aplicação. Nesse sentido, havendo comprovação suficiente, aplica-se a regra do art. 915, § 1º, (*in fine*) do CPC/2015 (NEVES, 2011. p. 1.093);

(iii) Havendo citação por carta precatória, o termo inicial do prazo era da juntada da carta precatória aos autos principais, todavia, a prática forense demonstrou a inviabilidade de tal raciocínio. Nesse sentido, o art. 915, § 4º, do CPC/2015 afirma que não se faz necessária a juntada da carta precatória para a contagem do prazo, bastando a imediata informação, por meio eletrônico, do juízo deprecado para o deprecante, da realização da citação. Afirma a doutrina que nada obsta que o exequente comprove nos autos que já foi realizada a citação com a juntada do mandado positivo, fazendo iniciar a contagem do prazo (NEVES, 2011. p. 1.095);

(iv) Na hipótese de haver carta precatória, na dicção do art. 914, § 2º, do CPC/2015, os embargos serão **oferecidos** no juízo deprecante ou no juízo deprecado, mas a competência para **julgá-los** é do juízo deprecante, salvo se versarem unicamente vícios ou defeitos da penhora, avaliação ou alienação dos bens (Enunciados 32 do TFR e 46 do STJ);

---

posteriormente: STJ, 1ª T., REsp 1.023.309-RS, rel. Min. Luiz Fux, j. 21.09.2010. Precedentes citados: REsp 865.336-RS, *DJe* 27.04.2009; REsp 97.991-MG, *DJ* 1º.06.1998.

[2]   Esse era o entendimento do STJ na hipótese de penhora incidente sobre bem imóvel de pessoas casadas: 1ª T., REsp 788.529/MT, rel. Min. Francisco Falcão, j. 04.04.2006.

PROCESSO CIVIL SISTEMATIZADO – *Haroldo Lourenço*

(v) Mesmo havendo litisconsórcio de executados, cada um com advogados distintos, não haverá dobra de prazo (art. 915, § 3º, do CPC/2015), ainda que o litisconsórcio seja formado por cônjuges ou companheiros. Saliente-se que essa restrição se aplica somente para a apresentação dos embargos, pois, durante o seu processamento, o art. 229 é aplicável (NEVES, 2011. p. 1.094), isso por que, tendo os embargos natureza de ação, não se pode conceber prazo em dobro para oferecer uma ação, contudo, para o seu processamento, é possível;

(vi) Contudo, sendo os litisconsortes patrocinados pela Defensoria Pública, haverá aplicação do art. 5º, § 5º, da Lei 1.060/1950 (NERY JR.; NERY, 2007. p. 1.078);

(vii) Sendo hipótese de curador especial (Enunciado 196 do STJ), além de haver prazo em dobro, pois é função exercida pela Defensoria Pública, tal prazo se inicia com a intimação pessoal do defensor.

32.2.5. Efeito suspensivo. Garantia do juízo

Os embargos, em regra, **não** são dotados de efeito suspensivo, ou seja, não têm o efeito suspensivo *ope legis*, somente sendo possível o efeito suspensivo *ope iuris*, mediante o preenchimento dos requisitos do art. 919, § 1º, do CPC/2015:

(i) Expresso requerimento do executado, não sendo, portanto, admissível *ex officio*;

(ii) Quando verificados os requisitos para a concessão da tutela provisória (urgência e evidência) e, por fim,

(iii) Apresentação de garantia do juízo por meio de penhora, caução ou depósito.

Parcela ponderável da doutrina admite, excepcionalmente, a concessão de efeito suspensivo sem a garantia do juízo, em hipótese de extrema relevância das argumentações defensivas (WAMBIER; WAMBIER; MEDINA, 2007. p. 214-215). Entretanto, tal entendimento encontra repúdio em outra parcela da doutrina, pois se estaria violando a lei (NEVES, 2011. p. 1.101).

Por fim, afirma o legislador (art. 919, § 2º) que a decisão relativa aos efeitos dos embargos poderá, a requerimento da parte, ser modificada ou revogada a qualquer tempo, em decisão fundamentada, cessando as circunstâncias que a motivaram. Deve tal dispositivo ser interpretado com zelo, pois não pode o embargante repeti-lo sem apresentar novas circunstâncias, bem como não pode o magistrado modificá-lo sem circunstâncias novas e relevantes.

Como mencionado anteriormente, com o novo regime jurídico estabelecido, a garantia do juízo deixou de ser requisito de admissibilidade, passando a ser somente requisito para a concessão de efeito suspensivo.

A decisão que concede, modifica ou revoga o efeito suspensivo aos embargos à execução é recorrível por agravo de instrumento (art. 1.015, X, CPC/15), entendendo o STJ[3], bem como CJF[4], que a decisão que indefere tal efeito também caberá agravo

---

[3] STJ, 2ª T., REsp 1.694.667-PR, Rel. Min. Herman Benjamin, julg. 05/12/17.

[4] Enunciado 71 CJF: É cabível o recurso de agravo de instrumento contra a decisão que indefere o pedido de atribuição de efeito suspensivo a Embargos à Execução, nos termos do art. 1.015, X, do CPC.

Cap. 32 · DEFESAS DO EXECUTADO | 469

de instrumento, pela combinação do art. 1.015, II e X, do CPC/15. De igual modo, ainda que concedido o efeito suspensivo (art. 919, § 5º), não impedirá a efetivação dos atos de substituição, de reforço ou de redução da penhora e de avaliação dos bens, como, por exemplo, para evitar deterioração (art. 852 do CPC/2015) ou repetição da avaliação (art. 873 do CPC/2015).

O efeito suspensivo pode ser total ou parcial, como na hipótese de o embargante demonstrar de plano excesso de execução (art. 917, III, do CPC/2015), no que se refere somente a uma das parcelas devidas (art. 919, § 3º, do CPC/2015). Bem como, na hipótese de efeito suspensivo concedido a um litisconsorte, por força do **princípio da independência** (art. 115 do CPC/2015), não necessariamente tal efeito se estenderá ao litisconsorte que não embargou (art. 919, § 4º, do CPC/2015).

32.2.6. Procedimento

Como os embargos possuem natureza jurídica de ação, há que se falar em procedimento (arts. 918 e 920, do CPC/2015), a ser iniciado por uma petição inicial (arts. 319 e 320 do CPC/2015).

Haverá **distribuição por dependência**, em razão da competência funcional para processá-los e julgá-los (NERY JR.; NERY, 2007. p. 1.076), coexistindo duas ações, com possibilidade de decisões em momentos distintos. Nesse sentido, é admissível, inclusive, o desentranhamento dos embargos para a subida ao tribunal, com a manutenção dos autos da execução no juízo de primeiro grau.[5]

Nada obsta que tal petição inicial seja **rejeitada liminarmente**, por inépcia ou por intempestividade dos embargos, com a prolação de uma decisão sem resolução de mérito; ou, por serem os embargos manifestamente protelatórios ou de improcedência liminar, julgando o mérito (art. 918 do CPC/2015).

(i) Afirma o inciso I do art. 918 do CPC/2015 que serão liminarmente indeferidos os embargos intempestivos; contudo, não se pode interpretar literalmente o dispositivo, pois, diante da natureza jurídica de ação (art. 5º, XXXV, CF/88), poderá o executado manejar a mesma pretensão por meio dos embargos, no prazo legal, ou por uma ação autônoma. Ou seja, mesmo que apresentados depois do prazo, os embargos devem ser recebidos como ação autônoma, aplicando-se o princípio da instrumentalidade (NEVES, 2011. p. 1.096);[6]

(ii) Não obstante o inciso II, do art. 918 referir-se ao indeferimento da petição inicial e de improcedência liminar do pedido, caberá indeferimento não somente por inépcia, mas pela inobservância de quaisquer dos requisitos inerentes à petição inicial, desde que concedido prazo para emenda e esta não se realizar;

(iii) Por fim, o inciso III refere-se a embargos manifestamente protelatórios. Nitidamente, tenta o legislador evitar a utilização de embargos sem fundamentação idônea, com a única intenção de retardar a marcha processual. Talvez tal inovação tenha sido criada por resquícios do antigo sistema, no qual os embargos

---

[5] STJ, 6ª T., AgRg no Ag 470.752/RJ, rel. Min. Hélio Quaglia Barbosa, j. 29.11.2005.

[6] Em conclusão semelhante: STJ, 1ª T., REsp 729.149/MG, rel. Min. Teori Albino Zavascki, j. 24.05.2005.

470 | PROCESSO CIVIL SISTEMATIZADO – *Haroldo Lourenço*

automaticamente possuíam efeito suspensivo. Atualmente, tal hipótese se mostra desconectada com a realidade do art. 918, pois dificilmente conseguirá o embargante protelar o processo.

Considera-se conduta atentatória à dignidade da justiça o oferecimento de embargos manifestamente protelatórios (parágrafo único do art. 918 do CPC/2015). Haverá, nesse caso, a prolação de uma decisão de mérito, ou seja, a apresentação sem uma fundamentação fático-jurídica razoável é uma terceira hipótese de improcedência liminar.[7] Nessa hipótese, o embargante sofrerá, ainda, uma multa de até 20% sobre o valor exequendo (art. 77, § 2º, do CPC/2015).

Não sendo caso de rejeição liminar, deverá o exequente ser convocado para respondê-los. Controverte a doutrina sobre qual seria a forma de convocação:

(i) Majoritariamente, haveria somente uma mera **intimação**, por meio do advogado;[8]

(ii) Há, contudo quem advogue a tese de ser uma citação (NEVES, 2011. p. 1.107), pois se está ajuizando uma nova ação, embora seja admissível a sua realização por intermédio do advogado (art. 272, § 2º, do CPC/2015), muito se aproximando de uma intimação.

Realizada a intimação, iniciar-se-á o prazo de quinze dias para a resposta aos embargos, que, a rigor, é uma contestação. Assim, a ausência de resposta acarretará revelia, contudo, não haverá a produção dos seus efeitos materiais (art. 344), devendo o embargante provar as suas alegações, mesmo diante da contumácia do embargado, pois há presunção de certeza, liquidez e exigibilidade no título executivo, como se posicionam a doutrina e a jurisprudência (NEVES, 2011. p. 1.110; THEODORO JR., 1993. p. 278).[9]

O art. 920 do CPC/2015 prevê que o exequente será ouvido no prazo de quinze dias, afirmando a doutrina ser admissível a alegação de **impedimento, suspeição, reconvenção**, bem como o ingresso de eventual **assistente** (NEVES, 2011. p. 1.110-1.111).

A instrução probatória nos embargos do executado é **ampla e irrestrita**, assim como a **cognição**, sendo admissíveis todos os meios de prova em direito admitidos, devendo, ao final, serem solucionados por meio de uma sentença. A única especialidade é o efeito da apelação, na forma do art. 1.012, § 1º, III, pois, com a extinção sem resolução de mérito ou a improcedência, a apelação somente terá **efeito devolutivo**.

---

[7] Há outras duas hipóteses: art. 332 do CPC/2015 e o indeferimento da petição inicial em razão da prescrição e decadência, art. 332, § 1º, c/c 487, II, do CPC/2015. Reportamos o leitor para o capítulo do julgamento liminar de mérito.

[8] Entendendo como uma mera intimação: SANTOS, Ernane Fidélis dos. *Manual de direito processual civil.* v. 2. *Execução e processo cautelar.* 13. ed. São Paulo: Saraiva, 2010. p. 111; BUENO, Cassio Scarpinella. *Curso sistematizado de direito processual civil,* 3. Tutela jurisdicional executiva cit., p. 540; NERY JR., Nelson; NERY, Rosa Maria de Andrade. *Código de Processo Civil comentado e legislação extravagante* cit., p. 1083.

[9] STJ, 6ª T., REsp 601.957/RJ, rel. Min. Hamilton Carvalhido, j. 23.08.2006.

Cap. 32 · DEFESAS DO EXECUTADO | **471**

Entende o STJ que é possível a cumulação de **honorários advocatícios** arbitrados na execução com aqueles fixados nos embargos do devedor, desde que a soma das condenações não ultrapasse o limite máximo de 20% estabelecido pelo art. 85, § 2º, do CPC/2015,[10] sendo vedada a compensação entre os fixados no âmbito da execução e os determinados em embargos à execução.[11]

32.2.7. Matérias alegáveis

As matérias alegáveis nos embargos do executado estão arroladas no art. 917, cabendo, desde logo ressaltar que, por terem natureza jurídica de ação, admite-se a alegação de qualquer matéria que seria lícito alegar como defesa em processo de conhecimento (inciso VI).

A primeira hipótese refere-se à nulidade da execução, em vista da nulidade do título executivo, prevista no art. 803 do CPC/2015, devendo ser tal nulidade interpretada como falta de previsão em lei do título (taxatividade), ou por não ostentar tal documento certeza, liquidez e exigibilidade (arts. 786 e 783), por haver vício citatório, ou se a execução foi instaurada antes de se verificar a condição ou de ocorrido o termo do título, nos casos do art. 514.

Diante da nulidade da execução, nada obsta que o magistrado aplique, analogicamente, o art. 330, I, do CPC/2015, diante das alegações formuladas nos embargos, determinando a emenda da inicial da execução extrajudicial, transformando o processo executivo em procedimento de outra natureza, consagrando a instrumentalidade.

Admite o inciso II do art. 917 do CPC/2015 a alegação de vícios da penhora e avaliação, incluindo-se nessa hipótese matérias como impenhorabilidades, inobservância da ordem do art. 835 do CPC/2015 ou dos atos procedimentais da penhora ou avaliação. Cumpre registrar que a alegação de vício da penhora, de acordo com o § 1º do art. 917, como a incorreção da penhora ou da avaliação, poderá ser impugnada por simples petição, no prazo de 15 dias, contado da ciência do ato.

Prevê o inciso III do art. 917 a alegação de excesso de execução ou cumulação indevida de execuções, devendo o intérprete se reportar, respectivamente, aos arts. 780 e 917, § 2º, do CPC/2015, que definem o que é excesso de execução e os limites para a cumulação de execuções.

Geralmente, há excesso de execução quando o exequente está cobrando acima do valor devido. Justamente para essa hipótese, foi previsto no art. 917, § 3º, a exigência no sentido de que o embargante **apresente de imediato** valor que entende correto, apresentando demonstrativo discriminado e atualizado de seu cálculo. Pode, ainda, haver excesso na hipótese de a execução recair sobre coisa diversa ou for processada de maneira diversa da declarada no título.

Cremos que, acolhidos os embargos nessa hipótese, não deverá ser extinta completamente a execução, devendo ser permitido ao exequente prosseguir no valor remanescente, em nome da economia processual.

---

[10] STJ, 2ª Sç., AgRg no AREsp 170.817-PR, Rel. Min. Arnaldo Esteves Lima, julgado em 16/10/2012 (Informativo 506). Precedente citado: EREsp 659.228-RS, DJe 29/8/2011.

[11] STJ, EAREsp 666.859/RS, 1ª S., rel. Min. Mauro Campbell, j. 27.11.2019.

472 | PROCESSO CIVIL SISTEMATIZADO – *Haroldo Lourenço*

O inciso IV do art. 917 dispõe sobre retenção por benfeitorias necessárias ou úteis, nos casos de execução para entrega de coisa certa. Enfim, pretendendo o executado debater eventual direito de retenção por benfeitorias necessárias e úteis (art. 1.219 do CC), **deverá** alegar em sede de embargos do executado (§ 5º do art. 917 do CPC). Observe-se que tal hipótese somente ocorrerá em execução fundada em obrigação para entrega de coisa. Nesse contexto, admite-se que o exequente postule compensação dos valores entre as benfeitorias realizadas pelo executado e os danos ou frutos que considere devidos por este, sendo possível a nomeação de um perito para tanto (art. 917, § 5º). Perceba-se que tais embargos possuem natureza meramente dilatória.

32.3. IMPUGNAÇÃO AO CUMPRIMENTO DE SENTENÇA

32.3.1. Noções gerais

A impugnação é a defesa típica do cumprimento de sentença, em contraposição à defesa típica da execução extrajudicial que são os embargos.

Cumpre registrar que, mesmo estando prevista somente no que se refere ao cumprimento de sentença para pagamento de quantia, é cabível a sua aplicação às demais espécies de execução de sentença (fazer, não fazer e dar coisa) (DIDIER JR., 2010. v. 5, p. 366), na forma do art. 536, § 4º, do CPC/2015.

De igual modo, será utilizada a impugnação como forma de defesa no cumprimento das sentenças arbitrais (art. 1.061 do CPC/2015 e art. 33, § 3º, da Lei 9.307/1996), sentenças e interlocutórias estrangeiras, sentença penal condenatória e do acórdão de revisão criminal (art. 630 do CPP).

32.3.2. Natureza jurídica

Controverte a doutrina sobre a natureza jurídica de tal defesa:

(i) Majoritariamente, a impugnação possui natureza jurídica de **defesa (exceção)**; portanto, diferentemente dos embargos, não é uma ação (CÂMARA, 2008. p. 385; DIDIER JR., 2010. v. 5, p. 367; RODRIGUES, 2008. p. 612; BUENO, 2008. p. 474);

(ii) Haveria uma natureza jurídica **híbrida**, em um misto de ação e defesa, a depender da matéria alegada (NERY JR.; NERY, 2007. p. 734). Debatendo somente vícios procedimentais, como requisitos da execução, validade dos atos executivos, como excesso de penhora ou avaliação incorreta, seria um incidente; contudo, voltando-se o impugnante à obtenção de um bem jurídico, como a existência de uma causa impeditiva, modificativa ou extintiva da obrigação, haveria natureza jurídica de ação;

(iii) Há, ainda, quem afirme se tratar de uma **ação incidental**, exatamente como ocorre nos embargos do executado (ASSIS, 2006. p. 314).

32.3.3. Matérias alegáveis

O art. 525 do CPC/2015 indica um rol **restritivo** de matérias alegáveis em sede de impugnação, pois já houve uma fase de conhecimento, na qual puderam ser utilizadas todas as modalidades de defesa. A limitação legal é para evitar a rediscussão sobre o direito exequendo, devendo ser rejeitada liminarmente a alegação de tema não constante no rol do art. 525. A única ressalva feita pela doutrina se refere a questões cogentes, que não estejam recobertas pela preclusão (NERY JR.; NERY, 2007. p. 738). Há, a rigor, uma limitação da cognição horizontal.

Cumpre registrar que, na hipótese da sentença arbitral, será admissível a alegação por meio de **ação anulatória** das matérias constantes do art. 32 da Lei 9.307/1996, o que não afasta o cabimento de impugnação (art. 1.061 do CPC/2015). De igual modo, admite-se a alegação de **impedimento e suspeição** por mera petição (arts. 144 e seguintes do CPC/2015).

A primeira matéria alegável em sede de impugnação, prevista no art. 525, § 1º, I, refere-se à falta ou nulidade de citação, se o processo tramitar à revelia. Observe--se que o legislador enfatiza que tal hipótese somente poderá ser suscitada se o réu não comparecer ao processo, pois, do contrário, o seu comparecimento sana o vício citatório (art. 239, § 1º), além disso, com a formação da coisa julgada incide a eficácia preclusiva (art. 508).

Havendo revelia com citação ficta, deverá ser nomeado curador especial, sendo admissível apresentação de impugnação pelo respectivo defensor público, podendo discutir tal matéria (BARBOSA MOREIRA, 2004. p. 200).

Tal vício, inclusive, é denominado de transrescisório, podendo ser suscitado por meio de uma **ação de *querella nullitatis*** ou em sede **exceção de não executividade**. Trata-se da alegação da denominada *exceptio nullitatis* da sentença (DIDIER JR., 2010. v. 5, p. 372), para o reconhecimento do vício constante na sentença existente, mas inválida.

Na forma do art. 525, § 1º, III e §12, considera-se inexigível a obrigação reconhecida em título executivo judicial fundado em lei ou ato normativo considerado inconstitucional pelo STF, ou fundado em aplicação ou interpretação da lei ou do ato normativo tido pelo STF como incompatível com a Constituição, em controle de constitucionalidade concentrado ou difuso. Ressalte-se que tais decisões devem ter sido prolatadas pelo **Plenário** do STF (Enunciado 58 do FPPC). O legislador considera a causa hipótese de **inexigibilidade**, considerada também como uma causa de **inexequibilidade** (DIDIER JR., 2010. v. 5, p. 375), pela falta de título executivo.

O § 13 do artigo em comento afirma que, no caso do § 12, os efeitos da decisão do STF poderão ser **modulados no tempo**, em atenção à segurança jurídica, o que seria uma aplicação em sintonia com o art. 27 da Lei 9.868/99 e art. 11 da Lei 9.882/99, o que somente pode ser realizado pelo **STF**, evidentemente (Enunciado 176 do FPPC). De igual modo, a decisão do STF referida no § 12 deve ter sido **anterior** ao trânsito em julgado da decisão exequenda, seguindo a linha de pensamento adotada pelo STJ na vigência do CPC/73 (Súmula 487 do STJ).

Por outro lado, se a decisão referida no § 12 for proferida **após** o trânsito em julgado da decisão exequenda, caberá **ação rescisória**, cujo prazo será contado do trânsito em julgado da decisão proferida pelo STF (§ 15º), o que deve ser conjugado com o art. 1.057 do CPC/15, ou seja, a regra do art. 525, § 14 e 15, bem como a prevista no art. 535, §§ 7º e 8º, aplica-se às decisões transitadas em julgado **após** a

474 | PROCESSO CIVIL SISTEMATIZADO – *Haroldo Lourenço*

entrada em vigor do CPC/15, e às decisões transitadas em julgado **anteriormente**, aplica-se o disposto no art. 475-L, § 1º e no art. 741, parágrafo único, do CPC/73.

Inicialmente, cabe registrar que a regra do art. 525, § 15, está posicionada no lugar errado, pois deveria estar no capítulo referente à ação rescisória. Além do mais, nos parece um dos dispositivos mais infelizes existentes no CPC/15. O dispositivo gera enorme perplexidade no prazo da ação rescisória, eis que sobrevindo decisão do STF muitos anos depois, o julgado poderá ser atacado pela rescisória, gerando uma coisa julgada precária. Portanto, tal dispositivo padece de **inconstitucionalidade,** por violar exageradamente o art. 5º, XXXVI, da CR/88 e, no mínimo, deve ser aplicado analogicamente o art. 972, § 2º, limitando tal rescisória ao prazo máximo de cinco anos, tendo como referencial o trânsito em julgado da decisão rescindenda, observado o prazo de dois anos do trânsito em julgado da decisão do STF (GAJAR-DONI, 2015. p. 749).

Admite-se, ainda, a alegação de ilegitimidade das partes (art. 525, § 1º, inciso II), condição da ação disposta no art. 485, VI, do CPC/2015, seja ela ativa ou passiva, remetendo o leitor para o capítulo referente às partes na execução.

Deve ser registrado que a decisão do STF terá que ter sido **anterior** à formação do título judicial, pois a sentença já nasceu em desconformidade com a orientação da Corte Suprema.

A doutrina debatia se o dispositivo também seria aplicável ao controle **difuso** de constitucionalidade, onde se afirmava que somente seria aplicável ao controle difuso se houver a Resolução do Senado (art. 52, X, da CR/1988), suspendendo a vigência da lei (ASSIS, 2006. p. 331; MAZZEI, 2006. p. 315; TALAMINI, 2006. p. 123). Por outro lado, o dispositivo somente seria aplicável ao controle de constitucionalidade direto, pois não reconhece eficácia vinculante às decisões proferidas pelo STF no controle incidental de inconstitucionalidade (CÂMARA, 2008. p. 369).

Por fim, há quem sustente sua aplicação ao controle difuso de constitucionalidade, desde que realizado pelo Pleno do STF, adotando-se a tese de **objetivização do controle de constitucionalidade** (DIDIER JR., 2010. v. 5, p. 376), sendo, inclusive, desnecessária a Resolução do Senado (art. 52, X, da CR/1988), pois a hipótese legal contempla a declaração de inconstitucionalidade parcial sem redução de texto e a que decorre da interpretação conforme a Constituição (ZAVASCKI, 2006. p. 337), fazendo crer ter sido esse o entendimento adotado pelo CPC/2015.

No art. 525, § 1º, inciso IV há a possibilidade de o impugnante suscitar um vício da penhora ou da avaliação, como eventual impenhorabilidade, ou até mesmo inobservância da ordem de preferência do art. 835. Na hipótese de vício na avaliação, seja pelo oficial de justiça (art. 154, V) ou pelo avaliador, podem ser aplicadas as causas previstas no art. 873, I e II, do CPC/2015.

Caso o impugnante alegue excesso de execução ou cumulação indevida de execuções (art. 525, § 1º, V, c/c 917, § 2º), deverá declinar o valor que reputa correto (art. 525, § 4º), trata-se de *exceptio declinatoria quanti*. Tal exceção está sujeita à preclusão, de modo que, oferecida a impugnação, mas não apontado pelo impugnante, no próprio requerimento de impugnação, o valor que entende correto, ocorre a preclusão, com uma de duas possíveis consequências: (i) se a impugnação versar apenas sobre excesso de execução, será liminarmente rejeitada (CPC/2015, art. 525, § 5º);

(ii) se versar sobre excesso de execução e mais outro(s) fundamento(s), a preclusão torna definitivo o valor da execução atribuído pelo credor (independentemente de o juiz declarar essa circunstância, porque decorre diretamente da lei) e a impugnação prosseguirá quanto ao(s) outro(s) fundamento(s). Assim, não apontado o valor correto ou não apresentado o demonstrativo, a impugnação será liminarmente rejeitada, se o excesso de execução for o seu único fundamento, ou, se houver outro, a impugnação será processada, mas o juiz não examinará a alegação de excesso de execução.

Assim, o prazo para o oferecimento da *exceptio declinatoria quanti* é o da petição de impugnação ao cumprimento da sentença: quinze dias (NERY JR.; NERY, 2007. p. 743).

O legislador do CPC/2015 introduziu no inciso VI do § 1º do art. 525, a hipótese de alegar na impugnação a **incompetência absoluta ou relativa** do juízo da execução.

Por fim, admite-se no inciso VII do § 1º do art. 525 a alegação de causa modificativa e extintiva da obrigação que tenham ocorrido após a sentença (*rectius*; trânsito), pois as anteriores já se consideram repelidas pela eficácia preclusiva da coisa julgada (art. 508 do CPC/2015). Enumera o mencionado inciso causas modificativas ou extintivas, como pagamento, novação, compensação, transação, prescrição. Saliente-se tratar-se de rol **exemplificativo**, admitindo a alegação de, por exemplo, renúncia ao crédito, remissão, confusão etc. (NEVES, 2011. p. 1.123).

Nesse sentido, é cabível alegação de causa modificativa ou extintiva da obrigação na impugnação de executado, desde que tenha ocorrido após o início do julgamento da apelação, e, uma vez alegada pela parte, tenha o tribunal superior se recusado ou omitido de apreciá-la (Enunciado 56 do FPPC).

Questões relativas a fato superveniente ao término do prazo para apresentação da impugnação, assim como aquelas relativas à validade e à adequação da penhora, da avaliação e dos atos executivos subsequentes, podem ser arguidas por **simples petição**, tendo o executado, em qualquer dos casos, o prazo de 15 dias para formular esta arguição, contado da comprovada ciência do fato ou da intimação do ato (art. 525, § 11).

Por fim, cumpre registrar que o art. 916, § 7º, do CPC/2015 afirma que o parcelamento compulsório é incompatível com o cumprimento de sentença, o que já era confirmado por parcela da doutrina (THEODORO JR., 2007. p. 217), contudo, não era esse o posicionamento do STJ[12] e de outra parte da doutrina (MARINONI, 2004. p. 620).

Sobre os requisitos de tal parcelamento, remetemos o leitor para o capítulo sobre execução extrajudicial.

32.3.4. Procedimento. Prazo. Resposta. Honorários. Garantia do juízo

No que toca ao procedimento da impugnação, em suas omissões devem ser aplicadas as regras dos embargos previstas nos arts. 918 e 920 do CPC/2015, na forma do art. 771 do CPC/2015, pois, a execução extrajudicial tem aplicação **subsidiária** ao cumprimento de sentença.

---

[12] STJ, REsp 1.264.272/RJ, 3ª T., rel. Min. Luis Felipe Salomão, j. 15.05.2012.

476 | PROCESSO CIVIL SISTEMATIZADO – *Haroldo Lourenço*

Dispensa-se a elaboração de uma petição inicial com todos os seus requisitos formais, contudo, pode ser indeferida quando intempestiva ou manifestamente protelatória, nos termos do art. art. 918, I e III, respectivamente, aplicáveis por força do art. 771.

A doutrina controvertia sobre a necessidade de garantia do juízo para a sua admissibilidade, contudo, o CPC/2015 é expresso em afirmar a sua **desnecessidade**.[13] Após a entrada em vigor do CPC/2015, o juiz deve intimar o executado para apresentar impugnação ao cumprimento de sentença, em 15 dias, ainda que sem depósito, penhora ou caução, caso tenha transcorrido o prazo para cumprimento espontâneo da obrigação na vigência do CPC/1973 e não tenha aquele tempo garantido o juízo (Enunciado 530 do FPPC).

O prazo para sua apresentação é de quinze dias (art. 525), sucessivamente ao prazo para pagamento voluntário (art. 523), **independentemente** de garantia do juízo e de nova intimação.

Havendo litisconsórcio de executados com advogados diferentes e de escritórios distintos será aplicável o art. 229 do CPC, como se observa do art. 525, § 3º (DIDIER JR., 2010. v. 5, p. 370; CÂMARA, 2006. p. 131; MARINONI; ARENHART, 2005. p. 286).

Apresentada impugnação ao cumprimento de sentença, deverá ser dada oportunidade ao exequente para se manifestar. Controverte a doutrina sobre qual seria o prazo: (i) Seria de cinco dias, se outro não determinar o magistrado (art. 218, § 3º, do CPC/2015) (CÂMARA, 2007. p. 134); (ii) **Majoritariamente**, seria um prazo de 15 dias, aplicando-se o art. 351 do CPC/2015 (GRECO, 2006. p. 82) ou aplicando a isonomia, pois esse é o prazo para oferecimento, além de ser aplicado o art. 920, como determina o art. 771 do CPC/2015 (BUENO, 2008. p. 496).

Evidentemente que a cognição na horizontal sobre as matérias alegáveis é **mais restrita** do que nos embargos, contudo, no que se refere à cognição na profundidade, não há restrições (DIDIER JR., 2010. v. 5, p. 368).

Na impugnação, somente são cabíveis honorários advocatícios em caso de seu acolhimento, com a consequente extinção do procedimento executório, **não** havendo que se cogitar em dupla condenação. Os honorários fixados no cumprimento de sentença, de início ou em momento posterior, em favor do exequente, deixam de existir em caso de acolhimento da impugnação com extinção do procedimento executório, momento em que serão arbitrados honorários únicos ao impugnante. Por outro lado, em caso de rejeição da impugnação, somente os honorários fixados no pedido de cumprimento da sentença subsistirão. Sendo infundada a impugnação, o procedimento executivo prossegue normalmente, cabendo, eventualmente, incidência de multa por litigância de má-fé ou por ato atentatório à dignidade da Justiça, mas não honorários advocatícios.[14]

---

[13] DIDIER JR., Fredie. *Curso de direito processual civil. Execução* cit., v. 5, p. 386. Menciona: DIDIER que seu posicionamento foi encampado por: MITIDIERO, Daniel. *Código de Processo Civil comentado artigo por artigo.* São Paulo: RT, 2008. p. 468. RODRIGUES, Marcelo Abelha. *Manual de direito processual civil* cit., 4. ed., p. 611. CUNHA, Leonardo José Carneiro da. In: DIDIER JR., Fredie (coord.). *As defesas do executado. Leituras complementares de processo civil.* 2. ed. Salvador: JusPodivm, 2008. p. 267.

[14] STJ, Corte Especial, REsp 1.134.186/RS, rel. Min. Luis Felipe Salomão, j. 1º.08.2011. Precedentes citados: REsp 920.274-RS, *DJ* 24.04.2007; REsp 1.048.043-SP, *DJe* 26.05.2008.

32.3.5. Efeitos

No que toca ao efeito suspensivo, à semelhança dos embargos, a impugnação, em regra, **não** o possui, todavia, preenchidos os requisitos legais poderá o magistrado diferi-lo (*ope iudicis*). Devem ser observados os seguintes requisitos, cumulativamente: (i) requerimento do executado; (ii) **garantia** o juízo com penhora, caução ou depósito suficientes; (iii) os fundamentos forem relevantes e se o prosseguimento da execução for manifestamente suscetível de causar ao executado grave dano de difícil ou incerta reparação.

Cremos, por oportuno, que *a priori*, para se deferir o efeito suspensivo, deve ser ouvido o exequente, **salvo** se for com fundamento no art. 9º, parágrafo único, I, do CPC.

Deferido o efeito suspensivo à impugnação do executado, poderá o credor opor--se mediante **agravo de instrumento** (DIDIER JR., 2010. v. 5, p. 384) (art. 1.015, parágrafo único) ou requerer a **suspensão do efeito suspensivo** (art. 525, § 10 do CPC/2015), prestando caução suficiente e idônea, arbitrada pelo juiz e prestada nos próprios autos. Observe-se que a caução prestada pelo credor terá que ser superior à garantia já prestada pelo executado, bem como ser idônea. Literalmente, permite o legislador que o credor "*compre*" o efeito suspensivo, assumindo totalmente os riscos.

Por fim, cumpre registrar que entendemos ser inviável o deferimento de efeito suspensivo à impugnação do executado nas hipóteses o art. 521 do CPC/2015, nas quais se dispensa caução para execução provisória.

Observe-se que o legislador dispensou a prestação de caução na execução **provisória**, tornando-a completa, tratando-se de crédito de natureza alimentar independentemente de sua origem, com a comprovação da situação de necessidade, nos casos de execução provisória em que penda agravo perante o Supremo Tribunal Federal ou o Superior Tribunal de Justiça (art. 1.032) ou a sentença a ser provisoriamente cumprida estiver em consonância com súmula da jurisprudência do Supremo Tribunal Federal ou do Superior Tribunal de Justiça ou em conformidade com acórdão proferido no julgamento de casos repetitivos, salvo quando da dispensa possa manifestamente resultar risco de grave dano, de difícil ou incerta reparação.

Diante de tal conjuntura, haveria um **requisito negativo ao deferimento do mencionado efeito suspensivo**, qual seja: não ser hipótese de dispensa de caução na execução provisória. Do contrário, a execução provisória será mais completa e efetiva que a própria execução definitiva, o que seria um absurdo.

32.3.6. Recursos

No que toca ao sistema recursal da impugnação, o relevante é se analisar o conteúdo da decisão, uma vez que o recurso é determinado pelos seus efeitos. Encerrada a execução, com o acolhimento da impugnação, o recurso cabível será a **apelação**. Rejeitada a defesa, o cumprimento de sentença continuará, portanto, o recurso cabível é o **agravo de instrumento** (art. 1.015, parágrafo único, do CPC/2015).

Observe-se que o legislador tentou evitar a utilização do procedimento da apelação como mecanismo de procrastinação, pois, se sempre fosse admissível tal

478 | PROCESSO CIVIL SISTEMATIZADO – *Haroldo Lourenço*

recurso, fatalmente seria utilizado com intuito protelatório, gerando remessa de todo o feito ao tribunal. Caminhando por esse raciocínio, somente se pode concluir que na hipótese de acolhimento parcial ou rejeição parcial da impugnação, o recurso cabível será o **agravo de instrumento** (BUENO, 2008. p. 498), não admitindo o STJ sequer fungibilidade.[15]

A primeira matéria alegável na impugnação é a falta ou nulidade da citação, tendo o processo tramitado à revelia (art. 525 do CPC/2015). Nesse sentido, acolhida uma impugnação com esse fundamento controverte a doutrina sobre o recurso cabível:

(i) Haveria, nessa hipótese uma extinção da execução, apesar de não extinguir o processo, sendo recorrível, portanto, por apelação (NEVES, 2011. p. 1.121);

(ii) Como haverá fim da fase de execução, mas não do processo, haveria uma decisão interlocutória, pois sequer chegou a haver fase executiva no sentido tradicional, mas sim uma *"aparência"* de execução, pois o processo retoma o seu curso desde o momento que estava viciado (HARTMANN, 2010. p. 67).

Cremos se tratar de decisão interlocutória, não pelos fundamentos expostos, mas pelo seu efeito de não encerrar o processo, permitindo que retome o seu curso.

32.4. QUADRO SINÓTICO

IMPUGNAÇÃO AO CUMPRIMENTO DE SENTENÇA	EMBARGOS À EXECUÇÃO DO EXECUTADO
Cabível somente no cumprimento de sentença (título judicial), sem exceções;	Cabível somente no processo de execução (título extrajudicial), sem exceções;
Incidente processual, não gera processo autônomo;	Ação de conhecimento, processada de modo incidental;
Não exige garantia do juízo (art. 525) para sua admissibilidade;	Não exige garantia do juízo para sua admissibilidade (art. 914);
15 dias, sucessivo ao prazo de 15 dias para pagamento (arts. 523 c/c 525);	15 dias, a contar da juntada do comprovante de citação (art. 915);
Não tem efeito suspensivo automático, mas pode ser atribuído pelo juiz (art. 525, § 6º), desde que garantido o juízo, haja requerimento e os requisitos para tutela provisória;	Não têm efeito suspensivo, mas pode ser atribuído pelo juiz (art. 919, § 1º), desde que garantido o juízo, haja requerimento e os requisitos para tutela provisória;
Será sempre processada nos meus autos do processo;	Sempre serão distribuídos por dependência, autuados em apartado, sendo possível ao advogado do embargante autenticar os documentos apresentados (art. 914, § 1º);
Atribuído efeito suspensivo é possível que o exequente prossiga com a execução, oferecendo e prestando, nos próprios autos, caução suficiente e idônea a ser arbitrada pelo juiz (art. 525, § 10);	Deferido o efeito suspensivo é possível a efetivação dos atos de substituição, de reforço ou de redução da penhora e de avaliação dos bens (art. 919, § 5º);

---

[15] STJ, AREsp 1.567.607/SP, 2ª T., rel. Min. Herman Benjamin, j. 22.10.2019.

IMPUGNAÇÃO AO CUMPRIMENTO DE SENTENÇA	EMBARGOS À EXECUÇÃO DO EXECUTADO
Rejeição ou acolhimento parcial da impugnação cabe agravo de instrumento (art. 1015, parágrafo único), porém acolhimento total, com a extinção da execução, cabe apelação;	Rejeição liminar ou improcedência cabe apelação sem efeito suspensivo (art. 1.012, § 1º, V) e, na hipótese de procedência, apelação com duplo efeito;
Rol taxativo de matérias alegáveis (art. 525, § 1º).	Rol exemplificativo de matérias alegáveis (art. 917, VI).

32.5. EXCEÇÃO DE PRÉ-EXECUTIVIDADE

32.5.1. Noções históricas

Pontes de Miranda em 1966, no Parecer 95[16] sobre o propalado caso da Siderúrgica Mannesmann, deu origem ao instituto tão utilizado atualmente, caracterizando-se por permitir que o executado apresente em sua defesa questões conhecíveis *ex officio* pelo órgão jurisdicional, relacionadas à admissibilidade do procedimento executivo, independentemente de prévia constrição patrimonial (penhora), que à época era pressuposto para apresentação de embargos.

Em nossa legislação **não** há previsão específica de tal defesa, mas pode ser extraída dos arts. 518, 525, § 11, e 803, parágrafo único, do CPC/2015.

32.5.2. Objeto

Inicialmente, a exceção de pré-executividade surgiu para veicular alegações relativas à admissibilidade do procedimento executivo, como falta de pressupostos processuais e condições da ação, contudo, com o passar do tempo, tal concepção foi sendo flexibilizada.

Assim, a matéria que não fosse cogente, mas que **não** exigisse dilação probatória, começou a ser admitida em exceção de pré-executividade.[17] Nesse sentido, o relevante é não exigir dilação probatória. Logo, admite-se a alegação de prescrição, pagamento, compensação, ausência de título, impenhorabilidade, novação, transação etc. Não há qualquer limite quando ao objeto da exceção de pré-executividade, a única limitação é probatória.

Por outro lado, a jurisprudência do STJ é firme no sentido de que as questões decididas definitivamente em exceção de pré-executividade **não** podem ser renovadas por ocasião da oposição de embargos à execução ou impugnação do cumprimento

---

[16] MIRANDA, Pontes de. Parecer 95. *Dez anos de pareceres*. Rio de Janeiro: Livraria Francisco Alves, 1975. v. 4. Afirma Didier que a origem atribuída a Pontes de Miranda não é unânime: DIDIER JR., Fredie. *Curso de direito processual civil*. Execução cit., v. 5, p. 392.

[17] Informativo 478: STJ, 3ª T., REsp 1.061.759/RS, rel. Min. Nancy Andrighi, j. 21.06.2011. Precedentes citados: REsp 1.110.925-SP, *DJe* 04.05.2009; REsp 841.967-DF, *DJe* 02.04.2008; AgRg no REsp 1.086.160-RS, *DJe* 09.03.2009; EDcl no REsp 795.764-PR, *DJ* 26.05.2006.

480 | PROCESSO CIVIL SISTEMATIZADO – *Haroldo Lourenço*

de sentença, em razão da preclusão[18] e, do contrário, pode haver imposição de multa por conduta ofensiva à boa-fé.[19]

32.5.3. Nomenclatura

Não obstante ser muito difundida a nomenclatura exceção de pré-executividade, tal expressão não está imune a críticas.

Se o instituto foi inaugurado para que fossem alegadas questões de "ordem pública", melhor seria a designação como **objeção** de pré-executividade. De igual modo, *"pré-executividade"* também não se justifica, por não ser alegável anteriormente à execução. Nesse sentido, muito comum a designação doutrinária no sentido de *objeção de não executividade* (CÂMARA, 2008. p. 388-389).

Como atualmente tem se admitido a utilização de tal defesa tanto para questões cogentes, como para questões de interesse privado, tal diferenciação se mostra irrelevante. Há doutrina que sugere a visualização da matéria alegada para que seja utilizada a nomenclatura exceção de não executividade (questões de interesse privado) ou objeção de não executividade (questões de "ordem pública") (NEVES, 2011. p. 1.127).

32.5.4. Procedimento

Justamente pela falta de previsão legal, deve ser respeitado o princípio do contraditório, oportunizando ao exequente o prazo de cinco dias para se manifestar, que pode ser fixado pelo magistrado ou, do contrário, deverá ser aplicado o art. 218, § 3º, do CPC/2015.

Aplica-se à exceção de pré-executividade, analogicamente, o art. 1.015, parágrafo único, não sendo admissível pelo STJ a fungibilidade. Admite-se a fixação de honorários advocatícios (DIDIER JR., 2010. v. 5, p. 394). Fixados no início ou em momento posterior do processo de execução, em favor do exequente, deixam de existir em caso de acolhimento da impugnação ou exceção de pré-executividade, com extinção do procedimento executório, ocasião em que serão arbitrados honorários únicos ao impugnante. Por outro lado, em caso de rejeição da impugnação, somente os honorários fixados no procedimento executório subsistirão.[20]

Como a impugnação e os embargos não possuem efeito suspensivo (arts. 525, §§ 6º e 10, e 919, respectivamente), não haveria lógica admitir efeito suspensivo, pelo menos como regra, à exceção de pré-executividade. Contudo, nada obsta que seja aplicado o art. 919, § 1º, do CPC/2015, exigindo-se, cumulativamente: (i) requerimento; (ii) garantia do juízo; (iii) requisitos para uma tutela provisória de urgência (DIDIER JR., 2010. v. 5, p. 395-396).

---

[18]   STJ, AgRg no AREsp 564.703/SP, 4ª T., rel. Min. Raul Araújo, j. 23.05.2017.

[19]   Enunciado 148 do II CJF: "A reiteração pelo exequente ou executado de matérias já preclusas pode ensejar a aplicação de multa por conduta contrária à boa-fé".

[20]   STJ, 4ª T., REsp 664.078/SP, rel. Min. Luis Felipe Salomão, j. 05.04.2001.

32.6. AÇÕES AUTÔNOMAS (DEFESAS HETEROTÓPICAS)

32.6.1. Noções gerais

O executado pode se defender propondo uma ação autônoma, discutindo o título executivo ou a dívida, com base no art. 5º, XXXV, da CR/1988, como a ação rescisória, ação de revisão do negócio jurídico, consignação em pagamento, declaratória de inexistência da relação jurídica, anulação do auto de infração etc.

Denominam-se tais defesas de **heterotópicas** justamente por serem exercidas fora do ambiente do procedimento executivo, gerando uma relação de prejudicialidade. Nosso ordenamento não regulamenta o tema, havendo previsão de sua ocorrência no art. 784, § 1º, do CPC/2015, bem como no art. 98 da Lei 12.529/2011 (que revogou a Lei 8.884/1994), que regulamenta as atividades do CADE.

Não se admite o manejo de tais demandas ventilando temas inerentes aos embargos do executado ou da impugnação, mas que nessas defesas não foram arguidas, salvo se tratar-se de matéria que pode ser alegada a qualquer tempo. Nesse sentido, tal ação autônoma somente pode ser alegada posteriormente ao prazo dos embargos ou da impugnação no que se refere a fatos supervenientes ou questões cogentes ainda não enfrentadas.

Haverá conexão entre a ação autônoma e a execução pendente, importando em reunião dos processos,[21] salvo se houver modificação de competência absoluta, como na hipótese da ação rescisória.

Afirma o art. 784 § 1º, do CPC/2015 que o ajuizamento da ação autônoma **não** impede a execução do título extrajudicial. Contudo, o art. 969 do CPC/2015 admite, em sede de ação rescisória, que o Tribunal competente defira tutela antecipada suspendendo os efeitos do julgado rescindendo. Enfim, há uma aparente contradição: admite-se suspender o cumprimento de sentença, mas não se admite suspender a execução extrajudicial.

Afirma a doutrina que a regra do art. 784, § 1º, foi escrita quando os embargos ainda possuíam efeito suspensivo *ope legis* (DIDIER JR., 2010. v. 5, p. 400). Nesse sentido, a melhor interpretação caminha pelo art. 919, § 1º, do CPC, exigindo-se, para o deferimento de uma tutela de urgência na defesa heterotópica, (i) requerimento; (ii) garantia do juízo; (iii) presença dos requisitos da tutela provisória de urgência.

Por fim, caso seja ajuizada a ação autônoma antes da penhora ou da execução, nada obsta que haja litispendência entre os embargos e a defesa heterotópica, devendo ser indeferidos os embargos.[22]

---

21   STJ, 2ª T., REsp 603.311/SE, rel. Min. Eliana Calmon, j. 14.06.2005.
22   STJ, 1ª T., REsp 677.741/RS, rel. Min. Teori Albino Zavascki, j. 15.02.2005.

33

CUMPRIMENTO DE SENTENÇA E EXECUÇÃO EXTRAJUDICIAL CONTRA A FAZENDA PÚBLICA

33.1. NOÇÕES GERAIS

O procedimento da execução contra a Fazenda Pública encontra-se previsto no art. 100 da CF/1988 e no art. 97 do ADCT (Ato das Disposições Constitucionais Transitórias).

Observe-se que o CPC/2015 não tem o condão de alterar o "procedimento jurisdicional constitucionalmente diferenciado" (BUENO, 2014. p. 278), que remete à forma de pagamento ao **regime do precatório ou de requisição de pequeno valor**, nos termos do art. 100, *caput* e § 3º, da Constituição de 1988.

Tal procedimento diferenciado para a Fazenda Pública, segundo a doutrina, justifica-se por uma série de razões, tais como: (i) a inalienabilidade dos bens públicos (DIDIER JR., 2010. p. 709; CÂMARA, 2008. v. 2, p. 308); (ii) a continuidade do serviço público e, ainda, a (iii) isonomia no pagamento que será feito (BUENO, 2008. p. 381), em sua grande parte, por precatório.

Discute-se, em sede doutrinária, se havia execução realmente em tal procedimento: minoritariamente, parcela da doutrina afirma que não haveria execução, justamente pela falta de fase expropriatória. Seria uma execução imprópria ou uma falsa execução (GRECO FILHO, 2009. v. 3, p. 108). **Majoritariamente** seria execução, pois visa solucionar a crise jurídica, satisfazendo o direito material do credor (NEVES, 2011. p. 1.078).

Não obstante a prerrogativa constitucional da Fazenda Pública no que se refere as obrigações pecuniárias, há substanciais inovações.

33.2. FAZENDA PÚBLICA

Cumpre de início registrar que na expressão "Fazenda Pública" incluem-se as **pessoas jurídicas de direito público interno** (art. 41 do Código Civil), ou seja, a União, os Estados, o Distrito Federal, os Territórios, os Municípios, as autarquias e as associações públicas, além das fundações públicas, criadas pelo Poder Público,

484 | PROCESSO CIVIL SISTEMATIZADO – *Haroldo Lourenço*

por serem consideradas fundações autárquicas, bem como as agências reguladoras e executivas, **excluindo-se** as sociedades de economia mista e as empresas públicas, nos termos do art. 173, § 2º, da CR/1988 (CÂMARA, 2008. v. 2, p. 309).

Há quem sustente que as sociedades de economia mista quando desempenham atividades econômicas afetas a serviços públicos deveriam ter seus bens impenhoráveis, bem como deveriam observar o regime dos precatórios, contudo, o tema foi enfrentado pelo STF, que **não** acolheu tal tese.[1]

Por outro lado, a jurisprudência entende que a **Empresa Brasileira de Correios e Telégrafos** (ECT), por força do previsto no art. 12 do Decreto-lei 509/1969, apesar de constituída sob a forma de empresa pública, considerou relevante o fato de ser entidade voltada à prestação de serviço público da União (art. 21, X, da CR) para incluí-la no conceito de Fazenda Pública, de modo a atribuir-lhe o regime jurídico processual dos entes públicos.[2]

33.3. CUMPRIMENTO DE SENTENÇA NAS OBRIGAÇÕES DE PAGAR QUANTIA

O cumprimento de sentença que reconheça a exigibilidade de obrigação de **pagar quantia certa** pelo Poder Público (Fazenda Pública) está disposto em um par de artigos (arts. 534 e 535 do CPC/2015), além do previsto sobre a execução extrajudicial (art. 910 do CPC/2015).

A primeira, provavelmente a mais considerável, submete a Fazenda, ainda que nas obrigações pecuniárias, ao modelo geral da execução de títulos judiciais, isto é, ao procedimento do **cumprimento de sentença** – que confirma o sincretismo processual (BARBOSA MOREIRA, 2007).[3] Assim é estabelecido um limite mais rígido no que toca à igualdade jurídica entre as partes litigantes, com identidade de garantias processuais, já que estabelece o mesmo procedimento – cumprimento de sentença – para a cobrança de créditos oriundos de sentença, quer sejam devidos por particulares, quer sejam devidos pelo Poder Público.

Recorde-se que no regime do CPC de 1973 não se falava em cumprimento de sentença de quantia certa contra o Poder Público, sendo quase pacífico que, apesar da relativização da autonomia do processo de execução (no que toca ao título executivo judicial, trazida pela Lei 11.232/2005[4]), esta **não** atingia a Fazenda quando parte

---

[1] Esse é o entendimento que prevaleceu, por maioria, no STF (Informativo 628): RE 599.628/DF, rel. orig. Min. Ayres Britto, red. p/ o acórdão Min. Joaquim Barbosa, j. 25.05.2011.

[2] STJ, AgRg no Ag 418.318/DF, 2ª T., rel. Min. João Otávio de Noronha, j. 02.03.2004. STF, ACO 765 QO, Pleno, rel. Min. Marco Aurélio, rel. p/ o acórdão Min. Eros Grau, j. 01.06.2005.

[3] Para José Carlos Barbosa Moreira, o sincretismo processual é a junção das atividades jurisdicionais de cognição e execução, eliminando-se a diferenciação formal entre processo de conhecimento e processo de execução.

[4] Lembre-se que a Lei 11.232/2005 inovou o procedimento de execução por quantia certa fundada em título executivo judicial, determinando que esta seja feita dentro do processo principal, sem a necessidade de instauração de um processo autônomo. Tem-se aqui o chamado sincretismo da execução.

Cap. 33 · CUMPRIMENTO DE SENTENÇA E EXECUÇÃO EXTRAJUDICIAL CONTRA A FAZENDA PÚBLICA | 485

sucumbente.[5] Prevalecia a necessidade de se ajuizar uma nova ação de execução, isto é, tratava-se de um processo de execução autônomo.

Há, ainda, um reforço da ideia de simplificação procedimental que a seu turno traria mais celeridade, sendo abolida a dicotomia processo de conhecimento e processo de execução.

Ainda assim, observe-se que algumas particularidades foram estabelecidas se comparado o disposto nos arts. 534 e 535 ao art. 523, que trata do cumprimento definitivo de sentença que reconhece a exigibilidade de obrigação de pagar quantia certa contra particulares, com o que o **regime processual diferenciado** da Fazenda Pública em juízo se mantém.

No que se refere ao procedimento, o art. 534, desenhado no **princípio da inércia**, extrai que o cumprimento se dará mediante provocação do exequente interessado que já deverá apresentar demonstrativo discriminado e atualizado do crédito contendo a identificação do exequente (o nome completo e o número de inscrição no Cadastro de Pessoas Físicas ou no Cadastro Nacional da Pessoa Jurídica) e informações que permitam o exercício do contraditório sobre o valor exigido, a saber: o índice de correção monetária adotado; os juros aplicados e as respectivas taxas; o termo inicial e o termo final dos juros e da correção monetária utilizados; a periodicidade da capitalização dos juros, se for o caso; e especificação dos eventuais descontos obrigatórios realizados.

Se houver **pluralidade de exequentes**, cada um deverá apresentar individualmente o seu próprio demonstrativo, aplicando-se à hipótese, se for o caso, o disposto nos §§ 1º e 2º do art. 113, que dispõem sobre a gestão do litisconsórcio facultativo pelo juízo, na hipótese de ser multitudinário.

O § 2º do art. 534 **exclui** a aplicação da multa prevista no art. 523, § 1º, mostrando-se compatível com o regime constitucional de precatório/RPV, vez que **não** há possibilidade normativa de pagamento imediato da dívida. Aliás, tal entendimento já se encontrava consolidado na jurisprudência[6] quando reconhecia a inaplicabilidade da multa do então art. 475-J do CPC/1973, porém, agora há norma expressa em lei.

---

5   No particular, ensinavam então Ernani Fidelis dos Santos, Nelson Nery Junior e Teresa Arruda Alvim Wambier: "O processo de execução de dívidas pecuniárias contra a Fazenda Pública, entretanto, não foi atingido pelas reformas havidas no Código de Processo Civil. Muito pelo contrário, a estrutura do processo de execução de obrigação de pagar quantia certa, baseada na prévia inclusão da dívida no orçamento futuro da entidade devedora, decorrente de determinação judicial para tanto, e pagamento de acordo com a ordem cronológica de entrada dessa ordem, remonta à Constituição Federal de 1934. Desde então, as Constituições têm repetido o sistema de pagamento de dívidas em dinheiro da Fazenda Pública através desse procedimento" (*Execução Civil. Estudo em homenagem ao Professor Humberto Theodoro Júnior*. São Paulo: RT, 2007. p. 336/337). No mesmo sentido, afirmando não haver cumprimento de sentença para pagar quantia contra a Fazenda Pública: NEVES, Daniel Amorim Assumpção. *Manual de direito processual civil*. 3. ed. Rio de Janeiro: Forense; São Paulo: Método, 2011. p. 1.080; DIDIER JR., Fredie. *Curso de direito processual civil* cit., v. 5, p. 710. Em sentido contrário, afirmando que deveria ser aplicável à Fazenda Pública o cumprimento de sentença: CÂMARA, Alexandre Freitas. *Lições de direito processual civil* cit., 15. ed., v. 2, p. 311. LOURENÇO, Haroldo. *Manual de Direito Processual Civil*. Rio de Janeiro: Forense, 2013. p. 873.

6   Verifique-se: REsp 1.201.255 RJ 2010/0129823-1, 2ª T., rel. Min. Mauro Campbell Marques. "[...] Não há que se falar em incidência da multa de 10% prevista no art. 475-J do CPC em sede de execução contra a Fazenda Pública, visto que não é possível exigir que Fisco pague o débito nos 15 dias de

486 | PROCESSO CIVIL SISTEMATIZADO – *Haroldo Lourenço*

33.4. IMPUGNAÇÃO AO CUMPRIMENTO DE SENTENÇA

A defesa da Fazenda, depois de **intimada pessoalmente** (por carga, remessa ou meio eletrônico) se dará por meio de **impugnação**, nos próprios autos principais (art. 535 do CPC), superando-se em absoluto, nesse ponto, o sistema anterior (art. 730 do CPC/1973), que determinava a citação da Fazenda para opor ação de embargos, contudo, no que se refere ao prazo, mantém-se a alteração que já havia sido realizada pelo art. 1º-B da Lei 9.494/1997, que ampliou de 10 para **30 dias** o prazo para a mencionada ação de defesa.[7]

Não obstante o silêncio do art. 535 do CPC, o exequente deverá ser intimado para se manifestar **por igual prazo**, nos termos do art. 7º do CPC, contudo, cremos que muitos autores afirmarão que, por se tratar de procedimento diferenciado, somente a Fazenda Pública teria prazo de 30 dias, ou seja, a Fazenda Pública apresentaria sua impugnação no prazo de 30 dias, porém os particulares deveriam respondê-la no prazo de 15 dias.

No que toca ao efeito suspensivo da defesa interposta pela Fazenda, que sob a égide do CPC/1973 não era objeto de regra específica, o CPC começou o mesmo erro, o que sempre gerou divergências sobre o tema,[8] existindo doutrina que se inclina a reconhecer um efeito suspensivo automático[9] sendo certo que, por conta da sistemática do precatório não se admitia qualquer tipo de pagamento anterior ao trânsito em julgado (quer no processo principal, quer nos embargos), o que na prática implicava reconhecer efeito suspensivo.

Com o CPC/2015, o art. 535, § 4º, prescreve que, quando a impugnação da Fazenda Pública for parcial, a parte **não** questionada da execução terá **imediato prosseguimento**. O § 3º, por sua vez, diz que, **não** impugnada a execução ou quando rejeitada a impugnação formulada, será expedido o precatório ou a requisição de pequeno valor. Nesse sentido, pode-se extrair que na parte impugnada pela Fazenda

---

que trata o dispositivo *supra*, eis que o pagamento do débito alimentar será realizado na ordem preferencial de precatórios dessa natureza. [...]".

[7] Cumpre registrar que sobre tal alteração há uma discussão sobre a sua constitucionalidade, pois deveria ser aplicado o prazo de 10 dias, previsto originalmente pelo art. 730 do CPC/1973, por afronta à isonomia, visto que na execução fiscal, em que a Fazenda é exequente, o executado tem 30 dias para embargar, contudo, tal tratamento diferenciado se justificaria na circunstância do particular em situação de maior fragilidade, eis que o título executivo da execução fiscal é elaborado por ato unilateral do credor (CDA). Na execução contra a Fazenda, o título seria elaborado pelo Judiciário ou, se extrajudicial, com a participação da devedora: (CÂMARA, 15. ed., v. 2, p. 310-311). De igual modo, tramita no STF uma ADC, na qual se deferiu liminar determinando a suspensão de todos os processos em que se discuta a constitucionalidade do referido prazo (STF, ADC-MC 11/DF, Pleno, rel. Min. Cezar Peluso, j. 28.03.2007). Por fim, há, ainda, que se consignar que o art. 884 da CLT prevê o prazo de cinco dias.

[8] O tema era divergente no próprio STJ, como se observam dos votos dos Ministros Laurita Vaz, MS 6.864/DF e Humberto Martins, Ag Reg REsp 1.275.883/PR.

[9] LUIZ, Daniela. A prerrogativa processual da Fazenda Pública de obter efeito suspensivo automático nos embargos à execução. *Revista Jurídica da Procuradoria Geral do Estado do Paraná*, Curitiba, n. 1, p. 39-52, 2010. Disponível em: http://www.pge.pr.gov.br/arquivos/File/Revista_PGE_2010/03_A_prerrogativa_processual.pdf. Acesso em: 24 abr. 2015. DIDIER JR., Fredie. *Curso de direito processual civil. Execução* cit., 2. ed., v. 5, p. 712. Não reconhecendo a atribuição de efeito suspensivo automático: NEVES, Daniel Amorim Assumpção. *Manual de direito processual civil* cit., 3. ed., p. 1.081; BUENO, Cassio Scarpinella. *Curso sistematizado de direito processual civil 3: tutela jurisdicional executiva* cit., p. 389.

Cap. 33 • CUMPRIMENTO DE SENTENÇA E EXECUÇÃO EXTRAJUDICIAL CONTRA A FAZENDA PÚBLICA | **487**

Pública, a execução será **automaticamente** suspensa, **diversamente** do que se passa nos casos de cumprimento de sentença condenatória ao pagamento de quantia certa contra devedores em geral, o que era chancelado pelo STJ.[10]

Há, ainda, mais um ponto. O art. 535, § 3º, do CPC afirma que **não** sendo impugnada a execução será expedido o precatório ou o RPV, superando a controvérsia que existia se, ainda assim, seria necessária a remessa dos autos ao **contador**. **Majoritariamente**, só haveria remessa ao contador se for manifesto o excesso de execução, do contrário, a não apresentação de impugnação reflete a interpretação de que a Fazenda concorda com o valor apresentado pelo exequente (NEVES, 2011. p. 1.080), contudo, alguns autores sustentavam que sempre seria necessária a remessa ao contador, em nome do interesse público e da indisponibilidade do interesse público versado pela causa (RODRIGUES, 2008. p. 640).

Na impugnação poderão ser alegadas as matérias presentes no art. 535 do CPC e, por se tratar de título judicial, **não** se poderá voltar a discutir o direito já fixado na sentença, sob pena de ofensa à coisa julgada material, havendo, portanto, uma limitação da cognição horizontal (NEVES, 2015. p. 348). O art. 535 se mostra simétrico ao art. 525, em que se mantém a igualdade jurídica nas matérias alegáveis tanto pelo particular, como pela Fazenda Pública, nos seus respectivos cumprimentos de sentença (NEVES, 2015, p. 348).[11]

No inciso I do art. 535 do CPC há a hipótese do denominado **vício transrescisório**, ou seja, o vício de citação que seria alegável até mesmo depois do transcurso do prazo de dois anos da ação rescisória, por meio de uma **ação de** *querella nullitatis* ou em sede **exceção de não executividade**. Trata-se da alegação da denominada *exceptio nullitatis* da sentença (DIDIER JR., 2010. v. 5, p. 372), para o reconhecimento do vício constante na sentença existente, mas inválida.

Observe-se que o legislador enfatiza que tal hipótese somente poderá ser suscitada se o réu **não** comparecer ao processo, pois, do contrário, o seu comparecimento sana o vício citatório (art. 239, § 1º, do CPC), além disso, com a formação da coisa julgada incide a eficácia preclusiva (art. 508 do CPC).

Assim, por exemplo, se a citação da Fazenda Pública no processo de conhecimento for realizada pelos correios, atrelada à revelia (*rectius*, ausência ao processo), ocorrerá uma nulidade que pode ser apresentada na impugnação, por violação ao art. 247, III, do CPC. Por óbvio, se houver comparecimento espontâneo não haverá **prejuízo**, gerando, na verdade, a convalidação do ato de citação, já que a finalidade do ato foi atingida (art. 277 do CPC).

Admite-se, ainda, a alegação de ilegitimidade de parte (inciso II do art. 535 do CPC), condição da ação disposta no art. 485, VI, do CPC.

No inciso III do art. 535 do CPC há a hipótese da "inexequibilidade do título ou inexigibilidade da obrigação". Primeiro ponto a se ressaltar foi a mudança redacional, onde se substituiu a expressão "inexigibilidade do título" por inexequibilidade, gerada por um vício constante do título, bem como deixou claro que também é possível se

---

[10] STJ, AgRg nos EDcl no REsp 1.497.627/PR, 2ª T., rel. Min. Humberto Martins, j. 14.04.2015.

[11] Afirmando que a repetição se mostra inútil, pois bastaria uma remissão genérica determinando a aplicação do art. 525 do CPC/2015.

488 | PROCESSO CIVIL SISTEMATIZADO – *Haroldo Lourenço*

alegar a inexigibilidade da obrigação constante do título (DIDIER JR., 2010. v. 5, p. 375; LOURENÇO, 2013. p. 859).

A técnica legislativa é digna de nota. Realmente o que o legislador sempre previu foi uma hipótese de inexequibilidade do próprio título, bem como agora deixa claro que título e obrigação são institutos que **não** se confundem. É possível se ter um título totalmente válido, contudo a sua obrigação **não** possui mais exigibilidade (art. 786 do CPC) pois, por exemplo, simplesmente, já ocorreu o pagamento.

O § 5º do art. 535 do CPC afirma que se considera inexigível a obrigação reconhecida em título executivo judicial fundado em lei ou ato normativo considerado inconstitucional pelo STF, ou fundado em aplicação ou interpretação da lei ou do ato normativo tido pelo STF como incompatível com a Constituição Federal, em controle de constitucionalidade concentrado ou difuso, informando o § 6º que os efeitos da decisão do STF poderão ser modulados no tempo, de modo a favorecer a segurança jurídica.

Sobre tal modulação, cumpre registrar o Enunciado 176 do FPPC (Fórum Permanente de Processualistas Cíveis), em que se afirma que compete exclusivamente ao STF modular os efeitos da decisão prevista no § 13 do art. 525, o qual merece aplicação para o art. 535, § 6º, do CPC/2015.

O mencionado dispositivo consagra a denominada **coisa julgada inconstitucional**. Tem-se, a rigor, uma hipótese de **rescisória de sentenças inconstitucionais**, sem a necessidade de observância do prazo bienal, bem como sem ser da competência originária de um tribunal, tampouco a propositura de uma ação autônoma (DIDIER JR., 2010. v. 5, p. 375; ZAVASCKI, 2005. p. 81-82).

Nesse sentido, cumpre consignar o Enunciado 58 do FPPC, que afirma que tais decisões de inconstitucionalidade devem ser proferidas pelo **Plenário** do STF.

O § 7º do art. 535 afirma que a decisão do STF referida no § 5º deve ter sido proferida **anteriormente** ao trânsito em julgado da decisão exequenda, consagrando o que já era afirmado pela doutrina (LOURENÇO, 2013. p. 876) e pela jurisprudência (Súmula 487 do STJ), evitando-se, que decisões posteriores tenham o condão de desfazer a coisa julgada material, violando a segurança jurídica preconizada pelo art. 5º, XXXVI, da CR/1988.

Primando pela clareza, afirma o § 8º do art. 535 que se a decisão do STF (prevista no § 5º) tiver sido proferida após o trânsito em julgado da decisão exequenda, caberá **ação rescisória**, cujo prazo (art. 975 do CPC) será contado do trânsito em julgado da decisão proferida pelo STF, fortalecendo o papel do STF como corte constitucional.

Esse, inclusive, já vinha sendo a interpretação realizada pelo STF para os casos de violação à Constituição, afirmando que se os tribunais divergiam sobre a interpretação constitucional, caberia rescisória para fazer prevalecer o entendimento da corte suprema. Assim, a jurisprudência já havia criado uma hipótese de *distinguishing* ao Enunciado 343 do STF, pois deixou de ter incidência em matéria constitucional, passando a **rescisória** a ser um instrumento de controle de constitucionalidade,[12] agora com previsão expressa em lei.

---

[12] STF, RE 328.812 ED/AM, Pleno, rel. Gilmar Mendes, j. 06.03.2008.

Cap. 33 · CUMPRIMENTO DE SENTENÇA E EXECUÇÃO EXTRAJUDICIAL CONTRA A FAZENDA PÚBLICA | 489

Para se evitar um tratamento diferenciado, tal regra é repetida no art. 525, § 15, onde, de igual modo, se admite o manejo da ação rescisória para a mencionada hipótese pelo particular.

O inciso IV do art. 535 permite a alegação de "excesso de execução ou cumulação indevida de execuções" e, nessas hipóteses, cumpre se observar os arts. 535, § 2º, c/c 917, § 2º, do CPC, em que se afirma que se houver a alegação de que o exequente, em excesso de execução, pleiteia quantia superior à resultante do título, caberá à executada/impugnante **informar de imediato o valor que entende correto**, sob pena de não conhecimento da arguição, denominada de *exceptio declinatoria quanti*, que já era exigível para a Fazenda Pública, segundo o STJ,[13] por refletir o princípio da cooperação (art. 6º do CPC).

No que se refere à cumulação indevida de execuções, deve ser observado o disposto no art. 780 do CPC, que define tal instituto.

O inciso V do art. 535 permite a alegação de **incompetência absoluta ou relativa** do juízo da execução na impugnação manejada pela Fazenda Pública, demonstrando uma sintonia com os arts. 337, II, 525, VI e 917, V, do CPC, eis que tanto a incompetência absoluta, como a relativa serão alegáveis sempre de maneira incidental, não havendo mais exceção de incompetência.

De igual modo, para a alegação de incompetência na execução deverá ser observado o art. 516 do CPC, o qual estabelece as regras de competência no cumprimento de sentença.

Por fim, o inciso VI do art. 535 permite que a Fazenda Pública suscite qualquer causa modificativa ou extintiva da obrigação, como pagamento, novação, compensação, transação ou prescrição, desde que **supervenientes** ao trânsito em julgado da sentença, contudo, substituindo a expressão "sentença" por "trânsito em julgado", o que já se afirmava em sede doutrinária, bem como, saliente-se, ser um rol **exemplificativo**, admitindo a alegação de, por exemplo, renúncia ao crédito, remissão, confusão etc (NEVES, 2011. p. 1.123; LOURENÇO, 2013. p. 560).

Recorde-se aqui que a impugnação **não** tem, em regra, efeitos rescisórios, razão pela qual o legislador enumera as hipóteses de defesa e marca a superveniência das causas modificativas e extintivas da obrigação à sentença.

Há regra expressa no que diz respeito à alegação de impedimento ou suspeição (art. 535, § 1º), remetendo-se a disciplina ao disposto nos arts. 146 e 148, a saber: por petição específica, a ser protocolada em 15 dias da data da ciência do fato que supostamente atinge a imparcialidade do juiz.

Alegada a suspeição ou impedimento não haverá suspensão da execução, eis que o efeito suspensivo *ex lege* **não** pode ser presumido, pelo contrário, o art. 146, § 2º, afirma que *"distribuído o incidente, o relator deverá declarar os seus efeitos"*, o que deixa claro se tratar de um **efeito suspensivo** *ope iudicis*, sendo ratificado pelo § 3º do mesmo artigo, que afirma que *"enquanto não for declarado o efeito em que é recebido o incidente"*.

---

[13] STJ, REsp 1.085.948/RS, 6ª T., rel. Min. Maria Thereza de Assis Moura, j. 16.06.2009.

490 | PROCESSO CIVIL SISTEMATIZADO – *Haroldo Lourenço*

33.5. DA EXPEDIÇÃO DO PRECATÓRIO

O § 3º do art. 535 trata do efetivo pagamento da quantia fixada no título executivo judicial que tem por pressuposto a não impugnação da execução pela Fazenda ou a rejeição da defesa deduzida pela executada.

O inciso I determina que se expedirá, por intermédio do **presidente do tribunal competente**, precatório em favor do exequente, observando-se o disposto na Constituição Federal, em cumprimento ao já mencionado art. 100.

A responsabilidade, portanto, pelo processamento do precatório é do Presidente do Tribunal, praticando, nesse sentido, atos de **natureza administrativa**, como se extrai das Súmulas 311 do STJ e 733 do STF, ou seja, não estão sujeitos a recurso especial ou extraordinário posto que não são atos jurisdicionais,[14] devendo ser solucionadas no juízo da execução. Quando muito, tais atos estão sujeitos a agravo regimental, se previstos no **regimento interno**, de igual modo, como ato administrativo, é possível a impetração de **mandado de segurança** (DIDIER JR., 2010. v. 5, p. 714-720), observado o prazo decadencial.

Por sua vez, o inciso II do § 3º do art. 535 estabelece que por ordem do juiz da causa, dirigida à autoridade, na pessoa de quem o ente público foi citado para o processo, o pagamento de obrigação de pequeno valor – RPV – será realizado no prazo de dois meses, contado da entrega da requisição, mediante depósito na agência de banco oficial mais próxima da residência do exequente.

Tais previsões eram encontradas no art. 17 da Lei 10.259/2001, tendo sido, posteriormente, mais bem organizadas pelo art. 13 da Lei 12.153/2009.

Percebe-se, assim, um esforço do legislador em uniformizar essa questão. No caso da Justiça Federal, por exemplo, a questão está disciplinada na Resolução 168/2011 do Conselho da Justiça Federal, que já determina o prazo de 60 dias para o pagamento, cabendo ao juiz expedir ofício requisitório ao presidente do tribunal regional federal correspondente, que tomará as providências necessárias para o eventual pagamento.

33.6. EXECUÇÃO EXTRAJUDICIAL PARA O PAGAMENTO DE QUANTIA CERTA

No que se refere à execução baseada em título extrajudicial contra a Fazenda Pública, há o art. 910 do CPC, de maneira mais organizada, que regulamenta expressamente o seu cabimento, o que já era admitido pela Súmula 279 do STJ (CÂMARA, 2008. v. 2, p. 309), afirmando que a mesma será **citada**, para no **prazo de 30 dias**, opor **embargos**, **não** havendo que se falar em prazo em dobro, por força do art. 183, § 2º, do CPC/2015.

O previsto no artigo em comento é para o pagamento de quantia certa, eis que se a obrigação for de **fazer, não fazer ou entregar** coisa diversa de dinheiro, os procedimentos são os respectivos (arts. 814 a 826 do CPC), **inexistente** qualquer regra diferenciada para a Fazenda Pública, à falta de exigência constitucional para tais obrigações (BUENO, 2015. p. 554).

---

[14] STF, AgRRe 213.696/SP, Pleno, rel. Min. Carlos Velloso, j. 26.11.1997; STJ, Ag 288.539/SP, 6ª T., rel. Min. Fernando Gonçalves, j. 06.06.2000.

Cap. 33 · CUMPRIMENTO DE SENTENÇA E EXECUÇÃO EXTRAJUDICIAL CONTRA A FAZENDA PÚBLICA | 491

De igual modo, afirma o § 1º do art. 910 do CPC que, não opostos os mencionados embargos, ou transitada em julgado a decisão que os rejeitar, expedir-se-á precatório ou requisição de pequeno valor em favor do exequente, observando-se o disposto no art. 100 da Constituição Federal.

Por se tratar de execução extrajudicial contra a Fazenda Pública onde, portanto, **não** houve um processo de conhecimento anterior, o § 2º do art. 910 do CPC afirma que a Fazenda Pública poderá alegar **qualquer matéria** que lhe seria lícito deduzir como defesa no processo de conhecimento, o que já era ratificado pela doutrina (DIDIER JR., 2010. p. 709).

Afirma o § 3º do art. 910 do CPC que se aplica, no que couber, o disposto nos arts. 534 e 535, ou seja, as normas inerentes ao cumprimento de sentença nas obrigações de pagar contra a Fazenda Pública.

Nesse sentido, cremos ser aplicável à execução extrajudicial contra a Fazenda o previsto nos §§ 1º a 4º do art. 535, sendo **incompatível** os demais parágrafos, por tratarem de hipóteses específicas inerentes aos títulos judiciais, em que se admite a "revisão" da coisa julgada, sempre que fundada em decisão declarada inconstitucional pelo STF.

No que se refere ao art. 534, o mesmo se mostra **compatível**, devendo ser aplicado à execução extrajudicial na sua inteireza, inclusive no que refere à impossibilidade de se aplicar a multa prevista no art. 523, § 2º.

Da decisão dos embargos será admissível a interposição de **apelação**, a qual possuirá duplo efeito (art. 1.012).

Na hipótese de os embargos debaterem parcialmente o objeto da execução, será admissível a expedição do precatório da parte incontroversa, como se extrai do art. 919, § 3º, do CPC/2015, bem como da jurisprudência.[15]

Na hipótese da rejeição dos referidos embargos, controvertem doutrina e jurisprudência sobre a necessidade de reexame necessário: **Majoritariamente**, somente haveria necessidade de reexame necessário na hipótese de acolhimento dos embargos na execução fiscal, como determina o art. 496, II, do CPC/2015; nos embargos manejados pela Fazenda Pública, não haveria reexame (DIDIER JR., 2010. v. 5, p. 711).[16] Havendo rejeição dos embargos manejados pela Fazenda Pública, seria necessário reexame (CÂMARA, 2008. v. 2, p. 310).

33.7. PERÍODO DE APRESENTAÇÃO E REGIME DE PAGAMENTO

De acordo com o art. 100 da CF, é obrigatória a inclusão no orçamento das entidades de direito público de verba necessária ao pagamento de seus débitos, oriundos de sentenças transitadas em julgado, constantes de precatórios judiciários apresentados **até 1º de julho**, fazendo-se o pagamento **até o final do exercício seguinte**, quando terão seus valores atualizados monetariamente.

---

[15] STJ, REsp 714.235/RS, 6ª T., rel. Min. Hamilton Carvalhido, j. 24.02.2005.
[16] STJ, REsp 504.580/SC, 1ª T., rel. Min. José Delgado, j. 15.04.2003.

492 | PROCESSO CIVIL SISTEMATIZADO – *Haroldo Lourenço*

Nesse sentido, cumpre ressaltar que os precatórios devem ser pagos já com o seu valor atualizado, **não** havendo expedição de precatório suplementar ou complementar para a atualização do valor do precatório que foi pago.

Na dicção da Súmula Vinculante 17 do STF, durante o período acima **não** incidem juros de mora sobre os precatórios que nele sejam pagos.[17]

Entretanto, caso haja atraso no pagamento, será devido o pagamento de juros moratórios, devendo ser expedido no precatório para tanto, pois **não** se pode agregar valores em precatório já inscrito. A expedição de precatório complementar **não** exige ajuizamento de nova execução contra a Fazenda, sendo, inclusive, dispensável nova citação, pois é a mesma execução, bastando intimação da Fazenda sobre os **cálculos** apresentados,[18] sendo aplicáveis os índices inerentes à caderneta de poupança.

Como é cediço, nos termos do art. 34, V, "a", e do art. 35, I, da CR/1988, a União pode intervir nos Estados, bem como os Estados podem, por sua vez, intervir nos Municípios, por deixarem de pagar, por mais de dois anos, dívidas fundadas. Entretanto, o **STF** entende que **somente** se admite intervenção se o inadimplemento for voluntário e intencional, ou seja, se faz necessário uma atuação dolosa por parte do ente público.[19]

33.8. SEQUESTRO

O art. 100 da CR/1988 refere-se ao sequestro, medida executiva que pode ser deferida pelo Presidente do Tribunal, excepcionando-se a impenhorabilidade dos bens públicos.

Com o sequestro, que a rigor é um **arresto sem** natureza cautelar, pois tem natureza satisfativa e executiva (DIDIER JR., 2010. v. 5, p. 724; CÂMARA, 2008. v. 2, p. 313), o Presidente do Tribunal bloqueia valores da pessoa jurídica pública, ostentando tal medida natureza administrativa, não cabendo recurso extraordinário ou especial; no máximo, caberia um mandado de segurança por parte do interessado, a ser julgado pelo colegiado do próprio tribunal e, sendo negada a ordem, caberá recurso ordinário constitucional ao STJ.[20] Alguns tribunais preveem agravo regimental, sendo dessa decisão cabível mandado de segurança e, sendo denegado, recurso ordinário constitucional ao STJ.

O legitimado ativo para requerer o sequestro é a pessoa que sofreu o prejuízo. Discute-se quem será o legitimado passivo:

(i) Há quem sustente que tal medida deve ser direcionada à Fazenda Pública, incidindo sobre as verbas públicas, abrindo-se exceção à impenhorabilidade dos bens públicos (SILVA, 1998. v. 2, p. 116);

---

[17] Informativo 481: STJ, AgRg no REsp 1.240.532/RS, 1ª T., rel. Min. Arnaldo Esteves Lima, j. 18.08.2011. Precedentes citados: AgRg no REsp 1.153.439-SP, *DJe* 29.06.2010; REsp 1.188.749-SP, *DJe* 21.05.2010.

[18] Informativo 453: STJ, REsp 1.189.792/SP, 2ª T., rel. Min. Mauro Campbell, j. 26.10.2010. Precedentes citados: AgRg no REsp 970.328/SP, *DJe* 17.03.2009; AgRg no AgRg no REsp 921.562/SP, *DJe* 08.06.2008; REsp 752.769/SP, *DJ* 30.11.2007; AgRg no Ag 825.820/SP, *DJ* 22.10.2007; REsp 354.357/RS, *DJ* 26.05.2003.

[19] STF, IF 4.663 AgR/MG, Pleno, rel. Min. Ellen Gracie, j. 06.03.2008.

[20] Informativo 473: STJ, RMS 32.592/PB, 1ª T., rel. Min. Benedito Gonçalves, j. 19.05.2011. Precedente citado: RMS 32.806/SP, *DJe* 03.03.2011.

Cap. 33 · CUMPRIMENTO DE SENTENÇA E EXECUÇÃO EXTRAJUDICIAL CONTRA A FAZENDA PÚBLICA | 493

(ii) Noutro giro, deve incidir sobre o patrimônio do credor que recebeu antes do momento adequado, não se atingindo o patrimônio público (BARBOSA MOREIRA, 2008. p. 272; CÂMARA, 2008. v. 2, p. 313-314);

(iii) Por fim, há quem sustente que deve haver um litisconsórcio entre a Fazenda e o credor fura-fila (ASSIS, 2002. p. 701).

Além da vedação à expedição de precatórios complementares ou suplementares de valor pago, é vedado o fracionamento, a repartição ou a quebra do valor da execução para fins de enquadramento como sendo de pequeno valor, eis que o RPV geralmente é pago entre 60 e 90 dias.

33.9. HONORÁRIOS ADVOCATÍCIOS

Por fim, o art. 85, § 7º, do CPC/2015 afirma que **não** serão devidos honorários no cumprimento de sentença contra a Fazenda Pública que enseje expedição de precatório, desde que não tenha sido impugnada.

No entanto, tratando-se de execução extrajudicial, deve ser aplicado o art. 85, § 1º, havendo incidência de honorários advocatícios nas execuções, resistidas ou não, o que é ratificado pelo Enunciado 240 do FPPC.[21]

Por outro lado, o art. 1º-D da Lei 9.494/1997 afirma que não serão devidos honorários advocatícios pela Fazenda Pública nas execuções não embargadas, restando, somente, os honorários fixados no processo de conhecimento.

A constitucionalidade de tal dispositivo foi questionada no STF,[22] que afirmou, interpretando conforme a Constituição, que se o débito for pago mediante precatório que se aplica o dispositivo, de modo que **não** embargada a execução, **não** haverá a incidência de verba honorária, pois não é dado à Fazenda cumprir voluntariamente a obrigação, devendo a execução seguir o rito do precatório. Esse parecer ter sido o entendimento adotado pelo CPC/2015.

Assim, se o débito for pago mediante requisição de pequeno valor, a interpretação conforme a Constituição indicou que, mesmo **não** embargada a execução, haverá incidência de verba honorária.

Ocorre que o STJ expediu a Súmula 345, afirmando que são devidos honorários advocatícios pela Fazenda Pública nas execuções individuais de sentença proferida em ações coletivas, ainda que não embargadas. Nesse sentido, havendo sentença proferida em ação coletiva, com uma condenação genérica, cujos titulares procederão posteriormente à devida liquidação e execução individuais, mesmo que não embargadas, haverá a incidência de verba honorária. Nesse ponto, parecer estar superado tal Enunciado pelo art. 85, § 7º, do CPC.

---

[21] São devidos honorários nas execuções fundadas em título executivo extrajudicial contra a Fazenda Pública, a serem arbitrados na forma do § 3º do art. 85.

[22] STF, RE 420.816 ED/PR, Pleno, rel. Min. Sepúlveda Pertence, j. 21.03.2007.

34

DO CUMPRIMENTO DE SENTENÇA E DA EXECUÇÃO EXTRAJUDICIAL DE ALIMENTOS

34.1. NOÇÕES GERAIS

A execução de alimentos é uma execução para pagar quantia certa, todavia, possui um procedimento diferenciado em razão da própria necessidade do alimentado, sendo possível a constrição de bens, penhora de salário com desconto em folha de pagamento e, ainda, a própria prisão do executado, na hipótese permitida pela legislação (art. 528 a 533 do CPC/2015, tratando do cumprimento de sentença que reconheça a exigibilidade de obrigação de prestar alimentos, e 911 a 913 do CPC/2015, que trata da execução de alimentos fundada em título extrajudicial c/c art. 5º, inciso LXVII, da CF/1988), ou seja, em caso de inadimplemento voluntário e inescusável do devedor.

Entende o STJ que a genitora do alimentando **não** pode prosseguir na execução de alimentos, em nome próprio, a fim de perceber os valores referentes aos débitos alimentares vencidos, após a transferência da titularidade da guarda do menor ao executado, com a respectiva exoneração. Por outro lado, para evitar que o alimentante, a despeito de inadimplente, se beneficie com a extinção da obrigação alimentar, o que poderia acarretar enriquecimento sem causa, a genitora poderá, por meio de ação própria, obter o ressarcimento dos gastos despendidos no cuidado do alimentando, durante o período de inadimplência do obrigado, nos termos do que preconiza o art. 871 do Código Civil.[1]

34.2. ESPÉCIES DE OBRIGAÇÕES ALIMENTÍCIAS

Inicialmente, cogita-se em **alimentos provisórios**, que são os fixados no início do processo em que se objetiva o recebimento de alimentos, tendo fundamento no art. 4º da Lei 5.478/1968, ostentando natureza jurídica de tutela antecipada.

Classificam-se de **alimentos definitivos** os fixados por meio de sentença judicial com trânsito em julgado proferida em ação de alimentos. Há, ainda, os **alimentos**

---

[1] STJ, REsp 1.771.258/SP, 3ª T., rel. Min. Marco Aurélio Bellizze, por unanimidade, j. 06.08.2019, *DJe* 14.08.2019.

496 | PROCESSO CIVIL SISTEMATIZADO – *Haroldo Lourenço*

convencionais, fixados por vontade das partes, como, por exemplo, em legado (art. 1.928, parágrafo único, do CC/2002) e os **alimentos decorrentes de atos ilícitos**, oriundos de responsabilidade civil, como se extrai dos arts. 948, II, e 950 do CC c/c art. 533 do CPC/2015.

34.3. COMPETÊNCIA. EXECUÇÃO ITINERANTE

A competência para a execução alimentícia encontra previsão no art. 53, II, do CPC/2015, devendo **prevalecer** sobre a regra do inciso II, do art. 46 do CPC (NERY JR.; NERY, 2007. p. 759-761).

O próprio legislador já se manifestou no sentido de flexibilizar a regra de que a execução deve correr necessariamente no juízo da sentença, como se nota no parágrafo único do art. 516 e como prevê o § 9° do art. 528 do CPC/2015. Destarte, a **ação de conhecimento**, onde se postula alimentos, será promovida no **domicílio ou residência do alimentando** (art. 53, II, do CPC/2015), já a execução de alimentos poderá ser realizada no **juízo sentenciante** (art. 516, II), bem como poderá ser no **atual domicílio do executado** ou no **juízo do local onde se encontrem os bens sujeitos à execução**, o que já era ratificado pelo STJ.[2]

Não faria sentido a interpretação que resultasse na conclusão de que, logo no momento de executar a sentença, não pudesse o alimentado, agora residindo em outra comarca, valer-se da regra que lhe beneficia.[3] A execução de alimentos é **itinerante** (DIDIER JR., 2010. v. 5, p. 226).

34.4. LEGITIMIDADE ATIVA DO MINISTÉRIO PÚBLICO

No que se refere à legitimidade ativa na execução de alimentos, vigora a regra geral do art. 778, § 1°, I, do CPC/2015, ou seja, será o credor aquele a quem a lei confere título executivo, sendo, geralmente, um absolutamente ou relativamente incapaz.

Há, ainda, legitimidade ativa para o Ministério Público para a promoção de execução de alimentos, nas hipóteses do art. 201, III, da Lei 8.069/1990, coincidindo com o art. 778, § 1°, I, do CPC/2015.

34.5. PROCEDIMENTO

Havendo um título executivo judicial que estabeleça uma obrigação de alimentos, seja uma **interlocutória ou uma sentença**, caberá ao exequente realizá-la por meio de **prisão civil** (art. 528, §§ 3° ao 7°) ou pelo **cumprimento de sentença tradicional** (art. 523 a 527, na forma do art. 528, § 8°).

Assim, o executado será intimado, a requerimento do exequente para, **em três dias úteis, na forma do art. 231 do CPC**[4]: (i) pagar o débito; (ii) provar que o fez

---

[2] STJ, CC 2.933/DF, 2ª S., rel. Min. Waldemar Zveiter, j. 28.10.1992.

[3] Nesse sentido, STJ, 3ª T., REsp 436.251/MG, rel. Min. Antonio de Pádua Ribeiro, j. 21.06.2005.

[4] Enunciado 146 do II CJF: "O prazo de 3 (três) dias previsto pelo art. 528 do CPC conta-se em dias úteis e na forma dos incisos do art. 231 do CPC, não se aplicando seu § 3°".

Cap. 34 · DO CUMPRIMENTO DE SENTENÇA E DA EXECUÇÃO EXTRAJUDICIAL DE ALIMENTOS | **497**

ou (iii) justificar a impossibilidade de efetuá-lo, devendo tal impossibilidade ser absoluta (art. 528, § 2º).

Atualmente, o desemprego, por si só, **não** é causa que justifique o não pagamento, devendo ser apresentada as justificativas, postular a produção de provas e requerer a designação de audiência para tal justificação.[5]

A alegação de impossibilidade de pagamento destituída de provas, baseada apenas na existência de ação de revisão ou exoneração de alimentos, não constitui motivo apto a exonerar o devedor.[6]

34.6. TÉCNICAS EXECUTIVAS DIFERENCIADAS

Não cumprida nenhuma das opções do art. 528 do CPC/2015, o juiz mandará **protestar** o pronunciamento judicial, aplicando-se, no que couber, o disposto no art. 517, além de decretar-lhe a **prisão** (sobre prisão civil, vide item 23.3.1 desta obra).

Além do protesto, o art. 529 autoriza o **desconto em folha de pagamento**, caso o executado seja funcionário público, militar, diretor ou gerente de empresa ou empregado sujeito à legislação do trabalho, o que poderá ser utilizado concomitantemente a eventual penhora dos bens do executado.[7]

Sem prejuízo do pagamento dos alimentos vincendos, o **débito já vencido** objeto da execução, pode ser descontado dos rendimentos ou rendas do executado (art. 833, IV, *in fine* e § 2º, do CPC/2015) de forma parcelada, nos termos do art. 529, contanto que, somado à parcela devida, **não** ultrapasse cinquenta por cento de seus ganhos líquidos.

Há, ainda, outra forma de se assegurar o cumprimento de obrigação alimentícia, segundo a qual o devedor disponibiliza **vultosa quantia**, para que seja, aos poucos, liberada ao credor.

Não obstante o legislador referir-se somente a alimentos decorrentes de atos ilícitos, aplica-se a todas as obrigações alimentícias, havendo, inclusive, quem sustente sua aplicabilidade a qualquer obrigação (MEDINA, 2008. p. 265).

Aplicando-se a menor onerosidade, pois a constituição de capital pode ocasionar, por exemplo, um desfalque patrimonial muito forte na pessoa jurídica, tem se aplicado o previsto no art. 533, § 2º, do CPC/2015, que é a inclusão do credor na folha de pagamento do devedor. Contudo, a Súmula 313 do STJ, com base na realidade econômica do país e das empresas, afirma que, em ação de indenização, procedente o pedido, é necessária a constituição de capital ou caução fidejussória para a garantia do pagamento da pensão, independentemente da situação financeira do demandado, entendimento com o qual tem concordado a doutrina (DIDIER JR., 2010. v. 5, p. 707).

Admite-se, ainda, constituição de capital sobre imóvel (garantia real), mesmo que o bem seja impenhorável, diante do disposto no art. 3º, III, da Lei 8.009/1990, com redação dada pela Lei 13.144/2015 ("III – pelo credor da pensão alimentícia,

---

5   Reconhecendo nulidade em sua não designação: STJ, RHC 17.116/RS, 4ª T., rel. Min. Barros Monteiro, j. 17.03.2005.

6   STJ, AgRg no EDcl no REsp 1.005.597/DF, 3ª T., rel. Min. Sidnei Beneti, j. 16.10.2008.

7   STJ, REsp 1.733.697/RS, 3ª T., rel. Min. Nancy Andrighi, j. 11.12.2018.

498 | PROCESSO CIVIL SISTEMATIZADO – *Haroldo Lourenço*

resguardados os direitos, sobre o bem, do seu coproprietário que, com o devedor, integre união estável ou conjugal, observadas as hipóteses em que ambos responderão pela dívida;"), como já afirmou o STJ.[8]

34.7. EXECUÇÃO EXTRAJUDICIAL

Já se controverteu sobre a admissibilidade de execução de alimentos com base em título extrajudicial e, ainda, sendo esta admitido, se seria possível cogitar-se em prisão civil. Como se observa do art. 911, venceu a tese da admissibilidade, que era adotada pelo STJ, que admite, inclusive, prisão,[9] pois a possibilidade de prisão resulta da natureza da obrigação a ser cumprida, não do título executivo (DIDIER JR., 2010. v. 5, p. 695; BUENO, 2008. p. 361), estando previsto no art. 19 da LA, que afirma a possibilidade de execução de alimentos convencionais prevendo a prisão (BARBOSA MOREIRA, 2008. p. 274), além do art. 13 da Lei 10.741/2003.

Observe-se que a possibilidade de prisão civil foi adotada pelo CPC/2015, eis que o art. 911, parágrafo único, nos remete ao art. 528, §§ 2º a 7º, os quais regulamentam a prisão civil.

Em tais execuções o juiz mandará citar o executado para, em **três dias**, efetuar o (i) **pagamento** das parcelas anteriores ao início da execução e das que se vencerem no seu curso, (ii) **provar que o fez** ou (iii) **justificar a impossibilidade de fazê-lo**.

Quando o executado for funcionário público, militar, diretor ou gerente de empresa, bem como empregado sujeito à legislação do trabalho, o exequente poderá requerer o **desconto em folha de pagamento de pessoal** da importância da prestação alimentícia.

Ao despachar a inicial, o juiz oficiará à autoridade, à empresa ou ao empregador, determinando, sob pena de crime de desobediência, o desconto a partir da primeira remuneração posterior do executado, a contar do protocolo do ofício, que conterá os nomes e o número de inscrição no Cadastro de Pessoas Físicas do exequente e do executado, a importância a ser descontada mensalmente, a conta na qual deve ser feito o depósito e, se for o caso, o tempo de sua duração (art. 912, §§ 1º e 2º).

Não requerida a execução extrajudicial de obrigação de alimentos, observar-se-á o disposto nos arts. 824 e seguintes, que regulamentam a expropriação de bens, com a ressalva de que, recaindo a penhora em dinheiro, a concessão de efeito suspensivo aos embargos à execução não obsta a que o exequente levante mensalmente a importância da prestação (art. 913).

34.8. MECANISMOS DE DEFESA DO EXECUTADO

A execução de obrigação de alimentos, no que se refere às defesas, em nada irá variar em relação às demais defesas. Sendo judicial será admissível **impugnação** (art. 528, § 8º), sendo extrajudicial, será admissível **embargo** (art. 913), os quais **não** terão

---

[8] STJ, 3ª T., REsp 374.332/RJ, rel. Min. Carlos Alberto Menezes Direito, j. 29.11.2003.

[9] Informativo 435. STJ, REsp 1.117.639/MG, rel. Min. Massami Uyeda, j. 20.05.2010.

Cap. 34 · DO CUMPRIMENTO DE SENTENÇA E DA EXECUÇÃO EXTRAJUDICIAL DE ALIMENTOS | **499**

efeito suspensivo *ope legis* e, sendo atribuído tal efeito pelo juízo, não irá impedir que o exequente levante mensalmente a importância da prestação.

Muito comum a utilização da ação de ***habeas corpus*** contra o decreto prisional, que será julgado por um dos órgãos fracionários do Tribunal que exerça a competência cível. De igual modo, admite-se o manejo de **agravo de instrumento** do decreto prisional, com o requerimento de efeito suspensivo na forma do art. 1.012, § 4º, do CPC/2015 (BUENO, 2008. p. 372).

35
DOS PROCESSOS NOS TRIBUNAIS

Todo o Livro III da Parte Especial do CPC regula os processos nos tribunais, onde serão tratados temas de suma importância.

Um dos pontos mais importantes a serem analisados no Direito Brasileiro é a construção de um sistema de precedentes, ou de padrões decisórios, dentro dos quais se inserem inúmeros temas, como os denominados precedentes vinculantes, quando o relator poderá decidir *ad referendum* do colegiado, entre outros.

Há, ainda, a análise de institutos inéditos, como o incidente de assunção de competência e de resolução de demandas repetitivas.

Por fim, são analisados, ainda, temas não tão inéditos, mas de suma importância, como a ação rescisória, a teoria geral dos recursos e os recursos em espécie.

36

SISTEMA BRASILEIRO DE PRECEDENTES

36.1. NOÇÕES GERAIS

No Brasil, sempre se afirmou que a lei é fonte primária do direito, com fundamento no positivismo jurídico, abordado no primeiro capítulo desta obra. A partir de tais influências, construiu-se um sistema todo baseado na lei, conhecido como ***civil law***. Há, contudo, nos países de origem anglo-saxônica (Inglaterra, América do Norte, principalmente nos EUA etc.) uma visão muito bem desenvolvida dos precedentes judiciais, o denominado sistema do ***common law***, informado pela teoria do ***stare decisis***, termo de origem latina (*stare decisis et non quieta movere*), que significa mantenha-se a decisão e não se moleste o que foi decidido (DIDIER JR., 2010. v. 5, p. 389).

Houve uma época em que muito se criticava o sistema do *common law*, por ser um sistema jurídico diferente, sobre o papel do juiz e da jurisdição, no qual este criaria o direito e o legislativo não ocuparia o seu espaço (MARINONI, 2011).

Após todo esse longo processo evolutivo, do ponto de vista normativo, o CPC/15 buscou gerar um **sistema de precedentes brasileiro**, mesmo sendo o Brasil vinculado historicamente à tradição romano-germânica, em muito tem se aproximado do *common law*, porém, a rigor, tem-se construído um sistema próprio (**híbrido**), adaptado às características de um ordenamento de *civil law*.

Há, no Brasil, mais um sistema de **padronização das decisões**, do que um sistema de precedentes.

Interessante ressaltar, por exemplo, uma diferença significativa entre os precedentes no sistema da *civil law* e no sistema da *common law*, pois no primeiro o precedente já **nasce** para ser vinculante, diferente da segunda hipótese, na qual somente se torna vinculante quando é **utilizado** pelo juiz do caso seguinte.

Decidir com precedentes, sejam vinculantes ou não, persuasivos ou argumentativos, é assegurar os princípios da **isonomia**, dando respostas jurídicas iguais, além da **segurança jurídica**, conferindo previsibilidade às decisões judiciais, e, em tese, reduzir o acervo de processo e solucionar mais facilmente casos repetitivos e, ainda, firmar teses jurídicas que podem ser utilizadas em casos análogos.

Por fim, **não** se admite que as partes negociem para não ser aplicado pelo juízo de um determinado precedente, pois ofenderia o modelo constitucional de processo.

36.2. NORMA JURÍDICA GERAL E INDIVIDUALIZADA

Quando na decisão judicial existirem vários capítulos, haverá normas gerais e individualizadas.

A norma geral, constante da fundamentação (art. 504 do CPC), é a norma identificada a partir de um caso concreto, isto é, um problema concreto e, diante disso, busca-se a solução geral prevista pelo legislador. A norma geral, que está na fundamentação da decisão e que foi construída pelo juiz a partir de um caso concreto, chama-se **precedente.**

Ao se afirmar que já há um precedente, está-se afirmando que há uma norma geral já identificada por outro magistrado como aplicável ao caso concreto. O precedente **não** é formado pela norma jurídica individualizada, mas pela **norma geral**, construída por outro juiz ou Tribunal diante de um caso concreto.

Esse é o ponto principal. Justamente por ser uma norma geral que se mostra interessante aplicá-la para a hipótese em discussão. Nesse sentido, o precedente somente pode ser utilizado na fundamentação de outra decisão, pois o Judiciário soluciona conflitos concretos, diferentemente do Legislador que busca solucionar problemas abstratos.

Vejamos o entendimento do STF que afirma que todo parlamentar que trocar de partido perderá o mandato (norma geral), tendo João trocado de partido, perderá o mandato (norma individualizada).

Fredie Didier menciona um exemplo bem elucidativo: o art. 700 do CPC/2015 traz o procedimento monitório, permitindo seu manejo por quem disponha de "prova escrita" sem eficácia de título executivo. Nessa linha, o Enunciado da Súmula 299 do STJ afirma que o cheque prescrito permite o manejo da ação monitória. Perceba-se que a partir de um termo vago, prova escrita, criou-se uma norma geral à luz do direito positivo, podendo ser aplicado em diversas outras situações (DIDIER JR., 2010. v. 5, p. 386).

Os precedentes estão vinculados ao contexto em que surgiram. Nesse sentido, para que possam ser utilizados, o **contexto fático** deve ser idêntico àquele em que surgiu o paradigma.

Atualmente, principalmente no sistema recursal, nosso ordenamento dá muito valor ao precedente, como se observa no estudo, por exemplo, a dispensa de reexame (art. 496, § 4º, do CPC/2015), a decisão monocrática do relator (art. 932, IV e V), o incidente de assunção de competência (art. 947), o incidente de resolução de demandas repetitivas (art. 976), entre outros.

36.3. JURISPRUDÊNCIA DOMINANTE. SÚMULA. *RATIO DECIDENDI. OBTER DICTUM*

Jurisprudência e precedente **não** se confundem. **Precedente** é um pronunciamento judicial proferido em um processo judicial anterior, utilizado para a formação de outra decisão, em um processo posterior. A **jurisprudência** é a reiterada aplicação de um precedente, podendo virar, inclusive, uma **jurisprudência dominante** que, como o próprio adjetivo já informa, é uma orientação que prevalece.

Importante ressaltar que nem toda decisão será um precedente, mesmo que não vinculante, pois somente das decisões que seja possível se estabelecer um fundamento determinante ter-se-á um precedente (Enunciado 315 do FPPC). É possível falar-se em **precedente vinculante** e **não vinculante** (ou persuasivo, ou argumentativo).

Em síntese, a diferença é que o vinculante **tem que ser observado**, nos casos em que sua eficácia vinculante se produza, o que **não** dispensa a utilização do **contraditório** e **fundamentação adequada** (art. 927, § 1º e 489, § 1º, V), pois o *"precedente não é o fim da história, mas um princípio argumentativo"* (CÂMARA, 2017. p. 428).

Já os persuasivos **admitem** decisões conflitantes, desde que o magistrado se utilize de uma **fundamentação específica** para justificar a sua não aplicação (art. 489, § 1º, VI).

Assim, identificada uma linha firme, constante na jurisprudência a respeito de algum tema, caberá ao tribunal editar um **enunciado de súmula** (art. 926, § 1º). Súmula da jurisprudência dominante é um resumo da jurisprudência dominante, que é composto de dois elementos, o **enunciado** (ou verbete) e os **precedentes**. A súmula é o texto da jurisprudência dominante, após um procedimento para a sua consolidação perante um Tribunal. A súmula da jurisprudência dominante de um tribunal é formada pelo **enunciado normativo e pelos precedentes.**

Vale ressaltar que enunciado de súmula **não** é precedente, mas simplesmente um resumo de diversas decisões (jurisprudência), as quais podem ter diversos fundamentos determinantes, que, porém, resultaram no mesmo enunciado. Assim, decidir com base em enunciado de súmula **não** é decidir com base em precedente, tampouco na jurisprudência, mas com o seu resumo, e, não por outro motivo, o art. 926, § 2º, afirma que, ao *"editar enunciados de súmulas, os tribunais devem ater-se as circunstâncias fáticas dos precedentes que motivaram a sua criação".* Assim, a sua aplicação deve ser realizada a partir dos precedentes que os formaram e dos que os aplicaram posteriormente (Enunciado 166 FPPC).

O enunciado, portanto, **não** pode ser tratado como lei, tampouco como norma jurídica, porém, o precedente é a criação de uma espécie de norma jurídica (produto da interpretação da lei), e não observada tal exigência, a decisão **não** se considera fundamentada (art. 489, § 1º, V).

Nesse ponto, cabe ressaltar que vários enunciados de súmulas foram superados pelo CPC/15, os quais, evidentemente, influenciam na aplicação da jurisprudência e da legislação.[1]

ALGUNS ENUNCIADOS DE SÚMULAS SUPERADOS PELO CPC/15	
Súmula 288, STF	Art. 1.042, § 4º, do CPC
Súmula 353, STF	Art. 1.043, § 3º, do CPC
Súmula 472, STF	Arts. 85, 334 e 335 do CPC
Súmula 639, STF	Art. 1.042, § 4º, do CPC
Súmula 88, STJ	Art. 942 do CPC
Súmula 115, STJ	Art. 76, § 2º, 104, § 2º, e 1.029, § 3º, do CPC
Súmula 169, STJ	Art. 942 do CPC

[1] Disponível em: <www.cpcnovo.com.br>, com algumas alterações pessoais.

ALGUNS ENUNCIADOS DE SÚMULAS SUPERADOS PELO CPC/15	
Súmula 187, STJ	Art. 1.007, §§ 2º e 4º, do CPC
Súmula 207, STJ	Art. 942 do CPC
Súmula 216, STJ	Art. 1.003, § 4º, do CPC
Súmula 255, STJ	Art. 942 do CPC
Súmula 306, STJ	Art. 85, § 14, do CPC
Súmula 320, STJ	Art. 941, § 3º, do CPC
Súmula 372, STJ	Arts. 400, parágrafo único, e 403, parágrafo único
Súmula 390, STJ	Art. 942 do CPC
Súmula 418, STJ[5]	Arts 218, § 4º, e 1.024, § 5º, do CPC
Súmula 453, STJ	Art. 85, § 18, do CPC
Súmula 568, STJ	Art. 932, IV, do CPC

Esta norma geral, construída pela jurisprudência, recebe o nome de *ratio decidendi*, que está sempre localizada na fundamentação da decisão. São, a rigor, os fundamentos jurídicos que a sustentam, sem os quais ela não teria sido proferida como foi, ou seja, são os fundamentos essenciais. Nesse sentido, mostra-se interessante uma operação mental, mediante a qual, invertendo-se o núcleo decisório, se indaga se a conclusão permaneceria a mesma, caso o juiz tivesse acolhido a regra invertida.

Enfim, haverá um precedente que, se reiterado, vira jurisprudência, que, de tão reiterada, pode virar dominante e dar ensejo à formação de uma súmula.

Observe-se que, enquanto a norma individualizada possui apenas efeitos *inter partes*, a norma geral, utilizada como precedente, possui **efeitos *erga omnes***, por expressa previsão legal, independentemente de manifestação judicial, podendo qualquer um ser beneficiado ou prejudicado.

De igual modo, imprescindível a compreensão da diferença entre **ratio decidendi** e **obter dictum**. Nem tudo que consta na fundamentação é a *ratio decidendi*, pois pode ter sido utilizado por argumentação tangenciando o ponto central, portanto, mencionado de passagem, lateralmente, consubstanciando juízos acessórios, prescindíveis para o deslinde da controvérsia. *Obiter dictum* (*obter dicta*, no plural) não vira precedente, pois este engloba somente a *ratio decidendi* (Enunciado 318 do FPPC).

Tem-se, ainda, que o voto vencido não sustenta o dispositivo, mas faz parte da fundamentação. O STJ[2] já afirmou ser admissível mandado de segurança como substitutivo de ação rescisória nos juizados, diante da proibição do art. 59 da Lei 9.099/1995, contudo, no caso analisado, o ponto central do acórdão era a competência do Juizado Especial Cível, portanto, isso é um *obter dictum*.

Nesse sentido, o órgão jurisdicional não indica, expressamente, o que compõe a *ratio decidendi*, ressalvado o incidente de decretação de inconstitucionalidade (arts. 948 e seguintes do CPC/2015), que tem esse objetivo (DIDIER JR., 2007. v. 2, p. 235). Diante disso, cabe aos juízes, em momento posterior, ao examinar o precedente, proceder o cotejo com o caso concreto, para extrair a norma geral que poderá ou não incidir na situação concreta.

---

[2] STJ, MC 15.465/SC, 3ª T., rel. Min. Nancy Andrighi, j. 28.04.2009, publicado no Informativo 382.

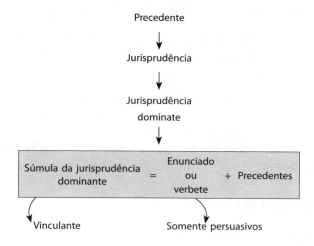

36.4. EFEITOS DO PRECEDENTE

Alguns efeitos podem ser extraídos do precedente:

(i) **Efeito persuasivo:** é um efeito mínimo do precedente, qual seja, convencer o julgador. Nesse sentido, por exemplo, quanto mais elevado hierarquicamente o órgão prolator, maior será sua força persuasiva. É um indício de uma solução razoável e socialmente adequada, podendo ser observado na improcedência liminar (art. 332), nos embargos de divergência (art. 1.043), bem como no recurso especial por dissídio jurisprudencial (art. 105, III, "c", da CR/1988).

(ii) **Efeito impeditivo ou obstativo da revisão das decisões:** existem precedentes que, se observados, impedem sua discussão por meio de recurso, como as súmulas do STJ ou do STF, impedem o reexame necessário (art. 496, § 4º, do CPC/2015), impedem a revisão da matéria recursal, como se extrai do art. 932, IV, "a" e V, "a", do CPC. Observe-se que o art. 932, IV e V somente autoriza o relator julgar monocraticamente onde haja jurisprudência pacificada, jamais analisando provas, pois não se trata de matéria exclusivamente de direito.[3]

(iii) **Efeito vinculante:** alguns precedentes vinculam e, obrigatoriamente, devem ser observados, pois ostentam uma eficácia normativa. As súmulas vinculantes, produzidas pelo STF (art. 103-A da CR/1988), de ofício ou por provocação, mediante decisão de dois terços dos seus membros, após reiteradas decisões sobre matéria constitucional, que, a partir de sua publicação na imprensa oficial, terão efeito vinculante em relação aos demais órgãos do Poder Judiciário e à administração pública direta e indireta, nas esferas federal, estadual e municipal. Observe-se que a súmula vinculante determina não só a norma geral do caso concreto, como impede também o recurso.

---

[3] STJ, 3ª T., REsp 1.261.902/RJ, rel. Min. Nancy Andrighi, j. 16.08.2012 (Informativo 502).

36.5. PRECEDENTES DECLARATIVOS E CRIATIVOS

No que se refere ao conteúdo do precedente, esse pode ser **declarativo** ou **criativo**.

Na primeira hipótese, somente se reconhece e emprega uma norma jurídica previamente existente, como a aplicação de uma súmula vinculante ou quando se dá ou nega provimento a um recurso com base no art. 932, IV e V, do CPC/2015. No segundo caso, o precedente cria e aplica uma norma jurídica, suprindo uma lacuna legislativa ou declarando uma cláusula geral, que lhe permite agir discricionariamente na solução do caso concreto, como na mencionada Súmula 299 do STJ ou, ainda, no cediço caso em que o STF admitiu o reconhecimento de uniões homoafetivas no Brasil.

36.6. DINÂMICA DO PRECEDENTE

Analisadas as premissas supramencionadas, cumpre enfrentarmos a sua dinâmica, ou seja, como um precedente pode ser superado ou afastado.

36.6.1. Técnicas de confronto e superação do precedente: *distinguishing* e *overruling*

Para que o precedente ou a súmula não sejam adotados, mostram-se necessários alguns fatores.

Como visto, um precedente origina-se de um caso concreto e, para ser utilizado em outro caso concreto, exige-se a demonstração da semelhança existente entre esse e aquele. De igual modo, depois desse cotejo inicial, deverá ser enfrentada a norma jurídica firmada no precedente (*ratio decidendi*).

Esta comparação e eventual distinção entre os casos leva o nome técnico de ***distinguishing* (ou *distinguish*)** (TUCCI, 2004. p. 174), na forma do Enunciado 306 do FPPC. Cumpre registrar que não há como se aplicar um precedente sem antes realizá-lo, ou seja, usar um método de interpretação do precedente. Até mesmo para a aplicação de súmulas deve ser feita esta comparação, analisando-se se o caso parâmetro se assemelha ao caso em discussão. Há casos expressos nos quais se admite a utilização de tal técnica, como nos arts. 489, § 1º, VI, e 1.037, § 9º, do CPC/2015. Nessa linha, por exemplo, o Enunciado 306 do FPPC deixa claro que o precedente vinculante não será seguido quando o juiz ou tribunal distinguir o caso sob julgamento, demonstrando, fundamentadamente, tratar-se de situação particularizada por hipótese fática distinta, a impor solução jurídica diversa.

Para finalizar a análise dessas definições, é preciso saber o que são o *overruling* (Enunciado 322 do FPPC) e o *overriding*.

Ocorre o primeiro quando há uma superação **total** do precedente, o que pode acontecer tranquilamente, sendo esta a diferença entre o precedente e a coisa julgada, uma vez que esta é indiscutível, somente podendo ser revista, basicamente, por ação rescisória. O precedente, por seu turno, pode ser revisto a qualquer tempo, embora isso não costume acontecer com muita frequência. É possível a revisão de um precedente sempre que se trouxerem novos argumentos. Tal instituto se assemelha a uma revogação total de uma lei pela outra.

Cap. 36 · SISTEMA BRASILEIRO DE PRECEDENTES | 509

O *overruling* pode ser expresso (*express overruling*), quando tribunal resolve expressamente adotar nova orientação, abandonando a anterior. Pode ser tácito, denominado *implied overruling*, quando uma orientação é adotada em confronto com posição anterior, embora sem expressa substituição desta última.

No Brasil, **não** se pode falar em *implied overruling*, somente o *express overruling*, mediante o devido processo legal estabelecido, como se observa do incidente de revisão ou cancelamento de súmula vinculante, previsto no art. 103-A, § 2º, da CR/2008, regulamentado pela Lei 11.417/2006 (DIDIER JR., 2007. v. 2, p. 410). De igual modo, há diversas possibilidades de o interessado se valer dessas técnicas, como, por exemplo, no manejo de uma apelação contra a sentença de improcedência liminar (art. 332) ou no agravo interno (art. 1.021), contra decisão do relator que aplicou equivocadamente o precedente (art. 932, IV e V), como também o magistrado pode se valer de tal técnica para não aplicar o precedente, como se extrai do art. 489, § 1º, VI, do CPC.

Quando há o *overruling* de um precedente que já está bastante consolidado, firmado há muitos anos, é preciso conciliar a possibilidade de sua superação com a boa-fé objetiva e a confiança depositada no precedente. Nesse sentido, a superação de um precedente que já estava consolidado não deve ter eficácia retroativa, para preservar as situações consolidadas. Este *overruling ex nunc* é chamado **overruling prospectivo**, que encontra previsão no art. 927, § 4º, do CPC/2015.

O STJ já se utilizou de tal técnica, onde em um primeiro momento foi autorizada a comprovação de feriado local após a interposição do recurso, porém a Corte Especial reviu o posicionamento das Turmas, anunciando que a partir de 18.11.2019 somente poderiam ser comprovados no ato da interposição, nos termos do art. 1.003, § 6º, do CPC/2015.[4]

De igual modo o STJ[5] já anulou julgado que aplicou a nova jurisprudência, para um caso consolidado na jurisprudência anterior, hipótese simbólica, em que o jurisdicionado ajuizou ação com fundamento na Súmula 61 do STJ,[6] que foi cancelada pela Súmula 610 do STJ,[7] na qual se afirmou que havendo mudança de jurisprudência não é possível aplicação indiscriminada sobre litígios surgidos na vigência de entendimento jurisprudencial anterior.

Para se cogitar em *overruling ex tunc* (retroativo), o precedente deve ser recente e não consolidado, pois ainda não se haveria gerado uma confiança no enunciado. Assim, em regra, uma súmula somente pode ser declarada superada com efeitos *ex nunc*, pelo fato de sua edição gerar a confiança nas pessoas.

O *overriding* ocorre quando o tribunal apenas limita o âmbito de incidência de um precedente, em função da superveniência de uma regra ou princípio legal. Há, a rigor, uma superação parcial, semelhante a uma revogação parcial da lei.

Um bom exemplo do abordado tem acontecido com o malfadado Enunciado 418, no qual o STJ firmou o entendimento no sentido de que o recurso interposto antes da intimação da decisão seria prematuro, se não ocorrer a posterior ratificação.

---

4 STJ, REsp 1.813.684/SP, Corte Especial, rel. Min. Raul Araújo, rel. Acd. Min. Luis Felipe Salomão, por unanimidade, j. 02.10.2019, *DJe* 18.11.2019.

5 Anulação de julgado que aplicou novo entendimento: STJ, REsp 1.721.716/PR, 3ª T., rel. Min. Nancy Andrighi, j. 10.12.2019.

6 "O seguro de vida cobre o suicídio não premeditado."

7 "O suicídio não é coberto nos dois primeiros anos de vigência do contrato de seguro de vida, ressalvado o direito do beneficiário à devolução do montante da reserva técnica formada."

Como no Brasil o *overruling* pode se dar de maneira difusa, ou seja, por meio de qualquer processo que, chegando ao tribunal, permita a superação do precedente anterior, trazendo a vantagem de permitir que qualquer pessoa possa contribuir para a revisão de um entendimento jurisprudencial, oxigenando o ordenamento jurídico, bem como pode ser concentrado, instaurando-se em um procedimento autônomo, cujo objetivo é a revisão de um entendimento já consolidado no tribunal, como ocorre com o pedido de revisão ou cancelamento de súmula vinculante (art. 3º da Lei 11.417/2006), onde o STF redimensiona ou altera a sua jurisprudência.

Assim, o Plenário do STF,[8] em um típico exemplo **overruling** exercido de maneira difusa, se firmou no sentido de que a interposição do recurso antes do início da fluência do prazo não implica sua intempestividade, superando o entendimento firmado pelo STJ, no Enunciado 418.

Após o posicionamento do STF, o STJ realizou um *distinguish* sobre o seu Enunciado, somente o aplicando para hipóteses em que, havendo interposição de embargos de declaração, no seu julgamento ocorra alteração da decisão embargada, ou seja, se realizou uma distinção, superando parcialmente o seu precedente.

Por fim, o CPC/2015, por meio de inúmeros artigos superará, definitivamente, o Enunciado do STJ, como se observa dos arts. 218, § 4º, e 1.024, § 5º, o que é ratificado pelo Enunciado 22 do FPPC.

Cumpre registrar que não se pode confundir a técnica de confronto e superação do precedente com o denominado **reversal**, no qual ocorre somente a reforma da decisão por meio do recurso, sendo alterado pelo órgão *ad quem* o entendimento do órgão *a quo*.

Por outro lado, a não utilização de tais técnicas sobre enunciado de súmula ou acórdão proferido em julgamento de casos repetitivos pode dar ensejo ao manejo de **ação rescisória** (art. 966, §§ 5º e 6º do CPC), desde que tal superação já tenha ocorrido pelo Pleno do STF à época da formação da decisão rescindenda; do contrário, tendo a superação pelo Pleno ocorrida posteriormente à formação da decisão rescindenda, não será cabível a rescisória[9].

Em casos excepcionais, é possível a formação de um precedente sem julgar qualquer caso concreto, como na desistência de um recurso repetitivo (art. 998, parágrafo único) ou desistência ou abandono do IRDR (art. 976, § 1º), gerando um verdadeiro **tribunal de teses**.

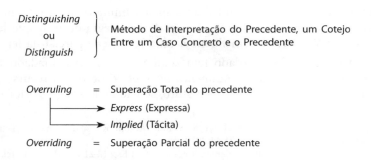

---

[8] AI 703.269/MG-AgR-ED-ED-EDv-ED, rel. Min. Luiz Fux, j. 05.03.2015, Informativo 776.
[9] STF, AR 2572/DF, Pleno, rel. Min. Dias Toffoli, j. 24.2.17.

36.7. DEVERES GERAIS DOS TRIBUNAIS SOBRE O SISTEMA DE PRECEDENTES

O CPC/2015 cria deveres gerais para os tribunais no âmbito da construção e manutenção do sistema de precedentes, como se observa do art. 926 do CPC.

Há o dever de: (i) uniformizar sua jurisprudência; (ii) mantê-la estável; (iii) dever de integridade; (iv) dever de coerência; e, por fim, (v) dever de publicidade, todos esses deveres como forma de se prestigiar inúmeros princípios, como a legalidade (*rectius*, o Direito), como se observa do art. 8º, a igualdade (art. 7º), a segurança jurídica (art. 5º, XXXVI, da CR/1988), a motivação das decisões (art. 93, IX, da CR/1988 e art. 489 do CPC), o contraditório (arts. 9º e 10 do CPC).

O **dever de uniformizar** parte da premissa de que o tribunal não pode se omitir diante de uma divergência interna, sobre a mesma questão jurídica, como se extrai dos parágrafos do art. 926, onde se impõe o dever de sintetizar sua jurisprudência dominante por meio de enunciados de súmulas correspondentes à jurisprudência dominante, atendendo às circunstâncias fáticas dos precedentes que motivaram sua criação, devendo, obrigatoriamente, ser observado o contraditório na análise desses argumentos (Enunciado 2 do FPPC).

O **dever de estabilidade** impõe uma justificativa adequada, com forte carga argumentativa (art. 489, § 1º, VI, do CPC), para eventual superação do precedente (*overruling*), além de ter sua eficácia modulada em respeito à segurança jurídica e ao interesse social (art. 927, § 3º). Tal modificação do precedente deve ter, como regra, eficácia temporal prospectiva, no entanto, pode haver modulação temporal, no caso concreto (Enunciado 55 do FPPC). Como se percebe, o dever de estabilidade deve ter uma relação direta com os julgados anteriores (STRECK, 2013. p. 2), bem como se exige que se mantenham **linhas decisórias constantes** e **uniformes** a respeito de determinadas matérias, não podendo simplesmente ser abandonadas ou modificadas de modo arbitrário ou discricionário e, ao realizar tal alteração, deve ser observado o **contraditório**, realizando-se audiências públicas e da participação de pessoas, órgãos ou entidades que possam contribuir para a rediscussão da tese (art. 927, § 2º), devendo o relator fundamentar eventual decisão que venha a inadmitir a participação de pessoas, órgãos ou entidades, bem como justificar a não realização de audiências públicas (Enunciado 175 do FPPC). Além do mais, não se pode permitir a "dispersão jurisprudencial", onde o próprio tribunal não observa os seus precedentes, o que é inadmissível (Enunciado 316 do FPPC), bem como não aplica os precedentes do STJ ou do STF, no âmbito das suas respectivas competências (Enunciado 314 do FPPC).

Sobre o **dever de coerência e integridade**, antes de tudo, cabe frisar que **não** se misturam, não obstante estarem muito próximos e gerarem a mesma conduta, a de **consistência**. Cremos que a consistência seria o gênero e a coerência e integralidade espécies, sempre baseados em precedentes bem fundamentados (arts. 489, § 1º, e 927, § 1º, do CPC), sem argumentações frágeis, lacunosas, inconsistentes, com teorias obsoletas ou sem o enfrentamento de todos os argumentos suscitados em torno da controvérsia (DIDIER JR., 2015. p. 476-479).

A **coerência**, no aspecto formal se vincula a não contradição, no aspecto substancial, à conexão positiva de sentido, dialogando com os precedentes anteriores, para superá-los ou demonstrar a distinção, sem jamais ignorá-los. Assim, em casos

512 | PROCESSO CIVIL SISTEMATIZADO – *Haroldo Lourenço*

semelhantes, deve-se proporcionar a garantia da isonômica aplicação principiológica, ou seja, se os mesmos princípios que foram aplicados nas decisões o forem para os casos idênticos, assegurando a igualdade (STRECK, 2013. p. 2).

Um bom exemplo de incoerência seria a hipótese de o tribunal adotar o princípio da primazia da decisão de mérito (art. 4º do CPC, espalhado por inúmeros outros artigos, como o 139, IX, 282, § 2º, 317, 321, 485, § 7º, 487, 932, parágrafo único, e 1.029, § 3º) no que se refere à admissibilidade da petição inicial e, posteriormente, não o adotar na admissibilidade de um incidente processual (DIDIER JR., 2007. v. 2, p. 483).

Um outro exemplo é o que se observa dos Enunciados 529 e 537 do STJ, nos quais, inicialmente, se afirma que no seguro de responsabilidade civil facultativo, **não** cabe o ajuizamento de ação pelo terceiro prejudicado direta e exclusivamente em face da seguradora do apontado causador do dano e, posteriormente, se afirma que **há solidariedade** entre segurado e seguradora perante a vítima na reparação dos danos. Ora, ou há solidariedade, admitindo-se o ajuizamento por parte da vítima contra qualquer um daqueles que respondem solidariamente, ou não há solidariedade.

No mesmo sentido, a decisão judicial deve manter uma coerência interna, ou seja, se afirmar que uma decisão judicial é inexistente, não será possível reputá-la rescindível.

O **dever de integralidade** relaciona-se com unidade do Direito, impondo ao tribunal certas posturas ao decidir, como observar todo o sistema jurídico, formado por normas constitucionais, legais, administrativas, negociais etc. A integridade significa rechaçar a tentação da arbitrariedade (STRECK, 2013. p. 2). Principalmente com foco nas normas constitucionais, não sendo possível se admitir, o que com frequência ocorre, a "infraconstitucionalização" do direito constitucional, onde primeiro se interpreta a lei para depois se atingir a Constituição. O Direito é um sistema de normas, não um amontoado de normas. Para se atingir essa integralidade deve-se, novamente, observar a necessidade de se enfrentar os argumentos favoráveis e desfavoráveis à tese jurídica, como se observa do Enunciado 305 do FPPC, no qual se afirma que no julgamento de casos repetitivos, o tribunal deverá enfrentar todos os argumentos contrários e favoráveis à tese jurídica discutida, inclusive os suscitados pelos interessados.

Há alguns exemplos de aplicação do dever de integridade que podemos extrair do nosso ordenamento: (i) Há interessante entendimento que defende que na hipótese de julgamento antecipado parcial de mérito (art. 356 do CPC) deveria haver atração do art. 496 do CPC, o qual determina o reexame necessário para sentença. Muito embora não concordemos com tal raciocínio, não deixa de ser um pensamento que busca dar integridade ao ordenamento processual[10]; (ii) A tese do microssistema de tutela coletiva (art. 90 do CDC c/c 21 LACP), como, por exemplo, no que se refere ao reexame necessário previsto no art. 19 da LAP; (iii) A Súmula 205 do STJ determina que a impenhorabilidade prevista na Lei 8.009/90 se aplica aos processos anteriores a sua vigência. Nesse sentido, às impenhorabilidades trazidas pelo CPC/15 (por exemplo, art. 833, § 2º, segunda parte) deve-se ter a mesma interpretação; (iv) sobre a extensão da coisa julgada para o substituído, na hipótese do processo conduzido

---

[10] Remetemos o leitor ao capítulo de reexame necessário.

Cap. 36 · SISTEMA BRASILEIRO DE PRECEDENTES | **513**

pelo substituto processual, eis que, se o ordenamento autoriza que alguém vá a juízo em nome próprio, defendendo direito alheio (art. 18 do CPC), essa autorização não pode restar incompleta, não havendo produção de coisa julgada.

36.8. PRECEDENTES COM EFICÁCIA VINCULANTE NO CPC/15

O art. 927 do CPC busca delimitar quais precedentes terão eficácia vinculante no Brasil, o que gera algumas divergências doutrinárias.

Há quem defenda que, consoante o Enunciado 170 do FPPC, **todas** as hipóteses do art. 927 são **vinculantes e obrigatórias**, além de afirmar que esse rol é **exemplificativo**. Incluído nesse rol, por exemplo, estão o entendimento consolidado na súmula de cada um dos tribunais, ainda que não seja tribunal superior, vinculando ao próprio tribunal e aos juízes a ele vinculados (DIDIER JR., 2007. v. 2, p. 594).

Por outro lado, há quem defenda a **inconstitucionalidade** dos incisos III, IV e V do art. 927, pela falta de previsão constitucional, eis que outorgariam ao Judiciário o estabelecimento de normas gerais e abstratas, invadindo a seara legislativa (SCARPINELLA, 2015. p. 538). Contudo, os defensores da eficácia vinculante rebatem, afirmando que não se pode confundir a atividade de dar sentido unívoco à norma que foi criada pelo legislador com a tarefa de criação da norma (ZANETI JR., 2015. p. 1.312).

Há, ainda, os que ressaltam que, não obstante a redação, **nem** todos os precedentes ali previstos são vinculantes. O verbo "observarão" é no sentido de que os magistrados deverão sempre levar em conta tais precedentes, gerando para eles um dever jurídico, um ônus argumentativo de usar uma fundamentação específica e adequada para eventual afastamento e, quando existente eficácia vinculante, não decorreria do *caput* do art. 927, mas de outros dispositivos. Assim, para o mencionado autor, haveria eficácia vinculante somente nos incisos I, II e III. O inciso I seria vinculante por força do art. 102, § 2º, da CR/88; já o inciso II e por força do art. 103-A da CR/88; o inciso III decorreria de diversos artigos do CPC: 947, § 3º; 985; 987, § 2º; 1.040 etc. (CÂMARA, 2017. p. 429).

Independentemente da discussão, o próprio STJ[11] já se posicionou pela possibilidade de aplicação do acórdão proferido em recurso representativo da controvérsia aos demais processos que tratam da mesma matéria, antes mesmo do seu trânsito em julgado.

36.9. EFICÁCIA *EX TUNC* OU *EX NUNC* DO ART. 927 DO CPC/15

Partindo-se da premissa da constitucionalidade dos cinco incisos, estariam abrangidas de eficácia vinculante tais dispositivos mesmo em hipóteses anteriores do CPC?

Há um primeiro problema sobre as "súmulas zumbis", ou seja, que já não são aplicadas há muitos anos.

Por outro lado, dar eficácia vinculante *ex tunc* é transformar o que foi criado para ser persuasivo em vinculante, porém, somente adotar o art. 927 para os prece-

---

[11] STJ, 4ª T., AgInt no REsp 1.536.711/MT, Rel. Min. Maria Isabel Gallotti, j. 08.08.2017.

514 | PROCESSO CIVIL SISTEMATIZADO – *Haroldo Lourenço*

dentes formados conforme o CPC é algo extremamente limitador, no entanto, daria maior segurança jurídica e a possibilidade de uma adaptação paulatina (NEVES, 2017. p. 1.402).

36.10. CABIMENTO DE RECLAMAÇÃO. EFICÁCIA VINCULANTE ESCALONADA: GRANDE, MÉDIA E PEQUENA

Nos termos do art. 988, III e IV, será admissível **reclamação** para garantir a observância de enunciado de súmula vinculante e de decisão do STF em controle concentrado de constitucionalidade, bem como para garantir a observância de acórdão proferido em julgamento de IRDR ou de IAC, ou seja, somente nas hipóteses dos incisos I, II e III (1ª parte) do art. 927 do CPC.

Nessa linha, há que se considerar que há uma eficácia vinculante escalonada:

*   **Eficácia vinculante grande:** decisões em controle de constitucionalidade concentrado, súmulas vinculantes, IRDR e IAC, pois se admite reclamação (arts. 927, I, II, III, 1ª parte, c/c 988, III e IV);
*   **Eficácia vinculante média:** precedente formado no julgamento de recursos especial e extraordinário repetitivos, bem como recurso extraordinário com repercussão geral. Cabe reclamação, desde que esgotadas as instâncias ordinárias (arts. 927, III, parte final, c/c 988, § 5º, II);
*   **Eficácia vinculante pequena:** enunciados de súmulas do STF em matéria constitucional, do STJ em matéria infraconstitucional e a orientação do plenário ou do órgão especial aos quais estiverem vinculados, pois não cabe reclamação.

EFICÁCIA ESCALONADA DOS PRECEDENTES		
PRECEDENTES COM EFICÁCIA VINCULANTE GRANDE	Decisão do STF em controle de constitucionalidade concentrado; Súmula Vinculante, IRDR e IAC.	Admitem reclamação (art. 988, III e IV, na forma do art. 927, I, II e III, 1ª parte, do CPC)
PRECEDENTES COM EFICÁCIA VINCULANTE MÉDIA	Acórdão em REsp e RExt repetitivos.	Admitem reclamação, desde que esgotadas as instâncias ordinárias (arts. 927, III, parte final, c/c 988, § 5º, II).
PRECEDENTES COM EFICÁCIA VINCULANTE PEQUENA	Enunciados de súmulas do STF (em matéria constitucional), do STJ (em matéria infraconstitucional), da orientação do plenário ou do órgão especial (aos quais os juízes e tribunais estiverem vinculados).	As hipóteses do art. 927, IV e V, do CPC não admitem reclamação, pela falta de previsão no art. 988 do CPC.

37

DOS PODERES DOS RELATORES

37.1. NOÇÕES GERAIS

O CPC optou por trazer maior segurança às decisões proferidas pelos relatores nos tribunais, prestigiando o **princípio da colegialidade**, praticamente abandonado na vigência do CPC/73.

Tais mudanças se mostram adequadas, eis que a colegialidade reduz a chance de erro, além de permitir ao advogado interferir mais e melhor para a construção de uma decisão justa, bem como a almejada facilitação da "rotina" dos Tribunais, pretendida com o CPC/73, não se mostrou verdadeira, sendo o julgamento monocrático um mero degrau na escada processual, onde quase que de maneira automática era interposto o respectivo agravo interno, sem olvidar do extremo subjetivismo da expressão "jurisprudência dominante" outrora utilizada, que somente colaborava com uma dispersão jurisprudencial.

37.2. DO ART. 932 DO CPC

Toda decisão monocrática do relator será passível de **agravo interno**, na forma do art. 1.022, **sem** nenhuma ressalva, estando as suas principais hipóteses concentradas no art. 932 do CPC, que lista as incumbências do relator. Analisemos as principais.

(i) Dirigir e ordenar o processo no tribunal, inclusive em relação à **produção de prova**, bem como, quando for o caso, homologar **autocomposição** das partes.

O referido inciso regula a competência para a produção probatória no tribunal, medida salutar e de extrema economia processual, principalmente por não haver previsão de agravo de instrumento contra a maioria das decisões probatórias proferidas na primeira instância, nos termos do art. 1.015, podendo haver a delegação de tal atividade para o juízo de primeira instância, por meio de **carta de ordem** (arts. 938, § 3º, c/c 236, § 2º).

O inciso se mostra afinado com o art. 139, VIII, deixando claro que a autocomposição é admissível em **qualquer grau de jurisdição**, sendo dispensada a homologação pelo colegiado.

516 | PROCESSO CIVIL SISTEMATIZADO – *Haroldo Lourenço*

(ii) Apreciar o pedido de **tutela provisória nos recursos** e nos processos de competência originária do tribunal. Como se observa do art. 995, a regra é que os recursos não possuam efeito suspensivo automático. Nesse sentido, será possível sua concessão por decisão do relator em decisão fundamentada (Enunciado 141 do FPPC), seja por pedido formulado dentro do respectivo recurso ou por petição autônoma (art. 1.012, § 3º, ou art. 1.029, § 5º).

(iii) Não conhecer de recurso **inadmissível, prejudicado** ou que **não** tenha impugnado especificamente os fundamentos da decisão recorrida. O inciso segue a linha geral do CPC/15 de ser a admissibilidade do recurso feita de maneira imediata pelo tribunal, não havendo admissibilidade pelo juízo de primeiro grau (art. 1.010 § 3º). De igual modo, tal inciso consagra o **ônus da dialeticidade**, igualmente previsto no art. 1.021 § 1º e § 3º do CPC, bem como na Súmula 284 do STF.

O parágrafo único do art. 932, referenciado pelo art. 1017, § 3º, e o art. 1029, § 3º, consagram o princípio da **primazia da solução de mérito**, determinando que antes de considerar inadmissível o recurso, o relator concederá o prazo de cinco dias ao recorrente para que seja sanado vício ou complementada a documentação exigível, admitindo o Enunciado 66 do CJF a correção da falta de comprovação do feriado local ou da suspensão do expediente forense, posteriormente à interposição do recurso, com fundamento em tal artigo, o que já foi aplicado pelo STJ[1].

(iv) **Negar provimento** ao recurso que for contrário:

   a) **súmula** do STF, do STJ ou do próprio tribunal;

   b) acórdão proferido pelo STF ou pelo STJ em julgamento de recursos **repetitivos**;

   c) entendimento firmado em **IRDR** ou de **IAC**.

Observe-se que para negar provimento é **desnecessário** se intimar previamente a parte contrária, eis que a decisão lhe é benéfica, bem como, em comparação com o CPC/73, o CPC/15 limita a atividade do relator, **não** permitindo mais julgamento com base em **jurisprudência dominante**, superando a Súmula 568 do STJ, prestigiando o **princípio da colegialidade**, gerando uma autocontenção do relator no exame dos recursos[2].

(v) Depois de facultada a apresentação de **contrarrazões, dar provimento** ao recurso se a decisão recorrida for contrária a:

   a) **súmula** do STF, do STJ ou do próprio tribunal;

   b) acórdão proferido pelo STF ou pelo STJ em julgamento de recursos **repetitivos**;

   c) entendimento firmado em **IRDR** ou de **IAC**.

Registre-se o prestígio ao **contraditório**, no qual, para negar provimento, o mesmo é dispensado pela falta de prejuízo à parte contrária; porém, na hipótese de se dar provimento, obrigatoriamente deve ser observado o **contraditório prévio**.

---

[1] STJ, AgRg no AgREsp 819.219/GO, rel. Min. Napoleão Nunes Maia Filho, *DJU* 15.09.17.

[2] Nesse sentido: STJ, AgRg no AREsp 811.486/MG, 5ª T., rel. Min. Reynaldo Soares da Fonseca, j. 24.05.2016.

Cap. 37 · DOS PODERES DOS RELATORES | 517

Assim, ocorre a contenção dos poderes do relator, superando a Súmula 568 STJ.

O Enunciado 81 do FPPC consagra algumas hipóteses em que, por não haver prejuízo ao contraditório, é dispensável a oitiva do recorrido antes do provimento monocrático do recurso, quando a decisão recorrida:

a) indeferir a inicial;

b) indeferir liminarmente a justiça gratuita;

c) alterar liminarmente o valor da causa.

(vi) Decidir o incidente de desconsideração da personalidade jurídica quando este for instaurado originariamente perante o tribunal, o que se mostra em sintonia com o art. 136, parágrafo único, do CPC.

(vii) Determinar a intimação do Ministério Público, quando for o caso;

(viii) Exercer outras atribuições estabelecidas no regimento interno do tribunal.

38
TÉCNICA DE JULGAMENTO PARA AMPLIAÇÃO DO COLEGIADO

38.1. SOBRE A EXTINÇÃO DOS EMBARGOS INFRINGENTES

Consideráveis autores já sustentavam a abolição dos embargos infringentes (art. 530 do CPC/1973), recurso existente só no direito brasileiro, afirmando que contrariaria a efetividade do processo (CÂMARA, 2008. v. 3, p. 101), bem como somente permitiria um rejulgamento da causa, prolongando o andamento do feito (DIDIER JR., 2010. v. 3, p. 215).

Nesse sentido, prevaleceu a tese majoritária na doutrina, que caminhava no sentido da extinção do mencionado recurso, como se observa do rol do art. 994 do CPC/2015, que prevê quais são as espécies recursais.

38.2. TÉCNICA DE JULGAMENTO SUBSTITUTIVA

O art. 942 do CPC cria inovadora técnica de julgamento com propósito bem semelhante ao dos embargos infringentes, mas com natureza jurídica de um **incidente processual**, não de recurso[1], o qual será instaurado, **independentemente** de provocação das partes, o que provocará um aumento do número de julgadores, almejando uma maior segurança.

Ofende o juiz natural a convocação de julgadores para a adoção da técnica em comento, ou no de qualquer substituição, sem critério objetivo estabelecido previamente em ato normativo, como afirmado no Enunciado 684 do FPPC.

Por ser um mecanismo aplicável de ofício, a tendência é ser mais célere que o recurso, não obstante não se conhecer dados estatísticos se, realmente, será ou não mais célere, cabendo registrar que as hipóteses de adoção de tal técnica, em sua grande maioria, são **mais amplas** do que as hipóteses de admitiam embargos infringentes, havendo, assim, risco de o "tiro sair pela culatra".

---

[1] STJ, 3ª T., REsp 1.771.815/SP, Rel. Min. Ricardo Villas Bôas Cueva, julgado em 21.11.2018.

520 | PROCESSO CIVIL SISTEMATIZADO – *Haroldo Lourenço*

De igual modo, com a adoção de tal técnica **não** haverá mais razões ou contrarrazões após o julgamento por maioria de votos, o que se mostra mais importante, ainda, para a sustentação oral.

No mesmo sentido, as previsões regimentais que renovam totalmente o órgão julgador dos embargos infringentes serão **revogadas**, eis que os julgadores que participaram do julgamento não unânime obrigatoriamente participarão do julgamento que amplia o número de julgadores.

38.3. HIPÓTESES DE APLICAÇÃO

Como mencionado, as hipóteses de adoção de tal técnica de julgamento são mais amplas do que as hipóteses de que admitiam embargos infringentes no CPC/1973, vejamos:

(i) Não sendo unânime o julgamento da **apelação**, o julgamento terá prosseguimento em sessão a ser designada com a presença de outros julgadores, a serem convocados nos termos do **regimento interno**, em número suficiente para garantir a possibilidade de inversão do resultado inicial, assegurando-se às partes o direito de **sustentação oral** perante os novos julgadores (art. 942, *caput*, do CPC);

(ii) No julgamento não unânime de **ação rescisória** de sentença, quando o resultado for a sua rescisão (art. 942, § 3º, I) devendo, nesse caso, o prosseguimento do julgamento ocorrer em órgão de **maior composição previsto no regimento interno**. Observe-se que já não se admitiam embargos infringentes para hipóteses em que não se altera a situação anterior, ou seja, a rescisória for julgada improcedente, ainda que por maioria, não tendo havido a desconstituição da coisa julgada (DIDIER JR., 2010. p. 225);

(iii) No julgamento não unânime de **agravo de instrumento**, quando houver reforma da decisão que julgar parcialmente o mérito (art. 942, § 3º, II), como nas hipóteses do art. 354, parágrafo único, e 356, § 5º, do CPC. No que se refere ao julgamento do agravo o ponto sempre despertou atenção da doutrina e da jurisprudência, tendo andado bem o legislador. Quando se admitia agravo retido, a jurisprudência admitia embargos infringentes, desde que se trate de matéria relacionada com o mérito da demanda para alterar a decisão agravada.[2] Por outro lado, o STJ afirmava ser inadmissível embargos infringentes quando o acórdão não unânime acolher agravo de instrumento para extinguir o processo sem julgamento do mérito, até porque este acórdão não versará sobre matéria relacionada com o mérito, afastando a nova hipótese de cabimento dos infringentes. Entretanto, caso o acórdão não unânime, em julgamento de agravo de instrumento, implicar decisão de mérito, contra ele serão cabíveis os embargos infringentes,[3] posição adotada pelo CPC/2015;

---

[2] A propósito, eis o que dispõe o Enunciado 255 da súmula da jurisprudência predominante do STJ: "Cabem embargos infringentes contra acórdão proferido, por maioria, em agravo retido, quando se tratar de matéria de mérito".

[3] STJ, 3ª Sç., EREsp 1.131.917-MG, Rel. Min. Ricardo Villas Bôas Cueva, Rel. Acd. Min. Marco Aurélio Bellizze, por maioria, j. 10.10.2018, *DJe* 31.10.2018.

Cap. 38 · TÉCNICA DE JULGAMENTO PARA AMPLIAÇÃO DO COLEGIADO | 521

Há, ainda, algumas outras hipóteses a serem consideradas, mesmo sem estarem expressamente previstas:

(iv) O art. 942 e seu § 3º restringem-se à adoção de tal técnica na apelação, no agravo de instrumento e na ação rescisória, contudo, não se referem ao acórdão que julgar **embargos de declaração** em tais julgamentos, como já era admitido pela doutrina (SOUZA, 2004. p. 515; BARBOSA MOREIRA, p. 528-529) e pelo STJ,[4] eis que constituem uma complementação do acórdão da apelação, incorporando-se a esse, mas é necessário que a discordância esteja caracterizada na ocorrência da omissão, contradição ou obscuridade[5];

(v) Muito já se discutiu na doutrina e na jurisprudência acerca do cabimento ou não dos embargos infringentes quando o acórdão não unânime modificar a sentença apenas na parte concernente aos **honorários advocatícios**, discussão essa que irá permanecer com a técnica ora em análise, prevalecendo a tese no sentido de admissão dos embargos infringentes e, por conseguinte, cremos ser aplicável a técnica de julgamento (DIDIER JR., 2010. v. 3, p. 236), já estando tal tese pacificada no STJ;[6]

(vi) A jurisprudência entende serem admissíveis embargos infringentes no processo falimentar,[7] nesse sentido, aplicável a técnica do art. 942 do CPC;

(vii) O art. 25 da Lei 12.016/2009 consagrou o entendimento que já estava sedimentado nos Enunciados 169 do STJ e 597 do STF, que inadmitem embargos infringentes em **mandado de segurança**, contudo, como a técnica de julgamento em comento se afasta da natureza jurídica dos embargos infringentes, há posicionamento pela ampliação do colegiado em tal remédio constitucional.[8]

38.4. ALGUNS PROBLEMAS INTERPRETATIVOS

Perceba-se que no CPC/1973 (art. 530) somente eram admissíveis embargos infringentes no julgamento da **apelação** e que viesse a **reformar** a sentença de **mérito** e, com a nova técnica, basta que o julgamento da apelação não seja unânime, independentemente de reformar ou invalidar a sentença,[9] bem como se tal sentença era ou não de mérito. O STJ afirmava que o que se mostrava necessário era que o acórdão proferido por maioria de votos fosse de mérito, não a sentença,[10] pois a sentença de mérito pode ser reformada por um acórdão terminativo, que extinga o processo sem julgamento do mérito, por haver, por exemplo, ilegitimidade de parte.

---

[4]   STJ, REsp 465.763/BA, rel. Min José Delgado, j. 27.05.2003, publicado no Informativo 174, 26-30.05.2003. REsp 172.162/DF, *DJ* 28.09.1998.

[5]   Nessa linha há o Enunciado 137 do II CJF: "Se o recurso do qual se originou a decisão embargada comportou a aplicação da técnica do art. 942 do CPC, os declaratórios eventualmente opostos serão julgados com a composição ampliada".

[6]   STJ, REsp Repetitivo 1.113.175/DF, CE, rel. Min. Castro Meira, j. 25.05.2012.

[7]   Súmula 88 do STJ.

[8]   Enunciado 62 do CJF: "Aplica-se a técnica prevista no art. 942 do CPC no julgamento de recurso de apelação interposto em mandado de segurança".

[9]   O STJ afirmava que o acórdão que anulava a sentença de mérito não admitia embargos infringentes: STJ, REsp 1.091.438/RJ, 1ª T., rel. Min. Benedito Gonçalves, j. 22.06.2010.

[10] STJ, acórdão unânime, REsp 832.370/MG, 3ª T., rel. Min. Nancy Andrighi, j. 02.08.2007, *DJ* 13.08.2007.

522 | PROCESSO CIVIL SISTEMATIZADO – *Haroldo Lourenço*

Nesse caso, poderá ser renovada a demanda e a doutrina afirmava que não seriam admissíveis embargos infringentes (BARBOSA MOREIRA, 2005. p. 526). Atualmente, o STJ se posiciona no sentido de que a técnica de ampliação de julgamento prevista no CPC/2015 deve ser utilizada quando o resultado da apelação for não unânime, independentemente de ser julgamento que reforma ou mantém a sentença impugnada.[11] O STJ já consagrou que se aplica a técnica de ampliação do colegiado quando não há unanimidade no juízo de admissibilidade recursal.[12]

Já no que se refere à ação rescisória, o legislador foi mais enfático, limitando a adoção de tal técnica para hipóteses de julgamento não unânime na rescisória de **sentença, não** sendo aplicável, em tese, para ação rescisória de outras decisões.

De igual modo, na hipótese de tal técnica no julgamento não unânime do agravo de instrumento contra decisões parciais de mérito, afirma-se que somente será adequada a sua utilização se houver **reforma** de decisão impugnada o que, em tese, não seria admissível para invalidação.

Diante de tais sutilezas, há duas interpretações possíveis, ou o legislador, acreditando que criou uma técnica mais simples, informal e bem mais célere, resolveu ampliar consideravelmente nos casos de apelação, ou, simplesmente foi atécnico na utilização de tais expressões.

Já há quem sustente que houve uma omissão involuntária do legislador, pois se houve ampliação para os casos de apelação, não haveria sentido limitar para rescisória e agravo de instrumento, devendo ser feita uma interpretação sistemática, aplicando-se somente para hipóteses de reforma de sentença de mérito em recurso de apelação (NEVES, 2015. p. 567).

Não nos parece ter sido essa a proposta, cremos que houve um silêncio eloquente do legislador, que pretendeu ampliar somente nos casos da apelação.

38.5. HIPÓTESES DE INADMISSÃO DE TAL TÉCNICA

Ainda que presentes os requisitos previstos no art. 942, *caput* e no § 3º, há hipóteses em que tal técnica se mostra inaplicável:

(i)   No incidente de assunção de competência;

(ii) No incidente de resolução de demandas repetitivas;

(iii) Na remessa necessária. O cabimento de embargos infringentes na remessa necessária sempre gerou embates na doutrina[13] e na jurisprudência. O Enunciado 77

---

[11]   STJ, 4ª T., REsp 1.733.820/SC, Rel. Min. Luis Felipe Salomão, por maioria, j. 02.10.2018, *DJe* 10.12.2018.

[12]   STJ, REsp 1.798.705/SC, 3ª T., rel. Min. Paulo de Tarso Sanseverino, por unanimidade, j. 22.10.2019, *DJe* 28.10.2019.

[13]   Assim, também, DIDIER JR., Fredie. *Curso de direito processual civil. Meios de impugnação às decisões judiciais e processo nos tribunais* cit., 8. ed., p. 226. "Embora o reexame necessário (obrigatório) não ostente natureza recursal, no sistema do Código, razões de ordem sistemática justificam a admissão de embargos infringentes contra acórdãos por maioria de votos no reexame da causa *ex vi legis.*"

do TRF, por exemplo, admitia.[14] Todavia, o STJ adotou orientação no Enunciado 390 da súmula de sua jurisprudência no sentido de inadmitir;[15]

(iv) No julgamento não unânime proferido nos tribunais, pelo Plenário ou pela corte especial;[16]

(v) Nos julgamentos realizados no âmbito dos juizados especiais (Enunciado 552 do FPPC);

(vi) Não se admitem embargos infringentes em ação de reclamação constitucional, como se extrai do Enunciado 368 do STF, não sendo admissível tal técnica de julgamento.

38.6. SUSTENTAÇÃO ORAL

O art. 942, *caput*, prevê que a continuação do julgamento com a vinda de novos julgadores acontecerá em outra sessão de julgamento, porém, o § 1º excepciona tal regra, estabelecendo, sempre que possível, que o prosseguimento do julgamento se dê na mesma sessão.

A agilidade pretendida é notória, porém, o *caput* assegura o direito dos advogados de realizarem sustentação oral perante os novos julgadores e, na hipótese de novos julgadores comparecerem na mesma sessão (§ 1º), a interpretação deve ser no sentido de se assegurar aos advogados realizarem **nova sustentação oral na mesma sessão**, em virtude dos novos julgadores, principalmente porque a necessidade de sustentação oral pode surgir justamente diante de um inesperado julgamento não unânime. Assim, é assegurado o direito à sustentação oral para o colegiado ampliado, ainda que não tenha sido realizada perante o órgão originário (Enunciado 682 do FPPC).

Do contrário, pode ocorrer de o advogado não ter comparecido à sessão, bem como não ter sustentado oralmente após a adoção da técnica em comento. Além do mais, como mencionado, não haverá mais razões ou contrarrazões recursais para a adoção de tal técnica.

38.7. POSSIBILIDADE DE REVISÃO DO VOTO JÁ PROFERIDO

Sempre se admitiu que o julgador que já proferiu seu voto, com a interposição dos embargos infringentes, poderia rever seu voto, como consequência natural do efeito devolutivo do extinto recurso.

Como não há mais que se falar em recurso, mais em um incidente processual, o § 2º assegura que o julgador que já tiver votado pode **rever** seu voto por ocasião do prosseguimento do julgamento final.

---

[14] "Cabem embargos infringentes a acórdão não unânime proferido em remessa *ex officio* (CPC, art. 475)."

[15] "Nas decisões por maioria, em reexame necessário, não se admitem embargos infringentes."

[16] Súmula 513 do STF: "A decisão que enseja a interposição de recurso ordinário ou extraordinário não é a do plenário, que resolve o incidente de inconstitucionalidade, mas a do órgão (câmaras, grupos ou turmas) que completa o julgamento do feito". Súmula 455 do STF: "Da decisão que se seguir ao julgamento de constitucionalidade pelo Tribunal Pleno, são inadmissíveis embargos infringentes quanto a matéria constitucional".

524 | PROCESSO CIVIL SISTEMATIZADO – *Haroldo Lourenço*

O STJ afirmou ser possível a um dos desembargadores alterar o voto anteriormente proferido, não se restringindo tal alteração ao capítulo em que houve divergência, eis que o julgamento não se encerra até o pronunciamento pelo colegiado estendido, não existindo lavratura de acórdão parcial de mérito, não ficando os julgadores restritos aos capítulos nos quais houve divergência, podendo apreciar a integralidade, aprofundando a análise, interpretando o art. 942, § 2º, do CPC.[17]

---

[17]   STJ, 3ª T., REsp 1.771.815/SP, Rel. Min. Ricardo Villas Bôas Cueva, j. 21.11.2018.

39

DO INCIDENTE DE ASSUNÇÃO DE COMPETÊNCIA (IAC)

39.1. NOÇÕES GERAIS

O incidente de assunção de competência (IAC), previsto no art. 947 do CPC, é uma reformulação do art. 555, § 1º, do CPC/73, sendo aplicável quando ocorrer **relevante questão de direito**, com grande **repercussão geral**, **sem repetição** em múltiplos processos, a respeito da qual seja conveniente a **prevenção** ou a **composição** de divergência entre câmaras ou turmas do tribunal (art. 947, § 4º), é admissível quando o julgamento do **recurso, remessa necessária** ou processo da competência originária.

Trata-se de um incidente processual inserido no **microssistema de formação de precedentes vinculantes** existente no CPC (art. 927 do CPC).

39.2. OBJETIVOS

Visa, primariamente, assegurar segurança jurídica, sendo utilizado para o (i) julgamento de **casos relevantes** por órgão colegiado de maior composição, por meio de um deslocamento de competência no âmbito interno do tribunal, ou seja, originariamente seria julgado pela câmara ou turma, porém será afetado a outro órgão de maior composição (art. 947, § 2º), definindo o entendimento da corte, almejando (ii) **prevenindo** ou **compondo** divergências (art. 947, § 4º), portanto, havendo ou não uma divergência interna na jurisprudência do tribunal, será instaurado o IAC, cumprindo o dever de uniformizar a jurisprudência (art. 926); por fim, busca (iii) formar um **precedente obrigatório**, vinculando o próprio tribunal (art. 927, III), seus órgãos e os juízos subordinados (art. 947, § 3º), sanando a divergência intramuros em um mesmo tribunal.

39.3. PRESSUPOSTOS

Do art. 947 podem ser extraídos alguns pressupostos, sendo os três primeiros **positivos** e o terceiro **negativo**:

(i) Por ser um incidente processual, é necessário ter um **recurso, remessa necessária ou de processo de competência originária** já tramitando. Assim, por

PROCESSO CIVIL SISTEMATIZADO – *Haroldo Lourenço*

exemplo, o IAC não pode ser interpretado como novo meio de impugnação a atrair a competência do STJ, por exemplo, para o exame de situações que não estejam previstas na lei, como se discutir a tese de que competiria aos Colégios Recursais o julgamento de ações rescisórias no âmbito dos Juizados Especiais Estaduais;[1]

(ii) Relevante questão de direito material ou processual (art. 928, parágrafo único), merecendo ter sua cognição ampliada, com contraditório mais qualificado e fundamentação reforçada, firmando precedente sobre o tema, prevenindo ou eliminando divergência jurisprudencial;

(iii) Grande repercussão social, apesar de ser termo indeterminado, deve ser utilizado como parâmetro o art. 1.035, § 1º, que trata da repercussão social (Enunciado 469 do FPPC);

(iv) Não haver a discussão em múltiplos processos (Enunciado 344 do FPPC), pois somente é utilizável em processo específico ou que tramitem em pouca quantidade.

Há alguns exemplos bem visuais, como se há ou não o direito de alguém ser reconhecido como um terceiro gênero, se é possível uma dupla curatela, se um rol legal é taxativo ou exemplificativo etc.

Basta pensar na possibilidade de se ter suscitado questão atinente ao preenchimento dos requisitos da desconsideração da personalidade jurídica em uma execução de alimentos devidos por força de relação familiar e em outro processo, em que se executa dívida de aluguel garantida por fiança. Essas duas demandas não são, evidentemente, repetitivas, mas a questão de direito que nelas surgiu é a mesma: quais os requisitos para a desconsideração da personalidade jurídica nas causas em que incide o disposto no art. 50 do Código Civil (CÂMARA, 2017. p. 454).

Cabe registar que é possível a conversão de Incidente de Assunção de Competência em Incidente de Resolução de Demandas Repetitivas, se demonstrada a efetiva repetição de processos em que se discute a mesma questão de direito (Enunciado 141 do II CJF).

39.4. LEGITIMIDADE

Será possível sua formulação, nos termos do art. 947, § 1º, pelo **relator**, antes ou durante o julgamento, de **ofício** ou a **requerimento** de uma das partes da causa pendente no tribunal, do **Ministério Público** ou pela **Defensoria**, estes últimos relacionados com a grande repercussão social, bem como com a legitimidade ou representatividade adequada.

39.5. COMPETÊNCIA, ADMISSIBILIDADE E JULGAMENTO

O IAC provoca a **transferência** da competência que seria julgado por um órgão fracionário passará a ser julgado por um **órgão de maior composição**, indicado pelo

---

[1] STJ, AgInt na Pet 12.642/SP, 1ª S., rel. Min. Og Fernandes, por unanimidade, j. 14.08.2019, *DJe* 19.08.2019.

Cap. 39 · DO INCIDENTE DE ASSUNÇÃO DE COMPETÊNCIA (IAC) | **527**

regimento interno, como determina o art. 96, I, da CR/88, o qual fará um juízo de admissibilidade e, se **positivo**, assumirá a competência que originariamente não lhe cabia o caso concreto (art. 947, § 2º). Por outro lado, **não** sendo admitido, deverá o feito ser restituído ao órgão de origem, que prosseguirá no julgamento.

Frise-se que o relator **não** será alterado, ainda que ele não componha o órgão indicado pelo regimento, devendo participar do julgamento, mantendo a função, por aplicação do art. 1.037, § 3º, do CPC.

O IAC é cabível em qualquer tribunal (Enunciado 468 do FPPC), inclusive nos superiores, bem como em qualquer causa que tramite no tribunal, ou seja, como mencionado em um recurso, remessa necessária ou competência originária.

É possível, antes do julgamento do processo de competência originária, recurso ou reexame, seja admitida a intervenção de *amicus curiae*, bem como realizada **audiência pública** (art. 983, § 1º, do CPC), prestigiando o contraditório.

39.6. ORDEM CRONOLÓGICA DE JULGAMENTO

O art. 12, § 2º, III, determina exceção à ordem cronológica de julgamento para os casos de **IRDR** e **recursos repetitivos**, gerando dúvidas quanto à sua aplicação ao IAC. Cremos que não deve seguir a ordem cronológica, eis que o IAC **não** é parte integrante do microssistema para causas repetitivas (art. 928 do CPC).

O IAC, com o perdão do truísmo, gera uma **assunção de competência**, eis que o órgão colegiado indicado para julgá-lo, e que irá decidir a tese jurídica, julgará igualmente o recurso, a remessa necessária ou o processo de competência originária de onde se originou o incidente.

Por outro lado, no microssistema de julgamento das causas repetitivas (IRDR e recursos repetitivos), é preciso que haja uma maior agilidade e prioridade na resolução, o que não se amolda ao microssistema de formação concentrada de precedentes obrigatórios.

40
AÇÃO RESCISÓRIA

40.1. NOÇÕES GERAIS

Para uma melhor didática e organização, vamos enumerar e tratar dos **meios típicos** de revisão da coisa julgada material, que podem ser divididos na: (i) ação rescisória; (ii) *querela nullitatis* (arts. 535, I, e 525, § 1º, I, do CPC/2015); (iii) impugnação com base em inexatidões materiais e erro de cálculo (art. 494, I, do CPC/2015); e, por fim, (iv) sentença inconstitucional (arts. 525, § 1º, III, e §§ 12 a 15, e 535, §§ 5º ao 8º, do CPC) (DIDIER JR., 2008. v. 3, p. 341).[1]

A ação rescisória é a primeira e a principal modalidade de revisão da coisa julgada, sendo a mais ampla, cabendo registrar que tal amplitude é genuinamente brasileira.

Na **ação rescisória** se exerce um controle da coisa julgada por **questões formais** (porque a decisão é inválida) e **substanciais** (questões de injustiça ou equívoco), não se confundindo com a ação anulatória, pois nada se anula, somente se rescinde ou desfaz por defeito ou injustiça.

Como um segundo instrumento de revisão há a *querela nullitatis*, a qual não possui prazo para sua apresentação e tem por fim um controle exclusivamente formal: falta ou nulidade de citação em processo que correu à revelia (arts. 535, I, e 525, § 1º, I, do CPC/2015), como será mais bem analisado adiante.

Há, ainda, um terceiro instituto de revisão e controle da coisa julgada, baseado nas sentenças que se fundam em atos normativos tidos pelo **STF**, em **controle concentrado ou difuso**, como **inconstitucionais ou incompatíveis com a CR/1988**, que se dará incidentalmente, por meio da impugnação ao cumprimento de sentença (arts. 525, § 1º, III, e §§ 12 a 15, e 535, §§ 5º a 8º, do CPC).[2]

A **correção de inexatidões materiais ou erros de cálculo** é outra forma de controle da coisa julgada, pois o art. 494, I do CPC autoriza o magistrado, de ofício ou a requerimento da parte, a qualquer tempo, a retificar tais imprecisões existentes em sua decisão.

---

[1] Em sentido semelhante, somente não apontando a sentença com erro material.
[2] Mais comentários a tais dispositivos no capítulo de defesas do executado.

40.2. AÇÃO RESCISÓRIA

Como a nomenclatura está a sugerir, trata-se de uma **ação autônoma de impugnação**, constitutiva negativa ou desconstitutiva (DIDIER JR., 2010. v. 3, p. 342; CÂMARA, 2008. v. 2, p. 10), formando uma nova relação jurídica processual, que tem por objetivo rescindir decisão judicial transitada em julgado e, se for o caso, dar ensejo a um novo julgamento da causa.

Frise-se que a rescisória, sendo uma ação autônoma, formará uma nova relação jurídica processual, que possuirá dois propósitos: (i) o de rescisão da decisão; e, **eventualmente**, (ii) o de rejulgamento da causa. Perceba-se que nem sempre será cabível o rejulgamento. Quando cabível, haverá uma **cumulação sucessiva de pedidos**, em que primeiro será analisado o pedido de rescisão e, sucessivamente, o de novo julgamento.

Observe que pode, inclusive, ocorrer uma situação curiosa, em que é possível o acolhimento do pedido rescisório e, no rejulgamento, o Tribunal decidir no **mesmo sentido** da decisão rescindenda ou, até mesmo, **agravar** a situação anterior, em desfavor do autor da ação rescisória. Lembre-se, ação rescisória não é recurso, portanto **não** incide o princípio da vedação à *reformatio in pejus*.

Doutrinariamente, o pedido de rescisão é chamado de *iuditio rescindens* (juízo rescindente); já o pedido de rejulgamento é chamado de *iuditio rescissorium* (juízo rescisório) (CÂMARA, 2008. v. 2, p. 10).

40.3. NULIDADE, SANATÓRIA GERAL, RESCINDIBILIDADE E COISA SOBERANAMENTE JULGADA

Com o trânsito em julgado da decisão de mérito, todos os eventuais defeitos existentes no processo se convalidam, ocorrendo a **sanatória geral** (CÂMARA, 2008. v. 2, p. 9), reputando-se deduzidas e repelidas todas as alegações e defesas, que a parte poderia opor assim ao acolhimento como à rejeição do pedido (art. 508 do CPC). Destarte, após o trânsito em julgado não é técnico se referir a nulidades, pois todas se convalidaram, inclusive as absolutas. Pode, contudo, ocorrer de o legislador prever que determinada nulidade corresponde a um vício rescisório, mas isso não é uma regra.

Não se pode confundir decisão **nula** com decisão **rescindível**. Da mesma forma que todas as nulidades se convalidam, os vícios de rescindibilidade também, pois com o transcurso do prazo decadencial de dois anos haverá a **coisa soberanamente julgada**. O único defeito que ultrapassa o prazo da rescisória é o citatório, nesse sentido denominado de **transrescisório**, arguível por *querella nullitatis*.

Ademais, para uma decisão ser desconstituída, faz-se necessário que exista juridicamente, uma vez que aquilo que inexiste não precisa ser desconstituído, bastando mera declaração de inexistência jurídica. Nesse sentido, a sentença prolatada por juízo sem jurisdição ou sem dispositivo é inexistente, não se admitindo rescisória. Enfim, não se pode confundir decisão inexistente, nula e rescindível. Vejamos o quadro seguinte:

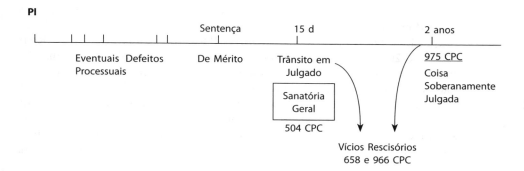

40.4. PRESSUPOSTOS DA AÇÃO RESCISÓRIA

Por se tratar de uma ação, além das tradicionais condições da ação e dos pressupostos processuais, exigem-se pressupostos específicos: (i) trânsito em julgado; (ii) decisão rescindível; (iii) observância do prazo decadencial; e (iv) existência de um vício rescisório.

40.4.1. Decisão rescindível

O primeiro pressuposto da ação rescisória é a presença de uma decisão rescindível. Em regra, a decisão rescindível será a **decisão de mérito**, podendo ser uma sentença, um acórdão, uma decisão interlocutória,[3] decisão monocrática do relator, como se observa da redação do *caput* do art. 966 do CPC/2015, que é bem aberta ao se referir à "decisão". Há, porém, decisões que **não** são de mérito, as aptas aos manejos de ação rescisória, eis que **impedirão nova propositura da demanda** ou a **admissibilidade** do recurso correspondente (art. 966, § 2º).

De igual modo, será possível o manejo de ação rescisória contra as interlocutórias de mérito, como na hipótese do art. 356.

A partir de tal raciocínio, alguns pontos merecem destaque:

(i) **Processos objetivos**: Na ADI, ADC e ADPF não se admite o ajuizamento de ação rescisória. Muito embora ensejem decisões de mérito, não poderão ser objeto de rescisória, por expressa disposição legal – uma opção legislativa pela segurança jurídica (arts. 26 da Lei 9.868/1999 e 12 da Lei 9.882/1999);

(ii) **Juizados Especiais Cíveis**: Não se admite ação rescisória nos juizados especiais cíveis, como se extrai do art. 59 da Lei 9.099/1995. O FONAJEF, por meio do Enunciado 108, firmou que não cabe recurso para impugnar decisões que apreciem questões ocorridas após o trânsito em julgado. A questão a ser enfrentada, nesse ponto, é a razoabilidade de tal vedação, bem como a utilização de outros mecanismos:

---

[3] STJ, 3ª Seção, AR 2.099/SE, rel. Min. Arnaldo Esteves de Lima, j. 22.08.2007.

532 | PROCESSO CIVIL SISTEMATIZADO – *Haroldo Lourenço*

a) A jurisprudência do STJ[4] já admitiu, na esteira de entendimento de algumas vozes doutrinárias (THEODORO JÚNIOR, 2009. p. 16; FIGUEIREDO CRUZ; SEQUEIRA DE CERQUEIRA; GOMES JUNIOR; FAVRETO; PALHARINI JÚNIOR, 2009. p. 45), que seria possível, no juizado especial cível, a utilização de MS em face de decisão transitada em julgado. Cumpre registrar que o STJ não enfrentou a questão diretamente, na verdade foi em *obter dictum*. Muitas vezes, o Judiciário utiliza um julgado para solucionar várias questões, por exemplo, nesse mesmo julgado, menciona-se a possibilidade de mandado de segurança contra decisão transitada em julgado na hipótese de incompetência absoluta dos Juizados Especiais, o que viabilizaria um controle da competência pelo Tribunal de Justiça;

b) Guardamos reservas a tal entendimento, porque o controle pode ser exercido a qualquer momento do procedimento, não sendo crível que somente após o trânsito em julgado a parte se motive a fazê-lo e encontre guarida no Poder Judiciário, ainda mais com a expressa vedação legal (art. 5º, III, Lei 12.016/2009). De igual modo, pela via indireta, se está fraudando o intento da Lei 9.099/1995, que foi alcançar, mais rapidamente, a segurança jurídica, pois admitir um mandado de segurança com efeitos rescisórios, por si só, gera perplexidade (NEVES, 2009). Por fim, o mandado de segurança no processo civil deve ser utilizado para suprir lacunas, o que não ocorre nessa hipótese, não havendo lacuna a ser suprida, pois a Lei 9.099/1995 é expressa;

c) Há, na doutrina, quem critique tal opção legislativa, pois não traz nenhuma vantagem prática para o sistema. Deveria, a rigor, ser admissível rescisória sujeita a um prazo decadencial de, no máximo, seis meses. Nesse sentido, diante da proibição legislativa, deve ser admissível rescisória somente do julgamento realizado pelo STF do recurso extraordinário manejado da decisão da turma recursal (Súmula 640 do STF), desde que o seu mérito tenha sido analisado. A mesma doutrina advoga o cabimento de *querella nullitatis* para declarar a ineficácia da decisão judicial, por violação a norma constitucional ou em qualquer dos casos previstos no art. 966 do CPC, sendo da competência de uma vara cível, no prazo de dois anos a contar do trânsito (CÂMARA, 2010. p. 152-156);

(iii) **Juizados Especiais Federais e de Fazenda Pública**: No que se refere aos Juizados Federais e ao Juizado Especial de Fazenda Pública, o ponto não é pacífico, em virtude da omissão das respectivas legislações, diferentemente do legislador do Juizado Especial Estadual.

a) Cremos, sem dúvidas, que o melhor entendimento é interpretar sistematicamente, aplicando-se subsidiariamente a Lei 9.099/1995, na forma do art. 1º da Lei 10.259/2001 e art. 27 da Lei 12.153/2009. Há, inclusive, o Enunciado 44 do FONAJEF afirmando não ser admissível rescisória nos Juizados Federais, aplicando o art. 59 da Lei 9.099/1995, entendimento mais razoável. O STF,[5] contudo, julgou algumas rescisórias contra acórdãos proferidos no STF no julgamento de recurso extraordinário, regulado pela Lei 8.038/1990, oriundos dos

---

4   STJ, MC 15.465/SC, Min. Nancy Andrighi, 3ª T., j. 28.04.2009, publicado no Informativo 382.
5   STF, AR 1974 MC/SC, rel. Min. Gilmar Mendes.

Cap. 40 · AÇÃO RESCISÓRIA | 533

juizados especiais federais, prevalecendo a regra de que os tribunais rescindem seus próprios julgados sobre o art. 59 da Lei 9.099/1995. Se a rescisória fosse da sentença de juiz do JEF ou de decisão da turma recursal, seria inadmissível. Na jurisprudência, há decisões em ambos os sentidos: os julgados que admitem, seja da sentença ou do acórdão, afirmam que a competência será da turma recursal, não do tribunal a que o juiz está vinculado;[6]

(iv) **Jurisdição voluntária**: O ponto central aqui é saber se a decisão em jurisdição voluntária faz coisa julgada material. Fazendo coisa julgada material, naturalmente, será possível a rescisória. No capítulo referente à coisa julgada, abordamos a teoria revisionista e clássica. Adotando-se a teoria clássica sobre jurisdição voluntária, ou seja, não se admite coisa julgada material em jurisdição voluntária e, por conseguinte, não se admite rescisória (NERY JR.; NERY, 2007. p. 788), admitindo-se somente ação anulatória. Majoritariamente, há uma tendência muito forte na adoção da teoria revisionista, admitindo, assim, a formação da coisa julgada material, sendo, portanto, uma decisão rescindível;[7]

(v) **Incidentes processuais**: A questão cinge-se em analisar a possibilidade de cabimento de rescisória de decisões proferidas, por exemplo, em arguição de impedimento e suspeição ou no conflito de competência. Majoritariamente, não se admite, inclusive há uma decisão do STJ não admitindo rescisória em conflito de competência;[8] contudo, com razão, afirma parte da doutrina que, por ser um incidente de mérito, havendo objeto litigioso distinto, poderia ser rescindido, desde que preenchidos os requisitos da rescisória. Igual raciocínio seria aplicável ao incidente de impedimento e suspeição, por ser utilizado em outros processos, entre as mesmas partes do incidente (DIDIER JR., 2010. v. 3, p. 348-349). O STJ[9] não admitiu rescisória contra decisão do Presidente do STJ proferida em suspensão de liminar e de sentença, mesmo que transitada em julgado. Em síntese, basta que haja uma interlocutória de mérito (Enunciado 336 do FPPC) para ser cabível ação rescisória;

(vi) **Decisão de inadmissão recursal**: Decisão que não conhece um recurso não é uma decisão de mérito, portanto, em tese, não é rescindível. Contudo, tendo sido tal recurso inadmitido indevidamente, reconhecendo, por exemplo, intempestividade, impedindo a discussão sobre a tese do recurso, seria admissível a rescisória. Esse é o posicionamento do STJ, previsto no art. 966, § 2º, II, do CPC (DIDIER JR., 2010. v. 3, p. 347).[10] Cabe registrar que nos casos em que tanto a decisão de inadmissibilidade do recurso quanto a decisão recorrida apresentem vícios rescisórios, ambas serão rescindíveis, ainda que proferidas por órgãos jurisdicionais diversos (Enunciado 555 do FPPC);

---

[6] STJ, REsp 747.447/PR, rel. Min. Laurita Vaz, j. 17.08.2006.

[7] Adotando a teoria revisionista sobre jurisdição voluntária: STJ, 3ª T., REsp 942.658/DF, rel. Min. Paulo de Tarso Sanseverino, j. 02.06.2011. Admitindo rescisória: DIDIER JR., Fredie. *Curso de direito processual civil*. Meios de impugnação das decisões judiciais e processo nos tribunais cit., 5. ed., v. 3, p. 345.

[8] STJ, AR 3231/PR, rel. Min. Nancy Andrighi, j. 14.02.2007.

[9] STJ, AR 5.857/MA, Corte Especial, rel. Min. Mauro Campbell Marques, por unanimidade, j. 07.08.2019, *DJe* 15.08.2019.

[10] STJ, 3ª T., REsp 636.251/SP, rel. Min. Carlos Alberto Menezes Direito, j. 03.02.2005.

534 | PROCESSO CIVIL SISTEMATIZADO – *Haroldo Lourenço*

(vii) **Capítulos da decisão**: Cabe rescisória de uma parte da decisão, discutindo somente um capítulo do julgado (art. 966, § 3º). Pode, por exemplo, dizer respeito somente a um dos litisconsortes sendo, então, só ele citado. Imaginemos a hipótese de ação rescisória buscando a rescisão do capítulo atinente aos honorários advocatícios. A parte sucumbente não tem necessidade de ajuizar a rescisória em face do autor da demanda, basta propô-la em face do advogado[11]. Em uma reclamação trabalhista, em que cinco gerentes processam o Banco do Brasil, todos têm êxito em suas reclamações; posteriormente, o Banco ajuíza rescisória discutindo a condenação imposta para somente dois dos gerentes. Nessa linha, não há litisconsórcio necessário em relação aos demais gerentes. A rescisória é parcial e não integral, pois se está revendo a sentença em vários capítulos, como um feixe de decisões e não como uma decisão unitária. É imprescindível a teoria dos capítulos da sentença (DIDIER JR., 2010. v. 3, p. 347). Questão polêmica é o juízo competente em tal caso, como será analisado adiante;

(viii) **Decisão terminativa que impeça a propositura de nova ação**: A decisão terminativa não decide o mérito, portanto, em regra, não é rescindível. Nesse sentido, há debate na doutrina:

> Somente decisões de mérito seriam rescindíveis logo, seria incabível rescisória de decisões terminativas, devendo-se considerar tais demandas juridicamente impossíveis (CÂMARA, 2008. v. 2, p. 10; BARBOSA MOREIRA, 2011. v. 5, p. 98-99).[12] Essa, contudo, não é a posição adotada nesta obra, por dois motivos: inicialmente, não seria hipótese de impossibilidade jurídica, mas de falta de interesse de agir necessidade, pois os processos encerrados por sentenças terminativas admitem um novo ajuizamento (art. 486), contudo, há decisões terminativas que podem ganhar ares de definitividade, impedindo a revisão e nova propositura, produzindo efeito semelhante ao de uma sentença de mérito, como nas hipóteses em que se reconhece litispendência, perempção e coisa julgada. Assim, nesses casos, seria admissível rescisória porque são decisões terminativas com características peculiares, tendo um efeito semelhante ao de uma sentença de mérito (DIDIER JR.; CUNHA, 2010. v. 3, p. 365; SOUZA, 2001. p. 501; YARSHELL, 2005. p. 163-164),[13] devendo se admitir rescisória, na forma do art. 966, § 2º, I, do CPC/2015;

(ix) **Decisão de tutela provisória estabilizada**: Por se tratar de uma decisão de mérito, mas em cognição sumária, não haverá formação da coisa julgada (art. 304, § 6º), portanto inadmissível rescisória (Enunciado 33 do FPPC);

(x) **Decisão *citra petita***: Uma decisão é omissa quando ela deixa de examinar um fundamento relevante ou quando deixa de examinar um pedido. Quando a decisão deixa de examinar um **fundamento**, é nula, pois possui um defeito em sua motivação. Ao deixar de examinar um **pedido**, é inexistente porque não houve decisão em relação a ele. Nessa linha, não tendo a decisão apreciado um

---

[11] STJ, REsp 1.651.057-CE, 3ª T., rel. Min. Moura Ribeiro, j. 16.05.2017, *DJe* 26.05.2017.

[12] STF, AR 1056-6/GO, rel. Min. Octávio Gallotti, *DJ* 25.05.2001.

[13] TFR, 2ª Seção, AR 1.501/RJ, rel. Min. Eduardo Ribeiro. NEVES, Daniel Amorim Assumpção. *Manual de direito processual civil* cit., p. 775.

Cap. 40 · AÇÃO RESCISÓRIA | 535

fundamento, caberia ação rescisória, pois a decisão é existente, porém nula por ofensa ao dever de motivar (art. 489, § 1º). Agora, decisão citra petita que não examina um pedido não pode ser rescindida, pois inexistente. Não é possível rescindir a não decisão, não é possível rescindir o que não foi decidido. É caso de repropor a demanda (DIDIER JR., 2017. v. 3, p. 347);

(xi) **Sentença arbitral**: A arbitragem, como visto, é um meio alternativo para a solução de um litígio (Lei 9.307/1996) e a sentença proferida pelo juiz arbitral gera um título executivo judicial (art. 515, VII, do CPC), sendo admissível alegação de eventuais nulidades em impugnação ao cumprimento de sentença (art. 33, § 3º, da Lei 9.307/1996, com redação dada pelo art. 1.061 do CPC/2015), porém, tal decisão não é suscetível de ação rescisória (Enunciado 203 do FPPC), somente ação anulatória (art. 33 da Lei da arbitragem);

(xii) **Decisões interlocutórias e monocráticas**: Preenchidos os demais pressupostos, a decisão interlocutória e a decisão unipessoal são suscetíveis de fazer coisa julgada, admitindo, portanto, ação rescisória (Enunciado 436 do FPPC);

(xiii) **Na ação monitória**: Por se tratar de uma tutela de evidência documental, determina a legislação sobre o procedimento monitório que se constituirá de pleno direito o título executivo judicial, independentemente de qualquer formalidade, se não realizado o pagamento e não apresentados os embargos previstos no art. 702 do CPC, sendo tal decisão rescindível, nos termos do art. 701, § 3º, do CPC.

40.4.2. Trânsito

Exige-se o trânsito em julgado para a propositura da ação rescisória, que consiste no esgotamento da possibilidade de interposição de recurso, como se extrai do art. 966 do CPC/2015. Do contrário, carecerá o demandante de interesse de agir necessidade diante da propositura de rescisória.

O Enunciado 514 do STF, em rápida leitura, pode gerar equívocos interpretativos, pois afirma ser admissível ação rescisória contra sentença transitada em julgado, ainda que contra ela não se tenham esgotados todos os recursos. Como seria possível ter ocorrido trânsito se ainda couberem recursos?

A ideia que se extrai do enunciado é que cabe rescisória contra decisão que transitou em julgado, mesmo que não se tenha utilizado nenhum recurso ou não se tenha utilizado todos os possíveis recursos. Cabe rescisória pelo fato de ter **transitado em julgado**, pouco importa se o trânsito em julgado veio após incessantes recursos ou por não ter sido interposto recurso algum.

Destarte, não se admite rescisória antes do trânsito, porém não vemos problemas em aplicar o art. 493 do CPC/2015,[14] desde que observados todos os demais requisitos para a rescisória.

---

[14] STJ, REsp 257.580/PR, rel. Min. Carlos Alberto Menezes Direito, *DJ* 20.08.2001.

40.4.3. Prazo

O lapso temporal para rescisão de uma decisão é de dois anos, contados do trânsito em julgado (art. 975). Nesse ponto, serão citados alguns Enunciados do TST, pois é o Tribunal brasileiro que mais julga ação rescisória, uma vez que todos os recursos das rescisórias ajuizadas nos TRTs convergem ao TST, sendo os mesmos muito elucidativos.

Havia controvérsia se a data da ciência do vício rescisória influenciaria ou não em sua contagem e, para alguns, tal circunstância seria irrelevante (NEVES, 2011. p. 788), contudo, esse **não** foi o entendimento que prevaleceu com o CPC/2015, como se observa dos §§ 2º e 3º do art. 975. Se a rescisória fora fundada em prova nova (art. 966, VII), o termo inicial do prazo será a **data de descoberta** de tal prova, observado o **prazo máximo de cinco anos**, contado do trânsito em julgado da última decisão proferida no processo. Nas hipóteses de **simulação ou de colusão das partes** (art. 966, III, parte final), o prazo começa a contar, para o terceiro prejudicado e para o Ministério Público, que não interveio no processo, a partir do momento em que têm ciência da simulação ou da colusão.[15] Há, aqui, que se ponderar que tais regras somente serão aplicáveis às decisões transitadas após a vigência do CPC/2015, ou seja, a partir do dia 18.03.2016, inclusive (Enunciado 341 do FPPC).

Sobre o momento que se considera o trânsito em julgado, há intenso debate.

Majoritariamente, afirma-se que o trânsito ocorre da **última decisão prolatada**, analisando ou não o mérito, portanto, eventual recurso não conhecido **não** teria efeito retroativo (DIDIER JR., 2010. v. 3, p. 361). Esse é o entendimento do Enunciado 401 do STJ[16], bem como do Enunciado 100 do TST, contudo, se o último recurso interposto é **manifestamente intempestivo**, a decisão que o inadmite tem eficácia retroativa à última decisão de mérito.[17] Há, contudo, quem afirme que o termo *a quo* seria o da última decisão sobre o mérito da causa, nesse sentido, tendo sido interposto recurso e este não tendo sido conhecido, portanto, não analisando o mérito, o trânsito teria ocorrido na intimação da decisão recorrida que analisou o mérito. Assim, o recurso não conhecido teria eficácia retroativa,[18] porém, prevalecendo tal entendimento, pode acontecer de o resultado do recurso ocorrer quando já tiver se esgotado o prazo da ação rescisória, o que ofenderia a razoabilidade.

Outro ponto de tensão é se na hipótese de recurso parcial, sobre a parte não recorrida já transitada em julgado, admitiria ou não rescisória. Afirma a doutrina que sim, pois já produziria imediatamente coisa julgada material, assim, o termo inicial **não** seria da última decisão prolatada na causa, mas do momento em que a parcela da decisão transitou em julgado por não ter sido objeto de recurso. Do contrário, poderia se visualizar uma ação rescisória de um capítulo do julgado não impugnada

---

[15] Enunciado 100 do TST, item VI: "Na hipótese de colusão das partes, o prazo decadencial da ação rescisória somente começa a fluir para o Ministério Público, que não interveio no processo principal, a partir do momento em que tem ciência da fraude" (ex-OJ 122 da SBDI-2 – DJ 11.08.2003).

[16] STJ, AgInt nos EDcl no REsp 1.622.029/SC, 2ª T., rel. Min. Francisco Falcão, j. 11.06.2019.

[17] STJ, REsp 784.166/SP, 3ª T., rel. Min. Castro Filho, j. 13.03.2007.

[18] STF, AR 1.472/DF, rel. Min. Marco Aurélio, Informativo 491, j. 17.09.2007.

Cap. 40 · AÇÃO RESCISÓRIA | 537

dez anos depois, quando houver a última decisão no processo (DIDIER JR., 2017. v. 3, p. 361), denominado por alguns de coisa julgada progressiva. O **STJ** não admite a tese da coisa julgada parcial, reafirmando o entendimento de que somente após a **última decisão na causa** passa a ser contado o prazo da ação rescisória,[19] tal entendimento sustenta-se na questão do juízo competente, pois seria possível que cada capítulo transitasse em tribunais diversos, o que geraria uma celeuma, como será mais bem analisado adiante.

Como o direito de rescindir uma decisão é potestativo, sua natureza é **decadencial**, fazendo com que o autor perca o próprio direito material de desconstituir o julgado. Algumas medidas provisórias já tentaram dilatar tal prazo em favor da Fazenda Pública, porém o STF as julgou inconstitucionais.[20] Nesse sentido, o prazo para a Fazenda Pública ajuizar a rescisória será de dois anos (DIDIER JR., 2010. v. 3, p. 357-358).

Observe-se que há um caso em que o prazo para rescindir a decisão é de **oito anos** (art. 8º-C da Lei 6.739/1979), na hipótese de a decisão referir-se à transferência de terra pública rural, de acordo com a redação dada pela Lei 10.267/2001 (DIDIER JR., 2017. v. 3, p. 382-383).

Não obstante ser um prazo decadencial, não se interrompendo ou suspendendo, vencendo-se quando **não** há expediente forense, caberá à parte interessada ingressar com a rescisória no primeiro dia útil subsequente, caso o prazo vença em dia não útil,[21] na forma do art. 975, § 1º, do CPC/2015.

40.4.4. Hipóteses de rescindibilidade

A ação rescisória, como uma ação típica, ou seja, ação cuja causa de pedir é predeterminada pelo legislador, deve, necessariamente, seguir a tipificação prevista em lei, **não** cabendo ampliação ou extensão em tal interpretação (NERY JR.; NERY, 2007. p. 778; CÂMARA, 2008. v. 2, p. 11), sob pena de violação à segurança jurídica estabelecida pela coisa julgada (art. 5º, XXXVI, da CR/1988). Trata-se, a rigor, de ação que busca relativizar a coisa julgada material, equalizando o eterno conflito entre justiça e segurança jurídica.

A rescisória seria um último suspiro do sistema processual (NEVES, 2011. p. 774), nesse sentido, as hipóteses de cabimento de ação rescisória encontram-se nos arts. 658 e 966 do CPC, nada impedindo, contudo, a alegação de várias dessas hipóteses simultaneamente, realizando uma cumulação de ações rescisórias.

Cada hipótese é uma causa de pedir, a rigor, uma causa de pedir remota. Rememorando, causa de pedir remota é o fato jurídico e causa de pedir próxima é o direito que se afirma ter. Na rescisória, afirma-se ter o direito à rescisão da decisão, porém o fato jurídico que se afirma ter é uma das várias hipóteses de rescindibilidade.

---

[19] STJ, 2ª T., REsp 781.923/DF, rel. Min. Castro Meira, j. 21.08.2007.
[20] STF, Pleno, ADI 1753 MC/DF, rel. Min. Sepúlveda Pertence, j. 16.04.1998.
[21] STJ, 5ª T., AgRg no REsp 966.017/RO, rel. Min. Arnaldo Esteves Lima, j. 05.02.2009.

538 | PROCESSO CIVIL SISTEMATIZADO – *Haroldo Lourenço*

Sendo a hipótese de rescindibilidade a causa de pedir remota da rescisória e esta é formada por fatos, não pode o tribunal analisar fatos não alegados, sob pena de incorrer em violação do **princípio da adstrição** (art. 141 c/c art. 492 do CPC). Tal circunstância, contudo, **não** pode ser confundida com a hipótese de ser alegado um determinado fato, sustentando referir-se à hipótese "X" e o tribunal concluir que se refere à hipótese de rescindibilidade "Y", por força do vetusto brocado *iura novit curiae*.

Firmadas essas premissas, passemos à análise de cada uma das hipóteses de rescindibilidade.

a) Prevaricação, concussão ou corrupção do juiz

A primeira hipótese de rescindibilidade ocorre em razão da decisão ter sido produto de uma atividade criminosa (prevaricação, concussão ou corrupção, previstos nos arts. 316, 317 e 318 do CP) do órgão julgador, muito conhecida como **juiz peitado**, terminologia que era encontrada no CPC/1939. Essa rescisória **não** pressupõe condenação anterior no âmbito penal, pois é possível apurar na própria rescisória a ocorrência de qualquer desses crimes (NERY JR.; NERY, 2007. p. 778).

A ação rescisória é uma demanda como outra qualquer, sendo assim, possível dilação probatória, como a produção de provas testemunhais, podendo se dar no âmbito do próprio tribunal, em que o relator colherá as provas ou delegará tal atividade a um órgão de primeiro grau, por meio de carta de ordem (arts. 236, § 2º, c/c 972 do CPC).

Já tendo havido, porém, decisão na esfera penal, com conclusão absolutória por negativa de autoria ou de materialidade, **não** caberá rescisória porque já há coisa julgada penal, gerando uma vinculação no cível, contudo, sendo a sentença penal absolutória com fundamento em outro motivo, como ausência de provas ou prescrição, não haverá vinculação no cível (CÂMARA, 2008. v. 2, p. 12).

Havendo concomitância entre a ação penal e a rescisória, é possível a **suspensão** desta, na forma do art. 315 do CPC, de acordo com a conveniência e oportunidade do juízo cível, para se aguardar o julgamento da ação penal (NEVES, 2011. p. 777).

Cumpre observar que, se a decisão rescindenda foi prolatada por **órgão colegiado**, deverá ser analisado se o voto dado pelo magistrado corrupto concorreu para a unanimidade ou para a maioria. Na hipótese de decisão unânime, admite-se rescisória, em virtude de possível influência exercida pelo juiz criminoso; do contrário, sendo vencido o juiz criminoso, já não será cabível, salvo se houver a utilização da técnica de julgamento prevista no art. 942 do CPC, dando prevalência ao voto vencido (NERY JR.; NERY, 2007. p. 778; CÂMARA, 2008. v. 2, p. 12).

Se o objeto da ação rescisória for **sentença**, deverá ser observado se houve ou não recurso, bem como o seu resultado. Havendo apelo e reforma do julgado, não será possível a rescisória, em virtude do **efeito substitutivo** inerente aos recursos (art. 1.008 do CPC) (CÂMARA, 2008. v. 2, p. 12), contudo, não tendo sido conhecida a apelação, será cabível rescisória, visto que mantida a sentença do juiz criminoso.

Não será tolerável rescisória se o juiz criminoso atuou no feito, mas **não** o decidiu e a sua atuação em nada influenciar na decisão rescindenda.

b) Sentença dada por juiz impedido ou absolutamente incompetente

Observe-se que a lei somente nos remete às hipóteses de impedimento e incompetência absoluta, **não** se admitindo, portanto, rescisória por incompetência relativa ou por suspeição (CÂMARA, 2008. v. 2, p. 13). De igual modo, a lei demonstra, de maneira inequívoca, que mesmo se a sentença for prolatada por um juízo absolutamente incompetente ou impedido e transcorrido o prazo de dois anos, **não** será mais possível modificá-la, havendo coisa soberanamente julgada.

A dificuldade nesse ponto é investigar o cabimento de *iudicium rescissorium* por incompetência absoluta, ou seja, se caberia rejulgamento nesse caso. A primeira premissa a ser fixada é que os tribunais possuem competência para rescindir os seus próprios julgados, assim, um julgado do STF é rescindido por ele mesmo (art. 102, I, "j", da CR/1988), um julgado do STJ, pelo próprio STJ (art. 105, I, "e", da CR/1988) etc., não havendo exceção a tal regra. Contudo, se o objeto da rescisória for a decisão de um juiz, a competência dessa rescisória é do tribunal ao qual ele estiver vinculado, assim, buscando-se a rescisão de um julgado prolatado por um juiz federal, a competência será do TRF, se o julgado foi de um juízo estadual, é do respectivo TJ. Intentando-se a rescisão de uma sentença de um juiz estadual investido de jurisdição federal, a competência é do respectivo TRF (art. 109, §§ 3º e 4º, da CR/1988).

Nesse sentido, se o escopo da rescisória é demonstrar que o Tribunal que prolatou o acórdão era absolutamente incompetente, não tem sentido requerer que o mesmo realize um rejulgamento, pois a incompetência absoluta se repetirá. Porém, sendo a rescisória de sentença de juízo de primeiro grau que era absolutamente incompetente, pode o tribunal ter ou não competência para o rejulgamento. Vejamos: na primeira instância, há um juízo cível e um juízo de registros públicos, ambos vinculados a um mesmo tribunal; suponhamos que o juízo cível prolatou sentença, quando a competência era da vara de registros públicos, portanto absolutamente incompetente. Então, nesse caso, o tribunal pode rescindir essa sentença sob o fundamento de que esse juiz era absolutamente incompetente e rejulgar a causa. Destarte, pode acontecer de a rescisória por incompetência absoluta permitir o rejulgamento, desde que se trate de rescisória de sentença e o tribunal tenha competência para rejulgar a causa.

Agora, imaginemos o seguinte: a pretensão rescisória recai sobre a sentença prolatada por um juízo cível absolutamente incompetente porque a causa era da justiça federal; nessa hipótese, a rescisória será proposta no tribunal de justiça, contudo esse não terá competência para o rejulgamento, pois a causa deverá ser remetida à Justiça Federal.

Enfim, para haver rejulgamento é preciso que se trate de rescisória de sentença e que o tribunal tenha competência para tanto.

Registre-se que pode ter havido sentença prolatada por juízo absolutamente incompetente, da qual se interpôs apelação e ocorrer a aplicação do **efeito substitutivo** (art. 1.008) da sentença, o que torna inadmissível a rescisória. Imaginemos a sentença prolatada na vara cível quando deveria ter sido prolatada pela vara de registros públicos, porém confirmada pelo tribunal (NEVES, 2011. p. 778).

Por fim, **tendo ou não** sido arguido o impedimento ou a incompetência absoluta, rejeitadas ou não, **será** admissível a rescisória (NEVES, 2011. p. 777-778).

540 | PROCESSO CIVIL SISTEMATIZADO – *Haroldo Lourenço*

c) Sentença resultante de dolo ou coação da parte vencedora e simulação ou colusão entre as partes para fraudar a lei

Temos, a rigor, dois casos de rescisória reunidos em um mesmo inciso necessitando, portanto, de enfrentamento individualizado.

Inicialmente, exige-se dolo ou coação da parte vencedora em detrimento da vencida, admitindo-se, também, que tais atos sejam praticados pelo **representante legal ou do advogado** (CÂMARA, 2008. v. 2, p. 14). Deve haver um **nexo causal** entre o dolo ou a coação e o resultado do processo, ou seja, deve ter influenciado o juiz, a ponto de afastá-lo da verdade. A rescisória, nessa hipótese, é um instrumento de proteção da boa-fé objetiva e seus consectários no processo (art. 5º do CPC).

Tem-se, ainda, a hipótese da colusão ou simulação entre as partes, prevista no art. 142 do CPC, havendo um processo simulado ou com objetivo de alcançar algo vedado pelo ordenamento. Pense-se, por exemplo, em um homem casado que pretenda doar um bem a sua amante, o que é vedado pela lei civil e, para efetivar tal intento, a amante propõe demanda pleiteando o reconhecimento do domínio e ele reconhece a procedência (CÂMARA, 2008. v. 2, p. 14).

Observe-se que no caso de colusão ou simulação entre as partes, **há** acordo prévio, enquanto no caso de dolo ou coação tal acordo **inexiste**.

Diante de simulação ou colusão entre as partes, o interesse de agir é do MP (art. 967, III, "b"), devendo ser observada a contagem de prazo do art. 975, § 3º. De igual modo, não caracteriza dolo processual o simples fato de a parte vencedora ter silenciado a respeito de fatos contrários aos seus interesses, bem como que haja vencedor e vencido, o que não ocorre na hipótese de autocomposição (Enunciado 403 do TST[22]).

d) Ofende a coisa julgada

Admite-se rescisória de uma decisão que ofenda a coisa julgada materializada em outra decisão previamente prolatada. A coisa julgada tem um efeito negativo e um positivo. O **efeito negativo** é o que impede a prolação de nova decisão, já o **positivo** é o que impõe a adoção do que restou estabelecido no julgado. Em ambos os casos se admite a ação rescisória.

Assim, por exemplo, em uma ação de investigação de paternidade julgada procedente, afirmando-se ser João o pai, não é possível que outro juiz diga que ele não é pai (efeito negativo). Ajuizada ação de alimentos pelo filho, o juiz, nessa ação, não vai poder dizer que ele não é pai (efeito positivo). Então, nos casos acima, será admissível rescisória.

---

[22] Súmula 403 – TST – *DJ* 22, 23 e 24.08.2005: "**I** – Não caracteriza dolo processual, previsto no art. 485, III, do CPC, o simples fato de a parte vencedora haver silenciado a respeito de fatos contrários a ela, porque o procedimento, por si só, não constitui ardil do qual resulte cerceamento de defesa e, em consequência, desvie o juiz de uma sentença não condizente com a verdade" (ex-OJ 125 – *DJ* 09.12.2003). "**II** – Se a decisão rescindenda é homologatória de acordo, não há parte vencedora ou vencida, razão pela qual não é possível a sua desconstituição calcada no inciso III do art. 485 do CPC (dolo da parte vencedora em detrimento da vencida), pois constitui fundamento de rescindibilidade que supõe solução jurisdicional para a lide" (ex-OJ 111 da SBDI-2 – *DJ* 29.04.2003).

Diante desse conflito de coisas julgadas, é dado às partes dois anos para rescindir a segunda, usando a primeira como paradigma. A questão se torna muito mais interessante se não for rescindida a segunda no prazo de dois anos, havendo controvérsia na doutrina sobre qual deverá prevalecer: **Majoritariamente**, afirma-se que a segunda coisa julgada deve prevalecer, pois a coisa julgada faz a lei do caso concreto e, portanto, a posterior revogaria a anterior (art. 503), bem como, caso o legislador não quisesse que a segunda coisa julgada prevalecesse, bastaria não ter estabelecido prazo para a rescisão da segunda, pois, assim, eternamente prevaleceria a primeira (CÂMARA, 2008. v. 2, p. 26-27; DIDIER JR., 2010. v. 3, p. 373; MARINONI; ARENHART, 2003. p. 688-689), com o que concordamos e é a posição do STJ.[23] Há, contudo, quem sustente que deve prevalecer a primeira coisa julgada, reputando inexistente a segunda, pois não haveria interesse de agir na segunda demanda, uma vez que já solucionado o litígio (BUENO, 2008. p. 338; NERY JR.; NERY, 2007. p. 779).

Assim, a rescisória por ofensa ao **efeito negativo** da coisa julgada **não** permite rejulgamento, porque se pedir para rejulgar, vai ofender de novo. Por outro lado, rescisória por ofensa ao efeito positivo da coisa julgada permite o rejulgamento (Enunciado 554 do FPPC). Se o juiz, na ação de alimentos mencionada, afirmar que João não é o pai, ofendeu-se a primeira coisa julgada. Então, torna-se possível o rejulgamento, obviamente observando a coisa julgada. Por isso, quando a ofensa é ao **efeito positivo** da coisa julgada, há possibilidade de **pedido de rejulgamento**.

e) Violação manifesta de norma jurídica

Inicialmente, devemos ressaltar que o legislador se refere à norma jurídica, ou seja, **qualquer espécie normativa**, como medida provisória, lei estadual, decreto, qualquer tipo de norma jurídica geral, inclusive os princípios, sejam expressos ou implícitos, pois também são considerados norma (CÂMARA, 2008. v. 2, p. 16). Assim, há violação à lei, por exemplo, na sentença *extra* ou *ultra petita*. Cremos que no referido inciso devem ser consideradas, ainda, as violações manifestas a precedentes vinculantes (art. 927 do CPC) e a normas negociais (art. 190 do CPC), como adiante será tratado.

Ao se afirmar manifesta violação, visou-se apenas admitir a rescisória quando a violação for evidente e direta, porquanto a rescisória não é adequada para corrigir alegada interpretação equivocada dos fatos, tampouco ser utilizada como sucedâneo recursal ou para corrigir suposta injustiça do julgado que se pretende rescindir.[24]

Nessa linha, surgiu o Enunciado 343 do STF, pois se havia divergência jurisprudencial e o tribunal acolheu uma das hipóteses, a violação não é literal. Ocorre que tal enunciado é antigo, sendo que o próprio STF, nos casos de violação à Constituição, afirma que se os tribunais divergiam sobre a interpretação da Constituição, caberia rescisória para fazer prevalecer o entendimento da corte suprema. Assim, tal enunciado deixou de ter incidência em matéria constitucional, passando a rescisória

---

[23] STJ, EAREsp 600.811/SP, Corte Especial, rel. Min. Og Fernandes, j. 04.12.2019. Cumpre registrar que tal julgamento terminou com maioria de um voto, oito ministros voltando que deveria prevalecer a primeira coisa julgada, enquanto nove votaram que deveria prevalecer a segunda.

[24] STJ, 1ª T., AgInt no REsp 1.647.486/RO, Rel. Min. Sérgio Kukina, j. 26.06.2018.

542 | PROCESSO CIVIL SISTEMATIZADO – *Haroldo Lourenço*

a ser um instrumento de *"controle de constitucionalidade"*.[25] O STJ,[26] seguindo esse raciocínio, afirma que a mesma interpretação dada pelo STF deve ser dada nos casos em que haja divergência em torno da lei.

Nesse sentido, a Lei 13.256/16 incluiu no art. 966 os §§ 5º e 6º, afirmando caber rescisória com fundamento no art. 966, V, contra decisão baseada em **enunciado de súmula ou acórdão proferido em julgamento de casos repetitivos** que não tenha considerado a existência de distinção entre a questão discutida no processo e o padrão decisório que lhe deu fundamento e, nesses casos, caberá ao autor, sob pena de inépcia, demonstrar, fundamentadamente, tratar-se de situação particularizada por hipótese fática distinta ou de questão jurídica não examinada, a impor outra solução jurídica (*distinguish*).

Cumpre, aqui, observar que o legislador escolheu entre os precedentes vinculantes do art. 927 do CPC, escolhendo somente alguns, o que **não** parece ser adequado. Deve se admitir rescisória para todos os precedentes do art. 927.

De igual modo, outros problemas são trazidos por esse inciso V, pois há uma tendência jurisprudencial de dar à rescisória um tratamento semelhante ao de um recurso extraordinário, havendo, nesse sentido, dois Enunciados do TST, o 298,[27] que exige prequestionamento da matéria, ou seja, somente seria admissível rescisória por violação à lei, se a lei, supostamente violada, tiver sido examinada na decisão rescindenda. Assim, criou-se um pressuposto para a rescisória do inciso V idêntico ao pressuposto dos recursos extraordinários. Outra demonstração dessa tentativa de aproximar rescisória do inciso V com recursos extraordinários está no Enunciado 410 do TST, no qual se afirma que em tal rescisória não se admite reexame de fatos e provas do processo que originou a decisão rescindenda.

Por fim, observemos as seguintes situações:

A ação rescisória obedece ao **princípio da congruência** (art. 141 c/c 492 do CPC), portanto, invocada uma das hipóteses de rescindibilidade, não pode o tribunal admitir a rescisória e julgá-la procedente adotando outra hipótese, pois, assim, o tribunal estaria conhecendo um fato que gera o direito de rescindir não invocado pelo autor, o que é vedado.

Frise-se que é diferente, por exemplo, de o demandante alegar um determinado fato, sustentando enquadrar-se no inciso V, todavia, a rigor, enquadra-se no inciso I. A incidência de outra hipótese normativa pode ser aplicada pelo tribunal, mas diante dos fatos trazidos pelo demandante (*iura novit curiae*). Não se está alterando a causa de pedir ou trazendo novo fato ao processo, somente alterando a hipótese normativa incidente sobre o fato alegado pelo autor.

Caso o tribunal rejeite o pedido, afirmando que o artigo tal não foi violado, ele estaria afirmando que não aconteceu o fato apontado como fato gerador do direito

---

[25] STF, Plenário, RE 328.812 ED/AM, rel. Gilmar Mendes, j. 06.03.2008.

[26] 1ª T., REsp 1026234-DF, rel. Min. Teori Albino Zavascki, *DJ* 11.06.2008.

[27] "II – O prequestionamento exigido em ação rescisória diz respeito à matéria e ao enfoque específico da tese debatida na ação e não, necessariamente, ao dispositivo legal tido por violado. Basta que o conteúdo da norma, reputada como violada, tenha sido abordado na decisão rescindenda para que se considere preenchido o pressuposto do prequestionamento" (ex-OJ 72 da SBDI-2 – inserida em 20.09.2000).

Cap. 40 · AÇÃO RESCISÓRIA | 543

do autor. Interpondo-se recurso especial, estaria se afirmando violação ao artigo, pela sua não aplicação pelo Tribunal recorrido, ou seja, no momento em que o Tribunal afirmou que o julgado do qual se busca rescisão não violou o artigo, acabou por violá-lo pela sua não aplicação. Observe-se que se a discussão no recurso especial é a ocorrência ou não da violação à lei (inciso V do art. 966 do CPC), isso é um fato, a causa de pedir remota, portanto, doutrinariamente afirma-se que em sede de rescisória **não** se admitem recursos excepcionais, pois a discussão recairia sobre fatos e o recurso especial e extraordinário transformar-se-ia em apelação.

Nesse sentido, somente é possível recursos excepcionais em ação rescisória quando a violação ocorrer na própria rescisória, como a falta de fundamentação ou quando o tribunal afirmar que não cabe rescisória por violação a princípio. O que **não** é possível é interpor recurso excepcional para rediscutir a causa de pedir da ação rescisória.

O STJ sempre seguiu a linha doutrinária, porém, há alguns anos, passou a admitir recurso especial para discutir a violação da causa de pedir da rescisória (DIDIER JR., 2010. v. 3, p. 419), analisando as próprias razões do acórdão rescindendo. Tal tese foi inaugurada em voto vista do Min. Luiz Fux, afirmando que o REsp na AR, ao deduzir violação do art. 485, V, do CPC (atual art. 966, V) pela decisão rescindenda, ultrapassa os lindes do pedido de desconstituição e invade o próprio mérito daquele provimento jurisdicional, tanto mais que a ruptura da coisa julgada no *iudicium res-cindens* conduz ao rejulgamento, qual seja, o *iudicium rescissorium*. Enfim, o mérito do recurso especial se confunde com os próprios fundamentos para a propositura da ação rescisória, autorizando o STJ a examinar também o acórdão rescindendo.[28]

Por fim, na rescisória na hipótese do inciso V, e somente nessa hipótese, é **obri-gatória** a afirmação, expressa, do artigo supostamente violado, sob pena de inépcia da petição inicial (Enunciado 408 do TST).[29]

f) Sentença fundada em prova falsa

Somente admite-se rescisória por prova falsa (testemunhal, pericial ou documental) se a decisão se **fundar** nessa prova, pois, do contrário, seria a rescisória inútil, uma vez que não desconstituiria o julgado, por ser ele embasado em outros fundamentos. Assim, "derrubada" a prova falsa, toda a decisão terá que "ruir".

Perceba que a falsidade da prova pode ser apurada na própria rescisória, assim como ocorre na hipótese da prevaricação e corrupção do juiz. Tal falsidade pode

---

[28] Informativo 465: STJ, EREsp 1.046.562/CE, rel. originária Min. Eliana Calmon, rel. p/ Ac Min. Nancy Andrighi, j. 02.03.2011. Precedente citado: REsp 476.665/SP, *DJ* 20.06.2005.

[29] Súmula 408 – TST – *DJ* 24.08.2005: "Ação Rescisória – Petição Inicial – Causa de Pedir – Capitula-ção – *Iura Novit Curia* – Não padece de inépcia a petição inicial de ação rescisória apenas porque omite a subsunção do fundamento de rescindibilidade no art. 966 do CPC de 2015 (art. 485 do CPC de 1973) ou a capitula erroneamente em um de seus incisos. Contanto que não se afaste dos fatos e fundamentos invocados como causa de pedir, ao Tribunal é lícito emprestar-lhes a adequada qualificação jurídica (*iura novit curia*). No entanto, fundando-se a ação rescisória no art. 966, inciso V, do CPC de 2015 (art. 485, inciso V, do CPC de 1973), é indispensável expressa indicação, na petição inicial da ação rescisória, do dispositivo legal violado, por se tratar de causa de pedir da rescisória, não se aplicando, no caso, o princípio *iura novit curia*" (ex-OJ 32 e 33 – ambas inseridas em 20.09.2000).

544 | PROCESSO CIVIL SISTEMATIZADO – *Haroldo Lourenço*

ser a **material ou a ideológica**.[30] Existindo concomitância entre a ação rescisória e o processo criminal, poderá o magistrado valer-se do art. 315 do CPC. Havendo trânsito em julgado no processo criminal, aplicam-se as mesmas razões expostas sobre o art. 966, I, do CPC.

Observe-se que, pelo mencionado, ainda que no processo criminal se apure que a prova é falsa, pode a rescisória ser julgada improcedente, bastando que a prova falsa não tenha sido fundamental à decisão.

Por fim, pode ter sido instaurado o debate ao longo do processo sobre a falsidade documental, ficando (art. 430), assim, a declaração de autenticidade do documento acobertada pela coisa julgada material, como permite o art. 433, somente sendo admissível rescisória se provada a falsidade de tal documento, de modo a mudar o julgado (NEVES, 2011. p. 781).

g) Novo documento

Documento novo, para fins de rescisória, *não* é documento produzido depois do julgado, é documento obtido **após** o trânsito em julgado, ou seja, **já existia**, mas a parte somente teve acesso a ele depois, **ou** porque ignorava sua existência, **ou** porque não pôde usá-lo.

Tal documento, por evidente, deve ter **relevância** suficiente para alterar o conteúdo da decisão prolatada,[31] ainda que em parte. Frise-se não se tratar de mais um documento que, juntamente com outras provas, poderia reverter a decisão. Tem que ser um único documento que, por si só, tenha aptidão para demonstrar que a decisão teria que ser outra, contrária.

Tal inciso tem sido atenuado pelo **STJ**,[32] transformando-se em verdadeira válvula de escape, a partir de uma interpretação mais elástica, como, por exemplo, o exame de DNA realizado posteriormente à formação da coisa julgada, que, a rigor, não seria documento novo para fins de rescisória, pois se formou posteriormente à decisão judicial, porém, em razão da sua peculiar força probatória, ele é admitido como meio hábil à rescisória.

Afirma o legislador que o documento deve ser obtido "depois do trânsito em julgado", devendo ser interpretado no sentido de que tal momento significa o **último** momento em que seria lícita a utilização do documento novo no processo originário (NEVES, 2011. p. 782). O raciocínio é no sentido de evitar uma postura de má-fé, como se tal documento fosse uma "carta na manga".

Assim, por exemplo, se na interposição de uma apelação o recorrente já puder utilizar um documento, ou já tiver conhecimento de sua existência, a rescisória deverá ser inadmitida, pela proibição à prática de atos ofensivos à boa-fé objetiva.

Contudo, como em sede de recurso especial e extraordinário não se admite a juntada de documentos, considerando a limitação às matérias de direito, então essa seria a única hipótese em que o recorrente aguarda a eventual derrota para desconstituir o julgado (NEVES, 2011. p. 782). Cremos que, nessa hipótese, deve o

---

[30] STJ, 1ª Seção, AR 1.291/SP, rel. Min. Luiz Fux, j. 23.04.2008.
[31] STJ, 3ª Seção, AR 3.444/PB, rel. Min. Maria Thereza de Assis Moura, j. 08.08.2007.
[32] STJ, 4ª T., REsp 653.942/MG, rel. Min. Honildo Amaral de Mello Castro, j. 15.09.2009.

Cap. 40 · AÇÃO RESCISÓRIA | 545

recorrente apresentar tal documento, ainda que o STJ ou STF o inadmita, do contrário haverá uma nítida postura contraditória da parte. A rigor, a contradição é recíproca, pois tais tribunais deveriam receber tais documentos, mas isso não permite que o recorrente também se omita. Como cediço, a ninguém é lícito se beneficiar da sua própria torpeza.

Por fim, não se confunda **documento** novo com **fato** novo ou, ainda, **fato novo** de que somente **após** o trânsito se toma conhecimento. O **documento novo**, para efeito de ação rescisória, refere-se a **fato pretérito**. O **fato novo** e relevante, ocorrido ou conhecido após o trânsito, não admite rescisória, contudo admite **outra demanda**, pois haverá uma nova causa de pedir.

h) Sentença fundada em erro de fato

Quando a decisão se fundar em erro de fato verificável do exame dos autos, será cabível rescisória, permitindo a rescisão por questões de justiça. O conceito de erro de fato está no § 1º do art. 966. Há erro de fato quando a sentença admitir um fato inexistente como existente, ou quando considerar inexistente um fato efetivamente ocorrido, portanto errar de fato é reputar existente um fato que não aconteceu ou reputar inexistente um fato que aconteceu.

Assim, a rescindibilidade advinda do erro de fato decorre da má percepção da situação fática resultante de atos ou documentos da causa, dos quais o magistrado não se valeu para o julgamento, a despeito de existentes nos autos.

Três pressupostos hão de concorrer para que o erro de fato dê causa à rescindibilidade: **(i)** que a sentença nele seja fundada, isto é, que sem ele a conclusão do juiz houvesse de ser diferente; **(ii)** que o erro seja apurável mediante o simples exame dos documentos e mais peças dos autos, não se admitindo de modo algum, na rescisória, a produção de quaisquer outras provas tendentes a demonstrar que não existia o fato admitido pelo juiz, ou que ocorrera o fato por ele considerado inexistente; **(iii)** que o fato não represente ponto controvertido sobre o qual o juiz deveria ter se pronunciado, ou seja, se o juiz já se pronunciou sobre tal fato não será cabível a rescisória (§ 1º).

i) Sentença de partilha (art. 658 do CPC)[33]

Na forma do art. 657 do CPC, a partilha amigável, lavrada em instrumento público, reduzida a termo nos autos do inventário ou constante de escrito particular homologado pelo juiz, pode ser **anulada**, por dolo, coação, erro essencial ou intervenção de incapaz, observado o disposto no art. 966, § 4º, ou seja, ratifica a necessidade de ação anulatória dos atos de disposição de direitos, praticados pelas partes ou por outros participantes do processo e homologados pelo juízo, bem como os atos homologatórios praticados no curso da execução. Tal ação deve ser proposta no prazo **prescricional** de um ano, contado, no caso de coação, do dia em que ela cessou, na hipótese de erro ou dolo, do dia em que se realizou o ato, ou quanto ao incapaz, do dia em que cessar a incapacidade (art. 657, parágrafo único).

---

[33] Enunciado 137 do FPPC: "Contra sentença transitada em julgado que resolve partilha, ainda que homologatória, cabe ação rescisória".

546 | PROCESSO CIVIL SISTEMATIZADO – *Haroldo Lourenço*

Por outro lado, tendo tal partilha amigável sido homologada por sentença, será rescindível quando emanar de um ato realizado por dolo, coação, erro essencial ou intervenção de incapaz, ou com preterição de formalidades legais, ou de herdeiro ou por incluir quem não o seja.

O **STJ** já reconheceu ser a ação rescisória meio eficaz para impugnar sentença homologatória de inventário quando há interesse de incapaz, mesmo diante de falta de previsão no art. 966 do CPC,[34] o que é ratificado pelos Enunciados 137 e 138 do FPPC, que ratificam o cabimento de ação anulatória ou rescisória, a depender da situação.

De igual modo, a ação rescisória de partilha com fundamento na preterição de herdeiro, prevista no inciso III do art. 658, está vinculada à hipótese do art. 628 do CPC, não se confundindo com a ação de petição de herança (art. 1.824 do Código Civil), cujo fundamento é o reconhecimento do direito sucessório e a restituição da herança por aquele que não participou, de qualquer forma, do processo de inventário e partilha (Enunciado 183 do FPPC).

40.5. CONDIÇÕES DA AÇÃO

40.5.1. Legitimidade (art. 967 do CPC)

No que toca à **legitimidade ativa,** admite-se a propositura da ação rescisória pelas **partes** do processo originário, estejam elas na condição de **autores, réus, terceiros intervenientes ou assistentes**. Ainda que o réu tenha restado **revel** (DIDIER JR., 2010. v. 3, p. 350) ou que o terceiro não tenha intervindo, admite-se rescisória.

A sucessão *inter vivos* ou *causa mortis* permite a propositura da rescisória, tendo ocorrido antes ou depois do encerramento do processo rescindendo. Caso já haja ocorrido a sucessão processual, os herdeiros ingressarão como partes. No que se refere à existência de pluralidade de partes no processo rescindendo, haverá um litisconsórcio facultativo no polo ativo da rescisória, podendo ser unitário no julgamento do **juízo rescindendo**, pois eventual manutenção ou desconstituição da decisão atingirá todos os litisconsortes indistintamente, porém, no **juízo rescisório**, é possível se cogitar que no novo julgamento o resultado possa ser diferente para os litisconsortes ativos (NEVES, 2011. p. 785).

Além disso, pode propô-la o Ministério Público como fiscal da ordem jurídica, pois como parte já estaria na primeira legitimidade mencionada. Admite-se que o MP a proponha sempre que houver interesse público,[35] ou seja, o rol previsto no art. 967, III, **não** é taxativo.[36] Cumpre registrar que, para o MP rescindir a decisão

---

[34] Informativo 465: STJ, 4ª T., REsp 917.606/RS, rel. Min. Aldir Passarinho Junior, j. 03.03.2011. Precedentes citados: REsp 32.306/RS, *DJ* 07.11.1994; REsp 21.377/MG, *DJ* 22.11.1993.

[35] STJ, 1ª Seção, EAR 384/PR, rel. Min. João Otávio de Noronha, j. 08.02.2006.

[36] Súmula 407 – TST – *DJ* 22, 23 e 24.08.2005: "Conversão da Orientação Jurisprudencial 83 da SDI--II – Ação Rescisória – Ministério Público – Legitimidade *ad causam* – A legitimidade *ad causam* do Ministério Público para propor ação rescisória, ainda que não tenha sido parte no processo que deu origem à decisão rescindenda, não está limitada às alíneas 'a' e 'b' do inciso III do art. 967 do CPC de 2015 (487, III, 'a' e 'b', do CPC de 1973), uma vez que traduzem hipóteses meramente exemplificativas" (ex-OJ 83 – inserida em 13.03.2002).

Cap. 40 · AÇÃO RESCISÓRIA | 547

por não ter sido intimado (art. 967, III, "a"), deverá demonstrar que há **prejuízo** em razão da falta de sua intervenção (art. 279, § 2º, CPC). De igual modo, proposta rescisória na hipótese de simulação ou colusão das partes (art. 967, III, "b", do CPC), deverá ser formado um **litisconsórcio passivo necessário** entre os fraudadores ou supostos fraudadores.

Há que se ressaltar que aquele ou aqueles que participaram do conluio terão legitimidade, mas **não** terão interesse de agir (DIDIER JR., 2010. v. 3, p. 351), além daquele que não foi ouvido no processo em que lhe era obrigatória a intervenção, como a **CVM** (art. 31 da Lei 6.385/76) e **CADE** (art. 118 da Lei 12.529/11), ambos como *amicus curiae* (Enunciado 339 do FPPC).

A **legitimidade passiva** na ação rescisória será formada em face de todos aqueles que puderem sofrer uma consequência negativa com a rescisão da decisão, ou seja, somente serão citados os que se prejudicarem com a decisão,[37] contudo, nem sempre haverá litisconsórcio passivo necessário em rescisória, quando seu objeto for somente um dos capítulos da decisão, como a denunciação da lide ou honorários advocatícios.

Nada obsta, contudo, que um denunciado seja um litisconsorte passivo necessário em ação rescisória que tenha por escopo anular a lide principal da ação de evicção sendo, portanto, indispensável a inclusão do litisdenunciante no polo passivo; pois, tendo sido condenado ao pagamento indenizatório, terá interesse direto na lide principal e, por conseguinte, também o terá na ação rescisória, por visar rescindir a coisa julgada, e, como esse juízo rescindente o atinge, deverá ser chamado para a relação processual.[38]

De igual modo, na hipótese de o litisconsórcio ser necessário, quanto ao pedido rescindendo, será **unitário**, não se admitindo que se opere a rescisão da decisão para alguns dos litisconsortes e a sua manutenção para outros. No tocante ao pedido rescisório, será **simples**, porque no novo julgamento o resultado poderá ser diferente para os litisconsortes, desde que o litisconsórcio na ação originária tenha sido simples (NEVES, 2011. p. 787).

Observe-se que o Enunciado 406 do TST, em seu inciso II, prevê uma hipótese de legitimidade passiva extraordinária na ação rescisória, pois o sindicato, legitimado extraordinário ativo na reclamação trabalhista, será **legitimado extraordinário passivo** em futura rescisória. *In verbis*:

> Súmula 406 – TST – Res. 137/05 – *DJ* 22, 23 e 24.08.2005 – Conversão das Orientações Jurisprudenciais ns. 82 e 110 da SDI-II
>
> Ação Rescisória – Litisconsórcio Necessário Passivo e Facultativo Ativo – Substituição pelo Sindicato
>
> I – O litisconsórcio, na ação rescisória, é necessário em relação ao polo passivo da demanda, porque supõe uma comunidade de direitos ou de obrigações que não admite solução díspar para os litisconsortes, em face da indivisibilidade do objeto.

---

[37]   STJ, 2ª T., REsp 785.666/DF, rel. Min. Eliana Calmon, j. 17.04.2007. No mesmo sentido Enunciado 406 do TST.

[38]   Informativo 463: STJ, CE, REsp 863.890/SC, rel. Min. Nancy Andrighi, j. 17.02.2011. Precedentes citados: AgRg no Ag 784.710/RJ, *DJe* 06.10.2010; REsp 1.159.409/AC, *DJe* 21.05.2010; AgRg no Ag 1.175.802/MG, *DJe* 15.03.2010; REsp 1.107.219/SP, *DJe* 23.09.2010; AgRg no REsp 737.069/RJ, *DJe* 24.11.2009; AR 2.009/PB, *DJ* 03.05.2004; AgRg nos EDcl na AR 4.363/PI, *DJe* 12.11.2010; AgRg no REsp 617.072/SP, *DJ* 27.08.2007.

548 | PROCESSO CIVIL SISTEMATIZADO – *Haroldo Lourenço*

Já em relação ao polo ativo, o litisconsórcio é facultativo, uma vez que a aglutinação de autores se faz por conveniência, e não pela necessidade decorrente da natureza do litígio, pois não se pode condicionar o exercício do direito individual de um dos litigantes no processo originário à anuência dos demais para retomar a lide. (ex-OJ 82 – inserida em 13.03.2002)

II – O Sindicato, substituto processual e autor da reclamação trabalhista, em cujos autos fora proferida a decisão rescindenda, possui legitimidade para figurar como réu na ação rescisória, sendo descabida a exigência de citação de todos os empregados substituídos, porquanto inexistente litisconsórcio passivo necessário. (ex-OJ 110 – *DJ* 29.04.2003)

Esse inciso, realmente, é digno de aplausos. Em tutela coletiva, um dos grandes assuntos, ainda embrionário no Brasil, é a **ação coletiva passiva**, que é o processo coletivo contra uma coletividade e não a favor de uma coletividade, ou seja, a coletividade, ao invés de ser titular de um direito, é titular de uma situação passiva. A rigor, é uma ação rescisória de uma ação coletiva, portanto a ação rescisória de uma ação coletiva é uma ação coletiva passiva.

40.5.2. Interesse de agir

Quanto ao interesse de agir, na rescisória **não** há nenhuma peculiaridade. O tratamento aqui é exatamente idêntico ao disposto sobre as condições da ação, no início deste trabalho.

Suponhamos, por exemplo, João e José, mediante colusão obtiveram sentença judicial visando a interesses recíprocos. José, no prazo de dois anos, resolve propor ação rescisória do mencionado julgado. O art. 967 do CPC, como visto, afirma que a legitimidade ativa na rescisória pertence às partes ou seus sucessores, terceiro e ao Ministério Público, principalmente na hipótese de colusão entre as partes (inciso III, alínea "b"). Nesse sentido, observe-se que a rescisória proposta por José será extinta não por ilegitimidade ativa, mas por exclusiva falta de interesse de agir.

40.6. COMPETÊNCIA

A ação rescisória é sempre uma ação da **competência originária de um tribunal**, não podendo ser ajuizada perante juízo de primeiro grau, ao qual não compete nem processá-la, tampouco julgá-la. Nesse sentido, as sentenças de mérito prolatadas pelos juízes de primeiro grau deverão ser desconstituídas pelo tribunal a que está vinculado o juízo prolator.

Assim, prolatada sentença de mérito pelo juiz estadual, havendo ou não apelação, o respectivo tribunal de justiça irá julgar eventual rescisória, contudo, prolatada sentença de mérito, mas não sendo conhecida a apelação, o que será rescindida será a sentença, pois não houve efeito substitutivo (art. 1.008 do CPC). No caso de sentença prolatada por juiz estadual investido de jurisdição federal, eventual rescisória será da competência do TRF (art. 109, §§ 3º e 4º, da CR/1988).

No que se refere aos tribunais, eles sempre possuem competência para **rescindir seus próprios julgados**, como se extrai dos arts. 102, I, "j"; 105, I, "e", e 108, I, "b", da CR/1988. Quanto aos tribunais estaduais, sua competência é definida nas constituições estaduais (art. 125, § 1º, da CR/1988).

Observe-se que o STJ e o STF somente possuirão competência rescisória se os eventuais recursos especial ou extraordinário forem analisados no mérito, de forma que não sendo admitido, a competência será do tribunal de segundo grau, ainda que faticamente o processo tenha estado no STJ e/ou STF. Cumpre, ainda, registrar o erro técnico existente no Enunciado 249 do STF, devendo ser lido "não tendo provido", em vez de "não tendo conhecido" (DIDIER JR., 2010. v. 3. 432, p. 356). Cumpre, contudo, registrar que na hipótese de se manejar rescisória com fundamento no art. 966, § 2º, II, ou seja, se estar impugnada exatamente a decisão de inadmissão do recurso, cremos que a competência será do tribunal que inadmitiu tal recurso.

As causas entre Estado estrangeiro ou organismo internacional e Município ou pessoas residentes ou domiciliadas no Brasil são processadas e julgadas, em primeiro grau de jurisdição, pela primeira instância da Justiça Federal (art. 109, II, da CR/1988) e, da sentença prolatada, será admissível recurso ordinário constitucional ao STJ (art. 105, II, "c", da CR/1988). Não cabe ao TRF apelação, tampouco agravo de instrumento. Nesse sentido, eventual rescisória deverá ser proposta perante o STJ, ainda que o recurso ordinário constitucional não seja conhecido, mesmo sendo o art. 105 da CR/1988 silente nesse aspecto (DIDIER JR., 2010. v. 3. 432, p. 356).

1) A ação rescisória é sempre uma ação da competência originária dos tribunais;
2) Todo tribunal rescinde seus próprios julgados;
3) O recurso não conhecido ou não admitido não produz efeitos para fins de fixação de competência.

As consequências da inobservância do juízo competente eram ponto controvertido, em que o STJ afirmava que deveria ocorrer extinção do processo sem resolução de mérito,[39] por outro lado, a doutrina nunca se conformou com tal entendimento, afirmando que deveria haver remessa ao juízo competente para que não gere prejuízos à parte no que se refere ao prazo decadencial (NEVES, 2011. p. 790), o que foi adotado pelo art. 64, § 3º, c/c o art. 968, §§ 5º e 6º. Assim, reconhecida a incompetência do tribunal para julgar a ação rescisória, o autor será intimado para emendar a petição inicial, a fim de adequar o objeto da ação rescisória, quando a decisão apontada como rescindenda **não** tiver apreciado o mérito e **não** se enquadrar na situação prevista no § 2º do art. 966 ou tiver sido substituída por decisão posterior. Como forma de se observar o contraditório, o § 6º do mencionado artigo complementa que, após a emenda da petição inicial, será permitido ao réu complementar os fundamentos de defesa, e, em seguida, os autos serão remetidos ao tribunal competente.

Não sendo a questão constitucional suscitada na rescisória examinada pelo STF, ainda que conhecido o recurso extraordinário, não haverá competência rescisória daquele tribunal, como se extrai do **Enunciado 515 do STF**. De igual modo, na dicção do **Enunciado 252 do STF**, na ação rescisória, não estão impedidos juízes que participaram do julgamento rescindendo.

---

[39] STJ, 1ª Seção, AR 3.925/RN, rel. Min. Benedito Gonçalves, j. 11.02.2009.

No que se refere ao ajuizamento de ação rescisória sobre **capítulo da decisão** (art. 966, § 3º, do CPC), a análise do juízo competente deve considerar o órgão jurisdicional que proferiu o capítulo rescindendo (Enunciado 337 do FPPC). Assim, sendo proferida sentença parcial de mérito (art. 356) e a mesma transitando em julgado perante o órgão de primeiro grau a rescisória deverá ser manejada no tribunal acima desse juízo, ainda que sobre o outro capítulo haja interposição de recurso, o que pode conduzir a competência da rescisória para um tribunal diferente. Enfim, serão possíveis várias rescisórias, sobre capítulos distintos, em órgãos jurisdicionais diferentes.

Regras sobre competência na ação rescisória
1) Sempre será em um tribunal;
2) Todo tribunal rescinde seus próprios julgados; e
3) O recurso não conhecido ou não admitido não produz efeitos na fixação da competência.

40.7. PROCEDIMENTO

O procedimento da ação rescisória possui algumas peculiaridades, como se observa no esquema abaixo:

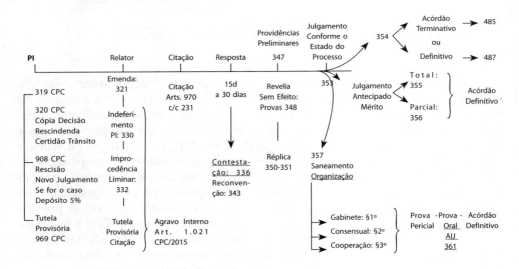

40.7.1. Petição inicial

A petição inicial da ação rescisória exige os requisitos genéricos previstos nos arts. 319 e 320 do CPC, contudo algumas peculiaridades são dignas de nota. O endereçamento sempre será a um tribunal e sua inobservância gerará uma incompetência absoluta, pois se trata de **critério funcional**. No que se refere ao pedido, devem ser observados os juízos rescindendo (*iudicium rescindens*), consistente no pedido de rescisão do julgado, bem como o juízo rescisório (*iudicium rescissorium*), consistente no pedido de novo julgamento.

Nesse contexto, poderá haver uma **cumulação sucessiva de pedidos**, não se admitindo pedido implícito, na forma do art. 968, I, do CPC e, não sendo observado, deve ser concedido prazo para **emenda** (art. 321) (NERY JR.; NERY, 2007. p. 800), como se observa do Enunciado 284 do FPPC e, não emendada, deverá o relator indeferir a inicial (art. 968, § 3º).

Há, ainda, a possibilidade de o relator julgar a rescisória improcedente de maneira liminar (arts. 332 c/c 968, § 4º, do CPC), reconhecendo, por exemplo, a **decadência legal** (art. 210 do CC/2002) prevista no art. 975 CPC. É possível, ainda, uma **improcedência liminar atípica**, como na hipótese do art. 59 da Lei 9.099/95, eis que seria um caso de impossibilidade jurídica.

No que se refere ao valor da causa, divergem doutrina e jurisprudência. Acertadamente, o **STJ** afirma que o valor da causa deverá ser observado no caso concreto, diante do valor econômico do bem da vida pretendido,[40] não obstante haver quem sustente que o valor da causa deverá, necessariamente, corresponder ao valor da causa da ação originária, devidamente atualizado (NERY JR.; NERY, 2007. p. 794), com o que não concordamos, eis que a rescisória pode se referir somente a uma parte do julgado (art. 966, § 3º).

40.7.2. Depósito prévio de 5% do valor da causa

O demandante deverá realizar um depósito de 5% do valor da causa, que se converterá em **multa** caso a ação seja, por **unanimidade de votos, improcedente ou inadmissível** (art. 968, II, do CPC), a título de multa em favor do réu.[41] Sendo julgada improcedente ou inadmissível por decisão do relator, não haverá reversão do depósito para o réu, pois não se pode presumir que houve abuso por parte do autor (NEVES, 2011. p. 792).

A lei estabeleceu uma forma de desestímulo à propositura da ação rescisória, pois, além das custas, honorários, há o risco de o demandante perder mais 5% sobre o valor da causa. Interessante que tal depósito **não** poderá ser superior a 1.000 salários mínimos (art. 968, § 2º).

Não se exige tal depósito da União, dos Estados, do Distrito Federal, dos Municípios, às suas respectivas autarquias e fundações de direito público, ao Ministério Público, à Defensoria e aos que tenham obtido benefício de gratuidade da justiça (BARBOSA MOREIRA, 2011. v. 5, p. 780; BUENO, 2010. p. 332; DIDIER JR., 2010. v. 3, p. 403; SOUZA, 1982. p. 192)[42] (art. 968, § 1º, do CPC). O INSS, uma autarquia

---

[40] STJ, 1ª T., REsp 913.751/DF, rel. Min. José Delgado, j. 18.09.2007.

[41] STJ, 1ª Seção, Edcl na AR 4373/SP, rel. Min. Humberto Martins, j. 08.06.2011. Precedentes: EDcl na AR 3.876/PR, rel. Min. Humberto Martins, 1ª Seção, *DJe* 22.02.2010; REsp 914.128/RS, rel. Min. Luiz Fux, 1ª T., *DJe* 10.09.2009; AR 1.579/PB, rel. Min. Laurita Vaz, 3ª Seção, *DJ* 13.02.2008; REsp 943.796/PR, rel. Min. Luiz Fux, 1ª T., *DJe* 17.12.2009.

[42] STJ, AR 2.968/SC, 3ª S., rel. Min. Laurita Vaz, j. 12.12.2007; STJ, REsp 797.617/SP, 1a T., rel. Min. Teori Albino Zavascki, j. 07.02.2006.

552 | PROCESSO CIVIL SISTEMATIZADO – *Haroldo Lourenço*

federal, é um bom exemplo, como se observa do Enunciado 175 do STJ e art. 24-A da Lei 9.028/1995.

Trata-se, a rigor, de mais um **requisito da petição inicial** da ação rescisória que, após ser concedido prazo para emenda, poderá dar ensejo ao indeferimento da inicial (art. 968, § 3º, do CPC), porém, com seu julgamento, tal requisito se converte em multa na hipótese do art. 974, parágrafo único, CPC.

40.7.3. Tutela provisória e a execução da decisão rescindenda

O ajuizamento da rescisória não impede a execução da decisão rescindenda, pois não possui efeito suspensivo (art. 969), contudo admite-se por meio de tutela provisória.

É admissível, ainda, que o pedido de concessão de tutela de urgência seja requerido em primeiro grau,[43] por exemplo, nos autos do cumprimento de sentença, justamente da sentença que se pretende rescindir, dentro da impugnação (art. 525, § 6º, do CPC).

Por outro lado, afirma o art. 784, § 1º, que a propositura de qualquer ação relativa a débito constante de título executivo não inibe o credor de promover-lhe a execução, portanto, para se obter tal efeito suspensivo em ação rescisória cremos que devem ser observados os mesmos requisitos para se obter efeitos suspensivo em impugnação ou em embargos à execução (arts. 525, § 6º, e 919, § 1º), ou seja, deve ser exigido **garantia do juízo**.

Por fim, não há que se falar em estabilização de tal tutela provisória de urgência (art. 304 do CPC), como se observa do Enunciado 421 do FPPC. De igual modo, tal tutela provisória pode ser de **urgência** ou de **evidência** (Enunciado 80 do FPPC). Por fim, contra tal decisão, por ser proferida pelo relator, caberá **agravo interno**.

40.7.4. Documentos indispensáveis

Exige o art. 320 do CPC, como requisito extrínseco da petição inicial, que ela venha acompanhada dos documentos indispensáveis a sua propositura. Nesse sentido, para efeitos de rescisória, exige-se **cópia da decisão rescindenda**, bem como a **certidão do trânsito em julgado da decisão** (Enunciado 299 do TST).

40.7.5. Posturas do relator diante da petição inicial

Distribuída a inicial a um relator, este verificará a presença dos requisitos anteriormente traçados e, na forma do art. 968, § 3º, ocorrendo alguma das hipóteses do art. 330 ou quando não realizado o depósito prévio, poderá indeferi-la, contudo deverá ser observado o art. 321 (Enunciado 284 do FPPC), devendo, primeiramente, ser determinada emenda à petição inicial, por força do princípio da instrumentalidade.

Sendo indeferida a petição inicial por meio de uma decisão monocrática do relator será cabível **agravo interno** (art. 1.021 do CPC), embargos de declaração

---

[43] STJ, 1ª S., REsp 900.888/PR, rel. Min. Luiz Fux, j. 12.03.2008.

e, sendo por meio de decisão colegiada, a depender do caso e do tribunal que foi ajuizada a ação rescisória, admite-se recurso especial ou extraordinário.

Recebida a petição inicial, será determinada a citação, nos mesmos moldes do processo de conhecimento (art. 970).

40.7.6. Respostas do réu

O prazo de resposta será determinado pelo relator, diante das peculiaridades do caso concreto, de 15 a 30 dias (art. 970 do CPC), havendo controvérsia sobre a aplicação dos prazos diferenciados previstos nos arts. 183, 186 e 229 do CPC. Determina o STJ a contagem diferenciada em relação à Fazenda Pública (NERY JR.; NERY, 2007. p. 491), com o que não concordamos, eis que já se trata de prazo diferenciado, devendo ser aplicado o prazo máximo de 30 dias (DIDIER JR., 2010. v. 3, p. 490; BUENO, 2010. p. 353). Há doutrina que afirma a aplicação do prazo diferenciado do art. 229 à ação rescisória (NERY JR.; NERY, 2007. p. 491), com o que não concordamos, pelo fundamento acima exposto, pois o relator irá dosar o prazo de resposta (BUENO, 2010. p. 353).

Poderá o réu apresentar **contestação** (art. 336), **reconvenção** (art. 343), **não** se admitindo a alegação de incompetência relativa, na rescisória somente haverá incompetência absoluta.[44] A reconvenção é admissível, desde que seja também uma ação rescisória, ou seja, o réu da rescisória reconvém sustentando outro vício de rescindibilidade do mesmo julgado ou de outro capítulo do julgado, observados todos os requisitos, como os arts. 966 e 968, II, do CPC (NEVES, 2011. p. 793-794), o prazo decadencial etc.

A revelia, como visto, é uma modalidade de contumácia, caracterizada pela falta de contestação, contudo na rescisória **não** haverá o efeito material da revelia (art. 344 do CPC), qual seja, a presunção de veracidade dos fatos articulados na petição inicial, pois essa presunção não pode se sobrepor à coisa julgada, gerando a sua rescisão.

40.7.7. Ministério Público

O *parquet* deve sempre atuar na ação rescisória, devido ao interesse público na proteção da coisa julgada, portanto na segurança jurídica (art. 967, parágrafo único). Saber se cabe ou não rescindir a coisa julgada é de interesse público (NEVES, 2011. p. 793; NERY JR.; NERY, 2007. p. 803).

40.7.8. Instrução probatória

No que se refere à prova documental, não há nenhuma peculiaridade, contudo, sendo a prova pericial ou oral, como os tribunais não são estruturados para a realização de tais atos, admite o art. 972 do CPC a delegação para praticá-los ao juízo de primeiro grau, por meio de carta de ordem (art. 236, § 2º, CPC).

---

[44] NERY JR., Nelson; NERY, Rosa Maria de Andrade. *Código de Processo Civil comentado e legislação extravagante* cit., p. 794. Contra, admitindo exceção de incompetência: CÂMARA, Alexandre Freitas. *Lições de direito processual civil* cit., 15. ed., v. 2, p. 24.

554 | PROCESSO CIVIL SISTEMATIZADO – *Haroldo Lourenço*

40.7.9. Audiência de conciliação e mediação

A doutrina sempre controverteu sobre o cabimento de conciliação em ação rescisória. Há quem sustente que seria admissível a sua realização, para alcançar a conciliação das partes quanto ao objeto do processo original, pois nosso ordenamento não é infenso à possibilidade de realização de transação após a coisa julgada material (CÂMARA, 2008. v. 2, p. 24), por outro lado, majoritariamente, **não** seria admissível audiência preliminar em rescisória, considerando-se que a desconstituição de decisão de mérito transitada em julgado não pode ser objeto de transação, por ser indisponível (NEVES, 2011. p. 794; BUENO, 2010. p. 355).

40.7.10. Recursos

É admissível o agravo interno das decisões de relator, embargos de declaração, recurso especial e recurso extraordinário. Jamais serão admissíveis em rescisória os recursos de apelação, agravo de instrumento, tampouco recurso ordinário constitucional.

40.8. RESCISÓRIA DE RESCISÓRIA

É possível, em tese, rescisória de rescisória, caso o acórdão proferido na rescisória seja de mérito, fazendo coisa julgada material e padecendo de um dos vícios rescisórios (NERY JR.; NERY, 2007. p. 777; NEVES, 2011. p. 25).

40.9. PRINCIPAIS DIFERENÇAS ENTRE RESCISÓRIA E *QUERELA*

Não se pode confundir a ação rescisória com a ação de *querela nullitatis*, não obstante ambas serem ações que irão revisar a coisa julgada material.

Por outro lado, a rescisória é uma sentença constitutiva (ou desconstitutiva), já a *querela* é declaratória.

No que se refere à ação rescisória, essa somente é admissível nos casos previstos pelo legislador nos arts. 658 e 966 do CPC, dentro do prazo decadencial de dois anos e somente em face de decisão proferida por tribunal, por defeitos formais e substanciais.

Já a *querela* é admissível somente no caso específico de falta ou nulidade de citação, tendo o julgamento sido em desfavor do réu, em processo que tramitou à revelia, porém, o revel pode ingressar em qualquer momento no processo, contudo, se tiver ingressado, não poderá mais manejá-la.

De igual modo, somente há sua previsão nos arts. 535, I, e 525, § 1º, I, do CPC/2015, não havendo prazo para a sua utilização, podendo ser ajuizada no juízo de primeiro grau (DIDIER JR., 2010. v. 3, p. 422-423), ou seja, sua competência será do juízo que prolatou a decisão supostamente viciada.[45] Justamente por não haver

---

[45] Informativo 478: STJ, 3ª Seção, CC 114.593/SP, rel. Min. Maria Thereza de Assis Moura, j. 22.06.2011. Precedente citado: AgRg no REsp 1.199.335/RJ, *DJe* 22.03.2011.

Cap. 40 · AÇÃO RESCISÓRIA | 555

prazo para o seu manejo, por ser uma ação declaratória, denomina-se o vício de citação de transrescisório.

Um ponto interessante é analisar a possibilidade de fungibilidade entre ambas. Doutrinariamente, afirma-se que sim, admitindo rescisória para decisão judicial com vício transrescisório, embora a recíproca não seja verdadeira (DIDIER JR., 2010. v. 3, p. 424), contudo, há no STJ entendimento de que não se admite rescisória para desconstituir decisão em processo que não houve citação, sob fundamento de que a rescisória tem cabimento específico, não comportando alargamentos.[46] Cumpre, contudo, registrar que o STJ, em um bom precedente, aplicou um processo civil cooperativo, a instrumentalidade das formas, o formalismo valorativo e a razoável duração do processo, aproveitando os atos processuais já praticados na rescisória inadequadamente proposta, convertendo o procedimento em *querela nullitatis* e remetendo os autos ao juízo competente, em vez de determinar a extinção do processo sem exame do mérito.[47]

Frise-se que a *querela* **não** é instituto subsidiário à ação rescisória, não há esse tipo de relação entre elas. A única semelhança é o efeito: rescindem a coisa julgada, todavia, com fundamentos bem distintos. A *querela* não é para os casos em que não cabe rescisória, mas para as hipóteses do art. 535, I, e art. 525, § 1º, I, do CPC/2015, portanto, é um instrumento típico de revisão da coisa julgada. Apesar de típico, é inominado. Observe-se no quadro abaixo as diferenças entre a ação rescisória e a ação de *querela*:

AÇÃO RESCISÓRIA	AÇÃO DE *QUERELA NULLITATIS*
Ambas revisam a coisa julgada material	
É constitutiva (ou desconstitutiva)	É declaratória
Admissível nas hipóteses dos arts. 658 e 966 do CPC/2015 (vícios rescisórios)	Somente por falta ou nulidade de citação (vício transrescisório), desde que já não tenha comparecido ao processo
Admite-se por questões materiais e formais	Somente por uma questão formal (citação)
Somente é admissível dentro do prazo de dois anos (art. 975 do CPC/2015)	Não há prazo para o seu ajuizamento
É uma ação sempre da competência originária dos Tribunais	Será da competência do juízo que decidiu a causa em primeira instância

40.10. AÇÃO RESCISÓRIA E AÇÃO ANULATÓRIA

No CPC/1973, havia forte discussão acerca das hipóteses de utilização de ação rescisória e anulatória, muito pela confusão dos arts. 486 e 485, VIII; contudo, com o CPC/2015, tal discussão foi sanada, pois o tema foi enfrentado, sendo irrelevante fazer considerações sobre o CPC/1973.

Nessa linha, a hipótese de rescindibilidade que existia no CPC/1973 no art. 485, VIII, que tratava das sentenças homologatórias, não foi repetida, passando a ser assunto exclusivo de ação anulatória nos termos do art. 966, § 4º, do CPC/2015,

---

[46]   STJ, 2ª Seção, AR 771/PR, rel. Min. Aldir Passarinho Jr., j. 13.12.2006.
[47]   STJ, 1ª Seção, EDcl nos EDcl na AR 569/PE, rel. Mina Campbell Marques, j. 24.08.2011.

556 | PROCESSO CIVIL SISTEMATIZADO – *Haroldo Lourenço*

por conseguinte, havendo: (i) ato de disposição de direito (art. 485, III, CPC/2015) e (ii) homologação judicial desse ato em processo de conhecimento ou executivo, será admissível somente ação anulatória.

Assim, uma transação eivada por um dos vícios do art. 171, CC/2002, que foi homologada judicialmente será atacada por ação anulatória, que seguirá o rito comum (art. 318 do CPC), proposta no juízo de primeiro grau, com prazo decadencial de 4 anos para a sua propositura e termo inicial na forma do art. 178 do CC/2002.

Vejamos as diferenças entre rescisória e anulatória:

AÇÃO RESCISÓRIA	AÇÃO ANULATÓRIA
Para vícios rescisórios: art. 966 e 658 do CPC	Hipóteses do art. 171 do CC/2002
Prazo decadencial de 2 anos: art. 975 do CPC	Prazo decadencial de 4 anos: art. 178 do CC/2002
Termo inicial: trânsito em julgado (art. 975 do CPC)	Termo inicial: dia que cessar a coação ou do dia que se realizou o negócio jurídico, na hipótese de erro, dolo, fraude contra credores, estado de perigo ou lesão (art. 178 do CC/2002).
Sempre na competência originária de um tribunal	Sempre no juízo de primeiro grau
Procedimento especial do art. 966 e seguintes do CPC	Procedimento comum (art. 318 do CPC)

41

INCIDENTE DE RESOLUÇÃO DE DEMANDAS REPETITIVAS (IRDR)

41.1. NOÇÕES GERAIS

Trata-se de um incidente processual que visa criar decisões judiciais que terão eficácia vinculante ou criarão um padrão decisório, previsto no art. 976 do CPC, a ser instaurado em processo da **competência originária dos tribunais, recursos** ou em **remessa necessária, não** havendo que se falar em restrição, podendo ser uma rescisória, uma reclamação, um conflito de competência, um agravo de instrumento.

O IRDR se enquadra em um **microssistema de resolução de casos repetitivos**, como se observa do art. 928 do CPC.

É necessário ter um processo em curso no tribunal para se criar o incidente, até porque o legislador **não** poderia criar uma competência originária dos tribunais, pois seria exigível previsão na CF ou dos Estados.

Cremos, a rigor, se tratar de um instrumento coletivo para defesa de uniformização de uma questão jurídica; destarte, alguns dispositivos inerentes à tutela coletiva de direitos individuais homogêneos devem ser aplicados, como se demonstrará.

41.2. REQUISITOS POSITIVOS E NEGATIVOS

Há diversos requisitos para a sua admissibilidade, os quais podem ser divididos em positivos e negativos, devendo ocorrer **cumulativamente**.

Como requisitos positivos se incluem (i) efetiva repetição de processos com risco à isonomia e à segurança jurídica, (ii) questão unicamente de direito já controvertida; (iii) causa pendente no tribunal, para se criar o incidente (art. 976, I e II, do CPC).

O processo necessita estar pendente, porém não caberá mais a sua instauração se já encerrado o julgamento de mérito do recurso ou da ação originária, mesmo que pendentes de julgamento embargos de declaração.[1] Percebe-se, portanto, que o IRDR **não** pode ser preventivo, pois se exige uma efetiva repetição de processos; contudo, **não** precisa de

---

[1] STJ, AREsp 1.470.017/SP, 2ª T., rel. Min. Francisco Falcão, por unanimidade, j. 15.10.2019, *DJe* 18.10.2019.

PROCESSO CIVIL SISTEMATIZADO – *Haroldo Lourenço*

uma grande quantidade de processos, mas obrigatoriamente deve ser uma repetição com potencial risco à isonomia e à segurança jurídica (Enunciado 87 do FPPC). Assim, por exemplo, deve existir uma divergência disseminada, com sentenças antagônicas.

De igual modo, há uma **cognição limitada**, **não** pode ser sobre questões de fato e, ainda, se já encerrado o julgamento, **não** cabe mais o IRDR, pois a causa não estará mais pendente.

O requisito negativo é (iv) que a matéria **não** esteja afetada para julgamento repetitivo (art. 976, § 4º), pois há uma nítida preferência pela uniformização nacional, em detrimento da regional, bem como, se já houver posicionamento em recurso repetitivo, não se cabe IRDR.

41.3. DIFERENÇA ENTRE IRDR E IAC

Não cabe IAC se houver repetição da discussão em múltiplos processos, pois, nesse caso, se admite IRDR ou Recursos Repetitivos. O IAC é para questões relevantes, de grande repercussão social, em processo específico ou em grande quantidade.

41.4. COMPETÊNCIA PARA ADMISSIBILIDADE

Distribuído o incidente, haverá uma primeira sessão de julgamento, realizada pelo **órgão colegiado competente**, **não** podendo o relator (art. 981 e Enunciado 91 do FPPC), exclusivamente, decidir a admissibilidade.

Admitido o incidente, por maioria ou de maneira unânime, estará o mesmo instaurado, devendo receber ampla divulgação e publicidade, inclusive com registro no CNJ (art. 979), devendo o relator determinar a suspensão de todos os processos pendentes, individuais ou coletivos, que tramitem no Estado, se perante Tribunal de Justiça, ou Região (se perante Tribunal Regional), nos termos do art. 982, I.

Por outro lado, sendo inadmitido, tal decisão é **irrecorrível**, salvo quanto ao cabimento de **embargos de declaração** (Enunciado 556 do FPPC); contudo, cabe ressaltar que sua inadmissão não impede que a sua instauração seja novamente requerida em momento posterior, desde que superada a razão pela qual se impediu o seu processamento (GAJARDONI, 2017. p. 846).

41.5. COMPETÊNCIA PARA JULGAMENTO DO IRDR

O IRDR foi concebido para ser instaurado perante TJ e TRF, tanto assim que os arts. 982, I, e 985, I disciplinam o âmbito de abrangência da suspensão e aplicação da tese jurídica ao estado ou região (Enunciado 343 do FPPC), porém não vemos problemas na sua instauração em TRT ou TRE, **não** se admite no JEF e no JEFP, pois há o pedido de uniformização de interpretação de lei federal, contudo, no âmbito do JEC seu cabimento é controvertido, como será abordado adiante.

Há quem sustente o seu cabimento em tribunal superior, não obstante existirem os recursos especial e extraordinário repetitivos, todavia, podem ocorrer em outros recursos, como o ordinário, ou em causa da competência originária, como rescisórias, conflitos de competência (GAJARDONI, 2017. p. 850).

Cap. 41 · INCIDENTE DE RESOLUÇÃO DE DEMANDAS REPETITIVAS (IRDR) | **559**

O órgão competente para julgamento será o previsto no **regimento interno** (art. 978), dentre os responsáveis pela **uniformização da jurisprudência**, por força do previsto no art. 96, I, da CR/88, o qual fixará o padrão decisório através do IRDR, **não** se limitando a estabelecer a tese, mas também julgando o caso concreto (recurso, remessa necessária ou processo de competência originária do tribunal), nos termos do art. 978, parágrafo único, gerando verdadeiramente uma **causa piloto** (DIDIER JR., 2010. v. 3, p. 594), sendo usada como modelo ou padrão para decisões posteriores em casos idênticos.

41.6. IRDR E OS JUIZADOS ESPECIAIS CÍVEIS

A Constituição impôs a criação dos juizados especiais (art. 98, I), estabelecida pela Lei 9.099/95; já a EC 22/99 acresceu ao artigo constitucional um parágrafo único, que pela EC 45/04 passou a ser um parágrafo primeiro, determinando sua criação no âmbito federal, o que foi realizado pela Lei 10.259/01 e, posteriormente, a Lei 12.153/09.

Há, assim, um **sistema para as causas de menor complexidade**, com regime jurídico e estruturas próprios.

Não obstante isso, o art. 985, I, estabelece que, julgado o IRDR, a tese **será** aplicada a todos os processos, inclusive sobre os que tramitam nos juizados especiais do respectivo estado ou região.

Tal previsão tem gerado polêmica, havendo quem defenda a criação do IRDR nas turmas recursais (Enunciados 21 do FPPC e 44 da ENFAM), bem como é possível, até mesmo, se cogitar em inconstitucionalidade em tal instituição, eis que não há vinculação jurisdicional entre os juizados e os tribunais, contudo, não me parece ser o melhor entendimento, pois não é inusitado haver medidas judiciais em tribunais que controlam atos de juízos a eles não vinculados, como nas hipóteses do STJ julgar conflito de competência entre juízos comuns e trabalhistas, ao TRF dirimir conflitos de competência entre JEF e juízo federal (Súmula 428 do STJ), bem como da turma recursal não cabe recurso especial (Súmula 203 do STJ), porém tais turmas devem seguir o entendimento do STJ (art. 927, III e IV, do CPC).

Assim, cremos que a decisão do IRDR deve vincular os juizados especiais cíveis, nos termos do Enunciado 93 do FPPC.

41.7. LEGITIMIDADE PARA INSTAURAÇÃO

Na forma do art. 977, o pedido de instauração do incidente será dirigido: ao presidente do tribunal pelo **juiz** ou **relator**, por **ofício** (não de ofício); pelas **partes**, por **petição**; pelo **Ministério Público** ou pela **Defensoria Pública**, mediantes **petição fundamentada** em prova documental.

Pode ser requerido pelo **juiz dos juizados especiais cíveis**, mesmo que sua causa **não** seja julgada pelo Tribunal, desde que já haja causa pendente nesse tribunal (CÂMARA, 2017. p. 479).

Não obstante a lei se referir a juiz ou relator, por óbvio o **colegiado** também pode. Cremos que para as partes, MP ou Defensoria, deve haver **pertinência subjetiva**, ou seja, uma legitimidade ou representação adequada.

41.8. OBJETO DO IRDR

Trata-se de mecanismo a ser usado para assegurar **solução uniforme das demandas repetitivas**, evitando o julgamento lotérico, como no caso dos diversos consumidores lesados por um defeito de fabricação em série de um certo modelo de automóvel, na situação dos servidores públicos lesados por não terem o Estado inserido no cálculo de suas remunerações uma determinada gratificação a que fariam jus, ou, ainda, nas hipóteses dos moradores de uma certa localidade lesados por uma obstrução da rede de esgotamento sanitário (CÂMARA, 2017. p. 478).

Demandas repetitivas devem ser interpretadas como demandas idênticas, seriais, em grandes quantidades, com **idêntico** objeto e causa de pedir, mudando somente as partes.

Como visto, somente se admite IRDR sobre questões de direito, seja **processual** ou **material**.

Como visto, **não** há restrição quanto ao tipo de procedimento; assim, é possível existir inúmeros agravos de instrumento discutindo uma vedação à tutela provisória, portanto uma questão totalmente processual.

De igual modo, nesse ponto, o relevante é que a causa esteja **pendente**, não podendo já ter sido julgada.

41.9. PRAZO

Não há prazo para a sua instauração, bastando que a causa esteja pendente e que o julgamento não tenha se concluído.

Sendo assim, as partes podem suscitar em **sustentação oral**, porém, se iniciada a votação, as partes, o Ministério Público ou a Defensoria **não** poderão mais suscitar, contudo, os julgadores poderão instaurar de ofício.

Evidentemente que **não** há falar em preclusão (ou qualquer instituto caducificante correlatado, como prescrição ou decadência, decorrentes da inação de titular de um direito), eis que em outro processo pendente pode ser suscitado, mas **não** no que já se iniciou o julgamento.

41.10. CUSTAS

O IRDR não se submete ao recolhimento de custas (art. 976, § 5º); contudo, tal isenção **não** abrange o preparo de eventual ou eventuais recursos especial ou extraordinário interpostos do acórdão que julgar o incidente em comento (art. 987).

41.11. RECURSOS E RESCISÓRIA NO IRDR

Do acórdão que julgar IRDR caberá **embargos de declaração**, **recurso especial** ou **extraordinário**, podendo ser interpostos por qualquer das partes que teve seu processo suspenso, MP ou Defensoria, bem como pelo *amicus curiae* (art. 138, § 3º).

Cabe ressaltar que a legitimidade das partes é extremamente ampla, sendo possível abranger centenas ou milhares de pessoas. Assim, por ser tal incidente um mecanismo

Cap. 41 · INCIDENTE DE RESOLUÇÃO DE DEMANDAS REPETITIVAS (IRDR) | **561**

de tutela coletiva da defesa da uniformidade interpretativa de uma questão jurídica, acreditamos que há uma legitimidade concorrente e disjuntiva, portanto, todos os legitimados devem ser considerados como a mesma pessoa, sob pena de ocorrer litispendência, devendo não ser aplicado o art. 1.036, § 1º, do CPC para conter essa confluência de recursos.

Tais recursos especial e extraordinário terão **efeito suspensivo automático**, excepcionando o art. 995 do CPC; havendo o recurso extraordinário, nesse caso, **repercussão geral presumida de forma absoluta** (art. 987, § 1º).

Não há, portanto, que se falar em **coisa julgada** sobre a questão decidida no IRDR, eis que é possível, a qualquer momento, a revisão do entendimento firmado, desde que novamente presentes seus requisitos (art. 988), por conseguinte, **não** há falar em ação rescisória.

Ocorre, contudo, nos termos do art. 978, parágrafo único, o órgão colegiado incumbido de julgar o IRDR e de fixar a tese jurídica julgará igualmente o recurso, a remessa necessária ou o processo de competência originária de onde se originou o incidente.

Destarte, o processo em que se instaura o IRDR se torna uma **causa piloto,** e esse capítulo do julgamento do IRDR sobre a causa afetada ou escolhida para exame e decisão será rescindível, pois esse núcleo que resolve o caso concreto produz coisa julgada.

41.12. SUSPENSÃO DOS PROCESSOS

Admitido o IRDR, suspendem-se os processos pendentes, individuais ou coletivos, em que se discute a mesma questão, que estejam tramitando no âmbito da competência territorial do tribunal, até mesmo em sede de Juizados Especiais (Enunciado 93 do FPPC).

Frise-se que o que gera a suspensão é admissão pelo relator, **não** a sua mera instauração, sendo um efeito automático (Enunciado 92 do FPPC), devendo somente o relator comunicar, por ofício, aos diretores dos fóruns de cada comarca ou seção judiciária.

Deve ser aplicado o art. 1.037, §§ 8º e 9º, do CPC, para que se comunique às partes, para participarem da discussão ou realizarem uma distinção.

Há, ainda, que se considerar a possibilidade da parte de qualquer processo que verse sobre questão de direito discutida no IRDR, independentemente dos limites territoriais da competência do tribunal, requerer a suspensão no STJ ou STF em **âmbito nacional** (art. 982, §§ 3º e 4º), buscando garantir a segurança jurídica e isonomia, fundando-se, apenas, na existência de múltiplos processos versando sobre a mesma questão de direito em mais de um Estado ou região (Enunciado 95 do FPPC).

Havendo vários IRDRs, em vários Estados, a suspensão nacional é mostra totalmente adequada, deve ser aplicada, analogicamente, a regra da prevenção nas ações coletivas (art. 2º da Lei 7.347/85), devendo tramitar somente o primeiro IRDR admitido.

Tal suspensão tem prazo de **um ano** a partir da admissão pelo relator do IRDR, findo o qual cessa automaticamente a suspensão dos processos, todavia, tal prazo

PROCESSO CIVIL SISTEMATIZADO – *Haroldo Lourenço*

pode ser prorrogado por decisão fundamentada do relator (art. 980, parágrafo único), o que deve ser estendido ao julgamento dos recursos repetitivos, pelo microssistema de causas repetitivas (art. 928) e do dever de integridade (art. 926), mesmo tendo ciência de que, dificilmente, tal entendimento será acolhido pela jurisprudência.

Independentemente do nosso entendimento, no plano legislativo, cabe diferenciar situações semelhantes:

REPERCUSSÃO GERAL	REPETITIVOS	IRDR
Reconhecida (art. 1.035, § 5º) tem 1 ano para julgar, com preferência (art. 1.035, § 9º).	Afetado (art. 1.037) tem 1 ano para ser julgado, com preferência (art. 1.037, § 4º).	Admitido (art. 982, I) tem 1 ano para ser julgado, com preferência (art. 980).
Não tem consequência se esse prazo não for observado, pela revogação do art. 1.035, § 10.	Não tem consequência se esse prazo não for observado, pela revogação do art. 1.037, § 5º.	Inobservado esse prazo, cessa a suspensão, salvo decisão do relator fundamentada (art. 980, parágrafo único).

Determinada a suspensão em âmbito nacional pelo STJ ou STF, sua duração escoa-se com o transcurso do prazo para interposição do recurso especial ou extraordinário, porém, tendo sido interpostos tais recursos, a suspensão se mantém, eis que os mesmos, nesse caso, possuem **efeito suspensivo** ex lege (art. 987, § 1º), excepcionando o art. 995 do CPC.

41.13. DA DECISÃO DE JULGAMENTO DO IRDR

Na forma do art. 985, julgado o incidente, a tese jurídica será aplicada a todos os processos individuais ou coletivos que versem sobre idêntica questão de direito e que tramitam na área de jurisdição do respectivo tribunal, inclusive aqueles que tramitam nos juizados especiais do respectivo Estado ou região, bem como aos casos futuros que versem idêntica questão de direito e que venham a tramitar no território de competência do tribunal, salvo revisão na forma do art. 986.

Não observada a tese adotada no incidente, caberá **reclamação** (art. 985, § 1º e 988, IV do CPC).

Se o IRDR tiver por objeto questão relativa à prestação de serviço concedido, permitido ou autorizado, o resultado do julgamento será comunicado ao órgão, ao ente ou à agência reguladora competente para fiscalização da efetiva aplicação, por parte dos entes sujeitos a regulação, da tese adotada (art. 985, § 2º).

42

RECLAMAÇÃO

42.1. NOÇÕES GERAIS

Trata-se de um instrumento que busca **preservar a competência** e **garantir a autoridade das decisões dos tribunais**, possuindo fundamento constitucional (art. 102, I, "l", e art. 105, I, "f", da CR/1988) e infraconstitucional (art. 988 do CPC/2015), sendo **sempre** de competência originária de um tribunal (DIDIER JR., 2008. v. 3, p. 427).

Tal instituto busca alicerces na teoria dos poderes implícitos (*impleid power*), segundo a qual os tribunais têm poderes implícitos, como o poder geral de cautela. Os poderes implícitos servem para sustentar e instrumentalizar os poderes explícitos. Assim, por exemplo, os tribunais possuem o poder explícito de julgar, então possuem o poder implícito de efetivar[1] tais decisões e defender sua competência. Nesse sentido, para exercer o poder implícito, concebeu-se a reclamação constitucional. Em virtude de tais poderes implícitos, inerentes a qualquer tribunal, deve-se admitir a reclamação constitucional perante os tribunais.

É obrigação do Judiciário, no intuito de assegurar a plena eficácia de suas decisões, fazer uso de todos os meios disponíveis, desde que não proibidos pelo legislador, incompatíveis com os princípios reitores do Estado Democrático de Direito e do direito processual moderno, ou ofensivos à dignidade da justiça. Logo, em vez de contrariar o sistema processual e judicial brasileiro, a reclamação é consequência natural da aspiração de segurança e efetividade da prestação jurisdicional,[2] possuindo nítida função corregedora.

42.2. NATUREZA JURÍDICA

Controvertem doutrina e jurisprudência sobre a natureza jurídica da reclamação: cremos se tratar de uma **ação autônoma de impugnação**, à semelhança, nesse ponto, com a rescisória, porém com fundamentação constitucional (art. 102, I, "l", e art. 105, I, "f", da CR/1988), sendo sempre de competência originária de um

---

[1] Como um princípio implícito para garantir a autoridade de suas decisões ou preservar sua competência diante de atos de juízes a eles vinculados: STJ, REsp 863.055/GO, rel. Min. Herman Benjamin, j. 27.02.2008.
[2] STJ, REsp 863.055/GO, rel. Min. Herman Benjamin, j. 27.02.2008.

564 | PROCESSO CIVIL SISTEMATIZADO – *Haroldo Lourenço*

tribunal, buscando preservar sua competência e garantir a autoridade das decisões destes tribunais (DIDIER JR., 2008. v. 3, p. 427). Entende, contudo, o STF que a natureza da reclamação não é a de um recurso, de uma ação, nem de um incidente processual. Situa-se ela no âmbito do **direito constitucional de petição** previsto no artigo 5.º, XXXIV, da Constituição Federal. Haveria uma natureza jurídica de um instituto processual-constitucional.[3] O próprio Ministro Carlos Velloso, nesse mesmo julgamento, foi claro em seu entendimento de que *"na reclamação não há autor e não há réu, não há pedido, não há contestação, não há, portanto, litígio"*. Ausentes os clássicos elementos do conceito de ação. Há, ainda, os que defendem ter natureza jurídica de incidente processual (RODRIGUES, 2000. p. 17-70).

42.3. POSSIBILIDADE NO ÂMBITO DOS TJS E TRFS

Atualmente, o STF admite reclamação também perante os **tribunais de justiça**, bastando que a Constituição Estadual dos respectivos Estados e o regimento interno dos tribunais a prevejam. Seria uma decorrência do princípio da simetria dos entes federados e, ainda, do princípio da efetividade das decisões judiciais.[4]

Por força da simetria, deve haver reprodução de algumas regras de competências federais no âmbito estadual. O STF é o órgão de cúpula no âmbito federal e os tribunais estaduais são os órgãos de cúpula no âmbito estadual, devendo, portanto, ter competência para reclamação, para fazer valer suas decisões e impor respeito às suas atribuições institucionais. Tal entendimento foi firmado pelo STF no âmbito do controle concentrado de constitucionalidade, tratando-se, portanto, de orientação vinculante. Cumpre reiterar que, ao firmar esse entendimento, o STF valeu-se de vários argumentos:[5]

(i) A reclamação situa-se no âmbito do direito constitucional de petição previsto no art. 5.º, XXXIV, da Constituição Federal, consagrando-se então como um direito de qualquer legitimado perante qualquer tribunal;

(ii) O instituto da reclamação está em consonância com o princípio da efetividade das decisões judiciais, constituindo um importante instrumento de defesa das garantias constitucionais do processo;

(iii) O fundamento da reclamação constitucional decorre do princípio dos poderes implícitos;

(iv) No âmbito dos Estados-membros, é possível caber reclamação constitucional em razão do princípio da simetria, desde que prevista na Constituição Estadual e, igualmente, no regimento interno do respectivo tribunal.

No que se refere à reclamação no âmbito dos TRFs, o ponto já se mostra mais confuso. Não há lei que preveja reclamação perante o Tribunal Regional Federal, o

---

[3]   STF, Pleno, ADI 2212/CE, rel. Min. Ellen Gracie, j. 02.10.2003.

[4]   STF, Pleno, ADI 2212/CE, rel. Min. Ellen Gracie, j. 02.10.2003.

[5]   Nesse sentido, confira-se o Editorial 120, de 20.03.2011, publicado no site do professor Fredie Didier Jr, disponível em: <www.frediedidier.com.br>, escrito em coautoria com Leonardo Carneiro da Cunha.

Cap. 42 · RECLAMAÇÃO | 565

que, por si só, já seria suficiente para que, na linha da jurisprudência do STF, não se admitisse a reclamação. Além disso, tais tribunais não são, por óbvio, órgãos de cúpula dos Estados-membros, compondo, a rigor, a organização da Justiça Federal, sendo seus órgãos de segunda instância.

Nesse sentido, não seria cabível reclamação no âmbito do TRF. Contudo, a interpretação não pode ser assim tão simples, pois seu desenvolvimento histórico prescindiu da existência de lei.

Atualmente, seria possível, por idênticas razões, construir a reclamação perante o TRF pela interpretação do direito positivo brasileiro, agora com mais facilidade, tendo em vista a sua ampla consagração tanto na jurisprudência quanto na legislação. A reforçar essa linha de argumentação, há ainda a circunstância estranha, de difícil compreensão para o leigo, de ser admitida perante o TJ e não se admitir perante o TRF. Enfim, a jurisprudência do STF permite que se desenvolvam argumentos favoráveis e contrários à possibilidade atual de uso da reclamação perante o TRF. Entendemos, porém, que a tese da "necessidade de previsão legal" tende a prevalecer na jurisprudência e, assim, enquanto não sobrevier lei que a regulamente, perante tribunal regional federal não seria admitida.[6]

Esse foi o sentido adotado pelo CPC/2015, como se observa do art. 988, § 1º, que a admite em **qualquer tribunal**.

42.4. PROCEDIMENTO

A reclamação é uma ação com processamento semelhante ao de um mandado de segurança, pois, estruturalmente, a ele muito próxima.

Há necessidade de se apontar a autoridade reclamada, ou seja, a autoridade que praticou o ato que deu causa à reclamação. Permite o deferimento de medida liminar (art. 989, II), exige prova pré-constituída (documental), na forma do art. 988, § 2º, do CPC. O Ministério Público intervém obrigatoriamente, se manifestando em cinco dias (art. 991 do CPC).

Não se admitiam embargos infringentes (Enunciado 368 do STF, semelhante ao art. 25 da Lei 12.016/2009) e, com a extinção do mencionado recurso, não será admissível a técnica de julgamento prevista no art. 942 do CPC.

Deve-se incluir no polo passivo o beneficiário do ato contra o qual se reclama. Assim, por exemplo, se estou reclamando de uma sentença, deve ser incluído o vencedor consagrado nessa sentença, o qual será citado para apresentar **contestação** (art. 989, III, do CPC).

De igual modo, a legitimidade ativa é das **partes e do Ministério Público** (art. 988 do CPC/2015), inclusive o STF[7] posicionou-se pela legitimidade de o MP estadual ingressar com reclamação originariamente perante o STF, destinada a fazer prevalecer a autoridade de enunciado constante de súmula vinculante, cujo teor normativo

---

[6]   Nesse sentido, confira-se o Editorial 120, de 20.03.2011, publicado no site do professor Fredie Didier Jr., disponível em: <www.frediedidier.com.br>, escrito em coautoria com Leonardo Carneiro da Cunha.

[7]   Informativo 600 DO STF, RMS 24.736, rel. Min. Joaquim Barbosa, *DJe* 08.10.2010.

566 | PROCESSO CIVIL SISTEMATIZADO – *Haroldo Lourenço*

tenha sido concretamente desrespeitado por ato emanado do Poder Executivo ou proferido por qualquer órgão do Poder Judiciário, superando o argumento de que, nessa hipótese, seria da incumbência do Procurador-Geral da República exercer as funções do Ministério Público junto a esta Corte, nos termos do art. 46 da Lei Complementar 75/1993.

O regimento interno do STF autoriza o julgamento monocrático da reclamação, ou seja, sem submetê-la ao colegiado, bastando o tema estar pacificado na jurisprudência do tribunal (art. 161 do Regimento Interno do Supremo), por outro lado, a jurisprudência **não** a tem admitido contra decisão monocrática.[8]

Tal julgamento monocrático é previsto no art. 989 do CPC, no qual o relator requisitará **informações** da autoridade no prazo de 10 dias, podendo suspender o ato impugnado ou o próprio processo, para evitar dano irreparável.

A reclamação, em regra, **não** tem prazo para ser ajuizada, porém, como dito, não pode ser oposta após o trânsito em julgado da decisão, para não ganhar efeito rescisório (Enunciado 734 do STF e art. 988, § 5º, do CPC/2015).

O art. 7º, § 1º, da Lei 11.417/2006, que regulamenta o cabimento de reclamação contra decisões judiciais ou administrativas que contrariem súmula vinculante, afirma que somente será admissível após o esgotamento das vias administrativas. Contra ato judicial, a reclamação pode ser usada sem prejuízo dos outros recursos admissíveis, afirmando o § 6º do art. 988 do CPC que a inadmissibilidade ou o julgamento do recurso interposto contra a decisão proferida pelo órgão reclamado não prejudica a reclamação.

O seu objetivo não é anular (sem necessidade de o órgão jurisdicional proferir outra) ou reformar a decisão exorbitante, mas sua **cassação ou avocação dos autos**, pela inobservância da competência do tribunal (DIDIER JR., 2008. v. 3, p. 429), como se extrai do art. 992 do CPC, cabendo registrar que o Código adota uma **atipicidade** ao afirmar que poderá ser determinada a "medida adequada à solução da controvérsia".

A reclamação, assim como a ação rescisória, por serem ações típicas, têm suas hipóteses de admissibilidade expressamente previstas na Constituição (art. 102, I, "l", art. 105, I, "f" e art. 103-A, § 3º da CR/1988), bem como devem estar regulamentadas em lei federal, por se tratar de competência privativa da União (art. 22, I, da CR/1988). Nesse sentido, somente pode ser utilizada em hipóteses previamente determinadas pelo legislador (DIDIER JR., 2008. v. 3, p. 437). Esse, porém, não tem sido o entendimento do STF ao admitir a utilização dos acórdãos prolatados pelas turmas recursais, como será visto adiante.

42.5. HIPÓTESES DE ADMISSIBILIDADE

42.5.1. Usurpação de competência (art. 988, I, do CPC)

Cabe reclamação se a decisão reclamada tiver usurpado competência do tribunal perante o qual se está reclamando. Assim, um juiz pode decidir usurpando a

---

[8] STJ, 2ª Seção, AgRg na Rcl 5.598-TO, rel. Min. Nancy Andrighi, j. 25.05.2011. Precedente citado do STF: EDcl no RE 571.572-BA, *DJe* 14.09.2009.

competência do tribunal, sendo possível o controle direto de tal decisão perante o Tribunal como um instrumento de controle da competência.

A questão é entendermos quando uma competência estará sendo usurpada. Há alguns casos emblemáticos:

(i) Recurso Especial ou Extraordinário interposto perante um TJ ou TRF (arts. 1.029 e 1.030 do CPC), tendo sido inadmitido e interposto agravo (art. 1.042 do CPC/2015) e ele não é remetido ao STJ ou ao STF. É cabível reclamar perante o STJ ou STF, respectivamente;[9]

(ii) Um magistrado de primeiro grau decide uma causa contra um Governador que possui foro por prerrogativa de função no STJ: é cabível reclamação ao STJ;

(iii) Na hipótese de a maioria absoluta de um tribunal ser suspeita, cabe ao STF julgar a causa (art. 102, I, "n", da CR/1988), porém alguns tribunais, sabidamente, quando a maioria é suspeita, convocam juízes de primeira instância para compor o *quorum* e evitar, com isso, uma remessa do processo ao STF: tal comportamento é considerado usurpador da competência do STF;[10]

(iv) Contra ato do juiz de primeira instância que suspende o processamento da execução em razão da pendência de ação rescisória – pois somente o tribunal a quem compete a rescisória poderia determinar tal suspensão (DIDIER JR., 2008. v. 3, p. 438);

(v) Decisão do juízo de 1º grau que inadmite apelação, eis que a admissibilidade da mesma deve ser realizada diretamente pelo relator no tribunal (arts. 932, III, c/c 1.010, § 3º, do CPC).

42.5.2. Desrespeito à autoridade da decisão do tribunal (art. 988, II, do CPC)

Cabe **reclamação** se um juiz desrespeita a autoridade de um tribunal, desobedecendo a sua decisão, por outro lado, **não** se admite sua utilização para assegurar o respeito a um entendimento jurisprudencial. Assim, imaginemos que um tribunal julgue um recurso posicionando-se pelo entendimento "X", tendo transitado em julgado, já em fase de cumprimento de sentença no primeiro grau e esse magistrado determina a execução de modo diverso do determinado pelo Tribunal. Ao fazer isso, está desrespeitando a autoridade da decisão do tribunal, passível, portanto, de reclamação.

O art. 988, § 5º, II, do CPC/2015 prevê que é possível reclamação dirigida ao STF ou ao STJ, respectivamente, contra decisão judicial que tenha descumprido tese fixada em recurso extraordinário julgado sob o rito da repercussão geral ou em recursos extraordinário e especial repetitivos, contudo exige antes **esgotamento das instâncias ordinárias recursais.**

---

[9] Enunciado 727 do STF e Informativo 421 do STJ, MS 14.718/DF, rel. Min. Luiz Fux, j. 03.02.2010.
[10] STF, Rcl 1.933/AM, rel. Min. Celso de Mello, j. 02.05.2002.

568 | PROCESSO CIVIL SISTEMATIZADO – *Haroldo Lourenço*

Tal hipótese se mostra extremamente importante nos casos do art. 1.030, I e III, do CPC, eis que Presidência ou Vice-Presidência pode vir a aplicar equivocadamente tais padrões decisórios, devendo ser permitido o manejo de relação constitucional, como sustentado pelo CJF[11] e pelo FPPC,[12] todavia, a jurisprudência **não** tem agasalhado tal tese,[13] o que provoca forte problema jurídico de engessamento da jurisprudência do STJ e do STF.

42.5.3. Desrespeito à súmula vinculante e às decisões em controle de constitucionalidade concentrado (art. 988, III, do CPC/2015 e Lei 11.417/2006)

Como se sabe, na CR/1988, o **efeito vinculante** somente se observa em razão das decisões em **controle concentrado de constitucionalidade** (art. 102, § 2º), ou em razão de edição, revisão ou cancelamento de **súmula vinculante** (art. 103-A).

Assim, se o STF decide uma ADI, ADC ou ADPF, portanto, em controle de constitucionalidade concentrado, todavia o magistrado decide de modo contrário a esse julgamento, cabe reclamação direta para o Supremo. A jurisprudência do STF evoluiu para a sua admissão por desobediência às liminares nas ações mencionadas.[14]

Com a Emenda Constitucional 45, o art. 103-A § 3º, da CR/1988, passou a prever o cabimento de reclamação por desobediência à súmula vinculante.

A Lei 11.417/2006, ao regulamentar tal reclamação, por a súmula vinculante incidir sobre os demais órgãos do Poder Judiciário e a administração pública direta e indireta, nas esferas federal, estadual e municipal, previu sua admissibilidade quando a desobediência à súmula for praticada por um ato de **autoridade administrativa**, portanto não somente contra ato judicial. Porém, nessa hipótese, primeiramente devem-se exaurir as instâncias administrativas (art. 7.º da Lei Federal 11.417/2006) (GRINOVER, 2009. p. 30).

Frise-se que tal artigo, pelo menos *a priori*, **não** padece de inconstitucionalidade, por condicionar a reclamação ao exaurimento das instâncias administrativas, pois, sendo possível a solução da contenda na esfera administrativa, sem gerar prejuízos à parte, esse não teria interesse de agir. Todavia, *a contrario sensu*, havendo prejuízo ou urgência, não se faz obrigatória postulação na esfera administrativa, podendo reclamar diretamente no STF, extraindo-se tal interpretação do art. 5º, XXXV, da CR/1988, eis que não existe mais jurisdição condicionada como existia na Constituição de 69 (art. 153, § 4º).

---

[11] Enunciado 138, II, do CJF: "É cabível reclamação contra acórdão que aplicou indevidamente tese jurídica firmada em acórdão proferido em julgamento de recursos extraordinário ou especial repetitivos, após o esgotamento das instâncias ordinárias, por analogia ao quanto previsto no art. 988, § 4º, do CPC."

[12] Enunciado 27 do FNPP: "Cabe reclamação contra a decisão proferida no agravo interno interposto contra a decisão do presidente ou vice-presidente do tribunal recorrido que negar seguimento ao recurso especial ou extraordinário fundado na aplicação de entendimento firmado em repercussão geral ou recurso repetitivo para demonstração de distinção."

[13] STJ, Rcl 36.476/SP, Corte Especial, rel. Min. Nancy Andrighi, j. 05.02.2020.

[14] STF, Rcl-QO 1.507, rel. Min. Nery da Silveira, j. 21.09.2000.

Cap. 42 · RECLAMAÇÃO | 569

42.5.4. Inobservância de precedente em incidente de resolução de demandas repetitivas ou de assunção de competência (art. 988, IV, do CPC)

O incidente de resolução de demandas repetitivas (art. 976 do CPC/2015) se trata de uma técnica introduzida com a finalidade de auxiliar no dimensionamento da litigiosidade repetitiva, mediante uma cisão da cognição através de um procedimento "modelo ou padrão", por meio do qual são apreciadas somente questões comuns a todos os casos similares, deixando a decisão de cada caso concreto para o juízo do processo originário, que aplicará o padrão decisório em consonância com as peculiaridades fático-probatórias de cada caso.

Já a assunção de competência (art. 947 do CPC/2015) se refere à possibilidade de o órgão colegiado julgar diretamente o julgamento da causa, seja em um recurso, seja em remessa necessária ou em processo de competência originária, desde que envolva relevante questão de direito, com grande repercussão social, sem repetição em múltiplos processos, buscando prevenir e compor divergências jurisprudências internas.

Trata-se, como se percebe, de mecanismos para se dar uniformidade aos julgamentos, colaborando para mantê-los estáveis, íntegros e coerentes (art. 926) e, por fim, vincular os juízes e órgãos fracionários.

Há quem defenda a utilização de reclamação constitucional contra acórdão que aplicou indevidamente tese jurídica firmada em acórdão proferido em julgamento de recursos extraordinário ou especial repetitivos, após o esgotamento das instâncias ordinárias, por analogia ao quanto previsto no art. 988, § 4º, do CPC/2015 (Enunciado 138 do II CJF),[15] contudo, tal entendimento não é chancelado pelo STJ.[16]

42.5.5. Eficácia vinculante escalonada dos precedentes

Não obstante as inúmeras polêmicas sobre o art. 927 do CPC, cabe registrar que o CPC criou uma eficácia vinculante escalonada dos precedentes.

Há que se observar que existe uma eficácia grande, média e pequena de tais precedentes, as quais variam conforme a possibilidade ou não de controle por meio de reclamação constitucional.

Destarte, há uma **eficácia vinculante grande** nas decisões proferidas pelo STF em controle de constitucionalidade concentrado, súmula vinculantes e nos acórdãos proferidos no julgamento de Incidente de Resolução de Demandas Repetitivas e Assunção de Competência, eis que, nessas hipóteses, será admissível o manejo de reclamação constitucional (art. 988, III e IV c/c art. 927, I, II e III (1ª parte).

Há uma **eficácia vinculante média** nos acórdãos proferidos no julgamento de recursos especiais e extraordinários repetitivos, eis que, nessas hipóteses, será admissível o manejo de reclamação constitucional, desde que esgotadas as instâncias ordinárias

---

[15] Enunciado 138 do II CJF: "É cabível reclamação contra acórdão que aplicou indevidamente tese jurídica firmada em acórdão proferido em julgamento de recursos extraordinário ou especial repetitivos, após o esgotamento das instâncias ordinárias, por analogia ao quanto previsto no art. 988, § 4º, do CPC".

[16] STJ, Rcl 36.476/SP, Corte Especial, rel. Min. Nancy Andrighi, j. 05.02.2020.

570 │ PROCESSO CIVIL SISTEMATIZADO – *Haroldo Lourenço*

(art. 988, § 5º, II c/c art. 927, III, *in fine*). Esse, contudo, não é o posicionamento adotado pelo STJ.[17]

Por fim, há uma **eficácia vinculante pequena** nas súmulas não vinculantes do STF, sobre matéria constitucional, nas súmulas do STJ sobre matérias infraconstitucionais e nas decisões proferidas pelo pleno ou órgão especial aos tribunais a eles vinculados, eis que, nessas hipóteses, sequer se admite reclamação.

Vejamos o quadro a seguir:

PRECEDENTES COM EFICÁCIA VINCULANTE GRANDE	Decisão do STF em controle de constitucionalidade concentrado; Súmula Vinculante, IRDR e IAC.	Admitem reclamação (art. 988, III e IV, na forma do art. 927, I, II e III, 1ª parte, do CPC).
PRECEDENTES COM EFICÁCIA VINCULANTE MÉDIA	Acórdão em REsp e RExt repetitivos.	Admitem reclamação, desde que esgotadas as instâncias ordinárias (arts. 927, III, parte final, c/c 988, § 5º, II)
PRECEDENTES COM EFICÁCIA VINCULANTE PEQUENA	Enunciados de súmulas do STF (em matéria constitucional), do STJ (em matéria infraconstitucional), da orientação do plenário ou do órgão especial (aos quais os juízes e tribunais estiverem vinculados).	Não admitem reclamação.

42.5.6. Decisão de turma recursal de Juizado Especial Cível

a) Considerações sobre os meios de impugnação das decisões das Turmas Recursais Estaduais

Como cediço, da decisão prolatada pela turma recursal dos juizados especiais cíveis é cabível **recurso extraordinário** (Súmula 640 do STF). Ocorre, porém, que, em sede de recurso extraordinário, somente é possível discussão de matéria constitucional. Nesse sentido, se o acórdão da turma recursal violar lei federal ou a própria jurisprudência do STJ, **não** seria cabível o mencionado recurso. Por outra linha, para o STJ analisar um recurso especial, a decisão recorrida deve, necessariamente, ser oriunda de um Tribunal (art. 105, III, da CR/1988), o que não é o caso das turmas recursais, portanto **inadmissível** recurso especial.[18]

No mesmo sentido, em casos como estes, cabe, no âmbito dos Juizados Especiais Federais e Juizados Especiais de Fazenda Pública, o **pedido de uniformização da interpretação da lei federal** (art. 14 da Lei 10.259/2001 e art. 18 da Lei 12.153/2009), por meio do qual é possível chegar-se ao STJ, sempre que houver dissenso sobre questões de direito material proferidas por Turmas Recursais na interpretação da lei.[19]

Em outro giro, no âmbito dos Juizados Especiais Estaduais, não há tal previsão, bem como não se admite, como visto, recurso especial, ou seja, há um "vácuo" no

---

[17]   STJ, Rcl 36.476/SP, Corte Especial, rel. Min. Nancy Andrighi, j. 05.02.2020.

[18]   Súmula 203 do STJ: "Não cabe recurso especial contra decisão proferida por órgão de segundo grau dos Juizados Especiais".

[19]   Nesse sentido: Enunciado 43: "É adequada a limitação dos incidentes de uniformização às questões de direito material".

Cap. 42 · RECLAMAÇÃO | 571

que toca a um meio de impugnação de tal decisão, fazendo com que o Juizado Especial Cível ser torne uma *"ilha"* de interpretação da lei federal.

b) Problemática

A praxe forense faz perceber, nitidamente, o anteriormente afirmado, havendo juizados especiais cíveis que admitem causas acima de quarenta salários mínimos, outros rejeitam peremptoriamente, bem como há juizados que admitem prova pericial, outros não a autorizam, outros admitem agravo de instrumento contra suas interlocutórias, outros não o admitem etc.

O sistema processual urge por mecanismos processuais mais adequados à tutela individual dos direitos individuais homogêneos, os quais geram as chamadas causas repetitivas, atribuindo aos precedentes judiciais um valor cada vez maior, dando maior isonomia e segurança jurídica.

Nesse contexto, em determinado tipo de demanda, o STJ já havia uniformizado o entendimento de que os consumidores de dado serviço de massa não tinham direito ao que vinham, repetidamente, postulando. A despeito da fixação desse entendimento pelo STJ, vários juízos de Juizados Especiais Cíveis Estaduais continuaram a acolher diversas pretensões, de idêntico teor, veiculadas em demandas repetitivas.

O caso foi, então, submetido ao crivo do STF, que não admitiu o Recurso Extraordinário 571.572-8/BA,[20] porque a questão não era constitucional. Irresignado com o resultado, foi oposto embargos de declaração, tendo o Supremo anunciado o cabimento da reclamação constitucional para o **STJ**.

Assim, firmado entendimento no âmbito da jurisprudência do STJ, cabe aos órgãos dos Juizados Estaduais seguir a orientação ministrada por aquela Corte Superior, sobretudo quando se tratar de causas repetitivas, cujo regime jurídico exige maior rigor no tocante à aplicação do princípio da isonomia e da segurança jurídica, impondo tratamento uniforme para quem se encontre em situação similar.

Ao STJ, constitucionalmente, compete uniformizar a jurisprudência nacional em matéria de legislação federal. Se os órgãos dos Juizados Estaduais estão a deixar, sistematicamente, de seguir a orientação ministrada pelo STJ, cabe a reclamação constitucional, a fim de garantir a incolumidade da principal função daquela Corte Superior. E, pela **teoria dos poderes implícitos** (*implied power*), deve-se conferir ao STJ a atribuição de fazer impor sua autoridade de órgão jurisdicional destinado a uniformizar a interpretação da legislação infraconstitucional.

Em situações como essa, cabe ao STJ acolher a reclamação, ajuizada com fundamento no art. 105, I, "f", da CR/1988. A reclamação, nesse caso, somente é cabível por não haver outro mecanismo apto a corrigir o grave problema de descumprimento sistemático da orientação firmada pelo STJ. Se coubesse recurso especial, **não** seria caso de reclamação. Diante da inexistência de outro órgão que possa fazê-lo, compete ao STJ eliminar a divergência havida entre decisões proferidas por Juizados Estaduais e seus precedentes que formam jurisprudência dominante sobre determinado assunto que envolve causas repetitivas.

---

[20] J. 26.08.2009, *DJe* 14.09.2009.

572 | PROCESSO CIVIL SISTEMATIZADO – *Haroldo Lourenço*

Inicialmente, o STJ[21] refutou tal tese sob o fundamento de que *"o princípio constitucional do art. 105, I, 'f', da CF não pode ser alargado em sua estreita previsão, mesmo em razão da segurança jurídica como entendido, posto que sem previsão constitucional e ou legal".*

Realmente, como dito, a reclamação é uma ação típica, não podendo ter ampliado seu objeto (CÂMARA, 2010. p. 157; NOGUEIRA, 2011). Acontece, porém, que, nesse caso dos Juizados Especiais Estaduais, há uma situação peculiar, relativa às causas repetitivas, que impõe a adoção de medida destinada a preservar a autoridade da jurisprudência firmada pelo STJ, a fim de eliminar a divergência jurisprudencial, conferindo isonomia e segurança jurídica ao sistema de demandas repetitivas.

Reclamação para fazer valer orientação jurisprudencial do STJ, como assinalou o STF, não nos parece apenas cabível, trata-se de medida extremamente recomendável, principalmente no âmbito dos Juizados Especiais Estaduais.

Posteriormente, o STJ reviu o seu posicionamento, seguindo a orientação traçada pelo STF, editando, inclusive, a **Resolução 12, de 14 de dezembro de 2009**, que prevê, expressamente, a reclamação com tal objetivo. No que se refere às suas hipóteses de admissibilidade, cremos que elas serão mantidas, porém, o procedimento deverá ser revisto, adequando-se ao CPC/2015.

Assim, a mencionada resolução admitia reclamação destinada a dirimir divergência entre acórdão prolatado por turma recursal estadual e a jurisprudência do STJ, suas súmulas ou orientações decorrentes do julgamento de recursos especiais repetitivos, no prazo de quinze dias, contados da ciência, pela parte, da decisão impugnada, independentemente de preparo.

Observe-se que tal reclamação ganhou uma peculiaridade, passou a ter prazo e não ter preparo. Frise-se que o STJ não admitiu tal reclamação se a decisão da turma recursal for monocrática,[22] bem como para rever indenização a título de danos morais, ainda que fixado em valor desproporcional, o que somente seria admissível em recurso especial[23], tampouco quando oriunda de Juizados Fazendários[24].

Ocorre, contudo, que a Corte Especial do STJ, no julgamento da questão de ordem suscitada no AgRg na Rcl n. 18.506/SP, decidiu, por unanimidade, aprovar a **Resolução STJ/GP nº 3, de 7 de abril de 2016**,[25] cujo art. 1º passou a determinar

---

[21] STJ, Reclamação 3.692/RS, rel. Honildo Amaral de Mello Castro, j. 14.10.2009, *DJe* 03.11.2009.

[22] Informativo 474: STJ, 2ª S., AgRg na Rcl 5.598/TO, rel. Min. Nancy Andrighi, j. 25.05.2011. Precedente citado do STF: EDcl no RE 571.572-BA, *DJe* 14.09.2009.

[23] Informativo 466: STJ, 2ª S., AgRg na Rcl 5.243/MT, rel. Min. Aldir Passarinho Junior, j. 14.03.2011. Precedentes citados do STF: RE 571.572/BA, *DJe* 13.02.2009; do STJ: AgRg na Rcl 4.312/RJ, *DJe* 25.10.2010; AgRg no Ag 344.673/RJ, *DJ* 05.11.2001.

[24] STJ, 1ª S., Rcl 22.033/SC, rel. Min. Mauro Campbell Marques, j. 08.04.2015, *DJe* 16.04.2015.

[25] "Art. 1º Caberá às Câmaras Reunidas ou à Seção Especializada dos Tribunais de Justiça a competência para processar e julgar as Reclamações destinadas a dirimir divergência entre acórdão prolatado por Turma Recursal Estadual e do Distrito Federal e a jurisprudência do Superior Tribunal de Justiça, consolidada em incidente de assunção de competência e de resolução de demandas repetitivas, em julgamento de recurso especial repetitivo e em enunciados das Súmulas do STJ, bem como para garantir a observância de precedentes. Art. 2º Aplica-se, no que couber, o disposto nos arts. 988 a 993 do Código de Processo Civil, bem como as regras regimentais locais, quanto ao procedimento da Reclamação. Art. 3º O disposto nesta resolução não se aplica às reclamações já distribuídas,

que a competência para tal reclamação passaria a ser das **Câmaras Reunidas ou à Seção Especializada dos Tribunais de Justiça.**

Por outro lado, não demorou para que os TJs suscitassem **conflito negativo de competência**[26] entre o STJ e o TJ, indo ao STF (art. 102, I, "o", CR/88), eis que, como já mencionado, a Suprema Corte havia determinado que a competência para tal reclamação seria do STJ, tendo esse último, subitamente, a apontar para os Tribunais de Justiça.

O STF[27], ao julgar os sucessivos conflitos de competência que lhe foram direcionados pelos TJs, em interpretação, data vênia, equivocada, afirmou que não haveria, na hipótese ventilada, conflito de competência, devendo os TJs observar o determinado pela Presidência do STJ, bem como eventual inconstitucionalidade da indigitada Resolução do STJ não poderia ser apreciada no conflito de competência.

Enfim, o STF, ao menos por enquanto, determinou que as reclamações oriundas das Turmas Recursais devem ser julgadas pelos **TJs.**

42.6. DISTINÇÃO ENTRE RECLAMAÇÃO E CORREIÇÃO PARCIAL

Por fim, cumpre registrarmos a diferença existente entre reclamação e a correição, também denominada de reclamação correicional.

A correição se constitui em **medida administrativa** (DIDIER JR., 2008. v. 3, p. 428) tendente a apurar atividade tumultuária do juiz, não passível de recurso. Exerce uma função de controle formal de atos judiciais insuscetíveis de recurso, estando circunscrita ao restabelecimento da normalidade processual, no interesse da boa administração da justiça (NOGUEIRA, 2005. p. 78).

Tal instituto não tem aptidão de cassar ou alterar um ato judicial, justamente para não infringir a separação dos poderes. Atualmente, a correição está em desuso. Na sistemática do CPC/1939 havia decisões interlocutórias que eram irrecorríveis e, em razão disso, era amplamente utilizada. Justamente nessa época (13.12.1963, data da publicação do Enunciado 267 do STF), se consolidou que não cabe mandado de segurança contra ato judicial passível de recurso ou correição.

Enfim, fundamentalmente, trata-se de um instrumento de **autocontrole jurisdicional**.

---

pendentes de análise pelo Superior Tribunal de Justiça. Art. 4º Esta resolução entra em vigor na data de sua publicação."

[26] Vide, por exemplo: Seção Cível do Consumidor do TJRJ, na Reclamação nº 0027643-69.2016.8.19.0000, suscitou o conflito negativo de competência perante o Supremo Tribunal Federal, recomendando a suspensão das Reclamações que envolvam a aplicação da Resolução STJ 03/2016.

[27] STF, CC 7.990, rel. Min. Ricardo Lewandowski, j. 30.08.2017.

43

MEIOS DE IMPUGNAÇÃO ÀS DECISÕES JUDICIAIS

43.1. MEIOS DE IMPUGNAÇÃO ÀS DECISÕES JUDICIAIS

A contrariedade aos seus interesses estimula a parte a atacar a decisão judicial. É essa vontade de obter um novo provimento jurisdicional que dá origem aos instrumentos capazes de possibilitar a revisão das decisões judiciais.

Por essa razão, o nosso ordenamento jurídico disponibiliza três formas de se impugnar uma decisão judicial: (i) as ações autônomas; (ii) os sucedâneos recursais; e (iii) os recursos.

A **ação autônoma** é o instrumento de impugnação de uma decisão judicial que dá origem a uma nova relação jurídica de direito processual. É o caso, por exemplo, da ação rescisória, do mandado de segurança e *habeas corpus* contra ato judicial, embargos de terceiro, reclamação constitucional, *querela nullitatis insanabilis* etc.

Por sua vez, o **recurso**, conforme se verá, é um incidente no mesmo processo em que é prolatado o pronunciamento impugnado, prolongando-se a litispendência, não criando uma nova relação jurídica processual.

Por fim, o **sucedâneo recursal** é todo o meio de impugnação de decisão judicial que não é recurso, tampouco ação autônoma de impugnação. Cuida-se de uma categoria ampla e residual, englobando todas as outras formas de impugnação à decisão. São exemplos de sucedâneos recursais o reexame necessário, o pedido de suspensão de segurança (art. 15 da Lei 12.016/2009), o pedido de reconsideração ou a correição parcial (DIDIER JR., 2008. v. 3, p. 29).

Seguindo essa linha de pensamento, a expressão *"sucedâneos recursais"*, introduzida por Frederico Marques, ora é utilizada para identificar o conjunto de meios não recursais de impugnação (e aí estariam incluídas as ações autônomas de impugnação), ora é utilizada em acepção restrita, para referir-se apenas aos meios de impugnação que nem são recurso nem são ações autônomas (DIDIER JR.; CUNHA, 2010. p. 27). Para outra parcela da doutrina, a ação rescisória, o mandado de segurança, o pedido de reconsideração e o reexame necessário seriam sucedâneos recursais externos (NEVES, 2010. p. 521; NERY JR., 2004. p. 75). Consistiriam em sucedâneos recursais internos o pedido de reconsideração, reexame, correição parcial, entre outros. A divergência é meramente acadêmica, não vislumbrando qualquer implicação prática.

43.2. CONCEITO

O **recurso** é, sem sombra de dúvida, a principal forma de exercício do direito de acesso aos tribunais (duplo grau de jurisdição). Revela-se, assim, como modalidade ou extensão do próprio **direito de ação** exercido no processo. O direito de recorrer está contido no direito de ação (e também no direito de exceção) (DIDIER JR.; CUNHA, 2010. p. 20). Barbosa Moreira afirma que *"recurso é o remédio voluntário idôneo a ensejar, dentro do mesmo processo, a reforma, a invalidação, o esclarecimento ou a integração da decisão judicial que se impugna."* (BARBOSA MOREIRA, 2011. v. 5, p. 233)

Desse conceito é possível deduzir que:

(i) Recurso é remédio **voluntário,** porque depende da manifestação de vontade das partes, tratando-se de mero **ônus processual**, uma vez que não se dirige ao benefício de outrem e, sim, ao próprio interesse da parte insatisfeita. O recurso é uma manifestação de insatisfação (CÂMARA, 2008. p. 49). Significa tal afirmação, ainda, dizer que **não** se deve confundir recurso com a remessa necessária, também denominada de reexame necessário ou duplo grau de jurisdição obrigatório (art. 496 do CPC/2015), justamente pelo fato de que neste inexistem voluntariedade, tempestividade e taxatividade, características estas presentes apenas nos recursos.

(ii) Cumpre registrar a posição, minoritária, do professor Fredie Didier, para o qual recurso seria um **direito potestativo** da parte, uma vez que teria o condão de alterar situações jurídicas, invalidando, revisando ou integrando uma decisão judicial (DIDIER JR.; CUNHA, 2010. p. 22).

(iii) O recurso deve estar previsto na lei, a significar que este meio de impugnação é informado pelo **princípio da reserva legal** e, de acordo com entendimento majoritário, em regra, somente lei federal pode prever recursos.

(iv) O recurso surge dentro do mesmo processo em que foi proferida a decisão impugnada. É preciso deixar claro que o recurso é um meio de impugnação que **não** instaura processo novo: pelo contrário, o recurso prolonga o estado de litispendência (DIDIER JR.; CUNHA, 2010. p. 19), produzindo o chamado **efeito obstativo**, por formar um obstáculo à coisa julgada. Aquele que recorre busca impugnar uma decisão no mesmo processo em que ela foi proferida, sendo essa uma das suas características essenciais, capaz de distingui-lo das ações autônomas de impugnação.

43.3. CLASSIFICAÇÃO DOS RECURSOS

43.3.1. Quanto à extensão da matéria: total ou parcial

Essa primeira classificação divide o recurso em total ou parcial (art. 1.002 do CPC/2015).

Majoritariamente, diz-se que um recurso é total quando ataca todo o conteúdo impugnável da decisão, podendo corresponder ou não à toda a decisão (BARBOSA MOREIRA, 2005. p. 115). Assim, se o autor perde em relação a um pedido e ganha em relação a outro, será total eventual recurso interposto contra capítulo que julgou improcedente um dos seus pedidos, ou seja, o recurso abrangerá todo o conteúdo impugnável, sem que isso signifique que tenha impugnado toda a decisão (DIDIER JR., 2010. v. 3, p. 29). Por outro lado, será parcial o recurso quando se impugna apenas parte do que poderia ter sido impugnado. Assim, é parcial o recurso que deixa incólume parte do conteúdo impugnável da decisão (CÂMARA, p. 53).[1] Recurso parcial é aquele que, em virtude de limitação voluntária, não compreende a totalidade do conteúdo impugnável da decisão (BARBOSA MOREIRA, 2008. p. 115). O recorrente decide impugnar ou não todos os capítulos recorríveis da decisão ou impugnar apenas uma parte do capítulo decisório. Os capítulos acessórios reputam-se inclusos no pedido recursal, caso o recorrente impugne o capítulo principal, mesmo que haja silêncio a respeito deles. Assim, se o recorrente discute o capítulo principal, por *"arrastamento"*, estará discutindo juros, correção e verbas sucumbenciais (DIDIER JR., 5. ed., v. 3, p. 30).

Há, contudo, quem discorde de tal definição, minoritariamente, define-se o recurso total como o recurso com que se impugna toda a decisão e o recurso parcial como o que impugna somente uma parte da decisão (DINAMARCO, 2002. p. 98), variando-se, portanto, sensivelmente do ensinamento majoritário.

Enfim, ou o recorrente não impugna todos os capítulos recorríveis da decisão (recurso total), ou impugna apenas uma parcela do conteúdo decisório recorrível da decisão (recurso parcial). A parcela não recorrida da decisão transita em julgado, isto é, torna-se indiscutível, imutável por força da coisa julgada material (DIDIER JR., 2010. p. 30; BARBOSA MOREIRA, 2005. v. 5, p. 352).[2]

43.3.2. Recurso principal e recurso adesivo

Recurso principal é o recurso interposto pela parte no prazo legal e independentemente da outra parte, como determina o art. 997, *caput*, do CPC/2015. Pode, contudo, acontecer que ambas as partes recorram da mesma decisão – e o recurso de cada uma delas será independente do recurso da outra. Nesse sentido, denomina-se recurso independente.

---

[1] Em sentido contrário, mantendo a coerência com a sua definição de recurso total, Cândido Dinamarco entende que é parcial o recurso que abrange *parte da decisão*.

[2] Remetemos o leitor para o capítulo desta obra sobre rescisória, para maiores considerações sobre o trânsito em julgado parcial e o cabimento de rescisória.

578 | PROCESSO CIVIL SISTEMATIZADO – *Haroldo Lourenço*

Já o **recurso adesivo** é aquele subordinado ao da outra parte e que somente será julgado se o principal for admitido. Assim, havendo sucumbência recíproca, situação em que acarreta satisfação parcial dos interesses de ambas as partes, se uma delas interpõe o recurso de maneira principal, permite o art. 997, § 1º, do CPC/2015 que a outra interponha o respectivo recurso na modalidade adesiva. O tema será melhor analisado adiante.

43.3.3. Quanto ao objeto: recursos ordinários e excepcionais

Recursos ordinários são aqueles cujo objeto imediato é a tutela de um direito subjetivo, sendo possível discutir questões de fato e de direito, como é o caso, por exemplo, da apelação, do agravo de instrumento e do próprio recurso ordinário constitucional.

Por sua vez, **recursos excepcionais** são aqueles cujo fim imediato é a tutela do direito objetivo, como o recurso extraordinário, o recurso especial e os embargos de divergência (CÂMARA, 2008. p. 126),[3] em que somente questões de direito podem ser suscitadas.[4] Aqui, a discussão é exclusivamente de direito e, mediatamente, tutela-se o direito subjetivo.

Tal classificação é dita sem relevância por notável doutrina (BARBOSA MOREIRA, 2008. p. 116). Comumente, os recursos excepcionais são designados como recursos extraordinários, o que repudiamos, pois tal nomenclatura, obviamente, gerará imbróglio com o recurso extraordinário dirigido ao STF (art. 102, III, da CR/1988). A nomenclatura recursos ordinários gera confusão com o recurso previsto no art. 1.027 do CPC/2015, bem como com recurso, de mesmo nome muito utilizado no Processo do Trabalho.

Essa classificação tem sido questionada por renomada doutrina, pois, quando o Ministério Público atua como fiscal da ordem jurídica, o faz na proteção de direito objetivo, ou seja, nas hipóteses em que o *Parquet* interpõe apelação – que está inserida na categoria dos recursos ordinários – atua como fiscal da lei (BARBOSA MOREIRA, 2011. v. 5, p. 254-256; SOUZA, 2004. p. 265).

Outra crítica consiste na impossibilidade de inserirem-se na categoria dos recursos ordinários (ou mesmo na dos recursos extraordinários) os embargos declaratórios, o agravo interno e o agravo em recursos especial e extraordinário. Em verdade, os embargos de declaração podem ser opostos contra qualquer decisão (art. 1.022), portanto não haveria como qualificá-lo restritivamente como recurso extraordinário ou recurso ordinário. O agravo interno, de igual forma, pode ser interposto tanto nos tribunais de segundo grau quanto nos Tribunais Superiores. Mais uma imprecisão verificada consiste no fato de que o agravo, para a corrente doutrinária acima, é considerado recurso ordinário, porém o agravo em recurso especial e recurso extraordinário (art. 1.042 do CPC/2015) já não seria (SOUZA, 2004. p. 266-267).

---

[3] De acordo com Alexandre Freitas Câmara, os embargos de divergência revestem-se da natureza de recurso excepcional.

[4] A propósito, o enunciado da Súmula 7 do STJ: "A pretensão de simples reexame de prova não enseja recurso especial" e enunciado da súmula n. 279 do STF: "Para simples reexame de prova, não cabe recurso extraordinário".

Cap. 43 · MEIOS DE IMPUGNAÇÃO ÀS DECISÕES JUDICIAIS | **579**

Em outros países, a formulação doutrinária de recursos ordinários e extraordinários é bem diferenciada – e mais interessante. Na Espanha (FERRÁNDIZ, 1989. p. 297), por exemplo, consideram-se recursos ordinários aqueles cuja interposição obsta a formação da coisa julgada e extraordinários, os que não servem de obstáculo à formação da coisa julgada, mas, ao contrário, pressupõem-na para a respectiva admissibilidade, o que não foi adotado no Brasil.

43.3.4. Quanto à fundamentação: livre e vinculada

No recurso de **fundamentação livre**, o recorrente tem total liberdade para deduzir qualquer crítica em relação à decisão, sem que haja influência na sua admissibilidade, sendo possível impugnar qualquer tipo de vício, pois a causa de pedir não está delimitada pela lei. É o que acontece, por exemplo, com a apelação, o agravo, o recurso ordinário (DIDIER JR., 2008. v. 3, p. 31).

Já no recurso de **fundamentação vinculada**, o recorrente está adstrito a alegar determinadas matérias previamente escolhidas pelo legislador, cuidando-se, assim, de recurso de fundamentação típica. É o caso, por exemplo, dos embargos de declaração, do recurso especial e do recurso extraordinário.

43.4. ATOS RECORRÍVEIS

43.4.1. Atos recorríveis: decisões de juízo de primeiro grau

Em nosso sistema, somente os atos judiciais com conteúdo decisório podem ser alvos de recursos. Assim, os despachos, por **não** possuírem conteúdo decisório, são irrecorríveis (art. 1.001 do CPC/2015), sendo possível, aliás, a sua delegação ao servidor público que auxilia o juiz (art. 203, § 4º, do CPC/2015 c/c o art. 93, XIV, da CR/1988).

No que toca aos despachos, **majoritariamente** se afirma que seriam cabíveis embargos de declaração, contra qualquer ato jurisdicional, inclusive aquelas despidas de conteúdo decisório, ainda que a lei as qualifique como irrecorríveis (DIDIER JR., 2010. p. 185). Tampouco importa se a decisão é definitiva ou não, se é final ou interlocutória. Ainda quando o texto legal, *expressis verbis*, qualificá-la como "irrecorrível", há de se entender que o faz com a ressalva implícita concernente aos embargos de declaração (BARBOSA MOREIRA, 2011. v. 5, p. 498). O Ministro Marco Aurélio afirma, aliás, que são cabíveis em qualquer processo ou em qualquer procedimento, contra decisão monocrática ou do colegiado, resistindo à cláusula de irrecorribilidade.[5] Há, contudo, quem afirme que somente seriam admissíveis embargos de declaração contra qualquer provimento jurisdicional de conteúdo decisório, bastando até mesmo uma simples petição (CÂMARA, 2008. p. 107).

Uma nítida conceituação das decisões prolatadas no processo é essencial para a organização do sistema recursal. O art. 162, § 1º, do CPC/1973, com a redação dada pela Lei 11.232/2005, foi substituído pelo art. 203, § 1º, do CPC/2015, passando a

---

[5] Extraído do voto prolatado nos Embargos no AgIn 260.674/ES, *DJ* 26.06.2001.

580 | PROCESSO CIVIL SISTEMATIZADO – *Haroldo Lourenço*

conceituar sentença pelo seu **conteúdo** (arts. 485 e 487) e, ainda, pelo seu **momento** (encerrar a fase cognitiva ou a execução), o que já era prestigiado pela doutrina (CÂMARA, 2008. p. 441).

Diante de tal conjuntura, sobre o conceito de sentença, algumas considerações devem ser feitas, decisões como a que indefere parcialmente a petição inicial (inc. I do art. 485); decisão que reconhece a decadência ou prescrição de um dos pedidos cumulados (art. 487, II); decisão que exclui um litisconsorte por ilegitimidade (art. 485, VI) etc. são decisões interlocutórias (art. 203, § 2º), que podem ou não analisar o mérito, sendo impugnadas por agravo (art. 1.015, I, do CPC).

Estabelecidas tais premissas, é possível identificar qual o recurso cabível para cada pronunciamento jurisdicional. São duas as decisões que podem ser proferidas pelo juízo singular: (i) **decisão interlocutória**, ou seja, aquela que não encerra o procedimento de primeira instância, que pode ser impugnada por agravo de instrumento, se assim estiver prevista em lei (art. 1.015, por exemplo) ou ser irrecorrível, devendo ser impugnada no momento da apelação ou das suas contrarrazões (art. 1.009, § 1º); (ii) **sentença**, ou seja, decisão com base no art. 485 ou 487 que encerra o procedimento de primeira instância, ultimando a fase de conhecimento ou execução, que, em regra, será atacada por meio do recurso de apelação (art. 1.009, *caput*, do CPC/2015).

No tocante às **decisões parciais**, com ou sem mérito, o legislador as permite, como se observa dos arts. 354, parágrafo único, 356 e 1.015, II, do CPC. Contudo, majoritariamente, a decisão parcial é a decisão judicial que tem por conteúdo uma das hipóteses do art. 487 do CPC/2015, **não** encerrando o procedimento, até porque é possível, por exemplo, que a transação (espécie de autocomposição) seja parcial, envolvendo apenas parte do mérito. Nesse caso, a homologação judicial não implicará a extinção do processo, mas sim a solução parcial do objeto do processo e o prosseguimento da causa para o julgamento do restante. Não será, pois, sentença, mas decisão interlocutória (DIDIER JR., 2010. p. 540-542),[6] na forma do art. 203, §§ 1º e 2º, do CPC.

Partindo-se de tais premissas, tais decisões parciais sobre o mérito do processo serão impugnáveis por **agravo de instrumento** (art. 1.015, II, do CPC). A solução adotada pelo legislador não é imune a críticas, pois o tal recurso **não** tem efeito suspensivo (art. 995 e art. 1.019, I), bem como a apelação sempre admite **sustentação oral**, diferentemente do agravo de instrumento, somente admite na hipótese do art. 1.015, I, como se observa do art. 937, I e VIII. Enfim, apesar de tais problemas, o CPC/2015 adotou o posicionamento majoritário (CÂMARA, 2008. p. 70-71),[7] não sendo possível, sequer, falar em fungibilidade.[8]

Há algumas peculiaridades que merecem destaque, pois teremos sentença que **não serão impugnáveis por apelação:**

---

[6] Cf.. Nesse sentido, CÂMARA (2008. p. 95): "Atos de resolução parcial do mérito, que não determinam a extinção do módulo processual, não são sentença, mas decisão interlocutória."

[7] Informativo 430 do STJ, REsp 1.117.144/RS, 6ª T., rel. Min. Celso Limongi (Desembargador convocado do TJSP), j. 15.04.2010; STJ, REsp 645.388/MS, 4ª T., rel. Min. Hélio Quaglia Barbosa, j. 15.03.2007.

[8] STJ, REsp 829.992/DF, 5ª T., rel. Min. Arnaldo Esteves Lima, j. 13.12.2007.

Cap. 43 · MEIOS DE IMPUGNAÇÃO ÀS DECISÕES JUDICIAIS | 581

(i) Em sede de execução fiscal de valor igual ou inferior a 50 (cinquenta) Obrigações Reajustáveis do Tesouro Nacional (ORTN), das sentenças que a extingam somente se admitirá embargos infringentes e de declaração. Esses embargos infringentes, que não são aqueles que estavam regulados no art. 530 do CPC/1973, que foi substituído pela técnica de julgamento prevista no art. 942 do CPC/2015, são denominados de **embargos infringentes de alçada** (art. 34 da Lei 6.830/1980), cuidando-se de recurso julgado pelo próprio juízo prolator da sentença, devendo ser interposto em dez dias, sem necessidade de preparo, cabendo, inclusive, retratação. Cabe ressaltar que o STJ já se manifestou no sentido de **não** admitir, aqui, a aplicação do princípio da fungibilidade.[9]

(ii) Excepcionalmente, o nosso ordenamento jurídico admite sentença recorrível por agravo de instrumento, como que decreta a falência (art. 100 da Lei 11.101/2005).

(iii) Nos Juizados Especiais Cíveis Estaduais, embora as decisões interlocutórias sejam irrecorríveis, não se admitindo sequer mandado de segurança,[10] admite-se contra as sentenças o manejo de um recurso distinto da apelação, desprovido de nomenclatura específica. Na prática, costuma-se chamá-lo de **inominado**, não obstante o silêncio da lei, justamente pela falta de nome. Nos Juizados Federais e nos Juizados Especiais de Fazenda Pública, há uma diferença: nem sempre as decisões interlocutórias são irrecorríveis, pois, se envolverem tutela de urgência, são agraváveis na modalidade de instrumento (arts. 4º e 5º da Lei 10.259/2001 e arts. 3º e 4º da Lei 12.153/2009) (CÂMARA, 2010. p. 242; CHIMENTI, 2010. p. 59).[11]

(iv) Por fim, nas causas internacionais, envolvendo Estados estrangeiros ou organismos internacionais e pessoa residente ou domiciliada no Brasil ou Município (art. 1.027, II, "b", do CPC/2015), não será cabível apelação ao TRF da sentença do juiz federal (art. 109, II, da CR/1988), mas, sim, recurso ordinário constitucional ao STJ (art. 105, II, "c", da CR/1988).

43.4.2. Atos recorríveis: decisões monocráticas no tribunal

No Tribunal, as decisões podem classificar-se a partir do órgão prolator: (i) **decisões monocráticas** são aquelas tomadas por apenas um membro do Tribunal, podendo ser proferidas pelo relator ou pelo Presidente/Vice-Presidente do Tribunal em causas que são de sua competência como, por exemplo, o pedido de suspensão da segurança (arts. 15 da Lei 12.016/2009, e 12, § 1º, da Lei 7.347/1985); (ii) **acórdãos**, que são as decisões colegiadas.

De quaisquer decisões monocráticas proferidas por um relator caberá agravo interno, nos termos do art. 1.021 do CPC e do Enunciado 142 do FPPC.

---

[9]   REsp 413.827/PR, 1ª T., rel. Min. Teori Zavascki, j. 06.05.2004, *DJ* 24.05.2004.

[10]   STF, RE 576847 RG/BA, rel. Min. Eros Grau, j. 01.05.2008.

[11]   Reconhecendo a admissibilidade de agravo de instrumento, contudo, asseverando que seria mais viável, de acordo com a informalidade dos juizados, uma mera petição dirigida ao órgão recursal: SANTOS, Ernane Fidélis. *Manual de direito processual civil*. v. 1. *Processo de conhecimento*. 14. ed., de acordo com a Lei 12.016/09. São Paulo: Saraiva, 2009. p. 938.

582 | PROCESSO CIVIL SISTEMATIZADO – *Haroldo Lourenço*

Algumas considerações devem ser feitas sobre as decisões proferidas por Presidente ou vice-presidente, contra as quais sempre será cabível a interposição de agravo. Vejamos:

(i) Da decisão que não admite recurso extraordinário ou recurso especial, caberá agravo, no prazo de 15 dias para o STF ou STJ, nos termos do art. 1.042 do CPC/2015.[12]

(ii) Da decisão proferida pelo Presidente/Vice-Presidente do tribunal que defere ou indefere o pedido de suspensão de segurança, é cabível agravo interno, no prazo de 5 (cinco) dias (art. 15 da Lei 12.016/2009).

(iii) O art. 39 da Lei 8.038/1990 disciplina, genericamente, o cabimento de agravo interno contra decisão singular proferida por membro do STJ e do STF.

No tocante aos acórdãos prolatados pelos órgãos fracionários dos Tribunais, é possível vislumbrar o cabimento dos seguintes recursos: embargos de divergência (art. 1.043), recurso extraordinário (art. 1.029), recurso especial (art. 1.029) e recurso ordinário constitucional (art. 1.027).

Por fim, entendemos serem admissíveis embargos de declaração de qualquer decisão judicial, inclusive de despachos, como exposto anteriormente, além de crermos ser cabível, também, das decisões monocráticas do relator, como se observa do art. 1.024, §§ 2º e 3º, do CPC.

43.5. JUÍZOS RECURSAIS: ADMISSIBILIDADE (CONHECIMENTO)

O juízo de admissibilidade incide sobre a **validade** do procedimento ou do ato postulatório incidental denominado recurso, ou seja, sobre a sua aptidão para o exame do mérito. Por esta razão, a doutrina vem entendendo que a tal juízo aplica-se o sistema das invalidades processuais, devendo a inadmissibilidade ser enfrentada como **excepcional**, como todas as nulidades, devendo ser a regra o aproveitamento do ato processual. Aliás, uma das maiores manifestações do princípio do aproveitamento dos atos defeituosos é o princípio da fungibilidade, porquanto se cuida da aplicação, no processo civil, da regra da convalidação do ato nulo (art. 170 do CC/2002) (DIDIER JR., 2010. p. 255), devendo sempre ser aplicado o art. 932, parágrafo único, do CPC, que consagra o **princípio da primazia de mérito**.

Feitas essas considerações, alguns aspectos merecem destaque:

(i) O juízo de admissibilidade será preliminar ao juízo de mérito, determinando se o objeto do recurso será ou não julgado;

(ii) Tal juízo nada mais é do que a fase do julgamento do recurso em que se verifica a presença ou não dos requisitos de admissibilidade do mesmo (BARBOSA MOREIRA, 1968. p. 33) (intrínsecos e extrínsecos) que costumam ser relacionados, pela doutrina, com os requisitos de admissibilidade do processo ("pressupostos recursais" e "condições da ação"). Desta forma, o não preenchimento de tais

---

[12] Maiores considerações no momento da análise dos recursos especiais e extraordinários.

Cap. 43 · MEIOS DE IMPUGNAÇÃO ÀS DECISÕES JUDICIAIS | **583**

requisitos, assim como ocorre no processo, invalida o procedimento, ensejando o não conhecimento do recurso. Esta é, portanto, a sanção atribuída à nulificação ou do procedimento ou do ato postulatório (DIDIER JR., 2005. p. 11-51) que, no caso em exame, é o próprio recurso;

(iii) Em regra, as questões relativas ao juízo de admissibilidade podem ser conhecidas e decididas de ofício pelo juízo, salvo a regularidade formal inerente ao agravo de instrumento inserida no art. 1.018, *caput*, que dependerá de provocação do agravado (art. 1.018, §§ 2º e 3º, do CPC/2015), como será abordado com vagar no capítulo sobre o agravo;

(iv) O art. 932, parágrafo único, do CPC só se aplica aos casos em que seja necessário sanar vícios formais, como ausência de procuração ou de assinatura, e não à complementação da fundamentação[13].

43.5.1. Competência para o juízo de admissibilidade

Tradicionalmente, sempre se adotou no Brasil uma admissibilidade desdobrada ou gradual dos recursos, ou seja, o juízo de admissibilidade passava por um duplo exame: primeiro pelo juízo *a quo* (juízo de origem, ou seja, órgão que proferiu a decisão recorrida) e o segundo é realizado pelo juízo *ad quem* (juízo de destino), sendo excepcional a admissibilidade imediata, em que essa seria feita diretamente pelo órgão competente para julgamento, como no agravo de instrumento.

O CPC/2015 alterou, substancialmente, tal regra.

A partir da novel legislação, a **regra passa a ser a realização do juízo de admissibilidade imediatamente pelo órgão julgador**, como se observa dos arts. 1.010, § 3º, e 1.028, § 3º, apesar da interposição continuar sendo, na maioria dos casos, perante o órgão prolator da decisão recorrida. No que se refere à interposição, o agravo de instrumento continua possuindo admissibilidade somente perante o órgão julgador, não obstante sua interposição ser possível perante o órgão julgador ou perante o órgão prolator da decisão recorrida (arts. 1.016 e 1.017, § 2º).

Sobre tal regra, no CPC/2015 não havia exceções, porém, a Lei 13.256/2016 alterou a redação do art. 1.030, em que o seu inciso V permite que a admissibilidade do recurso especial e extraordinário seja realizada perante o órgão de interposição, adotando a **admissibilidade desdobrada ou gradual**. Trata-se de **única exceção**.

Recebido o recurso, o juiz concederá vista dos autos para o recorrido oferecer contrarrazões e, transcorrido tal prazo, com ou sem as contrarrazões, os autos irão para o órgão *a quo*, **independentemente** de juízo de admissibilidade.

Cabe ressaltar que alguns recursos, por serem dotados do denominado **efeito regressivo**, permitem que o juízo *a quo* exerça o denominado juízo de retratação, sendo possível, portanto, revogar a sua decisão. É o que ocorre, por exemplo, com o agravo (arts. 1.018, § 1º, 1.021, § 2º, e 1.042, § 4º), com a apelação contra a sentença que indefere a petição inicial (art. 331), que reconhece a improcedência liminar do pedido (art. 332, § 2º) ou que extingue o processo sem resolução de mérito (art.

---

13   STF. 1ª T., ARE 953.221, AgR/SP, rel. Min. Luiz Fux, j. 07.06.2016.

584 | PROCESSO CIVIL SISTEMATIZADO – Haroldo Lourenço

485, § 7º) e, ainda, em causas propostas segundo os ditames do Estatuto da Criança e do Adolescente (art. 198, VII, da Lei 8.069/1990).

No que se refere à retratação em recurso de apelação, há um problema, pois, **não havendo juízo de admissibilidade, como seria possível a retratação?** Cremos que, nessas hipóteses, o legislador previu um juízo de admissibilidade mínimo pelo magistrado, no que se refere, pelo menos, à **tempestividade**, como restou consagrado no Enunciado 293 do FPPC.

43.5.2. Natureza jurídica do juízo de admissibilidade

É pacífico na doutrina o entendimento de que o **juízo positivo** de admissibilidade reveste a natureza de um juízo declaratório da eficácia com efeitos retroativos.

De fato, a controvérsia doutrinária gira em torno da natureza do juízo **negativo** de admissibilidade e quanto à produção de seus efeitos. Majoritariamente, tal juízo seria **declaratório negativo, com eficácia *ex tunc***. Haveria uma eficácia retroativa, pois se limita a reconhecer a existência dos requisitos de admissibilidade do recurso, sendo estes, pois, anterior ao pronunciamento.[14] Se o recurso for declarado inadmissível implica dizer que ele nunca existiu, já que somente os recursos admissíveis são aptos a produzir efeitos (BARBOSA, p. 256).

Há, porém, doutrina que afirma que o juízo de inadmissão será **constitutivo negativo com eficácia *ex nunc***, que recairia sobre a validade do procedimento, sendo a invalidação (sanção que se aplica à inadmissibilidade) uma decisão constitutiva, porquanto não obstante haja o reconhecimento de uma situação de fato anterior, há uma decisão que dá ensejo à criação de uma nova situação jurídica: a sanção de inadmissibilidade do recurso viciado (DIDIER JR., 2010. v. 3, p. 70).[15] A eficácia *ex nunc*, seguindo essa linha de raciocínio, deve-se ao fato de que os atos processuais defeituosos produzirem efeitos até a sua invalidação, respeitados os efeitos até então produzidos pelos atos já praticados, ressalvadas as hipóteses que determinam a eficácia retroativa do juízo de admissibilidade, porquanto a opção do legislador civil no art. 182 CC/2002 nos leva a crer que é possível a invalidação (nulidade ou anulabilidade) determinando a eficácia *ex tunc* (DIDIER JR., 2010. v. 3, p. 71).[16]

---

[14] Cf. BARBOSA MOREIRA, José Carlos *Comentários ao Código de Processo Civil* cit., 11. ed., p. 264. Nesse sentido, CÂMARA, Alexandre Freitas. *Lições de direito processual civil* cit., 15. ed., p. 58. "Sendo negativo o juízo de admissibilidade, o provimento que deixa de admitir o recurso tem conteúdo meramente declaratório, limitando-se a tornar certo que a decisão contra qual se recorreu não se admitia mais impugnação, e o trânsito em julgado da mesma terá se dado no momento em que a mesma tenha se tornado irrecorrível, e não no momento do julgamento do recurso"; NERY Jr., Nelson. *Teoria geral dos recursos.* 6. ed. São Paulo: RT, 2004. p. 266-267. JORGE, Flávio Cheim. *Teoria geral dos recursos cíveis.* cit, p. 52, embora não atribua eficácia *ex tunc* em todas as hipóteses.

[15] "Em todo juízo constitutivo negativo, notadamente naquele relacionado às invalidades, há o reconhecimento de uma situação de fato anterior, tomada como a premissa fática da decisão que autoriza a criação de uma nova situação jurídica: sanção de ineficácia do ato jurídico defeituoso."

[16] "Não obstante sua flexibilização no sentido de atribuir eficácia *ex tunc, ex lege*, ao juízo de admissibilidade, não a reputa conveniente, pois, na verdade, os atos processuais e o procedimento em particular, produzem efeitos até que seja decretada a sua invalidade (inadmissibilidade, no caso de procedimento recursal)".

Cap. 43 · MEIOS DE IMPUGNAÇÃO ÀS DECISÕES JUDICIAIS | 585

Por fim, a **jurisprudência** vem sustentando um posicionamento intermediário, no sentido de que juízo de admissibilidade seria um juízo **declaratório**, com eficácia *ex nunc*, já que, em regra, todos os recursos produziriam efeitos *ex nunc*, **salvo** o recurso intempestivo ou manifestamente incabível, pois estes teriam eficácia retroativa.[17]

Em suma, o importante em se determinar a natureza jurídica do juízo de admissibilidade é justamente saber se o recurso vai produzir ou não um dos seus efeitos: impedir o trânsito em julgado da decisão recorrida. A fixação do momento em que se deu o trânsito em julgado de uma decisão é fundamental para a verificação do termo inicial do prazo para o ajuizamento da ação rescisória (CÂMARA, 2008. p. 58).

Adotando-se a concepção majoritária, o recurso inadmissível (não conhecido) não produz aquele efeito, não impedindo, portanto, o trânsito em julgado. Sob o ponto de vista prático, adotar esse posicionamento poderá colocar em risco o princípio da segurança jurídica, pois, exemplificando, suponhamos que o recorrente tenha interposto seu recurso de apelação em 2002 e somente em 2006 o tribunal declare sua inadmissibilidade. Assim, o recurso não terá produzido nenhum efeito desde 2002, já tendo ocorrido o trânsito em julgado quatro anos atrás (eficácia retroativa) e o prazo da ação rescisória, que é de dois anos, já teria escoado. Por outro lado, pendente o recurso, a parte não poderia ingressar com ação rescisória, tendo em vista que a decisão ainda não estaria acobertada pela coisa julgada. Tem-se, aqui, uma extrema insegurança jurídica (DIDIER JR., 2010. v. 3, p. 70).

Acolhendo-se, contudo, o entendimento esposado por Fredie Didier Jr., o procedimento, enquanto não invalidado, produz todos os efeitos, impedindo, desta forma o trânsito em julgado da decisão recorrida. Já se a preferência for pela concepção intermediária, há que se fazer duas observações:

(i) A regra é que o trânsito em julgado não pode ocorrer na pendência do julgamento do recurso, ainda que futuramente este não venha a ser admitido, pois a eficácia do juízo de admissibilidade seria prospectiva.

(ii) Nas hipóteses de recurso manifestamente intempestivo ou incabível, a decisão recorrida já estaria imune pela coisa julgada desde a data seguinte ao *dies ad quem* ao prazo para a interposição do recurso.[18] Seguindo essa posição, o STJ decidiu, por maioria, que o termo inicial para a contagem do prazo decadencial de ação rescisória é do trânsito em julgado da última decisão posta nos autos no último recurso, ainda que por ele somente se discuta a tempestividade do recurso anterior.[19]

---

[17] Nesse sentido, por exemplo, STJ, REsp 389.216/PR, rel. Min. Vicente Leal, j. 12.03.2002. Este é, inclusive, o posicionamento adotado pelo Enunciado 100 da Súmula do TST: "I – O prazo de decadência, na ação rescisória, conta-se do dia imediatamente subsequente ao trânsito em julgado da última decisão proferida na causa, seja de mérito ou não. (...) III – Salvo se houver dúvida razoável, a interposição do recurso intempestivo ou a interposição do recurso incabível não protrai o termo inicial do prazo decadencial".

[18] JORGE, Flávio Cheim. *Teoria geral dos recursos cíveis*. Rio de Janeiro: Forense, 2003. p. 54. Bernardo Pimentel Souza afirma, em outra linha, que o juízo de admissibilidade tem efeito *ex nunc*, sem distinguir as causas de inadmissibilidade (*Introdução aos recursos cíveis e à ação rescisória* cit., 3. ed., p. 29), embora reconheça que prevalece a posição intermediária (op. cit., p. 768-769).

[19] Nesse sentido, o enunciado da Súmula 401 do STJ. "O prazo decadencial da ação rescisória só se inicia quando não for cabível qualquer recurso do último pronunciamento judicial." EREsp 441.252/CE, rel.Min. Gilson Dipp, j. 29.06.2005, informativo 153 STJ.

43.5.3. Requisitos genéricos de admissibilidade

O juízo de admissibilidade divide-se em requisitos inerentes à própria existência do poder de recorrer (**intrínsecos**), que incluem cabimento (i), legitimidade (ii), interesse (iii), inexistência de fatos impeditivos ou extintivos (iv), bem como em requisitos relativos ao modo e exercício do direito de recorrer (**extrínsecos**), incluindo regularidade formal (v), tempestividade (vi) e preparo (vii).

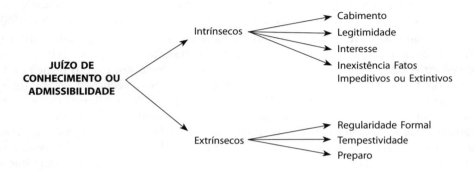

43.5.4. Cabimento

Significa que além do fato de o recurso estar previsto na **lei** (taxatividade), é necessário que a decisão seja recorrível, mas que o recorrente se utilize do recurso correto (adequação), conforme o rol presente no art. 994 do CPC/2015 ou em outro dispositivo legal.

Tal requisito de admissibilidade relaciona-se com três princípios recursais: fungibilidade, unirrecorribilidade e taxatividade.

De acordo com o **princípio da fungibilidade**, também conhecido como **recurso indiferente**, mesmo que não respeitada a adequação recursal, permite-se a conversão de um recurso indevidamente interposto por outro, desde que o erro seja justificável, ou seja, que exista dúvida plausível – **não** se admitindo o erro grosseiro (requisito objetivo) –, bem como que a parte esteja de boa-fé (requisito subjetivo). Tal princípio mitiga o rigor formal pertinente aos recursos, pois ao permitir que seja aproveitado o recurso equivocado como o correto, impede que a parte que tenha interposto um recurso indevido seja prejudicada. A fungibilidade nada mais é do que a aplicação do princípio da instrumentalidade no sistema recursal.

No CPC/39, havia previsão expressa de tal princípio,[20] diferentemente dos CPCs de 1973 e 2015, todavia, dispunha que somente seria aplicável o princípio da fungibilidade se não houvesse erro grosseiro, ou seja, desde que o erro fosse escusável. De acordo com a doutrina, a dúvida deve ser objetivamente aferida, ou seja, seria preciso que houvesse dúvida razoavelmente aceita (DIDIER JR., 2010).

---

[20] Art. 810: "Salvo a hipótese de má-fé ou erro grosseiro, a parte não será prejudicada pela interposição de um recurso por outro, devendo os autos ser enviados à Câmara, ou Turma, a que competir o julgamento".

v. 3, p. 45-46) quanto ao cabimento do recurso, tanto na doutrinária quanto na jurisprudência, autorizando o recebimento do recurso, até porque tal controvérsia não poderia prejudicar a parte.

Como decorre da instrumentalidade, prevista no art. 277 do CPC/2015, ainda há previsão, mesmo que não expressa, o que é confirmado pelo Enunciado 104 do FPPC.

Quanto à incidência do segundo requisito da fungibilidade, há divergência entre a doutrina e a jurisprudência. Atualmente, majoritariamente, continua sendo pressuposto de aplicação do princípio da fungibilidade, além da **inexistência de erro grosseiro, a boa-fé da parte recorrente**, que, de acordo com a jurisprudência,[21] é extraída com o respeito ao prazo do recurso correto. Cremos, sinceramente, **não** ter razoabilidade a tese do prazo menor, eis que se existe dúvida objetiva, não faz sentido se exigir a utilização do prazo menor, bem como, com a uniformização dos prazos trazida pelo art. 1.003, § 5º, do CPC, tal requisito tende a ser abandonado, como já sustentava a doutrina (DIDIER JR., 2010. v. 3, p. 46).[22]

Um bom exemplo de aplicação de tal princípio, reconhecido pelo **STJ**[23], afirmando que há "dúvida objetiva" quando, por exemplo, o próprio julgador induz a parte ao erro, denominando equivocamente a decisão interlocutória de sentença.

Pelo **princípio da taxatividade** os recursos são *numerus clausus*, ou seja, sua enumeração deve estar prevista em lei.

De acordo com o **princípio da singularidade (ou da unirrecorribilidade, ubiquidade e unicidade)** para cada caso, há um recurso adequado, sendo vedada a interposição simultânea de dois recursos contra a mesma decisão, sob pena de inadmissibilidade do recurso interposto por último. Portanto, o recorrente não pode se valer de mais de um recurso para impugnar ao mesmo tempo a mesma decisão. Cuida-se de regra implícita no sistema recursal brasileiro, já que no CPC/1939, estava prevista no art. 809 (DIDIER JR., 2010. v. 3, p. 47).[24] Observe-se que o STJ entende que não há violação a tal princípio a utilização de um único recurso para se impugnar duas decisões, pois o vedado é mais de um recurso contra mesma decisão, não um recurso contra duas decisões, o que, inclusive, prestigia a efetividade.[25]

No sistema do CPC/1939 a parte podia variar de recurso dentro do prazo legal, não podendo, todavia, usar, ao mesmo tempo, de mais de um recurso (**princípio**

---

21 Acórdão unânime da 1ª Turma do STJ, REsp 53.645/SP, rel. Min. Cesar Asfor Rocha, j. 28.09.1994, *DJ* 24.10.1994. p. 28.716. No mesmo sentido: STJ, AgRg no Ag 295.148/SP, 4ª T., rel. Min. Sálvio de Figueiredo Teixeira, j. 29.08.2000, *DJ* 09.10.2000. p.159.

22 "Não se reputa correta a exigência do pressuposto da observância do prazo, pois as situações de dúvida podem envolver recursos com prazos diferentes (agravo de instrumento e apelação, por exemplo), quando, então, o respeito ao prazo seria imposição que esvaziaria a utilidade do princípio." CÂMARA, Alexandre Freitas. *Lições de direito processual civil* cit., 15. ed., p. 65.

23 STJ, EAREsp 230.380-RN, 2ª S., rel. Min. Paulo de Tarso Sanseverino, un., julgado em 13.09.2017, *DJe* 11.10.2017.

24 Cf. "A parte poderá variar de recurso dentro do prazo legal, não podendo, todavia, usar, ao mesmo tempo, de mais de um recurso."

25 STJ, 3ª T., REsp 1.112.599/TO, rel. Min. Nancy Andrighi, j. 28.08.2012 (Informativo 503).

588 | PROCESSO CIVIL SISTEMATIZADO – *Haroldo Lourenço*

da variabilidade).[26] Atualmente, tal princípio não pode ser admitido em virtude da preclusão consumativa, pois, com a interposição do recurso, esgota-se o prazo recursal, não havendo, portanto, prazo para se variar o recurso.

Como a fungibilidade, atualmente, não tem previsão expressa, sendo compreendida a partir de um sistema, a doutrina não é pacífica no tocante à existência de exceções a esse princípio.

(i)   Para Fredie Didier Jr. (DIDIER JR., 2008. v. 3, p. 48), existem algumas situações que o excepcionam. A primeira delas diz respeito a acórdãos objetivamente complexos (com mais de um capítulo), em que é possível vislumbrar que o recorrente ingresse, ao mesmo tempo, com o recurso especial e o recurso extraordinário contra a mesma decisão (art. 1.031 do CPC/2015).[27] A segunda é apontada pela doutrina como sendo admissível, a interposição, ao mesmo tempo, de embargos de declaração e outro recurso contra a mesma decisão (SOUZA, 2004. p. 198).

(ii)   No entanto, adotamos o entendimento de Barbosa Moreira. A hipótese, regulada pela expressa disposição do art. 1.031, não constitui, no que tange aos embargos, verdadeira exceção ao princípio de que ora se trata: para fins de recorribilidade, cada capítulo é considerado como uma decisão *per se* (BARBOSA MOREIRA, 2011. v. 5, p. 249). Entendemos, seguindo esse último raciocínio, que não existem exceções ao princípio em exame, a uma porque o seu próprio *nomen iuris* (unirrecorribilidade significa de cada vício um recurso) já espanta a possibilidade de excepcioná-lo; a duas porque, quando se fala em interposição simultânea de recurso especial e recurso extraordinário, não há que se falar em exceção, até porque cada recurso ataca um vício ou defeito. O mesmo raciocínio se aplica para a hipótese dos embargos de declaração.

43.5.5. Legitimidade para recorrer

De acordo com o art. 996 do CPC/2015, possuem legitimidade para interpor recurso: **a parte vencida, terceiro prejudicado e o Ministério Público, como parte ou como fiscal da ordem jurídica.** Vale destacar, em primeiro lugar, que o legislador chamou de legitimidade o que, na verdade, seria interesse. Ora, o fato de ser vencido ou prejudicado não diz respeito àquele pressuposto recursal.

> Se João postula R$ 1.000,00 na sua inicial e a sentença lhe concede R$ 1.000,00, caso interponha recurso o mesmo não será conhecido por falta de interesse, não por falta de legitimidade, como pode induzir um incauto leitor do art. 996 do CPC.

---

[26]   Art. 809 do CPC/1939: "A parte poderá variar de recurso dentro do prazo legal, não podendo, todavia, usar, ao mesmo tempo, de mais de um recurso".

[27]   A propósito, Enunciado 126 da súmula da jurisprudência dominante do STJ: "É inadmissível recurso especial, quando o acórdão recorrido assenta em fundamento constitucional e infraconstitucional, qualquer deles suficiente, por si só, para mantê-lo, e a parte vencida não manifesta recurso extraordinário". Nesse sentido, Enunciado 283 da jurisprudência dominante do STF: "É inadmissível o recurso extraordinário, quando a decisão recorrida assenta em mais de um fundamento suficiente e o recurso não abrange todos eles".

Sobre o art. 996 do CPC/2015 algumas observações merecem destaque.

(i) Parte: A expressão *"parte vencida"* deve ser interpretada em sentido amplo, no sentido de abranger não só as partes principais (autor e réu, em litisconsórcio ou não), mas também o terceiro interveniente (assistente, que recorre como parte, o denunciado, o chamado etc.), incluindo-se também as partes dos incidentes, como é o caso, por exemplo, do juiz, no incidente de suspeição. O juiz não é parte no processo, mas se torna no incidente de suspeição e, por isso, pode recorrer.

(ii) Terceiro: Terceiro prejudicado é aquele sujeito que não está no processo e sofre os efeitos principais ou reflexos da sentença. Terceiro é todo aquele sujeito, que até então não participa do processo, mas que poderia intervir no processo, caso esteja juridicamente prejudicado, devendo preencher um dos requisitos alternativos para que possa recorrer, tais como: deve ser titular ou da mesma relação jurídica discutida ou de uma relação jurídica conexa àquela deduzida em juízo (DIDIER JR., 2010. v. 3, p. 49). Por exemplo: aquele que poderia ter sido denunciado à lide pode recorrer como terceiro; aquele que poderia ter sido chamado ao processo pode recorrer como terceiro. Sendo assim, o recurso de terceiro prejudicado é uma modalidade de intervenção de terceiro. Recorrendo, o terceiro passa a fazer parte do processo.

Entretanto, excepcionalmente, há um terceiro que, podendo ter intervindo no processo e não o fez, **não pode** recorrer nesta qualidade: aquele que poderia ter sido opoente. Inicialmente porque o art. 682 afirma que a oposição somente é possível até a sentença, o que já restringe alguns recursos. A pretensão do opoente sobre o que controverte autor e réu pressupõe a pendência da discussão entre as partes originárias, pois, do contrário, o terceiro (opoente e recorrente) violaria ampla defesa e contraditório das partes originárias, que não teriam oportunidade ou dilação probatória para impedir ou impedirem a pretensão do terceiro.

O **prazo** do recurso de terceiro é o mesmo prazo de recurso para a parte. Por ser terceiro, não é intimado. Portanto, o prazo para o seu recurso conta-se da data em que as partes forem intimadas.

(iii) Ministério Público: Possui legitimidade para recorrer tanto na qualidade de parte, como de fiscal da ordem jurídica (art. 996, *in fine*). A propósito, conforme já firmado no Enunciado da Súmula 99 do STJ, o Ministério Público, quando recorre como fiscal da ordem jurídica, pode fazê-lo independentemente do recurso das partes.

43.5.6. Interesse recursal

O exame do interesse recursal está relacionado ao binômio utilidade/necessidade, inerente à segunda das "condições da ação". O recurso deve ser útil e necessário, devendo propiciar ao recorrente alguma melhora na sua situação, ou seja, da interposição deste meio de impugnação, a parte tem que obter algum proveito. E, se essa satisfação somente puder ser alcançada pelo recurso, ele é necessário.

É costume atrelar interesse à sucumbência, isto é, somente teria interesse a parte que houvesse sucumbido, contudo, é preciso ter cuidado com tal afirmação, que pode

PROCESSO CIVIL SISTEMATIZADO – *Haroldo Lourenço*

levar a consequências contraditórias, tendo em vista que **há quem tenha interesse sem ter sucumbido**. Vejamos: (i) O terceiro não sucumbe, justamente por não ser parte. Todavia, pode recorrer; (ii) Na prolação de uma sentença sem resolução do mérito, o réu saiu vitorioso – portanto, não sucumbiu. Entretanto, nada impede que o mesmo possa recorrer para obter uma sentença de improcedência que, para ele, é mais útil do que uma sentença terminativa; (iii) Na ação monitória, da decisão do juiz que recebe a petição e ordena que o réu pague, não cabe recurso. Porém, pode ser impugnado no bojo da própria ação monitória, por meio dos embargos (art. 702), tornando o recurso o meio desnecessário para atacá-la.

Em regra, *não* é possível recorrer apenas para discutir o fundamento da decisão, uma vez que a fundamentação não fica imutável pela coisa julgada material (art. 504), sendo, portanto, incoerente que a parte recorra somente para discuti-la, sem discordar da conclusão feita pelo órgão jurisdicional. Há, nesse caso, falta de interesse de agir. Assim, a parte deve recorrer para mudar o dispositivo da decisão. Essa observação é digna de duas ponderações:

Coisa julgada *secundum eventum probationis*: Nessa hipótese, como ocorre, por exemplo, no mandado de segurança, ações coletivas versando sobre direitos difusos e coletivos, ação popular etc., como a mudança da fundamentação é relevante para determinar a existência ou não da coisa julgada, haverá interesse de agir no recurso, dependendo do tipo de fundamento da decisão. Assim, se o juízo de improcedência se fundamentar em falta de provas, não há coisa julgada, não havendo, pois, utilidade em recorrer, contudo, se o juízo de improcedência fundar-se na falta de direito, haverá coisa julgada material, existindo, aqui, interesse recursal. Trata-se de um caso que a doutrina menciona de recurso útil, ainda que só se discuta a fundamentação, já que, nesse caso excepcional, o fundamento da decisão é importante para saber se houve ou não trânsito em julgado.

Quando o dispositivo de determinada decisão tiver dois fundamentos (um de ordem legal e outro de ordem constitucional), na hipótese de decisão objetivamente complexa, qualquer desses fundamentos tem aptidão de sozinho sustentar a referida decisão, o que significa dizer que é irrelevante se o juiz somente fundamentar com base na lei, ou apenas com base na Constituição. De toda a sorte, a decisão restaria erguida.

Em situação como essa, somente é possível atacar a decisão se forem demolidos ambos os pilares, até porque se a parte impugnar apenas um fundamento, a decisão se sustentará em razão do outro. A questão legal se impugna por recurso especial e a questão constitucional por recurso extraordinário. Conforme já visto, a parte deve interpor ambos os recursos de forma simultânea (art. 1.031). Se o recorrente interpõe apenas um dos recursos, este será inútil, pois ainda que ele seja acolhido, de nada vai lhe servir, já que o outro fundamento sustentará a decisão.[28]

---

[28] É o que se extrai do entendimento do enunciado da Súmula 126 do STJ: "É inadmissível recurso especial, quando o acórdão recorrido assenta em fundamentos constitucionais e infraconstitucionais, qualquer deles suficiente, por si só, para mantê-lo, e a parte vencida não manifesta recurso extraordinário", bem como do enunciado da Súmula 283 do STF: "É inadmissível o recurso extraordinário, quando a decisão recorrida assenta em mais de um fundamento suficiente e o recurso não abrange todos eles".

43.5.7. Inexistência de fatos impeditivos ou extintivos do direito de recorrer

Trata-se de pressuposto negativo de admissibilidade do recurso, ou seja, são fatos que **não** podem ocorrer para que o recurso seja admitido.

São fatos extintivos do direito de recorrer a **renúncia** e a **aceitação**.

A **renúncia** ao recurso pressupõe que o mesmo ainda não tenha sido interposto, independentemente da aceitação da outra parte, até porque é ato unilateral. Isso significa que se a parte renunciou ao recurso é porque abriu mão de seu poder de recorrer. Sendo assim, se vier a interpor recurso, tal fato ensejará a sua inadmissibilidade, pois está extinto o direito de recorrer.

Por sua vez, a **aceitação** da decisão, expressa ou tacitamente, extingue o direito de recorrer por preclusão lógica. Vale ressaltar que se o recorrente tiver praticado ato incompatível com o direito de recorrer, isso enseja aceitação tácita, como expressão da boa-fé objetiva (art. 5º do CPC). É o que ocorre, por exemplo, quando a parte cumpre espontaneamente a decisão (por exemplo, art. 1.000, parágrafo único, do CPC/2015). A parte que, mesmo tendo afirmado somente pretender produzir provas documentais, ao tomar ciência do indeferimento da prova pericial requerida pelo Ministério Público, interpõe recurso.

Tem-se como fato **impeditivo** aquele que gerou a causa da decisão. Assim, por exemplo, se a parte desiste do processo e o juiz homologa essa desistência, esse ato impede a interposição posterior de recurso, até porque a própria parte praticou um fato que gerou a decisão. É um caso de aplicação do *venire contra factum proprium*, outra decorrência da boa-fé objetiva (art. 5º do CPC).

Dentro desse contexto, a doutrina trata da desistência do recurso (art. 998, *caput*, do CPC/2015), distinguindo-a da desistência do processo. A desistência do recurso não depende de homologação judicial, tampouco, em regra, de aceitação do recorrido (pois é livre), não gerando, ainda, necessariamente, a extinção do processo. A parte pode desistir, por exemplo, de um agravo, mas o processo permanece. Entretanto, a desistência do recurso pressupõe que o recurso tenha sido interposto; se o recurso não foi interposto e o recorrente manifesta vontade de não interpô-lo, o caso é de renúncia.

O que difere, portanto, a renúncia da desistência é que aquela ocorre **antes** do recurso ser oferecido, ao passo que esta é **posterior** à interposição do recurso. A desistência pode ocorrer até o início do julgamento do recurso, podendo, inclusive, haver desistência oral, antes do início do julgamento do recurso. No que se refere à eficácia ou não da desistência nos chamados recursos repetitivos ou recursos de julgamento por amostragem (art. 1.036 do CPC/2015), convém mencionar o parágrafo único do art. 998 do CPC/2015, que afirma que a sua desistência não impede a análise de questão cuja repercussão geral já tenha sido reconhecida e daquela objeto de julgamento de recursos extraordinários ou especiais repetitivos (LOURENÇO, 2009. v. 404, p. 587).[29]

---

[29] Para maiores considerações sobre o ponto, reportamos o leitor para tópico específico sobre o tema.

592 | PROCESSO CIVIL SISTEMATIZADO – *Haroldo Lourenço*

43.5.8. Regularidade formal

Todo recurso tem exigências formais que devem ser observadas. Não é à toa que o art. 1.010 e 1.016 do CPC/2015 impõe ao recorrente alguns requisitos, tais como: os nomes e qualificações das partes, os fundamentos de fato e de direito e o pedido de nova decisão, a forma escrita e também o fato de ser assinado por um advogado.

É no contexto da regularidade formal que se destaca o **princípio da dialeticidade dos recursos**, também denominado **ônus da dialeticidade**, segundo o qual tais meios de impugnação às decisões judiciais devem trazer a fundamentação de suas razões recursais, a fim de permitir à parte contrária, exatamente, a possibilidade de manifestar sua insatisfação por meio das contrarrazões, o que caracteriza justamente a dialética, o contraponto. A jurisprudência tem reconhecido a incidência de tal princípio, gerando inclusive inadmissão do recurso pela falta de combate específico,[30] o que foi adotado pelo art. 932, III, do CPC.

Por último, insta esclarecer que a regularidade formal também se faz presente no art. 1.017 do CPC/2015, que exige para a petição do agravo de instrumento não só algumas peças de cunho obrigatório, mas também outras de cunho facultativo (peças que o agravante entender úteis). De igual modo, o art. 1.018 é um bom exemplo de regularidade formal. Maiores considerações, vide capítulo sobre agravos.

43.5.9. Preparo

Preparo é o pagamento das despesas relacionadas ao deslocamento do recurso e que deve ser comprovado no ato de interposição, sob pena de deserção. Essas despesas dividem-se em duas espécies: (i) despesas tributárias, referentes às taxas cartorárias; (ii) despesas postais, correspondentes às taxas de remessa e de retorno dos autos.

Vale ressaltar, que a tendência é que tais despesas se tornem inócuas com o processo eletrônico, principalmente no que se refere ao porte de remessa e retorno dos autos, como se observa do art. 1.007, § 3º, do CPC.

No processo brasileiro, em regra, o preparo deve ser feito antes da interposição do recurso, mas sua **comprovação** deve ser feita no ato de interposição (art. 1.007 do CPC/2015). Há, porém, duas exceções:

(i) Nos Juizados Especiais Cíveis, admite-se a efetivação do preparo até 48 horas após a interposição do recurso (art. 42, § 1º, da Lei 9.099/1995);

(ii) No âmbito da Justiça Federal há a Lei federal 9.289/1996 (inaplicável à justiça estadual, ainda que esse juízo esteja exercendo jurisdição federal (art. 1º, § 1º), que determina, no seu art. 14, I, que o autor ou requerente pagará metade das custas e contribuições tabeladas, por ocasião da distribuição do feito, ou, não havendo distribuição, logo após o despacho da inicial; e no inciso II informa que aquele que recorrer da sentença adiantará a outra metade das custas, comprovando o adiantamento no ato de interposição do recurso, sob pena de deserção,

---

[30] STJ, AgRg no Ag 1205539/RS, 3ª T., rel. Min. Paulo de Tarso Sanseverino, j. 07.06.2011.

observado o disposto nos §§ 1º a 7º do art. 1.007 do CPC/2015 (art. 1.060 do CPC/15);

(iii) O STJ, por meio da Súmula 484 afirma que é admissível preparo efetuado no primeiro dia útil subsequente, quando a interposição do recurso ocorrer após o encerramento do expediente bancário. Cumpre, contudo, registrar que tal súmula somente pode ser aplicada se o recurso for apresentado no último dia do prazo, pois, do contrário, o recorrente teria condições de recorrer comprovando o pagamento do preparo.

Determina o art. 1.007 do CPC/2015 que a sanção para a falta de preparo é a **deserção**, configurando causa objetiva de inadmissibilidade do recurso. Deserção é, portanto, o nome que se dá ao juízo negativo de admissibilidade em razão da ausência de preparo.

Ocorre, contudo, que o art. 1.007, § 4º, inova, criando regra no sentido de que, havendo interposição sem comprovação do recolhimento do preparo, será o recorrente intimado para realizar o recolhimento **em dobro**, o que deve ser realizado no prazo de **cinco dias** (Enunciado 97 do FPPC).

Contudo, se o preparo for **insuficiente** no momento da interposição do recurso, como é o caso, por exemplo, de ser recolhido o valor inferior ao montante total, não é hipótese de deserção automática. Então, deve-se determinar a intimação do recorrente para que, em cinco dias, complemente o recolhimento. O transcurso do quinquídio sem que se tenha feito a complementação é que ensejará a deserção (art. 1.007, § 2º, do CPC/2015). Observe-se que tal oportunidade de complementação **não** pode ser utilizada quando o recorrente interpôs seu recurso sem pagamento de preparo e pretende, no prazo de cinco dias, efetuar o pagamento dobrado (art. 1.007, § 5º).

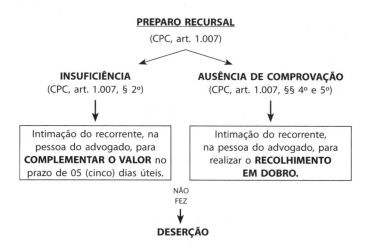

Por outro lado, permite o art. 1.007, § 6º, do CPC/2015 que, havendo justo motivo para a não efetivação do preparo, pode o autor formular pedido de reconsideração para que o juiz releve a pena de deserção, fixando-lhe prazo de cinco dias para se fazer o preparo posteriormente. É o caso, por exemplo, de uma greve dos

594 | PROCESSO CIVIL SISTEMATIZADO – *Haroldo Lourenço*

transportes públicos ou de uma greve dos bancos. Não efetuado o pagamento dentro desse prazo, reconhece-se a pena de deserção.

A decisão que releva a pena de deserção é irrecorrível (art. 1.007, § 6º), por absoluta falta de interesse de agir, eis que tal requisito já será revisto com a sua chegada ao Tribunal. Entretanto, da decisão do relator que **não** relevar a pena de deserção caberá agravo interno (art. 1.021 do CPC/2015). Cumpre ressaltar que tal pedido de reconsideração somente funcionará, na prática, se o advogado diligenciar para que seja apresentada e obtida resposta dentro do prazo recursal, pois o pedido de reconsideração não interrompe, tampouco suspende o prazo recursal.[31] Enfim, não se admite recurso da decisão que indefere o pedido de reconsideração, pois já haverá ocorrido preclusão temporal.

Há recursos que **dispensam** preparo: os embargos de declaração (art. 1.023 do CPC/2015), os embargos infringentes de alçada (art. 34 da Lei 6.830/1980), os recursos do ECA (art. 198, I, da Lei 8.069/1990), bem como o agravo por inadmissão de recurso especial e extraordinário (art. 1.042), eis que é apresentado nos mesmos autos.

Por sua vez, existem sujeitos dispensados de efetuar o preparo, como o Ministério Público, a União, o Distrito Federal, os Estados, os Municípios e as respectivas autarquias, bem como aqueles que gozam de isenção legal (art. 1.007, § 1º, do CPC/2015).[32] Nos termos da Súmula 483 do STJ, o INSS não está obrigado a efetuar depósito prévio do preparo por gozar das prerrogativas e privilégios da Fazenda Pública.

Os Conselhos de Fiscalização Profissional, embora ostentem natureza jurídica de entidades autárquicas, **não** estão isentos do recolhimento de custas e do porte de remessa e retorno, nos termos do art. 4º, parágrafo único, da Lei n. 9.289/1996.[33]

Há casos, porém, em que o **ente público federal litiga na justiça estadual**, devendo efetuar pagamento do preparo, até porque esta despesa é um tributo para o ente estadual e, portanto, o ente público federal não pode ficar dispensado de pagá-lo, na linha do determinado pelo STJ.[34]

Há, ainda, que se ressaltar que a parte poderá obter a gratuidade de justiça no momento da interposição do seu recurso (art. 99 do CPC) e, nessa hipótese, de requerida a concessão do benefício em recurso, o recorrente estará **dispensado** de comprovar o recolhimento do preparo, incumbindo ao relator, neste caso, apreciar o requerimento e, caso seja deferido, neste momento, o efeito da decisão **retroagirá** até

---

[31] Cf. enunciado da Súmula 48 TJRJ: "Os embargos de declaração, quando intempestivos, não interrompem o prazo para a interposição de recursos".

[32] Súmula 481 do STJ: "Faz jus ao benefício da justiça gratuita a pessoa jurídica com ou sem fins lucrativos que demonstrar sua impossibilidade de arcar com os encargos processuais".

[33] STJ, 1ª Seç., REsp 1.338.247/RS, rel. Min. Herman Benjamin, j. 10.10.2012 (Informativo 506) Precedentes citados: AgRg no AREsp 144.914/RJ, *DJe* 04.06.2012; AgRg no AREsp 146.616/RJ, *DJe* 24.05.2012; AgRg no AREsp 43.763/RS, *DJe* 23.11.2011; AgRg no AREsp 2.795/RJ, *DJe* 19.12.2011; AgRg no AREsp 2.589/RJ, *DJe* 16.06.2011; AgRg no Ag 1.181.938/RS, *DJe* 25.03.2010, e EDcl no AREsp 148.693/RS, *DJe* 04.06.2012.

[34] É o entendimento que se extrai do enunciado da Súmula 178 do STJ: "O INSS não goza de isenção do pagamento de custas e emolumentos, nas ações acidentárias e de benefícios propostas na Justiça Estadual".

Cap. 43 · MEIOS DE IMPUGNAÇÃO ÀS DECISÕES JUDICIAIS | 595

o período da interposição do recurso e suprirá a ausência do recolhimento, e, caso seja indeferido, deve ser dada **oportunidade** de regularização do preparo[35].

Por fim, cumpre enfrentar um problema jurisprudencial. Como dito, o recurso inominado interposto das sentenças no Juizado Especial pode ser manejado sem preparo, desde que em 48 horas a contar da interposição seja recolhido. A questão é se for recolhido o preparo de maneira insuficiente, poderia ser observado o prazo do art. 1.007, § 2º, do CPC/2015.

O **FONAJE**, por meio do seu Enunciado 80, afirma que o recurso inominado será julgado deserto quando não houver o recolhimento integral do preparo e sua respectiva comprovação pela parte, no prazo de 48 horas, não admitida a complementação intempestiva (art. 42, § 1º, da Lei 9.099/1995). O Enunciado jurídico cível do TJRJ 11.3, afirma que **não** se aplica o referido artigo ao sistema dos Juizados Especiais. Esse, inclusive, é o entendimento do STJ.[36] Cremos, com as devidas vênias, que tal entendimento **não** se sustenta, devendo ser aplicada a razoabilidade, permitindo-se a complementação, principalmente nos casos em que a diferença for de pequeno valor. O inadimplemento, no caso, é mínimo, aplicando-se a boa-fé objetiva, não se admite consequências tão desproporcionais. Remetemos o leitor para o capítulo em que a boa-fé foi analisada. Nessa hipótese, o art. 1.007, § 2º, reflete a teoria do adimplemento substancial, o que é adotado pelo Enunciado 98 do FPPC.

Por fim, afirma o CPC, que o **equívoco no preenchimento da guia de custas** não implicará a aplicação da pena de deserção, cabendo ao relator, na hipótese de dúvida quanto ao recolhimento, intimar o recorrente para sanar o vício no prazo de cinco dias (art. 1.007, § 7º).

43.5.10. Tempestividade

O recurso deve ser interposto dentro do prazo fixado em lei (art. 1.003, § 5º), sendo o seu termo inicial a data em que os advogados, a sociedade de advogados, a Advocacia Pública, a Defensoria Pública ou o Ministério Público forem intimados da decisão (art. 1.003, *caput*, CPC/2015). A **regra geral** é que os recursos sejam interpostos dentro do prazo de 15 (quinze) dias, porém, há recurso com prazo de 10 (dez) dias, como o inominado em sede de juizados ou, então, de 5 (cinco) dias para embargos de declaração.

Cumpre registrar que, nos termos do art. 198, II, da Lei 8.069/90 (redação dada pela Lei 12.594/12), em todos os recursos, salvo nos embargos de declaração, o prazo para o Ministério Público e para a defesa será sempre de 10 (dez) dias.

A Fazenda Pública (art. 183), o Ministério Público (art. 180),[37] a Defensoria Pública e os Núcleos de Prática Jurídica (art. 186 do CPC/2015 e arts. 44, I, e 128, I, da Lei Complementar 80/1994), bem como os litisconsortes, com advogados diferentes, pertencentes à escritórios de advocacia distintos (art. 229) possuem prazo em dobro para todas as suas manifestações processuais.

---

[35]   STJ, CE, AgRg nos EREsp 1.222.355/MG, rel. Min. Raul Araújo, j. 04.11.2015.

[36]   STJ, Rcl 4.278/RJ, rel. Min. Maria Isabel Galloti, j. 05.05.2011.

[37]   A propósito, vale mencionar o Enunciado 116 da Súmula do STJ: "A Fazenda Pública e o Ministério Público têm prazo em dobro para interpor agravo regimental no STJ".

596 | PROCESSO CIVIL SISTEMATIZADO – *Haroldo Lourenço*

Frise-se que o termo *a quo* de contagem do prazo do MP, da Fazenda Pública e da defensoria pública terá início a partir de sua intimação pessoal. Alguns pontos merecem destaque:

(i) No caso de litisconsortes com advogados diferentes, quando um só dos litisconsortes houver sucumbido, não é possível a aplicação do art. 229 do CPC/2015, que impõe prazo em dobro para recorrer. O prazo só poderia ser dobrado se os dois tivessem interesse recursal. É o que se extrai do Enunciado 641 da Súmula do STF.[38]

(ii) A devolução tardia dos autos, ainda que o recurso tenha sido apresentado no prazo legal, não implica sua intempestividade. De acordo com o entendimento do STJ, protocolizado o recurso dentro do prazo, é irrelevante a data em que foram devolvidos em cartório.[39]

O STJ sempre considerou que, na hipótese de recurso interposto pelos Correios, deveria ser considerada a data do protocolo do recurso no STJ (Súmula 216), porém o art. 1.003, § 4º, superou tal entendimento, adotando a tese de que o relevante é a **data da postagem do recurso**, não o seu recebimento no STJ, superando tal Súmula (Enunciado 96 do FPPC).

Conforme dispõe o art. 1.004 do CPC/2015, se, durante o prazo para a interposição do recurso, sobrevier o falecimento da parte ou de seu advogado, ou ocorrer motivo de força maior, que suspenda o curso do processo, será tal prazo restituído em proveito da parte, do herdeiro ou do sucessor, contra quem começará a correr novamente depois da intimação.[40] Caso o falecimento ocorra depois da interposição do recurso, por força da preclusão consumativa, não será admissível aditamento ao recurso.[41] De igual modo, informação imprecisa gera devolução do prazo, diferentemente da omissão constante na página da internet.[42]

O STJ criou a tese do recurso **prematuro, precoce ou *ante tempus***, que estava consagrada na Súmula 418 do STJ, que seria o recurso manejado antes do início da contagem do prazo, sem que houvesse a posterior ratificação. Ocorre, contudo, que os arts. 218, § 4º, e 1.024, § 3º, do CPC superaram o entendimento consolidado na mencionado Súmula, como reafirmado pelo Enunciado 22 do FPPC.

Recursos interpostos nos **protocolos descentralizados**: geralmente os protocolos dos tribunais ficam na capital do Estado e, muitas vezes, essa tende a ficar muito distante de comarcas do interior. Assim, tal fato gerou a criação, pelos tribunais, dos denominados protocolos descentralizados no interior, com o fim de facilitar o acesso ao Judiciário.

---

[38] "Não se conta em dobro o prazo para recorrer, quando só um dos litisconsortes haja sucumbido."

[39] Acórdão unânime do STJ, REsp 852.701/SP, 2ª T., rel. Min. Humberto Martins, j. 28.11.2006, *DJ* 11.12.2006. p. 348.

[40] STJ, EDcl nos EDcl no AgRg no REsp 1.123.022/SP, 2ª T., rel. Min. Humberto Martins, j. 12.04.2011.

[41] STJ, 3ª T., REsp 1.114.519/PR, Sidnei Beneti, 02.10.2012 (Informativo 505). Precedentes citados: AgRg no Ag 1.152.293/RS, 24.08.2011; AgRg no REsp 761.238/SP, *DJ* 18.12.2006, e EDcl no AgRg no REsp 861.533/PE, *DJ* 14.12.2006; REsp 1.114.519/PR, Sidnei Beneti, 02.10.2012.

[42] STJ, 4ª T., AgRg no AREsp 76.935/RS, rel. Min. Antonio Carlos Ferreira, j. 18.10.2012 (Informativo 507). Precedentes citados: EREsp 503.761/DF, *DJ* 14.11.2005; AgRg no AREsp 21.129/RS, *DJe* 24.11.2011; AgRg no REsp 1.241.885/RS, *DJe* 26.05.2011; e REsp 1.186.276/RS, *DJe* 03.02.2011.

Contudo, como o sistema do protocolo integrado foi criado por decisão administrativa, o STJ proferiu entendimento no sentido de que seria intempestivo o recurso que aplicasse este tipo de sistema, que apenas funcionaria nos respectivos tribunais, até porque não havia lei que regulamentando o benefício dos protocolos descentralizados. Nesse sentido, foi redigido, o Enunciado 256 do STJ, que já havia sido superado pelo próprio STJ[43] e pelo STF,[44] passando a aplicar o sistema de "protocolo integrado" aos recursos dirigidos ao STJ, o que foi consagrado no art. 929, parágrafo único, do CPC.

No que se refere aos **feriados locais**, a jurisprudência dos tribunais superiores sempre foi firme no sentido de que a tempestividade do recurso deve ser comprovada no momento da sua interposição, não sendo possível a comprovação posterior, em razão da preclusão consumativa, consagrada no art. 1.003, § 6º, do CPC. Assim, por exemplo, a comprovação de um feriado estabelecido exclusivamente no Rio de Janeiro deve ser feita pelo recorrente no ato da interposição, sob pena de inadmissão do recurso. O ponto já gerou muito embate entre a doutrina,[45] já tendo o STJ admitido a comprovação posterior, contudo, a Corte Especial[46] consagrou que a partir de 18.11.2019, quando foi julgado o REsp 1.813.684/SP, a comprovação deve ser **no ato da interposição**.

43.6. JUÍZO DE MÉRITO

No juízo de mérito, apura-se a existência ou inexistência de fundamento para o que se postula. Aqui, julga-se o mérito do recurso procedente ou improcedente. Os objetivos recursais são quatro: (i) reforma; (ii) invalidação; (iii) esclarecimento; ou (iv) integração.

Assim, o órgão jurisdicional competente passa a analisar o mérito do recurso, que é composto pela causa de pedir recursal e da respectiva pretensão, julgará tal pretensão procedente, dando provimento, ou improcedente, negando provimento.

43.6.1. Pedido e causa de pedir recursais

Pelo fato de ser o recurso uma demanda, sempre haverá a formulação de um pedido e, consequentemente, de uma causa de pedir. Em contrapartida, ressalte-se que o pedido e a causa de pedir inerentes ao recurso **não** pode ser confundido com os elementos objetivos da demanda contidos na petição inicial, até porque o recurso

---

[43] STJ, Edcl no AgRg no AgIn 454.179/SP, 1ª T., rel. Min. Teori Zavascki, j. 21.08.2003, *DJU* 06.10.2003.
[44] STF, AgRg no AI 476.260/SP, *DJ* 16.06.2006.
[45] Enunciado 66 do CJF: "Admite-se a correção da falta de comprovação do feriado local ou da suspensão do expediente forense, posteriormente à interposição do recurso, com fundamento no art. 932, parágrafo único, do CPC".
[46] STJ, REsp 1.813.684/SP, Corte Especial, rel. Min. Raul Araújo, rel. Acd. Min. Luis Felipe Salomão, por unanimidade, j. 02.10.2019, *DJe* 18.11.2019.

598 | PROCESSO CIVIL SISTEMATIZADO – *Haroldo Lourenço*

tem o seu próprio objeto, que não necessariamente irá corresponder ao pedido ou à causa de pedir da demanda.

Não é possível fazer coincidir mérito do recurso com mérito da causa, até porque não obstante os pressupostos processuais não componham o mérito da causa, é perfeitamente possível que um pressuposto processual venha a ser o mérito de um recurso, como ocorre, por exemplo, no caso de a parte recorrer para discutir se o juiz é competente ou não. Nesse contexto, a competência do juiz é, no recurso, o seu mérito.

Não é ocioso ressaltar que o mérito do recurso se compõe, de um lado, do pedido ou pretensão recursal correspondente aos quatro resultados que o recurso pretende alcançar: reforma, invalidação, esclarecimento e integração da decisão judicial impugnada. De outro, das causas de pedir, quais sejam, *error in iudicando* e *error in procedendo* (DIDIER JR., 2010. v. 3, p. 72),[47] que nada mais são do que fatos jurídicos aptos a autorizar aqueles quatro resultados mencionados.

Assim, se é verdade que o recurso traz uma demanda nova e dá origem a um procedimento novo (não é processo novo), não é menos verdade que existem pressupostos processuais do recurso que são distintos dos pressupostos processuais da causa.

Quando o recurso tiver como pedido a reforma da decisão impugnada – e isso ocorre toda vez que o recorrente afirmar a existência, no provimento recorrido, de *error in iudicando* (erro no julgamento) –, haverá, pois, um **vício no conteúdo**, já que o juiz profere uma declaração errônea da vontade concreta da lei referentes tanto a normas de **direito material quanto processual**. O que se espera, aqui, é que o julgador profira nova decisão em substituição ao provimento recorrido (art. 1.008 do CPC/2015).

Chama-se *error in iudicando* o equívoco de juízo. Denuncia-se, por meio da impugnação, *"uma má apreciação da questão de direito ou da questão de fato, ou de ambas, pedindo-se em consequência, a reforma da decisão"* (BARBOSA MOREIRA, apud DIDIER JR.; CUNHA, 2010. v. 3, p. 72). Trata-se de um *"erro na declaração dos efeitos jurídicos substanciais e processuais: erro pelo qual o juiz desconhece efeitos jurídicos que a lei determina para a espécie em julgamento ou, ao contrário, reconhece existentes efeitos jurídicos diversos daqueles"* (BETTI, apud DIDIER JR.; CUNHA, 2010. v. 3, p. 73). *"É um dado que investiga no conteúdo da decisão: o juiz decidiu mal, apreciou mal aquilo que lhe foi submetido para ser decidido. Cuida-se, pois, de fato jurídico que enseja a reforma da decisão recorrida"* (DIDIER JR., 2010. v. 3, p. 73).

Por outro lado, quando a pretensão do recorrente for a de buscar a invalidação da decisão judicial que se impugna, estará o mesmo denunciando a ocorrência de *error in procedendo* (vício de atividade) que revela um defeito de **forma**, na própria decisão, acarretando a sua nulidade, já que há um descumprimento da **norma de natureza processual**. Espera-se uma decisão que anule o pronunciamento impugnado, retirando-o do processo e determinando ao órgão que o havia prolatado que profira nova decisão sobre a mesma questão (CÂMARA, 2008. p. 51).

Na legislação anterior, o reconhecimento do *error in procedendo* ocasionava, na maioria dos casos, o retorno dos autos ao juízo de primeiro grau para que seja

---

47   Nesse sentido, "O mérito do recurso é a pretensão recursal, que pode ser a de invalidação, reforma, integração ou esclarecimento (estes últimos dos embargos de declaração). Compõe-se o mérito do recurso da causa de pedir recursal (*error in procedendo* e *error in iudicando*) e da respectiva pretensão."

Cap. 43 · MEIOS DE IMPUGNAÇÃO ÀS DECISÕES JUDICIAIS | **599**

proferida a nova decisão sobre a mesma questão, contudo, por força do art. 938, §§ 1º a 4º, do CPC/2015, tal circunstância **não** ocorrerá mais.

Situação diversa a ser considerada é aquela em que o pedido do recorrente seja o esclarecimento de uma decisão. Isso ocorre, normalmente, quando se está diante de uma decisão proferida pelo órgão judicial obscura ou contraditória. Nesse contexto, é possível a interposição do recurso com o fim de que o juízo reafirme de forma mais clara o que havia dito anteriormente.

Por último, temos a hipótese em que o pedido do recorrente limita-se à integração da decisão judicial, destinando-se o recurso, então, a suprir omissões contidas naquele pronunciamento. Aqui, o que se pretende é a apreciação da questão que não havia sido analisada.

CAUSA DE PEDIR	PEDIDO
Error in iudicando: É o erro de análise, de julgamento, erro de decisão. O juiz decidiu mal. Discute-se o *conteúdo* da decisão. Quando se alega *error in iudicando*, afirma-se que a decisão é injusta.	**Reforma:** O recorrente busca que a decisão seja consertada. O que se espera é que o juízo profira uma nova decisão em substituição ao provimento recorrido.
Error in procedendo: É o defeito que compromete a validade da decisão, até porque revela um defeito de forma, na própria decisão, acarretando a sua nulidade, já que há um descumprimento da norma de natureza processual.	**Invalidação:** Espera-se uma decisão que anule o pronunciamento impugnado, retirando-o do processo e determinando ao órgão que o havia prolatado que profira nova decisão sobre a mesma questão. Pedese, pois, o *desfazimento* da decisão por ela ser **nula**, defeituosa.
Omissão: Quando a decisão é omissa, recorre-se para pedir a sua integração.	**Integração:** O recurso destina-se a suprir as omissões contidas no pronunciamento judicial.
Obscuridade ou **contradição** da decisão.	**Esclarecimento:** O recurso tem por finalidade que o juízo reafirme de forma mais clara o que havia dito anteriormente.

43.6.2. Cumulação de pedidos e de causas de pedir no recurso

Sendo o recurso uma demanda, dentro do mesmo processo, há a possibilidade de cumulação de pedidos e, consequentemente, de causas de pedir (por constituírem o mérito do recurso), aplicando-se, aqui, ou a regra da cumulação própria de pedidos ou a da **cumulação imprópria eventual ou subsidiária** (art. 326 do CPC/2015), também chamado de **pedido sucessivo**.

O que se deve ter em mente é que, não obstante o *error in procedendo* e o *error in iudicando* possam ser alegados de forma simultânea no recurso, por uma questão lógica, primeiro deve-se alegar vício de forma (que gera a anulação da decisão) para, em seguida, alegar vício de conteúdo (que gera a reforma) (DIDIER JR., 2010. v. 3, p. 74).

Estabelecida esta premissa, passamos a analisar as espécies de cumulação de demandas recursais.

(i) Aplica-se a regra da cumulação própria de pedidos, quando se tratar de decisão objetivamente complexa.[48] Então, nada impede que, no recurso, se alegue *error*

---

[48] Relembrando, a decisão pode ser objetivamente ou subjetivamente complexa. Será objetivamente se, em razão de vários pedidos, existirem vários capítulos decidindo tais pedidos, ou seja, uma decisão

in procedendo em relação a um capítulo e *error in iudicando* em relação a outro, pretendendo-se o acolhimento de todos eles. Assim, por exemplo, é possível que o recorrente postule a reforma de um determinado capítulo da decisão e a anulação de outro;

(ii) Quando o recurso impugnar apenas um capítulo da decisão, o recorrente deverá valer-se da regra da cumulação imprópria eventual ou subsidiária (art. 326 do CPC/2015), também denominado de pedido sucessivo. Como é sabido, nessa hipótese, o acolhimento de um pedido implica a impossibilidade do acolhimento do outro, de modo que somente se poderá vislumbrar a cumulação imprópria de demandas recursais se a parte vencida respeitar uma ordem de apresentação de pedidos: em primeiro lugar, o pedido de invalidação e, se não acolhido esse, o de reforma.

> As supostas razões de invalidade devem ser examinadas pelo órgão ad quem em primeiro lugar, abstraindo-se totalmente possível injustiça da decisão. O tribunal somente passará ao exame das alegações concernentes aos *errores in iudicando* se (e depois que) houver rejeitado as alegações concernentes aos *errores in procedendo* (BARBOSA MOREIRA, 2002. v. 5, p. 417-418).

Observe que estas hipóteses nada mais fazem do que encampar, em sede recursal, o **princípio da eventualidade** extraído do próprio processo de conhecimento, porquanto permite que o recorrente formule um pedido e, em seguida, postule outro, caso o juízo entenda que não seja o caso do acolhimento daquele.

43.7. EFEITOS DOS RECURSOS

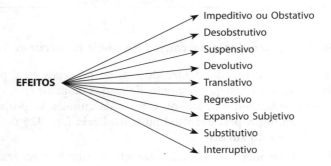

43.7.1. Impeditivo ou obstativo

Conforme visto antes, a natureza jurídica do juízo de admissibilidade influi na produção ou não do efeito impeditivo. Se positivo o juízo de conhecimento, inquestionavelmente, haverá o efeito impeditivo, postergando o trânsito em julgado da decisão.

---

formada por várias outras decisões. Será subjetivamente quando for produto de mais de um órgão jurisdicional, como no clássico exemplo da decisão do conselho de sentença, em que a decisão dos jurados condenam o réu e o juiz togado faz a dosimetria da pena.

Cap. 43 · MEIOS DE IMPUGNAÇÃO ÀS DECISÕES JUDICIAIS | **601**

Sobre a produção desse efeito, em sendo negativo o juízo de admissibilidade (a controvérsia já foi enfrentada no momento oportuno, para o qual remetemos o leitor), o posicionamento majoritário, seguindo a concepção de José Carlos Barbosa Moreira, é no sentido de que o recurso inadmissível não impede o trânsito em julgado. De toda sorte, esse debate doutrinário é relevante, pois a data do trânsito em julgado varia conforme a posição que se adote.

Quando não conhecido o recurso, a polêmica é acirrada. Para a concepção **majoritária**, o trânsito em julgado retroage à data da interposição do recurso. Adotando-se a posição intermediária, tratando-se de recurso intempestivo, o trânsito em julgado retroage à data da expiração do prazo recursal ou à data da interposição do recurso incabível; noutros casos de inadmissibilidade, como a eficácia é prospectiva, a data do trânsito em julgado é a da última decisão. De acordo com o entendimento do STJ,[49] acolhido por Fredie Didier Jr. (DIDIER JR., 2010. v. 3, p. 81), como a eficácia do juízo de admissibilidade é *ex nunc*, a data do trânsito em julgado é sempre a data do trânsito em julgado da última decisão, em homenagem ao princípio da segurança jurídica.

43.7.2. Efeito desobstrutivo

Trata-se de um efeito inerente ao recurso de apelação, decorrente da aplicação da teoria da causa madura. Como será visto adiante, sendo dado provimento ao recurso, o art. 1.013, § 3º, do CPC/2015 abre a possibilidade de o tribunal decidir o mérito, ou seja, desobstruído.

Não pode ser confundido com o efeito devolutivo da apelação, pois a apelação já foi julgada e, após esse julgamento, o Tribunal irá adiante, eis que a possibilidade de análise de mérito é desobstruída com o afastamento da extinção sem resolução de mérito.

43.7.3. Efeito suspensivo

Consiste em não permitir que a decisão recorrida produza efeitos declaratórios, constitutivos ou condenatórios, antes do julgamento, porquanto a interposição do recurso **prolonga o estado de ineficácia** em que se encontrava a decisão.

Assim, ao contrário do que muitos sustentam, o efeito suspensivo não suspende os efeitos da decisão. O que suspende os efeitos da decisão é a sua recorribilidade por um recurso dotado de efeito suspensivo. Com intuito de confirmar o equívoco da expressão, Barbosa Moreira manifestou-se no sentido de que, mesmo antes da interposição do recurso, a decisão, pelo simples fato de estar-lhe sujeita, é ato ainda ineficaz e a interposição apenas prolonga a ineficácia, que cessaria se não se interpusesse o recurso (BARBOSA MOREIRA, 2010. p. 257; CÂMARA, 2008. p. 72-73).

Portanto, o efeito suspensivo **não** é efeito de interposição do recurso, mas sim **efeito da recorribilidade do ato** (NERY JR., 1997. p. 377). Significa que só o fato de o ato judicial estar sujeito a recurso dotado desse efeito já é suficiente para impedir

---

[49] EREsp 441.252/CE, Corte Especial, rel. Min. Gilson Dipp, j. 29.06.2005.

602 | PROCESSO CIVIL SISTEMATIZADO – *Haroldo Lourenço*

a produção dos efeitos da decisão recorrível, perdurando este estado de ineficácia até que decorra o prazo previsto em lei para a sua interposição (DIDIER JR., 2010. v. 3, p. 82).[50] Escoado este prazo, aí sim, a decisão judicial passa a produzir seus efeitos (CÂMARA, 2008. p. 73).

Nesse sentido, para ilustrar:

> Imaginem-se duas sentenças – uma que condena a pagar alimentos e outra que condena por danos morais. Como a sentença que condena a pagar alimentos está sujeita à apelação sem efeito suspensivo (art. 1.012, § 1º, II, do CPC/2015), com a intimação da parte para informá-la sobre a sentença, esta já está produzindo todos os seus efeitos. Já a sentença que condena a indenizar por danos morais está sujeita à apelação com duplo efeito, mesmo que o intimado (o condenado) ainda não possua o dever de pagar. Tal dever só ocorrerá com o trânsito em julgado.

No direito brasileiro, em regra, os recursos **não** são dotados de efeito suspensivo (art. 995), ou seja, não possuem efeito suspensivo automático ou *ex lege*, somente possuindo tal efeito quando o legislador expressamente prever, como no art. 1.012 ou art. 987, § 1º, do CPC.

Assim, uma vez silente a lei, considera-se que o recurso não possui efeito suspensivo, não suspendendo o efeito da decisão. Por outro lado, **sempre** será possível que o **relator suspenda a eficácia da decisão**, como se observa do art. 995, parágrafo único e art. 1.012, § 4º, denominado de efeito suspensivo *ope legis*, operando-se *ex nunc*.

A concessão de tal efeito suspensivo foi mais bem regulamentada pelo legislador, sendo possível o seu requerimento de forma **autônoma**, ou seja, antes da chegada do recurso ao tribunal, evitando-se danos à parte, bem como já fixando a competência, como se observa dos arts. 1.012, § 3º, I, e 1.029, § 5º, I, do CPC.

43.7.4. Efeito devolutivo

Trata-se da aplicação do brocardo *tantum devolutum quantum appelatum*. Há, na doutrina, uma discussão acerca do efeito devolutivo ser ou não comum a todos os recursos. Majoritariamente, afirma-se que **não** são todos os recursos que possuem tal efeito, pois este somente se opera quando o órgão *ad quem* é **diverso** do órgão *a quo*. Há recursos, como é o caso dos embargos de declaração, em que a lei atribui competência ao próprio órgão *a quo* para que os julgue. Nesses casos, não se produz o efeito devolutivo (BARBOSA MOREIRA, 2010. p. 260; CÂMARA, 2008. p. 71; DINAMARCO. In: NERY JR.; WAMBIER (coord.), 2007. p. 31).

Para outros, com o quais concordamos, é da essência do recurso provocar o reexame da decisão, sendo o efeito devolutivo comum a todos os recursos (DIDIER JR., 2010. v. 3, p. 83). Assim, deve-se considerar, atualmente, que o efeito devolutivo decorre da interposição de qualquer recurso, equivalendo a um efeito de transferên-

---

[50] "Havendo recurso previsto em lei, dotado de efeito suspensivo, para aquele tipo de ato judicial, esse, quando proferido, já é lançado aos autos, com sua executoriedade adiada ou suspensa, perdurando essa suspensão até, pelo menos, o escoamento do prazo para a interposição do recurso."

Cap. 43 · MEIOS DE IMPUGNAÇÃO ÀS DECISÕES JUDICIAIS | 603

cia da matéria ou de renovação do julgamento para outro ou para o mesmo órgão (PEREIRA, 2003. p. 30-32).

O efeito devolutivo deve ser examinado em duas dimensões:

(i) Horizontal ou na extensão: determina *o que* se submete, por força do recurso, ao julgamento do tribunal, cabendo ao recorrente, nas razões de seu recurso, a tarefa de precisar ao órgão *ad quem* qual é a questão principal da impugnação, que deverá ser objeto de reexame. Isso porque o recurso não devolve o conhecimento de matéria estranha, ou seja, fora do âmbito impugnado. Somente é devolvido o conhecimento da matéria impugnada, determinando o objeto litigioso, a questão principal do procedimento recursal (DIDIER JR., 2010. v. 3, p. 84).

Aqui, por ser o recurso uma demanda incidental, cumpre advertir que o tribunal vincula-se ao **princípio da congruência** (arts. 141 e 492 do CPC/2015), eis que o efeito devolutivo permite à parte estabelecer limites dentro dos quais o órgão *ad quem* poderá apreciar a pretensão manifestada, de modo que o tribunal não pode julgar *extra, ultra* ou *citra petita*.

(ii) Vertical ou na profundidade: implica a determinação das questões que deverão ser examinadas pelo órgão *ad quem* para decidir a questão principal do recurso, trazida pelo recorrente. Delimita o material com o qual o tribunal terá que enfrentar para decidir a pretensão recursal, independentemente da vontade do recorrente. Observe-se que o recorrente delimita o que está sendo impugnado (efeito devolutivo na horizontal), porém, na análise de tal ponto delimitado pelo recorrente, o tribunal poderá se aprofundar.

Outras questões que compõem a dimensão vertical do efeito devolutivo são todas aquelas que já haviam sido suscitadas e discutidas no processo (art. 1.013, §§ 1º e 2º, do CPC/2015), bem como as questões cogentes, ainda que a sentença não as tenha julgado por inteiro.A doutrina costuma dizer que a devolução das questões, em profundidade, é amplíssima (DIDIER JR., 2010. v. 3, p. 84), compreendendo: (a) questões examináveis de ofício; (b) questões que, não sendo examináveis de ofício, deixaram de ser apreciadas, a despeito de haverem sido suscitadas, abrangendo aqui, as questões acessórias (ex.: juros legais), incidentais (ex.: litigância de má-fé), questões de mérito (SOUZA, 2004. p. 319 e ss.) e outros fundamentos do pedido e da defesa (BARBOSA MOREIRA, 2010. p. 447-448; FERREIRA FILHO, 2001. v. 7, p. 123).

Contudo, se, por um lado, a profundidade é infinita, por outro, é limitada pela extensão, porquanto o tribunal pode apreciar todas as questões mencionadas, desde que se limite àquilo que foi impugnado. Por exemplo, se o recorrente interpõe seu recurso para que o tribunal reveja dois capítulos da decisão, todas as questões serão submetidas àquele órgão para que haja a apreciação de ambos os capítulos. Tome-se como outro exemplo uma sentença que condene o réu ao pagamento de indenização por danos morais e materiais. Em sua apelação, a parte somente recorreu do capítulo da sentença concernente aos danos morais. No tribunal, é reconhecida, de ofício, uma incompetência absoluta (questão cogente). Essa decisão não atinge o capítulo referente aos danos materiais, já que este estará afetado pela coisa julgada. Sendo questão cogente, só restará à parte o manejo da ação rescisória, pois somente se devolve ao tribunal a questão relativa ao que foi impugnado.

604 | PROCESSO CIVIL SISTEMATIZADO – *Haroldo Lourenço*

Estabelecidas as dimensões do efeito devolutivo, é possível inferir que, se é verdade que a **extensão é fixada pelo recorrente**, não é menos verdade que a **profundidade decorre de previsão legal**, independendo, portanto, de manifestação.

43.7.5. Efeito translativo

O efeito translativo permite que o órgão julgador do recurso examine, *ex officio*, questões cogentes. Nesse ponto, há embate doutrinário:

(i) Parcela da doutrina afirma que o efeito translativo é uma decorrência natural do efeito devolutivo na profundidade (NERY JR., 2000).[51] Há precedentes nesse sentido no STJ.[52]

(ii) Majoritariamente, tal efeito autoriza o Tribunal a conhecer de ofício questões de "ordem pública" ao julgar o recurso (ASSIS, 2008. p. 546-547), como uma consequência do princípio inquisitivo.

O grande ponto de tensão, aqui, repousa na possibilidade de os tribunais superiores conhecerem, originariamente, das matérias cogentes nos julgamentos dos recursos especial e extraordinário.

(i) O STJ, inclusive, já se posicionou que é exigível prequestionamento para questões de "ordem pública". Contudo, permite-se a análise dessas questões quando o recurso especial tiver superado o juízo de admissibilidade por outros fundamentos, à luz do efeito translativo[53] ou à luz do denominado efeito devolutivo amplo[54]. Do contrário, ou seja, inadmitido o recurso, inviável é a análise das questões de "ordem pública".[55]

(ii) Para o STF ainda que a questão seja de "ordem pública", faz-se necessário o prequestionamento.[56]

Observe-se que, com a aplicação do efeito translativo, é possível abrir-se uma **exceção do princípio da vedação a *reformatio in pejus***, pois o recorrente poderá ser

---

[51] Nelson Nery Jr. identifica como profundidade do efeito devolutivo o denominado efeito translativo, acrescentando que sempre quando o tribunal puder apreciar uma questão fora dos limites impostos pelo recurso, estar-se-á diante de uma manifestação desse efeito. Assim é que se inclui a remessa das questões de ordem pública à apreciação do tribunal, independentemente da manifestação do recorrente.

[52] STJ, REsp 1.125.039/RS, 2ª T., rel. Min. Humberto Martins, j. 1º.03.2011 (Informativo 465 do STJ). Precedentes citados: REsp 246.776/SP, *DJ* 26.06.2000; REsp 232.116/SP, *DJ* 15.10.2001 e REsp 824.430/PR, *DJ* 1º.02.2007.

[53] STJ, EDcl no AgRg no REsp 926.198/AL, 5ª T., rel. Min. Jorge Mussi, j. 26.10.2010.

[54] STJ, AR 4.373/SP, 1ª S., rel. Min. Humberto Martins, j. 27.04.2011, publicada no Informativo 470. Precedentes citados: AgRg no REsp 1.065.763/SP, *DJe* 14.04.2009; REsp 1.080.808/MG, *DJe* 03.06.2009; AgRg no Ag 1.195.857/MG, *DJe* 12.04.2010; EREsp 58.265/SP, *DJe* 07.08.2008; AgRg nos EDcl no Ag 961.528/SP, *DJe* 11.11.2008, e EREsp 41.614/SP, *DJe* 30.11.2009.

[55] STJ, EDcl nos EDcl no REsp 645.595/SC, 1ª T., rel. Min. Luiz Fux, j. 21.08.2008.

[56] AI 733.846 AgR/SP, 1ª T., rel. Min. Cármen Lúcia, j. 28.04.2009. STF, AI 482317, 2ª T., rel. Min. Ellen Gracie, j. 22.02.2011.

Cap. 43 · MEIOS DE IMPUGNAÇÃO ÀS DECISÕES JUDICIAIS | 605

prejudicado em razão do seu próprio recurso, pelo reconhecimento de uma questão de "ordem pública".[57]

Ocorre, contudo, que para a aplicação de tal efeito é obrigatória a observância do **art. 10 do CPC**, ou seja, antes de o Tribunal trazer tal questão em sua decisão, deverá chamar as partes para debatê-la, evitando-se a prolação de decisão surpresa.

43.7.6. Efeito regressivo ou iterativo ou rotatório

Cuida-se de efeito que permite ao juiz o exercício da retratação, permitindo que reveja a decisão recorrida, como ocorre, por exemplo, no (i) agravo de instrumento (art. 1.018, § 1º do CPC); (ii) na apelação contra sentença que indefere a petição inicial (art. 331); (iii) na apelação contra sentença que a julga improcedente de maneira liminar o pedido (art. 332, § 3º, do CPC); (iv) na apelação contra sentenças terminativas (art. 485, § 7º, CPC); (v) nas causas propostas segundo o Estatuto da Criança e do Adolescente (art. 198, VII, da Lei 8.069/1990).

No que se refere a tal efeito no recurso de apelação, o ponto é bem complicado, eis que não há juízo de admissibilidade pelo juízo *a quo*, porém tem prevalecido a ideia de que somente poderá ser atribuído tal efeito à apelação se a mesma for tempestiva (Enunciado 293 do FPPC).

43.7.7. Efeito expansivo subjetivo

A regra é que o recurso só produz efeitos para o recorrente, não podendo beneficiar a parte que não interpôs o recurso, em homenagem ao princípio da personalidade dos recursos. Daí se extrai, inclusive, o princípio da proibição da *reformatio in pejus*, porquanto "não se pode, no julgamento do recurso agravar a situação de quem recorreu em benefício de quem não interpôs o recurso" (CÂMARA, 2008. p. 72).

Entretanto, excepcionalmente, há casos em que os efeitos de um recurso interposto por uma das partes aproveitam outro sujeito que não o interpôs. Vejamos:

(i) O recurso interposto por um dos **litisconsortes**, na hipótese de litisconsórcio unitário beneficia os demais, a não ser que sejam distintos ou opostos os seus interesses (art. 1.005 do CPC/2015).[58] É possível inferir, diante de tal conjuntura, que o efeito expansivo não é consequência natural do julgamento do recurso, mas uma regra própria do litisconsórcio unitário, aplicável no âmbito recursal, até porque o artigo comentado somente se subsume à hipótese de litisconsórcio unitário, "pois, nos outros casos a comunicação de efeitos do recurso aos colitigantes não se impõe, pela desnecessidade da uniformidade da disciplina" (DIDIER JR., 2010. v. 3, p. 88);

---

[57] Maiores considerações no tópico específico sobre princípios recursais.

[58] Entendendo aplicável somente ao litisconsórcio unitário: STJ, 2ª T., AgRg no REsp 908.763-TO, rel. Min. Ricardo Villas Bôas Cueva, j. 18.10.2012. Precedentes: AgRg no REsp 770.326-BA, *DJe* 27.09.2010; REsp 827.935-DF, *DJe* 27.08.2008; REsp 209.336-SP, *DJ* 26.03.2007; REsp 411.563-PR, *DJ* 10.05.2004. AgRg no REsp 908.763-TO, rel. Min. Ricardo Villas Bôas Cueva, j. 18.10.2012.

606 PROCESSO CIVIL SISTEMATIZADO – *Haroldo Lourenço*

(ii) O recurso interposto por um **devedor solidário** estende seus efeitos aos demais se versar sobre defesa comum, ainda que não seja unitário o litisconsórcio, até porque, da regra que se extrai dos arts. 257 a 263 do CC/2002, a solidariedade pode implicar litisconsórcio simples ou unitário, a depender da divisibilidade ou não do bem jurídico envolvido. Contudo, se o recurso interposto somente versar sobre defesa daquele que o interpôs, não beneficia os demais, conforme se extrai do art. 1.005, parágrafo único, do CPC/2015;

(iii) Os **embargos de declaração** interpostos por uma das partes interrompem o prazo para a interposição de outro recurso para ambas as partes, não somente para o embargante (art. 1.026 do CPC/2015).

43.7.8. Efeito substitutivo

O art. 1.008 determina que o julgamento do recurso substitui a decisão impugnada, no que tiver sido objeto de recurso. Não se deve prestigiar uma interpretação literal, uma vez que a substituição somente ocorre na hipótese de julgamento do **mérito** dos recursos e, ainda assim, a depender do resultado do julgamento.

Se o recurso interposto não for conhecido, a decisão recorrida restará incólume, produzindo todos os seus efeitos jurídicos. Todavia, para fins de ação rescisória, a partir do último julgamento, ainda que de inadmissão, iniciará a contagem do prazo para a ação rescisória.[59]

Sendo admitido o recurso e enfrentado o mérito, resta analisar se a causa de pedir do recurso era de um *error in procedendo* ou *in judicando*.

Sendo provido por *error in procedendo*, o efeito que se produz limita-se a retirar do mundo jurídico a decisão viciada, **não** havendo que se falar em substituição, contudo, por força do art. 1.013, § 3º, o tribunal poderá superar tais defeitos e adentrar no julgamento da matéria de fundo, **havendo** efeito substitutivo.

Agora, na hipótese de a causa de pedir ser um *error in judicando*, provido ou não o recurso, será proferida uma nova decisão em substituição do provimento jurisdicional impugnado. Observe-se que mesmo que se negue provimento ao recurso, "confirmando a decisão recorrida", como se utiliza no jargão forense, haverá o efeito substitutivo. Assim, ainda que o tribunal decida manter a decisão atacada, a nova decisão substitui a decisão recorrida, "pela simples razão de que não podem conviver duas decisões sobre a mesma questão no mesmo processo" (CÂMARA, 2008. p. 75).

43.7.9. Efeito interruptivo

Tal efeito é inerente ao recurso de embargos de declaração, em que serão feitas maiores análises. Nesse momento, cumpre registrar que interpostos os embargos de declaração, os quais não possuem efeito suspensivo, ou seja, não suspendem a eficácia da decisão embargada, seu efeito imediato é a interrupção do prazo recursal e,

---

[59] Nesse sentido, Enunciado 401 do STJ. Para maiores considerações vide capítulo sobre ação rescisória, bem como, nesse mesmo capítulo, a análise sobre os efeitos da inadmissão dos recursos.

Cap. 43 · MEIOS DE IMPUGNAÇÃO ÀS DECISÕES JUDICIAIS | 607

portanto, haverá devolução total do prazo para ambas as partes, resultando, concomitantemente, na aplicação do efeito expansivo subjetivo (art. 1.026 do CPC/2015), seja em um procedimento na **vara cível**, seja nos **juizados** (art. 1.065 do CPC/2015, que alterou o art. 50 da Lei 9.099/1995).

43.8. *REFORMATIO IN PEJUS*. *REFORMATIO IN MELLIUS*. BENEFÍCIO COMUM

Dá-se a *reformatio in pejus* ou, no vernáculo, reforma para pior, quando o órgão *ad quem*, no julgamento de um recurso, profere decisão mais desfavorável ao recorrente, sob o ponto de vista prático, do que aquela contra a qual se interpôs o recurso. Como uma decorrência lógica do princípio dispositivo (BUENO, 2008. p. 33), tal hipótese é proibida em nosso ordenamento. É denominado também de **princípio da personalidade ou pessoalidade do recurso**.

Sendo uma decorrência do princípio dispositivo, é proibido, de igual modo, a *reformatio in mellius*, ou seja, a reforma para melhor, além do postulado no recurso. Do contrário, o tribunal está prolatando um julgamento *ultra petita*.

Embora não esteja expressamente previsto no ordenamento jurídico, este princípio é aceito pela maioria dos doutrinadores. E não são poucos os argumentos a seu favor. Vejamos:

(i) Se o interesse recursal é pressuposto de admissibilidade recursal, seria contraditório imaginar que para o recorrente possa advir qualquer utilidade de pronunciamento que lhe é desfavorável.

(ii) Se nem mesmo por provocação do apelante poderia o tribunal reformar a decisão para pior, menos ainda se concebe pudesse fazê-lo sem tal provocação (BARBOSA MOREIRA, 2011. v. 5, p. 268).

(iii) Ninguém pode ser punido por exercitar um direito assegurado constitucionalmente, salvo se exercido de maneira abusiva.

Este princípio também alcança a Fazenda Pública, já que o enunciado 45 da Súmula do Superior Tribunal de Justiça dispõe ser vedado ao tribunal agravar a situação da Fazenda Pública em julgamento de reexame necessário (NERY JR., 1997. p. 419).[60]

Há, contudo, algumas hipóteses, em que tal princípio é **excepcionado**:

(i) Conforme ressalta Fredie Didier Jr., a proibição da *reformatio in pejus* não afasta a possibilidade de o tribunal revisar aquilo que *ex vi legis* se sujeita ao duplo grau de jurisdição, como, por exemplo, as questões cogentes que, se acolhidas em detrimento do recorrente, poderão, de certo modo, levar a uma reforma para

---

[60] Em sentido contrário, Nelson Nery Jr. admite a possibilidade de *reformatio in pejus*, "pois o reexame necessário não foi criado para proteger descomedidamente os entes públicos, mas para fazer com que a sentença que lhes fora adversa seja obrigatoriamente reexaminada por órgão de jurisdição hierarquicamente superior".

608 | PROCESSO CIVIL SISTEMATIZADO – *Haroldo Lourenço*

pior.[61] Assim, a aplicação do chamado **efeito translativo** (BUENO, 2008. p. 34)[62] pode conduzir a uma *reformatio in pejus*. Afirma o STJ que os juros moratórios constituem matéria de "ordem pública", por isso sua aplicação, alteração ou modificação do termo inicial, de ofício, quando inaugurada a competência deste Superior Tribunal, não enseja *reformatio in pejus*.[63]

(ii) Na rejeição da apelação na hipótese do **art. 331, § 1º (indeferimento da petição inicial), e art. 332, § 4º, do CPC/2015 (improcedência liminar do pedido)**, uma vez que, nesse caso, apesar de o acórdão manter a sentença, com a eventual participação do réu em contrarrazões, o autor apelante será condenado ao pagamento de honorários advocatícios, o que não haveria ocorrido na sentença liminar de improcedência (NEVES, 2010. p. 521).

(iii) De igual modo, pode-se imaginar um agravamento em sede recursal, na hipótese de ser negar provimento a um recurso, impondo ao recorrente **litigância de má-fé**.

(iv) Outra hipótese é na aplicação da **teoria da causa madura** (art. 1.013, §3º), com que tendo sido proferida sentença terminativa, uma vez interposta apelação, será possível o Tribunal apreciar o mérito, julgando de imediato o processo, sem retorno dos autos ao primeiro grau. Tanto nas hipóteses do autor ou do réu terem recorrido, poderá ocorrer um agravamento da sua situação jurídica, uma vez que o Tribunal poderá julgar procedente ou improcedente a demanda (NEVES, 2010. p. 564; CÂMARA, 2008. p. 85).

(v) Anote-se, por oportuno, que, quando os **embargos de declaração tiverem efeitos modificativos ou infringentes**, a sentença de mérito pode ser alterada quando interposto tal recurso. Esse fato pode gerar, excepcionalmente, a *reformatio in pejus*, o que, geralmente, é vedada em nosso ordenamento jurídico. Tome-se, como exemplo, a seguinte hipótese: "ajuizada demanda em que se pede a condenação do demandado ao pagamento de certa quantia, o demandado contesta alegando nulidade do contrato que deu origem à relação jurídica deduzida em juízo e prescrição do crédito do demandante. O juiz, na sentença, afasta a alegação de nulidade, reputando válido o contrato, e julga o pedido do autor procedente, restando omisso quanto à alegação de prescrição. Interpostos os embargos de declaração, poderá o juiz verificar que a prescrição realmente ocorrera, dando provimento aos embargos e afirmando a inexistência do direito do demandante" (CÂMARA, 2008. p. 108), agravando a sua situação.

O princípio ora em análise se contrapõe ao **princípio do benefício comum** (*communio remedii*), segundo o qual o recurso se caracterizaria como um benefício para ambas as partes, pois, se interposto um recurso por uma das partes, ele servirá

---

[61] Op. cit., p. 79. Em sentido contrário, ensina Nelson Nery Jr. que não é possível falar propriamente em *reformatio in pejus* nestas situações, pois essa noção está vinculada ao efeito devolutivo e ao princípio dispositivo, enquanto a transferência das questões de ordem pública está relacionada com o efeito translativo e o princípio do inquisitivo.

[62] Considerando também o efeito translativo como uma exceção a vedação a *reformatio in pejus*.

[63] Informativo 464: STJ, EDcl nos EDcl no REsp 998.935/DF, 3ª T., rel. Min. Vasco Della Giustina (Desembargador convocado do TJRS), j. 22.02.2011. Precedente citado: AgRg no Ag 1.114.664/RJ, *DJe* 15.12.2010.

Cap. 43 · MEIOS DE IMPUGNAÇÃO ÀS DECISÕES JUDICIAIS | **609**

à outra, permitindo ao "tribunal reformar a sentença como bem quiser, ainda que contra aquele que, sozinho, o interpusera".[64]

Atualmente, entretanto, o ordenamento jurídico pátrio, em seu art. 1.013, veda o benefício comum, corroborando com essa conclusão a existência da interposição na modalidade adesiva (art. 997 CPC/2015). "De fato, a utilidade da discussão sobre a existência ou não de benefício comum na apelação só existe em caso de sucumbência recíproca, quando apenas uma das partes recorre. O recurso adesivo, então, é o remédio recursal apto a permitir que o órgão *ad quem* possa examinar a parte da decisão que diz respeito ao apelado." (DIDIER JR., 2010. v. 3, p. 80).

43.9. HONORÁRIOS RECURSAIS

Prevê o art. 85, § 11º, que o tribunal, ao julgar recurso, **majorará** os honorários fixados anteriormente levando em conta o trabalho adicional realizado em grau recursal, observando, conforme o caso, o disposto nos §§ 2º a 6º, sendo vedado ao tribunal, no cômputo geral da fixação de honorários devidos ao advogado do vencedor, ultrapassar os respectivos limites estabelecidos nos §§ 2º e 3º para a fase de conhecimento.

Assim, os honorários de sucumbência recursal serão somados aos honorários pela sucumbência em primeiro grau, observados os limites legais (Enunciado 241 do FPPC), sendo devidos tanto em decisão unipessoal, como em decisão colegiada (Enunciado 242 FPPC). No caso de provimento do recurso de apelação, o tribunal redistribuirá os honorários fixados em primeiro grau e arbitrará os honorários de sucumbência recursal (Enunciado 243 FPPC).

Restam algumas dúvidas sobre o mencionado dispositivo:

(i) Aplicação aos embargos de declaração: o mencionado parágrafo refere-se a "tribunal" e, nem sempre, embargos de declaração são julgados em tribunal. O Enunciado 16 da ENFAM afirma que: *"Não é possível majorar os honorários na hipótese de interposição de recurso no mesmo grau de jurisdição"*, contudo, o STF[65] o aplicou, mas com fundamento de ser protelatório;

(ii) Não é possível fixar honorários recursais quando o processo originário não preveja condenação em honorários, como mandado de segurança e juizados;[66]

(iii) É cabível a fixação de honorários recursais mesmo quando não apresentadas contrarrazões ou contraminuta pelo advogado da parte recorrida.[67]

---

[64] NERY JR., Nelson. *Teoria geral dos recursos* cit., 5. ed. p. 158. Fundava-se o benefício comum naquilo que Carnelutti chamava de princípio da realidade, segundo o qual o órgão *ad quem* poderia fazer um reexame completo da causa, atendendo-se, assim, o interesse supremo da justiça (*Sistema de direito processual civil*. São Paulo: ClassicBook, 2000. p. 781; ARAGÃO, Paulo Cezar. *Recurso adesivo*. São Paulo: Saraiva, 1974. p. 2-3).

[65] STF, RE 929.925 AgR-ED/RS, rel. Min. Luiz Fux, j. 07.06.2016.

[66] STJ, RMS 52.024-RJ, rel. Min. Mauro Campbell Marques, por unanimidade, j. 06.10.2016, *DJe* 14.10.2016; STF, 1ª T., ARE 948.578 AgR/RS, ARE 951.589 AgR/PR e ARE 952.384 AgR/MS, rel. Min. Marco Aurélio, j. 21.06.2016 (Info 831).

[67] STF, 1ª T., AI 864.689 AgR/MS e ARE 951.257 AgR/RJ, rel. orig. Min. Marco Aurélio, red. p/ o ac. Min. Edson Fachin, j. 27.09.2016.

610 | PROCESSO CIVIL SISTEMATIZADO – *Haroldo Lourenço*

43.10. "RECURSO" ADESIVO

O art. 997 do CPC torna cristalino que existem duas formas de interposição de um recurso: **independente ou adesiva**. No primeiro caso, o recurso é interposto de forma autônoma pela parte. No segundo, tem-se o recurso subordinado ao da parte adversa, interposto por quem não se dispôs a impugnar a decisão, mas veio a atacá-la porque o outro litigante veio a fazê-lo.Observe que o "recurso adesivo" não é uma espécie de recurso, mas sim uma forma de interposição de alguns recursos (DIDIER JR., 2010. v. 3, p. 89; CÂMARA, 2008. p. 76; NERY JR., 1997. p. 48). O recurso adesivo é exatamente o mesmo recurso que poderia ter sido interposto autonomamente, diferenciando-se apenas pela **técnica de interposição** (BARBOSA MOREIRA, 2011. v. 5, p. 316).

Somente se admite a interposição adesiva quando se estiver diante de (i) sucumbência recíproca (ambos os litigantes são em parte vencedores e vencidos); (ii) diante de uma apelação, recurso especial e no recurso extraordinário (art. 997, § 2º, II, do CPC/2015); e, por último, (iii) só uma das partes tiver recorrido.

A doutrina vem admitindo a interposição adesiva no **recurso ordinário constitucional** (art. 1.027, II, *b*, do CPC/2015), quando este fizer as vezes de recurso de apelação nos casos de ações propostas por Município ou pessoa residente ou domiciliada no Brasil em face de Estado estrangeiro ou organismo internacional (art. 109, II, da CF/1988).[68] Cumpre advertir, contudo, que **não** se admite nos Juizados Especiais recurso inominado adesivo,[69] porém é **admissível** em recurso extraordinário adesivo no âmbito dos Juizados Especiais. (Súmula 640 do STF).

No agravo de instrumento contra decisão de julgamento parcial de mérito (art. 356 § 5º c/c art. 1.015, II), entendemos que deveria ser admissível interposição adesiva, pois tal decisão é essencialmente semelhante à sentença de mérito.

É possível definir recurso adesivo como "o incidente que surge no caso de sucumbência recíproca no procedimento recursal instaurado por um dos litigantes, em virtude de exercer também a outra parte, posterior e subordinadamente, o direito de recorrer" (MARQUES, 1990. v. 3, p. 221). Assim é que, publicada a decisão, pode a parte esperar o prazo para a interposição do recurso principal, aguardando o comportamento do outro, para só então oferecer recurso adesivo. Entretanto, não sendo interposto o recurso pela parte contrária, haverá trânsito em julgado para ambas as partes; essa justamente é a ideia do legislador: desestimular a interposição recursal.

É por esse motivo que não se admite a interposição adesiva pelo réu, (i) contra sentença que julgou totalmente improcedente o pedido do autor, por faltar-lhe interesse, já que "a apelação do autor devolverá ao tribunal todos os fundamentos que o réu levantara no processo (art. 1.007, §§ 1º e 2º, do CPC/2015, sem que ele precise, para tanto, recorrer adesivamente" (OLIVEIRA, 2005. p. 618); (ii) em reexame necessário, até porque inexistem razões para que uma das partes aguarde o comportamento da outra (na expectativa de inércia) para que a decisão seja atingida pela coisa julgada.

---

[68] Cf. DIDIER JR. (2010. p. 89); CÂMARA (2008. p. 77). "O recurso ordinário nada mais é, em seus objetivos essenciais, do que uma apelação, e as razões que tornam possível o recurso adesivo neste recurso, o tornam admissível naquele."

[69] Em sentido contrário, DINAMARCO (2001. p. 183).

Cap. 43 · MEIOS DE IMPUGNAÇÃO ÀS DECISÕES JUDICIAIS | 611

Aqui, como os autos seguem necessariamente para o tribunal, não há como cogitar imediato trânsito em julgado.

Sendo o recurso adesivo subordinado ao principal interposto pela outra parte, deverá obedecer aos requisitos de admissibilidade para ambos os recursos (art. 997, § 2º, do CPC/2015).[70]

Sendo considerado como verdadeiro recurso acessório, o recurso adesivo não foge ao princípio segundo o qual o acessório segue o principal. Logo, o exame de sua admissibilidade está condicionado ao juízo de admissibilidade do recurso principal. É por essa razão que a desistência deste, a declaração de sua inadmissibilidade ou a deserção implicam o não conhecimento do recurso adesivo. Assim, alguns autores preferem denominá-lo recurso subordinado, porquanto seu conhecimento fica subordinado ao juízo positivo de admissibilidade do recurso independente (CÂMARA, 2008. p. 78).[71]

O recurso adesivo deve ser interposto no prazo de que dispõe a parte para apresentar contrarrazões ao recurso principal, nos termos do art. 997, § 2º, I, do CPC. Todo aquele que possuir prerrogativa de prazo, a ostentará para o manejo do recurso adesivo, bem como para contrarrazões, eis que os respectivos artigos se referem a "manifestações recursais", como se observa dos arts. 180, 183, 186 e 229 do CPC.

Por outro lado, o recurso adesivo não está limitado ao que foi discutido no recurso principal.[72]

No que se refere à legitimidade para a interposição de recurso adesivo, em razão de a própria lei ter restringido a impugnação de via adesiva às **partes**, nada mencionando o legislador sobre a possibilidade ou não de recurso adesivo de terceiro ou do Ministério Público, tampouco se seria possível aderir a recurso de terceiro ou do Ministério Público (interpretação realizada pelo confronto dos arts. 996 e 997 do CPC/2015).

(i) Partindo de uma interpretação literal, **majoritariamente**, a doutrina nega a legitimidade do terceiro prejudicado e do Ministério Público, como fiscal da lei, para recorrerem adesivamente, até porque estes não sucumbem (CÂMARA, 2008. p. 77);

---

[70] "Processual – Recurso adesivo – Preparo – Isenção do apelo principal. Se o apelo principal não está condicionado a preparo, o recurso adesivo também não o estará (CPC, art. 500, III)" (STJ, REsp 182.159/MG, 1ª T., rel. Min. Humberto Gomes de Barros, j. 08.06.1999, *DJ* 01.07.1999. p. 127). O art. 500, III, do CPC/1973 tem como correspondente o art. 997, § 2º, III, do CPC/2015. "Processo civil. Recurso adesivo. Preparo. CPC, art. 500. Parágrafo único. 1. Se não há exigência de preparo para o recurso principal, tampouco haverá para o adesivo. 2. Recurso provido" (STJ, REsp 123.153/SP, 1ª T., rel. Min. Milton Luiz Pereira, j. 02.02.1999, *DJ* 29.03.1999. p.78). *Contra*, entendendo que "a interpretação do dispositivo indica que o recurso independente a que se refere o parágrafo único do art. 500 é aquele que a própria parte interporia não fosse a adesão eleita. Raciocínio diverso estenderia, sem respeito à legalidade, benefício fazendário *pro populo* às pessoas aptas ao preparo do recurso" (STJ, REsp 799.010/SP, 1ª T., rel. Min Luiz Fux, j. 03.05.2007, *DJ* 04.06.2007. p. 311). O art. 500, parágrafo único, do CPC/1973 tem como correspondente o art. 997, § 2º, do CPC/2015.

[71] Nesse sentido: "O nosso 'recurso adesivo' encontra similar no Direito português, no intuito por eles denominado, com muita propriedade, 'recurso subordinado'. É com base nessa terminologia do Direito português que a maior parte da nossa doutrina critica a denominação dada ao instituto pelo CPC pátrio, sendo praticamente unânime entre nós a afirmação de que a expressão 'recurso subordinado' é superior à empregada na lei ('recurso adesivo')".

[72] STJ, REsp 1.675.996, 3ª T., rel. Min. Paulo de Tarso Sanseverino, j. 07.02.2020.

612 | PROCESSO CIVIL SISTEMATIZADO – *Haroldo Lourenço*

(ii) Há quem sustente que quando o Ministério Público é parte, nesta qualidade, pode recorrer adesivamente. É possível, ainda, o recurso do terceiro que poderia ter sido assistente litisconsorcial, mas não o foi, tendo em vista que se trata de terceiro que, de regra, fica submetido à coisa julgada material (DIDIER JR., 2010. v. 3, p. 92).

43.10.1. Recurso adesivo cruzado/condicionado

Em outro giro, a doutrina vem admitindo o denominado **recurso adesivo condicionado**. Trata-se da interposição adesiva no recurso extraordinário ou no recurso especial e vice-versa, no que se denomina recurso extraordinário/especial **cruzado**,[73] sob a condição de somente ser processado se o recurso independente for acolhido. Isso porque a confirmação da decisão de improcedência do pedido da questão principal, seja formulada no recurso extraordinário ou no recurso especial, torna inócuo o exame da matéria veiculada no recurso adesivo. Não faz sentido a parte não ter razão no recurso principal e o recorrente adesivo ter seu recurso processado, mesmo porque este somente se valeu do recurso adesivo porque inicialmente havia aceitado a decisão, somente tendo recorrido porque a outra parte recorreu.

> Com base nesse raciocínio é que em mais de um país, ainda que não sem resistência, se tem admitido o recurso adesivo condicionado, isto é, interposto *ad cautelam*, para ser julgado unicamente no caso de convencer-se o órgão *ad quem* da procedência do recurso principal (BARBOSA, 2010. v. 5, p. 319; BARBOSA MOREIRA, 2000).

Pela clareza, vejamos as seguintes hipóteses:

(i) Imaginemos a hipótese de o pedido exposto na inicial ser julgado improcedente, mas eventual preliminar suscitada pelo réu na contestação é afastada de forma expressa na sentença, vindo o autor, em face da improcedência do pedido, a interpor recurso de apelação. Seria possível nas contrarrazões o réu suscitar o acolhimento da preliminar por ele levantada? Nessa hipótese, por exemplo, seria admissível o recurso adesivo cruzado, não sendo as contrarrazões a peça adequada para a formulação de um pedido de acolhimento da preliminar;

(ii) Outra hipótese aventada na doutrina seria o recurso adesivo manejado pelo denunciado, mesmo não tendo sucumbido diante da improcedência do pedido do autor. Caso a apelação do autor tenha provimento, o réu será condenado e, consequentemente, o denunciado também o será. Nesse sentido, haveria interesse de agir para o denunciado, na interposição de um recurso adesivo condicionado ou cruzado.

---

[73] OLIVEIRA, Pedro Miranda. Recurso excepcional cruzado. In: NERY JR., Nelson; WAMBIER, Teresa Arruda Alvim (Coord.). *Aspectos polêmicos e atuais dos recursos cíveis e outros meios de impugnação às decisões judiciais* cit., 2005. p. 609 ss. NEVES, Daniel Amorim Assumpção. Interesse recursal eventual e recurso adesivo condicionado ao julgamento do recurso principal. *Revista Dialética de Direito Processual*, São Paulo: Dialética, n. 32, p. 41-45, 2005. Não admitindo o recurso adesivo condicionado, ROSSI, Júlio César. O recurso adesivo, os recursos excepcionais (especial e extraordinário) e o art. 500 CPC (correspondente ao art. 997 do CPC/2015). *Revista dialética de direito processual*. São Paulo: Dialética, 2005. n. 32, p. 69-75.

44

APELAÇÃO

44.1. NOÇÕES GERAIS

Por ser o recurso mais utilizado, mais amplo, sempre serviu como modelo para todos os demais, de modo que suas regras são tidas como gerais (DIDIER JR., 2010. v. 3, p. 136).[1] Neste sentido, arremata Barbosa Moreira que onde se lê *"apelação"* entenda-se *"qualquer recurso"* (MOREIRA, 2005. v. 5. p. 447-448). Com o CPC/2015, o legislador andou melhor, prevendo as regras gerais dos recursos no capítulo adequado, não se mostrando necessária tal interpretação.

Assim, a apelação é o recurso, em regra, adequado a se atacar as sentenças, com ou sem resolução de mérito, proferidas no processo civil (art. 1.009 do CPC), que vierem a pôr fim à fase cognitiva do procedimento comum, bem como extinguir a execução (art. 203, § 1º c/c art. 316), dentro do prazo de 15 dias úteis (art. 1.003, § 5º, c/c o art. 219 do CPC/2015).

Cumpre registrar que a apelação no ECA, quando manejados pelo MP ou pela defesa, terá prazo de **dez dias** (art. 198, II da Lei 8.069/1990, com a redação dada pela Lei 12.594/2012).

No mesmo sentido, cabe ressaltar que é possível se interpor **apelação** contra **decisão interlocutória** prevista no art. 1.015, desde que tal decisão componha capítulo de uma sentença, como se observa dos arts. 1.009, § 3º e 1.013, § 5º do CPC/2015.

De igual modo, é possível se cogitar em **apelação** somente contra as decisões interlocutórias **não** previstas no art. 1.015, por força da denominada preclusão elástica, gerando um efeito expansivo objetivo, mesmo não havendo sucumbência do recorrente no conteúdo da sentença (Enunciado 662 do FPPC)[2], como admitido pelo STJ.[3]

---

[1] Nesse sentido: "Segue-se a tradição de nosso direito: emprestar às regras da apelação a abrangência de regras gerais, ressalvada regra especial em sentido contrário, que, no caso, não existe".
[2] Enunciado 662 do FPPC: "É admissível impugnar, na apelação, exclusivamente a decisão interlocutória não agravável". Enunciado 67 do CJF: "Há interesse recursal no pleito da parte para impugnar a multa do art. 334, § 8º, do CPC por meio de apelação, embora tenha sido vitoriosa na demanda."
[3] STJ, REsp 1.762.957/MG, 3ª T., rel. Min. Nancy Andrighi, j. 10.03.2020.

614 | PROCESSO CIVIL SISTEMATIZADO – *Haroldo Lourenço*

É importante advertir que nem todas as sentenças estão sujeitas à apelação. Vejamos essas exceções:

(i) Nos Juizados, da sentença, caberá recurso "inominado" (art. 41 da Lei 9.099/95);

(ii) A sentença que julga o litígio entre Estado estrangeiro ou organismo internacional e Município ou pessoa residente ou domiciliada no país é impugnada por recurso ordinário constitucional (art. 1.027, II, *b*, CPC/2015);

(iii) Na execução fiscal, em algumas hipóteses, são admissíveis os embargos infringentes de alçada (art. 34 da Lei 6.830/1980);

(iv) Da sentença que decreta falência, admite-se agravo de instrumento (art. 100 da Lei 11.101/2005).[4]

44.2. REQUISITOS

O art. 1.010 do CPC/2015 se encarrega de estabelecer os requisitos que deverão revestir a apelação, cabendo aduzir que a ausência de alguns deles pode levar a um juízo negativo de admissibilidade do recurso. Vejamos:

(i) Os nomes e as qualificações das partes: Há, neste caso, uma delimitação subjetiva do recurso. De acordo com Barbosa Moreira, este requisito se mostra excessivo, na medida em que a não ser na hipótese em que o terceiro ingressa no processo interpondo apelação, aqueles que já eram partes, estarão naturalmente qualificados, constituindo a omissão em mera irregularidade (BARBOSA MOREIRA, 1994. v. 5, p. 379);

(ii) A exposição do fato e do direito (causa de pedir), além das razões do pedido de reforma ou de nulidade: São as chamadas razões de apelação, que deverão ser apresentadas juntamente com a petição de interposição, não se cogitando a hipótese de juntada ou complementação posterior.

Em razão disso, não se admite apelação por *"cota nos autos"* ou apelação cujas razões se restrinjam a reportar-se à petição inicial, à contestação ou à outra peça apresentada. Assim, o STJ já se manifestou no sentido de que a apelação deve conter argumentos suficientes com o fim de atacar a conclusão a que chegou a sentença impugnada,[5] sob pena de não conhecimento do apelo. O recorrente deverá demonstrar ou *error in procedendo*, caso sua pretensão recursal seja a anulação da sentença, ou *error in iudicando*, devendo, neste caso, requerer a reforma do provimento jurisdicional impugnado. Isto porque o pedido serve para delimitar

---

[4] Nos termos do Enunciado 52 da I Jornada do CJF de Direito Comercial ("A decisão que defere o processamento da recuperação judicial desafia agravo de instrumento.").

[5] "O requisito de admissibilidade da regularidade formal só estará satisfeito se o recorrente apresentar em suas razões recursais os motivos pelos quais não merece subsistir o fundamento no qual está apoiando o aresto recorrido. Inteligência do art. 540 c/c o art. 514, II, ambos do CPC". (Acórdão unânime do STJ, ROSMS 8784/MA, 2ª T., rel. Min. Adhemar Maciel, j. 06.10.1997, *DJ* 10.11.1997. p. 57.531). Considerando a apelação inepta: STJ, 2ª T., REsp 1.320.527-RS, Rel. Min. Nancy Andrighi, julgado em 23/10/2012 (Informativo 507). Os arts. 540 e 514, II, ambos do CPC/1973, correspondem, respectivamente, aos arts. 1.028 e 1.010, II, do CPC/2015.

Cap. 44 · APELAÇÃO | 615

a extensão do efeito devolutivo. E *"julgar o mérito da apelação será julgar este pedido, a fim de acolhê-lo (provimento do recurso) ou rejeitá-lo (desprovimento da apelação)"* (CÂMARA, 2008. p. 79). Nessa exigência incide o **princípio da dialeticidade**, sob pena de o recurso ser inadmitido por não ter impugnado especificadamente os fundamentos da decisão recorrida (art. 932, III, do CPC).

(iii) O pedido de nova decisão: Como analisado, o julgamento realizado pelo tribunal substituirá a decisão no que tiver sido objeto de recurso, como se extrai do art. 1.008 do CPC, operando-se o efeito substitutivo. Assim, o recorrente fixará o que será submetido ao tribunal para ser objeto de reexame, na medida em que o órgão *ad quem* não pode julgar além ou aquém do que lhe foi devolvido (LUCON, 2000. p. 218),[6] sob pena de proferir uma decisão *extra*, *ultra* ou *citra petita*.

44.3. REGULARIDADE FORMAL

A apelação deve ser interposta no prazo de 15 dias por petição escrita dirigida ao juízo de primeira instância, podendo ser interposta por petição única ou por petição de interposição que contenha, separadamente, as razões recursais.

Embora não se admita sua interposição oral, pode ser interposta via fac-símile, caso a transmissão seja de boa qualidade e desde que os originais cheguem ao juízo ou tribunal em até cinco dias depois do vencimento do prazo (Lei 9.800/1999) (DIDIER JR., 2011. v. 3, p. 103).

A petição deve vir subscrita por advogado habilitado nos autos, na medida em que a ausência de habilitação ou de assinatura ocasionará a aplicação do art. 76, § 2º, do CPC/2015, estando superada a Súmula 115 do STJ (Enunciado 83 do FPPC), sob pena de ser declarado inadmissível o recurso.[7]

44.4. HIPÓTESE DO ART. 1.009, § 1º, DO CPC: CONTRARRAZÕES OU RECURSO?

O art. 1.009, § 1º, do CPC/2015 embute nas contrarrazões da apelação de maneira simplificada, uma espécie de "recurso subordinado", circunscrita ao debate de questões de interlocutórias não previstas no art. 1.015, com interesse recursal subordinado, eis que somente surgirá com o provimento do recurso de apelação da outra parte.

Por outro lado, algumas premissas são importantes: (i) se no momento da sentença há de existir interesse recursal, a parte prejudicada deverá manejar apelação, na via principal ou adesiva, não podendo se valer das contrarrazões para tanto; (ii) surgindo o interesse da potencialidade do provimento do recurso de apelação, portanto um interesse subordinado, a parte apresentará a questão subordinada nas contrarrazões, pois sequer existe interesse atual para interpor recurso na via principal ou adesiva.

---

[6] "O objeto do julgamento pelo órgão *ad quem* pode ser *igual* ou *menos extenso* comparativamente ao julgamento do órgão *a quo*, mas nunca *mais extenso*.

[7] STJ, AgRg no REsp 1.135.597/PE, 4ª T., rel. Min. Raul Araújo, j. 19.08.2010.

PROCESSO CIVIL SISTEMATIZADO – Haroldo Lourenço

Ocorre, contudo, que se nas contrarrazões a parte prejudicada manejar matéria que deveria ter sido aviada em recurso principal ou adesivo, cremos que o tribunal deve recebê-lo pela primazia de mérito, promovendo as adaptações necessárias.

Entendemos, ainda, que sendo impugnada decisão interlocutória não prevista no art. 1.015, nos termos do art. 1.009, § 1º, ou seja, em contrarrazões, deverá o julgador oportunizar à parte contrária **"contrarrazoar essas contrarrazões"**, em nome do contraditório.

Por fim, as contrarrazões previstas no art. 1.009, § 1º, nos parece ter natureza jurídica de um **ato processual complexo**, ou seja, nas contrarrazões há uma apelação embutida.

44.5. PROCEDIMENTO EM PRIMEIRA INSTÂNCIA

A apelação é interposta perante o juízo de primeira instância, para que o apelado seja intimado para apresentar contrarrazões no prazo de 15 dias úteis, bem como pode haver intimação do apelante se o apelado interpuser apelação adesiva, remetendo os autos ao tribunal, **independentemente de juízo de admissibilidade** (art. 1.010, §§ 1º a 3º, do CPC).

Assim, a apelação passou a ter admissibilidade imediata pelo tribunal, por meio do relator (art. 1.011 do CPC), **não** cabendo ao magistrado *a quo* tal juízo.

Cumpre registrar que nas hipóteses de sentenças de **indeferimento da petição inicial** (art. 330) e **julgamento liminar do pedido** (art. 332), bem como das **sentenças terminativas** (art. 485, § 7º), interposta apelação poderá o magistrado aplicar o denominado **efeito regressivo** (também denominado iterativo ou rotativo), permitindo um juízo de retratação.

Nesse sentido, deve ser entendido que, para tais situações, o magistrado deverá fazer um juízo de admissibilidade mínimo, no que se refere à **tempestividade** (Enunciado 293 do FPPC), sob pena de se gerar uma celeuma, eis que o apelante pode se utilizar da apelação somente para retardar a marcha processual, obrigando o magistrado a encaminhar o feito ao tribunal, além do mais, recurso intempestivo é o manejado após o trânsito em julgado e da coisa julgada, o que pode ser reconhecido de ofício (art. 5º, XXXVI, da CF/88).

Por outro lado, inadmitida a apelação, fora das hipóteses de intempestividade, ocorrerá usurpação de competência do tribunal (art. 932, III, do CPC), passível de correção pela **reclamação constitucional** (art. 988, I, do CPC).

Observe-se que a apelação possui efeito suspensivo *ope legis*, na forma do art. 1.012 do CPC, que excepciona o art. 995, possuindo somente efeito devolutivo nas hipóteses exemplificativas do art. 1.012, § 1º, do CPC. Nesse sentido, não há sequer necessidade de o magistrado *a quo* declarar o efeito que receberá a apelação, eis que já está previsto em lei, de igual modo, tal decisão seria irrecorrível, como se extrai do art. 1.015.

44.6. PROCEDIMENTO NO TRIBUNAL

Com a chegada dos autos no tribunal, os mesmos serão registrados e distribuídos, nos termos do regimento interno, para a imediata conclusão ao relator, como se observa dos arts. 929 a 931 do CPC, ressalvadas as hipóteses de prevenção (art. 930, parágrafo único).

Tal relator poderá, na forma do art. 1.011 do CPC, decidir a apelação monocraticamente **apenas** nas hipóteses do art. 932, III a V, ou, se não for o caso, elaborar seu voto para julgamento do recurso pelo órgão colegiado.

Para a hipótese de decisão monocrática, poderá o relator:

(i) Não conhecer o recurso inadmissível, prejudicado ou que não tenha impugnado especificamente os fundamentos da decisão recorrida;

(ii) Negar provimento a recurso que for contrário a: (a) súmula do Supremo Tribunal Federal, do Superior Tribunal de Justiça ou do próprio tribunal; (b) acórdão proferido pelo Supremo Tribunal Federal ou pelo Superior Tribunal de Justiça em julgamento de recursos repetitivos; (c) entendimento firmado em incidente de resolução de demandas repetitivas ou de assunção de competência;

(iii) Depois de facultada a apresentação de contrarrazões, dar provimento ao recurso se a decisão recorrida for contrária a: (a) súmula do Supremo Tribunal Federal, do Superior Tribunal de Justiça ou do próprio tribunal; (b) acórdão proferido pelo Supremo Tribunal Federal ou pelo Superior Tribunal de Justiça em julgamento de recursos repetitivos; (c) entendimento firmado em incidente de resolução de demandas repetitivas ou de assunção de competência.

Em todas essas hipóteses de decisões monocráticas será admissível agravo interno (art. 1.021 do CPC), no prazo de 15 dias úteis (art. 1.003, § 5º, c/c o art. 229 do CPC). Pode, contudo, não ser hipótese de julgamento monocrático (art. 1.011, I), quando elaborará seu voto para julgamento do recurso pelo órgão colegiado (art. 1.011, II, do CPC), devendo, a partir de então, ser observados os arts. 934 a 946 do CPC.

44.7. EFEITO DEVOLUTIVO

De acordo com o art. 1.013 do CPC/2015, a apelação devolverá ao tribunal o conhecimento da matéria impugnada (*tantum devolutum quantum apelatum*). Isso significa que a apelação, como qualquer outro recurso, possui o efeito devolutivo, devendo este ser analisado em duas dimensões: extensão e profundidade.

44.7.1. Efeito devolutivo na extensão. *Ius novorum*

No tocante à *extensão*, o grau de **devolutividade** é delimitado pelo **próprio recorrente**, nas razões de seu recurso, a significar que caberá à parte a tarefa de, ao formular o pedido de nova decisão, fixar o que será submetido ao tribunal para ser objeto de reexame, na medida em que o órgão *ad quem* não pode julgar além ou aquém do que lhe foi devolvido (LUCON, 2000. p. 218),[8] sob pena de proferir uma decisão *extra*, *ultra* ou *citra petita*.

---

[8] "O objeto do julgamento pelo órgão *ad quem* pode ser *igual* ou *menos extenso* comparativamente ao julgamento do órgão *a quo*, mas nunca *mais extenso*".

618 | PROCESSO CIVIL SISTEMATIZADO – *Haroldo Lourenço*

Assim, se a apelação for total, toda a matéria é devolvida ao tribunal. Contudo, sendo parcial, apenas a matéria impugnada é que será devolvida ao tribunal, não podendo o órgão *ad quem* conceder-lhe a reforma total, ainda que lhe pareça a melhor solução, pois a extensão do efeito devolutivo já foi delimitada pelo recorrente (art. 1.013).

Ainda dentro desta dimensão do efeito devolutivo, cumpre aduzir que o ordenamento jurídico proíbe, em regra, o *ius novorum* em sede recursal, consistente na proibição da possibilidade de inovar em segunda instância (art. 1.014). Vale dizer que não se pode admitir que o tribunal aprecie questões estranhas aos limites do julgamento recorrido, no que a doutrina denomina de exclusão do *ius novorum,* ou seja, *"a vedação de inovar nas questões de fato que serão apreciadas pelo juízo* ad quem" (CÂMARA, 2008. p. 81).

Entretanto, **excepcionando** esta regra, o art. 1.014 do CPC/2015 permite que as matérias não alegadas em primeiro grau por motivo de força maior possam ser apreciadas pelo tribunal. Estas matérias nada mais são do que questões de fato, insuscetíveis de apreciação de ofício, invocadas apenas no juízo de apelação por pessoa que já era parte no procedimento de primeiro grau (DIDIER JR., 2010. v. 3, p. 127).

A doutrina, ao revés, vem sustentando que o art. 1.014 **não** incide no recurso de terceiro, podendo este, pois, invocar fundamentos de fato ainda não apresentados no processo, mesmo que não haja um motivo de força maior.

44.7.2. Efeito devolutivo na profundidade

A profundidade do efeito devolutivo consiste em determinar em que medida competirá ao tribunal a apreciação da matéria, que deverá se restringir aos limites do que foi impugnado (BARBOSA MOREIRA, 1994. p. 397).

O art. 1.013, §§ 1º e 2º, do CPC/2015 estabelece a profundidade da cognição, que embora seja ampla, conforme visto antes, **deve ser respeitada a extensão fixada pelo recorrente.** Portanto, se de um lado o Tribunal pode, em profundidade, analisar todo o material constante nos autos, por outro, limita-se à extensão delimitada pelo recorrente. Sendo a apelação um recurso de fundamentação livre, é lícito ao recorrente valer-se tanto das questões suscitadas e discutidas no processo, mesmo que não decididas por inteiro, como das questões anteriores à sentença, ainda não decididas (DIDIER JR., 2010. v. 3, p. 127).

Nesse sentido, tendo o autor ajuizado ação buscando o reconhecimento da nulidade de um contrato por ocorrência de dolo ou coação e reparação por danos morais, com a prolação de uma sentença de procedência, reconhecendo nulidade por dolo e fixando indenização, na hipótese de apelação por parte do réu discutindo a nulidade, poderá o Tribunal mantê-la, porém com base na coação, aplicando o efeito devolutivo na profundidade. Observe-se que o tribunal não poderá analisar a indenização, eis que não houve impugnação por parte do apelante, sob pena de se violar o efeito devolutivo na extensão.

44.8. EFEITO SUSPENSIVO *OPE LEGIS* E *OPE IUDICIS*

A apelação, como mencionado, é um recurso que possui efeito suspensivo **automático**, ou seja, *ope legis,* excepcionando a regra geral dos recursos no processo

Cap. 44 · APELAÇÃO | 619

civil (art. 995 do CPC). Há, contudo, hipóteses em que a apelação terá somente efeito devolutivo, permitindo que a sentença já produza efeitos imediatos, como se observa do art. 1.012, § 1º, do CPC.

Na mesma linha, na hipótese do art. 1.012 § 1º, V, no caso de apelação, o deferimento de tutela provisória em sentença retira-lhe o efeito suspensivo referente ao capítulo atingido pela tutela (Enunciado 144 do II CJF).[9]

Entende o STJ que a apelação interposta contra sentença que julgar pedido de alimentos ou pedido de exoneração do encargo deve ser recebida **apenas** no efeito devolutivo, não obstante o art. 1.012, § 1º, II, se referir somente à condenação de alimentos, pois ao fixar, redefinir ou exonera-los há uma presunção ora a favor do alimentado, ora em favor do alimentante. Assim, por uma interpretação teleológica do art. 14 da Lei 5.478/1968 (com a redação dada pela Lei 6.014/1973), a apelação interposta contra sentença em ação de exoneração de alimentos deve ser recebida unicamente no efeito devolutivo, não sendo aplicável ao caso a regra geral prevista no art. 1.012, *caput*, do CPC/2015.[10]

As hipóteses em que a apelação tem somente efeito devolutivo dependem de previsão legal, não se restringindo aos casos do art. 1.012, § 1º. Vejamos alguns exemplos:

(i)   da sentença proferida nas ações locatícias (art. 58, V, da Lei 8.245/1991);

(ii) da sentença que concede mandado de segurança (art. 14, § 3º, da Lei 12.016/2009);

(iii) na ação civil pública (art. 14 da Lei 7.347/1985);

(iv) da sentença que conceder *habeas data* (art. 15, parágrafo único, da Lei 9.507/1997);

(v)   da sentença proferida no procedimento do Estatuto da Criança e do Adolescente, como se observa da redação dos arts. 199-A e 199-B da Lei 8.069/1990, incluído pela Lei 12.010/09.

Em todas essas hipóteses, o apelado poderá promover, desde logo, o cumprimento provisório da sentença, desde a sua publicação (art. 1.012, § 2º).

Diante desse quadro, há interesse por parte do recorrente na obtenção do efeito suspensivo, que será dirigido ao: (i) tribunal, no período compreendido entre a interposição da apelação e sua distribuição, ficando o relator designado para seu exame prevento para julgá-la; (ii) ao relator, se já distribuída a apelação, como se observa do art. 1.012, § 3º, do CPC, desde que demonstrada a probabilidade de provimento do recurso ou se, sendo relevante a fundamentação, houver risco de dano grave ou de difícil reparação (§ 4º).

Dessa decisão do relator será admissível **agravo interno**, na forma do art. 1.021 do CPC e Enunciado 142 do FPPC.

Há, ainda, a possibilidade de se suspenderem os efeitos de um julgado por meio da **suspensão de segurança**, tratando-se de pessoa jurídica de direito público, Ministério Público (art. 15 da Lei 12.016/2009 e art. 4º da Lei 8.437/1992).

---

9   Enunciado 144 do II CJF: "No caso de apelação, o deferimento de tutela provisória em sentença retira-lhe o efeito suspensivo referente ao capítulo atingido pela tutela".

10   STJ, 3ª T., REsp 1.280.171/SP, rel. Min. Massami Uyeda, j. 02.08.2012 (Informativo 501). Precedentes citados: REsp 1.138.898/PR, *DJe* 25.11.2009; e RMS 25.837/SP, *DJe* 05.11.2008.

44.9. TEORIA DA CAUSA MADURA OU EFEITO DESOBSTRUTIVO

O art. 1.013, § 3º, traz a **teoria da causa madura**, também denominada de **efeito desobstrutivo do mérito**, ou seja, hipóteses em que, preenchidos alguns requisitos, o tribunal terá liberdade para adentrar na análise do mérito. Para a incidência de tal artigo será necessário que o processo esteja em condições de imediato julgamento sobre o mérito, ou seja, estarem nos autos todos os elementos de provas suficientes para o exame do(s) pedido(s) formulados.

O julgamento do mérito diretamente pelo tribunal, ao contrário do que se possa supor, **não** é consequência do efeito devolutivo. Trata-se, a rigor, de um efeito que ocorre posteriormente ao devolutivo, denominado desobstrutivo do recurso, cuidando--se do julgamento deste meio de impugnação (DIDIER JR., 2010. v. 3, p. 124).

Havia acirrada divergência doutrinária sobre a necessidade ou não de requerimento para a aplicação da teoria em comento.

De acordo com o CPC/2015 parece que o legislador se posicionou no sentido de ser um efeito automático do julgamento da apelação, primeiramente porque o artigo substituiu o verbo "pode", que existia no art. 515, § 3º, do CPC/1973, pelo "deve", bem como as hipóteses foram significativamente ampliadas.[11] Não concordamos com tal entendimento, pois, havendo requerimento para a sua devolução ao juízo de primeiro grau, não poderá o Tribunal adentrar o exame de mérito, sob pena de estar julgando *ultra* ou *extra petita* (DIDIER JR., 2010. v. 3, p. 108). Nessa linha se posicionava o STJ à luz do CPC/1973.[12]A rigor, para se verificar se é cabível ou não a aplicação de tal teoria, deve-se pensar qual seria o posicionamento do magistrado de primeiro grau na hipótese de retorno dos autos. Se, com o retorno dos autos, o magistrado somente iria sentenciar, não havendo mais nenhum ato processual a ser praticado, é cabível aplicação da teoria.

Cumpre registrar que o art. 1.013, § 3º, foi significativamente ampliado, deixando de ser aplicado somente às (i) sentenças terminativas (art. 1.013, § 3º, I, c/c o art. 485), mas também para hipóteses em que se decretar a (ii) nulidade da sentença por não ser ela congruente com os limites do pedido ou da causa de pedir (art. 141 c/c o art. 492 do CPC/2015), ou seja, para a sentença *ultra* e *extra petita*; (iii) constatar a omissão no exame de um dos pedidos, hipótese em que poderá julgá-lo, ou seja, para as sentenças *citra petita*, para (iv) os reconhecimentos de nulidades da sentença por falta de fundamentação (art. 489, § 1º, do CPC), na forma do Enunciado 307 do FPPC e, ainda, (v) para reformar sentença que reconheça a decadência ou a prescrição, onde o tribunal, se possível, julgará o mérito, examinando as demais questões, sem determinar o retorno do processo ao juízo de primeiro grau (§ 4º).

Não se pode supor, entretanto, que ao aplicar a teoria da causa madura haveria supressão de instância, até porque, na primeira instância, o processo percorreu todo o seu curso estando pronto para receber a sentença de mérito, sem que o tenha feito

---

[11]   Comentando o artigo sob a luz do CPC/1973: LOPES JR., Gervásio. *Julgamento direto do mérito na instância recursal*. Salvador: JusPodivm, 2007. p. 36. "Para ele, o requerimento da parte não é exigido para o salto julgamental, que tem como pressupostos, apenas, a interposição e o conhecimento de um recurso; o seu provimento ou a anulação da sentença e a maturidade da causa". DINAMARCO, Cândido Rangel. *A reforma da reforma*. 2. ed. São Paulo: Malheiros, 2002. p. 78.

[12]   STJ, RMS 21.358/PI, 5ª T., rel. Min. Arnaldo Esteves, *DJ* 22.10.2007.

o juiz, por erro no julgamento. Assim, se o juiz, por *error in iudicando* não pode fazer o que deveria ser feito em primeira instância, em homenagem ao princípio da economia processual, não configura supressão de instância o fato de o tribunal fazer, em segunda instância, o que deveria ter sido feito na primeira.

Por outro lado, principalmente na hipótese do art. 1.013, § 3º, III, cremos que deve haver requerimento por parte do apelante para a sua aplicação, pois, do contrário, poderá sim haver **supressão de instância**, eis que não houve julgamento no primeiro grau de jurisdição. De fato, há, ainda, a possibilidade de o art. 1.013, § 3º, permitir uma *reformatio in pejus*, pois o Tribunal, ao julgar o recurso, poderá agravar a situação do recorrente, o que cremos ser **inadmissível** na hipótese da sentença *citra petita*. Por fim, cremos que sendo aplicada a tal teoria deve ser observado o contraditório prévio, previsto no art. 10 do CPC, que **veda a prolação de decisões-surpresa**.

Frise-se que o STJ tem se mostrado refratário à aplicação de tal teoria no julgamento do **recurso ordinário constitucional**,[13] contudo, o CPC/2015 previu expressamente a sua aplicação (art. 1.027, § 2º), o que fará com que o STJ altere a sua jurisprudência. De igual modo, o STJ, recentemente, admitiu a aplicação de tal teoria no julgamento do **agravo de instrumento**.[14]

---

[13] STJ, RMS 33.266/RO, 2ª T., rel. Min. Herman Benjamin, j. 24.05.2011.
[14] STJ, Corte Especial, REsp 1.215.368/ES, rel. Min. Herman Benjamin, j. 01/06/2016.

45

DOS AGRAVOS

45.1. CONSIDERAÇÕES GERAIS SOBRE O AGRAVO

O recurso de agravo, na visão do legislador, há muito tempo tem se mostrado como um inimigo mortal à celeridade, tanto que sucessivas leis o alteraram sob à égide do CPC/1973. Com o CPC/2015, o legislador manteve a mesma linha, novamente alterou significativamente seu regime jurídico.

Inicialmente, cabe salientar que o agravo retido foi **excluído** do nosso ordenamento, não constando do rol do art. 994 do CPC.

O **agravo de instrumento** passou a ser admissível às situações previstas em **lei**, ou seja, o rol do agravo de instrumento é, em tese, **taxativo**, portanto sempre estará em um catálogo legal, o que não significa que seja somente o CPC tal lei, muito menos que seja somente o art. 1.015, como se percebe do art. 354, parágrafo único, e do art. 356, § 5º, em que há outras hipóteses de agravo de instrumento, contudo, mais a frente faremos maiores considerações sobre essa taxatividade.

O **agravo interno** (art. 1.021 do CPC) é utilizável contra as decisões proferidas pelos relatores, e o **agravo em recurso especial e extraordinário** (art. 1.042 do CPC, com a redação dada pela Lei 13.256/2016) é utilizável contra decisão do presidente ou do vice-presidente do tribunal recorrido que inadmitir recurso extraordinário ou recurso especial, salvo quando fundada na aplicação de entendimento firmado em regime de repercussão geral ou em julgamento de recursos repetitivos.

Enfim, com o CPC/2015 passaram a existir somente três modalidades de agravo: **(i)** de instrumento; **(ii)** interno e **(iii)** em recurso especial e extraordinário.

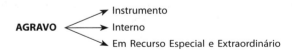

45.2. AGRAVO DE INSTRUMENTO

45.2.1. A controvérsia sobre o rol do art. 1.015: o STJ e nossa posição

Como afirmado, as hipóteses de cabimento de agravo de instrumento estão dispostas no art. 1.015 e em outros artigos do CPC (por exemplo, arts. 101, 354,

624 | PROCESSO CIVIL SISTEMATIZADO – *Haroldo Lourenço*

parágrafo único, 356, § 5º, 1.027, § 1º, e 1.037, § 13, I), bem como em leis especiais (por exemplo, art. 100 da Lei 11.101/15; art. 17 § 10 da Lei 8.429/1992; art. 19 da Lei 4.717/1964), portanto, sempre se exige um catálogo legal, consagrando um **rol taxativo** (GAJARDONI; DELLORE; ROQUE; DUARTE, 2017. p. 1.071; DIDIER JR.; CUNHA, 2016. p. 208), contudo, o grande problema é se essas hipóteses legais merecem uma interpretação **extensiva ou restritiva**.

O problema de se criar uma interpretação muito aberta é gerar um **efeito preclusivo colateral**, pois, imagine-se que se deixe de interpor agravo de instrumento por não encontrar, por exemplo, a decisão de inversão do ônus da prova no rol do art. 1.015, confiando que poderá discuti-la na apelação ou em contrarrazões, porém, nesse momento o Tribunal lhe surpreende afirmando já haver preclusão sobre tal decisão, pois deveria ter sido interposto agravo de instrumento àquele tempo.

O **STJ**[1], em recurso especial repetitivo, enfrentou o ponto afirmando que o art. 1.015 consagra uma **taxatividade mitigada**, pois o rol seria insuficiente para tutelar todas as hipóteses em que os pronunciamentos judiciais possam causar sérios prejuízos, devendo, portanto, ser imediatamente reexaminadas pelo segundo grau de jurisdição.

No mesmo sentido, afirmou-se que não é admissível uma interpretação extensiva, analógica ou que o rol seja exemplificativo. A tese consagrada foi no sentido de que sempre que a decisão interlocutória proferida refletir uma **urgência,** fruto da **inutilidade** futura de impugnação no momento da apelação (art. 1.009 § 1º), deve-se possibilitar a recorribilidade imediata pela via do agravo de instrumento, mesmo fora da lista do art. 1.015, sempre em caráter excepcional.

Em tal julgamento, enfrentou-se, ainda, o efeito colateral preclusivo que poderia ocorrer na hipótese de uma interpretação mais aberta, tendo sido afirmado que, se for adotada a tese da taxatividade mitigada, como uma impugnação de decisões fora do rol do art. 1.015 somente para casos de **urgência** decorrentes da inutilidade futura do julgamento da apelação e em caráter **excepcional**, **não** haverá que se falar em preclusão de qualquer espécie.

Nessa mesma oportunidade, afirmou o STJ que o entendimento consagrado em tal julgamento somente se aplica para as **posteriores** interlocutórias que vierem a ser prolatadas, bem como afirmou **não** ser admissível a utilização de mandado de segurança, o qual estava sendo utilizado para hipóteses de dúvida razoável sobre o cabimento do mandado de segurança.[2]

O STJ[3] admitiu agravo de instrumento contra decisões interlocutórias no processo **falimentar e recuperacional**, ainda que não haja previsão específica de recurso na Lei 11.101/2005, contudo, o STJ[4] vai reavaliar o assunto, pois há fatos diversos dos considerados no julgamento do Tema 988.

---

[1]   Tese firmada no Tema Repetitivo 988, em que são representativos da controvérsia os recursos REsp 1.696.396 e REsp 1.704.520, ambos de Mato Grosso, Rel. Min. Nancy Andrighi, j. 05.12.2018.

[2]   STJ, 4ª T., RMS 58.578-SP, Rel. Min. Raul Araújo, j. 18.10.2018, *DJe* 25.10.2018.

[3]   STJ, 4ª T., REsp 1.722.866-MT, Rel. Min. Luis Felipe Salomão, por unanimidade, j. 25.09.2018, *DJe* 19.10.2018.

[4]   Questão afetada sob o Tema 1.022 desde setembro de 2019, ainda não tendo julgamento até o fechamento desta edição, bem como não determinada a suspensão dos processos que venham a discutir o assunto.

Cap. 45 · DOS AGRAVOS | 625

Não concordamos com boa parte do afirmado pelo STJ no julgamento que consagra a tese da taxatividade mitigada, pois somente estamos de acordo com a inadmissibilidade de utilização do mandado de segurança.

Um ponto é extremamente relevante e está sendo solenemente ignorado. O legislador fez uma escolha ao prever a taxatividade, depositando maior confiança no juízo de primeiro grau, não podendo o Judiciário "consertar" o que acha que está errado na opção legislativa, revogando parcialmente o texto legal e legislando na criação de requisitos não previstos em lei, utilizando-se de conceitos indeterminados, como urgência ou inutilidade. É um ativismo explícito, chegando ao ponto de afirmar, sem maiores considerações, que a "reforma judicial" sobre o CPC/2015 somente tem vigência a partir da publicação do seu acórdão (PACHECO MACHADO; DUARTE; GAJARDONI; ROQUE, 2018). Em nossa opinião seria, por exemplo, mais simples o legislador listar as hipóteses de inadmissão de agravo de instrumento, o que facilitaria a interpretação.

45.2.2. Análise das hipóteses do art. 1.015

Cumpre, de início, ressaltar que **não** é admissível negócio jurídico processual (art. 190 do CPC) criando hipótese de agravo de instrumento, pois não há recurso por mera deliberação das partes, de modo que eventual convenção nesse sentido é tida como ineficaz.

Inciso I: Prevê o cabimento do recurso contra as decisões de tutela de provisória, seja a de urgência ou de evidência (arts. 294 a 311), bem como em qualquer sentido, ou seja, se conceder, indeferir, modificar ou revogar essa espécie de tutela, contudo, sendo tal tutela decidida na sentença, será admissível apelação (art. 1.013, § 5º), por força do **princípio da unirrecorribilidade**. De igual modo, cabe registrar que, para indeferir o magistrado, não necessariamente, precisa se utilizar de tal verbo, assim, a decisão que condicionar a apreciação da tutela provisória incidental ao recolhimento de custas ou a outra exigência não prevista em lei equivale a negá-la, sendo impugnável por agravo de instrumento (Enunciados 29 do FPPC e 70 do CJF). O STJ[5] afirma que tal inciso deve ser lido e interpretado como cláusula de amplo espectro, inclusive sobre aspectos acessórios vinculados à tutela como presença ou não de pressupostos para deferimento, indeferimento, revogação ou alteração, prazo, cumprimento da tutela, garantia, contudo **não** pode abranger o indeferimento de suspensão do processo pela existência de questão prejudicial externa. Assim, por exemplo, decisão interlocutória que determine a busca e apreensão de menor admite agravo de instrumento.[6]

Inciso II: Refere-se às interlocutórias sobre o mérito do processo. O dispositivo é importante sob vários ângulos, pois, inicialmente deixa claro que **não** somente a sentença pode apreciar o mérito, mas as interlocutórias também, podendo fazer **coisa julgada material** nos termos do art. 1.015, II, art. 354, parágrafo único, art. 356, §

---

[5]   STJ, REsp 1.752.049/PR, 3ª T., rel. Min. Nancy Andrighi, j. 12.03.2019.

[6]   STJ, REsp 1.744.011/RS, 3ª T., rel. Min. Ricardo Villas Bôas Cueva, j. 26.03.2019.

626 | PROCESSO CIVIL SISTEMATIZADO – *Haroldo Lourenço*

5º, do CPC e, ainda, do art. 966.[7] Há, ainda, a possibilidade de o magistrado reconhecer uma **impossibilidade jurídica de maneira parcial**, o que dará ensejo a um agravo de instrumento.[8] Todavia, sendo requerido o julgamento parcial e sendo o mesmo indeferido, por haver necessidade de dilação probatória, não será admissível agravo de instrumento.[9] De igual modo, se houve ao longo do processo decisão sobre prescrição e decadência, por ser de mérito, admite agravo de instrumento.[10]

Há, destarte, a possibilidade de recursos diferentes para decisões essencialmente iguais, variando somente o momento em que são proferidas. Decidido o mérito ao longo do processo sem encerrá-lo será uma interlocutória (art. 203, § 2º) admitindo, portanto, **agravo de instrumento** (art. 1.015, II). Agora, por outro lado, encerrado o processo, será uma sentença (art. 203, § 1º), admitindo, portanto, **apelação**, ainda que tal sentença contenha uma decisão prevista no art. 1.015, como se observa do art. 1.009, § 3º. Tal dicotomia fere a **isonomia**, pois, por exemplo, a apelação possui efeito suspensivo (art. 1.012) e admite sustentação oral em todas as hipóteses (art. 937), enquanto o agravo de instrumento **não** possui efeito suspensivo (art. 995), somente admitindo sustentação oral na hipótese do art. 1.015, I, muito entendemos ser admissível sustentação oral no agravo de instrumento com fundamento no art. 356, § 5º (Enunciado 61 do CJF).

Por outro lado, há quem afirme que o efeito suspensivo *ope legis* da apelação não obsta a eficácia das decisões interlocutórias nele impugnadas (Enunciado 559 do FPPC), bem como o efeito suspensivo automático do recurso de apelação aplica-se ao agravo de instrumento interposto contra a decisão parcial do mérito prevista no art. 356 (Enunciado 13 do CEAPRO).

Há, ainda, **outro problema:** teria o recorrente que impugnar as interlocutórias não agraváveis proferidas anteriormente à decisão parcial de mérito, que sejam a ela ligadas, sob pena de preclusão, à semelhança do que dispõe o art. 1.009, § 1º, que cuida da apelação? Entendemos que sim, na forma do Enunciado 611 do FPPC.

Imaginemos a seguinte situação: Em um processo onde se busca dano moral e material. Durante o feito, o magistrado indefere uma prova sobre a ocorrência de um dano moral (uma interlocutória não agravável, portanto) e, posteriormente, profere uma interlocutória de mérito sobre dano moral, portanto, agravável e diretamente ligada à interlocutória anterior. Cremos que, nessa hipótese, o agravante tem que impugnar tanto o dano moral, como o indeferimento da prova, sob pena de preclusão. Do contrário, se a parte aguardar a decisão final, em que o magistrado decide o dano material e, na apelação, buscar discutir o indeferimento da prova realizado outrora, estar-se-á criando um meio de rescisão da interlocutória de mérito anterior;

Inciso III: Rejeição da alegação de convenção de arbitragem (Lei 9.307/96), portanto o juiz togado decidiu ser competente sobre um litígio, afastando a competência da jurisdição arbitral. Por outro lado, se o juiz togado decide que não é competente,

---

[7] O art. 966 do CPC/15 passa a ser referir a "decisão de mérito", substituindo "sentença de mérito" outrora constante no art. 485 do CPC/73.

[8] STJ, REsp 1.757.123/SP, 3ª T., rel. Min. Nancy Andrighi, por unanimidade, j. 13.08.2019, *DJe* 15.08.2019.

[9] STJ, AgInt no AREsp 1.411.485/SP, 3ª T., rel. Min. Marco Aurélio Bellizze, por unanimidade, j. 01.07.2019, *DJe* 06.08.2019.

[10] STJ, REsp 1.702.725/RJ, 3ª T., rel. Min. Nancy Andrighi, j. 25.06.2019.

Cap. 45 · DOS AGRAVOS | 627

estará encerrando o processo (art. 485, VII, *in fine*, do CPC), caberá **apelação**. Entendemos que se o juiz togado se negar a reconhecer a competência do juiz arbitral, não gerando, portanto, a extinção do processo judicial sem resolução de mérito (art. 485, VII, do CPC), tendo esta já sido reconhecida por ele (art. 8º, parágrafo único, da Lei 9.307/96), o que lhe é permitido pelo princípio do *kompetenz-kompetenz* (Enunciado 48 do FPPC),[11] também caberá agravo de instrumento.

Aqui residem dois problemas doutrinários, com enorme incidência prática:

a) **Decisão interlocutória de competência:** Perceba-se que no inciso III se está aqui discutindo sobre a competência no Judiciário e a jurisdição arbitral, pois a discussão traçada exclusivamente sobre competência jurisdicional, que geralmente se dá por uma interlocutória, com a remessa do feito, não cabe agravo de instrumento, contudo, há quem defenda que tal inciso deve ser aplicado também para tal hipótese, ou seja, qualquer decisão interlocutória sobre competência jurisdicional admitiria agravo de instrumento (DIDIER JR., 2016. p. 215-216), contudo, esse **não** é o entendimento majoritário em doutrina, mas foi adotado pelo STJ[12]. Há, ainda, outra perplexidade. Na ação rescisória, é possível se ter uma decisão sobre competência, remetendo a demanda a outro tribunal, porém, tal decisão será recorrível, nos termos do art. 968, § 5º c/c art. 1.021 do CPC. Nessa linha, como exposto anteriormente, o STJ em recurso repetitivo (Tema 988) admitiu a utilização de agravo de instrumento nessa hipótese, devido à existência de urgência e à inutilidade de se aguardar o proferimento de decisão ao final do processo, como também admitiu agravo de instrumento para a hipótese da intervenção de terceiro que gere deslocamento da competência.[13]

b) **Decisão interlocutória sobre negócio jurídico processual:** De igual modo, o mencionado inciso permitiria uma interpretação no sentido de que à decisão interlocutória que negar eficácia a negócio jurídico processual também caberia agravo de instrumento, eis que a convenção de arbitragem é um negócio processual (DIDIER JR., 2016. p. 216-217), contudo, esse **não** é o entendimento majoritário em doutrina, mas foi adotado pelo STJ[14]. Há que se considerar, porém, algumas situações que geram perplexidades. Imaginemos que as partes realizem negócio jurídico para suspensão do processo ou para a escolha de um perito e o juiz resolve não suspender o processo ou recusar tal perito, diante do entendimento majoritário, tais decisões não comportariam agravo de instrumento.

Inciso IV: Decisão que resolve o incidente de desconsideração da personalidade jurídica durante o processo, quando houver o respectivo incidente, pois, quando for dispensável (art. 134, § 2º), tal matéria somente será decidida na sentença (Enunciado 390 do FPPC) comportando apelação;

---

[11] Ter-se-ia aqui uma espécie de conflito positivo de competência entre o órgão jurisdicional e arbitral.

[12] STJ, REsp 1.679.909-RS, 3ª T., Rel. Min. Luis Felipe Salomão, por unanimidade, julgado em 14/11/2017, DJe 01/02/2018.

[13] STJ, REsp 1.797.991/PR, 3ª T., rel. Min. Nancy Andrighi, j. 18.06.2019.

[14] STJ, REsp 1.679.909-RS, 3ª T., Rel. Min. Luis Felipe Salomão, por unanimidade, julgado em 14/11/2017, DJe 01/02/2018.

628 | PROCESSO CIVIL SISTEMATIZADO – *Haroldo Lourenço*

Inciso V: Decisão sobre gratuidade de justiça, que reproduz a hipótese já prevista no art. 101 do CPC, o que o torna supérfluo. Superado tal ponto, é cabível agravo de instrumento para a concessão **modulada** do benefício da gratuidade (art. 98, § 5º, do CPC), ou seja, da que defere redução percentual ou parcelamento, por exemplo (Enunciado 612 do FPPC);

Incisos VI e XI: Esses dois incisos são tratados em conjunto por serem os únicos a versarem sobre decisões interlocutórias probatórias.

Assim, como se observa da leitura de tais incisos, inúmeras decisões **não** estão abrangidas, como a que homologa honorários de perito ou indefere a produção de uma prova, as quais **não** são agraváveis, devendo a parte interessada aguardar o momento da apelação, muito embora o art. 938, § 3º, permita que tal produção se dê em tal julgamento. Há, ainda, outra perplexidade. Na ação rescisória, que sempre será da competência de um tribunal, ou no incidente de desconsideração da PJ, que pode ser formado em um tribunal, das decisões do relator será admissível agravo interno (art. 136, parágrafo único c/c art. 1.021), gerando uma quebra da isonomia ao se comparar a primeira com a segunda instância.

Decisão sobre exibição ou posse de documento ou coisa, por se tratar de um meio de obtenção de elementos de prova documental, que pode ser requerida contra a parte contrária ou contra terceiro. Assim, na referida hipótese de cabimento se abrange a decisão que resolve o incidente processual de exibição instaurado em face de parte, a decisão que resolve a ação incidental de exibição instaurada em face de terceiro e, ainda, a decisão interlocutória que versou sobre a exibição ou a posse de documento ou coisa, ainda que fora do modelo procedimental delineado pelos arts. 396 e 404 do CPC/2015, ou seja, deferindo ou indeferindo a exibição por simples requerimento de expedição de ofício feito pela parte no próprio processo, sem a instauração de incidente processual ou de ação incidental.[15]

Decisão sobre redistribuição do ônus da prova (art. 373, § 1º), devendo tal inciso ser interpretado em conjunto com o *caput* do art. 1.015. Assim, a decisão interlocutória que **versar** sobre redistribuição admitirá agravo de instrumento, ou seja, tanto a que redistribuir como a que não redistribuir, o que deve ser aplicado, igualmente, para decisões de inversão do ônus da prova, como a do art. 6º, VIII, do CDC (Enunciado 71 do CJF) e confirmado pelo STJ.[16]

Incisos VII, VIII, IX: Exclusão de litisconsorte, **rejeição** do pedido de limitação de litisconsorte e **sobre intervenção de terceiros** são decisões interlocutórias que não faria sentido à parte aguardar a prolação da futura sentença, por tal motivo cabe agravo de instrumento. Deve-se, ainda, admitir agravo de instrumento do pedido de intervenção do Ministério Público. Observe-se que da decisão que **não** exclui litisconsorte, o suscitante permanecerá no processo e, ao final, deverá interpor apelação. A decisão que **acolhe** a limitação de litisconsorte será recorrível, somente, no momento da apelação.

Inciso X: Decisão sobre efeito suspensivo embargos à execução, que a rigor, é uma decisão sobre tutela provisória (art. 919, § 1º), portanto, já estaria abrangida pelo art. 1.015, I, contudo, cabe do mesmo modo para a hipótese que não conceder o efeito suspensivo, que também já estaria prevista no art. 1.015, parágrafo único, ou seja, inciso totalmente

---

[15]   STJ, REsp 1.798.939/SP, 3ª T., rel. Min. Nancy Andrighi, j. 12.11.2019.

[16]   STJ, REsp 1.729.110/CE, 3ª T., rel. Min. Nancy Andrighi, j. 02.04.2019.

Cap. 45 · DOS AGRAVOS | 629

supérfluo. Nesse sentido, a decisão que **indefere** o pedido de atribuição de efeito suspensivo caberá agravo de instrumento (Enunciado 71 do CJF), o que foi adotado pelo STJ[17];

Inciso XIII: Em leis especiais, há casos de agravos de instrumento, como a decisão que **admite** a petição inicial na ação de improbidade administrativa (art. 17, § 10, da Lei 8.429/1992) ou decisão que **decreta a falência** (art. 100 da Lei 11.101/2005), além de várias hipóteses espalhadas pelo CPC (por exemplo, arts. 101, 354, parágrafo único, 356, § 5º etc.). Assim, o STJ[18] já admitiu agravo de instrumento com fundamento no art. 356, § 5º, do CPC a hipótese em que o juiz fixou durante o processo da data da separação de fato do casal, prosseguindo o processo em relação outros assuntos.

Como informado, somente se admitirá agravo de instrumento nas hipóteses previstas em lei, criando um sistema de recorribilidade casuística das decisões interlocutórias, portanto, **não** estando a hipótese de admissibilidade do agravo de instrumento prevista em lei, **não** se admitirá tal recurso, porém, somente haverá preclusão sobre ela se a parte não a impugnar em **preliminar de apelação ou contrarrazões** (art. 1.009, § 1º), o que tem sido denominado **preclusão elástica**. Essas contrarrazões têm natureza jurídica de um **ato processual complexo**, eis que será um recurso e resposta concomitantemente, já existindo tribunal que cobre o pagamento de preparo.

Enfim, há, na fase de conhecimento, decisões **interlocutórias agraváveis** e **não agraváveis**.

Por outro lado, diante de um **(i)** processo de execução; **(ii)** cumprimento de sentença; **(iii)** liquidação de sentença; e no **(iv)** inventário, toda e qualquer decisão interlocutória é passível de agravo de instrumento, portanto, rol **exemplificativo** (NEVES, 2010. p. 615; DIDIER JR., 2010. v. 3, p. 149).[19]

RECORRIBILIDADE DAS INTERLOCUTÓRIAS NO CPC/15			
NA FASE DE CONHECIMENTO	Hipóteses com taxatividade mitigada, ou seja, dependem de previsão em lei, seja no CPC ou em leis especiais, como em casos em que se mostre inútil aguardar o final do processo	Agravo de instrumento no prazo de 15 dias	Não sendo interposto o agravo de instrumento, haverá preclusão temporal
	Se a interlocutória não estiver no art. 1.015 do CPC ou em outra lei especial	Impugnável por apelação ou por contrarrazões (art. 1.009, § 1º, CPC)	Tais decisões ficam em letargia, somente cabendo recurso no momento da prolação da sentença, gerando preclusão elástica
NO CUMPRIMENTO DE SENTENÇA, PROCESSO DE EXECUÇÃO, LIQUIDAÇÃO DE SENTENÇA E NO PROCESSO DE INVENTÁRIO	Qualquer interlocutória que vier a ser proferida será recorrível	Rol exemplificativo	Não interposto o agravo de instrumento, haverá preclusão consumativa

---

17   STJ, REsp 1.745.358/SP, 3ª T., rel. Min. Nancy Andrighi, j. 26.02.2019.
18   STJ, REsp 1.798.975/SP, 3ª T., rel. Min. Nancy Andrighi, j. 02.04.2019.
19   STJ, REsp 1.803.925/SP, Corte Especial, rel. Min. Nancy Andrighi, por unanimidade, j. 01.08.2019, *DJe* 06.08.2019.

45.2.3. Interposição

O agravo de instrumento sempre será **dirigido** ao tribunal (art. 1.016), no prazo de 15 dias úteis (arts. 1.003, § 5º, c/c 219), que deve conter os nomes das partes, a exposição do fato e do direito, as razões do pedido de reforma ou de invalidação da decisão e o próprio pedido, e o nome e o endereço completo dos advogados constantes do processo.

O CPC, porém, permite a **interposição** em diversos locais, como se observa do art. 1.017, § 2º, ou seja, (i) será possível no próprio tribunal; (ii) na comarca, seção ou subseção judiciárias (criou-se, assim, um protocolo integrado entre primeiro e segundo grau); (iii) postagem, sob registro, com aviso de recebimento; (iv) transmissão de dados tipo fac-símile, nos termos da lei; (v) outra forma prevista em lei.

Nota-se, facilmente, que a intenção do legislador foi facilitar o acesso do recorrente ao Judiciário, criando várias possibilidades.

45.2.4. Efeito suspensivo

O agravo de instrumento segue a regra geral dos recursos, **não** sendo dotado de efeito suspensivo automático (*ope legis*), nos termos do art. 995, contudo, nada obsta que o relator, ao receber tal recurso, lhe atribua efeito suspensivo (*ope iudicis*), nos termos dos arts. 995, parágrafo único, e 1.019, I.

45.2.5. Instrução do agravo: documentos obrigatórios

O nome "agravo de instrumento" vem da necessidade de uma instrução probatória imediata, ou seja, na interposição deve ser apresentada uma série de documentos, que irão se dividir em obrigatórios e facultativos (art. 1.017), além do comprovante do pagamento das respectivas custas e do porte de retorno, quando devidos, conforme tabela publicada pelos tribunais (art. 1.017, § 1º).

Cumpre registrar que, sendo eletrônica a interposição, tais documentos estão dispensados, sendo facultado ao agravante juntar outros documentos (art. 1.017, § 5º).

São consideradas peças **obrigatórias** (art. 1.017, inciso I): (i) cópias da petição inicial; (ii) da contestação; (iii) da petição que ensejou a decisão agravada; (iv) da própria decisão agravada; (v) da certidão da respectiva intimação ou outro documento oficial que comprove a tempestividade; e (vi) das procurações outorgadas aos advogados do agravante e do agravado.

Sendo, eventualmente, a decisão interlocutória proferida em audiência, o agravo de instrumento **não** precisa ser instruído com certidão de intimação, pois a ata da audiência devidamente assinada já contém a respectiva data para a aferição do termo *a quo*. De igual modo, a tempestividade pode ser aferida de várias outras formas, por exemplo, o **recorte do Diário Oficial** constando a data da sua publicação aposta por impressão do próprio periódico oficial[20] ou se houver entre a decisão agravada e o dia da interposição do agravo de instrumento menos de 15

---

[20] STJ, REsp 334.780/SP, 4ª T., rel. Min. Barros Monteiro, j. 22.05.2002.

Cap. 45 · DOS AGRAVOS | 631

dias, ou de 30 dias (nos casos dos arts. 180, 183, 186 e 229 do CPC/2015), pois, nessas hipóteses, é evidente a tempestividade do recurso, sendo farto o repertório jurisprudencial nesse sentido.[21]

Enfim, se de qualquer outro meio idôneo puder ser constatada a tempestividade, não pode ser inadmitido o recurso.

As cópias das procurações outorgadas aos advogados do agravante e do agravado servem para constatar a regularidade das respectivas representações judiciais, e, de acordo com o STJ, sendo pessoa jurídica, é **ilegal** a exigência da cópia do contrato social como peça obrigatória do agravo de instrumento.[22] Na mesma linha, tendo sido interposto agravo de instrumento de decisão proferida *inaudita altera pars*, justamente por ainda não ter sido citada a parte contrária, não se pode exigir procuração do recorrido. Sendo interposto por procurador judicial da Fazenda Pública ou pelo MP, não se exige procuração, pois o poder de representação decorre da lei.[23]

Em hipóteses urgentes, na forma do art. 104, § 1º, c/c o art. 231, § 1º, do CPC/2015, a procuração pode ser apresentada em quinze dias.

De igual modo, não há ordem legal ou cronológica para apresentação dos documentos.[24]

Por fim, a disposição constante do art. 1.017, § 5º, do CPC/2015, que dispensa a juntada das peças obrigatórias à formação do agravo de instrumento em se tratando de **processo eletrônico**, exige, para sua aplicação, que os autos tramitem por meio digital tanto no primeiro quanto no segundo grau de jurisdição[25].

45.2.6. Instrução do agravo: documentos facultativos

Há, ainda, os documentos **facultativos** (art. 1.017, III), que são quaisquer outros documentos que o agravante reputar úteis, consistentes em quaisquer outros que não sejam os obrigatórios e que contribuam na formação do convencimento do Tribunal.

---

[21] STJ, REsp 877.057/MG, 4ª T., rel. Min. Adir Passarinho Junior, j. 18.11.2010; REsp 676.343/MT, 4ª T., rel. Min. Raul Araújo, j. 26.10.2010; EDcl no AgRg no Ag 741635/PR, 3ª T., rel. Min. Vasco Della Giustina, (Desembargador convocado do TJRS), j. 10.02.2009, *DJe* 17.03.2009; AgRg no Ag 647.294/MG, rel. Min. José Delgado, *DJ* 06.06.2005; REsp 256.158/AM, rel. Min. Carlos Alberto Menezes Direito, *DJ* 18.06.2001.

[22] Acórdão unânime da 6ª Turma do STJ, REsp 213.567/RJ, rel. Min. Vicente Leal, j. 22.05.2001, *DJ* 11.06.2001, p. 262. Acórdão unânime da 4ª Turma do STJ, REsp 197.996/RJ, rel. Min. Aldir Passarinho Júnior, j. 20.11.2001, *DJ* 04.03.2002. p. 258; acórdão unânime da 2ª Turma do STJ, REsp 205.147/SP, rel. Min. Laurita Vaz, j. 18.04.2002, *DJ* 20.05.2002. p. 118; acórdão unânime da 3ª Turma do STJ, REsp 407.926/RJ, rel. Min. Carlos Alberto Menezes Direito, j. 05.09.2002, *DJ* 25.11.2002. p. 231.

[23] STJ, REsp 401.390/PR, 1ª T., rel. Min. Humberto Gomes de Barros, j. 17.10.2002.

[24] Informativo 458, STJ, REsp 1.184.975/ES, rel. Min. Nancy Andrighi, j. 02.12.2010. Precedentes citados no mesmo sentido: Precedentes citados: AgRg nos EDcl no REsp 950.978/RJ, *DJe* 23.04.2008; AgRg no REsp 469.354/SP, *DJ* 02.05.2006; REsp 591.670/DF, *DJ* 10.10.2005; EDcl no AgRg no Ag 609.818/RJ, *DJe* 20.09.2010; AgRg no Ag 1.066.215/RJ, *DJe* 12.02.2009; RCDESP no Ag 998.885/SP, *DJe* 1º.04.2008; AgRg no Ag 1.092.461/RS, *DJe* 19.08.2010; AgRg no Ag 750.105/RJ, *DJe* 25.09.2009; e REsp 1.122.560/RJ, *DJe* 14.04.2010.

[25] STJ, REsp 1.643.956-PR, 3ª T., rel. Min. Ricardo Villas Bôas Cueva, un., j. 09.05.2017, *DJe* 22.05.2017.

632 | PROCESSO CIVIL SISTEMATIZADO – *Haroldo Lourenço*

Enfim, quaisquer peças que estejam entranhadas nos autos do processo originário, cuja análise possa favorecer a tese sustentada. Também é possível a juntada de documentos inéditos (art. 1.017, III, do CPC/2015), devendo, nessas hipóteses, ser observado o **contraditório**.

45.2.7. Vícios que comprometam a admissibilidade do agravo

Muito se discutiu sob a égide do CPC/1973 se a existência de vícios que comprometessem a admissibilidade do agravo de instrumento poderia gerar inadmissão automática, como a falta de documentos obrigatórios ou facultativos. A doutrina é unânime em afirmar que deve ser dada ao agravante oportunidade de regularizar o procedimento recursal, de maneira nenhuma se justificando a pura e simples negação de conhecimento ao recurso (DIDIER JR., 2010. p. 156; BARBOSA MOREIRA, 2011. v. 5, p. 506), o que foi expressamente adotado pelo art. 1.017, § 3º, do CPC, que se reporta ao art. 932, parágrafo único (Enunciado 82 do FPPC), consagrando o **princípio da primazia de mérito**.

Observe-se que o art. 1.017, § 3º, refere-se aos incisos I e II, mas deve-se considerar abrangido também o inciso III, por força do art. 932, parágrafo único, do CPC.

45.2.8. Comprovação da interposição do agravo de instrumento

Dispõe o art. 1.018, *caput* e § 2º, do CPC/2015 que o agravante, **não** sendo eletrônicos os autos, **poderá** no prazo de três dias a contar da interposição do agravo de instrumento, requerer a juntada aos autos do processo principal da cópia da petição do agravo de instrumento, do comprovante de sua interposição, assim como a relação dos documentos que instruíram o recurso.

Tal exigência viabiliza, inicialmente, um juízo de retratação por parte do magistrado, bem como proporciona ao agravado imediato e perfeito conhecimento do agravo, de molde a habilitá-lo a oferecer sua resposta, sem necessidade de deslocamento até a secretaria do tribunal.

Cuida-se de um ônus processual, já que de acordo com o art. 1.018, § 3º, do CPC/2015, o não cumprimento do disposto no *caput* e § 2º **poderá** implicar o não conhecimento do seu agravo de instrumento. Haverá, aqui, uma distribuição de ônus entre agravante e agravado: o primeiro deve apresentar a petição; caso não o faça, o agravado passa a ter o ônus de alegar e comprovar a ausência da juntada da petição de agravo (DIDIER JR., 2010. p. 162).

Sobre o tema, algumas questões merecem especial atenção.

(i) Somente por provocação do agravado é que o tribunal pode tomar conhecimento do descumprimento de tal ônus. Sendo assim, se o juiz avisar ao relator que o agravante não juntou os documentos referidos no art. 1.018, tal fato **não** pode ensejar a inadmissibilidade do recurso. Tal comunicação, no máximo, serve como um meio de prova ao agravado. A lei acabou criando um requisito específico de admissibilidade do agravo, que **não** pode ser conhecido de ofício pelo Tribunal, dependendo, sempre, de provocação do agravado.

Cap. 45 · DOS AGRAVOS | **633**

(ii) A lei silenciou a respeito do prazo para o agravado alegar o descumprimento do ônus, o que poderia levar a crer que não haveria prazo para tal fim. A doutrina, todavia, não entende dessa forma, devendo ser aplicado o disposto no art. 278 do CPC/2015, ou seja, ser alegado o vício na primeira oportunidade que lhe couber falar nos autos, na ocasião das **contrarrazões**, sob pena de preclusão.[26] Do contrário, criar-se-ia uma "superarma", que poderia ser utilizada em qualquer fase do processo (DIDIER JR.; CUNHA, 2010. v. 3, p. 160).

(iii) Já foi objeto de análise na parte geral dos recursos que o juízo de admissibilidade é um juízo sobre a validade do processo, aplicando-se, aqui, o sistema das invalidades processuais. Neste sistema, há uma regra geral segundo a qual somente haverá nulidade se gerar prejuízo. O agravo de instrumento, portanto, pode ser admitido, ainda que alegado e provado pelo agravado que não foi cumprido o art. 1.018, quando o descumprimento de tal ônus **não gere prejuízo** (art. 277 do CPC/2015) (DIDIER JR., 2003. p. 286-290; DIDIER JR.; CUNHA, 2010. v. 3, p. 163-164; CRUZ e TUCCI, 2002. p. 115; PEREIRA, 2010, nº 87, p. 88 e ss.). Nesse sentido, o STJ já se pronunciou.[27]

(iv) No tocante à intervenção do Ministério Público por descumprimento do ônus do art. 1.018 do CPC/2015, há que se fazer duas ponderações: (a) se a atuação do Ministério Público é em benefício do incapaz, poderá sua manifestação suprir o silêncio do agravado-incapaz; (b) na condição de fiscal da ordem jurídica, não pode o Ministério Público suprir o silêncio do agravado, pois sua atuação, no caso, é imparcial.

(v) Sendo o processo eletrônico, está dispensada a comprovação da interposição, como se observa do art. 1.018, § 2º, do CPC;

45.2.9. Procedimento e aplicação da teoria da causa madura

Interposto o agravo, será este imediatamente distribuído a um relator, que poderá assumir algumas posturas.

Inicialmente, na forma do art. 1.019, será possível **negar-lhe seguimento**, liminarmente, nas hipóteses do art. 932, III e IV, do CPC/2015, ou seja, não conhecer de recurso inadmissível, prejudicado, que não tenha impugnado especificamente os fundamentos da decisão recorrida ou negar provimento a recurso que for contrário a: (i) súmula do Supremo Tribunal Federal, do Superior Tribunal de Justiça ou do próprio tribunal; (ii) acórdão proferido pelo Supremo Tribunal Federal ou pelo Superior Tribunal de Justiça em julgamento de recursos repetitivos; (iii) entendimento firmado em incidente de resolução de demandas repetitivas ou de assunção de competência.

Será possível, ainda, **atribuir** efeito suspensivo ao recurso ou deferir, em antecipação de tutela, total ou parcialmente, a pretensão recursal, comunicando ao juiz sua decisão, ou ordenar a intimação do agravado pessoalmente, por carta com aviso de recebimento, quando não tiver procurador constituído, ou pelo Diário da Justiça,

---

[26] STJ, EDcl no AgRg no Ag 1.337.746/RJ, 4ª T., rel. Min. João Otávio de Noronha, j. 14.04.2011. Precedentes citados: AgRg no Ag 1.246.095/SP, *DJ* 17.08.2010, AgRg no Ag 1.102.559/MG, *DJ* 10.05.2010.

[27] STJ, Informativo 436, REsp 944.040/RS, rel. Min. Nancy Andrighi, j. 25.05.2010.

634 | PROCESSO CIVIL SISTEMATIZADO – *Haroldo Lourenço*

ou por carta com aviso de recebimento dirigida ao seu advogado, para que **responda** no prazo de 15 dias, facultando-lhe juntar a documentação que entender necessária ao julgamento do recurso ou, ainda, determinar a intimação do **Ministério Público,** preferencialmente por meio eletrônico, quando for o caso de sua intervenção, para que se manifeste no prazo de 15 dias.

A partir de então serão adotadas as providências previstas a partir do art. 933 do CPC.

Afirma o STJ[28] a aplicação da **teoria da causa madura** (art. 1.013, § 3º, do CPC/2015) em julgamento de agravo de instrumento.

45.2.10. Superveniência de sentença

O tema é interessante e desperta inúmeros embates em sede doutrinária e jurisprudencial. Sobre a sorte do agravo de instrumento pendente de julgamento no tribunal, no caso em que sobrevém sentença no processo em que fora proferida a decisão interlocutória por ele impugnada, há, basicamente, três entendimentos.

Alguns defendem a utilização do **critério hierárquico**, no qual o agravo de instrumento não fica prejudicado por conta da superveniência da sentença, porquanto a decisão do tribunal, uma vez admitido o agravo, substitui a decisão interlocutória, de forma que a sentença, por ter sido proferida por juízo singular, não poderia ser incompatível com a decisão tomada por órgão colegiado nos autos do agravo de instrumento.[29]

Outros defendem o **critério da cognição**, no qual o agravo de instrumento perderia seu objeto, pois, por ter sido a sentença proferida com base num juízo de cognição exauriente, englobaria a decisão interlocutória impugnada, que fora proferida com base em juízo de cognição sumária.

Por fim, há o entendimento conciliatório, o qual reputamos mais acertado, defendendo que a superveniente prolação de sentença nos autos originários **não** implica, necessariamente, a perda do objeto do agravo de instrumento, a qual dependerá da matéria devolvida ao Tribunal bem como do conteúdo da sentença.[30] Para esse entendimento, a questão não deve ser observada em abstrato, pois depende do caso concreto.

Defender a tese da hierarquia é, segundo Luiz Fux, uma perplexidade, pois se o tribunal defere uma tutela antecipada, paralisa-se o processo e o juiz não pode proferir uma sentença de mérito.[31]

Havendo modificação do quadro fático probatório, ou seja, sobrevindo qualquer elemento que afaste a premissa da decisão proferida pelo tribunal do agravo, real-

---

28   STJ, Corte Especial, REsp 1.215.368/ES, rel. Min. Herman Benjamin, j. em 01.06.2016.
29   Voto do Min. Castro Meira, nos autos do REsp 742.512/DF, 2ª T., rel. Min. Castro Meira, do STJ, j. 11.10.2005, *DJ* 21.11.2005. p. 206.
30   STJ, REsp 547.415/AL, rel. Min. Laurita Vaz, *DJ* 29.06.2007.
31   STJ, Rcl 1.444/MA, 1ª S., rel. Min. Eliana Calmon, j. 23.11.2005.

Cap. 45 · DOS AGRAVOS | 635

mente deve prevalecer a sentença (critério cognição), do contrário, deve prevalecer o acórdão (critério hierarquia).[32]

Teresa Arruda Alvim Wambier afirma que, nos casos em que é indeferido o pedido de denunciação da lide, sobrevindo sentença contrária ao litisdenunciante, por óbvio que permanecerá interessado no julgamento do agravo de instrumento por ele interposto contra aquela decisão interlocutória e eventualmente pendente de julgamento (WAMBIER, 2003. p. 689).

Não obstante a estipulação dos dois critérios e a acirrada discussão doutrinária e jurisprudencial acerca do tema, o posicionamento atual do STJ[33] é o de que a questão deve ser analisada em cada caso concreto, não se podendo afirmar que se deve adotar este ou aquele critério. Tome-se como exemplo o art. 946 do CPC/2015, pois há nítida demonstração de que nem sempre o agravo de instrumento pendente de julgamento perderá o objeto quando sobrevier a sentença, tanto que, interposta a apelação contra tal sentença, terá precedência o julgamento do agravo.

45.3. AGRAVO INTERNO

Inicialmente, o CPC/2015 sepultou a polêmica que existia entre agravo interno e regimental, trazendo uma única previsão no art. 1.021, denominando agravo interno, a ser utilizado contra a decisão monocrática do relator (também denominada decisão unipessoal ou decisão singular) para o órgão a que este pertença, devendo ser observadas, quanto ao processamento, as regras do **regimento interno** do tribunal. Há, ainda, algumas outras hipóteses de agravo interno fora do art. 1.021, previstas no art. 136, parágrafo único, 1.030, § 2º, 1.035, § 7º, e 1.036, § 3º, do CPC.

De igual modo, **toda** e qualquer decisão monocrática do relator será passível de agravo interno, **sem** nenhuma ressalva, estando as suas principais hipóteses concentradas no art. 932 do CPC, melhor analisado em capítulo específico, dentro da parte dessa obra dos processos nos tribunais.

O § 1º do art. 1.021 passa a exigir do agravante a **impugnação especificada** dos fundamentos da decisão, não sendo admissível a mera repetição do recurso que deu ensejo à decisão monocrática[34], o que se mostra afinado com o princípio da boa-fé objetiva, simétrico como a exigência de fundamentação inerente a toda decisão judicial (art. 489, § 1º), que, por clareza, também é exigível pelo art. 1.021, § 3º, **vedando ao relator** limitar-se à reprodução dos fundamentos da decisão agravada para negar seguimento ao agravo interno[35]. Trata-se de aplicação do **ônus da dialeticidade**.

O agravo interno será interposto no prazo de 15 dias (art. 1.003, § 5º, c/c art. 1.070), sendo dirigido ao relator, **não** ao órgão colegiado, devendo o relator intimar

---

[32] Voto da Min. Eliana Calmon, nos autos do STJ, REsp 742.512/DF, 2ª T., rel. Min. Castro Meira, j. 11.10.2005, *DJ* 21.11.2005. p. 206.

[33] STJ, 2ª T., EDcl no AgRg no AG 1.077.937/RJ, rel. Min. Mauro Campbell, j. 07.12.2010, confirmando o julgamento prolatado no STJ, 2ª T., REsp 742.512/DF, rel. Min. Castro Meira, j. 11.10.2005, *DJ* 21.11.2005.

[34] STJ, AgInt nos EDcl no REsp 1.646.435/MG, 1ª T., rel. Min. Regina Helena Costa, j. 19.09.17.

[35] STJ, 3ª T., REsp 1.622.386/MT, rel. Min. Nancy Andrighi, j. 20.10.2016.

636 | PROCESSO CIVIL SISTEMATIZADO – *Haroldo Lourenço*

o agravado para **contrarrazões** por igual prazo e, não havendo retratação, será levado a julgamento pelo órgão colegiado, com inclusão em **pauta** (art. 1.021, § 2º), valorizando o princípio do contraditório, eis que **não** havia previsão de contrarrazões e inclusão em pauta no CPC/1973.

A jurisprudência[36] *não* admite que no agravo interno se busque sanar vício recursal do recurso anterior, como, por exemplo, vício do agravo do art. 1.042.

Talvez a maior polêmica está no § 4º, o qual afirma que se o agravo interno for declarado (i) manifestamente inadmissível **ou** (ii) improcedente de maneira unânime, o colegiado, em decisão fundamentada, condenará o agravante em multa de 5% a 10% sobre o valor da causa atualizado. Frise-se que, pela literalidade, julgado improcedente (*rectius*, negar provimento) o agravo interno em votação unânime, será imposta a sanção, mesmo **não** se exigindo qualquer atitude abusiva ou ofensiva à boa-fé. Trata-se de regra que faz lembrar a caução para propositura de ação rescisória (art. 968, II), porém, nesse caso, se está enfrentando a segurança jurídica gerada pela coisa julgada, situação bem diferente do art. 1.021, § 4º, e, pior, tal regra recursal viola o direito de se recorrer, o que seria inconstitucional. Os Enunciados 358 do FPPC e 74 do CJF afirmam que, em tal caso, é exigível a **manifesta** improcedência e a **manifesta** inadmissibilidade do agravo interno, com o que concordamos.

Sobre o cabimento de sustentação oral no recurso em comento, cabe registrar o veto ocorrido no inciso VII do art. 937, restando o regulamento do seu § 3º, autorizando **somente** nos casos de processos da competência originária.

Por fim, tal multa será uma condição de procedibilidade de qualquer outro recurso, à **exceção** da Fazenda Pública e do beneficiário de gratuidade de justiça. O **Ministério Público** não foi inserido em tal exceção, mas deveria ter sido por uma questão de coerência. De igual modo, se, após a multa, a parte recorrer somente da sua imposição, esta não será condição de procedibilidade por ser matéria inteiramente nova ao feito.[37]

45.4. AGRAVO EM RECURSO ESPECIAL E EXTRAORDINÁRIO

O recurso que era denominado agravo nos próprios autos (art. 544 do CPC/1973) deixa de existir, sendo substituído pelo agravo em recurso especial e extraordinário (art. 1.042 do CPC).

No CPC/2015, antes da alteração realizada pela Lei 13.256/2016, **não** havia admissibilidade sobre o recurso especial e extraordinário pela Presidência ou Vice-Presidência do Tribunal recorrido, porém, o art. 1.030, com a mencionada alteração legislativa, modificou completamente tal contexto, que será analisado com mais detalhes no capítulo sobre recurso especial e extraordinário.

Contudo, nesse momento, cumpre enfrentar os casos de inadmissibilidade do recurso especial e extraordinário realizados pela Presidência ou Vice-Presidência (art. 1.030, V), eis que, nessa hipótese, será cabível o agravo do art. 1.042, na forma do art. 1.030, § 1º.

---

[36] STJ, EDcl no AgInt no AREsp 1.050.968/RS, 2ª T., rel. Min. Francisco Falcão, j. 19.09.17.

[37] STJ, EDcl no AgInt no REsp 1.672.205/RS, 3ª T., rel. Min. Moura Ribeiro, j. 19.08.2019.

Cap. 45 · DOS AGRAVOS | **637**

Nessa linha, na dicção do art. 1.030, V, será feita uma análise dos **requisitos genéricos e específicos** do recurso especial e extraordinário, bem como, **somente sendo possível a remessa ao STF ou ao STJ, se**: (i) o recurso ainda não tenha sido submetido ao regime de repercussão geral ou de julgamento de recursos repetitivos; (ii) o recurso tenha sido selecionado como representativo da controvérsia; ou (iii) o tribunal recorrido tenha refutado o juízo de retratação.

Destarte, inadmitido o recurso especial ou o extraordinário, na forma do art. 1.030, § 1º, será admissível o **agravo do art. 1.042**, salvo quando fundado na aplicação de entendimento firmado em regime de repercussão geral ou em julgamento de recursos repetitivos, quando será admissível **agravo interno** (art. 1.030, § 2º).

Na forma do art. 1.042, § 2º, a petição de agravo em recurso especial e extraordinário será dirigida ao Presidente ou ao Vice-presidente do tribunal de origem, independentemente do pagamento de custas e despesas postais, **aplicando-se a ela o regime de repercussão geral e de recursos repetitivos, inclusive quanto à possibilidade de sobrestamento e do juízo de retratação**. Como é admissível recurso extraordinário de decisão de turma recursal (Súmula 640 do STF), de eventual inadmissível, será admissível o agravo do art. 1.042, que deve ser interposto na **Presidência ou Vice-Presidência do Conselho Recursal ou da turma de uniformização**, não na Presidência ou vice do tribunal, como já se posicionou o STF.[38]

Muito embora não haja previsão expressa, o recurso em comento será interposto nos **próprios autos principais** (Enunciado 225 do FPPC).

O agravado será intimado, de imediato, para oferecer resposta no prazo de 15 dias (§ 3º) e, após isso, não havendo retratação, o agravo será remetido ao tribunal superior competente (§ 4º), **não** podendo a Presidência ou vice deixar de encaminhar o agravo do art. 1.042 ao STF ou ao STJ (Súmula 727 do STF), sob pena de usurpação de competência, a ser corrigida pela **reclamação constitucional (Enunciado 685 do FPPC)**.[39]

O agravo poderá ser julgado, conforme o caso, conjuntamente com o recurso especial ou extraordinário, assegurada, neste caso, **sustentação oral**, observando-se, ainda, o disposto no regimento interno do tribunal respectivo (§ 5º) e, na hipótese de interposição conjunta de recursos extraordinário e especial (art. 1.031), o agravante deverá interpor **um agravo para cada recurso não admitido** (§ 6º), observando-se, a partir de então, as regras previstas nos §§ 7º e 8º.

---

[38] STF, 1ª T., AI 793.930 AgR/DF, rel. Min. Ayres Britto, j. 03.08.2010.

[39] Enunciado 685 do FPPC: "Cabe reclamação, por usurpação de competência do Tribunal Superior, contra decisão do tribunal local que não admite agravo em recurso especial ou em recurso extraordinário".

46

EMBARGOS DE DECLARAÇÃO

46.1. CONCEITO

É o remédio voluntário idôneo a ensejar, dentro do mesmo processo, o esclarecimento ou a integração da decisão judicial impugnada (CÂMARA, 2008. v. 3, p. 107) quando se estiver diante de qualquer decisão obscura, contraditória ou omissa. Com o CPC/2015 se inclui a possibilidade de embargos de declaração para sanar erros materiais, o que já era admitido (DIDIER JR., 2010. p. 182)[1] (art. 1.022, III, do CPC). A doutrina tem se demonstrado pacífica no sentido de tratar-se de recurso, por estar capitulado no rol do art. 994 do CPC/2015, atendendo à regra da taxatividade.

46.2. HIPÓTESES DE CABIMENTO

Os embargos de declaração são cabíveis contra **qualquer decisão judicial**, como se observa do *caput* do art. 1.022, ou seja, seja uma sentença, um acórdão, uma decisão interlocutória (DIDIER JR., 2010. v. 3, p. 183) ou uma decisão monocrática proferida por um tribunal.

Como mencionado, além dos clássicos três defeitos, **omissão, contradição e obscuridade**, foi inserida a possibilidade do **erro material**.

No que se refere à **omissão**, o legislador foi bem cauteloso, esclarecendo, na forma do art. 1.022, II, que pode recair sobre um ponto ou questão sobre o qual devia se pronunciar o juiz de ofício ou a requerimento, completado pelo seu parágrafo único, em que se considera omissa a decisão que deixe de se manifestar sobre tese firmada em julgamento de casos repetitivos ou em incidente de assunção de competência aplicável ao caso sob julgamento, o que melhor corporifica a adoção da teoria dos precedentes ou dos padrões decisórios, bem como haverá omissão quando a decisão incorrer em qualquer das condutas descritas no art. 489, § 1º, artigo que exige uma fundamentação analítica de decisão judicial.

---

[1] "Segundo o art. 463, I, CPC, somente se permite a atuação oficiosa do juiz, após a prolação da sentença, que encerra a sua atividade, para corrigir-lhes inexatidões materiais ou lhe retificar cálculos. Cabem, pois, embargos de declaração por erro material, podendo ser justificados pela omissão".

640 | PROCESSO CIVIL SISTEMATIZADO – *Haroldo Lourenço*

Há polêmica na doutrina no tocante ao cabimento de embargos de declaração contra **despachos**, pois estes, a teor do art. 1.001 do CPC/2015 são irrecorríveis. Parcela da doutrina sustenta não ser possível oposição de embargos de declaração contra eles (CÂMARA, 2008. p. 107),[2] até porque tal recurso é cabível contra qualquer provimento jurisdicional, desde que tenha conteúdo decisório. Para outra doutrina seria possível, alegando que a nota de irrecorribilidade de um ato judicial não afasta o cabimento dos embargos de declaração (DIDIER JR., 2010. p. 185).[3] Arrematando, ainda aduzem os defensores dessa corrente, na qual nos filiamos que, na verdade, os embargos de declaração cabem contra qualquer ato judicial, mesmo quando a lei o qualifique como irrecorrível (BARBOSA MOREIRA, 1994. v. 5, n. 303, p. 498).

O STJ firmou sua jurisprudência definindo ser sempre do **órgão julgador** que proferiu a decisão embargada a competência para julgar os embargos declaratórios, ou seja, quando forem apresentados contra decisão do colegiado, esse terá competência para julgá-los, mas é do relator se os declaratórios forem contra sua decisão monocrática,[4] o que foi previsto no art. 1.024, § 2º, porém, caso entenda não ser caso de embargos de declaração deverá recebê-lo como agravo interno, oportunizando contraditório prévio (art. 1.024, § 3º), sendo caso de aplicação de fungibilidade legal.

De igual modo, afirma o STJ que depois que a Presidência ou a Vice-Presidência realiza o juízo de admissibilidade do recurso especial e/ou extraordinário (art. 1.029 do CPC/2015) **não** se admite mais, sequer, embargos de declaração, somente o agravo do art. 1.042 do CPC/2015.[5]

De igual modo, vêm-se admitindo os aclaratórios para dar ensejo à **correção de equívocos manifestos**, tais como o erro de fato (NERY JR.; NERY, 2007. p. 905)[6] e até decisão *extra* ou *ultra petita*. Tome-se como exemplo a hipótese de cabimento dos embargos de declaração prevista no art. 897-A da CLT, qual seja, é cabível em havendo manifesto equívoco no exame dos pressupostos extrínsecos de admissibilidade do recurso.

Nos termos do art. 1.064 do CPC/2015, que traz nova redação ao art. 48 da Lei 9.099/1995, em sede de **juizados** passam a ser admissíveis embargos para as mesmas hipóteses previstas no CPC. Portanto, todas as considerações acima dispostas são aplicáveis aos juizados.

---

[2] "Anote-se, aliás, certa tendência doutrinária no sentido de admitir embargos de declaração também contra despachos de mero expediente, o que nos parece inadequado, já que tais provimentos não têm conteúdo decisório, bastando, pois, para que se possa sanar a obscuridade, contradição ou omissão neles contida, que se interponha petição simples, a qualquer tempo."

[3] Também nesse sentido, o Ministro Marco Aurélio do STF entende que "os declaratórios visam à integração do pronunciamento judicial embargado. São cabíveis em qualquer processo, em qualquer procedimento, contra decisão monocrática ou de colegiado, e resistem, mesmo à cláusula de irrecorribilidade" (Trecho de despacho do Ministro Marco Aurélio, do STF, nos Embargos no Agravo de Instrumento 260.674/ES, *DJ* 26.06.2001. p. 84.

[4] Informativo 465: STJ, EDcl nos EDcl no REsp 1.194.889/AM, 2ªT., rel. Min. Humberto Martins, j. 1º.03.2011. Precedentes citados: REsp 1.086.142/SC, *DJe* 1º.12.2008; REsp 401.366/SC, *DJ* 24.02.2003; EREsp 332.655/MA, *DJ* 22.08.2005, e EDcl nos EREsp 174.291/DF, *DJ* 25.06.2001.

[5] STJ, AgInt no AREsp 1.125.268/RJ, 2ª T., rel. Min. Og Fernandes, j. 28.11.2017.

[6] "Admitem-se embargos de declaração para corrigir flagrante e visível erro de fato em que incidiu a decisão, evitando-se os percalços com a eventual interposição de RE, REsp ou o ajuizamento da ação rescisória." Nesse sentido: *JTACivSP* 110/256, 108/287, 100/178, 93/385, 86/318, 53/168; *RT* 562/146; *RTJ* 57/145; *Lex – JTA* 105/352; *RJTJRS* 69/136.

Cap. 46 · EMBARGOS DE DECLARAÇÃO | 641

Assim, fica a previsão de embargos de declaração para a hipótese de "dúvida" em sede de juizados, contudo, o legislador perdeu a oportunidade de alterar o mesmo problema, gerando uma harmonia sistêmica, no **art. 30, II, da Lei da Arbitragem** (Lei 9.307/1996).

46.3. OBJETIVO

Os embargos de declaração são espécies de recurso de **fundamentação vinculada**, pois os casos previstos para sua manifestação são específicos, ou seja, estão previamente determinados pela lei, cuidando-se de hipóteses típicas, quais sejam: obscuridade, contradição, omissão e correção de erro material.

Decisão **omissa** é aquela que não se manifesta sobre um pedido, sobre um argumento relevante ou sobre questão cogente, que são apreciáveis de ofício pelo juiz, tenham ou não sido suscitadas pelas partes.

Decisão **obscura** é aquela ininteligível, quer porque mal redigida, quer porque escrita à mão com letra ilegível (DIDIER JR., 2008. v. 3, p. 181).

Decisão **contraditória** é aquela que traz proposições entre si que se contradizem. É o caso, por exemplo, de haver contradição entre a fundamentação e a decisão.

O **erro material** abrange as inexatidões materiais e os erros de cálculo, previstos no art. 494, I, do CPC, reconhecíveis à primeira vista, cuja correção não irá alterar o resultado do julgamento, ou seja, não é um vício de conteúdo do julgamento, mas da forma como foi exteriorizado.

46.4. PROCEDIMENTO

Os embargos de declaração são cabíveis no prazo de cinco dias úteis e são isentos de preparo (art. 1.023 do CPC/2015), visto que não recebem, em geral, nova autuação, por serem dirigidos ao mesmo órgão prolator.

No tocante ao prazo para interposição dos embargos, o art. 1.023, § 1º, determina sua aplicação para a hipótese de litisconsórcio, com advogados diferentes, de escritórios de advocacia distintos, independentemente de requerimento, **não** se aplica o disposto no Enunciado 641 da Súmula do STF, porquanto não se exige sucumbência para que se oponham os embargos (DIDIER JR., 2008. v. 3, p. 202).

De igual modo, mesmo não previsto expressamente, a dobra de prazo deve ser aplicada para a **defensoria e núcleos de prática jurídica (art. 186), para o MP (art. 180) e para a Fazenda Pública (art. 183).**

Sempre se sustentou que ter finalidade precípua dos embargos é somente de esclarecimento da decisão proferida, portanto, em princípio, não há necessidade de prazo para contrarrazões, entretanto, se ao suprir uma omissão, eliminar uma contradição, esclarecer uma obscuridade ou corrigir erro material, o juiz alterar a decisão embargada, estar-se-á atribuindo o chamado **efeito infringente ou modificativo,** sendo aqui imprescindível o **prévio contraditório** (CÂMARA, 2008. p. 109-110; DIDIER JR., 2010. p. 207), como se observa do § 2º do art. 1.023 do CPC/2015.

Por fim, como é possível se observar no art. 937, em seus incisos, não há previsão de sustentação oral no ED.

46.5. EFEITO DEVOLUTIVO

Como cediço, o efeito devolutivo é aquele que devolve ao órgão jurisdicional a matéria objeto do recurso, nos limites da respectiva impugnação. Ocorre, porém, que nos embargos de declaração a devolução (já admitindo sua existência) é peculiar, o que gera acirrada controvérsia doutrinária acerca da produção ou não deste efeito.

Majoritariamente, afirma-se **não** haver efeito devolutivo nos embargos de declaração, porquanto sejam dirigidos ao mesmo juízo que proferiu a decisão recorrida (CÂMARA, 2008. p. 61; BARBOSA MOREIRA, 2010. p. 230-231; DINAMARCO. In: NERY JR.; WAMBIER, 2002. p. 31). Outros consideram que, como o efeito devolutivo decorre da interposição de qualquer recurso, equivalendo a um efeito de transferência da matéria ou de renovação do julgamento para outro ou para o mesmo órgão julgador (DIDIER JR., 2008. v. 3, p. 83), os embargos de declaração têm efeito devolutivo de argumentação vinculada, pois o embargante está adstrito a alegar omissão, obscuridade, contradição ou erro, com o que concordamos.

46.6. EFEITO SUSPENSIVO

Mantendo-se a sistemática recursal do CPC/2015 onde, em regra, os recursos não possuem efeito suspensivo (art. 995), os embargos se adéquam a essa regra, como se observa do art. 1.026 do CPC.

Por outro lado, traz a previsão de se suspender a eficácia da decisão monocrática ou colegiada pelo respectivo juiz ou relator, se demonstrada a probabilidade de provimento do recurso ou, sendo relevante a fundamentação, se houver risco de dano grave ou de difícil reparação (art. 1.026, § 1º), novamente em sintonia com o art. 995, parágrafo único.

46.7. EFEITO INFRINGENTE OU MODIFICATIVO

A afirmação segundo a qual os embargos de declaração não podem implicar a alteração da decisão embargada não é, de todo, correta. A doutrina, bem como a jurisprudência, vem entendendo que, quando os embargos tiverem por objetivo suprir, pelo menos, omissão contida na decisão, não há como negar que o acolhimento desses embargos gera uma nítida mudança nesta decisão, ocasionando o denominado efeito modificativo ou infringente do julgado.

Há debate se qualquer dos vícios alegáveis em embargos podem ensejar efeito infringente ou modificativo: parcela da doutrina se posiciona no sentido de que somente a decisão omissa pode permitir o efeito infringente ou modificativo, não sendo possível na contradição ou na obscuridade (CÂMARA, 2008. p. 108). Nessa linha há, inclusive, o Enunciado 278 do TST.[7] Contudo, **majoritariamente**, tanto a omissão, a contradição e a obscuridade podem gerar efeito infringente ou modificativo.[8] Aliás, conforme já analisado, o art. 897-A CLT atribui efeito modificativo

---

[7]   "A natureza da omissão suprida pelo julgamento de embargos de declaração pode ocasionar efeito modificativo no julgado."

[8]   STJ, EDcl no REsp 982.256/RJ, 3ª T., rel. Min. Nancy Andrighi, j. 23.11.2010.

Cap. 46 · EMBARGOS DE DECLARAÇÃO | 643

da decisão nos casos de omissão e contradição no julgado e manifesto equívoco no exame dos pressupostos extrínsecos do recurso.

Anote-se, por oportuno, que quando os embargos de declaração tiverem efeitos modificativos ou infringentes, como nos termos do art. 494, II, do CPC/2015, a sentença de mérito pode ser alterada, podendo ocorrer, excepcionalmente, a *reformatio in pejus*, o que, em geral, é vedado em nosso ordenamento jurídico.

Tome-se, como exemplo, a seguinte hipótese: "Ajuizada demanda em que se pede a condenação do demandado ao pagamento de certa quantia, o demandado contesta alegando nulidade do contrato que deu origem à relação jurídica deduzida em juízo e prescrição do crédito do demandante. O juiz, na sentença, afasta a alegação de nulidade, reputando válido o contrato, e julga o pedido do autor procedente, restando omisso quanto à alegação de prescrição. Interpostos os embargos de declaração, poderá o juiz verificar que a prescrição realmente ocorrera, dando provimento aos embargos e afirmando a inexistência do direito do demandante" (CÂMARA, 2008. p. 108), agravando a sua situação.

46.8. EFEITO INTERRUPTIVO, EXPANSIVO E DE PREQUESTIONAMENTO

A interposição dos embargos de declaração, na forma do art. 1.026 do CPC/2015, **interrompe** o prazo para o oferecimento de outros recursos por qualquer das partes contra a decisão embargada, denominado de efeito expansivo subjetivo, que voltará a correr por inteiro, após a intimação das partes do resultado do julgamento.

Muito embora o dispositivo legal somente se refira às partes, entendemos que tal efeito deve ser estendido ao **Ministério Público, bem como a terceiros** (SOUZA, 2004. p. 138). Obviamente, estamos nos referindo ao MP como *custos legis*, pois como parte já há previsão na lei.

Nos Juizados Especiais Cíveis, a regra era no sentido da suspensão, quando manejados contra sentença, porém o art. 1.065 do CPC deu nova redação ao art. 50 da Lei 9.099/1995, afirmando que passará a interromper o prazo recursal.

Como afirmado, os embargos possuem efeito interruptivo e expansivo, portanto, não é raro que, proferida determinada decisão, uma parte oponha embargos de declaração, enquanto a parte contrária interpõe outro recurso. Opostos os embargos de declaração, o prazo para o outro recurso estará interrompido.

Julgados os embargos, a parte terá renovado o prazo para recorrer, **não** podendo a parte que não interpôs embargos recorrer novamente, pois já operada a preclusão consumativa. Vale dizer que, opostos embargos de declaração por uma parte, o prazo para a interposição de outro recurso, por qualquer das partes, interrompeu-se. Assim, quem já interpôs seu recurso, não poderá fazê-lo novamente, não obstante a reabertura do prazo a partir do julgamento dos declaratórios. Isso porque já praticou o ato processual, caracterizando a chamada **preclusão consumativa**.

Vale ressalvar, apenas, a hipótese de, nos embargos de declaração, haver **modificação** da decisão sendo, então, possível à parte que já recorreu **aditar** seu recurso relativamente ao trecho da decisão embargada que veio a ser alterado. É o que se extrai do chamado *"princípio"* da complementaridade, que seria uma decorrência do contraditório, como disposto no § 4º do art. 1.024 do CPC/2015. Não havendo,

644 | PROCESSO CIVIL SISTEMATIZADO – *Haroldo Lourenço*

todavia, modificação no julgamento dos embargos de declaração, a parte que já recorreu não pode aditar ou renovar seu recurso. Nessa situação, julgados os embargos de declaração, deveria ser processado o recurso já interposto, não havendo qualquer iniciativa a ser tomada pela parte recorrente, não sendo necessário, sequer, ratificação do recurso, como se observa do art. 1.024, § 5º, c/c o art. 218, § 4º, do CPC, estando superado o Enunciado 418 do STJ (Enunciado 22 do FPPC).

Consequência do efeito interruptivo dos embargos de declaração é que este recurso se revela com mais propensão a estimular o intuito de protelar o feito. Disso decorre que, quando manifestamente **protelatórios**, ou seja, manifestamente inadmissíveis ou improcedentes, deve-se aplicar a regra contida no § 2º do art. 1.026, impondo ao embargante uma multa **não superior a 2% do valor da causa.**

Contudo, de acordo com entendimento pacífico na jurisprudência, se ao julgar os embargos, o vício persistir ou surgirem novos vícios, pode o embargante opor novos embargos[9] e a esses novos embargos somente pode ser imposta a multa ora em comento se reconhecido o caráter protelatório. No entanto, havendo reiteração dos embargos protelatórios, incidirá **multa de até 10%**, ficando a interposição de qualquer outro recurso condicionada ao depósito prévio do respectivo valor, à exceção da Fazenda Pública e do beneficiário de gratuidade da justiça, que a recolherão ao final (§ 3º do art. 1.026 do CPC/2015),[10] ainda que o recorrente seja o vencedor da demanda, pois o réu também tem interesse no deslinde do feito.[11] Na hipótese de se interpor, novamente, sendo os dois embargos de declaração anteriores considerados protelatórios, o terceiro será inadmitido imediatamente (art. 1.026, § 4º, do CPC).

De acordo com o entendimento do STJ, o depósito da multa é requisito de admissibilidade do recurso. Logo, a interposição de novo recurso, sem que tal depósito seja realizado, implica seu não conhecimento, por ausência no pressuposto da regularidade formal.[12]

EMBARGOS DE DECLARAÇÃO MANIFESTAMENTE PROTELATÓRIOS	1ª interposição	Multa de até 2% do valor da causa, revertendo-se para o embargado
	2ª interposição	Multa de até 10% do valor da causa revertendo-se para o embargado
	3ª interposição	Inadmissão imediata

---

[9]   STJ, 2ª T., REsp 1.076.173/ES, rel. Min. Mauro Campbell Marques, j. 21.09.2010.

[10] STJ, 3ª T., EDcl nos EDcl nos EDcl no AgRg no REsp 253.044/MT, rel. Min. Vasco Della, j. 18.11.2010.

[11] STJ, 4ª T., EDcl nos EDcl no REsp 764.735/RS, rel. Min. Maria Isabel Galloti, j. 05.11.2009.

[12] Em sentido contrário, CUNHA, Leonardo José Carneiro da. *A Fazenda Pública em juízo*. São Paulo: Dialética, 2003. p. 106. "Não parece adequado esse entendimento do STJ. Isso porque a referida multa é imposta em razão de um ato de *litigância de má-fé*. Ora, as multas impostas em virtude da litigância de má-fé são contadas como custas e revertem em favor da parte contrária (CPC, art. 35) [correspondente ao art. 96 do CPC/2015]. Por outro lado, a Fazenda Pública somente paga custas ao final, quando vencida (CPC, art. 27) [correspondente ao art. 91 do CPC/2015]. Então, condenada na multa de até 10%, prevista no parágrafo único do art. 538 do CPC [correspondente ao art. 1.026, § 3º, do CPC/2015], por ter reiterado embargos de declaração protelatórios, a Fazenda Pública não precisa depositar o valor respectivo para interpor qualquer outro recurso, devendo a multa ser executada ao final, se ela acaso restar vencida na causa."

Cap. 46 · EMBARGOS DE DECLARAÇÃO | 645

Noutro giro, de acordo com o Enunciado 98 da Súmula da jurisprudência dominante do STJ, se os embargos de declaração têm propósito de prequestionamento, **não** possuem caráter protelatório, estando, portanto, imunes à incidência da multa em comento.

Sobre o tema, insta mencionar o art. 1.025 do CPC/2015, dispondo que se consideram incluídos no acórdão os elementos que o embargante suscitou, para fins de prequestionamento, ainda que os embargos de declaração sejam inadmitidos ou rejeitados, caso o tribunal superior considere existentes erro, omissão, contradição ou obscuridade. Consagrou-se a tese do prequestionamento ficto (Súmula 356 do STF, superando a Súmula 211 do STJ).

Por fim, a jurisprudência[13] sedimentou-se no sentido de que, para ocorrer efeito interruptivo os embargos necessitam ser **tempestivos**, do contrário, não haverá interrupção.

46.9. EFEITO INTEGRATIVO

Como os embargos de declaração são apreciados e julgados pelo mesmo órgão que proferiu a decisão embargada, a natureza da decisão que julga tal recurso segue a sorte da natureza do ato judicial embargado.

Assim, por exemplo, quando se julga embargos de declaração contra uma sentença, eles serão decididos por nova sentença, havendo uma verdadeira fusão entre essas duas decisões. Outro exemplo que se pode vislumbrar é o de oposição de embargos de declaração contra um acórdão: a natureza do julgamento deste recurso será de acórdão. O mesmo se diga em relação ao julgamento de embargos de declaração contra uma decisão interlocutória. Disso decorre o denominado efeito integrativo dos embargos (SOUZA, 2001. p. 298), ou seja, aquele efeito de integrar ou complementar o julgado anterior.

Cabe aduzir que é neste sentido que uma vez opostos embargos contra acórdão, deverão ser julgados por novo acórdão, não se permitindo ao relator que o faça em decisão isolada, devendo submeter seu julgamento ao colegiado que emitiu o acórdão.[14] Não se aplica, pois, nos embargos declaratórios o disposto no art. 932 do CPC/2015, porquanto o dispositivo em questão atribui ao relator o poder de decidir isoladamente o recurso, o que é vedado em sede dos declaratórios.

Entretanto, o STJ admite o cabimento de embargos de declaração contra decisão interlocutória seja ela proferida por juiz de primeira instância, seja ela com conteúdo de

---

[13]   STJ, AgRg no EDcl nos EDcl no Ag 1.334.037/SP, 5ª T., rel. Min. Jorge Mussi, j. 21.06.2011.

[14]   Confira-se, nesse sentido, o seguinte trecho, extraído da ementa de um acórdão do STJ: "A competência para o julgamento dos embargos de declaração é sempre do órgão julgador que proferiu a decisão embargada. Assim, quando apresentados contra acórdão, é do colegiado, e não do relator, a competência para o seu julgamento. E é do relator, monocraticamente, aí sim, quando ofertados contra decisão singular" (Acórdão unânime do STJ, 4ª T., REsp 508.950/SC, rel. Min. Sálvio de Figueiredo Teixeira, cuja ementa está publicada na *Revista Dialética de Direito Processual*, n. 9, p. 209, dez. 2003).

PROCESSO CIVIL SISTEMATIZADO – Haroldo Lourenço

acórdão ou de decisão singular de relator. Em qualquer caso, o entendimento denota, inclusive, que, uma vez opostos os embargos, haverá interrupção do prazo recursal.[15]

Seguindo esse raciocínio, o STJ[16] entendia serem cabíveis embargos infringentes de acórdão não unânime, prolatado em sede de embargos de declaração, uma vez que constituem uma complementação do acórdão de apelação, incorporando-se a esse, mas é necessário que a discordância esteja fundamentada na ocorrência da omissão, contradição ou obscuridade. Raciocínio que deve ser aplicado à técnica de julgamento prevista no art. 942 do CPC, para a qual remetemos o leitor.

46.10. DISPENSABILIDADE DOS EMBARGOS DE DECLARAÇÃO E DECISÃO OMISSA

Questão que merece cautela versa sobre a indispensabilidade dos embargos de declaração diante de uma decisão omissa, ou seja, questiona-se se o Tribunal teria o condão de, por exemplo, no julgamento da apelação, proceder à integração da decisão judicial ou determinar que o juízo *a quo* o faça.

Em primeiro lugar, há que se entender que existem dois tipos de decisão omissa: (i) aquela que não examinou um pedido (questão principal); (ii) a que não examinou algum fundamento/argumento/questão que tem aptidão de influenciar no julgamento do pedido (questão incidente), que efetivamente ocorreu. De acordo com o parágrafo único do art. 1.022 do CPC/2015, considera-se omissa a decisão que: deixe de se manifestar sobre tese firmada em julgamento de casos repetitivos ou em incidente de assunção de competência aplicável ao caso sob julgamento ou incorra em qualquer das condutas descritas no art. 489, § 1º, tratando das decisões não fundamentadas.

Embora em ambas as espécies de omissão seja possível a oposição dos embargos de declaração, a dúvida gira em torno da postura a ser tomada pelo Tribunal ao constatar a omissão na decisão judicial.

Na primeira hipótese, como não se pode afirmar que a decisão está eivada de vício, até porque não há defeito naquilo que não existe, esta decisão precisa ser integrada e não invalidada, pois não há o que invalidar.

Entendia a jurisprudência que o Tribunal deve determinar que o juízo *a quo* complete o julgamento, decidindo o pedido não examinado, independentemente de pedido na apelação,[17] contudo, com a redação do art. 1.013, § 3º, III e IV, do CPC/2015, **não** será mais necessário o retorno dos autos ao primeiro grau, podendo o tribunal já decidir o mérito diante de tais omissões.

---

[15] Acórdão unânime da 1ª Turma do STJ, REsp 478.459/RS, rel. Min. José Delgado, j. 25.02.2003, *DJ* 31.03.2003, p. 175.

[16] STJ, REsp 465.763/BA, rel. Min. José Delgado, j. 27.05.2003, publicado no Informativo 174, 26-30.05.2003.

[17] Com a ressalva de que a sentença, nesses casos, não deve ser invalidada, porque decisão não há, ver esse julgado da 6ª T. do STJ no REsp 243.988/SC, rel. Min. Hélio Quaglia Barbosa, j. 27.10.2004, *DJ* 22.11.2004. p. 393: "1. A eg. Terceira Seção desta Corte, pelas Turmas que a compõem firmou entendimento no sentido de que a decretação de nulidade da sentença *citra petita* pode ser realizada de ofício pelo Tribunal *ad quem*. Nesse caso, o recurso de apelação não está condicionado à prévia oposição de embargos de declaração". No mesmo sentido, fazendo-se a mesma ressalva, STJ, REsp 500.175/MA, 6ª T., rel. Min. Paulo Medina, j. 06.04.2004, *DJ* 03.05.2004. p. 221.

Cap. 46 · EMBARGOS DE DECLARAÇÃO | 647

Além disso, não há sequer, aqui, possibilidade de preclusão ou coisa julgada, pois, se não houve decisão, não haveria que se cogitar na sua imutabilidade. É ocioso salientar o que há de óbvio na asserção: coisa julgada não pode deixar de ser coisa (*res*) que se julgou. Aquilo que não se julgou não se converte, à evidência, em coisa julgada.[18] Nesse sentido, transitando em julgado a decisão com a omissão, será possível **ação autônoma** com fundamento no pedido sobre o qual não houve decisão (Enunciado 7 do FPPC).

No segundo caso (omissão incidindo sobre fundamentação/questão incidente), diferentemente, há uma decisão com um defeito que compromete sua validade, devido à ofensa ao aspecto substancial da garantia do contraditório. Aqui, o Tribunal ao perceber que não houve análise de um dos fundamentos ou de alguma questão que tenha sido suscitada, ou até de uma questão cognoscível *ex officio*, deve ele examinar essas questões, **não** sendo também caso de devolução dos autos ao juízo *a quo*.[19]

Nesta hipótese, a não oposição dos embargos de declaração contra uma decisão omissa gera preclusão apenas para os próprios embargos, até porque além de ser questão endoprocessual, restringe-se ao ato não praticado, a significar que não atinge outros atos processuais, nem repercute na eventual apelação que seja interposta (DIDIER JR., 2010. v. 3, p. 201).

46.11. CONTROLE DE CONSTITUCIONALIDADE E JULGAMENTO DOS EMBARGOS

É possível vislumbrar a interposição dos embargos de declaração para exercício do controle difuso de constitucionalidade (também denominado controle por via de exceção ou controle concreto), devendo-se observar o princípio da reserva de plenário, a teor do art. 97 da CF/1988, se o órgão for colegiado, a significar que a decisão pela inconstitucionalidade deve ser realizada pela maioria absoluta do tribunal ou do seu órgão especial.

Assim, caso o juízo tenha se omitido na apreciação da inconstitucionalidade da lei, esta decisão poderá ser atacada pelos aclaratórios, até porque somente nos casos relacionados à omissão do acórdão ou de uma sentença embargada é que se pode imaginar a decretação de inconstitucionalidade *incidenter tantum* nos embargos de

---

[18] BARBOSA MOREIRA, José Carlos. Item do pedido sobre o qual não houve decisão. Possibilidade de reiteração noutro processo cit., p. 243. E arremata o mesmo autor: "(...) caso falte conclusão sobre algum item, não haverá sentença nessa parte, nem, pois, quanto a ela, *res iudicata*. Se a sentença inexistente não produz coisa julgada – proposição que ninguém questionará -, tampouco a produz, logicamente, qualquer parte ou capítulo inexistente de uma sentença" (BARBOSA MOREIRA, José Carlos. Item do pedido sobre o qual não houve decisão. Possibilidade de reiteração noutro processo cit., p. 247).

[19] Teresa Wambier entende que, em relação aos acórdãos, essa regra não se aplica. Assevera a autora que o tribunal deve examinar todas as questões suscitadas, para que seja possível, futuramente, a interposição do recurso extraordinário/especial contra essa decisão. A autora parte da premissa de que no recurso excepcional, o tribunal superior somente poderá examinar as questões que houverem sido enfrentadas expressamente no acórdão recorrido, em razão da exigência do prequestionamento. Assim, para manter coerência com sua premissa, entende que é imprescindível a interposição dos embargos de declaração, para forçar a manifestação do tribunal sobre a questão suscitada, abrindo caminho à interposição do recurso excepcional (WAMBIER, Teresa Arruda Alvim. *Omissão judicial e embargos de declaração*. São Paulo: RT. 2005).

declaração. Seguindo o princípio ora mencionado, caso o juízo seja o plenário ou órgão especial do tribunal, é possível que o mesmo reconheça incidentalmente a inconstitucionalidade da lei; contudo, se o juízo for uma turma ou câmara, deverá, diante da omissão e da possibilidade do reconhecimento da inconstitucionalidade da lei, remeter os autos ao plenário, que é o órgão competente para processar o incidente de inconstitucionalidade. Ao revés, "se o órgão for monocrático, poderá, corrigindo a omissão, reconhecer a inconstitucionalidade da lei" (DIDIER JR., 2010. v. 3, p. 213).

47
DOS RECURSOS EXCEPCIONAIS

47.1. INTRODUÇÃO

Recursos extraordinários, recursos excepcionais ou recursos de superposição são, na verdade, um gênero do qual são espécies o recurso extraordinário para o STF (art. 102, III, da CR/1988 c/c os arts. 1.029 a 1.041, do CPC/2015), recurso especial para o STJ (art. 105, III, da CF c/c os arts. 1.029 a 1.041 do CPC/2015) e os embargos de divergência (art. 1.043 do CPC/2015).

47.2. REQUISITOS ESPECÍFICOS DE ADMISSIBILIDADE

Além dos requisitos de admissibilidade genéricos inerentes a todos os recursos exigem-se, para a interposição do recurso especial e extraordinário, requisitos específicos. Vejamos cada um separadamente:

47.2.1. Violação direta à norma. Conversibilidade

Como se tratam de recursos extraordinários, a **fundamentação vinculada** é latente, já que as hipóteses estão definidas na Constituição. Exige-se, para o STF, que haja uma alegada violação direta à norma constitucional, **não** se admitindo violação reflexa ou indireta, pois, nesse sentido, será admissível recurso especial, como será analisado adiante.

Observe-se que a análise da lei federal, abstratamente considerada, será enfrentada como um pressuposto processual de admissibilidade, porém, quando da análise da efetiva ofensa, haverá julgamento de mérito.

Nesse sentido, tomemos um primeiro exemplo: interposto um recurso extraordinário, sustentando-se violação ao art. 5º, LV, da CR/1988 (ampla defesa), pois foi indeferida uma prova, haveria uma hipótese de **violação indireta (ou reflexa) à Constituição**, porém uma violação **direta** (ou mediata) à lei federal (por exemplo, dos arts. 370, parágrafo único, 371 e 373 do CPC, os quais regulamentam o convencimento motivado, bem como a liberdade probatória do magistrado). Destarte, o recurso adequado é o especial, pois não é admissível que o STF controle além das violações diretas (ressaltando o caráter extremamente analítico de nossa Constituição), todas as violações indiretas, o que seria inviável.

650 PROCESSO CIVIL SISTEMATIZADO – *Haroldo Lourenço*

Perceba-se que o STF, para analisar a suposta violação à constituição teria que analisar a norma infraconstitucional, o que é vedado.

Tomemos outro exemplo: imaginemos que foi determinado que uma condenação imposta a uma sociedade de economia mista seja realizada por precatório, nessa hipótese haveria violação direta ao art. 100 da CR/1988, **não** sendo necessária a análise de nenhuma norma infraconstitucional, portanto, admissível recurso extraordinário.

Por outro lado, nessa hipótese, interposto o recurso extraordinário, o mesmo **não** será admitido por ter havido violação indireta à Constituição, contudo, quando o STF declarar tal circunstância estará, inevitavelmente, afirmado que houve violação direta à lei, em uma interpretação *a contrario sensu*.

Há, ainda, um terceiro exemplo, no caso da execução das decisões de condenação patrimonial proferidas pelos Tribunais de Contas (art. 71, § 3º, da CR/1988), em que o STF e o STJ entendem que a legitimidade para propositura da ação executiva é somente do ente público beneficiário.[1]

Nesse sentido, o recurso extraordinário **deverá** ser encaminhado ao STJ para ser recebido como um recurso especial, como se observa do art. 1.033. De igual modo, sendo interposto recurso especial e o STJ afirmando que não há violação à lei, mas à Constituição, disponibilizará ao recorrente o prazo de 15 dias para provar a existência de repercussão geral, remetendo o recurso especial para o STF, para ser recebido como extraordinário.

Trata-se de regras que prestigiam o acesso à justiça, bem como o princípio da primazia de mérito, devendo, nessas hipóteses, sempre se dar oportunidade ao recorrido para **complementar** suas razões (Enunciado 565 do FPPC), bem como, na conversão do extraordinário em especial, o relator deve conceder o prazo do *caput* do art. 1.032, para que o recorrente **adapte** seu recurso e se manifeste sobre a questão infraconstitucional (Enunciado 566 do FPPC).[2]

Por outro lado, afirmou o STJ ser faculdade do relator aplicar o art. 1.031, § 2º, do CPC/2015.[3]

Frise-se que **não** se inclui no âmbito do cabimento de recurso especial violação a verbete sumular.[4]

47.2.2. Proibição de reexame de provas e cláusulas contratuais

Por se tratar de recursos excepcionais, somente se permite a arguição de questões de direito, sendo vedado suscitar qualquer questão de fato ou reexame de prova.[5] Tais recursos são denominados, inclusive, de recursos de **estrito direito**.

---

[1] STF, Pleno, ARE 823.347/MA, Rel. Min. Gilmar Mendes, j. 02.10.2014. STJ, REsp 1.464.226/MA, 2ª T., rel. Min. Mauro Campbell Marques, j. 20.11.2014.

[2] Nessa linha: STJ, REsp 1.783.066/RS, 3ª T., rel. Min. Nancy Andrighi, j. 03.12.2019.

[3] STJ, AgInt no REsp 1.830.854/DF, 1ª T., rel. Min. Regina Helena Costa, j. 23.03.2020.

[4] Informativo 465: STJ, REsp 1.230.704/SP, 2ª T., rel. Min. Mauro Campbell Marques, j. 1º.03.2011. Precedentes citados: REsp 1.208.055/RJ, *DJe* 28.10.2010; AgRg no Ag 1.304.587/CE, *DJe* 07.10.2010; REsp 1.151.121/RJ, *DJe* 26.08.2010.

[5] A propósito, os Enunciados 279 e 07 da jurisprudência predominante do STF e do STJ, respectivamente: "Para simples reexame de prova não cabe recurso extraordinário". "A pretensão de simples reexame de prova não enseja recurso especial".

Não obstante, o STF e o STJ, ao se manifestarem sobre o assunto, entenderam que existe a possibilidade de recurso especial por violação às regras do direito probatório, dentre as quais se incluem os dispositivos do CPC e do Código Civil que cuidam da matéria, notadamente quando tratam da valoração e da admissibilidade da prova.[6]

Faz necessário, e extremamente relevante, distinguir o recurso especial interposto para discutir a **apreciação do conteúdo da prova**, o que não se admite, daquele que se interpõe para discutir a **aplicação do direito probatório, do ônus processual, do objeto da convicção, da ilicitude da prova**, que é uma questão de direito e, como tal, passível de controle por esse gênero de recurso (OLIVEIRA, p. 282, com amplas referências jurisprudenciais e legislativas. NEVES, 2011. p. 761).

Cabe, ainda, registrar que a **revaloração jurídica dos fatos incontroversos constantes do acórdão de apelação é possível em sede de recurso especial, não havendo que se falar em incidência da Súmula 7 do STJ.**[7]

Não é admissível a interposição de recurso excepcional que tenha por objetivo o reexame de cláusula contratual, justamente por envolver matéria de fato.[8] Contudo, o STJ já decidiu que quando a interpretação de cláusula contratual determinar o tipo de contrato (se, por exemplo, compra e venda ou arrendamento mercantil) de que trata a causa, **é possível** submetê-lo a controle judicial por meio de recurso especial.[9]

Observe-se que se admite recurso especial ou extraordinário para discutir a aplicação de um conceito jurídico indeterminado e de cláusulas gerais, passando a ser possível aos tribunais fixarem, em última análise, a interpretação concreta, como **preço vil**, na execução; **prova escrita**, na rescisória; **móveis** que guarnecem a residência do devedor, entre outras hipóteses.

De igual modo, o STJ consagrou o entendimento de que é possível, em sede de recurso especial, a revisão do valor concedido a título de danos morais e de honorários advocatícios, sempre que o valor fixado na decisão recorrida mostrar-se irrisório ou exorbitante.[10]

---

[6] "A valoração da prova, no âmbito do recurso especial, pressupõe contrariedade a um princípio ou regra jurídica no campo probatório, sendo cediço ser o livre convencimento motivado um dos postulados do nosso sistema processual" (REsp 17.144/BA, rel. Sálvio de Figueiredo Teixeira). A própria existência da Súmula 149 do STJ é uma clara demonstração nesse sentido: "A prova exclusivamente testemunhal não basta à comprovação da atividade rurícola, para efeito de obtenção de benefício previdenciário". Ver ainda: REsp 1.555/SC, rel. Min. Gueiros Leite, *DJ* 09.04.1990; AGA 16.724-RJ, rel. Min. Torreão Braz, *DJ* 25.10.1993; REsp 7.258/RJ, rel. Min. Athos Carneiro, *DJ* 25.11.1991; REsp 435.014-SP, rel. Min. Fernando Gonçalves, j. 18.11.2002; AgREsp 405.956/SP, rel. Min. Eliana Calmon, j. 21.10.2002.

[7] STJ, AgRg no REsp 1.448.858/SE, 6ª T., Rel. Min. Nefi Cordeiro, *DJe* 04.10.2017.

[8] A propósito, como bem pronuncia o Enunciado 454 da Súmula do STF, há o Enunciado 05 da Súmula do STJ, segundo o qual: "A simples interpretação de cláusula contratual não enseja recurso especial".

[9] Nesse sentido, vale destacar o teor do Enunciado 293 da Súmula do STJ: "A cobrança antecipada do valor residual garantido (VGR) não descaracteriza o contrato de arrendamento mercantil".

[10] STJ, 4ª T., REsp 994.171/AL, rel. Min. Aldir Passarinho Jr., j. 12.02.2008. EREsp 742.949/PR, rel. Min. João Otávio de Noronha, rel. p/ Ac Min. Teori Albino Zavascki, j. 27.11.2008.

652 | PROCESSO CIVIL SISTEMATIZADO – *Haroldo Lourenço*

Por fim, observe-se que tais recursos deverão ser devidamente fundamentados, mencionando os fatos constitutivos do pedido do recorrente, bem como as razões de direito de sua irresignação recursal (Enunciados 284 e 287 do STF).

47.2.3. Prequestionamento

Entende-se como prequestionamento a exigência de que o objeto do recurso especial/extraordinário já tenha sido objeto de decisão prévia por tribunais inferiores.

Como a Constituição exige, para o recurso especial e o extraordinário, **causa decidida**, faz-se necessário que a decisão recorrida tenha ventilado a questão federal ou constitucional que será objeto de apreciação no recurso especial ou extraordinário. Se não houve decisão, há omissão, exigindo-se, portanto, embargos de declaração. Em síntese, somente poderá ser submetida à reapreciação do tribunal a matéria que foi previamente controvertida e decidida pelo órgão recorrido.

Assim, doutrina e jurisprudência afirmam que o prequestionamento é visualizado como um requisito específico de admissibilidade dos recursos excepcionais (CÂMARA, 2008. p. 121). Em outras palavras: não se admite que, no recurso excepcional, se ventile questão inédita, a qual **não** tenha sido suscitada pelo *órgão a quo*. Trata-se, na verdade, de etapa a ser analisada no exame do cabimento dos recursos extraordinários (MEDINA, 2005, p. 219).

De qualquer modo, se a decisão contra a qual se queira opor recurso excepcional for omissa ou não houver sido examinada, não obstante ter sido suscitada pela parte, caberão embargos de declaração, com o fim de prequestionar a questão federal ou constitucional (Enunciados 98 e 211 do STJ e 356 do STF). Desta forma, restará preenchido o prequestionamento com o exame, na decisão recorrida, da questão federal ou constitucional que se quer ver analisada pelo STJ ou STF (NERY JR., p. 856-857).

Partindo-se de tais premissas, as Cortes Superiores consagraram quatro espécies de prequestionamento:

(i) **Prequestionamento implícito**: O STJ admite esta modalidade de prequestionamento quando o tribunal de origem, apesar de ter se pronunciado explicitamente sobre a questão federal controvertida, deixa de mencionar o texto ou número do dispositivo legal afrontado (DIDIER JR., 2010. v. 3, p. 256). Assim, sendo alguma questão julgada, mesmo que não seja mencionada, tal matéria estará "questionada";

(ii) **Prequestionamento expresso ou explícito**: Sempre esteve consagrado no Enunciado 211 da Súmula do STJ,[11] que gerava o entendimento segundo o qual se o órgão *a quo* tiver sido omisso, não tendo se manifestado expressamente sobre a norma supostamente violada mesmo com a interposição dos embargos de declaração, não haveria prequestionamento, obrigando ao recorrente interpor recurso especial por violação ao art. 535 do CPC/1973, norma que regulamentava os embargos de declaração, sob pena de aplicação deste enunciado.[12] Neste caso, o

---

[11] "Inadmissível recurso especial quanto à questão que, a despeito da oposição de embargos declaratórios, não foi apreciada pelo tribunal *a quo*."

[12] STJ, 2ª T., REsp 866.299/SC, rel. Min. Eliana Calmon, j. 23.06.2009.

Cap. 47 · DOS RECURSOS EXCEPCIONAIS | **653**

STJ, reconhecendo a violação ao art. 535 do CPC/1973 remeteria os autos para o Tribunal *a quo*, a quem caberia se manifestar prequestionada a matéria[13], o que foi superado pelo **art. 1.025 do CPC/2015**, adotando a tese do prequestionamento ficto, que já era adotada pelo STF. Por outro lado, a atual jurisprudência do **STJ**[14] exige que, havendo omissão pelo tribunal recorrido mesmo após interposição dos embargos de declaração, deverá ser interposto recurso especial suscitando violação ao art. 1.022 do CPC/2015, sob pena de inadmissão;

(iii) **Prequestionamento ficto**: Consagrado pelo Enunciado 356 da Súmula do STF[15] em uma interpretação *a contrario sensu*. E, por força do art. 1.025 do CPC, passa a ser adotado tanto para recurso especial como para recurso extraordinário, com a observação feita acima, da necessidade de se prequestionar o art. 1.022 do CPC/2015. Admite-se, com a simples apresentação de embargos de declaração, como prequestionada a matéria pelo órgão *a quo*, ainda que sem a manifestação do Tribunal de Justiça ou do Tribunal Regional Federal. Assim, como o nome está a sugerir, trata-se de uma ficção.

(iv) **Presquestionamento tardio**: Não admitido em nenhuma hipótese pela jurisprudência, ocorrendo quando a parte interessada somente suscita a questão supostamente violada após a conclusão do julgamento pelo TJ ou TRF, manejando embargos de declaração. Observe-se que não há, sequer, omissão, pois nada foi feito em um questionamento anterior. Tal exigência pode ser extraída da redação da parte final do art. 1.025 do CPC/2015. Nessa linha, estar-se-ia permitindo um questionamento posterior, não prévio. Assim, por exemplo, desde a interposição da apelação já se deve suscitar a questão que em tese pode ser violada, caso o recurso não seja provido.

Frise-se que a interposição dos embargos de declaração se mostra suficiente, desde que haja omissão a ser sanada, ou seja, deve ter havido pedido para prequestionamento, para que haja omissão. **Não** se admite que se dê nos embargos a primeira veiculação da matéria constitucional.[16] De igual modo, não se podem utilizar dos embargos de declaração, buscando efeito infringente, quando não havia omissão.[17]

Por fim, no CPC anterior, entendia-se que a questão federal somente ventilada no voto vencido não atendia ao requisito do prequestionamento, nos termos do Enunciado 320 do STJ, contudo, nos termos do art. 941, § 3º, do CPC/2015, o voto vencido será necessariamente declarado e considerado parte integrante do acórdão para todos os fins legais, inclusive de prequestionamento, superando a vetusta súmula do STJ[18], gerando nulidade caso o Tribunal recorrido não observe tal exigência[19].

---

13   STJ, REsp 604.785/SP, rel. Min. Humberto Gomes de Barros, j. 20.03.2007.

14   STJ, AgInt no AREsp 1.128.181/RS, 4ª T., rel. Min. Luis Felipe Salomão, j. 24.10.2017.

15   "O ponto omisso da decisão sobre o qual não foram opostos embargos de declaração, não pode ser objeto de recurso extraordinário, por faltar o requisito do prequestionamento."

16   STF, 2ª T., RE-AgR 449.137/RS, rel. Min. Eros Grau, j. 26.02.2008.

17   STF, 2ª T., RE-ED 561.354/SP, rel. Min. Cezar Peluzo, j. 18.12.2007.

18   Enunciado 200 do FPPC: "Fica superado o enunciado 320 da súmula do STJ".

19   STJ, REsp 1.729.143/PR, 3ª T., rel. Min. Nancy Andrighi, por unanimidade, j. 12.02.2019, *DJe* 15.02.2019.

654 | PROCESSO CIVIL SISTEMATIZADO – *Haroldo Lourenço*

47.2.4. Esgotamento recursal

Como a Constituição exige que a causa tenha sido julgada *"em única ou última instância"*, só é cabível a interposição de recursos extraordinários quando esgotados todos os recursos ordinários porventura admissíveis, como se extrai da Súmula 281 do STF.[20]

Assim, por exemplo, havendo uma decisão monocrática que viole lei federal, não será admissível recurso especial, sem antes ter sido interposto agravo interno. Imaginemos que seja negado conhecimento a uma apelação, por considerá-la intempestiva, por ter o relator computado equivocamente o prazo recursal, levando em conta os dias corridos não os úteis, como determina o art. 219 do CPC. Deverá, assim, primeiramente ser manejado agravo interno para, se necessário, posteriormente, se manejar recurso especial.

47.3. POSTURAS DA PRESIDÊNCIA OU VICE-PRESIDÊNCIA DO TRIBUNAL RECORRIDO

Os recursos especial e extraordinário fogem à regra da admissibilidade imediata pelo órgão de julgamento (arts. 1.010, § 3º, e 1.028, § 3º), possuindo um sistema de **admissibilidade desdobrado**, ou seja, realizado algumas vezes, como se observa do art. 1.030, V, do CPC.

Assim, interposto o recurso extraordinário ou o recurso especial perante o Presidente ou Vice-Presidente do Tribunal *a quo* (art. 1.029 do CPC/2015), a parte contrária será intimada para oferecer suas contrarrazões, no prazo de 15 dias, findo o qual os autos serão conclusos, quando então uma daquelas autoridades poderá exercer várias posturas. Vejamos:

DECISÃO POSSÍVEL PELA PRESIDÊNCIA ou VICE-PRESIDÊNCIA	RECURSO CABÍVEL
NEGAR CONHECIMENTO – falta de requisito de admissibilidade art. 1.030, V, do CPC	Agravo pela inadmissão: art. 1.042 c/c o art. 1.030. § 1º, do CPC. NÃO SE ADMITE EMBARGOS DE DECLARAÇÃO.
NEGAR SEGUIMENTO – utilização de recurso repetitivo ou de decisão em repercussão geral art. 1.030, I, "a" e "b" e III, do CPC	Agravo interno: art. 1.021 c/c o art. 1.030, § 2º, do CPC
Encaminhar ao órgão julgador para retratação ou selecionar como representativo da controvérsia	Não cabe recurso

Realizado o **juízo provisório de admissibilidade**, que deverá, segundo o art. 1.030, V, do CPC/2015, se positivo, remeter o feito ao STF ou ao STJ, desde que: (a) o recurso ainda não tenha sido submetido ao regime de repercussão geral ou

---

[20] "É inadmissível o recurso extraordinário, quando couber na Justiça de origem, recurso ordinário da decisão impugnada."

Cap. 47 · DOS RECURSOS EXCEPCIONAIS | 655

de julgamento de recursos repetitivos; (b) o recurso tenha sido selecionado como representativo da controvérsia; ou (c) o tribunal recorrido tenha refutado o juízo de retratação.

No tribunal superior é que será exercido um juízo definitivo de admissibilidade, cabendo aduzir que, por óbvio, o juízo provisório exercido no tribunal local, uma vez admitido o recurso, não vincula o tribunal superior. De igual modo, ao rever o juízo de admissibilidade realizado pela Presidência ou Vice-Presidência, incumbe ao STJ e ao STF **relevar** vícios formais de **recursos tempestivos** que não sejam graves (art. 1.029, § 3º), em prestígio ao **princípio da primazia de mérito** (art. 4º do CPC).

Frise-se que tal expediente **somente** poderá ser realizado para recursos **tempestivamente** manejados, pois, sendo intempestivos, a decisão recorrida já terá transitado em julgado.

Caso não seja admitido pela Presidência ou Vice-Presidência o recurso especial e/ou recurso extraordinário na hipótese do inciso V do art. 1.030, será admissível a interposição de **agravo em recurso especial e extraordinário**, previsto no art. 1.042 do CPC/2015, como determinado pelo § 1º do art. 1.030 (vide capítulo sobre agravos).

Cumpre registrar que a Presidência ou Vice está agindo por delegação do STJ ou do STF, nesse sentido, a delegação se exaure com a realização do juízo de admissibilidade, portanto, depois da admissibilidade, o STJ[21] e o STF[22] se pacificaram no sentido de **não** se admitir embargos de declaração e, se opostos, **não** irão interromper ou suspender o prazo recursal, salvo na extrema hipótese da decisão ser tão genérica que não permita interposição do agravo do art. 1.042 do CPC/2015[23] que seria o recurso adequado.

No caso de decisão proferida com fundamento nos incisos I e III do art. 1.030 caberá **agravo interno**, nos termos do arts. 1.021 c/c 1.030, § 2º, para o Plenário ou Órgão Especial do próprio tribunal.

Assim, nesse caso quando se verifica que a decisão recorrida foi proferida em conformidade com um padrão decisório do STJ ou STF (art. 1.030, I), resta bloqueado o acesso a esses tribunais, não se podendo levar novamente a mesma questão para uma eventual reanálise e aqueles tribunais de superposição só examinarão cada uma das questões que lhe são submetidas uma única vez, impedindo eventual superação ou distinção, ocasionando um engessamento inaceitável do direito, principalmente pela conjugação do arts. 1.030, § 2º com 1.036, § 3º, nos quais há a afirmação de ser cabível **apenas** o agravo interno, não podendo se admitir interpretação literal, o que gera forte embate doutrinário e jurisprudencial.

Uma primeira possibilidade é o cabimento de **embargos de declaração**, visto que toda decisão admite tal recurso, na forma do art. 1.022 do CPC, porém tal solução é insuficiente.

A segunda possibilidade é se avançar na análise do julgamento do agravo interno, pois sendo o mesmo **provido**, o recurso especial ou extraordinário será encaminhan-

---

[21] STJ, EAREsp 903.476, Rel. Min. Maria Thereza de Assis Moura, publicado em 02.08.2018.

[22] STF, 2ª T., ARE 1.112.507/AM, Rel. Min. Ricardo Lewandowski, j. 10.09.2018.

[23] STJ, 4ª T., AgRg no Ag 1.341.818/RS, rel. Min. Maria Isabel Gallotti, j. 20.09.2012 (Informativo 505).

PROCESSO CIVIL SISTEMATIZADO – *Haroldo Lourenço*

do ao STJ ou ao STF, porém, sendo **improvido**, em que reside toda a problemática em análise, estará a decisão recorrida preclusa sobre a questão da inadmissibilidade do recurso excepcional, pois se estará afirmando que a decisão contra a qual se interpôs o agravo interno estava, realmente, em conformidade com padrão decisório anteriormente estabelecido pelo STJ ou pelo STF.

Nesse caso, realmente, parece fechado o acesso ao tribunal de superposição e, portanto, à superação do padrão decisório.Ocorre, contudo, que este julgamento é um acórdão que, proferido em última instância, pode ser impugnado por **novo** recurso especial ou extraordinário; do contrário, se estaria contrariando os arts. 102, III, e 105, III, CR/88. Assim, interposto o recurso especial ou o extraordinário contra decisão conforme padrão decisório, ao fundamento de existir motivo para sua superação, sendo os mesmos inadmitidos (art. 1.030, I), deve-se admitir o agravo interno (arts. 1.030, § 2º, c/c 1.036, § 3º), e, não sendo o mesmo provido, deverá percorrer-se o caminho mais longo para chegar ao tribunal de superposição, interpondo **novo recurso especial ou extraordinário** para que a matéria chegue ao STJ ou ao STF, oxigenando o precedente que gera o padrão decisório.[24]

Na maioria dos casos, as partes interessadas têm apresentado **reclamação constitucional**, com fundamento no art. 988, II e do seu § 4º, eis que teria havido esgotamento das vias ordinárias, por aplicação equivocada da tese jurídica firmada em acórdão proferido em julgamento de recursos extraordinário ou especial repetitivos, após o esgotamento das instâncias ordinárias, como sustentado pelo CJF[25] e pelo FPPC.[26] Ocorre, contudo, que a jurisprudência **não** agasalha tal tese,[27] o que provoca forte problema jurídico.

Outra questão interessante ocorre se a Presidência ou Vice proferir uma decisão objetivamente complexa, ou seja, que contenha fundamento no art. 1.030, incisos I e V, pois, como visto, para a primeira hipótese será cabível agravo interno e, para a segunda, agravo pela inadmissão (art. 1.042). Segundo o CJF, especificamente seu Enunciado 77,[28] deverão ser manejados **ambos os recursos simultaneamente**.

---

[24] Todo o aqui exposto é abordado por CÂMARA, Alexandre Freitas. *Novo CPC reformado permite superação de decisões vinculantes.* Disponível em: <https://www.conjur.com.br/2016-fev-12/alexandre--camara-cpc-permite-superacao-decisoes-vinculantes>. Acesso em: 14 fev. 2016.

[25] Enunciado 138, II, do CJF: "É cabível reclamação contra acórdão que aplicou indevidamente tese jurídica firmada em acórdão proferido em julgamento de recursos extraordinário ou especial repetitivos, após o esgotamento das instâncias ordinárias, por analogia ao quanto previsto no art. 988, § 4º, do CPC."

[26] Enunciado 27 do FNPP: "Cabe reclamação contra a decisão proferida no agravo interno interposto contra a decisão do presidente ou vice-presidente do tribunal recorrido que negar seguimento ao recurso especial ou extraordinário fundado na aplicação de entendimento firmado em repercussão geral ou recurso repetitivo para demonstração de distinção."

[27] STJ, Rcl 36.476/SP, Corte Especial, rel. Min. Nancy Andrighi, j. 05.02.2020.

[28] Enunciado 77: "Para impugnar decisão que obsta trânsito a recurso excepcional e que contenha simultaneamente fundamento relacionado à sistemática dos recursos repetitivos ou da repercussão geral (art. 1.030, I, do CPC) e fundamento relacionado à análise dos pressupostos de admissibilidade recursais (art. 1.030, V, do CPC), a parte sucumbente deve interpor, simultaneamente, agravo interno (art. 1.021 do CPC) caso queira impugnar a parte relativa aos recursos repetitivos ou repercussão geral e agravo em recurso especial/extraordinário (art. 1.042 do CPC) caso queira impugnar a parte relativa aos fundamentos de inadmissão por ausência dos pressupostos recursais."

Cap. 47 · DOS RECURSOS EXCEPCIONAIS | **657**

47.4. EFEITO SUSPENSIVO *OPE IUDICIS*

O legislador, com a proposta de admitir execução provisória das decisões judiciais sujeitas a recurso, consagrou que **em regra** os recursos **não** suspendem a eficácia da decisão (art. 995), ou seja, **não** possuem efeito suspensivo *ope legis*. Por outro lado, é admissível a atribuição de efeito suspensivo por decisão judicial (*ope iudicis*), como se observa do art. 995, parágrafo único.

Nesse sentido, o art. 1.029, § 5º, permite a concessão de efeito suspensivo a recurso extraordinário ou a recurso especial, mediante **requerimento** dirigido (i) ao tribunal superior respectivo, no período compreendido entre a publicação da decisão de admissão do recurso e sua distribuição, ficando o relator designado para seu exame prevento para julgá-lo (redação dada pela Lei 13.256/16); (ii) ao relator, se já distribuído o recurso; (iii) ao Presidente ou ao Vice-Presidente do tribunal recorrido, no período compreendido entre a interposição do recurso e a publicação da decisão de admissão do recurso, assim como no caso de o recurso ter sido sobrestado, nos termos do art. 1.037" (redação dada pela Lei 13.256/2016).

Há, porém, **uma hipótese** em que os recursos especial e extraordinário terão efeito suspensivo, quando manejados contra decisão proferida em sede de incidente de resolução de demandas repetitivas (art. 987, § 1º).

Assim, as Súmulas 634 e 635 do STF, as quais admitiam o manejo de cautelar, perderam a eficácia (Enunciados 221 e 222 do FPPC). Contudo, cremos que a atribuição de efeito suspensivo ainda ostenta natureza cautelar, sendo necessária a presença do *fumus boni iuris* e do *periculum in mora*.

47.5. PREPARO

A partir da Lei 11.636/2007, passou-se a exigir o preparo no recurso especial, ratificando o teor do art. 1.007, *caput*, do CPC, bem como do Enunciado 187 da Súmula do STJ,[29] em que se exige que, no momento da interposição do recurso especial, deve ser comprovado o recolhimento das custas e do porte de remessa e retorno dos autos, sob pena de deserção, contudo, tal enunciado se mostra **superado** pelo § 2º do art. 1.007 (Enunciado 215 do FPPC).

47.6. PROFUNDIDADE DO EFEITO DEVOLUTIVO

Os Enunciados 292[30] e 528[31] da Súmula da jurisprudência do STF consagram o entendimento segundo o qual ao recurso extraordinário e, igualmente, ao recurso especial devem ser aplicadas as regras do **art. 1.013, §§ 1º e 2º, do CPC/2015 referentes à apelação.**

---

[29] "É deserto o recurso interposto para o STJ, quando o recorrente não recolhe, na origem, a importância das despesas de remessa e retorno dos autos."

[30] "Interposto o recurso extraordinário por mais de um dos fundamentos indicados no art. 101, III, CF, a admissão apenas por um deles não prejudica o seu conhecimento por qualquer dos outros."

[31] "Se a decisão contiver partes autônomas, a admissão parcial, pelo Presidente do Tribunal *a quo*, de recurso extraordinário que, sobre qualquer delas se manifestar, não limitará a apreciação de todos pelo Supremo Tribunal Federal, independentemente da interposição de agravo de instrumento."

658 | PROCESSO CIVIL SISTEMATIZADO – *Haroldo Lourenço*

Logo, é possível afirmar que os recursos excepcionais possuem **ampla devolutividade**, eis que os mencionados enunciados reforçam a ideia de que se devolvem ao tribunal *ad quem* as questões que foram suscitadas na instância de origem. De igual modo, admitido o recurso extraordinário, o STF julgará a causa, aplicando o direito à espécie,[32] como se observa do art. 1.034 do CPC, ou seja, tais tribunais deverão ir além da fixação da tese jurídica aplicável, incumbindo julgar o caso concreto, pois **não** são meros tribunais de teses, tampouco de cassação, mas tribunais de revisão.

Cabe lembrar, contudo, que a extensão do efeito devolutivo é delimitada pelo recorrente, o que, por consequência, limita a profundidade de análise do Tribunal. Logo, os fundamentos que "sobem" com o recurso extraordinário são relacionados ao capítulo que não transitou em julgado. Nesse sentido, tais enunciados somente podem ser aplicados na hipótese de um mesmo capítulo da decisão ser objeto de recurso, com mais de um fundamento.

O Enunciado 528 da Súmula do STF, apesar de referir-se a "partes autônomas" da "decisão", afasta a necessidade de interposição de agravo, dando a entender não haver necessidade de se observar o trânsito em julgado dos capítulos autônomos da decisão, em razão de o recurso extraordinário (ou do recurso especial) respectivo ter seu seguimento negado por decisão (interlocutória) do órgão *a quo*, eis que não impugnada.

47.7. QUESTÕES DE "ORDEM PÚBLICA"

Cumpre mencionar ainda neste ponto que, não obstante exija-se prequestionamento da questão de direito nos recursos excepcionais para fins de impugnação (efeito devolutivo), para fins de julgamento (efeito translativo ou profundidade do efeito devolutivo), contudo, uma vez **conhecido** o recurso excepcional, poderá o tribunal, ao julgá-lo, conhecer *ex officio*, ou por provocação, todas as matérias que podem ser alegadas a qualquer tempo, como litispendência, perempção, coisa julgada etc. (art. 485, § 3º, do CPC/2015), assim como todas as questões suscitadas e discutidas no processo, relacionadas ao capítulo decisório objeto do recurso extraordinário, mesmo que não enfrentadas no acórdão recorrido.[33]

Assim, não podem essas questões ser elementos objetivos dos recursos excepcionais sem que tenha ocorrido o prequestionamento, "mas, uma vez examinado o recurso que, por exemplo, tenha outro fundamento, os tribunais superiores poderão aplicar o § 3º, do art. 485 do CPC/2015 e os artigos 193, 210 e 211 do Código Civil, reconhecendo as questões processuais, a prescrição, a decadência, bem como todas

---

32   Súmula 456 do STF.
33   STJ, Ac unânime, 2ª T., STJ, REsp 789.062/MG, rel. Min. Castro Meira, j. 28.11.2006, *DJ* 11.12.2006, p. 343. STJ, 1ª T., REsp 1.080.808/MG, rel. Min. Luiz Fux, j. 12.05.2009, *DJ* 03.06.2009; STJ: REsp 801.154/TO, *DJ* 21.05.08; REsp 911.520/SP, *DJ* 30.04.2008; REsp 869.534/SP, *DJ* 10.12.2007; REsp 660519/CE, *DJ* 07.11.2005. "2. Superado o juízo de admissibilidade, o recurso especial comporta efeito devolutivo amplo, porquanto cumpre ao Tribunal 'julgar a causa, aplicando o direito à espécie (art. 257 do RISTJ; Súmula 456 do STF)'". De igual modo, é o entendimento consagrado no Enunciado 456 do STF. Exigindo prequestionamento: RODRIGUES, Marcelo Abelha. *Manual de direito processual civil*. 4. ed. São Paulo: RT, 2008. p. 566.

Cap. 47 · DOS RECURSOS EXCEPCIONAIS | 659

as demais questões relevantes para o julgamento da causa. Com o juízo positivo de admissibilidade do recurso extraordinário, a jurisdição do Tribunal superior é aberta" (DIDIER JR., 2011. v. 3, p. 280).[34]

E isso se deve, justamente, ao denominado **efeito devolutivo amplo** atribuído aos recursos excepcionais, tendo em vista que, embora seja indiscutível que para a admissibilidade deles seja indispensável o prequestionamento, uma vez admitidos, não há qualquer limitação cognitiva, a não ser no tocante à extensão do efeito devolutivo, que, como visto antes, é delimitada pelo recorrente.[35]

47.8. CABIMENTO CONTRA ACÓRDÃO QUE JULGA AGRAVO DE INSTRUMENTO

Como a CR/1988 afirma que o STJ e o STF têm competência para julgar as *causas* decididas em *única* e *última* instância, assim, a Constituição ao se referir à *causa* estaria a tratar da extinção definitiva, com ou sem resolução de mérito, o que ocorreria em sentença, dando ensejo a apelação, impedindo que se admitam tais recursos oriundos de acórdãos em agravo de instrumento.

Ocorre, contudo, que tal entendimento não pode prosperar, principalmente com o CPC/2015, que admitiu a prolação de interlocutórias de mérito, recorríveis por agravo de instrumento (art. 1.015, II, do CPC/2015), em que tal agravo estará fazendo as vezes de uma apelação.

Por outro lado, a Súmula 86 do STJ[36] admite, genericamente, interposição de recurso especial contra decisão que julga agravo de instrumento. Já o STF[37] tem súmula que inadmite recurso extraordinário contra decisão liminar.

Perceba-se que o que diferencia uma hipótese de outra é a precariedade ou provisoriedade da decisão. Assim, é **admissível** recurso especial e/ou extraordinário contra decisão que julga recurso manejado contra decisão interlocutória, desde que tal decisão **não** tenha conteúdo precário, ou seja, em cognição sumária, eis que tal decisão ensejaria modificação a qualquer tempo.[38]

Registre-se, contudo, que **não** deve ser conhecido o recurso especial tirado de agravo de instrumento quando sobrevém sentença de extinção do processo com ou sem resolução de mérito que não foi objeto de apelação, pois haverá trânsito em julgado e coisa julgada e, se julgado o recurso especial no mérito, tal recurso estaria, indiretamente, desfazendo o trânsito e a coisa julgada.

---

[34] A propósito, eis o teor do Enunciado 456 da Súmula da Jurisprudência do STF: "O STF, conhecendo do recurso extraordinário, julgará a causa aplicando o direito à espécie".

[35] STJ, 1ª Seção, AR 4.373/SP, rel. Min. Humberto Martins, j. 27.04.2011. Precedentes citados: AgRg no REsp 1.065.763/SP, *DJe* 14.04.2009; REsp 1.080.808/MG, *DJe* 03.06.2009; AgRg no Ag 1.195.857/MG, *DJe* 12.04.2010; EREsp 58.265/SP, *DJe* 07.08.2008; AgRg nos EDcl no Ag 961.528/SP, *DJe* 11.11.2008; EREsp 41.614-SP, *DJe* 30.11.2009.

[36] "Cabe recurso especial contra acórdão proferido no julgamento de agravo de instrumento."

[37] Súmula 735 do STF: "Não cabe recurso extraordinário contra acórdão que defere medida liminar."

[38] STJ, AgInt no AREsp 1.529.288/SP, 2ª T., rel. Min. Francisco Falcão, j. 05.12.2019.

660 | PROCESSO CIVIL SISTEMATIZADO – *Haroldo Lourenço*

47.9. PROCEDIMENTO

Os recursos excepcionais devem ser interpostos por petição escrita, no prazo de 15 dias, dirigida ao Presidente ou Vice-Presidente do Tribunal recorrido (art. 1.029).

É possível a interposição de apenas **um ou outro recurso**, mas pode vir a ser exigível **tanto** o recurso especial como o recurso extraordinário, bastando, por exemplo, que um mesmo capítulo do acórdão tenha por fundamento matéria constitucional e matéria legal. Aqui, sendo qualquer desses fundamentos suficientes para sustentar a decisão, devem ser interpostos recurso extraordinário contra a parte constitucional e recurso especial contra a parte infraconstitucional da fundamentação (DIDIER JR., 2010. v. 3, p. 286). A propósito, nesse sentido, vale mencionar o Enunciado 126 da Súmula do STJ[39] e o Enunciado 283 da Súmula do STF,[40] consagrado no art. 1.031 do CPC.

Discutia a doutrina se, nesse caso, a interposição deveria ser conjunta, tendo prevalecido o entendimento que sim, como se observa do art. 1.031 do CPC, como já afirmava a doutrina (RODRIGUES, 2008. p. 569; BUENO, 2008. p. 301).

Nessa hipótese, inicialmente haverá remessa ao STJ, que, concluindo o julgamento do recurso especial, enviará os autos ao Supremo Tribunal Federal, para apreciação do recurso extraordinário, se este não estiver prejudicado (art. 1.031, § 1º, do CPC/2015). Caso o relator do recurso especial considere que o recurso extraordinário é prejudicial àquele, em decisão **irrecorrível** sobrestará o seu julgamento e remeterá os autos ao Supremo Tribunal Federal, para o julgamento do recurso extraordinário; contudo, se o relator do recurso extraordinário, em decisão **irrecorrível**, não o considerar prejudicial, devolverá os autos ao Superior Tribunal de Justiça, para o julgamento do recurso especial (art. 1.031, §§ 2º e 3º, do CPC/2015).

Interposto o recurso (ou ambos), a secretaria do Tribunal *a quo* intimará o recorrido para, em 15 dias (art. 1.003, § 5º, do CPC/2015) oferecer contrarrazões (art. 1.030 do CPC/2015), podendo ele, inclusive, ingressar com recurso adesivo (art. 997, § 2º, II). Encerrada tal etapa, serão os autos conclusos para o Presidente ou Vice-Presidente do Tribunal recorrido para que seja apreciada sua admissibilidade no prazo de 15 dias, na forma do art. 1.030, V, do CPC/2015. Além do juízo de admissibilidade, será possível:

(i) Negar seguimento: (a) a recurso extraordinário que discuta questão constitucional à qual o Supremo Tribunal Federal **não** tenha reconhecido a existência de repercussão geral ou a recurso extraordinário interposto contra acórdão que esteja em **conformidade** com entendimento do STF exarado no regime de repercussão geral; (b) a recurso extraordinário ou a recurso especial interposto contra acórdão que esteja em **conformidade** com entendimento do STF ou do STJ, respectivamente, exarado no regime de julgamento de recursos repetitivos;

---

[39] "É inadmissível recurso especial, quando o acórdão recorrido assenta em fundamentos constitucional e infraconstitucional, qualquer deles suficiente, por si só, para mantê-lo, e a parte vencida não manifesta recurso extraordinário."

[40] "É inadmissível recurso extraordinário quando a decisão recorrida assenta em mais de um fundamento suficiente e o recurso não abrange todos eles."

Cap. 47 · DOS RECURSOS EXCEPCIONAIS | **661**

(ii) Encaminhar o processo ao órgão julgador para realização do **juízo de retratação** (efeito regressivo), se o acórdão recorrido divergir do entendimento do STF ou do STJ exarado, conforme o caso, nos regimes de repercussão geral ou de recursos repetitivos.

Essa decisão da Presidência ou Vice não admite recurso, no máximo embargos de declaração. A partir de então, chegando ao órgão colegiado julgador e, caso não feita tal retratação, o feito retornará à Presidência ou Vice para que seja encaminhado ao STJ ou STF, nos termos do art. 1.030, V, "c", do CPC/2015 e, se não admitido, caberá **agravo em recurso especial ou extraordinário** (arts. 1.030, § 1º c/c 1.042 do CPC);

(iii) Sobrestar o recurso que versar sobre controvérsia de caráter repetitivo ainda não decidida pelo STF ou pelo STJ, conforme se trate de matéria constitucional ou infraconstitucional. Contra tal decisão será admissível **agravo interno** (arts. 1.030, § 2º, c/c 1.021 do CPC);

(iv) Selecionar o recurso como representativo de controvérsia constitucional ou infraconstitucional, nos termos do § 6º do art. 1.036;

(v) Por fim, como mencionado, será possível realizar o juízo de admissibilidade e, se positivo, remeter o feito ao STF ou ao STJ, desde que: (a) o recurso ainda não tenha sido submetido ao regime de repercussão geral ou de julgamento de recursos repetitivos; (b) o recurso tenha sido selecionado como representativo da controvérsia; ou (c) o tribunal recorrido tenha refutado o juízo de retratação. Contra tais decisões será admissível **agravo em recurso especial ou extraordinário** (arts. 1.030, § 1º, c/c 1.042 do CPC).

Na hipótese de recurso extraordinário manejado de decisão da turma recursal ou nos embargos infringentes do art. 34 da LEF, o juízo de admissibilidade será realizado, respectivamente, pelo **Conselho Recursal**[41] **e pelo próprio juízo de primeiro grau**.

Não admitido o recurso especial e/ou o recurso extraordinário, caberá **agravo em recurso especial ou extraordinário** (art. 1.030, § 1º, c/c o art. 1.042 do CPC) contra decisão do Presidente ou do Vice-Presidente do tribunal recorrido que inadmitir recurso extraordinário ou recurso especial, salvo quando fundada no art. 1.030, I e III, quando será admissível **agravo interno** (art. 1.030, § 2º).

Admitido apenas um deles, os autos seguem ao tribunal superior para exame do recurso, cabendo ao recorrente interpor agravo (art. 1.042) em relação à decisão que não admitiu o outro recurso, sendo este agravo encaminhado ao tribunal superior correspondente.

Se ambos os recursos forem inadmitidos, deverão ser interpostos **dois** agravos, um para cada inadmissão (art. 1.042, § 6º, do CPC/2015),[42] devendo os autos irem,

---

[41] A competência para o juízo de admissibilidade do recurso extraordinário interposto contra acórdão de Turma Recursal de Juizados Especiais é do seu Presidente, e não do Presidente do Tribunal. Precedente: AI 526.768-AgR, rel. Min. Sepúlveda Pertence. STF, AI 793.930 AgR/DF, 1ª T., rel. Min. Ayres Britto, j. 03.08.2010. De igual modo, Enunciado 84 do FONAJE: "Compete ao Presidente da Turma Recursal o juízo de admissibilidade do Recurso Extraordinário, salvo disposição em contrário" (nova redação – XXII Encontro – Manaus/AM).

[42] STJ, 1ª T., AgRg no Ag 640.036/RJ, rel. Min. Luiz Fux, j. 06.09.2005.

662 | PROCESSO CIVIL SISTEMATIZADO – *Haroldo Lourenço*

inicialmente, para o STJ e, concluído o julgamento do recurso especial, os autos irão para o STF para o julgamento do recurso extraordinário, a não ser, conforme já visto, que o julgamento do recurso especial esteja prejudicado (art. 1.042, §§ 7° e 8°, do CPC/2015), quando, então, o relator do recurso especial, em decisão irrecorrível, sobrestará o julgamento deste recurso e remeterá os autos para o STF para que o recurso extraordinário seja julgado em primeiro lugar (art. **1.031**, §§ 1° e 3° do CPC/2015).

47.10. JULGAMENTO DOS RECURSOS EXTRAORDINÁRIO E ESPECIAL REPETITIVOS

Os recursos extraordinários repetitivos são tratados nos arts. 1.036 a 1.041 do CPC/2015 e refletem claramente a adoção de mais uma técnica destinada a viabilizar a criação de **precedentes vinculantes**, para serem utilizados como **padrões decisórios** sobre questões de direito já decididas e questões de fato equivalentes, gerando um gerenciamento das causas repetitivas, evitando um assoberbamento do STJ e STF.

O próprio STJ[43] já se posicionou pela possibilidade de aplicação do acórdão proferido em recurso representativo da controvérsia aos demais processos que tratam da mesma matéria, antes mesmo do seu trânsito em julgado.

Assim, havendo multiplicidade de recursos extraordinário e especial, com fundamento na mesma questão de direito, deverá ser aplicada tal técnica, para se permitir um **julgamento por amostragem**.

Tal técnica pode se iniciar pelo (i) Presidente ou Vice-Presidente do tribunal recorrido (art. 1.036, § 1°) ou (ii) no próprio STJ ou STF (art. 1.036, § 5°). Cabe registrar que, não obstante a redação do art. 1.036, § 1°, pode ocorrer de tal técnica se iniciar na Presidência de um Conselho Recursal, na hipótese de um recurso extraordinário (Súmula 640 do STF).

Assim, interpostos diversos recursos versando sobre a mesma questão de direito, a Presidência ou Vice-Presidência selecionará **dois ou mais recursos** dentre aqueles que melhor representem as discussões sobre a questão ou que se apresentem como **representativos da controvérsia**, para encaminhá-los ao STJ ou ao STF com o fim de serem afetados, determinando a suspensão do trâmite de todos os processos pendentes, individuais ou coletivos, que tramitem no Estado (TJ) ou na região (TRF ou TRT), conforme o caso, na forma do art. 1.036, § 1°, do CPC/2015.

Tal escolha feita pelo órgão recorrido **não** vincula o STJ ou STF, podendo o relator de tais tribunais selecionar outros recursos que melhor representem a questão controvertida (art. 1.036 § 4°). De igual modo, feita a escolha pelo tribunal recorrido, será possível que o interessado requeira à autoridade que determinou tal suspensão a **exclusão de recursos intempestivos**, devendo ser ouvido o recorrente no prazo de cinco dias (art. 1.036, § 2°), cabendo de tal decisão somente **agravo interno** (art. 1.036, § 3°, com a redação da Lei 13.256/2016).

Como mencionado, caso não seja realizada a seleção no órgão jurisdicional recorrido, será possível que tal **seleção ocorra diretamente pelo STJ ou pelo STF**

---

43   STJ, 4ª T., AgInt no REsp 1.536.711/MT, Rel. Min. Maria Isabel Gallotti, j. 08.08.2017.

Cap. 47 · DOS RECURSOS EXCEPCIONAIS | **663**

diante do elevado número de recursos recebidos, cabendo ao relator desses tribunais selecionar dois ou mais recursos representativos da controvérsia para julgamento da questão de direito (art. 1.036, § 5º).

Os parâmetros da seleção estão no art. 1.036, § 6º, devendo ser preenchidos **dois requisitos cumulativamente**: (i) o recurso deve ser admissível, eis que é essencial que o STJ ou o STF tenha condições de adentrar ao mérito, sob pena de frustrar a técnica ora estudada; (ii) que os recursos tenham abrangente argumentação e discussão a respeito da questão a ser enfrentada, justamente para permitirem o exame aprofundado de todos os argumentos invocados no exame daquelas questões de direito.

Assim, seja a questão selecionada pelo órgão jurisdicional de origem ou pelo próprio STJ ou STF, incumbirá ao **relator** proferir decisão no sentido de afetar ou não a matéria (art. 1.037). Negada a afetação, tal decisão será comunicada ao Presidente ou Vice-Presidente que tenha enviado os recursos, para fins de **rever** sua decisão de sobrestamento dos processos na sua área de atuação (art. 1.037, § 1º).

No que se refere à decisão de afetação, além de o relator afirmar a utilização da técnica de julgamentos repetitivos, deverá **identificar a questão a ser submetida a julgamento por amostragem com precisão**, para se evitar imbróglios, até porque com a questão central e repetitiva naturalmente há outras matérias (art. 1.037, I), bem como determinará a **suspensão** do processamento de todos os processos pendentes, individuais e coletivos, em âmbito nacional (art. 1.037, II), permitindo um gerenciamento de tais demandas, justamente para as quais será formada uma **decisão paradigma**, com **eficácia vinculante em casos equivalentes**, denominado de *to treat like cases alike* (tradução livre, para tratar casos iguais).

Do sobrestamento serão intimadas as partes (art. 1.037, § 8º), podendo o interessado requerer a declaração de que **não** era para ser suspenso, estabelecendo uma **distinção** (*distinguish*) entre os casos afetados para julgamento repetitivo e o seu caso concreto. Daí a necessidade de o relator identificar, precisamente, o que será julgado sob a técnica repetitiva (art. 1.037, I), pois, nessa hipótese, se estará provando que o julgamento por amostragem não se aplicará ao caso concreto indevidamente suspenso, devendo o feito voltar a tramitar normalmente (art. 1.037, § 9º).

Como se observa do art. 1.037, § 9º, o requerimento de distinção poderá ser formulado ao juízo de primeiro grau, ao relator no tribunal se ali o processo estiver suspenso ou no próprio STJ ou STF. Contra tal decisão será admissível **agravo de instrumento ou interno**, a depender da hipótese (art. 1.037, § 13).

Interessante se analisar a possibilidade de a parte não recorrer de decisão que não realizar a distinção. Cremos ser possível tal distinção posteriormente, por **simples petição**, bem como é possível suscitar tal matéria em **apelação**.

Pode ocorrer mais de uma decisão de afetação, sendo **prevento** o relator que primeiro tiver proferido a decisão a que se refere o inciso I do art. 1.037, nos termos do art. 1.037, § 3º.

Proferida a decisão de afetação, o julgamento deverá ocorrer no **prazo de um ano,** tendo preferência sobre os demais feitos, ressalvados os casos de réu preso e os *habeas corpus* (art. 1.037, § 4º, do CPC), contudo, superado tal interregno, não há mais, na lei, consequência para a hipótese de tal prazo não ser observado, já que o art. 1.037, § 5º, foi revogado. Todavia, entendemos que, pelo microssistema de

664 | PROCESSO CIVIL SISTEMATIZADO – *Haroldo Lourenço*

julgamento das causas repetitivas (art. 928) e pelo dever de integridade (art. 926), deve ser aplicado o art. 980, parágrafo único, do CPC, mesmo tendo ciência que dificilmente tal entendimento será acolhido pela jurisprudência.

Independentemente do nosso entendimento no plano legislativo, cabe diferenciar situações semelhantes:

REPERCUSSÃO GERAL	REPETITIVOS	IRDR
Reconhecida (art. 1.035, § 5º) tem 1 ano para julgar, com preferência (art. 1.035, § 9º).	Afetado (art. 1.037) tem 1 ano para julgar, com preferência (art. 1.037, § 4º).	Admitido (art. 982, I) tem 1 ano para julgar, com preferência (art. 980).
Não tem consequência se esse prazo não for observado, pela revogação do art. 1.035, § 10.	Não tem consequência se esse prazo não for observado, pela revogação do art. 1.037, § 5º.	Inobservado esse prazo cessa a suspensão, salvo decisão do relator fundamentada (art. 980, parágrafo único).

Antes de se proferir a decisão, poderão ser ouvidos pessoas, órgãos ou entidades com interesse na controvérsia, atuando, nessa hipótese, como *amici curiae* (art. 1.038, I), bem como é possível a realização de audiências públicas (art. 1.038, II), além de requisitar informações dos tribunais locais, deverão os autos ser encaminhados ao Ministério Público, que deles terá vista pelo prazo de 15 dias (art. 1.038, III, e § 1º do CPC/2015), com o propósito de melhor instruir o julgamento e democratizar o debate (Enunciado 2 do FPPC), permitindo uma melhor cognição.

Em seguida, os recursos especiais representativos da controvérsia serão julgados, tendo precedência sobre os demais feitos, ressalvados os casos que envolvam réu preso e *habeas corpus* (art. 1.038, § 2º, do CPC/2015).

A lei não dispõe como será a sessão de julgamento dos recursos repetitivos, levando à aplicação das regras do incidente de resolução de demandas repetitivas, na forma do art. 984 do CPC, eis que formam um **microssistema de casos repetitivos** (Enunciado 345 do FPPC).

No julgamento dos recursos repetitivos deverão ser analisados todos os argumentos da tese discutida, sejam eles **favoráveis ou não**, inclusive os suscitados pelos interessados (Enunciado 305 do FPPC), para uma correta delimitação da *ratio decidendi*.

Realizado o julgamento, deverá ser verificado se a decisão recorrida está ou não em conformidade com o precedente firmado. Estando no mesmo sentido, o recurso será declarado **prejudicado**, do contrário, será **provido**, para a aplicação da tese firmada (art. 1.039).

Se os processos repetitivos ainda **não** tiverem chegado ao STJ ou ao STF, publicado o acórdão paradigma, o Presidente ou Vice-Presidente do tribunal recorrido negará seguimento a todos os recursos especiais e extraordinários que lá se encontravam sobrestados, quando a decisão recorrida coincidir com a orientação fixada no paradigma (art. 1.040, I), evitando-se a subida ao STJ ou ao STF. **Não** coincidindo a decisão recorrida com o paradigma, os recursos especiais e extraordinários sobrestados no tribunal de origem serão restituídos ao órgão prolator daquela decisão, para o **reexame** do recurso, processo da competência originária ou remessa necessária (art. 1.040, II), cabendo ao tribunal reconsiderar a decisão anterior, adequando o julgamento da causa à tese fixada no precedente vinculante.

Cap. 47 · DOS RECURSOS EXCEPCIONAIS | **665**

Caso o recurso especial ou extraordinário verse sobre outras matérias, além das que tenham sido enfrentadas no acórdão proferido em juízo de retratação (art. 1.040, II), caberá ao Presidente ou ao Vice-Presidente do tribunal recorrido, **depois do reexame pelo órgão de origem e independentemente de ratificação do recurso, sendo positivo o juízo de admissibilidade**, determinar a remessa do recurso ao tribunal superior para julgamento das demais questões (art. 1.041 § 2º, com redação da Lei 13.256/2016).

Quanto aos processos que tenham sido suspensos em primeiro ou segundo grau de jurisdição, retornarão o seu curso normal, a fim de que no julgamento seja aplicada a tese fixada no precedente vinculante (art. 1.040, III). Caso o precedente seja contrário ao interesse de demandante em primeiro grau, fica esse autorizado a desistir da sua demanda, mesmo que já apresentada a contestação, o que ocasionará a extinção **sem** resolução de mérito, independentemente da concordância da parte contrária (art. 1.040, parágrafos).

O precedente vinculante será aplicado aos processos futuros, na forma do art. 332, II, cuja observância é obrigatória, sendo eventuais pedidos julgados **liminarmente improcedentes**.

É firme, no âmbito do STJ, o entendimento de que é irrecorrível a decisão que determina a devolução dos autos ao Tribunal de origem, a fim de aguardar-se o julgamento de matéria submetida ao rito dos recursos repetitivos para posterior aplicação da sistemática prevista pelo art. 1.040 do CPC/2015.[44]

De igual modo, versando sobre **prestação de serviço público**, o resultado do julgamento será comunicado ao órgão, ente ou agência reguladora competente para fiscalizar a efetiva aplicação, por parte dos entes sujeitos à regulação, da tese adotada (art. 1.040, IV), o que se mostra extremamente salutar, sendo possível um ato normativo de natureza administrativa, por exemplo, por parte de eventual agência reguladora, no qual poderão ser impostas, por parte desta, multas e sanções, o que, a longo prazo, pode diminuir o número de processos no Judiciário.

Por fim, como cediço, o recorrente poderá desistir livremente do seu recurso, sendo um ato processual unilateral, contudo, a desistência do recurso **não** impede a análise de questão cuja repercussão geral já tenha sido reconhecida e daquela objeto de julgamento de recursos extraordinários ou especiais repetitivos, na forma do art. 997, parágrafo único, do CPC.

---

[44] STJ, 4ª T., AgInt no REsp 1.661.811/SP, Rel. Min. Luis Felipe Salomão, j. 26.06.2018.

48

RECURSO ESPECIAL

48.1. FUNÇÕES DO STJ

O STJ possui duas funções: (i) interpretar a legislação infraconstitucional, corrigindo ilegalidades cometidas no julgamento de causas decididas em última ou única instância pelos Tribunais Regionais Federais e pelos Tribunais de Justiça; (ii) uniformizar jurisprudência nacional em decisões paradigmáticas, o que está relacionado ao princípio da segurança jurídica.

48.2. HIPÓTESES DE CABIMENTO DE RECURSO ESPECIAL (ART. 105, III, DA CF)

Inicialmente cumpre registrar que, para ser cabível recurso especial, a decisão recorrida deve ter sido prolatada por **Tribunais Regionais Federais ou Tribunais dos Estados, do Distrito Federal e Territórios**, como se extrai do art. 105, III, da CR/1988.

Nesse sentido, por exemplo, **não** se admite recurso especial contra decisão proferida pela Turma Recursal dos Juizados Especiais Cíveis,[1] diferentemente do que ocorre em recurso extraordinário, eis que **não** há tal restrição no art. 102, III, da CR/1988, sendo admissível recurso extraordinário contra decisões proferidas por quaisquer órgãos jurisdicionais, ou seja, de **tribunais superiores**, como o próprio STJ, de **turmas recursais** e até mesmo de **primeira instância**, quando atuarem como instância ordinária única, como se extrai da Súmula 640 do STF.

O mesmo fenômeno não se verifica no âmbito dos Juizados Especiais Federais e de Fazenda Pública, diante da existência de um mecanismo de uniformização de jurisprudência previsto nos arts. 14 da Lei 10.259/2001 e 18 da Lei 12.153/2009, que preveem situações em que se permite remeter a matéria ao STJ, denominado **incidente de uniformização de jurisprudência**.[2]

---

[1] A propósito, o enunciado da Súmula 203 do STJ prescreve que "não cabe recurso especial contra decisão proferida por órgão de segundo grau dos juizados especiais".

[2] Veja-se, inclusive, Súmula 86 da TNU (Turma de Uniformização de Jurisprudência): "Não cabe incidente de uniformização que tenha como objeto principal questão controvertida de natureza

PROCESSO CIVIL SISTEMATIZADO – Haroldo Lourenço

Nesse sentido, inclusive, tem se admitido a utilização da reclamação contra o acórdão prolatado pelas turmas recursais dos Juizados Especiais Cíveis, como previsto na **Resolução STJ/GP 3, de 7 de abril de 2016,** para os TJs. Nesse ponto, reportamos o leitor para o estudo realizado nesta obra sobre a reclamação.

Como se vê, o art. 105, III, refere-se expressamente à exigência de que seja de tribunal a decisão impugnada, bem como que seja de **última ou única instância,** o que nos leva a crer que somente cabe recurso especial contra acórdão, não sendo suficiente a decisão isolada de relator.

Nesse sentido, entende o STJ que havendo decisão do relator, **não** se admite recurso especial, ainda que os embargos de declaração opostos em face dessa decisão monocrática sejam julgados pelo colegiado, **salvo** se os embargos forem recebidos ou julgados como agravo interno. O julgamento colegiado dos embargos de declaração opostos contra decisão monocrática não acarreta o exaurimento da instância, a menos que os embargos tenham sido recebidos como agravo interno, ou como tal tenham sido julgados, mesmo que mantenham, formalmente, a nomenclatura originária.

Diferentemente do agravo interno – cujo escopo é propiciar ao órgão colegiado o debate sobre o suposto desacerto de decisão monocrática –, os aclaratórios têm natureza meramente integrativa e pressupõem a presença de um dos vícios a que alude o art. 1.022, I a III, do CPC/2015. Em outras palavras, a questão controvertida decidida monocraticamente somente chega ao crivo do órgão colegiado por meio de agravo interno, mas não de embargos declaratórios, salvo as exceções já mencionadas, como se observa do art. 1.024, §§ 2º e 3º, do CPC. O julgamento colegiado de aclaratórios opostos contra decisão monocrática configura erro de procedimento, fato que gera nulidade apenas relativa do processo, devendo a parte que se sentir prejudicada demonstrar, efetivamente, o prejuízo. A nulidade não é absoluta, porque, via de regra, há solução processual adequada no próprio ordenamento jurídico.

Nos termos do art. 1.026 do CPC/2015, os embargos de declaração **interrompem** o prazo para a interposição de recurso, assim, publicado o acórdão que julga os embargos, reinicia-se o prazo para impugnar a decisão monocrática embargada, que continua sujeita a agravo interno. Quando o órgão colegiado aprecia embargos de declaração opostos contra decisão monocrática, em verdade, não examina a controvérsia, mas apenas afere se há um dos vícios indicados no art. 1.022, I a III, do CPC/2015. Por conseguinte, o fato de existir decisão colegiada não impede nem inibe a subsequente interposição de agravo interno, este sim apto a levar ao órgão coletivo o exame da questão controvertida.

Há, também, outra solução processual no ordenamento jurídico. Julgados colegiadamente os embargos de declaração opostos contra decisão monocrática de relator, deve a parte interessada opor novos aclaratórios sob a alegação de erro no procedimento, viabilizando, assim, a interposição do recurso especial para que seja analisada, exclusivamente, a nulidade do julgado por ofensa ao art. 932, IV e V, do CPC/2015.[3]

---

constitucional que ainda não tenha sido definida pelo Supremo Tribunal Federal em sua jurisprudência dominante."

[3] STJ, CE, AgRg no REsp 1.231.070/ES, rel. Min. Castro Meira, j. 03.10.2012 (Informativo 505).

48.2.1. Decisão que contrariar tratado ou lei federal ou negar-lhe vigência

Sem dúvida, trata-se da hipótese mais utilizada na praxe forense. O termo **contrariar** abrange o **negar vigência**, sendo tratado, inclusive, pela maioria dos autores como expressões sinônimas, pois sua distinção pertence aos sistemas constitucionais anteriores (BUENO, 2008. p. 271). Enfim, deve-se interpretar a exigência como **toda e qualquer forma de ofensa ao texto legal**, seja por deixar de aplicá-lo na hipótese em que deveria; seja por aplicá-lo de forma equivocada, ou por interpretá-lo de modo inadequado e diferente da interpretação correta, determinada pelo órgão responsável pelo controle e uniformização do direito federal (PINTO, 2001. p. 179-180).

Cremos, contudo, que há uma sutil diferença entre contrariar e negar vigência, pois naquela hipótese o magistrado decidiria de modo diverso ao determinado pela legislação, por exemplo, ao não conceder prazo para emendar a inicial, antes de indeferi-la, já negar vigência seria deixar de aplicar legislação, por considerá-la revogada, mesmo já estando vigente.

Por **lei federal** devem-se entender as leis de abrangência em todo o território nacional, incluídas as leis nacionais e federais, seja lei complementar, ordinária, delegada, decreto-lei, decreto autônomo e, até mesmo, Medida Provisória, que tecnicamente não é lei. **Excluem-se** da previsão em análise as portarias, as resoluções, os regimentos internos e as súmulas.[4]

De igual modo, tendo havido declaração de não recepção ou de inconstitucionalidade, a produção dos seus efeitos é, em regra, *ex tunc*, ou seja, a lei é inválida desde a sua promulgação. Nesse sentido, tendo o STJ, na via do recurso especial, a função de garantir a boa aplicação da lei federal e unificar-lhe a interpretação em todo o Brasil, **não** pode promover o controle de uma lei federal não recepcionada, como, por exemplo, ocorreu com a Lei de Imprensa, a qual o STF entendeu não ter sido recepcionada no julgamento da ADPF 130.[5]

Noutro giro, **não** é possível conhecer de incidente de inconstitucionalidade (art. 948 do CPC/2015) suscitado em recurso especial cujo fundamento seja o reconhecimento da inconstitucionalidade de dispositivo legal, muito embora questões constitucionais possam ser invocadas, não cabe ao recorrente invocar tais questões em recurso especial como fundamento para reforma do julgado, sendo o recurso próprio para essa finalidade o extraordinário para o STF.[6]

De igual modo, entende o STJ que é necessária a **indicação do dispositivo de lei federal** se entende por violado ou que recebeu interpretação divergente para o conhecimento do recurso especial, sob pena de incidência da Súmula 284 do STF.[7]

---

[4] STJ, 3ª T., REsp 1.155.200/DF, rel. originário Min. Massami Uyeda, rel. para acórdão Min. Nancy Andrighi, j. 22.02.2011. Precedente citado: REsp 1.117.137/ES, *DJe* 30.06.2010; REsp 1.155.200/DF, rel. originário Min. Massami Uyeda, rel. para acórdão Min. Nancy Andrighi, j. 22.02.2011.

[5] STJ, 4ª T., REsp 942.587/ES, rel. Min. Luis Felipe Salomão, em 02.08.2011.

[6] STJ, CE, AI no REsp 1.135.354/PB, rel. originário Min. Luis Felipe Salomão, rel. para acórdão Min. Teori Albino Zavascki, j. 03.10.2012.

[7] STJ, 2ª T., AgRg no AgREsp 135.969/SP, rel. Min. Castro Meira, j. 09.10.2012. Precedentes citados: AgRg no AREsp 158.478/SP, *DJe* 05.09.2012; AgRg no AREsp 177.548/SP, *DJe* 21.08.2012; AgRg no Ag 1.295.872/SP, *DJe* 28.06.2012; e REsp 1.300.257/SC, *DJe* 17.04.2012.

670 | PROCESSO CIVIL SISTEMATIZADO – *Haroldo Lourenço*

Por fim, no que se refere aos tratados e convenções internacionais, cumpre registrar que, de acordo com a redação dada ao art. 5º, § 3º, da CR/1988 pela EC 45/2004, se eles versarem sobre direitos humanos, desde que aprovados pelo Congresso Nacional, em dois turnos, por três quintos dos votos dos respectivos membros, serão equivalentes às emendas constitucionais, sendo admissível, portanto, **recurso extraordinário**.

48.2.2. Julgar válido ato de governo local contestado em face de lei federal

Entende-se que o ato terá natureza normativa ou administrativa, praticado pelo Executivo, pelo Legislativo (no âmbito estadual ou municipal) e pelo Judiciário no âmbito estadual (NEVES, 2011. p. 738).

Nesse sentido, busca o STJ guarnecer a higidez do ordenamento jurídico federal. Se tal ato de governo local não ofendesse uma lei federal, para efeito de STJ, seria irrelevante.

48.2.3. Der a lei federal interpretação divergente da que lhe haja atribuído outro tribunal

Tal inciso demonstra a importância do STJ na coesão interpretativa da lei federal em todos os tribunais de segundo grau da justiça estadual e federal.

Existindo divergência entre órgãos de tribunais diversos, caberá recurso especial; ressalta-se que se a divergência se der entre órgãos do mesmo tribunal, **não** é cabível o recurso especial[8]. Havendo divergência interna no mesmo tribunal, caberá a instauração de incidente de assunção de competência (art. 947, § 4º, do CPC/2015).

Deve-se comprovar a divergência demonstrando que o acórdão recorrido está dissentindo do acórdão paradigma; justamente, esse acórdão paradigma deve ter sido prolatado por um tribunal diferente do tribunal recorrido.

Nessa hipótese, deverá ser realizado o **cotejo ou confronto analítico** entre o julgado recorrido e o julgado paradigma, não sendo suficiente a mera reprodução de acórdãos ou de ementas, a significar que deve o recorrente transcrever os trechos que configurem o dissídio, mencionando as circunstâncias que identifiquem ou assemelhem os casos confrontados (DIDIER JR., 2010. v. 3, p. 308). Em suma, cabe ao recorrente demonstrar que os acórdãos (tanto o recorrido como o paradigma), embora tratem de casos bastante semelhantes, por outro lado, adotam teses jurídicas opostas. Na hipótese de divergência notória, o confronto analítico pode ser atenuado, aceitando-se a mera referência.

Para demonstrar o paradigma, deverá ser observado o art. 1.029, § 1º, do CPC/2015, servindo uma certidão do tribunal, cópia autenticada, citação de repositório oficial

---

[8] A propósito, eis o teor da Súmula 13 do STJ: "A divergência entre julgados do mesmo Tribunal não enseja recurso especial", da Súmula 369 do STF: "Julgados do mesmo tribunal não servem para fundamentar o recurso extraordinário por divergência jurisprudencial", e da Súmula 432 do STF: "Não cabe recurso extraordinário com fundamento no art. 101, III, *d*, da Constituição Federal, quando a divergência alegada for entre decisões da Justiça do Trabalho".

Cap. 48 · RECURSO ESPECIAL | 671

ou credenciado de jurisprudência, inclusive em mídia eletrônica ou reprodução do julgado disponível na *internet*, com indicação da fonte (Enunciado 291 do STF).

Da mesma forma que o recorrente tem o **ônus** de realizar o cotejo analítico, o tribunal, cumprindo seu dever de boa-fé objetiva e de cooperação (arts. 5º e 6º do CPC), tem o **dever** de verificar se o confronto analítico foi feito, não sendo possível que o recurso seja julgado inadmissível com afirmações genéricas de que as circunstâncias fáticas são diferentes, como se extrai do art. 489, § 1º, III, apesar da revogação do art. 1.029, § 2º, do CPC pela Lei 13.256/2016.

Por fim, a divergência deve ser **atual**, ou seja, deve o paradigma ainda refletir o entendimento atual do tribunal, não podendo já ter sido superada, como se extrai dos Enunciados 286 do STF e 83 do STJ[9].

48.3. DECISÃO EM REMESSA NECESSÁRIA

Como cediço, reexame necessário não é recurso, portanto, não tendo sido interposta apelação da sentença condenatória pela Fazenda Pública, admite-se recurso especial do acórdão que decidir a remessa necessária.[10] Não há qualquer tipo de preclusão na ausência de apelação, não havendo óbice à interposição de recurso especial contra o acórdão que julga o reexame necessário. É possível, ainda, que o erro de procedimento ou de julgamento surja no acórdão que apreciou o reexame necessário, não havendo, portanto, óbice à interposição do recurso especial.

A falta de interposição do recurso é um ato-fato, ou seja, independe da vontade. A parte pode deixar de recorrer por diversos motivos, sendo irrelevante investigá-los. Não há nenhum ato incompatível com a possibilidade futura de interpor recurso especial. Nem se pode saber qual foi a vontade da Fazenda Pública. Não há nenhuma conduta contraditória ou desleal da Fazenda Pública em não recorrer. Como existe o reexame necessário, é legítimo que deixe de haver recurso, pois o caso já será revisto pelo tribunal. Ao deixar de recorrer, a Fazenda está valendo-se de uma regra (antiga, diga-se de passagem) que lhe garante o reexame da sentença pelo tribunal. Não houve ato em sentido contrário, nem há qualquer contradição (DIDIER JR., 2010).

O STF admite interposição de recurso extraordinário contra acórdão que julga recurso especial[11], se a questão constitucional objeto do recurso especial for diversa da que tiver sido resolvida pela instância ordinária; do contrário, se a questão constitucional de que se ocupou o STJ já fora resolvida pelo tribunal ordinário, não será admissível recurso extraordinário.

---

9   Respectivamente: "Não se conhece do recurso extraordinário fundado em divergência jurisprudencial, quando a orientação do plenário do Supremo Tribunal Federal já se firmou no mesmo sentido da decisão recorrida" e "Não se conhece do recurso especial pela divergência, quando a orientação do Tribunal se firmou no mesmo sentido da decisão recorrida".

10   Acórdão da Corte Especial do STJ, REsp 905.771/CE, rel. Min. Teori Albino Zavascki, j. 29.06.2010, *DJe* 19.08.2010.

11   STF, Pleno, AI 145.589-RJ-AgRg, rel. Min. Sepúlveda Pertence, *DJ* 24.06.1994, p. 16.652.

49

RECURSO EXTRAORDINÁRIO

49.1. INTRODUÇÃO

Ao STF compete a guarda da Constituição, preservando, interpretando as normas constitucionais e uniformizando a jurisprudência nacional sobre tais matérias. Dentro dessa função desempenhada pelo STF, insere-se o recurso extraordinário, através do qual o Pretório Excelso rejulga decisões proferidas, em última ou única instância, que tenham violado dispositivos da Constituição Federal.

Por ser o guardião da Constituição Federal, ao STF compete conferir interpretação às normas constitucionais, seja através do controle abstrato de constitucionalidade ou do controle concreto, este último realizado por meio do recurso extraordinário. Deduz-se com isso que: *"o recurso extraordinário, portanto, sempre teve como finalidade, entre outras, a de assegurar a inteireza do sistema jurídico, que deve ser submetido à Constituição Federal"* (ALVIM, 1997. p. 46).

49.2. HIPÓTESES DE CABIMENTO (ART. 102, III, DA CR/1988)

Antes de se arrolarem as hipóteses de cabimento do recurso extraordinário, cumpre registrar que, no art. 102, III, da CR/1988, **não** há menção à origem da decisão prolatada, portanto, não há a necessidade de ser uma decisão prolatada por um tribunal, diferentemente do que ocorre com o recurso especial. Assim, conclui-se que, se um juiz ou órgão singular julgar a causa em última ou única instância, caberá recurso extraordinário.

Nesse sentido, é perfeitamente cabível recurso extraordinário contra decisão proferida por turma recursal dos juizados especiais cíveis. De igual modo, é cabível recurso extraordinário do julgamento realizado, na execução fiscal, pelo juízo de primeiro grau, nos embargos infringentes de alçada (art. 34 da Lei 6.830/1980), aplicando-se o Enunciado 640 do STF.[1]

---

[1] A propósito, vale destacar o que estabelece o Enunciado 640 da Súmula do STF: "É cabível recurso extraordinário contra decisão proferida por juiz de primeiro grau nas causas de alçada, ou por turma recursal de juizado especial cível e criminal".

674 | PROCESSO CIVIL SISTEMATIZADO – *Haroldo Lourenço*

49.2.1. Decisão contrária a dispositivo da Constituição Federal

Para que seja cabível recurso extraordinário, nesta hipótese, é necessário que haja uma **contrariedade direta e frontal** ao próprio texto da Constituição, como na hipótese de se ter determinado pagamento por precatório em condenação de uma sociedade de economia mista, portanto, violando diretamente o art. 100 da CR/1988, sem se violar nenhuma norma infraconstitucional. Havendo **ofensa indireta ou reflexa**, o recurso cabível é o especial para o STJ,[2] considerando que todas as normas infraconstitucionais, em especial aquelas que preveem princípios, derivam da Constituição, com maior ou menor intensidade.[3]

Caso a agressão, em primeiro plano, seja federal, será admissível recurso especial, sendo estadual ou municipal não caberá nenhum recurso aos órgãos superiores. É pacífico o entendimento de que também a decisão que **nega vigência** a dispositivo constitucional é recorrível por recurso extraordinário. Cabe lembrar o comentado (item 57.2.1) sobre a conversão do recurso extraordinário em especial e o especial em extraordinário, previsto no art. 1.032 e 1.033 do CPC/2015.

Observe-se que é admissível recurso extraordinário de decisão que afronte ou negue vigência a tratado internacional que tenha por objeto direitos humanos, desde que preenchidos os requisitos do art. 5º, § 3º, da CR/1988 (NEVES, 2011. p. 751).

49.2.2. Decisão que decreta inconstitucionalidade de tratado ou lei federal

Esta hipótese de cabimento de recurso extraordinário **dispensa** o prequestionamento, pois o que importa é a manifestação do tribunal recorrido que decrete a inconstitucionalidade de uma lei ou de um tratado (DIDIER JR., 2010. v. 3, p. 326), em controle incidental ou difuso de constitucionalidade.

E essa decretação de inconstitucionalidade submete-se à cláusula de reserva de plenário (art. 97 da CF), sendo cabível o recurso extraordinário **não** da decisão do plenário ou órgão especial que decretou, em abstrato, a inconstitucionalidade do tratado ou da lei federal, mas da decisão final, da turma ou câmara, que julgou o caso, com base na declaração de inconstitucionalidade.[4]

Cabe, portanto, recurso extraordinário, tanto no controle concentrado, como no controle difuso de constitucionalidade. Ainda, de acordo com o STF, é cabível recurso extraordinário no controle abstrato realizado no âmbito estadual, desde que a norma constitucional estadual seja **mera repetição** de dispositivo da Constituição Federal.[5]

Por fim, registre-se que da decisão que **declara a constitucionalidade** de lei ou tratado **não** será admissível recurso extraordinário, ao menos por esse fundamento, diante da presunção de constitucionalidade das normas, contudo, provavelmente, será admissível recurso extraordinário com fundamento no art. 102, III, "a", da CR/1988.

---

[2] A propósito, o Enunciado 636 do STF tem o seguinte teor: "Não cabe recurso extraordinário por contrariedade ao princípio constitucional da legalidade, quando sua verificação pressuponha rever interpretação dada a normas infraconstitucionais pela decisão recorrida".

[3] STF, 1ª T., AI AgR 589.923/RJ, rel. Min. Ricardo Lewandowski, j. 27.11.2007.

[4] Enunciado 513 do STF: "A decisão que enseja a interposição de recurso ordinário ou extraordinário não é a do plenário, que resolve o incidente de inconstitucionalidade, mas a do órgão (câmaras, grupos ou turmas) que completa o julgamento do feito".

[5] Ac unânime do Pleno do STF, AGRRCL 596/MA, rel. Min. Néri da Silveira, j. 30.05.1996, *DJ* 14.11.96, p. 44487.

Cap. 49 · RECURSO EXTRAORDINÁRIO | 675

49.2.3. Decisão que julga válida lei ou ato de governo local contestado em face da Constituição

Esta hipótese cinge-se ao fato de o tribunal não acolher a alegação de inconstitucionalidade da norma alegada pela parte interessada, julgando válida a lei ou o ato local. Neste caso, diante da possibilidade de ter havido um prestígio equivocado da norma contida na lei estadual ou municipal em detrimento da Constituição, será possível violação ao texto constitucional, cabendo, então, o recurso extraordinário.

Igual hipótese ocorrerá se for julgado válido ato administrativo ou normativo, praticado pelas três esferas de Poder no âmbito estadual ou municipal contestado em face da Constituição.

49.2.4. Decisão recorrida julgar válida lei local contestada em face de lei federal

Havendo discussão sobre a aplicação da lei local ou lei federal, o caso é de interposição de recurso extraordinário para o STF, que resolverá a dúvida em torno das regras constitucionais de **competência legislativa** (DIDIER JR., 2010. v. 3, p. 328), eis que, provavelmente, um ente "invadiu" a competência legislativa do outro.

49.3. REPERCUSSÃO GERAL

49.3.1. Crise do STF

Diante do nítido desvio das funções do STF, em virtude do enfrentamento de demandas de menor significância, o que gera uma sobrecarga de processos, foi criado um filtro para a admissibilidade de recursos perante o Tribunal.

O recurso extraordinário, que deveria ser, com o perdão do truísmo, extraordinário, tornou-se ordinário, em que todos recorrem para o STF, passando a ser um terceiro ou quarto grau de jurisdição (GOMES JUNIOR, 2005. p. 91-116).

49.3.2. Eficácia e natureza jurídica do instituto

De acordo com o § 3º do art. 102 da CR/1988, no recurso extraordinário, o recorrente deverá demonstrar a repercussão geral das questões constitucionais discutidas no caso, nos termos da **lei**, a fim de que o Tribunal examine a admissão do recurso, somente podendo recusá-lo pela manifestação de **dois terços de seus membros**. Trata-se de norma constitucional de **eficácia limitada**, que depende de regulamentação em lei.[6]

---

[6] Entendendo que, somente após a edição da lei, poderia ser exigida a repercussão geral: MEDINA, José Miguel Garcia; WAMBIER, Luiz Rodrigues; WAMBIER, Teresa Arruda Alvim. Repercussão geral e súmula vinculante. In: WAMBIER, Teresa Arruda Alvim et al (coord.). *Reforma do Judiciário*: primeiros ensaios críticos sobre a EC 45/2004. São Paulo: RT, 2005. p. 373 e 378. O STF, por meio da Emenda Regimental 21/2007, decidiu que a repercussão geral só passou mesmo a ser exigida nos processos civis e criminais a partir de 03.05.2007 (STF, AI QO 664.567/RS, Pleno, rel. Min. Sepúlveda Pertence, j. 18.06.2007).

676 | PROCESSO CIVIL SISTEMATIZADO – *Haroldo Lourenço*

Atualmente, a matéria é tratada no art. 1.035 do CPC/2015, afirmando que **não** será conhecido o recurso extraordinário quando lhe faltar repercussão geral. Inequivocamente, trata-se de um **requisito de admissibilidade específico** (NERY JR.; NERY, 2007. p. 939) e **exclusivo** de tal recurso, relacionando-se a sua regularidade formal. Logo, sua ausência implica o não conhecimento (CÂMARA, 2008. v. 3, p. 124; DIDIER JR., 2010. v. 3, p. 330).

Trata-se de peculiar requisito de admissibilidade recursal, pois **não** pode ser analisado pela Presidência ou Vice-Presidência do Tribunal recorrido, ainda que se submeta a um juízo de admissibilidade perante esse órgão (art. 1.030, V, do CPC), pois sua análise é de competência exclusiva do STF, até porque a CR/1988 exige um quórum de 2/3 dos ministros do STF (art. 102, § 3º, da CR/1988). Por outro lado, se o STF já se posicionou no sentido de **não** existir repercussão geral, a Presidência ou a Vice poderá negar seguimento ao recurso extraordinário interposto (arts. 1.030, I, "a", e 1.035, § 8º).

De igual modo, é sempre o **último** requisito de admissibilidade a ser analisado no STF, de forma que só se passa à análise da repercussão geral tendo o recurso extraordinário preenchido todos os demais requisitos genéricos e específicos de admissibilidade, como determina o art. 323 do RISTF.

49.3.3. Distinção da vetusta arguição de relevância

O problema enfrentado pelo STF não é inédito, já tendo sido efetivado em nosso ordenamento instituto semelhante, denominado de **arguição de relevância**, sob a égide da CR/1969 (NERY JR.; NERY, 2007. p. 939). Importante visualizarmos algumas distinções.

A arguição era direcionada para a admissibilidade do recurso, ao contrário da repercussão, que é voltada para o não conhecimento. Era fundada somente em relevância, enquanto a repercussão é mais ampla, fundada em relevância e transcendência. Por fim, a arguição era apreciada em sessão secreta e resolvida por decisão sem fundamentação, diferentemente do atual modo, solucionado em sessão pública e fundamentada (NEVES, 2011. p. 744).

ARGUIÇÃO DE RELEVÂNCIA	REPERCUSSÃO GERAL
Direcionada para a admissibilidade do RE	Direcionada para o não conhecimento
Fundada somente na relevância	Fundada na relevância e transcendência
Era apreciada em sessão secreta	Apreciada em sessão pública
Sua decisão não precisava ser fundamentada	Deve ser em decisão fundamentada

49.3.4. Análise da repercussão geral

Exige-se do recorrente que demonstre no recurso extraordinário a existência da repercussão geral (art. 1.035, § 2º), expondo a relevância da questão constitucional discutida sob o ponto de vista **econômico, político, social ou jurídico** (art. 1.035, § 1º, do CPC/2015), ou seja, a questão deve transcender o interesse subjetivo do processo, interessante sua solução não somente às partes do processo em que a matéria

Cap. 49 · RECURSO EXTRAORDINÁRIO | 677

tenha sido suscitada, mas sendo capaz de alcançar a sociedade como um todo (ou parcela relevante e significativa dela) (CÂMARA, 2015. p. 540).

A doutrina busca alcançar o significado da repercussão geral.

(i) Há na doutrina quem sustente, com base no § 1º do art. 1.035 do CPC/2015, que a questão constitucional suscitada no recurso extraordinário deve ter transcendência, ou seja, deve transcender às partes e provocar reflexos nos destinos da coletividade (CÂMARA, 2008. v. 3, p. 124). Neste sentido, para José Carlos Barbosa Moreira (BARBOSA MOREIRA, 2005. p. 188), o que se denomina de transcendência é, na verdade, a relevância, apontando as seguintes situações que a caracterizariam: a) decisão capaz de influir concretamente, de maneira generalizada, em grande quantidade de casos; b) decisão capaz de servir à unidade e ao aperfeiçoamento do Direito, ou particularmente significativa para o seu desenvolvimento; c) decisão que tenha imediata importância jurídica ou econômica para um círculo mais amplo de pessoas ou para mais extenso território da vida pública; d) decisão que possa ter como consequência a intervenção do legislador no sentido de corrigir o ordenamento positivo ou suprir lacunas; e) decisão que seja capaz de exercer influência capital sobre as relações com os estados estrangeiros ou com outros sujeitos do Direito Internacional Público.

(ii) Para outros, trata-se de conceito jurídico indeterminado, não sendo possível estabelecer uma noção *a priori*, abstrata, do que seja repercussão geral, pois essa cláusula depende, sempre, das circunstâncias do caso concreto (MARINONI; ARENHART, 2004. p. 558; DIDIER JR., 2010. v. 3, p. 331-332). Seguindo essa linha de raciocínio, é possível vislumbrar alguns parâmetros para a definição do que seja "repercussão geral": a) questões constitucionais que sirvam de fundamento a demandas múltiplas, como aquelas relacionadas a questões previdenciárias ou tributárias (BARIONI, 2005. p. 722), em que diversos demandantes fazem pedidos semelhantes, baseados na mesma tese jurídica (TAVARES, 2005. p. 215) Sendo assim, é possível inferir que, em causas coletivas que versem sobre temas constitucionais, haverá a repercussão geral exigida para o cabimento do recurso extraordinário (TAVARES, 2005. p. 140); b) questões que, em razão de sua magnitude constitucional, devem ser examinadas pelo STF em controle difuso de constitucionalidade, como aquelas que dizem respeito à correta interpretação/aplicação dos direitos fundamentais, que traduzem um conjunto de valores básicos que servem de esteio a toda ordem jurídica – *dimensão objetiva* dos direitos fundamentais (DIDIER JR., 2010. v. 3, p. 334).

Nesse ponto, cremos que o STF enfrentará conceitos jurídicos indeterminados, sendo sua análise **subjetiva**, em consonância com o caso concreto.

Há, contudo, uma hipótese em que a análise da repercussão geral varia bastante em relação à anterior, sendo de caráter **objetivo**: (i) sempre que a decisão recorrida contrariar súmula ou jurisprudência dominante do STF; (ii) tenha reconhecido a inconstitucionalidade de tratado ou de lei federal, nos termos do art. 97 da Constituição Federal (art. 1.035, § 3º, do CPC/2015). Amplamente majoritário que a análise, nessa hipótese, é **objetiva** (GRINOVER, 2009. p. 30), havendo **presunção absoluta** de repercussão geral (DIDIER JR., 2011. p. 331-332), não obstante existir entendimento em contrário, sustentando uma presunção relativa (NERY JR.; NERY, 2007. p. 940).

678 | PROCESSO CIVIL SISTEMATIZADO – *Haroldo Lourenço*

Caso, entretanto, a **decisão recorrida esteja de acordo** com o entendimento do Pretório Excelso, **não significa que haja presunção de falta de repercussão geral,**[7] devendo, aqui, o recorrente demonstrar a existência deste requisito de admissibilidade do recurso, provocando a manifestação do STF, o qual poderá, até mesmo, modificar seu entendimento, seja porque o contexto do momento impõe a mudança da orientação anteriormente firmada (o que caracteriza o chamado *overruling*), seja porque o caso contém peculiaridade que exige o afastamento da aplicação do entendimento já assentado (caracterizando o chamado *distinguishing*) (DIDIER JR., 2010. v. 3, p. 332).

Em outras palavras, a circunstância de a decisão recorrida subsumir-se ao entendimento do STF não afasta, necessariamente, a existência de repercussão geral, evitando, com isso, o engessamento da jurisprudência, e corroborando com a adoção, pelo STF, da denominada interpretação concreta do texto constitucional, de forma que tais normas devem ser interpretadas de acordo com o contexto do momento.

Nesse sentido, por exemplo, o STF já afirmou existir repercussão geral na hipótese do surgimento de novas vagas ou abertura de novo concurso para o mesmo cargo, durante o prazo de validade do certame anterior, o que não gera automaticamente direito à nomeação dos candidatos aprovados fora das vagas previstas no edital (RE 837.311/PI), bem como ser constitucional a atribuição às guardas municipais do exercício de poder de polícia de trânsito, inclusive para imposição de sanções administrativas legalmente previstas (RE 658.570/MG). Por outro lado, já se manifestou no sentido de não haver repercussão geral a controvérsia relativa à legitimidade da revisão de contrato já extinto (ARE 919.285 RG/RS), bem como a controvérsia relativa à ocorrência de dano indenizável em virtude da suspensão do fornecimento de energia elétrica por empresa prestadora de serviço público (ARE 900.968 RG/BA).

Proferida decisão sobre a repercussão geral, a súmula do pronunciamento, que nada mais é do que um resumo, constará de ata, que será publicada no diário oficial e valerá como acórdão (art. 1.035, § 11), sendo tal decisão irrecorrível, ressalvada a interposição de embargos de declaração (art. 1.035).

49.3.5. *Quorum* para inadmissão

Não é ocioso ressaltar que a decisão sobre a repercussão geral precisa ser **motivada** (art. 93, IX, da CF), será **pública**, exigindo-se ainda *quorum* **qualificado** (art. 102, § 3º, da CR/1988) para a deliberação (MEDINA, 2005. p. 722),[8] bem como voto de **dois terços dos Ministros do STF** para **inadmitir** a repercussão geral.

---

[7] "Ementa: Interpretação do art. 543-A, par. 3º, do CPC c/c art. 323, par. 1º, do Regimento Interno do Supremo Tribunal Federal. 1. Não se presume a ausência de repercussão geral quando o recurso extraordinário impugnar decisão que esteja de acordo com a jurisprudência do STF, vencida a Relatora. 2. Julgamento conjunto dos Recursos Extraordinários 563.965, 565.202, 565.294, 565.305, 565.347, 565.352, 565.360, 565.366, 565.392, 565.401, 565.411, 565.549, 565.822, 566.519, 570.772 e 576.220" (Acórdão na Repercussão Geral no RE 563.965/RN, rel. Min. Carmen Lúcia, j. 20.03.2008, *DJe* 070). O art. 543-A, § 3º, do CPC/1973 corresponde ao art. 1.035, § 3º, do CPC/2015.

[8] "O relator isoladamente ou mesmo a Turma não poderão negar conhecimento ao recurso por esse fundamento. Quando lhes parecer faltar a relevância geral, terão de remeter a questão ao Plenário".

Cap. 49 · RECURSO EXTRAORDINÁRIO | **679**

Inadmitida, será **irrecorrível** a decisão sobre a existência ou não de repercussão geral (*caput* do art. 1.035 do CPC/2015), ressalvando a possibilidade de se manejar embargos de declaração. Eis que toda decisão é embargável, na forma do art. 1.022 do CPC.

Assim, dado que para ser **inadmitido** o recurso extraordinário exigem-se dois terços dos membros do STF. Como são 11 ministros, 2/3 correspondem a 7,333... e, por conseguinte, 7 votos são menos que dois terços, devendo ser considerado que deverão **oito** Ministros votar no mesmo sentido, ou seja, pela inexistência de repercussão geral.

Sendo negada a repercussão geral, o Presidente ou o Vice-Presidente do tribunal de origem negará seguimento aos recursos extraordinários sobrestados na origem que versem sobre matéria idêntica (art. 1.035, § 8º, do CPC/2015).

De igual modo, na hipótese de o Presidente ou relator não conhecerem o recurso extraordinário por falta de repercussão geral, será admissível **agravo interno** (art. 327, § 2º, do RISTF).

49.3.6. *Amicus curiae*

Considerando que a decisão que nega a existência de repercussão geral transborda o interesse das partes no recurso, permitindo, inclusive, sua aplicação em outros recursos extraordinários, como se extrai do art. 1.035, § 4º, permite-se a intervenção do *amicus curiae* no procedimento de análise da repercussão geral, isso porque este incidente é de caráter objetivo, semelhante ao procedimento da ADIn, ADC e ADPF e de profundo interesse público, resultante da criação de uma norma jurídica de caráter geral pelo STF.

49.3.7. Prazo para julgamento

Dispõe o art. 1.035, em seus §§ 9º e 10 do CPC/2015, que o recurso que tiver a repercussão geral reconhecida deverá ser julgado no prazo de um ano e terá preferência sobre os demais feitos, ressalvados os que envolvam réu preso e os pedidos de *habeas corpus*.

Não ocorrendo o julgamento no prazo de um ano a contar do reconhecimento da repercussão geral, cessa, em todo o território nacional, a suspensão dos processos, que retomarão seu curso normal. Cabe diferenciarmos de algumas outras situações semelhantes:

REPERCUSSÃO GERAL	REPETITIVOS	IRDR
Reconhecida (art. 1.035, § 5º) tem 1 ano para julgar, com preferência (art. 1.035, § 9º).	Afetado (art. 1.037) tem 1 ano para julgar, com preferência (art. 1.037, § 4º).	Admitido (art. 982, I) tem 1 ano para julgar, com preferência (art. 980).
Não tem consequência se esse prazo não for observado, pela revogação do art. 1.035, § 10.	Não tem consequência se esse prazo não for observado, pela revogação do art. 1.037, § 5º.	Inobservado esse prazo, cessa a suspensão, salvo decisão do relator fundamentada (art. 980, parágrafo único).

49.3.8. Decisão da Presidência ou Vice-Presidência

Como mencionado, a análise sobre o conteúdo da repercussão geral somente pode ser realizada pelo STF, contudo a Presidência ou a Vice-Presidência do Tribunal recorrido pode analisar negar seguimento ao recurso extraordinário que o STF já tenha afirmado inexistir repercussão geral (art. 1.030, I, do CPC).

Dessa decisão será admissível **agravo interno**, na forma do art. 1.030, § 2º, e art. 1.035, § 7º, do CPC.

50

RECURSO ORDINÁRIO CONSTITUCIONAL

50.1. INTRODUÇÃO

É recurso dirigido ao STF e ao STJ exclusivamente nas hipóteses disciplinadas, respectivamente, nos arts. 102, II, e 105, II, da CR/1988, reproduzidos no art. 1.027, I e II, do CPC/2015.

Cabe àqueles Tribunais exercer competência recursal, funcionando como **segundo grau de jurisdição**, **não** havendo qualquer espécie de limitação em relação à matéria fática, havendo **devolução ampla** da matéria a ser apreciada ao STF/STJ, abrangendo tanto matéria de fato como reexame de **provas** e cláusulas **contratuais**, bem como matéria de **direito**,[1] como constitucional, federal e local, dispensando-se, ainda, o **prequestionamento** (DIDIER JR., 2010. v. 3, p. 245).

Cumpre registrar que se admite recurso ordinário constitucional (ROC) no âmbito criminal, porém, por razões óbvias, analisaremos somente os aspectos civis.

Eventual comparação do recurso ordinário com a apelação é inevitável, sendo aplicável tal regime recursal (Enunciado 357 do FPPC). Há, porém, algumas diferenças: (I) majoritariamente,[2] não se admite interposição na forma adesiva; (II) a apelação está regulamentada no CPC, enquanto o ROC está no regimento interno dos respectivos tribunais (art. 1.028, *caput* e § 1º, do CPC/2015).

Aliás, o art. 36, I, da Lei 8.038/1990 afirma ser admissível apelação da sentença prolatada nas causas em que forem partes, de um lado, Estado estrangeiro ou organismo internacional e, de outro, município ou pessoa domiciliada ou residente no País, quando a Constituição afirma caber recurso ordinário constitucional, falha reconhecida unanimemente pela doutrina (BARBOSA MOREIRA, 2003. p. 567; DINAMARCO, 1995. p. 190). Interessante que o CPC/2015 revogou vários dispositivos da mencionada lei, contudo o indigitado artigo permaneceu incólume.

---

[1] Nesse sentido, não se aplicam ao recurso ordinário as Súmulas 279 do STF e 7 do STJ, bem como não são aplicáveis as Súmulas 454 do STF e 5 do STJ.

[2] Admitindo recurso adesivo no recurso ordinário constitucional: CÂMARA, Alexandre Freitas. *Lições de direito processual civil*. 15. ed. inteiramente revista. Rio de Janeiro: Lumen Juris, 2008. v. 2, p. 77. Não admitindo: DIDIER JR., Fredie. *Curso de direito processual civil*. Meios de impugnação das decisões judiciais e processo nos tribunais. 5. ed. Salvador: JusPodivm, 2008. v. 3, p. 243.

50.2. ROC PARA O STF (ART. 1.027, I, DO CPC/2015). RECURSO *SECUNDUM EVENTUM LITIS*

Cabe, logo de início, um cotejo analítico entre o art. 1.027, I, do CPC/2015 e o art. 102, II, "a", da CR/1988. O art. 1.027, II, "a", do CPC/2015, seguindo a linha do CPC/1973, desprezou a circunstância de que o *habeas corpus* **não** se circunscreve ao processo penal, mas abarca também o direito processual civil quando se questiona a legalidade de prisão decorrente da falta de pagamento de pensão alimentícia. Seja como for, essa falha não é óbice para a interposição, no Superior Tribunal de Justiça, de recurso ordinário em *habeas corpus*.

O recurso ordinário constitucional para o STF é cabível contra decisões denegatórias proferidas nos mandados de segurança, *habeas corpus*, *habeas data* e mandado de injunção, decididos em única instância pelos tribunais superiores.

Observe-se que **somente** é cabível em decisões **denegatórias**, por isso ele é *secundum eventum litis*.

Este recurso dirige-se contra decisões proferidas por tribunais superiores (STJ, STM, TSE, TST), nos processos de mandados de segurança, *habeas data* e mandado de injunção, toda vez que se tratar de competência originária daquelas Cortes, a significar que se tais meios de impugnação chegarem aos tribunais superiores em grau de recurso, como, por exemplo, pelo manejo de apelação, **não** será cabível recurso ordinário constitucional.

Observa-se, contudo, que, entre os Tribunais Superiores, somente o Superior Tribunal de Justiça possui a competência originária, constitucionalmente prevista, para processar e julgar o *habeas corpus*, o mandado de segurança, o *habeas data* e o mandado de injunção (art. 105, I, "b", "c" e "h"). No que concerne ao Tribunal Superior do Trabalho e Superior Tribunal Militar, a própria Constituição da República consignou que cabe à lei dispor sobre a competência originária desses Tribunais Superiores (arts. 111-A, § 1º, e 124, parágrafo único). Em relação ao Tribunal Superior Eleitoral, a despeito de considerar expressamente recorríveis as decisões denegatórias de *habeas corpus* e mandado de segurança (art. 121, § 3º), a bem da verdade, inserem-se neste rol as decisões denegatórias de *habeas data* e de mandado de injunção.

50.3. ROC EM MS (ART. 1.027, II, "A", DO CPC/2015). RECURSO *SECUNDUM EVENTUM LITIS*

A primeira hipótese de admissibilidade de ROC é das decisões **denegatórias** proferidas em **mandado de segurança**, decididas em única instância pelos Tribunais Regionais Federais ou Tribunais Locais (de Justiça), quando for o caso de competência originária destes tribunais.

Observe-se que somente cabe recurso ordinário em mandado de segurança, *não* mencionando a Constituição *habeas data*, tampouco mandado de injunção. Não obstante, o art. 20, II, "b", da Lei 9.507/1997 (que regulamenta o *habeas data*), prevê a competência do STJ para julgar, em grau de recurso, o *habeas data*, "quando a decisão for proferida em única instância pelos Tribunais Regionais Federais". O referido dispositivo tentou ampliar a competência do STJ, o que somente pode ser realizado por Emenda Constitucional; sendo assim, onde está escrito recurso ordinário, deve ser lido **recurso especial**.

Neste ponto, cuida-se de recurso *secundum eventum litis,* já que é cabível apenas contra decisões denegatórias em MS. Perceba que tais decisões devem ser proferidas em processo de mandado de segurança de competência originária dos tribunais locais, a significar que **não** se admite a interposição do recurso ordinário constitucional quando o mandado de segurança tiver chegado a uma daquelas Cortes em grau de apelação.

Em tais hipóteses, bem como naquela em que a decisão proferida em mandado de segurança for concessiva, a causa só poderá chegar ao STJ através da via excepcional do **recurso especial**.

Cabe aduzir, ainda, que **não** é possível o manejo desse recurso contra decisão de turma recursal de juizado especial cível, nem contra acórdão do Tribunal Regional do Trabalho ou Tribunal Regional Eleitoral (SOUZA, 2004. p. 585). De igual modo, **não** é admissível recurso ordinário constitucional de decisão monocrática exarada por um dos desembargadores, mas somente acórdão de um de seus órgãos fracionários.[3]

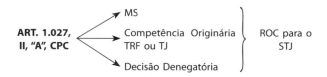

50.4. PROCEDIMENTO (TANTO PARA O STJ COMO PARA O STF)

Somente das decisões denegatórias é admissível interposição de recurso ordinário constitucional. Trata-se, portanto, de recurso *secundum eventum litis,* ou seja, o recurso será ou não cabível conforme o resultado do processo.

Frise-se que o art. 6º, § 5º, da Lei 12.016/2009, esclareceu, na linha do que já defendia a doutrina, que a decisão que extingue o processo, **sem resolução de mérito**, é denegatória, bem como a de **improcedência**.Assim, de forma unânime, a doutrina afirma que tal recurso seria um benefício do impetrante, sustentando, inclusive, **não** haver previsão constitucional de sua interposição pelo réu do mandado de segurança. A Constituição, sistematicamente, beneficia o cidadão em face do Estado (DIDIER JR., 2010. v. 3, p. 242) ao prever o mandado de segurança, bem como um recurso amplo como o recurso ordinário. Sendo concessivo o acórdão, cabem outros recursos, que não o ordinário, como o recurso extraordinário, especial ou embargos de declaração (BUENO, 2009. p. 113; CÂMARA, 2008. v. 2, p. 112).

---

[3] STJ, 3ª T., AgRg na MC 19.774/SP, rel. Min. Paulo de Tarso Sanseverino, j. 02.10.2012 (Informativo 505). Precedente citado do STF: RMS 30.870/BA, *DJe* 03.09.2012. AgRg na MC 19.774/SP, rel. Min. Paulo de Tarso Sanseverino, j. 02.10.2012.

684 PROCESSO CIVIL SISTEMATIZADO – *Haroldo Lourenço*

Observe-se que, na hipótese de sentença de extinção sem resolução de mérito, o autor sucumbiu, porém, mesmo a Fazenda Pública possuindo interesse recursal para buscar uma improcedência, **não** poderá interpor recurso ordinário.

Havendo **parcial** procedência de pedido, caberá recurso ordinário somente do capítulo denegatório. Aplicando-se a teoria dos capítulos da sentença, existindo capítulo com resultados distintos, como, por exemplo, procedência e improcedência, quanto ao capítulo denegatório será admissível recurso ordinário constitucional, e no capítulo de procedência será admissível recurso especial ou extraordinário. Nessa hipótese, havendo, em um mesmo processo, interposição de recursos ordinário, especial e extraordinário deverá ser observado o esculpido no Enunciado 299 do STF,[4] que determina o julgamento pelo Tribunal Pleno (BUENO, 2008. p. 228).

Observe-se que, se for provido o recurso ordinário constitucional, será cabível recurso extraordinário (art. 102, III, "c", da CF), havendo violação de norma constitucional e, ainda, existindo prequestionamento da matéria constitucional.

No que se refere à existência ou não de efeito suspensivo ao recurso em comento, o CPC/2015 se reporta no art. 1.027, § 2º, ao art. 1.029, § 5º, o qual, por sua vez, regula a possibilidade de concessão de efeito suspensivo a recurso especial e extraordinário. Nesse sentido, percebe-se que o ROC **não** possui efeito suspensivo *ex lege*, eis que é possível sua concessão pelo órgão competente para seu julgamento (efeito suspensivo *ope iudicis*), seguindo a regra geral do recurso (art. 995), como já era defendido pela doutrina (ASSIS, 2008. p. 664-665).

O recurso deve ser interposto no prazo de 15 (quinze) dias,[5] dispondo os §§ 2º e 3º do art. 1.028 do CPC/2015 que o recurso previsto no art. 1.027, I e II, alínea "a", deve ser interposto perante o tribunal de origem, cabendo ao seu **Presidente ou Vice-Presidente** determinar a intimação do recorrido para, em 15 dias, apresentar as contrarrazões. Findo este prazo, os autos serão remetidos ao respectivo tribunal superior, **independentemente** de juízo de admissibilidade.

Recebido no órgão julgador o ROC, será aplicável ao mesmo o art. 1.013, § 3º, como determina o art. 1.027, § 2º, ou seja, será aplicável a **teoria da causa madura** prevista no capítulo referente à apelação.

É necessário também que se trate de **decisão final**, já que somente os acórdãos que ponham termo a mandados de segurança, *habeas corpus, habeas data* e mandado de injunção, denegando-os, é que possibilitam o manejo do recurso ordinário. O STJ já decidiu que acórdãos que simplesmente neguem a liminar, confirmando, em julgamento de agravo regimental, a decisão monocrática denegatória do relator, somente podem ser impugnados por recurso especial, recurso extraordinário ou embargos de declaração.[6]

Não se admite, nas hipóteses de competência originária (diferentemente das causas internacionais, como adiante será analisado), recurso adesivo. No recurso ordinário não há revisor (art. 40 da Lei 8.038/1990).

---

4   "O recurso ordinário e o extraordinário interpostos no mesmo processo de mandado de segurança, ou de "habeas-corpus", serão julgados conjuntamente pelo Tribunal Pleno."

5   Não deve prevalecer o Enunciado 319 do STF, pois o mesmo se baseava no CPC/1939.

6   RMS 2.408/DF, 1ª T., rel. Min. Demócrito Reinaldo, *DJ* 16.05.1994, p. 11.705; MC 199/DF, 2ª T., rel. Min. Américo Luz, *DJ* 16.10.1995, p. 34.632; RMS 5.196/SP, 5ª T., rel. Min. Félix Fischer, *DJ* 06.10.1997, p. 50011.

Cap. 50 · RECURSO ORDINÁRIO CONSTITUCIONAL | **685**

Outro ponto que gera enorme embate da doutrina com a jurisprudência refere-se à aplicação da **fungibilidade** entre o Recurso Ordinário Constitucional dirigido ao STF e ao STJ, nas causas da competência originária, e o recurso especial e extraordinário, respectivamente.

(i) A jurisprudência é peremptória em não admitir, sustentando se tratar de erro grosseiro, havendo, inclusive, a Súmula 272 do STF nesse sentido: *"Não se admite como ordinário recurso extraordinário de decisão denegatória de mandado de segurança"*. Nesse sentido, há rico repertório jurisprudencial.[7]

(ii) Não obstante o enunciado acima mencionado, em decisões dignas de aplausos, há precedentes no STF[8] admitindo a conversão do recurso extraordinário em ordinário, desde que o ordinário seja da competência do STF. Cremos que tal raciocínio deve ser aplicado por extensão ao STJ, em nome da instrumentalidade do processo e do formalismo-valorativo.

50.5. ROC EM CAUSAS INTERNACIONAIS (ART. 1.027, II, "B", DO CPC/2015)

A segunda hipótese de admissibilidade de tal recurso é em causas internacionais, havendo como parte, de um lado, Estado Estrangeiro ou Organismo Internacional e, de outro, Município ou pessoa residente ou domiciliada no País.

Estes processos são de competência dos **juízos federais de primeira instância**, nos termos do art. 109, II, da CF, em nítido critério em razão da **pessoa**. Quando o legislador se refere à pessoa, é legítimo interpretar como pessoa **física ou jurídica**;[9] de igual modo, não é relevante em qual dos polos estão os sujeitos mencionados, desde que estejam em polos **adversos** (BUENO, 2008. p. 229). Da mesma forma, tal recurso **não** é *secundum eventum litis*, sendo admissível da sentença, pouco importando o seu conteúdo.

Há, contudo, controvérsias sobre o cabimento de fungibilidade entre eventual apelação interposta nesse caso e o recurso ordinário.

(i) Parcela doutrinária entende se tratar de erro grosseiro, o que inviabilizaria a fungibilidade (ASSIS, 2008. p. 646; FUX, 2004. p. 1.225);

(ii) A jurisprudência, porém, já admitiu fungibilidade entre a apelação erroneamente interposta e o recurso ordinário constitucional.[10]

E, das sentenças prolatadas por tais juízos, será cabível recurso ordinário para o STJ. Observe-se que é rara hipótese de **recurso *per saltum*** em nosso ordenamento, em que a causa, por meio do recurso ordinário constitucional, sairá de um juiz federal e irá diretamente para o STJ (art. 105, II, "c", da CF/1988), "saltando" o TRF (DIDIER JR., 2010. v. 3, p. 251). A CR/1988 prevê uma exceção à regra processual

---

7 AgRg no RMS 30831/SP, 2ª T., rel. Min. Herman Benjamin, j. 07.12.2010. AgRg no Ag 1290489/PE, 1ª T., rel. Min. Luiz Fux, j. 09.11.2010.

8 STF, 423.817/ AgR/DF, rel. Min. Sepúlveda Pertence, j. 16.08.2005. STF, 1ª T., AI 145.553/PI, rel. Min. Ilmar Galvão, j. 09.02.1993.

9 Nesse sentido, há decisão do STJ: Ag 627.913/DF, 2ª T., rel. Min. Eliana Calmon, *DJ* 07.03.2005.

10 STJ, 5ª T., rel. Min. Arnaldo Esteves Lima, j. 03.04.2007.

de que contra sentença proferida por juiz de primeiro grau o recurso cabível é o de apelação (SOUZA, 2004. p. 575).

Frise-se que, na hipótese de o litígio versar entre Estado Estrangeiro ou organismo internacional e a União, Estado, o Distrito Federal ou um Território, a competência será originária do STF (art. 102, I, "e", da CF/1988).

Em síntese, o TRF não analisa causas internacionais.

Não obstante ser hipótese rara em nosso ordenamento, eventualmente sendo prolatadas decisões interlocutórias pelo juízo de primeira instância, caberá **agravo por instrumento**[11], no prazo de 15 dias, diretamente para o STJ, por força do que estipula o § 1º do art. 1.027 do CPC/2015, bem como o art. 37 da Lei 8.038/1990. Nessa linha, há pronunciamento do STJ,[12] devendo ser protocolizado diretamente na Secretaria do Superior Tribunal de Justiça ou postado no correio dentro do prazo legal, a teor dos arts. 1.027 e 1.028, *caput* e § 1º combinados com os arts. 1.016 e 1.017, todos do Código de Processo Civil de 2015.[13]

A rigor, quando o recurso ordinário constitucional nas causas internacionais é interposto, mostra-se, precisamente, como uma apelação, uma **apelação constitucional**, manejável contra **sentenças ou contra interlocutórias não agraváveis** (art. 1.015 c/c o art. 1.009, § 1º). Nesse sentido, defende a doutrina ser cabível, portanto, **recurso adesivo**, bem como a **teoria da causa madura** (DIDIER JR., 2010. v. 3, p. 251).

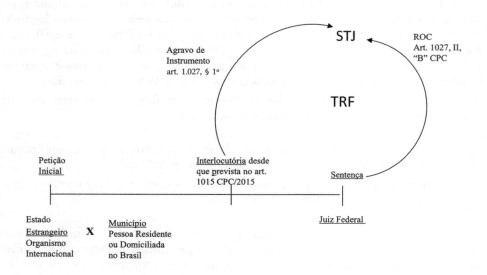

---

[11] Informativo 466: STJ, 1ª T., Ag 1.371.230/CE, rel. Min. Arnaldo Esteves Lima, j. 15.03.2011. Precedentes citados: Ag 1.003.394/CE, *DJe* 29.10.2008; Ag 627.913/DF, *DJ* 07.03.2005; AgRg no Ag 1.141.540/SP, *DJe* 11.09.2009; e AgRg no Ag 1.166.793/RS, *DJe* 25.09.2009.
[12] Ag 627.913/DF, 2ª T., rel. Min. Eliana Calmon, *DJ* 07.03.2005.
[13] Ag 410.661/DF, 3ª T., rel. Min. Carlos Alberto Menezes Direito, j. 21.02.2002.

BIBLIOGRAFIA

AFONSO DA SILVA, José. *Curso de direito constitucional positivo*. 24. ed. São Paulo: Malheiros, 2005.

ALMEIDA, Gregório Assagra de. *Direito processual coletivo brasileiro:* um novo ramo do direito processual. São Paulo: Saraiva.

ALVARO DE OLIVEIRA, Carlos Alberto. Tutela executiva declaratória? Disponível em: <http://tex.pro.br/tex/listagem-de-artigos/217-artigos-jun-2006/5274-tutela-declaratoria-executiva>.

_____; RODRIGUES, Marcelo Alberto. O formalismo-valorativo no confronto com o formalismo excessivo. *Revista dos Tribunais n. 137*. São Paulo: RT. ago. 2006.

ALVIM, Eduardo Arruda. *Código de Processo Civil comentado*. São Paulo: RT, 1975. v. 1.

_____. O recurso especial na Constituição Federal de 1988 e suas origens. In: WAMBIER, Teresa Arruda Alvim (coord.). *Aspectos polêmicos e atuais do recurso especial e do recurso extraordinário*. São Paulo: RT, 1997.

ALVIM, José Manoel de Arruda. *Manual de direito processual civil*. 8. ed. São Paulo: RT, 2003. v. 1.

ALVIM, Teresa Arruda. Apontamentos sobre ações coletivas. *RevPro*, São Paulo: RT, v. 19, n. 75, p. 273-283, jul.-set. 1994.

AMARAL SANTOS, Moacyr. *Primeiras linhas de direito de processo civil*. 10. ed. São Paulo: Saraiva, 1985. v. 2.

_____. *Prova judiciária no cível e no comercial*. São Paulo: Max Limonad, s/d. v. 5.

ANDRIGHI, Fátima Nancy. Arbitragem nas relações de consumo: uma proposta concreta. *Revista de Arbitragem e Mediação*, ano 3, n. 9, p. 13-21, São Paulo: RT, abr.-jun. 2006.

ARAGÃO, Egas Dirceu Moniz de. *Comentários ao Código de Processo Civil*. 8. ed. Rio de Janeiro: Forense, 1995. v. 2.

_____. Pré-questionamento. *Revista Forense*, Rio de Janeiro: Forense, n. 328, p. 43.

_____. Sobre o chamamento à autoria. *Revista da Ajuris*. Porto Alegre: Ajuris, n. 25, p. 40-45, 1982.

ARAGÃO, Moniz de. *Comentários ao Código de Processo Civil*. 9. ed. Rio de Janeiro: Forense, 1998, v. II.

ARAGÃO, Paulo Cezar. *Recurso adesivo*. São Paulo: Saraiva, 1974.

ARAÚJO, José Henrique Mouta. O cumprimento de sentença e a 3ª etapa da reforma processual – primeiras impressões. *RePro*, São Paulo: RT, n. 123, p. 156-158, 2005.

_____. *Mandado de segurança – questões controvertidas*. Salvador: JusPodivm, 2007.

688 | PROCESSO CIVIL SISTEMATIZADO – *Haroldo Lourenço*

ARAÚJO, Luciano Vianna. Contrato verbal de locação é título executivo extrajudicial? In: BUENO, Cassio Scarpinella; WAMBIER, Teresa Arruda Alvim (Coord.). *Aspectos polêmicos da nova execução.* São Paulo: RT, 2008. v. 4.

ARAUJO FILHO, Luiz Paulo da Silva. *Ações coletivas: a tutela jurisdicional dos direitos individuais homogêneos.* Rio de Janeiro: Forense, 2000.

ARENHART, Sérgio Cruz. A penhorabilidade de imóvel de família de elevado valor e de altos salários. Constituição, jurisdição e processo. In: MOLINARO, Carlos Alberto; MILHORANZA, Mariângela Guerreiro; PORTO, Sérgio Gilberto (Coord.). *Estudos em homenagem aos 55 anos da Revista Jurídica.* Porto Alegre: Notadez, 2007.

_____. O recurso de terceiro prejudicado e as decisões vinculantes. In: NERY JR., Nelson; WAMBIER, Teresa Arruda Alvim (Coord.). *Aspectos polêmicos e atuais dos recursos cíveis e assuntos afins.* São Paulo: RT, 2007. v. 11.

_____. *Perfis da tutela inibitória coletiva.* São Paulo: RT, 2003.

ARRUDA ALVIM, Eduardo. *Mandado de segurança no direito tributário.* São Paulo: RT, 1998.

ARRUDA ALVIM, José Manoel. *Código de Defesa do Consumidor comentado.* 2. ed. São Paulo: RT, 1995.

_____. *Manual de direito processual civil.* 8. ed. São Paulo: RT, 2003.

_____. *Comentários ao Código de Processo Civil.* São Paulo: RT, 2000.

_____. *Cumulação de ações.* 4. ed. rev. e atual. São Paulo: RT, 2002.

_____. Do litisconsórcio no Código de Processo Civil. *Revista Autônoma de Processo.* Curitiba: Juruá, v. 1, p. 310, 2007.

_____. *Doutrina e prática do processo civil contemporâneo.* São Paulo: RT, 2001.

_____. *Manual da execução.* 11. ed. São Paulo: RT, 2007.

_____. *Manual do processo de execução.* 8. ed. São Paulo: RT, 2002.

_____. *Manual dos Recursos.* 2. ed. São Paulo: RT, 2008.

_____. *Cumprimento de sentença.* Rio de Janeiro: Forense, 2006. p. 204.

_____. Duração razoável do processo e reformas da Lei Processual Civil. In: FUX, Luiz; NERY JR., Nelson; WAMBIER, Teresa Arruda Alvim. (coord.). *Processo e Constituição.* Estudos em homenagem ao Professor José Carlos Barbosa Moreira. São Paulo: RT, 2006.

_____. Extinção do processo por superveniência de dano irreparável. *Doutrina e prática do processo civil contemporâneo.* São Paulo: RT, 2001.

_____. Substituição processual. *Revista Dialética de Direito Processual*, São Paulo: Dialética, 2003, n. 09, p. 22.

ASSIS, Carlos Augusto de. *Sujeito passivo no mandado de segurança.* São Paulo: Malheiros, 1997.

ÁVILA, Humberto. "Neoconstitucionalismo": entre a "ciência do direito" e o "direito da ciência". *Revista Eletrônica de Direito de Estado (REDE)*, Salvador, Instituto Brasileiro de Direito Público, n. 17, jan.-mar. 2009. Disponível em: <www.direitodoestado.com.br/rede.asp>.

_____. *Teoria dos princípios* – Da definição à aplicação dos princípios jurídicos. 7. ed. São Paulo: Malheiros, 2007.

AZEVEDO, Antonio Junqueira de. A arbitragem e o direito do consumidor. *Revista de Direito do Consumidor*, n. 23-24, p. 33-40, São Paulo: RT, jul.-dez. 1997.

BARBI, Celso Agrícola. *Comentários ao Código de Processo Civil.* 11. ed. Rio de Janeiro: Forense, 2002.

BIBLIOGRAFIA | **689**

_____. *Mandado de segurança*.10. ed. Rio de Janeiro: Forense, 2002.

BARBOSA MOREIRA, José Carlos. *A conexão de causas como pressuposto da reconvenção.* São Paulo: Saraiva, 1979.

_____. A nova definição de sentença. Disponível em: <http://www.bragaefreitas.adv.br/ index2.php?site=det_artigo&art=62>.

_____. Apontamentos para um estudo sistemático da legitimidade extraordinária. *Revista dos Tribunais.* São Paulo: RT, n. 404. p. 10-12, 1969.

_____. Breves observações sobre a execução de sentença estrangeira à luz das recentes reformas do CPC. *RePro,* São Paulo: RT, 2006. n. 138, p. 10-11.

_____. Coisa julgada: extensão subjetiva. Litispendência. Ação de nulidade de patente. *Direito processual civil* (ensaios e pareceres). Rio de Janeiro: Borsoi, 1971.

_____. *Comentários ao Código de Processo Civil.* 16. ed. rev. e atual. Rio de Janeiro: Forense, 2011. v. 5.

_____. Conflito positivo e litispendência. *Temas de direito processual - 2ª série.* São Paulo: Saraiva, 1980.

_____. Considerações sobre a chamada "relativização" da coisa julgada material. *Temas de direito processual – 9ª série.* São Paulo: Saraiva, 2007.

_____. *Estudos sobre o novo Código de Processo Civil.* Rio de Janeiro: Liber Juris, 1974.

_____. Interesses difusos e coletivos. *Revista Trimestral de Direito Público.* São Paulo: Malheiros, n. 3, p. 193, 1993.

_____. *Intervenção litisconsorcial voluntária.* Direito processual civil (ensaios e pareceres). Rio de Janeiro: Borsoi, 1971.

_____. Mandado de segurança: uma apresentação. *Temas de direito processual civil – 6.ª série.* São Paulo, Saraiva: 1997.

_____. Notas sobre a extinção da execução (o art. 794 do Código de Processo Civil em confronto com suas fontes históricas). *RePro,* São Paulo: RT, n. 71, p. 9, 1993.

_____. Notas sobre o problema da efetividade do processo. *Temas de direito processual civil – 3ª série.* São Paulo: Saraiva, 1984.

_____. *Novo processo civil brasileiro.* 27. ed. Rio de Janeiro: Forense, 2008.

_____. O futuro da justiça: alguns mitos. *Revista de Processo,* v. 102. p. 228-237, abr.-jun. 2001.

_____. O juiz e a prova. *RePro* 35.

_____. *O juízo de admissibilidade no sistema dos recursos civis,* tese, 1968. p. 33.

_____. *O novo processo civil brasileiro* (exposição sistemática do procedimento). 26. ed. rev. e atual. Rio de Janeiro: Forense, 2008. p. 23.

_____. O que deve e o que não deve figurar na sentença. *Temas de direito processual – 8ª série.* São Paulo: Saraiva, 2004. p. 121.

_____. Questões prejudiciais e questões preliminares. *Direito processual civil:* ensaios e pareceres. Rio de Janeiro: Borsói, 1971.

_____. Reformas processuais e poderes do juiz. *Revista de Direito do TJRJ.* n. 56, p. 17, jul.-set. 2007.

_____. Sobre pressupostos processuais. *Temas de direito processual.* Quarta Série. São Paulo: Saraiva, 1989.

_____. *Temas de direito processual.* 8ª Série: *O futuro da Justiça: alguns mitos.* São Paulo: Saraiva, 2004.

690 | PROCESSO CIVIL SISTEMATIZADO – *Haroldo Lourenço*

_____. Tendências contemporâneas do Direito Processual Civil. *Temas de direito processual* - 3ª série cit., p. 10, nota 24.

_____. *Tendências na execução de sentenças e ordens judiciais*. Temas de direito processual--quarta série. São Paulo: Saraiva, 1989. p. 215.

_____. Tutela jurisdicional dos interesses coletivos ou difusos. *Temas de direito processual civil* – 3ª série. São Paulo: Saraiva, 1984. p. 195-197.

BARIONI, Rodrigo. O recurso extraordinário e as questões constitucionais de repercussão geral. In: WAMBIER, Teresa; WAMBIER, Luiz Rodrigues; FERREIRA, William Santos; GOMES JUNIOR, Luiz Manoel; FICHER, Octávio Campos (org.). *Reforma do Judiciário*. São Paulo: RT, 2005.

BARROSO, Luis Roberto. *A revolução da brevidade*. Extraído do *site* da OAB/MS em 18.07.2008.

_____. *Interpretação e aplicação da Constituição:* fundamentos de uma dogmática constitucional transformadora. 4. ed. São Paulo: Saraiva, 2001.

_____. Neoconstitucionalismo e constitucionalização do direito. O triunfo tardio do direito constitucional no Brasil. *Jus Navigandi*, Teresina, ano 10, n. 851, 1 nov. 2005.

BATALHA, Wilson de Souza Campos. *Direito processual das coletividades e dos grupos*. 2. ed. São Paulo: LTr, 1992.

BECHARA, Evanildo. *Moderna gramática portuguesa*. 19. ed. 2. reimp. São Paulo: Companhia Editora Nacional, 1974.

BEDAQUE, José Roberto dos Santos. Algumas considerações sobre o cumprimento de sentença condenatória. *Revista do Advogado*. AASP, ano 26, n. 85, p. 71-72, maio 2006.

_____. *Código de Processo Civil interpretado*. São Paulo: Atlas, 2004.

_____. *Direito e processo*. 3. ed. São Paulo: Malheiros, 2003.

_____. *Tutela cautelar e tutela antecipada:* tutelas sumárias e de urgência (tentativa de sistematização). 2. ed. São Paulo: Malheiros, 2001.

BERMUDES, Sérgio. *A reforma do Código de Processo Civil*. 2. ed. São Paulo: RT, 1977. v. 7.

_____. *Inovações do CPC*. 2. ed. Rio de Janeiro: Forense, 1995.

BERNAL, Francisco Chamorro. *La tutela judicial efectiva* (Derechos y garantias procesales derivados del artículo 24.1 de La Constitución), Barcelona: Bosch, 1994.

BERNÁRDEZ, José Antonio O'campo. *A teoria da carga dinâmica da prova como forma de acesso à justiça e efetividade da tutela jurisdicional*. Dissertação (Mestrado em Direito) – Universidade Estácio de Sá, 2006.

BEVILACQUA, Clóvis. *Direito da família*. 7. ed. Rio de Janeiro: Editora Rio, 1982.

_____. *Código Civil dos Estados Unidos do Brasil*. 11. ed. atual. por Achilles Bevilaqua e Isaias Bevilaqua. São Paulo: Livraria Francisco Alves, 1956. v. 1.

BONDIOLI, Luis Guilherme Aidar. *O novo CPC:* a terceira etapa da reforma. São Paulo: Saraiva, 2006.

BOTELHO DE MESQUITA, José Ignácio. Mandado de segurança: contribuição para o seu estudo. *RePro*, São Paulo; RT n. 66, p. 125 abr.-jun. 1992.

BUENO, Cassio Scapinella. *A nova Lei do Mandado de Segurança*. São Paulo: Saraiva, 2009.

_____. A ação civil pública e o Poder Público. Disponível em: <www.scarpinellabueno. com.br>., Acesso em: 7 ago. 2011.

_____. *A nova etapa da reforma do Código de Processo Civil*. 2. ed. São Paulo: Saraiva, 2007.

_____. *Amicus curiae no processo civil brasileiro* – Um terceiro enigmático. São Paulo: Saraiva, 2006.

BIBLIOGRAFIA | 691

_____. *Class action* e o direito brasileiro. Disponível em: <www.scarpinellabueno.com.br>.

_____. *Curso sistematizado de direito processual civil,* 3. Tutela jurisdicional executiva. São Paulo: Saraiva, 2008.

_____. *Liminar em mandado de segurança.* 2. ed. São Paulo: RT.

_____. *Mandado de segurança:* comentários às Leis n. 1.533/51, 4.348/64 e 5.022/66. 5. ed. rev. atual. e ampl. São Paulo: Saraiva, 2009.

_____. *O Poder Público em juízo.* São Paulo: Max Limonad.

_____. *Partes e terceiros no processo civil brasileiro.* São Paulo: Saraiva, 2003.

_____. Réquiem para a ação civil pública. Disponível em: <www.scarpinellabueno.com. br>.

_____. *Tutela antecipada.* São Paulo: Saraiva, 2004.

_____. Variações sobre a multa do *caput* do art. 475-J do CPC na redação da Lei 11.232/2005. In: WAMBIER, Teresa Arruda Alvim (coord.). *Aspectos polêmicos da nova execução,* 3. São Paulo: RT, 2006.

BUENO VIDIGAL, Luiz Eulálio de. *Direito processual civil.* São Paulo: Saraiva, 1953.

BÜLOW, Oskar. *La teoria de las excepcionais procesales y los presupuestos procesales.* Trad. Miguel Angel Rosas Lichtschein. Buenos Aires: Ejea, 1964.

BUZAID, Alfredo. *Agravo de petição no sistema do Código de Processo Civil.* 2. ed. São Paulo: Saraiva, 1956.

CABRAL, Antonio do Passo. Pelas asas de Hermes: a intervenção do *amicus curiae,* um terceiro especial. *RePro,* São Paulo: RT, v. 117, p. 17, set.-out. 2004.

_____. *Revista da SJRJ.* Rio de Janeiro, n. 26, p. 19-55, 2009.

_____. *Nulidades no processo moderno* – Contraditório, proteção da confiança e validade prima facie dos atos processuais. Rio de Janeiro: Forense, 2009.

CADERNOS DE DIREITO CONSTITUCIONAL E ELEITORAL. Imprensa Oficial do Estado de São Paulo. v. 28, p. 16.

CAETANO, Marcelo. As origens luso-brasileiras do mandado de segurança. *Revista Forense.* Rio de Janeiro: Forense, a. 71, v. 252, p. 30, out.-dez. 1975.

CAHALI, Francisco José. Dos alimentos. In: DIAS, Maria Berenice; CUNHA, Rodrigo da (Coord.). *Direito de família e o novo Código Civil.* Belo Horizonte: Del Rey – IBDFam, 2001.

CAHALI, Yussef Said. *Dos Alimentos.* 5. ed. São Paulo: RT, 2006.

CALMON DE PASSOS, José Joaquim. *Comentários ao Código de Processo Civil.* 8. ed. Rio de Janeiro: Forense, 1998. v. 3.

CÂMARA, Alexandre Freitas. *A nova execução de sentença.* 3. ed. Rio de Janeiro: Lumen Juris, 2007.

_____. *Arbitragem – Lei nº 9.307/96.* Rio de Janeiro: Lumen Juris, 2007.

_____. *Comentários à reforma da Lei de Locações.* Rio de Janeiro: Lumen Juris, 2010.

_____. Condições da ação? In: TUBENCHLAK, James; BUSTAMANTE, Ricardo (Coord.). *Livro de estudos jurídicos.* Niterói: IEJ, 1995. v. 3.

_____. Doenças preexistentes e ônus da prova: o problema da prova diabólica e uma possível solução. *Revista Dialética de Direito Processual.* São Paulo: Dialética, n. 31, 2005.

_____. Efeitos civis e processuais da sentença condenatória criminal. Reflexões sobre a Lei 11.719/2008. *Revista da EMERJ,* v. 12, n. 46, p. 111.

_____. *Escritos de direito processual - 2ª série.* Rio de Janeiro: Lumen Juris, 2005.

_____. *Juizados especiais cíveis estaduais, federais e da Fazenda Pública:* uma abordagem crítica. 6. ed. Rio de Janeiro: Lumen juris, 2010.

692 | PROCESSO CIVIL SISTEMATIZADO – *Haroldo Lourenço*

_____. *Lições de direito processual civil*. 15. ed. Rio de Janeiro: Lumen Juris, v. 2.

_____. *Lições de direito processual civil*. 15. ed. Rio de Janeiro: Lumen Juris, 2008. v. 3.

_____. *Lições de direito processual civil*. 17. ed. Rio de Janeiro: Lumen Juris, 2008, v. 1.

_____. *Lineamentos do novo processo civil*. Belo Horizonte: Del Rey, 1995.

_____. *O novo processo civil brasileiro*. 3. ed. São Paulo: Atlas, 2017.

_____. Reconhecimento de ofício da prescrição: uma reforma descabeçada e inócua. Disponível em: <www.abdpc.org.br>.

CAMARGO, Marcelo Novelino (Org.). *A distribuição do ônus da prova na perspectiva dos direitos fundamentais*. Salvador: JusPodivm, 2006.

CAMBI, Eduardo. Neoconstitucionalismo e neoprocessualismo. *Panóptica*, Vitória, ano 1, n. 6, p. 1-44, fev. 2007. Disponível em: <www.panoptica.org>.

CAMPOS JR., Ephraim de. *Substituição processual*. São Paulo: RT, 1985.

CANOTILHO, J. J. Gomes. *O ônus da prova na jurisdição das liberdades: estudos sobre direitos fundamentais*. Coimbra: Almedina, 2004.

_____. *Direito constitucional e teoria da Constituição*. 6. ed. Lisboa: Almedina, 2002.

CAPPELLETTI, Mauro; GARTH, Bryant, colab. *Acesso à justiça*. Tradução Ellen Gracie Northfleet. Porto Alegre: Fabris, 1998.

_____; TALLON, Denis. *Fundamental guarantees of parties in civil litigation*. Milano: Giuffrè, 1973.

CARLYLE SILVA, Edward. *Direito processual civil*. 2. ed. rev. e atual. Rio de Janeiro: Impetus.

CARMONA, Carlos Alberto. *Arbitragem e processo*. 2. ed. São Paulo: Atlas, 2004.

_____. *Arbitragem e processo*. 3. ed. São Paulo: Atlas, 2009.

_____. Títulos executivos extrajudiciais no Código de Processo Civil brasileiro. In: WAMBIER, Teresa Arruda Alvim (coord.). *Processo de execução e assuntos afins*. São Paulo: RT, 1998.

CARNEIRO, Athos Gusmão. Ação de alimentos e prisão civil. *Revista da Ajuris*, Porto Alegre, n. 13, p. 68, 1978.

_____. *Cumprimento da sentença civil*. Rio de Janeiro: Forense, 2007.

_____. Do cumprimento das sentenças, conforme a Lei 11.232/2005. Parcial retorno ao medievalismo? Por que não? *Revista Dialética de Direito Processual*, São Paulo: Dialética, n. 38, p. 34-35, 2006.

_____. *Intervenção de terceiros*. 19. ed. São Paulo: Saraiva, 2010.

_____. Poderes do relator e agravo interno – arts. "557, 544, 545 do CPC". *RePro*, São Paulo: RT, n. 100, 2000.

CARNEIRO, Paulo César Pinheiro. *Acesso à justiça. Juizados Especiais Cíveis e ação civil pública: uma sistematização da teoria geral do processo*. 2. ed. rev. e atual. Rio de Janeiro: Forense, 2007.

_____. *A proteção dos direitos difusos através do compromisso de ajustamento de conduta previsto na lei que disciplina a ação civil pública*. Tese aprovada no 9.º Congresso Nacional do Ministério Público. Salvador, 1992.

_____. *O Ministério Público no processo civil e penal: promotor natural, atribuição e conflito*. Rio de Janeiro: Forense, 1989.

CARNEIRO DA CUNHA, Leonardo José. *Revista Dialética* 13/86.

CARNELLUTTI, Francesco. *Instituiciones del processo civil*. Tradução de Santiago Santís Melendo. Buenos Aires: Ediciones Jurídicas Europa América, 1989.

BIBLIOGRAFIA | **693**

_____. La prova civile, 2. Ed. Roma: Atteneo, 1947, apud MARINONI, Luiz Guilherme. Processo de conhecimento. 9 ed. rev. e atual. São Paulo: Editora Revista dos Tribunais, 2011.

_____. *Sistema de direito processual civil*. São Paulo: ClassicBook, 2000.

CARREIRA ALVIM, José Eduardo. *Execução de sentença penal condenatória*. Disponível em: <http://www.ipejvirtual.com.br>.

CARVALHO FILHO, José dos Santos. *Ação civil pública: comentários por artigo*. 3. ed. Rio de Janeiro: Lumen Juris, 2001.

CARVALHO JR., Pedro Lino. Da solidariedade da obrigação alimentar em favor do idoso. In: FARIAS, Cristiano Chaves de (Coord.). *Leituras complementares de direito civil*. Salvador: JusPodivm, 2007.

CHIMENTI, Ricardo Cunha. *Juizados Especiais da Fazenda Pública*. Lei 12.153/2009 comentada artigo por artigo. São Paulo: Saraiva, 2010.

CHINELATO E ALMEIDA, Silmara J.A. *Tutela civil do nascituro*. São Paulo: Saraiva, 2000.

CHIOVENDA, Giuseppe. *Instituições de direito processual civil*. 3. ed. São Paulo: Saraiva, 1969. v. 1.

_____. *Instituições de direito processual civil*. Campinas: Bookseller, 1998. v. 2.

CIMARDI, Cláudia A. Notas sobre o art. 285-A do CPC (sentença liminar de improcedência). In: WAMBIER, Teresa Arruda Alvim. *Os poderes do juiz e o controle das decisões judiciais*. São Paulo: RT, 2008.

COSTA, Nilton César Antunes da. A convenção de arbitragem no contrato de adesão. *Revista de Arbitragem e Mediação*, ano 3, n. 8, p. 131, jan.-mar. 2006.

COUTO, Leonardo Lício. "Parecer 58/PGF/LLC/2008. Processo Administrativo 00407.001306/2009-57." Disponível em: <http://webcache.googleusercontent.com/search?q=cache:Vm3O0xzZ_twJ:www.agu.gov.br/page/download/index/id/25049633+&cd=1&hl=pt-BR&ct=clnk&gl=br>. Acesso em: 09 dez. 2016.

CRUZ E TUCCI, José Rogério. *A causa petendi no processo civil*. 2. ed. rev., atual. e ampl. São Paulo: RT, 2001.

_____. *Class action e mandado de segurança coletivo*. São Paulo: RT, 2009.

_____. *Lineamentos da nova reforma do CPC*. 2 ed. São Paulo: RT, 2002.

CUNHA, Leonardo Carneiro da. *A Fazenda Pública em juízo*. 9. ed. São Paulo: Dialética, 2011.

_____. Intervenção anômala: a intervenção de terceiro pelas pessoas jurídicas de direito público prevista no parágrafo único, do art. 5º da Lei. 9.469/1997. In: DIDIER JR., Fredie; WAMBIER, Teresa Arruda Alvim (Coord.). *Aspectos polêmicos e atuais sobre os terceiros no processo civil e assuntos afins*. São Paulo: RT, 2004. p. 597.

_____. Algumas regras do novo Código Civil e sua repercussão no processo. *Revista Dialética de Direito Processual*, v. 5, p. 69, agosto 2003, p. 80.

_____. In: DIDIER JR., Fredie. (coord.). *As defesas do executado. Leituras complementares de processo civil*. 2. ed. Salvador: Juspodivm, 2008.

_____. *Jurisdição e competência*. São Paulo: RT, 2008.

_____. *A Fazenda Pública em juízo*. 5. ed. São Paulo: Dialética, 2007.

_____. *Opinião 47*. "A arbitragem e a administração pública." Disponível em: <http://www.leonardocarneirodacunha.com.br/opiniao/opiniao-47-a-arbitragem-e-a-administracao-publica-2/>. Acesso em: 12 dez. 2016.

DALL' AGNOL JR., Antônio Janyr. Distribuição dinâmica dos ônus probatórios. *Revista dos Tribunais*. São Paulo: RT, n. 788, p. 99, 2001.

694 | PROCESSO CIVIL SISTEMATIZADO – *Haroldo Lourenço*

_____. *Comentários ao Código de Processo Civil.* São Paulo: RT. v. 2.

DALLARI, Adilson Abreu. Limitações à atuação do Ministério Público na ação civil pública. In: Obra coletiva. *Improbidade administrativa.* Questões polêmicas e atuais. 2. ed. São Paulo: Malheiros, 2003.

DANTAS, Marcelo Navarro Ribeiro. *Mandado de segurança coletivo: legitimação ativa.* São Paulo: Saraiva, 2000.

DELGADO, José Augusto. *Efeitos da coisa julgada e os princípios constitucionais.* Palestra proferida no IV Congresso Brasileiro de Processo Civil e Trabalhista, Natal-RN, 22.09.2000.

DEMARCHI, Juliana. *Ações dúplices, pedido contraposto e reconvenção.* In: DIDIER JR., Fredie (Org.). *Processo civil: leituras complementares.* 4. ed. Salvador: JusPodivm, 2006.

DESTEFENNI, Marcos. *Curso de processo civil, volume 1: tomo 1: processo de conhecimento convencional e eletrônico.* 2. ed. rev., atual. e ampl. São Paulo: Saraiva, 2009.

DI PIETRO, Maria Sylvia Zanella. *Direito administrativo.* 23. ed. São Paulo: Atlas, 2010.

_____. Discricionariedade técnica e discricionariedade administrativa. *Revista Eletrônica de Direito Administrativo Econômico.* Salvador, n. 9, p. 18, fev.-abr. 2007, p. 18.

DIAS, Maria Berenice. *Direito das famílias.* Porto Alegre: Livraria do Advogado, 2005.

DIDIER JR., Fredie et al. Aspectos processuais da ADIn (ação direta de inconstitucionalidade) e da ADC (ação declaratória de constitucionalidade). In: DIDIER JR., Fredie (Coord.). *Ações constitucionais.* Salvador: JusPodivm, 2006.

_____. *Curso de direito processual civil: o processo civil nos tribunais, recursos, ações de competência originária de tribunal e querela nullitatis, incidentes de competência originária de tribunal.* Leonardo Carneiro da Cunha. 13. ed. reform. Salvador: JusPodivm, 2016.

_____. *Curso de direito processual civil. Teoria geral do processo e processo de conhecimento.* 11. ed. Salvador: JusPodivm, 2009. v. 1.

_____. *Curso de direito processual civil: execução.* 2. ed. Salvador: JusPodivm, 2010. v. 5.

_____. *Curso de direito processual civil:* introdução ao direito processual civil, parte geral e processo de conhecimento. 17. ed. Salvador: JusPodivm, 2015.

_____. *Editorial 106 de 26.08.2010.* Disponível em: <www.frediedidier.com.br>.

_____. *Execução provisória e a multa prevista no art. 475-J do CPC.* Disponível em: <www.frediedidier.com.br>.

_____. *Execução.* 2. ed. Salvador: JusPodivm, 2010. v. 5.

_____. Fundamentos do Princípio da Cooperação no Direito Processual Civil Português. Coimbra Editora, 2010.

_____. Questões controvertidas sobre o agravo (após as últimas reformas processuais). In: WAMBIER, Teresa; NERY JR., Nelson. (Coord.). *Aspectos polêmicos e atuais dos recursos cíveis e de outros meios de impugnação das decisões judiciais.* São Paulo: RT, 2003.

_____. *Recurso de terceiro.* São Paulo: RT, 2002.

_____. *Regras processuais no novo Código Civil.* 2. ed. São Paulo: Saraiva, 2004.

_____; ZANETI JR., Hermes. Editorial 35: Legitimidade da Defensoria Pública para a propositura de ações coletivas, de 30 de abril de 2008. Disponível em: <www.frediedidier.com.br>.

_____; CUNHA, Leonardo José Carneiro da. *Curso de direito processual civil.* 8. ed. Salvador: JusPodivm, 2010. v. 3.

_____. *A instrumentalidade do processo.* 10. ed. São Paulo: Malheiros, 2002.

BIBLIOGRAFIA | **695**

_____. *A reforma da reforma*. 2. ed. São Paulo: Malheiros.

_____. *A reforma do código de processo civil*. 2. ed. São Paulo: Malheiros, 1995.

_____. *Execução civil*. 8. ed. rev. e atual. São Paulo: Malheiros, 2002.

_____. *Fundamentos do processo civil moderno*. São Paulo: Malheiros, v. 2.

_____. *Instituições de direito processual civil*. São Paulo: Malheiros, 2001. v. 1.

_____. *Litisconsórcio*. 5. ed. São Paulo: Malheiros, 1997.

_____. Os efeitos dos recursos. In: NERY JR., Nelson; WAMBIER, Teresa Arruda Alvim (Coord.). *Aspectos polêmicos e atuais dos recursos cíveis*. São Paulo: RT, 2002.

_____. Relativizar a coisa julgada material. *Nova era do processo civil*. São Paulo: Malheiros, 2004.

_____. *Execução civil*. 5. ed. São Paulo: Malheiros.

DIREITO, Carlos Alberto Menezes. *Manual do mandado de segurança*. 4. ed. ampl. e atual. Rio de Janeiro: Renovar, 2003.

FABRÍCIO, Adroaldo Furtado. Breves notas sobre os provimentos antecipatórios, cautelares e liminares. In: BARBOSA MOREIRA, José Carlos (Coord.). *Estudos de direito processual em memória de Luiz Machado Guimarães*. Rio de Janeiro: Forense, 1999.

_____. Extinção do processo e mérito da causa. *RePro*, n. 58. São Paulo: RT.

FAGUNDES, Seabra. *O controle dos atos administrativos pelo Poder Judiciário*. 4. ed. Forense: Rio de Janeiro, 1957.

FARIAS, Cristiano Chaves de. A eventual solidariedade dos alimentos e a convocação dos demais codevedores: proposições e soluções para a intervenção de terceiros criada pelo art. 1698 do Código Civil. In: *Escritos de direito de família*. 4. ed. Rio de Janeiro: Lumen Juris, 2006.

_____. *Direito civil*. Teoria geral. 3. ed. Rio de Janeiro: Lumen Juris, 2005.

_____; ROSENVALD, Nelson. *Direito civil*: teoria geral. 6. ed. Rio de Janeiro: Lumen Juris, 2007.

FAZZALARI, Elio. *Il processo ordinário di cognizione*. Turim: UTET, Ristampa, 1990. v. 1.

FERNANDES, Luís Eduardo Simardi. *Embargos de declaração*: efeitos infringentes, prequestionamento e outros aspectos polêmicos. São Paulo: RT, 2003.

FERNANDES, Sérgio Ricardo de Arruda. *Aspectos processuais do novo Código Civil*. Disponível em: < www.amaerj.org.br>.

_____. Os atos de comunicação processual do devedor na disciplina da Lei 11.232. In: SANTOS, Ernane Fidélis dos; et al. *Execução civil*: estudos em homenagem ao professor Humberto Theodoro Júnior. São Paulo: RT, 2007.

FERRÁNDIZ, Leonardo Prieto-Castro y. *Derecho procesal civil*. 5. ed. Madri: Tecnos, 1989.

FERRARESI, Eurico. *Do mandado de segurança: comentários à Lei 12.016, de 07 ago. 2009*. Rio de Janeiro: Forense, 2010.

FERRAZ, Antonio Augusto Mello de Camargo; BENJAMIN, Antonio Herman de Vasconcellos e. *A inversão do ônus da prova na Lei da Improbidade Administrativa* – Lei 8.429/1992. Teses aprovadas no Congresso Nacional do Ministério Público. Cadernos – Temas Institucionais. São Paulo: Associação Paulista do Ministério Público, 1995.

FERRAZ, Sergio. *Mandado de segurança*. São Paulo: Malheiros, 2006.

FERREIRA FILHO, Manoel Caetano. *Comentários ao código de processo civil*. São Paulo: RT, 2001. v. 7.

696 | PROCESSO CIVIL SISTEMATIZADO – *Haroldo Lourenço*

FIGUEIRA JÚNIOR, Joel Dias. Acesso à jurisdição arbitral e os conflitos decorrentes das relações de consumo. *Congresso Brasileiro de Direito do Consumidor*, n. 5, Belo Horizonte, 2000.

_____. *Arbitragem, jurisdição e execução*. 2. ed. São Paulo: RT, 1999.

_____. *Manual da arbitragem*. São Paulo: RT, 1997.

FIGUEIREDO, Marcelo. Ação de improbidade administrativa e suas peculiaridades e inovações. In: Obra coletiva. *Improbidade administrativa*. Questões polêmicas e atuais. 2. ed. São Paulo: Malheiros, 2003.

_____. *Probidade administrativa: comentários à Lei 8.429/1992 e legislação complementar*. São Paulo: Malheiros.

FIGUEIREDO CRUZ, Luana Pedrosa; SEQUEIRA CRUZ, Luis Otávio; JUNIOR, Luiz Manoel; FAVRETO, Rogério; PALHARINI JÚNIOR, Sidney. *Comentários à nova Lei do Mandado de Segurança*. São Paulo: RT, 2009.

FILOMENO, José Geraldo Brito. *Código de Defesa do Consumidor comentado pelos autores do anteprojeto*.

FREIRE, Homero. *Litisconsórcio necessário ativo*. Recife: Livraria Literatura Jurídica Internacional, 1954.

FURTADO, Paulo. O juízo arbitral. *Revista do Direito Civil*, n. 72. p. 90.

FUX, Luiz. *A reforma do processo civil*. Niterói: Impetus, 2006.

_____. *Intervenção de terceiros: aspectos do instituto*. São Paulo: Saraiva, 1990.

_____. *Locações: processo e procedimento*. 5. ed. Rio de Janeiro: Impetus, 2008.

_____. *O novo processo de execução*. O cumprimento de sentença e a execução extrajudicial. Rio de Janeiro: Forense, 2008.

_____. *Curso de direito processual civil*. 2. ed. Rio de Janeiro: Forense, 2004.

GAJARDONI, Fernando da Fonseca. DELLORE, Luiz. ROQUE, André Vasconcelos. DUARTE, Zulmar. *Processo de conhecimento e cumprimento de sentença*: comentários ao CPC de 2015. São Paulo: Método, 2016.

_____ et al. *Teoria geral do processo*: comentários ao CPC de 2015. São Paulo: Método, 2015.

_____ et al. *Execução e recursos*: comentários ao CPC de 2015. São Paulo: Método, 2017.

GARCIA, Emerson. *Ministério Público: organização, atribuições e regime jurídico*. 3. ed. Rio de Janeiro: Lumen Juris, 2008.

_____; ALVES, Rogério. *Improbidade administrativa*. Rio de Janeiro: Lumen Juris, 2002.

GARCIA MEDINA, José Miguel; ARAÚJO, Fábio Caldas de. *Mandado de segurança individual e coletivo: comentários à Lei 12.016, de 07 de agosto de 2009*. São Paulo: RT, 2009.

GARCIA REDONDO, Bruno. Editorial 145. Disponível em: <www.frediedididier.com.br>.

_____; OLIVEIRA, Guilherme Peres; CRAMER, Ronaldo. *Mandado de segurança: comentários à Lei n. 12.016/09*. Rio de Janeiro: Método, 2009.

_____; SUAREZ LOJO, Mário Vitor. Ainda e sempre a penhora *on line*: constitucionalidade, princípios e procedimento. In: DIDIER JR., Fredie (Org.). *Leituras complementares de processo civil*. 7. Salvador: JusPodivm, 2009.

GIDI, Antonio. A representação adequada nas ações coletivas brasileiras: uma proposta. *RePro*, São Paulo: RT, n. 108, p. 61-70, 2003.

_____. *Coisa julgada e litispendência e ações coletivas*. São Paulo: Saraiva, 1995.

GODINHO, Robson Renault. A distribuição do ônus da prova na perspectiva dos direitos fundamentais. *Revista de Direto da EMERJ* v. 10, n. 38, p. 272, 2007.

BIBLIOGRAFIA | **697**

_____. Ministério Público como assistente simples – O interesse institucional como expressão do interesse jurídico. *Revista Jurídica do Ministério Público do Estado de Minas Gerais.* Belo Horizonte, n. 6, p. 83-109, jan.-jun. 2006.

_____. *O Ministério Público como substituto processual no processo civil.* Rio de Janeiro: Lumen Juris, 2007.

GÓES, Gisele Santos Fernandes. Aspectos procedimentais dos arts. 475-J da Lei 11.232/2005 e 740, parágrafo único, da Lei 11.382/2006: ênfase no prazo de 15 dias e a natureza jurídica das multas. In: SANTOS, Ernane Fidélis dos; WAMBIER, Luiz Rodrigues; NERY JR., Nelson; WAMBIER, Teresa Arruda Alvim (Coord.). *Execução civil: estudos em homenagem ao professor Humberto Theodoro Júnior.* São Paulo: RT, 2007.

GOMES, Fábio Luiz. *Responsabilidade objetiva e antecipação de tutela.* São Paulo: RT, 2006.

GOMES FILHO, Antônio Magalhães. *As nulidades no processo penal.* 7. ed. São Paulo: RT, 2001.

GOMES JUNIOR, Luiz Manoel. A repercussão geral da questão constitucional no recurso extraordinário. *RePro.* São Paulo: RT, ano 30, n. 119, p. 91-116, jan. 2005.

GONÇALVES, Carlos Roberto. *Direito civil brasileiro: teoria geral das obrigações.* 2. ed. São Paulo: Saraiva, 2006. v. 2.

GONÇALVES, Marcos Vinícius Rios. *Novo curso de direito processual civil: execução e processo cautelar.* 3. ed. São Paulo; Saraiva, 2010.

_____. *Direito processual civil esquematizado.* São Paulo: Saraiva, 2011.

GRANDA, Piedad González. *El litisconsorcio necesario en el proceso civil.* Granada: Comares, 1996.

GRECCO FILHO, Vicente; GRINOVER, Ada Pellegrini; MAGALHÃES FILHO; FERNANDES, Antonio Scarance. *Recursos no processo penal.*

_____. *Da intervenção de terceiros.* 3. ed. São Paulo: Saraiva, 1991.

_____. *Direito processual civil brasileiro.* v. 2. *Atos processuais a recursos e processos nos tribunais.* 20. ed. rev. e atual. São Paulo: Saraiva, 2009.

_____. *O novo mandado de segurança: comentários à Lei 12.016/2009, de 07 ago. 2009.* São Paulo: Saraiva, 2010.

GRECO, Leonardo. A prova do processo civil: do Código de 1973 ao novo Código Civil. *Revista Dialética de Direito Processual.* São Paulo: Oliveira Rocha-Comércio de Serviços, n. 15, p. 82, jun. 2004.

_____. *A teoria da ação no processo civil.* São Paulo: Dialética, 2003.

_____. *Estudos de direito processual:* a reforma do Poder Judiciário e o acesso à justiça. Campos dos Goytacazes: Faculdade de Direito de Campos, 2005.

_____. *Instituições de processo civil,* vol. II. Rio de Janeiro: Forense, 2010.

_____. *Novas súmulas do STF e alguns reflexos sobre o mandado de segurança,* disponível em: <http://www.mundojuridico.adv.br>, acesso em: 25 nov. 2010.

_____. *O processo de execução.* Rio de Janeiro: Renovar, 2001. v. 2.

_____. Primeiros comentários sobre a reforma da execução oriunda da Lei 11.232/2005. *Revista Dialética de Direito Processual,* São Paulo: Dialética, n. 36, p. 74, 2006.

GRINOVER, Ada Pelegrini; DINAMARCO, Cândido Rangel; CINTRA, Antonio Carlos Araujo. *Teoria geral do processo.* 24. ed. São Paulo: Malheiros, 2008.

_____. et al. *Código Brasileiro de Defesa do Consumidor comentado pelos autores do anteprojeto.* 8. ed. Rio de Janeiro: Forense, 2004.

_____. *A ação civil pública refém do autoritarismo. O processo: estudos e pareceres.* São Paulo: Perfil, 2005.

698 | PROCESSO CIVIL SISTEMATIZADO – *Haroldo Lourenço*

_____. Ações coletivas ibero-americanas: novas questões sobre a legitimação e a coisa julgada. *Revista Forense*, Rio de Janeiro: Forense, n. 361, p. 6, 2002.

_____. Ações concorrentes – Pluralidade de partes legítimas à impugnação de um único ato. In: LIEBMAN, Enrico Tullio. *Eficácia e autoridade da sentença*. 2. ed. Rio de Janeiro: Forense, 1981.

_____. Cumprimento da sentença. In: BOTTINI, Pierpaolo; RENAULT, Sergio (Coord.). *A nova execução de títulos judiciais* – Comentários à Lei 11.232/2005. São Paulo: Saraiva, 2006.

_____. Direito processual coletivo. In: GRINOVER, Ada Pellegrini; MENDES, Aluisio Gonçalves de Castro; WATANABE, Kazuo. (Coord.). *Direito processual coletivo e o anteprojeto de Código de Brasileiro de Processos Coletivos*. São Paulo: RT, 2007.

_____. Direito processual coletivo. In: LUCON, Paulo Henrique dos Santos (Coord.). *Tutela coletiva*. 20 anos da Lei da Ação Civil Pública e do fundo de defesa de direitos difusos. 15 anos do Código de Defesa do Consumidor. São Paulo: Atlas, 2006.

_____. Novas questões sobre a legitimação e a coisa julgada nas ações coletivas. *O processo:* estudos & pareceres. São Paulo: DPJ, 2006.

_____. *O processo: estudos e pareceres*. 2. ed. rev. e ampl. São Paulo: DPJ Editora, 2009.

_____; FERNANDES, Antonio Scarance; GOMES FILHO, Antonio Magalhães. *As nulidades no processo penal*. 6. ed. São Paulo: RT, 1999.

GUASP, Jaime e ARAGONESES, Pedro. *Derecho procesal civil*. 7. ed. Espanha: Editorial Aranzadi, 2005. t. I.

GUEDES, Jefferson Carús. *O princípio da oralidade: procedimento por audiências no direito processual civil brasileiro*. São Paulo: RT, 2003.

_____; ROCHA, Eliana Pires da. Efeito devolutivo ou "repositivo" e juízo de retratação nos recursos cíveis. In: NERY JR., Nelson; WAMBIER, Teresa Arruda Alvim (Coord.). *Aspectos polêmicos e atuais dos recursos cíveis e de outras formas de impugnação às decisões judiciais*. São Paulo: RT, 2001.

GUERRA, Marcelo Lima. Título executivo como representação documental típica do crédito: resposta a José Miguel Garcia Medina. In: DIDIER JR., Fredie; JORDÃO, Eduardo Ferreira (Coord.). *Teoria do processo* – Panorama doutrinário mundial. Salvador: JusPodivm, 2008.

GUIMARÃES, Machado. As três figuras do litisconsórcio. *Estudos de direito processual civil*. Apud CÂMARA, Alexandre Freitas. *Lições de direito processual civil*. 17. ed., v. 1.

HARTMANN, Rodolfo Kronemberg. *A execução civil*. Niterói: Impetus, 2010.

_____. A prescrição e o seu pronunciamento de ofício pelo magistrado. Disponível em: <http://rodolfohartmann.com.br/artigosjuridicos.php>.

HERNÁN, J. Martínez. *Procesos com sujetos múltiples*. Buenos Aires: La Rocca, 1994. v. 1.

HERTEL, Daniel Roberto. *Técnica processual e tutela jurisdicional: a instrumentalidade substancial das formas*. Porto Alegre: Sergio Antônio Fabris, 2006.

JORGE, Flávio Cheim. *A nova reforma processual*. 2. ed. São Paulo: Saraiva, 2003.

_____. *Chamamento ao processo*. 2. ed. São Paulo: RT, 1999.

_____. *Teoria geral dos recursos cíveis*. Rio de Janeiro: Forense, 2003.

JUSTEN FILHO, Marçal. *Curso de direito administrativo*. 5. ed. São Paulo: Saraiva, 2010.

KLEIN, Aline Lícia. Mandado de segurança contra omissão e contra ato de gestão. *Informativo Justen, Pereira, Oliveira e Talamini*, Curitiba, n. 30, ago. 2009. Disponível em: <http://www.justen.com.br/informativo>.

BIBLIOGRAFIA | **699**

LAMBAUER, Mathias. *Do litisconsórcio necessário.* São Paulo: Saraiva, 1982.

LEMES, Selma. Arbitragem. Princípios jurídicos fundamentais. Direito brasileiro e comparado. *Revista dos Tribunais,* v. 686, p. 73-89, dez. 1992.

LENZA, Pedro. *Teoria geral da ação civil pública.* 3. ed. rev., atual. e ampl. São Paulo: RT, 2008.

LEONEL, Ricardo de Barros. *Manual do processo coletivo.* 2002.

LIEBMAN, Enrico Tullio. *Manual de direito processual civil.* Trad. Candido Rangel Dinamarco. 2. ed. Rio de Janeiro: Forense, 1986.

LIMA DOS SANTOS, Ronaldo. *Defendant class actions* – o grupo como legitimado passivo no direito norte-americano e no Brasil. *Boletim Científico da Escola Superior do Ministério Público da União.* Brasília, jan.-mar. 2004, p. 139-154.

LOPES, Mauro Luis Rocha. *Comentários à nova Lei do Mandado de Segurança.* Niterói: Impetus, 2009.

_____. *Comentários a nova Lei do Mandado de Segurança.* Niterói: Impetus, 2009.

_____. *Execução fiscal e ações tributárias.* Rio de Janeiro: Lumen Juris, 2002.

LOPES JR., Gervásio. *Julgamento direto do mérito na instância recursal.* Salvador: JusPodivm, 2007.

LOTUFO, Renan. Alimentos: obrigação avoenga. *Revista Brasileira de Direito de Família.* Síntese, n. 8, p. 78, jan.-mar. 2001.

LOURENÇO, Haroldo. Ainda e sempre a multa da art. 475-J. *Revista Forense,* v. 418, no prelo.

_____. Desistência da pretensão recursal no julgamento por amostragem em recursos repetitivos. Uma proposta. *Revista Forense,* v. 404, ano 105, jul.-ago. 2009.

_____. Impenhorabilidade absoluta dos recursos públicos do fundo partidário (Lei n. 11.694/09). *Revista Forense.* Rio de Janeiro: Forense, v. 406, ano 105, p. 623, nov.-dez. 2009.

_____. *Teoria dinâmica do ônus da prova e o novo CPC,* no prelo.

LUCON, Paulo Henrique dos Santos. *Eficácia das decisões e execução provisória.* São Paulo: RT, 2000.

_____. *Embargos à execução.* São Paulo: Saraiva, 1996.

_____. In: MARCATO, Antonio Carlos (coord.). *Código de Processo Civil interpretado.* 3. ed. São Paulo: Atlas, 2008.

MACHADO, Antônio Cláudio da Costa. *A intervenção do Ministério Público no Processo Civil Brasileiro.* 2. ed. São Paulo: Saraiva.

MAGALHÃES, Alex Pacheco. Interceptação telefônica na seara extrapenal e recente posição do Superior Tribunal e Justiça. Disponível em: <http://pablostolze.ning.com/>. Acesso em: 15 set. 2011.

MANCUSO, Rodolfo de Camargo. *Ação civil pública.* 8. ed. São Paulo: RT, 2002.

_____. *Ação popular.* 3. ed. São Paulo: RT.

_____. *Interesses difusos.* Conceito e legitimação para agir. 3. ed. São Paulo: RT, 1994.

MARCATTO, Antonio Carlos. (coord.). São Paulo: Atlas, 2004.

MARINONI, Luis Guilherme; ARENHART, Sérgio Cruz. *Curso de processo civil: execução.* São Paulo: RT, 2007. v. 3.

_____. *A transformação do* civil law *e a oportunidade de um sistema precedentalista para o Brasil.* Disponível em: <www.marinoni.adv.br>.

_____. *Ações repetitivas e julgamento liminar.* Disponível em: <http://www.professormarinoni.com.br>. Acesso em: 28 jan. 2008.

700 | PROCESSO CIVIL SISTEMATIZADO – *Haroldo Lourenço*

_____. *Antecipação de tutela*. 9. ed. São Paulo: RT, 2006.

_____. Controle do poder executivo do juiz. *Execução civil: estudos em homenagem ao Professor Paulo Furtado*. Rio de Janeiro: Lumen Juris, 2006.

_____. *Curso de processo civil: processo de conhecimento*. 6. ed. rev. atual. e ampl. São Paulo: RT, 2007. v. 2.

_____. *Manual do processo de conhecimento*. 9. ed. São Paulo: RT, 2011.

_____. *Novas linhas do processo civil*. 3. ed. São Paulo: Malheiros, 1999.

_____. O direito à efetividade da tutela jurisdicional na perspectiva da teoria dos direitos fundamentais. *Revista de Direito Processual Civil*, Curitiba: Gênesis, 2003.

_____. O direito à tutela jurisdicional efetiva na perspectiva da teoria dos direitos fundamentais. Disponível em: <http://www.professormarinoni.com.br/artigos.php>.

_____. *Técnica processual e tutela de direitos*. São Paulo: RT, 2004.

_____. *Tutela antecipatória, julgamento antecipado e execução imediata da sentença*. 4. ed. São Paulo: RT, 2000.

_____. *Tutela específica*. 2. ed. São Paulo: RT, 2001.

_____; ARENHART, Sérgio Cruz. *Manual do processo de conhecimento*. 3. ed. São Paulo: RT, 2004.

_____; MITIDIERO, Daniel. *Código de processo civil comentado*. 2. ed. São Paulo: RT, 2010.

MARQUES, Claudia Lima. *Contratos no Código de Defesa do Consumidor*. São Paulo: RT, 2002.

MARQUES, Frederico. *Manual de direito processual civil*. 13. ed. São Paulo: Saraiva, 1990.

MARQUES, J. P. Remédio. *Curso de processo executivo comum à face do código revisto*. Coimbra: Almedina, 2000.

MARTINS, Pedro A. Batista. Da ausência de poderes coercitivo e cautelares. *Aspectos fundamentais da Lei de Arbitragem*. Rio de Janeiro: Forense, 1999.

MARTINS JUNIOR, Wallace Paiva. *Probidade administrativa*. 2. ed. São Paulo: Saraiva, 2002.

MAZZEI, Rodrigo Reis. A ação popular e o microssistema da tutela coletiva. In: GOMES JR., Luiz Manoel. (Coord.). *Ação popular:* aspectos controvertidos e relevantes. 40 anos da Lei 4.717/1965. São Paulo: RCS, 2006.

_____. *Embargos de declaração:* dos recursos. Vitória: ICE, 2002.

_____. A "intervenção móvel" da pessoa jurídica de direito público na ação popular e ação de improbidade administrativa (art. 6.°, § 3.°, da LAP e art. 17, § 3.°, da LIA). *Revista Forense*, ano 104, v. 400, p. 385-388, nov.-dez. 2008.

_____. *Reforma do CPC*. 2. ed. São Paulo: RT, 2007.

MAZZILLI, Hugo Nigro. *A defesa dos interesses difusos em juízo*. 15. ed. São Paulo: Saraiva, 2002.

_____. *Tutela dos interesses difusos e coletivos*. 3. ed. São Paulo: Damásio de Jesus, 2003.

_____. Apud BERNARDINA DE PINHO, Humberto Dalla; FARIAS, Bianca Oliveira de. *Apontamentos sobre o compromisso de ajustamento de conduta na lei de improbidade administrativa e no projeto de Lei da Ação Civil Pública*. Disponível em: <www.humbertodalla.pro.br>.

_____. Intervenção do Ministério Público no processo civil: críticas e perspectivas. In: SALLES, Carlos Alberto. *Processo civil e interesse público:* o processo como instrumento de defesa social. São Paulo: RT, 2003.

MEDINA, José Miguel Garcia. *Execução civil:* princípios fundamentais. São Paulo: RT, 2002.

BIBLIOGRAFIA | **701**

_____. A execução da liminar que antecipa efeitos da tutela sob o prisma da teoria geral da tutela jurisdicional executiva: o princípio da execução sem título permitida. In: SHIMURA, Sérgio; WAMBIER, Teresa Arruda Alvim (Coord.). *Processo de execução*. São Paulo, RT, 2001.

_____. *Execução*. São Paulo: RT, 2008.

_____. Litisconsórcio ativo necessário. *RePro*, São Paulo: RT, n. 88, p. 285 e ss. 1997.

_____; WAMBIER, Luiz Rodrigues; WAMBIER, Teresa Arruda Alvim. Repercussão geral e súmula vinculante. In: WAMBIER, Teresa Arruda Alvim et al (Coord.). *Reforma do Judiciário:* primeiros ensaios críticos sobre a EC 45/2004. São Paulo: RT, 2005.

_____; WAMBIER, Teresa Arruda Alvim; WAMBIER, Luiz Rodrigues. *Breves comentários à nova sistemática processual civil*. 3. ed. São Paulo: RT, 2005.

MEIRELLES, Hely Lopes. *Direito administrativo brasileiro*. 32. ed. São Paulo: Malheiros, 2008.

_____. *Mandado de segurança, ação popular, ação civil pública, mandado de injunção, habeas data*. 31. ed. atualizada por Arnoldo Wald e Gilmar Ferreira Mendes. São Paulo: Malheiros, 2008.

MELLO, Celso Antônio Bandeira de. *Curso de direito administrativo*. 17. ed. São Paulo: Malheiros.

MENDES, Aluisio Gonçalves de Castro. *Ações coletivas no direito comparado e nacional*. São Paulo: RT, 2002.

_____. *Competência cível da justiça federal*. 3. ed. rev. e atual. São Paulo: RT, 2009.

MENDES, Gilmar Ferreira et al. *Curso de direito constitucional*. 2. ed. rev. e atual. São Paulo: Saraiva, 2008.

_____; WALD, Arnoldo. Competência para julgar ação de improbidade administrativa. *RePro*, São Paulo: RT, n. 107, p. 256, 2002.

MIRANDA, Pontes de. Parecer 95. *Dez anos de pareceres*. Rio de Janeiro: Livraria Francisco Alves, 1975. v. 4.

_____. *Comentários ao código de processo civil* (arts. 154-281). 3 ed. Rio de Janeiro: Forense, 1993, t. III.

MITIDIERO, Daniel Francisco. *Comentários ao código de processo civil*. São Paulo: Memória Jurídica, 2006. t. III.

MONIZ DE ARAGÃO, Egas Dirceu. *Comentários ao Código de Processo Civil*. 10. ed. v. 2.

_____. *Sentença e coisa julgada:* exegese do Código de Processo Civil (arts. 444 a 475). Rio de Janeiro: Aide, 1992.

MONTEIRO, Washington de Barros. *Curso de direito civil:* parte geral. 31. ed. São Paulo: Saraiva, 2000.

MONTENEGRO FILHO, Misael. *Cumprimento das sentenças e outras reformas processuais*. São Paulo: Atlas, 2006.

_____. *Curso de direito processual civil*. São Paulo: Atlas, 2005. v. 2, n. 15.1.

MORAES, Márcio André Medeiros. *Arbitragem nas relações de consumo*. 1. ed (ano 2005), 4. tir. Curitiba: Juruá, 2008.

MOREIRA NETO, Diogo de Figueiredo; SOUTO, Marcos Juruena Villela. Arbitragem em contratos firmados por empresas estatais. *RDA*, n. 236, p. 215-261, abr.-jun. 2004.

MOURÃO, Luiz Eduardo. *Coisa julgada*. Belo Horizonte: Forum, 2008.

NERY JR, Nelson. *Teoria geral dos recursos*. 6. ed. São Paulo: RT, 2000.

702 | PROCESSO CIVIL SISTEMATIZADO – *Haroldo Lourenço*

_____; NERY, Rosa Maria de Andrade. *Código de Processo Civil comentado e legislação extravagante.* 10. ed. São Paulo: RT, 2007.

_____; _____. *Código Civil comentado.* 6. ed. São Paulo: RT, 2008.

_____; Arts. 109 a 119. In: GRINOVER, Ada Pellegrini et al. *Código Brasileiro de Defesa do Consumidor:* comentado pelos autores do anteprojeto. Rio de Janeiro: Forense Universitária, 1998.

_____. *Princípios do processo civil na Constituição Federal.* 7. ed. São Paulo: RT, 2002.

_____. *Teoria geral dos recursos.* 6. ed. São Paulo: RT, 2004.

NEVES, Daniel Amorim Assumpção. Impenhorabilidade de bens: análise com vistas à efetivação da tutela jurisdicional. Disponível em: <www.professordanielamorim.com.br>. Acesso em: 12 mar. 2010.

_____. Início do cumprimento da sentença. In: _____; RAMOS, Glauco Gumerato; FREIRE, Rodrigo da Cunha Lima; MAZZEI, Rodrigo. *Reforma do CPC:* Leis 11.187/2005, 11.232/2005, 11.276/2006, 11.277/2006 e 11.280/2006. São Paulo: RT, 2006.

_____. Injustificados vetos presidenciais à Lei 11.382/2006. Disponível em: <www.professoramorim.com.br>. Acesso em: 11 mar. 2010.

_____. *Litisconsórcio alternativo e Código de Defesa do Consumidor.* Disponível em: <www.injur.com.br>.

_____. *Manual de direito processual civil.* 3. ed. Rio de Janeiro: Forense; São Paulo: Método, 2011.

_____. *Manual de direito processual civil.* Volume único. 9 ed. Salvador: JusPodivm, 2017.

_____. *Poderes do relator no conflito de competência.* Disponível em: <www.professordanielneves.com.br>.

_____. *Súmula 453 do Superior Tribunal de Justiça:* coisa julgada de matéria não decidida. Disponível em: <www.danielneves.com.br>.

_____. Tutela antecipada sancionatória. *Revista Dialética de Direito Processual.* São Paulo: Dialética, n. 43, p. 125, 2006.

NOGUEIRA, Alberto. *Da correição parcial na Justiça Federal e sua atualidade em face da reforma do poder judiciário.* Rio de Janeiro: Renovar, 2005.

NOGUEIRA, Gustavo. (Coord.). *A nova reforma processual.* Rio de Janeiro: Lumen Juris, 2007.

_____. Súmulas vinculantes do STJ: um desastre inconstitucional. Disponível em: <http://humbertodalla.blogspot.com/2009/09/artigo-sumulas-vinculantes-do-stj-prof.html>.

NORTHFLEET, Ellen Gracie. Suspensão de sentença e de liminar. *RePro*, São Paulo: RT, n. 97, p. 184, 2000.

NUCCI, Guilherme. *Código Penal comentado.* 4. ed. São Paulo: RT, 2003.

OLIVEIRA, Carlos Alberto Álvaro (Coord.). *A nova execução:* comentários à Lei 11.232 de 22 de dezembro de 2005. Rio de Janeiro: Forense, 2006.

_____. A ação coletiva de responsabilidade civil e seu alcance. In: BITTAR, Carlos Alberto. (Coord.). *Responsabilidade civil por danos a consumidores.* São Paulo: Saraiva, 1992.

_____. *A efetividade das sentenças sob a ótica do formalismo-valorativo:* um método e sua aplicação, Porto Alegre: UFRS, 2006.

_____. *Do formalismo no processo civil:* proposta de um formalismo-valorativo. 4. ed. rev. atual. São Paulo: Saraiva, 2010.

BIBLIOGRAFIA | **703**

_____. Efetividade e processo de conhecimento. *Revista de Processo*, n. 96, p. 66, São Paulo: RT, 1999.

_____. Efetividade e processo de conhecimento. *Do formalismo no processo civil*. 2. ed. São Paulo: Saraiva, 2003.

_____. O processo civil na perspectiva dos direitos fundamentais. Disponível em: <www.alvarodeoliveira.com.br>.

_____. *Prova cível*. Rio de Janeiro: Forense, 1999.

_____. *Comentários ao Código de Processo Civil*. Rio de Janeiro: Forense, 1988. v. 8, t. 2.

OLIVEIRA, Pedro Miranda. Recurso excepcional cruzado. In: NERY JR., Nelson; WAMBIER, Teresa Arruda Alvim (Coord.). *Aspectos polêmicos e atuais dos recursos cíveis e de outros meios de impugnação às decisões judiciais*. São Paulo: RT, 2005.

OLIVEIRA, Rafael Carvalho Rezende. *Licitações e contratos administrativos*. 4. ed. São Paulo: Método, 2015.

_____. A arbitragem nos contratos da Administração Pública e a Lei 13.129/2015: novos desafios. In: *Revista Brasileira de Direito Público*, n. 51, p.59-79, out./dez., 2015.

PASSOS, José Joaquim Calmon de. *Mandado de segurança, mandado de injunção e habeas data*. Rio de Janeiro: Forense, 1989.

PAULA, Adriano Perácio de. *Direito processual do consumo*. Belo Horizonte: Del Rey, 2002.

PAVAN, Dorival Renato. Procedimento e forma para a intimação do devedor para cumprimento voluntário da sentença: art. 475-J da Lei 11.232/2005. *RePro*. São Paulo: RT, ano 31, n. 139, p. 125, 128-129, set. 2006.

PAZZAGLINI FILHO, Marino. *Lei de Improbidade Administrativa comentada*. 3. ed. São Paulo: Atlas, 2007.

_____; ROSA, Marcio Fernando Elias; FAZZIO JUNIOR, Waldo. *Improbidade administrativa*: aspectos jurídicos da defesa do patrimônio público. 4. ed. São Paulo: Atlas, 1999.

PEREIRA, Caio Mário da Silva. *Instituições de direito civil*. 22. ed. Rio de Janeiro: Forense, 2008. v. 1.

PEREIRA, Joana Carolina Lins. *Recursos de apelação: amplitude do efeito devolutivo*. Curitiba: Juruá, 2003.

PEREIRA, Mateus Costa. Da exigência contida no art. 526 do CPC e as razões em que se funda: uma análise sob a perspectiva do juízo de admissibilidade dos recursos. *Revista Dialética de Direito Processual*, São Paulo: Dialética, 2010. n. 87.

PEYRANO, Jorge W. Aspectos procesales de la responsabilidad profesional. ANDORNO, Luis O.; MORELLO, Augusto M., e outros (Coord.). *Las responsabilidades profesionales*. La Plata: LEP, 1992.

PINHO, Humberto Dalla Bernardina de. *Teoria geral do processo civil contemporâneo*. Rio de Janeiro: Lumen Juris, 2007.

PINTO, Christian Barros. A desistência de recurso especial ou extraordinário afetado ao julgamento por amostragem. *Revista Dialética de Direito Processual*, São Paulo: Dialética, jun. 2009, v. 75.

PINTO, Nelson Luiz. *Manual dos recursos cíveis*. 2. ed. São Paulo: Malheiros, n. 9.3, 2001.

PIZZOL, Patrícia Miranda. *A competência no processo civil*. São Paulo: RT, 2003.

POMBO, Rodrigo Goulart de Freitas. A desistência de recurso especial repetitivo representativo da controvérsia: o entendimento do STJ. *Informativo Justen, Pereira, Oliveira e Talamini*, Curitiba, n. 43, set. 2010. Disponível em: <http://www.justen.com.br//informativo.php?informativo=43&artigo=472>.

704 | PROCESSO CIVIL SISTEMATIZADO – *Haroldo Lourenço*

_____. A requisição de documentos necessários à impetração e a necessidade de emenda à inicial do mandado de segurança. Informativo Justen, Pereira, Oliveira e Talamini, Curitiba, n. 33, nov. 2009. Disponível em: <http://www.justen.com.br/informativo>. Acesso em: 04 mar. 2010.

PONTES DE MIRANDA, Francisco C. *Tratado de direito privado*. Atualização de Vilson Rodrigues Alves. Campinas: Bookseller, 2000.

_____. *Comentários ao código de processo civil*. 5. ed. Rio de Janeiro, 1997. t. 1.

_____. *Tratado das ações*. Campinas: Bookseller, 1998. t. 1

_____. *Tratado de direito privado*. 3. ed. São Paulo: RT, 1983. t. 4.

_____. *Comentários ao Código de Processo Civil*. 2. ed. Rio de Janeiro: Forense, 1959. t. 5.

PORTANOVA, Rui. *Motivações ideológicas da sentença*. 3. ed. Porto Alegre: Livraria do Advogado, 1997.

PORTO, Sérgio Gilberto. *Doutrina e prática dos alimentos*. 3. ed. São Paulo: RT, 2003.

_____. Sobre o propósito e alcance do artigo 474 do CPC. *Revista Síntese de Direito Civil e Processual*, n. 01, p. 39, set.-out. 1999.

PRADO, Geraldo. *Limite às interceptações telefônicas e a jurisprudência do Superior Tribunal de Justiça*. Rio de Janeiro: Lumen Juris, 2005.

PROTO PISANI, Andrea. *Lezioni di diritto processuale civile*. Nápoles: Jovene, 1994.

PRUDENTE, Antonio de Souza. A tutela coletiva e de evidência no Juizado Especial Federal Cível e o acesso pleno à justiça. *R. CEJ*, Brasília, n. 21, p. 92-97, abr.-jun. 2003.

RIBEIRO, Diogo Albaneze Gomes. A intervenção processual da União como *amicus curiae*. *Informativo Justen, Pereira, Oliveira e Talamini*, Curitiba, n. 12, fev. 2008. Disponível em: <http://www.justen.com.br//informativo.php?informativo=12&artigo=332>.

_____. Cumprimento de sentença arbitral condenatória. *Informativo de Justen, Pereira, Oliveira e Talamini*. Curitiba, n. 24, 2009. Disponível em: <http://www.justen.com.br//informativo.php?&informativo=24&artigo=402&l=pt>.

RIBEIRO, Gustavo Pereira Leite. *Arbitragem nas relações de consumo*. 1. ed. (ano 2006), 1. reimpr. Curitiba: Juruá, 2009.

ROCHA, Felipe Borring. *Juizados Especiais Cíveis*. 5. ed. Rio de Janeiro: Lumen Juris, 2009.

RODRIGUES, Geisa de Assis. *Ação civil pública e termo de ajustamento de conduta: teoria e prática*. 2. ed. Rio de Janeiro: Forense, 2006.

_____. Da ação popular. In: FARIAS, Cristiano Chaves de; DIDIER JR., Fredie (Coord.). *Procedimentos especiais cíveis*: legislação extravagante. São Paulo: Saraiva, 2003.

_____. *Juizados Especiais Cíveis e ações coletivas*. Rio de Janeiro: Forense, 1997.

RODRIGUES, Marcelo Abelha. *A reforma processual*. 2. ed. São Paulo: Saraiva, 2003.

_____. *A terceira etapa da reforma processual civil*. São Paulo: Saraiva, 2006.

_____. *Ação civil pública e meio ambiente*. São Paulo: Forense Universitaria, 2003.

_____. *Direito processual coletivo e o anteprojeto brasileiro de processos coletivos*. (Coord.). GRINOVER, Ada Pellegrini; MENDES, Aluísio Gonçalves de Castro; WATANABLE, Kazuo. São Paulo: RT, 2007.

_____. *Elementos de direito processual civil*. 2. ed. São Paulo: RT, 2000. v. 1.

_____. *Manual de direito processual civil*. 4. ed. São Paulo: RT, 2008.

_____. *Suspensão de segurança*: sustação da eficácia de decisão judicial proferida contra o Poder Público. São Paulo: RT, 2000.

RODRIGUES, Daniel Colnago. *Intervenção de terceiros*. São Paulo: Revista dos Tribunais, 2017.

BIBLIOGRAFIA | **705**

RODRIGUES, Silvio. Contrato de locação. In: FRANÇA, R. Limongi. (Coord.). *Enciclopédia Saraiva do Direito.* São Paulo: Saraiva, 1977. v. 19.

ROSENVALD, Nelson; FARIAS, Cristiano Chaves. *Direito civil:* teoria geral. 6. ed. Rio de Janeiro: Lumen Juris, 2007.

ROSSI, Júlio César. O recurso adesivo, os recursos excepcionais (especial e extraordinário) e o art. 500 CPC. *Revista dialética de direito processual.* São Paulo: Dialética, 2005. n. 32, p. 69-75.

SAMPAIO, Francisco José Marques. *Negócio jurídico e direitos difusos e coletivos.* Rio de Janeiro: Lumen Juris, 1999.

SANTOS, Ernane Fidélis dos. *Manual do direito processual civil.* Processo de conhecimento. 14. ed. São Paulo: Saraiva, 2010. v. I.

SANTOS, Moacyr Amaral. *Primeiras linhas de direito processual.* 25. ed. rev. e atual. São Paulo: Saraiva, 2007. v. 1.

SARLET, Ingo Wolfgang. *A eficácia dos direitos fundamentais.* Porto Alegre: Livraria dos Advogados, 1998.

SARMENTO, Daniel. O neoconstitucionalismo no Brasil: riscos e possibilidades. In: NO-VELINO, Marcelo (Org.). *Leituras complementares de direito constitucional* – Teoria da Constituição. Salvador: JusPodivm, 2009.

SCAVONE JR., Luiz Antonio. *Comentários às alterações da Lei do Inquilinato:* Lei 12.112, de 09.12.2009. São Paulo: RT, 2009.

_____. *Manual de arbitragem, mediação e conciliação.* 7. ed. Rio de Janeiro: Forense, 2016.

SCHMIDT, Gustavo da Rocha. *A arbitragem nos conflitos envolvendo a administração pública:* uma proposta de regulamentação. Dissertação apresentada para obtenção do título de Mestre em Direito da Regulação pela Fundação Getúlio Vargas – FGV Direito, Rio de Janeiro, 2016.

SENTIS MELENDO, Santiago. *La prueba, los grandes temas de derecho probatório.* Buenos Aires: Ejea, 1978. v. 1.

SHIMURA, Sérgio; BRUSCHI Gilberto Gomes e. *Execução civil e cumprimento da sentença.* São Paulo: Método, 2007. v. 2.

_____. *Título executivo.* São Paulo: Saraiva, 1997.

SICA, Heitor Vitor Mendonça. Doze problemas e onze soluções quanto à chamada "Estabilização da Tutela Antecipada". *Revista do Ministério Público do Estado do Rio de Janeiro.* Edição 55.

_____. "Arbitragem e Fazenda Pública." Disponível em <http://genjuridico.com.br/2016/03/24/arbitragem-e-fazenda-publica/>. Acesso em: 09 dez. 2016.

SILVA, Edward Carlyle. *Direito processual civil.* Niterói: Impetus, 2007.

SILVA, Michel Ferro e. A nova lei do mandado de segurança e a intervenção litisconsorcial voluntária – análise crítica do § 2.º, do art. 10, da Lei 12.016/2009. *Revista Dialética de Direito Processual,* n. 90, set. 2010.

_____. *Litisconsórcio multitudinário.* Curitiba: Juruá, 2009.

SILVA, Nelson Finotti. A intervenção de terceiros sob a luz do art. 1.698 do Novo CC e o Estatuto do Idoso. *RePro,* São Paulo: RT, n. 119, p. 292, 2005.

SILVA, Ovídio A. Baptista da. *Curso de direito processual.* 7. ed. Rio de Janeiro: Forense, v. 1, n. 11.7.

_____. *Curso de processo civil.* 3. ed. São Paulo: RT, 1998. v. 2, n. 15.2.

SILVA, Wilney Magno de Azevedo. O reconhecimento judicial da prescrição tributária na execução fiscal. *Boletim da Fundação Escola do Ministério Público do Estado do Rio de Janeiro.* Rio de Janeiro: FEMPERJ, 1997. n. VI, p. 206-207.

706 | PROCESSO CIVIL SISTEMATIZADO – *Haroldo Lourenço*

SOUZA, Bernardo Pimental. *Introdução aos recursos cíveis e à ação rescisória*. 3. ed. São Paulo: RT, 1982. n. 26.

_____. *Introdução aos recursos cíveis e à ação rescisória*. 3. ed. São Paulo: Saraiva, 2004.

_____. *Introdução aos recursos cíveis e à ação rescisória*. 2. ed. Belo Horizonte: Mazza Edições, 2001.

SOUZA, Wilson Alves. Ônus da prova – Considerações sobre a doutrina das cargas probatórias dinâmicas. *Revista Jurídica dos formandos em direito da UFBA*. Salvador: UFBA, n. 6, 1999.

SPADONI, Joaquim Felipe. *Ação inibitória: a ação preventiva no art. 461 do CPC*. São Paulo: RT, 2002.

STRECK, Lenio Luiz. *Comentários à reforma do Poder Judiciário*. Rio de Janeiro: Forense, 2005.

TÁCITO, Caio. Arbitragem nos litígios administrativos. *RDA*, n. 210, p. 111-115, out.-dez. 1997.

TALAMINI, Eduardo. *Coisa julgada e sua revisão*. São Paulo: RT, 2005.

_____. Decisões individualmente proferidas por integrantes de tribunais: legitimidade e controle (agravo interno). In: NERY JR., Nelson; WAMBIER, Teresa Arruda Alvim (Coord.). *Aspectos polêmicos e atuais dos recursos cíveis*. São Paulo: RT. 2002.

_____. Embargos à execução de título judicial eivado de inconstitucionalidade (CPC, art. 741, parágrafo único). In: DIDIER JR., Fredie. (Org.). *Relativização da coisa julgada: enfoque crítico*. 2. ed. Salvador: Juspodivm, 2006.

_____. Nota sobre as partes e os terceiros no mandado de segurança individual, à luz da sua nova disciplina (Lei n. 12.016/09). *Informativo Justen, Pereira, Oliveira e Talamini*, Curitiba, n. 29, ago. 2009. Disponível em: <http://www.justen.com.br/informativo>.

_____. Partes, terceiros e coisa julgada: os limites subjetivos da coisa julgada. In: DIDIER JR., Fredie; WAMBIER, Teresa Arruda Alvim (coord.). *Aspectos polêmicos e atuais sobre os terceiros no processo civil e assuntos afins*. São Paulo: RT, 2004.

_____. *Tutela relativa aos deveres de fazer e de não fazer*. 2. ed. São Paulo: RT, 2003.

_____. *Um processo para chamar de seu*: nota sobre os negócios jurídicos processuais. Disponível em: <www.academia.edu>. Acesso em: 12 nov. 17.

TARUFFO, Michele. *La motivazione della sentenza civile*. Padova; Cedam, 1975.

TAVARES, André Ramos. *Manual do mandado de segurança*: Lei n. 12.016/09. Rio de Janeiro: Forense, 2009.

TEIXEIRA DE AGUIAR, Guilherme Augusto. "*Dispute Board* como solução de controvérsias." Disponível em: <https://www.jota.info/opiniao-e-analise/artigos/dispute-board--como-solucao-de-controversias-27042018>. Acesso em: 09 dez. 2018.

TESHEINER, José Maria Rosa. Execução de sentença – Regime introduzido pela Lei 11.232/2005. *RT*, São Paulo: RT, ano 95, v. 850, p. 40-56, ago. 2006.

_____. *Eficácia da sentença e coisa julgada no processo civil*. São Paulo: RT, 2001.

THEODORO JR., Humberto. *A nova execução de título extrajudicial*. Rio de Janeiro: Forense, 2007.

_____. *As novas reformas do código de processo civil*. 2. ed. Rio de Janeiro: Forense, 2007.

_____. Celeridade e efetividade da prestação jurisdicional. Insuficiência da reforma das leis processuais. Disponível em: <http://www.abdpc.org.br/artigos/artigo51.htm>. Acesso em: 09 jun. 2007.

BIBLIOGRAFIA | **707**

_____. *Código de Processo Civil anotado*. 12. ed. rev., ampl. e atual. Rio de Janeiro: Forense, 2008.

_____. *Curso de direito processual civil*. 47. ed. Rio de Janeiro: Forense, 2007. v. 1.

_____. *Fraude contra credores:* a natureza da sentença da ação pauliana. 2. ed. Belo Horizonte: Del Rey, 2001.

_____. *Inovações na Lei do Inquilinato:* visão esquemática das alterações provocadas pela Lei 12.112 de 09.12.2009. Rio de Janeiro: GZ Ed., 2010.

_____. *Lei de execução fiscal*. 10. ed. São Paulo: Saraiva, 2007.

_____. *O Mandado de segurança segundo a Lei 12016, de 07 de agosto de 2009*. Rio de Janeiro: Forense, 2009.

_____. *O novo Código Civil e as regras heterotópicas de natureza processual*. Disponível em: <http://www.abdpc.org.br/artigos/artigo52.htm>.

_____. Pressupostos processuais, condições da ação e mérito da causa. *RePro* 17/46-47.

_____. Tutela específica das obrigações de fazer e não fazer. *Revista Brasileira de Direito Comparado*. Instituto de Direito Comparado Luso-Brasileiro.

_____; CORDEIRO DE FARIAS, Juliana. *A coisa julgada inconstitucional e os instrumentos processuais para seu controle*. Belo Horizonte, 2001.

_____. *A execução de sentença e a garantia do devido processo legal*. Rio de Janeiro: Aide, 1987.

_____. Tutela específica das obrigações de fazer e não fazer. *RePro*, São Paulo: RT, n. 105, p. 30, 2002.

TORNAGHI, Hélio. *Comentários ao Código de Processo Civil*. 2. ed. São Paulo: RT, 1978. v. 2.

TOURINHO FILHO, Fernando da Costa. *Manual de processo penal*. 5. ed. São Paulo: Saraiva: 2003.

TUCCI, José Rogério Cruz e. *A causa petendi no processo civil*. 2. ed. São Paulo: RT, 2001.

_____. *Precedente judicial como fonte do direito*. São Paulo: RT, 2004.

_____. Reflexões sobre a cumulação subsidiária de pedidos. *Causa de pedir e pedido no processo civil*. São Paulo: RT, 2002.

URIBES, José Manuel Rodriguez. *Formalismo ético y nostitucionalismo*. Valencia: Tirant lo Blanch, 2002.

VENOSA, Silvio de Salvo. *Lei do Inquilinato comentada*. 5. ed. São Paulo: Atlas, 2001.

VIANA DE LIMA, Cláudio. *Arbitragem:* a solução. Rio de Janeiro: Forense, 1994.

WAMBIER, Luis Rodrigues. *Sentença civil: liquidação e cumprimento*. 3. ed. São Paulo: RT, 2006. n. 3.5.5.

_____; et al. *Breves comentários à nova sistemática processual civil*. São Paulo: RT, 2007.

_____. A crise da execução e alguns fatores que contribuem para a sua intensificação: propostas para minimizá-la. *Revista de Processo* 109, 2003.

_____. *Sentença civil: liquidação e cumprimento*. São Paulo: RT, 2006.

_____; ALMEIDA, Flávio Renato Correia de; TALAMINI, Eduardo. *Curso avançado de processo civil*. 6. ed. São Paulo: RT, 2004. v. 1.

_____; WAMBIER, Teresa Arruda Alvim. *Breves comentários à 2.ª fase da reforma do Código de Processo Civil*. 2. ed. São Paulo: RT, 2002.

_____. Litispendência entre ações coletivas: processo coletivo. In: MAZZEI, Rodrigo; NOLASCO, Rita. (Coord.). São Paulo: Quartier Latin, 2005.

_____. *Nulidades do processo e da sentença*. 6. ed. São Paulo: RT, 2007.

WAMBIER, Teresa Arruda Alvim. O agravo e o conceito de sentença. Palestra proferida no 2º Seminário de Processo Civil do TRF 4ª Região, nos dias 17 e 18.08.2006, em Porto Alegre/RS e publicada na *RePro* 144/252, São Paulo: RT, 2007.

708 PROCESSO CIVIL SISTEMATIZADO – *Haroldo Lourenço*

_____. *Nulidades do processo e da sentença.* 4. ed. São Paulo: RT, 1998.

_____. O destino do agravo após a sentença. In: WAMBIER, Teresa Arruda Alvim; NERY JR., Nelson (Coord.). *Aspectos polêmicos e atuais dos recursos cíveis e de outros meios de impugnação das decisões judiciais.* São Paulo: RT, 2003.

_____. *Omissão judicial e embargos de declaração.* São Paulo: RT. 2005.

_____. *Os agravos no CPC brasileiro.* 4. ed. São Paulo: RT, 2006.

WATANABE, Kazuo et alii. *Código brasileiro de Defesa do Consumidor.* 2. ed. Rio de Janeiro: Forense, 1992.

_____. Acesso à justiça e sociedade moderna. In: GRINOVER, Ada Pellegrini; DINA-MARCO, Cândido Rangel; WATANABE, Kazuo (Coord.). *Participação e processo.* São Paulo: RT, 1988. p. 135.

_____. Demandas coletivas e problemas emergentes da práxis forense. *RePro,* São Paulo: RT, v. 17, n. 67, p. 18, jul.-set. 1992.

_____. Relação entre demanda coletiva e demandas individuais. *RePro,* São Paulo: RT, n. 139, p. 29-35, 2006.

_____. Tutela jurisdicional dos interesses difusos: a legitimação para agir. In: GRINOVER, Ada Pellegrini. (Coord.). *A tutela dos interesses difusos.* São Paulo: Max Limonad, 1984.

_____. *Da cognição no processo civil.* São Paulo: RT, 1987.

YARSHELL, Flávio Luiz. *Ação rescisória.* São Paulo: Malheiros, 2005.

ZAVASCKI, Teori Albino. *Antecipação de tutela.* 2. ed. São Paulo: Saraiva, 1999.

_____. *Processo coletivo: tutela de direitos coletivos e tutela coletiva de direitos.* 5. ed. atual. e ampl. São Paulo: RT, 2011.

_____. *Processo de execução – parte geral.* 3. ed. São Paulo: RT, 2004.

_____. Sentenças declaratórias, sentenças condenatórias e eficácia executiva dos julgados. *Leituras complementares de processo civil.* 3. ed. Salvador: JusPodivm, 2005.

_____. Embargos à execução com eficácia rescisória: sentido e alcance do art. 741, parágrafo único, do CPC. *Revista de Processo.* São Paulo: RT, 2005.

_____. *Comentários ao Código de Processo civil.* 2. ed. São Paulo: RT, 2003. v. 8.

ZULIANI, Evandro. Arbitragem e os órgãos integrantes do sistema nacional de defesa do consumidor. *Revista de Arbitragem e Mediação,* ano 3, n. 11, p. 7-58, São Paulo: RT, out.--dez. 2006.